BB

Bücher des Betriebs-Beraters

Der Lizenzvertrag

von

Rechtsanwalt Dr. Herbert Stumpf
Frankfurt/Main

und

Rechtsanwalt Dr. Michael Groß
München

6., neubearbeitete und erweiterte Auflage 1993

Verlag Recht und Wirtschaft GmbH
Heidelberg

5. Auflage 1984 · ISBN 3-8005-6921-3
6. Auflage 1993 · ISBN 3-8005-1092-8

Die Deutsche Bibliothek – CIP-Einheitsaufnahme

Stumpf, Herbert:
Der Lizenzvertrag / von Herbert Stumpf und Michael Groß. – 6., neubearb. und erw. Aufl. – Heidelberg : Verl. Recht und Wirtschaft, 1993

(Bücher des Betriebs-Beraters)
ISBN 3-8005-1092-8

NE: Groß, Michael:

ISBN 3-8005-1092-8

Satz und Druck: HVA Grafische Betriebe GmbH, 69117 Heidelberg

Buchbinderische Verarbeitung: Osswald + Co., 67433 Neustadt/Weinstr.

Umschlagentwurf: Atelier Warminski, 63654 Büdingen

∞ Gedruckt auf säurefreiem, alterungsbeständigem Papier, hergestellt aus chlorfrei gebleichtem Zellstoff

Printed in Germany

Vorwort

Lizenzverträge, d. h. Verträge über die Einräumung von Benutzungs-, Herstellungs- und Vertriebsrechten an einem Patent, einem Gebrauchsmuster oder Geschmacksmuster oder auch an einem Warenzeichen, sind seit langer Zeit wichtiger Bestandteil des modernen Wirtschaftslebens. Dennoch bereitet der Abschluß von Lizenzverträgen häufig Schwierigkeiten. Dies ist insbesondere darauf zurückzuführen, daß Lizenzverträge von der Praxis entwickelt wurden und im Gesetz keine detaillierte Regelung gefunden haben. Erschwerend kommt hinzu, daß Lizenzverträge regelmäßig mit hohen Risiken verbunden sind.

Vor allem aufgrund der Gruppenfreistellungsverordnung für Lizenzverträge der EG-Kommission sind bei der Diskussion über Lizenzverträge kartellrechtliche Fragen stark in den Vordergrund getreten. Dies ist insbesondere darauf zurückzuführen, daß die EG-Kommission eine restriktive Politik verfolgt. Ferner ist die Gruppenfreistellungsverordnung für juristische Laien kaum und selbst für den mit der Materie vertrauten Juristen nur schwer verständlich. Ohne ausreichende parlamentarische Kontrolle tritt die Kommission hier in der Rolle des Gesetzgebers auf. Dieses Verhalten stößt weitgehend auf Ablehnung. Die EG-Kommission hat hierdurch den Technologietransfer erschwert, obwohl es doch ihre Aufgabe sein sollte, ihn nach Kräften zu fördern.

Da Lizenzverträge sehr häufig mit ausländischen Partnern abgeschlossen werden, wurde auch auf die Problematik bei Auslandsverträgen eingegangen. Das neue EG-Kartellrecht wurde ausführlich dargestellt. Aufgrund der zunehmenden Bedeutung von Softwareverträgen wurde ein neues Kapitel über die Verwertung von Software eingefügt.

Die steuerlichen Ausführungen wurden von Herrn Steuerberater Thomas Nasemann abgefaßt, die Fragen der Genehmigungspflicht bei Auslandsverträgen wurden von Frau Bös vom Bundesausfuhramt durchgesehen. Herrn Nasemann und Frau Bös ist für ihre wertvolle Mithilfe sehr zu danken.

Frankfurt am Main, München, im Frühjahr 1993

Dr. Herbert Stumpf
Dr. Michael Groß

Inhaltsverzeichnis

7

9

20

Inhaltsverzeichnis

Abkürzungsverzeichnis

a. A.	anderer Ansicht
a.a.O.	am angegebenen Ort
abl.	ablehnend
ABl.	Amtsblatt der Europäischen Gemeinschaft
Abs.	Absatz
Abschn.	Abschnitt
ACP	Archiv für die civilistische Praxis
a. F.	alte Fassung
AG	Amtsgericht
AIPPI	Association International de Protection de Propriété intellectuelle
Alt.	Alternative
a. M.	anderer Meinung
Amtsbl. EPA	Amtsblatt des Europäischen Patentamts
Anh.	Anhang
Anm.	Anmerkung
Antitrust Bull.	Antitrust Bulletin
AO	Abgabenordnung
ArbNErf/ArbEG	Gesetz über Arbeitnehmererfindungen (BGBl. I 1956 S. 756)
Art.	Artikel
AS	Amtliche Sammlung
Aufl.	Auflage
AWG	Außenwirtschaftsgesetz (BGBl. I 1961 S. 481 f.)
AWV	Außenwirtschaftsverordnung (BGBl. I 1961 S. 1381)
Az	Aktenzeichen
BAnz.	Bundes-Anzeiger
BB	Betriebs-Berater
Bd.	Band
BE	Begründungserwägung(en)
Beschl.	Beschluß
betr.	betreffend
BFH	Bundesfinanzhof
BGB	Bürgerliches Gesetzbuch
BGBl.	Bundesgesetzblatt
BGE	Entscheidungen des Bundesgerichts (Schweiz)
BGH	Bundesgerichtshof
BGHZ	Entscheidungen des Bundesgerichtshofs in Zivilsachen
BKartA	Bundeskartellamt
Bl.	Blatt für Patent-, Muster- und Zeichenwesen
BPatG	Bundespatentgericht
BStBl.	Bundessteuerblatt
BT-Drucks.	Bundestagsdrucksache

BVerfG	Bundesverfassungsgericht
BVerfGE	Entscheidungen des Bundesverfassungsgerichts
bzw.	beziehungsweise
CAD	Computer Aided Design
CAM	Computer Aided Manufacturing
CISG	Übereinkommen der Vereinten Nationen über den internationalen Warenkauf
ComHdB	Computerrechts-Handbuch, s. im Literaturverzeichnis unter: Kilian/Heussen, Computerrechtshandbuch
CR	Computer und Recht
DB	Der Betrieb
dgl.	dergleichen
d. h.	das heißt
DPA	Deutsches Patentamt
DR	Deutsches Recht
DVGRUR	Deutsche Vereinigung für Gewerblichen Rechtsschutz und Urheberrecht
DVO	Durchführungsverordnung
ECLR	European Competition Law Review
EG	Europäische Gemeinschaft
EGBGB	Einführungsgesetz zum Bürgerlichen Gesetzbuch
EGKSV	Vertrag zur Gründung der Europäischen Gemeinschaft für Kohle und Stahl
endg.	endgültig
EuG	Europäischer Gerichtshof 1. Instanz
EStDVO	Einkommensteuer-Durchführungsverordnung
EStG	Einkommensteuergesetz
EStR	Einkommensteuerrecht
EuGH	Europäischer Gerichtshof
EuGVÜ	Europäische Gemeinschaft – Übereinkommen über die gerichtliche Zuständigkeit und die Vollstreckung gerichtlicher Entscheidungen in Zivil- und Handelssachen
EuZW	Europäische Zeitschrift für Wirtschaftsrecht
EPA	Europäisches Patentamt
EPÜ	Europäisches Patentübereinkommen
E. u. V.	Erfindungs- und Vorschlagswesen
EV (zu WuW/E)	Europäische Verträge
evtl.	eventuell
EWG, EG	Europäische Wirtschaftsgemeinschaft, Europäische Gemeinschaft
EWGV	EWG-Vertrag
EWIW	Europäische Wirtschaftliche Interessenvereinigung
EWS	Europäisches Wirtschafts- und Steuerrecht
ff.	folgende
Fußn.	Fußnote
GebrMG, GbmG	Gebrauchsmustergesetz (BGBl. I 1968 S. 24)

G.E.I.E.	Groupement Européen d'Intérêt Économique
gem.	gemäß
GG	Grundgesetz
ggf.	gegebenenfalls
GPÜ	Gemeinschaftspatentübereinkommen (BGBl. II 1979 S. 833)
GRUR	Gewerblicher Rechtsschutz und Urheberrecht
GRUR Int.	Gewerblicher Rechtsschutz und Urheberrecht, Auslands- und internationaler Teil
GVG	Gerichtsverfassungsgesetz (BGBl. I 1975 S. 1077)
GWB	Gesetz gegen Wettbewerbsbeschränkungen (BGBl. I 1980 S. 1761)
GVO	Gruppenfreistellungsverordnung
HGB	Handelsgesetzbuch
h. L.	herrschende Lehre
h. M.	herrschende Meinung
i. d. F.	in der Fassung
i. d. S.	in diesem Sinne
i. e. S.	in engerem Sinne
IHK	Internationale Handelskammer
IIC	International Review of Industrial Property and Copyright
intern.	international
Int. Bus. Law.	International Business Lawyer
InvZulG	Investitionszulagengesetz 1986 (BGBl. I 1986 S. 231) und 1991 (BGBl. I 1991 S. 1322)
IPR	Internationales Privatrecht
IPRG	Gesetz zur Neuregelung des Internationalen Privatrechts (BGBl. I 1986 S. 1142)
IPRspr.	die deutsche Rechtsprechung auf dem Gebiet des internationalen Privatrechts
i. V. m.	in Verbindung mit
li. Sp.	linke Spalte
JR	Juristische Rundschau
JW	Juristische Wochenschrift
JZ	Juristenzeitung
Kap.	Kapitel
KG	Kammergericht
KO	Konkursordnung (RGBl. 1898 S. 612)
KOM.	Kommission der EG
KStG	Körperschaftsteuergesetz
KStR	Körperschaftsteuerrecht
les Nouvelles	les Nouvelles, Journal of the Licensing Executives Society
LG	Landgericht
LM	Lindenmaier-Möhring, Sammlung von Entscheidungen des Bundesgerichtshofs
MDR	Monatsschrift für Deutsches Recht

Mitt.	Mitteilungen des Verbandes deutscher Patentanwälte
MRG	Militärregierungsgesetz
MUV	Montanunion-Vertrag
MuW	Markenschutz und Wettbewerb
mwN	mit weiteren Nachweisen
MWSt	Mehrwertsteuer
NJW	Neue Juristische Wochenschrift
Nr.	Nummer
OLG	Oberlandesgericht
OLGE	Sammlung der Rechtsprechung der Oberlandesgerichte
ORGALIME	Organisme de Liaison des Industries Métalliques Européennes
PatBl.	Patentblatt
PatG	Patentgesetz (BGBl. I 1981 S. 1)
PMZ, Bl. f.	Blatt für Patent-, Muster- und Zeichenwesen
PVÜ	Pariser Verbandsübereinkunft zum Schutz des gewerblichen Eigentums
RabelsZ	Rabels Zeitschrift für ausländisches und internationales Privatrecht
Rdnr.	Randnummer
re. Sp.	rechte Spalte
Rev. trim. dr. europ.	Revue Trimestrielle de Droit Européen
RG	Reichsgericht
RGBl.	Reichsgesetzblatt
RGZ	Entscheidungen des Reichsgerichts in Zivilsachen
RIW/AWD	Recht der Internationalen Wirtschaft/Außenwirtschaftsdienst des Betriebs-Beraters
Rs.	Rechtssache
RStBl.	Reichssteuerblatt
s.	siehe
S.	Seite
SeuffArch	J. A. Seuffert's Archiv für Entscheidungen der obersten Gerichte in den deutschen Staaten
Slg.	Sammlung
sog.	sogenannte
Swiss Rev. of Intern. Comp. Law	Swiss Review of International Competition Law
Tz.	Textziffer
u. ä.	und ähnliches
UrhG	Urheberrechtsgesetz (BGBl. I 1965 S. 1273)
UStG	Umsatzsteuergesetz
usw.	und so weiter
u. U.	unter Umständen
UWG	Gesetz gegen den unlauteren Wettbewerb (RGBl. 1909 S. 499)

VDMA	Verband Deutscher Maschinen- und Anlagenbau e. V.
vgl.	vergleiche
VO	Verordnung
VPP-Rundbrief	Deutscher Verband der Patentingenieure und Patentassessoren e. V. – Rundbrief
VStR	Vermögensteuer-Richtlinien
WarnRspr	Warneyers Jahrbuch der Entscheidungen
WM	Wertpapiermitteilungen
WRP	Wettbewerb in Recht und Praxis
WuW	Wirtschaft und Wettbewerb
WuW/E oder WuWE BKartA	Wirtschaft und Wettbewerb (Entscheidungssammlung zum Kartellrecht)
WZG	Warenzeichengesetz (BGBl. I 1968 S. 29)
z. B.	zum Beispiel
Zeitschr.	Zeitschrift
ZHR	Zeitschrift für das gesamte Handelsrecht und Wirtschaftsrecht
Ziff.	Ziffer
ZIP	Zeitschrift für Wirtschaftsrecht und Insolvenzpraxis
z. Zt.	zur Zeit

Einleitung:
Die Bedeutung des Lizenzvertrages

Der Lizenzvertrag hat im modernen Geschäftsleben eine wesentliche **1** Bedeutung erlangt, die ständig zunimmt[1]. Dies gilt sowohl für Firmen innerhalb der Bundesrepublik als auch im Verhältnis der Industrieländer untereinander und auch im Verhältnis der Industrieländer zu den Entwicklungsländern. Die Bedeutung der Lizenzverträge läßt sich sowohl aus den zahlreichen Entscheidungen und Mitteilungen über Lizenzverträge entnehmen als auch aus der Entscheidung der Kommission der Europäischen Gemeinschaften, Gruppenfreistellungsverordnungen für Patentlizenzverträge und für Know-How-Verträge zu erlassen[2]. Nicht zuletzt ist in diesem Zusammenhang darauf zu verweisen, daß auch die Entwicklungsländer (Gruppe der 77) in der sog. Aruscha-Deklaration[3] die Bedeutung der Übernahme von Technologie und damit die Bedeutung der Lizenzverträge betonen[4].

Dementsprechend erheblich ist der Umfang des Austausches von patentierter Technologie. Das Volumen des Handels mit Lizenzen in der Bundesrepublik belief sich z. B. für das Jahr 1988 auf ein Gesamtvolumen von 6,8 Milliarden DM, wovon freilich der größte Teil, nämlich 4,8 Milliarden DM, für die Einfuhr von Technologie aufgewendet wurde[5].

---

1 Vgl. *Stumpf*, GRUR Int. 1977 S. 441 ff.; *Pioch*, GRUR Int. 1982 S. 610 und *Rahn*, GRUR Int. 1982 S. 577 zur Bedeutung des Lizenzvertrags im Verhältnis BRD – Japan; vgl. auch die Richtlinien der japanischen Fair Trade Commission zu Patentlizenz- und Know-How-Verträgen vom 15. 2. 1989, GRUR Int. 1989 S. 858, GRUR Int. 1990 S. 889 und den Wortlaut mit Kommentar von Ohara, IIC 1990 S. 645.
2 Vgl. ABl. L 219 vom 16. 8. 1984 S. 15, berichtigt in ABl. L 280 vom 22. 10. 1985 S. 32 (Gruppenfreistellungsverordnung Patentlizenzverträge), ABl. 1989 L 61 S. 1 (Gruppenfreistellungsverordnung Know-How-Verträge); Monatsberichte der Deutschen Bundesbank, Mai 1990 S. 28 ff. und *Henn*, Patent- und Know-How-Lizenzvertrag, 2. Aufl. 1989, S. 2.
3 Im Rahmen der Ausarbeitung eines UNCTAD-Verhaltenscodex für den Technologietransfer.
4 Aruscha-Deklaration vom 26. 2. 1979, Item 13 a, International code of conduct on the transfer of technology, Pkt. 1.
5 Monatsberichte der Deutschen Bundesbank, Mai 1990 S. 32; siehe auch zu Lizenzinformationssystemen *Reinelt*, GRUR 1985 S. 173; *ders.*, GRUR 1986 S. 504; zur Bedeutung von Erfindungen aus der Rüstungsindustrie *Koch*, BB 1989 S. 1138; zur Bedeutung des Erfindungs-, Patent- und Lizenzwesens in deutschen Großforschungseinrichtungen vgl. *Gottlob*, GRUR Int. 1991 S. 885.

2 Die Gründe für den Abschluß von Lizenzverträgen sind verschiedener Art. So kann es sein, daß ein Erfinder selbst nicht in der Lage ist, ein Patent auszuwerten, da er nicht über das nötige Kapital und die erforderlichen Fabrikationsanlagen verfügt. Will er sein Patent verwerten, ohne es ganz zu veräußern, so bietet sich an, das Recht zur Herstellung seiner Erfindung gegen Zahlung einer Entschädigung einem Unternehmer zu lizenzieren.

3 Auch Industrieunternehmen lassen ihre patentierten Erfindungen in zunehmendem Maße durch andere Firmen im Ausland herstellen. Wichtige Gründe hierfür sind z. B., daß die Produktionskosten, beispielsweise die Lohnkosten, im Ausland wesentlich niedriger sind und billige Rohstoffe vorhanden sind, deren Bearbeitung an Ort und Stelle kostengünstiger ist als am Sitz des Lizenzgebers[6]. Ein weiterer Grund für die Lizenzvergabe kann die Einfuhrpolitik bestimmter Länder sein, wenn diese beispielsweise die Einfuhr bestimmter industrieller Erzeugnisse erschweren oder verbieten, die Lizenzerteilung an ihre Staatsangehörigen dagegen zulassen. In diesen Ländern herrscht häufig Devisenknappheit. Sie versuchen deshalb, Güter selbst herzustellen, sind jedoch aus eigener Kraft dazu nicht immer imstande. Ein Nachbau von Erzeugnissen – soweit ein Patentschutz nicht gegeben ist – ist insbesondere in Entwicklungsländern jedoch aus technischen Gründen nicht ohne weiteres möglich. Man hilft sich insoweit durch den Abschluß von Verträgen, durch die der Lizenzgeber verpflichtet wird, technische Hilfe zu leisten, indem er seine Konstruktionsunterlagen, Herstellungsunterlagen, Zeichnungen, Anweisungen und dgl. zur Verfügung stellt und den Lizenznehmer bei der Herstellung berät. Unter Umständen geht man auch noch weiter und verpflichtet den Lizenzgeber, Fachkräfte, die den Aufbau der Produktion überwachen, zu entsenden und Arbeiter des Lizenznehmers in seinem Betrieb auszubilden. Auch die Lieferung von Werkzeugen, Maschinen, Produkten, die im Land selbst nicht hergestellt werden können, und Vorrichtungen sowie die Überlassung von Warenzeichen werden vereinbart.

4 Für den Lizenznehmer wird es jedoch auch oft darum gehen, eine Kapazitätslücke zu schließen, die sich daraus ergibt, daß der Lizenznehmer nicht über die erforderlichen Forschungs- und Entwicklungskapazitäten verfügt, die für eine sinnvolle Produktionsaufnahme notwendig wäre. Vor allem verkürzt sich jedoch der technologische Rückstand des Lizenznehmers, d. h. für den Lizenznehmer ist die neue Technologie

---

6 Vgl. *Stumpf*, GRUR Int. 1977 S. 441.

ohne riskante und kostspielige eigene Forschungsaufwendungen unmittelbar verfügbar, wobei er ggf. sofort auch auf die Neu- und Weiterentwicklungen zurückgreifen kann. Dabei kann der Erwerb von Technologie dazu dienen, eine Produktion neu aufzubauen, aber auch sie zu ergänzen, zu verbessern oder zu erweitern. Ein weiteres Motiv kann auch die Abrundung einer vorhandenen Produktpalette durch ein weiteres Produkt sein, da es insbesondere in diesen Fällen häufig einfacher ist, entsprechende fertige Entwicklungen zu erwerben als zu versuchen, sie selber zu erarbeiten.

Der Abschluß von Lizenzverträgen kann daher der Rationalisierung **5** dienen, indem Firmen der gleichen Branche jeweils ihre Forschung auf ein bestimmtes Gebiet konzentrieren und sich dann gegenseitig die Ergebnisse ihrer Arbeit zur Verwertung im Wege der Lizenz zur Verfügung stellen. In diesen Fällen wird häufig eine Rationalisierungsvereinbarung vorliegen, die entweder ein gem. § 5 a GWB anmeldepflichtiges Spezialisierungskartell oder ein gem. § 5 GWB genehmigungspflichtiges Rationalisierungskartell darstellt. Bei internationalen Verträgen ist auch das EWG-Kartellrecht zu beachten[7].

Parallel zu dem Patentschutz, der auch heute noch das einfachste, **6** billigste, umfassendste und wirksamste System staatlicher Innovationsförderung darstellt[8], wird der Abschluß von Lizenzverträgen vom Gesetzgeber ebenfalls gefördert, um die Entwicklung der Industrie voranzutreiben. Dieser ermäßigt die Jahresgebühren auf die Hälfte, wenn der Patentinhaber seine allgemeine Lizenzbereitschaft erklärt, d. h. wenn er sich bereit erklärt, jedermann die Benutzung der Erfindung gegen angemessene Vergütung zu gestatten[9].

---

7 Vgl. im einzelnen Rdnr. S 83 ff., 592 ff.
8 Vgl. *Beier*, GRUR Int. 1979 S. 234; *Oppenländer*, GRUR Int. 1982 S. 598 ff.; vgl. auch *Beier* zum Gewerblichen Rechtsschutz für moderne biotechnologische Verfahren und Produkte, GRUR Int. 1990 S. 219 und BPatG, 7. 6. 1991 „Human-Immuninterferon" Mitt. 1991 S. 243 sowie Entscheidung der Technischen Beschwerdekammer 3.3.2 des EPA, 3. 10. 1990 „Krebsmaus Harvard II", GRUR Int. 1990 S. 978.
9 § 23 PatG Abs. 1 S. 1; vgl. dazu auch *Eggert*, GRUR 1972 S. 231; allerdings hat *Oppenländer* (GRUR 1977 S. 362, 370) in einer Ifo-Untersuchung keine Bedeutung der Erklärung der Lizenzbereitschaft für das Zustandekommen von Lizenzverträgen feststellen können.

7 Nach den Patentgesetzen zahlreicher Länder besteht ferner die Möglichkeit, Zwangslizenzen zu erteilen, wenn dies im öffentlichen Interesse liegt oder bei Nichtausführung der Erfindung in dem betreffenden Land, auch ohne daß ein öffentliches Interesse vorliegt[10].

In manchen Ländern geht man hier noch weiter, indem man bestimmt, daß das Patent erlischt, wenn es nicht im Lande benutzt wird. Eine Ausübung im Sinne dieser Bestimmungen ist dabei nicht darin zu sehen, daß der Patentgegenstand im Ausland hergestellt und in das betreffende Staatgebiet eingeführt wird.

8 Für die Länder, die der Pariser Verbandsübereinkunft zum Schutz des gewerblichen Eigentums vom 20. März 1883[11] in der Stockholmer Fassung vom 14. Juli 1967[12] beigetreten sind, enthält diese in Art. 5A. Abs. 3 in dieser Hinsicht gewisse Schranken, durch die der Verlust des Patents nahezu ausgeschlossen ist. Es heißt dort:

> (3) Der Verfall des Patents kann nur dann vorgesehen werden, wenn die Gewährung von Zwangslizenzen zur Verhütung dieser Mißbräuche nicht ausreichen würde. Vor Ablauf von zwei Jahren seit Gewährung der ersten Zwangslizenz kann kein Verfahren auf Verfall oder Zurücknahme des Patents eingeleitet werden.

Gemäß den Erfordernissen der Pariser Verbandsübereinkunft hat § 24 Abs. 2 des Patentgesetzes folgende Fassung:

> „Das Patent ist, soweit nicht Staatsverträge entgegenstehen, zurückzunehmen, wenn die Erfindung ausschließlich oder hauptsächlich außerhalb Deutschlands ausgeführt wird. Die Zurücknahme kann erst zwei Jahre nach rechtskräftiger Erteilung einer Zwangslizenz und nur dann verlangt werden,

---

10 Für die meisten Länder bildet die Grundlage hierfür die Pariser Verbandsübereinkunft zum Schutze des gewerblichen Eigentums vom 20. März 1883, die in Art. 5 A. Abs. 4 festlegte, daß eine Zwangslizenz vorgesehen werden kann, wenn das Patent mindestens 3 Jahre ab Erteilung nicht ausgeübt worden ist. Dementsprechend schreibt das deutsche Patentgesetz vom 16. 12. 1980 in § 24 Abs. 1 vor: „Weigert sich der Patentsucher oder der Patentinhaber, die Benutzung der Erfindung einem anderen zu gestatten, der sich erbietet, eine angemessene Vergütung zu bezahlen und Sicherheit dafür zu leisten, so ist diesem die Befugnis zur Benutzung zuzusprechen (Zwangslizenz), wenn die Erlaubnis im öffentlichen Interesse geboten ist. Die Erteilung der Zwangslizenz ist erst nach Erteilung des Patentes zulässig. Die Zwangslizenz kann eingeschränkt erteilt und von Bedingungen abhängig gemacht werden."
11 BGBl. 1970 II S. 391.
12 BGBl. 1970 II S. 293.

wenn dem öffentlichen Interesse durch die Erteilung der Zwangslizenz weiterhin nicht genügt werden kann. Diese Einschränkungen gelten jedoch nicht bei Angehörigen eines ausländischen Staates, der hierin keine Gegenseitigkeit gewährt. Die Übertragung des Patentes auf einen anderen ist insofern wirkungslos, als sie nur den Zweck hat, der Zurücknahme zu entgehen."

Das Gemeinschaftspatent-Übereinkommen (GPÜ)[13] kennt keine zentrale Erteilung von Zwangslizenzen an Gemeinschaftspatenten, sondern sieht die Erteilung territorial beschränkter Zwangslizenzen an Gemeinschaftspatenten nach nationalem Recht durch die zuständigen nationalen Behörden[14] vor, wobei allerdings die Zielrichtung entsprechend der Entschließung über eine gemeinsame Regelung für die Erteilung von Zwangslizenzen an Gemeinschaftspatenten auf eine Abschaffung der dezentralisierten Erteilung von Zwangslizenzen zielt[15]. **9**

Zwangslizenzen sind weiterhin in Art. 17 des Euratom-Vertrages vorgesehen, und zwar sowohl zugunsten der Gemeinschaft als auch zugunsten interessierter Dritter, die ihren Sitz in der Gemeinschaft haben. Im letzteren Fall sind die Voraussetzungen strenger[16].

Besondere Bedeutung hat der Lizenzvertrag aufgrund des Gesetzes über Arbeitnehmererfindungen erlangt. Nach diesen gesetzlichen Regelungen hat der Arbeitgeber sowohl die Möglichkeit der unbeschränkten Inanspruchnahme einer Erfindung als auch die Möglichkeit, eine nicht ausschließliche Lizenz zur Benutzung der Diensterfindung zu erwerben, wenn er eine Erfindung nur beschränkt in Anspruch nimmt. Ebenso kann sich der Arbeitgeber bei der Aufgabe von Schutzrechten oder Schutzrechtsanmeldungen ein nicht ausschließliches Nutzungsrecht vorbehalten[17]. **10**

Die Verbindung zwischen Lizenzverträgen und Arbeitnehmererfinderrecht besteht auch dadurch, daß nach den Richtlinien für die Vergütung von Arbeitnehmererfindungen im privaten Dienst die Lizenzana-

---

13 ABl. 1976 L 17, S. 1, welches noch nicht in Kraft getreten ist.
14 Vgl. §§ 46 bis 48 GPÜ; *Henn*, a.a.O., S. 8.
15 Vgl. Entschließung über eine gemeinsame Regelung für die Erteilung von Zwangslizenzen an Gemeinschaftspatenten, abgedruckt in GRUR Int. 1976 S. 249.
16 Vgl. DB 1957 S. 326.
17 Gesetz über Arbeitnehmer-Erfindungen vom 25. 7. 1957 in BGBl. 1957 I S. 756. Vgl. §§ 7 Abs. 2, 14 Abs. 2 u. 3, 16 Abs. 3 ArbEG.

logie eine der wichtigsten Methoden zur Ermittlung der Bemessungsgrundlage des Erfindungswertes ist[18].

11 Der Abschluß eines Lizenzvertrages kann als geeignetes Mittel zur
Beilegung von Patentstreitigkeiten in Frage kommen, sei es, daß ein
Streit über den Schutzumfang eines Patentes entstanden ist oder der
Antrag auf Nichtigkeitserklärung gestellt wurde. Bei unübersichtlicher
Rechtslage kann es hier sinnvoll sein, den Streit dadurch beizulegen, daß
sich die eine Partei verpflichtet, das Patent nicht mehr anzugreifen, die
andere als Gegenleistung hierfür eine Lizenz einräumt[19].

12 Die Software ist in den letzten Jahren immer stärker in das Wirtschaftsle-
ben, aber auch in das private Umfeld integriert worden. Simple Compu-
terspiele, Textverarbeitungsprogramme oder komplizierte Simulations-
und Steuerungsprogramme haben sich ihren Markt erobert und sind aus
einer modernen Industrie- und Dienstleistungsgesellschaft nicht mehr
wegzudenken. Parallel zu dieser Entwicklung entstanden zahlreiche
rechtliche Probleme, die in vielen Fällen noch immer auf ihre Lösung
warten. Es seien hier nur beispielhaft die Frage des geeigneten Softwareschutzes oder das Problem, welcher Vertragstyp bei der Verwertung
einer Software als geeignet erscheint, erwähnt. Von besonderer Bedeutung ist in diesem Zusammenhang u. a. die EG-Richtlinie über den
Rechtsschutz von Computerprogrammen vom 14. 5. 1991[20], die von den
Mitgliedstaaten der EG bis zum 31. 12. 1992 in nationales Recht
umgesetzt werden muß und die unbeschadet etwaiger vor dem 1. 1. 1993
getroffener Vereinbarungen und erworbener Rechte auch auf vor diesem
Zeitpunkt geschaffene Programme Anwendung findet. Die Regelungen
dieser EG-Richtlinie sind also bereits jetzt bei der Gestaltung von
Software-Verträgen zu berücksichtigen. Aufgrund dieser Richtlinie wird
darüber hinaus auch der Urheberrechtsschutz eine noch wichtigere Rolle
als bisher bei der Vermarktung von Software spielen. Gegenstand des
Schutzes der Richtlinie sind Computerprogramme, wenn sie individuelle
Werke in dem Sinne darstellen, daß sie das Ergebnis der eigenen geistigen

---

18 Vgl. Beilage BAnz. Nr. 156; *Gaul/Bartenbach*, Arbeitnehmer-Erfindung und Verbes-
serungsvorschlag, a.a.O., Erläuterung zu RL 15.
19 Während eine solche Vereinbarung nach deutschem Kartellrecht unproblematisch ist
(vgl. z. B. BGH vom 17. 10. 1968 in WuW/E 988), ist bei grenzüberschreitendem
Warenverkehr im Gemeinsamen Markt zu beachten, daß die EG-Kommission auch
derartige Nichtangriffsklauseln als Verstoß gegen Art. 85 Abs. 1 EWG-Vertrag (vgl.
dazu Entscheidung der Kommission vom 10. 1. 1979, GRUR Int. 1979 S. 212; Bulletin
Nr. 6/82 S. 33 in DB 1983 S. 36). Zu der Frage der Nichtangriffsabrede generell vgl.
unten Rdnr. 541 ff., 640, 646, 710, 722.
20 ABl. 1991 L 122/42 ff., Anhang XVI.

Schöpfung ihres Urhebers sind. Zur Bestimmung ihrer Schutzfähigkeit sind keine anderen Kriterien anzuwenden. Das bedeutet, daß ästhetische oder qualitative Merkmale nicht mehr verlangt werden. Diese drastische Verringerung der Anforderungen an den urheberrechtlichen Schutzumfang eines Computerprogramms führt zugleich zu der Konsequenz, daß nicht erst die Individualsoftware, sondern schon die sogenannte Standardsoftware, soweit sie das Ergebnis einer eigenen geistigen Schöpfung im Sinne der Computerprogrammrichtlinie ist, urheberrechtsrelevanten Charakter besitzt. Im übrigen stellen sich in vielen Fällen auch die Fragen, die bei Patent- und Know-How-Lizenzverträgen zu finden sind.

A. Inhalt, Rechtsnatur und Arten
des Lizenzvertrages

I. Einräumung eines positiven Rechtes

1. An Schutzrechten

13 Der Lizenzvertrag hat im deutschen Recht lange Zeit überhaupt keine ausdrückliche gesetzliche Regelung gefunden. Lediglich in § 15 Abs. 1 des Patentgesetzes in der Fassung vom 2. 1. 1968, der die Zwangslizenz betrifft, wurde der Begriff der Lizenz überhaupt verwendet. Ferner sprach § 14 Abs. 1 a.f. PatG von der Bereitschaft des Patentinhabers, jedermann die Benutzung der Erfindung gegen angemessene Vergütung zu gestatten. Als maßgebliche Grundlage des Lizenzrechtes wurde § 9 Satz 2 a.F. PatG angesehen, obwohl auch diese Vorschrift den Begriff der Lizenz nicht ausdrücklich erwähnte, sondern die beschränkte oder unbeschränkte Übertragbarkeit von Patenten regelte[1].

Diese Situation hat sich durch die geltende Neufassung des Patentgesetzes, das sog. Patentgesetz 1981[2], grundsätzlich geändert. Die Regelung des § 15 Abs. 2 PatG enthält nunmehr die ausdrückliche Regelung, daß Patentrechte[3] ganz oder teilweise Gegenstand von ausschließlichen oder nicht ausschließlichen Lizenzen sein können. Auf diese Weise hat nunmehr die grundsätzliche Möglichkeit der Lizenzvergabe im Sinne einer ausdrücklichen Klarstellung[4] ihren Niederschlag im Gesetz gefunden. Über Inhalt und ggf. Ausgestaltung der Lizenzen existieren jedoch keine gesetzlichen Regelungen. Es bleibt nach wie vor der Rechtsprechung und Literatur überlassen, den Begriff sowie den Inhalt der Lizenz näher zu bezeichnen.

14 Eigentümlich ist allen Lizenzverträgen zunächst ein gewisses Wagnis. Für den Lizenznehmer kann es darin bestehen, daß die wirtschaftliche Verwertbarkeit des Schutzrechtes im voraus oft nicht mit Sicherheit abgeschätzt werden kann. Der Lizenzgeber kann sich über die in die

---

1 Vgl. dazu *Klauer/Möhring*, PatG, a.a.O., Rdnr. 21 zu § 9.
2 In der Fassung vom 16. 12. 1980, BGBl. 1981 I S. 1.
3 Das heißt nach dem Gesetzeswortlaut „Der Anspruch auf Erteilung des Patents und das Recht aus dem Patent".
4 Vgl. BT-Drucks. 8/2087 S. 25; vgl. auch Art. 43 Abs. 1, 2 GPÜ.

Leistungen und Fähigkeiten des Lizenznehmers gesetzten Erwartungen täuschen. Dies gilt auch umgekehrt. Für beide Teile ist der Vertrag gewagt, weil er stark in die Zukunft hineinwirkt[5]. Hieraus ergeben sich fast zwangsläufig viele Besonderheiten des Lizenzvertrages gegenüber den sonstigen schuldrechtlichen Verträgen.

Gleichzeitig wird die Aufgabe nach der Einordnung des Lizenzvertrages auch dadurch erschwert, daß es sich z. T. hier um sehr komplizierte Verträge handelt. In früherer Zeit sah man in der Einräumung einer Lizenz lediglich den Verzicht des Inhabers eines gewerblichen Schutzrechtes gegenüber dem Lizenznehmer auf sein Recht, die Ausnutzung des geschützten Gegenstandes zu verbieten[6].

Im Gegensatz dazu wird in der neueren Literatur und Rechtsprechung **15** ganz allgemein die Auffassung vertreten, daß sowohl die Einräumung einer ausschließlichen als auch einer einfachen Lizenz die Einräumung eines positiven Benutzungsrechts bedeutet[7].

Die Neuregelung des § 15 Abs. 2 PatG hat dies nunmehr insofern eindeutig klargestellt, als die Formulierung, daß das Recht an der Erfindung in seinen drei in § 15 Abs. 1 PatG genannten Ausgestaltungsformen Gegenstand einer Lizenz sein kann, deutlich unterstreicht, daß es hier um positive Benutzungsrechte gehen muß.

Im übrigen handelt es sich hierbei um eine Frage, die nicht nur von **16** dogmatischer Bedeutung ist, vielmehr ergeben sich aus ihr wichtige praktische Folgen. Sieht man in der Lizenz nur den Verzicht des Lizenzgebers auf sein Recht, die Benutzung des Gegenstandes der Erfindung zu verbieten, so ist diese Verpflichtung lediglich auf eine Unterlassung gerichtet. Hat der Lizenzgeber dem Lizenznehmer dagegen ein positives Recht einzuräumen, so ist es nicht damit getan, daß er es unterläßt, gegen ihn vorzugehen, wenn er den Erfindungsgegenstand benutzt; er hat dann vielmehr alles zu tun, um dem Lizenznehmer die Benutzung des Lizenzgegenstandes zu ermöglichen. Nur aus einem positiven Benutzungsrecht kann man zahlreiche Verpflichtungen des

---

5 *BGH*, 5. 7. 1960, GRUR 1961 S. 27, 28.
6 *Klöppel*, a.a.O., passim; vgl. auch einschränkend *Lichtenstein*, NJW 1965 S. 1839 ff. und die Kritik dazu von *Lüdecke*, NJW 1966 S. 815 ff.; *RG*, 17. 12. 1886, RGZ 17 S. 53.
7 *Kohler*, a.a.O., S. 509; *Isay*, a.a.O., Anm. 31 zu § 6; *Pietzcker*, a.a.O., Anm. 16 u. 18 zu § 6; *Klauer/Möhring*, PatG, a.a.O., Anm. 23 zu § 9; *Krausse/Katluhn*, a.a.O., Anm. 37 zu § 9; *Kisch*, a.a.O., S. 215; *Rasch*, a.a.O., S. 6; *Lüdecke/Fischer*, a.a.O., S. 370; *Lichtenberg*, NJW 1964, S. 1345 (1346); *Benkard*, PatG, a.a.O., Rdnr. 5 zu § 9 mwN.; *RG*, 18. 8. 1937, RGZ 155 S. 306.

Lizenzgebers, die allgemein bejaht werden, ableiten[8]. Schließlich kann man eine Haftung des Lizenzgebers für Sachmängel[9] nur aus einem positiven Recht herleiten, das der Lizenzgeber dem Lizenznehmer einzuräumen hat.

2. Erfindungen, für die noch kein Schutzrecht angemeldet ist oder ein Schutzrecht angemeldet, aber noch nicht erteilt ist

17   Da nicht nur das Patent selbst, sondern die Erfindungsrechte in ihren verschiedenen Entwicklungsstufen übertragbar sind[10], ist unbestritten, daß auch Lizenzen an Erfindungen, die noch nicht zum Schutzrecht angemeldet wurden oder zwar angemeldet, aber für die noch kein Patent erteilt worden ist, eingeräumt werden können[11]. Bei derartigen Lizenzverträgen empfiehlt sich jedoch, im Vertrag genau zu bestimmen, was gemeint ist. Dabei sind insbesondere drei Möglichkeiten denkbar:

a) Eine Lizenz soll eingeräumt werden, gleichgültig ob das Schutzrecht erteilt wird oder nicht. Dies kommt vor allen Dingen in Betracht, wenn es den Vertragschließenden in erster Linie auf ein evtl. zugrundeliegendes Know-how ankommt[12]. Große praktische Bedeutung hat dies auch insoweit, als zukünftige Verbesserungen und Weiterentwicklungen Gegenstand von Lizenzverträgen sind[13].

b) Werden solche Vereinbarungen nicht getroffen, haftet der Lizenzgeber regelmäßig nicht dafür, daß das beantragte Patent auch erteilt wird, es sei denn, daß ausdrücklich etwas anderes vereinbart wurde, z. B. Zusicherungen hinsichtlich der Patentfähigkeit gegeben wurden[14]. Allerdings hängen bei Fehlen genauer Vereinbarungen die Rechtsfolgen sehr von den Umständen des Einzelfalles ab. Der Bundesgerichtshof verweist in seiner Entscheidung vom 23. 3. 1982[15] darauf, daß bei einem Lizenzvertrag, der ein Dauerschuldverhältnis

---

8 Vgl. unten Rdnr. 36, 358 f.
9 Vgl. unten Rdnr. 291 ff.
10 Vgl. dazu *BGH,* 23. 3. 1982, NJW 1982 S. 2861; *BGH,* 24. 6. 1952, GRUR 1953 S. 29, 32; *BGH,* 16. 11. 1954, GRUR 1955 S. 286, 289.
11 *BGH,* 26. 6. 1969, GRUR 1969 S. 677; *BGH,* 17. 3. 1961, GRUR 1961 S. 466, 468.
12 Wird kein Schutzrecht erteilt, ergeben sich im Hinblick auf das mit der Veröffentlichung verbundene Problem der Offenkundigkeit für das Know-How erhebliche Probleme, vgl. dazu *Stumpf,* Der Know-How-Vertrag, a.a.O., Rdnr. 259 ff.
13 Vgl. dazu *BGH,* 29. 1. 1957, GRUR 1957 S. 485, 487.
14 *Klauer/Möhring,* PatG, a.a.O., Rdnr. 84 zu § 9; *Benkard,* PatG, a.a.O., Rdnr. 113 zu § 15; ständige Rechtsprechung des *BGH,* vgl. zuletzt BGHZ 86 S. 330, 334.
15 *BGH,* 23. 3. 1982, NJW 1982 S. 2861, 2863; siehe auch *Benkard,* PatG, a.a.O., Rdnr. 123 f. zu § 15.

darstellt, im Zweifel der Geschäftswille der Parteien auf den gemeinsamen Vorstellungen von dem Fortbestehen derjenigen Umstände aufbaut, die den Lizenznehmer in die Lage versetzen, den wirtschaftlichen Vorteil wahrzunehmen, den ihm die Lizenz während der Vertragsdauer verschafft. Es liege daher nahe, die Grundsätze vom Wegfall der Geschäftsgrundlage heranzuziehen, wenn und soweit der Lizenznehmer der ihm durch den Lizenzvertrag verschafften „Vorzugsstellung" gegenüber den Mitbewerbern dadurch verlustig geht, daß diese infolge einer offenbar oder wahrscheinlich gewordenen Schutzunfähigkeit oder Nichtigkeit das lizenzierte Schutzrecht nicht mehr respektieren, sondern, ohne eine Verletzungsklage befürchten zu müssen, nach ihm arbeiten. Das gleiche Ergebnis dürfte sich im übrigen aus der Anwendung der allgemeinen Rechtsgrundsätze über die Unmöglichkeit ergeben[16].

c) Weiterhin ist es möglich, daß der Lizenzgeber sich verpflichtet, für den Fall der Erteilung des Schutzrechtes eine Lizenz einzuräumen. Dabei sollte bei Vertragsschluß klar zum Ausdruck kommen, daß die Verpflichtung zur Einräumung der Lizenz nur für den Fall der Schutzrechtserteilung besteht, also unter einer Bedingung. Tritt die Bedingung dann nicht ein, so ist der Lizenzgeber frei, ohne daß ihn eine Haftung treffen könnte. Ist im Vertrag nicht genügend bestimmt, was gewollt ist, so ist nach der Meinung von Pietzcker und Reimer im Zweifel anzunehmen, daß die Lizenz sofort erteilt ist und es somit bei der Erteilung des Schutzrechtes keiner Einräumung der Lizenz mehr bedarf. Voraussetzung für die Wirkung solcher Vereinbarungen ist immer, daß die Erfindung, für die die Lizenz eingeräumt werden soll, genügend bestimmt ist[17].

3. An einem Know-How

Es ist heute unbestritten, daß auch Gegenstände, für die kein Schutz-   **18**
recht erworben werden kann, Dritten durch einen sog. Know-How-Vertrag zur Verwertung überlassen werden können[18]. Der Begriff des Know-How kann dabei wie folgt definiert werden:

---

16 Vgl. dazu unten Rdnr. 73, 74.
17 *Pietzcker*, a.a.O., Anm. 2, 7, 16 zu § 6; *Reimer*, PatG, a.a.O., Anm. 21 zu § 9; *Krausse/Katluhn/Lindenmaier*, a.a.O., Anm. 17 zu § 9; *Benkard*, PatG, a.a.O., Rdnr. 6 zu § 15 mwN.
18 Vgl. dazu *Stumpf*, Der Know-How-Vertrag, a.a.O., Rdnr. 1 ff.

Es ist Wissen, das nicht durch gewerbliche Schutzrechte geschützt ist. Meist liegt ein Geheimnis vor. Dies ist jedoch nicht Voraussetzung. Es kommt darauf an, ob der Know-How-Nehmer ohne einen Vertrag Zugang zu diesem Wissen hat. Neben technischem Wissen kommen auch kaufmännische und betriebswirtschaftliche Kenntnisse in Betracht. Unter Know-How sind daher technische, kaufmännische und betriebswirtschaftliche Kenntnisse und Erfahrungen zu verstehen, deren Benutzung dem Know-How-Nehmer Produktion und Vertrieb von Gegenständen, aber auch sonstige betriebliche Tätigkeiten, wie Organisation und Verwaltung, gestattet bzw. ermöglicht[19].

Auch Verträge über zum Patent angemeldete Erfindungen, die noch nicht offengelegt worden sind, sind als Know-How-Verträge zu werten. Solange eine Veröffentlichung nicht vorgenommen worden ist, liegt ein Geheimnis vor, das Gegenstand eines Know-How-Vertrages sein kann. Mit der Offenlegung tritt an die Stelle des Geheimnisses der vorläufige Schutz, der veröffentlichten Patentanmeldungen gewährt wird[20]. Der Know-How-Vertrag wird von diesem Zeitpunkt an umgewandelt in einen Lizenzvertrag für ein vorläufiges Schutzrecht; mit der Patenterteilung wird er zum Patentlizenzvertrag[21].

Im Zusammenhang mit der Übertragung von Know-How sollte dabei nicht übersehen werden, daß aufgrund des Fehlens der Schutzrechte ein allgemeines Verbotsrecht des Inhabers des Know-How nicht besteht. Nachbau und Nachahmung sind nach dem Wettbewerbsrecht fast aller Länder in weitem Umfang zulässig, es sei denn, daß besondere Umstände vorliegen, durch die der Nachbau und die Nachahmung unlauter werden[21].

II. Rechtsnatur

1. Darstellung der verschiedenen Auffassungen

19   Hiermit ist jedoch noch nicht geklärt, welche Rechtsnatur der Lizenzvertrag hat. Sowohl im Schrifttum als auch in der Rechtsprechung wurden hierzu die verschiedensten Auffassungen vertreten. Man sah in

---

19 *Stumpf,* Der Know-How-Vertrag, a.a.O., insb. Rdnr. 4 ff., Rdnr. 10; siehe zum engeren EG-kartellrechtlichen Know-How-Begriff Rdnr. 606, 616 f., 684 f.

20 § 33 PatG.

21 Vgl. *Stumpf,* Der Know-How-Vertrag, a.a.O., Rdnr. 10, vgl. dazu auch Beschluß der Internationalen Vereinigung für gewerblichen Rechtsschutz, GRUR Int. 1974 S. 358, 362; vgl. auch *Luizzo,* GRUR Int. 1983 S. 20 ff., 25.

ihm einen Rechtskauf[22], eine Miete[23], eine Pacht[24] oder einen Gesellschaftsvertrag. Es wurde auch die Meinung vertreten, daß es sich bei der Lizenz nicht um einen besonderen Vertragstyp handelt, sondern um einen Sammelnamen für Vertragsformen, die sich auf die Ausnützung eines Patents beziehen, ohne daß der Inhaber des Patents das Patentrecht als solches völlig verliert. Je nach Sachlage könnten die Rechtsnormen aus verschiedenen Vertragstypen zur entsprechenden Anwendung herangezogen werden[25]. In neuerer Zeit wird im Lizenzvertrag überwiegend ein Vertrag besonderer Art gesehen, der im Gesetz nicht ausdrücklich geregelt wurde[26]. Dies ist auch die im heutigen Schrifttum herrschende Auffassung[27].

2. Stellungnahme

Gegen die Annahme eines Kaufvertrages spricht, daß der Lizenzgeber **20** sich nicht verpflichtet, über das ganze Pachtrecht zu verfügen, sondern lediglich einen Teil seines Rechtes, nämlich die Befugnis zur Benut-

---

22 Vgl. *RG*, 5. 5. 1911, RGZ 76, S. 235; so auch *Seligsohn*, a.a.O., Anm. 6 zu § 6, für ausschließliche Lizenzen; fraglich *BGH*, 17. 3. 1961, GRUR 1961 S. 466; in seiner Entscheidung vom 23. 3. 1982, NJW 1982 S. 2861 lehnt der *BGH* ausdrücklich die Anwendung der kaufrechtlichen Vorschriften ab.

23 *Munk*, a.a.O., S. 21.

24 Vgl. *RG*, 5. 5. 1911, RGZ 76 S. 235; *RG*, 17. 4. 1917, *RGZ* 90 S. 162; *RG*, 4. 2. 1927, RGZ 116 S. 78; in *RG*, 28. 9. 1928, RGZ 122 S. 70, 73 ff., wird ausgeführt: Die Annahme, der Lizenzvertrag sei kein Pachtvertrag, sondern ein Vertrag eigener Art, auf den nur gewisse Grundsätze des Pachtvertrages entsprechend anzuwenden seien, ist abzulehnen, wenn es auch richtig ist, daß bei Anwendung der Rechtsregeln über die Pacht der Eigenart des Lizenzvertrags und dem Parteiwillen Rechnung zu tragen ist; *Kohler*, a.a.O., S. 589; *Finger*, GRUR 1916 S. 17 ff.; *Allfeld*, Kommentar zu den Reichsgesetzen über das gewerbliche Urheberrecht, 1904 S. 121, 122; *Staudinger*, a.a.O., Vorbem. zu §§ 535, 536 Rdnr. 76; *Palandt*, a.a.O., Einf. v. § 581 Rdnr. 7.

25 *Damme/Lutter*, a.a.O., S. 487.

26 Vgl. *RG*, 1. 5. 1911, RGZ 75 S. 400; *RG*, 12. 4. 1913, RGZ 82 S. 155; *RG*, 26. 10. 1929, RGZ 126 S. 65; *RG*, 11. 11. 1933, RGZ 142 S. 212; *RG*, 18. 8. 1937, RGZ 155 S. 306; *RG*, 25. 8. 1937, GRUR 1939 S. 377; *RG*, 1. 8. 1938, GRUR 1939 S. 700; *BGH*, 25. 10. 1957, BGHZ 26 S. 7; *BGH*, 5. 7. 1960, GRUR 1961 S. 27 ff.; *BGH*, 11. 6. 1970, GRUR 1970 S. 547; *BGH*, 28. 6. 1979, GRUR 1979 S. 768; vgl. auch *Benkard*, PatG, a.a.O., Rdnr. 49 zu § 15; *Pagenberg/Geissler*, a.a.O., S. 70 Rdnr. 51, *Henn*, a.a.O., S. 51 ff. und Münchener Kommentar, a.a.O., vor § 581 Rdnr. 14 mwN.

27 *Isay*, a.a.O., Anm. 10 zu § 6; *Kisch*, a.a.O., S. 216; *Krausse/Katluhn/Lindenmaier*, a.a.O., Anm. 28 zu § 9; *Klauer/Möhring*, PatG, a.a.O., Anm. 24 zu § 9; *Lutter*, a.a.O., S. 172; *Rasch*, a.a.O., S. 120; *Reimer*, PatG Anm. 5 zu § 9; *Hübner*, GRUR 1937 S. 902; *Lüdecke/Fischer*, a.a.O., S. 32; *Nirk*, GRUR 1970 S. 329; *Gaul/Bartenbach*, a.a.O., K 13 ff.

zung, abzuspalten. Bei der Abspaltung von Teilen eines Rechtes kann jedoch nicht von einem Kauf gesprochen werden, zumal wesentliche Teilrechte beim Lizenzgeber verbleiben oder an andere Dritte lizenziert werden können. Selbst wenn der Lizenzgeber durch vergebene Lizenzen die gesamten Nutzungsmöglichkeiten des Patentes erschöpft, bleibt er jedoch weiter Träger des formalen Rechtes als Inhaber, während bei einem Kaufvertrag der Käufer zum Eigentümer an dem veräußerten Recht wird, d. h. ein voller Rechtsübergang eintritt. Hier besteht daher ein wesentlicher Unterschied zwischen Lizenzverträgen gem. § 15 Abs. 2 PatG und dem in § 15 Abs. 1 PatG vorgesehenen Patentkauf. Ein Lizenzvertrag ist – anders als ein Kaufvertrag – kein Austauschverhältnis, das mit der Erbringung der beiderseitigen Leistungen in der Regel abgewickelt und erfüllt ist, sondern ein auf eine vereinbarte Zeit oder auf die Dauer des lizenzierten Schutzrechtes angelegtes Dauerschuldverhältnis[28].

21 Gegen die Annahme einer Miete gem. §§ 535 ff. BGB spricht, daß das deutsche Recht lediglich eine Miete von Sachen und nicht auch von Rechten kennt[29].

22 Ein Gesellschaftsvertrag kann nur vorliegen, wenn die Parteien über die Verpflichtung zur Einräumung eines Nutzungsrechtes gegen Entgelt hinaus noch zusätzliche Abmachungen treffen. Der Abschluß eines Lizenzvertrages, durch den der Lizenzgeber dem Lizenznehmer ein Benutzungsrecht einräumt und der Lizenznehmer sich zur Zahlung einer Lizenzgebühr verpflichtet, reicht – unbeschadet der Tatsache, daß es sich bei einem Lizenzvertrag um ein Dauerschuldverhältnis mit verstärkter Treuebindung und einer sich daraus ergebenden Interessen- und Zweckgemeinschaft handelt – nicht für die Annahme eines gesellschaftsähnlichen Vertragsverhältnisses aus[30]. Entscheidend für die Anwendung der Rechtsvorschriften des Gesellschaftsrechts ist vielmehr, daß die Vertragspartner sich verpflichten, ein gemeinsames Ziel durch Zusammenwirken zu erreichen[31]. Im Rahmen eines Lizenzvertrages verfolgt jedoch jede der Vertragsparteien typischerweise ihre

---

28 *BGH*, 23. 3. 1982, NJW 1982 S. 2861; *Henn*, a.a.O., S. 64 ff.
29 Vgl. *RG*, 11. 11. 1933, RGZ 142 S. 212, 213; vgl. auch *Gaul/Bartenbach*, a.a.O., K 15 und *Henn*, a.a.O., S. 54 ff.
30 *Klauer/Möhring*, PatG, a.a.O., Rdnr. 24 zu § 9 PatG; vgl. auch z. B. *RG*, 28. 9. 1928, RGZ 122 S. 70; *RG*, 11. 11. 1933, RGZ 142 S. 212 und ausführlich *Henn*, a.a.O., S. 61 ff.
31 *BGH*, 23. 9. 1958, BGHZ 28 S. 144; *BGH*, 25. 10. 1957, BGHZ 26 S. 7; *BGH*, 14. 7. 1964, GRUR 1965 S. 135, 137.

eigenen Interessen für sich allein. Der typische Lizenzvertrag ist daher kein Gesellschafts- oder gesellschaftsähnlicher Vertrag[32], obwohl unter besonderen Umständen ein solcher gegeben sein kann[33].

Der größte Teil der aufgezeigten Bedenken besteht bei der Anlehnung **23** an einen Pachtvertrag nicht. Eine Pacht an Rechten ist möglich. Allerdings läßt sich gegen die Zuordnung eines Lizenzvertrages in den Bereich der Pachtverträge einwenden, daß im Rahmen der Pacht ein Gegenstand nicht gleichzeitig wirksam an mehrere, voneinander völlig unabhängige Personen verpachtet werden kann. Hinzu kommt, daß die Pacht nach deutschem Recht keinen dinglichen Charakter hat, wie dies bei ausschließlichen Lizenzen der Fall ist.

Entscheidend ist jedoch, daß bei der Lizenzvergabe dem Lizenznehmer nur ein Nutzungsrecht eingeräumt wird, während die Inhaberschaft des Rechtes bei dem Lizenzgeber verbleibt. Gleichzeitig wird auf diese Weise zwischen Lizenzgeber und Lizenznehmer ein Dauerschuldverhältnis begründet. Damit werden bei einem Lizenzvertrag die wesentlichen und typischen Merkmale eines Pachtvertrages regelmäßig vorliegen, wenn sich auch einige Besonderheiten nicht leugnen lassen. Diese Besonderheiten des Lizenzvertrages gegenüber einer Pacht sind jedoch nicht derartig, daß man nicht in der Lizenz einen pachtähnlichen Vertrag sehen könnte, da die Pacht in ihrer gesetzlichen Ausgestaltung dem Lizenzvertrag am nächsten kommt[34].

Im konkreten Ergebnis allerdings wird die hier vertretene Auffassung, **24** daß auf den Lizenzvertrag die Vorschriften der Pacht im allgemeinen analog angewendet werden sollen, und nur insofern davon abgewichen werden soll, als dies aufgrund der Eigenart des Lizenzvertrages erforderlich ist, in sehr vielen Punkten mit der Gegenansicht übereinstimmen, die den Lizenzvertrag als einen Vertrag mit eigenem Charakter ansieht und auf ihn allgemeine Rechtsgrundsätze anwenden will[35]. Der Versuch jedoch, die anzuwendenden Rechtsregeln aus „der Natur des

---

32 *Schade*, a.a.O., S. 51; es sind aber derartige gesellschaftsähnliche Verträge z. B. bei einer Forschungsgemeinschaft u. ä. Zusammenschlüssen zur Erfindungsverwertung denkbar; vgl. *Gaul/Bartenbach*, a.a.O., K 17.

33 Vgl. unten Rdnr. 459 f.

34 Vgl. *Benkard*, PatG, a.a.O., Rdnr. 49 zu § 15; *Lutz*, GRUR 1976 S. 331, 334; vgl. auch *Schweizerisches Bundesgericht*, BGE 51 II S. 61; 53 II S. 127 ff., 133; 61 II S. 142 f. und *Henn*, a.a.O., S. 57 f.

35 Dies gilt insbesondere, da auch hier die Regeln über die Pacht ergänzend herangezogen werden, wie z. B. in *BGH*, 11. 6. 1970, GRUR 1970 S. 547 und *BGH*, 28. 6. 1979, GRUR 1979 S. 768.

Vertragsverhältnisses" selbst zu entwickeln[36], bringt eine erhebliche Rechtsunsicherheit mit sich, zumal es in der Rechtsprechung bisher nicht in allen wichtigen Fragen gelungen ist, einheitliche Grundsätze herauszuarbeiten. Auch die Entscheidungen der Gerichte zeigen dementsprechend immer wieder den Versuch, sich an feste Rechtsvorschriften zumindest anzulehnen[37].

Zu einem sichereren Ergebnis führt es, wenn man zunächst den allgemeinen Rahmen gefunden hat, in den ein Lizenzvertrag vom Grundsatz her einzuordnen ist, auch wenn die Umstände des Einzelfalls, die zwangsläufig bei jedem Rechtsverhältnis in Betracht gezogen werden müssen, in Einzelpunkten ggf. Abweichungen erforderlich machen. Wird von Anfang an auf eine systematische Einordnung verzichtet und die Lösung nur auf der Basis allgemeiner Grundsätze gesucht, besteht die Gefahr, daß die Rechtsanwendung feste Grundsätze verliert, nicht mehr vorhersehbar wird und durch die sich daraus ergebende Unkalkulierbarkeit ein zusätzliches Risiko für die Vertragspartner geschaffen wird.

III. Arten der Lizenzverträge

1. Allgemeines

25   Lizenzverträge werden zur Erreichung der verschiedensten Zwecke abgeschlossen. Die Parteien sind in der Ausgestaltung des Vertrages im einzelnen weitestgehend frei. Sie können dem Vertrag den Inhalt geben, den sie für ihren besonderen Zweck als besonders sachgemäß ansehen.

In der Praxis haben sich einige Vertragstypen herausgebildet, die sich teilweise erheblich voneinander unterscheiden.

2. Vertriebs-, Herstellungs- und Gebrauchslizenz

26   In der Regel wird eine Lizenz sowohl für die Herstellung als auch für den Vertrieb der Ware erteilt. Möglich wäre es jedoch auch, die Lizenz auf einzelne Benutzungsarten, z. B. nur auf eine Herstellungslizenz, zu

---

36 *RG*, 1. 3. 1911, RGZ 75 S. 400, 405.
37 Vgl. z. B. *BGH*, 11. 6. 1970, NJW 1970 S. 1503; *BGH*, 28. 6. 1979, GRUR 1979 S. 768 und auch *Pagenberg/Geissler*, a.a.O., S. 70 Rdnr. 51.

beschränken[38]. Schweigt der Vertrag über den Umfang der lizenzierten Befugnisse, so ist anzunehmen, daß Herstellung und Vertrieb gestattet sind[39]. Regelmäßig wird nur dann ein wirtschaftlich sinnvoller Vertrag vorliegen. Nur bei ausdrücklicher Beschränkung auf den einen oder den anderen Bereich kann etwas anderes gelten. Im Zweifel schließt der häufig pauschal verwendete Begriff der Herstellungslizenz alle weiteren Nutzungsarten mit ein[40]. Eine Beschränkung kann allerdings auch dann vorliegen, wenn sich aus den sonstigen Bestimmungen des Vertrages ergibt, daß dem Lizenznehmer nur die eine Befugnis eingeräumt werden soll. So kann die Vereinbarung einer ausschließlichen Abnahmepflicht für den Lizenzgeber gegenüber dem Lizenznehmer dessen Recht zum Vertrieb ausschließen. Prinzipiell ist es aber möglich, daß die Lizenz ihrem Inhalt nach auf jeden Bereich beschränkt werden kann.

Bei der reinen Vertriebslizenz, die gelegentlich als Verkaufs- oder Handelslizenz bezeichnet wird[41], erfolgt die Herstellung allein durch den Lizenzgeber oder einen von ihm eingeschalteten weiteren Unternehmer, wobei die Auslieferung im allgemeinen durch den Lizenznehmer ab Lager des Lizenzgebers erfolgt[42]. Der Lizenznehmer ist also berechtigt, die Ware feilzuhalten, Kaufverhandlungen zu führen, Kaufverträge in eigenem Namen abzuschließen und die Lieferung durchzuführen. Aber auch Dritte darf der Lizenznehmer einschalten, soweit das zur Förderung des Absatzes der Ware notwendig ist. Zweifelhaft ist hier, wieweit die Befugnis des Lizenznehmers zur Einschaltung Dritter im einzelnen reicht. Der Lizenznehmer darf sicher Angestellte seines Betriebes einsetzen; er darf auch Handelsvertreter beauftragen. Schließlich darf er andere Unternehmen zur Mitarbeit heranziehen, die seine eigene Tätigkeit nur vorbereiten oder unterstützen. Hierher gehört etwa die Durchführung von Werbemaßnahmen[43]. Auf der anderen Seite darf der Lizenznehmer nicht seine Rechte aus dem Lizenzvertrag übertragen oder Unterlizenzen erteilen. Das folgt für die einfache Lizenz schon daraus, daß diese in aller Regel

27

---

38 Vgl. *BGH*, 3. 2. 1959, GRUR 1959 S. 528; s. auch *Henn*, a.a.O., S. 78 ff. und *Pagenberg/Geissler*, a.a.O., S. 104 ff.

39 *Lüdecke/Fischer*, a.a.O., S. 407; siehe zum Begriff des Inverkehrbringens auch *OLG Hamburg*, 25. 4. 1985, GRUR 1985 S. 923.

40 *Gaul/Bartenbach*, a.a.O., K 159; *Benkard*, PatG, a.a.O., Rdnr. 31 zu § 9 und Rdnr. 38 zu § 15.

41 *Lüdecke/Fischer*, a.a.O., S. 410; *Henn*, a.a.O., S. 80.

42 *Klauer/Möhring*, PatG, a.a.O., Rdnr. 56 zu § 9; *Henn*, a.a.O., S. 80.

43 *Lüdecke/Fischer*, a.a.O., S. 412, 413; *Haver/Mailänder*, a.a.O., S. 55.

nicht übertragen werden kann, gilt aber im Ergebnis hier in gleicher Weise für die ausschließliche Lizenz[44]. Bei der Vertriebslizenz stehen die persönlichen Beziehungen der Partner zueinander im Vordergrund. Deshalb ist hier regelmäßig davon auszugehen, daß die Parteien des Lizenzvertrags die Lizenz unübertragbar gestalten wollten[45].

Beachtet der Lizenznehmer diese ihm durch den Vertrag auferlegten Grenzen nicht, so begeht er eine Vertragsverletzung. Den gleichen Maßstab sollte man aber auch für solche Maßnahmen des Lizenznehmers anlegen, die im Ergebnis einer Übertragung der Rechte aus dem Vertrag gleichkommen. Entscheidender Gesichtspunkt für eine Beurteilung muß sein, ob der Lizenznehmer noch selbst als der für den Vertrieb der Ware maßgebliche Unternehmer angesehen werden kann oder ob er nur die Rolle eines Vermittlers innehat, wirtschaftlich aber ein anderer den Vertrieb vornimmt. Daher ist auch der Abschluß von Vertragshändler-Verträgen, die dadurch gekennzeichnet sind, daß die Waren im eigenen Namen und auf eigene Rechnung des Vertragshändlers vertrieben werden[46], durch den Lizenznehmer als Vertragsverletzung zu bewerten.

28 Oft ist es schwierig, die Vertriebslizenz von Verträgen abzugrenzen, bei denen der mit dem Vertrieb betraute Unternehmer nur die Funktion eines Händlers hat. Wie sich schon gezeigt hat, können beide Vertragstypen in der wirtschaftlichen Ausgestaltung sehr ähnlich werden. Eine Entscheidung dieser Frage ist aber sehr wichtig. Von ihr hängt der Umfang der Haftung ab, die sich aus einem Verstoß gegen Vertragspflichten ergibt. Liegt ein Lizenzvertrag vor, so kann eine Vertragsverletzung unter gewissen Voraussetzungen gleichzeitig eine Verletzung des Schutzrechtes selbst darstellen[47]. Auch für die Zuständigkeit der Gerichte ist die Natur des Vertrages von Bedeutung[48]. Von wesentlicher Bedeutung ist auch, daß auf Lizenzverträge einerseits und Vertragshändler-Verträge andererseits sehr unterschiedliche kartellrechtliche Vorschriften Anwendung finden[49].

---

44 Vgl. unten Rdnr. 368 f.
45 *Lüdecke/Fischer*, a.a.O., S. 89.
46 Vgl. *Stumpf*, Der Vertragshändler-Vertrag, a.a.O., Rdnr. 1 ff.
47 Vgl. unten Rdnr. 184.
48 *OLG Stuttgart*, 24. 5. 1956, GRUR 1957 S. 121, 122.
49 Zu den kartellrechtlichen Fragen des Vertragshändler-Vertrages vgl. *Stumpf*, Der Vertragshändler-Vertrag, a.a.O., insb. Rdnr. 167 ff.; *Henn*, a.a.O., S. 82.

Für die Abgrenzung will das OLG Stuttgart[50] darauf abstellen, daß bei einem Lizenzvertrag die Rechte aus der Erfindung im Vordergrund ständen, bei einem Vertriebsvertrag dagegen nur die Einräumung eines Verkaufsrechtes Vertragsinhalt sei. Diese Unterscheidung kann jedoch kaum weiterhelfen. Bei einer Vertriebslizenz kann man nicht sicher feststellen, ob tatsächlich die Rechte aus der Erfindung beim Vertragsschluß im Vordergrund gestanden haben.

Mit Sicherheit liegt kein Lizenzvertrag vor, wenn der Händler die **29** Ware verkauft, die in seinem Eigentum steht und die er aus einer Veräußerung erworben hat, die patentrechtlich befugt vorgenommen wurde[51].

In diesem Fall ist keine Lizenzerteilung notwendig, da die Ware durch die Übertragung des Herstellers oder eines anderen Berechtigten auf den Händler patentfrei geworden ist[52]. Eine Verletzung des Schutzrechtes durch den Händler ist nicht mehr möglich. Das gleiche gilt aber auch dann, wenn der Fabrikant das Gut dem Händler als Kommissionsware übergeben hat. Die Ware ist damit ebenfalls in Verkehr gebracht und patentfrei geworden[53]. Der Händler tritt dem Hersteller in diesen Fällen folglich nur auf schuldrechtlicher Ebene entgegen, nicht als Partner eines Lizenzvertrages. Keine entscheidende Rolle spielt es, wer wirtschaftlich den Vertrieb vornimmt[54]. Nimmt man einen Lizenzvertrag immer an, wenn der Händler als der selbständig Handelnde auftritt, so müßte man folgerichtig auch dann einen Vertrag dieser Art verlangen, wenn der Händler die Ware beim Inhaber des Schutzrechts gekauft hat, Eigentum an ihr erworben hat und die Ware durch die Veräußerung patentfrei geworden ist. In diesem Fall bleibt jedoch ein Lizenzvertrag funktionslos, da eine Schutzrechtsverletzung durch den Händler ohnedies nicht möglich ist. Es liegt vielmehr ein reines Veräußerungsgeschäft vor. Die Frage nach der Natur des zwischen Hersteller und Händler geschlossenen Vertrages läßt sich eben nicht – wie Henn meint[55] – unabhängig davon beantworten, ob die Sache patentfrei geworden ist oder nicht. Dies zeigen in der Praxis

50 *OLG Stuttgart*, 24. 5. 1956, GRUR 1957 S. 121; *Henn*, a.a.O., S. 81.
51 Vgl. zu diesem letzten Erfordernis *Tetzner*, NJW 1962 S. 2033, 2036; vgl. auch *BGH*, 12. 6. 1951, GRUR 1951 S. 449, 452; *BGH*, 24. 3. 1987, GRUR 1987 S. 626; *Henn*, a.a.O., S. 81.
52 Vgl. *Tetzner*, NJW 1962 S. 2033.
53 *Lüdecke/Fischer*, a.a.O., S. 412.
54 So aber *Henn*, a.a.O., S. 80 f.
55 *Henn*, a.a.O., S. 80 f.

auch Vereinbarungen, die gelegentlich zur Beilegung von Patentverletzungsklagen getroffen werden. Hier wird vorgesehen, daß eine Partei – ggf. nach Ablauf einer gewissen Aufbrauchfrist – das in Frage stehende Produkt nicht mehr selbst herstellt bzw. von Dritten bezieht, sondern nur noch von der anderen Partei des Rechtsstreites beliefert wird. Hier wird regelmäßig von einer – vergleichsweise vereinbarten – Vertriebslizenz auszugehen sein.

Besteht in den Fällen der reinen „Vertriebslizenz" somit regelmäßig eine schuldrechtliche Verbindung, bei der die Abgrenzung zu Händlerverträgen gelegentlich recht schwierig sein kann, so ist eine Vereinbarung klassischer lizenzvertraglicher Natur wieder notwendig für die Vereinigung von Herstellungs- und Vertriebslizenz. Bei der Erteilung einer Herstellungslizenz fehlt es gerade an einem vorhergehenden Inverkehrbringen der Ware. Der Herstellende bedarf daher für den Vertrieb einer Lizenz.

30 Besondere Arten der Vertriebslizenz sind die Ausfuhr- und die Einfuhrlizenz. Eine Einfuhrlizenz ist vom Grundsatz her notwendig, wenn im Inland ein Schutzrecht für das Importgut besteht[56]; eine Ausfuhrlizenz ist jedenfalls im Grundsatz erforderlich, wenn im Ausland, in das exportiert werden soll, ein Schutzrecht vorliegt. Dieser Grundsatz wird jedoch in den Fällen, in denen ein Lizenzgeber in mehreren Ländern parallele Patente besitzt, in erheblichem Maße durchbrochen. In diesem Fall kann sich der Lizenzgeber nach Auffassung der EG-Kommission und z. T. auch des Europäischen Gerichtshofes aus kartellrechtlichen Gründen nur zum Teil dagegen wehren, daß die lizenzierten Erzeugnisse von einem Mitgliedstaat in den anderen geliefert werden[57].

31 Besondere Probleme ergeben sich, wenn es um den Export einer Ware geht, die nur im Inland geschützt wird. Hier soll nach herrschender Meinung eine Ausfuhrlizenz nicht erforderlich sein. Dies wird aus dem Territorialitätsprinzip abgeleitet, das für Schutzrechte Anwendung finden soll. Bei dieser Begründung wird jedoch übersehen, daß das Territorialitätsprinzip für die hier zugrundeliegende Fallgestaltung

---

56 Das *Hanseatische Oberlandesgericht Hamburg, 25. 10. 1990*, GRUR Int. 1991 S. 301 sieht in der Veräußerung und Versendung vom Ausland in das Inland auf seiten des Veräußerers ein Inverkehrbringen im Inland, sobald die Ware im Inland in die Verfügungsgewalt des Importeurs gelangt. Ohne Bedeutung sei es, ob die Ware im Inland verbleibe oder in ein drittes Land wieder ausgeführt werden solle (nicht rechtskräftig).

57 Zu den Problemen des Exportverbotes bei parallelen Schutzrechten vgl. ausführlich unten Rdnr. 603 ff., 626 ff., 631.

wenig aussagen kann, da es nur besagt, daß im Ausland vorgenommene Handlungen nicht die durch das Schutzrecht geschaffene Position verletzen können, da der Schutz eben nur auf das Inland begrenzt ist.

Bei der Frage des Exportes geht es aber nicht nur um die Beurteilung von Handlungen, die im Ausland vorgenommen wurden, sondern auch um Verhaltensweisen im Inland. Die Lieferung erfolgt vom Inland aus; hier wird der Exporteur zunächst einmal tätig.

Auszugehen ist dabei zunächst davon, daß die Herstellung des patentierten Erzeugnisses im Inland auch dann patentverletzend ist, wenn sie in der Absicht erfolgt, das Produkt nicht im Inland in den Verkehr zu bringen, sondern nur in solche Länder zu exportieren, in denen keine Schutzrechte bestehen[58]. Abgesehen von der unzulässigen Herstellung hat das Reichsgericht in Übereinstimmung mit der herrschenden Meinung in mehreren Entscheidungen darauf hingewiesen, daß eine im Inland zur Versendung und zur Verfrachtung gelangte Ware, deren Endziel das Ausland ist, hiermit zum Gegenstand einer Verkehrsmaßnahme werde, die unter den Begriff des „Inverkehrbringens" gem. § 9 PatG fällt[59].

Selbst in der Anfertigung von Werkstattzeichnungen, die für eine Fertigung im Ausland bestimmt sind, kann ein patentverletzender erster Teilakt der Herstellung zu sehen sein. Ein Vertragsabschluß im Inland über eine vom Inland ins Ausland vorzunehmende Lieferung kann bereits ein patentverletzendes Feilhalten der Ware beinhalten[60]. Daher wird in den dargelegten Fällen zur Vornahme einer Warenlieferung eine Lizenz benötigt, die auch zum Vertrieb der Ware berechtigt, um überhaupt mit dem Export beginnen zu können. Liegt eine solche Lizenz nicht vor, darf ein Vertrieb nicht vorgenommen werden, da sonst eine Schutzrechtsverletzung gegeben sein würde. **32**

Soweit nach den mit dem Lizenznehmer getroffenen Vereinbarungen eine Beschränkung der Vertriebsberechtigung auf das Inland besteht, hätte dies an sich die Konsequenz, daß auch in das Ausland, in dem Schutzrechte nicht bestehen, ein Export nicht vorgenommen werden **33**

---

58 *BGH*, 15. 1. 1957, GRUR 1957 S. 231, 234; vgl. auch *Tetzner*, GRUR 1980 S. 882 m.w.N.; *Henn*, a.a.O., S. 83 f.

59 *RG*, 26. 3. 1902, RGZ 51 S. 139 (142); *RG*, 12. 5. 1923, MuW XXII S. 193, 195; vgl. auch *Reimer*, PatG a.a.O., Anm. 80 zu § 6; *Tetzner*, GRUR 1980 S. 883; a. A. *Klauer/Möhring*, PatG, a.a.O. Rdnr. 101 zu § 6; vgl. auch Rdnr. 528.

60 Zustimmend insoweit *Koch* und *Froschmaier*, GRUR Int. 1965 S. 121, 127, aber teilweise mit anderen Ergebnissen für den Export in EWG-Länder, vgl. dazu auch ausführlich *Tetzner*, GRUR 1980 S. 882 ff.; vgl. Rdnr. 448.

kann. Die Lieferung erhält ihren entscheidenden Charakter durch das ausländische Ziel, so daß die Vornahme des Vertriebes einer besonderen Lizenzerteilung bedürfte. Ist der Exporteur nicht im Besitz dieser Lizenz, so stellt die dennoch vorgenommene Lieferung an sich eine Schutzrechtsverletzung dar[61], da entsprechend den obigen Ausführungen der Lizenznehmer den Rahmen des lizenzierten Schutzrechtes im Inland überschritten hat.

In vielen Fällen wird man allerdings annehmen können, daß dem Exporteur stillschweigend eine Lizenz erteilt ist. Dies kann namentlich der Fall sein, wenn der Lizenzgeber weiß, daß die Ware exportiert werden soll. Aus den genannten Umständen kann sich jedoch ergeben, daß eine Berechtigung zum Export nicht erteilt werden sollte. Diese Lösung vermeidet die sonst unausweichliche Folge, daß sich der Lizenzgeber durch die Lizenzerteilung auf solchen Auslandsmärkten, für die kein selbständiges Schutzrecht besteht, in der Person des Lizenznehmers einen höchst unerwünschten Konkurrenten schafft. Bedenkt man, daß in vielen Fällen eine Lizenz nur erteilt wird, weil der Lizenzgeber auf dem betreffenden Markt infolge staatlicher Maßnahmen selbst nicht tätig werden kann, so wird deutlich, daß eine solche Begrenzung des Vertriebes durchaus sinnvoll sein kann.

Allerdings ist bei derartigen Exportverboten bei fehlenden Parallelpatenten die kartellrechtliche Problematik noch größer als bei Exportverboten generell[62].

Bei der Herstellungslizenz ist dem Lizenznehmer das Recht eingeräumt, den Gegenstand selbst zu produzieren. Auch diese Art der Lizenz wird in ihrer reinen Form nur in Ausnahmefällen vorliegen, etwa bei eigenem Verbrauch des Lizenznehmers. Ist dies nicht der Fall, so wird regelmäßig eine Vereinbarung zwischen Lizenzgeber und -nehmer hinzukommen, die die Abnahme der produzierten Ware sichert. Auch ein Dritter kann zu diesem Zweck dem Vertrag beitreten.

Fehlt es an einer ausdrücklichen Regelung bezüglich der Abnahme, so ist davon auszugehen, daß im Zweifel die Einräumung einer Herstellungslizenz das Recht des Lizenznehmers einschließt, das Erzeugnis auch in Verkehr zu bringen und zu gebrauchen[63].

---

61 Vgl. dazu ausführlich *Tetzner*, GRUR 1980 S. 882 ff.
62 Vgl. dazu unten Rdnr. 528, 631; *Henn*, a.a.O., S. 82.
63 H. M., vgl. *RG*, 26. 2. 1916, GRUR 1916 S. 178; *Gaul/Bartenbach*, a.a.O., K 159; *Krausse/Katluhn/Lindenmaier*, PatG, a.a.O., Rdnr. 33 zu § 9; *Benkard*, PatG, a.a.O., Rdnr. 31 ff. zu § 9, ausführlich zum Begriff des Herstellers unter patentrechtlichen Gesichtspunkten.

Kommt der Lizenzgeber der Verpflichtung zur Abnahme nicht nach,
so treten die Folgen, die auch sonst das Gesetz an den Annahmeverzug
knüpft, ein[64]. Der Lizenznehmer hat dann insbesondere das Recht zur
Vornahme eines Selbsthilfeverkaufs[65]. Abzulehnen ist die abweichende
Ansicht des RG[66]. Folgt man dem RG und läßt die Herstellungsberech-
tigung des Lizenznehmers während der Dauer der Abnahmeverweige-
rung ruhen, so gibt man dem Lizenzgeber ein einfaches Mittel, den
Vertrag einseitig aufzulösen. Verweigert der Lizenzgeber schuldhaft
die Abnahme, so dürfte sogar Schuldnerverzug vorliegen[67], da es sich
bei der Abnahmepflicht um eine ganz wesentliche vertragliche Pflicht
des Lizenzgebers handelt. Der Lizenznehmer hat dann einen Anspruch
auf Ersatz des Schadens, der ihm durch die Verweigerung der
Abnahme entstanden ist; er kann auch seinerseits den Vertrag auflösen[68].

Die Herstellungslizenz ist abzugrenzen vom Lohnfertigungsvertrag.
Insbesondere unter kartellrechtlichen Gesichtspunkten kann dies von
erheblicher Bedeutung sein[69]. In einem Lizenzvertrag dürfen dem
Lizenznehmer nur im Rahmen des § 20 GWB Beschränkungen auferlegt
werden, während bei allen sonstigen Verträgen § 18 GWB gilt[70],
der lediglich eine Mißbrauchsaufsicht des Bundeskartellamtes vorsieht.

Eine Abgrenzung muß bei Herstellungsverträgen vorgenommen werden[71], wenn eine geschützte Erfindung Vertragsgegenstand ist. Unterstellt man alle Verträge gleichermaßen dem § 20 GWB, kommt man zu
dem mißlichen Ergebnis, daß der Erfinder, der mit seiner Erfindung
einen für den technischen Fortschritt entscheidenden Beitrag geleistet
hat, nur aus diesem Grunde in wesentlich strengerem Maße an der
Wahrung seiner eigenen Belange gehindert wird. Derjenige nämlich,
der nicht patentgeschützte Gegenstände herstellen läßt, braucht nur
die Schranken des § 18 GWB zu beachten. Unabhängig davon können
die Übergänge natürlich fließend sein.

---

64 §§ 293 ff. BGB.
65 § 373 HGB.
66 *RG*, 5. 10. 1935, GRUR 1936 S. 497.
67 *Lüdecke/Fischer*, a.a.O., S. 409.
68 §§ 286, 326 BGB.
69 Vgl. auch *Ehlers*, GRUR 1968 S. 633.
70 Vgl. hierzu auch *Kurth*, Festschrift für Werner vom Stein, S. 66; vgl. auch
   Rdnr. 507 ff., 514.
71 A. A. teilweise das Schrifttum; vgl. *Kellermann*, GRUR 1959 S. 571; *Lieberknecht*,
   DB 1957 S. 1011, die diese Verträge einheitlich dem § 20 GWB unterwerfen.

Eine Abgrenzung zwischen Herstellungslizenz und Lohnfertigungsvertrag kann im Einzelfall schwerfallen, obwohl sich beide Vertragsarten im Wesen erheblich voneinander unterscheiden. Eine Lösung läßt sich dabei nur aus der Gesamtwürdigung des Vertrages gewinnen[72].

Ein Lohnfertigungsvertrag zeichnet sich vor allem dadurch aus, daß der Unternehmer nur eine Herstellungsbefugnis, aber keine positive Benutzungsbefugnis besitzt. Dies könnte man als die negative Seite der Lizenz bezeichnen. Die positive Seite der Lizenz hingegen fehlt, die Herstellungsbefugnis beseitigt nur die Rechtswidrigkeit des Eingriffes. Die Stellung des Unternehmers ist in etwa vergleichbar mit derjenigen eines Malers, der zu Ausbesserungsarbeiten in eine Wohnung gerufen wird, aber deshalb noch nicht zum Mieter der Wohnung wird.

Beim Lohnfertigungsvertrag hat der Unternehmer keinen Anspruch auf die Gestattung der Fertigung. Nur in den engen Grenzen des § 642 BGB gewährt ihm das Gesetz eine Entschädigung, wenn der Besteller eine notwendige Mitwirkungshandlung nicht vornimmt. Beim Lizenzvertrag dagegen besteht positiv ein Anspruch auf Einräumung des Benutzungsrechts gegen den Lizenzgeber.

Beim Lizenzvertrag trägt vor allen Dingen der Lizenznehmer das wirtschaftliche Risiko, während dies beim Lohnfertigungsvertrag genau umgekehrt ist. Hier trifft den Unternehmer nur sein typisches Unternehmerrisiko, während das Risiko für den Lizenzgegenstand, seine Absetzbarkeit und seinen Markterfolg allein beim Besteller liegt.

Ein Sonderfall der Herstellungslizenz ist die Entwicklungslizenz. Bei der Entwicklungslizenz überträgt der Lizenzgeber dem Lizenznehmer die Berechtigung, den Gegenstand der Lizenz selbst weiterzuentwikkeln. Meist wird der Lizenzgeber hierzu durch hohe Entwicklungskosten veranlaßt werden, die bis zur Produktionsreife des Gutes anfallen werden und die er nicht allein tragen will. Namentlich der wirtschaftlich schwächere Lizenzgeber wird sich nach einem potenten Lizenznehmer umsehen, mit dem er sein Risiko teilen kann.

34   Bei der Gebrauchslizenz ist dem Lizenznehmer nur die Benutzung oder der Gebrauch der Ware erlaubt.

Diese Art der Lizenz wird im Maschinenbau vor allem dann erteilt, wenn dem Lizenznehmer eine große Anlage zu Produktionszwecken zur Verfügung gestellt wird. Hat allerdings der Lizenznehmer die Anlage erworben, ist für eine Gebrauchslizenz für die Anlage selbst

---

72 Zum folgenden *Paul*, NJW 1963 S. 2249.

kein Raum mehr, da die Sache mit der Veräußerung durch den Schutzrechtsinhaber oder seinen Lizenznehmer „gemeinfrei" wird, so daß also der Erwerber die Sache in beliebiger Weise benutzen darf[73].

Dies gilt nicht nur für ein Sachpatent, sondern in gleicher Weise für die nach einem Verfahrenspatent hergestellten Erzeugnisse. Auch diese werden mit der Veräußerung durch den Berechtigten frei und stehen nunmehr zu beliebiger Benutzung offen[74].

In diesem Zusammenhang ist auf ein Sonderproblem hinzuweisen, das **35** sich ergibt, wenn z. B. der Inhaber eines Verfahrenspatentes an einen Abnehmer eine Vorrichtung oder Maschine veräußert, die nach dem Vertragszweck zur Ausübung des geschützten Verfahrens bestimmt ist. Hier würde es allerdings dem Sinn des Vertrages widersprechen, wenn der Veräußerer nunmehr dem Erwerber der Vorrichtung deren bestimmungsgemäße Benutzung unter Berufung auf sein Verfahrenspatent verbieten könnte. Nach dem Zweck eines solchen Veräußerungsvertrages ist deshalb regelmäßig anzunehmen, daß der Veräußerer dem Erwerber eine Erlaubnis zur Anwendung des geschützten Verfahrens durch die veräußerte Vorrichtung auch dann erteilt hat, wenn ausdrückliche Vereinbarungen über eine solche Lizenz weder im Kaufvertrag noch sonst getroffen worden sind[75]. Damit ist indessen nichts darüber gesagt, unter welchen näheren Bedingungen eine solche Lizenz erteilt werden kann, insbesondere, ob sie entgeltlich oder unentgeltlich gewährt wird. Diese Rechtsfolge beruht allein auf den vertraglichen Vereinbarungen zwischen den Beteiligten und hat mit einer Erschöpfung der das Verfahren betreffenden Schutzrechte nichts zu tun. Der Veräußerer der Vorrichtung ist nicht daran gehindert, die Lizenzierung des Verfahrens von einer Lizenzzahlung abhängig zu machen, wie dies durch einen Lizenzvertrag oder Know-How-Vertrag geschehen kann[76].

3. Ausschließliche Lizenz

Die ausschließliche Lizenz gibt dem Lizenznehmer die alleinige posi- **36** tive Befugnis, innerhalb des Umfanges des ihm eingeräumten Rechtes

---

73 *RG*, 5. 11. 1930, RGZ 130 S. 242, 244; *BGH*, 21. 11. 1958, LM, § 6 PatG Nr. 15; *BGH*, 24. 9. 1979, GRUR 1980 S. 38 ff.
74 *BGH*, 24. 9. 1979, GRUR 1980 S. 38.
75 Vgl. z. B. *RG*, 10. 2. 1932, RGZ 135 S. 145, 148; *RG*, 1. 11. 1933, RGZ 142 S. 168, 169.
76 *BGH*, 24. 9. 1979, GRUR 1980 S. 38.

noch
36 in einem bestimmten Marktgebiet das lizenzierte Recht alleine auszuüben. Dabei kann die ausschließliche Lizenz inhaltlich so vergeben
werden, daß dem Lizenzgeber nur noch das seines Nutzungsrechtes
entkleidete formale Patentrecht verbleibt, während sich alle aus dem
Patent ergebenden Nutzungsrechte bei dem Lizenznehmer befinden.

Abzugrenzen ist insbesondere die ausschließliche Lizenz von dem
rechtlich auch möglichen Patentkauf, bei dem keine, auch keine formalen Rechtspositionen beim Verkäufer verbleiben. Ein Lizenzvertrag ist – anders als ein Kaufvertrag – kein Austauschverhältnis, das
mit der Erbringung der beiderseitigen Leistungen in der Regel abgewickelt und erfüllt ist, sondern der Lizenzvertrag ist ein auf eine
vereinbarte Zeit oder auf die Dauer des lizenzierten Schutzrechtes
angelegtes Dauerschuldverhältnis[77].

Bei der Lizenz, der ein Patent zugrunde liegt, erhebt sich dabei die
Frage, ob die Einräumung einer ausschließlichen Lizenz nur den
Vertragspartner bindet (obligatorisches Recht) oder ob sie auch gegen
Dritte wirkt (dingliches Recht). Diese Frage ist von erheblicher prak-
tischer Bedeutung, z. B. im Rahmen der Rechtsnachfolge, bei der
Vergabe weiterer Lizenzen und bei der Verteidigung des Schutzrech-
tes[78].

Aufgrund ihrer Ausschließlichkeitsfunktion wird die ausschließliche
Lizenz heute weitgehend als quasi-dingliches oder dingliches Recht
angesehen[79]. Die z. T. vertretene Ansicht, daß die ausschließliche
Lizenz eine absolute Rechtsstellung vermittelt[80], ändert am Ergebnis
nichts, da dingliche Rechte nur eine Untergruppe der absoluten
Rechte sind[81]. Die dingliche Wirkung der ausschließlichen Lizenz
hängt dabei nicht von der Eintragung in die Patentrolle gem. § 34
Abs. 1 PatG ab, da die Eintragung in die Patentrolle nicht rechtsbe-

---

77 *BGH*, 23. 3. 1982, NJW 1982 S. 2861; vgl. Rdnr. 20; vgl. zum Begriff der Ausschließlichkeit auch *Henn*, a.a.O., S. 85 ff.; *Pagenberg/Geissler*, a.a.O., S. 82 ff.
und *Benkard*, PatG, a.a.O., Rdnr. 34, 52 ff. zu § 15, jeweils mit vielen lesenswerten
Nachweisen aus Literatur und Rechtsprechung.

78 Vgl. dazu unten Rdnr. 362, 365, 370, 377.

79 Vgl. *RG*, 16. 1. 1904, RGZ 57 S. 38; *RG*, 5. 5. 1911, RGZ 76 S. 235; *RG*, 26. 10.
1931, RGZ 134 S. 91; *OLG Düsseldorf*, 4. 8. 1961, GRUR Int. 1962 S. 256; *OLG
Stuttgart*, 24. 5. 1956, GRUR 1957 S. 121; *Reimer*, PatG, a.a.O., Anm. 6 zu § 9;
Benkard, PatG, a.a.O., Rdnr. 53 zu § 15; *Klauer/Möhring*, PatG, a.a.O., Rdnr. 26
zu § 9; *Pagenberg/Geissler*, a.a.O., S. 84 Rdnr. 80 f. mwN.

80 Vgl. *Amtmann*, a.a.O., S. 78, 79; *Benkard*, PatG, a.a.O., Rdnr. 53 zu § 15, der von
der dinglichen, absoluten Natur der ausschließlichen Lizenz spricht.

81 Allgemeine Meinung, vgl. z. B. *Soergel/Mühl*, a.a.O., Rdnr. 8 Einleitung zu § 854.

gründend ist, sondern nach herrschender Meinung nur deklaratorischen Charakter hat[82].

Es gilt daher folgendes: Die ausschließliche Lizenz verleiht dem Lizenznehmer im Rahmen der vertraglichen Vereinbarung ein gegen jedermann wirkendes Ausschlußrecht[83], das sowohl das alleinige Recht zur Verwertung der Erfindung als auch ein negatives Verbotsrecht gegenüber allen anderen umfaßt. Dies gilt mangels ausdrücklicher Vereinbarung auch gegenüber dem Lizenzgeber selbst. Will dieser trotz des Bestehens der ausschließlichen Lizenz selber Benutzungshandlungen vornehmen, so muß der Lizenzgeber sich dies vorbehalten, wobei ein solcher Vorbehalt sich allerdings auch stillschweigend ergeben kann[84].

Nimmt der Lizenzgeber ohne entsprechenden Vorbehalt eine Benutzungshandlung vor, kann ihn der ausschließliche Lizenznehmer auf Unterlassung und Schadensersatz verklagen.

Eine ausschließliche Lizenz kann auch hinsichtlich eines Teilgebietes **37** der Patentbenutzung bestellt werden[85]. Die ausschließliche Lizenz braucht auch nicht die einzige ausschließliche Lizenz zu sein. Sie kann räumlich, zeitlich oder sachlich beschränkt sein[86]. Entscheidend ist, daß sie für den räumlichen, zeitlichen oder sachlichen Bereich, der in Frage steht, ein Alleinrecht des Lizenznehmers begründet[87]. Bei weitgehenden Einschränkungen kann es allerdings im Einzelfall zweifelhaft sein, ob noch eine ausschließliche Lizenz vorliegt oder ob es sich schon um eine einfache Lizenz handelt. Kriterium ist dabei immer, ob dem Lizenznehmer, wenn auch nur für ein umgrenztes Gebiet, ein ausschließliches Benutzungsrecht eingeräumt wird.

Zur Vermeidung von Streitigkeiten sollte daher eine ausschließliche Lizenz grundsätzlich als eine solche bezeichnet werden. Wurde eine solche ausdrückliche Absprache nicht getroffen, so ist der Inhalt des

---

82 *Benkard*, PatG, a.a.O., Rdnr. 55 zu § 15 und Rdnr. 4 zu § 34 mwN sowie *Pagenberg/Geissler*, a.a.O., S. 104 Rdnr. 125; vgl. auch *BGH*, 23. 3. 1982, DB 1982 S. 1769.

83 Vgl. auch *RG*, 3. 11. 1939, GRUR 1940, S. 89, 91; *Benkard*, PatG, a.a.O., Rdnr. 52, 53 zu § 15.

84 Hier liegt dann eine sog. alleinige Lizenz (sole licence) vor, vgl. dazu näher unter Rdnr. 38; *Henn*, a.a.O., S. 86.

85 *Benkard*, PatG, a.a.O., Rdnr. 54 zu § 15 mwN; vgl. dazu auch unten Rdnr. 182 f.

86 Vgl. dazu *RG*, 21. 11. 1930, RGZ 130 S. 275, 282 f.; vgl. auch *BGH*, 15. 1. 1974, GRUR 1974 S. 335.

87 *RG*, 17. 3. 1934, GRUR 1934 S. 306, 307.

abgeschlossenen Vertrages auszulegen. Indizien für das Vorliegen einer ausschließlichen Lizenz wäre dabei z. B., daß der Lizenzgeber sich verpflichtet hat, keine weiteren Lizenzen zu vergeben, es sei denn, daß dem Lizenznehmer bekannt ist, daß bereits zahlreiche andere Lizenzen vergeben wurden[88]. Ebenso wäre es ein Indiz für eine ausschließliche Lizenz, wenn der Lizenznehmer das Recht zur Vergabe von Unterlizenzen oder eine Klagebefugnis gegen einen Verletzer der Schutzrechte erhalten hat.

4. Alleinige Lizenz

38 Neben der ausschließlichen Lizenz hat insbesondere in jüngerer Zeit vor allem auch die sog. alleinige Lizenz zunehmende Bedeutung erlangt. Im Gegensatz zur ausschließlichen Lizenz, die ausschließlich nur der Lizenznehmer und nicht einmal der Lizenzgeber selbst nutzen darf, hat die sog. alleinige Lizenz die Bedeutung, daß zwar nur einem einzigen Lizenznehmer für ein gewisses Gebiet eine Lizenz gegeben wird, der Lizenzgeber selbst jedoch ein eigenes Nutzungsrecht behält. Eingebürgert hat sich der Begriff der alleinigen Lizenz vor allen Dingen in Anlehnung an die in Großbritannien anzutreffende terminologische Unterscheidung zwischen „exclusive licence" und „sole licence". Diese alleinige Lizenz, die die Rechtsprechung – soweit ersichtlich – bisher noch nicht und die Literatur bisher kaum beschäftigt hat, ist in ihrer Funktion eine der rein ausschließlichen Lizenz verwandte Variante, die dementsprechend auch vereinzelt als „semi-ausschließliche Lizenz" bezeichnet wird. Der Charakter einer ausschließlichen Lizenz geht jedenfalls durch einen Vorbehalt des Lizenzgebers, selbst Benutzungshandlungen vornehmen zu können, nicht verloren[89].

Soweit der Lizenzgeber wünscht, trotz Vergabe einer ausschließlichen Lizenz, Benutzungshandlungen des Patentes vorzunehmen, sollte dies durch einen ausdrücklichen Vorbehalt erfolgen. Die Berechtigung zur Eigenbenutzung durch den Lizenzgeber kann sich zwar u. U. auch durch einen stillschweigenden Vorbehalt ergeben, z. B. wenn der Lizenzgeber bereits bei Abschluß des Lizenzvertrages sein Patent selbst benutzte und der Lizenznehmer dies wußte oder dies nach den ihm bekannten Umständen wissen mußte[90].

---

88 Vgl. dazu *Lüdecke/Fischer*, a.a.O., D 17.
89 Vgl. z. B. *Lüdecke/Fischer*, a.a.O., C 127 S. 317, 318; vgl. auch *Henn*, a.a.O., S. 86.
90 *RG*, 26. 2. 1916, GRUR 1916 S. 178, 179; *BGH*, 26. 11. 1954, GRUR 1955 S. 338, 340.

Auch soweit der Lizenzgeber vor Vergabe der Lizenz selbst auf dem in Frage stehenden Gebiet tätig war, empfiehlt sich daher zur Vermeidung von Streitigkeiten, eine klare Abrede über Art und Umfang der weiteren Nutzung zu treffen, damit klargestellt wird, ob tatsächlich eine ausschließliche Lizenz oder aber – unabhängig von der gewählten Bezeichnung – eine alleinige Lizenz vorliegt.

5. Einfache Lizenz

Durch eine einfache Lizenz erhält der Lizenznehmer lediglich ein **39** gewöhnliches Benutzungsrecht, das Ausschließlichkeitswirkung gegen Dritte nicht entfaltet[91].

Im Gegensatz zur ausschließlichen Lizenz, die dem Lizenznehmer eine ausschließliche Benutzungsbefugnis gibt, erhält der Inhaber einer einfachen Lizenz daher lediglich ein gewöhnliches Benutzungsrecht. Zwischen den Vertragspartnern bestehen die wechselseitigen Rechte und Pflichten nur aufgrund vertraglicher, schuldrechtlicher Beziehungen[92], so daß die einfache Lizenz nur ein obligatorisches Recht darstellt, das lediglich zwischen den beiden Vertragspartnern wirkt. Eine dingliche oder quasi-dingliche Rechtsposition des Lizenznehmers wird im Gegensatz zur ausschließlichen Lizenz nicht begründet[93].

Neben dem einfachen Lizenznehmer ist der Lizenzgeber weiterhin zur eigenen Herstellung und zum Vertrieb des Lizenzgegenstandes befugt. Der Lizenzgeber ist auch prinzipiell berechtigt, beliebig viele weitere Lizenzen zu vergeben. Bei der Vergabe weiterer Lizenzen können sich allerdings – vor allem hinsichtlich der vertraglichen Vereinbarungen mit weiteren Lizenznehmern – aus dem Gesichtspunkt von Treu und Glauben gewisse Einschränkungen ergeben[94].

---

91 Vgl. z. B. *BGH*, 23. 3. 1982, GRUR 1982 S. 411; *Fischer*, GRUR 1980 S. 374, 377; *Klauer/Möhring*, PatG, a.a.O., Rdnr. 38 ff. zu § 9 mwN siehe auch Schulte-Kartei, Lieferung 2/1984, Blatt 480 Nr. 12; *Benkard*, PatG, a.a.O., Rdnr. 34, 56 f. zu § 15; *Pagenberg/Geissler*, a.a.O., S. 236 f.; *Henn*, a.a.O., S. 85 ff.; *Kraßer*, GRUR Int. 1983 S. 537.

92 Allg. Meinung, *BGH*, 23. 4. 1974, BGHZ 62 S. 272, 276; *BGH*, 23. 3. 1982, BB 1982 S. 1258 = GRUR 1982 S. 411; *Benkard*, PatG, a.a.O. Rdnr. 56 zu § 15; *Reimer*, PatG, a.a.O., Rdnr. 7 zu § 9.

93 A. A. *Kisch*, a.a.O., S. 221; *Völp*, GRUR 1983 S. 45.

94 Vgl. dazu Rdnr. 381.

IV. Persönliche Lizenz, Betriebs- und Konzernlizenz

1. Persönliche Lizenz

40 Beschäftigen sich die bisherigen Erörterungen mit dem sachlichen Inhalt des Lizenzvertrags, so betrifft diese Unterscheidung die Person des durch den Vertrag Berechtigten.

Die Lizenz kann zunächst persönlich dem Lizenznehmer erteilt werden. Gerade bei der Vertriebslizenz, bei der regelmäßig kein Zusammenhang des Vertriebs mit einem bestimmten Betrieb besteht, wird diese Lizenz oft vorliegen.

Da die persönliche Lizenz an die Person des Lizenznehmers gebunden ist, ist sie unvererblich; unveräußerlich ist das Lizenzrecht ohnedies in aller Regel[95]. Andererseits bleibt der Lizenznehmer auch dann aus dem Vertrag berechtigt, wenn er seinen bisherigen Betrieb einstellt und einen neuen eröffnet.

Eine persönliche Lizenz kann nicht schon dann angenommen werden, wenn der Vertrag mit einer bestimmten Person abgeschlossen worden ist. Die Parteien müssen vielmehr zum Ausdruck gebracht haben, daß die Lizenz nur demjenigen, dem sie erteilt worden ist, zustehen soll. In einem Urteil des Reichsgerichts[96], in dem von der persönlichen Lizenz die Rede ist, heißt es lediglich, daß eine ausschließliche Lizenz auch in der Weise beschränkt werden könne, daß das Recht zum Gebrauch nur einer bestimmten Person zustehen solle.

2. Betriebslizenz

41 Bei der Betriebslizenz wird die Lizenz für die Produktion in einem bestimmten Betrieb erteilt. Hierunter wird in der Regel nicht eine Fabrikanlage zu verstehen sein, sondern der wirtschaftliche Komplex des Unternehmens[97]. Eine Betriebslizenz liegt nicht schon vor, wenn der Lizenzvertrag mit einer Firma, die Produktionsanlagen zur Herstellung des Lizenzgegenstandes besitzt, geschlossen wird. Es muß vielmehr im Vertrag zum Ausdruck kommen, daß die Lizenz nur für einen bestimmten Betrieb erteilt ist. Das Urteil des Reichsgerichts vom

---

95 Vgl. Rdnr. 368, 379, 389.
96 *RG*, 5. 5. 1911, RGZ Bd. 76 S. 235.
97 Vgl. *Lüdecke/Fischer*, a.a.O., S. 399.

16. 11. 1929[98], in dem von der Betriebslizenz die Rede ist, geht hierauf nicht näher ein.

Nach Vertragsschluß können im Betrieb des Lizenznehmers Änderungen eintreten. Veräußert er das gesamte Unternehmen oder stellt er die Tätigkeit ein, so wird auch der Lizenzvertrag erlöschen, wenn die Lizenz nicht übertragbar war und mit dem Betrieb übergegangen ist. Nimmt der Lizenznehmer sonstige einschneidende Veränderungen vor, so ist es zweifelhaft, bis zu welchem Punkt noch dasselbe Unternehmen vorliegt, das vom Vertrag erfaßt wurde. Entscheidender Gesichtspunkt dürfte sein, ob es sich noch um eine marktübliche Ausweitung eines Unternehmensbereiches handelt oder die Basis verändert worden ist. Auf jeden Fall empfiehlt es sich, den Begriff des „Betriebs" im Vertragstext klarzustellen.

Möglich ist auch eine Beschränkung der Berechtigung des Lizenznehmers auf eine bestimmte Fabrik oder Anlage. Wird die Produktionsanlage verändert, bleibt aber technisch-räumlich identisch mit der im Vertrag bezeichneten Produktionsstätte, so bleibt die vertragliche Berechtigung des Lizenznehmers bestehen[99].

3. Konzernlizenz

In den Lizenzvertrag kann auch die Bestimmung aufgenommen werden, daß auf der Seite des Lizenznehmers alle mit ihm verbundenen Konzerngesellschaften einbezogen werden[100]. Aus Klarheitsgründen wird es sich jedoch regelmäßig empfehlen, eine Regelung zu treffen, welche Konzernunternehmen in Betracht kommen und ob ggf. weitere in den Konzern aufgenommene Firmen die Lizenz ebenfalls verwerten dürfen. Zur Vermeidung von Unklarheiten dürfte es meist sinnvoll sein, die in Frage stehenden Konzernunternehmen einzeln im Vertrag aufzuführen.

42

Soweit die Konzernunternehmen nicht durch den Lizenznehmer ordnungsgemäß vertreten werden können, wäre es erforderlich, daß diese dem Vertrag selbst beitreten. Nur in einem solchen Fall werden sie Vertragspartner des Lizenzvertrages. Ein Beitritt kann im übrigen auch stillschweigend erfolgen, etwa in Form einer Produktionsauf-

---

98 *RG*, 16. 11. 1929, GRUR 1930 S. 174; vgl. zur Betriebslizenz auch *Benkard*, PatG., a.a.O., Anm. 39, 58 zu § 15; *Henn*, a.a.O., S. 100 ff.; *Lüdecke/Fischer*, a.a.O., S. 93 u. 401, 402; *Reimer*, a.a.O. PatG, Anm. 11, 92 f. zu § 9.
99 *Lüdecke/Fischer*, a.a.O., S. 400.
100 Vgl. *Henn*, a.a.O., S. 102.

noch
42 nahme. Weiterhin wäre es denkbar, daß dem Lizenznehmer die Berechtigung erteilt wird, bestimmte Unterlizenzen an bestimmte Konzernfirmen zu geben, die dann allerdings ggf. genau aufgeführt werden sollten.

Insgesamt dürfte es allerdings für einen Lizenzgeber, der einen Lizenzvertrag mit einem Konzernunternehmen abschließt, regelmäßig günstig sein, alle anderen Konzernunternehmen von vornherein einzubeziehen. Insbesondere die neben dem Benutzungsrecht vermittelten Kenntnisse und Erfahrungen können bei einem Konzern, vor allem, wenn dieser relativ starke interne Verflechtungen aufweist, besonders leicht an Unbefugte gelangen. Unter diesen Umständen ist es sinnvoll, wenn der Schutzbereich der vertraglichen Verpflichtungen von vornherein relativ weit gezogen wird, damit wenigstens eine sinnvolle Begrenzung existiert.

Von besonderer Bedeutung sind derartige Konzernlizenzen nicht nur bei westlichen Industrieunternehmen, sondern insbesondere auch bei der Lizenzvergabe in ehemalige sozialistische Länder, wenn auch hier in etwas abgewandelter Form. Die Verträge mit den ehemaligen sozialistischen Ländern wurden regelmäßig mit deren Außenhandelsgesellschaften abgeschlossen, wie z. B. mit Licensintorg Moskau für die UdSSR (jetzt GUS bzw. Russland). Da die Außenhandelsorganisationen die Lizenzen nicht selber benutzten, mußte klargestellt werden, wer die Lizenz im Endeffekt benutzen durfte. Dabei waren die Gesellschaften der ehemaligen sozialistischen Staaten – insbesondere bei wichtigen Lizenzen – bestrebt, Klauseln durchzusetzen, daß die dem Lizenznehmer erteilten Rechte sich automatisch auf die entsprechenden Betriebe und Stellen des jeweiligen Landes erstreckten. Da eine solche Regelung eine genaue Kontrolle über die Nutzung der Lizenz, insbesondere über den Umfang der Nutzung, schwierig machte, empfahl es sich, die einzelnen lizenzverwertenden Betriebe festzulegen. Angesichts des rasanten politischen Wandels in den ehemaligen sozialistischen Staaten Osteuropas und in der GUS und des damit verbundenen Wechsels bestehender staatlicher Zuständigkeiten, erscheint es unbedingt ratsam, sich vor Beginn einer lizenzvertraglichen Zusammenarbeit mit einem Partner aus diesen Ländern über die tatsächlichen und rechtlichen Rahmenbedingungen genauestens zu informieren. Staatliche Genehmigungen, die Absicherung finanzieller Risiken (z.B. durch Hermes-Bürgschaften) sowie die Sicherung einer ordnungsgemäßen Produktion und eines Vertriebs sind einige Faktoren, die neben den vertragsrechtlichen Fragen zu beachten sind.

B. Allgemeine Bestimmungen über Verträge in Anwendung auf Lizenzverträge

I. Allgemeines

1. Inlandsverträge

Zweifelsfrei ist, daß die allgemeinen Bestimmungen über Rechtsgeschäfte, Verträge und gegenseitige Verträge, wie sie im BGB niedergelegt sind, auf Lizenzverträge zur Anwendung kommen. Für Lizenzverträge gilt dabei der Grundsatz der Vertragsfreiheit, d. h. sowohl die Freiheit zum Abschluß des Vertrages als auch die prinzipielle Freiheit bei der Ausgestaltung inhaltlicher Regelungen. Aus dem Begriff der Vertragsfreiheit ergibt sich aber gleichzeitig, daß auch die grundsätzlichen Grenzen des BGB für Lizenzverträge gelten, die in den Vorschriften der §§ 134, 138, 242 und 826 BGB ihren Niederschlag gefunden haben. Gleichzeitig unterliegen die Lizenzverträge sowohl dem nationalen Kartellrecht als auch ggf. dem EG-Kartellrecht, das zwar die Vertragsfreiheit als solche nicht unmittelbar berührt, jedoch für die inhaltliche Ausgestaltung von Lizenzverträgen z. T. einschneidende Konsequenzen hat[1]. **43**

Die Anwendung der allgemeinen Bestimmungen des BGB auf Lizenzverträge hat die Konsequenz, daß für den Inhalt der Lizenzverträge zunächst die vereinbarten Regelungen gelten, soweit die dargelegten Grenzen der Vertragsfreiheit berücksichtigt worden sind. Erst wenn sich aus dem zu ermittelnden Inhalt des Vertrages keine ausdrückliche Regelung ergibt, ist der Wille der vertragschließenden Parteien im Wege der ergänzenden Vertragsauslegung zu gewinnen (§§ 133, 157 BGB). Handelt es sich bei ggf. entstehenden Auslegungsschwierigkeiten – wie häufig – um die Frage, welchen Umfang das dem Lizenznehmer eingeräumte Benutzungsrecht haben soll, so lehrt die Erfahrung, daß der Lizenzgeber in der Regel so wenig wie möglich von seinem Recht aufgeben will. Dies hat zur Konsequenz, daß bei der Beurteilung des Umfanges der dem Lizenznehmer eingeräumten Rechte die in **44**

---

1 Vgl. dazu *Benkard*, PatG, a.a.O., Rdnr. 33 ff. zu § 15 und zum Kartellrecht unten Rdnr. 505 ff., 583 ff.

Frage stehenden Vertragsbestimmungen eng auszulegen sind, falls sie unklar oder mehrdeutig sind[2].

45 Unabhängig davon sollte berücksichtigt werden, daß die Rechtsprechung in Fragen, die sich aus Lizenzverträgen ergeben, vielfach sehr uneinheitlich ist. Sie hat sich im Laufe der Zeit auch stark gewandelt. Es läßt sich daher oft nicht mit Sicherheit voraussehen, wie Entscheidungen eines Gerichtes ausfallen werden. Aufgrund dieser Umstände ist es dringend erforderlich, bei Lizenzverträgen eingehende und klare Abmachungen zu treffen. Es muß davor gewarnt werden, sich auf stillschweigende Zustimmung der anderen Partei zu verlassen, wie es bei täglichen Handelsgeschäften häufig festzustellen ist. Schon aufgrund des Risikocharakters dieser Verträge sollten Lizenzverträge grundsätzlich nur schriftlich abgefaßt werden[3]. Dies ist auch allgemein üblich.

II. Abschluß des Lizenzvertrages

46 Der Vertragsschluß ist nach den §§ 145 ff. BGB zu beurteilen. Dies bedeutet, daß der Lizenzvertrag durch einen Antrag (Offerte) und die unveränderte Annahme dieses Vertrages zustande kommt[4].

Der Lizenzvertrag bedarf zu seiner Gültigkeit grundsätzlich keiner bestimmten Form. Die Vertragspartner können ihn auch mündlich schließen; u. U. kann die Einigung sogar durch konkludente Handlung herbeigeführt werden. Dies dürfte jedoch bei Lizenzverträgen kaum in Betracht kommen.

An der fehlenden Formbedürftigkeit der Lizenzverträge hat sich auch durch die Bestimmung des § 34 GWB nichts geändert. Lediglich wenn Vereinbarungen getroffen werden, die kartellrechtlich relevant sind, muß der Vertrag schriftlich geschlossen werden[5], und zwar der gesamte Vertrag[6] und nicht nur die beschränkenden Bestimmungen[7]. Unabhän-

---

2 *Lüdecke/Fischer*, a.a.O., Vorbem. 23, S. 44; vgl. zur Auslegung eines Patentlizenzvertrages bzgl. der Erteilung von Unterlizenzen *OLG Hamburg*, 3. 9. 1987, GRUR 1987 S. 899.

3 Vgl. Rdnr. 14.

4 Dem eigentlichen Vertrag kann auch ein Vorvertrag und/oder eine Absichtserklärung („letter of intent") vorausgehen; siehe z. B. *Blaurock*, ZHR 1983 S. 334.

5 Vgl. *BGH*, 3. 6. 1958, GRUR 1958 S. 565 einschl. Urteilsanmerkung dazu von *Fischer*, GRUR 1959 S. 124; *BGH*, 24. 2. 1975, GRUR 1975 S. 498, ebenfalls mit Anm. von *Fischer*, GRUR 1975 S. 500; *BGH*, 28. 6. 1979, GRUR 1979 S. 768.

6 *BGH*, 8. 6. 1967, BB 1967 S. 902.

7 Vgl. dazu näher Rdnr. 513.

gig davon wird und wurde in der Praxis in aller Regel ein schriftlicher Vertrag angefertigt. Dies ist schon wegen des Umfanges der meist komplizierten Regelungen erforderlich. Bei den schwerwiegenden Auswirkungen, die ein Lizenzvertrag mit sich bringen kann, und wegen der besonderen Schwierigkeit der Materie, empfiehlt es sich daher generell dringend, den Vertrag nur schriftlich abzuschließen. Haben sich daher die Vertragsparteien bei einer Verhandlung über den Vertragsinhalt geeinigt und sind sie übereingekommen, das Vereinbarte schriftlich zu fixieren, so hat der Lizenznehmer bei der schriftlichen Abfassung des Vertrages auch mitzuwirken[8].

Neben der Vorschrift des § 34 GWB sind besondere Formvorschriften **47** – ggf. auch bei Verträgen mit ausländischen Vertragspartnern – zu beachten. Nach dem Außenwirtschaftsgesetz sind zwar für den deutschen Vertragspartner, abgesehen von wenigen Ausnahmen, Lizenzverträge mit ausländischen Partnern nicht genehmigungspflichtig[9]. Die jeweiligen nationalen Rechtsordnungen können jedoch besondere Formerfordernisse wie Genehmigungsvorbehalte und Meldeverpflichtungen vorsehen, und zwar unabhängig davon, welches Recht auf den Vertrag Anwendung findet[10]. Neben den ehemaligen Ostblockländern und Jugoslawien[11] handelt es sich hier insbesondere um südamerikanische und asiatische Länder.

Bedarf der Lizenzvertrag bei derartigen Auslandsverträgen einer **48** behördlichen Genehmigung, die durch den Lizenznehmer zu erwirken ist, so ist dieser verpflichtet, die erforderlichen Maßnahmen zu ergreifen. Verschiedentlich wird eine ausdrückliche Verpflichtung hierzu in den Vertrag aufgenommen. Man muß sich jedoch darüber im klaren sein, daß sie nur einen beschränkten Wert hat. Der Nachweis, daß die Verweigerung der Genehmigung darauf zurückzuführen ist, daß der Lizenznehmer nicht die erforderlichen Anstrengungen unternommen hat, um die Genehmigung zu erlangen oder deren Erteilung, was nicht selten ist, hintertrieben hat, ist meist nicht zu führen. Es ist daher vor Vorliegen einer Genehmigung besondere Vorsicht geboten, insbeson-

---

8 *BGH*, 24. 2. 1975, GRUR 1975 S. 498; *BGH*, 28. 6. 1979, GRUR 1979 S. 768; siehe zur formwidrigen Vereinbarung einer Mindestlizenz *OLG München*, 10. 1. 1985 „Steinmetzbrot", WuW/E 1985 S. 917 mit einem guten Überblick bzgl. Literatur und Rechtsprechung zum Schriftformerfordernis gem. § 34 GWB.
9 Vgl. dazu unten Rdnr. 435 f.
10 Vgl. dazu im einzelnen *Grützmacher/Schmidt-Cotta/Laier*, a.a.O., passim.
11 Vgl. dazu z. B. das jugosl. Kooperationsgesetz vom 11. 7. 1978, abgedruckt in Berichte und Dokumente zum ausl. Wirtschafts- und Steuerrecht der Bundesstelle für Außenhandelsinformationen Nr. 110.

dere, was die Übergabe von Unterlagen und detaillierte Informationen des Vertragspartners betrifft.

49   Eine besonders problematische Situation kann sich auch dann ergeben, wenn die Stelle, die den Auftrag erteilt, und diejenige, die ihn genehmigen muß, identisch oder nahezu identisch sind. Dies ist insbesondere in den Ländern der Fall, in denen sich der Staat als Unternehmer betätigt. Wollen die staatlichen Unternehmen aus irgendwelchen, nicht von vornherein ersichtlichen Gründen von den Abmachungen loskommen, so braucht nur die Genehmigung verweigert zu werden. Es erscheint daher zweckmäßig, daß sich der Lizenzgeber nicht auf die Mitwirkungspflicht des Lizenznehmers und die Fairneß der Behörden verläßt, sondern das Inkrafttreten des Vertrages und damit auch die Übergabe der Unterlagen usw. vom Vorliegen der erforderlichen Genehmigung abhängig macht.

III. Nichtigkeit von Lizenzverträgen

50   Selbst wenn sich die Vertragspartner einig sind und einen entsprechenden Vertrag geschlossen haben, kann die getroffene Vereinbarung nichtig sein. Nichtigkeit liegt insbesondere vor, wenn der Vertrag gegen die guten Sitten[12] oder gegen ein gesetzliches Verbot[13] verstößt. Auf die Fälle, in denen das Geschäft nichtig ist, weil ein Vertragspartner geschäftsunfähig ist, braucht hier – als vor allem theoretischer Sonderfall – nicht weiter eingegangen zu werden.

1. Verstoß gegen die guten Sitten

51   Ein Verstoß gegen die guten Sitten liegt bei Wuchergeschäften vor[14]. Zu denken ist hierbei vor allem daran, daß ein Lizenznehmer die Notlage eines Erfinders ausnutzt und sich ein Lizenzrecht gegen eine unangemessen niedrige Gebühr einräumen läßt, oder daran, daß der Lizenzgeber eine Monopolstellung in unzulässiger Weise ausnutzt, um unangemessen hohe Lizenzgebühren zu erhalten. Dabei erfordert die Anwendung der Vorschrift des § 138 BGB allerdings nicht einen kaufmännisch ungünstigen Vertrag, sondern ein auffälliges Mißverhältnis zwischen Leistung und Gegenleistung. Dies kann insbesondere der Fall sein, wenn eine neue Erfindung große Vorteile mit sich bringt,

---

12   § 138 BGB.
13   § 134 BGB.
14   § 138 Abs. 2 BGB.

so daß andere Firmen mit ihren Erzeugnissen nicht mehr konkurrenz-
fähig sind, wenn sie nicht das Recht der Benutzung der neuen Erfindung erhalten. In einem Fall, der dem Reichsgericht zur Entscheidung
vorlag, hatten die Vertragspartner einen Lizenzvertrag über eine Erfindung, die zum Patent angemeldet war, geschlossen. Sie gingen dabei
davon aus, daß das Patent nicht erteilt werde. Entgegen dieser
Annahme erfolgte jedoch eine Erteilung des Patents. Das Gericht
vertrat die Ansicht, daß kein Verstoß gegen die guten Sitten vorliege
und der Vertrag wirksam sei[15].

In einer anderen Entscheidung des RG wurde Nichtigkeit eines Lizenzvertrages wegen Verstoßes gegen die guten Sitten angenommen. Dieser Vertrag bezog sich auf ein erschlichenes Patent, dem Lizenznehmer
war diese Tatsache auch bekannt[16]. Ausdrücklich ausgenommen wird
allerdings der Fall, daß der Lizenznehmer trotz Kenntnis der Patenter-
schleichung wegen des formellen Bestandes des Schutzrechtes einen
Ausnutzungsvertrag für berechtigt gehalten hat.

2. Verstoß gegen ein gesetzliches Verbot

Als gesetzliche Verbote sind vor allem die kartellrechtlichen Vorschrif-   **52**
ten zu beachten[17]. Hierbei ist bei jedem Lizenzvertrag mit besonderer
Aufmerksamkeit zu prüfen, ob ein Verstoß gegen die Vorschriften des
nationalen Kartellrechtes oder auch bei internationalen Lizenzverträgen z. B. ein Verstoß gegen das EG-Kartellrecht gegeben ist.

Insbesondere im Bereich des EG-Kartellrechtes ergibt sich dabei das
Problem extensiv auslegbarer Regelungen, das zu einer nicht unerheb-
lichen Unsicherheit über die Vereinbarkeit gewisser – z. T. typischer –
Regelungen in Lizenzverträgen mit dem EG-Kartellrecht geführt hat,
unbeschadet der Versuche der EG-Kommission, durch entsprechende
Bekanntmachungen eine gewisse Klarheit zu schaffen[18].

Konsequenz eines Verstoßes gegen das Kartellrecht ist die teilweise   **53**
oder vollständige Nichtigkeit eines Lizenzvertrages wegen Verstoßes
gegen ein gesetzliches Verbot. Weitere Verstöße gegen gesetzliche
Verbote können sich im übrigen vor allen Dingen bei internationalen
Lizenzverträgen aus zwingenden Normen der jeweiligen nationalen

---

15 *RG*, 28. 5. 1936, GRUR 1937 S. 380.
16 *RG*, 25. 3. 1933, RGZ 140 S. 185.
17 Vgl. dazu unten Rdnr. 505, 583 ff.
18 Wie vor.

Rechtsordnungen der Vertragspartner, insbesondere auch aus Genehmigungsvorbehalten staatlicher Stellen, ergeben[19].

3. Nichtigkeit bei einer ursprünglich unmöglichen Leistung

54 Ein Lizenzvertrag ist weiterhin nichtig, wenn er auf eine ursprünglich unmögliche Leistung gerichtet ist. Diese Fragestellung soll jedoch im folgenden im Zusammenhang mit dem Bereich „Unmöglichkeit der Leistung" dargestellt werden.

IV. Unmöglichkeit der Leistung

1. Ursprüngliche Unmöglichkeit

55 Ursprüngliche Unmöglichkeit der Leistung liegt vor, wenn die Leistung tatsächlich schon zum Zeitpunkt des Vertragsschlusses nicht erbracht werden konnte[20]. Unmöglichkeit der Leistung ist jedoch nicht dann schon gegeben, wenn die Leistung zwar vom Vertragspartner nicht erbracht werden kann, sachlich aber möglich ist. Voraussetzung für das Vorliegen einer ursprünglichen Unmöglichkeit ist daher, daß der zugesicherte technische Erfolg schlechthin unerreichbar ist, d. h. die versprochene Leistung aus rechtlichen oder aus tatsächlichen – technischen oder naturgesetzlichen – Gründen als schlechthin unmöglich angesehen werden muß[21]. Ist der Lizenzgegenstand technisch ausführbar, also mit den der Technik zur Verfügung stehenden Mitteln herstellbar, liegt eine anfängliche Unmöglichkeit im Sinne der Vorschrift des § 306 BGB nicht vor[22]. Anfängliche Unmöglichkeit ist daher gegeben, wenn sich eine lizenzierte Erfindung als nicht ausführbar, nicht schutzfähig oder von einem anderen Patent als abhängig erweist.

56 Allerdings hat das Reichsgericht in seiner Entscheidung vom 12. 3. 1930 hinsichtlich eines Geheimverfahrens zur Herstellung eines Mittels zur Vernichtung von Insekten ausgeführt, daß eine von Anfang an unmögliche Leistung vorliege, wenn mit dem Verfahren ein solches Mittel überhaupt nicht herzustellen ist[23]. Isay[24] hält diese Entscheidung

19 Vgl. dazu *Grützmacher/Schmidt-Cotta/Laier*, a.a.O., passim.
20 Vgl. *dazu Staudinger/Löwisch*, a.a.O., Rdnr. 2 zu § 275, Rdnr. 1, 9 ff. zu § 306; siehe auch *Henn*, a.a.O., S. 196 ff. mwN.
21 *BGH*, 22. 5. 1959, GRUR 1960 S. 44.
22 *BGH*, 1. 12. 1964, GRUR 1965 S. 298.
23 MuW 1930 S. 252.
24 *Isay*, a.a.O., S. 343 ff.

für unrichtig; Rasch[25] schließt sich dieser Auffassung an. Beide sehen hierin einen Mangel der Erfindung, für den der Lizenzgeber einzustehen hat und nicht einen Fall der ursprünglichen Unmöglichkeit. Dem ist zuzustimmen[26].

Als weiteres Beispiel sei das Urteil des Reichsgerichts vom 10. 10. 1931 **57** erwähnt[27]. Es handelte sich hierbei darum, daß eine Lizenz an drei Uhr-Patenten erteilt wurde, die jeden Wettbewerb anderer in solchen Uhren ausschließen sollte. Weil aber der Gedanke einer solchen Uhr nicht neu war, bezogen sich die Patente nur auf Einzelheiten der Konstruktion. Der Lizenznehmer konnte also die versprochene Leistung nicht erhalten. Das Reichsgericht sah hierin einen nichtigen Vertrag, weil er auf eine von vornherein unmögliche Leistung gerichtet war. Dagegen hat der BGH in seiner Entscheidung vom 12. 4. 1957 ausgesprochen, daß die Möglichkeit oder auch naheliegende Wahrscheinlichkeit, daß ein Patent auf eine Nichtigkeitsklage hin für nichtig erklärt wird, nicht genügt, um einen Lizenzvertrag als auf eine unmögliche Leistung gerichtet und damit als nichtig anzusehen[28].

In seiner Entscheidung vom 11. 7. 1939[29] führt das Reichsgericht zur **58** Frage der Nichtigkeit aus: „Greift ein zur ausschließlichen Verwertung überlassenes Geheimverfahren so unmittelbar in ein bei Vertragsschluß bestehendes Patent ein, daß es dadurch bereits in vollem Umfang bekannt ist, so wird in der Regel Nichtigkeit des Vertrags nach § 306 BGB anzunehmen sein, weil dem Lizenzgeber die Erfüllung seines Versprechens, dem Erwerber ein Geheimverfahren zur ausschließlichen Benutzung zu verschaffen, wegen des Neuheitsmangels sachlich unmöglich ist." Dieses Urteil des RG zeigt deutlich den entscheidenden Gesichtspunkt: die sachliche Unmöglichkeit der Bestellung dieses Rechtes[30].

Das Reichsgericht hat daher ursprüngliche Unmöglichkeit im Sinne des **59** § 306 BGB in den Fällen angenommen, in denen die Schutzfähigkeit des nur Nutzung überlassenen Ausschließlichkeitsrechtes von vornherein absolut ausgeschlossen war[31]. Die Anwendung des § 306 BGB

---

25 *Rasch*, a.a.O., S. 26.
26 Vgl. Rdnr. 290 f., 330.
27 *RG*, 10. 10. 1931, Bl. 1932 S. 40 = MuW 1932 S. 32.
28 *BGH*, 12. 4. 1957, DB 1957 S. 653 = GRUR Int. 1958 S. 136; vgl. Rdnr. 73 f.
29 *RG*, 11. 7. 1939, Bl. 1940 S. 89.
30 Vgl. auch die weitere Rechtsprechung des *BGH*, 12. 4. 1957, DB 1957 S. 653 = GRUR Int. 1958 S. 136 und bei *Lindenmaier*, GRUR 1955 S. 507 (511).
31 Vgl. *Lindenmaier*, GRUR 1955 S. 509.

wurde z. B. bejaht, wenn ein Lizenzvertrag über den Zeitablauf des Patentes hinaus[32] oder über ein rechtlich nicht schutzfähiges Muster[33] abgeschlossen wurde. In seiner Entscheidung vom 18. 11. 1911[34] hält das Reichsgericht auch einen Lizenzvertrag für nichtig, weil der Lizenzgeber in fahrlässiger Auslegung des Schutzumfangs seines Patents eine Lizenz für einen Gliederkessel ohne Sturzfeuerung einräumte, obwohl das dem Lizenzgeber erteilte Patent nicht so weit reichte und daher für den Lizenzgegenstand kein Schutzrecht bestand. Von der Literatur wird jedoch dieses Urteil angegriffen[35]. Rasch nimmt Nichtigkeit nur an, wenn die Parteien einen Schutzumfang zugrunde gelegt haben, der nicht bestand, die übrigen interessierten Kreise den beanspruchten Schutzumfang jedoch nicht anerkannt haben. Lag nicht nur eine persönliche Vorstellung der Parteien vor, sondern eine allgemeine irrtümliche Auffassung der beteiligten Wirtschaftskreise, so soll der Lizenznehmer nur mit Wirkung für die Zukunft kündigen können. Das Reichsgericht selbst hat in seiner Entscheidung vom 4. 3. 1922[36] ebenfalls eine andere Auffassung vertreten[37].

60   Keine sachliche Unmöglichkeit der Leistung liegt vor, wenn das überlassene Verfahren gegenüber dem Gegenstand des Patentes Besonderheiten aufweist, die ein zusätzliches Betriebsgeheimnis darstellen. Es kommt vielmehr nur Leistungsunvermögen wegen entgegenstehender Schutzrechte in Betracht, wenn der Patentinhaber die Benutzung des Verfahrens oder den Vertrieb der Erzeugnisse nicht gestattet[38], da nicht der im Vertrag vorgesehene Lizenzgeber, sondern nur der Patentinhaber die Nutzung des Patentes gestatten kann.

61   Ein Vertrag, der auf eine ursprünglich unmögliche Leistung gerichtet ist, ist gem. § 306 BGB nichtig. Derjenige, der bei Vertragsschluß weiß oder aufgrund von Fahrlässigkeit nicht weiß, daß es unmöglich ist, die vertraglich versprochene Leistung zu erbringen, ist dem Vertragspartner zum Schadensersatz verpflichtet (negatives Interesse), es sei denn, daß diesem ebenfalls bekannt oder infolge Fahrlässigkeit nicht bekannt war, daß die in Frage stehende Leistung unmöglich ist[39].

---

32 *RG*, 15. 3. 1902, RGZ 51 S. 92.
33 *RG*, 8. 4. 1908, RGZ 68, S. 292.
34 *RG*, 18. 11. 1911, RGZ 78 S. 10.
35 *Rasch*, a.a.O., S. 17.
36 *RG*, 4. 3. 1922, MuW 1922 S. 215.
37 Vgl. Rdnr. 84 ff.
38 Vgl. Rdnr. 62 ff.
39 § 307 BGB; siehe auch *Körner*, GRUR 1982 S. 341 ff., 344.

2. Ursprüngliches Unvermögen

Ist die Leistung zwar sachlich möglich, kann sie aber vom Lizenzgeber **62**
von Anfang an nicht erbracht werden (Unvermögen), so hat er hierfür
in jedem Fall einzustehen. Der Lizenznehmer kann auf Erfüllung oder
– wenn das Unvermögen dauernd ist – sofort auf Schadensersatz wegen
Nichterfüllung klagen[40]. In Betracht kommen hier vor allem die Fälle,
in denen der Lizenzgeber zur Lizenzvergabe nicht berechtigt ist und in
denen feststeht, daß er die Berechtigung hierzu auch nicht erlangen
kann.

Besteht das Schutzrecht, für das die Lizenz erteilt wurde, formell nicht, **63**
so kommt es darauf an, ob es generell nicht erworben werden kann
oder ob nur der Lizenzgeber hierzu nicht in der Lage ist. Im ersten Fall
handelt es sich um eine Unmöglichkeit, im zweiten dagegen um ein
Unvermögen. Ist das Unvermögen vorübergehend, so treten die Ver-
zugsfolgen ein[41]. Unter gewissen Umständen kann ein vorübergehen-
des Unvermögen einem dauernden Unvermögen gleichzusetzen sein.
Dies ergibt sich insbesondere aus der Interessenlage der Parteien, die
dazu führen kann, daß vorübergehende Leistungshindernisse nach den
Umständen des Einzelfalls dauernden gleichzusetzen sind[42]. Dies kann
erhebliche Konsequenzen haben, da die Leistungspflichten der Parteien bei einem dauernden Leistungshindernis erlöschen und bei vor-
liegendem Verschulden ein Schadensersatzanspruch entsteht. Bei
einem nur vorübergehenden Leistungshindernis treten zwar die Ver-
zugsfolgen ein, die Leistungspflicht als solche bleibt jedoch bestehen.

3. Nachträgliche Unmöglichkeit, nachträgliches Unvermögen

a) Allgemeines   **64**

Wie bereits ausgeführt, ist die nachträgliche Unmöglichkeit von der
ursprünglichen Unmöglichkeit zu unterscheiden. Die rechtlichen Folgen sind verschieden. Ausschlaggebend ist dabei, ob die Unmöglichkeit schon zur Zeit des Vertragsschlusses vorlag[43].

---

40 Vgl. *RG*, 21. 10. 1908, RGZ 69 S. 355; *Henn*, a.a.O., S. 196 f.
41 Rdnr. 91; *RG*, 26. 10. 1912, RGZ 80 S. 247; *Henn*, a.a.O. S. 197 mwN; *Benkard*,
   PatG, a.a.O., Rdnr. 91 ff. zu § 15.
42 *BGH*, 23. 6. 1954, BB 1954 S. 823; *BGH*, 10. 6. 1970, DB 1970 S. 1591 m. w.N.
43 Streitig, vgl. *Palandt/Heinrichs*, a.a.O., Anm. 16 zu § 275 BGB; *Staudinger/Löwisch*,
   a.a.O., Rdnr. 43 zu § 275.

Die nachträgliche, objektive Unmöglichkeit und der Fall, daß die Leistung aufgrund eines nachträglich eintretenden Umstands nur diesem Lizenzgeber nicht möglich ist (Unvermögen), werden gleich behandelt[44]. Wenn im nachfolgenden von Unmöglichkeit die Rede ist, so ist hierin auch das sog. nachträgliche Unvermögen inbegriffen. Bei Lizenzverträgen spielt die nachträgliche Unmöglichkeit (Unvermögen) eine erhebliche Rolle.

65 Für die Haftung ist ausschlaggebend, ob die Unmöglichkeit vom Lizenzgeber, vom Lizenznehmer oder von keinem von beiden verschuldet ist. Ein Verschulden liegt bei Vorsatz oder Fahrlässigkeit vor. Fahrlässig handelt, wer die im Verkehr erforderliche Sorgfalt außer acht läßt[45].

66 Wird dem Lizenzgeber die Erfüllung seiner Verpflichtung nachträglich unmöglich und trifft weder ihn noch den Lizenznehmer ein Verschulden, so wird er von seiner Verpflichtung frei[44]; er verliert aber auch den Anspruch auf die Gegenleistung, die Lizenzgebühr[46].

67 Bei teilweiser Unmöglichkeit mindert sich der Anspruch auf die Gegenleistung entsprechend der hierdurch entstehenden Beeinträchtigung des Wertes der Lizenz[47]. Man muß aber dem Lizenznehmer auch die Möglichkeit zubilligen, dem Lizenzgeber fristlos zu kündigen, wenn dieser die Beeinträchtigung nicht innerhalb einer ihm vom Lizenznehmer gesetzten angemessenen Frist beseitigt[48].

b) Nichtigkeit des Patentes

68 Wird das Patent für nichtig erklärt, so hat diese Nichtigkeitsentscheidung rechtsgestaltende Wirkung, d. h. sie wirkt für und gegen alle mit rückwirkender Kraft[49]. Das Patent gilt von Anfang an als nicht oder bei einer Teilvernichtung als nur in der aufrechterhaltenen oder klargestellten Fassung erteilt. Die Vernichtung wird in die Patentrolle eingetragen[50]. Unabhängig von der Rückwirkung der Nichtigkeitserklärung eines Patentes ist diese Nichtigkeitserklärung auf Verträge über die patentierte Erfindung für die Zeit vor Rechtskraft des Nichtigkeitsur-

---

44 § 275 BGB.
45 § 276 BGB.
46 § 323 BGB.
47 §§ 323 und 472 BGB.
48 §§ 581 Abs. 2 i. V. m. 542 BGB; vgl. RG, 24. 10. 1905, RGZ 62 S. 225.
49 Vgl. z. B. *BGH*, 14. 6. 1957, GRUR 1958 S. 134, 136; *Henn*, a.a.O., S. 183.
50 § 30 Abs. 1 PatG.

teils ohne Einfluß[51]. Die Rechtsprechung beurteilt ohne Ausnahme Lizenzverträge als wirksam abgeschlossen, auch wenn das ihnen zugrunde liegende Patent nachträglich für nichtig erklärt wird. Ebenso werden Lizenzverträge über angemeldete Erfindungen sowie über anzumeldende Erfindungen[52] behandelt, wenn die Anmeldung nicht zur Erteilung eines Patentes führte.

Damit stellt sich die Frage, welche Auswirkungen eine solche Nichtig-   **69** keit auf Lizenzverträge hat. Hierbei wäre es zunächst möglich, daß die Parteien für den Fall der sich nachträglich herausstellenden Nichtigkeit des Patentes folgende ausdrückliche Vereinbarungen im Lizenzvertrag treffen:

1. Der Lizenzvertrag wird dann ebenfalls als von Anfang an nichtig betrachtet

2. Die Wirksamkeit des Vertrages wird überhaupt nicht berührt

3. Einräumung des Rücktrittsrechtes ex nunc[53]

Soweit keine ausdrücklichen Vereinbarungen getroffen worden sind   **70** und auch eine Auslegung des Vertrages gem. § 157 BGB zu keinem eindeutigen Ergebnis führt, muß überlegt werden, welche Lösung für diesen Fall angemessen ist. Das Reichsgericht hat sich auf den Standpunkt gestellt, es komme nur ein Rücktritt ex nunc in Betracht. Bis zur Nichtigkeitserklärung des Patentes sei der Lizenzvertrag rechtsbeständig. Bis zu diesem Zeitpunkt habe der Lizenznehmer die Lizenzgebühr zu zahlen. Dies rechtfertige sich daraus, daß er bis zu diesem Zeitpunkt tatsächliche Vorteile aus dem Scheinpatent gehabt habe. Ein Patent, das angreifbar sei, aber niemals angegriffen werde, sei so gut wie ein unangreifbares Patent[54].

Die neuere Rechtsprechung und die wohl herrschende Meinung kommen zu dem gleichen Ergebnis. Die rechtlichen Folgen der Nichtigkeit eines lizenzierten Patentes auf den Lizenzvertrag werden jedoch in ständiger Rechtsprechung aus dem Institut des Wegfalls bzw. der

---

51 *BGH*, 12. 4. 1957, GRUR 1957 S. 595.
52 *BGH*, 17. 3. 1961, GRUR 1961 S. 466; *BGH*, 1. 10. 1964, GRUR 1965 S. 160; *BGH*, 14. 11. 1968, GRUR 1969 S. 493; *BGH*, 23. 3. 1982, NJW 1982 S. 2861 ff.
53 *RG*, 21. 11. 1914, RGZ 86 S. 45.
54 *RG*, 21. 11. 1914, RGZ 86 S. 45; *Henn*, a.a.O., S. 183; *Pagenberg/Geissler*, a.a.O., S. 130 ff. Rdnr. 182 ff.

Änderung der Geschäftsgrundlage gefunden[55]. Daraus ergibt sich die Regelung, den Vertrag an die konkreten veränderten Umstände anzupassen. Dabei kann die Anpassung des Vertrages z. B. in einer Minderung der zu erbringenden Leistung liegen oder zu einer Beendigung des Vertrages durch Rücktritt oder Kündigung führen.

71 Im übrigen muß die Nichtigkeitserklärung eines lizenzierten Patentes keineswegs immer zur Beendigung des Lizenzvertrages führen. Dies gilt insbesondere dann, wenn Gegenstand des Lizenzvertrages mehrere Schutzrechte oder ein Patent und Know-How sind. Trotz Vernichtung z. B. des einzigen Schutzrechtes wäre ein großes Interesse des Lizenznehmers am Fortbestand des Lizenzvertrages möglich, sei es mit oder ohne Anpassung der ihm obliegenden Leistungen, wenn der Lizenzgeber verpflichtet ist, während der Vertragsdauer gewonnene Erkenntnisse bekanntzugeben und diese für den Lizenznehmer von großem Interesse sind[56].

72 Entfällt daher während der Dauer des Lizenzvertrages ein lizenziertes Schutzrecht, so wird die Geschäftsgrundlage regelmäßig zumindest geändert sein, ggf. ist sie sogar entfallen. Die nach der Rechtsprechung sich dann ergebende Notwendigkeit der Anpassung des Vertrages ist unabhängig davon, ob der Lizenzvertrag sich auf ein erteiltes Patent[57], auf ein Gebrauchsmuster[58], auf eine bekanntgemachte Patentmeldung[59] oder auch nur auf eine Erfindung, die erst zur Schutzrechtserteilung angemeldet werden soll, die nicht zum Erfolg führt[60], bezieht.

73 Auch wenn das lizenzierte Schutzrecht zwar noch nicht entfallen ist, seine Vernichtbarkeit aber doch offenbar oder zumindest wahrscheinlich geworden ist und das Patent seine geschäftliche Wirkung nicht mehr äußert, soll ebenfalls über das Prinzip des Wegfalls der Geschäftsgrundlage eine Anpassung des Vertrages erfolgen[61]. Diese Situation ist insbesondere dann gegeben, wenn die Konkurrenten des

---

55 Vgl. z. B. *BGH*, 12. 4. 1957, GRUR 1957 S. 595; *BGH*, 26. 6. 1969, GRUR 1969 S. 677; *BGH*, 23. 3. 1982, NJW 1982 S. 2863; *Benkard*, PatG a.a.O., Rdnr. 109 ff. zu § 15; *Körner*, WuW 1979 S. 785; *Preu*, GRUR 1974 S. 623 ff.

56 Vgl. dazu *Preu*, GRUR 1974 S. 623.

57 *BGH*, 26. 6. 1969, GRUR 1969 S. 677.

58 *BGH*, 12. 4. 1957, GRUR 1957 S. 595; *Benkard*, PatG, a.a.O., Rdnr. 108, 110 zu § 15 mwN.

59 Bekanntmachung gem. PatG 1968; *BGH*, 1. 10. 1964, GRUR 1965 S. 160; *Benkard*, PatG, a.a.O., Rdnr. 124 zu § 15.

60 *BGH*, 14. 11. 1968, GRUR 1969 S. 493; *BGH*, 26. 6. 1969, GRUR 1969 S. 677; *BGH*, 23. 3. 1982, NJW 1982 S. 2861.

61 *BGH*, 23. 3. 1982, NJW 1982 S. 2861; vgl. auch *Preu*, GRUR 1974 S. 623.

Lizenznehmers unbekümmert um das nur noch formale Bestehen des Patentes dessen Inhalt verwerten und danach arbeiten. Der Lizenznehmer kann dann den Lizenzvertrag zur Auflösung bringen[62]. Andererseits wird die Rechtsverbindlichkeit eines Lizenzvertrages über ein Gebrauchsmuster sowie die Verpflichtung des Lizenznehmers zur Zahlung der vereinbarten Lizenzgebühren durch das Fehlen der Schutzvoraussetzungen der Neuheit, des Fortschritts und der Erfindungshöhe mangels abweichender Parteivereinbarungen so lange nicht berührt, wie das Gebrauchsmuster formell in Geltung steht und von den Mitbewerbern respektiert wird[63].

Die Vernichtbarkeit des lizenzierten Schutzrechtes hat daher grundsätzlich keine Wirkung auf den Lizenzvertrag, solange die mit der Lizenz erstrebte Vorzugsstellung gewahrt ist[64].

Die insoweit vorliegende Rechtsprechung beruht dabei auf folgender Überlegung: Solange das erteilte Patent noch nicht für nichtig erklärt worden ist, kann der Patentinhaber bzw. der Patentanmelder das ihm gegebene Ausschließlichkeitsrecht gegen jedermann geltend machen und durchsetzen, außer gegen einen Lizenznehmer, dem er die Benutzung der geschützten Erfindung gestattet hat. Weiterhin ist eine Erfindung, solange sie nicht bekanntgemacht worden ist, Dritten – außer dem Lizenznehmer, dem sie bekanntgegeben worden ist – nicht oder jedenfalls nicht ohne weiteres zugänglich. Ein Dritter, der von der Erfindung Kenntnis erlangt, muß außerdem damit rechnen, Ansprüchen des Anmelders ausgesetzt zu sein. Der Lizenznehmer nimmt mithin, solange das Patent nicht rechtskräftig für nichtig erklärt oder versagt worden ist, an der durch das bereits entstandene Schutzrecht begründeten Vorzugsstellung gegenüber Wettbewerbern teil und bleibt deshalb grundsätzlich bis dahin auch verpflichtet, die für die Teilnahme an dieser Vorzugsstellung vereinbarten Lizenzgebühren zu bezahlen[65].

Diese Verpflichtung des Ausgleichs für die Vorteile der dem Lizenznehmer eingeräumten Monopolstellung bezieht sich im übrigen nicht

---

62 *BGH*, 17. 10. 1968, GRUR 1969 S. 409; *BGH*, 26. 6. 1969, GRUR 1969 S. 677.
63 *BGH*, 28. 9. 1976, NJW 1977 S. 104.
64 *BGH*, 8. 6. 1957, GRUR 1958 S. 175, 177; *Kraßer*, GRUR Int. 1982 S. 339; zur grundsätzlich anderen Situation beim Patentkauf vgl. *BGH*, 23. 3. 1982, NJW 1982 S. 2861.
65 *BGH*, 26. 6. 1969, GRUR 1969 S. 677; *BGH*, 25. 1. 1983, Mitt. 1983 S. 92 = GRUR 1983 S. 237; *Pagenberg/Geissler*, a.a.O., S. 130 Rdnr. 182; *Benkard*, PatG, a.a.O., Rdnr. 110, 112 zu § 15.

nur auf Patente, sondern in gleicher Weise auch auf Gebrauchsmuster[66].

74 Dieses von der Rechtsprechung herausgearbeitete Ergebnis ließe sich auch aus der Anwendung der allgemeinen Vorschriften über die Unmöglichkeit ableiten. Die Grundlage der herrschenden Meinung, daß der Schutzrechtsbestand die Geschäftsgrundlage bilde und diese so lange erhalten bleibe, wie das ggf. zu Unrecht bestehende Schutzrecht als gültig anerkannt worden sei, weil der Lizenznehmer so lange eine tatsächliche Vorzugsstellung genossen und der Lizenzgeber seine Leistung erbracht habe, erscheint nicht unbedingt zwingend. Klauer-Möhring[67] weist zu Recht darauf hin, daß der Geschäftswille der Parteien auf der Vorstellung, daß das Schutzrecht keinen Bestand hat, im Falle der Lizenzierung eines Patentes nicht aufbaut, vielmehr der Lizenzgeber eher eine unerbringliche Leistung versprochen hat. Hinzu kommt, daß eine Anpassung eines Vertrages auf dem Weg über den Wegfall oder die Änderung der Geschäftsgrundlage nur dann vorgenommen werden kann, „wenn das Festhalten am unveränderten Vertrag für den Schuldner untragbare, mit Recht und Gerechtigkeit schlechthin unvereinbare Folgen hätte und ihm deshalb unzumutbar ist"[68].

Es besteht daher hier eine gewisse Gefahr, daß ohne ausreichend tragfähige Grundlage Entscheidungen aus dem Gesichtspunkt der Billigkeit gefällt werden, obwohl sich dasselbe Ergebnis auch auf gesetzlicher Grundlage, insbesondere der allgemeinen Vorschriften der §§ 323 ff. BGB, ableiten ließe. Dies zeigen im übrigen auch sehr deutlich die Ausführungen von Kraßer[69].

75 Unabhängig von diesen dogmatischen Streitfragen ist allerdings nicht zu übersehen, daß die praktischen Ergebnisse nahezu identisch sind. Auch in der Anwendung der Unmöglichkeitsvorschriften würde bei Vernichtung des Patentes der Vertragspartner von der ihm obliegenden Leistung frei, wenn die Gegenleistung aufgrund eines Umstandes unmöglich wird, den keiner der Vertragspartner zu vertreten hat. Eine Nichtigkeitserklärung wird der Lizenzgeber in der Regel jedoch nicht zu vertreten haben.

---

66 *BGH*, 28. 9. 1976, NJW 1977 S. 104; *BGH*, 13. 7. 1977, DB 1978 S. 1269.
67 *Klauer/Möhring*, PatG. a.a.O., Rdnr. 65 zu § 9.
68 *BGH*, 21. 11. 1968, NJW 1969 S. 233.
69 *Kraßer*, GRUR Int. 1982 S. 324 ff., 338.

Ob im Falle der Nichtigkeitserklärung die Zahlung der Lizenzgebühr   **76**
verweigert werden kann, hängt davon ab, ob sie eine Gegenleistung für
die Zeit vor oder nach der Nichtigkeitserklärung darstellt. Haben die
Parteien fortlaufende Lizenzgebühren vereinbart, so entfällt die Verpflichtung zur Zahlung der Gebühren, soweit diese nach Auflösung des
Vertrages aufgrund der Nichtigkeit des Schutzrechtes fällig werden.
Bei Vorliegen besonderer Umstände kann die Lizenzgebühr schon zu
dem Zeitpunkt entfallen, in dem die Vernichtung des Patentes droht.
Die Ansprüche des Lizenzgebers bleiben jedoch bestehen, soweit sie
vor dieser Zeit fällig wurden[70].

Wurde für die Einräumung einer Lizenz die einmalige Zahlung einer   **77**
bestimmten Summe (z. B. sog. lump sum) vereinbart, so ist in jedem
Einzelfall festzustellen, ob der Lizenznehmer nach dem beiderseitigen
übereinstimmenden Willen der Vertragsparteien hinsichtlich dieser
Zahlung das Risiko eines Fortfalls des Schutzrechtes zu übernehmen
hatte. Ergeben sich hierfür keine besonderen Anhaltspunkte, so wird
man dies verneinen und daher dem Lizenznehmer ein Rückforderungsrecht für einen Betrag einräumen müssen, der zu dem Gesamtbetrag in
demselben Verhältnis steht wie die vereinbarte Dauer des Lizenzvertrages zu der Zeit bis zur Auflösung des Vertrages[71].

Haben die Vertragspartner vereinbart, daß neben fortlaufenden   **78**
Gebühren eine einmalige Zahlung zu erfolgen hat, so kommt es darauf
an, welchen Charakter die einmalige Zahlung nach dem Willen der
Parteien haben soll. Häufig liegt in einer derartigen einmaligen Zahlung nur ein Entgelt für die Übergabe von Zeichnungen, Modellen, für
die Mitteilung besonderer Erfahrungen bei der Herstellung und dgl.
oder auch für die Zurverfügungstellung des Patents überhaupt[72]. In
diesen Fällen verbleibt der ganze Betrag dem Lizenzgeber.

Hat die Zahlung dagegen Gebührencharakter, so sind die oben ange-   **79**
gebenen Grundsätze für einmalige Zahlungen, neben denen keine
fortlaufenden Gebühren entrichtet werden, anzuwenden. Es ergibt
sich also, daß die allgemeine Berechnung des Rückforderungsan-
spruchs pro rata temporis zu erfolgen hat, jedoch kann den besonderen

---

70 Vgl. dazu *BGH*, 17. 10. 1968, GRUR 1969 S. 409; *BGH*, 26. 6. 1969, GRUR 1969
   S. 677 und *Benkard*, PatG, a.a.O., Rdrnr. 110 ff., 124 zu § 15 mit zahlreichen
   weiteren Hinweisen auf Rechtsprechung und Literatur.
71 A. A. *Körner*, GRUR 1982 S. 341, 342, der die einmalige Zahlung im Zweifel als
   verfallen ansieht; ebenso *Vollrath*, GRUR 1983 S. 52, 53; siehe zum Meinungsstand
   auch *Benkard*, PatG, a.a.O., Rdnr. 110 zu § 15.
72 Vgl. dazu auch unten Rdnr. 114, 132 f.

Umständen des Falles etwas anderes zu entnehmen sein. Dies kann z. B. zutreffen, wenn der Lizenznehmer in den ersten Jahren noch keinen ausreichenden oder nur geringen Gewinn erzielen konnte, weil die Umstellung seines Betriebes, die Anschaffung neuer Maschinen oder die zur Einführung des neuen Artikels erforderliche Werbetätigkeit in dieser Zeit erhöhte Aufwendungen notwendig machten, die Gebühren aber schon im Hinblick auf die Rentabilität in späteren Jahren berechnet wurde. Es kann aber auch umgekehrt sein, daß gerade zu erwarten ist, daß die ersten Jahre besonders gewinnbringend sind, sei es, daß zu befürchten ist, daß das Patent durch die Entwicklung entwertet wird oder daß sich die wirtschaftlichen Verhältnisse ändern. Auch dies ist zu berücksichtigen. Dabei kommt es jedoch darauf an, was die Parteien bei Vertragsschluß vorausgesetzt haben. Haben sich die Verhältnisse entgegen den Erwartungen der Parteien geändert, so hat dies keinen Einfluß auf die Bemessung der Rückforderungsansprüche.

80 Schwierig ist die Rechtslage, wenn das Patent nur zum Teil nichtig ist. Hier wird zu prüfen sein, inwieweit die Lizenz dadurch beeinträchtigt wird. Es ist z. B. auch denkbar, daß keine Beeinträchtigung des Rechtes des Lizenznehmers erfolgt. Der Anspruch auf die Gebühren bleibt dann in vollem Umfang erhalten. Wird dagegen durch die Teilnichtigkeit die Lizenz in ihrem Wert gemindert, so mindern sich die Gebührenansprüche des Lizenzgebers entsprechend. Tritt eine Entwertung in einem Umfang ein, durch den es für den Lizenznehmer unzumutbar wird, am Vertrag weiter festzuhalten, so steht die teilweise Unmöglichkeit einer völligen Unmöglichkeit gleich[73].

81 Der Bundesgerichtshof betont in seiner Entscheidung vom 24. 7. 1957[74] mit Recht, daß in einer Teilnichtigkeit eines Patentes eine erhebliche Beeinträchtigung der Stellung eines ausschließlichen Lizenznehmers liegen kann, weil der Teil des Patentes, der diese Schwäche hat, von anderen zu Wettbewerbshandlungen ausgenutzt werden kann. Es hängt daher in hohem Maße von den zu treffenden tatsächlichen Feststellungen ab, ob die Teilnichtigkeit des Patentes eine erhebliche Beeinträchtigung der Position des Lizenznehmers bedeutet, so daß die ursprünglich vereinbarten Bedingungen des Lizenzvertrages dementsprechend zu ändern sind. Bei einer Teilver-

---

73 Vgl. *RG*, 27. 5. 1933, RGZ 140, S. 378.
74 *BGH*, 24. 9. 1957, GRUR 1958 S. 231; siehe auch ausführlich zu dieser Problematik *Benkard*, PatG, a.a.O., Rdnr. 116 zu § 15 mwN.

nichtung kommt es daher auf den Umfang der Beeinträchtigung des Lizenznehmers an, der je nach Grad der Beeinträchtigung entweder kündigen oder mindern kann oder voll weiterleisten muß.

In der Regel kann dem Lizenzgeber die Haftung für den Schaden, der **82** dem Lizenznehmer durch den Fortfall seiner Vorzugsstellung erwächst, nicht auferlegt werden, weil es bei Vertragsschluß meist nicht möglich ist festzustellen, ob ein Schutzrecht von Bestand sein wird oder nicht. Hier zeigt sich der schon oben erwähnte Charakter eines Lizenzvertrages als Risikogeschäft.

Anders ist es nur, wenn sich ergibt, daß den Lizenzgeber ein Verschulden trifft. Dies kann der Fall sein, wenn er den Rechtsstreit über die Nichtigkeit nachlässig geführt hat. Er haftet dann nach § 325 BGB. Es kommt jedoch kein Rücktrittsrecht, sondern nur ein Kündigungsrecht in Betracht, weil es sich um ein Dauerschuldverhältnis handelt. War andererseits dem Lizenznehmer bekannt, daß das Schutzrecht anfechtbar ist, so kann er keine Ersatzansprüche geltend machen, wenn er den Vertrag trotzdem geschlossen hat.

Es empfiehlt sich, über die Wirkung der Vernichtung von Schutzrech- **83** ten auf den Lizenzvertrag Vereinbarungen zu treffen. Hier wird häufig vereinbart, daß vor der Nichtigkeitserklärung bezahlte oder fällige Lizenzgebühren nicht mehr zurückverlangt werden können[75]. Wenn auch davon auszugehen ist, daß mit Rechtskraft eines Nichtigkeitsurteils die Verpflichtung zur Zahlung von Lizenzgebühren regelmäßig entfällt, kann es bei Lizenzverträgen, bei denen der Lizenzgeber neben dem Schutzrecht noch zusätzliche Informationen und dgl. erhalten hat, gerechtfertigt sein zu vereinbaren, daß die Gebührenpflicht des Lizenznehmers zumindest insofern unverändert bestehen bleibt.

c) Einschränkung des Schutzumfangs des Patentes

Verschiedentlich stellt sich erst nach Abschluß eines Lizenzvertrages **84** heraus, daß ein Schutz in dem von den Parteien angenommenen Umfang nicht besteht. Dies kann der Fall sein, wenn die Parteien fälschlich einen zu weiten Schutzumfang angenommen haben oder wenn der Schutzumfang in einem Verletzungsprozeß eingeschränkt wird. Einen solchen Fall betreffen die Entscheidungen des Reichsge-

---

75 Vgl. dazu unten Vertragsmuster Anhang I., 14. 4. 1.

richts vom 18. 11. 1911[76] und vom 10. 10. 1931[77]. Das Reichsgericht vertrat hier die Auffassung, daß der Lizenzvertrag nichtig sei, wenn sich nachträglich herausstelle, daß die Parteien einen zu weiten Schutzumfang zugrunde gelegt haben.

In Abweichung von den oben erwähnten Entscheidungen hat das Reichsgericht in seiner Entscheidung vom 18. 12. 1915[78] dem Lizenznehmer nur ein Kündigungsrecht für die Zukunft eingeräumt. Es handelte sich dabei um eine Lizenz für ein Dacharbeiterschutzgerät. Die Vertragspartner gingen davon aus, daß das Gerät geschützt sei. Der Schutz bezog sich jedoch nur auf das Gerät mit bestimmten Befestigungsmitteln. Das Reichsgericht führte dazu aus, durch die Ausbeutung des hier in Frage stehenden Gebrauchsmusters sei für das ganze Gerät ein tatsächlicher Zustand eingetreten, durch den der Lizenznehmer gewerbliche Vorteile finden konnte. In der Entscheidung vom 4. 3. 1922[79] wird dem Käufer eines Gebrauchsmusters, das nicht den ihm zugeschriebenen, sondern nur einen geringeren Umfang hatte, ein ex nunc wirkendes Rücktrittsrecht gewährt.

85 Der BGH vertritt die Auffassung, daß die Fälle nachträglicher Patentbeschränkung entsprechend denjenigen einer teilweisen Vernichtung des Patents zu behandeln sind. Im konkreten Fall hat dies zu einer Minderung der Lizenzgebühr geführt[80]. Der BGH ist somit der Auffassung gefolgt, die schon in der ersten Auflage dieses Buches vertreten wurde und die auch in der Literatur herrschend ist, wonach nämlich die Nichtigkeit von Patenten und die Beschränkung des Schutzumfangs nach denselben rechtlichen Gesichtspunkten zu beurteilen sind[81].

86 Haben die Vertragspartner einen Lizenzvertrag geschlossen, durch den Meinungsverschiedenheiten über den Schutzumfang im Vergleichswege beseitigt werden sollten, so ist es unbeachtlich, wenn sich nachträglich herausstellt, daß das Schutzrecht nur einen geringeren Umfang

76 *RG*, 18. 11. 1911, RGZ 78, S. 10 = Bl. 1912 S. 220 = JW 1912 S. 139 Nr. 14.
77 *RG*, 10. 10. 1931, MuW 1932 S. 32 = Bl. 1932 S. 40 = Mitt. 1931 S. 344 = JW 1932 S. 1836 Nr. 11.
78 *RG*, 18. 12. 1915, MuW 1915/16 S. 317.
79 *RG*, 4. 3. 1921/22, MuW 1921/22 S. 215.
80 *BGH*, 24. 9. 1957, GRUR 1958 S. 231, 232; *Benkard*, PatG, a.a.O., Rdnr. 116 zu § 15.
81 So auch *Hagens*, GRUR 1914 S. 241, 246; *Isay*, a.a.O., S. 342; *Kraßer*, GRUR Int. 1982 S. 324, 339; *Lüdecke/Fischer*, a.a.O., S. 195; *Preu*, GRUR 1974 S. 624; *Reimer*, PatG, a.a.O., Anm. 29 zu § 9 und *Benkard*, PatG, a.a.O., Rdnr. 116 zu § 15.

hat[82]. Überhaupt wird es darauf ankommen, in welchem Maß der Schutzumfang von dem, den die Parteien angenommen haben, abweicht.

V. Wegfall der Geschäftsgrundlage

Durch wirtschaftliche Umwälzungen, die nach der Begründung eines **87** Schuldverhältnisses eintreten und nicht voraussehbar waren, kann der Wert der geschuldeten Leistung außergewöhnlich verändert werden. Nach dem Grundsatz von Treu und Glauben kann es erforderlich sein, daß die gegenseitigen Verpflichtungen geändert werden oder daß sie entfallen. Allerdings ist die Berufung auf eine Veränderung der Geschäftsgrundlage nur dann ausnahmsweise zulässig, wenn dies zur Vermeidung eines untragbaren, mit Recht und Gerechtigkeit nicht zu vereinbarenden und damit der betroffenen Partei nach Treu und Glauben nicht zuzumutenden Ergebnisses unabweislich erscheint[83]. Bei Lizenzverträgen, die langfristig sind, kann z. B. eine Lizenzgebühr, die in festen Beträgen ausgedrückt ist, durch wirtschaftliche Ereignisse ihren Wert nahezu vollständig verlieren, wie dies auch bei anderen Verträgen vorkommen kann.

Ein besonderes Problem des Wegfalls der Geschäftsgrundlage kann **88** sich bei Lizenzverträgen dadurch ergeben, daß die Erfindung wirtschaftlich nicht oder nicht mehr sinnvoll verwertet werden kann, insbesondere auch die Erfindung veraltet ist. Wird eine Erfindung, für die eine Lizenz besteht, durch neue Entwicklungen in der Weise überholt, daß sie wirtschaftlich nicht mehr zu verwerten ist, so kann der Lizenznehmer nach Treu und Glauben nicht mehr an dem Vertrag festgehalten werden. In der Literatur wurde vielfach der Wegfall der Ausübungspflicht des Lizenznehmers bejaht, ohne daß ihm ein Kündigungsrecht eingeräumt wurde[84]. Schade will unterscheiden, ob die Überholung des Lizenzgegenstandes auf eine Neuentwicklung des Lizenzgebers zurückzuführen ist oder auf die Entwicklung eines Dritten. Im ersten Fall falle eine Erschwerung der Ausübung in seinen Risikobereich. Das bedeute, daß sich hier der Lizenznehmer von dem

---

82 Vgl. *RG*, 22. 5. 1937, GRUR 1938 S. 567, 570; *RG*, 3. 10. 1934, GRUR 1935 S. 102; vgl. Fn. 20; zur kartellrechtlichen Problematik Rdnr. 542 ff., 640, 646.
83 *BGH*, 21. 11. 1968, NJW 1969 S. 233, 234; *BGH*, 13. 11. 1975, NJW 1976 S. 565, 566; *Benkard*, PatG, a.a.O., Rdnr. 123 f. zu § 15 mwN.; *Henn*, a.a.O., S. 132 f.
84 *Lüdecke/Fischer*, a.a.O., S. 469; *Reimer*, PatG, a.a.O., Anm. 55 u. 112 zu § 9; *Tetzner*, a.a.O., Anm. 20 zu § 9; *Henn*, a.a.O., S. 132 mwN.

Vertrag lossagen könne. Im zweiten Fall dagegen habe keiner der beiden Vertragspartner eine Einwirkungsmöglichkeit. Man müsse deshalb von einer risikoneutralen Sphäre sprechen und beiden Teilen eine Berufung auf den Wegfall der Geschäftsgrundlage gestatten[85]. Der Bundesgerichtshof hat in seiner Entscheidung vom 11. 10. 1977[86] betont, daß in dem Fall, in dem sich erweist, daß eine wirtschaftliche Verwertung des Lizenzgegenstandes nicht oder nicht mehr möglich ist, der Lizenznehmer nicht mehr an eine vertraglich übernommene Ausübungspflicht gebunden ist.

Der Lizenznehmer kann nach Auffassung des BGH nicht gezwungen werden, nur „mehr oder weniger unverkäuflichen Schrott zu produzieren" und „sehenden Auges seinem Ruin entgegenwirtschaften". Allerdings ist darauf hinzuweisen, daß keineswegs allein der geschäftliche Mißerfolg einer Lizenzierung dazu führt, die Grundsätze des Wegfalls der Geschäftsgrundlage anzuwenden. Selbst wenn die Vertragsparteien von günstigen Umsatzerwartungen ausgegangen sind, die sich nachher in keiner Weise realisieren, wird nicht ohne weiteres Raum für die Anwendung dieser Grundsätze sein. Der Bundesgerichtshof[87] hat in diesem Zusammenhang betont, daß der geschäftliche Mißerfolg eines Lizenzvertrages grundsätzlich in den Risikobereich des Lizenznehmers fällt. Etwas anderes könnte sich nur dann ergeben, wenn ausnahmsweise bestimmte Bedarfs- oder Umsatzzahlen Geschäftsgrundlage geworden sind.

89 Steht jedoch die Unzumutbarkeit einer weiteren Lizenzausübung wegen mangelnder Wettbewerbsfähigkeit des Lizenzgegenstandes fest und sieht der Vertrag selbst keine angemessene, kurze Kündigungsfrist vor, wird man dem Lizenznehmer ein derartiges Kündigungsrecht zubilligen müssen. Da in diesem Fall die Anpassung eines Vertrages nicht zu einem befriedigenden Ergebnis führen kann, erscheint nur die Aufhebung des Lizenzvertrages infolge Wegfalls der Geschäftsgrundlage möglich[88]. Anzumerken ist in diesem Zusammenhang, daß der Bundesgerichtshof allerdings in seiner Entscheidung vom 11. 10. 1977[89] die Frage ausdrücklich offengelassen hat, ob z. B. der Wegfall einer Ausübungspflicht im Hinblick auf die technische Unverwertbarkeit der

---

85 *Schade*, a.a.O., S. 93.
86 *BGH*, 10. 11. 1977, GRUR 1978 S. 166; *Benkard*, PatG, a.a.O., Rdnr. 124 zu § 15.
87 *BGH*, 15. 3. 1973, GRUR 1974 S. 40, 43; *Benkard*, PatG, a.a.O., Rdnr. 124 zu § 15.
88 Vgl. *Falck*, GRUR 1965 S. 302; *Schade*, a.a.O., S. 102; *Storch*, GRUR 1978 S. 168; *Benkard*, PatG, a.a.O., Rdnr. 124 zu § 15.
89 *BGH*, 11. 10. 1977, GRUR 1978 S. 166.

Erfindung die Parteien berechtigen könnte, das gesamte Vertragsverhältnis etwa durch Kündigung zu lösen.

Bei Lizenzverträgen über Geheimerfindungen, für die kein Schutz- **90** recht besteht, gilt dasselbe, wenn die Erfindung offenkundig wird. Eine offenkundige Erfindung kann von jedermann nachgeahmt werden[90]. Es ist daher nicht gerechtfertigt, den Lizenznehmer noch am Vertrag festzuhalten. Die Aufrechterhaltung des Lizenzvertrages kann nur bei Vorliegen besonderer Umstände gerechtfertigt sein[91].

VI. Verzug

Hinsichtlich des Verzugs bietet der Lizenzvertrag keine Besonderhei- **91** ten. Erbringt einer der Vertragspartner die ihm obliegende Leistung schuldhaft nicht rechtzeitig[92], so kann ihm der andere Teil eine angemessene Frist mit der Erklärung setzen, daß er die Annahme der Leistung nach dem Ablauf der Frist ablehne. Nach dem Ablauf der Frist ist er berechtigt, Schadensersatz wegen Nichterfüllung zu verlangen oder den Vertrag zu kündigen[93]. Dabei tritt das Kündigungsrecht an die Stelle des im § 326 BGB vorgesehenen Rücktrittsrechts, weil es sich hier um ein Dauerschuldverhältnis handelt[94].

VII. Positive Vertragsverletzung

Über die im BGB ausdrücklich geregelten Fälle hinaus, in denen die **92** Verpflichtung des Schuldners durch Verzug oder durch von ihm herbeigeführte Unmöglichkeit verletzt wird, kommen Fälle von Forderungsverletzungen vor, die weder eine Unmöglichkeit der Leistung noch einen Mangel noch Verzug darstellen. Es handelt sich hier um die sog. positive Vertragsverletzung. Im Zusammenhang mit Lizenzverträgen kommen positive Vertragsverletzungen in verschiedenster Hinsicht in Betracht. Hingewiesen sei lediglich auf die Fälle, in denen zur Verfügung gestellte Erfindungen schädliche Nebenwirkungen haben. Dem Lizenznehmer ist hier, soweit den Lizenzgeber ein Verschulden

90 *Henn*, a.a.O., S. 133 mwN.
91 Vgl. dazu im einzelnen *Stumpf*, Der Know-How-Vertrag, a.a.O., Rdnr. 174, 219 f.
92 § 284 BGB.
93 § 326 BGB.
94 §§ 581 Abs. 2 i. V. m. 542 BGB; vgl. zur Verzugsproblematik auch *Henn*, a.a.O., S. 199 und *Benkard*, PatG, a.a.O., Rdnr. 96 zu § 15.

trifft, nach allgemeinen Grundsätzen ein Schadensersatzanspruch oder ein Kündigungsrecht zuzubilligen[95].

VIII. Verschulden bei Vertragsschluß

93 Grundlage der Haftung für Verschulden bei Vertragsschluß ist das enttäuschte Vertrauen[96]. Unter diesem Gesichtspunkt verpflichtet auch der grundlose Abbruch der Vertragsverhandlungen zum Ersatz des Vertrauensschadens, wenn derjenige, der die Verhandlungen abbricht, zuvor durch sein Verhalten das Vertrauen geweckt oder genährt hatte, der Vertrag werde mit Sicherheit zustandekommen[97]. Diese Haftung für Verschulden bei Vertragsverhandlungen beruht auf der Überlegung, daß der Eintritt in die Vertragsverhandlungen ein vertragsähnliches Vertrauensverhältnis erzeugt, das die Beteiligten dazu verpflichtet, ihr Verhalten so einzurichten, daß dem anderen Vertragsinteressenten kein vermeidbarer Schaden entsteht.

94 Bei Lizenzverträgen kann es hierbei mehrere Ausformungen dieses Grundgedankens des Verschuldens bei Vertragsschluß geben. So kann z. B. unter Umständen ein Anspruch auf Schadensersatz aus dem Gesichtspunkt des Verschuldens bei Vertragsverhandlungen gegeben sein, wenn der Lizenzgeber schon bei Abschluß des Vertrages wußte, daß eine Beeinträchtigung des Schutzrechtes droht und dies dem Lizenznehmer verschweigt.

Weiterhin kann ein Fall des Verschuldens bei Vertragsschluß vorliegen, wenn laufende Vertragsverhandlungen über eine Lizenzvergabe grundlos abgebrochen werden, die so weit gediehen waren, daß der als Lizenznehmer vorgesehene Verhandlungspartner nach dem Gang der Verhandlungen darauf vertrauen durfte, daß der in Aussicht genommene Vertrag mit ihm zustande käme[98].

95 Zu berücksichtigen ist weiterhin, daß bei Lizenzverträgen oft nicht vermieden werden kann, daß Fabrikationsgeheimnisse weitergegeben werden. Der Lizenzgeber muß dabei auf die Wahrung seines Geheimhaltungsinteresses besonders bedacht sein, wenn das Patent noch nicht

---

95 Vgl. auch *OLG Düsseldorf*, 1. 5. 1929, JW 1929 S. 3093 Nr. 3; siehe auch *Benkard*, PatG, a.a.O., Rdnr. 131 f. zu § 15 sowie *Henn*, a.a.O., S. 199 zur positiven Vertragsverletzung im Zusammenhang mit Lizenzverträgen.

96 *BGH*, 22. 2. 1973, BGHZ 60 S. 221; siehe auch *Henn*, a.a.O., S. 201 f. mwN.

97 *BGH*, 18. 10. 1964 NJW 1965, S. 43.

98 *BGH*, 12. 6. 1975, BB 1975 S. 1128; *Henn*, a.a.O., S. 202.

angemeldet worden ist, da sonst die sog. Neuheit des Patents gem. § 3 PatG gefährdet wird[99] oder aber ein zu einem Patent gehörendes Fabrikationsgeheimnis offenkundig wird[100]. Bei der Frage der Neuheit des Patents ist in diesem Zusammenhang besonders darauf hinzuweisen, daß durch die Novellierung des deutschen Patentgesetzes die in § 2 Patentgesetz 1968 geregelte sog. 6-monatige Neuheitenschonfrist ersatzlos weggefallen ist.

In diesem Zusammenhang empfiehlt es sich im übrigen, ausdrückliche Vereinbarungen der Vertraulichkeit der im Rahmen eines Angebotes zur Verfügung gestellten Informationen, Unterlagen usw. zu treffen. Dies gilt insbesondere deshalb, da die Frage, ob allein durch die Abgabe eines Angebotes ohne weiteres davon ausgegangen werden kann, daß nach der Lebenserfahrung ein gemeinsames Interesse aller Beteiligten an der Geheimhaltung zu erwarten ist, von der Rechtsprechung nicht einheitlich beantwortet wird[101]. **96**

Ist daher davon auszugehen, daß die Vertraulichkeit der zur Verfügung gestellten Kenntnisse entweder ausdrücklich oder nach den Umständen vereinbart worden ist, wird ein Verstoß gegen dieses Gebot der Vertraulichkeit im Rahmen der Anbahnung eines Vertrages zu einem Schadensersatz wegen Verschuldens bei Vertragsschluß führen.

Von seinem Umfang her handelt es sich bei diesem Schadensersatzanspruch um den Ersatz des sog. Vertrauensschadens. Dies bedeutet, daß der geschädigte Gläubiger so zu stellen ist, wie er stehen würde, wenn er nicht auf die Gültigkeit des Geschäftes vertraut hätte[102]. **97**

---

99 Vgl. dazu *BGH*, 13. 12. 1977, GRUR 1978 S. 297; *Henn*, a.a.O., S. 202.
100 Vgl. dazu *Stumpf*, Der Know-How-Vertrag, a.a.O., Rdnr. 13; *Henn*, a.a.O., S. 202.
101 Ablehnend: *BGH*, 24. 10. 1961, GRUR 1962 S. 86; positiv: *BGH*, 13. 12. 1977, GRUR 1978 S. 297; *Henn*, a.a.O., S. 202.
102 *BGH*, 4. 3. 1955, BB 1955, S. 429; *Henn*, a.a.O., S. 201.

C. Pflichten des Lizenznehmers, die sich aus der Natur des Lizenzvertrages ergeben oder die vereinbart werden

I. Pflicht zur Zahlung der Lizenzgebühr

1. Bemessung der Lizenzgebühr

a) Allgemeines

98 Als Gegenleistung für die Gewährung der Lizenz steht an erster Stelle die Pflicht des Lizenznehmers, eine Lizenzgebühr zu zahlen. Hierüber müssen genaue Vereinbarungen getroffen werden. Beim Abschluß des Lizenzvertrages erhebt sich daher die Frage, wie die Lizenzgebühr zu berechnen ist.

Die Rechtsprechung und die Literatur haben sich mit dieser Frage vor allem in bezug auf die Arbeitnehmererfindungen beschäftigt, weil der Arbeitgeber dem Arbeitnehmer, wenn er dessen Erfindung in Anspruch nimmt, eine angemessene Vergütung zu zahlen hat. Zu deren Berechnung ging man früher von der Vergütung aus, die für eine freie Erfindung in der Wirtschaft gezahlt wurde. Diese Methode ist auch in den Richtlinien für die Vergütung von Arbeitnehmererfindungen im privaten Dienst vorgesehen. Die Bestimmung der Vergütung, die ein freier Erfinder erhalten würde, macht jedoch erhebliche Schwierigkeiten. Es würde im Rahmen dieser Ausführungen zu weit gehen, dies im einzelnen zu erörtern. Es darf hierzu auf die Schrift von Lüdecke „Die Lizenzgebühren für Erfindungen" verwiesen werden, in der die Problematik eingehend dargestellt ist[1].

---

1 *Lüdecke*, a.a.O.; vgl. auch *Gaul/Bartenbach*, Das Recht der Arbeitnehmererfindung, a.a.O., S. 82; *Neuberg*, a.a.O., S. 95 ff.; *Reimer/Schade/Schnippel*, a.a.O., insb. S. 252 ff.; *Benkard*, PatG, a.a.O., Rdnr. 71 ff. zu § 15; *Henn*, a.a.O., S. 144 ff., 148 ff.; *Pagenberg/Geissler*, S. 126 ff. Rdnr. 175 ff., S. 148 ff. Rdnr. 45 ff., S. 554 ff. Rdnr. 53 ff., jeweils mwN; *Fischer*, Mitt. 1987 S. 104 ff.; vgl. zu kartellrechtlichen Problemen unten Rdnr. 535, 649, 651, 723, 726.

b) Bewertungsfaktoren

Es sei hier nur auf einige wesentliche Gesichtspunkte hingewiesen, die   **99**
für die Festlegung der Lizenzgebühr eine Rolle spielen können. Es sind
dies z. B.:

A. Allgemein

Umfang des Benutzungsrechts (Monopolstellung, die der Lizenznehmer erlangt)

B. Verkaufsobjekt
1. Art des Erzeugnisses (einmalige oder wiederkehrende
   Fertigung, Type)
2. Verkaufspreise
3. Kalkulation
4. Geplante Stückzahl des Erzeugnisses und seiner Teile

C. Fertigung

1. Fertigungsreife
2. Entwicklungs- und Versuchskosten
3. Mögliche Fertigungsart (Einzelfertigung, Serienfertigung)
4. Anforderungen an die Fertigung (maschinelle Ausrüstung,
   Werkzeuge, Modelle, Vorrichtungen, Arbeitskräfte, Materialbeschaffung)
5. Einordnung in das Fertigungsprogramm
6. Auftretende Engpässe und sonstige Schwierigkeiten
7. Fertigungskosten
8. Zusätzlicher Finanzbedarf und seine Deckungsmöglichkeiten
9. Fertigungsrisiken
10. Auswertung und Untervergabe von Lizenzen

D. Marktsituation

1. Marktanteil (nach den in Betracht kommenden Ländern spezifi-
   ziert)
2. Konkurrenzlage
   a) Marktstellung des Lizenzgebers
   b) Mitbewerber (auch künftig mögliche)
      aa) in bezug auf das Erzeugnis
      bb) in bezug auf die Lizenz

c) Konkurrenzerzeugnisse
3. Lieferfähigkeit (eigene und fremde)
4. Aufnahmefähigkeit des (betreffenden) Marktes; (vorsichtig geschätzte) Umsatzerwartung
5. Import/Export im Lande des Lizenznehmers (Zollschutz)
6. Entstehende Konkurrenz auf dritten Märkten (drohende Umsatzverluste, Gewinnminderungen)
7. Einfluß auf die Ergebnis-Entwicklung (Gewinne oder Verluste)
8. Wie hoch ist das Risiko?
9. Gefahr der technischen Überholung

E. Technischer Stand

1. Weiterentwicklung im eigenen Unternehmen (Konzentration der Entwicklungsarbeit aus Gründen der Rationalisierung und Sicherheit)
2. Weitergabe von Ergebnissen der Forschungs- und Entwicklungsarbeit (vertragliche Ansprüche)
3. Weiterentwicklung in fremden Unternehmen (Rückfluß von Know-How bzw. Verbesserungserfindungen)
4. Voraussichtliches Veralten der betreffenden Type (technischer Fortschritt)
5. Patentlage
6. Patentlizenzen und sonstige Know-How-Verträge
7. Spezielle (ungeschützte) Erfahrungen
8. Technischer Reifegrad; Automatisierungsgrad
9. Produktionsverhältnisse beim Lizenznehmer
10. Möglicherweise freiwerdende Kapazität

F. Absatzverhältnisse

1. Konditionen (auch Garantieleistungen)
2. Kundendienst (Service)
3. Werbung (einschließlich Unterlagen)
4. Verwendung des Namens des Lizenzgebers (Eintragung des Markennamens im Empfängerland; negative Wirkungen bei verminderter Qualität)
5. Verkaufsorganisation
6. Bindungen des Lizenznehmers hinsichtlich der Belieferung bestimmter Märkte

G. Lizenznehmer

1. Nutzen für den Lizenznehmer
   a) eingesparte Kosten; ermäßigte Selbstkosten (z. B. Entwicklungskosten, ausbleibende Fehlentwicklungen, Beratungskosten, Kosten für die Beschaffung von Produktionsmitteln und den Aufbau zusätzlicher Abteilungen)
   b) größere Umsatzmenge
   c) erhöhte Verkaufserlöse
2. Entwicklungsstand des Lizenznehmers
   a) Ausbildungsniveau des Landes, wirtschaftliche Verhältnisse
   b) bestehendes Unternehmen
      aa) mit Fertigung ähnlicher Erzeugnisse
      bb) ohne Fertigung ähnlicher Erzeugnisse
   c) neues Unternehmen
3. Finanzielle Stärke des Partners
4. Erfahrungen mit Fairneß des Lizenznehmers (Vertrauensverhältnis)

H. Entstehungskosten der Erfindung

1. Berechenbare Größen (z. B. Kosten aus der Beratung durch Spezialisten des Lizenzgebers, Recherchenkosten, Eintragungskosten usw.)
2. Schätzwerte
3. Vergleichbare (Markt-)Preise für Teile der Erfindung (auch Erfahrungen aus vorangegangenen ähnlichen Fällen)
4. Kosten des Firmenzeichens (Werbung für den Firmennamen oder das spezielle Erzeugnis)
5. Nutzenentgang beim Lizenznehmer

I. Art der Zusammenarbeit

1. Kapitalverhältnisse (Beteiligung)
2. Einfluß auf die Geschäftsführung (z. B. Preisbestimmung)
3. Rechnungslegung; Büchereinsicht
4. Lieferung von Teilen (unter Berücksichtigung der Termine) an den Lizenznehmer
   a) vollständige Lieferung zur Montage
   b) komplette Teile-Sätze
   c) Lieferung schwierig zu fertigender Teile (zwecks Qualitätssicherung)

d) Normteile
e) vitale Teile (mit der Möglichkeit der Umsatzkontrolle)
f) Bewertung der Teile
5. Lieferung von Unterlagen aus Konstruktion, Fertigung und Montage
6. Bereitstellung von speziellem Material und Sondermaschinen
7. Lieferung von Werkzeugen, Vorrichtungen, Modellen
8. Austausch von Mitarbeitern
  a) Fertigungsarbeiter (Regelung der Vergütung, auch der Differenzen bei Unterschieden zum heimatlichen Verdienst)
  b) Spezialisten
  c) Führungskräfte

J. Sonstige Faktoren

1. Zusätzliche Vergabe von Know-How in Unterlagen (z. B. Zeichnungen, umfangreiche textliche Erläuterungen, Abbildungen, Schemata, Pläne)
2. Steuerliche Aspekte
   (z. B. Was bleibt nach der steuerlichen Belastung von der Lizenzgebühr übrig?)
3. Juristische Fragen
   (z. B. Kündigung des Vertrags, Urheber- und Eigentumsrechte, Weitergabe an Dritte, Rückgabe von Unterlagen, Genehmigungszwang durch ausländische Regierung)
4. Kenntnis aller Argumente für den Wert des Know-How
5. Ablauf des Patentes (Laufzeit des Vertrages)
6. Laufende Hingabe (schrittweise Einbringung) von zusätzlichem Know-How (unvollständiges Know-How kann schlechte Erzeugnisse zur Folge haben)
7. Beginn der Wirksamkeit der Lizenz (Auswirkung auf den Ertrag, Anlaufzeit)
8. Zahlungsweise
   a) einmalige Abfindung (ggf. in Raten)
   b) umsatzabhängige (produktionsabhängige) Vergütung
   c) Kapitalbeteiligung
   d) Vergütung der sonstigen Kosten (z. B. für Reisen, Beratung, Steuern auf die Lizenzgebühr)
   e) sonstige Regelungen (z. B. Kombination der verschiedenen Möglichkeiten, Sonderzahlungen für die Hingabe von Zeichnungen, Entgelt für Know-How)

9. Transfer-Möglichkeit (Risiko)
10. Mögliche Sicherungen (z. B. Zurückbehalten von Neuentwicklungen, statischen Berechnungen)
11. Verhandlungsposition
12. Risiko über die Vertragsdauer hinaus
13. Politische Einflüsse (z. B. staatliche Einstellung und Vorschriften beim Lizenznehmer)

Schon aus der Aufzählung der für die Bewertung der Lizenzgebühr **100**
erheblichen Faktoren, die keineswegs vollständig ist, läßt sich ersehen,
daß eine Berechnung der Lizenzgebühr nach festen Formeln nicht
möglich ist. Dabei ist zu berücksichtigen, daß nicht nur die Berechnung
der einzelnen Faktoren, sondern auch die Festlegung ihres Verhältnisses zueinander erhebliche Schwierigkeiten bereitet. Lüdecke kommt
daher in seiner o. g. Schrift zu dem Ergebnis, daß sich feste Formeln
oder fixe Zahlen, aufgrund deren die Lizenzgebühr errechnet werden
kann, nicht aufstellen lassen. Derartige Formeln können allenfalls dem
Fachmann gewisse Anhaltspunkte geben.

Dies ergibt sich auch aus der Rechtsprechung zur Ermittlung einer **101**
angemessenen Lizenzabgabe als Schadensersatz für Patentverletzungen[2], bei der sich das Reichsgericht und der Bundesgerichtshof mit
allgemeinen Grundsätzen zu helfen versuchten. Die Lizenzgebühr sei
nach dem „Üblichen und Billigen", nach dem „Vernünftigen", nach
dem, was bei vertraglicher Vereinbarung ausbedungen worden wäre,
und nach dem objektiven, sachlich angemessenen Wert zu bemessen.

Dieselben Probleme treten auch bei der Rechtsprechung über die **102**
angemessene Höhe von Zwangslizenzen nach § 13 des Patentgesetzes[3]
auf.

---

2 *RG*, 29. 3. 1919, RGZ 95 S. 220; *RG*, 2. 12. 1931, MuW 1932 S. 203; *RG*, 21. 3. 1934,
  RGZ 144 S. 187; *RG*, 13. 5. 1938, GRUR 1938 S. 836; *RG*, 24. 3. 1939, GRUR 1939
  S. 898; *RG*, 29. 6. 1943, GRUR 1943 S. 288; *BGH*, 13. 3. 1962, BB 1962 S. 467 = DB
  1962 S. 599. Zwei Praxisbeispiele: Der Autokonzern Ford zahlte an einen Erfinder für
  die Verletzung eines Scheibenwischerintervallpatents etwa 10 Mio. Dollar, FAZ v.
  16. 11. 1990. Der Photoapparate-Produzent Minolta soll für die unberechtigte Nutzung von Autofocus-Patenten 127,5 Mio. Dollar Lizenzgebühren an die Fa. Honeywell
  zahlen, Innovation & Management, 1992 S. 55.
3 Vgl. dazu auch *Benkard*, PatG, a.a.O., Rdnr. 15 zu § 13.

c) Beteiligung am Umsatz

aa) Begriff

103 Die Höhe der Lizenz allein sagt jedoch über die Zahlungsverpflichtung des Lizenznehmers noch nichts aus, wenn die genaue Bezugsgröße nicht festliegt. Häufig besteht die Lizenzgebühr in einem bestimmten Prozentsatz des Umsatzes. In Ziff. 10 der Richtlinien für die Vergütung von Arbeitnehmererfindungen im privaten Dienst[4] ist angegeben, daß sich der Lizenzsatz in der Maschinen- und Werkzeugindustrie zwischen ⅓ % und 10 % bewegt. Diese Spanne ist allerdings zu groß, um für die Höhe der Lizenzgebühr sinnvolle Anhaltspunkte bieten zu können. In dem Maschinenbau wird man häufig annehmen können, daß ein typischer Erfahrungswert für vereinbarte Lizenzsätze bei 3 % bis 5 % liegt[5]. Entscheidend für die Höhe ist dabei, ob eine wesentliche Verbesserung der Wirkungsweise, eine erhebliche Erweiterung des Anwendungsbereiches der Maschine oder aber eine wesentliche Senkung der Herstellungskosten o. ä. gegeben ist. Bei entscheidenden Verbesserungen für den Gesamtablauf der Maschine wird man an die obere Grenze des erwähnten Erfahrungswertes gehen können, u. U. auch noch etwas darüber, während das Vorhandensein technisch gleichwertiger Lösungen oder eines geringeren wirtschaftlichen Effektes für einen niedrigeren Lizenzsatz spricht. Bei Softwarelizenzen sind zum Teil sehr viel höhere Lizenzsätze üblich. Dies liegt wohl in erster Linie daran, daß Software in der Regel sehr schnell veraltet ist. Es kann daher durchaus sein, daß Software bei einer Lebensdauer von einem Jahr zu einem Lizenzsatz von etwa 50 % des Nettoverkaufspreises lizenziert wird. Es kann aber auch sein, daß aus Werbegründen oder wegen Softwarepiraterie nur sehr geringe Lizenzgebühren verlangt werden (z. B. auch bei sog. Public-Domain-Software). Im übrigen gelten aber die Ausführungen zu Patentlizenz- und Know-How-Gebühren entsprechend.

---

4 BAnz. Nr. 156 vom 18. 12. 1959.
5 Vgl. dazu *Reimer/Schade/Schippel*, a.a.O., S. 252. In einem Einigungsvorschlag der Schiedsstelle beim Deutschen Patentamt zu einer Arbeitnehmererfindersache vom 13. 11. 1963 in Bl. 1964, S. 354 f. ist von einem Prozentsatz von 3–5 % in der Mehrzahl der Fälle bei großen Objekten die Rede. Dies entspricht auch den Erfahrungen der Verfasser. Der *BGH*, 6. 3. 1980, DB 1980 S. 2502, legt für chemische Verfahren eine Lizenzgebühr von 8 % zugrunde. Den gleichen Wert nennt für ein chemisches Verfahren auch der *BGH* in seiner Entscheidung vom 15. 6. 1967, GRUR 1967 S. 655 ff.; siehe auch die Tabelle bei *Henn*, a.a.O., S. 155.

In diesem Zusammenhang ist auch auf eine Umfrage des amerikani- **104**
schen Generalkonsulats, München, im Jahre 1968 bei 150 amerikanischen Unternehmen, die Lizenzen an deutsche Firmen vergeben
haben, zu verweisen. Diese Umfrage stieß auf reges Interesse. Es
gingen 83 ausführliche Antworten ein. 64 % der antwortenden amerikanischen Firmen wollen ihr Lizenzprogramm noch erweitern, das die
Vergabe von Patenten (in 62 Fällen), Know-How (in 66 Fällen),
Warenzeichen (in 63 Fällen), Spezialmaschinen und Ausrüstungen (in
9 Fällen) und die Überlassung technischen Personals (in 28 Fällen)
umfaßt. Das Entgelt besteht bei 65 % aller Verträge in einem Prozentsatz des Umsatzes. (Davon sahen 10 % Lizenzgebühren bis 2 %, 17 %
Gebühren von 2,1 % bis 4 %, 47 % Gebühren von 4,1 % bis 6 %,
21 % Gebühren von 6,1 % bis 10 % und 5 % noch höhere Gebühren
vor.) 13 % der Lizenzvergaben erfolgten gegen einmalige Zahlung,
4 % der Lizenzgeber sind prozentual am Gewinn beteiligt, eine Firma
erhielt eine Kapitalbeteiligung. Die Lizenzverträge laufen zu 77 %
über 5 und mehr Jahre.

Wird die Berechnung der Höhe der Lizenzgebühren an den Umsatz **105**
gekoppelt, ergibt sich ein Problem auch daraus, daß keineswegs feststeht, was unter dem Begriff Umsatz zu verstehen ist. Der Begriff
Umsatz wird in der Praxis mit verschiedenem Inhalt verwendet. Wird
er zugrunde gelegt, so muß im einzelnen festgestellt werden, was
hierunter zu verstehen ist, wenn Auslegungsschwierigkeiten vermieden
werden sollen.

Hier muß geklärt werden, ob sich z. B. der Umsatz aus den Verkäufen
mit Preisstellung ab Werk, dem Einzelhandelspreis, dem Listenpreis
oder dem Nettoverkaufspreis[6] zusammensetzen soll und ob Nebenkosten einbegriffen sind. Bei der Verwendung des Begriffes Nettoverkaufspreis ist weiterhin zu klären, ob sich dieser Preis unter Abzug von
Skonti versteht oder nicht. Es empfiehlt sich daher dringend, die
Bezugsgröße vertraglich genau zu klären.

Bei Verfahrenslizenzen kann eine Stücklizenz auf jeden mit dem **106**
Verfahren hergestellten Gegenstand berechnet werden. U. U. kommt
auch die Berechnung eines gewissen Betrages für eine bestimmte
Menge des herzustellenden Gegenstandes in Betracht; so kann z. B.
auf das Gewicht, die Länge oder die Meter eines bestimmten Produkts
abgestellt werden. Ein solcher Fall lag der unveröffentlichten Entschei-

---

6 Vgl. dazu *BGH*, 24. 9. 1979, GRUR 1980 S. 38.

dung des BGH vom 17. 10. 1966[7] zugrunde. Die Entscheidung betraf folgenden Sachverhalt: Die Klägerin hatte eine Maschine zu einem vereinbarten Kaufpreis geliefert, ferner war eine Lizenzgebühr für die Benutzung des Verfahrens als Produktionsabgabe vorgesehen. Diese war in der Weise zu zahlen, daß je Tonne des gefertigten Materials ein näher festgelegter Betrag zu entrichten war.

Die Mitbenutzung zusätzlicher Schutzrechte kann die Lizenzgebührenhöhe mindern[8].

bb) Beteiligung am Entgelt

107 Um Klarheit zu schaffen, empfiehlt es sich zu vereinbaren, daß der Lizenznehmer einen bestimmten Prozentsatz des seinem Abnehmer in Rechnung gestellten Entgelts – abzüglich etwaiger Rabatte, ausgenommen Barzahlungsrabatte – zu zahlen hat.

Hierdurch ist jedoch noch nicht geregelt, ob die Lizenz auch von Nebenkosten, wie Fracht, Rollgeld, Verpackung, Inbetriebsetzungskosten, Versicherungskosten und bei Auslandsgeschäften ggf. auch von Zöllen, zu berechnen ist. Da die Nebenkosten mit dem aufgrund des Lizenzvertrags hergestellten Gegenstand in der Regel nichts zu tun haben, liegt es nahe, sie in Abzug zu bringen. Eine Ausgliederung der Nebenkosten ist aber in der Praxis schwierig, wenn sie dem Kunden nicht gesondert in Rechnung gestellt werden. Diese Gesichtspunkte werden berücksichtigt, wenn die Vertragspartner vereinbaren, daß die Nebenkosten in Abzug kommen, soweit sie gesondert in Rechnung gestellt sind. Dabei können auch Beispiele für Nebenkosten angeführt werden. Wird eine derartige Vereinbarung getroffen, so genügt es nicht, daß die Nebenkosten gesondert in Rechnung gestellt werden. Erforderlich ist vielmehr auch, daß sie gesondert in Rechnung gestellt werden dürfen. So darf bei der Vereinbarung von frachtfreier Lieferung der Lizenznehmer die Lizenzgebühr nicht dadurch verkürzen, daß er in der dem Kunden erteilten Abrechnung den Gesamtpreis in den Preis für Ware und für Fracht aufgliedert.

108 Zur Sicherung der Ansprüche kann es sich bei dieser Berechnungsart empfehlen zu vereinbaren, daß der Lizenznehmer dem Lizenzgeber jeweils die Kaufpreisforderungen gegen seine Kunden abtritt, die in einem bestimmten Verhältnis zur Gesamtforderung stehen. Wird die

---

7 Az.: VII ZR 164/64.
8 *BGH*, 24. 11. 1981, GRUR 1982 S. 301.

Sicherung gegenüber der gesicherten Forderung zu hoch, dann besteht die Gefahr, daß sie von der Rechtsprechung nicht anerkannt wird[9]. Diese Sicherung kann vor allem dann in Betracht kommen, wenn zwischen dem Abschluß des Kaufvertrages und der Zahlung durch den Kunden des Lizenznehmers üblicherweise eine längere Zeit verstreicht.

Die Lizenzgebühren können auch nach der Umsatzhöhe gestaffelt **109** werden[10], z. B. kann eine Ermäßigung der Lizenzgebühr bei sehr hohen Umsätzen vorgesehen werden. Eine solche Regelung kann vor allen Dingen dann sinnvoll sein, wenn die hohen Umsätze nicht mehr auf dem technischen Fortschritt der Erfindung beruhen, sondern vor allem auf den Verkaufsanstrengungen des Lizenznehmers, seinen Vertriebsmethoden oder seiner Position im Wettbewerb. Eine solche Abstaffelung der Lizenzgebühren setzt eine ausdrückliche Vereinbarung im Vertrag voraus[11].

cc) Entstehung des Anspruchs

Als Zeitpunkt für die Entstehung des Anspruchs auf die Lizenzgebühr **110** kommen der Abschluß des Vertrages mit dem Kunden, die Fertigstellung oder die Lieferung der Maschinen, die Rechnungsstellung an den Kunden oder der Eingang der Zahlung des Kunden in Betracht.

Wird einer der fünf zuerst erwähnten Zeitpunkte gewählt, so sollte auch etwas darüber gesagt werden, ob der Nichteingang der Zahlung einen Einfluß auf die Lizenzgebühr hat oder nicht. Es könnte z. B. bestimmt werden, daß der Anspruch auf die Lizenzgebühr entfällt, wenn feststeht, daß vom Kunden keine Zahlung zu erlangen ist oder aber auch, daß der Nichteingang der Zahlung den Anspruch auf die Lizenzgebühr unberührt läßt. Die Feststellung, daß der Kunde nicht leistet, muß nach objektiven Gesichtspunkten getroffen werden. Zweifelhaft kann die Frage sein, ob ein Anspruch des Lizenzgebers auf die Lizenzgebühr bestehen bleibt, wenn der Lizenznehmer nicht alle zweckdienlichen Maßnahmen ergreift, um vom Kunden Zahlung zu erlangen. Auch diese Frage sollte im Vertrag geklärt werden. Bei der Wahl des Zeitpunktes ist zu beachten, daß der Abschluß des Vertrages und die Rechnungsstellung an den Kunden u. U. manipuliert werden können.

---

9 Vgl. *Reimer*, GRUR 1957 S. 195, 196; zur Übersicherung vgl. auch *BGH*, 16. 12. 1957, BGHZ 26 S. 185.
10 Vgl. *BGH*, 26. 6. 1969, GRUR 1969 S. 677, 680.
11 Vgl. *Gaul/Bartenbach*, a.a.O., K 254.

d) Stücklizenz

aa) Allgemeines

111 Einfacher ist die Abrechnung, wenn die Parteien vereinbaren, daß der Lizenznehmer entweder für jedes Produkt, das er aufgrund des Lizenzvertrages hergestellt hat, oder für jedes Produkt, das er vertrieben hat, einen festen Betrag zahlt. Dies hat jedoch den Nachteil, daß der Lizenzgeber an Preissteigerungen, die gerade bei den meist langfristigen Lizenzverträgen eine Rolle spielen können, nicht teilnimmt. Andererseits hat es aber den Vorteil, daß die Kontrolle für den Lizenzgeber wesentlich leichter ist, vor allem, wenn zur Buchhaltung des Lizenznehmers nicht das erforderliche Vertrauen besteht.

bb) Entstehung des Anspruchs

112 Hier kommt als Zeitpunkt der Entstehung des Anspruchs vor allem die Fertigstellung der Maschine in Betracht.

e) Zahlung für einen bestimmten Zeitraum oder einmalige Zahlung

113 Denkbar ist es auch, daß die Lizenzgebühr völlig unabhängig vom Umsatz oder von der Produktion festgesetzt wird, indem für einen bestimmten Zeitraum ein fester Betrag zu zahlen ist oder nur eine einmalige Zahlung zu erfolgen hat[12]. Dies ist jedoch selten. Ist es der Fall, so muß festgelegt werden, wann die Zahlung zu erfolgen hat.

Es kann sich empfehlen zu bestimmen, ob die Lizenzgebühr bei vorzeitiger Auflösung des Vertrags zurückzuzahlen ist oder nicht[13].

114 Neben der Vereinbarung einer Pauschal-Lizenzgebühr für den gesamten Vertrag wird bei Lizenzverträgen häufig neben z. B. einer Stücklizenz eine einmalige Zahlung vereinbart. Für diese einmalige Zahlung haben sich unterschiedliche Bezeichnungen herausgebildet, aus denen sich teilweise auch schon die Funktion dieser einmaligen Gebühr ableiten läßt. Als Bezeichnungen lassen sich hier antreffen: Grundlizenzgebühr, Grundzahlung, einmalige Pauschalgebühr, Abschlußgebühr, Vorwegvergütung, lump sum, down payment oder à fond perdu-Zahlung[14]. Die Funktion einer solchen einmaligen Zahlung kann sehr unterschiedlich sein. Sie geht von der Vergütung für die Übergabe von

---

12 *OLG München*, 28. 6. 1990 „Windsurfing", WuW/E 1991 S. 412.
13 *BGH*, 5. 7. 1960, BB 1960 S. 998.
14 Vgl. dazu mit Nachweisen *Vollrath*, GRUR 1983 S. 52, 53; *Henn*, a.a.O., S. 146 f.

Unterlagen oder von Know-How[15] bis zu einer Zahlung für die Bereitschaft zum Vertragsabschluß als solchem, also einer Abschlußgebühr[16]. Für den Lizenzgeber hat eine solche einmalige Zahlung den Vorteil, daß der Lizenznehmer in angemessener Weise insbesondere an den Entwicklungskosten sowie an den Schutzrechtsaufwendungen des Lizenzgebers beteiligt wird[17].

Es ist im übrigen auch denkbar, daß die einmalige Zahlung auf später zu zahlende Lizenzgebühren, die z. B. als Stücklizenz erbracht werden, ganz oder teilweise angerechnet wird. In diesem Fall wäre sie vergleichbar einer Art Mindestlizenz. Soweit eine derartige Anrechnung auf eine zusätzlich vereinbarte Stücklizenz oder Umsatzlizenz vorgenommen werden soll, bedarf es allerdings regelmäßig einer ausdrücklichen, diesbezüglichen Vereinbarung.

Ebenso dürfte es sich regelmäßig empfehlen, im Vertrag festzulegen, **115** ob die Lizenzgebühr bei vorzeitiger Auflösung des Vertrages zurückzuzahlen ist oder nicht. Bei Fehlen einer solchen Vereinbarung wäre nach dem Gesamtzusammenhang des einzelnen Vertrages festzustellen, welche Funktion die einmalige Pauschalgebühr haben soll mit der Konsequenz, daß die Gefahr einer Auseinandersetzung besteht[18].

Was die Höhe derartiger einmaliger Pauschalgebühren betrifft, lassen **116** sich keine festen Werte festlegen. Die Höhe hängt in erster Linie von der Funktion der zu zahlenden Pauschalgebühr ab, d. h. ob sie z. B. als Entgelt für die gesamte Lizenzgebühr oder aber z. B. nur für überlassenes Know-How usw. gedacht ist. In der Entscheidung des Bundesgerichtshofs vom 5. 7. 1960[19] wurde neben einer 4%igen Lizenzgebühr eine Pauschalgebühr von DM 20 000,– vereinbart, in der Entscheidung des Bundesgerichtshofs vom 18. 2. 1977[20] ging es sogar um einen Pauschalbetrag von DM 500 000,–. Letzterer Betrag erscheint allerdings – abgesehen von Ausnahmefällen – als sehr hoch.

15 Vgl. dazu auch unten Rdnr. 236 ff.
16 Vgl. *BGH*, 5. 7. 1960, GRUR 1961 S. 27.
17 Vgl. *Heine*, GRUR 1961 S. 29; *Vollrath*, GRUR 1983 S. 52, 53; *Henn*, a.a.O., S. 147.
18 Vgl. dazu *OLG München*, 18. 11. 1954, GRUR 1956 S. 413; *BGH*, 5. 7. 1960, GRUR 1961 S. 27; *Henn*, a.a.O., S. 147; vgl. auch Rdnr. 77 ff.
19 GRUR 1961 S. 27.
20 GRUR 1977 S. 539.

f) Beteiligung am Gewinn

117   Eine Beteiligung am Gewinn sollte nur vereinbart werden, wenn ein enges Vertrauensverhältnis zwischen den Vertragsparteien besteht, weil gerade die Berechnung des Gewinns Anlaß zu zahlreichen Meinungsverschiedenheiten sein kann. Insofern sei nur beispielhaft auf die Probleme verwiesen, die sich schon bei der Berechnung sog. Nettolizenzeinnahmen ergeben können[21]. Eine Gewinnbeteiligung kommt insbesondere bei gesellschaftsähnlichen Verträgen in Betracht[22]. Über die Ermittlung und Ausschüttung des Gewinns sind die bei Gesellschaftsverträgen üblichen Vereinbarungen zu treffen.

g) Mindestlizenz

118   In den Fällen zu c) und d) wird meist auch eine Mindestlizenz vorgesehen, d. h. daß der Lizenznehmer verpflichtet wird, unabhängig vom Umsatz oder von den hergestellten Maschinen in einem festgesetzten Zeitraum einen bestimmten Betrag zu zahlen. Es kann auch bestimmt werden, daß die Mindestlizenz als Vorauszahlung zu entrichten ist. Bei ausschließlichen Lizenzen kann eine der Mindestlizenz ähnliche Wirkung durch die Vereinbarung erzielt werden, daß sich die ausschließliche Lizenz in eine einfache verwandelt, wenn die zu zahlenden Lizenzgebühren einen bestimmten Betrag nicht erreichen. Die aufgrund des Umsatzes oder der hergestellten Maschinen zu zahlende Lizenzgebühr wird auf die Mindestlizenz in der Regel angerechnet.

Durch die Mindestlizenz wird sichergestellt, daß der Lizenzgeber unabhängig vom Absatz eine Entschädigung für die Zurverfügungstellung seiner Erfindung erhält. Der Lizenznehmer übernimmt damit das Risiko, ob ein bestimmter Mindestumsatz erreicht wird oder nicht. Dies gilt selbst dann, wenn dem Lizenznehmer die Herstellung oder der Vertrieb generell nicht oder nicht mehr möglich ist, ohne daß ihn ein Verschulden trifft. Kriegsbedingte Umstände z. B. wie Rohstoffknapphcit[23], mangelnder wirtschaftlicher Erfolg[24] sowie mangelnde technische Wettbewerbsfähigkeit des Lizenzgegenstandes[25], können zwar dazu führen, daß die Grundsätze über den Wegfall der Geschäfts-

---

21 Vgl. dazu *B. Johannesson*, GRUR 1978 S. 269 f.; *Henn*, a.a.O., S. 146.
22 Vgl. dazu unten Rdnr. 459 ff.
23 Vgl. *RG*, 12. 6. 1942, GRUR 1943 S. 35.
24 Vgl. dazu *BGH*, 15. 3. 1973, GRUR 1974 S. 40.
25 Vgl. dazu *BGH*, 11. 10. 1977, GRUR 1978 S. 166.

grundlage Anwendung finden[26]. Dies kann auch der Fall sein, wenn die Erfindung überholt ist oder bei einer nicht geschützten Erfindung, wenn sie offenkundig wird. Ist in diesen Fällen jedoch eine Mindestlizenzgebühr vereinbart worden, ist nach der vom Reichsgericht begründeten Rechtsprechung, die der Bundesgerichtshof fortgeführt hat, davon auszugehen, daß der Lizenznehmer durch das Versprechen von Mindestlizenzgebühren im allgemeinen die Gefahr der Erreichung eines bestimmten Mindestumsatzes trägt[27], d. h., daß der geschäftliche Mißerfolg eines Lizenzvertrages in den Risikobereich des Lizenznehmers fällt[28].

Daher muß der Lizenznehmer die Mindestlizenzgebühr im Sinne **119** einer Garantieverpflichtung so lange zahlen, wie der Vertrag fortbesteht. Allenfalls in besonders gelagerten Fällen höherer Gewalt kann er von seiner Verpflichtung für die Zeitdauer der Verhinderung freigestellt sein[29]. Diese weitgehende Verpflichtung des Lizenznehmers im Falle einer Mindestlizenz erscheint auch – abgesehen von dem besonderen Risiko, das ein solcher Lizenznehmer mit einer derartigen Vereinbarung bewußt übernimmt – dadurch gerechtfertigt, daß der Lizenzgeber selbst an die vertraglichen Bedingungen gebunden bleibt, z. B. ggf. keine weiteren Verfügungen über den Lizenzgegenstand treffen kann[30]. Soweit ein Fall des Wegfalls der Geschäftsgrundlage gegeben ist, wird man dem Lizenznehmer – entsprechend den obigen Ausführungen – ein Kündigungsrecht zugestehen, das dann auch die Verpflichtung zur Zahlung der Mindestlizenzgebühren beenden würde[31].

Häufig hat die Vereinbarung einer Mindestlizenz aber auch den **120** Zweck, den Lizenznehmer anzuhalten, sich für die Herstellung und den Vertrieb der Sachen, die der Lizenz zugrunde liegen, einzusetzen. Der Lizenzgeber wird nämlich häufig auch daran interessiert sein, daß die Erfindung tatsächlich verwertet wird. Mit dem Erhalt einer Lizenzgebühr allein ist ihm dann nicht gedient. Ist eine Mindestlizenz vereinbart, so ist auch bei einfachen Lizenzen zu prüfen, ob hierdurch

---

26 Vgl. dazu auch oben Rdnr. 87 ff.
27 *RG*, 12. 6. 1942, GRUR 1943 S. 35; *Henn*, a.a.O., S. 156; *Benkard*, PatG, a.a.O., Rdnr. 76 zu § 15.
28 *BGH*, 15. 3. 1973, GRUR 1974 S. 40.
29 Vgl. auch *Gaul/Bartenbach*, a.a.O., K 263; *Henn*, a.a.O., S. 156 ff. und *Benkard*, PatG, a.a.O., Rdnr. 76 zu § 15.
30 Vgl. *Storch*, GRUR 1978 S. 168.
31 Vgl. dazu oben Rdnr. 89.

auch eine Ausübungspflicht für den Lizenznehmer begründet wird. In der Regel wird man dies annehmen müssen, es sei denn, daß sich aus den Umständen etwas anderes ergibt[32].

Das Reichsgericht hat sich wiederholt mit der Frage beschäftigt, ob in der Garantie einer bestimmten Mindestproduktion oder eines bestimmten Mindestverkaufs durch den Lizenznehmer, wenn eine Stücklizenz vorgesehen ist, auch die Vereinbarung einer Mindestlizenz liegt. In der Entscheidung vom 15. 10. 1930[33] führt das Reichsgericht aus, daß hierin nicht zwingend und unter allen Umständen die Festsetzung einer Mindestlizenz liegt. Es handelte sich hier aber um einen besonders gelagerten Fall. In der Entscheidung vom 25. 4. 1936[34] nahm das Reichsgericht jedoch die Zusage einer Mindestlizenz an. Dies dürfte auch dem wirtschaftlichen Sinn einer solchen Vereinbarung entsprechen, da eine derartige Absprache im Zweifel mit der Vorstellung verbunden wird, daß damit automatisch eine bestimmte Mindestlizenzsumme festgelegt sei, die sich unschwer aus der vereinbarten Lizenzgebühr errechnen läßt[35]. In diesem Zusammenhang ist allerdings darauf hinzuweisen, daß es fraglich ist, ob der Bundesgerichtshof diese Auffassung teilen wird. In seiner Entscheidung vom 11. 10. 1977[36] ging es um die Vereinbarung, daß der Lizenznehmer für den Zeitraum von einem Jahr sich verpflichtet hatte, eine „Stückzahl von mindestens 1000 Stück zu erreichen". Als die Lizenznehmerin diese Verpflichtung aus dem Lizenzvertrag nicht erfüllte und der Lizenzgeber Schadensersatz wegen Nichterfüllung des Lizenzvertrages geltend machte, hat sich der Bundesgerichtshof in keinem Punkt seiner Entscheidung mit der Frage auseinandergesetzt, ob in dieser Vereinbarung eine Mindestlizenzgebühr zu sehen sei.

2. Veränderung der Lizenzgebühr

121 Sind fortlaufend Lizenzgebühren zu zahlen, so kann vereinbart werden, daß der Lizenzsatz im Laufe der Zeit gesteigert oder gesenkt wird, je nachdem, ob zu erwarten ist, daß der zu erzielende Gewinn sich im Laufe der Zeit erhöht, z. B. weil zunächst hohe Anlaufkosten, ggf.

---

32 Vgl. Rdnr. 149 ff. und *Pagenberg/Geissler*, a.a.O., S. 250 Rdnr. 51.
33 *RG*, 15. 10. 1930, MuW 1931 S. 32.
34 *RG*, 25. 4. 1936, Mitt. 1936 S. 233.
35 *Gaul/Bartenbach*, a.a.O., K 264; *Reimer*, PatG, a.a.O., Anm. 51 zu § 9; *Schade*, a.a.O., S. 43.
36 *BGH*, 11. 10. 1977, GRUR 1978 S. 166.

Weiterentwicklungskosten, um eine Erfindung produktionsreif zu machen u. ä. anfallen, oder verringert, weil z. B. zu erwarten ist, daß die Erfindung im Laufe der Zeit an Wert verliert.

3. Umgehung der Lizenz

Bei Patentlizenzen, bei denen als Vergütung eine Stück- oder Umsatz- **122** lizenz vorgesehen ist, besteht die Gefahr, daß sich der Lizenznehmer dadurch der Zahlung entzieht, daß er das in Frage stehende Produkt herstellt, ohne die Erfindung zu benutzen, für die die Lizenz erteilt wurde. Dies kann dadurch geschehen, daß er das betreffende Produkt im Laufe der Zeit selbst umgestaltet oder daß er die Konstruktionen anderer verwendet[37]. Ein gewisser Schutz hiergegen ist gegeben, wenn eine Ausübungspflicht besteht[38] oder eine Mindestlizenz vereinbart ist[39]. Weiterhin kann sich der Lizenzgeber vor vertragswidriger Benutzung durch die Vereinbarung von Vertragsstrafen zu schützen versuchen[40].

Hierdurch wird jedoch nicht endgültig sichergestellt, daß der Lizenz- **123** nehmer alles daransetzt, die Maschine in der Weise herzustellen, daß sie unter den Lizenzvertrag fällt. Man hat sich vielfach dadurch geholfen, daß man dem Lizenznehmer die Verpflichtung auferlegt hat, keine gleichartigen Produkte herzustellen. Eine derartige Vereinbarung ist kartellrechtlich jedoch sehr bedenklich[41].

Eine Umgehung des Lizenzvertrages kann weitgehend durch die Vereinbarung verhindert werden, daß die Lizenz für alle gleichartigen Maschinen, die der Lizenznehmer herstellt, zu zahlen ist, gleichgültig, ob hierbei die Erfindung benutzt wird oder nicht. Aber auch solche Abreden sind in kartellrechtlicher Hinsicht prolematisch[42].

Die Frage, ob auch ohne eine derartige Vereinbarung eine Lizenzge- **124** bühr verlangt werden kann, wenn der Lizenznehmer durch Änderungen das Patent umgeht, läßt sich nicht allgemein beantworten. Es hängt dies weitgehend von den Umständen des Einzelfalles ab. Ist Inhalt des

---

37 Vgl. *District Court, District of Columbia*, 17. 2. 1956, GRUR Int. 1956 S. 274.
38 Vgl. Rdnr. 149 ff.
39 Vgl. Rdnr. 118 ff.
40 *BKartA*, TB 1963 S. 67.
41 Vgl. Rdnr. 515 ff., 650, 725.
42 Vgl. Rdnr. 515 ff., 650, 725.

Lizenzvertrages lediglich das Recht, ein Patent zu benutzen, so wird man die Frage im Zweifelsfall verneinen müssen[43].

Reimer äußert Bedenken dagegen, daß die Zahlungspflicht des Lizenznehmers davon abhängig sein soll, daß die patentierte Erfindung benutzt wird. Er weist darauf hin, daß die Aufstellung eines solchen Grundsatzes dazu führen kann, daß der Lizenzgeber eine wertvolle Erfindung preisgibt und dann um das Entgelt gebracht wird, indem der Lizenznehmer durch Vornahme fabrikatorischer Änderungen das Patent umgeht[44]. Man kann dem Argument von Reimer entgegenhalten, daß die Umgehung des Patents auch durch Dritte möglich ist und daß keine Preisgabe der Erfindung vorliegt, wenn der Lizenzgeber keine zusätzlichen Geheimnisse mitteilt, weil der Inhalt der Erfindung aus der Patentschrift entnommen werden kann.

In der Entscheidung des Reichsgerichts vom 19. 7. 1935[45] wird ausgeführt, daß Lizenzgebühren im Zweifel für Benutzungshandlungen zu zahlen sind, die, falls sie nicht gestattet wären, Verletzungshandlungen darstellten. Es handelte sich darum, daß dem Lizenznehmer das Recht zur Benutzung eines deutschen Verfahrenspatents eingeräumt war. Der Lizenznehmer stellte in Deutschland eine Wirkmaschine zur Verwertung dieses Verfahrens her und lieferte sie in ein Land, in dem das Verfahren nicht geschützt war. Die Verpflichtung des Lizenznehmers zur Lizenzzahlung wurde verneint, weil durch die Handlungsweise das Patent nicht berührt wurde. Die Entscheidung des Reichsgerichts vom 3. 10. 1936[46] führt lediglich aus, daß der Anspruch des Lizenzgebers auf das Entgelt für ein Alleinbenutzungsrecht begrifflich nicht davon abhängig ist, daß der Lizenznehmer vom Patent wirklich Gebrauch macht.

Kommt man zu dem Ergebnis, daß die Lizenzgebühr im Zweifelsfall auch bei Umgehung des Patents zu zahlen ist, so hätte dies zur Folge, daß der Lizenznehmer schlechter gestellt wäre als ein Außenstehender. Im übrigen wäre auch die Abgrenzung sehr schwierig. Ist dagegen die Umgehung allein dadurch möglich geworden, daß der Lizenznehmer eine Änderung vornehmen konnte, weil ihm zunächst die Verwertung des Patents möglich war, so kann im Einzelfall eine andere Beurteilung

---

43 So auch *Rasch*, a.a.O., S. 36; vgl. auch *Court of Appeals, Third Circuit*, 19. 4. 1960, GRUR Int. 1962 S. 262.
44 *Reimer*, PatG, a.a.O., Anm. 50 zu § 9.
45 *RG*, 19. 7. 1935, GRUR 1936 S. 121.
46 *RG*, 3. 10. 1936, GRUR 1937 S. 37.

gerechtfertigt sein. In diesen Zusammenhang gehört auch die Problematik, daß der Lizenznehmer den Lizenzgegenstand unter Mitverwendung eigener, ggf. erheblicher Verbesserungen herstellt. Dies führt grundsätzlich nicht ohne weiteres zu einer Herabsetzung der Gebührenpflicht. Nur unter besonderen Umständen, wenn z. B. eine Verbesserungserfindung des Lizenznehmers zu einer erheblichen Werterhöhung der Benutzungshandlung führt, kann eine Verringerung der Gebühr angemessen sein[47].

Im Maschinenbau werden durch die Lizenzerteilung, neben dem Recht zur Benutzung des Patents, in der Regel noch besondere Erfahrungen zugänglich gemacht. Hier wird zu prüfen sein, ob die Lizenz auch für diese zusätzlichen Informationen zu zahlen ist. Trifft dies zu, so ist der Lizenznehmer, auch wenn er das Patent nicht benutzt, im Zweifelsfall zur Zahlung der Lizenz verpflichtet, wenn er bei gleichartigen Maschinen die ihm übermittelten Erfahrungen verwertet hat. Allerdings können darüber, ob Erfahrungen verwertet wurden, leicht Meinungsverschiedenheiten entstehen. **125**

Ist Gegenstand des Lizenzvertrages eine Erfindung, für die kein Schutzrecht besteht, so müssen dieselben Grundsätze maßgebend sein wie für Lizenzen, bei denen neben Patenten noch zusätzliche Erfahrungen zur Verfügung gestellt werden[48]. **126**

Für den Fall, daß die Gebührenpflicht entfallen soll, wenn das Patent nicht benutzt wird, erwähnt Rasch folgende Klausel[49]:

> „Dieser Vertrag wird in der Voraussetzung abgeschlossen, daß . . . Apparate in handelsüblicher Ausführung nur unter Benutzung von Patenten des Lizenzgebers hergestellt und vertrieben werden können. Dem Lizenznehmer steht unbeschadet seiner Verpflichtung zur vorläufigen Weiterzahlung der vereinbarten Lizenzgebühr der Nachweis offen, daß er im Einzelfall kein Patent des Lizenzgebers benutzte. Gelingt ihm dieser Nachweis, so entfällt die Lizenzgebühr insoweit rückwirkend."

4. Pflicht zur Zahlung von Lizenzgebühren für Ausbesserung, Wiederherstellung oder Ersatz in Verkehr gebrachter patentgeschützter Vorrichtungen oder ihrer Teile

Es ist zweifelhaft, inwieweit der Erwerber von Gegenständen, die durch Sachpatente geschützt sind, bei Beschädigung oder Verschleiß **127**

---

47 Vgl. *BGH*, 15. 6. 1967, GRUR 1967 S. 655 unter Berufung auf RG 144 S. 187, 193.
48 Vgl. dazu *Stumpf*, Der Know-How-Vertrag, a.a.O., Rdnr. 90 ff.
49 *Rasch*, a.a.O., S. 51.

zur Reparatur oder Wiederherstellung berechtigt ist[50]. Dies wird man regelmäßig bejahen können, wenn in diesen Handlungen keine Patentverletzung zu sehen ist.

Lindenmaier hat den Versuch gemacht, dieses Problem systematisch zu behandeln. Patentverletzend ist danach u. a.:

– die Neuerstellung in der Gesamtheit[51],

– die Neuerstellung selbständig geschützter Teile[52],

– die Neuerstellung nicht selbständig geschützter Teile, wenn sie spezifisch erfindungsfunktionelle Bedeutung haben[53].

Nicht patentverletzend sind alle übrigen Maßnahmen zur Inbetriebnahme, zum Inbetriebhalten und zur Pflege des geschützten Erzeugnisses einschließlich Ausbesserungen, auch wenn dadurch das normale Lebensalter verlängert wird (anders ist es, wenn die Ausbesserung lediglich eine getarnte Neuherstellung ist), die Herstellung ungeschützter Vorrichtungen, die zusammen mit geschützten in den Verkehr gebracht werden und zur Verwendung der Erfindung erforderlich sind, nicht aber zum Gegenstand der Erfindung gehören[54]. Dies bedeutet, daß auch die Ausbesserung erfindungsfunktionell wesentlicher Teile einer geschützten Gesamtvorrichtung insbesondere dann keine Patentverletzung ist, wenn es sich um Verschleißteile handelt, die im Verhältnis zur Gesamtvorrichtung von untergeordneter Bedeutung sind. Dementsprechend hat der Bundesgerichtshof in seiner Entscheidung vom 21. 11. 1958[55] die Instandsetzung einzelner schadhafter Stellen von patentierten Rinnenschüssen durch Schweißarbeiten als nicht patentverletzend angesehen. Die Erneuerung wesentlicher Teile, die den Kern der Erfindung bilden, würde jedoch unzulässig sein[56].

128 Für den Lizenzvertrag sind diese Gesichtspunkte insofern von Interesse, als der Lizenznehmer bei Stück- oder Umsatzlizenzen für Hand-

---

50 *Benkard*, PatG, a.a.O., Rdnr. 39 ff. zu § 9; *Krausse/Katluhn/Lindenmaier*, a.a.O., Anm. 48 zu § 6; vgl. auch *Lindenmaier*, GRUR 1939 S. 505 und 1952 S. 294; *Ohnesorge*, Mitt. 1937 S. 38.
51 *BGH*, 21. 11. 1958, GRUR 1959 S. 232; *BGH*, 8. 3. 1973, GRUR 1973 S. 518.
52 *BGH*, 21. 11. 1958, GRUR 1959 S. 232.
53 *BGH*, 21. 11. 1958, GRUR 1959 S. 232.
54 *BGH*, 21. 11. 1958, GRUR 1959 S. 232; *BGH*, 8. 3. 1973, GRUR 1973 S. 518, 520.
55 *BGH*, 21. 11. 1958, GRUR 1959 S. 232.
56 *LG Düsseldorf*, 6. 10. 1987, GRUR 1988 S. 116; s. auch *OLG Düsseldorf*, 29. 3. 1984, GRUR 1984 S. 651 bejahend zu der Frage, ob eine unmittelbare Patentverletzung des Verkäufers bei abschnittsweisem Einzelteile-Verkauf einer patentierten Vorrichtung vorliegt.

lungen, die eine Patentverletzung darstellen würden, falls keine Lizenz erteilt wäre, Lizenzgebühren zahlen muß, es sei denn, daß sich aus dem Lizenzvertrag ergibt, daß solche Handlungen gebührenfrei sind. Die von Lindenmaier gegebene Übersicht soll die Lösung der Frage, wann in einer Instandsetzung eine patentverletzende Handlung liegt, erleichtern. Trotzdem ergeben sich zahlreiche Zweifelsfälle, die schwer zu entscheiden sind. Deshalb empfiehlt es sich, in Verträgen, die sich auf Lizenzgegenstände beziehen, bei denen der Ersatz oder die Reparatur wirtschaftlich ins Gewicht fallen kann, ausdrückliche Vereinbarungen darüber zu treffen, welche Handlungen lizenzpflichtig sind und welche nicht, um Zweifelsfälle auszuschalten. Man wird dabei berücksichtigen müssen, ob die Reparatur kostenlos oder gegen Bezahlung erfolgt. Es dürfen allerdings nicht Handlungen, die einwandfrei keine Patentverletzung darstellen, als lizenzpflichtig bezeichnet werden, denn hierin läge eine Ausdehnung des Patents, die kartellrechtlich unzulässig ist. Es gelten hierfür ähnliche Grundsätze wie für Vereinbarungen über den Schutzumfang[57].

5. Pflicht zur Zahlung der Lizenzgebühr bei Maschinen, die aus geschützten und gemeinfreien Teilen bestehen

Wird die Lizenz für eine Maschine erteilt, von der nur einige Teile   129
geschützt sind, während andere gemeinfrei sind, so empfiehlt es sich, bei Vereinbarung einer Umsatzlizenz unmißverständlich festzulegen, auf welche Bezugsgröße sich die Lizenz bezieht, d. h. ob die Lizenz vom Wert der patentierten Teile oder vom Wert der gesamten Maschine zu zahlen ist. Entscheidend für die hier vorzunehmenden Überlegungen ist die Bedeutung des geschützten Teils im Rahmen des Gesamterzeugnisses[58]. Dabei ist zu berücksichtigen, daß der Lizenzsatz im allgemeinen niedriger anzusetzen ist, wenn die gesamte Maschine als Bezugsgröße gewählt wird, das lizenzierte Schutzrecht aber nur einen Teil davon betrifft[59]. Berechnet man die Lizenz, wie oben vorgeschlagen[60], von dem Entgelt der Maschine, so können insofern keine Schwierigkeiten auftreten, es sei denn, daß die patentierten Teile bei der Herstellung der Maschine durch andere ersetzt werden. Hier gelten die oben erwähnten Gesichtspunkte.

---

57 Vgl. Rdnr. 544.
58 Vgl. *BGH*, Urteil vom 13. 3. 1962, GRUR 1962 S. 401, 404 mit umfassender Erörterung der wesentlichen Gesichtspunkte.
59 *BGH*, 13. 3. 1962, GRUR 1962 S. 405.
60 Vgl. oben Rdnr. 107; siehe auch *Benkard*, PatG, a.a.O., Rdnr. 76 zu § 15 mwN.

130 Schwieriger ist die Situation, wenn in dem Lizenzvertrag keine klaren Bestimmungen darüber getroffen worden sind, nach welchen Bezugsgrößen die Lizenzgebühr zu berechnen ist.

In seiner Entscheidung vom 15. 2. 1938[61] spricht das Reichsgericht aus, daß bei der Beurteilung der Frage, welche Teile bei der Berechnung der Lizenzgebühr bei einer zusammengesetzten Anlage in Betracht zu ziehen sind, stets der durch Auslegung der Lizenzvereinbarung zu ermittelnde Wille der Vertragschließenden ausschlaggebend ist. In der Entscheidung vom 17. 11. 1939[62] legt es einen Lizenzvertrag über eine Röntgenröhre dahin aus, daß der Lizenzgeber die Lizenzgebühr vom Preis der unter Rechtsschutz fallenden Teile der Röhre unter allen Umständen erhalten solle, gleichgültig, ob diese zu einer Einheit zusammengefaßt oder getrennt in Verkehr gebracht werden, daß er dagegen eine Lizenzgebühr für neutrale Teile nur insoweit erhalten solle, als sie mit den patentgeschützten zu einer technischen und wirtschaftlichen Einheit vereinigt waren. Es sei kein Anhaltspunkt vorhanden, daß der Lizenzgeber auch von den neutralen Teilen eine Lizenzgebühr erhalten solle, wenn eine im Zuge der technischen Entwicklung eingetretene Ausgestaltung der Ausführungsform zu einer anderen Ausgestaltung der Röhre führte. Dieser Fall wäre wohl anders zu beurteilen, wenn hinsichtlich der nicht geschützten Teile Betriebsgeheimnisse mitgeteilt worden wären[63].

Auch der Bundesgerichtshof verweist in seiner Entscheidung vom 13. 3. 1962[64], bei der es um die Frage des Schadensersatzes in Form einer Lizenzgebühr geht, darauf, daß bei einer zusammengesetzten Anlage, von der nur ein Teil patentiert ist, in erster Linie die Umstände des Einzelfalls zu berücksichtigen sind. Als wesentliche Gesichtspunkte, die zu berücksichtigen sind, werden in diesem Zusammenhang u. a. anzusehen sein, ob der geschützte Gegenstand mit der bisherigen Anlage im allgemeinen zusammen geliefert wird, eine wirtschaftliche Einheit gebildet wird, durch die geschützte Vorrichtung der Wert der gesamten Maschine erheblich gesteigert wird, die Gesamtan-

---

61 *RG*, 15. 2. 1938, GRUR 1939 S. 721.
62 *RG*, 17. 11. 1939, GRUR 1940 S. 146.
63 Vgl. Rdnr. 125.
64 *BGH*, 13. 3. 1962, GRUR 1962 S. 403, 404 mit ausführlichen Nachweisen in der Rechtsprechung; vgl. auch *BGH*, 26. 6. 1969, GRUR 1969 S. 677 mit ablehnenden Anmerkungen von *Fischer*, S. 680; vgl. dazu auch Entscheidung der *EG-Kommission* vom 20. 8. 1983, ABl. 1983 L 229; BKartA, TB, 1981/82 S. 92; vgl. auch zu den kartellrechtlichen Problemen Rdnr. 535, 649.

lage durch die geschützte Vorrichtung ihr kennzeichnendes Gepräge erhält, der geschützte Teil das „Hauptstück" des damit zu einem „neuen" Gerät werdenden Gesamtaggregates ist oder die Verwendung der patentierten Erfindung wenigstens eine konstruktive Anpassung auch der anderen Teile des Gesamtaggregates erforderlich macht.

Wird daher eine Stücklizenz vereinbart, sollte überlegt und festgelegt werden, ob auf die patentierten Teile oder das gesamte Produkt, bei dem die patentierten Teile verwendet werden, abgestellt werden soll. Wird auf das gesamte Produkt abgestellt, so sollte auch noch festgelegt werden, was zu geschehen hat, wenn der Lizenznehmer lediglich patentierte Teile herstellt und vertreibt.

Interessante Ausführungen über die Berechnung, je nachdem, ob auf **131** die gesamte Maschine oder nur auf ein einzelnes Teil abgestellt wird, finden sich auch in einem Einigungsvorschlag der Schiedsstelle des Deutschen Patentamtes in einer Arbeitnehmererfindersache[65].

6. Gebühr für die Überlassung von Unterlagen und Informationen

Wird dem Lizenznehmer nicht lediglich die Benutzung des Schutzrech- **132** tes gestattet, sondern werden ihm noch besondere Informationen erteilt und ihm ggf. auch zusätzliche Zeichnungen und Unterlagen geliefert, so wird häufig vereinbart, daß neben einer Stück- oder Umsatzlizenz eine einmalige Zahlung für die Überlassung dieser Unterlagen zu erfolgen hat[66]. Dabei wird eine Rückforderung dieses Betrages, gleichgültig aus welchem Grund, meist ausgeschlossen[67]. Dies gilt auch bei einer späteren, ggf. erforderlich werdenden vorzeitigen Auflösung des Vertrages[68].

Solche Abmachungen finden sich sowohl in Know-How-Verträgen[69] als auch insbesondere in kombinierten Verträgen, d. h. wenn ein Schutzrecht lizenziert und daneben zusätzlich das Know-How vergeben wird. In beiden Fällen gibt der Lizenzgeber sein Geheimnis mit der Auslieferung der Unterlagen preis, was für ihn erhebliche Gefahren, insbesondere auch im Auslandsgeschäft, mit sich bringt[70]. Hinzu kommt, daß im

---

65 Vgl. Einigungsvorschlag der Schiedsstelle des Deutschen Patentamtes vom 13. 11. 1963, Bl. 1964 S. 354 f.
66 Vgl. dazu auch oben Rdnr. 114.
67 *BGH*, 5. 7. 1960, BB 1960 S. 998 = DB 1960 S. 1965.
68 Vgl. dazu oben Rdnr. 113 ff.
69 Vgl. dazu auch *Stumpf*, Der Know-How-Vertrag, Rdnr. 100, 111.
70 Vgl. dazu oben Rdnr. 113 ff.

Auslandsgeschäft der Transfer von Lizenzgebühren gelegentlich unterbrochen wird.

133 Eine Anrechnung dieser einmaligen Zahlungen auf die Umsatz- oder Stücklizenz findet in der Regel nicht statt, es sei denn, es sind diesbezügliche ausdrückliche Vereinbarungen getroffen worden. Hierdurch soll zum Ausdruck gebracht werden, daß diese Zahlung für die Überlassung der Unterlagen und Informationen zu leisten und daher vom Bestand des Lizenzvertrages unabhängig ist.

7. Fälligkeit

134 Von der Entstehung des Anspruchs ist die Fälligkeit zu unterscheiden. Beide können zusammenfallen. Dies ist in der Regel der Fall bei Lizenzgebühren, die in einmaligen oder fortlaufenden Zahlungen bestehen und die von der Produktion oder vom Umsatz unabhängig sind[71].

Es wird z. B. vereinbart, daß jeweils zum Ende eines Jahres X DM zu zahlen sind. Hier entsteht der Anspruch mit dem Ablauf des Jahres und wird auch zum gleichen Zeitpunkt fällig. Bei der Stücklizenz, der Umsatzlizenz oder der Gewinnbeteiligung deckt sich der Zeitpunkt der Entstehung des Anspruchs jedoch meist nicht mit dem der Fälligkeit. Ist vereinbart, daß die Gebühr bei einer Umsatzlizenz 3 % von den Zahlungen der Kunden beträgt, so entsteht der Anspruch mit dem Eingang der Zahlung der Kunden. In diesem Zeitpunkt ist der Anspruch aber noch nicht fällig, d. h. er kann vom Lizenzgeber noch nicht geltend gemacht werden. Der Lizenznehmer muß erst Abrechnung erteilen. Es empfiehlt sich, hierüber Vereinbarungen zu treffen[72].

135 Gerät der Lizenznehmer mit der Erfüllung seiner Zahlungspflicht in Verzug[73], so kann der Lizenzgeber die gesetzlichen Verzugszinsen von 4 %[74] bzw. 5 %[75] verlangen. Entsteht ihm darüber hinaus ein weiterer Schaden, so kann er auch diesen geltend machen. Da der Nachweis eines Schadens oftmals schwierig ist, sehen die Vertragspartner häufig höhere Verzugszinsen vor. Die Lizenzgeber verlangen zuweilen auch Sicherheiten für die Erfüllung der Zahlungspflicht.

---

71 Vgl. Rdnr. 103, 111, 117.
72 Vgl. Rdnr. 136, 140.
73 §§ 284, 285 BGB.
74 § 288 BGB.
75 § 352 HGB.

8. Abrechnung und Überprüfung der Abrechnung

a) Inhalt der Abrechnungspflicht

Den Anspruch auf Abrechnung bei Stück- und Umsatzlizenzen hat das **136** Reichsgericht in ständiger Rechtsprechung bejaht[76]. Es wendet dabei die Vorschriften des § 666 BGB entsprechend an. Die Rechnungslegung soll dem Lizenzgeber die Möglichkeit geben zu prüfen, ob und in welcher Höhe ihm Ansprüche gegenüber dem Lizenznehmer zustehen[77]. Die erteilte Auskunft muß so gestaltet sein, daß sie auf ihre Richtigkeit überprüft werden kann. Was hierzu erforderlich ist, läßt sich nicht allgemein sagen; es hängt von den Umständen des Einzelfalles ab, insbesondere auch davon, in welcher Weise das Entgelt nach den getroffenen Vereinbarungen zu berechnen ist[78].

Zweifelhaft ist, ob der Lizenznehmer – vor allem bei der Umsatzlizenz **137** – die Kunden, an die er geliefert hat, benennen muß. In der oben erwähnten Entscheidung[79] wurde dies bezüglich einer Zwangslizenz abgelehnt. Nach dem Sachverhalt hatte der Lizenzgeber die Mitteilung vom Lizenznehmer nicht gefordert, weil er diese Auskunft zur Prüfung der Richtigkeit der Abrechnung benötigte, sondern weil er aus Konkurrenzgründen Wert darauf legte, ständig die ihm nicht bekannten Abnehmer des Lizenznehmers kennenzulernen. Ist jedoch nicht zu befürchten, daß die Mitteilung der Kundenanschriften vom Lizenzgeber zu Konkurrenzzwecken ausgewertet wird, so ist der Lizenznehmer in der Regel auch verpflichtet, die Namen der Kunden bekanntzugeben.

b) Abrechnungsfrist

Ist die Zeit, in der Abrechnung zu erteilen ist, nicht vereinbart, so ist in **138** angemessener Frist abzurechnen. Was als angemessene Frist zu gelten hat, hängt wiederum von den Umständen des Einzelfalls und von der Übung in der Branche ab. Um Meinungsverschiedenheiten zu vermeiden, empfiehlt es sich, auch hier genaue Vereinbarungen zu treffen. Hierbei sollte bestimmt werden, wie die Abrechnung inhaltlich zu

---

76 *RG*, 9. 7. 1921/22, MuW 1921/22 S. 189; *RG*, 12. 2. 1930, RGZ 127 S. 243; siehe auch *Pagenberg/Geissler*, a.a.O., S. 148 f. Rdnr. 223 ff.; *Benkard*, PatG, a.a.O., Rdnr. 84 f. zu § 15; *Henn*, a.a.O., S. 159 f., jeweils mwN.
77 Siehe § 259 BGB.
78 Vgl. *RG*, 12. 2. 1930, RGZ 127 S. 243 = GRUR 1930 S. 430 = MuW 1930 S. 243 = Bl. 193 S. 157 = JW 1930 S. 1672 Nr. 2.
79 Siehe Fußn. 78.

gestalten, wann sie zu erteilen ist und wann Zahlung zu erfolgen hat.
Hinsichtlich der Abrechnungsfristen kann z. B. vorgesehen werden,
daß monatlich, vierteljährlich oder jährlich abzurechnen ist und daß
der Lizenznehmer spätestens am Ende des Monats zu zahlen hat, in
dem die Abrechnung zu erteilen ist. Mit dem Zeitpunkt, in dem
Zahlung zu leisten ist, wird der Anspruch fällig.

c) Verletzung der Abrechnungspflicht

139 Stellt die Pflicht zur Rechnungslegung eine Hauptpflicht dar, so hat der
Lizenzgeber das Recht, dem Lizenznehmer eine angemessene Frist mit
der Erklärung zu setzen, daß er nach Ablauf der Frist die Annahme der
Leistung verweigere[80].

Läuft die Frist fruchtlos ab, so muß man dem Lizenzgeber das Recht
einräumen, nach seiner Wahl entweder Schadensersatz wegen Nichterfüllung zu verlangen oder den Vertrag aus wichtigem Grund zu kündigen. Eine Abweichung von den Rechtsfolgen des § 326 BGB besteht
insoweit, als anstelle des Rücktrittsrechts, das sich für den Lizenzvertrag nicht eignet, weil die Rückgängigmachung des Lizenzvertrages
nicht möglich ist, das Recht zur Kündigung aus wichtigem Grund
tritt[81].

Ob die Pflicht zur Rechnungslegung eine Hauptpflicht darstellt, hängt
nach Meinung des Reichsgerichts vom Parteiwillen ab[82]. In dem entschiedenen Fall, der allerdings besonders gelagert war, wurde dies für
einen Lizenzvertrag abgelehnt und dementsprechend § 326 BGB für
nicht anwendbar erklärt. In der Regel wird allerdings die Abrechnungspflicht eine Hauptleistung darstellen, weil von ihr die Zahlungspflicht abhängt. Durch Verweigerung der Abrechnung wird das Vertrauensverhältnis zwischen den Vertragspartnern schwerwiegend
erschüttert. In einer Anmerkung zu der erwähnten Entscheidung übt
Roth Kritik, weil sie die Pflicht zur Rechnungslegung im konkreten
Fall als Nebenleistung betrachtet[83].

---

80 § 326 BGB.
81 Vgl. Rdnr. 91.
82 Vgl. *RG*, 9. 9. 1936, GRUR 1937 S. 1003 = JW 1936 S. 3449; *Benkard*, PatG,
     a.a.O., Rdnr. 85 zu § 15.
83 Vgl. JW 1936 S. 3450.

d) Besondere Vereinbarungen über die Abrechnung

Häufig wird vereinbart, daß der Lizenznehmer Rechnungsduplikate zu **140**
übersenden, dem Lizenzgeber über die lizenzpflichtigen Geschäfte
Buchauszüge zu erteilen, eigene Bücher zu führen hat oder an den von
ihm aufgrund des Vertrags hergestellten Produkten fortlaufend nume-
rierte Schilder, die ihm vom Lizenzgeber ausgehändigt wurden, anzubringen hat. Alle diese Vereinbarungen sollen eine Überprüfung der
Abrechnung erleichtern. Hierbei ist zu berücksichtigen, daß vielfach –
insbesondere in Großbetrieben – keine eigentlichen Bücher mehr
geführt werden, sondern EDV-mäßig die Anzahl des hergestellten
bzw. verkauften Lizenzgegenstandes und die sonstigen relevanten
Angaben registriert werden. Die Einsichtnahme in die vom Computer
gespeicherten Angaben ist zwar prinzipiell möglich, setzt aber zumindest ein entsprechendes, auf Lizenzgegenstände bezogenes Programm
voraus. Hier können sich im Einzelfall nicht unerhebliche Schwierigkeiten ergeben. Um eine Überprüfungsmöglichkeit sicherzustellen –
gerade in Streitfällen wird sich der Lizenznehmer regelmäßig darauf
berufen, daß eine Überprüfung aufgrund des von ihm verwendeten
EDV-Systems nicht möglich sei –, könnte von vornherein vereinbart
werden, daß der Lizenznehmer sicherzustellen hat, daß der Lizenzgeber jedes Jahr einen Auszug aus dem Prüfungsbericht erhält, soweit
dieser den Lizenzgegenstand betrifft.

**9. Mitteilungspflicht über Umstände, die für den Anspruch
auf die Lizenzgebühr von Bedeutung sind**

Wird die Lizenzgebühr nach dem Entgelt berechnet, so empfiehlt es **141**
sich auch, den Lizenznehmer zu verpflichten, daß er Mitteilung über
alle Umstände macht, die für den Anspruch auf die Lizenzgebühr,
seine Fälligkeit und seine Berechnung von Bedeutung sind. Es kommen hierbei insbesondere Auskünfte über die mit den Kunden vereinbarte Zahlungsweise in Betracht, über die Ausführung des Geschäfts
durch den Lizenznehmer oder durch dessen Kunden, bei Nichtausführung über deren Grund sowie Auskünfte über Nebenkosten, Rabatte
und dergleichen.

10. Einsicht in die Geschäftsbücher, eidesstattliche Versicherung

Der Lizenzgeber hat aufgrund des Gesetzes keinen Anspruch auf **142**
Einsichtnahme in die Bücher des Lizenznehmers, auch dann nicht,
wenn der Lizenznehmer keine Rechnung legt oder wenn begründete

Zweifel an der Richtigkeit und Vollständigkeit der Abrechnung bestehen. § 259 BGB sieht ein solches Recht nicht vor. Es wird jedoch meist vertraglich vereinbart. Will der Lizenznehmer aus Konkurrenzgründen dem Lizenzgeber keine Einsicht gewähren, so empfiehlt sich eine Vereinbarung, aufgrund derer der Lizenzgeber einen Buchprüfer bestimmen kann, der Einsicht in die Bücher nimmt bzw. sichergestellt wird, daß die entsprechenden Daten in der Datenverarbeitungsanlage systemmäßig verfügbar sind und abgerufen werden können. Es ist dabei zweckmäßig, das Recht für alle Fälle auszubedingen und nicht nur für den Fall, daß keine Rechnung gelegt wird oder wenn begründete Zweifel an der Richtigkeit und Vollständigkeit der Abrechnung bestehen.

Das Recht zur Einsichtnahme besteht, auch wenn es vereinbart ist, nur insoweit, als dies zur Feststellung der Richtigkeit und Vollständigkeit der Abrechnung erforderlich ist.

143   Auch ohne ausdrückliche Vereinbarung kann der Lizenzgeber gemäß § 259 Abs. 2 BGB vom Lizenznehmer die Leistung einer eidesstattlichen Versicherung verlangen, wenn Grund zu der Annahme besteht, daß die in der Abrechnung erteilten Angaben nicht mit der erforderlichen Sorgfalt gemacht worden sind. Der Lizenznehmer kann die Verpflichtung zur Leistung der eidesstattlichen Versicherung nicht dadurch abwenden, daß er sich auf das Zeugnis seiner Angestellten über die Richtigkeit und Vollständigkeit seiner Buchauszüge beruft[84].

144   Ist nichts über die Kostentragung der Buchprüfung vereinbart, so trifft dies den Lizenzgeber, und zwar auch dann, wenn Unregelmäßigkeiten aufgedeckt werden[85].

145   Bei Verträgen mit Vertragspartnern in Entwicklungsländern wird die Produktion des Lizenznehmers verschiedentlich durch Ingenieure des Lizenzgebers in bezug auf Qualität und Ausführung überwacht[86]. In diesen Fällen kann es zweckmäßig sein, den Ingenieuren auch das Recht zu sichern, die Höhe der Produktion bzw. die Lieferungen an die Kunden zu kontrollieren.

---

84 Vgl. *RG*, 6. 4. 1927, MuW 1926/27 S. 392; *Benkard*, PatG, a.a.O., Rdnr. 85 zu § 15 mwN; *Henn*, a.a.O. S. 161
85 *Lüdecke*, NJW 1968 S. 1358 ff.; a. A. *Rasch*, a.a.O., S. 47; *Reimer*, PatG, a.a.O., Rdnr. 56 zu § 9.
86 Vgl. Rdnr. 156 ff.

11. Verjährung der Lizenzgebühr

Die kurze zweijährige Verjährungsfrist des § 196 Abs. 1 Nr. 1 BGB **146** findet auf Lizenzverträge keine Anwendung[87], da bei Lizenzverträgen ein individuelles Geschäft eigener Art vorliegt, das nicht zu den Geschäften des täglichen Lebens gerechnet werden kann, die von der Vorschrift des § 196 BGB erfaßt werden.

Wird zwischen dem Lizenzgeber und dem Lizenznehmer, wie dies **147** häufig in den Verträgen anzutreffen ist, eine regelmäßig wiederkehrende Abrechnungsperiode vereinbart, z. B. halb- oder vierteljährliche Abrechnung, liegt eine sog. wiederkehrende Leistung gem. § 197 BGB vor. Der Anspruch des Lizenzgebers auf die Lizenzgebühr verjährt dann in 4 Jahren, vom Ende des Kalenderjahres an gerechnet, in dem der Anspruch entstanden ist[88]. Dabei setzt der Begriff der wiederkehrenden Leistung im übrigen keine Beträge in gleicher Höhe voraus. Vielmehr fallen auch der Höhe nach unterschiedliche Zahlungen unter den Begriff, vorausgesetzt, sie sind zu einem bestimmten, regelmäßig wiederkehrenden Termin zu erbringen[89].

Anders ist die Situation jedoch, wenn z. B. lediglich eine Pauschal- **148** Lizenz oder eine Stücklizenz vereinbart wurde, deren Abrechnung ohne fest bestimmten Abrechnungszeitpunkt nur an die Ausübung der Lizenz geknüpft ist. Hier wurde keine von vornherein zu bestimmten, regelmäßig wiederkehrenden Terminen zu erbringende Leistung vereinbart, so daß für die Anwendung des § 197 BGB kein Raum ist[90]. Auch die Vorschrift des § 196 BGB findet entsprechend den obigen Ausführungen aufgrund des spezifischen Charakters des Lizenzvertrages keine Anwendung. Daher muß in diesem Fall die 30jährige, sog. regelmäßige Verjährungsfrist gem. § 195 BGB zur Anwendung kommen[91].

---

87 *BGH*, 21. 6. 1979, GRUR 1979 S. 800; vgl. auch zur gleichgelagerten Problematik bei Arbeitnehmererfindungen *BGH*, 23. 6. 1977, GRUR 1977 S. 784; *Henn*, a.a.O., S. 161; *Pagenberg/Geissler*, S. 140 ff. Rdnr. 206 f.

88 *BGH*, 23. 9. 1958, GRUR 1959 S. 125; *Gaul/Bartenbach*, a.a.O., K 287; *Lüdecke/Fischer*, a.a.O., F 41, S. 554; *Pagenberg/Geissler*, a.a.O., S. 140 ff. Rdnr. 206 f.; *Henn*, a.a.O., S. 161.

89 *BGH*, 23. 9. 1958, GRUR 1959 S. 125.

90 *BGH*, 21. 6. 1979, GRUR 1979 S. 800 mit Anmerkungen von *Klaka/Nieder*, S. 804; vgl. auch *BGH*, 23. 9. 1958, GRUR 1959 S. 125; *Pagenberg/Geissler*, a.a.O., S. 140 Rdnr. 206; *Henn*, a.a.O., S. 161.

91 So wurde auch in der Entscheidung des *BGH* vom 21. 6. 1979, GRUR 1979 S. 800, die 30jährige Verjährungsfrist angewandt; *Pagenberg/Geissler*, a.a.O., S. 140 Rdnr. 206; *Henn*, a.a.O., S. 161.

II. Ausübungspflicht

1. Entstehen der Ausübungspflicht

a) Allgemeines

149 Wie sich schon aus dem Kapitel über die Pflicht zur Zahlung einer Lizenzgebühr[92] ergibt, hängt die Höhe der Lizenzgebühr häufig von der Höhe der Produktion oder dem Umsatz ab. Aber auch unabhängig davon kann der Lizenzgeber ein Interesse daran haben, daß die Lizenz ausgewertet wird und daß sich der Lizenznehmer intensiv für den Vertrieb der aufgrund der Lizenz hergestellten Gegenstände einsetzt. So kann z. B. dem Erfinder daran gelegen sein, daß sich seine Erfindung durchsetzt. Erteilt ein Unternehmer Lizenz für ein fremdes Land nur, weil er infolge der Importbestimmungen des betreffenden Landes zumindest vorübergehend nicht liefern kann, wobei häufig auch der Name des Lizenzgebers auf den aufgrund des Vertrags hergestellten Erzeugnissen anzubringen ist, so soll durch die Lizenz auch der Markt für den Unternehmer erhalten bleiben und vermieden werden, daß sein Name in Vergessenheit gerät. Daher wird in Lizenzverträgen häufig eine Ausübungspflicht ausdrücklich vereinbart, insbesondere auch, wenn Stücklizenzgebühren vereinbart wurden[93].

150 Es erhebt sich aber die Frage, ob der Lizenznehmer auch ohne besondere Vereinbarung eine Ausübungspflicht hat. Ausschlaggebend hierfür ist der Parteiwille. Ist er nicht ausdrücklich niedergelegt, so muß untersucht werden, ob er sich aus den Vertragsverhandlungen oder aus der Ausgestaltung des Vertrages ergibt. Läßt sich hieraus nichts entnehmen, so ist festzustellen, welches der mutmaßliche Wille der Parteien war. Dies ist oftmals schwierig[94].

In der Literatur wurde der Versuch unternommen, die Kriterien zu finden, bei deren Vorhandensein eine Ausübungspflicht anzunehmen ist. Verschiedentlich wollte man die Ausübungspflicht aus der Rechtsnatur des Lizenzvertrages ableiten, weil es sich um einen verlagsähnli-

---

92 Vgl. oben Rdnr. 103 ff.
93 Vgl. *BGH*, 17. 4. 1969, BGHZ 52 S. 55, 58; *OLG München*, 10. 1. 1985 „Steinmetzbrot", WuW/E 1985 S. 917; *OLG Düsseldorf*, 14. 7. 1987, „Stützwinkelpatent", WuW/E 1988 S. 900; *Reimer*, PatG, a.a.O., Rdnr. 55 zu § 9; siehe auch die Überblicke bei *Henn*, a.a.O., S. 164 ff.; *Pagenberg/Geissler*, a.a.O., S. 124 ff. Rdnr. 169 ff.; *Benkard*, PatG, a.a.O., Rdnr. 79 ff. zu § 15.
94 Vgl. *Lüdecke*, GRUR 1952 S. 211.

chen Vertrag handle[95]. Wie problematisch es ist, Schlüsse aus der Rechtsnatur des Lizenzvertrages zu ziehen, ergibt sich schon daraus, daß über diese große Meinungsverschiedenheiten bestehen[96]. Ein Teil der Literatur stellte vor allem darauf ab, ob die Verpflichtung zur Zahlung einer Gebühr von der Ausübung abhängig ist oder nicht[97].

b) Ausübungspflicht bei einer ausschließlichen, alleinigen Lizenz[98]

Eine Ausübungspflicht wird in der Literatur grundsätzlich dann angenommen, wenn eine ausschließliche Lizenz erteilt wird[99]. Gleiches gilt
für eine alleinige Lizenz. Auch die Rechtsprechung scheint sich dieser
Auffassung anzuschließen[100]. Dabei muß darauf hingewiesen werden,
daß „grundsätzlich" im juristischen Sprachgebrauch bedeutet, daß
Ausnahmen bestehen. Solche können insbesondere dann vorliegen,
wenn aus den Vertragsbestimmungen etwas anderes geschlossen werden muß. Lüdecke begründet die Ausübungspflicht bei der ausschließlichen Lizenz damit, daß der Lizenzgeber für die Vertragsdauer alles
aus der Hand gebe, weil er nicht, wie bei der einfachen Lizenz, weitere
Lizenzen vergeben könne und die wirtschaftliche Auswertung sowie
die Wahrnehmung seines Interesses an dem Vertrieb der Erzeugnisse
allein dem Lizenznehmer überlasse. Wer, wie hier der Lizenznehmer,
eine derartige ausschließliche Stellung erlange, werde in der Regel
verpflichtet sein, mit der Erfindung das zu tun, was man gemeinhin mit
gewerblichen Schutzrechten mache, nämlich sie auszuwerten. Je mehr
dieses ausschließliche Recht durch vertragliche Vorbehalte eingeschränkt werde, desto eher könne eine Ausnahme von der Ausübungspflicht bestehen. Nach Auffassung von Schade spricht die Vereinba-

151

---

95 Vgl. *Pinzger*, MuW 1910 S. 238 ff.; *Wertheimer*, GRUR 1930 S. 578, 581.
96 Vgl. Rdnr. 13 ff.
97 Vgl. *Elster*, JW 1933 S. 2509; *Klauer/Möhring*, PatG, a.a.O., Rdnr. 78 zu § 9;
   Reimer, PatG, a.a.O., Rdnr. 55 zu § 9; *Wertheimer*, GRUR 1930 S. 578; *KG*, 8. 5.
   1935, GRUR 1935 S. 892; *RG*, 3. 10. 1936, GRUR 1937 S. 37.
98 Zum Begriff vgl. Rdnr. 36, 38.
99 *Benkard*, PatG, a.a.O., Rdnr. 79 zu § 15; *Isay*, a.a.O., S. 347; *Kohler*, a.a.O.,
   S. 508; *Lüdecke*, GRUR 1952 S. 211; *Schade*, a.a.O., S. 31 mit zahlreichen Literaturangaben; *Tetzner*, a.a.O., Anm. 20 zu § 9; *Henn*, a.a.O., S. 165 f.; *Pagenberg/
   Geissler*, a.a.O., S. 124 Rdnr. 169; a. M. *Rasch*, a.a.O., S. 55 und GRUR 1937
   S. 1.
100 Vgl. *KG*, 3. 9. 1938, GRUR 1939 S. 66; siehe auch *RG*, 14. 5. 1935, GRUR 1935
   S. 590, wo die Ausübungspflicht für eine ausschließliche Lizenz, die allerdings auf
   einen begrenzten Bezirk beschränkt war, verneint wurde; vgl. auch *BGH*, 17. 4.
   1969, BGHZ 52 S. 55, 58.

rung einer Pauschalgebühr auch bei ausschließlichen Lizenzen gegen eine Ausübungspflicht[101].

c) Ausübungspflicht einer einfachen Lizenz[102]

152 Hinsichtlich der einfachen Lizenz gehen die Meinungen auseinander. Verschiedentlich wird die Auffassung vertreten, die Erteilung einer einfachen Lizenz spreche gegen eine Ausübungspflicht[103]. Dagegen wird die Ausübungspflicht auch für die einfache Lizenz, z. T. allerdings mit Einschränkungen, von Möhring und Reimer bejaht[104].

Im allgemeinen wird man bei der einfachen Lizenz eine Ausübungspflicht verneinen müssen, wenn nicht besondere Umstände für sie sprechen, weil hier dem Lizenznehmer keine Monopolstellung eingeräumt wird und der Lizenzgeber die Möglichkeit hat, neben dem Lizenznehmer selbst herzustellen und zu vertreiben oder weitere Lizenzen zu vergeben.

Aus der Tatsache, daß eine Stück- oder Umsatzlizenz vereinbart ist, kann eine Ausübungspflicht bei der einfachen Lizenz noch nicht entnommen werden. Es müssen noch weitere Umstände hinzukommen, die für eine Ausübungspflicht sprechen. Dies ist z. B. der Fall, wenn dem Lizenznehmer außer dem Recht, ein Schutzrecht zu verwerten, noch zusätzliche Informationen gegeben werden. Es ist nämlich nicht anzunehmen, daß der Lizenzgeber eine Leistung erbringt – in diesem Fall die Information –, ohne hierfür ein Entgelt zu erhalten. Das Entgelt ist aber insoweit von der Ausübung abhängig. Werden außer der Einräumung des Benutzungsrechts keine weiteren Leistungen erbracht, so kann man die Auffassung vertreten, daß der Anspruch auf eine Gegenleistung erst begründet ist, wenn der Lizenznehmer von dem ihm eingeräumten Recht Gebrauch macht. Nach Meinung von Schade hat sich in Abweichung von der hier vertretenen Ansicht für den deutschen Rechtskreis der Grundsatz herausgeschält, daß bei der

---

101 *Schade*, a.a.O., S. 39, 40.
102 Zum Begriff vgl. Rdnr. 39.
103 Vgl. *Bechert*, a.a.O., S. 31 (Widerspruch S. 18); *Groß*, GRUR 1951 S. 369; *Rasch*, a.a.O., S. 39; *Schade*, a.a.O., S. 34; etwas abgeschwächt wird diese Auffassung auch von *Tetzner*, a.a.O., Anm. 20 zu § 9 PatG; siehe auch *Henn*, a.a.O., S. 165; *Pagenberg/Geissler*, a.a.O., S. 124 Rdnr. 169; *Benkard*, PatG, a.a.O., Rdnr. 79 zu § 15.
104 *Klauer/Möhring*, PatG, a.a.O., Rdnr. 76 zu § 9; *Reimer*, PatG, a.a.O., Rdnr. 55 zu § 9; so inzwischen auch *BGH*, 24. 9. 1979, GRUR 1980 S. 38 = Mitt. 1980 S. 35 = IIC 11 S. 503.

einfachen Lizenz, für die eine Stück- oder Umsatzlizenz vereinbart ist, eine Ausübungspflicht besteht[105].

Lüdecke und Schade sind der Auffassung, daß die zusätzliche Vereinbarung einer Mindestlizenz den Schluß nahegelegt, daß eine Ausübungspflicht nicht gewollt sei, weil dem Lizenzgeber durch die Mindestlizenz die Lizenzgebühr unabhängig von der Herstellung und vom Umsatz gesichert sei. Hierbei ist jedoch zu berücksichtigen, daß derartige Mindestlizenzen gerade vereinbart werden, um die Ausübung durch den Lizenznehmer sicherzustellen[106].

Aus den obigen Ausführungen[107] ergibt sich, daß die Vertragspartner **153** in jedem Fall, auch bei der Erteilung von ausschließlichen Lizenzen, ausdrücklich bestimmen sollten, ob eine Ausübungpflicht besteht oder nicht. Die Vereinbarung einer Ausübungspflicht ist auch bei einfachen Lizenzen regelmäßig zulässig[108].

2. Umfang der Ausübungspflicht

a) Beginn der Produktion

Steht die Ausübungspflicht fest, so muß deren Inhalt ermittelt werden. **154** Dieser hängt entscheidend von den Umständen des Einzelfalls ab. Der Lizenznehmer muß unverzüglich alle Schritte unternehmen, die zur Auswertung der Lizenz erforderlich sind, d. h. er darf bei der Aufnahme der Produktion nicht schuldhaft zögern. Dabei kommt für die Zeit bis zur Produktionsaufnahme eine längere Frist in Betracht, wenn die Lizenz für eine Erfindung gegeben wird, die nach übereinstimmender Auffassung beider Vertragspartner noch nicht produktionsreif ist und die erst vom Lizenznehmer durchkonstruiert werden soll. Dasselbe gilt, wenn der Lizenznehmer eine völlig neue Produktion aufnehmen muß. Wird eine Lizenz für eine ausgereifte Erfindung an einen Unternehmer gegeben, bei dem die erforderlichen Produktionsmittel schon vorhanden sind und der in derselben Branche bereits tätig ist, so ist die Frist kürzer zu bemessen. Der Lizenznehmer kann sich, wenn er mit der Herstellung überhaupt nicht beginnt oder sie verzögert, nicht

---

105 *Schade*, a.a.O., S. 43, 44 mit zahlreichen Zitaten.
106 Zustimmend: *Gaul/Bartenbach* a.a.O., K 293 und *Pagenberg/Geissler*, a.a.O., S. 124 ff. Rdnr. 169; a. A. wohl *Henn*, a.a.O., S.166 und *Benkard*, PatG, a.a.O., Rdnr. 79 zu § 15.
107 Vgl. *Lüdecke*, GRUR 1952 S. 211; *Schade*, a.a.O., S. 41 f.
108 *BGH*, 24. 9. 1979, GRUR 1980 S. 38, 40; *Benkard*, PatG, a.a.O., Rdnr. 79 zu § 15.

darauf berufen, daß ihm das erforderliche Kapital fehle oder daß er sich die notwendigen Mittel erst habe beschaffen müssen[109].

Hat der Lizenzgeber ein besonderes Interesse daran, daß die Produktion bald aufgenommen wird, so sollten hierüber konkrete Abmachungen getroffen werden. Dies hat allerdings in der Regel zur Voraussetzung, daß es sich um einen Gegenstand handelt, der bereits produktionsreif ist. Sind noch Entwicklungsarbeiten erforderlich, so ist häufig schwierig zu bestimmen, bis wann diese abgeschlossen sein müssen.

155   Die Entscheidung, in welchem Umfang die Herstellung begonnen wird, liegt im allgemeinen beim Lizenznehmer. Dieser ist allerdings in der Regel gehalten, Gegenstände, die normalerweise in Serienproduktion hergestellt werden, ebenfalls in Serie herzustellen, wenn hiervon die Wettbewerbsfähigkeit abhängt. Diese Entscheidungsbefugnis des Lizenznehmers erklärt sich daraus, daß das wirtschaftliche Risiko zwar nicht ausschließlich, aber vor allem und in erster Linie bei ihm liegt[110].

Als Unterfälle des wirtschaftlichen Unternehmerrisikos verweist Schade auf Rentabilitätsschwierigkeiten in kaufmännischer Hinsicht, wie sie sich besonders in Absatzschwierigkeiten, durch Auftragsmangel oder -rückgang, Erschwerung in der Rohstoffbeschaffung und Schwierigkeiten bei der Auswertung der Lizenzrechte durch Mangel an finanziellen Mitteln und Kredit zeigen[111]. Eine Grenze der Ausübungspflicht ergibt sich allerdings dort, wo für den Lizenznehmer die Grenze der Zumutbarkeit überschritten wird und daher die sich aus dem Vertrag ergebende Ausübungspflicht wegen Unzumutbarkeit entfällt[112].

b) Qualitätserfordernisse

156   Es kommt nicht nur darauf an, daß der Lizenznehmer herstellt, sondern auch wie er herstellt. Abgesehen von dem allgemeinen Interesse, das der Lizenzgeber an der Qualität der Erzeugnisse hat, wenn die Lizenzgebühr von der Produktion oder vom Umsatz abhängig ist, kann

---

109 KG, 3. 9. 1938, GRUR 1939 S. 66, wo ausgeführt wurde, daß sich der Lizenznehmer wegen unterlassener Werbung nicht auf Kapitalmangel berufen kann; so auch *Henn*, a.a.O., S. 166 f. und *Benkard*, PatG, a.a.O., Rdnr. 79, 81 zu § 15 mwN aus Rechtsprechung und Literatur.

110 Vgl. dazu *BGH*, 11. 10. 1977, GRUR 1978 S. 166 mwN; BGHZ, 23. 3. 1982, 83 S. 283, 289; *Benkard*, PatG, a.a.O., Rdnr. 81 zu § 15; *Henn*, a.a.O., S. 167.

111 Vgl. *Schade*, a.a.O., S. 91 f.; *Henn*, a.a.O., S. 167 f.; *Benkard*, PatG, a.a.O., Rdnr. 82 zu § 15 mwN.

112 *BGH*, 11. 6. 1969, GRUR 1970 S. 40; *BGH*, 11. 10. 1977, GRUR 1978 S. 166; vgl. dazu im einzelnen unter Rdnr. 164; siehe auch *Henn* und *Benkard*, Fußn. 111.

für ihn die Qualität der Erzeugnisse vor allem dann von besonderem Interesse sein, wenn der Lizenzvertrag nur deshalb geschlosssen wurde, weil der Lizenzgeber in das betreffende Land nicht mehr exportieren kann und daher gezwungen ist, sich den Markt durch Lizenzvergabe offenzuhalten.

Damit der Name oder die Firma des Lizenzgebers bekannt wird bzw. nicht in Vergessenheit gerät, wird der Lizenznehmer häufig verpflichtet, am Lizenzgegenstand ein Schild mit einem Vermerk „Lizenz Firma X" anzubringen. Meist handelt es sich gerade in diesen Fällen um Entwicklungsländer, bei denen oft die Voraussetzungen für eine Qualitätserzeugung, wie sie in Deutschland üblich ist, nicht erwartet werden können. Bei Softwareprodukten ist ein Lizenzvermerk oft so installiert, daß er beim ersten Erscheinen der Software bzw. deren Visualisierung auf dem Bildschirm oder auf einem Ausdruck immer sichtbar wird. **157**

Es empfiehlt sich daher, genaue Vereinbarungen über die Qualitätserfordernisse zu treffen. Dies kann dadurch geschehen, daß im einzelnen festgelegt wird, welches Material zu verwenden ist, welche Leistungen die herzustellenden Produkte zu erbringen haben, welche Toleranzen zulässig sind und dgl. mehr.

Stellt der Lizenzgeber die Erzeugnisse auch selbst her, so wird vielfach bestimmt, daß der Lizenznehmer in der gleichen Qualität wie der Lizenzgeber herstellen muß (Referenzprodukt). Verschiedentlich wird dies jedoch nicht möglich sein, weil die Voraussetzungen in dem Land, in dem die Herstellung erfolgen soll, nicht vorliegen, z. B. weil die erforderlichen Fachkräfte nicht vorhanden sind oder das erforderliche Material – wie Guß – nicht in derselben Güte vorhanden ist. Hier versucht man, sich zuweilen dadurch zu helfen, daß der Lizenznehmer verpflichtet wird, bestimmte Rohstoffe oder Teile vom Lizenzgeber zu beziehen[113].

Werden hinsichtlich der Qualität Abmachungen getroffen, so sollte auch bestimmt werden, in welcher Weise der Lizenzgeber deren Einhaltung überwachen darf und welche Rechte ihm zustehen, wenn er Mängel feststellt. Diese Frage spielt eine besondere Rolle nicht nur bei Lizenzen für Entwicklungsländer. Bei derartigen Verträgen hat der Lizenzgeber häufig Ingenieure abzustellen, die den Lizenznehmer bei dem Aufbau der Lizenzherstellung bzw. bei der Einarbeitung in das **158**

---

113 Vgl. Rdnr. 197 und wegen der kartellrechtlichen Zulässigkeit Rdnr. 536 ff., 633, 654, 709, 721.

neue technische Arbeitsgebiet, teilweise aber auch während der Fabrikation beraten. Diesen kann die Aufgabe übertragen werden, die Erzeugnisse auf ihre Qualität zu überprüfen. Für den Fall, daß sich Mängel herausstellen, kann das Recht eingeräumt werden, die Auslieferung der mangelhaften Gegenstände zu untersagen. Bei wiederholten schwerwiegenden Verstößen kann ein wichtiger Grund zur vorzeitigen Kündigung des Lizenzvertrages vorliegen[114].

159 Ist eine Beratung durch Ingenieure des Lizenzgebers nicht vorgesehen, so muß dieser sich das Recht vorbehalten, selbst oder durch seine Beauftragten Stichproben vorzunehmen. Dabei ist im einzelnen zu beachten, ob diese Stichproben in unbeschränkter oder beschränkter Zahl vorgenommen werden dürfen und ob sie hinsichtlich der gesamten Herstellung oder nur des Enderzeugnisses zulässig sind. Will der Lizenznehmer dem Lizenzgeber z. B. evtl. aus Konkurrenzgründen keinen zu genauen Einblick in seinen Betrieb geben, so kann unter Umständen ein neutraler Sachverständiger mit der Überprüfung beauftragt werden. Es sollte jedoch vermieden werden, zu weitgehende Überwachungs- und Kontrollbefugnisse zugunsten des Lizenzgebers zu vereinbaren. Die Kontrollbefugnisse des Lizenzgebers sind jedoch durch das berechtigte Interesse des Lizenzgebers an einer einwandfreien Ausnutzung der Lizenz bzw. einwandfreien Produktion jedenfalls insoweit gerechtfertigt, als sie sich auf den Lizenzbereich beschränken.

160 Die Darlegungen über die Qualität gelten auch für die Lizenzverträge, bei denen keine Ausübungspflicht besteht, sofern der Lizenznehmer die ihm eingeräumten Rechte benutzt.

c) Ausübungspflicht und Preisgestaltung

161 In seiner Preisgestaltung ist der Lizenznehmer grundsätzlich frei. Er darf dieses Recht jedoch nicht mißbrauchen. Er darf also seine Ausübungspflicht nicht dadurch zunichte machen, daß er zu hohe Preise ansetzt und infolgedessen keinen angemessenen Umsatz erzielen kann. Bezüglich der Vereinbarungen zwischen Lizenzgeber und Lizenznehmer über bestimmte Preise ist auf die Ausführungen unten zu verweisen[115].

---

114 Vgl. Rdnr. 485 f.; *Benkard*, PatG, a.a.O., Rdnr. 82, 95, 122 zu § 15; *Henn*, a.a.O., S. 168 f.
115 Vgl. unten Rdnr. 191.

3. Werbung

Mit den technischen Vorbereitungen, die der Lizenznehmer für die **162** Herstellung trifft, hat er noch nicht alles getan, um den Absatz der Erzeugnisse sicherzustellen. Neben den technischen müssen auch die kaufmännischen Voraussetzungen geschaffen werden. Hierzu gehört neben der Errichtung der erforderlichen Absatzorganisation insbesondere die Werbung. Mit dieser Frage hat sich das Kammergericht[116] eingehend befaßt. Es führte aus, daß der Nehmer einer ausschließlichen Lizenz nicht nur herstellungs- und vertriebspflichtig, sondern auch werbepflichtig sei. In welchem Umfang dem Lizenznehmer eine Werbung zugemutet werden könne, sei nur nach Lage des Einzelfalls zu beantworten. Das Kammergericht erwähnte dann weiter, daß sich der Lizenznehmer nicht darauf berufen könne, daß er schon für die Produktion so viel Kapital verwenden müsse, daß er für die Werbung nichts mehr zur Verfügung gehabt habe. Der Lizenznehmer müsse sich das erforderliche Kapital entweder beschaffen oder den Abschluß des Lizenzvertrages ablehnen. Im übrigen kommt es dafür, in welcher Art und in welchem Umfang die Werbung durchzuführen ist, vor allem darauf an, an wen sie sich wendet und was in der Branche üblich ist.

Ähnlich auch der Bundesgerichtshof in seiner Entscheidung vom 11. 6. 1969[117], allerdings in einem Fall, der die ausschließliche Lizenzierung von Verlagserzeugnissen betraf. Der Bundesgerichtshof verweist auf das wirtschaftliche Risiko, das der Lizenznehmer trägt und folgert daraus, daß dieser auch die Werbemaßnahmen ergreifen kann, die ihm als wirtschaftlich sinnvoll erscheinen. Allerdings darf auf die Werbung jedenfalls dann nicht verzichtet werden, wenn wirtschaftlich die Annahme gerechtfertigt ist, daß der Einsatz der Mittel Erfolg verspricht. Der Bundesgerichtshof stellt auf die Verbreitung in handelsüblicher Weise ab, obwohl es sicherlich nicht immer einfach sein wird, den Inhalt insofern näher zu bestimmen[118]. Allerdings warnt Schade wohl zu Recht davor, die Pflichten des Lizenznehmers zu überspannen. Nach seiner Auffassung liegt es im freien, wenn auch im pflichtgemäßen Ermessen des Lizenznehmers, den Einsatz wie den Umfang seiner Werbung zu bestimmen[119].

---

116 *KG*, 3. 9. 1938, GRUR 1939 S. 66; s. auch *Henn*, a.a.O., S. 168; *Benkard*, PatG, a.a.O., Rdnr. 86 zu § 15 und *Pagenberg/Geissler*, a.a.O., S. 152 Rdnr. 232 ff.
117 GRUR 1970 S. 40.
118 *BGH*, 11. 6. 1969, GRUR 1970 S. 40 mit Anmerkung von *Bappert*.
119 *Schade*, a.a.O., S. 74.

Da daher Weisungs- und Kontrollrechte des Lizenzgebers hinsichtlich der vorzunehmenden Werbung nicht ohne weiteres anzunehmen sind, wird in Lizenzverträgen verschiedentlich vorgesehen, daß für die Werbung ein fester Betrag oder ein feststehender Prozentsatz vom Verkaufswert zu verwenden ist[120].

4. Verletzung der Ausübungspflicht

163 Die Ausübungspflicht ist, soweit sie besteht, in der Regel eine Hauptpflicht. Erfüllt der Lizenznehmer seine Ausübungspflicht nicht, so kann ihm der Lizenzgeber eine Frist setzen mit der Erklärung, daß er nach Ablauf der Frist die Annahme der Leistung verweigere[121]. Läuft die Frist fruchtlos ab, so wird man dem Lizenzgeber das Recht einräumen müssen, nach seiner Wahl entweder Schadensersatz wegen Nichterfüllung zu verlangen oder den Vertrag aus wichtigem Grund zu kündigen.

Ist der Lizenznehmer während längerer Zeit seiner Ausübungspflicht nicht nachgekommen, so ist dem Lizenzgeber nicht damit gedient, daß er dem Lizenznehmer eine Frist setzt mit der Aufforderung, zu erfüllen. Der Lizenznehmer kann in diesem Fall seiner Aufgabe nur für die Zukunft gerecht werden. Für die bereits verstrichene Zeit ist die Erfüllung dagegen unmöglich. Dies kann auch nicht durch die Aufnahme der Produktion für die Zukunft wieder gutgemacht werden. Das Reichsgericht hat daher in einer Entscheidung[122] für die Jahre, während derer der Lizenznehmer seiner Ausübungspflicht nicht nachgekommen war, Schadensersatz wegen nachträglicher vom Schuldner zu vertretender Unmöglichkeit zugesprochen[123]. Es handelt sich hier nur um eine teilweise Unmöglichkeit, weil die Erfüllung für die Zukunft noch möglich ist. Eine teilweise Kündigung des Vertrages, durch die der in § 325 BGB vorgesehene Rücktritt ersetzt wird, ist jedoch nicht möglich, weil dies dem Vertragszweck widerspräche. Es handelt sich beim Lizenzvertrag um einen einheitlichen Vertrag, der sich nicht in Teile zerlegen läßt. Dagegen kann der Lizenzgeber, wenn er an der teilweisen Erfüllung, also der Herstellung und dem Vertrieb, für die Zukunft kein Interesse mehr hat, Schadensersatz wegen Nichterfüllung des ganzen Vertrags fordern oder den ganzen Vertrag kündi-

---

120 Zur Werbepflicht siehe z. B. *Benkard*, PatG, a.a.O., Rdnr. 86 zu § 15.
121 § 326 BGB; *Henn*, a.a.O., S. 168.
122 Vgl. *RG*, 14. 1. 1938, GRUR 1939 S. 380; *Henn*, a.a.O., S. 169; *Benkard*, PatG, a.a.O., Rdnr. 81 zu § 15.
123 § 326 BGB; *Henn* und *Benkard* wie Fußn. 122.

gen, wobei wiederum das Kündigungsrecht an die Stelle des in § 325 BGB vorgesehenen Rücktrittsrechts tritt. Ein Wegfall des Interesses an der Erfüllung kann z. B. dann gegeben sein, wenn der Lizenznehmer seinen Verpflichtungen während langer Zeit nicht nachkommt und zu befürchten ist, daß sich das Erzeugnis nicht mehr durchsetzen kann. Ist streitig, ob die Unmöglichkeit der Leistung die Folge eines vom Schuldner zu vertretenden Umstands ist, so trifft die Beweislast den Schuldner[124].

Soweit eine Ausübungspflicht ausdrücklich im Vertrag vereinbart wird, ist es auch möglich, die Erfüllung dieser Verpflichtung durch die Vereinbarung einer Vertragsstrafe abzusichern [125]. Hier sollte dann die Mindestmenge festgelegt werden, die der Lizenznehmer zu produzieren hat, und in eindeutiger Weise eine Vertragsstrafe definiert werden.

5. Wegfall der Ausübungspflicht

Die Ausübungspflicht findet ihre Grenze an der Unzumutbarkeit der Ausübung der Lizenz. Die Rechtsprechung hat wiederholt betont, daß die Beurteilung einer Ausübungspflicht in besonderem Maße dem Grundsatz von Treu und Glauben unterliegt[126]. Die Ausübungspflicht entfällt daher dann, wenn es dem Lizenznehmer nicht zugemutet werden kann, sie zu erfüllen, oder aber es aus wirtschaftlichen Gründen für den Lizenznehmer unzumutbar ist, den Lizenzgegenstand herzustellen oder zu vertreiben[127]. Eine Grenze für die Zumutbarkeit der Ausübungspflicht ist nach dem Bundesgerichtshof insbesondere dann gegeben, wenn der Lizenznehmer bei der Ausübung der Lizenz nur noch „mehr oder weniger unverkäuflichen Schrott produzieren" und „sehenden Auges dem Ruin entgegenwirtschaften" würde. Für die Frage, ob ein Lizenznehmer durch die Nichtausübung der Lizenz gegen den Vertrag verstößt und sich schadensersatzpflichtig macht, ist daher entscheidend, ob eine wirtschaftlich sinnvolle Verwertung des Lizenzgegenstandes möglich ist[128]. Ist eine solche nicht möglich, entfällt eine

164

---

124 § 282 BGB; *Henn* und *Benkard* wie Fußn. 122
125 *BGH*, 17. 4. 1969, BGHZ 52 S. 55.
126 *BGH*, 11. 10. 1977, GRUR 1978 S. 166; *Benkard*, PatG, a.a.O., Rdnr. 82 zu § 15; a.A. *Henn*, a.a.O., S. 170, der zur Begründung der Beschränkung der Ausübungspflicht durch den Zumutbarkeitsgrundsatz auf den Inhalt der Ausübungspflicht abstellt.
127 *BGH*, 11. 6. 1969, GRUR 1970 S. 40; *BGH*, 11. 10. 1977, GRUR 1978 S. 166; *Benkard* wie Fußn. 122, 126.
128 *BGH*, 11. 10. 1977, GRUR 1978 S. 166; *Benkard* wie Fußn. 122, 126.

vertraglich übernommene Ausübungspflicht ohne Rücksicht darauf, ob der Lizenznehmer den Lizenzvertrag gekündigt hat.

165 Die Beurteilung der Zumutbarkeit setzt eine gründliche Prüfung der Absatzmöglichkeiten des Lizenzgegenstandes voraus, die sich neben einer Marktanalyse auch mit der Frage auseinandersetzen sollte, ob der Lizenznehmer alle zumutbaren Möglichkeiten ausgeschöpft hat, den Lizenzgegenstand technisch zu vervollkommnen, rationeller zu fertigen und ob er die den Preis rechtfertigenden Gebrauchsvorteile werbemäßig ausgenutzt hat[129]. Dabei trägt der Lizenznehmer ggf. die Beweislast für das Vorliegen der Unzumutbarkeit[130].

Hinsichtlich der Auswirkungen eines Wegfalls der Ausübungspflicht auf eine ggf. vereinbarte Mindestlizenz ist auf die obigen Ausführungen zu verweisen[131].

III. Pflichten des Lizenznehmers, die Verbesserungen am Lizenzgegenstand betreffen

1. Pflicht zur Vornahme von Verbesserungen

166 Eng mit der Ausübungspflicht verknüpft sind die mit der Verbesserung in Zusammenhang stehenden Fragen. Wertheimer nimmt sogar an, daß sich aus der Ausübungspflicht auch die Pflicht, Verbesserungen vorzunehmen, ergebe[132]. Rasch geht nicht ganz so weit. Er unterscheidet zwischen Verbesserungen im eigentlichen Sinn und Verbesserungen, die lediglich die vorausgesetzte Ausführbarkeit der Erfindung betreffen. Im ersten Fall verneint er die Pflicht des Lizenznehmers, auf Verbesserungen bedacht zu sein, im letzten Fall bejaht er sie dagegen[133].

167 Grundsätzlich besteht eine Pflicht des Lizenznehmers, auf Verbesserungen bedacht zu sein, nicht, weil es an sich die Aufgabe des Lizenzgebers ist, den Lizenzgegenstand so zur Verfügung zu stellen, daß er technisch ausführbar ist[134]. Durch Vertrag kann jedoch etwas anderes

---

129 *Storch*, GRUR 1978 S. 168; *Benkard* wie Fußn. 122, 126.
130 *Gaul/Bartenbach*, a.a.O., K 296.2.
131 Vgl. dazu oben Rdnr. 118 f.
132 *Wertheimer*, GRUR 1930 S. 578.
133 *Rasch*, a.a.O., S. 40.
134 So auch *Lüdecke*, GRUR 1958 S. 415; vgl. auch Rdnr. 291; *Benkard*, PatG, a.a.O., Rdnr. 86 zu § 15.

bestimmt werden. So finden sich Klauseln, wonach die Vertragspartner verpflichtet sind, auf Verbesserungen bedacht zu sein und sich diese gegenseitig zur Verfügung zu stellen. Da im allgemeinen beide Vertragspartner berechtigtes Interesse daran haben, den Anschluß an den technischen Fortschritt zu behalten, sind derartige Vereinbarungen weit verbreitet. Bei dem Abschluß derartiger Vereinbarungen sollte allerdings beachtet werden, daß die Rechtsprechung solche Vereinbarungen über Verbesserungen gewöhnlich eng auszulegen pflegt[135].

Aber auch ohne ausdrückliche Vereinbarung kann sich aus dem Inhalt   **168** des Lizenzvertrages ergeben, daß der Lizenznehmer gehalten ist, auf Verbesserungen bedacht zu sein. Dies ist vor allem dann der Fall, wenn sich die Parteien darüber einig sind, daß die der Lizenz zugrundeliegende Erfindung noch nicht ausgereift ist. Hier hat der Lizenznehmer, wenn eine Ausübungspflicht besteht, die Pflicht, weitere Entwicklungsarbeiten vorzunehmen[136]. Eine derartige Pflicht kommt auch bei Verträgen in Betracht, bei denen sich beide Vertragspartner bereiterklären, alles zu tun, um den Absatz des Lizenzgegenstandes zu fördern.

2. Benutzung von Verbesserungen

Eine weitere Frage ist, inwieweit der Lizenznehmer Neuerungen und   **169** Verbesserungen bei der Herstellung des Lizenzgegenstandes verwerten darf. Lüdecke meint hierzu, daß dies vom Lizenzgeber nicht verhindert werden könne. Dies entspricht der herrschenden Lehre[137]. Es können aber Umstände vorliegen, aufgrund derer der Lizenzgeber ein Interesse daran hat, daß der Lizenznehmer nicht jede Änderung und Verbesserung ohne weiteres verwendet. Wird der Lizenzgegenstand unter dem Namen des Lizenzgebers vertrieben, so kann es diesem nicht gleichgültig sein, welche Änderungen der Lizenznehmer daran vornimmt. Es ist nicht selten, daß sich eine vermeintliche Verbesserung für die Qualität als nachteilig erweist und daß ihre Verwendung eine schwere Schädigung des Ansehens des Lizenzgebers mit sich bringt. Im übrigen besteht auch die Gefahr, daß der Lizenznehmer durch die Verwendung von Änderungen oder Verbesserungen versucht, sich seiner Gebührenpflicht zu entziehen.

---

135 *RG*, 14. 6. 1940, GRUR 1940 S. 439; *BGH*, 29. 1. 1957, GRUR 1957 S. 485.
136 Vgl. *RG*, 14. 7. 1934, Mitt. 1934 S. 236; a.A. *Henn*, a.a.O., S. 172.
137 *Lüdecke*, GRUR 1952 S. 211; vgl. auch *Gaul/Bartenbach*, a.a.O., K 309; so auch *Henn*, a.a.O., S. 173.

170 Will der Lizenzgeber verhindern, daß der Lizenznehmer nach seinem Gutdünken an dem Lizenzgegenstand Änderungen oder Verbesserungen vornimmt, so bedarf es hierzu einer ausdrücklichen Vereinbarung. Es empfiehlt sich vorzusehen, daß der Lizenznehmer zur Vornahme konstruktiver Änderungen oder Verbesserungen der Einwilligung des Lizenzgebers bedarf. Hierdurch ist gewährleistet, daß der Lizenzgeber ein Mitspracherecht hat. Andererseits wird sichergestellt, daß wertvolle Änderungen berücksichtigt werden können. Allerdings sind derartige Vereinbarungen nur so weit gerechtfertigt, wie es sich um Beschränkungen handelt, die im Interesse einer technisch einwandfreien Ausnutzung liegen, wie z. B. Qualitätsvorschriften, technische Spezifikationen u. ä. Beschaffenheitsmerkmale. Ansonsten können solche Vereinbarungen kartellrechtlich bedenklich sein[138]. Ggf. sollten auch Vereinbarungen darüber getroffen werden, ob und wie sich die Verwendung von Verbesserungen auf die Lizenzgebühr auswirkt. Es erscheint als besser, wenn sich die Parteien hierüber einigen, bevor Änderungen verwertet werden, da sich nachträglich meist nur schwer eine Einigung erzielen läßt[139].

In diesem Zusammenhang ist auf die Entscheidung des Reichsgerichtes vom 14. 7. 1934[140] hinzuweisen, in der es bezüglich eines Geheimverfahrens heißt: „Bei wesentlichen Verbesserungen, die aber das Verfahren unberührt lassen, kann der Wille der Parteien auf Herabsetzung der Lizenzgebühr gerichtet sein." Dennoch läßt sich nicht generell feststellen, daß die Verwendung von Verbesserungen in jedem Fall Einfluß auf die Lizenzgebühr hat. Der Bundesgerichtshof[141] verweist darauf, daß im Hinblick auf die bei der Vereinbarung über Verbesserungen gebotene enge Auslegung die Vereinbarung allein, daß Verbesserungen zur Verfügung zu stellen sind, nicht von selbst ohne weiteres eine Vergütungspflicht auslöst.

3. Mitteilungspflicht und Pflicht zur Einräumung von Rechten an Verbesserungen

171 Eine Pflicht des Lizenznehmers, Verbesserungen oder Neuerungen dem Lizenzgeber mitzuteilen und ihm die Rechte an den Erfindungen zu übertragen oder diesem Benutzungsrechte einzuräumen, besteht in

---

138 Vgl. dazu näher unten Rdnr. 546 ff., 642, 653, 703 ff., 728; vgl. auch *Henn*, a.a.O., S. 173.
139 *Schade*, a.a.O., S. 72.
140 *RG*, 14. 7. 1934, Mitt. 1934 S. 236.
141 *BGH*, 29. 1. 1957, GRUR 1957 S. 485.

der Regel nicht, es sei denn, daß etwas anderes vereinbart ist oder daß sich aus der gesamten Ausgestaltung des Vertrages ein dahingehender Wille der Parteien entnehmen läßt. Dies kann der Fall sein, wenn ein enges Vertrauensverhältnis besteht. Es kann sich aber auch daraus ergeben, daß der Lizenzgeber den Lizenzgegenstand selbst herstellt oder weitere Lizenzen für ihn vergeben hat und seine Position wesentlich geschwächt würde, wenn er oder seine anderen Lizenznehmer nicht ebenfalls die Möglichkeit hätten, die Verbesserungen zu verwenden. Wie schon erwähnt, kann man dies aber ohne ausdrückliche Vereinbarung nur in besonders gelagerten Fällen annehmen. Soweit ersichtlich, hat sich die Rechtsprechung mit diesem Problemkreis noch nicht befaßt, dagegen sind Klauseln, in denen derartige Pflichten festgelegt wurden, wiederholt erörtert worden[142].

Für die Verpflichtung des Lizenznehmers, dem Lizenzgeber Neuerungen und Verbesserungen mitzuteilen und ihm Rechte daran einzuräumen, stehen verschiedene Möglichkeiten zur Verfügung.

a) Es kann vereinbart werden, daß der Lizenznehmer alle Erfindungen, denen Änderungen oder Verbesserungen des Lizenzgegenstandes zugrunde liegen, dem Lizenzgeber zur Verfügung stellen muß. Sind Arbeitnehmererfindungen in der Bundesrepublik Deutschland oder auch in anderen Ländern, die ähnliche Regelungen haben[143], zu erwarten, bedarf es einer Regelung, ob bzw. in welcher Weise Schutzrechte erworben werden sollen. Zunächst wäre hier zu klären, für welche Länder der Lizenznehmer Schutzrechte für die Verbesserungen erwerben soll. Soweit der Lizenznehmer Erfindungen seiner Arbeitnehmererfinder selbst in Anspruch nehmen will und entsprechende Schutzrechtsanmeldungen vornimmt, wird regelmäßig vereinbart, daß dem Lizenzgeber eine einfache oder ausschließliche Lizenz überlassen wird[144]. Weiterhin wäre zu klären, was zu geschehen hat, wenn der Lizenznehmer an einer eigenen Schutzrechtsanmeldung an sich nicht interessiert ist. Hier sollte der Lizenznehmer verpflichtet werden, dem Lizenzgeber unverzüglich mitzuteilen, wenn ihm eine Arbeitnehmererfindung gemeldet worden ist. Der Lizenzgeber hätte dann innerhalb einer kurzen Frist von meist zwei bis drei Monaten zu entscheiden, ob er an der Erfindung interessiert ist, die dann der Lizenznehmer gegenüber seinem Arbeitnehmer in Anspruch nehmen müßte[145]. Ggf. kann

172

---

142 Siehe z. B. *Henn*, a.a.O., S. 173 f.
143 Vgl. dazu Nachweise bei *Reimer/Schade/Schippel*, a.a.O., S. 97 ff.
144 Zu den kartellrechtlichen Problemen vgl. unten Rdnr. 546 ff., 642, 653, 703 ff., 728.
145 Vgl. dazu § 6 ArbEG.

auch eine Vereinbarung darüber getroffen werden, in welcher Form die Vergütungen für den Arbeitnehmererfinder zu zahlen sind. Generell kann es sich im übrigen empfehlen, daß der Lizenznehmer verpflichtet wird, Schutzrechte, die er erworben hat und nicht mehr aufrechterhalten will, dem Lizenzgeber anzubieten oder zu übertragen.

173 b) Weiterhin wäre es prinzipiell denkbar, daß der Lizenznehmer dem Lizenzgeber aufgrund der vertraglichen Vereinbarungen Verbesserungen nicht nur zu lizenzieren, sondern sogar zu übertragen hat. Eine solche Regelung unterliegt allerdings sehr großen kartellrechtlichen Bedenken[146]. Unabhängig davon findet sich eine Variante der Vollübertragung gelegentlich in internationalen Lizenzverträgen. Durch sie behält der Lizenznehmer das Recht für Verbesserungen für Länder, für die ihm eine ausschließliche Lizenz erteilt wurde, während er es für andere Länder dem Lizenzgeber überlassen muß. Das bedeutet, daß der Lizenznehmer die Verbesserungen in den Ländern, für die er eine ausschließliche Lizenz hat, ausschließlich verwerten darf und soweit sie schutzrechtsfähig sind, in diesen Ländern auch Schutzrechte erwerben kann, während der Lizenzgeber dieselben Rechte für die übrigen Länder erhält. Häufig wird hierbei noch vereinbart, daß der eine Vertragspartner die Rechte erwerben darf, falls der andere von der Möglichkeit, Schutzrechte gemäß der erwähnten Vereinbarungen zu erwerben, keinen Gebrauch macht. Lediglich eine Änderung in der praktischen Abwicklung, nicht dagegen im Inhalt, enthält die Vereinbarung, daß der Lizenznehmer Schutzrechte auch in den Ländern zu erwerben hat, für die er keine ausschließliche Lizenz hat, und diese dann dem Lizenzgeber übertragen muß. Hierbei sollte ausdrücklich bestimmt werden, in welchen Ländern Schutzrechte erworben werden müssen. Auch die Frage, wer die Kosten der Anmeldung zu tragen hat, ist zu regeln. Diese Regelung dient in internationalen Lizenzverträgen dazu, den Lizenzgeber vor der Gefahr zu schützen, daß ihm in den Ländern oder Gebieten Schwierigkeiten entstehen, in denen er den Lizenzgegenstand selbst herstellt oder vertreibt oder für die er anderweitige Lizenzen vergeben hat. Sie ist jedoch – wie bereits erwähnt – kartellrechtlich problematisch.

174 c) Statt einer Übertragung der Rechte kann vorgesehen werden, daß der Lizenznehmer in bestimmten Ländern Schutzrechte erwirbt. Er kann ferner verpflichtet werden, für diese, soweit es sich um Länder

---

146 *OLG Düsseldorf,* 11. 9. 1962, „Gravierte Walzen", WuW/E 1963 S. 360; vgl. auch unten Rdnr. 548, 642, 653, 703 ff., 728.

handelt, für die er keine Lizenz hat, dem Lizenzgeber eine ausschließliche Lizenz zu erteilen. Soweit es sich um Verbesserungen handelt, die nicht schutzfähig sind, kann er verpflichtet werden, Benutzungsrechte für die erwähnten Länder einzuräumen. Für die Erteilung von ausschließlichen Lizenzen an den Lizenzgeber gilt in kartellrechtlicher Hinsicht dasselbe wie für die Vollübertragung der Schutzrechte. Die Verpflichtung zur Erteilung von ausschließlichen Lizenzen für Verbesserungen an den Lizenzgeber ist kartellrechtlich problematisch[147].

d) Hat der Lizenzgeber dem Lizenznehmer für bestimmte Länder nur **175** eine einfache Lizenz erteilt, so kann vereinbart werden, daß für Verbesserungen dem Lizenzgeber einfache Lizenzen für die in Betracht kommenden Länder zu erteilen sind, für die der Lizenznehmer die einfache Lizenz hat. Dies kann für den Lizenzgeber dann von Bedeutung sein, wenn er neben dem Lizenznehmer in dem betreffenden Land bzw. Gebiet selbst tätig ist oder wenn er weitere Lizenzen vergeben hat, was bei einfachen Lizenzen ohne weiteres möglich ist[148].

e) Anstelle der Einräumung einer ausschließlichen Lizenz kann sich **176** der Lizenzgeber allgemein die Einräumung einer einfachen Lizenz an den Verbesserungen mit der Maßgabe ausbedingen, daß er Unterlizenzen erteilen darf. Dies dürfte kartellrechtlich regelmäßig nicht problematisch sein[149].

f) Soweit der Lizenznehmer dem Lizenzgeber für Verbesserungen usw. **177** des Lizenzgegenstandes eine einfache oder ausschließliche Lizenz zu erteilen hat, sollte insbesondere im Falle der Vergabe einer einfachen Lizenz festgelegt werden, ob der Lizenzgeber ggf. berechtigt ist, die Verbesserungen auch seinen anderen Lizenznehmern – z. B. in Form einer Unterlizenz – zur Verfügung zu stellen. Eine derartige Regelung kann insbesondere von wesentlicher Bedeutung sein, wenn in mehreren Ländern mit verschiedenen Lizenznehmern ein gleichmäßiger Qualitätsstandard erhalten bleiben soll[150].

Problematisch und wiederholt Gegenstand gerichtlicher Entscheidungen ist die Frage gewesen, wie weit der Kreis der Erfindungen zu **178** ziehen ist, an denen der Lizenznehmer dem Lizenzgeber aufgrund der

---

147 Vgl. dazu unten Rdnr. 546 ff., 642, 653, 703 ff., 728.
148 Vgl. dazu unten Rdnr. 381.
149 Vgl. Rdnr. 546, 642, 653, 703 ff., 728.
150 Vgl. auch Rdnr. 156.

vereinbarten Klauseln Rechte an Verbesserungen einzuräumen hat[151]. Dabei kann es im Einzelfall erforderlich sein, daß der Kreis der Verbesserungserfindungen weiter oder enger gezogen wird.

Zur Vermeidung von Auslegungsschwierigkeiten sollte sowohl der Kreis der Verbesserungen bestimmt als auch festgelegt werden, welche Rechte an Verbesserungs- und Anwendungserfindungen einzuräumen sind. Zweifelhafte Formulierungen wie die Verpflichtung, Verbesserungen „zur Verfügung zu stellen" u. ä., sollten vermieden werden[152].

Bei der Frage der Lizenzierung von Verbesserungserfindungen ergeben sich weiterhin zahlreiche kartellrechtliche Probleme, die sich zu dem Grundsatz zusammenfassen lassen, daß, je weiter der Kreis der Erfindungen gezogen wird, an denen dem Lizenzgeber Rechte eingeräumt werden sollen, desto größer die Gefahr ist, daß gegen kartellrechtliche Vorschriften verstoßen wird[153].

IV. Produktionsbeschränkungen während der Dauer des Lizenzvertrags

179 Beschränkungen, die dem Lizenznehmer hinsichtlich der Produktion auferlegt sind, können verschiedenen Inhalt und verschiedene Zielsetzungen haben. Man kann vor allem zwei Gruppen unterscheiden:

1. Beschränkungen hinsichtlich der Herstellung von Gegenständen, die unter die Lizenz fallen

180 Derartige Vereinbarungen kommen vor allem in Betracht, wenn ein Unternehmer Lizenzen vergibt, weil er den Lizenzgegenstand nicht voll verwerten kann, sei es, daß er produktionsmäßig ausgelastet ist oder daß bestimmte Ausführungen dieses Gegenstands nicht in sein Produktionsprogramm passen. Er will sich aber dagegen sichern, daß ihm durch den Lizenznehmer eine Konkurrenz erwächst. Dies kann, abgesehen von der Bemessung der Lizenzgebühr, dadurch geschehen, daß er dem Lizenznehmer die Herstellung des Lizenzgegenstands nur in beschränktem Umfang gestattet, d. h. Beschränkungen in der Ausübung des Schutzrechtes vornimmt. Möglich sind dabei mengenmäßige

---

151 Vgl. *RG*, 3. 12. 1932, MuW 1933 S. 62; *RG*, 11. 5. 1935, GRUR 1935 S. 948; *RG*, 14. 6. 1940, GRUR 1940 S. 439.
152 *RG*, 19. 6. 1935, GRUR 1936 S. 57.
153 Vgl. dazu im einzelnen Rdnr. 550, 642, 653.

Beschränkungen der Produktion auf eine bestimmte Zahl, eine sog. Quotenlizenz[154]. Weiterhin kann der Umfang der Produktion auf Gegenstände bestimmter Größe oder Leistung oder aber eine Beschränkung auf bestimmte technische Arbeitsgebiete vereinbart werden. Hält sich der Lizenznehmer nicht an die mengenmäßige oder die die Ausübung betreffende Einschränkung, so begeht er neben einer Vertragsverletzung bei Patentlizenzen auch eine Patentverletzung[155].

2. Beschränkungen hinsichtlich der Herstellung von Gegenständen, die nicht unter die Lizenz fallen

Hier ist vor allem an Lizenzverträge zu denken, denen kein Schutz-recht zugrunde liegt oder bei denen der Lizenzgeber Erfahrungen und Geheimnisse mitteilt, die über das Schutzrecht hinausgehen. Der Lizenznehmer ist in diesen Fällen schon aufgrund des Lizenzvertrages gehalten, die ihm mitgeteilten Erfahrungen nur im Rahmen des Lizenzvertrages zu verwerten, andernfalls macht er sich einer Vertrags-verletzung schuldig. Darüber hinaus ergibt sich in der Bundesrepublik ein Schutz des Lizenzgebers aus § 18 UWG, wonach derjenige mit Gefängnis oder mit Geldstrafe bestraft wird, der die ihm im geschäftli-chen Verkehr anvertrauten Vorlagen oder Vorschriften technischer Art, insbesondere Zeichnungen, Modelle, Schablonen, Schnitte und Rezepte, zu Zwecken des Wettbewerbs oder aus Eigennutz unbefugt verwertet oder an jemanden mitteilt. In der Praxis läßt sich aber nur schwer nachweisen, daß der Lizenznehmer die ihm mitgeteilten Erfah-rungen auch bei ähnlichen Gegenständen verwertet, die nicht dem Lizenzvertrag unterliegen. Hier ist ein Schutz häufig nur dadurch erreichbar, daß sich der Lizenznehmer verpflichtet, bestimmte Erzeug-nisse nur im Rahmen des Lizenzvertrages herzustellen. Wird keine Herstellungsbeschränkung auferlegt, so kann u. U. im Vertrag vorge-sehen werden, daß der Lizenznehmer dem Lizenzgeber Konkurrenzer-zeugnisse, die er fabriziert, zur Überprüfung auf etwaige Patentverlet-zungen vorzulegen hat. Hinsichtlich der kartellrechtlichen Zulässigkeit von Produktionsbeschränkungen während der Dauer des Lizenzvertra-ges ist auf die Ausführungen unten zu verweisen[156].

181

---

154 Zur kartellrechtlichen Zulässigkeit vgl. unten Rdnr. 515, 627, 650, 725.
155 *Isay,* a.a.O., S. 366; *Klauer/Möhring,* PatG, Anm. 54 zu § 9; *Kohler,* a.a.O., S. 523; *Lieberknecht,* a.a.O., S. 205; *Pietzcker,* a.a.O., Anm. 25 zu § 6; *Rasch,* a.a.O., S. 90.
156 Vgl. dazu unten Rdnr. 516 ff., 627, 650, 725.

V. Pflichten des Lizenznehmers hinsichtlich des Vertriebs

1. Räumliche Beschränkung der Lizenz (Gebietslizenz)

182 Die räumliche Beschränkung der Lizenz kann sich insbesondere als notwendig erweisen, wenn der Lizenzgeber außerhalb des Vertragsgebiets den Lizenzgegenstand selbst herstellen oder durch eine Vertriebsorganisation absetzen will oder wenn er dort ausschließliche Lizenzen vergeben will.

Die Beschränkung kann bei Schutzrechtslizenzen in der Weise geschehen, daß die Lizenz nur für einen bestimmten Teil des Gebiets, für das das Schutzrecht besteht, erteilt wird (Bezirks- oder Gebietslizenz)[157].

Der durch eine solche Gebietslizenz verpflichtete Lizenznehmer darf keine Benutzungshandlungen des Schutzrechtes außerhalb des lizenzierten Gebietes vornehmen. Enthält der Lizenzvertrag keine Bestimmungen über das Lizenzgebiet, ist davon auszugehen, daß sich der territoriale Geltungsbereich des der Lizenz zugrundeliegenden Schutzrechtes und der Geltungsbereich der Lizenz decken[158]. Dies würde z. B. für die Lizenzierung eines deutschen Patentes bedeuten, daß die Nutzungserlaubnis im Zweifel nur für die Bundesrepublik gilt.

183 Es empfiehlt sich, die Grenzen des Vertragsbezirkes genau zu bestimmen, weil sich erfahrungsgemäß häufig Streitigkeiten darüber ergeben, wie weit der Bezirk reicht. Werden beispielsweise als Grenzpunkte bestimmte Orte angegeben, so erhebt sich die Frage, ob die Luftlinie oder die Straßenverbindung zwischen den Orten die Grenze sein soll, ob der bezeichnete Ort noch zum Bezirk gehört oder nicht. Keine Schwierigkeiten entstehen in der Regel, wenn als Vertragsbezirk bestimmte staatliche Verwaltungsbezirke bestimmt werden können, wobei allerdings auch hier Änderungen nicht völlig ausgeschlossen sind. Wird die Lizenz für ein bestimmtes Land vergeben, was in der Regel der Fall ist, so ist zu prüfen, ob mit der Angabe des Landes das Gebiet, für das sie erteilt werden soll, völlig eindeutig bezeichnet ist. So entstanden z. B. Meinungsverschiedenheiten darüber, ob bei der Erteilung der Lizenz für Frankreich Algerien mit eingeschlossen war. Es ist daher zweckmäßig festzustellen, ob die Lizenz für ein Staatsge-

---

157 Vgl. dazu auch Art. 73 EPÜ und 43 GPÜ, die die Begrenzung von Patentlizenzen auf bestimmte Hoheitsgebiete erlauben; vgl. Rdnr. 527 f., 624 ff., 650, 652, 655 f., 690 ff., 694, 724, 729; *Henn*, a.a.O., S. 118 ff.

158 *Benkard*, PatG, a.a.O., Rdnr. 37 zu § 15; *Gaul/Bartenbach*, a.a.O., K 65; *Henn*, a.a.O., S. 119.

biet und/oder z. B. auch überseeische Gebiete, deren Loslösung u. U. drohen kann, vergeben wird oder nicht und ob der Lizenzgeber bei Änderungen in den staatsrechtlichen Beziehungen ein außerordentliches Kündigungsrecht erhält.

Werden die vereinbarten räumlichen Grenzen von dem Lizenznehmer **184** überschritten, liegt neben dem Verstoß gegen die getroffenen Vereinbarungen bei einem inländischen Lizenznehmer auch eine Patentverletzung gem. § 15 Abs. 2 PatG vor, weil der Lizenznehmer insoweit keine Erlaubnis hat, eine Benutzungshandlung vorzunehmen[159]. Dabei ist allerdings nicht endgültig verhindert, daß Lizenzprodukte dieses Lizenznehmers in andere Gebiete gelangen. Hat der Lizenznehmer den Lizenzgegenstand in seinem Lizenzgebiet veräußert und verkauft der Erwerber ihn in einem anderen Teil des Schutzgebietes weiter, so liegt keine Patentverletzung vor, weil der Lizenzgegenstand von einem Berechtigten in Verkehr gebracht worden ist und durch die rechtmäßige Veräußerung das Patent im Vertragsgebiet verbraucht ist[160]. Eine Verpflichtung des Lizenznehmers durch den Lizenzgeber dahingehend, daß der Lizenznehmer seine Kunden zu verpflichten hat, das ihm vorgeschriebene Vertragsgebiet einzuhalten, wird häufig kartellrechtlich ausgeschlossen sein[161].

Hat der Lizenznehmer, der eine Lizenz für die Bundesrepublik **185** Deutschland hat, den Lizenzgegenstand in der Bundesrepublik rechtmäßig in Verkehr gebracht, ist damit allerdings zunächst nur das deutsche Schutzrecht verbraucht, nicht dagegen ohne weiteres die Patente, die der Lizenzgeber in anderen Ländern besitzt. Diese Schutzrechte führen prinzipiell ein Eigenleben. Dies hat zunächst die Konsequenz, daß ein Lizenzgeber, der in verschiedenen Staaten mehrere parallele Patente besitzt, diese an mehrere unterschiedliche Lizenznehmer lizenzieren kann, so daß eine Lizenz z. B. jeweils räumlich auf das Gebiet eines bestimmten Staates beschränkt vergeben wird. Aus dieser Situation müßte sich an sich die Konsequenz ergeben, daß ein vollständiger Schutz kraft der jeweiligen nationalen Gesetze besteht und daher ein Import in dieses Land ohne Zustimmung des Inhabers des Schutzrechtes eine Patentverletzung darstellen würde. Aus kartellrechtlichen

159 *Benkard*, PatG, a.a.O., Rdnr. 42 zu § 15; *Klauer/Möhring*, PatG, a.a.O., Anm. 50 zu § 9; *Henn*, a.a.O., S. 120.
160 *RG*, 14. 10. 1931, RGZ 133 S. 326, 330; *Benkard*, PatG, a.a.O., Rdnr. 42 zu § 15; *Reimer*, PatG, a.a.O., Anm. 10, 15 zu § 9.
161 Vgl. dazu unten Rdnr. 529 und Nachweise in Fußn. 157; vgl. auch *BKartA*, TB 1970 S. 93; *Müller/Giessler/Scholz*, a.a.O., Rdnr. 39 zu §§ 20, 21 GWB.

Gründen ist jedoch ein Schutz gegen derartige sog. Parallelimporte zumindest für den Bereich der Europäischen Gemeinschaft und für Gebiete außerhalb der EG, falls spürbare Rückwirkungen auf den EG-Binnenmarkt vorliegen, nur begrenzt gegeben[162], zumal auch die Vereinbarung sog. Exportverbote kartellrechtlich häufig problematisch ist[163].

186   Soweit es um Länder geht, in denen der Lizenzgeber keine parallelen Schutzrechte besitzt, kann sich der Lizenzgeber nur auf vertragliche Vereinbarungen stützen, falls derartige im Sinne von Exportverboten getroffen wurden. Die Erfahrung zeigt dabei, daß in Lizenzverträgen häufig versucht wird, durch vertragliche Vereinbarungen zu verhindern, daß Lizenzgegenstände in Ländern auftauchen, für die eine Lizenz nicht erteilt wurde. Durch solche Lieferungen kann das gesamte Absatzsystem des Lizenzgebers gestört werden, weil sich z. B. Generalvertreter oder der Vertragshändler des Lizenzgebers für das betreffende Land beeinträchtigt fühlen. Daher legen Unternehmen auf Gebietsbeschränkungen besonderen Wert, wie eine neuere Untersuchung der North West University Chicago sehr deutlich zeigt[164]. Derartige Exportverbote sind jedoch bei vorhandenen Rückwirkungen auf den EG-Bereich kartellrechtlich sehr problematisch[165].

187   Soweit keine ausdrückliche vertragliche Vereinbarung getroffen wurde, daß ein Export in das patentfreie Ausland nicht erfolgen darf, läßt sich aus dem Vertragsverhältnis zwischen Lizenznehmer und Lizenzgeber ein derartiges Exportverbot nicht ohne weiteres ableiten. Allein aus der Tatsache, daß eine Lizenz nur für ein bestimmtes Land oder für den Teil eines Landes erteilt wurde, kann nicht ohne weiteres der übereinstimmende Wille der Vertragsparteien im Sinne einer stillschweigenden Vereinbarung entnommen werden, daß keine Lieferungen in das patentfreie Ausland erfolgen sollen. Zwar spricht für ein solches Ergebnis in gewissem Maße, daß durch die Beschränkung des Vertragsgebietes an sich sehr deutlich zum Ausdruck kommt, daß die Herstellung und der Vertrieb des Lizenzgegenstandes nur in diesem Gebiet erfolgen sollte. Dagegen steht jedoch, daß sowohl nach deutschem als auch nach europäischem Kartellrecht Vereinbarungen, die dem Lizenznehmer verbieten, den Lizenzgegenstand in das nicht

---

162 Vgl. Rdnr. 593, 625 ff., 667.
163 Vgl. dazu Rdnr. 162 und unten Rdnr. 528 f. und Fußn. 157.
164 Bericht darüber in GRUR Int. 1981 S. 449.
165 Vgl. dazu Nachweise in Fußn. 157.

geschützte Ausland zu exportieren, meist äußerst bedenklich sind[166], so daß ein diesbezüglicher Einigungswille zwischen den Parteien als äußerst fraglich angesehen werden muß.

Der Lizenzgeber kann auch lediglich nur eine Herstellungslizenz mit der Maßgabe erteilen, daß der Vertrieb im Vertragsgebiet durch seine eigene Absatzorganisation zu erfolgen hat. Hierdurch behält der Lizenzgeber die Kontrolle über den Vertrieb weitgehend in der Hand, wird sich aber dafür gegenüber dem Lizenznehmer zur Abnahme aller von diesem hergestellten Produkte verpflichten müssen bzw. ggf. dafür sorgen müssen, daß diese Abnahmeverpflichtung von einem Dritten übernommen wird. Bei Fehlen einer derartigen ausdrücklichen Abnahmeverpflichtung durch den Lizenzgeber beinhaltet im Zweifel die Erteilung der Herstellungslizenz auch das Recht für den Lizenznehmer, das Erzeugnis in den Verkehr zu bringen und zu gebrauchen[167]. **188**

Liegt eine Herstellungslizenz vor[168], hat der Lizenznehmer auf den Vertrieb wenig Einfluß. Er muß die Absatzorganisation so hinnehmen, wie sie der Lizenzgeber zur Verfügung stellt. Er kann sie z. B. nicht umgestalten, wenn er mit ihren Leistungen unzufrieden ist. Hieraus können sich zwar einerseits Differenzen ergeben, andererseits bietet jedoch insbesondere eine eingeführte Vertriebsorganisation für den Lizenznehmer erhebliche Möglichkeiten und kann daher von großem Nutzen sein.

Handelt es sich um eine Inlandslizenz für ein Know-How oder gibt der Lizenzgeber über das Schutzrecht hinaus noch zusätzliche Informationen, so darf der Lizenznehmer diese nur im Vertragsgebiet verwerten, weil es sich hier um das Anvertrauen von Vorlagen und Vorschriften technischer Art handelt, die der Lizenzgeber nur im Rahmen des Vertrages verwerten darf[169]. Im übrigen ist auf die obigen Ausführungen bezüglich der Lieferung ins patentfreie Ausland zu verweisen, wobei anzumerken ist, daß die EG-Kommission auch bei Exportverboten für Know-How eine äußerst restriktive Haltung einnimmt[170]. **189**

---

166 Vgl. unten Rdnr. 624 ff., 650, 652, 655 f.
167 *RG*, 26. 2. 1916, GRUR 1916 S. 178; *Gaul/Bartenbach*, a.a.O., K 80.
168 Dies wäre sowohl nach deutschem als auch nach europäischem Kartellrecht zulässig; *Gleiss/Hirsch*, a.a.O., Rdnr. 372 zu Art. 85; vgl. dazu näher Rdnr. 26, 515 f., 650, 725.
169 § 18 UWG.
170 Vgl. dazu unten Rdnr. 694, 724, 727, 729 f.; vgl. auch *Stumpf*, Der Know-How-Vertrag, a.a.O., Rdnr. 265 ff.

2. Preisbindung und Bindung an Geschäftsbedingungen

190   Ist nichts anderes vereinbart, ist der Lizenznehmer in seiner Preisgestaltung grundsätzlich frei. Dies darf jedoch nicht dazu führen, daß er eine ggf. vereinbarte Ausübungspflicht durch zu hohe Preisgestaltung hinfällig macht[171].

191   Der Lizenzgeber kann an der Preisgestaltung des Lizenznehmers aus verschiedenen Gründen interessiert sein, z. B. deswegen, weil die Höhe der Lizenzgebühren von der Höhe des Verkaufspreises abhängig ist. Eine zu hohe Preisstellung durch den Lizenznehmer kann den Umsatz beeinträchtigen und auf diese Weise die Einnahmen des Lizenzgebers nicht unerheblich verringern. Auch kann die Einführung des Lizenzgegenstandes auf dem Markt hierdurch verhindert oder erheblich gefährdet werden. Ein zu geringer Preis kann die Wettbewerbsfähigkeit des Lizenznehmers – soweit dieser den Lizenzgegenstand selbst herstellt – oder den Preis anderer Lizenznehmer ungünstig beeinflussen und zu Marktstörungen führen[172]. Daher sehen gesetzliche Vorschriften in der Bundesrepublik sogar indirekt ausdrücklich die Möglichkeit einer Preisbindung vor[173]. Allerdings muß diese Preisbindung inhaltlich bestimmt sein. Dies kann etwa durch die Angabe von Ziffern oder Prozenten erfolgen. Möglich ist auch die Vereinbarung bestimmter Höchst- und Mindestpreise. Die Verpflichtung des Lizenznehmers, daß dieser sich der Preisstellung eines anderen Lizenznehmers oder eines Dritten anzuschließen hat, läßt sich ebenfalls z. T. in Lizenzverträgen feststellen. Bei der Erteilung von Lizenzen in das Ausland kann es auch zweckmäßig sein, eine bestimmte Relation der Auslandspreise zu den Inlandspreisen festzulegen.

Hinsichtlich der inhaltlichen Höhe der Preisbindung muß nicht ohne weiteres auf wirtschaftliche Notwendigkeiten abgestellt werden, so daß der Lizenzgeber bei der Festsetzung erhebliche Freiheiten hat[174].

192   Zur Erhaltung der Wettbewerbsfähigkeit wurde in Lizenzverträgen nicht nur Einfluß auf die Preisgestaltung des Lizenznehmers, sondern z. T. auch auf die seiner Vertriebsorganisation genommen, d. h. der Lizenznehmer wurde verpflichtet, seinen Abnehmern bestimmte Preisregeln aufzuerlegen, eine sog. mehrstufige Verpflichtung.

---

171 Vgl. dazu unten Rdnr. 161.
172 Vgl. auch *BGH*, 15. 3. 1973, „Bremsrollen", WuW/E 1973 S. 643; *Klauer/Möhring*, PatG, a.a.O., Rdnr. 27 zu Anhang zu § 9.
173 § 20 Abs. 2 Nr. 2 GWB.
174 *Westrick/Löwenheim*, a.a.O., Rdnr. 25 zu § 20.

Insbesondere eine solche mehrstufige Verpflichtung ist sowohl nach deutschem[175] als auch nach EG-Kartellrecht[176] kartellrechtlich problematisch.

Aus ähnlichen Erwägungen, wie sie für die Preisbindung dargelegt **193** worden sind, finden sich in Lizenzverträgen auch Vereinbarungen, nach denen der Lizenznehmer bei Geschäften mit seinen Kunden bestimmte Verkaufs- und Lieferbedingungen zugrundezulegen hat. Solche Konditionenbindungen sind aus dem Gesichtspunkt des deutschen Kartellrechtes[177] und des EG-Kartellrechtes[178] problematisch.

Probleme können sich hinsichtlich der Preisbindung vor allen Dingen **194** ergeben, wenn – wie dies häufig der Fall ist – ein Gesamterzeugnis in Frage steht, das Komponenten enthält, die dem Schutzrecht nicht unterliegen. Hier wird dennoch eine Preisbindung häufig nur für das Gesamterzeugnis überhaupt sinnvoll sein. Eine solche Preisbindung für das Gesamterzeugnis dürfte, abgesehen von dem oben erwähnten restriktiven Standpunkt der EG-Kommission, jedenfalls dann auch kartellrechtlich zulässig sein, wenn das patentierte Teil für die Gebrauchsfähigkeit oder Wirksamkeit des Gesamtproduktes von entscheidender Bedeutung ist[179].

3. Pflicht zur Anbringung des Namens oder des Warenzeichens des Lizenzgebers am Lizenzgegenstand

Sowohl der Lizenzgeber als auch der Lizenznehmer können ein erheb- **195** liches Interesse daran haben, daß die aufgrund des Lizenzvertrages hergestellten Waren mit dem Namen oder dem Zeichen des Lizenzgebers versehen werden; der Lizenzgeber deshalb, weil es für ihn vorteilhaft ist, wenn sein Name oder sein Zeichen sich weiter durchsetzen bzw. in Erinnerung bleiben; für den Lizenznehmer kann es von ausschlaggebender Bedeutung sein, daß er die Waren unter einem bekannten Namen oder Zeichen vertreiben darf und sich damit an die Qualität und den guten Ruf eines eingeführten Produktes anlehnen kann.

In solchen Fällen vereinbaren die Parteien meistens, daß der Lizenznehmer verpflichtet und berechtigt ist, den Lizenzgegenstand mit

---

175 Vgl. Rdnr. 531 f.
176 Vgl. Rdnr. 649, 651 f., 711, 723 f.
177 Vgl. Rdnr. 534.
178 Vgl. Fußn. 176.
179 Vgl. Rdnr. 531.

einem Schild „Lizenz X" zu versehen oder das Warenzeichen des Lizenzgebers anzubringen. Verschiedentlich geht man hierin noch weiter und verpflichtet den Lizenznehmer, auf seinen Angeboten, Prospekten, Kopfbogen und dgl. ebenfalls den Namen des Lizenzgebers oder das Warenzeichen zu verwenden[180]. Zu berücksichtigen ist, daß es nach der nationalen Gesetzgebung einiger Länder nicht ohne weiteres zulässig ist, den Lizenznehmer zu verpflichten, eine ausländische Waren- oder Dienstleistungsmarke oder Handelsmarke zu verwenden[181]. Die Anbringung eines Lizenzvermerkes kann jedoch auch erforderlich werden, um eine Täuschung des Publikums zu vermeiden, die sich insbesondere aus einer Täuschung über die Qualität oder die geographische Herkunft der Waren ergeben kann[182].

196   In diesem Zusammenhang ist die Frage aufgetaucht, ob der Lizenznehmer berechtigt ist, den Lizenzgegenstand als „Original" oder „echt" zu bezeichnen. Hier besteht häufig die Gefahr, daß die Kunden diese Bezeichnung als lokalen Hinweis auf das Land verstehen, in dem der Lizenzgeber seinen Sitz hat (sog. Lokalisierungsangabe). Damit wäre eine unzulässige Irreführung gegeben, da dann eine Täuschung über die Herkunft vorliegt[183]. Dies wäre jedoch in jedem Einzelfall zu untersuchen, da es hier in erster Linie auf die Vorstellungen der Umworbenen ankommt.

VI. Verpflichtung zum Bezug von Rohstoffen und Teilen

197   Vereinbarungen, nach denen der Lizenznehmer verpflichtet ist, bestimmte Rohstoffe oder sonstige Erzeugnisse nur vom Lizenzgeber oder von einem durch ihn bestimmten Dritten zu beziehen, spielen vor allem in Lizenzverträgen, die Verfahrenspatente zum Gegenstand haben, eine nicht unerhebliche Rolle. Auf diese Lizenzen soll hier nicht im einzelnen eingegangen werden, obwohl es natürlich möglich ist, bestimmte Verwendungsbeschränkungen zu vereinbaren, die dem Lizenznehmer die Verwendung solchen Materials vorschreiben, das nach Eigenschaft, Beschaffenheit und Art den in dem Verfahrenspa-

---

180 Zur Warenzeichenlizenz vgl. Rdnr. 465 f.; s. auch *Henn*, a.a.O., S. 174 und *Benkard*, PatG, a.a.O., Rdnr. 86 zu § 15.
181 Z. B. Art. 37 Nr. 9 des jugoslawischen Kooperationsgesetzes vom 11. 7. 1978.
182 Vgl. dazu *Oppenhoff*, GRUR Int. 1973 S. 433, 435; *Beier*, RIW/AWD 1974 S. 1, 6 mit weiteren rechtsvergleichenden Hinweisen.
183 Vgl. dazu *OLG Frankfurt*, 21. 2. 1980, WRP 1980 S. 338, 339; für das österreichische Recht *OLG Wien*, 18. 12. 1956, GRUR Int. 1957 S. 459.

tent enthaltenen Angaben zur verfahrensmäßigen Herstellung entspricht.

Bezugspflichten, nach denen der Lizenznehmer Roh-, Hilfs- und Zuschlagsstoffe, Vorprodukte, Zwischenerzeugnisse, Apparaturen, Zubehör oder Ersatzteile ausschließlich bei dem Lizenzgeber oder einem Dritten beziehen muß, kommen jedoch auch bei Lizenzverträgen über Sachpatente oder bei Verträgen vor, denen kein Schutzrecht zugrunde liegt[184].

Die Gründe, die hierfür ausschlaggebend sind, können verschiedenster **198** Art sein. Die Bezugspflicht beruht oftmals auf dem Umstand, daß nur der Lizenzgeber oder ein von ihm bezeichneter Dritter in der Lage ist, Materialien oder auch bestimmte Teile in der gewünschten Güte herzustellen. Die Bezugspflicht dient damit der Qualitätssicherung des Lizenzgegenstandes. Ein Beispiel hierfür wäre z. B., daß der Lizenzgeber eine sehr gute Gießerei besitzt und daher den Lizenznehmer verpflichtet, bestimmte Gußteile von ihm zu beziehen.

Die dargelegten Gesichtspunkte kommen vor allem bei Lizenzverträgen mit Lizenznehmern in technisch nicht so hoch entwickelten Ländern in Betracht, insbesondere auch für Präzisionsteile, wenn nicht erwartet werden kann, daß diese im Vertragsgebiet mit derselben Genauigkeit herzustellen sind. Gleichzeitig kann jedoch auch die Bezugspflicht bei der Lizenzvergabe in industrialisierte Länder notwendig sein, um zu verhindern, daß der Lizenzgegenstand z. B. mit Billig-Aggregaten versehen wird, die eine Qualitätsgefährdung beinhalten würden. Die Bezugspflicht z. B. für bestimmte Aggregate, wie Motore, Armaturen usw., kann auch aus dem Gesichtspunkt der Wartung der Maschinen wichtig sein, damit eine allgemeine, standardisierte und möglichst billige Systemwartung möglich ist.

Die Einräumung einer Lizenz, verbunden mit einer Bezugspflicht, **199** kann aber auch für den Lizenzgeber das einzige Mittel sein, um im Vertragsgebiet im Geschäft zu bleiben. Länder mit passivem Außenhandel oder einer Industrie, die sich in der Entwicklung befindet, verbieten oft die Einfuhr von Fertigwaren, z. B. kompletten Maschinen. Sie gestatten aber oft die Einfuhr von Material und auch von Teilen[185].

---

184 *Stumpf*, Der Know-How-Vertrag, a.a.O., Rdnr. 240 ff.
185 Allerdings sieht z. B. § 37 Nr. 7 des jugoslawischen Kooperationsgesetzes vom 11. 7. 1978 vor, daß eine Einschränkung der Entscheidung über die Verwendung von Rohstoffen, Ersatzteilen usw. nicht vereinbart werden darf.

Will der Unternehmer in diese Länder noch liefern, so bleibt ihm keine andere Wahl, als eine Lizenz in der Weise zu erteilen, daß der Lizenznehmer zum Bau der in Betracht kommenden Produkte ermächtigt wird mit der Maßgabe, daß er bestimmte Teile nicht selbst herstellen oder von einem Dritten beziehen darf, sondern vom Lizenzgeber erwerben muß. Aus der geschilderten Sachlage ergibt sich schon, daß dem Lizenzgeber in einem solchen Fall daran gelegen ist, die Bezugspflicht möglichst umfassend zu gestalten, die Rechte des Lizenznehmers aus der Lizenz dagegen weitgehend einzuschränken. Dies kann dazu führen, daß die Lizenz sich einer Beschränkung auf das Recht zum Zusammenbau von Teilen nähert. Die Bezugspflicht steht hier im Vordergrund. Sie kann in der verschiedensten Weise ausgestaltet werden. Es sei hier nur auf die wichtigsten Gesichtspunkte hingewiesen.

200   Häufig wird vereinbart, daß der Lizenznehmer nur so viele Produkte herstellen darf, wie er dazugehörige Einzelteile oder Baugruppen vom Lizenzgeber bezieht[186] und daß er eine bestimmte Mindestmenge abzunehmen hat. Zweckmäßig kann auch eine ausdrückliche Vereinbarung darüber sein, was geschieht, wenn der Lizenznehmer seine Abnahmepflicht nicht einhält[187].

Zu Kontrollzwecken kann bestimmt werden, daß die laufenden Nummern der bezogenen Teile mit den an den Erzeugnissen anzubringenden Nummern übereinstimmen müssen.

Über die zu Reparaturzwecken erforderlichen Einzelteile sind besondere Abmachungen zu treffen. Es kann z. B. vorgesehen werden, daß der Lizenznehmer den Nachweis erbringen muß, daß ein Reparaturbedarf vorliegt.

Sowohl das Bundeskartellamt als auch die EG-Kommission stehen der Vereinbarung von Bezugspflichten ablehnend gegenüber, wenn derartige Pflichten nicht für die technisch einwandfreie Ausnutzung der Erfindung gerechtfertigt sind[188].

---

186 Vgl. auch Rdnr. 180.
187 Wegen der kartellrechtlichen Zulässigkeit vgl. Rdnr. 536 f., 633, 654, 709, 721.
188 Vgl. dazu unten Rdnr. 538, 633, 654.

VII. Verpflichtung zur Aufrechterhaltung von Schutzrechten und zur Verteidigung der Erfindung gegen Übergriffe Dritter

1. Aufrechterhaltung von Schutzrechten

Eine Verpflichtung, Schutzrechte aufrechtzuerhalten, hat der Lizenznehmer nicht.   **201**

Von Bedeutung sind hier zunächst die Zahlungen der zur Aufrechterhaltung des Schutzrechtes fälligen Verlängerungsgebühren[189]. Bei der einfachen Lizenz ist unstreitig, daß die Gebühren vom Lizenzgeber zu zahlen sind. Die von der wohl herrschenden Meinung vertretene Auffassung, daß bei der ausschließlichen Lizenz die Verpflichtung den Lizenznehmer treffe, unterliegt jedoch erheblichen Bedenken[190]. Es ist Aufgabe des Lizenzgebers, ein Benutzungsrecht einzuräumen. Es ist daher auch seine Aufgabe, das Schutzrecht aufrechtzuerhalten[191].

Durch Vereinbarung können die Parteien jedoch eine andere Regelung treffen. Der Lizenznehmer kann die Verpflichtung übernehmen, für die Aufrechterhaltung des Schutzrechtes zu sorgen, wobei er die Kosten hierfür je nach Vereinbarung entweder dem Lizenzgeber in Rechnung stellt oder selbst trägt. Wenn nicht besondere Umstände für eine solche Lösung sprechen, sollte jedoch von derartigen Abreden Abstand genommen werden. Der Lizenzgeber sollte selbst für die Aufrechterhaltung des Schutzrechts sorgen. Er behält dann die Kontrolle besser in der Hand.   **202**

Bei Auslandslizenzen kann die Aufrechterhaltung besser durch den Lizenznehmer erfolgen, weil diesem die einschlägigen Bestimmungen leichter zugänglich sind und weil er auch die Gebühren in der in Betracht kommenden Landeswährung u. U. leichter erbringen kann.   **203**

2. Abwehr von Übergriffen

Im allgemeinen erfährt der Inhaber einer ausschließlichen Lizenz eher von den Übergriffen Dritter als der Lizenzgeber, weil er beim Vertrieb   **204**

---

189 §§ 17, 20 Abs. 1 Nr. 3 PatG, § 14 Gebrauchsmustergesetz.
190 Für die herrschende Meinung vgl. z. B. *Klauer/Möhring*, PatG, a.a.O., Rdnr. 79 zu § 9; *Lüdecke/Fischer*, a.a.O., Bem. C 85; *Rasch*, a.a.O., S. 53 und *Henn*, a.a.O., S. 189; ebenso wie hier *Kraßer*, GRUR Int. 1982 S. 324, 330; *Benkard*, PatG, a.a.O., Rdnr. 87 zu § 15.
191 Vgl. dazu unten Rdnr. 266 f., 270.

des Lizenzgegenstandes auch auf Konkurrenzware und Konkurrenzangebote stößt. Es liegt meist schon in seinem eigenen Interesse, dem Lizenzgeber hiervon Mitteilung zu machen; trotzdem ist es aber von Bedeutung, ob hierzu eine Rechtspflicht besteht.

205 Im Mietrecht wurde von der Lehre eine allgemeine Obhutspflicht des Mieters bejaht, die vom Gesetz als selbstverständlich vorausgesetzt wird[192]. Diese Pflicht hat den Inhalt, daß der Mieter von einem Mangel der Mietsache oder von einer vom Vermieter nicht vorauszusehenden, drohenden Gefahr unverzüglich Anzeige zu machen hat. Dabei kommt es nicht darauf an, ob der Mietzweck beeinträchtigt oder gefährdet wird, es genügt eine Beeinträchtigung des Vermieters. Der Vermieter ist namentlich auch zu informieren, wenn Dritte Rechte an der Mietsache geltend machen.

Es erscheint als zweckmäßig und gerechtfertigt, diesen selbstverständlichen Grundsatz des Mietrechtes, der auch für Pachtverträge Anwendung findet[193], auch auf Lizenzverträge anzuwenden, zumal der Bundesgerichtshof in seiner Entscheidung vom 11. 6. 1970[194] die Gewährleistungsvorschriften der §§ 538, 581 BGB auf Lizenzverträge anwendet. Ebenso ließe sich im übrigen die Informationspflicht des Lizenznehmers gegenüber dem Lizenzgeber aus der Treupflicht des Pächters gegenüber dem Verpächter ableiten[195].

Der Lizenznehmer hat also dem Lizenzgeber Mitteilung von der Verletzung von Schutzrechten durch Dritte zu machen, soweit sie in dem Gebiet, für das er Lizenz hat, erfolgen. Dasselbe gilt für nicht geschützte Erfindungen hinsichtlich des sklavischen Nachbaus, soweit er aufgrund besonderer Umstände unzulässig ist, und bei Warenzeichenlizenzen bezüglich der Zeichenverletzung. Dabei ist es gleichgültig, ob der Lizenznehmer eine einfache oder ausschließliche Lizenz hat. Auch wenn der Lizenznehmer bei der ausschließlichen Lizenz selbst im Wege der Klage einschreiten kann[196], hat der Lizenzgeber ein

---

192 RGRK, a.a.O., Rdnr. 1 zu § 545; *Palandt/Putzo*, a.a.O., Anm. 1 zu § 545; *Henn*, a.a.O., S. 187.
193 § 581 Abs. 2 BGB, vgl. dazu RGRK, a.a.O., Rdnr. 1 zu § 545; *Henn*, a.a.O., S. 187.
194 NJW 1970 S. 1503.
195 Vgl. dazu RGRK, a.a.O., Rdnr. 33 zu § 581.
196 Vgl. Rdnr. 365.

Interesse daran, von Verletzungen Kenntnis zu erhalten, zumal der Lizenznehmer keine Pflicht zum Einschreiten hat[197].

Der Lizenzgeber kann den Lizenznehmer durch Vertrag auch ver-   **206** pflichten, besondere Maßnahmen zur Überwachung des Marktes bezüglich der Übergriffe Dritter zu treffen. Er kann ihn auch verpflichten, ihm bekannte Verletzungen mitzuteilen, die außerhalb des Vertragsgebietes erfolgen.

Der Lizenznehmer hat neben dieser Mitteilungspflicht keine Verpflich-   **207** tung – unabhängig davon, ob eine einfache oder ausschließliche Lizenz vorliegt –, das Schutzrecht gegen Nichtigkeitsklagen bzw. Löschungsklagen zu verteidigen. Der ausschließliche Lizenznehmer hat zwar im Gegensatz zu dem einfachen Lizenznehmer das Recht, gegen Verletzungshandlungen Dritter vorzugehen, nicht aber auch die Verpflichtung, dies zu tun[198].

Es kann vorkommen, daß sich der Lizenzgeber auf den Lizenznehmer   **208** und der Lizenznehmer auf den Lizenzgeber verläßt oder daß Meinungsverschiedenheiten darüber auftreten, wer gegen den Verletzer vorgehen soll. Es empfiehlt sich daher, den Inhaber einer ausschließlichen Lizenz zu verpflichten, geeignete Maßnahmen zu ergreifen, um Schutzrechtsverletzungen zu unterbinden und – wenn nötig – Klage zu erheben, zumal der Inhaber einer ausschließlichen Lizenz ein derart umfassendes Recht hat, daß er besser in der Lage ist einzuschreiten, wenn nicht besondere Umstände vorliegen. Er kann sich in der Regel das Beweismaterial leichter beschaffen als der Lizenzgeber.

Ist eine Auslandslizenz erteilt, so kommt noch hinzu, daß die Verlet-   **209** zung meist in dem Land begangen wird, in dem der Lizenznehmer seinen Sitz hat oder tätig ist. Er kennt daher die örtlichen Verhältnisse, kann sich über das einschlägige Recht leichter orientieren und dgl. mehr. Dabei wird häufig vereinbart, daß der Lizenznehmer die Kosten trägt; verschiedentlich wird auch Kostenteilung vorgesehen. Bei Lizenzen im Ausland ist jedoch zu prüfen, ob nach dem ausländischen Recht

---

197 Vgl. auch *Kraßer*, GRUR Int. 1982 S. 334, der die Informationspflicht des Lizenznehmers als ein Gebot billiger Rücksichtnahme ansieht.
198 Für den einfachen Lizenznehmer vgl. *RG*, 17. 9. 1913, RGZ 83 S. 93, 95; *Benkard*, PatG, a.a.O., Rdnr. 56 zu § 15; zur Aktivlegitimation des ausschließlichen Lizenznehmers vgl. *Lüdecke/Fischer*, a.a.O., Bem. C 108, *Kraßer*, GRUR Int. 1982 S. 324, 334; vgl. dazu im einzelnen auch unten Rdnr. 365 und *Pagenberg/Geissler*, a.a.O., S. 168 ff. Rdnr. 270 ff.; *Henn*, a.a.O., S. 185 ff., 187.

eine Klageerhebung durch den Lizenznehmer möglich ist oder welche Voraussetzungen ggf. vorliegen müssen[199].

210 Will der Lizenzgeber den Lizenznehmer mit derartigen Aufgaben nicht belasten, so sollte er ihm zumindest die Pflicht auferlegen, seine eigenen Maßnahmen zum Schutz der Erfindung zu unterstützen. Zwar ist der Lizenznehmer wohl auch ohnedies gehalten, dem Lizenzgeber behilflich zu sein, soweit dies erforderlich ist, z. B. wenn er allein die Beweismittel in Händen hat, als Zeuge oder durch Benennung eines geeigneten Rechtsanwalts in dem betreffenden Land. Dies kann man aus der oben erwähnten Obhutspflicht ableiten. Trotzdem sollte eine Klausel hierüber im Vertrag vorgesehen sein.

211 Im Gegensatz zum Inhaber einer ausschließlichen Lizenz kann der Inhaber einer einfachen Lizenz nicht aus eigenem Recht gegen Schutzrechtsverletzer vorgehen[200].

Der Lizenzgeber müßte ihm eine Prozeßführungsbefugnis erteilen. Diese braucht nicht für einen konkreten Einzelfall, sie kann vielmehr auch von vornherein und generell erteilt werden, ohne daß bereits eine Verletzung vorliegt. Ob dies zweckmäßig ist, läßt sich nicht allgemein sagen und hängt von den Umständen des Einzelfalls ab. Wird eine Prozeßführungsbefugnis erteilt, so empfiehlt es sich zu bestimmen, wie weit die Rechte und Pflichten des Lizenznehmers reichen.

212 Der Lizenzgeber kann seine Schadensersatzansprüche auch dem Lizenznehmer abtreten, so daß sie der Lizenznehmer im eigenen Namen geltend machen kann[201].

3. Nichtangriffsabreden

213 Sehr häufig wird in Lizenzverträgen vereinbart, daß der Lizenznehmer das Schutzrecht nicht durch eine Nichtigkeitsklage bzw. einen Löschungsantrag angreifen darf. Diese Vereinbarung erscheint gerechtfertigt, da sich der Lizenzgeber gerade auf die Loyalität des Lizenznehmers verlassen können muß. Der Lizenznehmer hat durch die Verwer-

---

199 Vgl. die Entscheidung des *District Court S. D. California central div.,* 16. 9. 1955, Panaview door and Window Co. v. van Ness et al. 107 USPQ 31, GRUR Int. 1955 S. 570, in der das Gericht ausspricht, daß die Tatsache, daß der Kläger eine ausschließliche Lizenz hat, zur Klageerhebung nicht ausreiche, es sei vielmehr erforderlich, daß auch die Genehmigung des Lizenzgebers vorliege; *Pagenberg/ Geissler,* a.a.O., S. 168 Rdnr. 270.

200 Vgl. unten Rdnr. 388; *Henn,* a.a.O., S. 187.

201 Vgl. unten Rdnr. 407.

tung des Schutzrechtes besondere Kenntnisse über die technischen und patentrechtlichen Probleme erhalten und wird somit gerade erst durch den Lizenzvertrag in die Lage versetzt, das Schutzrecht ggf. überhaupt erfolgversprechend angreifen zu können.

Ohne Vereinbarung einer ausdrücklichen Nichtangriffsklausel dürfte **214** der Lizenznehmer regelmäßig nicht daran gehindert sein, gegen das Schutzrecht vorzugehen[202], es sei denn, eine solche Abrede ergäbe sich aus den Umständen des Vertrages mit großer Deutlichkeit.

Unterschiede bei der Beurteilung der Nichtangriffsverpflichtung bei einfachen und ausschließlichen Lizenzen ergeben sich nicht.

Nichtangriffsverpflichtungen sind nach deutschem Kartellrecht zulässig[203] nach der – sehr extensiven – Beurteilung der EG-Kommission, nach europäischem Kartellrecht jedoch unzulässig[204].

4. Abreden über den Schutzumfang

Der Schutzumfang eines Patentes liegt zuweilen nicht zweifelsfrei fest. **215** Zur Vermeidung von Streitigkeiten zwischen den Vertragspartnern kann es sich daher empfehlen, Vereinbarungen darüber zu treffen, welchen Schutzumfang die Vertragspartner zugrunde legen. Häufig sollen gerade auch durch einen Lizenzvertrag Streitigkeiten über den Schutzumfang beseitigt werden[205]. Hierbei werden meist nicht ausdrückliche Zusicherungen, sondern Formulierungen verwendet, wie z. B. „wird von der Erfindung gedeckt", „ist mitgeschützt" u. ä.[206].

Derartige Vereinbarungen über den Schutzumfang des lizenzierten Rechtes sind grundsätzlich zulässig. Dies gilt jedenfalls, wenn beide Parteien in der Vorstellung handelten, den Schutzbereich des Schutzrechtes nur klarzustellen und nicht zu erweitern oder ein offenbar vernichtbares Patent aufrechtzuerhalten[207].

---

202 H. M. vgl. z. B. *BGH*, 2. 3. 1956, GRUR 1956 S. 264 ff.; *BGH*, 30. 11. 1967, GRUR Int. 1969 S. 31, 33; a. A. *Kraßer*, GRUR Int. 1982 S. 324, 333, der eine lizenzvertragsimmanente Nichtangriffspflicht annimmt.
203 § 20 Abs. 2 Nr. 4 GWB, vgl. Rdnr. 541.
204 Vgl. Rdnr. 640, 646, 710, 722 und auch *BGH*, 21. 2. 1989 „Kaschierte Hartschaum-platten", GRUR Int. 1991 S. 734.
205 Vgl. Rdnr. 11.
206 Vgl. dazu *Gaul/Bartenbach*, a.a.O., K 188.
207 *BGH*, 7. 12. 1978, GRUR 1979 S. 308; zur kartellrechtlichen Problematik vgl. unten Rdnr. 543, 640, 646 und bzgl. Know-How Rdnr. 710, 722.

VIII. Verpflichtung des Lizenznehmers nach Beendigung des Lizenzvertrages

1. Beendigung der Tätigkeit

216 Grundsätzlich hat der Lizenznehmer die Verwertung des Schutzrechtes einzustellen, wenn der Lizenzvertrag ausgelaufen ist. Eine weitere Benutzung würde eine Verletzung des Schutzrechtes darstellen.

217 Soweit das Schutzrecht nach Beendigung des Lizenzvertrages weiterbesteht, steht dem Lizenznehmer ein sog. Auslaufrecht zu. Bei weiterbestehendem Patentschutz zum Beispiel dürfen Gegenstände, die während der Vertragszeit vertragsgemäß hergestellt wurden, noch veräußert und in den Verkehr gebracht werden; bei Vertriebslizenzen darf der Lizenznehmer die zur Zeit des Vertrages vorhandenen Erzeugnisse noch verkaufen[208].

218 Für die Zeit nach dem Erlöschen des Schutzrechtes sind vertragliche Bindungen des Lizenznehmers, die die Freiheit der Benutzung der vorher geschützten Erfindung einschränken, regelmäßig aus kartellrechtlichen Gründen nicht zulässig[209]. Ausnahmen können sich ergeben, wenn gleichzeitig Betriebsgeheimnisse des Lizenzgebers weiterbenutzt werden oder aber sog. Längstlaufklauseln vereinbart wurden[210].

2. Pflicht zur Herausgabe der Unterlagen

219 Nach Beendigung des Lizenzvertrages hat der Lizenznehmer grundsätzlich alle ihm zur Herstellung und Verwertung überlassenen technischen und betriebswirtschaftlichen Unterlagen herauszugeben[211]. Dies gilt jedenfalls dann, wenn das Schutzrecht nach Beendigung des Lizenzvertrages fortbesteht oder der Gegenstand geheim ist bzw. die Unterlagen Geheimnisse enthalten. Diese Geheimnisse sind dem Lizenznehmer anvertraut mit der Maßgabe, daß er sie während des Bestehens des Vertrages im Rahmen seiner Lizenz verwerten darf. Diese Befugnis verliert er jedoch mit Beendigung des Vertrages. Eine weitere Verwertung würde einen Verstoß gegen § 18 UWG darstellen.

---

208 Vgl. *BGH*, 3. 2. 1959, GRUR 1959 S. 528 ff.; *Benkard*, Rdnr. 118 zu § 15; siehe auch *Pagenberg/Geissler*, a.a.O., S. 186 ff. Rdnr. 311 f.; *Henn*, a.a.O., S. 203.

209 Vgl. dazu unten Rdnr. 556, 647, 649; vgl. auch *Benkard*, PatG, a.a.O., Rdnr. 119 zu § 15; *Emmerich* in Immenga/Mestmäcker, a.a.O., Rdnr. 190 zu § 20 GWB.

210 Vgl. dazu unten Rdnr. 557, 647, 649.

211 *Benkard*, PatG, a.a.O., Rdnr. 118 zu § 15; *Kraßer*, GRUR Int. 1982 S. 324, 341; *Henn*, a.a.O., S. 203.

Dies gilt jedoch nur so lange, wie das in den Unterlagen enthaltene Geheimnis auch nach Beendigung des Lizenzvertrages nicht offenkundig geworden ist[212]. Ein Geheimnis ist nämlich nur so lange ein solches, wie es nicht offenkundig, d. h. beliebigem Zugriff preisgegeben ist. Wann dies der Fall ist, läßt sich nur im Einzelfall entscheiden[213].

Der Bundesgerichtshof hat z. B. im Falle eines chemischen Präparates **220** entschieden, daß erst dann von einer sog. Offenkundigkeit gesprochen werden kann, „wenn dem Fachmann nicht nur offenkundig ist, aus welchen Stoffen das Medikament besteht, sondern auch in welchem Mengen- und Gewichtsverhältnis diese zu verwenden sind, welche Beschaffenheit im einzelnen sie aufweisen müssen und wie das Herstellungsverfahren abläuft"[214]. Dementsprechend werden z. B. durch den Verkauf einer komplizierten Maschine deren Herstellungsverfahren und Konstruktion nicht ohne weiteres offenkundig, selbst wenn der Erwerber sich mit ihren Besonderheiten durch Zerlegen vertraut machen kann[215].

Soweit dem Lizenznehmer im übrigen neben dem lizenzierten Schutz- **221** recht auch geheimes Know-How überlassen wurde, versteht sich, daß der Lizenznehmer auch nach Beendigung des Lizenzvertrages geheimhaltungspflichtig bleibt. Insoweit bestehen neben der in § 18 UWG vorgesehenen Geheimhaltungspflicht auch nachwirkende Pflichten aus dem Lizenzvertrag[216].

Es würde auch gegen Treu und Glauben verstoßen, wenn der Lizenz- **222** nehmer Vorschriften, Zeichnungen und Modelle, die er nicht mehr verwerten darf, zurückbehalten würde. Eine solche Handlungsweise würde nur die Vermutung nahelegen, daß er sie unbefugt benutzen will. Wird für die Überlassung derartiger Unterlagen eine Abfindungssumme vereinbart, so sollte man hierfür eine Formulierung verwenden, die klarstellt, daß es sich um keine Übereignung handelt, aufgrund derer der Lizenznehmer berechtigt wäre, die Unterlagen zurückzubehalten[217].

---

212 Vgl. *BGH*, 16. 10. 1962, GRUR 1963 S. 207, 211; *BGH*, 10. 10. 1974, GRUR 1975 S. 206; *Benkard*, PatG, a.a.O., Rdnr. 118 zu § 15 mwN aus Rechtsprechung und Literatur; *Henn*, a.a.O., S. 203 f.
213 Vgl. dazu näher *Stumpf*, Der Know-How-Vertrag, a.a.O., Rdnr. 217.
214 *BGH*, 12. 2. 1980, GRUR 1980 S. 750.
215 Vgl. *BGH*, 11. 7. 1974, GRUR 1975 S. 254, 256.
216 *Kraßer*, GRUR Int. 1982 S. 341; *Benkard*, PatG, a.a.O., Rdnr. 118 zu § 15; *Henn*, a.a.O., S. 204.
217 Vgl. auch Rdnr. 132; vgl. *Benkard*, PatG, a.a.O., Rdnr. 118 zu § 15.

Soweit der Lizenznehmer zur Herausgabe verpflichtet ist, hat er im Zweifel auch angefertigte Kopien herauszugeben. Eine ausdrückliche Verpflichtung hierzu sollte in die Verträge aufgenommen werden, wenngleich sie auch gegenüber einem böswilligen Lizenznehmer wenig Wirkung hat, weil die Überprüfung, ob die Bestimmung eingehalten wird, kaum möglich ist.

3. Pflichten in bezug auf die Ausstattung

223 Auch in anderer Hinsicht darf der Lizenznehmer die Stellung, die er durch den Lizenzvertrag erworben hat, nach dessen Beendigung nicht mehr ausnutzen. In Betracht kommen vor allem Ausstattungsrechte, die der Lizenznehmer erlangt. Die Ausstattung spielt nicht nur, wie man auf den ersten Blick annehmen möchte, für Massenartikel eine Rolle; sie ist auch für den Maschinenbau von Bedeutung. Ausstattungsschutzfähigkeit ist alles, was einerseits als Hinweis auf die Herkunftsstätte des Erzeugnisses aus einem bestimmten Betrieb zu dienen geeignet ist und was andererseits ohne unbillige Beschränkung der freien Betätigung der Mitbewerber für einen bestimmten Betrieb monopolisiert werden kann. So können Ausstattungsschutz genießen: Worte, Zeichen, Buchstaben, besondere Anstriche, besonders ausgestattete Firmennamen und Abbildungen von Erzeugnissen[218]. Ein interessanter Fall hierzu lag der Entscheidung des OLG München vom 31. 3. 1955[219] zugrunde. Der Lizenzgeber hatte ein Patent für einen Ski. Der Vorzug dieser Bauart sollte eine besonders große, gleichmäßig über den ganzen Ski verteilte Elastizität sein. Der Inhaber der ausschließlichen Lizenz vertrieb den Ski unter der Bezeichnung „Elastic". Die Bezeichnung erlangte wegen mehrerer mit diesem Ski erzielter olympischer Erfolge Verkehrsgeltung. Nachdem das Vertragsverhältnis gelöst war, brachte der ehemalige Lizenznehmer andere Skier mit der Bezeichnung „Elastic Super" heraus. Das Gericht verurteilte ihn, die Verwendung dieser Bezeichnung zu unterlassen. Es führte hierzu aus, daß der Lizenzgeber verlangen könne, daß der Lizenznehmer mindestens für die Dauer der Schutzfrist alles unterlasse, was die künftige Auswertung des Schutzrechts unmittelbar beeinträchtigen könne. Hiergegen verstieße der ehemalige Lizenznehmer, wenn er die Ausstattung, unter der die Ware Verkehrsgeltung erworben hat, nämlich die Bezeichnung „Elastic", auf andere von ihm hergestellte Waren

---

218 Vgl. hierzu *Reimer*, Wettbewerbs- und Warenzeichenrecht, a.a.O., S. 671 ff.
219 *OLG München*, 31. 3. 1955, WRP 1955 S. 223; vgl. auch *OLG Hamburg*, 16. 10. 1980, „glide window", WuW/E 1981 S. 281.

übertrüge. Die Unterlassungspflicht folge aus dem beendeten Vertragsverhältnis.

Die Frage, ob der Lizenznehmer auch verpflichtet ist, die erworbene Ausstattung an den Lizenzgeber zu übertragen, hat das Gericht nur berührt. Es erwähnt, daß die Bezeichnung „Elastic" untrennbar mit der Erfindung verbunden sei, deren Wesen gerade in der Erzielung besonders großer Elastizität bestünde, wenn auch die Verkehrsgeltung auf erheblichen Werbekosten des Lizenznehmers beruhen könne. Dieser Gesichtspunkt könne aber nicht darüber hinwegtäuschen, daß im vorliegenden Fall die Ausstattung an eine besondere Eigenschaft der Ware, und zwar gerade an die patentrechtlich geschützte, anknüpfe, die auch in der Warenbezeichnung „Elastic" zum Ausdruck komme.

Wie sich daraus entnehmen läßt, hing die Ausstattung weniger mit dem   **224** Betrieb des Lizenznehmers als mit der Erfindung zusammen. Das Recht zur Benutzung der Bezeichnung „Elastic" muß dem zustehen, der die Erfindung benutzt. Es scheint daher zweifelhaft, ob überhaupt eine Übertragung erforderlich ist oder ob nicht vielmehr die Ausstattung der Erfindung anhängt. Man braucht sich dann nicht damit auseinanderzusetzen, ob die Ausstattung ohne den Geschäftsbetrieb, für den sie bisher verwendet wurde, übertragbar ist.

Wenn man eine Übertragung für erforderlich hält, muß man die   **225** Möglichkeit der Übertragung ohne Geschäftsbetrieb und die Verpflichtung des Lizenznehmers hierzu bejahen. Entscheidend ist im vorliegenden Fall, wie ausgeführt, die Erfindung und nicht der Geschäftsbetrieb. Käme man zu einem anderen Ergebnis, so hätte niemand das Recht, die Bezeichnung „Elastic" zu benutzen. Dies würde aus rein dogmatischen Gründen zur Vernichtung wirtschaftlicher Werte führen, was nicht gerechtfertigt ist.

4. Wettbewerbsverbot für die Zeit nach Beendigung des Lizenzvertrages

Wettbewerbsverbote wurden häufig in Lizenzverträgen für die Zeit   **226** nach Beendigung des Lizenzvertrages vorgesehen, insbesondere auch für den Fall, daß das Schutzrecht erlischt. So wurde dem Lizenznehmer z. B. verboten, für die Dauer von 5 Jahren nach Vertragsende auf dem vom Lizenzvertrag erfaßten technischen Gebiet in irgendeiner Weise tätig zu werden[220].

---

220 *BKartA*, TB 1976 S. 102 ff.

227 Derartige Verbote sind aus kartellrechtlichen Gesichtspunkten zum größten Teil nicht mehr zulässig[221]. Der Lizenzgeber kann jedoch an solchen Vereinbarungen ein berechtigtes Interesse haben, soweit es sich um mitgeteilte Geheimnisse handelt. Diese spielen vor allem bei Lizenzverträgen über nicht geschützte Erfindungen eine erhebliche Rolle, bei denen die Leistung des Lizenzgebers darin besteht, daß er dem Lizenznehmer das „Know-How" mitteilt[222]. Dasselbe gilt auch für Patentlizenzverträge, wenn zusätzlich zur Einräumung eines Benutzungsrechts Erfahrungen mitgeteilt werden, die über das in der Patentschrift Offenbarte hinausgehen. Diese Erfahrungen können von größerer Bedeutung als das Schutzrecht selbst sein. Von Erfahrungen kann allerdings nicht gesprochen werden, wenn es sich lediglich um die Ergänzung einer mangelhaften Erfindungsbeschreibung handelt. Der Lizenzgeber ist zwar bis zu einem gewissen Grad durch § 18 UWG geschützt[223], wobei schon bei Lizenzverträgen für das Ausland zweifelhaft ist, wieweit ein solcher Schutz durchgreifen kann. Auch kann dem Lizenznehmer, wenn neben dem lizenzierten Schutzrecht auch Betriebsgeheimnisse überlassen wurden, nach Beendigung des Lizenzvertrages die Fortbenutzung der überlassenen Betriebsgeheimnisse untersagt werden[224]. Dennoch reicht dieser Schutz in der Praxis nicht aus, da der Lizenznehmer die Möglichkeit zur Umgehung hat. Der Lizenznehmer kann z. B. eine ähnliche Maschine bauen. Hier ist es für den Lizenzgeber äußerst wichtig, den Nachweis zu erbringen, daß der ehemalige Lizenznehmer von den mitgeteilten Erfahrungen usw. in unbefugter Weise Gebrauch gemacht hat. Gerade weil der Lizenzgeber kaum den Nachweis erbringen kann, daß der Lizenznehmer die überlassenen Betriebsgeheimnisse unbefugt verwertet, wäre daher ein Wettbewerbsverbot, nach dem es dem Lizenznehmer für eine bestimmte Zeit untersagt ist, sich auf einem bestimmten Produktionsgebiet zu betätigen, an sich eine vernünftige Lösung. Im Hinblick auf die erwähnte kartellrechtliche Problematik wäre aber ggf. auch an eine Umkehr der Beweislast zu denken, d. h. der Lizenznehmer müßte im Streitfall den Nachweis erbringen, daß er die überlassenen Erfahrungen nicht unrechtmäßig verwertet hat.

---

221 Vgl. Rdnr. 516 ff., 655, 729.
222 Vgl. dazu *Stumpf*, Der Know-How-Vertrag, a.a.O., Rdnr. 161.
223 Vgl. Rdnr. 219, 181.
224 *BGH*, 12. 2. 1980, GRUR 1980 S. 750, 751; *Benkard*, PatG, a.a.O., Rdnr. 118 zu § 15.

IX. Pflichten des Lizenznehmers hinsichtlich der Übertragung der Lizenz und Erteilung von Unterlizenzen

1. Übertragung von Lizenzen

Weder den Inhaber einer ausschließlichen noch den einer einfachen Lizenz wird man als berechtigt ansehen können, die Lizenz zu übertragen[225]. Da die Auffassungen hierüber insbesondere bei ausschließlichen Lizenzen nicht einheitlich sind, sollten die Parteien ausdrückliche Vereinbarungen treffen, wenn sie die Veräußerung ausschalten wollen. Allerdings wird man bei einem engen Vertrauensverhältnis der Vertragspartner auch ohne ausdrückliche Regelung die Übertragung zumindest als stillschweigend ausgeschlossen ansehen können[226]. 228

Ist der Vertragspartner eine Einzelperson, so reicht es nicht aus, die Veräußerung zu untersagen, wenn auch die Erbfolge ausgeschlossen sein soll[227]. Dies muß vielmehr zusätzlich vereinbart werden. Soll die Vererbung zulässig sein, so kann es zweckmäßig sein, für den Erbfall ein Kündigungsrecht des Lizenzgebers vorzusehen. U. U. kann das Kündigungsrecht auch auf das Vorliegen bestimmter Umstände beschränkt werden. Auch die Frist, in der gekündigt werden kann, sollte festgelegt werden. Hierbei ist auf den Einzelfall abzustellen. 229

Der Ausschluß der Übertragbarkeit der Lizenz einer Gesellschaft gegenüber, die Lizenznehmerin ist, führt nicht dazu, daß bei Wechsel der Inhaber derselben die Lizenz erlischt[228]. Es kann aber für den Lizenzgeber von Bedeutung sein, wer den maßgebenden Einfluß in der Gesellschaft hat. Zur Sicherung vor unliebsamen Überraschungen kann daher vorgesehen werden, daß bei Wechsel der Gesellschafter oder in der Geschäftsführung oder bei wesentlicher Änderung des Gesellschaftsvertrages dem Lizenzgeber Mitteilung zu machen ist und daß dieser ein Recht zur außerordentlichen Kündigung hat, wenn ihm die Fortsetzung des Vertragsverhältnisses aufgrund der ihm mitgeteilten Änderung nicht zumutbar ist. 230

---

225 *Henn*, a.a.O., S. 94 f. hält die einfache Lizenz mit, die ausschließliche Lizenz auch ohne Zustimmung des Lizenzgebers für übertragbar. *Lüdecke/Fischer*, a.a.O., S. 396; *Reimer*, PatG, a.a.O., Anm. 88 zu § 9; *Benkard*, PatG, a.a.O., Rdnr. 58 zu § 15.

226 *BGH*, 28. 9. 1958, GRUR 1959 S. 147; *Benkard*, PatG, a.a.O., Rdnr. 58 zu § 15.

227 Vgl. Rdnr. 377, 391.

228 Vgl. Rdnr. 378, 391.

231 Was unter einer Betriebslizenz zu verstehen ist, ist nicht immer eindeutig[229]. Es ist daher davon abzuraten, eine Lizenz lediglich als Betriebslizenz zu bezeichnen. Die Vertragspartner müssen vielmehr im einzelnen ausführen, was gemeint ist. Bei einer Einzelperson oder einer Einzelfirma als Lizenznehmer kann z. B. vorgesehen werden, daß diese die Lizenz nur in einem bestimmten Betrieb verwerten darf und daß die Lizenz bei Veräußerung des Betriebes mitübertragen werden darf und muß. Dabei ist es ratsam, näher auszuführen, was unter Veräußerung des Betriebs zu verstehen ist. Die Veräußerung der Firma mit Aktiva und Passiva ist in diesen Fällen meist nicht das Ausschlaggebende, sondern die Veräußerung einer bestimmten Fabrikationsstätte oder Fabrikationsanlage. Wäre es anders, so brauchte nur auf die Firma abgestellt zu werden. Für den Erbfall käme in Betracht, daß diejenigen Erben in den Vertrag eintreten, die die im Vertrag bestimmten Anlagen übernehmen.

232 Ist Vertragspartner eine Gesellschaft, so hat die Betriebslizenz vor allem für den Fall Bedeutung, daß die Lizenz an einen von mehreren Betrieben geknüpft werden soll. Hier empfehlen sich möglichst detaillierte Regelungen, da sich zahlreiche Fragen ergeben können, z. B., was bei Verlegung des Betriebes gelten soll.

2. Erteilung von Unterlizenzen

233 Im engen Zusammenhang mit der Übertragung einer Lizenz steht die Erteilung von Unterlizenzen[230]. Sie sind von der Hauptlizenz mit oder ohne besondere Zustimmung des Lizenzgebers abgeleitete Lizenzen, jedoch rechtlich in sich selbständige Verträge. Ist die Hauptlizenz unwirksam oder wird sie unwirksam bzw. beendet, tritt die Unterlizenz automatisch außer Kraft[231]. Da die Rechtsprechung [232] und die herrschende Meinung in der Literatur[233] bei der ausschließlichen Lizenz das Recht des Lizenznehmers zur Erteilung von Unterlizenzen bejahen, ist

229 Vgl. Rdnr. 41.
230 Über die Abgrenzung zwischen Lizenz- und Vertriebs-Vertrag vgl. Urteil des *OLG Stuttgart*, 24. 5. 1956, GRUR 1957 S. 121; *Benkard*, PatG, a.a.O., Rdnr. 59 zu § 15; *Henn*, a.a.O., S. 95 ff; vgl. auch oben Rdnr. 28.
231 *Henn*, a.a.O., S. 96; *Lüdecke/Fischer*, a.a.O., S. 425, 434.
232 *BGH*, 7. 11. 1952, GRUR 1953 S. 114, 118; *BGH*, 26. 11. 1954, GRUR 1955 S. 338, 340; früher schon *RG*, 1. 11. 1933, RGZ 142 S. 168 = GRUR 1934 S. 36; vgl. unten Rdnr. 371.
233 *Benkard*, PatG, a.a.O., Rdnr. 59 zu § 15; *Henn*, a.a.O., S. 98; *Lüdecke/Fischer*, a.a.O., S. 430, 431; *Reimer*, PatG, a.a.O., Anm. 85 zu § 9; *Tetzner*, a.a.O., Anm. 42 und 52 zu § 9; vgl. unten Rdnr. 371.

dieses Recht, wenn es nicht bestehen soll, auszuschließen. Im Maschinenbau ist es üblich, die Vergabe von Unterlizenzen auch bei der ausschließlichen Lizenz von der Genehmigung bzw. Zustimmung des Lizenzgebers abhängig zu machen. Durch einen Ausschluß des Rechtes zur Erteilung von Unterlizenzen[234] oder durch eine Einschränkung dieses Rechtes[235] wird der Charakter der ausschließlichen Lizenz nicht verändert[236].

Steht dem Lizenznehmer das Recht zur Vergabe von Unterlizenzen zu **234** – u. U. mit Genehmigung des Lizenzgebers –, so hat der Hauptlizenznehmer, der Stück- oder Umsatzlizenzen zu zahlen hat, diese im Zweifel auch für die vom Unterlizenznehmer hergestellten und vertriebenen Erzeugnisse zu entrichten. Der Hauptlizenznehmer haftet dem Patentinhaber für die durch die Auswertung durch einen Unterlizenznehmer anfallende Lizenzgebühr sowie für die ordnungsgemäße Rechnungslegung[237]. Er haftet wohl auch für Verschulden des Unterlizenznehmers. Dies ist gerechtfertigt, weil der Lizenzgeber nur mit dem Hauptlizenznehmer, nicht dagegen mit dem Unterlizenznehmer in vertraglichen Beziehungen steht. Der Unterlizenznehmer wird vom Hauptlizenznehmer ausgewählt. Der Lizenzgeber hat hierauf – abgesehen von dem Fall der Genehmigung – keinen Einfluß.

Um Meinungsverschiedenheiten zu vermeiden, kann es sich empfehlen, die Pflicht des Hauptlizenznehmers, auch für die Unterlizenz **235** Gebühren zu zahlen und zu haften, ausdrücklich festzulegen. Im Einzelfall kann es erforderlich sein, die Zahlung der Unterlizenzgebühren in anderer Weise zu regeln. Es würde hier zu weit führen, alle Möglichkeiten aufzuzählen. Es sei nur auf einige hingewiesen.

In der Praxis finden sich Vereinbarungen, wonach der Hauptlizenznehmer die Lizenzgebühr, die der Unterlizenznehmer an ihn zahlt, entweder ganz oder zum Teil an den Lizenzgeber abzuführen hat. Es kann auch vereinbart werden, daß der Hauptlizenznehmer verpflichtet ist, mit dem Unterlizenznehmer zu vereinbaren, daß dieser Lizenzgebüh-

---

234 Vgl. *RG*, 5. 2. 1930, RGZ 127 S. 198 = GRUR 1930 S. 524 = MuW 1930 S. 250 = Bl. 1930 S. 130.
235 Vgl. *RG*, 21. 3. 1934, RGZ 144 S. 187 = GRUR 1934 S. 438 = MuW 1934 S. 329 = Bl. 1934 S. 215 = JW 1934 S. 1965 Nr. 5; *RG*, 4. 12. 1935, GRUR 1936 S. 791 = MuW 1936 S. 119; *RG*, 26. 9. 1936, GRUR 1937 S. 627.
236 Vgl. dazu Nachweise bei *Benkard*, PatG, a.a.O., Rdnr. 54 zu § 15; *Reimer*, PatG, a.a.O., Rdnr. 89 zu § 9.
237 Vgl. *BGH*, 7. 11. 1952, GRUR 1953 S. 114, 118; *Benkard*, PatG, a.a.O., Rdnr. 59 zu § 15.

ren an den Lizenzgeber abführt. Es finden sich auch Bestimmungen, daß der den Gebührensatz des Hauptlizenznehmers übersteigende Gebührensatz des Unterlizenznehmers zwischen Lizenzgeber und Hauptlizenznehmer zu teilen ist. Verschiedentlich wird die Einräumung einer Unterlizenz von der Zahlung eines zusätzlichen Pauschalbetrages abhängig gemacht[238].

236 Hat der Hauptlizenznehmer feste Beträge oder eine einmalige Abfindungssumme zu zahlen, so sind für die Unterlizenz keine zusätzlichen Zahlungen mehr zu leisten, wenn nichts anderes vereinbart ist. In diesen Fällen ist anzunehmen, daß die Ansprüche des Lizenzgebers durch die einmalige Zahlung abgegolten sein sollen.

237 Bei der Vereinbarung einer einmaligen Gebühr für die Überlassung von Unterlagen zwischen dem Lizenzgeber und Hauptlizenznehmer, die ein Know-How beinhalten, kann es gerechtfertigt sein, für den Fall der Erteilung von Unterlizenzen eine weitere Gebühr vorzusehen. Dies ist deswegen gerechtfertigt, weil durch die Weitergabe der Unterlagen der Kreis derjenigen Personen, die Kenntnis von dem Geheimnis erlangen, vergrößert wird, und damit auch die Gefahr, daß Unbefugte Einblick gewinnen und die Gefahr der Offenkundigkeit vergrößert wird.

238 Auch an Pauschalbeträgen, die der Unterlizenznehmer zu zahlen hat, wird der Lizenzgeber zuweilen beteiligt.

239 Schon aufgrund der erwähnten Beispiele für die Gebührenzahlung bei Unterlizenzen ergibt sich, daß für den Lizenzgeber nicht nur das Verhältnis zwischen ihm und dem Hauptlizenznehmer von Interesse ist, sondern auch wie das Verhältnis zwischen Haupt- und Unterlizenznehmer gestaltet ist. Ist hierüber im Hauptlizenzvertrag nichts vereinbart, so kann der Hauptlizenznehmer jedenfalls nicht mehr Rechte vergeben, als er selbst hat. In der Regel hat er auch dem Unterlizenznehmer dieselben Verpflichtungen aufzuerlegen, die er selbst eingegangen ist. Dies gilt jedoch nur mit Einschränkungen. Bei verschiedenen Bedingungen ergibt sich schon aus ihrer Natur, daß sie für den Unterlizenzvertrag nicht in gleicher Weise gelten können, z. B. bei der Zusage eines Mindestumsatzes oder einer Mindestlizenz. Der Hauptlizenznehmer ist in der Regel auch berechtigt, eine höhere Lizenzgebühr zu nehmen, als er selbst zu zahlen hat. Worin sollte sonst sein Interesse an der Unterlizenz bestehen?

---

238 *Henn*, a.a.O., S. 98; *Lüdecke/Fischer*, a.a.O., S. 429.

Bei verschiedenen Bedingungen im Hauptlizenzvertrag kann es zweifelhaft sein, ob sie dem Unterlizenznehmer aufzuerlegen sind oder nicht. Der Lizenzgeber und der Hauptlizenznehmer sollten daher auch vereinbaren, unter welchen Bedingungen Unterlizenzen zu vergeben sind. Vereinbarungen, wie sie sich in der Praxis häufig finden, daß der Hauptlizenznehmer dem Unterlizenznehmer dieselben Verpflichtungen aufzuerlegen hat, die für ihn bestehen, sind ungenau. Es ist vielmehr zu prüfen, welche Verpflichtungen ohne Änderung auch für den Unterlizenznehmer geeignet sind. Bestimmungen, für die dies nicht der Fall ist, müssen ausgenommen werden. Es kann erforderlich sein, ausdrücklich zu bestimmen, was an ihrer Stelle gelten soll. Dies hängt von den Umständen des Einzelfalls ab.

240

D. Pflichten des Lizenzgebers, die sich aus der Natur des Lizenzvertrags ergeben oder die vereinbart werden

I. Pflichten beim Abschluß des Vertrags

241 Ebenso wie der Lizenznehmer[1] hat auch der Lizenzgeber bei der schriftlichen Niederlegung von getroffenen Vereinbarungen mitzuwirken, wenn Schriftlichkeit vereinbart oder aus besonderen Gründen erforderlich ist[2]. Ist die Erteilung von Lizenzen genehmigungspflichtig, so hat er die erforderlichen Genehmigungen zu erwirken[3]. Hat der Lizenznehmer im Einverständnis mit dem Lizenzgeber schon mit der Ausübung seiner Vertragsrechte begonnen und erteilen die zuständigen Behörden keine Genehmigung, so können hieraus für den Lizenzgeber erhebliche Unannehmlichkeiten entstehen. Häufig ist es für den Lizenzgeber in der Praxis schwierig zu verhindern, daß der Lizenznehmer das Lizenzrecht weiter ausübt.

242 Beim Abschluß von Lizenzverträgen mit Ausländern sollte daher eingehend geprüft werden, ob eine Genehmigung erforderlich ist. Ist dies der Fall, so sollte der Vertrag nur vorbehaltlich der Genehmigung geschlossen werden. Unterlagen, die Geheimnisse enthalten, sollte der Lizenzgeber erst aushändigen, wenn die Genehmigung vorliegt.

II. Pflicht des Lizenzgebers, dem Lizenznehmer die Ausübung des Lizenzrechts zu ermöglichen

243 Durch den Lizenzvertrag erwirbt der Lizenznehmer ein positives Benutzungsrecht[4]. Der Lizenzgeber hat daher alles zu tun, um dem Lizenznehmer die Ausübung seines Rechtes zu ermöglichen. Die Maßnahmen, die er hierzu zu ergreifen hat, können im Einzelfall verschieden sein. Wenn auch in § 35 Abs. 2 PatG bestimmt ist, daß die Erfindung in der Patentanmeldung so deutlich und vollständig zu

---

1 Vgl. Rdnr. 46.
2 Vgl. *BGH*, 15. 4. 1955, BB 1955 S. 463.
3 Vgl. Rdnr. 435.
4 Vgl. Rdnr. 15.

offenbaren ist, daß ein Fachmann sie ausführen kann, so reichen diese Angaben häufig zur Herstellung des Lizenzgegenstandes in industrieller Fertigung nicht aus. Der Lizenzgeber hat dann dem Lizenznehmer die erforderlichen Auskünfte zu erteilen und ihm weitere Unterlagen, soweit diese nötig sind, zur Verfügung zu stellen[5].

Bei Lizenzverträgen, denen keine Schutzrechte zugrunde liegen, sind die Mitteilungen über die Herstellungsmethode und dgl. das Ausschlaggebende.

Es empfiehlt sich, hierüber im Lizenzvertrag besondere Vereinbarungen zu treffen. Soweit dies möglich ist, sollte genau bestimmt werden, wieviel Sätze von Zeichnungen und sonstigen Unterlagen (Werkstattzeichnungen, Modelle und dgl.) der Lizenzgeber zur Verfügung zu stellen hat. Häufig sehen die Verträge auch eine ständige technische Beratung durch den Lizenzgeber vor. **244**

Vor allem bei Vertragspartnern, die ihren Sitz in Entwicklungsländern haben, muß der Lizenzgeber oft noch weitergehende Pflichten übernehmen, wie z. B. die Unterrichtung von Angestellten des Lizenznehmers im Betrieb des Lizenzgebers, die Anlernung von Arbeitskräften des Lizenznehmers, die Entsendung von Ingenieuren, die den Aufbau und die Überwachung der Produktion beim Lizenznehmer durchzuführen haben, die Lieferung einer bestimmten Anzahl von Erzeugnissen aus der eigenen Produktion. Es handelt sich hierbei um Nebenverpflichtungen aus dem Lizenzvertrag. **245**

Dabei können diese technischen Nebenleistungen für den Lizenzgeber zu einem nicht unerheblichen Kostenfaktor werden, z. B. wenn die technische Beratung des Lizenznehmers über einen längeren Zeitraum geht und den Einsatz eines oder sogar mehrerer Arbeitnehmer des Lizenzgebers erfordert. Die hierbei entstehenden Kosten gehen zu Lasten des Lizenznehmers[6]. Grundsätzlich empfiehlt es sich allerdings, über die Kostentragung Vereinbarungen zu treffen. Hierbei sollte insbesondere bei der Entsendung von Arbeitnehmern in sog. Niedriglohn-Länder überlegt werden, ob nicht eine Pauschale ggf. günstiger ist, da in diesen Ländern oft kein Verständnis für das Lohnniveau in der Bundesrepublik anzutreffen ist. In einem solchen Falle sollte allerdings auch der Umfang der Nebenleistungen sehr genau festgelegt **246**

---

5 Vgl. *Gaul/Bartenbach*, a.a.O., K 180; *Pietzcker*, a.a.O., Anm. 8 zu § 6; *Rasch*, a.a.O., S. 27; *Reimer*, PatG, a.a.O., Anm. 46 zu § 9; *Benkard*, PatG, a.a.O., Rdnr. 87 zu § 15; *Pagenberg/Geissler*, a.a.O., S. 112 Rdnr. 139.

6 *Gaul/Bartenbach*, a.a.O., K 180; *Pagenberg/Geissler*, a.a.O., S. 124 Rdnr. 167 f.

werden, damit für den Lizenzgeber nicht überraschende Kosten entstehen.

247 Wird neben dem lizenzierten Schutzrecht auch besonderes geheimes Know-How übertragen, kann dafür auch eine besondere Lizenzgebühr verlangt werden[7]. In diesem Zusammenhang ist auch auf ein Urteil[8] des Bundesgerichtshofes hinzuweisen. Hier ging es darum, daß der Inhaber eines Verfahrenspatentes an einen gewerblichen Abnehmer eine z. T. auch selbst durch Patente geschützte Vorrichtung veräußerte, die zur Ausübung eines geschützten Verfahrens bestimmt war. Hier stellte sich der Bundesgerichtshof auf den Standpunkt, „es würde allerdings dem Sinn des Vertrages widersprechen, wenn der Veräußerer nunmehr dem Erwerber der Vorrichtung deren bestimmungsgemäße Benutzung unter Berufung auf sein Verfahrenspatent verbieten könnte. Nach dem Zweck eines solchen Veräußerungsvertrages ist deshalb regelmäßig anzunehmen, daß der Veräußerer dem Erwerber eine Erlaubnis zur Anwendung des geschützten Verfahrens mit Hilfe der Vorrichtung auch dann erteilt hat, wenn ausdrückliche Vereinbarungen über eine solche Lizenz weder in dem Kaufvertrag noch sonst getroffen worden sind." Die Bedingungen für die Überlassung des besonderen Know-How überläßt der Bundesgerichtshof den vertraglichen Vereinbarungen der Parteien. Dabei ist es auch möglich, die Überlassung des Know-How vertraglich von einer Lizenzzahlung abhängig zu machen[9].

248 Für die rechtliche Beurteilung derartiger Nebenverpflichtungen muß im Einzelfall festgestellt werden, ob sie unselbständig sind, d. h. der Verwirklichung des hauptsächlichen Vertragszwecks dienen, oder ob es sich um selbständige Nebenverpflichtungen handelt[10]. Handelt es sich um selbständige Nebenverpflichtungen, so sind diese nicht nach Lizenzrecht zu beurteilen, sondern nach den Grundsätzen des Rechtsgebiets, aus dem diese Verpflichtungen stammen (z. B. Dienstvertragsrecht, Kaufrecht und dgl.).

249 Bei Maschinen ist der Lizenznehmer oftmals nicht in der Lage, bestimmte Teile, vor allem Präzisionsteile, selbst herzustellen. Er muß diese vom Lizenzgeber beziehen. Um die Herstellung des Lizenzgegenstandes beim Lizenznehmer sicherzustellen, ist der Lizenzgeber daher

---

7 Vgl. dazu auch oben Rdnr. 113, 132.
8 *BGH*, 24. 9. 1979, GRUR 1980 S. 38.
9 Vgl. *BGH*, 24. 9. 1979, GRUR 1980 S. 38, 39; *Benkard*, PatG, a.a.O., Rdnr. 89, 142 zu § 15; *Henn*, a.a.O., S. 19 f. mwN.
10 Vgl. *RG*, 14. 5. 1935, GRUR 1935 S. 950.

zuweilen gezwungen, bestimmte Lieferpflichten zu übernehmen. Er muß dabei darauf bedacht sein, daß er keine Bindungen eingeht, die er nicht einhalten kann, weil er z. B. aufgrund einer guten Konjunktur den Anforderungen des Lizenznehmers nicht mehr nachkommen kann. Für die Verpflichtung zur Lieferung können bestimmte Kontingente oder ein bestimmter Produktionsanteil vorgesehen werden[11]. In Fällen, in denen der Lizenzgeber glaubt, sich nicht in solcher Weise für längere Zeit festlegen zu können, bleibt nur die Möglichkeit, dem Lizenznehmer zuzusagen, daß er ihn bei der Lieferung gegenüber anderen Kunden nicht benachteiligen werde. Für die vom Lizenzgeber im Rahmen des Lizenzvertrags gelieferten Teile erhält der Lizenznehmer meist einen Vorzugspreis in der Weise eingeräumt, daß ihm ein Rabatt auf den Listenpreis des Lizenzgebers gewährt wird. Für Preisänderungen werden zum Teil Fristen festgelegt, während derer die alten Preise noch gelten.

In die Verträge ist auch noch aufzunehmen, zu welchen Bedingungen **250** der Lizenzgeber die Teile an den Lizenznehmer liefert. Hierbei ist besondere Sorgfalt auf die Ausgestaltung der Bestimmungen über die Gewährleistung zu legen. Es kann schwierig sein festzustellen, ob die Mängel, die an der Maschine auftreten, auf Mängeln an den Teilen beruhen, die der Lizenzgeber geliefert hat, oder ob sie auf die Tätigkeit des Lizenznehmers zurückzuführen sind. Darauf hinzuweisen ist, daß Gewährleistungsansprüche gegenüber dem Lizenzgeber nur der Lizenznehmer geltend machen kann, nicht dagegen der Kunde. Dieser steht gewöhnlich in keiner vertraglichen Beziehung zum Lizenzgeber, es sei denn, daß ausnahmsweise der Lizenzgeber vertragliche Verpflichtungen auch gegenüber dem Kunden übernimmt[12]. Es empfiehlt sich, die Lieferbedingungen des Lizenzgebers und die des Lizenznehmers aufeinander abzustimmen, um eine reibungslose Abwicklung insbesondere bei auftretenden Gewährleistungsansprüchen sicherzustellen.

---

11 Hinsichtlich der Abnahmeverpflichtungen des Lizenznehmers, die das Gegenstück dazu bilden, vgl. Rdnr. 197.
12 Vgl. Rdnr. 257 ff.

III. Pflichten des Lizenzgebers im Hinblick auf die Haftung

1. Haftung für Mängel bei Vertragsschluß

251 Bei Lizenzen an geschützten Erfindungen hat der Lizenzgeber in aller Regel dafür einzustehen, daß das Schutzrecht z. Zt. des Vertragsschlusses besteht und daß er zur Einräumung der Lizenz befugt ist. Er hat auch dafür einzustehen, daß die zugrundeliegende Erfindung nicht mit Rechten belastet ist, die die Benutzungsbefugnis des Lizenznehmers beeinträchtigen[13].

252 Neben der Haftung in bezug auf das Schutzrecht hat der Lizenzgeber in aller Regel auch noch für die technische Ausführbarkeit und Brauchbarkeit der Erfindung einzustehen[14]. Bei Lizenzverträgen, bei denen es sich um kein Schutzrecht handelt, steht die Haftung für die Erfindung selbst im Vordergrund. Aus den Umständen des Einzelfalls kann sich ergeben, daß der Lizenzgeber über die technische Brauchbarkeit hinaus auch für die Fabrikationsreife einzutreten hat[15].

253 Da es zweifelhaft sein kann, wofür der Lizenzgeber im einzelnen einzustehen hat, läßt sich der Lizenznehmer Eigenschaften, die ihm besonders wichtig sind, häufig ausdrücklich zusichern. Für das Vorhandensein von zugesicherten Eigenschaften hat der Lizenzgeber in jedem Fall einzustehen[16].

2. Haftung für Ereignisse, die während der Dauer des Lizenzvertrages auftreten

254 Ereignisse, die während der Dauer des Lizenzvertrages auftreten und die das Benutzungsrecht des Lizenznehmers beeinträchtigen, haben meist zur Folge, daß die Lizenzgebühr entfällt oder gemindert wird, soweit kein Verschulden des Lizenzgebers vorliegt. Der Lizenzgeber hat in diesen Fällen in der Regel keinen Schadensersatz zu leisten. Bei nachträglichen Ereignissen, die einen Einfluß auf das Vertragsverhältnis haben, handelt es sich vor allem um solche, die das Schutzrecht betreffen, wie Nichtigkeitserklärung des Schutzrechtes, Einschränkung des Schutzumfangs, Feststellung der Abhängigkeit, Feststellung eines

---

13 Vgl. Rdnr. 331 ff.
14 Vgl. Rdnr. 291 ff.
15 Vgl. Rdnr. 305 f., 330.
16 Vgl. Rdnr. 308.

Vorbenutzungsrechts, Erteilung von Zwangslizenzen und dgl.[17]. Nur wenn der Lizenzgeber schon bei Abschluß des Vertrages wußte, daß eine Beeinträchtigung des Schutzrechts droht und dies dem Lizenznehmer verschweigt, kann u. U. ein Anspruch auf Schadensersatz aus dem Gesichtspunkt des Verschuldens bei den Vertragsverhandlungen gegeben sein (culpa in contrahendo).

Im übrigen hat der Lizenzgeber, soweit er nicht schon aufgrund seiner **255** Gewährleistungspflicht oder wegen Verzugs haftet, in allen Fällen, in denen er seine sich aus dem Vertrag ergebenden Verpflichtungen schuldhaft nicht erfüllt, aus dem Gesichtspunkt der positiven Vertragsverletzung einzustehen[18].

Ist die Erfindung überholt oder ist eine Erfindung, der kein Schutz- **256** recht zugrunde liegt, offenkundig, so entfällt die Verpflichtung zur Zahlung der Lizenz, wenn nicht besondere Umstände vorliegen, die eine Weiterzahlung rechtfertigen[19].

3. Haftung des Lizenzgebers gegenüber Dritten für Produktmängel

Die Rechtsprechung leitet die Haftung eines Herstellers gegenüber **257** dem Letztverbraucher für defekte und gefährliche Produkte unter dem Stichwort der sog. Produzentenhaftung aus der Vorschrift des § 823 Abs. 1 BGB ab. Grundgedanke ist hierbei eine Gefahrenabwendungspflicht des Herstellers, insbesondere im Hinblick auf Konstruktions-, Fabrikations- und Instruktionsfehler. Daneben gibt es seit dem 1. 1. 1990 das sog. Produkthaftungsgesetz (ProdHaftG)[20].

Diese Grundsätze der Herstellerhaftung lassen sich jedoch auf den **258** (Patent-)Lizenzgeber nicht ohne weiteres übertragen, so daß eine Haftung des (Patent-)Lizenzgebers gegenüber Letztverbrauchern für ein fehlerhaftes Produkt des Lizenznehmers regelmäßig nicht gegeben ist. Die Herstellung des Lizenzgegenstandes gehört grundsätzlich schon aus dem Gesichtspunkt der Produktnähe zu dem Haftungsbereich des Lizenznehmers, da dieser ein eigenverantwortlicher Hersteller ist. Der Lizenznehmer hat als Hersteller für die fehlerfreie Produktion zu sorgen und – wie jeder Warenhersteller – die Pflicht zur Überwachung der Produktion auf mögliche Fabrikationsfehler usw. Dies ergibt sich fast zwangsläufig, wenn eine Lizenz über einen bisher

---

17 Vgl. Rdnr. 339 ff.
18 Vgl. Rdnr. 91, 92.
19 Vgl. Rdnr. 87 ff.; vgl. auch *Pfaff*, RIW/AWD 1982 S. 381.
20 Vgl. dazu nur *Groß*, CR 1990 S. 438 ff. mwN.; a. A. *Ann*, a.a.O.

nicht industriell gefertigten Lizenzgegenstand vergeben wird. Dies gilt aber auch für einen bereits industriell gefertigten Lizenzgegenstand, den der Lizenznehmer für die spezifischen Anforderungen der eigenen Produktpalette anfertigt. In beiden Fällen gehört es zum Aufgabenbereich des Lizenznehmers, den Lizenzgegenstand zur endgültigen Produktionsreife zu führen und evtl. vorhandene Gefahren festzustellen und zu beseitigen. Nach dem ProdHaftG gibt es die Haftung des sog. Quasi-Herstellers und damit des Lizenzgebers. Eine Haftung des reinen Patentlizenzgebers kommt danach aber nicht in Betracht. Anders kann es bei Know-How-Gebern und damit auch bei gemischten Patentlizenz-/Know-How-Verträgen sein[21].

259   Ausnahmen können sich dann ergeben, wenn der Lizenzgeber, der selbst in der vom Lizenznehmer vorgesehenen Art und Weise der Produktion erfahren bzw. tätig ist, es übernommen hat, den unerfahrenen Lizenznehmer bis zum Erreichen der selbständigen Produktion mit Know-How zu unterstützen. Weist hier das Endprodukt z. B. aufgrund eines Produktionsfehlers Mängel auf, so könnte an eine Haftung des Lizenzgebers zu denken sein, da hier der Lizenzgeber, ähnlich wie ein Konstruktionsbüro oder ein Zulieferer[22], tätig wird, der für den Hersteller bestimmte Sicherheitsprüfungen vornimmt. Hier könnte sich im Einzelfall ergeben, daß der Lizenzgeber die Verantwortung für eine bestimmte Gefahrenlage übernimmt, ähnlich wie z. B. auch den Händler bestimmte Prüfungspflichten aus dem Gesichtspunkt der besonderen Gefahrenabwendungspflicht treffen können[23].

Da in den meisten Fällen gemischte Patentlizenz-/Know-How-Verträge existieren, wird es sich hier nicht um Ausnahmefälle handeln, da der Lizenzgeber als Quasi-Hersteller dafür zu sorgen hat, daß die Produkte, die er dem Markt zuführt, verkehrssicher und Konstruktions-, Fabrikations- und Instruktionsfehler möglichst ausgeschaltet sind.

260   Eine Haftung des Lizenzgebers ist aus dem Gesichtspunkt des in Anspruch genommenen Vertrauens auch dann gegeben, wenn infolge der (unbefugten) Anbringung eines Waren- oder Kennzeichens des Lizenzgebers durch den Lizenznehmer der Eindruck erweckt wird, daß der Lizenzgeber Hersteller sei und der Lizenzgeber sich nicht im

---

21 Vgl. nur *Groß*, CR 1990 S. 438, 440 mwN.
22 *BGH*, 17. 10. 1967, NJW 1968 S. 247; *Schmidt/Salzer*, BB 1979 S. 1 ff., 4 und *Groß*, CR 1990 S. 438, 441 mwN.
23 Vgl. dazu *BGH*, 16. 3. 1977, NJW 1977 S. 1055; *BGH*, 11. 12. 1979, DB 1980 S. 775 = NJW 1980 S. 1219; *Groß*, CR 1990 S. 438, 441 mwN.

Hinblick auf die unbefugte Anbringung seines Zeichens entlasten kann bzw. damit rechnen muß, daß der Benutzer im Hinblick auf das von ihm dem Zeichen entgegengebrachte Vertrauen Vorsichtsmaßnahmen unterläßt, die er anderenfalls beachten würde[24]. Ebenso ergibt sich insoweit eine Haftung des Lizenzgebers in dem Fall, in dem der Lizenznehmer verpflichtet ist, auf dem Lizenzgegenstand zu vermerken, „gebaut in Lizenz von" oder ähnliches. Ein solch weitgehender Vertrauensschutz mit der Konsequenz der Haftung des Lizenzgebers als Quasi-Hersteller ließ sich nach bisherigem deutschem Recht nicht begründen[25]. Der Bundesgerichtshof lehnte daher die Produzentenhaftung (§ 823 Abs. 1 BGB) eines Warenzeichen-Lizenzgebers für die Fehlerhaftigkeit der Produkte, die unter dem lizenzierten Warenzeichen vertrieben werden, im Grundsatz ab[26].

Dagegen besteht nach dem ProdHaftG eine Quasi-Herstellerhaftung des (Warenzeichen-)Lizenzgebers gemäß § 4 Abs. 1 S. 2 ProdHaftG[27].

4. Vereinbarungen über die Haftung

Dem Lizenzvertrag haften schon in tatsächlicher Hinsicht zahlreiche **261** Unsicherheitsfaktoren an. Hinzu kommt noch die Unsicherheit in rechtlicher Hinsicht, weil sich weder aus der Rechtsprechung noch aus der Literatur klar ersehen läßt, wofür und in welchem Umfang der Lizenzgeber einzustehen hat. Soweit Schadensersatz in Betracht kommt, kann es sich um große Summen handeln, insbesondere dann, wenn der Lizenznehmer neue Produktionen aufzieht.

Der Lizenzgeber hat daher vor Abschluß des Vertrages genau zu prüfen, wofür er einstehen kann, und sein Risiko abzuwägen. Ist ihm das Risiko zu groß, so kann er es dadurch verringern, daß er versucht, die Haftung durch vertragliche Vereinbarung auszuschließen oder zu beschränken. In welcher Hinsicht sich Einschränkungen empfehlen, hängt von den Umständen des Einzelfalls ab. Von wesentlicher Bedeutung sind hier u. a. die Erfahrungen des Lizenzgebers mit einer ggf. laufenden Produktion, die Einflußmöglichkeiten des Lizenzgebers auf den Lizenznehmer u. ä. Feste Regeln lassen sich hier nicht aufstellen.

---

24 *Groß*, CR 1990 S. 438, 441 mwN.
25 *Groß*, CR 1990 S. 438 ff. mwN.
26 *BGH*, 21. 6. 1967, BGHZ 48 S. 118; *BGH*, 14. 5. 1974, GRUR 1975 S. 150; *Baumbach/Hefermehl*, WZG, a.a.O., Rdnr. 14 zur Einleitung WZG; *Mes*, GRUR 1982 S. 74, 78; *Groß*, CR 1990 S. 438, 441 f.
27 Siehe Einzelheiten bei *Groß*, CR 1990 S. 438, 442 f.

Allerdings lassen sich neben der wichtigen Frage der Gewährleistung für Sachmängel und Rechtsmängel[28] insbesondere noch vier Haftungsbereiche unterscheiden, die geregelt werden können, nämlich die Haftung bei Ansprüchen Dritter wegen Schutzrechtsverletzung, die Haftung für die Neuheit, die Haftung für die Herstellbarkeit sowie die Haftung für die kaufmännische Verwertbarkeit[29].

262 Bei den Ansprüchen Dritter ist zu regeln, wer die Kosten für den Rechtsstreit zu tragen und den evtl. Schadensersatz zu leisten hat, falls der Lizenznehmer von einem Dritten wegen Schutzrechtsverletzung verklagt wird. Auch über die Kosten eines ggf. sich ergebenden Vergleiches und einer Widerklage kann eine Regelung getroffen werden.

263 Hinsichtlich der Haftung des Lizenzgebers für die Neuheit der Erfindung wird häufig ein Haftungsausschluß für den Lizenzgeber vereinbart. Dies empfiehlt sich vor allem auch bei der Lizenzvergabe in Länder, in denen die Schutzrechtssituation nur schwer übersichtlich ist. Außerdem ist bei der Frage der Neuheit einer Erfindung bei einem Patent auch zu berücksichtigen, daß nach der Neufassung des Patentgesetzes die Neuheit der Erfindung aufgrund der wissentlichen oder unbeabsichtigten Bekanntmachung wegfallen kann[30]. Für einen solchen Fall wird dem Lizenznehmer meist das Recht zur Kündigung des Vertrages eingeräumt.

264 Hinsichtlich der Herstellbarkeit des Lizenzgegenstandes wird meist vereinbart, daß der Lizenzgeber für das Risiko der industriellen Herstellung nicht haftet, sondern das Risiko zu Lasten des Lizenznehmers geht. Ebenso wird regelmäßig vereinbart, daß das Risiko für die kaufmännische Verwertung ausschließlich vom Lizenznehmer getragen wird. Derartige Haftungen gehören auch nicht zum Risikobereich des Lizenzgebers, da dieser auch keine oder nur sehr begrenzte Einflußmöglichkeiten besitzt, da er in vielen Fällen die Möglichkeit der industriellen Fertigung selbst nicht abschätzen kann und die kaufmännische Verwertbarkeit zu einem erheblichen Teil auch von den Anstrengungen des Lizenznehmers abhängt.

265 Zu betonen ist, daß die Vertragsparteien genau bestimmen sollten, welche Folgen es hat, wenn nach ihren Vereinbarungen eine Haftung gegeben ist. Die Bestimmung der Haftungsfolgen kann sich auch

---

28 Vgl. dazu unten Rdnr. 290 ff.
29 Vgl. dazu die Regelungen in 6.1–6.3 des Vertragsmusters Anhang I.
30 Vgl. dazu § 3 PatG.

empfehlen, wenn keine inhaltliche Beschränkung der Haftung vorgesehen ist, um dadurch Unklarheiten zu beseitigen. Zu denken ist bei diesen Folgen im übrigen nicht nur an die Frage eines ggf. zu zahlenden Schadensersatzes, sondern auch an eine Kündigung des Vertrages. Es sollte auch daran gedacht werden, evtl. eine Haftpflichtversicherung (z. B. Betriebshaftpflichtversicherung) zur Risikoabdeckung abzuschließen. Dann sollte auch geregelt werden, wer die Kosten einer derartigen Versicherung zu tragen hat. Diese Kosten können z. B. von beiden Vertragspartnern getragen oder auch mit Lizenzgebührenzahlungen verrechnet werden, sofern der Lizenzgeber diese Kosten (zunächst) tragen soll.

IV. Pflicht des Lizenzgebers, dem Lizenznehmer während der Laufdauer des Lizenzvertrages das Benutzungsrecht zu sichern

1. Allgemeines

Bei Patentlizenzen räumt der Lizenzgeber dem Lizenznehmer ein **266** Benutzungsrecht an seinem Monopolrecht ein. Ähnlich wie der Verpächter hat er dafür zu sorgen, daß der vertragsgemäße Gebrauch der Lizenz möglich ist und erhalten bleibt[31], soweit nicht der Lizenznehmer aufgrund vertraglicher Abmachungen selbst solche Erhaltungspflichten übernommen hat. Zum vertraglichen Gebrauch gehört das Bestehen des Schutzrechts. Der Lizenzgeber ist daher verpflichtet, die Schutzrechtsanmeldung durchzuführen und das Schutzrecht aufrechtzuerhalten[32]. Die Verfügungsbefugnis über das Schutzrecht ist insoweit eingeschränkt. In einem Verstoß hiergegen liegt eine Vertragsverletzung. Anders ist es lediglich, wenn vertraglich etwas Abweichendes vereinbart ist. Bei Verträgen, durch die eine Lizenz für mehrere Länder eingeräumt wird, kann man dagegen – wenn dies nicht ausdrücklich im Vertrag bestimmt ist – nicht schlechthin davon ausgehen, daß der Lizenzgeber verpflichtet ist, in allen diesen Ländern Patente zu erwerben. Erfahrungsgemäß sollen solche Klauseln nur abgrenzen, wo der Lizenznehmer tätig werden soll.

---

31 Vgl. §§ 581 Abs. 2 i. V. m. 535 u. 536 BGB; *Staudinger*, a.a.O., Anm. 150, 157 zu § 581 BGB.
32 Vgl. *Benkard*, PatG, a.a.O., Rdnr. 87 zu § 15; *Lüdecke/Fischer*, a.a.O., S. 252 ff.; *Schade*, a.a.O., S. 82; *Henn*, a.a.O., S. 189 mwN.

2. Verzicht auf das Schutzrecht

267 Der Lizenzgeber kann, so nimmt die wohl herrschende Meinung an, ohne Zustimmung des Lizenznehmers auf das Schutzrecht nicht verzichten, wenn diesem eine ausschließliche Lizenz erteilt ist[33]. Jedoch bestehen gegen diese Auffassung erhebliche Bedenken. In § 20 PatG ist ausdrücklich gesagt, daß das Patent erlischt, wenn der Patentinhaber durch schriftliche Erklärung darauf verzichtet. Dies folgt daraus, daß auch nach Erteilung einer ausschließlichen Lizenz Rechtsinhaber der Berechtigte des Schutzrechtes bleibt. Hierüber können auch Formulierungen wie „der eigentlich Berechtigte sei bei einer ausschließlichen Lizenz der Lizenznehmer" nicht hinwegtäuschen[34]. Erlischt die Lizenz, fallen die Beschränkungen weg, die dem Schutzrechtsinhaber vertraglich auferlegt wurden, ohne daß der Lizenznehmer Befugnisse zurückübertragen müßte. Das Gesetz hat die Möglichkeit, auf das Schutzrecht zu verzichten, in § 20 PatG lediglich an die rechtsgestaltende Erklärung des Patentinhabers geknüpft und Beteiligungsrechte Dritter nicht vorgesehen. Beschränkungen etwa, wie sie in § 1071 BGB für den Inhaber eines dem Nießbrauch unterliegenden Rechtes aufgestellt werden, existieren daher nicht.

Auch nach der hier vertretenen Meinung[35] treffen den Lizenzgeber natürlich vertragliche Schadensersatzverpflichtungen, da er durch den Lizenzvertrag zur Aufrechterhaltung des Schutzrechtes verpflichtet ist.

Bei der einfachen Lizenz steht auch die herrschende Meinung[36] auf dem Standpunkt, daß der Lizenzgeber auf das Schutzrecht verzichten kann. Hier hat der Lizenznehmer keine dingliche Rechtsstellung, die dazu verführen könnte, den Lizenznehmer als den wahren Berechtigten anzusehen. Der Lizenzgeber macht sich allerdings bei einem Verzicht dem Lizenznehmer gegenüber ebenfalls schadensersatzpflichtig.

268 Die hier vertretene Auffassung wird im übrigen auch durch das Gemeinschaftspatent-Übereinkommen unterstrichen, nach dem ein Verzicht des Lizenzgebers ohne Zustimmung des Lizenznehmers mög-

---

33 Vgl. *Lüdecke/Fischer*, a.a.O., S. 270; *Pietzcker*, PatG, a.a.O., Anm. 32 zu § 6, *Reimer*, PatG, a.a.O., Rdnr. 96 zu § 9; a. A. *Benkard*, PatG, a.a.O, Rdnr. 87 zu § 15.
34 Vgl. *Lüdecke/Fischer*, S. 270.
35 Gegen die h. M. vgl. *Benkard*, PatG, a.a.O., Rdnr. 87 zu § 15, Rdnr. 9 zu § 20; zweifelnd auch *Troller*, GRUR Int. 1952 S. 108 (115); *Schade*, a.a.O., S. 82; siehe zu dieser Problematik auch *Kraßer*, GRUR Int. 1982 S. 330.
36 Vgl. z. B. *Reimer*, PatG, a.a.O., Rdnr. 96 zu § 9; *Lüdecke/Fischer*, a.a.O., S. 270.

lich ist[37]. Die Interessen des Lizenznehmers werden nur in dem Fall nach Art 50 Abs. 3 Satz 2 GPÜ gewahrt, in dem der Lizenznehmer eingetragen worden ist. Ist dieser eingetragene Lizenznehmer von der Verzichtsabsicht unterrichtet worden, so wird der Verzicht nicht vor Ablauf von 3 Monaten in das Register eingetragen, es sei denn, der Lizenznehmer erklärt vorher seine Zustimmung[38].

Ob der Lizenzgeber einer erhobenen Nichtigkeitsklage entgegentreten **269** muß oder ob er den Klageanspruch anerkennen darf, läßt sich nicht allgemein sagen. Man muß darauf abstellen, ob sich der Lizenzgeber der Klage mit Aussicht auf Erfolg widersetzen kann. Ist dies der Fall, so darf er den Anspruch wohl nicht anerkennen, sondern muß sich ihm widersetzen. Dies dürfte sich aus dem Grundsatz ergeben, daß es Pflicht des Lizenzgebers ist, dem Lizenznehmer während der Vertragszeit die Ausübung seiner Benutzungsrechte zu ermöglichen[39].

3. Pflicht zur Zahlung der Jahresgebühren

Von größerer praktischer Bedeutung als die Verzichtserklärung ist das **270** Erlöschen des Schutzrechtes durch Nichtzahlung der Jahresgebühren[40]. Mangels abweichender Vereinbarung sind die Gebühren sowohl bei der einfachen Lizenz als auch bei der ausschließlichen Lizenz vom Lizenzgeber zu zahlen, wobei allerdings die herrschende Meinung diese Verpflichtung bei der ausschließlichen Lizenz dem Lizenznehmer auferlegen will[41].

Die Gründe, die für die Verpflichtung des Lizenznehmers, die Gebühr **271** zu zahlen, angeführt werden, vermögen jedoch nicht vollständig zu überzeugen. Es darf nicht übersehen werden, daß Schutzrechtsinhaber der Lizenzgeber und nicht der Lizenznehmer ist. Die Auffassung von Lüdecke[42], daß der Lizenzgeber bei der ausschließlichen Lizenz praktisch bloß zum Lizenzgebührenempfänger geworden ist, kann nicht geteilt werden. Bei den in der Industrie üblichen Lizenzverträgen trifft dies in der Regel nicht zu, zumal oft nur auf bestimmte Bereiche

---

37 *Benkard*, PatG, a.a.O., Rdnr. 87 zu § 15.
38 Regel 13 AO GPÜ.
39 Vgl. *RG*, 18. 8. 1937, RGZ 155 S. 306; *Henn*, a.a.O., S. 186 f.
40 Vgl. §§ 17, 20 PatG; § 23 GebrMG.
41 Vgl. oben Rdnr. 201; vgl. auch *Pagenberg/Geissler*, a.a.O., S. 68 Rdnr. 49, die bei Tragung der Anmeldekosten durch den Lizenzgeber vorschlagen, daß der Lizenznehmer gegenüber den Lizenzgebühren aufrechnen darf, wenn er selbst Anmeldekosten nachweislich getragen hat.
42 *Lüdecke/Fischer*, a.a.O., C 85.

begrenzte, ausschließliche Lizenzen vergeben werden. Welche Stellung der Lizenzgeber behält, ist auch daraus ersichtlich, daß der Lizenznehmer bei Beendigung des Vertrages seine Rechte am Schutzrecht verliert.

272   In der metallverarbeitenden Industrie z. B. wird gerade im Inland häufig vereinbart, daß die Gebühren vom Lizenzgeber zu zahlen sind. Daran ändert auch nichts, daß z. B. nach II. 9. 3, 14.1 des im Anhang abgedruckten Vertragsmusters[43] diese Gebühren teilweise vom Lizenznehmer zu übernehmen sind.

4. Prüfkosten

273   Der Lizenzgeber hat auch die Prüfkosten gem. § 44 PatG zu tragen.

Häufig wird – insbesondere bei Patentlizenzverträgen – nach dem Willen der Vertragsparteien die Schutzfähigkeit als wesentlicher Vertragsbestandteil vorausgesetzt. Ohne diesen Schutz können sich die Aufwendungen und Investitionen des Lizenznehmers ggf. auch als weitgehend wertlos erweisen. Da der Lizenznehmer in weitestem Umfang das Risiko der gewerblichen Ausnutzung der Erfindung trägt, muß ihn der Lizenzgeber – soweit das zumutbar ist – bei dieser Ausnutzung unterstützen. Er muß insbesondere dafür sorgen, daß der Prüfungsantrag nach § 44 PatG gestellt wird. Da er hiermit eine ihm obliegende Maßnahme vornimmt[44], muß er die Gebühren bezahlen.

274   Wird die Lizenz erteilt, nachdem ein Antrag auf Einholung einer Recherche gestellt wurde, so wird der Lizenzgeber warten dürfen, bis das Ergebnis der Recherche vorliegt. Deren Ergebnis kann für den Prüfungsantrag von besonderer Wichtigkeit sein. Stellt der Lizenznehmer vorher einen Prüfungsantrag, so trägt er die Kosten, weil insoweit keine entsprechende Pflicht des Lizenzgebers bestand.

275   Steht der Fristablauf gem. §§ 58 Abs. 3, 44 Abs. 2 PatG bevor, so muß der Lizenzgeber von sich aus den Prüfungsantrag stellen, es sei denn, sein Partner ist damit einverstanden, daß dies unterbleibt.

276   Der Lizenznehmer kann in allen Fällen auch selbst diesen Antrag stellen, ohne daß sich etwas an der Pflicht zur Kostentragung ändert. Deshalb muß er sich, wenn der Antrag nicht gestellt wurde und er jetzt Schadensersatzansprüche geltend macht, regelmäßig mitwirkendes

---

43 Vgl. Anhang I.
44 *Lüdecke*, NJW 1968 S. 1358; *Henn*, a.a.O., S. 189; *Benkard*, PatG, a.a.O., Rdnr. 87 zu § 15.

Verschulden entgegenhalten lassen. Die grundsätzliche Pflicht des Lizenzgebers zur Antragstellung besteht nur dort nicht, wo sie sinnlos wäre, etwa weil infolge von Vorveröffentlichungen eine Patenterteilung ohnedies ausgeschlossen wäre[45].

Die Kosten für die Einholung einer Recherche dagegen sind vom Lizenznehmer zu übernehmen, und zwar auch dann, wenn sich hierbei ergibt, daß neuheitsschädliches Material vorliegt[46]. Die Einholung der Recherche ist nicht Bestandteil des Prüfungsverfahrens, sondern dient nur zur Orientierung über den Stand der Technik. Sie spielt also auch für die Erlangung des Schutzes keine unmittelbare Rolle. Dies wird im übrigen auch daran besonders deutlich, daß das Deutsche Patentamt nunmehr Auskünfte zum Stand der Technik erteilt, auch wenn eine Patentanmeldung nicht eingereicht worden ist[47].

277

5. Geheimhaltung

Sowohl bei der ausschließlichen als auch bei der einfachen Lizenz besteht die Geheimhaltungspflicht des Lizenzgebers – ebenso wie die des Lizenznehmers – in vollem Umfange, soweit sie sich auf Kenntnisse oder Maßnahmen bezieht, die nicht Inhalt der Patentanmeldung und ihrer Anlagen sind. Dies gilt daher für eine nicht veröffentlichte Erfindung oder für eine nicht angemeldete Erfindung ebenso wie bei der Vergabe von zusätzlichem, begleitendem Know-How. Hier sind alle Anstrengungen zu unternehmen, um eine Kenntniserlangung von Dritten zu verhindern[48].

278

6. Verteidigung des Schutzrechtes

Die herrschende Meinung verneint unabhängig davon, ob es um eine ausschließliche oder um eine einfache Lizenz geht, die Pflicht des Lizenzgebers, gegen Schutzrechtsverletzungen einzuschreiten, obwohl er als Inhaber des Schutzrechtes das Recht zum Einschreiten hätte[49]. Dies erscheint bei einer ausschließlichen Lizenz als einleuchtend, da

279

---

45 *Lüdecke*, NJW 1968 S. 1358.
46 Vgl. *Lüdecke*, NJW 1968 S. 1358.
47 Vgl. dazu Merkblatt des Deutschen Patentamtes über die Erteilung von Auskünften zum Stand der Technik.
48 *BGH*, 26. 11. 1954, GRUR 1955 S. 338, 339; *Benkard*, PatG, a.a.O., Rdnr. 86 zu § 15; *Kraßer*, GRUR Int. 1982 S. 324, 331.
49 *Benkard*, PatG, a.a.O., Rdnr. 87 zu § 15; *Lüdecke/Fischer*, a.a.O., C 108; *Kraßer*, GRUR Int. 1982 S. 324, 331 mwN; *Henn*, a.a.O., S. 185 f. mwN; *Pagenberg/Geissler*, a.a.O., S. 168 Rdnr. 270 ff. mwN und S. 264 ff. Rdnr. 79 ff.

sich der ausschließliche Lizenznehmer aufgrund des dinglichen Charakters seiner Lizenz[50] selbst verteidigen kann. Bei der einfachen Lizenz erscheint diese Auffassung jedoch nicht ohne weiteres als gerechtfertigt, da nur der Lizenzgeber die Möglichkeit hat, gegen einen Schutzrechtsverletzer vorzugehen. Zwar ist das Nichteinschreiten gegen einen Verletzer des Schutzrechtes in der Tat der Vergabe einer Gratislizenz nahestehend[51]. Auch die Gratislizenz kann der Lizenzgeber jedoch nicht willkürlich vergeben[52]. So hat auch der Bundesgerichtshof in seiner Entscheidung vom 29. 4. 1965[53] bei einer einfachen Lizenz, bei der eine Meistbegünstigungsklausel vereinbart war, aus der Natur dieser Klausel gefolgert, daß sich der Lizenzgeber eine Kürzung der Lizenzgebühr gefallen lassen müsse, wenn er gegen Verletzungen des Schutzrechts nicht einschreite. Dies komme der Erteilung einer Gratislizenz gleich. Durch die Meistbegünstigungsklausel aber sei der Lizenzgeber verpflichtet, den Lizenznehmer nicht schlechter zu stellen als andere künftige Lizenznehmer[54].

280 Es empfiehlt sich – insbesondere bei der einfachen Lizenz – festzulegen, ob der Lizenzgeber verpflichtet ist, gegen Verletzer einzuschreiten. Ist dies der Fall, so werden häufig Abmachungen über die Kostentragung getroffen. Unter Umständen kann sich der Lizenzgeber auch verpflichten, die Prozeßführungsbefugnis für den ihm zustehenden Unterlassungsanspruch an den Lizenznehmer zu übertragen.

281 Es ist selten, daß sich der Lizenzgeber verpflichtet, wenn dem Vertrag kein Schutzrecht zugrunde liegt, gegen denjenigen vorzugehen, der in unlauterer Weise nachbaut[55].

282 Da der Inhaber einer einfachen Lizenz den ihm entstandenen Schaden gegenüber dem Patentverletzer nicht geltend machen kann, ist zu erwägen, ob der Lizenzgeber die Verpflichtung übernehmen soll, ihm den Schaden zu ersetzen, der ihm durch Patentverletzungen entsteht, soweit er selbst vom Verletzer Befriedigung erlangen kann[56].

---

50 Vgl. dazu Rdnr. 36, 358, 365.
51 So die h. M., vgl. z. B. *Kraßer*, GRUR Int. 1982 S. 331.
52 Vgl. dazu unten Rdnr. 381.
53 *BGH*, 29. 4. 1965, NJW 1965 S. 1861.
54 *BGH*, 29. 4. 1965, NJW 1965 S. 1861; vgl. auch Rdnr. 381.
55 Vgl. Rdnr. 413.
56 Vgl. Rdnr. 412.

Zur Vermeidung von Kollisionen sollte bestimmt werden, ob der **283** Lizenzgeber oder der Lizenznehmer gegen Patentverletzungen vorzugehen hat[57].

V. Pflichten des Lizenzgebers im Hinblick auf die eigene Benutzung und die Vergabe weiterer Lizenzen

Ist eine ausschließliche Lizenz erteilt, so ergibt sich daraus, daß der **284** Lizenzgeber gehalten ist, soweit die ausschließliche Lizenz reicht, selbst keine Benutzungshandlungen vorzunehmen, es sei denn, daß er sich dies vorbehalten hat und somit eine sog. alleinige Lizenz vorliegen würde[58]. Er darf in diesen Fällen keine weiteren Lizenzen vergeben[59].

Bei einer einfachen Lizenz ist der Lizenzgeber berechtigt, den Lizenz- **285** gegenstand zu benutzen. Er darf auch weitere Lizenzen vergeben. Es würde aber gegen Treu und Glauben verstoßen, wenn der Lizenzgeber willkürlich Freilizenzen vergeben würde[60].

Durch Vertrag kann bestimmt werden, daß der Lizenzgeber keine **286** weiteren Lizenzen vergeben darf oder nur eine bestimmte Anzahl unter bestimmten Bedingungen oder nur eine bestimmte Anzahl oder schließlich eine unbestimmte Anzahl nur unter bestimmten Bedingungen. In der Praxis spielen vor allem Vereinbarungen über die Bedingungen eine Rolle, unter denen der Lizenzgeber weitere Lizenzen vergeben kann. Sie sollen den Lizenznehmer davor schützen, daß Dritte einen Wettbewerbsvorsprung erlangen. So finden sich Formulierungen, wonach weitere Lizenzen zu keinen günstigeren Bedingungen vergeben werden dürfen oder, wenn einem Dritten günstigere Bedingungen eingeräumt werden, diese auch dem Lizenznehmer einzuräumen sind (Meistbegünstigung). Wenn sich diese Klauseln auch einfach anhören, so können sie doch in der Praxis zu Schwierigkeiten führen, weil Lizenzverträge verschieden ausgestaltet sein können und ein Vergleich dann kaum möglich ist[61]. Eine Klausel, wonach der

---

57 Vgl. Rdnr. 407.
58 Vgl. Rdnr. 36, 38, 358.
59 Vgl. Rdnr. 362.
60 Vgl. Rdnr. 381.
61 Vgl. hierzu die Beispiele bei *Rasch*, a.a.O., S. 49 ff. und die Stellungnahme von *Weidlich*, a.a.O., hierzu, GRUR 1933 S. 796 sowie *Reimer*, PatG, a.a.O., Rdnr. 81 zu § 9; siehe auch *Henn*, a.a.O., S. 246 ff. mwN und *Benkard*, PatG, a.a.O., Rdnr. 88 zu § 15. Vgl. zur Meistbegünstigungsklausel auch Rdnr. 381, 643, 714.

Lizenzgeber verpflichtet ist, Mitteilung zu machen, wenn er weitere Lizenzen im Vertragsgebiet vergibt, ist in jedem Fall empfehlenswert.

VI. Pflichten des Lizenzgebers, die Verbesserungen am Lizenzgegenstand betreffen

1. Pflicht zur Vornahme von Verbesserungen

287 Ebenso wie für den Lizenznehmer besteht für den Lizenzgeber[62] grundsätzlich keine Verpflichtung, auf Verbesserungen bedacht zu sein, wenn sich nicht aus dem Vertrag oder aus den Umständen des Einzelfalls etwas anderes ergibt.

2. Mitteilungspflicht und Pflicht zur Einräumung von Rechten an Verbesserungen

288 Es besteht grundsätzlich auch keine Pflicht des Lizenzgebers, Verbesserungen dem Lizenznehmer mitzuteilen und ihm Rechte hieran einzuräumen, es sei denn, daß dies im Vertrag vereinbart oder ein derartiger Wille der Vertragspartner aus der Ausgestaltung des Vertrags zu entnehmen ist.

289 In aller Regel treffen die Parteien jedoch Vereinbarungen, wonach der Lizenzgeber dem Lizenznehmer Verbesserungen mitzuteilen und ihm eine Benutzungsbefugnis einzuräumen hat. Meist geschieht dies in der Form, daß dem Lizenznehmer gestattet wird, Verbesserungen im Rahmen der Lizenz zu verwerten, ohne daß dadurch eine Erhöhung der Lizenzgebühr eintritt. Zur Klarstellung kann es zweckmäßig sein, festzustellen, was für völlige Neukonstruktionen gelten soll. Man wird den Lizenzgeber allerdings kaum für verpflichtet halten können, schutzfähige Erfindungen, die er auf dem sachlichen Vertragsgebiet gemacht hat, zum Patent oder Gebrauchsmuster anzumelden sowie Arbeitnehmererfindungen zu diesem Zweck unbeschränkt in Anspruch zu nehmen, da die Entscheidungsfreiheit des Lizenzgebers dadurch zu sehr eingeschränkt würde[63].

---

62 Vgl. Rdnr. 166 ff. bzgl. des Lizenznehmers; bzgl. des Lizenzgebers siehe nur *Benkard*, PatG, a.a.O., Rdnr. 89 zu § 15 und *Henn*, a.a.O., S. 188 mwN.

63 Wegen der kartellrechtlichen Zulässigkeit von Vereinbarungen über Verbesserungen vgl. Rdnr. 546 ff., 642, 653, bzgl. Know-How Rdnr. 703 ff., 728.

Vor allem in den Fällen, in denen der Lizenznehmer den Lizenzgegen- noch
stand nach Ablauf des Lizenzvertrages frei benutzen kann, empfiehlt **289**
sich, Vereinbarungen darüber zu treffen, ob und ggf. unter welchen
Bedingungen er Verbesserungen des Lizenzgebers nach Beendigung
des Lizenzvertrages weiterbenutzen darf. Hierbei kann vor allen Dingen vereinbart werden, daß der frühere Lizenznehmer z. B. bei der
Weiterverwendung von geheimem Know-How während einer angemessenen Dauer und, sofern das Wissen geheim bleibt, hierfür angemessene Zahlungen leistet[64].

---

64 Vgl. *Caroux/Terrapin*, Pressemitteilung der Kommission vom 12. 11. 1980, GRUR
    Int. 1981 S. 56.

E. Gewährleistung des Lizenzgebers

I. Allgemeines

290 Von den Fällen der Unmöglichkeit (Unvermögen) unterscheidet das deutschè Recht diejenigen, in denen die versprochene Leistung als solche erbracht werden kann, jedoch mangelhaft ist. Der Mangel kann darin bestehen, daß der Lizenznehmer in der Ausübung seiner Rechte durch Rechte Dritter beeinträchtigt wird oder darin, daß die der Lizenz zugrundeliegende Erfindung nicht die Eigenschaften besitzt, die zum vertragsgemäßen Gebrauch erforderlich sind. Im einen Fall spricht man von Rechtsmängeln, im anderen von Sachmängeln. Hinsichtlich der Frage, wofür der Lizenzgeber im einzelnen einzustehen hat, ergeben sich aufgrund der Eigenart des Lizenzvertrages erhebliche Schwierigkeiten. Daraus erklärt sich, daß die Rechtsprechung nicht einheitlich ist und daß, soweit sich im Laufe der Zeit bestimmte Grundsätze herausgebildet haben, die Begründung unterschiedlich ist und weniger auf rechtliche als auf wirtschaftliche Erwägungen gestützt wird. Der Bundesgerichtshof verweist in seinen Entscheidungen regelmäßig auf eine ganze Palette unterschiedlicher Rechtsgrundlagen, die das gleiche Ergebnis stützen sollen. Dabei reicht diese Palette von der rechtsähnlichen Anwendung kaufrechtlicher Vorschriften[1] sowie einer Kombination aus kauf-, miet- und pachtähnlichen Grundsätzen[2] über die allgemeinen Vorschriften über Nichterfüllung[3] bis zu der gesetzlichen Regelung über Treu und Glauben[4] und dem Rechtsgrundsatz des Wegfalls der Geschäftsgrundlage[5]. Die einschlägigen Entscheidungen werden daher häufig oft rein kasuistisch dargestellt, ohne daß der Versuch eines systematischen Überblicks gemacht wird. Dies bringt eine erhebliche Rechtsunsicherheit mit sich. Deshalb ist auch nach wie vor die Forderung von Trüstedt[6] aktuell, aus dem bürgerlichen Recht Grund-

---

1 §§ 459, 463 BGB.
2 §§ 463, 538, 581 BGB; vgl. dazu *BGH*, 28. 6. 1978, GRUR 1979 S. 768.
3 § 326 BGB.
4 § 242 BGB.
5 *BGH*, 12. 4. 1957, GRUR 1957 S. 595, 596; *BGH*, 22. 5. 1959, GRUR 1960 S. 44, 45; *BGH*, 12. 1. 1961, BB 1961 S. 617; *BGH*, 1. 12. 1964, GRUR 1965 S. 298, 301; vgl. dazu *Kraßer*, GRUR Int. 1982 S. 335.
6 *Trüstedt*, GRUR 1939 S. 516; auch die diesbezüglichen Bemühungen von *Kraßer*, GRUR Int. 1982 S. 335, sind insofern zu begrüßen, obwohl das gefundene Ergebnis,

sätze abzuleiten, die auf Lizenzverträge zumindest analog angewendet werden können[7].

II. Gewährleistung für Sachmängel

1. Voraussetzungen der Haftung

a) Allgemeines

Eine Patentlizenz beinhaltet nicht lediglich einen Verzicht des Lizenz-   291
gebers auf die Geltendmachung seines Monopolrechts gegenüber dem Lizenznehmer, sie enthält vielmehr auch die Verpflichtung zur Verschaffung eines Nutzungsrechts[8]. Daraus ergibt sich schon, daß es nicht damit getan ist, daß lediglich ein Patentrecht existiert, vielmehr muß in der Regel die dem Patent zugrundeliegende Erfindung bestimmte Voraussetzungen erfüllen, damit eine Benutzungsmöglichkeit zu dem nach dem Vertrag bestimmten Gebrauch gegeben ist[9]. Fehlen diese, so spricht man kurzerhand von Sachmängeln, obwohl keine Sache Gegenstand des Vertrages ist. Schwierig ist die Feststellung der Voraussetzungen, die die Erfindung erfüllen muß.

b) Meinungen, die in der Literatur vertreten werden

In der Literatur wird heute ganz allgemein die Auffassung vertreten,   292
daß der Lizenzgeber für die technische Ausführbarkeit und für die Brauchbarkeit der Erfindung zu dem angegebenen Zweck einzustehen hat[10], nicht dagegen für die kommerzielle Verwertbarkeit[11]. Der Lizenzgeber haftet also nicht für Konkurrenzfähigkeit der aufgrund des Lizenzvertrags hergestellten Erzeugnisse und auch nicht für die Rentabilität der Produktion.

Darüber, was unter technischer Ausführbarkeit und unter Brauchbar-   293
keit zu verstehen ist, gehen die Meinungen auseinander. Die verständ-

---

d. h. die Ausrichtung der Haftung des Lizenzgebers nach kaufrechtlichen Maßstäben, nicht unproblematisch ist.
7 Vgl. Rdnr. 20 ff.
8 Vgl. Rdnr. 13 ff.
9 §§ 581 Abs. 2 i. V. m. 537 BGB.
10 *Benkard*, PatG, a.a.O., Rdnr.102 zu § 15 mwN; *Pietzcker*, PatG, a.a.O., Anm. 12, 22, 35 zu § 6; *Rasch*, a.a.O., S. 22 ff.; *Reimer*, PatG, a.a.O., Rdnr. 37 zu § 9; *Henn*, a.a.O., S. 177 f. mwN; *Pagenberg/Geissler*, a.a.O., S. 74 ff. Rdnr. 61 ff.
11 *Henn*, a.a.O., S. 178 mwN in Fußn. 140.

lichste Definition für den Begriff „technische Ausführbarkeit" gibt Pietzcker, der sie für gegeben hält, wenn die Erfindung mit den der gegenwärtigen Technik zur Verfügung stehenden Mitteln ausgeführt werden kann, während Brauchbarkeit bei ihm bedeutet, daß die Erfindung das Ziel erreichen muß, dessen Erreichung sie sich vorgenommen hat[12].

294   Die Definition, die in dem Kommentar von Krausse/Katluhn/Lindenmaier gegeben wird, kann dagegen mißverstanden werden. Unter Ausführbarkeit ist danach die Möglichkeit zu verstehen, am Anmeldungstag die Erkenntnis der technischen Mittel und diese Mittel selbst zur Verfügung zu haben, vermöge derer nach dem Inhalt der Erfindung das in ihr erstrebte technische Ziel wiederholbar erreicht werden kann. Unter technischer Brauchbarkeit ist danach die Eignung der Erfindung zu verstehen, das technische Ziel, das sie sich gesetzt hat, zu erreichen[13].

295   Rasch hält technische Ausführbarkeit für gegeben, wenn sich die vom Erfinder gestellte Aufgabe mit den von ihm angegebenen Mitteln lösen läßt. Diese Definition scheint die Brauchbarkeit im Sinne von Pietzcker schon zu umfassen. Rasch verlangt darüber hinaus, daß die Erfindung fabrikmäßig ausführbar ist. Dies ist nach seiner Ansicht dann der Fall, wenn die Erfindung nicht nur bei Versuchen, sondern beim technischen Handeln im großen Stil ausgeführt werden kann. Er hält eine scharfe Grenzziehung zwischen technischer Brauchbarkeit und kommerzieller Verwertbarkeit nicht für möglich, weil die Grenzen flüssig seien. Z. B. könne eine Erfindung zwar technisch ausführbar sein, jedoch nur auf Kosten der Rentabilität. Eine richtige Rechtsfindung sei daher nur aufgrund der Würdigung aller Umstände des Einzelfalls möglich. Die von Rasch erwähnten Gesichtspunkte können zwar zu Schwierigkeiten führen, jedoch zwingt dies nicht dazu, die vorgenommenen Unterscheidungen zu verwerfen. Auch bei anderen Rechtsfragen ist die Unterscheidung manchmal schwierig, aber trotzdem nicht zu entbehren. Man wird auch die technische Ausführbarkeit dann als nicht gegeben erachten müssen, wenn unzumutbare Aufwendungen erforderlich wären.

---

12 *Pietzcker*, PatG, a.a.O., Anm. 12 zu § 6.
13 *Krausse/Katluhn/Lindenmaier*, PatG, a.a.O., Anm. 14 zu § 9.

Reimer[14] und im Anschluß daran Klauer/Möhring[15] halten die Unter- **296**
scheidung zwischen technischer Ausführbarkeit und technischer
Brauchbarkeit für künstlich und wollen sich damit begnügen, den
Lizenzgeber schlechthin für die Ausführbarkeit der Erfindung haften
zu lassen.

c) Rechtsprechung

In der Entscheidung des Reichsgerichts vom 1. 3. 1911[16] wird klar **297**
ausgesprochen, daß der Lizenzgeber für technische Ausführbarkeit zu
haften hat. Es wird dabei zum Ausdruck gebracht, daß die technische
Ausführbarkeit streng von der gewerblichen Verwertbarkeit zu unterscheiden ist.

Auch in der Entscheidung vom 13. 4. 1918[17] hält das Reichsgericht an **298**
dieser Rechtsprechung fest, wenn es auch an die technische Ausführbarkeit keine so hohen Ansprüche stellt, wie dies in dem obengenann-
ten Urteil geschieht, wo Gegenstand des Lizenzvertrags ein Entschirrungsapparat war. Es wird darauf hingewiesen, daß das Verlangen
nach absoluter Zuverlässigkeit sich bei dem Entschirrungsapparat aufgrund des mit dieser Vorrichtung verfolgten Zwecks rechtfertige, um
eine sichere Entschirrung zur Abwehr einer drohenden Gefahr zu
gewährleisten. Derartige Anforderungen könne man dagegen nicht an
einen Taschenschirm stellen.

In der Entscheidung vom 12. 6. 1942[18] heißt es, daß der Lizenzgeber **299**
beim Fehlen besonderer Vereinbarungen für die Fabrikationsreife der
Erfindung nicht einzustehen habe. Hierin komme die gewagte Natur
solcher Verträge zum Ausdruck. Weiter wird ausgesprochen, daß der
Lizenznehmer das mit der Möglichkeit gewinnbringender Verwertung
des Schutzrechts verbundene Wagnis trage. Dieser in der Literatur
bereits ausgeführte, allgemein anerkannte Grundsatz wird auch in
zahlreichen anderen höchstrichterlichen Entscheidungen anerkannt[19].

---

14 *Reimer*, PatG, a.a.O., Rdnr. 37 zu § 9.
15 *Klauer/Möhring*, PatG, a.a.O., Rdnr. 73 zu § 9.
16 Vgl. *RG*, 1. 3. 1911, RGZ 75 S. 400.
17 *RG*, 13. 4. 1918, Leipziger Zeitschrift 1918 S. 1216.
18 *RG*, 12. 6. 1942, GRUR 1943 S. 35.
19 Vgl. hierzu die oben erwähnten Entscheidungen und Urteile des *RG*, 11. 7. 1939,
   RGZ 163 S. 1 und vom 12. 6. 1942, GRUR 1943 S. 35.

300 Der Bundesgerichtshof hat sich in seiner Entscheidung vom 26. 11. 1954[20] der Auffassung des Reichsgerichts angeschlossen. Er führt aus, daß der Lizenzgeber grundsätzlich für die technische Ausführbarkeit der Erfindung hafte, also für einen Mangel derselben, nicht aber für die gewerbliche Verwertbarkeit, also für die Möglichkeit, die Erfindung nutzbringend auszubeuten. Diese Grundsätze seien auch auf Verträge anzuwenden, denen eine Patentanmeldung zugrunde liege. Die Erfindung müsse brauchbar sein, d. h. der nach der Vereinbarung erstrebte technische Verwendungszweck müsse erreicht werden können; dagegen hafte der Lizenzgeber ohne besondere Vereinbarung nicht für fehlende Fabrikationsreife. Diese Rechtsprechung hat der BGH in seiner Entscheidung vom 28. 6. 1979[21] noch einmal ausdrücklich bestätigt und den Grundsatz betont, daß der Lizenzgeber auch ohne ausdrückliche Zusicherung für die Brauchbarkeit des Verfahrens zu dem vertraglich vorgesehenen Zweck einzustehen hat.

301 Anzumerken ist in diesem Zusammenhang, daß nur die Entscheidung des Reichsgerichtes vom 15. 2. 1936[22] zu dieser kontinuierlichen Rechtsprechung im Widerspruch steht. In dieser Entscheidung wurde der Anspruch auf Rückzahlung von Lizenzgebühren abgelehnt, obwohl die Erfindung unbrauchbar und unausführbar war. Das Reichsgericht begründete dies damit, daß auch ein Patent, das eine unbrauchbare und unausführbare Erfindung schütze, dem Lizenznehmer Vorteile bringen könne.

d) Ergebnis

302 Als Ergebnis kann festgestellt werden, daß der Lizenzgeber sowohl nach der in der Literatur herrschenden Meinung[23] als auch nach Auffassung des Bundesgerichtshofs, wenn sich nicht aus dem Vertrag oder den Umständen des Einzelfalls etwas anderes ergibt, für die technische Ausführbarkeit und für die Brauchbarkeit der Erfindung haftet. Dies läßt sich aus §§ 581 Abs. 2 i. V. m. 537 Abs. 1 BGB

---

20 *BGH*, 26. 11. 1954, BB 1955 S. 78 = GRUR 1955 S. 338; ebenso *BGH*, 1. 12. 1964, NJW 1965 S. 759.

21 *BGH*, 28. 6. 1979, GRUR 1979 S. 768.

22 *RG*, 15. 2. 1936, GRUR 1937 S. 135 = MuW 1936 S. 173 = JW 1936 S. 1522 Nr. 2.

23 Anderer Meinung offenbar *Lüdecke/Fischer*, a.a.O., S. 118, der die Auffassung vertritt, daß der Lizenzgeber im allgemeinen für die Brauchbarkeit nicht haftet, wenn er keine Zusicherungen übernommen hat. Er läßt aber u. E. außer Betracht, daß der Vertragsgegenstand zu dem nach dem Vertrag vorausgesetzten Zweck geeignet sein muß, während er andererseits allzu leicht das Vorliegen einer zugesicherten Eigenschaft bejaht. Vgl. *Lüdecke/Fischer*, a.a.O., S. 112.

ableiten, wonach der Lizenzgeber bei Anwendung der pachtrechtlichen Grundsätze dafür einzustehen hat, daß der Lizenzgegenstand nicht mit Fehlern behaftet ist, die seine Tauglichkeit zu dem vertragsmäßigen Gebrauch aufheben oder mindern. Entscheidend ist dabei vor allen Dingen, wie der BGH betont[24], welcher Zweck vertraglich vorausgesetzt wurde.

Bei Anwendung der pachtrechtlichen Grundsätze können auch die Fälle gelöst werden, in denen die technische Ausführbarkeit und die Brauchbarkeit nicht gegeben sind, der Lizenznehmer aber aufgrund eines bestehenden Schutzrechtes Vorteile aus der Lizenz ziehen kann. Dabei ist wieder ausschlaggebend, ob der vertragsgemäße Gebrauch beeinträchtigt wird oder nicht[25]. Die Abgrenzung zwischen technischer Ausführbarkeit und Brauchbarkeit ist dabei – wie der BGH betont[26] – praktisch unerheblich.

Von großer Wichtigkeit ist dagegen die Feststellung, was noch unter technische Ausführbarkeit fällt und was nicht mehr. Die fabrikmäßige Ausführbarkeit ist nicht mehr hierunter zu rechnen[27]. Für die fabrikmäßige Ausführbarkeit wird der Lizenzgeber in der Regel weder eine Haftung übernehmen können noch wollen. Betrachtet man den Regelfall, so entwickelt der Lizenzgeber die Erfindung. Hat er sie vollendet, so wird er sie u. U. in Versuchen erproben. Die Arbeiten bis zu diesem Zeitpunkt gehören gewöhnlich in den Bereich der Tätigkeit des Erfinders. Sie fallen in seine Sphäre, und er muß dafür einstehen, wenn nichts anderes vereinbart ist. Selbst wenn die Durchführung von Versuchen, die Herstellung von Modellen und dgl., wodurch die technische Ausführbarkeit geprüft werden kann, nicht möglich ist, scheint es gerechtfertigt, daß der Erfinder, wenn er keinen Vorbehalt gemacht hat, dafür einzustehen hat, daß der von ihm angegebene Erfolg in der von ihm angegebenen Weise erreicht werden kann. Wenn der Lizenzgeber die Erfindung gegen Entgelt einem anderen anbietet, ohne daß er sie vorher erproben konnte, so muß von ihm erwartet werden, daß er die Erfindung theoretisch besonders sorgfältig durchgearbeitet hat und daß er dafür einsteht, wenn ihm Fehler unterlaufen sind. Ist der Lizenzgeber nicht der Erfinder, sondern hat er das Patent lediglich erworben, so hat er in gleicher Weise wie der Erfinder, der eine Lizenz

303

---

24 *BGH*, 28. 6. 1979, GRUR 1979 S. 768.
25 Vgl. die in der Fußnote 22 erwähnte Entscheidung des *RG*, 15. 2. 1936, die nicht überzeugt.
26 *BGH*, 1. 12. 1964, GRUR 1965 S. 298.
27 *Rasch*, a.a.O., S. 23; vgl. auch *Gaul/Bartenbach*, a.a.O., K 207 mwN.

erteilt, einzustehen, denn er hat insoweit das Risiko übernommen. Eventuell kann er seinerseits Ansprüche gegen seinen Rechtsvorgänger geltend machen.

304 Technische Ausführbarkeit ist nur gegeben, wenn die Herstellung nicht mit unzumutbaren Aufwendungen verbunden ist. Was zumutbar ist, hängt von den Umständen des Einzelfalls ab, z. B. von der Erfindungshöhe oder dem zu erzielenden Erfolg. Dabei sind dem Lizenznehmer allerdings zur Herstellung der technischen Brauchbarkeit erfinderische Bemühungen regelmäßig nicht zuzumuten. Er muß aber ggf. dem Lizenzgeber die Möglichkeit geben, seinerseits durch zusätzliche Vorschläge die bislang fehlende Brauchbarkeit herbeizuführen[28].

305 Im Regelfall ist es dagegen Aufgabe des Lizenznehmers, die fabrikmäßige Ausführbarkeit sowie die kaufmännische Verwertbarkeit einer Erfindung zu beurteilen. Er weiß, welche Einrichtungen und Mittel er zur Produktion zur Verfügung hat; das Risiko, daß hierbei Schwierigkeiten auftreten, fällt in seine Sphäre. Der Lizenznehmer muß damit rechnen, daß bei einer Erfindung, die noch nicht im Großen erprobt ist, bis zur Produktionsreife noch sog. Kinderkrankheiten zu überwinden sind. Die hierzu erforderlichen Arbeiten können normalerweise nur bei ihm, der die hierfür notwendigen Produktionsanlagen und dergleichen zur Verfügung hat, durchgeführt werden.

306 Abweichungen von den hier aufgezeigten Fällen sind zahlreich, da von zentraler Bedeutung die Frage ist, welche Anforderungen an den Lizenzgegenstand nach dessen vertraglich vorausgesetztem Verwendungszweck billigerweise zu stellen sind[29]. So ist es nicht selten, daß die Erfindung, für welche die Lizenz erteilt wurde, schon in der Produktion erprobt ist. Gehen die Vertragspartner hiervon aus, so hat der Lizenzgeber auch für die Produktionsreife einzustehen, wenn beide Vertragspartner die fabrikmäßige Ausführbarkeit zugrunde gelegt haben. Trifft dies zu, was von den Umständen des Einzelfalls abhängt, so ist der Lizenzgegenstand nur dann zum vertraglich vorausgesetzten Gebrauch geeignet, wenn auch die fabrikmäßige Ausführbarkeit gegeben ist. Liegt sie nicht vor, so haftet der Lizenzgeber[30].

307 Nur der Vollständigkeit halber sei noch erwähnt, daß u. U. beim Fehlen der technischen Ausführbarkeit und Brauchbarkeit eine ursprüngliche Unmöglichkeit vorliegen kann, nämlich dann, wenn die

---

28 *BGH*, 1. 12. 1964, GRUR 1965 S. 302 mit Anmerkungen von *Falk*.
29 *BGH*, 1. 12. 1964, GRUR 1965 S. 298.
30 §§ 581 Abs. 2 i. V. m. 537 Abs. 2 BGB; s. auch *Henn*, a.a.O., S. 178 mwN.

Erfindung absolut ungeeignet ist und das erstrebte Ziel nach dem Stand der Technik nicht erreicht werden kann. Die Abgrenzung zwischen Mangel und ursprünglicher Unmöglichkeit kann im Einzelfall sehr schwierig sein.

e) Zugesicherte Eigenschaften

In Anbetracht der Unsicherheit, die hinsichtlich der Haftung des **308** Lizenzgebers besteht, verlangt der Lizenznehmer häufig ausdrückliche Zusicherungen. Als Zusicherung gilt nicht jede bei Gelegenheit von Kaufverhandlungen über den Kaufgegenstand abgegebene Erklärung; „sie muß vielmehr vom Lizenznehmer als vertragsmäßige verlangt, vom Lizenzgeber in vertragsmäßig bindender Weise abgegeben werden"[31]. Hierfür kommt es entscheidend darauf an, wie der Lizenznehmer die Äußerungen des Lizenzgebers unter Berücksichtigung seines sonstigen Verhaltens und der Umstände, die zum Vertragsschluß geführt haben, nach Treu und Glauben, mit Rücksicht auf die Verkehrssitte, auffassen durfte[32]. Nicht als Zusagen im Sinne zugesicherter Eigenschaften sind erkennbar überschwengliche Lobpreisungen der Erfindung zu werten[33] oder bloße Hinweise auf die Eignung für den vertraggemäß vorausgesetzten Gebrauch[34].

Die Zusicherung steht in gewissem Gegensatz zu dem im Vertrag vorausgesetzten Gebrauch. Während letzterer Vertragsgrundlage ist, muß die Zusicherung mehr sein, nämlich Vertragsbestandteil im Sinne einer Verpflichtungsübernahme durch den Lizenzgeber. Entscheidend ist daher, daß der Lizenzgeber die Gewähr für das Vorhandensein eines oder mehrerer bestimmter Eigenschaften übernimmt und damit seine Bereitschaft zu erkennen gibt, für alle Folgen einzustehen, wenn diese Eigenschaft fehlt[35]. Soweit Lüdecke[36] das, was in einer Beschreibung über die technische Eigenschaft der Erfindung offenbar ist, schon als zugesichert ansehen will, scheint dies zu weitgehend zu sein. Auch der Bundesgerichtshof hat z. B. sog. Lastenhefte, die einer Ausschreibung zugrunde lagen, nicht ohne weiteres als zugesicherte Eigenschaf-

---

31 *RG*, 1. 4. 1903, RGZ 54 S. 219.
32 *BGH*, 5. 7. 1972, BGHZ 59 S. 158, 160; *BGH*, 29. 10. 1980, DB 1981 S. 213.
33 *BGH*, 21. 6. 1967, BGHZ 48 S. 118.
34 *BGH*, 5. 7. 1972, BGHZ 59 S. 158, 160.
35 *BGH*, 5. 7. 1972, BGHZ 59 S. 158.
36 *Lüdecke/Fischer*, a.a.O., S. 112.

ten angesehen, sondern noch besondere Umstände gefordert, die für das Vorliegen einer zugesicherten Eigenschaft sprechen müßten[37].

Es empfiehlt sich vor allem, daß der Lizenznehmer versucht, hinsichtlich der Eigenschaften der Erfindung, die für ihn von ausschlaggebender Bedeutung sind, im Vertrag ausdrückliche Zusicherungen zu erhalten. Als Eigenschaften, für die Zusicherungen gemacht werden können, kommen alle Verhältnisse in Betracht, die zufolge ihrer Art und Dauer nach der Verkehrsauffassung Einfluß auf die Wertschätzung oder Brauchbarkeit der Sache auszuüben pflegen[38], insbesondere also Zusagen über die Leistung, die Präzision einer Maschine, die Fabrikationsreife und dgl. Auch die Zusicherung eines bestimmten Umsatzes ist denkbar, wenn es sich hier auch nicht um eine Eigenschaft der Erfindung handelt. Für Zusicherungen hat der Lizenzgeber immer einzustehen[39].

2. Umfang der Haftung

a) Meinungen, die in der Literatur vertreten werden

309 Hinsichtlich der Frage, in welchem Umfang der Lizenzgeber für seine Verpflichtungen einzustehen hat, gehen die Meinungen in der Literatur auseinander. Dabei ist von entscheidender Bedeutung, welche gesetzlichen Vorschriften als Grundlage für die Haftung des Lizenzgebers angewendet werden.

Pietzcker macht in seinen Ausführungen keinen strengen Unterschied zwischen der Haftung für Sachmängel und der Haftung für zugesicherte Eigenschaften und stellt die letzteren bei seiner Betrachtung in den Vordergrund. Patentkauf und Lizenzvertrag will er prinzipiell gleich behandelt wissen[405]. Er unterscheidet, ob es sich um die Zusage von nebensächlichen oder um wesentliche Eigenschaften handelt. Bei der Zusicherung über Nebensachen soll der Lizenznehmer lediglich ein Minderungsrecht haben, wenn diese nicht erfüllt werden. Fehlen zugesicherte wesentliche Eigenschaften, so soll ein Recht zur Aufhebung des Vertrages und zur Rückforderung der gezahlten Lizenzgebühren bestehen. Im übrigen soll der Lizenzgeber für positiven Schaden des

---

37 *BGH*, 29. 10. 1980, DB 1981 S. 213; a. A. *Henn*, a.a.O., S. 179.
38 Vgl. *RG*, 24. 6. 1927, RGZ 117 S. 315.
39 *BGH*, 11. 6. 1970, GRUR 1970 S. 547; *BGH*, 28. 6. 1979, GRUR 1979 S. 768; *Benkard*, PatG, a.a.O., Rdnr. 102, 106 zu § 15; *Henn*, a.a.O., S. 178 f.
40 *Pietzcker*, PatG, a.a.O., Anm. 12 u. 22 zu § 6.

noch
309

Lizenznehmers, nicht dagegen für entgangenen Gewinn haften. Für den positiven Schaden soll der Lizenzgeber bei Vorliegen eines Mangels auch ohne Zusicherung haften, wenn ihn ein Verschulden trifft, jedoch auch hier nicht für entgangenen Gewinn.

Auch Malzer[41], Nirk[42] und Klauer/Möhring[43] vertreten die Auffassung, daß auf die Haftung des Lizenzgebers für technische Brauchbarkeit die Regeln des Kaufrechtes über Sachmängel gem. § 459 ff. BGB entsprechend anzuwenden seien und daher ohne besondere Zusicherung im Sinne des § 463 BGB eine Schadensersatzpflicht des Lizenzgebers nicht in Betracht komme.

Krausse/Katluhn/Lindenmaier vertreten zwar die Ansicht, daß sowohl beim Patentkauf als auch beim Lizenzvertrag die Regeln des Kaufrechtes prinzipiell Anwendung finden sollen[44]. Im Rahmen der Gewährleistung wollen sie allerdings der Anwendung des § 242 BGB wegen Fehlens der Geschäftsgrundlage den Vorzug geben[45]. Auf dieser Basis stehen dann Vertragsauflösung mit und ohne Rückforderungsrecht durchgeführter Leistungen und Anrechnung gemachter Aufwendungen zur Verfügung[46].

Rasch will bei der Frage, in welchem Umfang der Lizenzgeber haftet, vor allem darauf abstellen, in welchem Reifestadium die Erfindung dem Lizenznehmer übergeben wurde[47]. Ist die Erfindung auf ihre fabrikmäßige Ausführbarkeit bei Lizenzvergabe noch nicht praktisch erprobt gewesen, so soll der Lizenznehmer, wenn sich herausstellt, daß die Erfindung nicht fabrikmäßig ausführbar ist, lediglich ein Rücktrittsrecht nach angemessener Zeit haben. Dasselbe soll gelten, wenn die Parteien darüber einig waren, daß der Lizenznehmer für die fabrikmäßige Herstellbarkeit noch Entwicklungsarbeiten durchführen soll. Aber auch wenn die Parteien bei Vertragsschluß zugrunde legten, daß die Erfindung bereits fabrikmäßig ausführbar sei, entspricht es nach Auffassung von Rasch meist nicht der Billigkeit, den Lizenzgeber hierfür auf Schadensersatz haften zu lassen, weil es im Wesen der Technik liege, daß unerwartete Schwierigkeiten entstehen. Der Lizenzgeber habe voll für die technische Ausführbarkeit einzustehen,

---

41 *Malzer*, GRUR 1971 S. 96, 99.
42 *Nirk*, GRUR 1970 S. 329, 333.
43 *Klauer/Möhring*, PatG, Rdnr. 74 zu § 9.
44 *Krausse/Katluhn/Lindenmaier*, a.a.O., Anm. 9 f. zu § 9.
45 *Krausse/Katluhn/Lindenmaier*, a.a.O., Anm. 19 zu § 9.
46 *Krausse/Katluhn/Lindenmaier*, a.a.O., Anm. 19 zu § 9.
47 Vgl. *Rasch*, a.a.O., S. 24.

für diese hafte er auch auf Schadensersatz. Hierbei komme jedoch nur Auslagenersatz in Betracht. Eine Haftung für entgangenen Gewinn habe zur Voraussetzung, daß der Lizenzgeber auch für fabrikmäßige Ausführbarkeit hafte, was in der Regel nicht der Fall sei. Reimer schließt sich weitgehend der Auffassung von Pietzcker und Rasch an[48].

b) Rechtsprechung

310 In seinem Urteil vom 1. 3. 1911[49] stellt das Reichsgericht den Grundsatz auf, daß die Lizenzgebühr für die Zeit, in der die zugesagte Benutzung der Erfindung nicht gewährt wird, nicht geschuldet ist. Diese Regel könne aus der Natur des Vertrages entwickelt werden. Die Unterstellung unter eine gewisse Kategorie von Verträgen sei hierzu nicht erforderlich.

In dem Urteil vom 29. 4. 1931 wird erwähnt, daß zu prüfen ist, ob der Lizenzgeber für die Brauchbarkeit einzustehen hat und ob ein Rücktritts- oder Leistungsverweigerungsrecht nach Treu und Glauben besteht[50]. In der Entscheidung des Reichsgerichts vom 12. 4. 1913[51], in der es sich um die Überlassung eines Geheimverfahrens handelte, hat das Reichsgericht, nachdem festgestellt wurde, daß die zugesicherten Eigenschaften der Erfindung fehlten, zunächst die Vorschriften über den Rechtskauf herangezogen und ausgeführt, daß hiernach der Lizenzgeber für den Bestand des Rechtes haftet. Es fährt dann fort: „Will man die Analogie des Rechtskaufs nicht anerkennen, so drängt sich ein Vergleich mit den Vorschriften des BGB auf, wonach der Verkäufer einer Sache bis zum vollen Schadensersatz dafür haftet, daß sie die zugesicherten Eigenschaften hat"[52].

311 Der BGH hat in mehreren Entscheidungen zu dem Umfang der Haftung des Lizenzgebers Stellung genommen und dabei vor allem in seiner Entscheidung vom 28. 6. 1979[53] die Anwendung der Vorschriften über die Mängelhaftung beim Kauf als nicht sachgerecht abgelehnt. Der BGH hält eine sachgerechte Wahrung der Interessen der Vertragspartner nur durch die Anwendung der allgemeinen Vorschriften über gegenseitige Verträge für möglich. Damit ist nach der Rechtsprechung

---

48 Vgl. *Reimer*, PatG, a.a.O., Anm. 40 zu § 9.
49 *RG*, 1. 3. 1911, RGZ 75 S. 400.
50 *RG*, 29. 4. 1931, MuW 1931 S. 441.
51 *RG*, 12. 4. 1913, RGZ 82 S. 155.
52 §§ 459 Abs. 2 u. 463 BGB.
53 *BGH*, 28. 6. 1979, GRUR 1979 S. 768.

des Bundesgerichtshofs zu unterscheiden, ob die Störung des Lizenzvertrages aus der Zeit vor oder nach Abschluß des Vertrages stammt.

Nach der bereits zitierten Entscheidung des Bundesgerichtshofes[54] **312**
finden die Regeln über anfängliches Unvermögen Anwendung, wenn
die Brauchbarkeit zu dem vertraglich vorgesehenen Zweck von vornherein nicht gegeben und daher die Herbeiführung des vertraglich
versprochenen Ergebnisses von Anfang an unmöglich ist. Dies hat zur
Konsequenz, daß der Lizenzgeber zum Schadensersatz wegen Nichterfüllung verpflichtet wird, soweit sich nicht – so der BGH etwas sybillinisch – aus den Umständen des Falles eine andere Risikoverteilung
ergibt. Dabei läßt der BGH offen, ob dieser Anspruch, wie vielfach
vorgeschlagen wird[55], der Höhe nach auf die Aufwendungen des
Lizenznehmers zu begrenzen ist.

Die Regeln der §§ 325, 326 BGB kommen nach der genannten Ent- **313**
scheidung des BGH zum Tragen, wenn die Durchführung und damit
die Erfüllung des Vertrages während seiner Laufzeit gefährdet oder
vereitelt wird. In diesem Fall kann die betroffene Partei entweder vom
Vertrag zurücktreten oder Schadensersatz wegen Nichterfüllung verlangen, wobei im Falle des Rücktritts der Schadensersatz wegen Nichterfüllung nicht mehr gefordert werden könne[56]. In diesem Zusammenhang ist darauf hinzuweisen, daß der BGH die rechtmäßige Erklärung
einer Partei, sie werde mit Rücksicht auf die aufgetretenen Störungen
die Produktion einstellen, nicht als eine Rücktrittserklärung gewertet
hat, die die Geltendmachung des Schadensersatzes ausschließen
könnte[57].

Zu der Frage der Haftung aus dem Gesichtspunkt der positiven Ver- **314**
tragsverletzung hat der BGH in seinem Urteil vom 6. 6. 1958[58] Stellung
genommen. Danach steht aus dem Gesichtspunkt der positiven Vertragsverletzung demjenigen, der einen Lizenzvertrag kündigt, ein
Schadensersatzanspruch zu, wenn die Zusammenarbeit durch von
einer Partei zu vertretende Umstände unzumutbar wird und es zu einer
gerechtfertigten Beendigungserklärung kommt. Der sich hieraus ergebende Schadensersatzanspruch umfaßt den durch die Kündigung entstandenen Schaden, schließt aber die Geltendmachung solcher Schä-

---

54 *BGH*, 28. 6. 1979, GRUR 1979 S. 768.
55 Vgl. z. B. *Krausse/Katluhn/Lindenmaier*, a.a.O., Rdnr. 43, 19 zu § 8; *Rasch*, a.a.O.,
   S. 26; *Reimer*, PatG, a.a.O., Rdnr. 37 zu § 9.
56 *BGH*, 28. 6. 1979, GRUR 1979 S. 768, 770.
57 *BGH*, 28. 6. 1979, GRUR 1979 S. 770.
58 *BGH*, 6. 6. 1958, GRUR 1959 S. 618.

den nicht aus, die vorher aufgrund der die Kündigung veranlassenden schuldhaften Vertragsverletzung entstanden sind.

315 Was die Haftung für zugesicherte Eigenschaften betrifft, hat der Bundesgerichtshof sowohl in seiner Entscheidung vom 11. 6. 1970[59] als auch in seiner Entscheidung vom 28. 6. 1979[60] darauf verwiesen, daß der Lizenzgeber in entsprechender Anwendung der §§ 463, 538, 581 BGB zum Schadensersatz wegen Nichterfüllung verpflichtet ist, wenn die zugesicherten Eigenschaften fehlen. Dabei verweist der BGH in der Entscheidung vom 11. 6. 1970 darauf, daß dieser Auffassung nicht entgegenstehe, daß ein solcher Anspruch beim Fehlen zugesicherter Eigenschaften eines Werkes mit Rücksicht auf die abschließende gesetzliche Regelung der Gewährleistungsansprüche beim Werkvertrag verneint wird[61]. Die Auffassung von Rasch[62], der mit Rücksicht auf das der Auswertung von Erfindungen innewohnende Unsicherheitsmoment im Regelfall einen Schadensersatzanspruch verneint und den Lizenznehmer auf ein Kündigungsrecht verweisen will, wird der Interessenlage nicht gerecht. Der Lizenznehmer muß sich wegen der erwähnten Risiken bei der Auswertung von Erfindungen auf die Zusicherungen des Lizenzgebers hinsichtlich der Eigenschaften der lizenzierten Erfindung verlassen können. Das rechtfertigt einen Schadensersatzanspruch des Lizenznehmers wegen Nichterfüllung bei Fehlen zugesicherter Eigenschaften. Dabei genügt es, wenn der Lizenznehmer seine Forderung mit den gemachten Aufwendungen begründet, wenn festzustellen ist, daß er bei Einhaltung der vertraglichen Zusicherung Gewinn in Höhe dieser Aufwendungen erzielt hätte[63].

c) Ergebnis

316 In der Literatur und Rechtsprechung sind feste, nachvollziehbare Grundsätze, in welcher Weise der Lizenzgeber für Mängel des Lizenzgegenstandes einzustehen hat, nur schwer feststellbar. Immer wieder wird versucht, auf Begriffe wie „Treu und Glauben", „Billigkeit" und „Natur des Rechtsverhältnisses" auszuweichen. Selbst wenn der Bundesgerichtshof apodiktisch feststellt, daß der Lizenzgeber, wenn die Brauchbarkeit zu dem vertraglich vorgesehenen Zweck fehlt, aus dem Gesichtspunkt des anfänglichen Unvermögens zum Schadensersatz

---

59 *BGH*, 11. 6. 1970, GRUR 1970 S. 547.
60 *BGH*, 28. 6. 1979, GRUR 1979 S. 768.
61 RGZ 58 S. 173, 180; *RG*, SeuffArch 76 Nr. 80; *RG*, WarnRspr 1915 Nr. 79.
62 *Rasch*, a.a.O., S. 27.
63 *BGH*, 22. 5. 1959, GRUR 1960 S. 44; *BGH*, 28. 6. 1979, GRUR 1979 S. 768.

wegen Nichterfüllung verpflichtet ist[64], wird dies sofort durch den anschließenden Nebensatz, „sofern sich nicht aus den Umständen des Falles eine andere Risikoverteilung ergibt", erheblich relativiert. Sicherlich sind abweichende vertragliche Vereinbarungen möglich, die eine andere Risikoverteilung vorsehen können. Aber die Verweisung auf die Umstände des Falles erscheint sybillinisch und öffnet unkontrollierten Billigkeitserwägungen immer wieder Tor und Tür. Dies birgt große Gefahren in sich. Es macht den Vertragspartnern fast unmöglich abzuwägen, welche Ansprüche sie bei Mängeln haben und in welcher Weise und in welchem Umfang sie einzustehen haben. Neben die Unsicherheit, die sich aus der Materie des Erfindungswesens ergibt, tritt noch die Unsicherheit in rechtlicher Hinsicht. Es läßt sich kaum voraussehen, welche Ansprüche unterschiedliche Richter nach Treu und Glauben oder nach Billigkeitsgesichtspunkten für angemessen halten werden.

In der Literatur wird der Lizenzvertrag vielfach bei der Beurteilung **317** von Haftungsfragen ohne weiteres dem Patentkauf gleichgestellt, ohne daß dabei die Unterschiede, die dem Wesen nach zwischen Patentkauf und Lizenzierung bestehen, genügend beachtet werden, da z. B. selbst bei Vergabe einer ausschließlichen Lizenz nicht die gesamte Rechtsposition an den Lizenznehmer übergeht.

Ausgangspunkt sollte, wie bereits wiederholt erwähnt, sein, daß der **318** Lizenzvertrag als Dauerschuldverhältnis seinem Wesen nach der Rechtspacht am meisten ähnelt und sich daher die Vorschriften über die Rechtspacht zur analogen Anwendung am besten eignen[65]. Auf dieser Grundlage ergibt sich folgendes:

Haftet der Erfindung ein sog. Sachmangel an, für den der Lizenzgeber nach den obigen Ausführungen einzustehen hat, so ist der Lizenznehmer für die Zeit, in der er aufgrund des Mangels sein Recht nicht ausüben kann, von der Zahlung der Lizenzgebühr frei. Kann der Lizenznehmer sein Recht zwar ausüben, wird die Ausübung durch den Mangel jedoch beeinträchtigt, so ist er nur zur Entrichtung einer geminderten Gebühr verpflichtet[66]. Hierbei ist die Lizenzgebühr in dem Verhältnis herabzusetzen, in dem der Wert des Lizenzgegenstandes in mangelfreiem Zustand zu dem wirklichen Wert gestanden

---

64 *BGH*, 28. 6. 1979, GRUR 1979 S. 768.
65 Vgl. Rdnr. 20 ff.
66 §§ 581 Abs. 2 i. V. m. 537 BGB.

hätte[67]. Läßt sich der Wert des Lizenzgegenstandes in mangelfreiem Zustand nicht ermitteln, was bei Erfindungen nicht selten der Fall sein wird, so muß im Streitfall die geminderte Lizenzgebühr im Wege freier Schätzungen festgestellt werden[68]. Was in der Entscheidung des Reichsgerichts vom 1. 3. 1911[69] aus der Natur des Rechtsverhältnisses entwickelt wurde, hat der Gesetzgeber im Miet- und Pachtrecht bereits vorgesehen. Die Befreiung von der Verpflichtung zur Lizenzzahlung tritt durch das bloße Vorhandensein von Mängeln ein. Es ist dabei nicht erforderlich, daß den Lizenzgeber ein Verschulden trifft. Das Recht auf Minderung ist seiner rechtlichen Natur nach kein Anspruch wie beim Kauf, wo es erforderlich ist, daß der Käufer die Minderung verlangt[70]; die Ermäßigung der Lizenzgebühr tritt vielmehr kraft Gesetzes ein.

319   Im Gegensatz zum Wandelungs- und Minderungsrecht des Kaufrechts, das ein Rücktrittsrecht oder ein einmaliges Recht zur Minderung gewährt, ist der Lizenznehmer bei Anwendung der Vorschriften über die Pacht nur für die Zeit, während der der Mangel besteht, von der Lizenzzahlung befreit oder nur zur Zahlung einer geminderten Lizenzgebühr verpflichtet. Der Unterschied in der Regelung rührt daher, daß es sich bei der Pacht um ein Dauerschuldverhältnis handelt, beim Kauf dagegen um eine einmalige Leistung. Für den Lizenzvertrag eignen sich daher die Bestimmungen über die Pacht besser. Gerade bei Erfindungen besteht die Gefahr, daß sich bei der Verwertung der Lizenz Mängel herausstellen, die u. U. jedoch durch den Lizenzgeber beseitigt werden können. Häufig wird hier auch der Lizenznehmer ein Interesse daran haben, daß der Mangel beseitigt wird.

320   Fehlt eine zugesicherte Eigenschaft oder fällt sie später weg, so gilt Entsprechendes. Der Lizenznehmer ist für die Zeit, in der die zugesicherte Eigenschaft fehlt, von der Zahlung frei oder, wenn die Ausübung des Lizenzrechts nur beeinträchtigt ist, zur Zahlung einer geminderten Gebühr verpflichtet[71]. Das Vorliegen eines Mangels oder das Fehlen einer zugesicherten Eigenschaft ist vom Lizenznehmer zu beweisen.

---

67 §§ 581 Abs. 2 i. V. m. 537 u. 472 BGB.
68 § 287 ZPO.
69 *RG*, 1. 3. 1911, RGZ 75 S. 400.
70 § 465 BGB.
71 §§ 581 Abs. 2 i. V. m. 537 Abs. 2 BGB.

Eine weitere Schwierigkeit, die bei der Anwendung kaufrechtlicher **321**
Bestimmungen besteht, entfällt bei der Anwendung der Pachtvor-
schriften, nämlich die im Kaufrecht vorgesehene kurze Verjährung.
Die kaufrechtlichen Gewährleistungsansprüche verjähren nach § 477
BGB bei beweglichen Sachen grundsätzlich in 6 Monaten von der
Ablieferung an. In Rechtsprechung und Literatur besteht, selbst wenn
die kaufrechtlichen Vorschriften angewendet werden, die einhellige
Auffassung, daß sich die kurze Verjährungsfrist für den Lizenzvertrag
nicht eignet und daß sie daher keine Anwendung finden kann. Der
Grund für die Ablehnung der kurzen Verjährung dürfte darin liegen,
daß der Lizenzvertrag ein Dauerschuldverhältnis ist und daher die
Geltendmachung von Mängeln während der gesamten Vertragsdauer
möglich sein muß[72].

Zeigt der Lizenznehmer dem Lizenzgeber das Vorliegen eines Mangels **322**
an und fordert er ihn zur Beseitigung desselben innerhalb einer angemessenen Frist auf, so kann der Lizenznehmer den Mangel nach
erfolglosem Ablauf der Frist selbst beseitigen und Ersatz der hierfür
erforderlichen Aufwendungen verlangen. Stellt also der Lizenznehmer
z. B. fest, daß die Erfindung noch nicht ausgereift und daher die
technische Ausführbarkeit noch nicht gegeben ist, so kann er bei
Anwendung der pachtrechtlichen Bestimmungen den Lizenzgeber auf-
fordern, die Erfindung unter Hinweis auf die aufgetretenen Schwierigkeiten in angemessener Frist zu überarbeiten. Die Praxis verfährt
häufig in dieser Weise.

Die Beurteilung, wann eine Frist angemessen ist, kann schwierig sein. **323**
Allgemeine Richtlinien lassen sich hierfür nicht aufstellen. Ausschlaggebend ist, wie lange es dem Lizenznehmer zugemutet werden kann,
auf die Durchführung der Überarbeitung zu warten. Dies hängt von
den Umständen des Einzelfalls ab.

Kommt der Lizenzgeber mit der Beseitigung des Mangels in Verzug, so **324**
wird man entsprechend den Pachtbestimmungen dem Lizenznehmer
das Recht einräumen müssen, an der Erfindung selbst Entwicklungsarbeiten vorzunehmen. Hierzu darf er die erforderlichen Konstruktions-
arbeiten, Versuche und dgl. an der Erfindung durchführen. Die Kosten
für die Arbeit der hierbei beschäftigten Ingenieure, Techniker, Chemi-
ker und des sonstigen Personals sowie die Materialkosten können dem

---

72 Vgl. *RG*, 12. 4. 1913, RGZ 82 S. 155 = Bl. 1913 S. 39 = JW 1913 S. 861 Nr. 6; *RG*,
  4. 4. 1914, JW 1914 S. 674 Nr. 2; *RG*, 3. 7. 1937, GRUR 1938 S. 33 = JW 1937
  S. 2661 Nr. 25; siehe *Reimer*, PatG, a.a.O., Anm. 39 zu § 9.

Lizenzgeber in Rechnung gestellt werden, soweit sie in angemessenem Verhältnis stehen.

325   Ist der Mangel schon zur Zeit der Einräumung der Lizenz vorhanden, wie dies bei Erfindungen sehr häufig der Fall ist, oder kommt der Lizenzgeber mit der Beseitigung des Mangels in Verzug, so kann der Lizenznehmer anstelle der oben dargestellten Rechte Schadensersatz wegen Nichterfüllung verlangen[73]. Dies entspricht im Ergebnis trotz des grundsätzlich anderen Ansatzes inhaltlich der Auffassung des Bundesgerichtshofes[74]. Allerdings wäre nach Auffassung des BGH ein sog. „Vertretenmüssen", d. h. ein Verschulden des Lizenzgebers, erforderlich. Nach der hier vertretenen Auffassung hat der Lizenzgeber aber auch für Sachmängel einzustehen, wenn ihn kein Verschulden trifft. Ausgehend von der Pachtverträgen immanenten stillschweigenden Garantie[75] ist auch bei Lizenzverträgen die Haftung unabhängig von einem evtl. Verschulden des Lizenzgebers. Die Haftung ist auch unabhängig davon, ob der Lizenzgeber den Mangel kannte oder ob er erkennbar war[76], da auch der Pächter die Gefahr aller geheimen Mängel trägt[77].

326   Damit kann sich für den Lizenzgeber ohne Frage ein erhebliches Risiko ergeben. Ist dieses Risiko im Einzelfall zu groß, muß der Lizenzgeber seine Haftung einschränken, wie dies in Lizenzverträgen regelmäßig in erheblichem Umfange geschieht. Wesentliche Unterschiede bestehen in praktischer Hinsicht zwischen den Fällen, in denen die Erfindungen schon industriell ausgewertet wurden, gegenüber denjenigen, bei denen dies noch nicht geschehen ist. Während man im ersten Fall dem Lizenznehmer den Gegenstand vorführen und er sich mit dem, was ihm vorgeführt wurde, einverstanden erklären kann, ist dies im zweiten Fall nicht möglich. Dennoch wird in beiden Fällen die Haftung für die industrielle Herstellung meist ausgeschlossen, weil man nie weiß, ob nicht beim Lizenznehmer andere technische Voraussetzungen vorliegen. Wird in solchen Fällen lediglich ein Kündigungsrecht für den Lizenznehmer festgelegt, eine Haftung auf Schadensersatz jedoch ausgeschlossen, können lange Auseinandersetzungen darüber, warum die industrielle Herstellung nicht erreicht werden konnte, in großem Umfange ausgeschlossen werden.

---

73 §§ 581 Abs. 2 i. V. m. 538 BGB.
74 *BGH*, 28. 6. 1979, GRUR 1979 S. 768.
75 *BGH*, 18. 12. 1974, NJW 1975 S. 645; a. A. *Henn*, a.a.O., S. 181.
76 Vgl. *BGH*, 22. 1. 1968, BGHZ 49 S. 350.
77 *BGH*, 16. 1. 1963, NJW 1963 S. 804.

Geht man davon aus, daß der Lizenzgeber nur für die technische 327
Ausführbarkeit einzustehen hat, so ergibt sich, daß der Lizenznehmer
als Schaden nicht auch den Gewinn geltend machen kann, den er hätte
erzielen können, wenn er die Erfindung fabrikmäßig hätte herstellen
können. Eine Haftung für den entgangenen Gewinn würde voraussetzen, daß der Lizenzgeber auch für die fabrikmäßige Ausführbarkeit
einzustehen hat[78]. Dementsprechend wird in der Literatur überwiegend die Ansicht vertreten, daß der Schadensersatzanspruch des
Lizenznehmers der Höhe nach auf die Aufwendungen des Lizenznehmers beschränkt wird[79]. Diese Begrenzung entspricht auch dem
Gedanken einer angemessenen Risikoverteilung. Der BGH hat in
seiner grundlegenden Entscheidung vom 28. 6. 1979[80] die Frage der
Höhe des Schadensersatzes absichtlich offengelassen, da es in der
konkreten Entscheidung nur um den Aufwendungsersatz ging. Konsequenterweise kann man den Lizenzgeber aber auch dann hinsichtlich
der Aufwendungen, die der Lizenznehmer für die Auswertung seiner
Lizenz getroffen hat, nur insoweit haften lassen, als die Aufwendungen
für die technische Ausführung erforderlich waren, nicht aber für
diejenigen, die der Lizenznehmer in der Erwartung gemacht hat, daß
die Erfindung fabrikmäßig herzustellen ist. Reimer kommt zu einem
ähnlichen Ergebnis. Er begründet es mit Billigkeitserwägungen und
dem mutmaßlichen Parteiwillen. Er führt hierzu aus, daß bei der
Zubilligung von Auslagenersatz zu prüfen ist, ob dies dem Willen der
Parteien entspricht. Der Lizenznehmer werde in der Regel Aufwendungen in nennenswertem Umfang erst dann machen, wenn er sich von
der technischen Ausführbarkeit der Erfindung überzeugt hat. Mache
er Aufwendungen, ohne diese Prüfung vorgenommen zu haben, so
werde der Wille der Vertragsparteien oft dahin gehen, daß diese
Aufwendungen auf jeden Fall vom Lizenznehmer getragen werden
sollen. Gegenüber dieser Begründung ist darauf hinzuweisen, daß
Billigkeitserwägungen nach unserem Recht Grenzen gesetzt sind.
Beim Abschluß von derartigen Verträgen denken die Parteien erfahrungsgemäß meist nicht daran, in welchem Umfang gehaftet werden
soll. Unter diesen Umständen ist das Arbeiten mit einem mutmaßlichen Parteiwillen sehr problematisch.

---

78 *Rasch*, a.a.O., S. 26; *Henn*, a.a.O., S. 181 mwN.
79 *Benkard*, PatG, a.a.O., Rdnr. 102 zu § 15; *Gaul/Bartenbach*, a.a.O., K 214; *Reimer*,
   PatG, a.a.O., Rdnr. 40 zu § 9; *Tetzner*, a.a.O., Rdnr. 17 zu § 9.
80 *BGH*, 28. 6. 1979, GRUR 1979 S. 768.

328   Gingen die Vertragspartner bei Vertragsschluß davon aus, daß die Erfindung bereits fabrikationsreif ist und haben sie dies dem Vertrag zugrunde gelegt, so hat der Lizenzgeber auch für die fabrikmäßige Ausführbarkeit einzustehen[81]. Man wird jedoch nur, wenn besondere Anhaltspunkte hierfür gegeben sind, annehmen können, daß die Fabrikationsreife auch zur Vertragsgrundlage gemacht wurde. Unter Umständen kann dies auch stillschweigend geschehen.

Hier wird man jedoch besonders strenge Anforderungen stellen müssen. Hat der Lizenzgeber hiernach für die fabrikmäßige Ausführbarkeit einzustehen, so kann der Lizenznehmer bei ihrem Fehlen die oben dargestellten Rechte geltend machen. Darüber hinaus kann er Schadensersatz für den ihm entgangenen Gewinn fordern sowie Ersatz für die vergeblichen Aufwendungen für die fabrikmäßige Herstellung verlangen.

329   Wenn Pietzcker[82] ausführt, daß der Lizenzgeber in keinem Fall den entgangenen Gewinn zu ersetzen habe, nicht einmal bei Arglist, und dies damit begründet, daß niemand mit genügender Sicherheit sagen könne, ob das Patent in der Hand des Lizenznehmers einen Gewinn abgeworfen hätte, so vermag dies nicht zu überzeugen. Der Umstand, daß der Nachweis über die Höhe des entgangenen Gewinns nur schwer geführt werden kann, darf nicht dazu führen, diesen Schaden völlig auszuschließen. Der Nachweis des entgangenen Gewinns kann auch bei anderen Verträgen schwierig sein. Notfalls kann mit der Schadensregelung gemäß § 287 ZPO durch Entscheidung des Gerichts nach freier Überzeugung und Würdigung der Umstände des Einzelfalls geholfen werden.

3. Gewährleistung bei Lizenzverträgen, denen keine Schutzrechte zugrunde liegen

330   Hinsichtlich der Haftung für Sachmängel an Geheimverfahren und Erfindungen, für die noch kein Patent erteilt ist, die aber schon zum Patent angemeldet sind, gelten die Ausführungen zu den patentfähigen Erfindungen entsprechend[83].

---

81 Vgl. dazu auch *Benkard*, PatG, a.a.O., Rdnr. 102 zu § 15.
82 *Pietzcker*, PatG, a.a.O., Anm. 12 u. 22 zu § 6.
83 Vgl. dazu näher *Stumpf*, Der Know-How-Vertrag, a.a.O., Rdnr. 51; *Benkard*, PatG, a.a.O., Rdnr. 143 zu § 15.

Nach der Rechtsprechung des Bundesgerichtshofs[84] hat der Lizenzgeber besonders bei Geheimverfahren für die Brauchbarkeit des Verfahrens zu dem vertraglich vorausgesetzten Zweck einzustehen und ist ggf. zum Schadensersatz wegen Nichterfüllung verpflichtet. In der Literatur ist die Sachmängelhaftung bei Lizenzverträgen über Gegenstände, die nicht schutzfähig sind, bisher detailliert noch kaum erörtert worden, obwohl derartige Verträge wirtschaftlich eine große Rolle spielen. Bei solchen Verträgen ist vor allem zunächst eine sehr genaue Prüfung des Inhaltes erforderlich. Bei der Mehrzahl der Verträge geht es darum, daß der Lizenzgeber dem Lizenznehmer gestattet, eine von ihm bereits hergestellte Sache nachzubauen, und sich verpflichtet, ihm die hierfür erforderlichen Unterlagen zur Verfügung zu stellen sowie ihn zu beraten. Aufgrund dieser Sachlage muß man, wenn nichts anderes vereinbart ist, davon ausgehen, daß der Lizenzgeber dem Lizenznehmer gegenüber dafür einsteht, daß der Lizenzgegenstand technisch herstellbar und auch fabrikmäßig ausführbar ist. Im Gegensatz zu Patentlizenzverträgen kann daher diesen Verträgen häufiger eine Vereinbarung zugrunde liegen, die zur Folge hat, daß bei Vorliegen eines Mangels der entgangene Gewinn sowie die Aufwendungen, die der Lizenznehmer für die fabrikmäßige Herstellung gemacht hat, als Schadensersatz geltend gemacht werden können.

III. Gewährleistung für Rechtsmängel

1. Voraussetzungen der Haftung

Bei der Lizenzierung eines Schutzrechtes ist es nicht allein damit getan, **331** daß das Schutzrecht dem Lizenzgeber auch tatsächlich zusteht, sondern dieser hat auch dafür einzustehen, daß dem Lizenznehmer die Benutzung nicht durch Rechte Dritter ganz oder teilweise entzogen wird. Dabei können die Vorschriften des § 581 Abs. 2 in Verbindung mit § 541 BGB entsprechende Anwendung finden. In Rechtsprechung und Lehre besteht zwar nicht über die dogmatischen Grundlagen, aber über die Haftungsfolgen weitgehende Einigkeit, wobei sich bei der Frage der Haftung des Lizenznehmers für Rechtsmängel vor allem drei Fallgruppen unterscheiden lassen. Hierbei handelt es sich zunächst um die Frage der Verfügungsbefugnis des Lizenzgebers, die Haftung für entgegenstehende Rechte Dritter sowie um die Haftung für den Bestand des Schutzrechtes einschließlich des Schutzumfanges.

---

84 *BGH*, 28. 6. 1979, GRUR 1979 S. 768; *Henn*, a.a.O., S. 179 ff. mwN.

332   Bei der Frage der Verfügungsbefugnis des Lizenzgebers geht es in erster Linie um die Haftung für den Bestand des Schutzrechtes, d. h. vor allem um die Haftung des Lizenzgebers bei Nichtigkeit bzw. Vernichtbarkeit des Schutzrechtes. Hier ist auf die obigen Ausführungen zu verweisen[85]. Als Rechtsmängel, durch die dem Lizenznehmer das Recht zur Benutzung entzogen werden kann, kommen weiterhin insbesondere bereits bestehende ausschließliche und alleinige Lizenzen in Betracht, soweit der neue Lizenznehmer sie gegen sich gelten lassen muß[86]. Ein Rechtsmangel liegt auch vor, wenn das Schutzrecht, für das die Lizenz erteilt worden ist, von einem anderen Patent abhängig ist[87].

333   Rechtsmängel wegen einem entgegenstehenden Schutzrecht spielen insbesondere auch eine große Rolle bei sog. Know-How-Verträgen, wenn das zur Verfügung gestellte Know-How mit einem bereits bestehenden Schutzrecht kollidiert[88].

334   Bei ausschließlichen und alleinigen Lizenzen kann sich ein Rechtsmangel auch aus dem Vorhandensein von einfachen Lizenzen, Zwangslizenzen[89], Vorbenutzungsrechten[90] und Wirkungsbeschränkungen des Patentes im Interesse der öffentlichen Wohlfahrt und der Staatssicherheit ergeben. Der Inhaber einer einfachen Lizenz wäre in diesen Fällen nicht ohne weiteres beeinträchtigt[91].

2. Umfang der Haftung

a) Allgemeines

335   Hinsichtlich der Haftung ist zu unterscheiden, ob der Rechtsmangel bei Abschluß des Lizenzvertrages schon vorhanden war und ihn der Lizenzgeber kannte oder aufgrund von Fahrlässigkeit nicht kannte oder ob er erst nach Abschluß des Vertrages entstanden ist oder bekannt wurde und der Lizenzgeber ihn auch bei Beachtung der erforderlichen Sorgfalt nicht kennen konnte.

---

85 Vgl. oben Rdnr. 68 ff.
86 Vgl. Rdnr. 362.
87 Vgl. zum Begriff der Abhängigkeit auch Rdnr. 339.
88 Vgl. dazu *Stumpf*, Der Know-How-Vertrag, a.a.O., Rdnr. 68 ff.; vgl. auch zur Schadensersatzpflicht eines Videolizenzgebers wegen Zahlung des Lizenznehmers an einen nichtberechtigten Dritten *BGH*, 15. 11. 1990, NJW 1991 S. 1109.
89 Zum Begriff der Zwangslizenz vgl. Rdnr. 350.
90 Vgl. zum Begriff des Vorbenutzungsrechts Rdnr. 346.
91 Vgl. auch Rdnr. 381.

b) Rechtsmängel, die bei Abschluß des Vertrages vorhanden sind und dem Lizenzgeber bekannt sind bzw. bekannt sein mußten

Nach pachtrechtlichen Grundsätzen hat der Verpächter für Rechts- **336** mängel, die schon zur Zeit des Vertragsschlusses bestehen und durch die der Pächter im Gebrauch der gepachteten Sache beeinträchtigt wird, auf Verlangen des Pächters auch Schadensersatz zu leisten. Dabei kommt es weder darauf an, ob der Verpächter den Mangel kannte, noch ob ihn ein Verschulden trifft[92]. Es handelt sich hier um eine Garantiehaftung. Der Lizenznehmer ist danach von der Zahlung der Lizenzgebühr befreit, wenn ihm das Benutzungsrecht durch den Mangel ganz entzogen wird. Ist es lediglich beeinträchtigt, so mindert sich die Lizenzgebühr. Der Lizenznehmer kann aber anstelle der Minderung auch Schadensersatz wegen Nichterfüllung verlangen[93]. Er kann auch dem Lizenzgeber eine angemessene Frist zur Behebung des Mangels stellen. Nach deren Ablauf kann er ohne Einhaltung einer Kündigungsfrist kündigen[94]. Die dargelegten Ansprüche stehen dem Lizenznehmer jedoch nicht zu, wenn er bei Abschluß des Vertrages die Mängel kannte[95].

Dieses Ergebnis, nach dem der Lizenzgeber für die Befugnis zur Lizenzvergabe vom Zeitpunkt des Vertragsabschlusses nach pacht-rechtlichen Grundsätzen verschuldensunabhängig gem. §§ 581 Abs. 2, 541, 538 BGB haftet, ist – unbeschadet der z. T. anderen Begründungen[96] – weitestgehend unbestritten.

Allerdings sind die rein pachtrechtlichen Grundsätze in Anbetracht der **337** Besonderheiten des Lizenzvertrages nicht uneingeschränkt anwendbar, und zwar deswegen, weil bei dem Lizenzvertrag Rechtsmängel vorhanden sein können, die für den Lizenzgeber trotz aller Sorgfalt nicht erkennbar sind und die sich erst nach längerer Zeit herausstellen können, wie z. B. Vorbenutzungsrechte[97] oder die Abhängigkeit[98] von anderen Patenten. Es handelt sich hier um Mängel, für die dem Lizenzgeber eine unbedingte, uneingeschränkte Haftung auf Schadensersatz in Anbetracht einer angemessenen Risikoverteilung nicht

---

92 §§ 581 Abs. 2 i. V. m. 538–541 BGB.
93 §§ 581 Abs. 2 i. V. m. 538–541 BGB.
94 §§ 581 Abs. 1 i. V. m. 542 BGB.
95 §§ 581 Abs. 2 i. V. m. 539 BGB.
96 *Benkard*, PatG, a.a.O., Rdnr. 97 zu § 15; *Malzer*, GRUR 1964 S. 349, 350; *Rasch*, a.a.O., S. 7.
97 Zum Begriff des Vorbenutzungsrechts vgl. Rdnr. 346.
98 Vgl. zum Begriff der Abhängigkeit auch Rdnr. 339.

zumutbar ist[99]. Einen Schadensersatz wird man daher nur bejahen können, wenn der Lizenzgeber den Mangel kannte oder fahrlässig nicht kannte.

c) Rechtsmängel, die erst nach Abschluß des Lizenzvertrages entstanden sind oder bekannt wurden und die der Lizenzgeber auch bei Beachtung der erforderlichen Sorgfalt nicht kennen konnte

aa) Allgemeines

338 Die hier in Frage stehenden Rechtsmängel, die bei Vertragsabschluß lediglich noch nicht bekannt sind, sind denen, die erst später entstehen, gleichzustellen. In der Praxis sind vor allem Vorbenutzungsrechte und Abhängigkeit von anderen Patenten von Bedeutung. Deshalb sollen anhand von diesen beiden typischen Problemgruppen die Auswirkungen von Rechtsmängeln auf den Lizenzvertrag, die erst nachträglich auftreten, dargelegt werden.

bb) Abhängigkeit des Patents

α) Allgemeines

339 Der Hauptfall der sog. Abhängigkeit stellt sich derart dar, daß die in einem älteren Patent geschützte Erfindung von einem jüngeren Patent benutzt wird, aber keine Identität, sondern eine Weiterentwicklung durch neue schöpferische Leistung vorliegt. Würde in einem solchen Fall die Erteilung des Patentes versagt, würde hierdurch der Fortschritt gehemmt. Daher berührt die Abhängigkeit die Wirksamkeit des Patentes nicht[100] und wird vom Patentamt im Patenterteilungsverfahren auch nicht geprüft[101]. Ebenso liegt daher auch kein Nichtigkeitsgrund vor[102]. Da die gewerbliche Verwertung der jüngeren Erfindung nur unter Benutzung des älteren Patentes erfolgen kann, unterliegt die Ausübung des jüngeren Patentes gegenüber dem Inhaber des älteren Patentes insofern einer Beschränkung, als die Zustimmung des Inha-

---

99 Vgl. *BGH*, 12. 4. 1957, GRUR 1957 S. 595; *Benkard*, PatG, a.a.O., Rdnr. 98 zu § 15; *Kraßer*, GRUR Int. 1982 S. 324, 340.
100 *RG*, 11. 1. 1902, RGZ 50, 111, 114.
101 *RG*, 17. 11. 1917, RGZ 91, 188; *BGH*, 18. 6. 1964, GRUR 1964 S. 606, 611.
102 Vgl. *Benkard*, PatG, a.a.O., Rdnr. 77 zu § 9.

bers des älteren Patentes erforderlich ist[103]. Andernfalls würde eine Patentverletzung vorliegen. Das Verhältnis der Abhängigkeit eines Patentes zu einem Gebrauchsmuster ist in § 6 GebrMG geregelt.

Die erforderliche Zustimmung des Inhabers des älteren Schutzrechtes **340** kann im Wege der Lizenz erfolgen, wobei u. U. auch eine Zwangslizenz in Betracht zu ziehen ist. Anzumerken ist im übrigen, daß die Abhängigkeit des Patentes nicht dem Inhaber des älteren Patentes das Recht gibt, das jüngere, abhängige Patent, d. h. also die Weiterentwicklung, zu benutzen.

Zwischen älterem und jüngerem Patent sind die verschiedensten Über- **341** schneidungen möglich. Die Abhängigkeit kann vollkommen, teilweise oder auch nur hinsichtlich bestimmter Verwendungsmöglichkeiten bestehen. Es würde im Rahmen dieser Schrift jedoch zu weit führen, auf Einzelheiten einzugehen. Es darf auf die einschlägigen Kommentare verwiesen werden[104].

β) Auswirkungen auf die Lizenz

Stellt sich erst nach Abschluß des Lizenzvertrages heraus, daß das **342** zugrundeliegende Patent von einem anderen abhängig ist, so zeigt sich deutlich, welcher Unterschied zwischen der Auffassung besteht, daß der Lizenzgeber durch den Lizenzvertrag lediglich auf sein Verbotsrecht verzichtet, und derjenigen, wonach der Lizenzgeber dem Lizenznehmer die Möglichkeit zur ungestörten Benutzung einräumen muß[105]. Liegt lediglich ein Verzicht auf das Verbotsrecht vor, so ist der Vertrag auch erfüllt, wenn sich herausstellt, daß das zugrundeliegende Schutzrecht von einem anderen Recht abhängig ist. Ist dagegen die Einräumung einer störungsfreien Benutzung der Erfindung Gegenstand des Vertrags, wie dies die herrschende Meinung annimmt, so werden die vertraglichen Rechte des Lizenznehmers durch eine Abhängigkeit beeinträchtigt, wenn der Inhaber des älteren Patents sein Verbotsrecht geltend macht. Im Gegensatz zur Nichtigkeit des Patents, bei der das Schutzrecht ganz entfällt, steht hier der Ausübung der Lizenz das Recht eines Dritten entgegen.

---

103 *BGH*, 13. 2. 1962, GRUR 1962 S. 370; *BGH*, 18. 6. 1964, GRUR 1964 S. 606; *Henn*, a.a.O., S. 183 mwN; *Benkard*, PatG, a.a.O., Rdnr. 71−79 zu § 9 und Rdnr. 98 zu § 15.

104 Vgl. *Benkard*, PatG, a.a.O., Anm. 76 zu § 9; *Krausse/Katluhn/Lindenmaier*, a.a.O., Anm. 65 ff. zu § 6; *Reimer*, PatG, a.a.O., Anm. 61 zu § 6; *Tetzner*, a.a.O., Anm. 88 zu § 6.

105 Vgl. Rdnr. 15.

343   Durch eine entsprechende Anwendung der pachtrechtlichen Bestimmungen[106] lassen sich für Lizenzverträge angemessene und sinnvolle Ergebnisse erzielen. Der Lizenznehmer ist danach für die Zeit, in der er vom Lizenzgegenstand keinen vertragsmäßigen Gebrauch machen kann, von der Zahlung der Lizenzgebühr befreit. Liegt lediglich eine Beeinträchtigung der vertraglichen Rechte vor, so kann die Gebühr gemindert werden[107].

Zu diesem Ergebnis kommt auch die Entscheidung des Reichsgerichts vom 17. 10. 1934[108], wenn auch mit einer anderen Begründung. Das Gericht sieht die Verpflichtung des Erfinders in dem zur Entscheidung stehenden Fall darin, eine patentfähige Erfindung zu liefern und nicht eine unabhängige. Die Vergütungspflicht sei daher begründet, aber nach Treu und Glauben[109] unter Ausfüllung einer Vertragslücke zu mindern, weil infolge der Abhängigkeit eine zusätzliche Lizenz an den Inhaber des älteren Patents zu zahlen war. Diese gekünstelte Konstruktion ist entbehrlich, wenn man die Verpflichtung des Lizenzgebers darin sieht, den vertragsmäßigen Gebrauch einzuräumen und bei Störungen die Vorschriften über Pacht entsprechend anwendet[110].

344   Anstelle der dargelegten Rechte kann der Lizenznehmer auch fristlos kündigen, wenn der Lizenzgeber eine ihm gestellte angemessene Frist zur Behebung der Störung – ohne Abhilfe zu schaffen – verstreichen läßt[111]. Eine Behebung des aufgetretenen Rechtsmangels ist dadurch möglich, daß das ältere Patent vernichtet wird oder erlischt oder gerichtlich festgestellt wird, daß eine Abhängigkeit nicht besteht, oder schließlich – und dies ist der häufigste Fall – eine Genehmigung zur Benutzung des älteren Patents u. U. auch in Form einer Zwangslizenz erteilt wird. Die Kündigung ist jedoch nicht zulässig, soweit nur eine unerhebliche Behinderung oder Vorenthaltung der Benutzung vorliegt, es sei denn, daß der Lizenznehmer ein besonderes Interesse an der Aufhebung des Vertrages nachweisen kann[112].

---

106 §§ 581 Abs. 2 i. V. m. 541 BGB; *Henn,* a.a.O., S. 182 mwN.
107 §§ 581 Abs. 2 i. V. m. 541, 537 BGB; *Henn,* a.a.O., S. 183 mwN.
108 *RG,* 17. 10. 1934, GRUR 1935 S. 306 = MuW 1935 S. 24 = Mitt. 1934 S. 315.
109 § 242 BGB.
110 Vgl. *Klauer/Möhring,* PatG, a.a.O., Rdnr. 69 zu § 9; *Krausse/Katluhn/Lindenmaier,* a.a.O., Anm. 11 zu § 9; *Pietzcker,* PatG, a.a.O., Anm. 6 u. 35 zu § 6; *Rasch,* a.a.O., S. 19; *Reimer,* PatG, a.a.O., Anm. 30 zu § 9; *Trüstedt,* GRUR 1939 S. 516; *Henn,* a.a.O., S. 182 mwN; *Benkard,* PatG, a.a.O., Rdnr. 98 zu § 15.
111 Vgl. *Klauer/Möhring,* PatG, a.a.O., Rdnr. 69 zu § 9; *Lüdecke/Fischer,* a.a.O., S. 218; *Henn,* a.a.O., S. 185.
112 § 542 BGB.

Reimer[113] will dem Lizenznehmer auch in den Fällen, in denen die **345** Behinderung des Gebrauchs dadurch behoben werden kann, daß der Inhaber des älteren Patents gegen Zahlung einer Lizenz ein Benutzungsrecht einräumt, ein Wahlrecht zwischen Minderung und Kündigung zugestehen, weil es dem Lizenznehmer nicht zugemutet werden könne, gegen seinen Willen langdauernde vertragliche Beziehungen mit dem ihm als Vertragskontrahenten vielleicht nicht erwünschten Inhaber des älteren Patents eingehen zu müssen. Es führt jedoch zu weit, dem Lizenznehmer auch noch ein Kündigungsrecht einzuräumen, wenn die Benutzung des jüngeren Rechtes nicht mehr beeinträchtigt wird. Das Interesse des Lizenznehmers, mit dem Inhaber des älteren Rechtes nicht in vertragliche Verbindung zu treten, muß zurücktreten hinter dem Gesichtspunkt, daß die Vertragspartner an Verträgen, die für längere Zeit geschlossen worden sind, festzuhalten haben, wenn die Erfüllung möglich ist, zumal, wenn den Vertragspartner kein Verschulden an der vorübergehenden Störung trifft und er alles daransetzt, diese zu beseitigen. Bei einem einfachen Lizenzvertrag, wie er hier zwischen dem Lizenznehmer und dem Inhaber des älteren Patents in Betracht kommt, besteht auch keine derart enge Bindung, daß es entscheidend auf die Person des Inhabers des älteren Patents ankäme. Im übrigen ist es möglich, daß der Lizenzgeber vom Inhaber des älteren Patents eine Lizenz für sich und seinen Lizenznehmer erwirkt. Ein Schadensersatzanspruch gegen den Lizenzgeber besteht nur, wenn ihn ein Verschulden trifft[114].

cc) Vorbenutzungsrecht[115]

α) Allgemeines

Ähnlich ist die Rechtslage, wenn sich nach Abschluß des Lizenzvertra- **346** ges herausstellt, daß an der Erfindung ein Vorbenutzungsrecht besteht[116]. Die Ausschließlichkeitswirkung des Patentes, nämlich das

---

113 *Reimer*, PatG, a.a.O., Rdnr. 30 zu § 9, ebenso *Gaul/Bartenbach*, a.a.O., K 228.
114 §§ 581 Abs. 2 i. V. m. 541, 538 BGB.
115 Versuche, das Vorbenutzungsrecht wenigstens in Europa zu vereinheitlichen, hatten bisher keinen durchschlagenden Erfolg. Dänemark (§ 4), Großbritannien (Sec. 64 u. 65), Italien (Art. 6), Luxemburg (Art. 5), Niederlande (Art. 32), Österreich (§ 23), Schweiz (Art. 35) und Spanien (Art. 54) haben ähnliche Regelungen wie in der Bundesrepublik. Frankreich (Art. 31) und Belgien (Art. 30) verlangen dagegen nur den Vorbesitz, nicht aber die Vorbenutzung noch den Willen zur alsbaldigen Aufnahme der Benutzung (vgl. dazu *Benkard*, PatG, a.a.O., Rdnr. 1 zu § 12).
116 § 12 PatG; *Henn*, a.a.O., S. 184 mwN; *Benkard*, PatG, a.a.O., Rdnr. 99 zu § 15.

Recht, andere von dem Gebrauch des Patentgegenstandes auszuschließen, tritt nicht gegen denjenigen ein, der z. Zt. der Anmeldung die Erfindung bereits in Benutzung genommen oder die dazu erforderlichen Anstalten getroffen hat. Der Vorbenutzer muß also Besitz an der Erfindung haben. Erfindungsbesitz nimmt die Rechtsprechung und Rechtslehre im Gegensatz zu älteren Rechtsprechungen nicht nur bei der sog. Doppelerfindung, sondern auch bei Vorliegen anderer Tatbestände an[117]. Man versteht unter Erfindungsbesitz den tatsächlichen Zustand, der nach der Verkehrsauffassung die Möglichkeit gewährt, die Erfindung so zu genießen, wie es ihre Natur gestattet. Erforderlich ist daher die Kenntnis der Erfindung oder der Besitz von Zeichnungen, Beschreibungen oder ähnlichen Unterlagen, aus denen diese Kenntnis entnommen werden kann[118]. Das Vorbenutzungsrecht soll daher nur den durch den Erfindungsbesitz untermauerten Besitzstand erhalten, was daraus abgeleitet wird, daß das Gesetz die Inbenutzungsnahme einer „Erfindung" verlangt[119]. Der Erwerb und die Ausübung des Besitzes müssen jedoch redlich sein, wenn ein Vorbenutzungsrecht entstehen soll[120]. Es handelt sich hier also um eine Billigkeitsvorschrift, durch die vermieden werden soll, daß Aufwendungen, die zur Verwertung der Erfindung bereits gemacht wurden, wertlos werden. Derartige Erwägungen sind jedoch dem unredlichen Besitzer gegenüber fehl am Platze. Derjenige, dem ein Vorbenutzungsrecht zusteht, darf die Erfindung für die Bedürfnisse seines Betriebes in eigenen oder fremden Werkstätten ausnutzen. Das Vorbenutzungsrecht stellt nicht eine Belastung des Rechtes am Patent dar, es bedeutet vielmehr die Anerkennung des auf Kenntnis und Erkenntnis des Erfindungsgedankens beruhenden Besitzstands[121]. Es ist ein originäres Recht. Soweit es reicht, kann zugunsten des Inhabers des Patents kein Schutz bestehen[122].

β) Auswirkungen auf die ausschließliche/alleinige Lizenz

347   Stellt sich nach Abschluß eines Lizenzvertrages heraus, daß ein Vorbenutzungsrecht an dem Lizenzgegenstand besteht, so sind die Auswirkungen unterschiedlich, je nachdem, ob es sich um eine ausschließliche bzw. alleinige oder einfache Lizenz handelt. Durch die ausschließliche

---

117 Vgl. *RG*, 15. 12. 1928, RGZ 123 S. 58.
118 Vgl. *RG*, 15. 12. 1928, RGZ 123 S. 58.
119 *BGH*, 30. 4. 1964, GRUR 1964 S. 496.
120 *BGH*, 30. 6. 1964, GRUR 1964 S. 673.
121 Vgl. *RG*, 4. 1. 1937, RGZ 153 S. 321; *BGH*, 7. 1. 1965, GRUR 1965 S. 411.
122 S. nur *Benkard*, PatG, a.a.O., Rdnr. 99 zu § 15 mwN.

Lizenz – das gleiche gilt im Prinzip auch für eine alleinige Lizenz – soll dem Lizenznehmer eine Monopolstellung eingeräumt werden[123]. Diese wird durch das Vorbenutzungsrecht in einem mehr oder weniger starken Maß beeinträchtigt. Das Reichsgericht hat daher schon in seiner Entscheidung vom 3. 2. 1912 dem Lizenznehmer ein Minderungsrecht eingeräumt[124]. Die Lizenzgebühr kann dabei in dem Verhältnis herabgesetzt werden, in dem der Wert der Lizenz ohne Vorbenutzungsrecht zu dem der Lizenz mit Vorbenutzungsrecht steht. In der Entscheidung des Reichsgerichts vom 25. 4. 1936[125] wird lediglich festgestellt, daß das nachträgliche Bekanntwerden von Vorbenutzungsrechten nicht ohne weiteres eine Kündigung des Vertrages rechtfertigt. Es wird dazu ausgeführt, daß es sich für den Lizenznehmer um ein gewagtes Geschäft handle, und nicht jede Enttäuschung in seiner Erwartung berechtige ihn, sich davon loszusagen. Er müsse mit dem Bestehen solcher Vorbenutzungsrechte rechnen. Das Reichsgericht geht offenbar auch hier davon aus, daß in erster Linie ein Minderungsrecht in Betracht kommt. Ein Kündigungsrecht sei nur zu bejahen, wenn besondere Umstände vorliegen. Dies sei insbesondere dann der Fall, wenn die Lizenz infolge des Vorbenutzungsrechts nahezu wertlos werde. Die Auffassung des Reichsgerichts stützt sich auf die im Schrifttum herrschende Meinung[126].

Reimer schließt sich der von Rasch vertretenen Auffassung an, wonach der Inhaber einer ausschließlichen Lizenz zwischen Kündigung und Minderung wählen kann, wenn sich herausstellt, daß ein Vorbenutzungsrecht besteht[127]. Begründet wird dies damit, daß bei der ausschließlichen Lizenz dem Lizenznehmer das alleinige Verwertungsrecht eingeräumt werden soll; dies sei jedoch beim Bestehen eines Vorbenutzungsrechts nicht möglich.

Entsprechend dieser Auffassung ist dem Lizenznehmer ein Wahlrecht zwischen Kündigung und Minderung einzuräumen, sofern in das Lizenzrecht durch das Vorbenutzungsrecht nicht nur unerheblich eingegriffen wird oder die Auswirkungen nicht eindeutig überschaubar sind[128]. Das Kündigungsrecht und das Recht auf Minderung können **348**

---

123 Vgl. Rdnr. 36, 358.
124 *RG*, 3. 2. 1912, RGZ 78 S. 363.
125 *RG*, 25. 4. 1936, GRUR 1936 S. 1056.
126 Vgl. *Benkard*, PatG, a.a.O., Rdnr. 99 zu § 15 mwN.
127 *Rasch*, a.a.O., S. 52; *Reimer*, PatG, a.a.O., Anm. 31 zu § 9.
128 Vgl. *Gaul/Bartenbach*, a.a.O., K 229; *Klauer/Möhring*, PatG, a.a.O., Rdnr. 70 zu
   § 9.

dabei ohne Schwierigkeiten aus dem Pacht- und Mietrecht abgeleitet werden[129]. Einen Anspruch auf Schadensersatz hat der Lizenznehmer nur, wenn den Lizenzgeber ein Verschulden trifft.

γ) Auswirkungen auf die einfache Lizenz

349 Zu der Frage der Auswirkung eines Vorbenutzungsrechts auf eine einfache Lizenz liegen, soweit ersichtlich, keine gerichtlichen Entscheidungen vor. In diesem Fall ist das Vorliegen eines Vorbenutzungsrechtes auch weniger schwerwiegend, weil der Inhaber einer einfachen Lizenz ohnedies damit rechnen muß, daß weitere Lizenzen erteilt werden. Dementsprechend werden in der Literatur dem Lizenznehmer regelmäßig keine Ansprüche gegen den Lizenzgeber zugestanden, weil der vertragsgemäße Gebrauch weder ganz noch teilweise entzogen wird[130].

Rasch[131] will jedoch in diesem Fall dem Inhaber einer einfachen Lizenz das Recht zur Minderung und auch zur Kündigung geben. Er begründet dies damit, daß weitere Lizenzen nur gegen Entgelt erteilt werden dürfen, während das Vorbenutzungsrecht unentgeltlich sei und daher dem Berechtigten Konkurrenzvorteile verschaffe. Abgesehen davon, daß der Inhaber des Vorbenutzungsrechtes häufig Entwicklungskosten zu tragen hat, besteht auch bei Erteilung einer einfachen Lizenz die Gefahr, daß sich die Konkurrenzlage zu Ungunsten des Lizenznehmers verschlechtert. Dem Lizenznehmer wird durch die einfache Lizenz lediglich ein Benutzungsrecht am Monopolrecht des Patentinhabers eingeräumt. Die Absicht, einen Vorsprung vor der Konkurrenz zu erlangen, wird zwar oftmals für den Lizenznehmer Beweggrund zum Abschluß des Vertrages sein, die Sicherung des Konkurrenzvorsprungs ist jedoch in der Regel nicht Vertragsinhalt. Ein evtl. Vorsprung kann schon durch die Erteilung weiterer Lizenzen verloren gehen. Wird die Produktion durch das Bestehen eines Vorbenutzungsrechtes für den Lizenznehmer unrentabel, so kann er aufgrund allgemeiner Grundsätze ggf. kündigen, weil es ihm nicht zugemutet werden kann, mit Verlust zu arbeiten.

---

129 §§ 581 Abs. 1 i. V. m. 541, 537 BGB.
130 *Gaul/Bartenbach*, a.a.O., K 229; *Klauer/Möhring*, PatG, a.a.O., Rndr. 70 zu § 9; *Henn*, a.a.O., S. 185.
131 *Rasch*, a.a.O., S. 20.

dd) Zwangslizenz

α) Allgemeines

Eine Zwangslizenz wird nach § 24 des Patentgesetzes auf Antrag eines **350** Lizenzsuchers erteilt, wenn die Erteilung im öffentlichen Interesse geboten ist und der Patentinhaber sich weigert, die Benutzung der Erfindung dem Lizenzsucher zu gestatten, der sich erbietet, eine angemessene Lizenz zu zahlen. Die Anmeldung des Patents muß jedoch bekanntgemacht oder das Patent bereits erteilt sein[132].

Das öffentliche Interesse, das zur Erteilung einer Zwangslizenz erforderlich ist, kann auf den verschiedensten Gründen beruhen[133].

β) Auswirkungen auf die ausschließliche bzw. alleinige Lizenz

Über die Auswirkung einer nachträglich erteilten Zwangslizenz auf **351** eine bereits bestehende ausschließliche oder alleinige Lizenz ist, soweit ersichtlich, bisher nur eine Entscheidung ergangen[134]. In der Literatur sind die Auffassungen hierüber geteilt. Pietzcker, Krausse/Katluhn/ Lindenmaier und Isay wollen dem ausschließlichen Lizenznehmer in der Regel nur ein Minderungsrecht und bei Vorliegen besonderer

---

132 Die Regelung des § 24 PatG wird nach dem EPÜ auch auf europäische Patente unmittelbar angewandt, soweit diese mit Wirkung für die Bundesrepublik erteilt sind (Art. 2 Abs. 2, Art. 74 EPÜ). Bei Gemeinschaftspatenten wird gem. Art. 46 GPÜ i. V. m. § 24 Abs. 1 PatG die Erteilung einer territorialen Zwangslizenz möglich sein (vgl. dazu *Benkard*, PatG, a.a.O., Rdnr. 7 zu § 24).

133 Ein öffentliches Interesse wurde bejaht, wenn der Patentinhaber den wirtschaftlichen Bedarf nicht befriedigte (*RG*, 27. 5. 1918, RGZ 93 S. 50) oder nicht befriedigen konnte (*RG*, 18. 1. 1936, MuW 1936 S. 126), aus Gründen der Unfallverhütung und des Arbeitsschutzes (RG, 3. 1. 1927, GRUR 1927 S. 179; *RG*, 11. 2. 1903, RGZ 54 S. 4) oder auch aus allgemein wirtschaftlichen Erwägungen, wie Bekämpfung der Arbeitslosigkeit (*RG*, 24. 1. 1934, RGZ 143 S. 223), zur Verbesserung der Handelsbilanz (*RG*, 27. 6. 1928, GRUR 1928 S. 705), der Devisenlage (*RG*, 1. 2. 1938, MuW 1938 S. 200); vgl. auch *Benkard*, PatG, a.a.O., Rdnr. 15 ff. zu § 24; *Klauer/Möhring*, PatG, a.a.O., Rdnr. 10 f. zu § 15; *Reimer*, PatG, a.a.O., Anm. 7 zu § 15; vgl. auch BPatG, 7. 6. 1991 „Human-Immuninterferon", Mitt. 1991 S. 243 (nicht rechtskräftig) mwN; *Pfanner*, GRUR 1985 S. 357; *Demaret*, GRUR Int. 1987 S. 1 und *Kleiner*, GRUR Int. 1987 S. 229 zu Zwangslizenzen in der EG; *von Dungern*, GRUR Int. 1982 S. 501 zur Praxis der (Zwangs-)Lizenzvergabe für gentechnologische Erfindungen in den USA.

134 BPatG, 7. 6. 1991 „Human-Immuninterferon", Mitt. 1991 S. 243 (nicht rechtskräftig) mwN. Es wird in dieser Entscheidung jedoch nur auf die generelle Beeinträchtigung des ausschließlichen Lizenznehmers durch die Zwangslizenz eingegangen (BPatG, a.a.O., S. 244).

Umstände ein Rücktrittsrecht einräumen[135]. Klauer/Möhring räumen dem Lizenznehmer einen Anspruch gegen den Lizenzgeber auf Übertragung der diesem aus der Zwangslizenz zustehenden Gebühren ein[136]. Nach Reimer kann der Lizenznehmer nach seiner Wahl entweder Abtretung des dem Patentinhaber gegen den Zwangslizenznehmer zustehenden Anspruch auf Zahlung der Vergütung oder Minderung seiner Lizenzgebühr verlangen. Ein Kündigungsrecht (Rücktrittsrecht) kann nach Auffassung Reimers nur in seltenen Ausnahmefällen zugebilligt werden[137]. Rasch hält schließlich ein Wahlrecht zwischen Kündigung und Minderung für gegeben[138].

352   Die nachträgliche Erteilung einer Zwangslizenz hat für den Inhaber der ausschließlichen Lizenz ähnliche Wirkungen wie die nachträgliche Feststellung des Vorbenutzungsrechts. Dem Lizenznehmer ist daher bei nachträglicher Erteilung einer Zwangslizenz ebenfalls ein Minderungsrecht zuzubilligen[139]. Es muß ihm auch ein Kündigungsrecht zustehen, es sei denn, daß die Beeinträchtigung durch die Zwangslizenz nur geringfügig ist[140]. Zu welchem Zeitpunkt die Kündigung des Vertrages zulässig ist, hängt von den Umständen des Einzelfalls ab. Dies ist spätestens mit der Rechtskraft der Erteilung der Zwangslizenz der Fall, u. U. jedoch schon früher, wenn sich z. B. durch die bevorstehende Erteilung der Zwangslizenz die Ausnutzung des dem Lizenzvertrag zugrundeliegenden Patents verbietet.

353   Der von Wertheimer vertretenen Auffassung, daß der „Rücktritt" u. U. für einen Zeitpunkt ausgesprochen werden kann, der vor der Rücktrittserklärung liegt, kann nicht gefolgt werden. Wertheimer will in Fällen, in denen der Lizenznehmer erst nachträglich feststellt, daß der Absatz des Lizenzgegenstandes infolge einer Zwangslizenz nicht mehr möglich ist, den „Rücktritt" mit Wirkung für den Zeitpunkt zulassen, zu dem die Produktion tatsächlich unrentabel wurde[141]. Für eine derartige Konstruktion läßt sich jedoch kein Rechtsgrund finden; sie ist unserem Recht fremd. Es besteht auch kein Bedürfnis hierfür, weil der Lizenznehmer ein riskantes Geschäft eingegangen ist und es

---

135 *Pietzcker*, a.a.O., Anm. 33 zu § 6; *Krausse/Katluhn/Lindenmaier*, a.a.O., Anm. 42 zu § 9; *Isay*, a.a.O., Anm. 11 zu § 6.
136 *Klauer/Möhring*, PatG, a.a.O., Anm. 71 zu § 9.
137 *Reimer*, PatG, a.a.O., Anm. 32 zu § 9.
138 *Rasch*, a.a.O., S. 19.
139 §§ 581 Abs. 2 i. V. m. 537 u. 541 BGB.
140 §§ 581 Abs. 2 i. V. m. 542 BGB.
141 *Wertheimer*, GRUR 1917 S. 27.

daher nicht gerechtfertigt ist, jegliches Risiko dem Lizenzgeber aufzuerlegen.

Im Gegensatz zum Vorbenutzungsrecht erhält der Patentinhaber für die Zwangslizenz eine Lizenzgebühr. Nach dem allgemeinen Grundsatz des § 281 BGB wird man dem Lizenznehmer daher neben der Kündigung wahlweise einen Anspruch auf Abtretung der Forderungen des Patentinhabers gegen den Inhaber der Zwangslizenz auf die Zwangslizenzgebühren einräumen müssen[142]. Ein Verschulden setzt § 281 BGB nicht voraus. Es handelt sich um einen Anspruch, der nicht kraft Gesetzes entsteht, sondern erst durch das Verlangen des Berechtigten (Lizenznehmers).   **354**

γ) Auswirkungen auf die einfache Lizenz

Durch die Erteilung einer Zwangslizenz wird dagegen die rechtliche Stellung des Inhabers einer einfachen Lizenz meist nicht geschmälert. Ob neben einer erteilten einfachen weitere Lizenzen vergeben werden, hängt in der Regel vom Willen des Patentinhabers ab; der Inhaber einer einfachen Lizenz hat hierauf keinen Einfluß. Er muß mit der Möglichkeit der Erteilung weiterer Lizenzen rechnen. Ob dies durch die vertragliche Vereinbarung oder durch eine Zwangslizenz geschieht, ist unerheblich. Der Inhaber einer einfachen Lizenz kann daher nach allgemeiner Ansicht aus der nachträglichen Erteilung einer Zwangslizenz keine besonderen Rechte herleiten.   **355**

ee) Wirkungsbeschränkung des Patents im Interesse der öffentlichen Wohlfahrt und der Staatssicherheit

α) Allgemeines

Im Interesse der öffentlichen Wohlfahrt und der Staatssicherheit kann die Bundesregierung bzw. die zuständige Bundesbehörde die Wirkung des Patents beschränken. Hierdurch wird das Ausschließlichkeitsrecht des Patentinhabers, je nach dem Umfang der Beschränkung, aufgehoben[143]. Der Patentinhaber hat dann einen Anspruch auf angemessene Vergütung gegen den Bund. Die Benutzung des Patentgegenstands kann Dritten, die durch die zuständigen Behörden zu bestimmen sind, eingeräumt werden; der Patentinhaber ist insoweit nicht mehr in der Lage, dem Inhaber einer ausschließlichen Lizenz die Möglichkeit der   **356**

---

142 Vgl. auch *Gaul/Bartenbach*, a.a.O., K 230.
143 § 13 PatG.

ausschließlichen Benutzung einzuräumen. In ihrer Wirkung kommt die Beschränkung durch behördliche Anordnung einer Zwangslizenz gleich, wenn auch die rechtliche Konstruktion eine andere ist. Das Reichsgericht sprach bei dieser Beschränkung ursprünglich von einer Enteignung[144], später von einem besonders geregelten Fall der Zwangslizenz[145].

β) Auswirkungen auf die Lizenz

357 Für die Rechte des Lizenznehmers bei nachträglicher Beschränkung des Patents gelten die Ausführungen über die nachträgliche Erteilung einer Zwangslizenz entsprechend. Der von Reimer vertretenen Auffassung[146], daß keine Bedenken bestehen, hinsichtlich der angemessenen Vergütung den ausschließlichen Lizenznehmer als Berechtigten anzusehen, da er den Patentinhaber völlig abgefunden habe und dieser daher auch keine Schadensersatzansprüche gegen widerrechtliche Benutzer habe, kann nicht gefolgt werden. Abgesehen davon, daß in § 13 PatG als Berechtigter der Patentinhaber angeführt ist, besteht kein Anlaß, hier anders als bei der Zwangslizenz zu verfahren, wonach der Lizenznehmer allenfalls einen Anspruch auf Abtretung hat.

---

144 Vgl. *RG*, 22. 6. 1912, RGZ 79 S. 427.
145 Vgl. *RG*, 6. 10. 1939, RGZ 161 S. 387; vgl. auch *Panzeram*, GRUR 1940 S. 317.
146 Vgl. *Reimer*, PatG, a.a.O., Anm. 6 zu § 8.

F. Funktion
der ausschließlichen/alleinigen Lizenz

I. Allgemeines

Wie bereits dargestellt[1], gibt die ausschließliche Lizenz dem Lizenzneh- **358**
mer das auch gegen Dritte wirkende Recht, in einem bestimmten
Gebiet des Marktes den Lizenzgegenstand allein zu benutzen. Diese
dingliche Wirkung der ausschließlichen Lizenz[2] hat Auswirkungen, die
von erheblicher Bedeutung sind, insbesondere hinsichtlich der Rechte
und Befugnisse des Lizenznehmers. Bei der folgenden Darstellung
wird dabei nicht zwischen der ausschließlichen und der alleinigen
Lizenz unterschieden, da die alleinige Lizenz nur ein Sonderfall der
ausschließlichen Lizenz ist[3].

II. Wirkung der ausschließlichen Lizenz
gegen den Rechtsnachfolger des Patentinhabers

Bei dem Patentrecht selbst handelt es sich gem. § 9 Abs. 1 PatG um **359**
ein dingliches, gegen jedermann wirkendes Recht. Dies hat zunächst
die Konsequenz, daß durch eine Vereinbarung z. B. zwischen Patentinhaber und Lizenznehmer das Patent mit rechtlicher Wirkung für
Dritte nicht unübertragbar gemacht werden kann. Dies gilt unabhängig
von der Gültigkeit der schuldrechtlichen Vereinbarung über die
Unübertragbarkeit zwischen den Parteien[4]. Daher geht ein abrede-
widrig veräußertes Patent auch auf den Erwerber über, wenn dieser die
Abrede kennt[5].

Ist das veräußerte Patent mit einer ausschließlichen Lizenz belastet, **360**
muß der Erwerber des Patentes die ausschließliche Lizenz gegen sich
gelten lassen. Diese bleibt nach absolut herrschender Meinung beste-

---

1 Vgl. Rdnr. 36.
2 Vgl. dazu *BGH*, 23. 3. 1982, GRUR 1982 S. 411, 413.
3 Vgl. dazu oben Rdnr. 38.
4 § 137 S. 1 BGB.
5 *Lüdecke*, GRUR 1964 S. 470, der darauf hinweist, daß einem Patent durch Parteiab-
   rede auch die Verpfändbarkeit (§ 1274 Abs. 2 BGB) und die Pfändbarkeit (§§ 851,
   857 ZPO) nicht genommen werden kann.

hen, d. h. genießt sog. Sukzessionsschutz[6]. Diese Lösung ergibt sich nach herrschender Meinung aus der dinglichen Natur der ausschließlichen Lizenz, ohne daß es dafür einer Eintragung in die Patentrolle bedürfte.

361 Diese übereinstimmende Lösung der herrschenden Meinung erscheint jedoch alles andere als unproblematisch, da der Erwerber eines Patentes ggf. weder weiß noch wissen konnte, daß eine ausschließliche Lizenz von seiten seines Rechtsvorgängers erteilt war. Erwirbt er in diesem Fall das Patentrecht mit der ausschließlichen Lizenz belastet, kann dies die Konsequenz haben, daß je nach Ausgestaltung der ausschließlichen Lizenz das Patentrecht weitestgehend ausgehöhlt, ggf. sogar praktisch wertlos ist. Es wäre daher durchaus wünschenswert zu überlegen, ob nicht wenigstens das Vertrauen des gutgläubigen Erwerbers in den Bestand des Patentes bzw. die Freiheit von Belastungen durch ausschließliche Lizenzen schützenswert ist[7].

Im Zusammenhang mit den Fragen des Schutzes des gutgläubigen Erwerbers eines Patentes ist auch auf ausländische Rechtsordnungen hinzuweisen, die entsprechende Regelungen enthalten. Im Schweizer Patentgesetz vom 25. 6. 1954[8] wurde dem Schutz des gutgläubigen Erwerbers durch eine einfache und praktische Regelung Rechnung getragen, indem Art. 34 Abs. 3 bestimmt: „Gegenüber einem gutgläubigen Erwerber von Rechten am Patent sind entgegenstehende Lizenzen unwirksam, die im Patentregister nicht eingetragen sind". Eine ähnliche Vorschrift enthält auch das österreichische Patentgesetz von 1970 und das französische Patentgesetz in der Fassung von 1978[9].

---

6 § 15 Abs. 3 PatG; *RG*, 1. 11. 1933, RGZ 142 S. 168, 170; *Benkard*, PatG, a.a.O., Rdnr. 60 zu § 15; *Lüdecke*, GRUR 1964 S. 470 mwN; *Tetzner*, a.a.O., Anm. 54 zu § 9; *Rosenberger*, GRUR 1983 S. 203, 204; *Brandi/Dohrn*, GRUR 1983 S. 146; *Henn*, a.a.O., S. 43 mwN.
7 *Klauer/Möhring*, PatG, a.a.O., Rdnr. 20 zu § 9; vgl. auch *Reimer*, PatG, a.a.O., Rdnr. 3 zu § 25; *Rasch*, a.a.O., S. 60 ff., der allerdings den dinglichen Charakter der ausschließlichen Lizenz verneint.
8 In der Fassung vom 17. 12. 1976.
9 In § 43 Abs. 2 Österreichisches Patentgesetz heißt es: „Für den Zeitpunkt der Erwerbung der Lizenzrechte bleiben die Bestimmungen des bürgerlichen Rechtes maßgebend. Dritten Personen gegenüber werden die Lizenzrechte erst mit der Eintragung in das Patentregister wirksam." Nach Art. 46 des französischen Patentgesetzes kann eine Patentlizenz einem späteren Lizenznehmer oder Patentinhaber nur entgegengehalten werden, wenn sie registriert worden war und ihr Vorhandensein daher aus dem Patentregister festzustellen war.

Eine sinnvolle Regelung – entsprechend den dargelegten ausländischen Rechtsvorschriften – enthält auch das Gemeinschaftspatentübereinkommen. Gemäß Art. 40 Abs. 2 GPÜ genießen die vom Rechtsvorgänger bewilligten ausschließlichen und einfachen Lizenzen bei der Übertragung eines Gemeinschaftspatentes sog. Sukzessionsschutz, vorausgesetzt, daß sie in das Register für Gemeinschaftspatente eingetragen sind. Ist die Eintragung der Lizenz in das Register für Gemeinschaftspatente unterblieben, können die Nutzungsrechte dem Rechtsnachfolger des Patentinhabers nur dann entgegengesetzt werden, wenn dieser deren Bestand kannte[10].

Gerade im Hinblick auf diese europäische Regelung dürfte es daher zu überlegen sein, ob nicht ein vergleichbarer Schutz auch für die Bundesrepublik eine sinnvolle und wünschenswerte Regelung darstellen würde. Dies gilt umso mehr, als bei Inkrafttreten des GPÜ eine ausschließliche Lizenz für ein deutsches Patent ohne Eintragung in ein Register Drittwirkung hätte. Ein ebenfalls in der Bundesrepublik gültiges Gemeinschaftspatent erfordert dagegen für eine auch gegen Dritte wirksame Lizenzierung die Eintragung in das Patentregister.

III. Vergabe weiterer Lizenzen durch den Lizenzgeber

Nach Abschluß des ausschließlichen Lizenzvertrages darf der Lizenzgeber keine weiteren Lizenzen erteilen, durch die das Recht des Inhabers einer ausschließlichen Lizenz beeinträchtigt würde. Handelt der Lizenzgeber dieser Verpflichtung zuwider, macht er sich schadensersatzpflichtig. Ferner ist die Erteilung einer weiteren Lizenz dem ausschließlichen Lizenznehmer gegenüber unwirksam. Ist die ausschließliche Lizenz in die Patentrolle gem. § 34 PatG eingetragen worden, ist eine solche Lösung unproblematisch, da in diesem Fall der neue Lizenznehmer die Möglichkeit gehabt hätte, sich von dem Vorhandensein einer bereits bestehenden ausschließlichen Lizenz zu überzeugen. Aufgrund des dinglichen Charakters der ausschließlichen Lizenz wird man jedoch nicht umhin kommen, entsprechend der herrschenden Meinung eine solche Unwirksamkeit der später erteilten Lizenz auch in den Fällen anzunehmen, in denen keine Eintragung vorliegt[11].

362

---

10 Art. 43 Abs. 3, 40 Abs. 3 GPÜ.
11 Vgl. *Benkard*, PatG, a.a.O., Rdnr. 62 zu § 15; *Gaul/Bartenbach*, a.a.O., K 37; *Klauer/Möhring*, PatG, a.a.O., Rdnr. 20 zu § 9; *Reimer*, PatG, a.a.O., Anm. 84 zu § 9; *Tetzner*, a.a.O., Anm. 49 zu § 9.

Eine solche Regelung kann ohne Frage zu erheblichen Härten für einen Lizenznehmer führen, da der Lizenznehmer keine Möglichkeit hat, sich darüber zu informieren, ob das Schutzrecht mit einer ausschließlichen Lizenz belastet ist. Schwerwiegend ist dabei auch das wirtschaftliche Ergebnis, da sich die Tatsache, daß keine wirksame Lizenz erworben wurde, u. U. erst herausstellen kann, nachdem gewisse Vorbereitungen für eine Produktion stattgefunden haben, ggf. die Produktion sogar angelaufen ist. Im Hinblick auf die dingliche Wirkung der Einräumung einer ausschließlichen Lizenz ist das Ergebnis der Unwirksamkeit einer weiteren Lizenzvergabe jedoch unausweichlich, da mit der Vergabe der ausschließlichen Lizenz der Lizenzgeber sein Nutzungsrecht verloren hat, so daß ihm im Prinzip nur noch das formale Patentrecht verbleibt. Der gutgläubige Erwerb einer später erteilten ausschließlichen Lizenz gegenüber einer bereits bestehenden ausschließlichen Lizenz ist auch im Hinblick auf die wirtschaftlichen Konsequenzen nicht tragbar, da in diesem Fall der ursprüngliche Inhaber der ausschließlichen Lizenz von der weiteren Benutzung der Erfindung ausgeschlossen wäre und damit u. U. erhebliche Investitionen hinfällig würden. Das Spannungsfeld zwischen zwei erteilten ausschließlichen Lizenzen kann daher nur unter dem Gesichtspunkt der Priorität gelöst werden.

363 Vergibt der Lizenzgeber einer ausschließlichen Lizenz noch eine weitere einfache Lizenz, würde sich die Frage des gegenseitigen Ausschlusses der Lizenzgeber allerdings nicht stellen. Kann jedoch eine ausschließliche Lizenz trotz ihres zumindest quasi-dinglichen Charakters nicht gutgläubig erworben werden, erscheint es als rechtlich ausgeschlossen, daß bei einer einfachen Lizenz, die nur eine einfache schuldrechtliche Beziehung darstellt[12], ein gutgläubiger Erwerb möglich sein soll.

Auch an diesem Problem der Vergabe einer Lizenz zeigt sich, daß die Einführung eines Registers, vergleichbar den bereits oben[13] erwähnten Regelungen des GPÜ, sicherlich sinnvoll wäre.

364 Im Gegensatz zu den später erteilten Lizenzen bleiben die vor der Vergabe einer ausschließlichen Lizenz erteilten einfachen Lizenzen wirksam[14]. Allerdings kann der Lizenzgeber in diesem Fall schadens-

---

12 Vgl. dazu näher Rdnr. 39, 381.
13 Vgl. Rdnr. 361.
14 *RG*, 17. 3. 1934, GRUR 1934 S. 306; *BGH*, 15. 1. 1974, GRUR 1974 S. 335; *Benkard*, PatG, a.a.O., Rdnr. 64 zu § 15.

ersatzpflichtig werden aus dem Gesichtspunkt des Verschuldens bei Vertragsschluß, insbesondere unter dem Gesichtspunkt der mangelnden Aufklärung[15]. Umgekehrt kann der Lizenzgeber, wenn der ausschließliche Lizenznehmer Beschränkungen der ihm erteilten Lizenz verletzt, nach den Grundsätzen der sog. Drittschadensliquidation den Ersatz des Schadens verlangen, der dem einfachen Lizenznehmer, dem bereits früher eine Lizenz erteilt worden war, entstanden ist[164].

IV. Klagerecht des Inhabers einer ausschließlichen Lizenz gegenüber Patentverletzern

Ausfluß des dinglichen Charakters der ausschließlichen Lizenz ist, daß   **365** deren Inhaber aus eigenem Recht gegen Patentverletzer vorgehen kann (sog. Aktivlegitimation)[17]. Der ausschließliche Lizenznehmer kann sowohl in Unterlassungs- als auch in Schadensersatzprozessen im Sinne des § 139 PatG aus eigenem Recht vorgehen; er kann z. B. Rechnungslegung verlangen u. ä.[18]. Da die ausschließliche Lizenz auch gegenüber dem Patentinhaber wirkt[19], setzt sich auch der Patentinhaber Unterlassungs- und Schadensersatzansprüchen wegen Vertrags- und Patentverletzung aus, wenn er die dem Lizenznehmer eingeräumte alleinige Nutzungsbefugnis mißachtet[20]. Hier hätte der Patentinhaber nur eine sog. alleinige Lizenz vergeben dürfen[21].

V. Ausschließliche Lizenz, der kein Schutzrecht zugrunde liegt[22]

Auch Lizenzverträge über Erfindungen, für die kein Schutzrecht   **366** besteht oder aufgrund deren lediglich das „Know-How" mitgeteilt wird, können ausschließliche sein, d. h. daß der Lizenzgeber dem Lizenznehmer zusagt, daß er ihm allein die Lizenz für ein bestimmtes Gebiet erteilt und daß er selbst in diesem Gebiet den Gegenstand

---

15 *Gaul/Bartenbach*, a.a.O., K 37.
16 *BGH*, 15. 1. 1974, GRUR 1974 S. 335 mit zustimmender Anmerkung von *Fischer; Benkard*, PatG, a.a.O., Rdnr. 55 zu § 15 mwN.
17 Vgl. *RG*, 17. 9. 1913, RGZ 83 S. 93; *RG*, 15. 6. 1935, RGZ 148 S. 146.
18 Zu den Einzelheiten der Verteidigung des Schutzrechtes vgl. Rdnr. 393 ff., 400.
19 Vgl. dazu Rdnr. 36, 358.
20 *OLG Karlsruhe*, 5. 3. 1980, GRUR 1980 S. 784; *Benkard*, a.a.O., Rdnr. 55 zu § 15.
21 Vgl. dazu Rdnr. 38.
22 Vgl. dazu ausführlich *Stumpf*, Der Know-How-Vertrag, a.a.O., Rdnr. 71 ff.

weder herstellt noch vertreibt. Teilt der Lizenzgeber das Geheimnis, sei es nun schutzfähig oder nicht, einem anderen mit, so daß dieser den zugrundeliegenden Gegenstand nachahmen kann, so verletzt er seine vertraglichen Pflichten und macht sich ersatzpflichtig.

367 Eine dingliche Wirkung wie bei der Patentlizenz wird man aber einer ausschließlichen Lizenz, der kein Schutzrecht zugrunde liegt, nicht beimessen können. Dies erklärt sich daraus, daß selbst der Lizenzgeber sich nicht gegen die Nachahmung durch Dritte zur Wehr setzen kann, weil er kein Schutzrecht besitzt. Infolgedessen kann auch der Lizenznehmer ein solches Recht nicht erwerben. Weiter erklärt sich dies auch daraus, daß jedes wirtschaftlich verwertbare Recht mit der Offenkundigkeit der Erfindung entfällt. Daher kann auch die ausschließliche Lizenz nicht gegen den Rechtsnachfolger des Lizenzgebers oder gegen andere Lizenznehmer dinglich wirken. Das wirtschaftlich verwertbare Recht ist eben im Geheimnis begründet. Offenbart der Lizenzgeber dieses Geheimnis entgegen seiner Verpflichtung auch anderen, so kann sich der Lizenznehmer nur an ihn, nicht auch an die Dritten halten. Nur der Vollständigkeit halber sei erwähnt, daß für ausschließliche Lizenzen, denen kein Patent zugrunde liegt, keinerlei Publizität gegeben ist. Soweit ersichtlich ist die Frage der Wirkung von ausschließlichen Lizenzen, denen kein Schutzrecht zugrunde liegt, in der Literatur bisher noch kaum behandelt worden.

VI. Weitere Rechte
des Inhabers einer ausschließlichen Lizenz

1. Übertragung von Rechten durch den Inhaber einer ausschließlichen Lizenz

368 Bei der Übertragung der ausschließlichen Lizenz durch den Lizenznehmer ist zwischen der Veräußerung der Lizenz und der Erteilung von Unterlizenzen zu unterscheiden, obwohl diese Unterscheidung häufig nicht genau genug durchgeführt wird. Eine Veräußerung liegt jedoch nur vor, wenn an die Stelle des bisherigen Inhabers der ausschließlichen Lizenz ein anderer tritt. Der bisherige Lizenznehmer scheidet damit aus dem Rechtsverhältnis mit dem Lizenzgeber aus. Anders ist es bei der Erteilung einer Unterlizenz. Hier bleibt das Rechtsverhältnis zwischen dem Lizenzgeber und dem Inhaber der ausschließlichen Lizenz bestehen. Der Hauptlizenznehmer räumt lediglich einem Dritten Rechte an seinem Recht ein. Der Dritte steht dabei in keinen direkten vertraglichen Beziehungen zum Lizenzgeber. Die Unterlizenz läßt sich am besten mit der Unterpacht vergleichen[23].

Häufig ist von der Veräußerung einer ausschließlichen Lizenz die **369** Rede. In Wirklichkeit handelt es sich aber um die Erteilung einer Unterlizenz. Die Veräußerung der ausschließlichen Lizenz ist selten. Der Satz, „Die ausschließliche Lizenz ist frei übertragbar", bezieht sich daher meist auf die Erteilung von Unterlizenzen. Ist dies nicht der Fall, so ist er unzutreffend. Der Inhaber einer ausschließlichen Lizenz ist sowohl Berechtigter als auch Verpflichteter. Es ist nicht einzusehen, warum sich der Lizenznehmer durch Vertrag mit einem Dritten seiner Verpflichtung sollte entziehen können, ohne daß der Lizenzgeber hierauf irgendeinen Einfluß ausüben könnte. Wenn schon nach den Vorschriften des BGB für obligatorische Rechte vorgesehen ist, daß die Schuldübernahme durch einen Dritten der Genehmigung durch den Gläubiger bedarf[24], muß dies zumindest auch für die hier vorliegende ausschließliche Patentlizenz gelten, die ein dingliches Recht darstellt[25]. Aber auch soweit die Stellung des Lizenznehmers als Berechtigter in Betracht kommt, bestehen gegen die Übertragung dieser Rechtsposition auf Dritte erhebliche Bedenken. Nach § 399 BGB kann eine Forderung nicht abgetreten werden, wenn die Leistung an einen anderen als den ursprünglichen Gläubiger nicht ohne Veränderung ihres Inhalts erfolgen kann. Für die Pacht und auch für die Lizenz wurde im Urteil des Reichsgerichts vom 26. 10. 1931 die Unübertragbarkeit ausgesprochen[26]. Es wäre auch unbillig, die Übertragbarkeit der Lizenz zu bejahen, denn in aller Regel kann es dem Lizenzgeber nicht gleichgültig sein, wer sein Vertragspartner ist.

Jeder Lizenzvertrag beruht vor allem auch aufgrund des damit verbun- **370** denen Risikos auf dem besonderen Vertrauen der Vertragsparteien. Insbesondere bei ausschließlichen Lizenzen, bei denen dem Schutzrechtsinhaber für den lizenzierten Bereich u. U. nur noch eine formale Rechtsposition verbleibt[27], ist in der Regel die Leistungsfähigkeit und

---

23 Vgl. §§ 581 Abs. 2 i. V. m. 549 BGB.
24 Vgl. §§ 415, 399 BGB.
25 Vgl. z. B. *Benkard*, PatG, a.a.O., Rdnr. 58 zu § 15; *Isay*, a.a.O., Anm. 20 zu § 6; *Lutter*, a.a.O., S. 169; *Pietzcker*, a.a.O., Anm. 23 zu § 6; *Reimer*, PatG, a.a.O., Anm. 86 zu § 9.
26 *RG*, 26. 10. 1931, RGZ 134 S. 91; für die Miete vgl. *Staudinger*, a.a.O., Anm. 43 zu § 549 und Anm. 200 zu § 1922.
27 Vgl. Rdnr. 36 f.

Zuverlässigkeit des ausschließlichen Lizenznehmers von ausschlaggebender Bedeutung. Hier sei nur beispielhaft auf Abrechnung und Zahlung der Lizenzgebühr, die Qualität der aufgrund der Lizenz hergestellten Erzeugnisse, die Ausführungspflicht und zahlreiche andere Pflichten des Lizenznehmers verwiesen. Aufgrund dieses persönlichen Vertrauensverhältnisses wird man daher über die Vorschriften der §§ 399, 415 BGB regelmäßig davon ausgehen können, daß auch ohne ausdrückliche Vereinbarung im Vertrag eine Veräußerung der ausschließlichen Lizenz ausgeschlossen ist[28].

2. Die Erteilung von Unterlizenzen durch den Inhaber einer ausschließlichen Patentlizenz

371 Das Recht, Unterlizenzen zu erteilen, wird dem Inhaber einer ausschließlichen Patentlizenz durch die Rechtsprechung in der Regel zuerkannt, soweit nicht der Sonderfall einer ausschließlichen Betriebslizenz vorliegt[29] oder dieses Recht vertraglich ausgeschlossen ist. Auch in der Literatur wird diese Auffassung vielfach vertreten[30]. Verschiedentlich werden jedoch im Schrifttum Bedenken geäußert[31].

372 Gegen das Recht zur Erteilung von Unterlizenzen bestehen jedoch erhebliche Bedenken. Zwar bleiben die Ansprüche des Lizenzgebers gegen den Lizenznehmer und das ursprüngliche Vertragsverhältnis bestehen. Dennoch kann sowohl das aus dem Vertrag sich ergebende Vertrauensverhältnis der Parteien als auch z. B. ein gesellschaftsähnlicher Einschlag der getroffenen Vereinbarungen einer weiteren Lizenzierung entgegenstehen, selbst wenn in dem Vertrag keine detaillierten Bestimmungen hierüber getroffen worden sind[32]. Dies gilt um so mehr,

---

28 Vgl. *BGH*, 26. 9. 1958, GRUR 1959 S. 147, wobei die Auffassung des *BGH* allerdings etwas einschränkender ist; vgl. auch *Benkard*, PatG, a.a.O., Rdnr. 58 zu § 15.

29 Vgl. *RG*, 1. 11. 1933, RGZ 142 S. 168 = GRUR 1934 S. 36 = MuW 1934 S. 110 = Bl. 1934, S. 29 = Mitt. 1933 S. 309 = JW 1934 S. 361 Nr. 16; *RG*, 6. 3. 1935, GRUR 1935 S. 730 für ein Verfahrenspatent; *RG*, 5. 5. 1911, RGZ 76 S. 235; *RG*, 4. 12. 1935, GRUR 1936 S. 791 = MuW 1936 S. 119.

30 Vgl. *Schumann*, GRUR 1932 S. 539, der allerdings nur die Einräumung von einfachen Unterlizenzen zulassen will; *Lüdecke/Fischer*, a.a.O., S. 431; *Rasch*, a.a.O., S. 100 ff.; *Schade*, a.a.O., S. 70; siehe auch *Henn*, a.a.O., S. 49 mwN und S. 98 mwN vor allem zum ausländischen Recht.

31 Vgl. *Gaul/Bartenbach*, a.a.O., K 39; *Reimer*, PatG, a.a.O., Anm. 89 zu § 9; *Tetzner*, a.a.O., Anm. 52 zu § 9.

32 Vgl. *Gaul/Bartenbach*, a.a.O., K 39; *Reimer*, PatG, a.a.O., Anm. 89 zu § 9; *Tetzner*, a.a.O., Anm. 52 zu § 9.

wenn eine Unterlizenzierung je nach geplantem Lizenzvertrag die Konsequenz haben kann, daß entweder alle oder ein Großteil der Rechte und Pflichten dem Lizenzgeber gegenüber aus dem ursprünglichen Lizenzvertrag auf einen Dritten übergeleitet würden. Dem Lizenzgeber kann es jedoch auch dann keineswegs gleichgültig sein, wer den Lizenzgegenstand herstellt und vertreibt, selbst wenn seine Ansprüche gegen den ursprünglichen Lizenznehmer formal bestehen bleiben.

Grundsätzlich kann das sich hier ergebende Problem in brauchbarer Weise nach den Bestimmungen des Pachtrechtes gelöst werden[33]. Bei analoger Anwendung dieser Bestimmungen bedarf der Lizenznehmer zur Erteilung einer Unterlizenz der Zustimmung des Lizenzgebers. Schade widerspricht dieser Auffassung. Er sieht im Unterlizenznehmer einen Gehilfen des Lizenznehmers. Er läßt dabei aber wohl außer Betracht, daß bei der Lizenzvergabe das Vertrauen der Vertragspartner eine besonders große Rolle spielt und daß der Lizenzgeber ein berechtigtes Interesse daran hat zu erfahren, wer an der Lizenz partizipiert. Es erscheint im Ergebnis äußerst unbillig, daß z. B. der Lizenznehmer einem Konkurrenten des Lizenzgebers – und selbst wenn die Konkurrenz nur hinsichtlich anderer Produkte besteht – Unterlizenz erteilt, wozu aber die Zulassung der Unterlizenzvergabe durchaus führen könnte[34]. **373**

Läßt der Hauptlizenznehmer Teile des gesamten Lizenzgegenstandes von Unterlieferanten fertigen, so ist dies ohne weiteres möglich, soweit es sich um neutrale Teile handelt, bei deren Herstellung weder Geheimnisse noch Erfahrungen des Lizenzgebers verwendet werden. Vergibt der Lizenznehmer dagegen die Fertigung von Teilen, die unter den Patentschutz fallen oder zu deren Herstellung Geheimnisse oder Erfahrungen des Lizenzgebers verwendet werden müssen, so ist dies nur möglich, soweit die Erteilung einer Unterlizenz zulässig ist, denn schon in der Erlaubnis zur Herstellung dieser Teile liegt die Erteilung einer Unterlizenz, weil deren Herstellung eine schutzrechtsverletzende Handlung ist[35]. **374**

Auch die Weitergabe von Werkstattzeichnungen – zusammen mit den üblicherweise zugehörigen Unterlagen wie Stücklisten, Materialangaben, Bezugsquellen, Detailzeichnungen usw. – ist als eine vollständige

---

33 Vgl. §§ 581 Abs. 2 u. 596 Abs. 1 i. V. m. 549 BGB.
34 *Schade*, a.a.O., S. 70.
35 A. M. *Rasch*, a.a.O., S. 102; siehe auch *Henn*, a.a.O., S. 79.

und exakte technisch-geistige Verkörperung des patentierten Gegenstandes eine schutzrechtsverletzende Handlung[36].

Schaltet der Inhaber einer ausschließlichen Lizenz zum Vertrieb der aufgrund der Lizenz hergestellten Waren einen Dritten ein, so kann dies – je nach Ausgestaltung des Vertrages – entweder durch Erteilung einer Unterlizenz oder durch bloßen Vertragshändlervertrag geschehen[37].

375 Aus dem Vergleich mit der Untermiete und Unterpacht läßt sich auch ableiten, welchen Umfang die Unterlizenz haben kann. Es braucht sich bei der Unterlizenz nicht lediglich um die Einräumung von Teilen des Rechtes des Inhabers der ausschließlichen Lizenz zu handeln, wie z. B. Schumann[38] annimmt, der die Auffassung vertritt, die Unterlizenz könne nur als einfache Lizenz erteilt werden. Der Hauptlizenznehmer kann auch ausschließliche Lizenzen in dem Umfang, den seine eigene hat, als Unterlizenzen erteilen[39]. Hat der Hauptlizenznehmer eine nach Zeit, Gebiet oder Nutzungsart beschränkte ausschließliche Lizenz eingeräumt bekommen, ist eine Unterlizenzvergabe ohne weitere Zustimmung des Lizenzgebers ausgeschlossen[40]. Der Hauptlizenznehmer haftet für Verschulden des Unterlizenznehmers[41].

Das Bestehen einer vom Lizenznehmer eingeräumten Unterlizenz ist in der Regel von dem Bestehen der Hauptlizenz abhängig, so daß ein Erlöschen der ausschließlichen Lizenz auch ein Erlöschen der Unterlizenz zur Folge hat[42].

---

36 Vgl. dazu *Tetzner*, GRUR 1980 S. 882, 883.
37 Zum Begriff des Vertragshändlers vgl. *Stumpf*, Der Vertragshändler-Vertrag, a.a.O., insb. Rdnr. 1 ff.
38 GRUR 1932 S. 539.
39 Vgl. *RG*, 26. 9. 1936, GRUR 1937 S. 628; *RG*, 4. 12. 1935, GRUR 1936 S. 791 = MuW 1936 S. 119; vgl. auch *Benkard*, PatG, a.a.O., Rdnr. 59 zu § 15.
40 Vgl. *BGH*, 10. 7. 1986, GRUR 1987 S. 37, 39 und *Benkard*, PatG, a.a.O., Rdnr. 59 zu § 15.
41 §§ 581 Abs. 2 i. V. m. 549 Abs. 2 BGB.
42 Vgl. dazu ausführlich *Reimer*, PatG, a.a.O., Rdnr. 91 ff. zu § 9 mwN; zu einer denkbaren Ausnahme vgl. *RG*, 1. 11. 1933, RGZ 142 S. 168. Probleme können sich dabei im übrigen vor allem bei der vorzeitigen Beendigung des Hauptlizenzvertrages ergeben.

3. Übertragung von Rechten und Erteilung von Unterlizenzen durch den Inhaber einer ausschließlichen Lizenz, wenn der Lizenz keine Schutzrechte zugrunde liegen

Die für die Patentlizenz gemachten Ausführungen gelten auch für Verträge, denen keine Schutzrechte zugrunde liegen. Bei derartigen Verträgen ist die Bindung zwischen Lizenzgeber und Lizenznehmer aufgrund des unerläßlichen Vertrauensverhältnisses meist noch enger. Da keine Schutzrechte bestehen, ist der Lizenzgeber darauf angewiesen, daß der Lizenznehmer die ihm anvertrauten Geheimnisse wahrt. Es kann ihm daher erst recht nicht gleichgültig sein, wer weitere Rechte eingeräumt erhält[43].

376

4. Vererbung der ausschließlichen Lizenz

Auch wenn der Lizenzgeber keiner Firma, sondern einer Person[44] die Lizenz erteilt, gelten die obigen Ausführungen. Stirbt der Lizenznehmer, so treten bei Anwendung pachtrechtlicher Grundsätze seine Erben in seine Stellung ein[45]. Der Erbe des Lizenznehmers hat dann ein Kündigungsrecht, nicht jedoch der Lizenzgeber. Die Kündigung kann nur mit einer Frist von sechs Monaten zum Ende eines Kalendervierteljahres erfolgen. Die Kündigung kann nur für den ersten Termin erfolgen, für den sie zulässig ist[46].

377

Der Umstand, daß im Muster (Anhang I.) unter II.3.a) 2. Alt. vorgesehen ist, daß die Lizenz nicht übertragbar ist, besagt noch nichts über die Vererblichkeit. Lüdecke will bei dem Verbot der Übertragbarkeit für den Fall des Todes des Lizenznehmers dem Lizenzgeber ein außerordentliches Kündigungsrecht geben[47]. Es ist jedoch zweifelhaft, ob man so weit gehen kann. Will man sicher sein, so empfiehlt es sich, das Kündigungsrecht ausdrücklich vorzusehen.

Man könnte entgegenhalten, daß gegen eine Vererbung der ausschließlichen Lizenz dieselben Gründe wie gegen eine Veräußerung sprechen. Dies scheint uns jedoch nicht zwingend. Die Erben treten voll in die Rechtsposition des Erblassers ein. Sie übernehmen in der Regel seine Produktionsmittel, seinen Vertrieb usw., so daß schon hierdurch die

---

43 Vgl. dazu näher *Stumpf*, Der Know-How-Vertrag, a.a.O., Rdnr. 73 ff.
44 Zu unterscheiden von der persönlichen Lizenz, vgl. hierzu Rdnr. 40.
45 Vgl. §§ 581 Abs. 2 und 596 Abs. 2 BGB; siehe auch *Henn*, a.a.O., S. 137.
46 §§ 594 d i. V. m. 569 BGB; siehe zu Einzelheiten der Berechnung der Frist nur *Paland t*, a.a.O., § 594 d Anm. 3.
47 *Lüdecke/Fischer*, a.a.O., S. 73.

Gewähr gegeben ist, daß die Lizenz in gleicher Weise weiter ausgenutzt wird wie bisher. Träten die Erben nicht in den Lizenzvertrag ein, so würde dies in der Regel zur Vernichtung wirtschaftlicher Werte führen, weil die Produktionsanlagen des Erblassers nicht mehr für die bisherigen Zwecke benutzt werden könnten. Erfüllt der Erbe seine Verpflichtungen aus dem Lizenzvertrag nicht, so besteht die Möglichkeit, aus wichtigem Grund zu kündigen.

5. Gesellschafterwechsel beim Lizenznehmer

378 Ist das Vertragsverhältnis mit einer Gesellschaft geschlossen, so wird es durch einen Wechsel der Gesellschafter nicht berührt, es sei denn, daß der Lizenzvertrag in dieser Hinsicht einen besonderen Vorbehalt enthält. Ist Vertragspartner eine Einzelfirma, so gehen bei Veräußerung der Firma die Rechte und Pflichten aus dem Lizenzvertrag nach §§ 581 Abs. 2 i. V. m. 549 BGB nicht auf den Erwerber über[48], weil Berechtigter und Verpflichteter der ursprüngliche Firmeninhaber ist.

6. Übertragbarkeit der persönlichen Lizenz, Betriebslizenz[49]

379 Die persönliche Lizenz ist, wie sich schon aus der Bezeichnung ergibt, unmittelbar an die Person des Lizenznehmers entsprechend dem Willen der Vertragsparteien gebunden[50]. Diese Personenbezogenheit hat die Konsequenz, daß sie grundsätzlich unübertragbar und unvererblich ist[51].

380 Auch bei der Betriebslizenz wird man regelmäßig annehmen müssen, daß sie nur unübertragbar erteilt werden sollte[52]. Bei der Betriebslizenz steht allerdings weniger die Person des Vertragspartners im Vordergrund. Hier ist entscheidend, daß die Produktion gerade in einer bestimmten Produktionsstätte vorgenommen wird, wobei dieser Begriff genau zu definieren ist[53]. Wenn auch bei einer solchen Betriebslizenz eine gesonderte Übertragbarkeit regelmäßig verneint wird, wird es regelmäßig zulässig sein, die Übertragung zusammen mit dem Betrieb bzw. einem selbständigen Betriebsteil vorzunehmen.

---

48 Vgl. *Würdinger*, a.a.O., Anm. 9 zu § 22, der § 549 BGB analog anwendet.
49 Zum Begriff vgl. Rdnr. 41.
50 Vgl. oben Rdnr. 40.
51 *Klauer/Möhring*, PatG, a.a.O., Rdnr. 52 zu § 9.
52 Vgl. z. B. *Benkard*, PatG, a.a.O., Rdnr. 58 zu § 15; *Klauer/Möhring*, PatG, a.a.O., Rdnr. 52 zu § 9; *Henn*, a.a.O., S. 137 mwN.
53 Vgl. oben Rdnr. 41.

Ob hierbei unter Veräußerung des Betriebes die Übertragung der gesamten Firma zu verstehen ist oder ob es genügt, wenn die Anlage oder die Produktionsmittel, mit denen der Lizenzgegenstand bisher hergestellt wurde, übertragen werden, ist in der Literatur nicht geklärt. Ist ersteres gemeint, so bietet die Betriebslizenz keine Besonderheit, soweit die Firma eine Gesellschaft ist, weil der Wechsel der Gesellschafter, wie oben bereits ausgeführt, keinen Einfluß auf die Lizenz hat.

Handelt es sich dagegen um eine Einzelfirma, so liegt der Unterschied zu einer gewöhnlichen Lizenz darin, daß bei Veräußerung der gesamten Firma die Lizenz in jedem Fall mitübertragen werden kann.

Kommt es dagegen bloß auf bestimmte Anlagen oder Einrichtungen an, so wäre es nicht ausschlaggebend, ob die Firma als solche übertragen wird oder nicht, sondern es käme lediglich auf die Übertragung der Anlage an, die die Vertragspartner in Betracht zogen. Die Abgrenzung wird allerdings im einzelnen oftmals Schwierigkeiten bereiten. In seiner Entscheidung vom 16. 11. 1929[54] hat das Reichsgericht ausgesprochen, daß in der Einstellung einer Produktion und der Übertragung der Lizenz auf einen anderen Betrieb keine Übertragung des Betriebs gesehen werden könne. Es spricht weiter aus, daß die Betriebslizenz durch die Übertragung nicht wesentlich verändert werden dürfe. Dies könne schon der Fall sein, wenn sie beim Verkauf der dazugehörigen Anlagen mit diesen in ein völlig anderes Wirtschaftsgebiet verpflanzt würde. Soll die Betriebslizenz in der zuletzt erwähnten Weise gelten, so sollte dies besonders zum Ausdruck gebracht werden.

---

54 *RG*, 16. 11. 1929, GRUR 1930 S. 174; *Benkard*, PatG, a.a.O., Rdnr. 58 zu § 15.

G. Funktion der einfachen Lizenz

I. Allgemeines

381 Im Gegensatz zur ausschließlichen Lizenz, die dem Lizenznehmer eine ausschließliche Benutzungsbefugnis gibt, erhält der Inhaber einer einfachen Lizenz lediglich ein gewöhnliches Benutzungsrecht[1]. Neben ihm ist der Lizenzgeber weiter zur Herstellung und zum Vertrieb des Lizenzgegenstands befugt. Er ist auch berechtigt, beliebig viele weitere Lizenzen zu vergeben. Grundsätzlich ist der Lizenzgeber in der Festlegung der Bedingungen für diese Lizenzen frei. Aus dem Gesichtspunkt von Treu und Glauben können sich aber im Einzelfall Einschränkungen ergeben[2].

Zu berücksichtigen ist in diesem Zusammenhang nämlich, daß die wirtschaftlichen Voraussetzungen für eine Lizenznahme durch die Vergabe von weiteren Lizenzen zu erheblich günstigeren Konditionen wesentlich beeinflußt werden können. Werden späteren Lizenznehmern günstigere Konditionen als dem oder den früheren Lizenznehmern eingeräumt, hat dies die Konsequenz, daß die anderen Lizenznehmer infolge einer niedrigeren Belastung durch Lizenzabgaben das Erzeugnis niedriger kalkulieren und daher zu einem günstigeren Preis auf den Markt bringen können[3]. Damit wird nicht nur die Konkurrenzlage wesentlich beeinflußt, sondern es kann im Einzelfall vielmehr die Wirtschaftlichkeit einer gesamten aufgebauten Produktion in Frage gestellt werden.

Im Hinblick auf die entscheidende wirtschaftliche Bedeutung weiterer Lizenzvergaben ist davon auszugehen, daß der Lizenzgeber nicht beliebig viele Freilizenzen vergeben kann, ohne gegenüber früheren Lizenznehmern gegen den Grundsatz von Treu und Glauben zu verstoßen, da durch eine solche Vorgehensweise die Grundlagen des Vertrages mit den früheren Lizenznehmern massiv angegriffen würden. Wieweit die Beschränkungen des Lizenzgebers durch den Grundsatz von Treu und

---

1 *BGH*, 23. 3. 1982, GRUR 1982 S. 411 = BGHZ 83 S. 251, 256; *Benkard*, PatG, a.a.O., Rdnr. 34, 56 ff. zu § 15; *Henn*, a.a.O., S. 85 ff., 86; *Pagenberg/Geissler*, a.a.O., S. 214 Rdnr. 7, S. 236 ff. Rdnr. 25.
2 Vgl. insoweit zustimmend *Pagenberg/Geissler*, a.a.O., S. 240 Rdnr. 29 m. w. N.
3 *BGH*, 29. 4. 1965, GRUR 1965 S. 591, 595.

Glauben gehen, kann jedoch insgesamt abschließend nur aufgrund der Umstände des Einzelfalls beurteilt werden.

Im Hinblick auf die aufgezeigten Gefahren von Lizenzvergaben zu unterschiedlichen Konditionen werden daher in vielen Fällen in Lizenzverträgen Meistbegünstigungsklauseln vereinbart. Für den Inhalt dieser Klauseln kommen mehrere prinzipielle Ausgestaltungsmöglichkeiten in Betracht. So kann der Lizenzgeber sich einmal verpflichten, den Lizenznehmer nicht schlechter zu stellen als andere neue Lizenznehmer. Der Lizenzgeber kann sich zum anderen binden, andere neue Lizenznehmer nicht besser zu stellen als den früheren. Schließlich kann für diesen letzten Fall vereinbart werden, daß die Verpflichtung nicht nur Wirksamkeit für den Zeitpunkt des Vertragsschlusses, sondern auch für einen späteren Zeitraum erlangen soll. Die Meistbegünstigungsklausel enthält dann die Verpflichtung des Lizenzgebers, bereits gezahlte Gebühren an den Lizenznehmer zurückzuzahlen, wenn spätere Lizenzverträge mit anderen Partnern zu niedrigeren Sätzen abgeschlossen werden. Unbeschadet der Vorschrift des § 15 GWB dürfte jedenfalls die erste Form einer Meistbegünstigungsklausel kartellrechtlich zulässig sein[4].

II. Wirkung gegenüber den Rechtsnachfolgern des Patentinhabers

Da die einfache Lizenz kein dingliches Recht ist, sondern obligatorischen Charakter hat, läßt sich vom dogmatischen Standpunkt aus der sog. Sukzessionsschutz im Falle der Veräußerung des zugrundeliegenden Schutzrechtes kaum begründen. Wird ein Sukzessionsschutz verneint, hat dies die Konsequenz, daß der Erwerber eines Patentes[5] dieses Patent unbelastet von den einfachen Lizenzen erwirbt und den früheren einfachen Lizenznehmern die weitere Benutzung des Patentes untersagen kann.

382

Im Schrifttum wurde jedoch bis zur Entscheidung des Bundesgerichtshofes vom 23. 3. 1982[6] der einfachen Lizenz überwiegend der sog.

---

4 Zu der kartellrechtlichen Problematik vgl. Rdnr. 509 sowie für das EG-Kartellrecht Rdnr. 643, 714.
5 Vgl. aber § 33 Urheberrechtsgesetz.
6 *BGH*, 23. 3. 1982, GRUR 1982 S. 411.

Sukzessionsschutz zugebilligt[7]. Gegen den Grundsatz der Fortgeltung der einfachen Lizenz sprachen sich neben der Entscheidung des RG vom 5. 5. 1911[8], die zu dieser Frage allerdings nur am Rande Stellung nahmen, nur vereinzelte Stimmen der Literatur aus, zu denen allerdings auch die 4. Auflage des hier vorliegenden Buches zu rechnen ist[9]. Der Bundesgerichtshof hat sich in seiner Entscheidung vom 23. 3. 1982[10] auf den Standpunkt gestellt, daß bei einer einfachen Lizenz die Verpflichtung des Patentinhabers aus einem Vertrag, der eine Benutzungserlaubnis im Sinne einer einfachen Lizenz begründet, nicht auf den Erwerber des Schutzrechtes übergeht. Der Bundesgerichtshof begründet dies mit dem Fehlen der Drittwirkung schuldrechtlicher Verträge. Die Regeln der §§ 571, 581 BGB, die sich lediglich auf die Miete und Pacht von Grundstücken beziehen, finden dabei auf die einfache Lizenz keine Anwendung, da sie vor allem eine Überlassung des Vertragsgegenstandes voraussetzen und damit regelmäßig eine allgemein erkennbare Besitzlage schaffen. An einer solchen Sachlage fehlt es aber im Falle der Erteilung einer einfachen Lizenz vollständig im Hinblick auf die fehlende Möglichkeit der Eintragung in die Patentrolle.

383 Diese Entscheidung des Bundesgerichtshofes ist nach der vorsichtigen Zustimmung von Hoepffner[11] durch zahlreiche Stimmen massiv kritisiert worden.

Klawitter[12] hält den Sukzessionsschutz der einfachen Lizenz im Hinblick auf die Interessenlage und Schutzbedürftigkeit der Beteiligten für erforderlich und vertritt entgegen dem BGH die Auffassung, daß sich eine Parallele zu der Vorschrift des § 33 UrhG, der den Sukzessionsschutz der einfachen Lizenz im Urheberrecht gewährleistet, anbiete.

---

7 *Benkard*, PatG, a.a.O., 7. Aufl., Rdnr. 60 zu § 15; *Klauer/Möhring*, PatG, a.a.O., Rdnr. 39 zu § 9; *Krause/Katluhn/Lindenmaier*, a.a.O., Rdnr. 57 zu § 9; *Tetzner*, a.a.O., Rdnr. 39 zu § 9; *Reimer*, PatG, a.a.O., Rdnr. 95 zu § 9; *Lüdecke*, GRUR 1964 S. 470 sowie weitere Nachweise bei *Völp*, GRUR 1983 S. 45.

8 RGZ 76 S. 235, 236.

9 *Benkard*, PatG, a.a.O., 5. u. 6. Aufl., Rdnr. 49 zu § 9; *Schramm*, Grundlagenforschung auf dem Gebiet des gewerblichen Rechtsschutzes und Urheberrecht, S. 85; *Rasch*, a.a.O., S. 62 sowie *Stumpf*, Lizenzvertrag, 4. Aufl. 1968, Rdnr. 370, vgl. auch Rdnr. 342.

10 *BGH*, 23. 3. 1982, GRUR 1982 S. 411.

11 GRUR 1982 S. 411, 413.

12 MDR 1982 S. 895.

Völp[13] kommt zu dem Ergebnis, daß im Gegensatz zu der Auffassung noch **383** des BGH auch die Einräumung einer einfachen Lizenz an einem Schutzrecht dingliche Wirkung hat. Mager[14] will den Schutz, den der Besitzer einer beweglichen Sache besitzt, ausgehend von der Interessenlage, sinngemäß auch für den Benutzer einer Lizenz gelten lassen. Dabei läßt er es ausdrücklich offen, ob dieser Schutz auch gilt, wenn der Lizenznehmer das Schutzrecht noch nicht verwendet hat. Letztlich bejaht damit auch Mager wohl die dingliche Wirkung einer einfachen Lizenz, obwohl dies nicht ganz eindeutig ist. Rosenberger[15] hält die Begründung des Bundesgerichtshofes für den fehlenden Sukzessionsschutz in keinem Punkt für stichhaltig und will in entsprechender Anwendung der Vorschrift des § 404 BGB gem. § 413 BGB das Benutzungsrecht des einfachen Lizenznehmers erhalten, wenn der Lizenzgeber das Patent überträgt. Ähnlich auch Brandi-Dohrn[16], der ebenfalls den Sukzessionsschutz der einfachen Lizenz aus §§ 413, 404 BGB ableitet, so daß dem früheren Lizenznehmer oder sonstwie Nutzungsberechtigten der Einwand des früheren Benutzungsrechtes möglich bleibt.

Ohne Frage sind die wirtschaftlichen Konsequenzen des nach der BGH-Rechtsprechung fehlenden Sukzessionsschutzes für den einfachen Lizenznehmer unerfreulich und bilden für den einfachen Lizenznehmer ein erhebliches Risiko. Der Lizenznehmer hat ggf. mit hohen Investitionskosten eine Lizenzproduktion eingerichtet, deren Aufgabe aufgrund des Verbietungsrechtes des neuen Patentinhabers seine gesamte Existenz bedrohen kann. Selbst wenn der neue Patentinhaber nicht von seinem Verbietungsrecht Gebrauch machen will, befindet sich der Lizenznehmer bei Verhandlungen über die Höhe der Lizenzgebühr, die er an den neuen Patentinhaber zu zahlen hat, in der denkbar schlechtesten Position. Über einen Schadensersatzanspruch des Lizenznehmers gegen den Veräußerer des Patentes ist ein vollkommener Ausgleich des dem Lizenznehmer entstehenden Schadens nur selten zu erwarten, zumal dieser Anspruch insbesondere bei Konkurs des alten Lizenzgebers versagen würde. Gerade im Fall des Konkurses des alten Patentinhabers wird es aber oft zu einer Veräußerung der

---

13 GRUR 1983 S. 45.
14 GRUR 1983 S. 51.
15 GRUR 1983 S. 203.
16 GRUR 1983 S. 146.

Patente kommen, ohne daß der Lizenznehmer eine Chance hat, eine Entschädigung zu erhalten[17].

Allerdings sollte bei Berücksichtigung aller ohne Frage vorhandenen wirtschaftlichen Probleme für den einfachen Lizenznehmer die Tragweite des fehlenden Sukzessionsschutzes nicht überbewertet werden. Brandi-Dohrn[18] weist zu Recht darauf hin, daß es 80 Jahre gedauert hat, bis die Frage des Sukzessionsschutzes definitiv zur Entscheidung anstand.

384 Unabhängig von der wirtschaftlichen Interessenlage, die ohne Frage für den Sukzessionsschutz der einfachen Lizenz spricht, ist die Verneinung des Sukzessionsschutzes durch den BGH unter rechtlichen Gesichtspunkten schwer angreifbar. Schon die Annahme, daß die ausschließliche Lizenz dingliche Wirkung hat, ist dogmatisch in keiner Weise zwingend[19]. Allerdings kann man der ausschließlichen Lizenz im Gegensatz zu der einfachen zugute halten, daß der Lizenznehmer hier sein Schutzrecht weitgehend verliert. Die von Dritten ungestörte Rechtsposition des ausschließlichen Lizenznehmers, der auch das Recht hat, seine Position allein zu verteidigen, beinhaltet zumindest eine nicht unerhebliche Signalwirkung, die der Publizitätsfunktion des Besitzes angenähert ist. Diese für dingliche Rechte typische Publizitätswirkung ist jedoch bei einfachen Lizenznehmern, die nebeneinander produzieren und deren Zahl praktisch nicht begrenzt ist, in keiner Weise gegeben. Wenn man jedoch der ausschließlichen Lizenz nur mit nicht unerheblichen dogmatischen Anstrengungen den Charakter eines dinglichen Rechtes zubilligt, ist dies bei der einfachen Lizenz nicht mehr möglich.

Die Aufrechterhaltung der einfachen Lizenz über die §§ 404, 413 BGB erscheint problematisch, da es hier um Ansprüche geht, die nicht von vornherein vorhanden sind, sondern durch und damit nach dem Verkauf des Patentes entstanden sind. § 404 BGB erfaßt jedoch nur Einwendungen und sonstige Verteidigungsmöglichkeiten des Schuldners, die sich auf den Inhalt der Forderung gegen ihn beziehen. Die Anwendung der §§ 404, 413 BGB würde daher weit über den Rahmen der möglichen Anwendung hinausgehen, wenn auf diese Weise ein an sich bestehendes, gesetzlich abgesichertes, eigenes Verbietungsrecht des Patentinhabers ausgeschlossen werden soll. Hier würde durch

---

17 Vgl. *Völp*, GRUR 1983 S. 45.
18 RUR 1983 S. 147.
19 Vgl. Rdnr. 361, vgl. auch *Stumpf*, Der Lizenzvertrag, 4. Aufl. 1968 Rdnrn. 341 ff.

schuldrechtliche Regelungen die dingliche Position des neuen Patentinhabers in ggf. starkem Maße eingeschränkt werden. Dabei ist zu berücksichtigen, daß bei dinglichen Rechten die Aufrechterhaltung von Forderungen gem. §§ 404, 413 BGB keine Selbstverständlichkeit darstellt[20].

Auch die analoge Anwendung des § 33 UrhG[21] erscheint nicht möglich, da es sich nach dem eindeutigen Willen des Gesetzgebers um eine Sondervorschrift handelt, die die Ausnahme von dem Grundsatz darstellt, daß ein einfaches Nutzungsrecht nur schuldrechtliche Wirkung hat[22].

Ausgehend von rechtssystematischen Überlegungen wird man – wie **385** schon in der 4. Auflage dieses Buches vertreten[23] – den Schutz des einfachen Lizenznehmers im Falle der Veräußerung des Patentes verneinen müssen, wenn man nicht, um eines wirtschaftlich möglicherweise erwünschteren Ergebnisses willen, zu rechtlich problematischen Konstruktionen greifen will. Zwar hat der BGH lediglich erklärt, daß die einfache Lizenz im Regelfalle obligatorischer Natur sei, so daß sich die Frage nach der Ausnahme geradezu aufdrängt. Aus den oben dargelegten Gründen kann man wohl jedoch nicht damit rechnen, daß für die einfache Lizenz der dingliche Charakter bejaht wird.

Der nach der Rechtsprechung fehlende Sukzessionsschutz bei der **386** einfachen Lizenz drängt die Frage nach Lösungsmöglichkeiten auf. Entsprechende vertragliche Vereinbarungen, durch die sich der einfache Lizenznehmer für den Fall der Veräußerung des Patentes sichern könnte, sind nicht möglich[24]. Die dingliche Position des neuen Patentinhabers schützt diesen vor der Wirkung der Vereinbarungen ebenso, wie ein vertraglich vereinbartes Veräußerungsverbot gem. § 137 BGB keine Wirkung hätte[25]. Zum Schutz des einfachen Lizenznehmers im Falle der Veräußerung der Lizenz bieten sich daher wohl nur zwei Lösungen an, nämlich entweder eine gesetzliche Normierung entspre-

---

20 Vgl. dazu § 986 Abs. 2 BGB; vgl. auch RGRK, a.a.O., Rdnr. 13 zu § 413.
21 Vgl. dazu außer *Klawitter*, MDR 1982, S. 895, auch *Kraßer*, GRUR Int. 1973 S. 230, 233; *Benkard*, PatG, 7. Aufl., a.a.O., Rdnr. 60 zu § 15.
22 BR-Drucksache 1/62 S. 56 zu § 33 UrhG.
23 *Stumpf*, Der Lizenzvertrag, 4. Aufl. 1968, Rdnr. 370.
24 Vgl. aber z. B. *Hoepffner*, GRUR 1982 S. 413, 414; auch der Vorschlag von *Klawitter*, MDR 1982 S. 895, 896, d. h. eine aufschiebend bedingte Übereignung des Patentes auf den einfachen Lizenznehmer unter der Bedingung, daß der Lizenznehmer das Patent auf einen Dritten überträgt, ist nicht gangbar, wie *Rosenberger*, GRUR 1983 S. 203, 204, zu Recht darlegt.
25 Vgl. Rdnr. 359.

chend der Regelung in § 33 UrhG oder aber eine den Vorschriften des Gemeinschaftspatent-Übereinkommens angepaßte Regelung. Nach dem Gemeinschaftspatent-Übereinkommen bleiben die vom Rechtsvorgänger bewilligten ausschließlichen und einfachen Lizenzen unberührt, vorausgesetzt, daß sie in das Register für Gemeinschaftspatente eingetragen sind. Ist die Eintragung in das Register unterblieben, können die Nutzungsrechte dem Rechtsnachfolger nur dann entgegengesetzt werden, wenn er deren Bestand kannte[26].

387 Der Gesetzgeber hat sich 1986 dazu entschlossen, § 15 PatG durch einen Abs. 3 zu erweitern, wonach der Sukzessionsschutz auch für einfache Lizenzen gilt[27]. § 15 Abs. 3 PatG findet Anwendung auf den nach seinem Inkrafttreten (1. 1. 1987) erfolgten Rechtsübergang[28]. Die Frage des Fortbestands einer ausschließlichen oder einfachen Lizenz bei einer Verfügung über die Schutzberechtigung vor dem 1. 1. 1987 richtet sich nach den bis dahin geltenden Grundsätzen unter Berücksichtigung von *BGH*, 23. 3. 1982, GRUR 1982 S. 411 = BGHZ 83 S. 251, 255[29].

III. Kein Klagerecht des Inhabers einer einfachen Lizenz gegenüber Patentverletzern

388 Als Ausfluß des obligatorischen Charakters einer einfachen Lizenz ist es anzusehen, daß der Inhaber der einfachen Lizenz kein eigenes Recht zur Klageerhebung gegenüber Patentverletzern hat[30]. Dem einfachen Lizenznehmer stehen nur – entsprechend dem Wesen eines obligatorischen Rechtes[31] – Ansprüche gegen den Vertragspartner, nicht aber gegen Dritte zu. Daher hat er weder Unterlassungsansprüche gegen einen Patentverletzer, noch kann er von ihnen aus eigenem Recht Schadensersatz verlangen. Dies erscheint auch wirtschaftlich nicht ungerechtfertigt, da Benkard[32] zu Recht darauf hinweist, daß der einfache Lizenznehmer immer damit rechnen muß, daß noch andere den Gegenstand des Patentes herstellen oder verkaufen können.

---

26 Art. 40 Abs. 1, Art. 43 Abs. 3, Art. 40 Abs. 3 GPÜ.
27 BGBl. 1986 I 1446; vgl. auch anstatt aller *Benkard*, PatG, a.a.O., Rdnr. 60 zu § 15.
28 *Benkard*, PatG, a.a.O., Rdnr. 60 zu § 15.
29 *Benkard*, PatG, a.a.O., Rdnr. 60 zu § 15.
30 *RG*, 17. 9. 1913, RGZ 83 S. 93; *Benkard*, PatG, a.a.O., Rdnr. 57 zu § 15; *Fischer*, GRUR 1980 S. 374.
31 Vgl. dazu Rdnr. 39, 381.
32 *Benkard*, PatG, a.a.O., Rdnr. 57 zu § 15.

IV. Übertragung der einfachen Lizenz

Auch hier ist zunächst wieder zwischen der Vollübertragung durch **389**
Verkauf und der Vergabe von Unterlizenzen zu unterscheiden.

Die einfache Lizenz ist ebensowenig durch einen Verkauf übertragbar
wie die ausschließliche[33]. Auch hier ist auf das besondere Vertrauensverhältnis, das für Lizenzverträge typisch ist, hinzuweisen. Dementsprechend betont der BGH, unter Hinweis auf die Rechtslehre, die
Personen- und Betriebsgebundenheit der einfachen Lizenz, so daß die
Überlassung der Benutzungsbefugnis einer besonderen Gestattung
bedürfe[34].

Allerdings ist auch hier – entsprechend der herrschenden Meinung –
der Fall einer sog. Betriebslizenz zu berücksichtigen. Bei einer solchen
erscheint die Möglichkeit der Übertragung allerdings nur zusammen
mit der Produktionsstätte als möglich[35].

Zur Erteilung von Unterlizenzen ist der Inhaber einer einfachen Lizenz **390**
nach herrschender Meinung nicht berechtigt[36]. Auch hierbei handelt es
sich wieder um einen Ausfluß des obligatorischen Charakters der
einfachen Lizenz. Aus diesem obligatorischen Charakter wird abgeleitet, daß die einfache Lizenz personen- bzw. betriebsgebunden ist, so
daß die Erteilung einer Unterlizenz grundsätzlich ausgeschlossen ist[37].
Der BGH weist dabei ausdrücklich darauf hin, daß die Vergabe von
Unterlizenzen die eigene Nutzungsmöglichkeit des Lizenzgebers beeinträchtigen kann und die Befugnis zur Erteilung oder zu einer anderen
Art der Überlassung der Benutzungsbefugnis an einen Dritten durch
den einfachen Lizenznehmer diesem durch eine besondere Gestattung
eingeräumt werden müsse[38].

Für den Inhaber einer einfachen Lizenz, der kein Schutzrecht zugrunde
liegt, gilt insofern nichts Besonderes[39].

---

33 Vgl. dazu Rdnr. 368 f.
34 *BGH*, 23. 4. 1974, BGHZ 62 S. 272, 277.
35 Vgl. Rdnr. 380.
36 *Benkard*, PatG. a.a.O., Rdnr. 59 zu § 15; *Krausse/Katluhn/Lindenmaier*, a.a.O.,
    Anm. 55 zu § 9; *Rasch*, a.a.O., S. 100; *Reimer*, PatG, a.a.O., Anm. 83 zu § 9;
    Schade, a.a.O., S. 71; §§ 581 Abs. 2 i. V. m. 549 BGB.
37 *BGH*, 23. 4. 1974, BGHZ 62, S. 272, 277; *Benkard*, PatG, a.a.O., Rdnr. 58 zu § 15;
    Klauer/Möhring, PatO, a.a.O., Rdnr. 44 zu § 9; *Reimer*, PatG; a.a.O., Rdnr. 83 zu
    § 9.
38 *BGH*, 23. 4. 1974, BGHZ 62 S. 272, 277.
39 Vgl. dazu *Stumpf*, Der Know-How-Vertrag, a.a.O., Rndr. 73 ff.

V. Vererbung der einfachen Lizenz, Lizenzvertrag mit einer Gesellschaft

391 Für die Vererbung von einfachen Lizenzen gilt dasselbe wie für ausschließliche Lizenzen. Es darf auf die Ausführungen hierzu verwiesen werden[40]. Dasselbe gilt auch für den Abschluß mit Gesellschaften[41].

VI. Persönliche und Betriebslizenzen

392 Auch diesbezüglich wird auf die Ausführungen unter Rdnr. 379 ff. verwiesen.

---

40 Vgl. Rdnr. 377.
41 Vgl. Rdnr. 378.

H. Verteidigung von Schutzrechten und nicht geschützten Erfindungen

I. Schadensersatzansprüche aus Schutzrechten

1. Schadensersatzanspruch des Patentinhabers

a) *Allgemeines*

Wird ein gewerbliches Schutzrecht verletzt, kommen verschiedene Ansprüche – sowohl Unterlassungsansprüche als auch Schadensersatzansprüche – in Betracht. Dabei werden im Rahmen von Verletzungsprozessen in der Regel beide Ansprüche nebeneinander geltend gemacht, und zwar der Schadensersatzanspruch für bereits stattgefundene Schutzrechtsverletzungen und der Unterlassungsanspruch für zukünftig zu erwartende Verletzungshandlungen.

393

Soweit die Verletzung eines Patentes in Frage steht, ist die Eintragung des Patentinhabers in die Patentrolle von wesentlicher Bedeutung. Die Eintragung wirkt zwar weder rechtsbegründend noch rechtsvernichtend, sie hat jedoch Bekanntmachungs- und Legitimationsfunktion[1] und verschafft dem eingetragenen Patentinhaber die erforderliche Legitimation gegenüber dem Patentamt und den Gerichten. Zur Geltendmachung des Patentschutzes als Patentinhaber ist regelmäßig daher nur der legitimiert, der in die Patentrolle eingetragen ist[2].

Handelt der Verletzer schuldhaft, kann ihm also Vorsatz oder Fahrlässigkeit zur Last gelegt werden, so ist der Patentinhaber berechtigt, Ersatz des daraus entstandenen Schadens zu verlangen[3]. Den Anspruch auf Schadensersatz verliert der Patentinhaber weder durch die Erteilung einer einfachen noch einer ausschließlichen Lizenz[4].

394

---

1 Siehe nur *Benkard*, PatG, a.a.O., Rdnr. 6 zu § 58 und Rdnr. 2 zu § 139, jeweils mwN.
2 Siehe nur *Benkard* wie vor.
3 § 139 Abs. 2 PatG; spektakulär war die Schadensersatzsumme von mehr als 900 Mio. Dollar, die Kodak an Polaroid wegen der Verletzung von 12 Patenten in den USA zahlen mußte, *Bodewig*, GRUR Int. 1991 S. 170. Diese Summe bezog sich zur Hälfte auf entgangenen Gewinn bzw. fiktive Lizenzgebühren und zu 50 % auf Zinsverluste vor Erlaß des Urteils. Abgelehnt wurden Ansprüche auf Ersatz der Anwaltsgebühren und auf Verdreifachung des Schadensersatzes.
4 *Benkard*, PatG, a.a.O., Rdnr. 17, 58 zu § 139.

Anderer Meinung ist Lutter, der die Auffassung vertritt, daß die Erteilung einer Lizenz eine Abspaltung des dem Patentinhaber zustehenden Benutzungsrechtes darstelle[5]. Bei der ausschließlichen Lizenz werde das Benutzungsrecht des Patentinhabers erschöpft, so daß ihm nunmehr die „nuda proprietas" verbleibe. Der Verletzer greife daher nur in das Recht des Inhabers einer ausschließlichen Lizenz, nicht dagegen in das des Lizenzgebers ein. Diese Auffassung erscheint unzutreffend, da der Patentinhaber selbst bei der Erteilung einer ausschließlichen Lizenz sein Patentrecht nicht völlig verliert, sondern Inhaber dieses Rechtes bleibt und daher eine Verletzung des Patentes ihn neben dem Lizenznehmer trifft[6]. Dies zeigt sich schon daran, daß der Lizenznehmer in der Regel Gebühren an den Lizenzgeber zu entrichten hat. Die Höhe dieser Gebühren kann durch Patentverletzungen erheblich beeinträchtigt werden, wie unten noch näher auszuführen ist. Aber selbst in Fällen, in denen der Lizenzgeber keine weiteren Einnahmen aus der Lizenz erwarten kann, sei es, daß er eine vereinbarte Zahlung schon erhalten hat, sei es aus einem anderen Grund, ist die rechtliche Stellung des Lizenzgebers nicht völlig ausgehöhlt. Es besteht immer die Möglichkeit, daß der Lizenzvertrag erlischt oder daß ihn die Parteien auflösen. Dann vereinigen sich alle Rechte wieder in der Hand des Lizenzgebers[7]. Ganz abgesehen davon, daß der Lizenzgeber auch bei Bestehen der Lizenz u. U. weitere Rechte aus dem Lizenzvertrag ableiten kann, so z. B. die Anbringung seines Namens und dergleichen. Der Verletzer des Patents greift daher auch in die Rechte des Patentinhabers ein, der eine ausschließliche Lizenz vergeben hat. Dieser Meinung folgt auch Dyckerhoff, der noch erwähnt, daß die Interessen des Lizenzgebers durch minderwertige Qualität der Erzeugnisse des Verletzers erheblich beeinträchtigt werden können[8]. Im Hinblick auf den Nachweis des Schadens können sich allerdings ggf. Probleme ergeben, wenn der Lizenznehmer den Patentinhaber völlig abgefunden hat, da dann dieser einen ihm entstandenen Schaden nur schwer wird nachweisen können[9]. Auch hier kann der Vergleich mit der Pacht dazu dienen, richtige Ergebnisse zu erzielen.

---

5 GRUR 1933 S. 441.
6 *RG*, 28. 5. 1932, RGZ 136 S. 320.
7 Vgl. *Osterloh*, GRUR 1985 S. 707, zur verneinten Frage, ob die Nichtigkeit eines einfachen Lizenzvertrages zur Folge hat, daß der Lizenznehmer rückwirkend als Patentverletzer anzusehen ist und somit der Patentinhaber gemäß § 139 PatG vorgehen kann.
8 GRUR 1933 S. 613 und *Benkard*, PatG, a.a.O., Rdnr. 17, 58 zu § 15.
9 Vgl. nur *Benkard*, PatG, a.a.O., Rdnr. 17, 58 zu § 15.

Der Verpächter gibt ebenfalls viel aus der Hand, und trotzdem verliert er nicht das Recht, sich gegen Eingriffe in den Pachtgegenstand zur Wehr zu setzen.

b) Schadensberechnung

Wegen der Schwierigkeit der Schadensfeststellung bei Patentverletzungen stehen nach der Rechtsprechung des Reichsgerichtes[10], der sich der BGH ausdrücklich angeschlossen hat[11], demjenigen, der Schadensersatz wegen einer schuldhaft rechtswidrigen Patentverletzung fordern kann[12], wahlweise drei Wege für die Berechnung seines Schadensersatzes offen: **395**

Der Patentinhaber kann verlangen, daß der Verletzer den Vermögenszustand herstellt, der bestehen würde, wenn die Verletzungshandlung nicht erfolgt wäre. Dabei kann er auch gem. § 252 BGB den Ersatz des Gewinnes verlangen, der ihm selbst durch die Verringerung seines eigenen Absatzes infolge der Patentverletzung entgangen ist[13].

Der Patentinhaber kann aber auch verlangen, daß der Verletzer als Schadensersatz eine Gebühr abführt, wie er sie hätte zahlen müssen, wenn er eine Lizenz erworben hätte[14].

Schließlich kann die Herausgabe des Gewinns, den der Verletzer infolge seiner unzulässigen Handlung erzielt hat, verlangt werden[15].

Der Bundesgerichtshof hat sich auf die gewohnheitsmäßige Geltung dieser drei Berechnungsmethoden berufen[16]. Nach der Rechtsprechung des BGH handelt es sich dabei nicht um selbständige Anspruchsgrundlagen, sondern nur um besondere Arten der Schadensberechnung[17]. Der Inhaber des verletzten Patentes hat dementsprechend die freie Wahl, nach welcher Berechnungsart er seinen aus der Patentverletzung sich ergebenden Schaden berechnen will[18], wobei die Berechnungsmethoden allerdings durchaus zu einer unterschiedlichen Höhe

10 Vgl. nur den Überblick bei *Benkard*, PatG, a.a.O., Rdnr. 61 zu § 139.
11 Vgl. z. B. *Benkard*, PatG, a.a.O., Rdnr. 61 zu § 139 mit einem Überblick bzgl. der Rechtsprechung des BGH.
12 § 139 Abs. 2 PatG.
13 *Benkard*, PatG, a.a.O., Rdnr. 61 zu § 139.
14 *Benkard* wie vor und *BGH*, 11. 4. 1989 „Offenend-Spinnmaschine", GRUR 1989 S. 411 = BGHZ 107 S. 61 = MDR 1989 S. 810 = BB 1989 S. 2142.
15 *Benkard*, PatG, a.a.O., Rdnr. 61 zu § 139.
16 *BGH*, 29. 5. 1962, GRUR 1962 S. 509.
17 *BGH*, 12. 1. 1966, BGHZ 44 S. 372, 374; *BGH*, 8. 10. 1971, BGHZ 57 S. 116, 118.
18 Vgl. z. B. die Nachweise bei *Benkard*, PatG, a.a.O., Rdnr. 61 zu § 139.

des Schadensersatzanspruches führen können[19]. Bei der Berechnung des entstandenen Schadens dürfen die drei Berechnungsmöglichkeiten nicht miteinader verbunden werden, da der Anspruch nur aus einer der drei Berechnungsmöglichkeiten zugesprochen werden kann[20]. Möglich ist jedoch ein Eventualverhältnis zwischen den Berechnungsarten, z. B. um einen bestimmten Mindestschaden durch mehrere Berechnungen zu begründen[21].

396 Will der Patentinhaber mit seiner Schadensersatzklage Erfolg haben, so ist in allen drei Fällen Voraussetzung, daß ihm ein Schaden entstanden ist. Dies wird nicht immer· genügend berücksichtigt[22]. Für den Schadensnachweis gibt die Vorschrift des § 287 ZPO, nach der das Gericht unter Würdigung aller Umstände nach freier Überzeugung entscheidet, wie hoch sich ein unter den Parteien streitiger Schaden beläuft, eine wesentliche Erleichterung[23]. Sie erspart es dem Kläger jedoch nicht, dem Gericht eine tatsächliche Grundlage zu unterbreiten, auf die das Gericht seine Entscheidung stützen kann[24]. Dabei hat der Schutzrechtsinhaber auch einen Anspruch auf Auskunft und Rechnungslegung gegenüber dem Patentverletzer[25].

397 Unabhängig von allen Schadensersatzansprüchen ist allerdings zu berücksichtigen, daß der Patentverletzer im Vergleich zu einem Lizenznehmer ungerechtfertigte Vorteile genießt, da das Verletzungsrisiko begrenzt und kalkulierbar ist[26]. Teilweise wird daher ein Schadensersatz in Höhe des Zweifachen der üblichen Lizenzgebühr vorgeschlagen[27]. Vollrath[28] schlägt vor, bei der Bemessung der Schadensersatz-Lizenzgebühr für Patentverletzungen die Grundlizenzgebühr, die

---

19 Vgl. *Preu,* GRUR 1979 S. 753 ff., 755 und den Literaturüberblick bei *Benkard,* PatG, a.a.O., Rdnr. 61 zu § 139.

20 *BGH,* 29. 5. 1962, GRUR 1962 S. 509, 512; *BGH,* 18. 2. 1977, GRUR 1977 S. 539, 543; *Benkard,* PatG, a.a.O., Rdnr. 61 zu § 139.

21 *Preu,* GRUR 1979 S. 753, 756.

22 Vgl. z. B. *BGH,* 6. 3. 1980, DB 1980 S. 2505 = GRUR 1980 S. 841; *Benkard,* PatG, a.a.O., Rdnr. 57 zu § 139; siehe auch zur Beweisproblematik *Fritze/Stauder,* GRUR Int. 1986 S. 342.

23 *BGH,* 29. 5. 1962, GRUR 1962 S. 509, 513; *BGH,* 6. 3. 1980, DB 1980 S. 2505 = GRUR 1980 S. 841; *Benkard,* PatG, a.a.O., Rdnr. 60 zu § 139.

24 *BGH,* 29. 5. 1962, GRUR 1962 S. 509, 513; *Benkard* wie vor.

25 *BGH,* 13. 3. 1962, GRUR 1962 S. 401; vgl. auch *Kraßer,* GRUR Int. 1980 S. 259, 261 mwN und *Benkard,* PatG, a.a.O., Rdnr. 59 a. E., 88 ff. zu § 139.

26 Vgl. dazu *Kraßer,* GRUR Int. 1980 S. 259, 265, 271; *Pietzcker,* GRUR Int. 1979 S. 343; *Vollrath,* GRUR 1983 S. 52.

27 Vgl. dazu Nachweise bei *Vollrath,* GRUR 1983 S. 52.

28 *Vollrath,* GRUR 1983 S. 52 ff.

vorab pauschal und gesondert von den laufenden Lizenzgebühren gezahlt wird, zu berücksichtigen. Dies hätte die Konsequenz, daß bei der Berechnung des Schadensersatzes eine Aufteilung der Gesamtlizenzgebühr in eine Grundlizenzgebühr und in eine laufende Schadensersatz-Lizenzgebühr vorzunehmen wäre, wodurch sich im allgemeinen eine Erhöhung des Schadensersatzes ergeben dürfte. Die Rechtsprechung ist bisher soweit noch nicht gegangen, obwohl sich auch bei der neueren Rechtsprechung die Bereitschaft erkennen läßt, gewisse Zuschläge vorzunehmen. Nach der Rechtsprechung des BGH[29] ist eine Ergänzung der Ermittlung der angemessenen Schadenslizenzgebühr in Form eines Aufschlages nach Maßgabe der kaufmännischen Zinspflicht deshalb möglich, weil der Verletzer nicht, wie ein Lizenznehmer es müßte, in kurzen zeitlichen Abständen abrechnet und zahlt, sondern erheblich später. Die bisherige Berechnungsgrundlage des Schadensersatzes auf der Basis des Wertes einer einfachen vertraglichen Lizenz[30] ist daher zumindest um den Verzinsungsaspekt zu ergänzen.

Insbesondere wenn Lizenzen erteilt sind, kann es fraglich sein, ob dem **398** Lizenzgeber ein Schaden entstanden ist[31]. Ist kein konkret nachzuweisender Schaden entstanden, kann der Patentinhaber allenfalls nach einer in der Literatur vertretenen Meinung aus dem Gesichtspunkt der ungerechtfertigten Bereicherung den Gewinn des Verletzers herausverlangen[32]. Der BGH hat sich allerdings in seiner Entscheidung vom 24. 11. 1981[33] auf den eindeutigen Standpunkt gestellt, daß der Anspruch des Bereicherungsgläubigers nach der Verletzung gewerblicher Schutzrechte auf die Zahlung einer angemessenen Lizenz zu begrenzen ist und sich nicht auf die Herausgabe des Verletzergewinnes erstreckt.

---

29 *BGH*, 24. 11. 1981, GRUR 1982 S. 286; nach *LG Düsseldorf*, 14. 7. 1988 „Dehnungsfugenabdeckprofil", Mitt. 1990 S. 101, kann regelmäßig von einem jährlichen Abrechnungstermin an eine Verzinsung der als Schadenersatz geschuldeten Lizenzgebühr in Höhe von 3,5 % über dem jeweiligen Diskontsatz der Deutschen Bundesbank gefordert werden; siehe auch *Benkard*, PatG, a.a.O., Rdnr. 66 zu § 139 mwN.

30 *BGH*, 6. 3. 1980, GRUR 1980 S. 841; *Benkard*, PatG, a.a.O., Rdnr. 61 zu § 139 mwN.

31 Vgl. *RG*, 21. 3. 1934, RGZ 144 S. 187, wo die Möglichkeit zur Berechnung einer Lizenzgebühr verneint wird, wenn der Patentinhaber keine Lizenz mehr vergeben kann, weil er bereits eine ausschließliche Benutzungsbefugnis erteilt hat; vgl. auch *RG*, 28. 5. 1932, RGZ 136 S. 320.

32 Vgl. zu dieser umstrittenen Frage *Brandner*, GRUR 1980 S. 359; *Kraßer*, GRUR Int. 1980 S. 259; *Preu*, GRUR 1979, S. 753, 761; *Ullmann*, GRUR 1978, S. 615; *Benkard*, PatG, a.a.O., Rdnr. 85 zu § 139.

33 *BGH*, 24. 11. 1981, NJW 1982 S. 1151; *Benkard*, PatG, a.a.O., Rdnr. 85 zu § 139.

Ist eine ausschließliche Lizenz erteilt, bei der die Lizenz als Stück- oder Umsatzgebühr[34] berechnet wird, so liegt der Schaden meist darin, daß anzunehmen ist, daß der Lizenznehmer das Geschäft gemacht und daher dem Lizenzgeber eine Lizenzgebühr gezahlt hätte[35] bzw. der Lizenzgeber erhöhte Lizenzeinnahmen erhalten hätte, wenn dieser – berechtigt – eine Unterlizenz erteilt hätte[36]. Der Schaden kann aber auch darin liegen, daß der Verletzer minderwertige Ware herstellt, wodurch das Ansehen des Patentinhabers geschädigt wird und dadurch auch Schäden entstehen. In diesem Fall kann der Ersatz dieses – ggf. erheblichen – Schadens über die übliche Lizenzgebühr hinaus gefordert werden[37].

Grundsätzlich kann der Patentinhaber aber nur den Ersatz des ihm entstandenen Schadens verlangen. Ist daher eine ausschließliche Lizenz mit der Maßgabe erteilt, daß eine einmalige Gebühr zu entrichten ist, so ist es möglich, daß dem Lizenzgeber durch die Verletzungshandlung kein Schaden entstanden ist, es sei denn, daß infolge der Beeinträchtigung des Schutzrechtes der Lizenznehmer gegen den Lizenzgeber aufgrund des Vertrages Ansprüche erheben kann[38].

399 Sind einfache Lizenzen erteilt, so kann der Schaden darin liegen, daß anzunehmen ist, daß das Geschäft durch einen Lizenznehmer gemacht worden wäre und der Lizenzgeber eine Gebühr erhalten hätte. Nichts anderes gilt, wenn der Lizenzgeber selbst neben den Lizenznehmern den Lizenzgegenstand herstellt und anzunehmen ist, daß entweder er oder seine Lizenznehmer das Geschäft gemacht hätten. Dabei sind bei der Berechnung des Schadens ggf. auch die Vorteile der Situation des Verletzers gegenüber der Stellung des Lizenznehmers zu berücksichtigen[39]. Der BGH verweist in seiner Entscheidung vom 24. 11. 1981 insofern darauf, daß z. B. bei einer auf den Vertrieb sich beschränkenden Schutzrechtsverletzung keine Belastungen mit langfristig zu amor-

---

34 Vgl. Rdnr. 103 ff., 111 ff.

35 Vgl. z. B. *RG*, 28. 5. 1932, RGZ 136 S. 320 = Bl. 1932 S. 214 = MuW 1932 S. 463 = Mitt. 1932 S. 210; *RG*, 17. 6. 1936, GRUR 1937 S. 670 = MuW 1936 S. 414.

36 *Benkard*, PatG, a.a.O., Rdnr. 58 zu § 139.

37 Vgl. *BGH*, 12. 1. 1966, BGHZ 44 S. 373; *Benkard*, PatG, a.a.O., Rdnr. 76 zu § 139 mwN; zu dem Problem des sog. Marktverwässerungsschadens vgl. *Schramm*, GRUR 1974 S. 617 ff.

38 Vgl. dazu *RG*, 28. 5. 1932, RGZ 136 S. 320.

39 *BGH*, 6. 3. 1980, GRUR 1980 S. 841; *BGH*, 24. 11. 1981, NJW 1982 S. 1151; siehe auch *Benkard*, PatG, a.a.O., Rdnr. 63 zu § 139.

tisierenden Investitionen vorliegen[40]. Ebenso ist der Zinsgewinn[41] zu berücksichtigen. Ist der Lizenzgeber durch seine einfachen Lizenznehmer schon vollständig abgefunden und können diese nicht aufgrund vertraglicher Vereinbarungen Rechtsansprüche gegen den Lizenzgeber geltend machen, wenn ein Unbefugter ein Schutzrecht verletzt, so ist es für den Lizenzgeber sehr schwer nachzuweisen, daß er geschädigt worden ist. Die Rechtsprechung ist allerdings von dem Bestreben gekennzeichnet, dem Schutzrechtsinhaber, der sein Schutzrecht nicht auswertet oder den oft schwierigen Nachweis eines durch die Verletzungshandlung entstandenen konkreten Vermögensschadens nicht oder nur unvollkommen führen kann, gleichwohl einen Ausgleich dafür zu verschaffen, daß der Verletzer durch die unerlaubte Benutzung des Schutzrechtes einen geldwerten Vermögensvorteil erlangt hat[42]. Diese relativ großzügigen Maßstäbe der Rechtsprechung erklären sich daraus, daß der Inhaber einer einfachen Lizenz – wie noch näher zu erläutern ist – nach herrschender Meinung keine Ansprüche gegen den Verletzer geltend machen kann, auch wenn ihm ein Schaden entstanden ist, und so das Dilemma entstehen kann, daß der anspruchsberechtigte Schutzrechtsinhaber keinen Schaden, der Lizenznehmer zwar einen Schaden, aber keinen Anspruch hat[43].

2. Schadensersatzanspruch des Inhabers einer ausschließlichen oder alleinigen Patentlizenz

a) Allgemeines

Wie sich aus den obigen Ausführungen bereits ergibt, kann es sein, daß **400** durch eine Patentverletzung nur dem Inhaber der ausschließlichen bzw. alleinigen Lizenz Schaden entsteht. Es ist aber auch möglich, daß ihm neben dem Patentinhaber ein Schaden erwächst, nämlich dann, wenn anzunehmen ist, daß er das Geschäft hätte abschließen können, das der Verletzer getätigt hat. Hier kann der Schaden des Lizenzgebers in der entgangenen Gebühr, der des Lizenznehmers in dem entgangenen Gewinn liegen[44].

---

40 NJW 1982 S. 1151.
41 Vgl. Rdnr. 397.
42 So ausdrücklich der *BGH* in seiner Entscheidung vom 6. 3. 1980, GRUR 1980 S. 841.
43 Vgl. Rdnr. 409.
44 Vgl. *RG*, 4. 10. 1930, GRUR 1931 S. 153; *RG*, 24. 10. 1942, GRUR 1943 S. 169; *Benkard*, PatG, a.a.O., Rdnr. 17, 58 zu § 139 mwN.

Wie bereits oben ausgeführt[45], hat die ausschließliche Lizenz dinglichen Charakter. Hieraus ergibt sich, daß der Inhaber einer ausschließlichen Lizenz den Schaden, der ihm durch den Verletzer schuldhaft zugefügt wird, gegen diesen geltend machen kann. Dies läßt sich aus § 823 Abs. 1 BGB ableiten, wonach derjenige, der ein sonstiges Recht eines anderen schuldhaft verletzt, zum Schadensersatz verpflichtet ist. Sonstige Rechte im Sinne dieser Bestimmung sind ausschließliche Rechte, insbesondere dingliche. Es entspricht der herrschenden Meinung, daß der Inhaber einer ausschließlichen Lizenz selbst klagen kann[46]. Auch eine ausschließliche Lizenz, die räumlich, zeitlich oder sachlich beschränkt ist, stellt ein dingliches Recht dar[47]. Wird sie verletzt, so kann der Lizenznehmer daher ebenfalls Schadensersatzansprüche geltend machen[48].

401   Hat sich der Lizenzgeber die Benutzung des Lizenzgegenstands nicht selbst vorbehalten[49], so kann der Inhaber der ausschließlichen Lizenz auch vom Lizenzgeber Ersatz des Schadens verlangen, der ihm durch eine unrechtmäßige Benutzungshandlung entsteht. In den meisten Fällen wird eine Aufrechnung mit den Lizenzgebühren stattfinden.

b) Voraussetzungen für die Klageerhebung

402   Im Gegensatz zum Patentinhaber kann der Inhaber einer ausschließlichen Lizenz, auch ohne daß die Lizenz in die Patentrolle eingetragen ist, Klage erheben[50]. Die Eintragung einer ausschließlichen Lizenz in die Patentrolle hindert die Wirksamkeit einer Erklärung zur Lizenzbereitschaft und deren Eintragung in die Rolle[51]. Eine Legitimationswirkung wie die Eintragung des Patentinhabers in die Rolle kann sie schon deshalb nicht haben, weil bei der Eintragung einer ausschließlichen Lizenz der Name des Berechtigten nicht eingetragen wird[52].

403   Streitig ist die Frage, ob Voraussetzung für die Klagebefugnis des Inhabers einer ausschließlichen Lizenz die Eintragung des Patentinhabers ist, von dem er sein Recht ableitet. Das Kammergericht vertrat hierzu die Meinung, daß der Patentinhaber, von dem der Lizenzneh-

45 Vgl. Rdnr. 36, 358.
46 Siehe nur *Benkard*, PatG, a.a.O., Rdnr. 53 ff. zu § 15.
47 Vgl. Rdnr. 37 und *Benkard* wie vor.
48 *Benkard*, PatG, a.a.O., Rdnr. 55 zu § 15.
49 Sog. alleinige (sole) Lizenz (license), vgl. Rdnr. 38.
50 *Benkard*, PatG, a.a.O., Rdnr. 17 zu § 139.
51 § 34 PatG.
52 Vgl. auch *KG*, 11. 1. 1933, MuW 1933 S. 206; § 34 Abs. 1 PatG.

mer seine Rechte ableite, in der Rolle eingetragen sein müsse, weil der
Lizenznehmer nicht mehr Rechte haben könne als derjenige, von dem
er seine Rechte ableite. Dem Patentinhaber stehe aber die Klagebefugnis nicht zu, wenn er nicht eingetragen sei[53].

Das Reichsgericht[54] führte dagegen zu demselben Fall aus, der
Umstand, daß der Patentinhaber nicht eingetragen war, könne das
Klagerecht des Lizenznehmers ebensowenig beeinträchtigen, wie das
Klagerecht des Patentinhabers von der Eintragung seines Rechtsvorgängers abhängig sei. Zum besseren Verständnis muß hierbei erwähnt
werden, daß in dem zur Entscheidung stehenden Fall der Patentinhaber, der die Lizenz erteilt hatte, sein Recht von einem eingetragenen
Patentinhaber erworben hatte. Das Reichsgericht fuhr dann fort, daß
das Argument des Kammergerichts nicht durchgreife, wonach die
Eintragung des Vollrechts die Teilrechte decke, woraus sich im
Umkehrschluß ergebe, daß der Inhaber der ausschließlichen Lizenz
ohne die Eintragung des Lizenzgebers zur Klageerhebung nicht befugt
sei. Das Reichsgericht hält dem entgegen, daß die Klagebefugnis des
Lizenznehmers auch vom Vorvorgänger abgeleitet werden könne.

Diese Ausführungen sind nicht überzeugend. Es sei nicht verkannt, daß
das unbefriedigende Ergebnis, daß zwar der Patentinhaber, nicht aber
der Inhaber einer ausschließlichen Lizenz in die Patentrolle eingetragen
sein muß, auf der unglücklichen Regelung der Eintragung in die Patentrolle beruht[55]. Die damit verbundenen Probleme würden noch verstärkt, wenn die Klage des Inhabers einer ausschließlichen Lizenz zulässig wäre, ohne daß der Patentinhaber, von dem er sein Recht ableitet,
eingetragen wäre. Die Rechtsunsicherheit würde hierdurch ohne Not
noch vergrößert. Was soll schließlich geschehen, wenn der Rechtsvorgänger des Patentinhabers anders als in dem vom Reichsgericht entschiedenen Fall ebenfalls nicht eingetragen war? Auch Reimer spricht sich
dafür aus[56], daß die Eintragung des Patentinhabers Voraussetzung für
die Klagebefugnis des ausschließlichen Lizenznehmers ist.

Der Umstand, daß zu der Zeit, in der die Entscheidung des Kammergerichts und des Reichsgerichts ergangen sind, die ausschließliche
Lizenz überhaupt nicht in die Patentrolle eingetragen werden konnte,

---

53 *KG*, 9. 2. 1916, GRUR 1916 S. 180.
54 *RG*, 1. 11. 1916, RGZ 89 S. 81.
55 Hierüber schon *Kohler*, JW 1917 S. 107 Nr. 11 Anm. zu *RG*, 1. 11. 1916.
56 Anm. 63 zu § 9 PatG; so auch *Rogge*, GRUR 1985 S. 734, 736; a. A. wohl *Benkard*,
PatG, a.a.O., Rdnr. 55 zu § 15.

kann außer Betracht bleiben, weil er für die hier zu erörternde Frage – wie oben bereits ausgeführt – ohne Bedeutung ist.

404 Bei dieser Rechtslage empfiehlt es sich, daß derjenige, der eine ausschließliche Lizenz erwirbt, den Lizenzgeber, soweit er Patentinhaber ist, verpflichtet, sich in die Rolle eingetragen zu lassen.

405 Aber selbst wenn eine solche Verpflichtung nicht ausdrücklich vereinbart ist und die Prozeßführungsbefugnis von der Eintragung des Patentinhabers abhängig gemacht wird, kann der Lizenznehmer vom Lizenzgeber, der Patentinhaber ist, die Eintragung verlangen. Wie bereits ausgeführt[57], besteht die Lizenz nicht lediglich darin, daß der Lizenzgeber auf sein Verbietungsrecht verzichtet, sondern sie beinhaltet die Einräumung eines positiven Benutzungsrechtes. Aus der Anwendung der Bestimmungen des § 581 Abs. 2 i. V. m. § 536 BGB ergibt sich, daß der Lizenzgeber die Schutzrechte, die der Lizenz zugrunde liegen, aufrechtzuerhalten hat. Er hat aber auch Störungen, zumindest soweit der Lizenznehmer selbst nicht hierzu in der Lage ist, abzuwenden. Der Lizenzgeber hat keine Pflicht gegenüber dem Lizenznehmer, gegen einen Verletzer mit der Schadensersatzklage vorzugehen, denn dadurch, daß der Lizenzgeber seinen Schaden gegenüber dem Verletzer geltend macht, wird der Lizenznehmer nicht geschützt. Den Schaden des Lizenznehmers kann er nicht geltend machen, weil insoweit nur der Lizenznehmer berechtigt ist. Er muß aber die Voraussetzungen dafür schaffen, daß der Lizenznehmer seine Rechte wahren kann.

c) Berechnung des Schadens

406 Soweit sowohl dem Patentinhaber als auch dem ausschließlichen Lizenznehmer ein Schaden entstanden ist, ist darauf zu achten, daß jeder nur den Ersatz des gerade ihm entstandenen Schadens fordern kann[58]. Der häufig in erster Linie geschädigte Inhaber einer ausschließlichen Lizenz kann daher Ansprüche nur in Höhe seines Schadens geltend machen. Hinsichtlich der Grundsätze für die Berechnung des Schadens ist auf die obigen Ausführungen zu verweisen[59].

---

57 Vgl. Rdnr. 15
58 *Benkard*, PatG, a.a.O., Rdnr. 58 zu § 139.
59 Vgl. dazu Rdnr. 395.

d) Vermeidung von Kollisionen

Damit nicht der Patentinhaber und der Inhaber einer ausschließlichen **407** Lizenz nebeneinander Klage erheben, kann es sich empfehlen, daß entweder der Lizenznehmer dem Lizenzgeber oder umgekehrt seine Ansprüche abtritt, damit nur einer Klage zu erheben braucht. Derartige Schadensersatzansprüche bedürfen dabei – ebenso wie etwaige Ansprüche aus Lizenzverträgen – einer besonderen Abtretung, die sowohl ausdrücklich als auch ggf. stillschweigend erfolgen kann[60].

Es ist aber auch möglich, daß ein anderer zur Führung des Prozesses bevollmächtigt wird. Dann tritt der Bevollmächtigte wie immer bei der Vertretung in fremdem Namen und für fremde Rechnung auf. Außerdem kann Prozeßführungsbefugnis erteilt werden. Hier wird der Berechtigte im eigenen Namen im Prozeß tätig; er selbst wird Partei[61].

Auf jeden Fall sollte im Vertrag vorgesehen werden, daß sich die Vertragspartner gegenseitig informieren und daß sie ihr Verhalten aufeinander abstimmen, wenn es um einen Verletzungsprozeß geht[62].

e) Klageberechtigung bei Erteilung von Unterlizenzen

Der Inhaber einer ausschließlichen Lizenz verliert sein Recht zur **408** Klageerhebung nicht dadurch, daß er Unterlizenzen erteilt[63]. Andererseits hat auch derjenige, der von einem Hauptlizenznehmer eine Lizenz erhält, ein eigenes Klagerecht, wenn sein Recht eine ausschließliche Lizenz ist. Die Bezeichnung Sublizenz schadet hierbei nicht[64].

3. Kein Schadensersatzanspruch des Inhabers einer einfachen Patentlizenz

Der Inhaber einer einfachen Lizenz hat im Gegensatz zum Inhaber **409** einer ausschließlichen Lizenz kein dingliches, sondern nur ein obligatorisches Recht. Das Wesen des obligatorischen Rechts liegt darin begründet, daß Ansprüche nur gegen den Vertragspartner, nicht aber gegen Dritte entstehen. Dementsprechend verneint die herrschende

---

60 *BGH*, 14. 1. 1958, GRUR 1958 S. 288; *Benkard*, PatG, a.a.O., Rdnr. 58 zu § 139. Erfolgt die Abtretung nach Rechtshängigkeit des Anspruches, ist dies gem. § 265 Abs. 2 ZPO auf den Prozeß ohne Einfluß.
61 Zu der sog. Prozeßstandschaft bzw. Prozeßgeschäftsführung vgl. *Baumbach/Lauterbach*, a.a.O., Grundzüge § 50 Anm. 4 B, 4 C.
62 Vgl. Muster (Anhang I) II. 14.2, 14.3.
63 Vgl. *RG*, 26. 9. 1936, GRUR 1937 S. 628; *Benkard*, PatG, a.a.O., Rdnr. 55 zu § 15.
64 Vgl. *RG*, 4. 12. 1935, GRUR 1936 S. 791 = MuW 1936 S. 119.

Meinung ein eigenes Recht des einfachen Lizenznehmers, Schadenersatz geltend zu machen[65]. So weist das Reichsgericht in seiner Entscheidung vom 17. 9. 1913[66] darauf hin, daß der Lizenzgeber beliebig viele einfache Lizenzen vergeben könne und daher Verwirrung zu befürchten sei, wenn dem Inhaber einer einfachen Lizenz ein Klagerecht gegen Dritte zustünde. Auch könne der Schaden der Lizenznehmer nur schwer festgestellt und abgegrenzt werden.

410 Der Umstand, daß der Inhaber einer einfachen Lizenz keinen Klageanspruch hat, führt zu unerwünschten Ergebnissen, wenn feststeht, daß der Lizenzgeber keinen Schaden erlitten hat, wohl aber der Lizenznehmer. Dies kann der Fall sein, wenn der Inhaber der einfachen Lizenz als Gebühr eine einmalige Summe entrichtet hat, und wenn die Verletzungshandlung die Chance des Lizenzgebers, weitere Lizenzen zu erteilen, nicht beeinträchtigt. Diese Fälle sind jedoch nicht allzu häufig.

411 Von größerer Bedeutung sind diejenigen, in denen der Lizenznehmer neben dem Lizenzgeber einen eigenen Schaden hat, z. B. den entgangenen Gewinn. Eine Komplizierung kann noch dadurch eintreten, daß zwar feststeht, daß ein Schaden entstanden ist, aber nicht geklärt werden kann, welchem von mehreren Lizenznehmern. In diesen Fällen hat der Lizenznehmer einen Schaden, aber keinen Anspruch gegen den Verletzer. Die Ansicht, daß der Inhaber einer einfachen Lizenz durch den Verletzer nicht geschädigt werde, weil der Lizenzgeber auch Freilizenzen vergeben könne, wird man nicht als zutreffend erachten können. Der Lizenzgeber ist nicht befugt, willkürlich Freilizenzen zu erteilen. Er würde hierdurch seine Vertragspflichten verletzen[67]. Fehlt aber eine eigene Klagebefugnis des einfachen Lizenznehmers, stellt sich die Frage, ob der Patentinhaber nicht berechtigt ist, den Schaden des einfachen Lizenznehmers ggf. zusammen mit dem ihm selbst entstandenen Schaden geltend zu machen. Lüdecke[68] hält den Lizenzgeber für berechtigt, den Schaden des einfachen Lizenznehmers geltend zu machen, gibt hierfür jedoch keine Begründung. Pinzger[69] will in der einfachen Lizenz, die durch Vereinbarungen umfangreicher als die ausschließliche Lizenz sein könne, ein dingliches Recht sehen. Er bejaht daher auch einen Klageanspruch des Inhabers einer einfachen Lizenz. Das Prozeßführungsrecht solle aber nur dem Lizenzgeber zuste-

---

65 *Benkard*, PatG, a.a.O., Rdnr. 57 zu § 15.
66 *RG*, 17. 9. 1913, RGZ 83 S. 93, 94.
67 Vgl. dazu Rdnr. 381, 420.
68 *Lüdecke/Fischer*, a.a.O., S. 284 f.
69 GRUR 1938 S. 148.

noch
411

hen. Dieser könne sich dann entweder die materiellen Ansprüche des Lizenznehmers abtreten lassen oder ihm Prozeßführungsbefugnis erteilen. Dieser Weg kann jedoch nicht beschritten werden, weil die herrschende Meinung der einfachen Lizenz keine dingliche Wirkung beimißt[70]. Würde man hiervon abweichen, so käme man bei anderen Fragen zu unerwünschten Ergebnissen. Das Kammergericht ist daher in seiner Entscheidung vom 25. 10. 1939[71] der von Pinzger vertretenen Meinung nicht gefolgt, sondern hat es abgelehnt, dem Patentinhaber einen Anspruch auf Ersatz des dem Lizenznehmer entstandenen Schadens kraft eigenen Rechtes oder kraft abgetretenen Rechtes zuzubilligen.

Bueb[72] nimmt an, daß in dem Fall, in dem der Schaden des Patentinhabers nicht erwiesen werden kann, es aber feststeht, daß allen Nutzungsberechtigten ein Schaden entstanden ist, der Schadensersatzanspruch in den Zweigrechten (Lizenz) entsteht. Aus dem Grundgedanken der §§ 6, 9, 24, 47 PatG ergebe sich, daß alle entstandenen Ansprüche nur gemeinsam vom Patentinhaber geltend gemacht werden können.

Reimer gibt zu erwägen, ob nicht der Patentinhaber auch in solchen Fällen, in denen durch die von einem Dritten begangene Patentverletzung dem einfachen Lizenznehmer ein Auftrag entgangen ist, oder in denen festgestellt wird, daß entweder der Patentinhaber oder der einfache Lizenznehmer durch die Patentverletzung eine Absatzminderung erlitten hat, den Schadensersatz unter dem Gesichtspunkt des entgangenen Gewinns berechnen kann und dann – je nach den Umständen des Einzelfalls – verpflichtet ist, einen Teil des vom Verletzer gezahlten Schadensersatzbetrages oder evtl. sogar den ganzen Betrag an den Inhaber der einfachen Lizenz abzuführen[73].

Fischer[74] will unter Hinweis auf die Entscheidung des BGH vom 15. 1. 1974[75] über das Institut der sog. Schadensliquidation im Drittinteresse den Patentinhaber ermächtigen, den Schaden des einfachen Lizenznehmers zu verlangen. Dieser Weg hätte dabei den Vorteil, daß der Patentinhaber für die Drittschadensliquidation keiner Ermächtigung bedürfte und den Schaden des einfachen Lizenznehmers ohne weiteres geltend machen könnte. Der ohne Frage interessante Ansatz erscheint jedoch problematisch, da die angeführte BGH-Entscheidung einen

70 Vgl. Rdnr. 39.
71 *KG*, 25. 10. 1939, GRUR 1940 S. 32.
72 GRUR 1938 S. 470.
73 So auch *RG*, 26. 2. 1916, GRUR 1916 S. 178, ohne Begründung.
74 GRUR 1980 S. 374, 376.
75 *BGH*, 15. 1. 1974, GRUR 1974 S. 335.

Sonderfall beinhaltet[76] und die von der Rechtsprechung herausgearbeitete, typische Fallkonstellation der Drittschadensliquidation, wie z. B. die Vereinbarung der Maßgeblichkeit von Drittinteressen, mittelbare Stellvertretung, Treuhandverhältnisse usw.[77], nicht prinzipiell vorliegen wird. Auch die für das Institut typische Schadensverlagerung[78] ist nicht gegeben, da der Patentinhaber oft auch selbst einen eigenen Schaden haben wird[79].

412   Eine in allen Punkten befriedigende Lösung ist daher – soweit ersichtlich – bisher noch nicht gefunden worden. Unter Umständen kann man sich im Einzelfall damit helfen, daß sich der Lizenzgeber im Lizenzvertrag dem Lizenznehmer gegenüber verpflichtet, ihm den Schaden, der ihm durch die Patentverletzung entstanden ist, zu ersetzen, soweit er selbst vom Verletzer Befriedigung erlangen kann. In diesem Fall entstünde dem Lizenzgeber ein Schaden, weil der Lizenznehmer Ansprüche gegen ihn geltend machen kann. Ein Anspruch gegen den Verletzer steht dem Lizenzgeber ebenfalls zu. In diesem Fall liegt auch – entgegen der Annahme von Fischer[80] – von vornherein ein Schaden dem Grunde nach vor, nur ist dieser der Höhe nach noch nicht endgültig beziffert. Eine solche Bezifferung ist jedoch gem. § 287 ZPO nicht zwingend, so daß es ausreicht, wenn dem Gericht die tatsächlichen Grundlagen für eine Schätzung des entstandenen Schadens unterbreitet werden[81]. Zu beachten ist hierbei jedoch, daß der Lizenzgeber verpflichtet ist, gegen den Verletzer vorzugehen, wenn Aussicht auf Erfolg besteht. Da die Entscheidung hierüber jedoch häufig zu Zweifeln Anlaß gegen kann, ist häufig in Lizenzverträgen vorgesehen[82], daß es dem Lizenzgeber freisteht, darüber zu entscheiden, ob er im Wege der Klage vorgehen will. Dies ist auch sinnvoll, weil der Lizenzgeber im Zweifel ein erhebliches eigenes Interesse daran hat, gegen den Patentverletzer vorzugehen. Im Einzelfall kann im übrigen auch ein Anspruch des einfachen Lizenznehmers aus unlauterem Wettbewerb gegeben sein[83].

---

76 Der Patentverletzer handelte gleichzeitig Vertragspflichten zuwider, die ihm erkennbar im Interesse des einfachen Lizenznehmers auferlegt worden waren.

77 Vgl. *Staudinger/Medicus*, a.a.O., Rdnr. 191 ff. zu § 249

78 Vgl. *Staudinger/Medicus*, a.a.O., Rdnr. 191 ff. zu § 249.

79 Ablehnend *Benkard*, PatG, a.a.O., Rdnr. 57 zu § 15.

80 GRUR 1980 S. 374, 376.

81 Vgl. *BGH*, 6. 3. 1980, GRUR 1980 S. 841; vgl. auch Rdnr. 396.

82 Vgl. dazu Vertragsmuster (Anhang I) II. 14.1.2, 14.2.1 ff.

83 Vgl. dazu *Baumbach/Hefermehl*, UWG, a.a.O., Rdnr. 573 zu § 1; *Lichtenstein*, GRUR 1965 S. 344; *Fischer*, GRUR 1980 S. 374, 376.

4. Schadensersatz bei Lizenzverträgen, denen kein Schutzrecht zugrunde liegt[84]

Besteht für den Lizenzgegenstand kein Schutzrecht, so können gegen **413** einen Nachahmer nur ausnahmsweise Schadensersatzansprüche aufgrund unlauteren Wettbewerbs erhoben werden. Hierbei ist darauf hinzuweisen, daß der Nachbau von Gegenständen, die nicht besonders geschützt sind, grundsätzlich zulässig ist. Dies erklärt sich daraus, daß die ganze technische Entwicklung auf dem Erbe der Vergangenheit beruht. Jede Maschine, jede Konstruktion verwendet Ergebnisse, die andere früher erarbeitet haben. Der Nachbau von nicht besonders geschützten Gegenständen ist daher nur dann unzulässig, wenn besondere Umstände die Handlung als unlauter erscheinen lassen[85].

Besondere Umstände, aufgrund derer die Nachahmung unzulässig sein kann, können insbesondere sein das Bestehen einer Verwechslungsgefahr mit dem ursprünglichen Erzeugnis, vor allem dann, wenn Täuschungsabsicht besteht, Ausnutzung der Verkehrsgeltung des nachgeahmten Erzeugnisses, Erschleichung von Unterlagen und Kenntnissen. Im übrigen darf hierzu auf die Ausführungen über den sog. sklavischen Nachbau in den Kommentaren zum Gesetz gegen den unlauteren Wettbewerb[86].

Steht fest, daß eine unlautere Handlung vorliegt, so ist zu prüfen, ob denjenigen, der die Handlung begangen hat, ein Verschulden trifft. Wenn auch die Frage, ob für die Schadensersatzansprüche aufgrund von § 1 UWG ein Verschulden Voraussetzung ist, zweifelhaft ist, so wird man sie doch bejahen müssen, weil im deutschen Recht Schadensersatzansprüche grundsätzlich nur bei Verschulden gegeben sind.

Zur Erhebung der Klage ist der verletzte Wettbewerber berechtigt. **414** Dies kann entweder nur der Lizenzgeber oder nur der Lizenznehmer, oder es können auch beide nebeneinander sein.

---

84 Vgl. dazu *Stumpf*, Der Know-How-Vertrag, a.a.O., Rdnr. 86 ff.
85 *BGH*, 6. 11. 1963, BGHZ 41 S. 55, 57; *BGH*, 3. 5. 1968 GRUR 1968 S. 591; *BGH*, 20. 2. 1976, GRUR 1976 S. 434; vgl. auch *BGH*, 22. 2. 1990 „Rollen-Clips", BB 1990 S. 1013, der sich für die Zulässigkeit eines Nachbaus von Maschinenteilen nach abgelaufenem Patentschutz ausspricht.
86 Vgl. *Baumbach/Hefermehl*, UWG, a.a.O., Rdnr. 462 ff., 572 zu § 1.

II. Unterlassungsansprüche

1. Unterlassungsanspruch des Patentinhabers

415 Neben dem bereits dargelegten Schadensersatzanspruch hat der Patentinhaber zur Abwehr künftiger Eingriffe in seine Rechtsposition einen Unterlassungsanspruch gem. § 139 Abs. 1 PatG. Voraussetzung für diesen Anspruch ist die sog. Beeinträchtigungs- und Wiederholungsgefahr[87]. Eines Verschuldens des Patentverletzers bedarf es nicht[88]. Der Patentinhaber verliert seinen Anspruch auf Unterlassung nicht durch die Erteilung von Lizenzen[89].

2. Unterlassungsanspruch des Inhabers einer ausschließlichen alleinigen Lizenz

416 Ebenso wie der Inhaber einer ausschließlichen alleinigen Lizenz Schadensersatzansprüche geltend machen kann, kann er aus eigenem Recht auf Unterlassung klagen. Auf die Ausführungen über den Schadensersatzanspruch des Inhabers einer ausschließlichen Lizenz[90] wird Bezug genommen. Es besteht daher kein Bedürfnis für eine Verpflichtung des Lizenzgebers, den Inhaber einer ausschließlichen Lizenz vor Verletzungen durch Dritte zu schützen. Die herrschende Meinung verneint daher eine derartige Verpflichtung des Lizenzgebers[91].

3. Kein Unterlassungsanspruch des Inhabers einer einfachen Lizenz

a) Allgemeines

417 Der Inhaber einer einfachen Lizenz hat aufgrund des obligatorischen Charakters seiner Rechtsposition kein Recht, auf Unterlassung zu

---

87 *BGH*, 19. 6. 1951, BGHZ 2 S. 394; *BGH*, 18. 12. 1969, GRUR 1970 S. 358, 360; *OLG Karlsruhe*, 5. 3. 1980, GRUR 1980 S. 784; *Benkard*, PatG, a.a.O., Rdnr. 28 zu § 139.

88 *RG*, 17. 12. 1920, RGZ 101 S. 135, 138.

89 Vgl. *Benkard*, PatG, a.a.O., Rdnr. 17 zu § 139; *Bueb*, GRUR 1938 S. 470, *Dyckerhoff*, GRUR 1933 S. 613; *Klauer/Möhring*, PatG, a.a.O., Anm. 34 zu § 9; *Rasch*, a.a.O., S. 72; *Reimer*, PatG, a.a.O., Anm. 65 zu § 9; anderer Meinung *Lutter*, GRUR 1933 S. 441.

90 Vgl. Rdnr. 400.

91 *Kisch*, a.a.O., S. 218; *Klauer/Möhring*, PatG, a.a.O., Rdnr. 31 zu § 9; *Petzcker*, a.a.O., Anm. 32 Ziff. 1 zu § 6; *Rasch*, a.a.O., S. 54; *Reimer*, PatG, a.a.O., Anm. 64 zu § 9.

klagen. Wegen der Gründe hierfür wird auf die Ausführungen oben[92] verwiesen.

b) Schutz des Inhabers einer einfachen Lizenz durch den Lizenzgeber vor Patentverletzungen

Der Inhaber einer einfachen Lizenz kann ein erhebliches Interesse **418** daran haben, daß ihn der Patentinhaber vor Eingriffen Dritter schützt. Da in der Einräumung eines einfachen Lizenzrechts die Gewährung eines positiven Benutzungsrechts zu sehen ist[93], kann man daraus die Verpflichtung des Lizenzgebers ableiten, den Inhaber einer einfachen Lizenz vor Übergriffen durch Patentverletzer zu schützen. Wenn man die Bestimmungen über die Pacht heranzieht, ergibt sich, daß der Lizenzgeber dem Lizenznehmer gegenüber verpflichtet ist, Störungen abzuwenden[94].

Daß der Inhaber einer einfachen Lizenz durch Patentverletzungen in der Ausübung seiner Rechte gestört werden kann, steht außer Zweifel. Hierauf weist schon Pietzcker[95] hin. Die Verletzung kann darin liegen, daß die Konkurrenzlage des Lizenznehmers beeinträchtigt wird, weil der Verletzer im Gegensatz zum Lizenznehmer keine Lizenzgebühr zu bezahlen hat. Sie kann aber auch darin liegen, daß das Fabrikat durch schlechte Qualität in seinem Ansehen geschädigt wird.

Kommt der Lizenzgeber der Aufforderung des Lizenznehmers, inner- **419** halb einer angemessenen Frist gegen den Patentverletzer einzuschreiten, nicht nach, so soll dem Lizenznehmer nach Rasch[96] ein Kündigungsrecht zustehen.

Die herrschende Meinung in der Literatur lehnt jedoch einen Schutzanspruch des Inhabers einer einfachen Lizenz gegenüber dem Lizenzgeber ab[97]. Reimer[98] weist darauf hin, daß der Lizenzgeber auch Freilizenzen vergeben könne und damit Dritte den Lizenzgegenstand benutzen könnten, ohne eine Gebühr zu zahlen.

---

92 Vgl. Rdnr. 39, 381.

93 Vgl. Rdnr. 15.

94 § 581 Abs. 2 i. V. m. 536 BGB; vgl. *Palandt/Putzo*, a.a.O., Rdnr. 7 zu § 536.

95 *Pietzcker*, a.a.O., Anm. 18 zu § 6.

96 *Rasch*, a.a.O., S. 31 ff.

97 *Benkard*, PatG, a.a.O., Rdnr. 57 zu § 15; *Isay*, a.a.O., Anm. 15 zu § 6; *Klauer/ Möhring*, PatG, a.a.O., Rdnr. 45 zu § 9; *Pietzcker*, a.a.O., Anm. 29 b zu § 6; *Tetzner*, a.a.O., Anm. 43 zu § 9; vgl. aber auch *RG*, 15. 6. 1932, MuW 1932 S. 466.

98 *Reimer*, PatG, a.a.O., Anm. 72 zu § 9.

420 Ein Recht des Lizenzgebers, willkürlich Freilizenzen zu vergeben, ist zu verneinen. Der Lizenzgeber würde hierdurch gegen seine Vertragsverpflichtungen verstoßen. Im Miet- und Pachtrecht hat die Rechtsprechung den Grundsatz herausgearbeitet, daß es sich aus dem Zweck des Mietvertrags ergeben könne, daß der Vermieter nicht andere Räume im selben Gebäude an ein Wettbewerbsunternehmen vermieten darf, ohne daß es einer ausdrücklichen Vertragsklausel bedürfte[99].

Aus ähnlichen Erwägungen muß man auch verlangen, daß der Lizenzgeber nicht willkürlich Freilizenzen vergibt. Ob die Vergabe von Freilizenzen gerechtfertigt ist, läßt sich nur im Einzelfall beurteilen. Darüber hinaus ist es wohl auch unzulässig, daß der Lizenzgeber, nachdem er bereits eine Lizenz erteilt hat, weitere Lizenzen vergibt, die in Anbetracht ihrer geringen Lizenzgebühr einer Freilizenz gleichkommen. Ein solches Verhalten verstößt ebenfalls gegen Treu und Glauben, es sei denn, daß es durch einen besonderen Umstand gerechtfertigt ist.

Die Tatsache, daß der Lizenzgeber selbst neben dem Lizenznehmer produzieren kann, ohne eine Gebühr zu zahlen, rechtfertigt keine andere Auffassung. Der Lizenzgeber hat in der Regel die Kosten für die Entwicklung zu tragen. Im übrigen muß der Lizenznehmer mit Konkurrenz von vornherein rechnen, wenn nicht etwas anderes vereinbart ist. Er kann sich daher bereits beim Abschluß überlegen, ob er unter diesen Umständen ein Lizenzrecht erwerben will. Die Gefahren, die ihm durch Verletzungshandlungen Dritter drohen, lassen sich dagegen in keiner Weise abschätzen. Im Einzelfall kann es unbillig sein, daß der Lizenznehmer Lizenzgebühren zahlen soll, obwohl auch Dritte das Schutzrecht benutzen, ohne hierfür eine Erlaubnis zu haben und Gebühren zu zahlen.

Aufgrund des Wegfalls der Geschäftsgrundlage zu einer Auflösung des Vertrags zu kommen, weil die Lizenz infolge der Schutzrechtsverletzung wertlos geworden ist, kann aber nur in besonders krassen Fällen gelingen, abgesehen davon, daß die Beweisführung sehr schwierig ist[100].

---

99 Vgl. den Überblick bei *Palandt* § 535 Anm. 18.
100 Vgl. Rdnr. 87.

c) Vertragliche Vereinbarungen

Infolge der ungeklärten Rechtslage empfiehlt es sich, vertragliche **421** Vereinbarungen über die Vorgehensweise zu treffen[101]. Die Formulierungen müssen dabei sehr allgemein gefaßt werden, weil sich die Frage, wer prozessieren soll und unter welchen Voraussetzungen dies geschehen kann, nach dem Recht des Landes richtet, in dem der Prozeß zu führen ist. Hier können sich erhebliche Unterschiede ergeben[102].

d) Der Schutz bei Vereinbarungen einer Meistbegünstigungsklausel

Eine besondere Situation ist gegeben, wenn eine Meistbegünstigungs- **422** klausel vereinbart wurde[103]. In seiner Entscheidung vom 29. 4. 1965 führte der BGH u. a. aus: „Das BerG ist der Auffassung, daß trotz Fehlens einer vertraglichen Vereinbarung für einen Lizenzgeber, der seinem einfachen Lizenznehmer eine Meistbegünstigung eingeräumt hat, außer den im Vertrag geregelten Pflichten aus dem Grundsatz der Erfüllung eines Schuldverhältnisses nach Treu und Glauben (§ 242 BGB) die Verpflichtung erwachsen kann, gegen Verletzer vorzugehen. Dieser Rechtsauffassung ist zuzustimmen"[104].

Der BGH verweist darauf, daß Meistbegünstigungsklauseln den Zweck haben, daß der durch eine solche Klausel begünstigte Lizenznehmer nicht schlechter stehen soll als andere Lizenznehmer am gleichen Schutzrecht und der Lizenznehmer sich mit der Klausel insbesondere Sicherheit dafür verschaffen will, daß andere Lizenznehmer infolge einer geringeren Belastung durch Lizenzabgaben das Erzeugnis nicht niedriger kalkulieren und daher zu einem günstigeren Preis auf den Markt bringen können. Zu Recht verweist der BGH darauf, daß dieser wirtschaftliche Zweck der Meistbegünstigungsklausel im praktischen Ergebnis u. U. jedoch dann nicht erreicht wird, wenn dritte Personen das Schutzrecht unberechtigt benutzen und dadurch, weil sie im Gegensatz zum Lizenznehmer keine Lizenzgebühren zahlen, dessen Konkurrenzlage beeinträchtigen. In einem derartigen Fall kann und wird nach dem BGH in der Regel beim Vorhandensein einer Meistbegünstigungsklausel nach Treu und Glauben eine der Sicherung des

---

101 Vgl. dazu Muster (Anhang I) II.14.2.,14.3.
102 Vgl. dazu Rdnr. 450.
103 *BGH*, 29. 4. 1965, GRUR 1965 S. 591; vgl. auch GVO Patent (Anhang XII) Art. 2 Abs. 1 Nr. 11 und GVO Know-How (Anhang XIII) Art. 2 Abs. 1 Nr. 10.
104 Vgl. dazu *Benkard*, PatG, a.a.O., Rdnr. 88 zu § 15; *Klauer/Möhring*, PatG, a.a.O., Rdnr. 45 zu § 9.

positiven Benutzungsrechts des einfachen Lizenznehmers dienende Nebenpflicht des Gebers einer entgeltlichen einfachen Lizenz zu bejahen sein, gegen die Verletzer vorzugehen[105]. Es handelt sich dabei im übrigen rechtlich nicht um eine vom Lizenznehmer selbständig einklagbare Nebenpflicht des Lizenzgebers, sondern[106] um eine „Last" im Sinne einer Verteidigungslast des durch eine Meistbegünstigungsklausel gebundenen Lizenzgebers. Erfüllt der Lizenzgeber seine „Verpflichtung" nicht, duldet er vielmehr fortgesetzte Verletzungshandlungen eines Dritten, ohne dagegen einzuschreiten, dann kann das Bestehen auf Lizenzzahlungen seitens des Lizenzgebers unter dem Gesichtspunkt der Unzumutbarkeit gegen Treu und Glauben verstoßen. Die fortgesetzte Duldung von Verletzungshandlungen eines Verletzers kann der Gewährung einer Freilizenz gleichkommen, so daß sich der Lizenzgeber, der eine Meistbegünstigung eingeräumt hat, nach Treu und Glauben so behandeln lassen muß, als habe er eine Gratislizenz gewährt, auf die der Lizenznehmer kraft seines Meistbegünstigungsrechts gleichfalls Anspruch hätte[107].

Bei der nach § 242 BGB zu beurteilenden Frage, ob eine „Verpflichtung" des Lizenzgebers in dem gekennzeichneten Sinne besteht, kommt es auf die konkreten Verhältnisse des Einzelfalls an. Entgegen der Meinung der Revision kann eine generelle „Verpflichtung" des Lizenzgebers, d. h. eine schlechthin und unbedingt bestehende Verpflichtung, gegen jeden dritten Verletzer vorzugehen, in dieser Allgemeinheit nicht anerkannt werden. Es kommt stets auf den Einzelfall an, ob eine solche Verpflichtung besteht und wie weit sie geht und welche Auswirkungen die Mißachtung einer derartigen Verpflichtung hat[108].

e) Keine Abtretung des Unterlassungsanspruchs

423 Ist der Lizenzgeber selbst nicht gewillt, seinen Anspruch auf Unterlassung geltend zu machen, so erhebt sich die Frage, ob der Unterlassungsanspruch abgetreten werden kann. Unterlassungsansprüche sind in der Regel höchstpersönlicher Art und können daher nicht abgetre-

---

105 Übereinstimmend *Lüdecke/Fischer*, a.a.O., C 61 und C 107 sowie *Rasch*, a.a.O., S. 49.

106 *BGH*, 29. 4. 1965, GRUR 1965 S. 591 mit ausdrücklichem Hinweis auf *Lüdecke/ Fischer*, a.a.O., C 107.

107 *BGH*, 29. 4. 1965, GRUR 1965 S. 591 f, *Lüdecke/Fischer*, a.a.O., C 61 und C 107; *Rasch*, a.a.O., S. 49; *Benkard*, PatG, a.a.O., Rdnr. 88 zu § 15.

108 *BGH*, 29. 4. 1965, GRUR 1965 S. 591 f.; *Benkard* wie vor.

ten werden[109]. Eine Ausnahme besteht, wenn sie mit einem Recht verknüpft sind, wie dies z. B. bei den Unterlassungsansprüchen, die aus dem Schutzrecht entspringen, der Fall ist. Sie können dann zusammen mit diesem Recht abgetreten werden[110]. So führt das Reichsgericht in seiner Entscheidung vom 15. 6. 1935[111] aus, daß der Unterlassungsanspruch nur mit dem Patentrecht abgetreten werden kann.

f) Einräumung der Prozeßführungsbefugnis

Wenn auch die Abtretung des Unterlassungsanspruchs nicht als zulässig zu erachten ist, kann fast das gleiche Ergebnis dadurch erzielt werden, daß der Lizenzgeber den einfachen Lizenznehmer ermächtigt, den Unterlassungsanspruch in eigenem Namen für Rechnung des ermächtigenden Patentinhabers geltend zu machen, vorausgesetzt, der Ermächtigte hat ein eigenes rechtliches Interesse an der Geltendmachung des Rechtes[112]. Das Reichsgericht betonte in diesem Zusammenhang ausdrücklich, daß auf diese Weise dem praktischen Bedürfnis Genüge getan wird, dem ein Klagerecht nicht besitzenden Inhaber einer einfachen Lizenz die Klage durch eine solche Ermächtigung zu ermöglichen[113]. Die Prozeßbefugnis kann auch für alle während der Lizenzdauer vorkommenden Verletzungshandlungen eingeräumt werden. Die Frage, ob der Lizenzgeber die Prozeßführungsbefugnis an mehrere Lizenznehmer erteilen kann, ist zu verneinen, weil die Prozeßführungsbefugnis der Abtretung eines Anspruchs sehr nahekommt und eine Abtretung nur einmal wirksam erfolgen kann. Wäre die Erteilung der Prozeßführungsbefugnis für denselben Anspruch an verschiedene Personen möglich, so widerspräche dies der Prozeßökonomie.

424

4. Unterlassungsanspruch bei Lizenzverträgen, denen keine Schutzrechte zugrunde liegen[114]

Ein Unterlassungsanspruch besteht nur dann, wenn die Nachahmung des nicht geschützten Lizenzgegenstandes einen unlauteren Wettbe-

425

---

109 A. M. *KG*, 11. 1. 1933, MuW 1933 S. 206.

110 Vgl. *Staudinger/Kaduk*, a.a.O., Einl. § 398 Rdnr. 51; *Benkard*, PatG, a.a.O., Rdnr. 18 zu § 139.

111 *RG*, 15. 6. 1935, RGZ 148 S. 146 =GRUR 1936 S. 42 = MuW 1935 S. 395 = Mitt. 1935 S. 308.

112 *RG*, 15. 6. 1935, RGZ 148 S. 146; *Benkard*, PatG, a.a.O., Rdnr. 18 zu § 139; *Reimer*, PatG, a.a.O., Rdnr. 65 zu § 47.

113 *RG*, 15. 6. 1935, RGZ 148 S. 146, 147.

114 Vgl. dazu auch *Stumpf*, Der Know-How-Vertrag, a.a.O., Rdnr. 89.

werb darstellt[115]. Zur Erhebung der Klage ist dann sowohl der Lizenznehmer als auch der Lizenzgeber berechtigt.

III. Abhängigkeitsklage

1. Recht des Patentinhabers zur Erhebung der Abhängigkeitsklage

426 Abhängigkeit eines jüngeren von einem älteren Patent liegt vor, wenn die Benutzung des jüngeren Patents nur unter Benutzung wesentlicher Erfindungsgedanken eines älteren Patents möglich ist. Näheres hierzu siehe in den einschlägigen Kommentaren zum Patentgesetz. Liegt eine Abhängigkeit vor, so darf das abhängige Patent nur benutzt werden, wenn der Inhaber des älteren Patents eine Lizenz erteilt. Die Entscheidung darüber, ob ein Patent von einem anderen abhängig ist, kann schwierig sein. An der Feststellung, ob dies der Fall ist, besteht ein rechtliches Interesse. Die Berechtigung des Inhabers des älteren Patents, Schadensersatz- und Unterlassungsansprüche geltend zu machen, hängt von der Vorfrage ab, ob das jüngere Patent das ältere verletzt. Ein rechtliches Interesse des Patentinhabers an der Feststellung der Abhängigkeit besteht auch dann, wenn er an einen Dritten eine Lizenz vergeben hat. Er ist daher zur Klageerhebung befugt[116].

2. Recht des Inhabers einer ausschließlichen/alleinigen Lizenz zur Erhebung der Abhängigkeitsklage

427 Aus denselben Gründen, nämlich dem engen Zusammenhang von Schadensersatzansprüchen und Unterlassungsansprüchen mit der Abhängigkeitsklage, ist auch die Befugnis des Inhabers einer ausschließlichen oder alleinigen Lizenz zur Erhebung der Klage auf Feststellung der Abhängigkeit zu bejahen, soweit dieser ein rechtliches Interesse hieran hat[117].

---

115 Vgl. Rdnr. 413.
116 *Benkard*, PatG, a.a.O., Rdnr. 78, 79 zu § 9; *Klauer/Möhring*, PatG, a.a.O., Anm. 35 zu § 9; *Krausse/Katluhn/Lindenmaier*, a.a.O., Anm. 32 zu § 9; *Reimer*, PatG, a.a.O., Anm. 66 zu § 9.
117 Vgl. *RG*, 30. 4. 1919, RGZ 95 S. 304 = Bl. 1919 S. 114; *Benkard*, PatG, a.a.O., Rdnr. 79 zu § 9; *Klauer/Möhring*, PatG, a.a.O., Rdnr. 35 zu § 9.

3. Kein Klagerecht des Inhabers einer einfachen Lizenz

Der Inhaber einer einfachen Lizenz, der kein dingliches Recht besitzt, **428** ist dagegen nicht zur selbständigen Klageerhebung befugt. Der Lizenzgeber kann ihm aber unter Umständen eine Prozeßführungsbefugnis einräumen[118]. Es ist auch möglich, daß sich der Lizenzgeber vertraglich verpflichtet, den Lizenznehmer zu schützen.

IV. Nichtigkeitsklage

1. Allgemeines

Gemäß §§ 21, 22 PatG kann ein Patent auf Antrag für nichtig erklärt **429** werden, wenn sich ergibt, daß

1. der Gegenstand des Patentes nach den §§ 1 bis 5 nicht patentfähig ist,

2. das Patent die Erfindung nicht so deutlich und vollständig offenbart, daß ein Fachmann sie ausführen kann,

3. der wesentliche Inhalt des Patentes den Beschreibungen, Zeichnungen, Modellen, Gerätschaften oder Einrichtungen eines anderen oder einem von diesem angewendeten Verfahren ohne dessen Einwilligung entnommen worden ist (widerrechtliche Entnahme),

4. eine unzulässige Erweiterung im Sinne des § 21 Abs. 4 vorliegt.

Die Nichtigkeitsklage ist im deutschen Recht dem Grundsatz nach als Popularklage ausgestaltet, d. h. jedermann kann Klage erheben. Der Kläger braucht ein besonderes Interesse nicht nachzuweisen. Es wird unterstellt, daß er die Interessen der Allgemeinheit wahrnimmt[119]. Der Lizenznehmer ist allein aufgrund des Umstands, daß er eine Lizenz erworben hat, nicht gehindert, die Nichtigkeitsklage zu erheben[120], selbst wenn es sich um einen ausschließlichen Lizenznehmer handelt[121]. Eine Ausnahme von dem Grundsatz der Popularklage gilt für den

---

118 Vgl. z. B. *Klauer/Möhring*, PatG, a.a.O., Rdnr. 46 zu § 9.
119 *Benkard*, PatG, a.a.O., Rdnr. 23 zu § 22 mwN; *Kraßer* für die Deutsche Landesgruppe der AIPPI, GRUR Int. 1990 S. 611.
120 *Benkard*, PatG, a.a.O., Rdnr. 29 zu § 22; *Schippel*, GRUR 1955 S. 322, 325, wo auch Rechtsprechung für Österreich, Schweiz, Frankreich, Belgien angegeben ist; in diesen Ländern wird die Frage in ähnlicher Weise beurteilt. Dagegen wird im englischen Recht eine andere Auffassung vertreten. Zitate hierfür siehe ebenfalls bei *Schippel*.
121 *Benkard* wie vor.

unter 3. genannten Nichtigkeitsgrund der sog. widerrechtlichen Entnahme. Dieser Widerrufsgrund kann nur von dem Verletzten gem. § 59 Abs. 1 PatG geltend gemacht werden.

Die Frage der Nichtigkeitserklärung ist nach deutschem Recht, ähnlich wie auch nach französischem oder italienischem Recht[122], der Zuständigkeit des Bundespatentgerichtes[123] bzw. dem Bundesgerichtshof[124] übertragen, deren Urteile immer absolute Wirkung haben.

2. Verzicht des Lizenznehmers auf Erhebung einer Nichtigkeitsklage

430 Lizenzverträge enthalten oft eine Klausel, in der sich der Lizenznehmer verpflichtet, keine Nichtigkeitsklage zu erheben[125].

Der Bundesgerichtshof führt in seiner Entscheidung vom 20. 5. 1953[126] aus, daß er an der Rechtsprechung des Reichsgerichts festhalte, wonach es zulässig ist, durch Vertrag auf das Recht zur Erhebung der Nichtigkeitsklage zu verzichten und wonach dieser Verzicht im Nichtigkeitsprozeß auch geltend gemacht werden kann. Auch unter dem Gesichtspunkt des allgemeinen Interesses an der Vernichtung materiell unwirksamer Patente bestünden gegen Nichtangriffsabreden in Lizenzverträgen keine Bedenken. Derartige Abkommen trügen meist den Charakter von Vergleichen, durch die Streitigkeiten über das Patent auf gütlichem Wege beseitigt werden sollen. Sie seien wirtschaftlich voll gerechtfertigt und nützlich[127]. Weiterhin ist auch zu berücksichtigen, daß gerade der Inhaber des Schutzrechtes ein berechtigtes Interesse daran haben kann, daß nicht ausgerechnet sein Lizenznehmer eine Nichtigkeitsklage erhebt, da der Lizenznehmer durch die Verwertung des Patents in besonderem Maße mit den technischen Feinheiten und den spezifischen patentrechtlichen Problemen vertraut geworden ist bzw. von dem Patentinhaber vertraut gemacht worden ist. Gerade der Lizenznehmer hat es daher besonders leicht, selbst nur leichte Schwächen eines Patentes, die sonst unberücksichtigt blieben, auszunut-

---

122 Zur Situation in Frankreich und Italien vgl. *Schweyer*, GRUR Int. 1983 S. 149; *Schweyer*, a.a.O., S. 150, weist im übrigen darauf hin, daß das Schweizerische Bundesamt für geistiges Eigentum auch schiedsrichterliche Entscheidungen über die Patentnichtigkeit für zulässig erachtet.

123 § 81 Abs. 4 PatG.

124 § 110 Abs. 1 PatG.

125 Vgl. Rdnr. 542, 640, 646, 710, 722.

126 *BGH*, 20. 5. 1953, GRUR 1953 S. 385, ebenso *BGH*, 30. 11. 1967, GRUR 1971 S. 243; *Benkard*, PatG, a.a.O., Rdnr. 25 a ff. zu § 22.

127 Vgl. auch *RG*, 28. 3. 1914, Bl. 1914 S. 348; *RG*, 23. 9. 1922, Bl. 1922 S. 146.

zen[128]. Die vertragliche Abrede kann nach deutschem Recht dem Kläger in dem Nichtigkeitsprozeß entgegengehalten werden und würde zur Abweisung der Klage führen[129]. Der Verzicht wirkt jedoch nach Auffassung des Bundesgerichtshofes nicht über die Dauer des Lizenzvertrages hinaus[130].

Derartige Nichtangriffsvereinbarungen sind jedoch auch nach deutschem Kartellrecht unter bestimmten Umständen kartellrechtlich problematisch und nach EG-Kartellrecht unzulässige Beschränkungen[131].

3. Unzulässigkeit der Erhebung einer Nichtigkeitsklage

Auch wenn keine vertraglichen Vereinbarungen getroffen sind, kann   **431** es Treu und Glauben widersprechen, daß der Lizenznehmer Nichtigkeitsklage erhebt. Die Erhebung einer Nichtigkeitsklage kann als unzulässige Rechtsausübung anzusehen sein, wenn sich aus den vertraglichen Beziehungen ergibt, daß der Angriff auf das Patent gegen den Grundsatz von Treu und Glauben verstößt[132]. Der BGH verweist dabei darauf, daß gerade das Bestehen eines Lizenzvertrages die Annahme einer Nichtangriffspflicht unter dem Gesichtspunkt von Treu und Glauben nahelegen kann, da die Erhebung einer Nichtigkeitsklage in diesen Fällen häufig dem Sinn und Zweck des Lizenzvertrages zuwiderlaufen würden[133]. Dies gilt insbesondere bei einer ausschließlichen Lizenz, die eine vertrauensvolle Zusammenarbeit und eine besondere Rücksichtnahme auf die gegenseitigen Interessen der Beteiligten erfordert und bei Lizenzverträgen mit gesellschaftsähnlichem Charakter[134]. Als gegen Treu und Glauben verstoßend wird es auch angese-

---

128 Vgl. *Gaul/Bartenbach*, a.a.O., K 349 ff.; *Klauer/Möhring*, PatG, a.a.O., Rdnr. 80 zu § 9.

129 Vgl. *BGH*, 14. 7. 1964, GRUR 1965 S. 135, 137; *BGH*, 30. 11. 1967, GRUR 1971 S. 243; siehe zum amerikanischen Recht z. B. *Court of Appeals*, 30. 8. 1983, GRUR Int. 1985 S. 493, wonach auch bei noch wirksamem Lizenzvertrag die Nichtigkeitsklage des Patentlizenznehmers zulässig ist, und *ders.*, 7. 7. 1988, zur Lizenzgebührenzahlungsverpflichtung in einem Vergleich in einem Patentverletzungsverfahren, wenn das Patent später für nichtig erklärt wird, wobei ein Angriff des Patents durch den Lizenznehmer nicht entgegensteht.

130 *BGH*, 2. 3. 1956, GRUR 1956 S. 264; *OLG Karlsruhe*, 23. 4. 1968, WRP 1968 S. 409.

131 Vgl. Fußn. 876.

132 *BGH*, 14. 7. 1964, GRUR 1965 S. 135, 137; *BGH*, 30. 11. 1967, GRUR 1971 S. 243, 244 und *Benkard*, PatG, a.a.O., Rdnr. 28 zu § 22.

133 *BGH*, 14. 7. 1964, GRUR 1965 S. 135, 137; *BGH*, 30. 11. 1967, GRUR 1971 S. 243; *BGH*, 4. 10. 1988, GRUR 1989 S. 39.

134 *BGH*, 30. 11. 1967, GRUR 1971 S. 242; *RG*, 22. 1. 1921, RGZ 101 S. 235, 237.

hen, wenn ein Lizenznehmer ein Patent, das ihm aufgrund einer sog. Verbesserungsklausel überlassen wurde, mit der Nichtigkeitsklage angreift[135]. Unzulässig dürfte weiterhin eine Nichtigkeitsklage sein, wenn der Lizenzgeber Lizenzen als Gegenleistung für die Zurücknahme oder Unterlassung einer Nichtigkeitsklage erteilt hat[136].

V. Verteidigung von Warenzeichen

432 Da der Lizenzgeber trotz der Lizenzierung Inhaber der Warenzeichen ist, kann er gegen Dritte, die das Zeichen verletzen, immer vorgehen. Da der Warenzeichenlizenz die dingliche Wirkung fehlt[137], hat der Lizenznehmer kein eigenes Klagerecht gegen den Verletzer des Warenzeichens. Im eigenen Namen kann er nur klagen, wenn er dazu ausdrücklich oder konkludent ermächtigt worden ist[138].

433 Der Lizenznehmer kann aber aus dem Gesichtspunkt des unlauteren Wettbewerbs gegen den Verletzer vorgehen und Schadensersatzansprüche geltend machen[139]. Voraussetzung ist, daß eine gegen die guten Sitten verstoßende schuldhafte Zeichenverletzung vorliegt, durch die dem Lizenznehmer ein Schaden zugefügt wird[140]. Der Lizenznehmer ist in diesen Fällen nicht unmittelbar geschädigt, wie Starck annimmt, sondern unmittelbar. Zu denken wäre im übrigen weiterhin daran, daß man dem Lizenznehmer unter dem Aspekt der Verletzung der Rechte am Unternehmen einen eigenen Schadensersatzanspruch gegen den Verletzer nach § 823 Abs. 1 BGB zubilligt[141].

---

135 *BGH*, 29. 1. 1957, NJW 1957 S. 911 = GRUR 1957 S. 482, 485 ff. Bezüglich der Rechtsstellung des Lizenznehmers bei Nichtigkeitsklagen vgl. auch *BGH*, 20. 4. 1961, DB 1961 S. 1063.
136 *Isay*, a.a.O., Anm. 18 zu § 6; *Schippel*, GRUR 1955 S. 325.
137 Vgl. *BGH*, 6. 3. 1951, BGHZ 1 S. 242, 246; *BGH*, 12. 1. 1966, BGHZ 44, S. 372; *Baumbach/Hefermehl*, WZG, a.a.O., Rdnr. 2 zu Anhang § 8.
138 *BGH*, 22. 1. 1964, GRUR 1964 S. 372; *OLG Düsseldorf*, 19. 3. 1965, GRUR 1966 S. 563.
139 Vgl. *Starck*, MuW 1930 S. 550.
140 § 1 UWG.
141 Vgl. *Baumbach/Hefermehl*, WZG, a.a.O., Rdnr. 18 zu Anhang § 8.

J. Auslandslizenzverträge

I. Literatur zu Auslandslizenzverträgen

Darstellung für einzelne Länder

Argentinien: **434**
Otamendi, Update on Licensing in Argentina, XXII les Nouvelles 166
(1987)

Brasilien:
Hellwig, Lizenzverträge und andere Verträge über Technologietransfer von Deutschland nach Brasilien, RIW/AWD 1976, S. 407

Canada:
Chromecek, The Amended Canadian Patent Act: General Amendments and Pharmaceutical Patents Compulsory Licensing Provisions, 11 Fordham International Law Journal 504 (1988)

China:
Heuser, Ausführungsregeln zum chinesischen Recht der Technikimporte, RIW 1988, S. 258

Shen, Aktuelle Praxis des Patentschutzes in der Volksrepublik China, GRUR Int. 1991, S. 265

Tetz, Das Neue Technologie-Vertragsgesetz der VR China, RIW 1988 S. 851

Zenghua/Drouven, Änderung der Durchführungsbestimmungen zum chinesischen Warenzeichengesetz, RIW 1988, S. 881

Frankreich:
Hauser, Der Patentlizenzvertrag im französischen Recht im Vergleich zum deutschen Recht, München 1984

Nirk, Der Lizenzvertrag nach französischem und deutschem Recht, Festschr. Hefermehl (1971), S. 149

GUS, Osteuropa:
Boguslawskij, Internationaler Technologietransfer, Heidelberg 1990

Pfaff, Conflict of Laws Aspects of License Contracts in Germany and the Socialist Countries: Part One, IIC, 8 IIC 28 (1977), Part Two, IIC, 8 IIC 123 (1977)

noch Italien:

434 Braggion, Vertraglicher und außervertraglicher Schutz des Know-How im italienischen Recht, GRUR Int. 1989, S. 895

Frignani, Die Patent- und Know-How-Lizenz im italienischen Recht, GRUR Int. 1979, S. 286

Japan:
Ohara: New Japanese Guidelines for the Regulation of Restrictive Clauses in Patent and Know-How Licensing Agreements, IIC 1990, S. 645

Okuda, Tendenzen des japanischen Handels- und Wirtschaftsrechts 1983–1987, RIW 1989, S. 699

Pioch, Die Bedeutung des Patent- und Lizenzwesens für die wirtschaftliche Entwicklung – Japan und die Bundesrepublik Deutschland als Beispiele – GRUR Int. 1982, S. 610

Rahn, Die Bedeutung des gewerblichen Rechtsschutzes für die wirtschaftliche Entwicklung: Die japanischen Erfahrungen, GRUR Int. 1982, S. 577

Jugoslawien:
Sajko, International-privatrechtliche Fragen internationaler Lizenzverträge, GRUR Int. 1986, S. 239

Österreich:
Möhring, Das Recht der Patentlizenzverträge nach österreichischem und deutschem Recht, Festschr. Wilde, München 1970, S. 99

Polen:
Lammnich, Ausländische Lizenzen in Polen, Osteuropa-Recht 24, 1978, S. 253

Soltysiński, Das polnische Recht der Patent- und Know-How-Lizenzen in nationaler und internationaler Sicht, GRUR Int. 1977, S. 167

Schweiz:
Pedrazzini, Patent- und Lizenzvertragsrecht, Bern 1983

Spanien:
Frühbeck, Lizenzverträge zwischen Spanien und dem Ausland, RIW/AWD 1968, S. 23

ders; Neue spanische Gesetzgebung über Lizenzverträge mit dem Ausland, RIW/AWD 1973, S. 680

Massaguer-Fuentes, Import und Export von Waren im Rahmen des
spanischen Patentgesetzes, GRUR Int. 1988, S. 558

Tschechoslowakei:
Knap/Oltova, Lizenzverträge im Handelsverkehr mit der Tschechoslowakei, RIW/AWD 1970, S. 167

Ungarn:
Vida, Immaterialgüterrechtlicher Sonderschutz des Know-How in Ungarn, GRUR Int. 1979, S. 333

ders., Die Immaterialgüterrechte im ungarischen Gesetz über das internationale Privatrecht, GRUR Int. 1980, Heft 4, S. 213 ff.

Vereinigte Staaten:
Ann, Die Produkthaftung des Lizenzgebers, Köln 1991

Burchfiel, Die wichtigsten Bestimmungen über das geistige Eigentum des Omnibus Trade and Competitiveness Act von 1988, GRUR Int. 1990, S. 179

Dreiss, Die kartellrechtliche Beurteilung von Lizenzvertragssystemen – Eine rechtsvergleichende Untersuchung des amerikanischen und deutschen Rechts, 1972

Ewing, Antitrust Enforcement and the Patent System: Similarities in the European and American Approach, IIC, 11 IIC 279 (1980)

Finnegan/Zotter, Das amerikanische Kartellrecht der Patentlizenzverträge – Vergleichende Betrachtung zu den Wettbewerbsregeln der Europäischen Wirtschaftsgemeinschaft, GRUR Int. 1979, S. 321

Griffin/Calabrese/Lindsey, US Dept. of Commerce Take Further Steps to Ease Export License Requirements, International Business Lawyer 1990, S. 42

Handler/Beckmann, The Proposed EC-Group Exemption for Patent Licenses: A Compension with US Antitrust Law, IIC, 11 IIC 295 (1980)

Jorda, Licensing of Know-How in U.S., XXI les Nouvelles 87 (1986)

Lichtenstein, Die Patentlizenz nach amerikanischem Recht, Tübinger rechtswissenschaftliche Abhandlung 1965, Tübingen

Linder, Grundsätze zur Anwendung des amerikanischen Kartellrechts auf internationale Sachverhalte, RIW/AWD 1977, S. 744 ff.

Mailänder, Die kartellrechtliche Beurteilung von Lizenzverträgen nach EG-Kartellrecht und US-Antitrustrecht, GRUR Int. 1979, S. 378

McLean, EEC-U.S. Views on Restrictive Clauses, les Nouvelles 1990, S. 82

Morris, Schiedsgerichtsbarkeit in den USA, RIW 1989 S. 857

Samwer, Neue Entwicklungen im amerikanischen Recht zu Patentlizenz- und Know-How-Verträgen, RIW/AWD 1970, S. 441

Schmid, Gebietsbeschränkungen in Patent- und Know-How-Verträgen im Wettbewerbsrecht der USA und der EG, Bern 1987

Sieger, Die Übersetzungs-Lizenzverträge im deutsch-amerikanischen Rechtsverkehr, UFITA 82, 1978, S. 287

Sommer, US. Patent License Restrictions, XXI les Nouvelles, S. 186 (1986)

Strohm, Wettbewerbsbeschränkungen in Patentlizenzverträgen nach amerikanischem und deutschem Recht, Köln 1971

Tirard, French, EEC, US. Taxes and Licensing, les Nouvelles, S. 106 (1990)

Wyatt/Marames/Karas, An Overview of Developments in Antitrust Law Relating to Intellectual Property, 55 Antitrust Law Journal S. 373 (1986)

von Zumbusch, Die Schiedsfähigkeit privatrechtlicher Kartellrechtsstreitigkeiten nach US-, deutschem und EG-Recht, GRUR Int. 1988, S. 541

II. Genehmigungspflicht

1. Nach deutschem Recht

435 Durch das Außenwirtschaftsgesetz der Bundesrepublik Deutschland vom 28. 4. 1961, das am 1. 9. 1961 in Kraft trat[1], wurden die bisher geltenden devisenwirtschaftlichen Bestimmungen der Besatzungsmächte außer Kraft gesetzt. Lizenzverträge bedürfen daher nur dann einer Genehmigung bzw. einer Anmeldung, wenn dies durch eine Rechtsverordnung der Bundesregierung bestimmt wird, was aber nur

---

1 In BGBl. I 1961 S. 481 ff., zuletzt geändert durch das Gesetz vom 28. 2. 1992, BGBl. I 1992 S. 372.

in gewissem Umfang und unter bestimmten Voraussetzungen möglich ist[2]. Bisher wurde lediglich in der Verordnung zur Durchführung des Außenwirtschaftsgesetzes vom 22. August 1961 bestimmt[3], daß die Weitergabe von nicht allgemein zugänglichen Kenntnissen über gewerbliche Schutzrechte, Erfindungen, Herstellungsverfahren, Erfahrungen und Datenverarbeitungsprogramme (Software) in bezug auf die im Teil I der Ausfuhrliste[4] ausdrücklich genannten Waren an Gebietsfremde, die in einem Land ansässig sind, das nicht Mitglied der OECD[5] ist, der Genehmigung bedarf. Es geht hier also um Geheimnisse, die in der Praxis häufig mit dem Sammelbegriff Know-How bezeichnet werden, sei es, daß es sich um Geheimnisse handelt, die neben dem Schutzrecht bestehen und z. B. aus der Patentschrift nicht ersichtlich sind oder daß es sich um nicht bekanntgemachte Erfindungen oder Kniffe für die Fertigung oder dgl. handelt. Daneben besteht hinsichtlich der in Teil I Abschnitt A−C der Ausfuhrliste genannten Embargowaren auch eine Genehmigungspflicht für die Erteilung von Lizenzen an Patenten sowie für die Know-How-Vergabe nach Südafrika[6].

Zahlungen, die Gebietsansässige von Gebietsfremden entgegennehmen oder an Gebietsfremde leisten, sind meldepflichtig[7].

Das Außenwirtschaftsgesetz galt nicht für die DDR. Rechtsgrundlage waren hier noch die Devisen-Bewirtschaftungsgesetze der drei westlichen Alliierten, insbesondere das MRG Nr. 53 vom 18. 9. 1949 und Nr. 60 vom 12. 1. 1950, die bis zur deutschen Wiedervereinigung am 3. 10. 1990 für den innerdeutschen Wirtschaftsverkehr fortgalten[8].

Hinsichtlich der Wirksamkeit von Lizenzverträgen ist zu bedenken, daß § 45 Abs. 2 AWV nicht auf den Abschluß des Lizenzvertrages abstellt, sondern auf die tatsächliche Handlung der Weitergabe. Das

---

2 Vgl. §§ 5–7, 16, 26, 26a und 27 AWG; vgl. auch DB 1961 S. 836.
3 § 45 Abs. 2 AWV in BGBl. I 1989 S. 1749 ff.
4 Anlage AL zur AWV inBGBl. I 1961 S. 1407.
5 Die Mitglieder der OECD sind in der Länderliste A/B (Anlage zum Außenwirtschaftsgesetz) mit einem Stern gekennzeichnet. Es handelt sich derzeit um: Australien, Belgien, Dänemark, Finnland, Frankreich, Griechenland, Irland, Island, Italien, Japan, Kanada, Luxemburg, Neuseeland, Niederlande, Norwegen, Österreich, Portugal, Schweden, Schweiz, Spanien, Türkei, Vereinigtes Königreich, Vereinigte Staaten von Amerika.
6 § 45 Abs. 3 AWV in BGBl. I 1961 S. 1381, zuletzt geändert durch die 7. Verordnung der AWV, BGBl. I 1990 vom 27. 6. 1990.
7 § 59 AWV; über Form, Frist und Meldestelle vgl. §§ 60–64 AWV.
8 Vgl. hierzu im einzelnen *Gleiss*, NJW 1965 S. 1844 ff.; *Hocke/Berwald/Maurer*, Hauptteil I, Einführung zum AWG, S. 8.

bedeutet, daß insoweit § 31 AWG nicht angewandt werden kann. Vielmehr wäre der Lizenzvertrag bezüglich der Weitergabe nicht allgemein zugänglicher Kenntnisse im Sinne von § 45 Abs. 2 AWV wirksam. Lediglich die Ausführung des Lizenzvertrages, also die Übergabe von Fertigungs-Know-How, unterläge einer Genehmigungspflicht. § 45 Abs. 3 AWV stellt dagegen auf die Erteilung von Lizenzen an Patenten ab. Dies bedeutet, daß insoweit der Lizenzvertrag genehmigungspflichtig ist.

Weiterhin ist darauf hinzuweisen, daß § 45 Abs. 2 AWV nicht die Übergabe von Fertigungsunterlagen betrifft. Eine Übergabe von Fertigungsunterlagen wäre je nach Ware gemäß § 5 Abs. 1 bzw. § 5 a Abs. 1 AWV genehmigungspflichtig[9].

2. Nach ausländischem Recht

436 Die zahlreichen Genehmigungsvorschriften in anderen Ländern lassen sich nur schwer überblicken, zumal sie auch häufig geändert werden. Anhaltspunkte gibt die in der Fußnote angegebene Literatur[10].

III. Zahlung bei Auslandslizenzen

1. Anfall des Erlöses in fremder Währung

437 Werden Lizenzen für ein fremdes Land erteilt, so fällt die Lizenzgebühr, wenn sie vom Entgelt berechnet wird, in der Regel in der Währung des Landes an, für das die Lizenz erteilt wurde. Wurde die Lizenz für mehrere Länder erteilt, so können Lizenzgebühren in Währungen dieser Länder in Betracht kommen. Ist der zu zahlende Betrag in D-Mark umzuwandeln, so wird meist die Vereinbarung getroffen, daß dies zum Tageskurs zu erfolgen hat. Um zu verhindern, daß der Lizenznehmer Währungsspekulationen betreibt, sollte ferner vorgesehen werden, daß die Umrechnung zu dem am letzten Tag der Abrechnungsfrist gültigen Umrechnungskurs einer zu benennenden Stelle zu erfolgen hat. Kommt der Lizenznehmer in Verzug, so sollte der Lizenzgeber ein Wahlrecht zwischen dem Umrechnungskurs des

---

9 Vgl. auch *BGH*, 6. 4. 1956, BB 1956 S. 639 und *Hocke/Berwald/Maurer*, Anmerkungen § 31 AWG sowie *Rosiny*, RIW 1990 S. 702.

10 *Grützmacher/Schmidt-Cotta/Laier*, a.a.O.; *Pollzien/Langen*, a.a.O.; *Feige/Seiffert*, a.a.O., S. 88 f.

letzten Tages der Abrechnungsfrist und dem am Zahlungstage gültigen Umrechnungskurs haben. Zusätzlich kann er noch Verzugszinsen geltend machen.

Um eine gewisse Sicherung gegen Währungsschwankungen zu haben, wird verschiedentlich auch vorgesehen, daß die Parteien neue Vereinbarungen treffen, wenn der Tageskurs um ± . . . % von einer bestimmten Währungsrelation abweicht. Hierbei müssen die Vertragspartner aber bestimmen, was geschehen soll, wenn keine Einigung zu erzielen ist. Die Parteien können zur Sicherung eine Vereinbarung treffen, die die Lizenzgebühr an eine feste ausländische Währung oder an den Goldstandard anlehnt. Diese Wertsicherungsklauseln entziehen die Forderung des Lizenzgebers den Einflüssen von Währungsschwankungen im Ausland. Eine Genehmigung ist bei Verträgen mit gebietsfremden Lizenznehmern nicht erforderlich. Zwar fehlt es an einer eindeutigen gesetzlichen Vorschrift; § 49 Abs. 1 AWG betrifft nur § 3 Satz 1 WährungsG, nicht § 3 Satz 2, der für Klauseln dieser Art einschlägig ist. Die Ansicht der Bundesbank geht jedoch dahin, daß hier keine Genehmigung erteilt zu werden braucht[11]. – Es ist allerdings möglich, daß der betreffende ausländische Staat die Aufnahme einer Wertsicherungsklausel in den Vertrag von einer Genehmigung abhängig macht.

Nicht möglich ist die Vereinbarung eines bestimmten Wechselkurses, der der Berechnung der Lizenzgebühr zugrunde gelegt werden soll. Damit würden die Parteien in staatliche Währungsmaßnahmen eingreifen. Sie können aber eine Kurssicherungsklausel in den Vertrag aufnehmen, die besagt, daß mit Abwertung der ausländischen Währung die Lizenzgebühr im gleichen prozentualen Umfang steigen soll[12].

Weiterhin sind als Sicherungsmaßnahmen möglich die privatrechtlichen Mittel der Kreditsicherung. In der Bundesrepublik besteht insbesondere die Möglichkeit der Inanspruchnahme staatlicher Hilfe gegen Zahlungsrisiken im Außenhandel. Im Auftrage des Bundes wird eine Versicherung federführend durch die Hermes-Kredit-Versicherungs Aktiengesellschaft durchgeführt. Für Geldforderungen aus Lieferungen und Leistungen an ausländische Privatschuldner übernimmt der

---

11 *Dürkes*, a.a.O., Rdnr. B 18 ff.
12 *Haver/Mailänder*, a.a.O., S. 52.

Bund die Garantie gegen wirtschaftlich oder politisch bedingte Uneinbringlichkeit[13].

Für Gebühren aus Lizenzverträgen gelten allerdings einige Besonderheiten. Eine Absicherung ist hier nur möglich, soweit es sich um feste Beträge handelt, etwa einmalige Zahlungen. Laufende Lizenzgebühren, die in ihrer Höhe veränderlich sind und vom Umfang der Produktion, vom Verkaufspreis oder ähnlichen, wechselnden Umständen abhängen, können auf diese Weise nicht gesichert werden[14].

438 Steht die vereinbarte Lizenzgebühr infolge Währungsverfalls oder ähnlicher Ereignisse in keinem angemessenen Verhältnis mehr zur Leistung des Lizenzgebers, so kann, wenn sich die Vertragspartner nicht einigen können, unter Umständen aus dem Gesichtspunkt des Wegfalls oder der Erschütterung der Vertragsgrundlage durch Urteil eine Änderung des Vertragsinhalts oder die Auflösung des Vertrags herbeigeführt werden. U. U. ist auch eine Kündigung aus wichtigem Grunde möglich. Bei gegenseitigen Verträgen ist als Geschäftsgrundlage die Gleichwertigkeit von Leistung und Gegenleistung zu betrachten[15]. Der Wegfall der Geschäftsgrundlage kann jedoch nur bei wesentlicher Änderung der Verhältnisse angenommen werden. Er stellt eine unsichere Rechtsgrundlage dar, weil die Voraussetzungen nur schwer erfaßt werden können.

Ist über die Währung, in der zu bezahlen ist, nichts bestimmt, so können Lizenzgebühren, die vom Entgelt entrichtet werden, in der Währung bezahlt werden, in der das Entgelt anfällt. Ist über die Währung nichts vereinbart, so kann der Lizenznehmer entweder in seiner Landeswährung oder in der des Lizenzgebers bezahlen[16].

2. Anfall des Erlöses in deutscher Währung

439 Bei Stücklizenzen, fortlaufenden oder einmaligen festen Vergütungen kann die Gebühr sowohl in deutscher als auch in fremder Währung festgesetzt werden, soweit nicht devisenrechtliche Bestimmungen entgegenstehen. Wird sie in deutscher Währung festgelegt, so entfallen die Schwierigkeiten hinsichtlich des Umrechnungsverhältnisses. Für

---

13 „Allgemeine Bedingungen für die Übernahme von Ausfuhrgarantien" bzw. „Allgemeine Bedingungen für die Übernahme von Bürgschaften", jeweils Fassung März 1981.
14 *Grützmacher/Schmidt-Cotta/Laier*, a.a.O., S. 20 f.
15 Vgl. *Palandt/Heinrichs*, a.a.O., Anm. 6 zu § 242.
16 Vgl. *Henn*, a.a.O., S. 163.

Auslandsschulden, die in deutscher Währung bestehen, übernimmt der Bund die oben bereits für Schulden in fremder Währung erwähnten Garantien (bei privaten Käufern) bzw. Bürgschaften (bei öffentlich-rechtlichen Käufern) gegen wirtschaftlich oder politisch bedingte Uneinbringlichkeit ebenfalls[17].

3. Einzahlung auf ein Auslandskonto

In welcher Form auch immer die Lizenz vereinbart wird, der Lizenzge- **440** ber ist nie davor geschützt, daß es dem Lizenznehmer durch die Gesetzgebung seines Landes untersagt wird, Geld in die Bundesrepublik zu transferieren. Soll der Lizenznehmer verpflichtet werden, die Lizenzgebühr, die in fremder Währung festgelegt ist, entweder zu transferieren oder, falls dies aufgrund der gesetzlichen Vorschriften nicht möglich ist, auf ein Konto des Lizenzgebers in dem Land, in dem der Lizenznehmer seinen Sitz hat, einzuzahlen, so bedarf es zu der Errichtung eines derartigen Kontos keiner Genehmigung der deutschen Behörden mehr.

IV. Steuerliche Behandlung der Lizenzgebühr bei Auslandsverträgen

1. Lizenzvergabe an ausländische Lizenznehmer

a) Allgemeines

Einnahmen aus Lizenzgebühren sind in der Regel gewerbliche Einnah- **441** men. Ausnahmsweise können auch Einnahmen aus Vermietung und Verpachtung[18] vorliegen, wenn sie nicht im Rahmen eines Gewerbebetriebs anfallen.

Die Besteuerung der Lizenzgebühren kann sowohl nationales als auch internationales Steuerrecht tangieren; insbesondere die Einkommen- und Körperschaftsteuer wie auch die Umsatz-, Gewerbe-, und Vermögensteuer haben erheblichen Einfluß auf die Belastung und somit auf die Nettoerträge der Vertragsparteien.

Entscheidend für die Art und Höhe der Versteuerung ist, welches nationale Steuerrecht Anwendung findet. Häufig werden Lizenzgebüh-

---

17 Vgl. oben Rdnr. 437.
18 § 21 Abs. 1 Nr. 3 EStG 1990 in der Fassung der Bekanntmachung vom 7. 9. 1990.

noch
441 ren jedoch nicht nur mit inländischen, sondern auch zusätzlich mit ausländischen Steuern belastet. Um diese doppelte Belastung zu vermeiden, wurden zwischen der BRD und anderen Staaten Doppelbesteuerungsabkommen (DBA) unterzeichnet, in denen festgelegt wird, wer die Besteuerung vornehmen darf und wie die Doppelbesteuerung vermieden bzw. gemildert wird. Grundlage dieser DBA ist das OECD-Musterabkommen[19]. Nach Art. 12 des Musterabkommens sind Lizenzgebühren von ausländischen Lizenznehmern grundsätzlich und ausschließlich im Wohnsitzstaat des Lizenzgebers zu besteuern. Lediglich bei Betriebsstätten und festen Einrichtungen (Art. 12 Abs. 3) bestehen Ausnahmen.

Erhebliche Schwierigkeiten können zwischen den Steuerpflichtigen und der Finanzverwaltung immer dann auftreten, wenn die Angemessenheit der Lizenzgebühr in Zweifel gezogen wird. Grundsätzlich gilt der Fremdvergleich als Maßstab für den steuerlich zulässigen Lizenzsatz[20].

b) Doppelbesteuerungsabkommen (DBA)

Die BRD hat am 1. 1. 1992 mit 61 Staaten DBA abgeschlossen[21]. Durch diese Abkommen wird die Besteuerung der Lizenzgebühren im Ausland entweder ganz aufgehoben oder aber auf einen Höchstsatz von 5 % bis 20 % der Gebühren begrenzt, während sie sonst 25 % und mehr betragen kann.

Grundsätzlich steht das Besteuerungsrecht in diesen Abkommen meist – außer die Lizenz ist wirtschaftlich einer Betriebsstätte im Lizenznehmerstaat zuzurechnen (Betriebsstättenvorbehalt) – dem Staat zu, in dem der Lizenzgeber ansässig ist oder seine Geschäftsleitung hat (Wohnsitzprinzip). Bei einigen DBA – insbesondere mit Entwicklungsländern – ist auch den Staaten, in denen der Lizenznehmer ansässig ist, das Recht eingeräumt, die Lizenzen bis zu einem gewissen Prozentsatz (meist zwischen 5 % bis 20 %) der Bruttobeträge zu besteuern (Quellenbesteuerung). Diese Steuern können dann in der BRD auf die

---

19 OECD-Musterabkommen 1977 zur Vermeidung von Doppelbesteuerung auf dem Gebiet der Steuern vom Einkommen und vom Vermögen.

20 Zur Angemessenheitsprüfung bei Lizenzen unter verbundenen Unternehmen vgl. Ziffer 6 der „Grundsätze für die Prüfung der Einkunftsabgrenzung bei international verbundenen Unternehmen (Verwaltungsgrundsätze)", BStBl. 1983 I S. 218.

21 Die vollständige Übersicht zum 1. 1. 1992, in der auch die künftigen Abkommen und die laufenden Verhandlungen dargestellt sind, ist in einer Veröffentlichung des BMF, BStBl. 1992 I S. 8 bekanntgegeben worden.

eigene Körperschaft- bzw. Einkommensteuer angerechnet oder aber noch
von den Einkünften abgezogen werden (vgl. unten 1 c, 1 d). **441**

Ist mit einem Land, in das die Lizenz vergeben wird, kein DBA abgeschlossen worden, richtet sich die Besteuerung sowohl im Inland wie auch im Ausland nach dem nationalen Recht des jeweiligen Landes. Aber auch in diesem Fall kann die Doppelbesteuerung durch Anrechnung, Abzug oder Erlaß beseitigt bzw. abgemildert werden.

c) Anrechnung der ausländischen Steuer

Findet im Ausland eine Besteuerung statt – da entweder ein DBA nicht abgeschlossen ist oder da trotz DBA eine Besteuerung im Ausland vorgenommen werden darf – ist eine Anrechnung der im Ausland gezahlten Steuern grundsätzlich nach § 34 c Abs. 1 EStG bzw. § 26 Abs. 1 KStG möglich.

Voraussetzung für die Anrechnung ist, daß die ausländische Steuer mit der deutschen Einkommen-/Körperschaftsteuer vergleichbar ist. Ein Verzeichnis der anrechenbaren Steuern ist in der Anlage 10 zu Abschnitt 12 a EStR[22] dargestellt. Der Steuerpflichtige hat den Nachweis über die Höhe der ausländischen Einkünfte und über die Festsetzung und Zahlung der ausländischen Steuer durch Vorlage entsprechender Urkunden (z. B. Steuerbescheid, Zahlungsquittung) zu führen[23]. Die Anrechnung ist nur bis zur Höhe der deutschen Steuer möglich; Bemessungsgrundlage für die Höhe der deutschen Steuer ist der Lizenzertrag nach Abzug aller Kosten.

Durch diese gesetzliche Obergrenze kann sich in Ausnahmefällen der Effekt ergeben, daß vor allem bei hohen Quellensteuersätzen und hohen Eigenaufwendungen die im Ausland einbehaltene Quellensteuer höher ist als die anteilig anfallende deutsche Steuer. Dadurch verbleibt dann ein nicht anrechenbarer Überhang. Der Grund für dieses Resultat besteht darin, daß die ausländische Steuer in der Regel vom Bruttobetrag der Lizenzgebühren berechnet wird, die Anrechnung jedoch nur in Höhe der deutschen Steuer aus dem Nettobetrag (Lizenzeinnahmen abzüglich aller Kosten) erfolgen darf.

---

22 Einkommensteuerrichtlinien 1990 (EStR 1990); in der Fassung der Bekanntmachung vom 10. 11. 1990 (BStBl. 1990 I Sondernummer 4).
23 § 68 b EStDV 1986 (Einkommensteuerdurchführungsverordnung 1986).

noch
441

Beispiel:[24, 25]

Lizenzeinnahmen	DM 10 000,–	im Ausland gezahlte
Kosten der		Quellensteuer:
Lizenzvergabe	DM 8 000,–	20 % v. DM 10 000,–
		= DM 2000,–
Gewinn	DM 2000,–	
darauf entfallende		
KSt (50 %)	DM 1000,–	
anrechenbare		
ausländische		
Steuer DM 2000,– max	1000,–	
nicht anrechenbarer		
Überhang	DM 1000,–	

d) Abzug der ausländischen Steuer

Statt der Anrechnung kann gemäß §§ 34 c Abs. 2 EStG, 26 Abs. 6 KStG die ausländische Steuer auf Antrag bei der Ermittlung des Gesamtbetrags der Einkünfte abgezogen werden. Allerdings ist zu beachten, daß das Wahlrecht nur einheitlich für die gesamten Einkünfte und anrechenbaren Steuern aus einem ausländischen Staat ausgeübt werden darf. Somit ist es nicht zulässig, einen Teil der Steuern auf die Steuerschuld anzurechnen und einen anderen Teil von den Einkünften abzuziehen[26]. Stammen die Einkünfte aus mehreren Staaten, so besteht für jeden einzelnen Staat ein gesondertes Wahlrecht[27].

Die Abzugsmethode wird dann günstiger sein, wenn hohe, nicht anrechenbare Steuerüberhänge (z. B. hohe Quellensteuer auf Bruttoerträge) auftreten, sowie bei Verlustsituationen im Inland. Der Über-

---

24 Vgl. auch *Grützmacher/Schmidt-Cotta/Laier*, S. 25 ff.
25 Vgl. auch Abschnitt 212 d EStR (1990): Ermittlung des Höchstbetrags für die Steueranrechnung.
26 Abschnitt 212 e EStR 1990.
27 § 34 c Abs. 7 EStG, § 68 a EStDV.

hang kann nämlich nach § 34 c Abs. 1 EStG nicht ausgeglichen werden, wohl aber über den Verlustrücktrag bei Anwendung von § 34 c Abs. 2 EStG.

Nach § 34 Abs. 3 EStG sind die ausländischen Ertragsteuern stets bei der Ermittlung des Gesamtbetrags der Einkünfte abzugsfähig, auch wenn die Voraussetzungen einer Steueranrechnung nicht vorliegen.

e) Erlaß bzw. Pauschalierung der deutschen Steuer

Erlaß oder Pauschalierung kommt nur für die deutsche Einkommen-/ Körperschaftsteuer in Frage, die auf die ausländischen Einkünfte entfällt. Die Anwendung steht im pflichtgemäßen Ermessen der Finanzverwaltung. Bei Bestehen eines DBA wird § 34 c Abs. 5 EStG äußerst selten angewendet[28].

f) Umsatzsteuer

Umsatzsteuerlich ist die Vergabe von Lizenzen eine sonstige Leistung im Sinne des § 3 a Abs. 4 Nr. 1 UStG[29]. Leistungsort ist nach § 3 a Abs. 3 UStG in der Regel dort, wo der Lizenzempfänger sein Unternehmen betreibt. Bei Lizenzvergabe in das Ausland liegt somit der Leistungsort im Ausland, und daher ist dieser Umsatz in der BRD nicht steuerbar und kann demnach nicht umsatzsteuerpflichtig werden[30]. Dies gilt auch für die Nebenleistungen der Lizenzgewährung, bei denen sich der Leistungsort ebenfalls nach § 3 a Abs. 3 UStG richtet[31].

Für jeden Staat ist zu prüfen, ob der Lizenzgeber nicht unter Umständen die ausländische Umsatzsteuer in Rechnung stellen muß. In den meisten Ländern (insbesondere im EG-Raum) gibt es die sog. Null-Regelung[32], nach der die Umsatzsteuer nicht abgeführt werden muß, wenn der Lizenznehmer Unternehmer ist und wenn die Umsatzsteuer nicht gesondert in der Rechnung ausgewiesen ist.

28 *Blümich,* Anmerkung 102 bis 108 zu § 34 c.
29 Umsatzsteuergesetz 1991 (UStG 1991) in der Fassung der Bekanntmachung vom 8. 2. 1991.
30 § 1 Abs. 1 Nr. 1 UStG.
31 *Rau/Dürrwächter/Flick/Geist,* Anmerkung 225 zu § 3 a.
32 § 52 UStDV 1991.

noch
441 Hintergrund dieser Regelung ist, daß der ausländische Lizenznehmer die eventuell gesondert ausgewiesene Umsatzsteuer als Vorsteuer bei der Finanzbehörde geltend machen könnte, während der Lizenzgeber denselben Betrag an die Finanzbehörde abzuführen hätte.

g) Gewerbesteuer

Grundsätzlich besteht für Gewinne aus der Lizenzvergabe Gewerbesteuerpflicht. Bei Gewerbebetrieben, die sich auch auf das Ausland erstrecken, werden nur die im Inland befindlichen Betriebsstätten[33] der Besteuerung unterworfen. Der auf die ausländischen Betriebsstätten entfallende Teil des Gesamtbetriebsergebnisses wird nach § 9 Nr. 3 GewStG[34] bei der Ermittlung des Gewerbeertrags des inländischen Betriebs unberücksichtigt gelassen. Ebenso wird das Gewerbekapital nach § 12 Abs. 4 GewStG von ausländischen Betriebsstätten nicht berücksichtigt.

h) Vermögensteuer

Grundsätzlich wird das gesamte Vermögen im Sinne des Bewertungsgesetzes[35] erfaßt, gleichgültig, wo es sich befindet. Auch Auslandsvermögen wird erfaßt, wenn keine DBA entgegenstehen.

Allerdings ermöglicht der Gesetzgeber die Anrechnung ausländischer Steuern[36] oder eine Steuerermäßigung bei Auslandsvermögen[37].

i) Sonderregelungen DDR

Besonderheiten galten bis 31. 12. 1990 auch hinsichtlich der Lizenzvergabe in die DDR. Umsatzsteuerlich war nämlich die DDR weder Inland noch Außengebiet. Die steuerliche Behandlung dieser Umsätze war durch allgemeine Verwaltungsvorschriften[38] geregelt.

---

33 Zum Betriebsstättenbegriff vgl. § 12 Abgabenordnung (AO 1977).
34 Gewerbesteuergesetz 1991 (GewStG 1991) in der Fassung der Bekanntmachung vom 21. 3. 1991.
35 Bewertungsgesetz (BewG) in der Fassung der Bekanntmachung vom 1. 2. 1991.
36 § 11 Vermögensteuergesetz (VStG) in der Fassung der Bekanntmachung vom 14. 11. 1990.
37 § 12 Vermögensteuergesetz.
38 Allgemeine Verwaltungsvorschrift über die umsatzsteuerliche Behandlung des innerdeutschen Waren- und Dienstleistungsverkehrs zwischen den Währungsgebieten der Deutschen Mark und der Mark der Deutschen Demokratischen Republik (VwV zu § 26 Abs. 4 UStG) vom 18. 7. 1984, BStBl. 1984 I 425.

Einkommensteuerlich waren Gewinne aufgrund der Sondervorschriften nach § 3 Nr. 63 EStG in der Regel steuerfrei, da in der DDR meist eine Quellensteuer von 25 % einbehalten wurde.

Die die DDR betreffenden gewerbesteuerlichen Sondervorschriften[39] sahen im Ergebnis eine Nichtbesteuerung der DDR-Erträge vor.

Schließlich blieb das in der DDR vorhandene Vermögen bei der Vermögensteuer außer Ansatz[40].

Durch den Einigungsvertrag[41] vom 31. 8. 1990 sind diese Sondervorschriften ab dem Erhebungszeitraum 1991 entfallen.

2. Lizenznahme vom Ausland

a) Allgemeines

Bei der Lizenznahme vom Ausland ist der Lizenznehmer Inländer, der **442** Lizenzgeber jedoch Ausländer. Dies bedeutet, daß der Lizenzgeber im Inland weder Wohnsitz bzw. Geschäftsleitung oder Sitz haben darf[42]; somit ist er nur mit seinen inländischen Einkünften beschränkt steuerpflichtig. Da der ausländische Staat, in dem der Lizenzgeber seinen Sitz hat, ebenfalls sein Besteuerungsrecht geltend machen wird, kann es zu einer Doppelbesteuerung von Einkünften kommen. Diese Doppelbesteuerung ist im Verhältnis zu vielen Staaten durch vertragliche Regelungen (DBA) ausgeschlossen.

b) Abzugsteuer

Die an den ausländischen Lizenzgeber gezahlten Vergütungen unterliegen nach § 50 a Abs. 4 Nr. 3 EStG der inländischen Besteuerung. Der Steuerabzug beträgt 25 % der gezahlten Lizenzgebühr[43]; Abzüge für Kosten im Zusammenhang mit der Lizenzvergabe sind nicht zulässig[44]. Wird vertraglich geregelt, daß der Lizenznehmer die Abzugsteuer zu tragen hat, wird sie von der Lizenzgebühr zzgl. des übernommenen Steuerbetrages berechnet und erhöht sich dann von 25 % auf 33,33 %. Da auch im Falle der Null-Regelung (siehe unten c) die Umsatzsteuer

---

39 § 2 Abs. 6 GewStG (1984), § 12 Abs. 4 Nr. 2 GewStG (1984).
40 § 2 Abs. 2 VStG.
41 Einigungsvertrag vom 31. 8. 1990 (BGBl. 1990 S. 889).
42 § 2 KStG, § 1 Abs. 4 EStG.
43 § 50 a Abs. 4 S. 2 EStG.
44 § 50 a Abs. 4 S. 4 EStG.

fiktiv als Entgelt in die Bemessungsgrundlage einbezogen werden muß[45], erhöht sich der Prozentsatz schließlich von 33,33 % auf 36,52 %.

Obwohl der Lizenzgeber i.d.R. Steuerschuldner ist, muß der Lizenznehmer bei Zahlung der Lizenzgebühr den Steuerabzug vornehmen und diesen Steuerbetrag an das für ihn zuständige Finanzamt abführen[46]. Nimmt der Lizenznehmer den Steuerabzug nicht vor und führt er diesen Betrag folglich nicht an die Finanzbehörde ab, haftet er hierfür[47].

Allerdings kann aufgrund von DBA die Abzugbesteuerung im Inland ermäßigt oder ganz ausgeschlossen werden (siehe unten 3.). Aber auch in diesen Fällen darf der Steuerabzug nur dann unterbleiben, wenn eine sog. Freistellungsbescheinigung vorliegt[48]. Diese Bescheinigung muß beim Bundesamt für Finanzen, Friedhofstr. 1, 5300 Bonn 3, beantragt werden. Der Antrag muß von der Steuerbehörde des Staates, in dem der ausländische Lizenzgeber sitzt, bestätigt werden, damit sichergestellt ist, daß die im Antrag genannten Einkünfte der ausländischen Finanzbehörde zur Kenntnis gelangt sind. Außerdem ist dem Antrag eine Kopie des Lizenzvertrages beizufügen. Der Freistellungsbescheid ist nur einmal für einen bestimmten Zeitraum zu stellen; es können also mit demselben Lizenzgeber verschiedene Verträge in diesem Zeitraum abgewickelt werden.

Somit sollte aus Haftungsgründen die Auszahlung der gesamten Lizenzgebühr an den ausländischen Lizenzgeber erst dann vorgenommen werden, wenn die Freistellungsbescheinigung vorliegt.

c) Umsatzsteuer

Bei Lizenzvergabe in die BRD hat der ausländische Lizenzgeber einen steuerbaren und normalerweise auch steuerpflichtigen Umsatz ausgeführt, da sich der Leistungsort gemäß § 3 a Abs. 3 u. Abs. 4 UStG im Inland befindet. Gemäß § 51 UStDV wäre der inländische Lizenznehmer zur Einbehaltung und Abführung der Umsatzsteuer verpflichtet. Aufgrund der sog. Null-Regelung[49] braucht der ausländische Lizenzgeber das Entgelt nicht der Umsatzsteuer zu unterwerfen, wenn er eine

---

45 § 50 a Abs. 4 EStG; *BFH*, 30. 5. 1990, BStBl. 1990 II S. 967.
46 § 50 a Abs. 5 EStG.
47 § 50 a Abs. 5 S. 5 EStG.
48 § 50 d EStG.
49 § 52 Abs. 2 UStDV.

Rechnung ohne gesonderten Umsatzsteuerausweis stellt und der Lizenznehmer ein Unternehmer ist. Nur in diesem Fall ist der Lizenznehmer von der Verpflichtung befreit, Umsatzsteuer einzubehalten und an sein Finanzamt abzuführen.

d) Gewerbesteuer

Lizenzgebühren, die an Ausländer gezahlt werden, sind dem Gewerbeertrag des Lizenznehmers nicht hinzuzurechnen, da die Vorschrift des § 8 Nr. 7 GewStG bei Lizenzgebühren nicht greift[50]. Somit mindern die Lizenzzahlungen ins Ausland die Bemessungsgrundlage für die Gewerbesteuer des Lizenznehmers.

Für den ausländischen Lizenzgeber besteht nur dann Gewerbesteuerpflicht, wenn die Lizenz zu einer ihm zuzurechnenden inländischen Betriebsstätte gehört[51].

e) Vermögensteuer

Gemäß § 2 Abs. 2 VStG erstreckt sich die beschränkte Vermögensteuerpflicht nur auf Vermögen, das auf das Inland entfällt. In § 121 Abs. 2 BewG[52] ist dieses Vermögen abschließend aufgeführt. Lizenzgebühren fallen unter diese Vorschrift. In der Regel wird jedoch die inländische Vermögensteuerpflicht aufgrund eines DBA ausgeschlossen.

3. Übersicht über die Doppelbesteuerungsabkommen (DBA)

Die DBA weisen das Besteuerungsrecht an Lizenzgebühren grundsätzlich dem Staat zu, in dem der Lizenzgeber ansässig ist. Die folgenden DBA räumen jedoch der BRD ein in der Höhe begrenztes Besteuerungsrecht ein. **443**

DBA Staat	Artikel der DBA	Steuersatz i. v. H.
Ägypten	12	0
Argentinien	12	15
Australien	12	10
Belgien	12	0

---

50 *BFH*, 14. 2. 1973, BStBl. 1973 II S. 412.
51 § 2 Gewerbesteuergesetz (GewStG).
52 Bewertungsgesetz (BewG) in der Fassung der Bekanntmachung vom 1. 2. 1991.

DBA Staat	Artikel der DBA	Steuersatz i. v. H.
Brasilien	12	diverse
Bulgarien	11	5
Dänemark	14	0
Elfenbeinküste	12	10
Ecuador	12	15
Finnland	12	5
Frankreich	15	0
Griechenland	VIII	0
Großbritannien	VII	0
Indien	XVI	25
Indonesien	11	10
Iran	12	10
Irland	VIII	0
Island	12	0
Israel	14	diverse
Italien		5
Jamaika	12	10
Japan	12	10
Jugoslawien	13	10
Kanada	12	diverse
Kenia	12	15
Korea (Republik)	12	diverse
Kuwait	12	10
Liberia	12	diverse
Luxemburg	15	5
Malaysia	12	diverse
Malta	12	diverse
Marokko	12	10
Mauritius	12	15
Neuseeland	12	10
Niederlande	15	0
Norwegen	14	0
Österreich	12	0
Pakistan	VIII	0
Philippinen	12	diverse
Polen	12	0
Portugal	12	10
Rumänien	11	10
Sambia	12	10
Schweden	11	0
Schweiz	12	0

DBA Staat	Artikel der DBA	Steuersatz i. v. H.
Simbabwe	12	7,5
Singapur	12	diverse
Sowjetunion	9	0
Spanien	12	5
Sri Lanka	VII	diverse
Südafrika	9	0
Thailand	12	diverse
Trinidad und Tobago	12	diverse
Tschechoslowakei	12	5
Tunesien	12	diverse
Türkei	12	10
Ungarn	12	0
Uruguay	12	diverse
USA	VIII	0
VR China	12	10
Zypern	12	diverse

V. Anwendbares Recht

1. Lizenzrecht

Die Parteien können die Anwendbarkeit einer bestimmten Rechtsord- **444** nung vereinbaren. Die Vertragsschließenden müssen sich allerdings darüber klar werden, ob sie eine bestimmte Rechtsordnung in ihrer Gesamtheit heranziehen wollen. Werden auch die ausländischen Kollisionsnormen vereinbart, so kann es nämlich geschehen, daß diese wiederum das Recht eines dritten Staates für anwendbar erklären. Möglich ist sogar, daß das ausländische Recht auf das deutsche Recht zurückverweist. – In der Regel wird man allerdings davon auszugehen haben, daß bei der Vereinbarung eines ausländischen Rechts die ausländischen Sachnormen Anwendung finden sollen. Wichtig ist auch, daß nur das materielle Recht einer Vereinbarung zugänglich ist, nicht das Verfahrensrecht. Das Gericht verfährt also immer nach seinem Heimatrecht. Das kann zu Überraschungen führen, wenn die Rechte der beteiligten Partner über die Zuweisung eines Rechtsinstituts zum einen oder anderen Bereich auseinandergehen. So gehört etwa in England die Verjährung dem Prozeßrecht an[53].

Insbesondere kann auch das anwendbare Recht für Know-How-Verträge vereinbart werden[54].

Ist über das anwendbare Recht nichts vereinbart und läßt sich auch aus dem beiderseitigen Parteiwillen nichts entnehmen, so finden die Gesichtspunkte Anwendung, die nach dem internationalen Privatrecht über die Heranziehung einer bestimmten Rechtsordnung auf einen Vertrag entscheiden.

Im Hinblick auf Lizenzverträge ist diese Frage bisher jedoch nur wenig untersucht worden[55]. Die für das Obligationenrecht entwickelten Grundsätze, daß das Recht des Vertragspartners, der die charakteristische Leistung erbringt, anzuwenden ist, sind für den Lizenzvertrag nicht geeignet. Die engste Bindung besteht vielmehr zu dem Recht des Landes, für das die Lizenz erteilt wird, weil die Ausübung in dessen Bereich vorgenommen wird und dieses Recht erheblichen Einfluß auf den gesamten Vertrag hat. Diese Auffassung wird auch von der Rechtsprechung vertreten[56].

445 Troller weist jedoch darauf hin, daß die Anknüpfung an das Recht des Landes, für das die Lizenz erteilt ist, nicht zweckmäßig ist, wenn in

---

53 Am 1. 4. 1991 trat in Deutschland das EG-Übereinkommen vom 19. 6. 1980 über das auf vertragliche Schuldverhältnisse anwendbare Recht (EVÜ) in Kraft (BGBl. 1986 II S. 810; BGBl. 1991 II S. 871). Das EVÜ beinhaltet in Art. 1–21 einheitliche Kollisionsregeln für vertragliche Schuldverhältnisse, die in ihrem sachlichen Anwendungsgebiet uneingeschränkt gelten sollen und somit abweichende Vorschriften des deutschen Internationalen Privatrechts ausschließen. Das Gesetz zur Neuregelung des Internationalen Privatrechts vom 25. 7. 1986 (BGBl. 1986 I 1142) hat entgegen einer Empfehlung der EG-Kommission die Vorschriften des EVÜ in angepaßter Form in Art. 27–37 EGBGB eingegliedert, *Palandt/Heldrich*, (IPR), Vorbem. v. Art. 27 EGBGB mwN; siehe im einzelnen hinsichtlich der Auswirkungen dieser Regelungen auf Lizenzverträge *Henn*, a.a.O., S. 250 ff.; *Haever/Mailänder*, a.a.O., S. 38 f.; *Pagenberg/Geissler*, a.a.O., S. 190 ff. Rdnr. 318 ff.; *Benkard*, PatG, a.a.O., Rdnr. 133 ff. zu § 15.
54 Vgl. *Stumpf*, Der Know-How-Vertrag, a.a.O., Rdnr. 194 f.
55 *Hoffmann*, RabelsZ 40; (1976) S. 208 f.; *Pfaff*, RIW/AWD 1974 S. 241; *Pfordte*, DB 1974 S. 1465; *Reithmann*, a.a.O., S. 413 ff.; *Troller*, GRUR Int. 1952 S. 108 (118); siehe insoweit auch *Henn*, a.a.O., S. 249 ff., 253 und *Benkard*, PatG, a.a.O., Rdnr. 135 zu § 15 mwN; *Beier*, GRUR Int. 1981 S. 299 = 13 IIC 162 (1982).
56 Siehe zunächst *Henn*, a.a.O., S. 255 und dann z. B. *LG Stuttgart*, 14. 3. 1957, IPRspr. 1956/57 Nr. 29; *OLG Düsseldorf*, 4. 8. 1961, RIW/AWD 1961 S. 295 = GRUR Int. 1962 S. 256 = IPRspr. 1960/61 Nr. 152; *BGH*, 21. 10. 1964, RIW/AWD 1965 S. 455; IPRspr. 1964/65 Nr. 180.

einem einheitlichen Vertrag Lizenzen für mehrere Länder erteilt sind.
Das hätte zur Folge, daß dieser Vertrag nach verschiedenen Rechten
zu beurteilen wäre. Dies könnte z. B. dazu führen, daß der Lizenzvertrag für ein Land gültig, für ein anderes dagegen ungültig wäre, weil
sich aus den verschiedenen Rechten verschiedene Rechtsfolgen ergeben. Auf einen einheitlichen Vertrag sollte daher nur ein Recht
Anwendung finden. Troller meint, man solle in diesen Fällen das
Recht anwenden, das für den Sitz des Lizenzgebers ausschlaggebend
ist, weil der Lizenzgeber die charakteristische Leistung erbringt. Dem
ist zuzustimmen und entspricht Art. 28 Abs. 2 EGBGB[57].

Es besteht also eine erhebliche Unsicherheit darüber, welches Recht **446**
anzuwenden ist, wobei es durchaus möglich ist, daß die Gerichte in
verschiedenen Ländern zu verschiedenen Ergebnissen kommen.
Kommt ein fremdes Recht zur Anwendung, so ist es für den deutschen
Vertragspartner meist äußerst schwierig, sich hierüber zu informieren.
Gerade im Lizenzrecht, das nur in wenigen Ländern ausdrücklich
geregelt und überall problematisch ist, empfiehlt es sich daher, wenn
nicht gewichtige Gründe entgegenstehen, deutsches Recht zu vereinbaren, was nach der Rechtsordnung der meisten Länder zulässig ist[58].
Allerdings gibt es in verschiedenen Entwicklungsländern eine Tendenz, die freie Rechtswahl im Hinblick auf den Technologietransfer
einzuschränken[59]. Wird ein bestimmtes Recht vereinbart, so muß man
sich immer bewußt sein, daß auch in diesem Fall das Recht des Landes,
in dem die Lizenz ausgeübt wird, einen gewissen Einfluß hat. Läßt sich
die Anwendung deutschen Rechts nicht durchsetzen, so sollte ein
Anwalt, der im Lizenzrecht bewandert ist und das zugrunde gelegte
Recht kennt, als Berater zugezogen werden. Die Feststellung des
ausländischen Lizenzrechts ist meist sehr schwierig, weil es, wie in der
Bundesrepublik, meist nicht im Gesetz geregelt ist. In anderen Ländern gibt es häufig noch weniger Literatur zu dieser Frage als in der
Bundesrepublik. Die spärliche Literatur über ausländisches Recht im
Hinblick auf Lizenzen ist unter J. I. „Literatur zu Auslandslizenzver-
trägen" wiedergegeben, ohne daß diese Darstellung auch nur annä-

---

57 H. M., vgl. z. B. *Troller*, GRUR Int. 1952 S. 108; vgl. auch Entscheidung des *Cour*
   d'Appel Paris v. 13. 2. 1980 mit Anmerkungen von *Stauder*, GRUR Int. 1983 S. 49;
   Benkard, PatG, a.a.O., Rdnr. 135 zu § 15; a. A. z. B. *Henn*, a.a.O., S. 255 unter
   Hinweis auf die Wesentlichkeit der Vertragsleistung des Lizenznehmers. Anders sei
   dies nur dann, wenn dem Lizenznehmer die technische Eigenständigkeit fehle.
58 Ausnahme z. B. Brasilien (Art. 9 Lei de introdução ao Código Civil Brasileiro).
59 *Hoffmann*, RabelsZ 40 (1976) S. 208 f. (209).

hernd einen Anspruch auf Vollständigkeit erheben soll[60]. Zu betonen ist, daß für die Vereinbarung des anwendbaren Rechts die Regelungen der schuldrechtlichen Bestimmungen der Vertragspartner einer bestimmten Rechtsordnung unterworfen werden. Durch das vereinbarte Recht werden insbesondere die vertraglichen Rechte und Pflichten der Vertragspartner geregelt. Es ist dagegen nicht bestimmend für Fragen wie z. B. des Bestandes der Schutzrechte oder des Kartellrechts und dgl.[61].

Für Schadensersatzansprüche des ausschließlichen Lizenznehmers oder Unterlassungsansprüche gegen Dritte, Forderungen also, die auf dem Schutzrecht selbst aufbauen, kann das im Vertrag vereinbarte Recht nicht gelten, da mit dem Dritten keine vertraglichen Beziehungen bestehen. Hier findet das Recht des Landes Anwendung, dessen Schutzrecht verletzt wird[62].

447 Es ist noch darauf hinzuweisen, daß man durch die Vereinbarung eines Schiedsgerichts die Frage, welches Recht anzuwenden ist, nicht ohne weiteres umgehen kann, weil auch das Schiedsgericht seiner Entscheidung eine Rechtsordnung zugrunde legen muß, wenn ihm nicht gestattet ist, eine reine Billigkeitsentscheidung zu treffen.

2. Patent-, Muster- und Zeichenrecht

448 Die Vertragspartner können nicht bestimmen, welchem Recht die der Lizenz zugrundeliegenden Schutzrechte unterstehen sollen. Im Patent-, Muster- und Zeichenrecht, das neben formellem auch materielles Recht enthält, ist die Disposition der Parteien in der Regel ausgeschlossen. Dies erklärt sich daraus, daß die Erteilung eines Schutzrechts, durch die dem Inhaber ein Monopolrecht eingeräumt wird, einen hoheitlichen Akt darstellt, der Wirkung nur innerhalb der Grenzen des Staates, der ihn vornimmt, zeitigen kann und der auch nur nach den Gesetzen dieses Landes zu beurteilen ist[63]. Zu beachten ist,

---

60 Vgl. *H. Schade/J. Schade*, a.a.O.; *Ersamus*, a.a.O.

61 Vgl. Entscheidung des *Cour d'Appel Paris* v. 13. 2. 1980 mit Anmerkungen von *Stauder*, GRUR Int. 1983 S. 49; vgl. Rdnr. 448–453; *Benkard*, PatG, a.a.O., Rdnr. 134 zu § 15 und *Henn*, a.a.O., S. 256.

62 So *Haver/Mailänder*, a.a.O., S. 39; *Lichtenstein*, NJW 1965 S. 1839, 1842; *Benkard*, PatG, a.a.O., Rdnr. 134 zu § 15; *OLG Karlsruhe*, 25. 2. 1987 (nicht rechtskräftig), GRUR Int. 1987 S. 788; *Pagenberg*, GRUR Int. 1983 S. 560 zum Ausstellen und Anbieten auf internationalen Messen.

63 Vgl. Entscheidung des *Cour d'Appel Paris* v. 13. 2. 1980 mit Anmerkungen von *Stauder*, GRUR Int. 83 S. 49; vgl. hierzu auch die Ausführungen zum Territorialitäts-

daß die Prüfung von Patentanmeldungen in den verschiedenen Ländern unterschiedlich geregelt ist[64].

Auch die Frage der Patentverletzung bei Import- bzw. Exporthandlungen von patentgeschützten Gegenständen bzw. Verfahren beurteilt sich nach dem Recht des Landes, in dem das in Frage stehende Patent erteilt ist. Mit diesen Fragen befaßt sich für das deutsche Recht eingehend Tetzner in seinem Aufsatz „Verletzung deutscher Patente bei Auslandsgeschäften"[65]. Tetzner sieht wie das Reichsgericht bereits in der Anfertigung von Werkstattzeichnungen, die für eine Fertigung im Ausland bestimmt sind, einen patentverletzenden ersten Teilakt der Herstellung[66]. Wird ein im Inland geschützter Gegenstand ins Ausland versandt, so liegt hierin ein patentverletzendes Inverkehrbringen im Inland[67].

Ist ein Verfahren im Inland geschützt, sehen sowohl Benkard als auch Tetzner in der Mitteilung der Verfahrensvorschriften zur Verwendung im Ausland keine Schutzrechtsverletzung, selbst wenn diese Mitteilung vom Inland ausgeht[68].

Wird ein Gegenstand vom Ausland ins Inland importiert und besteht hier ein Schutzrecht, so liegt im Import eine Schutzrechtsverletzung[69]. Dies gilt nach Auffassung des Bundesgerichtshofs auch für den Fall, daß der Inhaber eines inhaltsgleichen Patents in den USA und in der Bundesrepublik Deutschland das von ihm hergestellte Produkt in den USA in Verkehr bringt und ein Dritter dieses dann in der Bundesrepublik Deutschland anbietet und vertreibt. Der Bundesgerichtshof sah in dieser Handlung eine Patentverletzung unter ausdrücklicher Ableh-

---

prinzip des Patentrechts in den Kommentaren zum Patentgesetz; so z. B. *Benkard*, PatG, a.a.O., Rdnr. 8 ff. zu § 9, Rdnr. 133 ff. zu § 15.

64 *H. Schade/J. Schade*, a.a.O., hier sind auch Angaben über Zwangslizenzen in den verschiedenen Ländern enthalten.

65 *Tetzner*, GRUR 1980 S. 882 ff.

66 *RG*, 12. 6. 1929, RGZ 124 S. 368; GRUR 1929 S. 1029; *Tetzner*, GRUR 1980 S. 882 ff., 883, 895; a. M. *Benkard*, PatG, a.a.O., Rdnr. 29 zu § 9 mwN aus der herrschenden Meinung in der Rechtsprechung. Vgl. auch Rdnr. 30.

67 *RG*, 26. 3. 1902, RGZ 51 S. 139, 142; *RG*, 12. 5. 1923, MuW (1922/23) S. 193, 195; *Benkard*, PatG, a.a.O., Rdnr. 43 zu § 9 mwN aus der Rechtsprechung; *Tetzner*, GRUR 1980 S. 882, 885, 895.

68 *RG*, 19. 10. 1935, RGZ 149 S. 102 ff., 105, anders noch *RG*, 7. 3. 1900, RGZ 46 S. 14 ff., 16; *Benkard*, PatG, a.a.O., Rdnr. 51 zu § 9; *Tetzner*, GRUR 1980 S. 882 ff., 890 ff., 895.

69 *Benkard*, PatG, a.a.O., Rdnr. 46 zu § 9, für die Niederlande *Hogeraad*, 16. 11. 1962, GRUR Int. 1963 S. 494 ff.

nung der von Koppensteiner und Emmerich vertretenen gegenteiligen Meinung[70].

In den USA nimmt die Rechtsprechung auch eine Patentverletzung als gegeben an, wenn der Verletzer den Verletzungsgegenstand von einem Lizenznehmer des ausländischen Patents erworben und in die USA eingeführt hat und der Lizenzgeber Inhaber sowohl des US-Patents als auch des ausländischen Patents ist[71]. Diese Auffassung wird man auch für die Bundesrepublik Deutschland vertreten müssen, soweit es sich nicht um die Einfuhr in die Bundesrepublik von einem anderen EG-Land handelt. Im letzten Fall ist das EG-Kartellrecht zu beachten[72].

3. Unlauterer Wettbewerb

449 Während der Inhaber eines Schutzrechts durch das ihm erteilte Monopol geschützt ist, kann sich der Inhaber einer Erfindung, für die keine Schutzrechte bestehen, in der Regel nur aufgrund des Gesichtspunkts des unlauteren Wettbewerbs vor Übergriffen schützen[73]. Bestehen keine ausschließlichen Rechte, dann ist nach dem Recht fast aller Länder der Nachbau durch Dritte grundsätzlich erlaubt. Er kann ausnahmsweise dann unlauter und damit unzulässig sein, wenn Begleitumstände vorliegen, die gegen die guten Sitten verstoßen[74].

Die Bestimmungen zur Verhinderung eines unlauteren Wettbewerbs, die in den meisten Ländern erlassen sind, sind schon deshalb der Disposition der Parteien entzogen, weil die Verletzungen in der Regel durch Dritte erfolgen, mit denen kein Vertragsverhältnis besteht. Im übrigen wirken auch die Bestimmungen, die die einzelnen Staaten zum Schutz gegen unlauteren Wettbewerb erlassen, grundsätzlich nur innerhalb der Grenzen des Staates, der sie erläßt. Auch hier handelt es sich um einen Ausfluß der Hoheitsgewalt des Staates.

---

70 *BGH*, 3. 6. 1976, DB 1976 S. 1524 ff. (Tylosin); *Koppensteiner,* RIW/AWD 1971 S. 357 ff., 366; *Emmerich,* DB 1972 S. 1275 ff.; *Benkard,* PatG, a.a.O., Rdnr. 21 zu § 9 mwN.

71 Entscheidung des *District Court E.D. Pennsylvania,* 17. 7. 1978, GRUR Int. 1980 S. 247 ff.

72 Vgl. *Benkard,* PatG, a.a.O., Rdnr. 18 ff. zu § 9 und unten Rdnr. 624 ff., 650, 652, 655 f., 690 ff., 694, 724, 729.

73 Vgl. *Stumpf,* Der Know-How-Vertrag, a.a.O., Rdnr. 12 ff.

74 Für verschiedene europäische Länder *Troller,* a.a.O.

4. Verteidigung von Erfindungen, die dem Lizenzvertrag zugrunde liegen

Aus dem Dargelegten ergibt sich, daß sich die Verteidigung von **450** Erfindungen, die den Lizenzverträgen zugrunde liegen, vor allem nach dem Recht des Staates richtet, in dem die Verletzungshandlung begangen worden ist. Bei Lizenzerteilung für das Ausland sollte daher das Recht des Staates, für den die Lizenz erteilt wird, in dieser Hinsicht geprüft werden, damit dieses Recht bei der Ausgestaltung des Vertrages berücksichtigt werden kann. So ist vor allem die Frage, ob z. B. ein ausschließlicher Lizenznehmer aus eigenem Recht klagebefugt ist, in den verschiedenen Rechtsordnungen durchaus unterschiedlich geregelt[75].

5. Kartellrecht

a) Unabdingbarkeit

Während die Vertragspartner darüber, welches Lizenzrecht Anwen- **451** dung finden soll, in der Regel Vereinbarungen treffen können, ist dies bezüglich des Kartellrechtes nicht möglich, weil dieses öffentliches Recht ist, das der Disposition der Vertragspartner entzogen ist[76]. Überdies fallen die einzelnen Bestimmungen meist unter den ordre public der in Betracht kommenden Staaten[77].

b) Deutsches und EWG-Kartellrecht

Ist die Lizenz für die Bundesrepublik Deutschland oder West-Berlin **452** gegeben oder hat der Vertrag Auswirkungen auf den Markt in der Bundesrepublik, so sind die Bestimmungen der §§ 20 ff. des Gesetzes

---

75 Vgl. *Pollzien/Langen*, a.a.O. In den USA sind verschiedene Urteile ergangen, wonach das Vorbringen, daß der Kläger ausschließlicher Lizenznehmer sei, nicht genügt, um das Recht nachzuweisen, im eigenen Namen Verletzungsklage zu erheben. Es müsse vielmehr nachgewiesen werden, daß der Lizenzgeber seine Genehmigung hierzu erteilt habe (vgl. *District Court, S.D. California, Central Div.*, 16. 9. 1955 Panaview Door and Window Co. v. Van Ness et al.) 107 USPQ 31, GRUR Int. 1955 S. 570; vgl. *Henn*, a.a.O., S. 256 und die dort angegebene Literatur.

76 *Haver/Mailänder*, a.a.O., S. 84; *Henn*, a.a.O., S. 256; *Benkard*, PatG, a.a.O., Rdnr. 134 zu § 15.

77 S. zunächst oben Fußn. 53; vgl. aber *Appellationsgericht Basel*, 1. 4. 1955, GRUR Int. 1956 S. 124; siehe auch hierzu *Henn*, a.a.O., S. 256 unter Hinweis auf Art. 7 EVÜ, Art. 34 EGBGB, wonach zwingende Bestimmungen durch Wahl eines anderen Rechts, das diese Regelungen nicht kennt, außer Kraft gesetzt werden.

gegen Wettbewerbsbeschränkungen zu beachten (sog. Auswirkungsprinzip). Das folgt aus § 98 Abs. 2 GWB, der für das deutsche Kartellgesetz maßgeblichen Kollisionsnorm[78]. Entsprechendes gilt für Verträge, die für mehrere Länder des Gemeinsamen Marktes gelten oder die Auswirkungen nicht nur in der Bundesrepublik Deutschland, sondern auch in anderen Ländern des EG-Raumes haben. In diesem Fall sind die Bestimmungen des EWG-Vertrages zu beachten[79, 80].

Was unter Auswirkungen des Lizenzvertrages auf einen Markt zu verstehen ist, bedarf der näheren Bestimmung[81]. Da die Vorschriften des deutschen und des EWG-Kartellrechts unabhängig voneinander zu beachten sind, kann das für den Lizenzgeber bedeuten, daß er bei genehmigungsbedürftigen Absprachen Anträge sowohl beim Bundeskartellamt als auch bei der EG-Kommission stellen muß.

c) Sonstiges ausländisches Kartellrecht

453 Inwieweit das Kartellrecht anderer Länder zu beachten ist, hängt von den Vorschriften dieser Länder ab. Besonders bei der Überprüfung von Verträgen mit Partnern in Belgien, Dänemark, Finnland, Frankreich, Großbritannien, Luxemburg, Indien, Japan, Niederlande, Norwegen, Österreich, Portugal, Schweden, Schweiz, Spanien und den USA sind nationale Kartellgesetze zu beachten, die z. T. sehr einschneidende Wirkungen auf Lizenzverträge ausüben können[82]. Es ist im Rahmen dieser Veröffentlichung nicht möglich, auf Einzelheiten der Kartellgesetzgebung der genannten Länder einzugehen, zumal diese zum großen Teil aus Gesetzen besteht, die nur ganz allgemein gefaßte Tatbestände festhalten, welche erst von der Rechtsprechung ausgelegt werden müssen[83].

---

78 *BGH*, 5. 5. 1967, DB 1967 S. 1127; v. *Gamm*, NJW 1977 S. 1553; Gemeinschaftskommentar, a.a.O., Rdnr. 2 zu § 98 Abs. 2.; *Immenga/Mestmäcker*, a.a.O., Rdnr. 1 ff. zu § 98 Abs. 2; *Meessen*, RIW/AWD 1972 S. 560; *Schwartz*, a.a.O., S. 73; vgl. auch Rdnr. 507 ff.

79 Vgl. Art. 85 ff. EWG-Vertrag und Rdnr. 583 ff.

80 *Deringer*, WuW/EWG-Wettbewerbsrecht, Art. 85 Abs. 1 Anm. 29 ff.; *Gleiss/Hirsch*, a.a.O., Rdnr. 38 ff. zu Art. 85; *Haver/Mailänder*, a.a.O., S. 87; *Magen*, a.a.O., S. 142; *Grabitz/Koch*, a.a.O., vor Art. 85 Rdnr. 10 ff. mwN.

81 Vgl. Rdnrn. 507 ff., 583 ff.

82 Vgl. *Klaue*, a.a.O., *Pollzien/Langen*, a.a.O., unter den Stichwörtern Cartel Law oder Anti-Trust-Law; *Pagenberg/Geissler*, a.a.O., zum US-Kartellrecht passim, z. B. S. 106 Rdnr. 129 mwN.

83 *Haver/Mailänder*, a.a.O., S. 88; *Immenga/Mestmäcker*, a.a.O., S. 2215 ff. (Literaturangaben); *Klaue*, a.a.O.; *Benkard*, PatG, a.a.O., Rdnr. 164 ff. zu § 15.

Ganz allgemein kann jedoch gesagt werden, daß z. B. Regelungen in Lizenzverträgen, welche vertikale Preisbindungen, Marktaufteilungen, Bezugsverpflichtungen, Boykottabreden gegenüber bestimmten Abnehmern, Monopolisierungsbestrebungen, Preisdiskriminierungen, Exportverbote, diskriminatorische Verkaufsbedingungen und dgl. enthalten, bedenklich sein können und im Hinblick auf die Vereinbarkeit mit dem jeweils anwendbaren nationalen Kartellrecht zu prüfen sind. Letzte Klarheit läßt sich nur bei Prüfung des Einzelfalles unter genauer Abwägung der Umstände finden. In der Regel beruht die Anwendbarkeit der kartellrechtlichen Vorschriften anderer Länder ebenfalls auf dem Auswirkungsprinzip, d. h. diese Vorschriften haben für deutsche Lizenzgeber meist nur dann Bedeutung, wenn in diesen Ländern eine wirtschaftliche Tätigkeit entfaltet wird[84].

Insbesondere die amerikanische Rechtsprechung geht aber erheblich hierüber hinaus und wendet das amerikanische Kartellrecht, das teilweise sehr streng ist, auch auf Verträge an, bei denen kein Amerikaner beteiligt ist und aufgrund derer auch in Amerika keine geschäftliche Tätigkeit entfaltet wird. Sie läßt es genügen, wenn durch den Vertrag eine Beschränkung des Exports oder Imports der USA beabsichtigt ist und diese Folge auch eintritt, z. B. durch Marktaufteilung mit Hilfe von Lizenzverträgen und dgl.[85]. Voraussetzung ist allerdings, daß ein amerikanischer Gerichtsstand gegeben ist; aber auch bei der Bejahung eines solchen geht die amerikanische Rechtsprechung sehr weit. Es ist ferner darauf hinzuweisen, daß auch die Vergabe von einfachen Lizenzen, insbesondere in der Form von cross-licenses, kartellrechtlich erheblich sein kann. Bei anderen Ländern sind in dieser Hinsicht bisher kaum Schwierigkeiten aufgetreten. Es würde hier zu weit führen, auf die amerikanische Rechtsprechung im einzelnen einzugehen. Hinzuweisen ist vor allem auf die Ausführungen von Gansser, „Internationale Patentabmachungen und das Antitrustproblem"[86], wo auch

---

84 *Henn*, a.a.O., S. 205 ff.; *Magen*, a.a.O., S. 15.

85 *Frisinger*, RIW/AWD 1972 S. 12; *v. Homburger* zitierte Entscheidungen, Schweizer Juristenzeitung 1958 S. 97; *Immenga/Mestmäcker*, a.a.O., S. 2216 ff. (Literaturübersicht zu § 98 Abs. 2 Abschnitt B); *Meesen*, RIW/AWD 1972 S. 560; *Schwartz*, a.a.O., S. 154 ff.; Sommer XXI, les Nouvelles 186 (1986).

86 WuW 1952 S. 683; *Schwartz*, a.a.O., S. 274 ff. für die englische u. amerikanische Rechtsprechung und S. 319 ff., Verzeichnis der amerikanischen Rechtsprechung; vgl. Rdnr. 434.

amerikanische Rechtsprechung zitiert wird[87]. Gansser wendet sich scharf gegen die dargelegte amerikanische Rechtsprechung, durch die nach seiner Ansicht der internationale Handel beeinträchtigt wird. Der allzu weiten Anwendung von nationalem Kartellrecht auf internationale Rechtsbeziehungen sind völkerrechtliche Grenzen gesetzt[88].

VI. Sprache

1. In der der Vertrag ausgefertigt wird

454 Verträge mit ausländischen Partnern werden häufig in fremden Sprachen, vor allem in Englisch, ausgefertigt. Es ist äußerst schwierig, juristische Texte in eine fremde Sprache zu übersetzen, zumal fremde Rechtsordnungen unter Umständen Rechtsbegriffe, die im deutschen Recht verwendet werden, nicht kennen. Es empfiehlt sich daher, Musterverträge zu Rate zu ziehen, bei deren Ausarbeitung ausländische Juristen mitgewirkt haben[89]. Läßt man deutsche Texte in eine fremde Sprache übersetzen, so genügt es in der Regel nicht, einen guten Fachübersetzer zu Rate zu ziehen. Es ist vielmehr in der Regel erforderlich, einen juristisch versierten Übersetzer einzuschalten. Zuweilen verlangt ein ausländischer Vertragspartner, daß neben der ursprünglichen Vertragssprache der Vertrag auch in seiner Landessprache abgefaßt wird. In einem solchen Fall empfiehlt es sich zu bestimmen, welcher Text im Fall von Meinungsverschiedenheiten ausschlaggebend sein soll.

2. In der die Unterlagen zu übergeben sind; anwendbares Maßsystem

Ähnliche Schwierigkeiten wie beim Vertrag selbst im Hinblick auf die Sprache ergeben sich auch bei den nach dem Vertrag zu übergebenden Unterlagen. Das Risiko, daß Schäden entstehen, für die der Lizenz-

---

87 Vgl. auch *Lieberknecht*, a.a.O., S. 125 ff.; *Bohlig*, GRUR int. 1959 S. 421 und *Lichtenstein*, a.a.O., S. 43 ff.; *Pagenberg/Geissler* (Fußn. 82); *Wyatt/Marames/Karas*, 55 Antitrust Law Journal 373 (1986).
88 *Schwartz*, a.a.O., S. 245 ff.
89 Hinzuweisen ist noch auf das Muster der Deutsch-Schweizer Handelskammer, das auf Schweizer Recht basiert, sowie auf die Muster bei *Pagenberg/Geissler*, a.a.O. in Deutsch und in Englisch und bei *Henn*, a.a.O., in Deutsch, Englisch, Französisch; siehe auch *OLG Hamburg*, 27. 10. 1988, GRUR Int. 1990 S. 388, zur Berücksichtigung des Sprachgebrauchs des Rechts der USA, obwohl der von US-amerikanischen Juristen verfaßte englischsprachige Patentlizenzvertrag deutsches Recht für anwendbar erklärte.

geber einzustehen hat, wenn er zur Übergabe der Unterlagen in fremder Sprache verpflichtet war, ist hier noch größer, es sei denn, er hat seine Haftung beschränkt. Steht kein zuverlässiger Übersetzer zur Verfügung, so empfiehlt es sich, die Übersetzung vom Lizenznehmer vornehmen zu lassen, wobei der Lizenzgeber nur seine Unterstützung unter Ausschluß der Haftung zusagt. Wird die Lizenz in Länder vergeben, die ein anderes Maßsystem als das metrische haben, so empfiehlt es sich, eine Vereinbarung darüber zu treffen, ob die Pläne und Zeichnungen nach metrischem System oder nach dem im Lande des Lizenznehmers geltenden Maßsystem übersandt werden.

VII. Gerichtsstand, Schiedsgericht

Durch die Vereinbarung, welches Recht Anwendung finden soll, ist **455** noch nicht geregelt, wo im Streitfall Klage zu erheben ist, denn auch ein ausländisches Gericht kann z. B. nach deutschem Recht entscheiden. Es ist zweckmäßig, auch hierüber Bestimmungen zu treffen[90].

Im Muster (Anhang I) II. 18.2., ist die Frage, ob das für den Lizenzgeber oder den Lizenznehmer zuständige Gericht als zuständig vorgesehen werden soll, geregelt worden. Hierfür kann aber kein allgemeiner Rat gegeben werden. Es müssen vielmehr die Umstände des Einzelfalles berücksichtigt werden. Ist allerdings im Vertrag das Recht desjenigen Landes als ausschlaggebend bestimmt, in dem der Lizenzgeber seinen Sitz hat, so empfiehlt es sich, auch das für den Sitz des Lizenzgebers zuständige Gericht zu vereinbaren. Wird das Recht des Landes zugrunde gelegt, in dem der Lizenznehmer seinen Sitz hat, so sollte das für seinen Sitz zuständige Gericht vorgesehen werden[91].

Dies ist vor allem deshalb von Bedeutung, weil das vereinbarte Recht zwar in aller Regel, aber doch nicht immer, von dem zuständigen Gericht angewendet wird. Diese Gefahr dürfte kaum bestehen, wenn das Gericht das Recht seines Landes anwenden kann und entweder der Lizenzgeber oder der Lizenznehmer dort seinen Sitz hat. Aber selbst dann, wenn das befaßte Gericht bereit ist, das vereinbarte ausländische Recht anzuwenden, bestehen zahlreiche Schwierigkei-

---

90 Vgl. *Berger*, RIW 1989 S. 850; *Nerz*, RIW 1990 S. 350; *Raeschke-Kessler*, EuZW 1990 S. 145; *Stumpf/Steinberger*, RIW 1990 S. 174.
91 Vgl. *Henn*, a.a.O., S. 257 ff. und *Pagenberg/Geissler*, a.a.O., S. 188 ff. Rdnr. 313 f.; *Vollmer*, GRUR Int. 1986 S. 589.

noch
455

ten. In den meisten Fällen ist dem Gericht dann das ausländische Recht nachzuweisen, während es das eigene selbst kennen und anwenden muß.

Neben der Frage des anwendbaren Rechtes ist bei der Wahl des Gerichtsstands auch zu prüfen, ob ein Urteil, das aufgrund des gewählten Gerichtsstands – z. B. im Lande des Lizenzgebers – ergeht, im Lande des anderen Vertragspartners vollstreckt werden kann[92]. Ist die Vollstreckung nicht möglich, so sollte demjenigen, in dessen Lande die Entscheidung zu ergehen hat, das Recht vorbehalten werden, nach seiner Wahl auch bei dem für den Sitz seines Vertragspartners zuständigen Gericht Klage zu erheben.

Soll ein Gerichtsstand vereinbart werden, so ist vorher zu prüfen, ob die Gerichtsstandsvereinbarung für die zu entscheidende Frage zulässig ist. Geht es um schuldrechtliche Fragen, so dürfte dies in der Regel der Fall sein[93]. Dagegen kann z. B. keine Zuständigkeitsvereinbarung getroffen werden über die Eintragung oder die Gültigkeit von Patenten, Warenzeichen, Mustern und Modellen sowie ähnlichen Rechten, die einer Registrierung bedürfen[94].

Muß damit gerechnet werden, daß evtl. Schwierigkeiten bei der Vollstreckung entstehen, so kann es u. U. zweckmäßig sein, die Zuständigkeit eines Schiedsgerichts zu vereinbaren, wie es in der Alternative in Art. 30 des Musters für einen Lizenzvertrag vorgesehen ist, weil Schiedssprüche häufig in anderen Ländern leichter zu vollstrecken sind als Urteile. Hinzu kommt, daß ein Schiedsgericht, das z. B. aufgrund der Vergleichs- und Schiedsordnung der Internationalen Handelskammer tätig wird, die Möglichkeit hat, all das zu beachten, was erforderlich ist, damit der Schiedsspruch vollstreckbar wird. Die Vergleichs- und Schiedsordnung der Internationalen Handelskammer kann bei dieser 38, Cours Albert 1er, 75008 Paris VIIIe, France, sowie bei der Deutschen Landesgruppe der Internationalen Handelskammer, 5000 Köln 1, Kolumbastraße 5, in Deutsch, Englisch, Französisch bezogen werden. Stellt das Schiedsgericht z. B. fest, daß in einem Land, in dem voraussichtlich zu vollstrecken ist, nur Inlandsschiedssprüche voll-

---

92 Zur Frage der Vollstreckbarkeit deutscher Urteile u. Schiedssprüche vgl. *Bülow/ Böckstiegel/Geimer/Schütze*, a.a.O., *Langendorf*, a.a.O.; *Kropholler*, a.a.O.; *Schütze*, a.a.O.; s. auch zum zwischenstaatlichen Prozeßrecht *Baumbach/Lauterbach/ Albers/Hartmann*, a.a.O., Einl. IV. und die dortige Übersicht Anm. 4.
93 Vgl. Art. 17 EuGVÜ u. *Kropholler*, a.a.O., Art. 17 Rdnr. 52 ff.
94 Vgl. Art. 16 Ziff. 4 EuGVÜ u. *Kropholler*, a.a.O., Art. 16 Rdnr. 31 ff. und *Vivant*, RIW 1991 S. 26 ff.: vgl. Rdnr. 448.

streckt werden und als solche nur Schiedssprüche angesehen werden, die im Lande selbst ergangen sind, so kann es den Spruch in dem in Betracht kommenden Land erlassen. Die Meinung von Henn, daß immer der Sitz des Schiedsgerichts festgestellt werden sollte, teile ich daher nicht. Bei internationalen Schiedsgerichten kommt ein Schiedsrichter oder doch der Vorsitzende meist aus einem dritten Land. Der Vorsitzende bestimmt meist den Sitz des Schiedsgerichts; man sollte ihn hier nicht einschränken. Bei internationalen Schiedsgerichten, bei denen der Verfasser (Dr. Stumpf) mitgewirkt hat, erwies sich dies immer als sehr vorteilhaft[95].

Da Partner aus den ehemaligen Ostblockstaaten sich nur vereinzelt auf **456** die IHK-Schiedsklausel einlassen, wurde eine Ad-hoc-Schiedsklausel entwickelt, welche sehr oft als Kompromißlösung durchgesetzt worden ist. Sie lautet:

„Sämtliche Streitigkeiten zwischen den Parteien, die sich aus diesem Vertrag oder im Zusammenhang damit ergeben, werden unter Ausschluß des ordentlichen Gerichts durch ein Schiedsgericht entschieden, das aus einem oder mehreren Schiedsrichtern besteht.

Haben die Parteien vereinbart, daß das Schiedsgericht aus einem Schiedsrichter bestehen soll, so wird dieser von den Parteien gemeinsam benannt. Sollten sich die Parteien nicht auf einen Schiedsrichter einigen können, wird dieser von dem Präsidenten der Handelskammer in[96] . . . benannt.

Haben die Parteien vereinbart, daß das Schiedsgericht aus drei Schiedsrichtern bestehen soll, so benennt jede Partei je einen.

Benennt eine der Parteien keinen Schiedsrichter, so wird vom Präsidenten der Handelskammer in[96] . . . ein Schiedsrichter ernannt.

Die Schiedsrichter wählen binnen 20 Tagen nach ihrer Bestellung einen Vorsitzenden des Schiedsgerichts. Sollten sie sich in diesem Zeitraum auf keinen Vorsitzenden einigen, so wird dieser vom Präsidenten der Handelskammer in[96] . . . ernannt.

Haben die Parteien keine Vereinbarung über die Anzahl der Schiedsrichter getroffen, so besteht das Schiedsgericht aus einem Schiedsrichter, es sei denn der Wert der Streitigkeit liegt über DM 500 000,–.

---

95 *Henn*, a.a.O., S. 260 mwN und *Pagenberg/Geissler*, a.a.O., S. 188 ff. Rdnr. 315 f.

96 Hier ist entweder die Handelskammer einzusetzen, deren Präsident entscheiden soll, z. B. Handelskammer in Bern, Wien oder Stockholm oder der Schiedsgerichtshof der Internationalen Handelskammer (ICC).

noch
456 Die Partei, die das Schiedsgericht anzurufen wünscht (Klägerin), unterrichtet die andere Partei (Beklagte) hiervon durch einen eingeschriebenen Brief, in dem der Vorname, Nachname und die Anschrift des im Falle eines Einzelschiedsrichters von ihr vorgeschlagenen, im Falle eines aus mehreren Schiedsrichtern bestehenden Schiedsgerichts des benannten Schiedsrichters sowie der Gegenstand des Streites anzugeben sind.

Die Ordnung des Schiedsverfahrens und die Verteilung der Kosten, die mit der Tätigkeit des Schiedsgerichts verbunden sind, werden von dem Schiedsgericht selbst bestimmt[97, 98].

Die Entscheidung des Schiedsgerichts ist endgültig und für beide Parteien bindend."

In dieser Klausel ist das Verfahren insoweit geregelt, als die prozessuale Ordnung des Schiedsverfahrens von dem Schiedsgericht selbst bestimmt wird. Dadurch ist gewährleistet, daß nicht bereits die vertragschließenden Kaufleute Nachforschungen nach prozessualen Besonderheiten zu treffen haben.

Nach unseren Erfahrungen akzeptieren die ehemaligen Ostblockländer häufig Schiedsgerichte der Handelskammern in Bern, Stockholm, Wien oder Zürich. Verschiedentlich wird auch das Schiedsgericht der Internationalen Handelskammer akzeptiert. Im übrigen kann diese ursprünglich für Ostgeschäfte bestimmte Ad-hoc-Schiedsklausel auch bei Westgeschäften benutzt werden.

---

97 Von der Festlegung des Sitzes des Schiedsgerichts kann in der Regel abgesehen werden, da es unter Umständen vorteilhafter ist, wenn das Schiedsgericht seinen Sitz selbst bestimmt. Wird ein Schiedsort vereinbart, so ist zu beachten, daß aus prozessualen Gründen die Wahl eines Schiedsortes in der Schweiz (insbesondere Zürich) nachteilig sein kann, da damit die Möglichkeit eröffnet wird, den Schiedsspruch vor den ordentlichen Schweizer Gerichten überprüfen zu lassen. Ist im Vertrag Schweizer materielles Recht und eine benennende Stelle in der Schweiz vereinbart, so kann sich die Vereinbarung empfehlen, daß das Schiedsgericht am Sitz des Beklagten oder an einem dritten Ort außerhalb der Schweiz tagt.

98 Aus den oben dargestellten Gründen sollte vermieden werden, daß das Schweizer Prozeßrecht Anwendung findet. Dort wo im Vertrag als anwendbares Recht Schweizer Recht festgelegt wurde, sollte klargestellt werden, daß es sich lediglich um das materielle Schweizer Recht handelt. Zu beachten ist weiter, daß die Anwendbarkeit eines bestimmten Prozeßrechtes in den verschiedenen Rechtsordnungen häufig vom Schiedsort abhängt. Soll vermieden werden, daß das am Schiedsort geltende Prozeßrecht Anwendung findet, muß die Klausel um eine Vereinbarung des anzuwendenden Prozeßrechtes ergänzt werden.

Vollstreckungsschwierigkeiten entstehen bei Schiedssprüchen, wie oben erwähnt, nicht so häufig wie bei der Vollstreckung von Urteilen staatlicher Gerichte[99]. Das beruht darauf, daß es auf diesem Gebiet eine Reihe von multilateralen internationalen Abkommen gibt[100]. Hierbei ist insbesondere an folgende zu denken:

1. Das Genfer Protokoll über Schiedsklauseln im Handelsverkehr vom 24. 9. 1923[101]

Dieses war mit dem Ausbruch des 2. Weltkrieges zwischen den kriegsführenden Mächten suspendiert worden. Im Zeitpunkt der Kapitulation galt es nur noch zwischen Deutschland und Japan, Portugal, Schweden, Schweiz und Thailand. In der Nachkriegszeit ist es durch Vereinbarungen zwischen der Bundesrepublik und einer Reihe von Staaten in Kraft gesetzt worden[102].

Die grundlegenden Vorschriften des Protokolls[103] sind in seinen Artikeln 1 und 2 zu sehen. Nach Artikel 1 werden von jedem der vertragschließenden Staaten Schiedsklauseln auch über zukünftige Streitigkeiten als gültig anerkannt, und zwar auch dann, wenn das Schiedsverfahren in einem anderen Staat stattfindet als dem, dessen Gerichtsbarkeit jede der Parteien unterworfen ist. Nach Artikel 2 richtet sich das Verfahren nach der Gesetzgebung des Landes, in dem das Verfahren stattfindet. Aus diesem Grunde ist es bei einem im Ausland stattfindenden Verfahren sinnlos, daß die deutsche Partei – wie wir das gelegentlich in Schiedsklauseln festgestellt haben – auf einer Anwendung der Vorschriften der deutschen Zivilprozeßordnung[104] besteht. Soweit Schiedsklauseln von ausländischen Vertragspartnern vorgeschlagen werden, gilt übrigens dasselbe hinsichtlich deren nationalem Verfahrensrecht. Schließlich gewährleistet nach dem Genfer Protokoll jeder der vertragschließenden Staaten die Vollstreckung der so erlasse-

---

99 *Bülow/Böckstiegel/Geimer/Schütze*, a.a.O.; *Schlosser*, a.a.O., Rdnr. 758 f.; *Schwab/Walter*, a.a.O., S. 5, 452 und oben Fußn. 92.

100 Einen guten Überblick über diese Abkommen mit ihrem Inhalt bietet *Baumbach/Lauterbach/Albers/Hartmann*, a.a.O., Einl. IV und dort die Übersicht unter Anm. 4 sowie dort im Schlußanhang V. und VI. IntSchG mit Wortlaut und Kommentierung.

101 Vgl. Reichsgesetzblatt 1925 II, 47; abgedruckt auch bei *Schwab/Walter*, a.a.O., S. 489.

102 Vgl. im einzelnen *Baumbach/Lauterbach/Albers/Hartmann*, a.a.O., Einl. IV. und Schlußanhang VI. IntSchG Übersicht mwN und Rdnr. 456 b.

103 Siehe nur *Schwab/Walter*, a.a.O., S. 364, 376, 380 ff., 397, 400, 422, 453.

104 Vgl. §§ 1025 ff. ZPO.

noch
456 nen Schiedssprüche nach seiner Gesetzgebung[105]. Gemeinsame Vorschriften über das Verfahren bei der Vollstreckung fehlen[106].

2. Das Genfer Abkommen zur Vollstreckung ausländischer Schiedssprüche vom 26. 9. 1927[107]

Hinsichtlich der Geltung zwischen der Bundesrepublik und anderen Teilnehmerstaaten gilt das oben Gesagte. Brasilien, Monaco, Polen und Uganda sind allerdings nicht beigetreten.

Im Unterschied zu dem Genfer Protokoll über die Schiedsklauseln werden Einzelheiten der Anerkennung und Vollstreckung geregelt. Das Abkommen wird nur angewendet, wenn die Schiedssprüche entsprechend dem Protokoll ergangen sind[108]. Der Schiedsspruch muß im Gebiet eines der vertragschließenden Staaten ergehen, er muß insbesondere eine endgültige Entscheidung darstellen und darf nicht der öffentlichen Ordnung des Landes widersprechen, in dem er geltend gemacht wird[109]. Weiterhin zählt das Abkommen die Tatbestände auf, bei deren Vorliegen eine Vollstreckung zu versagen ist[110], und das Verfahren bei der Anerkennung[111].

3. Das UN-Übereinkommen über die Anerkennung und Vollstreckung ausländischer Schiedssprüche vom 10. 6. 1958[112]

Das Übereinkommen wurde geschaffen, weil das Genfer Protokoll und das Genfer Abkommen als teilweise unbefriedigend angesehen wurden. Diese Vereinbarungen traten zwischen den Vertragsstaaten in dem Zeitpunkt und in dem Ausmaß außer Kraft, in dem das UN-Übereinkommen dort verbindlich wurde[113]. Das Übereinkommen

---

105 Vgl. Art. 3.
106 Vgl. im folgenden 2.
107 Vgl. Reichsgesetzblatt 1930 II, 1968, abgedruckt bei *Schwab/Walter*, a.a.O., S. 491; zu Einzelfragen siehe nur *Schwab/Walter*, a.a.O., S. 365 f., 373, 376, 423, 453 f., 455, 457, 459, 460 f., 466 ff., 472 ff.
108 Vgl. Art. 1.
109 Vgl. Art. 1 c.
110 Vgl. Art. 2 und 3.
111 Vgl. Art. 4.
112 Vgl. Bundesgesetzblatt 1961 II, 122; abgedruckt auch bei *Glossner/Bredow/Bühler*, a.a.O., S. 193 ff.; *Schlosser*, a.a.O., II S. 8 ff.; *Schwab/Walter*, a.a.O., S. 494 ff.; zu Einzelfragen vgl. *Glossner/Bredow/Bühler*, a.a.O., S. 31 ff., 177 f., 180 ff.; *Schlosser*, a.a.O., I Rdnr. 63 ff., 644 ff.; *Schwab/Walter*, a.a.O., S. 353 ff., 374 f., 379 ff., 387 f., 394 f., 399, 418 ff., 426 f., 438 f., 451 ff., 455 ff., 470 ff.
113 Vgl. Art. VIII Abs. 2.

betrifft die Anerkennung und Vollstreckung von Schiedssprüchen, die in dem Hoheitsgebiet eines anderen Staates als desjenigen ergangen sind, in dem um Vollstreckung nachgesucht wird oder zwar dort ergangen sind, aus prozessualen Gründen aber nicht als inländische anzusehen sind[114]. Jeder Teilnehmerstaat konnte erklären, daß er das Übereinkommen nur auf solche Schiedssprüche anwenden werde, die in dem Hoheitsgebiet eines anderen Vertragsstaates ergangen sind, also nicht in dem Gebiet irgendeines Staates, der dem Abkommen gar nicht beigetreten ist. Von diesem Vorbehalt haben die meisten Staaten Gebrauch gemacht[115].

4. Das europäische Übereinkommen über die internationale Handelsschiedsgerichtsbarkeit vom 21. 4. 1961[116]

Dieses Übereinkommen ist in allen Ländern in Kraft getreten. Auf Einzelheiten soll hier nicht eingegangen werden. Wichtig ist lediglich im Hinblick auf die Teilnahme von Ostblockstaaten über dieses Übereinkommen zu wissen, daß es Ad-hoc-Schiedsgerichte[117] und Parteiautonomie bezüglich des anwendbaren Rechts[118] ausdrücklich für zulässig erklärt.

5. Das UNCITRAL-Modellgesetz über die internationale Handelsschiedsgerichtsbarkeit vom 21. 6. 1985[119]

Die Diskussion, ob das UNCITRAL-Modellgesetz eingeführt und wenn, in welcher Form eingeführt werden soll, ist noch nicht beendet. Das Gesetz soll auf internationale Schiedsverfahren anwendbar sein, die den Handel im weiteren Sinne betreffen. Hierzu sollen auch Lizenzverträge zählen[120].

---

114 Vgl. Art. XI.
115 Zu diesen Staaten gehört insbesondere auch die Bundesrepublik Deutschland; siehe auch *Baumbach/Lauterbach/Albers/Hartmann*, a.a.O., Schlußanhang VI. Übersicht und A. mwN.
116 Vgl. Bundesgesetzblatt 1964 II, 427; siehe hierzu nur *Baumbach/Lauterbach/Albers/Hartmann*, a.a.O., Einl. IV. D.c und Schlußanhang VI. A.2 IntSchG mwN.
117 Vgl. Art. IV 1 b.
118 Vgl. Art. VII.
119 Abgedruckt z. B. bei *Glossner/Bredow/Bühler*, a.a.O., S. 272 ff., *Schwab/Walter*, a.a.O., S. 517 ff.
120 Siehe nur *Glossner/Bredow/Bühler*, a.a.O., S. 34, 272.

noch
456
6. Übersicht über die zur Zeit für die Bundesrepublik Deutschland geltenden zivilprozessualen Staatsverträge[121]

Ägypten: HZPrÜbk, Haager ZustlÜbk, UN-ÜbkSchdG
Albanien: GenfProt
Algerien: UN-ÜbkSchdG
Anguilla: Haager BewAufn- u. ZustlÜbk, GenfAbk
Antigua u. Barbuda: Haager ZustlÜbk, UN-ÜbkSchdG
Argentinien: HZPrÜbk, Haager BewAufnÜbk, UN-ÜbkSchdG
Aruba: EuGÜbk, Haager BewAufn- u. Haager ZustlÜbk, HUnterh-
   VollstrÜbk (B)
Australien: Sondervertrag (A), UN-ÜbkSchdG
Bahamas: Sondervertrag (A), GenfAbk
Bahrain: UN-ÜbkSchdG
Bangladesch: GenfProt, GenfAbk
Barbados: Sondervertrag (A), Haager BewAufn- u. Haager ZustlÜbk
Belgien: EuGÜbk, HZPrÜbk (m. Zusatzvereinbarung), Haager Zustl-
   Übk, VollstrAbk (B), HUnterhVollstrÜbk 1958 (B), EuSorge-
   RÜbk, UN-ÜbkSchdG, EuÜbkHSch (mit Zusatzvereinbarung)
Benin: UN-ÜbkSchdG
Bermuda: UN-ÜbkSchdG
Birma: GenfProt, GenfAbk
Botsuana: Haager ZustlÜbk, UN-ÜbkSchdG
Brasilien: GenfProt
Bulgarien: UN-ÜbkSchdG, EuÜbkHSch
Burkina: Faso UN-ÜbkSchdG, EuÜbkHSch
Ceylon: (siehe Sri Lanka)
Chile: UN-ÜbkSchdG
China: UN-ÜbkSchdG
Costa Rica: UN-ÜbkSchdG
Côte d'Ivoire: UN-ÜbkSchdG
Dänemark: EuGÜbk, HZPrÜbk (m. Zusatzvereinbarungen), Haager
   BewAufn- u. Haager ZustlÜbk, HUnterhVollstrÜbk (B), EuSor-
   geRGÜbk, UN-ÜbkSchdG, EuÜbkHSch (m. Zusatzvereinbarung)
Domenica: Sondervertrag (A), UN-ÜbkSchdG
Dschibuti: UN-ÜbkSchdG

---

121 Ohne Rechtshilfeabkommen über die Befreiung ausländischer Urkunden von der
   Legalisation, wobei sich die Geltung auch auf die frühere DDR und Ost-Berlin
   erstreckt, Art. 10 u. 11 EV; Quelle: *Baumbach/Lauterbach/Albers/Hartmann*,
   a.a.O., Einl. IV.4.

Ecuador: UN-ÜbkSchdG

noch
456

Fidschi: Sondervertrag (A)

Finnland: HZPrÜbk, Haager BewAufn- ZustlÜbk, UN-ÜbkSchdG, HUnterhVollstrÜbk (B)

Frankreich: EuGÜbk, HZPrÜbk (m. Zusatzvereinbarung), Haager BewAufn- u. ZustlÜbk, HUnterhVollstrÜbk (B), EuSorge-RGÜbk, UN-ÜbkSchdG, EuÜbkSch (m. Zusatzvereinbarung)

Gambia: Sondervertrag (A)

Ghana: UN-ÜbkSchdG

Grenada: Sondervertrag (A), GenfProt, GenfAbk

Griechenland: EuGÜbk, Sondervertrag (A), Haager ZustlÜbk, VollstrAbk (B), UN-ÜbkSchdG

Großbritannien u. Nordirland: EuGÜbk, Haager BewAufn- u. ZustlÜbk, Sondervertrag (A), HUnterhVollstrÜbk (B), EuSorgeRÜbk, VollstrAbk (B), UN-ÜbkSchdG

Guatemala: UN-ÜbkSchdG

Guinea: UN-ÜbkSchdG

Haiti: UN-ÜbkSchdG

Heiliger Stuhl: HZPrÜbk, UN-ÜbkSchdG

Indonesien: UN-ÜbkSchdG

Indien: UN-ÜbkSchdG

Irak: GenfProt

Irland: EuGÜbk, UN-ÜbkSchdG (vorher GenfProt, GenfAbk)

Island: HZPrAbk

Israel: HZPrÜbk, Haager BewAufn- u. ZustlÜbk, VollstrAbk (B), UN-ÜbkSchdG

Italien: EuGÜbk, HZPrÜbk (m. Zusatzvereinbarung), Haager BewAufn- u. ZustlÜbk, HEntmAbk (C), VollstrAbk (B), HUnterhVollstrÜbk (B), UN-ÜbkSchdG, EuÜbkHSch (m. Zusatzvereinbarung)

Jamaika: Sondervertrag (A)

Japan: HZPrÜbk, Haager ZustlÜbk, UN-ÜbkSchdG

Jordanien: UN-ÜbkSchdG

Jugoslawien: HZPrÜbk, UN-ÜbkSchdG (vorher GenfProt, GenfAbk) EuÜbkHSch

Kamerun: UN-ÜbkSchdG

Kamputschea: UN-ÜbkSchdG

Kanada: Haager ZustlÜbk, Sondervertrag (A), UN-ÜbkSchdG

Kenia: UN-ÜbkSchdG

Kolumbien: UN-ÜbkSchdG

Korea: UN-ÜbkSchdG

Kuba: EuÜbkSch, UN-ÜbkSchdG

Kuwait: UN-ÜbkSchdG

Lesotho: Sondervertrag (A), UN-ÜbkSchdG

Libanon: HZPrÜbk

Liechtenstein: Sondervereinbarung (A), HUnterhVollstrÜbk 1958 (B)

Luxemburg: EuGÜbk, HZPrÜbk (m. Zusatzvereinbarung), Haager BewAufn- u. ZustlÜbk, HUnterhVollstrÜbk (B), EuSorgeRÜbk, UN-ÜbkSchdG (vorher GenfProt, GenfAbk), EuÜbkSch (m. Zusatzvereinbarung)

Madagaskar: UN-ÜbkSchdG

Malawi: Sondervertrag (A), Haager ZustlÜbk

Malaysia: Sondervertrag (A), UN-ÜbkSchdG

Malta: Sondervertrag (A), GenfProt, GenfAbk

Marokko: HZPrÜbk, Sondervertrag (A), UN-ÜbkSchdG

Mauritius: Sondervertrag (A), GenfProt, GenfAbk

Mexiko: Haager BewAufnÜbk, UN-ÜbkSchdG

Monaco: Haager BewAufnÜbk, UN-ÜbkSchdG (vorher GenfProt)

Nauru: Sondervertrag (A)

Neuseeland: Sondervertrag (A), UN-ÜbkSchdG (vorher GenfProt, GenfAbk)

Niederlande: EuGÜbk, HZPrÜbk (in Zusatzvereinbarung), Haager BewAufn- u. ZustlÜbk, HUnterhVollstrÜbk (B), EuSorgeRÜbk, VollstrAbk (B), UN-ÜbkSchdG

Niger: UN-ÜbkSchdG

Nigeria: Sondervertrag (A), UN-ÜbkSchdG

Norwegen: HZPrÜbk, Haager BewAufn- u. ZustlÜbk, HUnterhVollstrÜbk (B), EuSorgeRÜbk, VollstrAbk (B),UN-ÜbkSchdG

Obervolta: s. Burkina Faso

Österreich: HZPrÜbk (m. Zusatzvereinbarung), VollstrAbk (B), HUnterhVollstrÜbk 1958 (B), EuSorgeRÜbk, UN-ÜbkSchdG, EuÜbkHSch (m. Zusatzvereinbarung)

Pakistan: Haager ZustlÜbk, GenfProt, GenfAbk

Panama: UN-ÜbkSchdG

Peru: UN-ÜbkSchdG

Philippinen: UN-ÜbkSchdG

Polen: HZPrÜbk, UN-ÜbkSchdG, EuÜbkHSch

Portugal: HZPrÜbk, Haager BewAufn- u. ZustlÜbk, HUnterhVollstrÜbk (B), EuSorgeRÜbk, GenfProt, GenfAbk

Rhodesien: (siehe Simbabwe)

Rumänien: HZPrÜbk, UN-ÜbkSchdG, EuÜbkHSch noch
Salomonen: Sondervertrag (A) **456**
San Marino: UN-ÜbkSchdG
Schweden: HZPrÜbk (m. Zusatzvereinbarung), Haager BewAufn- u. ZustlÜbk, HUnterhVollstrÜbk (B), EuSorgeRÜbk, UN-Übk-SchdG
Schweiz: HZPrÜbk (m. Zusatzvereinbarung), HUnterhVollstrÜbk (B), EuSorgeRÜbk, VollstrAbk (B), UN-ÜbkSchdG
Seschellen: Haager ZustlÜbk, Sondervertrag (A)
Sierra Leone: Sondervertrag (A)
Simbabwe: Sondervertrag (A), Weitergeltung fraglich
Singapur: Haager BewAufnÜbk, Sondervertrag (A), UN-ÜbkSchdG
Sowjetunion: (siehe UdSSR)
Spanien: HZPrÜbk, Haager BewAufn- u. ZustlÜbk, Sondervertrag (A), HUnterhVollstrÜbk (B), EuSorgeRÜbk, UN-ÜbkSchdG, EuÜbkHSch
Sri Lanka: UN-ÜbkSchdG
St. Lucia: Sondervertrag (A)
Südafrika: UN-ÜbkSchdG
Suriname: EuGÜbk, HZPrÜbk, HUnterhVollstrÜbk 1958 (B)
Syrien: UN-ÜbkSchdG
Swasiland: Sondervertrag (A)
Tansania: UN-ÜbkSchdG
Thailand: UN-ÜbkSchdG
Trinidad und Tobago: Sondervertrag (A), UN-ÜbkSchdG
Tschechoslowakei: HZPrÜbk, Haager BewAufn- u. ZustlÜbk, HUnterhVollstrÜbk (B), UN-ÜbkSchdG, EuÜbkHSch
Türkei: HZPrÜbk, Haager ZustlÜbk, Sondervertrag (A), HUnterhVollstrÜbk (B)
Tunesien: VollstrÜbk (B), UN-ÜbkSchdG, SchdGVertrag (D)
UdSSR: HZPrÜbk, UN-ÜbkSchdG, EuÜbkHSch, SchdGVertrag (D)
Ukrainische Sowjetrepublik: UN-ÜbkSchdG, EuÜbkHSch
Ungarn: HZPrÜbk, HUnterhVollstrÜbk 1958 (B), UN-ÜbkSchdG, EuÜbkHSch
Uruguay: UN-ÜbkSchdG
USA: Haager BewAufn- u. ZustlÜbk, UN-ÜbkSchdG, SchdGVertrag (D)
Vatikanstaat: (siehe Heiliger Stuhl)
Vereinigtes Königreich s. Groß-Britannien
Weißrussische Sowjetrepublik: UN-ÜbkSchdG, EuÜbkHSch

Zentralafrikanische Republik: UN-ÜbkSchdG

Zypern: Haager BewAufn- u. ZustlÜbk, Sondervertrag (A), EuSorge-RÜbk, UN-ÜbkSchdG.

Ergänzend ist auf den jährlich vom BJM im Rahmen des BGBl. II herausgegebenen Fundstellennachweis B (Völkerrechtliche Vereinbarungen) zu verweisen. Die Bezeichnung und die Schreibweise der Staaten entsprechen diesem Fundstellennachweis.

VIII. Weitere Probleme bei Auslandslizenzverträgen

457 Ist die Lizenz für alle Länder erteilt, so empfiehlt es sich, die Frage zu regeln, ob der Lizenzgeber gehalten ist, auf Verlangen des Lizenznehmers hin auch in den Ländern, in denen er bei Vertragsschluß noch keine Schutzrechte besessen hat, solche zu erwerben. Wenn keine besonderen Umstände vorliegen, wird man dies im allgemeinen verneinen müssen[122].

Es ist vielmehr anzunehmen, daß insofern eben nur ein Lizenzvertrag über einen nicht patentierten Gegenstand bzw. über ein Know-How geschlossen werden soll[123]. In dem gleichen Sinne hat auch die französische Cour de Cassation entschieden[124].

458 Sind im Ausland einfache Lizenzen vergeben, so kann der Lizenzgeber grundsätzlich auch in dem Land, für das die Lizenz vergeben wurde, selbst eine Fabrikation aufziehen oder dorthin liefern. Dies kann vor allem dann eine Rolle spielen, wenn ursprünglich die Möglichkeit der Fabrikation oder des Exports in das betreffende Land, z. B. wegen Einfuhrbeschränkungen, nicht gegeben war und diese Beschränkungen nachher weggefallen sind. War z. B. eine einfache Lizenz für Frankreich einschließlich des Saarlandes vergeben, so machte es keine Schwierigkeiten, wenn der Lizenzgeber, nachdem das Saarland Bestandteil der Bundesrepublik geworden ist, selbst wieder tätig wurde.

War dagegen eine ausschließliche Lizenz vergeben, so konnte man allenfalls den Wegfall der Geschäftsgrundlage anführen, um die ausschließliche Lizenz für das Saarland zu Fall zu bringen. Es ist aber

---

122 *Lüdecke/Fischer*, a.a.O., S. 243.
123 Vgl. *RG*, 31. 1. 1941, GRUR 1941 S. 152.
124 *Cour de Cassation*, 26. 1. 1955, Ing. Cons. 56, 203.

äußerst zweifelhaft, ob die Gerichte einem solchen Vorgehen zuge- noch
stimmt hätten[125]. **458**

Probleme können sich auch bei der Zollwertbemessung einzuführender (Lizenz-)Waren ergeben. Im Hinblick auf die Zollwertbemessung sind Lizenzgebühren dem gezahlten oder zu zahlenden Preis nur hinzuzurechnen, wenn sie sich auf die zu bewertende Ware beziehen[126].

Wird eine lizenzierte Ware in das Ausland verkauft, ist diese Ware frei von Belastungen mit Schutzrechten Dritter zu liefern[127].

---

125 Weitere Probleme, die bei Auslandslizenzen auftauchen, sind behandelt unter
   Rdnr. 43, 171 ff., 195 ff., 201 ff., 583 ff.
126 *BFH*, 27. 10. 1987, RIW 1988 S. 147 mwN; *EuGH*, 7. 3. 1991, RIW 1991 S. 687.
127 Vgl. Art. 42 des Übereinkommens der Vereinten Nationen über den internationalen
   Warenkauf (CISG), das am 1. 1. 1991 für Deutschland in Kraft trat.

K. Gesellschaftsähnliche Lizenzverträge

I. Voraussetzungen des gesellschaftsähnlichen Lizenzvertrages

459 Sowohl das Reichsgericht als auch der Bundesgerichtshof haben Lizenzverträge wiederholt als gesellschaftsähnliche Verträge bezeichnet. Feste Kriterien, worin der Unterschied zwischen gesellschaftsähnlichen und anderen Lizenzverträgen liegt, sind jedoch bisher nicht detailliert herausgearbeitet worden. Es lassen sich lediglich aus den entschiedenen Fällen Anhaltspunkte ableiten, die für das Vorliegen eines gesellschaftsähnlichen Verhältnisses sprechen.

460 Das Reichsgericht nimmt an, daß ein Handeln zu gemeinschaftlichem Zweck erforderlich sei und daß eine Interessenverknüpfung von längerer Dauer vorliegen müsse[1]. Als weitere Anhaltspunkte nimmt das Reichsgericht insbesondere die Vereinbarung von Stücklizenzen, die Verpflichtung zum Austausch von Verbesserungen, gegenseitige Unterstützung bei der Verteidigung von Schutzrechten, Beratung durch den Lizenzgeber, Materialbeschaffung durch den Lizenzgeber und dgl. an[2]. Das Vorliegen eines oder einzelner dieser Anhaltspunkte läßt das Reichsgericht in der Regel nicht ausreichen. Es müssen meist mehrere zusammentreffen.

461 Der Bundesgerichtshof ist dem Reichsgericht weitgehend gefolgt. Der Bundesgerichtshof hat ein gesellschaftsähnliches Lizenzverhältnis angenommen, wenn der Vertrag außer der Überlassung des Patentes zur Ausnutzung vorsah, daß der Lizenzgeber seine Arbeitskraft dem Vertrieb des von dem Lizenznehmer herzustellenden Lizenzgegenstands widmete, den Lizenznehmer mit einer Reihe von Werkzeugen zur Herstellung ausstattete, den Lizenznehmer laufend mit Halbfertigfabrikaten belieferte und auf der Grundlage der Umsatzbeteiligung mit dem Lizenznehmer offenbar auf längere Zeit zusammenarbeiten

---

1 Vgl. *RG*, 9. 6. 1926, JW 1926 S. 2529 Nr. 4; *RG*, 28. 9. 1928, RGZ 122, S. 70, *RG*, 26. 10. 1929, RGZ 126 S. 65 = MuW 1930 S. 78 = Bl. 1930 S. 40 = JW 1930 S. 1725 Nr. 35; *RG*, 11. 11. 1933, RGZ 142 S. 212 = GRUR 1934 S. 37 = Bl. 1934 S. 30 = MuW 1934 S. 115 = Mitt. 1933 S. 310 = JW 1934 S. 475 Nr. 3; *RG*, 21. 5. 1930, MuW 1930 S. 400; *RG*, 11. 10. 1930, MuW 1931 S. 36 und Rechtsprechungshinweise bei *Benkard*, PatG, a.a.O., Rdnr. 121 zu § 15.
2 *RG*, 26. 10. 1929, RGZ 126 S. 65.

sollte[3]. In seiner Entscheidung vom 26. 11. noch 461 1954 nahm der BGH ein gesellschaftsähnliches Verhältnis an, wenn der Lizenzgeber dem Lizenznehmer die technischen Unterweisungen zur Durchführung des Verfahrens nach dem jeweiligen neuesten Stand der Technik zu erteilen und die zur Herstellung des Lizenzgegenstandes wesentlichen Zulieferungen vorzunehmen hat, während sich der Lizenznehmer verpflichtet, diese Zulieferungen ausschließlich von dem Lizenzgeber zu beziehen[4]. Weiterhin enthielt dieser Vertrag umfangreiche Geheimhaltungspflichten des Lizenznehmers. In der Entscheidung vom 30. 11. 1967 wurde vereinbart, daß Konstruktionszeichnungen zu geben seien, Bucheinsicht zu gewähren sei, künftige Patente dem Lizenznehmer zu überlassen seien, Aufträge, die ein Vertragsteil nicht ausführen könnte, dem anderen zu überlassen seien, und außerdem wurde eine gesellschaftsmäßige Beteiligung am Aktienkapital vereinbart[5].

Insgesamt ergibt sich aus diesen Entscheidungen, daß relativ schwer vorauszusagen ist, ob ein Vertrag als gesellschaftsähnlich zu betrachten ist oder nicht.

Auch das Kriterium, daß der Vertrag von gegenseitigem Vertrauen getragen und auf längere Zeit gerichtet sein muß, hilft nicht weiter, weil dies nahezu auf jeden Lizenzvertrag zutrifft. Andererseits liegt jedoch in dem Fall, in dem Lizenzgeber und Lizenznehmer, besonders bei Stück- und Umsatzlizenzen, gemeinsam an einem Umsatz interessiert sind, hierin noch kein gemeinsamer Zweck. Das Wesen des Vertrages liegt auch hier vielmehr in der Gewährung von Leistung und Gegenleistung, wobei jede Partei in erster Linie ihre eigenen Interessen vertritt. Damit zeigt sich, daß die Feststellung eines gesellschaftsähnlichen Verhältnisses, abgesehen von Sonderfällen, nicht ganz einfach ist.

Eine Möglichkeit, einen Patentpool zu gründen, stellt die Gesellschaftsform der sog. Europäischen Wirtschaftlichen Interessenvereinigung (EWIV) dar. Die EWIV wurde in Anlehnung an die französische Groupement Européen d'Intérêt Économique (G.E.I.E.) geschaffen und kann seit dem 1. 7. 1989 gegründet werden. *Hartard* beschreibt die EWIV treffend als „Offene Handelsgesellschaft mit Fremdgeschäftsführung". Diese Gesellschaftsform soll die europäi-

---

3 *BGH*, 22. 5. 1959, GRUR 1959 S. 616.
4 *BGH*, 26. 11. 1954, GRUR 1955 S. 338.
5 *BGH*, 30. 11. 1967, GRUR 1971 S. 243.

sche Zusammenarbeit von Unternehmen und Angehörigen freier Berufe in der EG erleichtern[6].

462   Eine Art des gesellschaftsähnlichen Lizenzvertrages ist allerdings der sog. Patentpool[7]. Hier arbeiten mehrere Partner zusammen, stellen sich ihre Schutzrechte und Erfahrungen gegenseitig zur Verfügung. Die Benutzung ist dann nicht in jedem Fall durch eine Lizenz erlaubt, die Befugnis hierzu kann vielmehr auch auf dem Gesellschaftsvertrag beruhen. Möglich ist auch, daß zur Auswertung mehrerer Schutzrechte eine besondere juristische Person zum Rechtsträger erhoben wird.

II. Auf gesellschaftsähnliche Lizenzverträge anwendbare Vorschriften

463   Die Verwendung des Begriffes „gesellschaftsähnlicher Lizenzvertrag" ist an sich entbehrlich. Wenn man die Rechtsprechung hierzu betrachtet, ergibt sich, daß die Bezeichnung „gesellschaftsähnlich" nur dazu dient, auf Lizenzverträge bestimmte gesellschaftliche Bestimmungen zur Anwendung zu bringen oder erhöhte Anforderungen an die Vertragspartner aus dem Gesichtspunkt von Treu und Glauben abzuleiten.

Dabei handelt es sich vor allem um die Anwendung der Vorschriften über die Kündigung aus wichtigem Grund[8]. Die Kündigung eines Lizenzvertrages aus wichtigem Grund läßt sich aber auch aus den allgemeinen Rechtsgrundsätzen ableiten, die für Dauerschuldverhältnisse Anwendung finden[9]. Es bedarf hierzu keiner Heranziehung der Bestimmungen über die Gesellschaft. Auch bei Lizenzverträgen, die nicht als gesellschaftsähnlich einzuordnen sind, wäre eine Kündigung aus wichtigem Grund generell möglich[10], da ein solcher Kündigungs-

---

6 Vgl. Verordnung (EWG) Nr. 2137/85 des Rates vom 25. 7. 1985; ABl. Nr. L 199/1 vom 31. 7. 1985 (EWIV-VO), in Kraft getreten am 3. 8. 1985; siehe auch ABl. Nr. C 177/10 vom 8. 7. 1991 zur Frage der Gründung und dem Stand der Durchführung der EWIV-VO in den EG-Mitgliedstaaten; *Hartard*, EWS 1991 S. 215 ff.; siehe auch z. B. *Vichatzky*, Rev. trim. dr. europ. 26(2) avr.-juin 1990 S. 275 ff.; *AG München*, 13. 12. 1989, EuZW 1990 S. 135 ff.; *Schwarz*, RIW 1990 S. 917; *Bach*, BB 1990 S. 1432; jeweils mwN.

7 *Henn*, a.a.O., S. 106 ff.; vgl. insbesondere auch zu den kartellrechtlichen Fragen Rdnr. 570, 660.

8 *RG*, 9. 6. 1926, JW 1926 S. 2529 Nr. 4; vgl. auch *BGH*, 26. 11. 1954, GRUR 1955 S. 338; *BGH*, 22. 5. 1959, GRUR 1959 S. 616; *Benkard*, PatG, a.a.O., Rdnr. 121 zu § 15 mwN; *Henn*, a.a.O., S. 63.

9 Vgl. dazu Rdnr. 485.

10 *RG*, 12. 10. 1932, MuW 1933 S. 38.

grund für jedes Schuldverhältnis, insbesondere auch für jedes Dauerschuldverhältnis, Anwendung findet.

Auch z. B. für die Pflicht zur Rechnungslegung oder zur Annahme einer Nichtangriffsverpflichtung ist die Heranziehung gesellschaftsrechtlicher Grundsätze nicht nötig. Die Pflicht zur Rechnungslegung hat das Reichsgericht aus allgemeinen Erwägungen für Lizenzverträge in entsprechender Anwendung der Vorschriften über den Auftrag[11] bejaht, die Nichtangriffsverpflichtung hat der Bundesgerichtshof auch ohne Vereinbarung aus dem Grundsatz von Treu und Glauben abgeleitet[12].

III. Bedeutung für die Praxis

Da also für gesellschaftsähnliche Lizenzverträge im wesentlichen nichts besonderes gilt, ist der Unterschied zwischen ihnen und anderen Lizenzverträgen, abgesehen von bestimmten Eigenheiten bei der Kündigung usw., ohne zentrale Bedeutung. Eine ausführliche Darstellung der Rechtsprechung zu gesellschaftsähnlichen Lizenzverträgen findet sich bei Reimer[13]. **464**

---

11 *RG*, 9. 7. 1921, MuW 1921 S. 189; vgl. auch *RG*, 12. 2. 1930, RGZ 127 S. 243.
12 *BGH*, 30. 11. 1967, GRUR 1971 S. 243.
13 *Reimer*, PatG, a.a.O., Anm. 98 ff. zu § 9; *Lüdecke/Fischer*, a.a.O., S. 492 ff.; vgl. auch *Henn*, a.a.O., S. 61 ff.

L. Warenzeichenlizenz, Lizenz an einer Ausstattung

I. Warenzeichenlizenz

1. Meinungsstand

465 Lange Zeit war streitig, wieweit eine Lizenz an einem Warenzeichen erteilt werden kann. Die ursprünglich auf dem Wortlaut des § 8 WZG basierenden Bedenken[1] haben sich jedoch durch die seit dem am 1. 1. 1968 in dem Warenzeichengesetz existierende Regelung des § 5 Abs. 7 Satz 2, § 11 Abs. 1 Nr. 4 WZG entschärft. Durch die in diesen Vorschriften enthaltene Formulierung, daß es einer Benutzung des Zeichens durch den Markeninhaber gleichsteht, „wenn das Zeichen mit seiner Zustimmung durch einen Dritten benutzt worden ist", sollte nach der amtlichen Begründung die Benutzung durch Lizenznehmer oder eng verbundene Konzernunternehmen erfaßt werden[2].

466 Die herrschende Meinung und die Rechtsprechung stehen auf dem Standpunkt, daß zumindest ein Benutzungsrecht an einem Warenzeichen eingeräumt werden kann[3]. Der BGH verweist im Anschluß an die Rechtsprechung des Reichsgerichtes[4] in seiner Entscheidung vom 12. 1. 1966 darauf, daß die Einräumung einer Lizenz an Warenzeichen jedenfalls in der Weise rechtlich möglich ist, daß der Zeicheninhaber einem Dritten gegenüber mit schuldrechtlicher Wirkung darauf verzichtet, die aus dem Zeichenrecht fließenden Ansprüche aus Rechts-

---

1 § 8 Abs. 1 Satz 1–3 WZG lautet: „Das durch die Anmeldung oder Eintragung eines Warenzeichens begründete Recht geht auf die Erben über und kann auf andere übertragen werden. Das Recht kann jedoch nur mit dem Geschäftsbetrieb oder dem Teil des Geschäftsbetriebs, zu dem das Warenzeichen gehört, auf einen anderen übergehen. Eine Vereinbarung, die eine andere Übertragung zum Gegenstand hat, ist unwirksam."

2 Vgl. dazu Nachweise bei *Beier*, RIW/AWD 1974 S. 1 ff., vor allem auch Fußn. 25.

3 *RG*, 4. 5. 1920, RGZ 99 S. 90; *RG*, 18. 3.1921, RGZ 102 S. 17; *BGH*, 13. 7. 1956, BB 1956 S. 938; *BGH*, 12. 1. 66, BGHZ 44 S. 372; *OLG Hamm*, 21. 1. 1988, GRUR 1988 S. 697; *Baumbach/Hefermehl*, WZG, a.a.O., Rdnr. 2 zu Anhang § 8 mwN; *v. Gamm*, WRP 1960 S. 300; *Reimer*, Warenzeichen- u. Wettbewerbsrecht, a.a.O., Kap. 34, Rdnr. 16; *Althammer*, a.a.O., § 8 Rdnr. 11 mwN; *Völp*, GRUR 1985 S. 843, 844.

4 *RG*, 18. 6. 1920, RGZ 100 S. 3, 6.

verletzungen geltend zu machen[5]. Diese Entscheidung scheint in Richtung einer schuldrechtlichen Lizenz zu deuten[6].

Allerdings verweist der BGH in seiner Entscheidung vom 18. 2. 1977 **467** darauf, daß bei Warenzeichen keine echte Lizenzerteilung in Frage steht und keine Ausschließlichkeitsposition übertragen wird[7]. Damit ist zunächst klar, daß die Vergabe einer Lizenz mit dinglicher Wirkung nicht möglich ist[8], so daß dem Lizenznehmer z. B. ein selbständiges Klagerecht auf Unterlassung gem. §§ 15, 24 WZG nicht zusteht. Die Tendenz der Rechtsprechung geht also insgesamt dahin, ein Lizenzrecht an einem Warenzeichen zu bejahen und darunter die Einräumung eines Benutzungsrechtes zu verstehen.

2. Täuschung des Verkehrs

Auf keinen Fall darf die Lizenzerteilung jedoch zur Täuschung des **468** Publikums führen. So wäre es z. B. nicht statthaft, eine Warenzeichenlizenz einzuräumen, wenn der Zeichengebrauch des Lizenznehmers zu einer Irreführung des Publikums über die Qualität der mit dem Zeichen versehenen Ware führt[9]. Sieht ein Lizenzvertrag keine wirksam erscheinende Vorsorge gegen diese Gefahren vor, kann er sogar nichtig sein[10]. Dieser Standpunkt wird, wenn auch mit unterschiedlichen Schwerpunkten, für Österreich und für die Länder des skandinavischen Rechtskreises vertreten[11]. Allerdings ist zu berücksichtigen, daß dies nicht bedeutet, daß durch ein Warenzeichen überall die gleichmäßige Beschaffenheit der Ware verbürgt wird, da das Warenzeichen die Funktion eines Herkunftshinweises, nicht aber eine Garantiefunktion hat[12].

---

5 BGHZ 44 S. 372, 375; *OLG Hamm*, 21. 1. 1988, GRUR 1988 S. 697.

6 *Baumbach/Hefermehl*, WZG, a.a.O., Rdnr. 2 zu Anhang § 8 mwN. Ähnlich auch *OLG Hamburg*, 3. 10. 1952, GRUR 1953 S. 177; *BGH*, 13. 7. 1956, BB 1956 S. 938.

7 *BGH*, 18. 2. 1977, GRUR 1977 S. 539, 540.

8 *Baumbach/Hefermehl*, WZG, a.a.O., Rdnr. 2 zu Anhang § 8 mit ausführlichen weiteren Nachweisen aus Rechtsprechung und Literatur.

9 *BGH*, 7. 4. 1965, GRUR 1966 S. 45; *BGH*, 12. 1. 1966, BGHZ 44 S. 372, 377; *Kur/Henning-Bodewig*, WRP 1990 S. 453, 458 f.; *Kur*, GRUR Int. 1990 S. 1 im Hinblick auf die tatsächlichen Auswirkungen von Warenzeichen insbesondere auf Verbraucher.

10 Gem. § 3 UWG, 138 BGB; vgl. dazu *BGH*, 12. 1. 1966, BGHZ 44 S. 372, 377.

11 Vgl. dazu rechtsvergleichend zu den Ländern Europas und Amerikas *Beier*, RIW/AWD 1974 S. 1 ff., S. 6, Fußnote 53 ff.

12 *BGH*, 7. 4. 1965, GRUR 1966 S. 45; *BGH*, 2. 2. 1973, BB 1973 S. 769; siehe auch *Baumbach/Hefermehl*, WZG, a.a.O., Rdnr. 12, 22 zu Einl. und *Althammer*, a.a.O., § 17 Rdnr. 2, 8.

469 Der Warenzeicheninhaber kann daher unter warenzeichenrechtlichen Gesichtspunkten die Ware in verschiedener Beschaffenheit auf den Markt bringen. Dies gilt sowohl für den Inlandsmarkt, aber auch wenn die abweichende Ware auf einem anderen nationalen Markt herausgebracht worden ist, z. B. von einem zeichenrechtlich abhängigen Unternehmen[13]. Anzumerken ist dabei, daß nach der Rechtsprechung des Bundesgerichtshofs in Anschluß an den Europäischen Gerichtshof in diesen Fällen Händlern nicht untersagt werden kann, die in einem nationalen Markt in Verkehr gebrachten Waren trotz der unterschiedlichen Beschaffenheit in einen anderen nationalen Markt zu exportieren[14]. Dies gilt selbst in dem Fall, in dem der Zeicheninhaber einem Dritten das Recht zur ausschließlichen Benutzung seines Warenzeichens – z. B. für die Bundesrepublik Deutschland – eingeräumt hat[15]. Hinsichtlich der zahlreichen kartellrechtlichen Probleme ist auf die folgenden Ausführungen zu verweisen[16].

3. Anwendungsfälle

470 Die Lizenz an Warenzeichen wird vielfach zusammen mit dem Recht eingeräumt, ein Patent zu verwerten oder ein bestimmtes Erzeugnis nachzubauen[17]. Insbesondere bei Konzernen besteht häufig das Bedürfnis, allen Konzernbetrieben ein einheitliches Zeichen zur Benutzung zur Verfügung zu stellen. Wesentlich – auch außerhalb von Konzernen – ist auch die Kennzeichnung der im Ausland hergestellten Produkte mit einer Marke der Muttergesellschaft bzw. des Lizenzgebers[18].

471 Möglich wäre es hier z. B., einer ausländischen Tochtergesellschaft oder dem Lizenznehmer die Marken zu übertragen. Dies kann insbesondere bei einer ggf. erforderlich werdenden Verteidigung der Marke gewisse Vorteile mit sich bringen. Erhebliche Risiken ergeben sich aber bei einer solchen Vorgehensweise bei der Änderung von Beteiligungen und bei staatlichen Zwangsmaßnahmen. Daher ziehen es Unternehmen mehr und mehr vor, eine zeitlich befristete Benutzungs-

---

13 *BGH*, 2. 2. 1973, BB 1973 S. 769; ebenso *The High Court of Justice 47*, Report of Patent Cases (RPC) 28 fi. s. Champagne Heidsieck & Cie. Monopole Société Anonyme v. Buxton (1929).
14 *BGH*, 22. 1. 1964, BGHZ 41 S. 84; *BGH*, 2. 2. 1973, BB 1973 S. 769; *EuGH*, 13. 7. 1966, RIW/AWD 1966 S. 307, 308.
15 *BGH*, 22. 1. 1964, BGHZ 41 S. 84.
16 Vgl. Rdnr. 591 mwN.
17 Vgl. dazu auch Rdnr. 195.
18 Vgl. zum Problem des auf internationale Markenlizenzverträge anwendbaren Rechts nur *Beier*, GRUR Int. 1981 S. 299 mwN = IIC S. 162 ff.

erlaubnis zu erteilen, d. h. eine Markenlizenz zu vergeben[19]. Gleichzeitig zeigt sich hier auch der häufige, aber problematische Fall, daß eine Markenlizenz für Waren erteilt werden soll, die der Lizenzgeber in seinem eigenen Geschäftsbetrieb weder herstellt noch vertreibt, sondern die ausschließlich von Tochtergesellschaften oder Lizenznehmern hergestellt und vertrieben werden sollen.

Im Gegensatz zu den Ländern des angloamerikanischen Rechtskreises[20] ergibt sich nach deutschem Recht aus dem Grundsatz der Bindung einer Marke an den Geschäftsbetrieb[21], daß der Lizenzgeber sich nicht bei fehlendem eigenen Geschäftsbetrieb auf den Geschäftsbetrieb eines Lizenznehmers berufen kann. Fehlt der entsprechende Geschäftsbetrieb des Lizenzgebers, der Voraussetzung für die Wirksamkeit der Warenzeichenlizenz ist, ganz oder teilweise, kann sich der Lizenzgeber nicht die im Geschäftsbetrieb des Lizenznehmers hergestellten Waren zurechnen lassen[22]. Hier können im Wege der Teillöschungsklage die vom Lizenzgeber im eigenen Geschäftsbetrieb nicht hergestellten Waren nach § 11 Abs. 1 Nr. 2 WZG aus dem Warenverzeichnis gestrichen werden[23]. Der Lizenznehmer kann allerdings bei vorhandenem Geschäftsbetrieb des Lizenzgebers die fehlende Benutzung gem. § 5 Abs. 7 WZG ersetzen. **472**

Anzumerken ist in diesem Zusammenhang, daß die Zurechnung nicht nur in den Fällen einer Warenzeichenlizenz zwischen rechtlich und wirtschaftlich unabhängigen Unternehmen nicht erfolgen kann, sondern auch nicht bei der Gebrauchsüberlassung an Konzernfirmen[24]. Weiterhin ist zu betonen, daß nach Auffassung des Bundesgerichtshofs ein Zeichengebrauch durch mehrere rechtlich selbständige Unternehmen, die dem Publikum als selbständige Wettbewerber erscheinen, zur Schwächung der Kennzeichenkraft des Warenzeichens und schließlich sogar zu dem Entstehen eines Freizeichens oder einer Beschaffenheitsangabe führen kann, selbst wenn in Wahrheit ein Warenzeichen gegeben ist[25]. **473**

---

19 Vgl. dazu *Beier*, RIW/AWD 1974 S. 1 ff.
20 Vgl. dazu Nachweise bei *Beier*, RIW/AWD 1974 S. 1 ff., insb. auch Fußn. 35 ff.
21 §§ 1, 8, 11 Abs. 1 Nr. 2 WZG.
22 Vgl. *RG*, 9. 7. 1926, RGZ 114 S. 276, 278; *BGH*, 3. 6. 1964, GRUR 1965 S. 86 ff.; *Baumbach/Hefermehl*, WZG, a.a.O., Rdnr. 15 zu Anhang § 8; *Beier*, RIW/AWD 1974 S. 1, 5.
23 *Baumbach/Hefermehl*, WZG, a.a.O., Rdnr. 31 zu § 11 mwN.
24 *BGH*, 3. 6. 1964, GRUR 1965 S. 86 ff.; *Beier*, RIW/AWD 1974 S. 1, 5; a. A. *Baumbach/Hefermehl*, WZG, a.a.O., Rdnr. 9 zu § 8.
25 *BGH*, 12. 1. 1966, BGHZ 44 S. 372, 377.

II. Lizenz an einer Ausstattung[26]

474   Im Schrifttum und in der Rechtsprechung bestand lange Zeit keine einheitliche Auffassung über die Zulässigkeit einer Lizenz an einer Ausstattung[27]. Erstmals in seiner Entscheidung vom 25. 9. 1936 erkannte das Reichsgericht die Erteilung einer Lizenz an einer Ausstattung als wirksam an[28]. Nunmehr dürfte sowohl im Anschluß an diese Entscheidung des Reichsgerichtes als auch im Hinblick auf die Entscheidung des Bundesgerichtshofs vom 27. 2. 1963, in der dieser die Verpackung von Orangen mit einer Comicfigur als lizenzfähige Ausstattung ansah[29], weitgehend unstreitig sein, daß auch eine Lizenz an einer Ausstattung erteilt werden kann[30]. Dabei ist hinsichtlich des Inhaltes der Lizenz auf die obigen Ausführungen bei der Warenzeichenlizenz zu verweisen, d. h. insbesondere die Einräumung einer dinglich wirksamen Lizenz ist nicht möglich.

475   Besonderheiten bei der Ausstattungslizenz ergeben sich daraus, daß die sog. Verkehrsgeltung für den Schutz einer Ausstattung gem. § 25 WZG von zentraler Bedeutung ist. Hier sollte der Lizenzgeber dafür Sorge tragen, daß die Verkehrsgeltung für ihn erhalten bleibt, damit seine Rechtsposition nicht gefährdet wird, indem vertragliche Vereinbarungen über Form und Benutzung der Ausstattung, insbesondere auch über die Werbung, getroffen werden[31]. Zu denken wäre hierbei z. B. an den eindeutigen und ständigen Hinweis auf die gemeinschaftliche Benutzung aufgrund vertraglicher Beziehungen[32].

Nach Beendigung des Lizenzvertrages darf der Lizenznehmer die Ausstattung nicht mehr benutzen. Verstärkungen der Verkehrsgeltung der Ausstattung im Sinne einer erhöhten Marktdurchsetzung erfolgen zugunsten des Lizenzgebers. Der Lizenznehmer, dem durch einen zeitlich begrenzten Vertrag der Mitgebrauch einer urheberrechtlich geschützten Warenausstattung eingeräumt worden ist, ist in der Regel auch nicht berechtigt, nach Beendigung des Gestattungsvertrages auf

---

26 Vgl. Rdnr. 223.
27 Für die Zulässigkeit einer solchen Lizenz: *Hagens*, a.a.O., Anm. 1 zu § 15; *Salinger*, MuW 1915 S. 384; dagegen: *Seligsohn*, a.a.O., Anm. 3 zu § 15; *Stark*, MuW 1939 S. 550 und die frühere Rechtsprechung des Reichsgerichtes, *RG*, 8. 5. 1914, RGZ 85 S. 30.
28 *RG*, 25. 9. 1936, JW 1937 S. 30 = GRUR 1937 S. 66 ff., 72.
29 *BGH*, 27. 3. 1963, GR 1963 S. 485.
30 *Baumbach/Hefermehl*, WZG, a.a.O., Rdnr. 94 zu § 25.
31 *Baumbach/Hefermehl*, WZG, a.a.O., Rdnr. 95 zu § 25.
32 *Baumbach/Hefermehl*, WZG, a.a.O., Rdnr. 95 zu § 25.

die Ausstattung als seine frühere Warenkennzeichnung hinzuweisen, wenn diese sich während der Vertragszeit im Verkehr als Hinweis auf seinen Geschäftsbetrieb durchgesetzt hat[33].

Bei der Entscheidung über die Zulässigkeit einer Lizenz an einer **476** Ausstattung ist entsprechend den obigen Ausführungen zur Warenzeichenlizenz die Frage von besonderer Wichtigkeit, ob hierdurch eine Irreführung des Verkehrs erfolgt. Entgegen der früheren Rechtsprechung des Reichsgerichtes[34] wird eine Täuschung des Publikums nur bei Vorliegen besonderer Umstände angenommen, vor allem wenn die vom Lizenznehmer unter Verwendung der Ausstattung vertriebene Ware nicht der Qualität derjenigen, für die die Ausstattung Verkehrsgeltung erlangt hat, entspricht. Es liegt dann ein Verstoß gegen die §§ 1, 3 UWG vor. Soll nicht der Wert des Ausstattungsschutzes unterhöhlt werden, müssen hier strenge Maßstäbe angelegt werden.

---

33 *BGH*, 27. 3. 1963, GRUR 1963 S. 485; zur Namenslizenz vgl. *OLG Zweibrücken*, 17. 2. 1978, BB 1978 S. 935; *Baumbach/Hefermehl*, WZG, a.a.O., Rdnr. 96 zu § 25.
34 *RG*, 8. 5. 1914, RGZ 85 S. 30.

M. Dauer des Lizenzvertrages

I. Schutzrechte

477 Üblicherweise werden Lizenzverträge für eine bestimmte Laufzeit abgeschlossen. Ist in einem Vertrag, dem ein Patent zugrunde liegt, über die Dauer nichts vereinbart, so endet er im Zweifel mit dem Auslauf des Patentes, wenn keine besonderen Gründe zur vorzeitigen Beendigung vorliegen[1]. Liegen einem einheitlichen Lizenzvertrag mehrere Patente zugrunde, so wird regelmäßig davon auszugehen sein, daß der Vertrag im Zweifel bis zum Erlöschen des letzten Patentes läuft. Dies gilt jedenfalls, solange in einem Bündel von Schutzrechten wesentliche Rechte noch nicht ausgelaufen sind. Dies entspricht auch der Regel in den Fällen, in denen eine ausdrückliche Vereinbarung im Sinne einer Längstlaufklausel getroffen wird, d. h. daß die Verpflichtungen des Lizenznehmers bis zum Erlöschen des letzten lizenzierten Schutzrechtes fortbestehen sollen[2]. Daß man in besonders gelagerten Fällen zu einem anderen Ergebnis kommen kann, ändert an der Auslegungsregel nichts. § 595 BGB, der für die Pacht ein jährliches Kündigungsrecht gibt, wenn nichts anderes vereinbart ist, ist auf Lizenzverträge nicht anzuwenden. Dies erklärt sich aus der Besonderheit des Lizenzvertrages, der in der Regel auf einem Patent beruht, das im allgemeinen eine Laufdauer von mehreren Jahren hat.

478 Um Zweifel auszuschließen, empfiehlt es sich, ausdrückliche Vereinbarungen über die Laufzeit des Vertrages zu treffen[3]. Der Lizenzgeber wird hierbei im allgemeinen bestrebt sein, eine möglichst lange Dauer zu erreichen. Er wird also versuchen zu vereinbaren, daß der Lizenzvertrag bis zum Erlöschen des letzten Patents läuft. Aber auch der Lizenznehmer wird sich überlegen müssen, welche Folgen die Beendigung des Lizenzvertrages zu einem Zeitpunkt für ihn hat, in dem noch

---

1 Vgl. Rdnr. 64 ff. und Rdnr. 559.
2 Vgl. *Lüdecke/Fischer*, a.a.O., S. 576 ff.; *Rasch*, a.a.O., S. 113; *Reimer*, PatG, a.a.O., Anm. 103, 112 zu § 9; *Pagenberg/Geissler*, a.a.O., S. 178 ff. Rdnr. 294 mwN; *Henn*, a.a.O., S. 124 f. mwN; *Benkard*, PatG, a.a.O., Rdnr. 158 zu § 15; *Körner*, GRUR 1982 S. 341 ff.; zur kartellrechtlichen Problematik der Längstlaufklauseln vgl. Rdnr. 556 f., 636, 639, 647, 655.
3 *BGH*, 18. 3. 1955, GRUR 1955 S. 468 ff.; *Lüdecke/Fischer*, a.a.O., S. 580 f.; *Henn*, a.a.O., S. 125; *Benkard*, PatG, a.a.O., Rdnr. 36 zu § 15.

Schutzrechte oder Geheimnisse des bisherigen Lizenzgebers bestehen.
Ist dies der Fall, so darf der bisherige Lizenznehmer den Lizenzgegenstand nicht mehr weiterbauen, weil damit gegen bestehende Schutzrechte verstoßen würde, da er kein Benutzungsrecht hat.

Betrifft der Lizenzvertrag zugleich dem Lizenznehmer überlassene Betriebsgeheimnisse, so kann dem Lizenznehmer nach Beendigung des Lizenzvertrages die Fortbenutzung untersagt werden[4]. Ein derartiges Weiterbenutzungsverbot wird im übrigen auch häufig vertraglich vereinbart. Eine solche vertragliche Vereinbarung ist auch regelmäßig zulässig, solange das geheime technische Wissen nicht offenkundig geworden ist[5]. Ein Verstoß gegen die vertraglichen Vereinbarungen kann zu Schadensersatzansprüchen führen; es handelt sich um Nachwirkungen des Vertrages. Für den bisherigen Lizenznehmer würde dies bedeuten, daß er – abgesehen von sog. Auslaufrechten[6] – seine Produktion einzustellen hat, was u. U., wenn die Produktion in großem Umfange von der Lizenz abhängig war, problematische Folgen für das Unternehmen des Lizenznehmers haben kann.

In einem Lizenzvertrag kann eine Regelung getroffen werden, wonach der Lizenzgeber zur Aufrechterhaltung der dem Lizenzvertrag zugrundeliegenden Patente nicht verpflichtet ist[7] und der Lizenzvertrag, wenn der Lizenzgeber die Patente nicht mehr aufrechterhalten will, zu dem Zeitpunkt erlischt, in dem die zur Aufrechterhaltung notwendigen Maßnahmen ergriffen werden müssen. Liegen dem Vertrag mehrere Patente zugrunde, so wird der Vertrag nur insoweit aufgelöst, als die in Frage stehenden Patente in Betracht kommen. Um Zweifel auszuschließen, sollte dies aber bei Lizenzverträgen, denen mehrere Patente zugrunde liegen, ausdrücklich gesagt werden.

Eine Ausdehnung eines Lizenzvertrages für die Zeit nach Erlöschen des Schutzrechtes ist kartellrechtlich sehr problematisch[8], es sei denn, daß ein Know-How mitgeteilt wurde, das noch nicht offenkundig ist[9].

4 *BGH*, 12. 2. 1980, GRUR 1980 S. 750; *Benkard*, PatG, a.a.O., Rdnr. 144 zu § 15.
5 Vgl. dazu *BGH*, 18. 3. 1955, GRUR 1955 S. 468; *BGH*, 12. 2. 1980, GRUR 1980 S. 750; *Benkard*, PatG, a.a.O., Rdnr. 144 zu § 15; *Pagenberg/Geissler*, a.a.O., S. 178 Rdnr. 294; *Henn*, a.a.O., S. 125; vgl. auch *Kraßer*, GRUR Int. 1982 S. 324, 341; zu der kartellrechtlichen Problematik vgl. unten Rdnr. 563 f., 702, 711, 723, 728 f., 736.
6 Vgl. dazu Rdnr. 480.
7 Vgl. *BGH*, 18. 3. 1955, GRUR 1955 S. 468; *BGH*, 12. 2. 1980, GRUR 1980 S. 750.
8 Vgl. Rdnr. 556 f., 636, 639, 647, 655.
9 Vgl. *BGH*, 18. 3. 1955, GRUR 1955 S. 468; *BGH*, 12. 2. 1980, GRUR 1980 S. 750; eine Ausnahme macht das *Landgericht Düsseldorf* in seiner Entscheidung vom 18. 12. 1958, WuW 1959 S. 671 in einem Fall, in dem die Lizenzgebühr während der

Bezüglich der verschiedenen Möglichkeiten, eine Vereinbarung über die Vertragsdauer zu treffen, ist beispielhaft auf Art. 25 des im Anhang abgedruckten Vertragsmusters für einen Lizenzvertrag hinzuweisen.

479 Die Vereinbarung, daß der Lizenzvertrag schon vor Erlöschen des Patentes enden soll, ist dagegen zulässig. In diesem Fall will der Lizenzgeber verhindern, daß der Lizenznehmer für die Zeit nach Ablauf des Patentes sich einen so großen Wettbewerbsvorsprung sichert, daß dieser uneinholbar ist. Kann der Lizenznehmer nahtlos von der Zeit vor Erlöschen des Patentes in die Zeit nach Erlöschen weiterproduzieren, hat er alle Vorteile einer auf vollen Touren laufenden Produktion und den Vorteil, daß er bei der Kundschaft gut eingeführt ist.

480 Der Lizenzvertrag hat häufig insofern gewisse Nachwirkungen, als der Lizenznehmer bestimmte Abwicklungshandlungen vornehmen kann und ihm ein sog. Auslaufrecht zusteht[10].

Es erscheint fast selbstverständlich, daß der Lizenznehmer für die vor Ablauf der Lizenz hergestellten, aber erst nach ihrem Ablauf verkauften Gegenstände die vereinbarte Lizenzgebühr zu zahlen hat[11]. Nach der Rechtsprechung des Reichsgerichts[12] hat der Lizenzgeber, auch wenn das Entstehen des Anspruchs auf die Lizenzgebühr nach dem Vertrag von der Anfertigung und dem Verkauf der Gegenstände abhängig ist, in der Regel einen Anspruch auf die Lizenzgebühr auch für die während der Vertragsdauer nur verkauften, jedoch erst nachher angefertigten und gelieferten Gegenstände. Diese Rechtsprechung wurde vom Bundesgerichtshof bestätigt[13].

481 Darf der Lizenznehmer nach Beendigung des Vertrages den Lizenzgegenstand nicht mehr bauen und nicht mehr verkaufen, z. B. weil das Patent des Lizenzgebers entgegensteht, so empfiehlt sich, eine sog. Auslaufklausel vorzusehen, in der näher bestimmt wird, wie lange

---

Laufdauer des Patentes gering bemessen, dafür aber der Lizenzvertrag über die Laufdauer des Patentes ausgedehnt wurde, um dem Lizenznehmer die Zahlung der Lizenzgebühr zu erleichtern; *Benkard*, PatG, a.a.O., Rdnr. 119 zu § 15 mwN und siehe auch kartellrechtliche Nachweise unter Fußn. 8.

10 *Benkard*, PatG, a.a.O., Rdnr. 118 zu § 15; *Kraßer*, GRUR Int. 1982 S. 324, 341; *Reimer*, PatG, a.a.O., Rdnr. 113 zu § 9; *Henn*, a.a.O., S. 203.

11 Vgl. *Reimer*, PatG, a.a.O., Rdnr. 113 zu § 9.

12 *RG*, 27. 12. 1902, GRUR 1903 S. 145 ff. = JW 1903 S. 104 Nr. 24; *RG*, 9. 4. 1943, GRUR 1943 S. 247 = Mitt. 1943 S. 163.

13 *BGH*, 6. 7. 1954, GRUR 1955 S. 87.

noch hergestellt und verkauft werden darf. Häufig wird hier in Lizenzverträgen vorgesehen, daß der Lizenznehmer das Recht hat,
Geschäfte, die er mit seinen Kunden vor Beendigung des Lizenzvertrages abgeschlossen hat, auch nach Beendigung desselben zu den vereinbarten Bedingungen auszuführen. Verschiedentlich wird auch vereinbart, daß der Lizenznehmer berechtigt ist, noch alle Gegenstände, die
er z. Zt. der Beendigung des Lizenzvertrages auf Lager hat, zu verkaufen. Es wäre aber denkbar, daß der Lizenznehmer vor Beendigung des
Vertrages in besonders starkem Maße auf Lager produziert und so
praktisch die Beendigung des Vertrages hinauszögert. Schließlich finden sich auch Klauseln, nach denen sich der Lizenzgeber verpflichtet,
die noch auf Lager befindlichen Gegenstände unter bestimmten Bedingungen zu übernehmen.

Welche Klausel im Einzelfall am zweckmäßigsten ist, dürfte entscheidend davon abhängen, ob es sich um Serienerzeugnisse oder um
Einzelanfertigungen handelt. So können bei Investitionsgütern vom
Zeitpunkt des Vertragsabschlusses bis zur Fertigstellung u. U. Jahre
vergehen.

Ist nichts vereinbart, so nimmt die herrschende Lehre zwar an, daß es **482**
dem Lizenznehmer gestattet ist, bei Vertragsende vorhandene Erzeugnisse noch zu verkaufen. Darüber, ob dies auch gilt, wenn der Lizenznehmer in Erwartung des Vertragsendes in besonders großem Umfang
auf Lager baut, gehen die Meinungen auseinander[14]. Es kann daher
nur nochmals empfohlen werden, ausdrückliche und klare Vereinbarungen zu treffen.

Nach Beendigung des Lizenzvertrages kann der Lizenznehmer die von
ihm während der Vertragsdauer selbst erarbeiteten Schutzrechte,
Kenntnisse und Erfahrungen benutzen, soweit nicht im Vertrag hinsichtlich der Verbesserungen etwas anderes bestimmt ist. Schwierig ist
in einem Streitfall allerdings nicht nur die Frage, ob eine Verbesserung, Weiterentwicklung oder Parallelerfindung vorliegt[15], sondern
auch, was als eigenes Arbeitsergebnis des Lizenznehmers anzusehen ist
und was er vom ehemaligen Lizenzgeber erworben hat. Henn[16] weist
mit Recht darauf hin, daß es u. U. erforderlich ist, daß sich der
Lizenzgeber auch für die Zeit nach Beendigung der Lizenz ein Benut-

---

14 *Lüdecke/Fischer*, a.a.O., S. 588; *Rasch*, a.a.O., S. 90; *Reimer*, PatG, a.a.O.,
   Anm. 113 zu § 9.
15 Vgl. Rdnr. 178, 546 ff., 620 f.
16 *Henn*, a.a.O., S. 192, 204.

zungsrecht an den Verbesserungen des Lizenznehmers einräumen läßt. Durch ein Schutzrecht des Lizenznehmers für seine Verbesserungen könnte der Lizenzgeber sonst erheblich beeinträchtigt werden. Das Benutzungsrecht kann von vornherein auch für die Zeit nach Ablauf des Lizenzvertrages, ggf. gegen eine Vergütung des ursprünglichen Lizenzgebers an den ehemaligen Lizenznehmer, eingeräumt werden[17]. Praktisch handelt es sich dann um eine Lizenz mit umgekehrten Vorzeichen[18].

Nach Beendigung des Lizenzvertrages hat der Lizenznehmer die Unterlagen, die ihm zur Herstellung usw. überlassen worden waren, jedenfalls dann zurückzugeben, wenn der Lizenzgegenstand weiterhin durch Patente geschützt ist[19].

Die hier aufgeführten Grundsätze für Verträge, denen ein Patent zugrunde liegt, gelten entsprechend auch für solche, die ein Gebrauchsmuster zum Gegenstand haben.

II. Bei Lizenzverträgen, denen keine Schutzrechte zugrunde liegen

483 Liegt dem Vertrag kein Schutzrecht zugrunde und wurde seine Dauer nicht vereinbart, so läuft er auf unbestimmte Zeit. Da diesen Verträgen kein Schutzrecht zugrunde liegt, das nach einer gewissen Zeit endet und damit regelmäßig auch zu einer Beendigung des Lizenzvertrages führen würde, wird man für derartige Verträge in entsprechender Anwendung des § 595 BGB eine Kündigung zum jeweiligen Jahresende mit einer halbjährlichen Frist bejahen müssen.

484 Es empfiehlt sich grundsätzlich, für die Dauer dieser Verträge eine Vereinbarung zu treffen, wobei man sich darüber im klaren sein muß, daß der Vertrag mit dem Zeitpunkt endet, in dem die lizenzierten Betriebsgeheimnisse offenkundig geworden sind. Häufig wird hierbei eine Dauer von ca. 5 Jahren vereinbart. Eine Darstellung der vielfältigen Detailprobleme, die mit der Kündigung eines sog. Know-How-Vertrages verbunden sind, würde den hier gegebenen Rahmen spren-

---

17 Eine kostenlose Lizenzierung auch für die Zeit nach Ablauf des Lizenzvertrages könnte kartellrechtlich bedenklich sein, vgl. TB 75 S. 97; *Emmerich* in *Immenga/Mestmäcker*, a.a.O. Rdnr. 261 zu § 20; a. A. *Magen*, a.a.O., S. 172; *Pagenberg/Geissler*, a.a.O., S. 156 ff. Rdnr. 242 ff.

18 *Henn*, a.a.O., S. 192.

19 *Benkard*, PatG, a.a.O., Rdnr. 118 zu § 15 mwN.

gen, so daß insofern auf das Buch „Der Know-How-Vertrag" zu verweisen ist. Gleichzeitig sind auch zahlreiche kartellrechtliche Probleme zu berücksichtigen[20].

III. Vorzeitige Beendigung des Lizenzvertrages

Der Lizenzvertrag kann aus verschiedenen Gründen ein vorzeitiges **485** Ende finden[21]. Allgemein läßt sich sagen, daß der Lizenzvertrag – wie jedes Dauerschuldverhältnis – durch Kündigung aus wichtigem Grund beendet werden kann[22].

Ein Dauerschuldverhältnis kann bei Vorliegen eines wichtigen Grundes jedenfalls dann fristlos gekündigt werden, wenn es ein enges Zusammenwirken zwischen den Vertragspartnern erfordert und daher ohne ein ungestörtes Vertrauensverhältnis und gegenseitiges Einvernehmen eine sinnvolle Vertragsabwicklung nicht möglich ist[23]. Ein wichtiger Grund liegt vor allem dann vor, wenn einer der Vertragspartner seine Verpflichtungen in grober Weise verletzt. Dabei hängt die Befugnis zur fristlosen Kündigung nicht von einem schuldhaften Vertragsverstoß des anderen Teils ab[24]. Entscheidend ist, daß infolge eines nach Vertragsschluß eingetretenen Ereignisses einem der beiden Vertragspartner das Festhalten an dem Vertragsverhältnis nicht mehr zugemutet werden kann[25]. Die Beurteilung der Frage, wann dies der Fall ist, hängt weitgehend von den Umständen des Einzelfalls ab.

Ist der Lizenzvertrag so ausgestaltet, daß die Vertragspartner eng **486** zusammenarbeiten, so liegt ein Grund zur außerordentlichen Kündigung insbesondere dann vor, wenn das gegenseitige Vertrauen erschüttert ist. In einem solchen Fall hat der Bundesgerichtshof ausgesprochen, daß die Kündigung aus wichtigem Grund bei erneuter Erschütterung der Vertrauensgrundlage durch einen Vertragspartner auch auf

---

20 Vgl. *Stumpf*, Der Know-How-Vertrag, a.a.O., insb. Rdnr. 208 ff. Vgl. auch Rdnr. 523 ff., 530, 533, 563 ff., 589, 672 ff.
21 Vgl. Rdnr. 64 f., 309 f., 335 f.
22 *RG*, 25. 4. 1936, GRUR 1936 S. 1056, 1059; *RG*, 17. 12. 1937, GRUR 1938 S. 195 = RGZ 142 S. 215; *BGH*, 15. 6. 1951, NJW 1951 S. 836; *BGH*, 22. 5. 1959, GRUR 1959 S. 616 ff., 617; *Benkard*, PatG, a.a.O., Rdnr. 120 zu § 15; *Henn*, a.a.O., S. 124 ff.; *Lüdecke/Fischer*, a.a.O., S. 500, 503; *Tetzner*, a.a.O., Anm. 10 zu 9; *Pagenberg/Geissler*, a.a.O., S. 184 ff. Rdnr. 304 ff.
23 *BGH*, 30. 1. 1964, BGHZ 41 S. 104; *BGH*, 14. 6. 1972, DB 1972 S. 2054; *BGH*, 22. 5. 1959, GRUR 1959 S. 616.
24 *BGH*, 14. 6. 1972, DB 1972 S. 2054.
25 Vgl. auch *BGH*, 4. 6. 1969, DB 1969 S. 1403.

die früheren Vertrauensbrüche gestützt werden kann, selbst wenn die Parteien sich in bezug auf sie geeinigt haben, bevor der neue Vertrauensbruch erfolgt ist[26].

Als Beispiele lassen sich hier nennen unüberwindbare Meinungsverschiedenheiten, so daß eine sinnvolle und vertrauensvolle Zusammenarbeit unmöglich ist, beharrliches Leugnen der Vertragspflichten und Leistungsverweigerungen, Verstoß gegen vertragliche Mitwirkungspflichten sowie dauernde Schlechtlieferung durch den Lizenznehmer[27].

487   Anzumerken ist weiterhin, daß eine enge Zusammenarbeit im obigen Sinne insbesondere regelmäßig bei sog. gesellschaftsähnlichen Lizenzverträgen vorliegt[28]. Notwendig ist ein gesellschaftsähnliches Verhältnis jedoch nicht, sondern es genügt, daß die Parteien ein Vertragsverhältnis von langer Dauer begründet haben, aufgrund dessen sie in eingehender, gegenseitiges Vertrauen voraussetzender Weise zusammenarbeiten wollten[29]. Für die vorzeitige Kündigung des Lizenznehmers sind dann die Vorschriften des § 581 Abs. 2 i. V. m. §§ 542, 543 BGB, für die Kündigung des Lizenzgebers die Vorschriften des § 581 Abs. 2 i. V. m. §§ 553, 554, 554a BGB entsprechend anwendbar. Diese Bestimmungen des Miet- und Pachtrechts sind Ausfluß des bereits erwähnten Grundsatzes, daß Dauerschuldverhältnisse aus wichtigem Grund kündbar sind, wenn ein Festhalten am Vertrag den Parteien nicht mehr zumutbar ist. Wenn in den erwähnten Paragraphen auch nur bestimmte Fälle geregelt sind, in denen gekündigt werden kann, so ist die Kündigung doch auch in anderen Fällen zulässig, in denen eine Fortsetzung des Vertragsverhältnisses nicht mehr zumutbar ist[30]. Der Bundesgerichtshof kommt allerdings in seiner Entscheidung vom 22. 5. 1959[31] zu dem gleichen Ergebnis unter entsprechender Anwendung der Vorschriften der §§ 626, 723 Abs. 1 BGB. Die Anwendung der pachtrechtlichen Vorschriften erscheint jedoch entsprechend den obigen Ausführungen konsequenter[32].

---

26 Vgl. *BGH*, 26. 11. 1954, GRUR Int. 1955 S. 183.
27 Vgl. Nachweise bei *Benkard*, PatG, a.a.O., Rdnr. 121 ff. zu § 15.
28 Vgl. Rdnr. 459 f.
29 *BGH*, 22. 5. 1959, GRUR 1959 S. 616; *BGH*, 28. 6. 1957, GRUR 1958 S. 175, 177; *Benkard*, PatG, a.a.O., Rdnr. 121 ff. zu § 15.
30 Vgl. z. B. *Palandt*, a.a.O., § 554a Anm. 2 f.
31 GRUR 1959 S. 616.
32 Vgl. Rdnr. 24; grundsätzlich ist die Anwendung des Pachtrechtes aus Gründen der Rechtssicherheit sinnvoll.

Bei der Vereinbarung von Lizenzverträgen wird häufig eine General- **488**
klausel vereinbart, daß der Vertrag aus wichtigem Grund gekündigt
werden kann, wenn dies nach dem auf den Vertrag anwendbaren
Recht zulässig ist[33]. Neben dieser Generalklausel können in einem
Vertrag auch andere Möglichkeiten aufgeführt werden, die – je nach
den Bedürfnissen des Einzelfalls – eine vorzeitige Kündigung gestatten. Hier bleibt es den Parteien überlassen, für sie jeweils wichtige
Gründe zu benennen, wobei z. B. an Verstöße gegen Beschränkungen
der Lizenz, fehlende Neuheit des Lizenzgegenstandes, schlechte Qualität des Lizenzgegenstandes u. ä.[34] zu denken wäre. Ob die vorzeitige
Kündigung bei Vorliegen eines der ausdrücklich bezeichneten Fälle
fristlos erfolgen kann oder ob eine angemessene Frist eingehalten
werden muß, hängt von dem anwendbaren Recht und den Umständen
des Einzelfalls ab[35].

Insbesondere wenn ein gesellschaftsähnlicher Lizenzvertrag gegeben
ist, kann nach dem Zweck der Gesellschaft oder aus dem Gesichtspunkt von Treu und Glauben eine kurzfristige oder fristlose Kündigung
unzulässig sein[36]. Im übrigen wird in der Regel allerdings eine fristlose
Kündigung gerechtfertigt sein. Verschiedentlich dürfte sich das schon
aus der Natur der Sache ergeben. So kann z. B. im Falle einer sog.
Vorveröffentlichung des Patentes, d. h. wenn die technische Lehre
irgendwann vor dem Tag der Patentanmeldung irgendwo in der Welt
auf irgendeine Art und Weise der Öffentlichkeit zugänglich gemacht
worden ist[37], gem. § 3 Abs. 1 PatG in der Bundesrepublik kein wirksames Schutzrecht mehr erworben werden. Ebenso kann eine fristlose
Kündigung von dem Zeitpunkt an gerechtfertigt sein, in dem feststeht,
daß der Lizenznehmer nicht in der Lage ist, den Lizenzgegenstand
herzustellen oder wenn er ihn nicht in der geforderten Qualität herstellen kann. Auch wenn feststeht, daß die Absatzmöglichkeit weggefallen
ist, kann eine Fristsetzung nichts mehr nützen.

Ist im Vertrag darüber, ob neben der vorzeitigen Beendigung des **489**
Vertragsverhältnisses Schadensersatz verlangt werden kann, nichts

---

33 Vgl. z. B. II. 17. des Musters (Anhang I) und dort Fußn. 27.
34 Anstelle der in II.9.4 des Vertragsmusters (Anhang I) vorgesehenen Mindestlizenz
   könnte eine vorzeitige Kündigung vorgesehen werden.
35 *BGH*, 22. 5. 1959, GRUR 1959 S. 616, 617; *BGH*, 13. 1. 1959, GRUR 1959 S. 384,
   388.
36 *BGH*, 22. 5. 1959, GRUR 1959 S. 616, 617.
37 Sog. absolut formeller Neuheitsbegriff, vgl. dazu BT-Drucks. 7/3712 S. 28; die früher
   im deutschen Recht geltende sog. Neuheitsschonfrist von 6 Monaten (vgl. § 2 PatG
   a. F.) ist weggefallen.

bestimmt, so ist diese Frage nach allgemeinen Rechtsgrundsätzen zu beurteilen. Nach deutschem Recht kann der Kündigende in der Regel Schadensersatz verlangen, wenn die vorzeitige Beendigung auf einer schuldhaften Vertragsverletzung durch den Vertragspartner beruht und ein Schaden entstanden ist. Wird die Zusammenarbeit durch von einer Partei zu vertretende Umstände unzumutbar und kommt es daher zu einer gerechtfertigten Kündigung, so ist Maßstab für die Haftung der durch die Kündigung beim Kündigenden entstehende Ausfall[38]. Teilweise wird zur Vermeidung von Unklarheiten in Verträgen ausdrücklich vereinbart, daß in bestimmten Fällen Schadensersatz verlangt werden kann. Auf diese Weise soll durch Vereinbarung bei Vorliegen der entsprechenden Voraussetzungen ein Schadensersatzanspruch gegeben werden, auch wenn das anwendbare Recht einen solchen nicht vorsieht oder die nationale gesetzliche Regelung nicht eindeutig ist. Soll ein im Gesetz vorgesehener Schadensersatzanspruch ausgeschlossen werden, so bedarf es hierfür einer ausdrücklichen Bestimmung, daß der Schadensersatz neben der Möglichkeit, den Vertrag vorzeitig zu beenden, ausgeschlossen sein soll.

490   Im Zusammenhang mit der vorzeitigen Kündigung durch den Lizenzgeber hatten sich die Gerichte verschiedentlich mit der Frage zu befassen, ob eine neben fortlaufenden Lizenzgebühren geschuldete, im voraus entrichtete einmalige Lizenzgebühr dem Lizenzgeber verbleibt oder ganz oder teilweise dem Lizenznehmer zurückzugeben ist. Der Bundesgerichtshof führte hierzu aus[39]:

> „Das Berufungsgericht (als Vorinstanz) stellt mit Recht auf den Willen der Vertragschließenden ab. Es vertritt die Auffassung, die einmalige Gebühr stelle nach der eindeutigen Regelung in Art. 9 und 10 des Lizenzvertrages das Entgelt dafür dar, daß die Klägerin (Lizenzgeberin) der Beklagten (Lizenznehmerin) überhaupt ihre Schutzrechte bekanntgegeben und zur Auswertung überlassen habe, und führte aus, solche Vereinbarungen seien üblich und mit Treu und Glauben vereinbar und blieben jedenfalls dann auch bei vorzeitiger Vertragsauflösung wirksam, wenn der Lizenzgeber die ihn begünstigende frühzeitige Beendigung des Vertrages nicht treuwidrig herbeigeführt habe. . . . Das bei Vertragsschluß übernommene Risiko einer vorzeitigen Vertragsauflösung müsse die Beklagte jetzt auch tragen. Das Berufungsgericht kommt zu dem Ergebnis, eine Ermäßigung der einmaligen Gebühr ‚pro rata temporis‘ rechtfertige sich weder aus dem Inhalt der Vereinbarung noch aus dem Gesichtspunkt von Treu und Glauben.“

---

38 *BGH*, 22. 5. 1959, GRUR 1959 S. 616; *BGH*, 28. 6. 1979, GRUR 1979 S. 768, 770
    m. Anm. von *Pietzcker*.
39 *BGH*, 5. 7. 1960, GRUR 1961 S. 27.

Dafür, daß die Gerichte u. U. zu dem entgegengesetzten Ergebnis kommen können, wenn die Vertragspartner über den Zweck der Pauschalgebühr keine ausreichenden Vereinbarungen getroffen haben, gibt das Urteil des Landgerichts München vom 18. 11. 1954 ein Beispiel. Dieses führt aus, daß bei Vereinbarung einer festen Summe als Lizenzgebühr im Zweifel von einer Pauschalgebühr im Sinne einer vorweggenommenen, auf die Vertragsdauer berechneten Lizenzzahlung und nicht einer Zahlung à fonds perdu auszugehen sei. Die Entstehung des Bereicherungsanspruchs auf Rückzahlung der Lizenzgebühren bei vorzeitiger Beendigung des Lizenzverhältnisses sei von einem etwaigen Verschulden des Lizenznehmers an der Vertragsauflösung unabhängig. Das Verschulden könne jedoch für die Höhe des Bereicherungsanspruchs von Bedeutung sein[40]. – Der Streitfall wurde in der zweiten Instanz durch Vergleich erledigt.

Diese beiden Urteile, die zu ganz verschiedenen Ergebnissen kommen, zeigen, wie wichtig es ist, daß die Parteien klare Vereinbarungen treffen. Dies gilt umso mehr, als diese Frage von außerordentlicher praktischer Bedeutung ist, da in vielen Fällen mit der Lizenzierung des Patentes auch z. B. Anwendungs-Know-How in großem Umfange an den Lizenznehmer mitgeteilt wird. Dies kann so weit gehen, daß wertmäßig das Anwendungs-Know-How oder sonstige Know-How ebenso wertvoll oder sogar erheblich wertvoller sind als das lizenzierte Schutzrecht. Hier hat der Lizenzgeber ein großes Interesse daran, für die Zurverfügungstellung des Know-How z. B. mit einem Pauschalbetrag entschädigt zu werden, da er durch die Übergabe des Know-How eine zusätzliche und praktisch kaum revidierbare Leistung erbracht hat. Gleichzeitig ist die Mitteilung an den Lizenznehmer und die Gefahr des Offenkundigwerdens des Know-How potentiell erheblich gestiegen, so daß ein guter Grund für eine sog. Zahlung à fonds perdu gegeben ist[41]. Daher wird eine solche verlorene Grundzahlung auch häufig in Verträgen vereinbart[42].

---

40 *LG München*, 18. 11. 1954, GRUR 1956 S. 413.
41 Vgl. dazu auch *Stumpf,* Der Know-How-Vertrag, a.a.O., Rdnr. 100 ff.
42 Dementsprechend ist z. B. im Muster für einen Patentlizenzvertrag in II.9.1 auch vorgesehen, daß der dort erwähnte Betrag nicht zurückzuzahlen ist (Anhang I).

IV. Der Lizenzvertrag im Konkurs

1. Allgemeines

491 Nach § 1 KO haftet im Konkurs das Vermögen des Gemeinschuldners, das der Zwangsvollstreckung unterliegt. Gemäß § 857, 851 ZPO können alle übertragbaren Rechte Gegenstand der Zwangsvollstreckung sein und gehören im Konkursfalle daher in die Konkursmasse. Dies bedeutet grundsätzlich, daß Lizenzen der Zwangsvollstreckung und damit dem Konkursverfahren ebenfalls soweit unterliegen, wie sie übertragbar sind.

Entsprechend den obigen Ausführungen[43] sind auf Lizenzverträge die Grundsätze des Pachtrechtes anzuwenden. Dementsprechend finden auch im Konkursverfahren auf Lizenzverträge die für Pachtverhältnisse geltenden Vorschriften Anwendung[44], es sei denn, daß spezifische Formen eines Lizenzvertrages, wie z. B. gesellschaftsähnliche Lizenzverträge, vorliegen, die aufgrund ihres spezifischen Charakters eine uneingeschränkte Anwendung der patentrechtlichen Grundsätze verbieten.

2. Konkurs des Lizenzgebers

492 Mit der Eröffnung des Konkurses verliert der Gemeinschuldner gem. § 6 KO die Befugnis, sein zur Konkursmasse gehörendes Vermögen zu verwerten oder darüber zu verfügen. Alle Verfügungs- und Verwaltungsrechte werden vom Konkursverwalter ausgeübt.

493 Für den Lizenzvertrag hat die oben dargelegte Notwendigkeit der Anwendung der pachtrechtlichen Grundsätze die Konsequenz, daß im Konkurs des Lizenzgebers § 21 Abs. 1 KO entsprechend anzuwenden ist. Nach dieser Vorschrift bleiben Miet- und Pachtverträge, bei denen der vermietete bzw. verpachtete Gegenstand vor Eröffnung des Verfahrens bereits überlassen worden war, wirksam. Dies gilt unabhängig davon, ob dem Lizenzvertrag eine einfache oder eine ausschließliche Lizenz zugrunde liegt. Auch ein Kündigungsrecht des Konkursverwalters ist nicht gegeben[45].

---

43 Vgl. Rdnr. 24.
44 *Benkard*, PatG, a.a.O., Rdnr. 32 zu § 15; *Klauer/Möhring*, PatG, a.a.O., Rdnr. 93 zu § 9.
45 *Klauer/Möhring*, PatG, a.a.O., Rdnr. 94 zu § 9; *Reimer*, PatG, a.a.O., Rdnr. 123 zu § 9; *Henn*, a.a.O., S. 129 mwN.

Soweit der Konkursverwalter das dem Lizenzvertrag zugrundeliegende Schutzrecht veräußert, stellt sich zunächst die Frage nach der entsprechenden Anwendung der Vorschrift des § 21 Abs. 4 KO, die dem Erwerber eines Miet- oder Pachtgrundstückes ein einmaliges, vorzeitiges Kündigungsrecht gewährt[46]. Die Anwendung dieser Vorschrift, die an sich speziell auf Miet- und Pachtverhältnisse von Grundstücken zugeschnitten ist, auf Lizenzverträge, wird von der herrschenden Meinung abgelehnt[47]. Unabhängig von der Frage eines derartigen vorzeitigen Kündigungsrechtes des Erwerbers eines Schutzrechtes ist jedoch gerade der einfache Lizenznehmer im Falle der Veräußerung des Schutzrechtes durch den Konkursverwalter auf das Äußerste gefährdet. Die Gefährdung des einfachen Lizenznehmers – im Gegensatz im übrigen zu dem ausschließlichen Lizenznehmer – ergibt sich aus dem oben ausführlich dargestellten[48], fehlenden Sukzessionsschutz bei der einfachen Lizenz. Verkauft der Konkursverwalter des Lizenzgebers das Patent nämlich an einen Dritten, braucht dieser aufgrund des fehlenden Sukzessionsschutzes der einfachen Lizenz diese nicht gegen sich gelten zu lassen, sondern kann dem einfachen Lizenznehmer die weitere Benutzung des Patentes untersagen[49].

Hatte der Lizenzgeber die Erfindung zum Zeitpunkt der Eröffnung des Verfahrens dem Lizenznehmer noch nicht überlassen, hat der Konkursverwalter des Lizenzgebers gem. § 17 KO ein Wahlrecht, den Vertrag zu erfüllen oder den Vertrag abzulösen[50].

Streitig ist, welche Konsequenzen sich ergeben, wenn der Lizenzgeber **494** bei der Lizenzeinräumung auch Nebenpflichten übernommen hat, und zwar dem Lizenznehmer die Erfindung überlassen worden war, aber die Nebenverpflichtungen noch nicht erfüllt waren. Zu diesen Nebenverpflichtungen zählen z. B. die Überlassung von Verbesserungen, Einweisung von Personal, Hilfestellung, Auskunftserteilung, Lieferung von Werkmaterial und -stoffen, Meßinstrumenten u. ä., d. h. alles, was ggf. notwendig ist, um die ordnungsgemäße Anwendung des überlassenen Schutzrechtes zu gewährleisten.

---

46 § 57a ZVG, vgl. dazu auch *BGH*, 11. 7. 1962, BGHZ 37 S. 346 ff.
47 *Klauer/Möhring*, PatG, a.a.O., Rdnr. 94 zu § 9; *Lüdecke/Fischer*, a.a.O., H 15, S. 616; *Reimer*, PatG, a.a.O., Rdnr. 123 zu 9.
48 Vgl. Rdnr. 382 f.
49 Vgl. dazu ausführlich Rdnr. 383.
50 *Benkard*, PatG, a.a.O., Rdnr. 32 zu § 15; *Klauer/Möhring*, PatG, a.a.O., Rdnr. 94 zu § 9; *Mentzel*, KO, a.a.O., Rdnr. 2 zu § 19; *Henn*, a.a.O., S. 130 f.

Hinsichtlich dieser noch nicht überlassenen Nebenpflichten wollen Klauer/Möhring dem Konkursverwalter gem. § 17 KO ein Wahlrecht einräumen, den Vertrag zu erfüllen oder den Vertrag abzulösen[51]. Die wohl überwiegende Meinung[52] ist jedoch der Ansicht, daß durch dieses Wahlrecht das Interesse des Konkursverwalters, die Konkursmasse von Nebenverpflichtungen zu befreien, generell höher eingeschätzt würde als das Interesse des Lizenznehmers an der Weiterbenutzung der Erfindung. Dies erscheint nicht gerechtfertigt, da es Fälle gibt, in denen der Konkursverwalter ohne weiteres die Nebenverpflichtungen erfüllen kann oder der Gemeinschuldner dazu bereit ist oder dazu zu veranlassen ist, dieses zu tun. Diese überwiegende Meinung will auf die sog. Nebenpflichten § 21 Abs. 1 KO anwenden. Diese Auffassung erscheint gerechtfertigt. Wenn das Gesetz in § 21 Abs. 1 KO generell anordnet, daß ein Miet- oder Pachtverhältnis der Konkursmasse gegenüber wirksam bleibt, so fallen darunter alle Pflichten, also auch die Nebenpflichten, die der Vertrag den Parteien auferlegt[53]. Können die Nebenverpflichtungen infolge des Konkurses des Lizenzgebers nicht erfüllt werden und hat der Lizenznehmer aus diesem Grunde kein Interesse an der Aufrechterhaltung des Lizenzvertrages, so hat er ein Kündigungsrecht[54].

Soweit es allerdings nicht mehr um einen typischen Lizenzvertrag geht, erscheint die Anwendung des § 17 KO durchaus angemessen. Dies wird regelmäßig dann sinnvoll sein, wenn die Schwerpunktbildung des Vertrages auf einem anderen Gebiet liegt, z. B. bei langfristigen Bezugs- oder Kooperationsverträgen, in deren Rahmen auch Lizenzen vergeben wurden. Auf einen solchen Vertrag können die Vorschriften des Miet- und Pachtrechtes keine Anwendung finden.

495   Möglich erscheint noch, daß die Beziehungen zwischen den Parteien des Lizenzvertrages so eng waren, daß diese Rechtsbeziehungen ein Gesellschaftsverhältnis darstellen, zumindest diesem sehr ähnlich sind. Hier wird eine Auseinandersetzung der Gesellschaft gem. § 16 KO außerhalb des Konkursverfahrens zu vollziehen sein[55].

51 *Klauer/Möhring*, PatG, a.a.O., Rdnr. 94 zu § 9.
52 *Benkard*, PatG, a.a.O., Rdnr. 32 zu § 15; *Mentzel*, KO, a.a.O., Rdnr. 2 zu § 19; *Reimer*, PatG, a.a.O., Rdnr. 123 zu § 9; *Henn*, a.a.O., S. 129 mwN.
53 *Mentzel*, KO, a.a.O., Rdnr. 2 zu § 19; *Reimer*, PatG, a.a.O., Rdnr. 123 zu § 9.
54 Vgl. zu der ähnlichen Problematik bei Know-How-Verträgen *Stumpf*, Der Know-How-Vertrag, a.a.O., Rdnr. 215 a; *Mentzel*, KO, a.a.O., Rdnr. 2 zu § 19.
55 *Klauer/Möhring*, PatG, a.a.O., Rdnr. 94 zu § 9; vgl. auch zu der ähnlich gelagerten Problematik bei Know-How-Verträgen *Stumpf*, Der Know-How-Vertrag, a.a.O., Rdnr. 215 a.

Zu erörtern bleibt, ob der Lizenznehmer im Falle des Konkurses des **496**
Lizenzgebers ein außerordentliches Kündigungsrecht hat. Dies ist für
den Lizenznehmer insbesondere von Bedeutung, wenn der Leistungs-
umfang des Lizenzgebers aufgrund des Konkurses nicht mehr in vollem
Umfang aufrechterhalten bleibt. Zu denken wäre hier z. B. an Fälle, in
denen eine Weiterentwicklung des Lizenzproduktes durch den Lizenzgeber, die fest eingeplant war und dem Lizenznehmer zur Verfügung
gestellt werden sollte, nicht mehr erfolgen kann. Eine ähnliche Situation ergibt sich, wenn eine spezifische Beratung o. ä. des Lizenznehmers durch den Lizenzgeber erfolgen sollte. War der Lizenzvertrag
durch besondere zusätzliche, ggf. auch höchstpersönliche Verpflichtungen des Lizenzgebers geprägt und steht fest, daß diese zusätzlichen
Leistungen aufgrund des Konkurses nicht mehr erbracht werden, so ist
eine kurzfristige Kündigungsmöglichkeit des Lizenznehmers in
Betracht zu ziehen[56]. Wann jedoch hier im Einzelfall ein wichtiger
Grund zur Kündigung oder ggf. auch ein Anspruch, den Vertrag nach
§ 242 BGB wegen Wegfalls der Geschäftsgrundlage entsprechend
anzupassen, vorliegt, läßt sich nur auf der Basis des Einzelfalls entscheiden. Aus diesem Grund ist zu überlegen, ob nicht im Vertrag für
den Fall des Konkurses des Lizenzgebers besondere Beendigungsmög-
lichkeiten des Vertrages zugunsten des Lizenznehmers vorgesehen
werden sollten.

3. Konkurs des Lizenznehmers

Zunächst ist auch hier zu unterscheiden, ob der Lizenzgeber dem **497**
Lizenznehmer die Erfindung z. Zt. der Konkurseröffnung schon überlassen hatte oder nicht. War der Lizenzvertrag zwar abgeschlossen,
aber die Erfindung noch nicht überlassen, findet § 20 Abs. 1 KO
Anwendung. Nach dieser Vorschrift kann der Lizenzgeber vom Vertrag zurücktreten. Er muß aber auf Aufforderung des Konkursverwalters die Rücktrittserklärung unverzüglich abgeben, da sonst die
Bestimmung des § 17 KO Anwendung findet, nach der der Konkursverwalter des Lizenznehmers die Wahl zwischen Erfüllung und Nichterfüllung des Vertrages hat[57].

Hat der Lizenzgeber dem Lizenznehmer die Erfindung bereits vor **498**
Eröffnung des Konkursverfahrens überlassen, ist nach herrschender

---

56 So auch *Mentzel*, KO, a.a.O., Rdnr. 2 zu § 19 KO.
57 *Klauer/Möhring*, PatG, a.a.O., Rdnr. 95 zu § 9; *Reimer*, PatG, a.a.O., Rdnr. 123 zu
   § 9.

Meinung § 19 KO entsprechend anzuwenden[58]. Dies ergibt sich daraus, daß jeder Lizenzvertrag einerseits in hohem Maße auf dem Vertrauen des Lizenznehmers beruht, andererseits, daß der Konkursverwalter des Lizenznehmers das Recht haben muß, die Konkursmasse von den auf ihr lastenden Lizenzgebühren durch Kündigung des Lizenzvertrages zu befreien[59]. Konsequenz der Anwendung des § 19 KO sowohl für die ausschließliche als auch für die einfache Lizenz ist, daß sowohl der Lizenzgeber als auch der Konkursverwalter des Lizenznehmers ein Kündigungsrecht besitzen und bei Konkurs des Lizenznehmers den Vertrag lösen können. § 19 KO und das daraus resultierende Kündigungsrecht ist dabei auch auf solche Lizenzen anzuwenden, bei denen eine Betriebslizenz vorliegt, nach der der Lizenznehmer die Lizenz entweder nicht oder nur zusammen mit seinem Betrieb an einen Dritten veräußern darf[60]. Reimer[61] verweist zu Recht darauf, daß ebenso wie das Nutzungsrecht des Mieters oder Pächters, das unübertragbar ist, gleichwohl aber vom Konkursverwalter für die Masse ausgeübt werden kann, nicht einzusehen ist, warum gleiches nicht auch bei unveräußerlichen Lizenzen gelten solle. Bei unveräußerlichen Lizenzen erschöpft sich die Massezugehörigkeit der Lizenz und die Verfügungsberechtigung des Konkursverwalters allerdings darin, die Erfindung für Rechnung der Masse zu benutzen oder den Lizenzvertrag gem. § 19 KO zu kündigen[62].

499 Hinsichtlich der Kündigungsfristen bestimmt § 19 KO als maßgebliche Kündigungsfrist die gesetzliche Kündigungsfrist, sofern keine kürzere Frist vereinbart war. Aufgrund der fehlenden gesetzlichen Kündigungsfristen für Lizenzverträge käme danach nur eine vereinbarte vertragliche Frist in Betracht. Hierbei ist zu berücksichtigen, daß derartige Fristen in Lizenzverträgen, soweit sie überhaupt vereinbart werden und nicht der Lizenzvertrag auf die Dauer des Schutzrechtes geschlossen wird, recht lang sind. Dies steht in gewissem Widerspruch

---

58 *Benkard*, PatG, a.a.O., Rdnr. 32 zu § 15; *Klauer/Möhring*, PatG, a.a.O., Rdnr. 95 zu § 9; *Lüdecke/Fischer*, a.a.O., S. 690 ff.; *Mentzel*, KO, a.a.O., Rdnr. 2 zu § 19; *Reimer*, PatG, a.a.O., Rdnr. 123 zu § 9; *Henn*, a.a.O., S. 130 mwN; a. A. *Kilger* KO, a.a.O., Rdnr. 2 zu § 19, der § 19 ausschließt, wenn es um ausschließliche Lizenzen geht.

59 *Klauer/Möhring*, PatG, a.a.O., Rdnr. 95 zu § 9; *Reimer*, PatG, a.a.O., Rdnr. 123 zu § 9.

60 *Klauer/Möhring*, PatG, a.a.O., Rdnr. 95 zu § 9; *Mentzel*, KO, a.a.O., Rdnr. 2 zu § 19; *Reimer*, PatG, a.a.O., Rdnr. 123 zu § 9.

61 *Reimer*, PatG, a.a.O., Rdnr. 123 zu § 9.

62 *Reimer*, PatG, a.a.O., Rdnr. 123 zu § 9.

dazu, daß das Konkursverfahren bestrebt ist, den Konkurs des Gemeinschuldners möglichst schnell abzuwickeln. Klauer/Möhring[63] billigen daher dem Konkursverwalter und dem Lizenzgeber ein Kündigungsrecht zu, das in angemessener Frist nach der Konkurseröffnung auszuüben ist. Krausse/Katluhn/Lindenmaier[64] wollen dem Konkursverwalter und dem Lizenzgeber sogar ein fristloses Kündigungsrecht zubilligen. Letztere Regelung erscheint als nicht so günstig, da sowohl Konkursverwalter als auch Lizenzgeber gewisse Prüfungen vornehmen müssen, um zu überlegen, ob eine derartige Kündigung in Anbetracht des Ablaufs des Konkurses sinnvoll ist oder nicht. Daher wäre die vernünftigere Regelung ohne Frage ein Kündigungsrecht in angemessener Frist nach Konkurseröffnung.

noch **499**

---

63 *Klauer/Möhring*, PatG, a.a.O., Rdnr. 95 zu § 9.
64 *Lindenmaier/Weiß*, PatG, a.a.O., Anm. 65 zu § 9; vgl. auch *RG*, 28. 9. 1928, RGZ 122 S. 70 ff.; *RG*, 26. 10. 1931, RGZ 134 S. 91.

N. Steuerliche Behandlung
der Lizenzgebühr bei Verträgen
mit inländischen Lizenznehmern

I. Allgemeines

500 Für die steuerliche Behandlung von Lizenzgebühren, Lizenzrechten, Erfindungen usw. bestehen zwischen geschützten und ungeschützten Erfindungen praktisch keine Unterschiede.

II. Bilanzierung

501 Patente, ungeschützte Erfindungen und Rechte aus Lizenzverträgen sind immaterielle Wirtschaftsgüter. Diese Rechte sind grundsätzlich nur dann aktivierbar, wenn sie entgeltlich erworben werden[1]. Im Falle des entgeltlichen Erwerbs sind auch die Anschaffungsnebenkosten aktivierungspflichtig. Selbstgeschaffene immaterielle Wirtschaftsgüter dürfen − aus Vorsichtsgründen − nicht aktiviert werden, da diese Wirtschaftsgüter am Markt noch keine Wertkonkretisierung erfahren haben. Diensterfindungen (gebundene Erfindungen) von Arbeitnehmern, die der Arbeitgeber übernimmt, sind nach herrschender Literaturmeinung als selbstgeschaffene und daher nicht aktivierbare immaterielle Wirtschaftsgüter anzusehen.

Die gegenseitigen Rechte und Pflichten aus Lizenzverträgen werden grundsätzlich nicht bilanziert; vielmehr werden die laufenden Lizenzgebühren beim Lizenznehmer als Betriebsausgaben und beim Lizenzgeber als Betriebseinnahmen behandelt. Nicht bilanzierungspflichtige Lizenzgeber (z. B. die freien Erfinder) können ihren Gewinn durch Überschußrechnung ermitteln und verbuchen somit nur die tatsächlichen Betriebseinnahmen und Betriebsausgaben. Einmalige Vorleistungen wie z. B. Einmalzahlungen müssen jedoch beim Lizenznehmer aktiviert und auf die voraussichtliche wirtschaftliche Nutzungsdauer verteilt werden. Die wirtschaftliche Nutzungsdauer orientiert sich in der Regel an der Vertragsdauer. Der bilanzierende Lizenzgeber wird die einmalige Vorleistung passivieren.

---

[1] Vgl. § 5 Abs. 2 EStG.

III. Vermögensteuer

Bei der Einheitsbewertung des Betriebsvermögens werden Rechte und **502** Pflichten aus dem Lizenzvertrag entsprechend der Behandlung bei der Ertragsteuer grundsätzlich nicht erfaßt. Das Patent oder die Erfindung selbst gehören beim persönlichen Erfinder nicht zum sonstigen Vermögen und damit auch nicht zum Betriebsvermögen, wenn sie in dessen eigenem Betrieb oder durch Vergabe an Dritte verwertet werden oder im Fall seines Todes seiner Ehefrau oder seinen Kindern zustehen[2].

Diensterfindungen gehören nur dann zum Betriebsvermögen des Arbeitgebers, wenn sie von diesem in Lizenz vergeben oder in sonstiger Weise einem Dritten gegen Entgelt zur Ausnutzung überlassen werden[3]. Andere Erfindungen sind grundsätzlich vermögensteuerpflichtig, wenn sie in Lizenz vergeben werden[4].

Sofern eine Erfindung bzw. ein Patent vermögensteuerpflichtig ist, erfolgt die Bewertung durch Kapitalisierung des Reinertrages für die geschätzte Nutzungsdauer. Die durchschnittliche Nutzungsdauer beträgt nach Meinung der Finanzverwaltung etwa acht Jahre. Der Kapitalisierung ist der marktübliche Zinssatz zuzüglich eines Risikozuschlags von 50 % zugrunde zu legen[5].

IV. Gewerbesteuer

Es bestehen keine Besonderheiten gegenüber den Ertragsteuern und **503** der Vermögensteuer. Die hälftige Hinzurechnung der gezahlten Lizenzgebühren gemäß § 8 Nr. 7, 12 Abs. 2 Nr. 2 GewStG ist nach der BFH-Rechtsprechung nicht mehr zulässig[6].

V. Steuerliche Vergünstigungen

Die Investitionszulage für Forschung und Entwicklung gemäß § 4 **504** Investitionszulagengesetz 1986[7] konnte auch bei Anschaffung immaterieller Wirtschaftsgüter in Anspruch genommen werden. Die Zulage betrug 20 % der Anschaffungs- oder Herstellungskosten bis zu max.

---

2 § 101 Nr. 2 i. V. m. § 110 Abs. 1 Nr. 5 BewG.
3 § 101 Nr. 2 Satz 2 BewG.
4 Abschn. 64 Abs. 2 VStR.
5 Abschn. 64 Abs. 2 VStR.
6 *BFH*, BStBl. 1973 daneben II 412.
7 Investitionszulagengesetz 1986 (InvZulG) vom 28. 6. 1986 (BGBl. 1991 I 231).

500 000,00 DM pro Wirtschaftsjahr. Der übersteigende Betrag wurde nur noch mit 7,5 % gefördert. Dieses Gesetz ist mit Ablauf des 31. 12. 1989 außer Kraft getreten.

Das neue Investitionszulagengesetz 1991[8] sieht die Förderung der Anschaffung von immateriellen Wirtschaftsgütern nicht mehr vor. Auch in dem Fördergebietsgesetz, das im wesentlichen die neuen Bundesländer als Fördergebiet ausweist, ist eine besondere Förderung der Anschaffungskosten immaterieller Wirtschaftsgüter nicht vorgesehen.

Für Vergütungen, die Arbeitgeber ihren Arbeitnehmern für die Inanspruchnahme von Diensterfindungen zahlen, konnten bis 1988 Steuervergünstigungen in Anspruch genommen werden. Diese Steuervergünstigungen sind ab 1989 ersatzlos weggefallen. Die ab 1989 zugeflossenen Vergütungen sind in voller Höhe steuerpflichtig. Für freie Erfinder bestanden ebenfalls Steuervergünstigungen, die aufgrund des Wegfalls der Erfinderverordnung seit 1989 auch nicht mehr in Anspruch genommen werden können.

---

8 Investitionszulagengesetz 1991 (InvZulG) vom 24. 6. 1991 (BGBl. 1991 I 1322).

O. Lizenzvertrag und deutsches Kartellrecht

I. Allgemeines[1]

1. Gewerbliche Schutzrechte und Wettbewerbsordnung

Die Bedeutung, ja Notwendigkeit gewerblicher Schutzrechte ist heute **505** weltweit anerkannt. Dies zeigt sich schon daran, daß nicht nur alle Industrienationen, sondern auch die Entwicklungsländer und sogar kommunistische Staaten Schutzrechte geschaffen haben. Bei kommunistischen Staaten widersprechen Schutzrechte an sich der Wirtschaftsordnung. Aufgrund wirtschaftlicher Notwendigkeiten sahen sich aber auch kommunistische Staaten gezwungen, zumindest für Ausländer Schutzrechte zu gewähren.

Zur Zeit der Einführung der ersten Patentgesetze machte sich zum Teil erbitterter Widerstand von seiten der Anhänger der Freihandelstheorie gegen die Patentsysteme geltend. Sie konnten sich aber nicht durchsetzen. In der Folgezeit verstummte dann die Diskussion um die Berechtigung von Schutzrechten. Sie flammte dann erst wieder mit Entstehen der neoliberalen Doktrin auf[2].

Auch nach Wiederaufleben der Diskussion um die Berechtigung von Schutzrechten aufgrund der neoliberalen Doktrin ist anerkannt, daß Schutzrechte nicht nur für den technischen Fortschritt erforderlich sind, sondern daß zwischen der Wettbewerbsordnung und dem Bestand der Schutzrechte kein Zielkonflikt besteht[3].

Von einer Mindermeinung wird zwar noch immer die Auffassung vertreten, niemand könne mit Sicherheit angeben, ob und welche Vorteile mit dem Patentschutz verbunden sind[4]. Diese Meinung geht jedoch völlig an der Wirklichkeit vorbei.

---

1 Ein umfassendes Literaturverzeichnis zu diesem Fragenkomplex findet sich bei *Immenga/Mestmäcker*, a.a.O., S. 577 ff. = vor Rdnr. 1 zu § 20.

2 *Axster*, Gemeinschaftskommentar, a.a.O., Rdnr. 11 zur Vorb. vor §§ 20, 21.

3 *Axster*, Gemeinschaftskommentar, a.a.O., Rdnr. 88 zur Vorb. vor §§ 20, 21; *Westrick/Loewenheim*, a.a.O., Rdnr. 1 zu § 20; vgl. *Machlup*, GRUR Int. 1961 S. 373 sowie 473.

4 *Emmerich* in *Immenga/Mestmäcker*, a.a.O., Rdnr. 12 ff. zu § 20.

noch
505 Es soll nicht verkannt werden, daß der Mißbrauch von Schutzrechten zu Marktstörungen führen kann und durch gesetzliche Bestimmungen verhindert werden muß. Vor allem bei Theoretikern des Kartellrechts und bei Beamten, insbesondere der Europäischen Kommission, ist in diesem Zusammenhang jedoch die Tendenz anzutreffen, die Bedeutung des Kartellrechts überzubewerten und sich mit den Notwendigkeiten der Praxis und des Lizenzrechts zu wenig auseinanderzusetzen. Von dieser Seite wird einer ständigen Verschärfung des Kartellrechts das Wort geredet.

Auch in der Literatur und in der Rechtsprechung ist in den letzten Jahren die kartellrechtliche Problematik bei Lizenzverträgen stark in den Vordergrund gerückt. Dadurch ist die zivilrechtliche Problematik zu sehr in den Hintergrund getreten. Aufgrund einer eingehenden rechtstatsächlichen Untersuchung kommt Pfaff zu dem Ergebnis, daß neben der Beschäftigung mit den kartellrechtlichen Aspekten künftig auch mehr das Zivilrecht, das internationale Privat- und Prozeßrecht in der Rechtswissenschaft berücksichtigt werden muß[5]. Pfaff kommt auch zu dem Ergebnis, daß der Zielkonflikt zwischen dem Wunsch nach Technologietransfer und dem nach Markteinheit sowie Schutz der Wettbewerbsfreiheit durch den Gesetzgeber beseitigt werden muß. Aufgrund dieses Zielkonflikts, aber auch bei einer wirtschaftlichen Betrachtungsweise, erhebt sich die Frage, ob es heute noch sinnvoll ist, an dem geltenden Verbotsprinzip der §§ 20 und 21 GWB festzuhalten oder ob es nicht vielmehr zwingend geboten ist, zum Mißbrauchsprinzip überzugehen, zumal eine Mißbrauchsaufsicht dem System des GWB durchaus nicht fremd ist. Die Deutsche Vereinigung für Gewerblichen Rechtsschutz hat die Forderung, zum Mißbrauchsprinzip überzugehen, schon im Jahre 1970 erhoben. Fischer, Pfaff und auch die Verfasser haben sich dieser Forderung angeschlossen[6].

Der Verfasser Stumpf hat anläßlich eines Seminars im Duttweiler-Institut dem früheren Präsidenten des Kartellamts die Einführung des Mißbrauchsprinzips anstelle des Verbotsprinzips vorgeschlagen. Dieser hat eine solche Regelung zumindest „für erwägenswert" gehalten.

---

5 Vgl. *Pfaff*, RIW/AWD 1982 S. 381 ff., 386; vgl. auch Bericht über die Tagung für Rechtsvergleichung, GRUR Int. 1982 S. 341; *Kraßer/Schmid*, GRUR Int. 1982 S. 324.
6 Siehe z. B. *Deutsche Vereinigung für Gewerblichen Rechtsschutz*, GRUR 1970 S. 177; *Fischer*, GRUR 1972 S. 319 ff.; *Stumpf*, Der Know-How-Vertrag, a.a.O., S. 223 ff.

Bis heute konnte sich jedoch der Gesetzgeber nicht dazu entschließen, die Vorschriften der §§ 20 und 21 GWB entsprechend zu ändern.

Durch Einführung des Mißbrauchsprinzips könnte den kartellrechtlichen Erfordernissen besser Rechnung getragen werden, als dies bei dem Verbotsprinzip der Fall ist. Liegt nach dem geltenden Verbotsprinzip ein Verstoß gegen §§ 20 und 21 GWB vor, so ist die entsprechende Klausel und möglicherweise der ganze Vertrag unwirksam. Dies kann im Einzelfall durchaus zu falschen und auch kartellrechtlich unerwünschten Ergebnissen führen. Dies kann z. B. der Fall sein, wenn es sich bei dem Lizenzgeber um einen technisch hervorragenden, wirtschaftlich aber schwachen Partner handelt, während der Lizenznehmer dem Lizenzgeber wirtschaftlich weit überlegen ist. Besonders augenfällig läßt sich dies anhand von Know-How-Verträgen zeigen. So kann der Know-How-Geber nach § 21 GWB aufgrund des Verbotsprinzips nach Offenkundigwerden des dem Know-How-Vertrag zugrundeliegenden Geheimnisses vom Know-How-Nehmer weder eine weitere Bezahlung noch die Einstellung der Arbeiten, z. B. der Produktion, verlangen. Das bedeutet aber, daß der Know-How-Nehmer immer dann, wenn das Geheimnis schon vor Ablauf des Vertrages offenkundig wird, nicht mehr an seine vertraglichen Verpflichtungen gebunden ist. Diese Konsequenz eröffnet einem ungetreuen Vertragspartner die Möglichkeit, das Offenkundigwerden eines Geheimnisses vorzeitig herbeizuführen und sich auf diese Weise seiner – ihm möglicherweise in der Zwischenzeit lästig gewordenen – vertraglichen Verpflichtungen zu entziehen. Der Nachweis, daß der Lizenznehmer seine vertraglichen Verpflichtungen verletzt hat, läßt sich meist nicht führen. Hier zeigt sich, daß das Verbotsprinzip zu ungerechtfertigten Ergebnissen führen kann, da es unehrenhaftem Verhalten von Vertragspartnern Vorschub leistet, zumal die Behauptung, daß eine Sache offenkundig sei, in unserer schnellebigen Zeit leicht aufgestellt und u. U. auch leicht zu beweisen ist.

Die Praxis hat auch gezeigt, daß kleine und mittlere Firmen meist nicht in der Lage sind, ihre Verträge so abzuschließen, daß sie allen kartellrechtlichen Erfordernissen entsprechen. Dies gilt vor allem auch, wenn es sich um Verträge mit einem ausländischen Partner handelt und mehrere Kartellrechte berührt werden. Die Materie ist so kompliziert geworden, daß sie nur mit einem Heer von Juristen bewältigt werden könnte. Dies ist aber für kleine und mittlere Firmen nicht tragbar. Die Konsequenz ist, daß häufig Verträge in gutem Glauben geschlossen werden, die kartellrechtlich nicht haltbar sind.

506

Das Verbotsprinzip kann auch dazu führen, daß ein überlegener und versierter Lizenznehmer Verträge abschließt, von denen er weiß, daß einzelne Verpflichtungen gegen das Kartellrecht verstoßen. Er kann sich dann, wenn ihm diese Verpflichtungen lästig werden, auf ihre Unwirksamkeit berufen.

Das Verbotsprinzip kann in verschiedenen Fällen geradezu wettbewerbshindernd wirken, weil kleine und mittlere Unternehmen sich angesichts der schwierigen rechtlichen Beurteilung dessen, was eine unzulässige Beschränkung ist, davor scheuen, das Risiko eines möglicherweise unwirksamen Vertrages einzugehen. Dies gilt vor allem auch für Know-How-Verträge.

Hinsichtlich der Gründe, die gegen ein Verbots- und für ein Mißbrauchsprinzip sprechen, darf im einzelnen auf Fischer verwiesen werden[7].

2. Anwendungsbereich

507   Bei Lizenzverträgen handelt es sich um Austauschverträge, für deren kartellrechtliche Beurteilung nach deutschem Recht die §§ 20 und 21 des Gesetzes gegen Wettbewerbsbeschränkungen (GWB) ausschlaggebend sind. Neben diesen Vorschriften findet sowohl nach der Praxis des Bundeskartellamts als auch nach der Rechtsprechung des Bundesgerichtshofes die Vorschrift der §§ 1 ff. GWB Anwendung, wenn ein Lizenzvertrag zugleich ein Kartell darstellt[8].

Das ist dann der Fall, wenn der Vertrag auf einen gemeinsamen Zweck gerichtet ist. Nach Auffassung des Bundeskartellamtes und des Bundesgerichtshofs stellt § 20 GWB keine Sondervorschrift dar; diese Bestimmung hat vielmehr hinter die des § 1 GWB zurückzutreten, wenn sich die Tatbestände derart überschneiden, daß sie beide Vorschriften erfüllen[9].

---

7 Vgl. *Fischer*, GRUR 1972 S. 319 ff.
8 Vgl. § 20 Abs. 4 GWB; diese einschlägigen Bestimmungen sind in Anhang IV abgedruckt.
9 *BGH*, 20. 5. 1966 „Zymcofot", WuW/E BGH S. 810 ff.; *BGH*, 6. 11. 1972 „Nahtverlegung", WuW/E BGH S. 1253; *BGH*, 10. 10. 1974 „Bahnen aus Kunststoff", WuW/E BGH S. 1332 ff.; *BGH*, 30. 5. 1978 „Fertighäuser", BB 1978 S. 1740 = WuW/E BGH S. 1525 ff.; BKartA Tätigkeitsberichte für 1964 S. 54; 1965 S. 65; 1970 S. 92 ff.; 1971 S. 97; 1973 S. 113; 1975 S. 92; 1976 S. 100 ff.; 1977 S. 90; 1978 S. 100; 1983/1984 S. 40; *Emmerich* in *Immenga/Mestmäcker*, a.a.O., Rdnr. 99 zu § 20; *Axster*, Gemeinschaftskommentar, a.a.O., Rdnr. 34 ff. im Anhang zu §§ 20, 21; *Stumpf*, Der Know-How-Vertrag, a.a.O., S. 189 ff.; so wohl im Ergebnis auch *Henn*, a.a.O., S. 208, der

Sowohl der Bundesgerichtshof als auch das Bundeskartellamt haben wiederholt § 1 GWB auf Verträge angewandt, für die zunächst von den Vertragsbeteiligten die für sie günstigeren §§ 20 und 21 GWB geltend gemacht wurden. Die Frage, wann die §§ 20, 21 und wann die §§ 1 ff. anzuwenden sind, ist nicht immer leicht zu entscheiden[10].

Enthält der Lizenzvertrag im Einzelfall Vereinbarungen, die über die für Austauschverträge typischen Vereinbarungen hinausgehen und die Verfolgung eines gemeinsamen Zweckes zum Ziele haben, so finden anstelle der Bestimmungen der §§ 20 und 21 GWB die Bestimmungen der §§ 1 bis 8 GWB Anwendung. Enthalten Vereinbarungen, die einen gemeinsamen Zweck zum Ziel haben, kartellrechtliche Beschränkungen im Sinne des § 1 GWB, so sind diese grundsätzlich unwirksam, soweit keine Genehmigung gemäß den Bestimmungen der §§ 2 ff. GWB erteilt ist[11].

508

Die Vorschriften der §§ 1 ff. GWB wurden vom Kartellamt in einem Fall angewandt, in dem es sich bei einer Vielzahl von Lizenzverträgen, die alle Unternehmen eines speziellen Marktes erfaßten, um ein Preiskartell handelte. Hier diente in einem traditionell kartellierten Markt ein demnächst ablaufendes Patent lediglich als Vorwand für Preisangleichungsmaßnahmen aller Beteiligten. Diese erstreckten sich nicht nur auf Lizenzgegenstände, sondern auf sämtliche Erzeugnisse aller beteiligten Unternehmen.

In einem anderen Fall wurde die Erteilung gegenseitiger Lizenzen mit einer umfassenden gegenseitigen Quotierung der Produktion mehrerer Unternehmen verbunden. Sämtliche Beteiligten, darunter mehrere Lizenzgeber, unterlagen der Beschränkung, mit Dritten keine Lizenz-, Beteiligungs- oder Zusammenarbeitsverhältnisse einzugehen. Die Beschränkungen aller Vertragsbeteiligten gingen zudem erheblich über das sachliche Vertragsgebiet hinaus[12].

Bedenklich könnten in diesem Zusammenhang auch gegenseitig aufeinander abgestimmte Gebietsbeschränkungen und technische Aufteilungen des sachlichen Vertragsgebiets mit gegenseitiger Zuweisung sein, z. B. bestimmter Maschinentypen, Größen oder Stärken, sonstige wechselseitige Quotierungen nach Art, Zahl, Menge oder in den Lizenzbereich fallende bisherige Konkurrenzproduktionen.

---

jedoch ausdrücklich die Formulierung „Sonderbestimmungen" bzgl. §§ 20, 21 GWB wählt; *Benkard*, PatG, a.a.O., Rdnr. 149 zu § 15 mwN.
10 Siehe Fußn. 9.
11 § 20 Abs. 4 GWB.
12 BKartA Tätigkeitsbericht 1964 S. 53 ff.

noch
508 Ein Kartellvertrag nach § 1 GWB wurde bei einfachen gegenseitigen Lizenzen auch in Fällen als gegeben angesehen, in denen es sich um Überkreuzlizenzen großen Ausmaßes mehrerer Firmen oder Unternehmensgruppen des In- und Auslandes handelte, und die Marktbeobachtung ergab, daß jeglicher Wettbewerb nach der Lizenzerteilung entfiel und anderen Unternehmen trotz der rechtlich bestehenden Möglichkeiten keine Lizenzen erteilt wurden[13].

Die kartellrechtliche Beurteilung von Lizenzverträgen nach § 20 erfolgt nicht nur für erteilte Patente und Gebrauchsmuster, sondern schon für Anmeldungen zu einem Schutzrecht. So hat der Bundesgerichtshof den § 20 GWB bereits bei Verträgen über solche Erfindungen für anwendbar erklärt, die Gegenstand einer bekanntgemachten Patentanmeldung sind[14].

In einem späteren Urteil hat der Bundesgerichtshof § 20 GWB sogar auf einen Vertrag angewendet, bei dem die Anmeldung noch nicht erfolgt war, die Parteien aber die feste Absicht hatten, die Erfindung anzumelden und in dem die Erfindung fest umschrieben war[15].

Aufgrund der dargelegten Rechtsprechung des Bundesgerichtshofes ist nach Auffassung des Verfassers § 20 auch dann anzuwenden, wenn ein Schutzrecht nur angemeldet ist[16]. Dies gilt erst recht, wenn die Anmeldung veröffentlicht wurde.

Das derzeitige Patentgesetz sieht das Verfahren der aufgeschobenen Prüfung vor[17]. Eine materielle Prüfung der Anmeldung auf ihre Patentfähigkeit erfolgt nur auf Antrag[18]. Durch die Offenlegung der Patentanmeldung erhält der Anmelder bereits einen gewissen Schutz[19].

Das Bundeskartellamt hält jedoch – nach Auffassung des Verfassers zu Unrecht – die Anwendung von § 20 nur dann für zulässig, wenn der angemeldeten Erfindung ein echtes Betriebsgeheimnis im Sinne des § 21 GWB zugrunde liegt[20].

---

13 BKartA Tätigkeitsberichte 1964 S. 53 ff.; 1965 S. 65; 1973 S. 113; 1975 S. 92; 1976 S. 100.
14 *BGH*, 1. 10. 1964 „Abbauhammer", GRUR 1965 S. 160 ff.
15 *BGH*, 14. 11. 1968 „Silobehälter", BGHZ 51 S. 263 ff. = WuW/E BGH 1005.
16 A. M. *Emmerich* in *Immenga/Mestmäcker*, a.a.O., Rdnr. 74 ff. zu § 20.
17 In der Fassung vom 16. 12. 1980 in BGBl. 1981 S. 1.
18 § 44 PatG.
19 §§ 32 und 33 PatG.
20 BKartA Tätigkeitsbericht 1961, S. 57; *Emmerich* in *Immenga/Mestmäcker*, a.a.O., Rdnr. 74 zu § 20; *Westrick/Loewenheim*, a.a.O., Rdnr. 5 zu § 20.

Solange die Nichtigkeit von Patenten und Gebrauchsmustern noch nicht rechtskräftig festgestellt ist, sind diese ebenfalls nach § 20 zu beurteilen. Dies gilt nicht, wenn es sich lediglich um wertlose Scheinpatente handelt[21].

Die Regelungen der §§ 20 und 21 GWB gelten nur für Verpflichtungen **509** des Lizenznehmers. Verpflichtungen des Lizenzgebers sind nach allgemeinen kartellrechtlichen Gesichtspunkten zu beurteilen. Auf sie finden, je nachdem, ob ein gemeinsamer Zweck gegeben ist oder fehlt, die §§ 1 bis 8 oder 15 ff. GWB Anwendung. Die Verpflichtungen des Lizenzgebers, soweit sie kartellrechtlich relevant sind, haben nicht dieselbe Bedeutung wie die Verpflichtungen des Lizenznehmers. Es ist daher hier nicht erforderlich, auf sie im einzelnen einzugehen. Es darf hierzu auf die Kommentare und Erläuterungen zum GWB hingewiesen werden. Es soll lediglich angemerkt werden, daß Beschränkungen des Lizenzgebers, die sich aus den Besonderheiten des Lizenzrechts ergeben, wie das schuldrechtliche Versprechen, keine weiteren Lizenzen an Dritte zu vergeben, anderen Lizenznehmern keine günstigeren Bedingungen einzuräumen oder jeweils Meistbegünstigung zu gewähren, grundsätzlich zulässig sind[22].

Nach § 20 GWB sind Lizenzverträge für Gegenstände, für die ein **510** Patent, ein Gebrauchsmuster oder ein Sortenschutzrecht besteht, unwirksam, soweit sie dem Lizenznehmer Beschränkungen im Geschäftsverkehr auferlegen, die über den Inhalt des Schutzrechts hinaus-

---

21 *BGH*, 1. 10. 1964 „Abbauhammer", GRUR 1965 S. 160 ff. = NJW 1965 S. 499 ff.; *BGH*, 25. 10. 1966 „Schweißbolzen", BGHZ 46 S. 365 ff. = WuW/E BGH S. 823; *BGH*, 17. 10. 1968 „Metallrahmen", WuW/E BGH S. 988 ff.; vgl. *Emmerich* in *Immenga/Mestmäcker*, a.a.O., Rdnr. 68 ff. zu § 20.
22 BKartA Tätigkeitsberichte 1974 S. 89; 1977 S. 90 f. – diese Auffassung wurde durch den Präsidenten des Bundeskartellamtes im Jahre 1981 bestätigt. So auch die herrschende Meinung *Brandi-Dohrn*, BB 1982 S. 1083 ff.; *Finger*, BB 1970 S. 1154 ff., 1157; *Klemp*, DB 1977 S. 1301 ff.; a. M. *Emmerich* in *Immenga/Mestmäcker*, a.a.O., Rdnr. 123 ff. zu § 20. Diese Auffassung verkennt jedoch, daß es eben nicht genügt, dem Lizenznehmer ein Kündigungsrecht einzuräumen, wenn eine vereinbarte Meistbegünstigungsklausel verletzt wird. Der Lizenznehmer ist u. U. darauf angewiesen, den Lizenzgegenstand weiter herstellen zu können, ohne eine Einräumung günstiger Bedingungen von Konkurrenten im Wettbewerb benachteiligt zu werden; vgl. auch BKartA Tätigkeitsberichte 1983/1984 S. 40, wonach das BKartA aufgrund einer Verpflichtung des Lizenzgebers, in einem nichtausschließlichen Patentlizenzvertrag weitere Lizenzen nur nach vorheriger Zustimmung der drei bisherigen Lizenznehmer zu vergeben, einen Verstoß gegen § 1 GWB sah, da die Lizenznehmer dadurch die Möglichkeit gehabt hätten, unerwünschte Wettbewerber als Lizenznachfrager auszuschalten; *Henn*, a.a.O., S. 208 mwN.

gehen. Unter Beschränkungen im Geschäftsverkehr versteht das Bundeskartellamt nicht nur vertraglich vereinbarte, sondern auch durch den Lizenzvertrag bewirkte rein wirtschaftliche Beschränkungen, die sich als Hemmnis für eine freie unternehmerische Entscheidung des Lizenznehmers auswirken[23]. Das ist z. B. der Fall, wenn der Lizenzgeber dem Lizenznehmer zwar eine Wahlmöglichkeit einräumt, diese sich aber als fiktiv erweist, weil sie wirtschaftlich nicht tragbar ist. Die Beschränkung der Entscheidungsfreiheit des Lizenznehmers muß jedoch spürbar sein[24].

Zur Feststellung, ob eine Verpflichtung des Lizenznehmers über den Inhalt des Schutzrechts hinausgeht, kann folgende Faustregel dienen:

Bei jeder dem Lizenznehmer auferlegten Beschränkung ist zu prüfen, ob der Lizenzgeber auch ohne das Vorliegen eines Lizenzvertrages allein aufgrund seines Patentes dazu berechtigt wäre, von dem Lizenznehmer dieses Verhalten zu fordern. Im Gesetz selbst sind die wichtigsten Beschränkungen des Lizenznehmers aufgeführt, die nicht über den Inhalt des Schutzrechtes hinausgehen, nämlich solche hinsichtlich Art, Umfang, Menge, Gebiet oder Zeit der Ausübung des Schutzrechts (§ 20 Abs. 1 GWB). Die Aufzählung ist nur beispielhaft und nicht abschließend[25].

511 Daneben sind in § 20 Abs. 2 GWB weitere Beschränkungen aufgezählt, die – gleichgültig, ob sie über den Inhalt des Schutzrechts hinausgehen oder nicht – zulässig sind. Im einzelnen soll auf diese Ausnahmen bei der nachfolgenden Erörterung von Vereinbarungen in Lizenzverträgen eingegangen werden. Es sind dies:

Beschränkungen bezüglich der Art der Lizenznutzung,
Beschränkungen bezüglich der Produktion,
Beschränkungen im Vertrieb,

a) in räumlicher Hinsicht,
b) hinsichtlich Preis- und Lieferbedingungen,

Vereinbarung von Bezugspflichten,
Vereinbarungen bezüglich des Schutzrechts,

---

23 So auch *Henn*, a.a.O., S. 210 mwN.
24 BKartA Tätigkeitsberichte 1965 S. 63; 1966 S. 71; *Westrick/Loewenheim*, a.a.O., Rdnr. 7 zu § 20; *Henn*, a.a.O., S. 210.
25 *Emmerich* in *Immenga/Mestmäcker*, a.a.O., Rdnr. 172 zu § 20.

a) Nichtangriffsabreden,

b) Festlegung des Schutzumfangs durch Vereinbarung;

Vereinbarungen über Verbesserungen,

Vereinbarungen über die Laufdauer des Patents hinaus.

Sind die Beschränkungen, die im Lizenzvertrag auferlegt sind, unwirksam, weil sie über den Inhalt des Schutzrechtes hinausgehen und keine Ausnahme gemäß § 20 Abs. 2 GWB eingreift, so kann die Kartellbehörde auf Antrag gemäß § 20 Abs. 3 GWB eine Erlaubnis erteilen. Voraussetzung ist jedoch, daß durch die Beschränkung die wirtschaftliche Bewegungsfreiheit des Lizenznehmers oder anderer Unternehmer nicht unbillig eingeschränkt wird und durch das Ausmaß der Beschränkung der Wettbewerb auf dem Markt nicht wesentlich beeinträchtigt wird. **512**

Nach der Praxis des Kartellamts kann die Erlaubnis nur für einen bereits abgeschlossenen Vertrag erteilt werden[26]. Somit scheiden Vertragsentwürfe und Vertragsmuster für das Erlaubnisverfahren aus. Auch zu Standardlizenzverträgen, die inhaltsgleich mit einer Vielzahl von Lizenznehmern geschlossen werden, wird keine Pauschalerlaubnis erteilt. Entsprechendes gilt auch für das im Anhang abgedruckte Muster. Dies erklärt sich schon daraus, daß immer die Umstände des Einzelfalles berücksichtigt werden müssen. So kann eine Bestimmung des Musters in bestimmten Fällen zulässig sein, z. B. bei Lizenzvergaben ins Ausland, während sie unter anderen Umständen, z. B. wenn der Lizenznehmer seinen Sitz in der Bundesrepublik hat, unzulässig sein kann. Andererseits sollte es den Interessierten nicht verwehrt sein, in einem unverbindlichen Gespräch mit dem Bundeskartellamt aufgrund eines Entwurfs für einen Lizenzvertrag dessen Auffassung feststellen zu können.

Bei Verträgen über Überlassung oder Benutzung gesetzlich nicht geschützter Erfindungsleistungen, Fabrikationsverfahren, Konstruktionen sowie sonstiger die Technik bereichernder Leistungen sind die für Schutzrechtslizenzen dargelegten gesetzlichen Bestimmungen entsprechend anzuwenden, soweit sie Betriebsgeheimnisse darstellen (§ 21 GWB). **513**

In der Praxis werden derartige Verträge oft auch als Know-How-Verträge bezeichnet. Für sie kann das im Anhang abgedruckte Muster für Know-How-Verträge Verwendung finden.

---

26 BKartA Tätigkeitsberichte 1962 S. 72; 1964 S. 53; *Emmerich* in *Immenga/Mestmäkker*, a.a.O., Rdnr. 321 zu § 20.

noch
513 Neben der sehr häufigen Verbindung von Patentlizenzverträgen mit Know-How-Verträgen finden sich auch Verbindungen mit anderen Verträgen, so z. B. mit Kooperations-, Entwicklungs- und Handelsvertreter-Verträgen. Bei diesen gemischten Verträgen erhebt sich die Frage, ob auf sie die §§ 20 und 21 GWB anzuwenden sind. Die Praxis des Bundeskartellamtes hierzu ist nicht einheitlich. Das Bundeskartellamt wendet die Bestimmungen der §§ 20 und 21 GWB immer dann an, wenn die Elemente des Lizenzvertrages vorherrschen oder zumindest von bestimmendem Einfluß auf die Gesamtgestaltung des Vertrages und für dessen Durchführung maßgebend sind[27].

Ist das lizenzvertragliche Element nicht vorherrschend, so nimmt das Bundeskartellamt eine Trennung vor und beurteilt nur diejenigen Beschränkungen nach den §§ 20 und 21 GWB, die ursächlich auf Patente, Gebrauchsmuster und technische Betriebsgeheimnisse zurückzuführen sind. Die anderen Vertragsbestandteile werden nach anderen Bestimmungen, u. U. nach § 18 GWB beurteilt[28].

Ist eine Vereinbarung in einem Lizenzvertrag unwirksam, so begeht derjenige, der sich vorsätzlich über die Unwirksamkeit hinwegsetzt, eine Ordnungswidrigkeit[29]. Die Ordnungswidrigkeit kann mit einer Geldbuße bis zu 1 Mio. Deutscher Mark über diesen Betrag hinaus bis zur dreifachen Höhe des durch die Zuwiderhandlung erlangten Mehrerlöses geahndet werden[30].

Für Lizenzverträge ist – soweit ersichtlich – bisher weder eine Geldbuße verhängt, noch ein Mehrerlös geltend gemacht worden. Die Kartellbehörde kann darüber hinaus die Durchführung eines unwirksamen Lizenzvertrages untersagen. Die vorsätzliche oder fahrlässige Zuwiderhandlung gegen eine derartige Untersagung kann eine Ordnungswidrigkeit darstellen[31].

Verträge, die kartellrechtliche Beschränkungen enthalten, bedürfen der Schriftform[32]. Das Schriftformerfordernis bezieht sich nicht nur auf beschränkende Klauseln, es ist vielmehr der gesamte Vertrag schrift-

---

27 BKartA Tätigkeitsberichte 1961 S. 57; 1964 S. 67.
28 BKartA Tätigkeitsbericht 1966 S. 71; *Henn*, a.a.O., S. 210.
29 § 38 Abs. 1 Ziff. 1 GWB in Verbindung mit § 10 OWiG.
30 § 38 Abs. 4 GWB.
31 §§ 37a und 38 Abs. 1 Ziff. 4 GWB i. V. m. § 10 OWiG.
32 § 34 GWB; *OLG Karlsruhe*, 26. 8. 1987 „Heizkessel-Nachbau", WuW 1988 S. 660; *Henn*, a.a.O., S. 209 mwN; *Benkard*, PatG, a.a.O., Rdnr. 45, 139, 148 zu § 15.

lich abzufassen[33]. Nach Auffassung des BGH sind Verträge über die Benutzung von Patenten, Gebrauchsmustern oder gesetzlich nicht geschützter Erfindungsleistungen, die dem Lizenznehmer Beschränkungen im Lizenzverkehr auferlegen, auch dann schriftlich abzufassen, wenn die dem Lizenznehmer auferlegten Beschränkungen nicht über den Inhalt des Schutzrechts hinausgehen oder nach § 20 Abs. 2 GWB zulässig sind. Auch Vorverträge, die Beschränkungen enthalten, bedürfen der Schriftform[34].

II. Beschränkungen bezüglich der Art der Lizenznutzung

Zu den Vereinbarungen über die Art der Lizenznutzung gehören **514** solche rein rechtlicher Natur[35]. Das sind Vereinbarungen über eine ausschließliche oder einfache Lizenz, über die Übertragbarkeit und Vererblichkeit und über die Zulässigkeit von Unterlizenzen.

Die Zulässigkeit einseitiger ausschließlicher Lizenzen im deutschen Kartellrecht ist nicht umstritten. Wenn zur ausschließlichen Lizenz besondere Umstände hinzukommen, kann die Vereinbarung u. U. nach § 18 GWB unter engen Voraussetzungen der Mißbrauchsaufsicht durch die Kartellbehörden unterliegen[36].

Die Erteilung und Ausübung gegenseitiger, ausschließlicher Patentlizenzen über jeweils mehrere Schutzrechte wird vom Bundeskartellamt als Lizenzkartell nach § 1 GUB beurteilt[37]. Solche Vereinbarungen sind nicht per se unzulässig, bedürfen jedoch einer Überprüfung im Einzelfall.

---

33 *BGH*, 24. 2. 1975 „Werkstückverbindungsmaschine", DB 1975 S. 924 = NJW 1975 S. 1170 ff. = WuW/E BGH S. 1356 ff.; *BGH*, 8. 6. 1967 „Gymnastiksandale", GRUR 1967 S. 676 ff.

34 *BGH*, 15. 4. 1955, BB 1955 S. 463; *BGH*, 24. 2. 1975 „Werkstückverbindungsmaschine", DB 1975 S. 924 = NJW 1975 S. 1170 ff. = WuW/E BGH S. 1356 ff.; *Westrick/Loewenheim*, a.a.O., Rdnr. 3 zu § 20; *Henn*, a.a.O., S. 209; *Benkard*, PatG, a.a.O., Rdnr. 148 zu § 15.

35 Vgl. *Magen*, a.a.O., S. 142, der sie zu Umfangsbindungen rechnet.

36 *Westrick/Loewenheim*, a.a.O., Rdnr. 8 zu § 20; *Emmerich* in *Immenga/Mestmäcker*, a.a.O., Rdnr. 357 zu § 20; *Strohm*, Patentlizenzverträge, a.a.O., S. 397 ff.; vgl. auch § 15 PatG.

37 BKartA Tätigkeitsbericht 1973 S. 113; *Axster*, Gemeinschaftskommentar, a.a.O., Rdnr. 91 zu §§ 20, 21.

III. Beschränkungen bezüglich der Produktion

1. Des Lizenzgegenstandes

515 Vereinbarungen, die die Produktion des Lizenznehmers hinsichtlich des Lizenzgegenstandes beschränken, sind grundsätzlich zulässig. Sie beinhalten keine Beschränkung des Wettbewerbs, denn ohne Lizenzerteilung dürfte der Lizenznehmer den Schutzgegenstand überhaupt nicht herstellen. Seine Wettbewerbsfreiheit wird daher, wie Lieberknecht sagt, nicht beschränkt, sondern erweitert[38].

Beschränkungen sind in verschiedener Hinsicht denkbar. So kann z. B. die Produktion beschränkt werden

1. auf bestimmte Maßeinheiten

2. auf verschiedene Verfahrensprinzipien

3. auf praktische Anwendungszwecke wie Einbau in Personenkraftwagen, Antrieb von Elektroloks etc.[39]

4. auf bestimmte Mengen[40]

5. auf die Herstellung in einer bestimmten Verpackung mit identischem Gewicht[41]

6. auf Hilfsmittel z. B. bestimmte Maschinen, Mitarbeiter oder Hilfsarbeiter[42].

Die Beschränkungen dürfen sich jedoch nur auf die geschützten Gegenstände beziehen. Nach Auffassung des Bundeskartellamtes ist eine Mengenbeschränkung hinsichtlich gemeinfrei gewordener Gegenstände unzulässig[43].

---

38 Vgl. *Lieberknecht*, a.a.O., S. 605; *Axster*, Gemeinschaftskommentar, a.a.O., Rdnr. 165 ff. zu §§ 20, 21; *Emmerich* in *Immenga/Mestmäcker*, a.a.O., Rdnr. 172 ff. zu § 20; *Westrick/Loewenheim*, a.a.O., Rdnr. 10 zu § 20.

39 *OLG Düsseldorf*, 14. 7. 1987, WuW 1988 S. 432; *Henn*, a.a.O., S. 211; *Benkard*, PatG, a.a.O., Rdnr. 154 zu § 15, jeweils mwN.

40 *BGH*, 17. 4. 1969 „Frischhaltegefäß", BGHZ 52 S. 55 = BB 1969 S. 811 = WuW/E BGH S. 1008, 1011; siehe auch oben *Henn*, a.a.O., und *Benkard*, PatG, a.a.O., Fußn. 39.

41 *BKartA* Tätigkeitsberichte 1965 S. 63; *BKartA*, Beschluß vom Februar 1962, WuW/E BKartA S. 465 = BB 1962 S. 576.

42 *Axster*, Gemeinschaftskommentar, a.a.O., Rdnr. 165 ff. zu §§ 20, 21; *Emmerich*, in *Immenga/Mestmäcker*, a.a.O., Rdnr. 176 ff. zu § 20; *Henn*, a.a.O., S. 211; *Lüdecke/Fischer*, a.a.O., S. 423; *Westrick/Loewenheim*, a.a.O., Rdnr. 10 ff. zu § 20; *BKartA* Tätigkeitsberichte 1962 S. 70; 1964 S. 52 ff.; 1965 S. 63.

43 *BKartA* Tätigkeitsberichte 1977 S. 88; *Henn*, a.a.O., S. 211 mwN.

Ferner ist es nach Auffassung des Bundeskartellamts unzulässig, die Mindestmengen so festzulegen, daß die Kapazitäten des Lizenznehmers im wesentlichen erschöpft werden und sich die Mengenbeschränkung so als Wettbewerbsverbot auswirkt[44].

Die Beschränkung kann auch in örtlicher Hinsicht innerhalb des Gebietes erfolgen, für das das Schutzrecht besteht, so daß z. B. nur in einem bestimmten Teilgebiet oder in einem Betrieb produziert werden darf[45].

Unzulässig ist es dagegen, den Lizenznehmer zu verpflichten, auch seinen Abnehmern eine Vertriebsbindung aufzuerlegen. Mit dem Vertrieb durch den Lizenznehmer werden die Gegenstände gemeinfrei und dürfen keinen weiteren Bindungen unterworfen werden[46].

Als kartellrechtlich zulässig muß die Vereinbarung einer Ausübungspflicht angesehen werden, da sie eine positive Leistung darstellt, die grundsätzlich nicht über den Inhalt des Schutzrechts hinausgeht[47]. Sie ist nicht nur bei ausschließlichen, sondern auch bei einfachen Lizenzen unbedenklich[48].

Auch die Weitergabe der Ausübungspflicht an Unterlizenznehmer muß als zulässig angesehen werden[49].

2. Von Gegenständen, die nicht unter das Schutzrecht fallen (Wettbewerbsverbot)

Werden in einem Lizenzvertrag, dem ein Schutzrecht zugrunde liegt, **516** dem Lizenznehmer hinsichtlich der Herstellung von Gegenständen, die nicht unter das Schutzrecht fallen, einschränkende Bedingungen aufer-

---

44 BKartA Tätigkeitsberichte 1969 S. 96.
45 BKartA Tätigkeitsberichte 1962 S. 70 ff.; 1963 S. 68; *Henn*, a.a.O., S. 211; *Benkard*, PatG, a.a.O., Rdnr. 151 zu § 15.
46 BKartA Tätigkeitsberichte 1970 S. 93 ff.; *Axster*, Gemeinschaftskommentar, a.a.O., Rdnr. 174 ff. zu §§ 20, 21; *Emmerich* in *Immenga/Mestmäcker*, a.a.O., Rdnr. 184 ff. zu § 20; *Westrick/Loewenheim*, a.a.O., Rdnr. 14 zu § 20; *Henn*, a.a.O., S. 211.
47 *BGH*, 17. 4. 1969 „Frischhaltegefäß", BGHZ 52 S. 55 = BB 1969 S. 811 = WuW/E BGH S. 1008, 1011; *Emmerich* in *Immenga/Mestmäcker*, a.a.O., Rdnr. 206 zu § 20; *Schade*, a.a.O., S. 108; Frankfurter Kommentar, § 20 Tz. 34 ff.; *Magen*, a.a.O., S. 178; *Spengler*, GRUR 1964 S. 425 = WuW 1964 S. 907; *Lüdecke/Fischer*, a.a.O., S. 717; *Lieberknecht*, a.a.O., S. 241 ff.
48 *BGH*, 24. 9. 1979, GRUR 1980 S. 38 ff.; *Benkard*, PatG, a.a.O., Rdnr. 159 zu § 15; einschränkend *Henn*, a.a.O., S. 214 mwN; *Pagenberg/Geissler*, a.a.O., S. 126 Rdnr. 170.
49 *Schade*, a.a.O., S. 113; *Lüdecke/Fischer*, a.a.O., S. 686; Frankfurter Kommentar § 20 TZ 54 und 70; *Magen*, a.a.O., S. 165.

legt oder wird ihm die Herstellung derselben untersagt, so liegt darin eine unzulässige Ausdehnung des Patentmonopols, das auch nicht durch die Ausnahmen des § 20 Abs. 2 GWB gedeckt ist, sondern einer Genehmigung bedarf[50].

Die Beschränkung kann in dem Verbot der Herstellung oder des Vertriebs von Konkurrenzprodukten liegen. Dies haben sowohl der Bundesgerichtshof als auch das Bundeskartellamt entschieden[51]. Eine solche unzulässige Wettbewerbsbeschränkung kann auch in dem Verbot der Vergabe oder des Erwerbs von Lizenzen an oder von Konkurrenzunternehmen liegen[52].

Das Bundeskartellamt sieht auch das Verbot der Beteiligung an einem Konkurrenzunternehmen sowie das Verbot der Verwendung von Maschinen, mit denen ähnliche Produkte wie die geschützten Gegenstände hergestellt werden können, als unzulässig an[53].

Als unzulässig werden auch Erlaubnisvorbehalte für die Aufnahme einer Fertigung von Konkurrenzprodukten, ein Kündigungsrecht des Lizenzgebers bei der Verbindung des Lizenznehmers mit Konkurrenten sowie das Verbot einer eigenen Forschung und Entwicklung auf dem Lizenzgebiet angesehen[54].

Der Auffassung des Bundeskartellamtes, daß derartige Beschränkungen in der Regel unzulässig sind, wird man grundsätzlich zustimmen können. Es gibt jedoch durchaus auch Einzelfälle, in denen solche Beschränkungen als zulässig erachtet werden müssen. So können z. B. Wettbewerbsverbote, die sich aus der Ausübungspflicht ergeben, dann zulässig sein, wenn sie nach Treu und Glauben geboten sind[55].

50 *BKartA*, 30. 9. 1981 „Rigg für ein Segelbrett", GRUR 1981 S. 919 ff.; *Axster*, Gemeinschaftskommentar, a.a.O., Rdnr. 176 zu §§ 20, 21; *Emmerich* in *Immenga/Mestmäcker*, a.a.O., Rdnr. 198 ff. zu § 20; *Kellermann*, WuW 1960 S. 603; *Lampert*, GRUR 1950 S. 1 ff.; *Lüdecke/Fischer*, a.a.O., S. 720; *Henn*, a.a.O., S. 212 mwN.
51 *BGH*, 25. 10. 1966 „Schweißbolzen", BGHZ 46 S. 365 ff., 379 = WuW/E BGH S. 823; BKartA Tätigkeitsberichte 1962 S. 71; 1963 S. 67; 1976 S. 103; *Axster*, Gemeinschaftskommentar, a.a.O., Rdnr. 177 ff. zu §§ 20, 21; *Emmerich* in *Immenga/Mestmäcker*, a.a.O., Rdnr. 204 ff. zu § 20; *Magen*, a.a.O., S. 175 ff.; *Westrick/Loewenheim*, a.a.O., Rdnr. 19 zu § 20; *Henn*, a.a.O., S. 212; a. M. *Klauer/Möhring*, PatG, Rdnr. 18 im Anhang zu § 9; *Spengler*, WuW 1964 S. 907 ff., 919.
52 BKartA Tätigkeitsberichte 1961 S. 71; 1963 S. 67; 1976 S. 103.
53 BKartA Tätigkeitsberichte 1963 S. 67; 1976 S. 103; *Henn*, a.a.O., S. 212.
54 BKartA Tätigkeitsberichte 1962 S. 71; 1963 S. 67; 1976 S. 103.
55 *Gleiss/Hootz*, NJW 1963 S. 1338, 1339; *Hefermehl*, GRUR 1963 S. 385, 386; *Lutz*, NJW 1963 S. 625; *Magen*, BB 1963 S. 333 – sämtliche zugleich Besprechungen zu *BGH*, 6. 12. 1962, GRUR 1963 S. 382 = NJW 1963 S. 646; *Becher*, NJW 1961

Das Leben ist so vielgestaltig, daß es weder von Beamten des Bundeskartellamtes noch von Theoretikern in allen Punkten vorausgesehen
werden kann. So ist ein Fall bekannt, in dem zwei Lizenznehmer
fusionierten, die jeweils Lizenzen von den beiden auf dem Markt
vorhandenen stärksten Konkurrenten hatten. Die Patentlizenzen
waren auch noch mit dem Know-How der beiden Lizenzgeber verknüpft. Durch die Fusion wäre praktisch die Konkurrenz der beiden
stärksten Firmen auf diesem Gebiet aufgehoben worden. In einem
solchen Fall kann m. E. nur ein Kündigungsrecht der Lizenzgeber
gegenüber den Lizenznehmern verhindern, daß die bisher erhebliche
Konkurrenz der Lizenzgeber durch die Fusion der Lizenznehmer aufgehoben wird, weil sie nunmehr beide Systeme in einer Firma vereinigen.
Noch krasser wäre der Fall, wenn der eine Lizenzgeber den Lizenznehmer seines Konkurrenten kauft und sich somit Zugang zum Know-How
und Produkt seines Konkurrenten verschafft. Sind Patentlizenzverträge
mit geheimen Know-How verbunden – was heute meistens der Fall ist –
so ist das Wettbewerbsverbot meist die einzige Möglichkeit sicherzustellen, daß das Know-How nicht unter Umgehung des Lizenzvertrages zur
Herstellung anderer Produkte verwendet wird[56].

Unter Umständen kann das Bundeskartellamt ein Wettbewerbsverbot **517**
in eingeschränkter Form gemäß § 20 Abs. 2 GWB genehmigen. Eine
solche Genehmigung erfolgte aufgrund der Entscheidung der 4. Beschlußabteilung des Bundeskartellamtes vom 20. Juni 1960[57]. In dem
der Entscheidung zugrundeliegenden Fall hatte sich der Lizenznehmer
dazu verpflichtet, „keinerlei Maschinen oder Einrichtungen zu bauen
oder zu vertreiben, die mit dem genannten Prinzip des vorliegenden
Vertrags in Wettbewerb stehen könnten, oder sich auf diesem Gebiet
an anderen Unternehmen zu beteiligen".

Während des Kartellverfahrens hat der Lizenzgeber das Verbot auf
eine spezielle Kategorie von Maschinen und Einrichtungen beschränkt,
so daß der Lizenznehmer etwa 90 % aller bisher bekannten Arten der
in Betracht kommenden Maschinen produzieren und vertreiben durfte
und ihm nur noch Produktion und Vertrieb solcher Konkurrenzmaschi-
nen versperrt war, die die Gefahr in sich trugen, daß der Lizenznehmer
von den ihm überlassenen Erfahrungen (Know-How), Konstruktions-

---

S. 1998; *Magen*, NJW 1961 S. 147; *BGH*, 18. 12. 1959, GRUR 1960 S. 261 ff. zum
Dekartellierungsrecht; *Klauer/Möhring*, PatG, a.a.O., Rdnr. 18 im Anhang zu § 9;
Spengler, WuW 1964 S. 907 ff., 919 ff.; BKartA Tätigkeitsberichte 1987/1988 S. 35.
56 Vgl. *Stumpf*, Der Know-How-Vertrag, a.a.O., S. 203 ff.
57 DB 1960 S. 1064.

zeichnungen usw. Gebrauch machte. Die Beschlußabteilung des Bundeskartellamtes genehmigte die Vereinbarung schließlich in ihrer abgeänderten Form, weil mit der nunmehr eingeschränkten Konkurrenzklausel keine unbillige Einschränkung der wirtschaftlichen Bewegungsfreiheit anderer Unternehmen mehr verbunden und der Wettbewerb auf dem Markt nicht wesentlich beeinträchtigt sei[58].

518 Bezüglich der Frage, ob die wirtschaftliche Bewegungsfreiheit des Lizenznehmers durch derartige Wettbewerbsbeschränkungen unbillig beeinträchtigt wird, ist vor allem darauf abzustellen, ob durch sie sichergestellt werden soll, daß die überlassenen Schutzrechte bzw. Geheimnisse nicht für andere als die lizenzierten Erzeugnisse zur Anwendung kommen. Ist dies zu bejahen, so ist wohl eine Genehmigung zu erteilen. Bezüglich der Wettbewerbsbeeinträchtigung ist nach Meinung des LG Düsseldorf darauf abzustellen, ob noch eine größere Anzahl namhafter Konkurrenten vorhanden ist oder nicht[59]. Dieser Auffassung widerspricht Schade zu Recht, jedenfalls für die Fälle, in denen eine Ausübungspflicht des Lizenznehmers besteht. Dabei macht er sich die Auffassung zu eigen, daß Pflichten des Lizenznehmers, die sich aus Treu und Glauben ergeben, von kartellrechtlichen Normen unberührt bleiben[60].

Ein Wettbewerbsverbot hat das Bundeskartellamt auch dann genehmigt, wenn der Lizenzgeber ein berechtigtes Interesse daran hatte, daß bei der Herstellung bestimmter Konkurrenzprodukte sein Know-How nicht verwandt wird[61] oder wenn durch das Verbot die Verwendung der überlassenen Schutzrechte für ein Konkurrenzprodukt verhindert werden sollte[62]. Genehmigt wurde auch ein Wettbewerbsverbot, das noch zum großen Teil durch das Schutzrecht gedeckt war[63], wenn der Lizenznehmer das Verbot freiwillig für eine kurze Zeit eingegangen war[64] oder wenn der Lizenznehmer ein Kündigungsrecht hatte.

---

58 *BKartA*, 6. 5. 1960, DB 1960 S. 1064, in dem ebenfalls ein Konkurrenzverbot, das neben anderen beschränkenden Bestimmungen im Vertrag enthalten war, genehmigt wurde; vgl. auch BKartA Tätigkeitsbericht 1964 S. 53.
59 *LG Düsseldorf*, 21. 4. 1952, WuW 1956 S. 358, das sich mit einem Vertrag befaßt, dem kein Schutzrecht zugrunde liegt.
60 Vgl. *Schade*, a.a.O., S. 78; *Tetzner*, a.a.O., Anm. 59 zu § 9.
61 *BKartA*, 6. 5. 1960, WuW/E BKartA S. 251 ff.; 20. 6. 1960, WuW/E BKartA S. 254, 256.
62 BKartA, Tätigkeitsberichte 1959 S. 44.
63 *BKartA*, 19. 2. 1959 „Gewindeschneidemaschine", WuW/E BKartA S. 25 ff.
64 *BKartA*, Dez. 1960, WuW/E BKartA S. 331 ff.; zur Genehmigungspraxis insgesamt *Axster*, Gemeinschaftskommentar, a.a.O., Rdnr. 177 ff. zu §§ 20, 21; das BKartA

Die Vereinbarung einer Ausübungspflicht wird in der Regel nach dem Parteiwillen auch ein Wettbewerbsverbot beinhalten, wenn andernfalls die betriebstechnischen Möglichkeiten der Auswertung dem Lizenzgeber gegenüber unzumutbar gemindert würden[65].

Die mit Konkurrenzverboten zusammenhängenden Fragen sind in der Praxis von großer Bedeutung. Derartige Verbote waren vor Erlaß des GWB durchaus üblich. Sie sind gemäß dem oben Dargelegten aufgrund des GWB unwirksam. Liegt keine Genehmigung des Bundeskartellamtes vor, so kann der Lizenznehmer die Konkurrenzerzeugnisse herstellen und vertreiben, ohne hieran vom Lizenzgeber gehindert werden zu können. Es erhebt sich dabei die Frage, ob aufgrund der Unwirksamkeit der Konkurrenzklausel der ganze Vertrag nichtig wird, was zur Folge hätte, daß der Lizenzgeber, solange sein Schutzrecht noch wirksam ist oder für den Fall des Know-How sein Geheimnis noch besteht, dem Lizenznehmer die weitere Herstellung und den Vertrieb des Lizenzgegenstandes verbieten kann[66]. In der Regel wird man dies nicht annehmen können. **519**

Welches Gewicht dieses Problem hat, wird daraus ersichtlich, daß verschiedentlich die gesamte oder doch ein großer Teil der Produktion des Lizenznehmers auf dem Spiel steht. Der Lizenzgeber droht in solchen Fällen mit der Kündigung des Lizenzvertrages aus wichtigem Grund, wenn der Lizenznehmer entgegen dem vertraglichen Verbot, Konkurrenzerzeugnisse herstellt. Andererseits läuft aber der Lizenznehmer Gefahr, den Anschluß an die Entwicklung zu verlieren, zumal dann, wenn der Lizenzgeber nicht bereit ist, Verbesserungen oder Änderungen am Lizenzgegenstand vorzunehmen oder vornehmen zu lassen. In einem Fall, in dem kein Konkurrenzverbot vereinbart war, entschied das Landgericht Hamburg[67], daß in der Verpflichtung, einen möglichst großen Absatz des Lizenzgegenstandes zu erzielen, kein Konkurrenzverbot liege und daß dieses gemäß § 20 GWB auch unwirksam wäre, soweit es über das Schutzrecht hinausginge. Die Lizenznehmerin begehe somit keine Vertragsverletzung, wenn sie Konkurrenzer- **520**

---

hat es dagegen in den Tätigkeitsberichten unterlassen, genau zu beschreiben, welchen Inhalt das „weitgefaßte" Wettbewerbsverbot hatte. Der Lerneffekt, der mit solchen Veröffentlichungen erzielt werden sollte, ist hier somit vereitelt worden. Das BKartA sollte es vermeiden, sich insoweit an die Verunsicherungspraxis der EG-Kommission anzulehnen.

65 Vgl. *Schade*, a.a.O., S. 78; *Spengler*, GRUR 1964 S. 425 = WuW 1964 S. 907.
66 Vgl. oben Rdnr. 216 ff.
67 *LG Hamburg*, 14. 6. 61, Az. 15 Q. 242/61

zeugnisse herstelle; es sei insoweit auch kein wichtiger Grund zur vorzeitigen Kündigung des Vertrags gegeben.

521 Ein Widerspruch zwischen Lizenzvertragsrecht und Arbeitnehmererfinderrecht kann sich dann ergeben, wenn z. B. in einem Lizenzvertrag ein wirksames Konkurrenzverbot vereinbart ist, z. B. deswegen, weil es genehmigt wurde, ein Arbeitnehmer des Lizenznehmers dann aber auf dem in Betracht kommenden Gebiet eine Erfindung macht. Der Lizenznehmer müßte die Erfindung entweder in Anspruch nehmen oder freigeben. Beides würde jedoch im Hinblick auf das Konkurrenzverbot problematisch sein.

522 Entsprechend den obigen Darlegungen sind auch Vereinbarungen zu beurteilen, nach denen sich der Lizenznehmer verpflichtet, keine Lizenz von Dritten für konkurrierende Erzeugnisse zu nehmen und danach zu bauen. Ausnahmsweise für zulässig hält Lieberknecht eine Vereinbarung, durch die dem Lizenznehmer untersagt wird, Erfindungen Dritter zusammen mit dem Vertragsschutzrecht für ein Erzeugnis bzw. ein Verfahren mitzubenutzen[68]. Dem ist zuzustimmen, weil Vereinbarungen, die die Benutzung der lizenzierten Erfindung betreffen, grundsätzlich nicht über den Inhalt des Schutzrechts hinausgehen.

Der Vorschlag von Lampert, auch für Gegenstände, die nicht unter die Lizenz fallen, für die aber die unter die Lizenzen fallenden Erfahrungen verwertet werden, eine Gebühr zu verlangen, hilft nicht immer. Es ist oft schwer nachweisbar, ob diese Erfahrungen verwertet werden. Bedenklich ist eine Vereinbarung, nach der die Lizenzgebühr auch für Konkurrenzerzeugnisse zu zahlen ist, für die diese Erfahrungen nicht verwertet werden[69].

Das Bundeskartellamt hielt die Verpflichtung, die Lizenz überhaupt oder bestmöglich auszunutzen, für zulässig[70]. Keine Beschränkung sah das Kartellamt auch in der Vertragsverpflichtung, vom Lizenznehmer hergestellte und vertriebene Wettbewerbserzeugnisse dem Lizenzgeber als dem Inhaber mehrerer einschlägiger Patente zur Überprüfung auf etwaige Patentverletzungen vorzulegen[71].

---

68 Vgl. *Lieberknecht*, DB 1957 S. 1011.
69 Vgl. *Lampert*, GRUR 1950 S. 1 ff., 4; *ders.*, GRUR 1952 S. 463, 464.
70 BKartA Tätigkeitsberichte 1964 S. 53.
71 BKartA Tätigkeitsberichte 1964 S. 52.

3. Von Gegenständen,
die nicht unter das Know-How-(Geheimnis) fallen

Die kartellrechtlichen Bestimmungen über Lizenzverträge, denen   523
Patente, Gebrauchsmuster oder Sortenschutzrechte zugrunde liegen,
sind entsprechend auch auf Verträge über die Überlassung oder Benutzung gesetzlich nicht geschützter Erfindungsleistungen, Fabrikationsverfahren, Konstruktionen und sonstiger die Technik bereichernder
Leistungen anzuwenden, soweit sie Betriebsgeheimnisse darstellen[72].
Lizenzverträge hierüber werden in der Praxis häufig als Know-How-
Verträge bezeichnet[73]. Die Worte „gesetzlich nicht geschützte Erfindungsleistungen" wird man nach Henkels nicht dahin interpretieren
dürfen, daß Erfindungen, die zwar patentierbar wären, für die aber
kein Patent erworben wurde, nicht hierzu zu rechnen sind[74]. Diese
Fälle spielen bei Know-How-Verträgen in der Praxis eine erhebliche
Rolle. Man wird diese Worte dahin interpretieren müssen, daß nur
solche Leistungen ausgeschlossen werden sollten, die gesetzlich
geschützt sind, weil für sie die gesetzlich gegebene Möglichkeit, ein
Schutzrecht zu erwerben, ausgenutzt wurde. Mit Recht weist Henkels
darauf hin, daß in der amtlichen Begründung zu § 21 GWB die Fälle
aus der chemischen Industrie erwähnt werden, in denen keine Schutzrechte erworben wurden, weil man die Geheimhaltung des Schutzrechts vorzieht. Auch daraus läßt sich schließen, daß diese Fälle unter
§ 21 GWB fallen sollten[75].

Infolge der immer rascher fortschreitenden technischen Entwicklung
gewinnen Betriebsgeheimnisse (Know-How) eine immer größere
Bedeutung. Will eine Firma unter diesen Umständen im Wettbewerb
bestehen, ist sie gezwungen, auf dem Gebiet der Forschung und
Entwicklung erhebliche Anstrengungen zu machen. Diese Anstrengungen werden auch von den Regierungen auf der ganzen Welt gefördert. In internationalen Gremien, wie z. B. der Internationalen Handelskammer oder der Liga gegen unlauteren Wettbewerb, sowie auf
internationalen Kongressen wurde daher bereits wiederholt die Frage
untersucht, ob nicht geheimes Know-How durch eine besondere
Gesetzgebung geschützt werden soll. Dieses Vorhaben dürfte nicht
leicht zu realisieren sein. Der deutsche Kartellgesetzgeber hat der
großen Bedeutung des geheimen Know-How durch § 21 GWB Rech-

---

72 § 21 GWB; *Henn*, a.a.O., S. 212.
73 Vgl. *Stumpf*, Der Know-How-Vertrag, a.a.O., S. 20 ff.
74 Vgl. *Henkels*, a.a.O., S. 16; a. A. *Lieberknecht*, a.a.O., S. 261 ff.
75 Vgl. *Henkels*, a.a.O., S. 16.

nung getragen, indem er bestimmte vertragliche Beschränkungen, soweit sie sich auf ein Betriebsgeheimnis beziehen, zuläßt. Emmerich läuft hiergegen Sturm und behauptet, daß es keine Erklärungen dafür gäbe, wieso Betriebsgeheimnisse zur Grundlage weitreichender Wettbewerbsbeschränkungen verwandt werden dürfen[76].

Der vertraglich vereinbarte Schutz von Betriebsgeheimnissen und damit verbundene Wettbewerbsbeschränkungen sind aber für Unternehmen heutzutage unerläßlich. Wären die in § 21 GWB zugelassenen Beschränkungen nicht gestattet, so könnten zahlreiche Know-How-Verträge nicht geschlossen werden, weil der Know-How-Geber befürchten müßte, seine Vorzugsstellung, die ihm durch das Geheimnis gegeben ist, hierdurch zu verlieren. Durch den Know-How-Vertrag macht der Know-How-Geber sein Geheimnis zwar nicht der Allgemeinheit, aber doch einem größeren Kreis bekannt. Er eröffnet damit, ähnlich wie der Inhaber eines Patents, der eine Lizenz vergibt, erst den Wettbewerb und dient dem Wettbewerb und dem Fortschritt zugleich.

524 Voraussetzung für die entsprechende Anwendung des § 20 GWB auf Know-How-Verträge ist, daß das mitgeteilte Know-How ein Betriebsgeheimnis darstellt. So verlangt es das Gesetz in § 21 GWB ausdrücklich selbst[77]. Der Begriff „Betriebsgeheimnis" wird im GWB dagegen nicht erklärt. Durch die Gleichstellung mit dem Schutzrecht ergibt sich nur, daß das Betriebsgeheimnis – obwohl kein Recht – kartellrechtlich wie ein Recht mit Monopolcharakter behandelt werden soll. Dabei können sich allerdings aus der Natur des Geheimnisses in den Folgen Unterschiede gegenüber einem Patentlizenzvertrag ergeben.

Der Begriff „Geschäfts- oder Betriebsgeheimnis" findet auch im Gesetz gegen den unlauteren Wettbewerb (UWG) Verwendung[78], ebenfalls ohne näher definiert zu sein. Allerdings gibt es dazu umfangreiche Rechtsprechung. Die in Rechtsprechung und Literatur hierzu ausgearbeiteten Grundsätze werden zur Auslegung des GWB entsprechend herangezogen. Allerdings muß berücksichtigt werden, daß der Begriff des Betriebsgeheimnisses im Kartellrecht insofern etwas enger ist als im UWG, als er eine die Technik oder den Pflanzenbau bereichernde Leistung umfaßt. Er ist jedoch zugleich auch weiter, weil er nicht nur Geheimnisse umfaßt, die an einen Betrieb gebunden sind,

---

76 *Emmerich* in *Immenga/Mestmäcker*, a.a.O., Rdnr. 8 zu § 21.
77 Siehe auch z. B. *BGH*, 29. 5. 1984 „Stadler-Kessel", WuW 1984 S. 894; *OLG Frankfurt*, 23. 6. 1988, WRP 1989 S. 102 = WuW 1989 S. 159.
78 § 17 UWG.

sondern auch solche, die sich in den Händen von Privatpersonen noch
befinden[79]. **524**

Der Bundesgerichtshof hat im Hinblick auf § 17 UWG den Begriff „Betriebsgeheimnis" wie folgt definiert: „Eine Tatsache, die nur einem eng begrenzten Personenkreis bekannt, also nicht offenkundig ist, die ferner nach dem bekundeten oder doch erkennbaren Willen des Betriebsinhabers geheimgehalten werden soll und an deren Geheimhaltung der Betriebsinhaber ein berechtigtes, wirtschaftliches Interesse hat. Auch ein an sich bekanntes Verfahren oder eine an sich bekannte Herstellungsvorrichtung kann für ein bestimmtes Unternehmen Gegenstand eines Betriebsgeheimnisses sein, sofern geheim ist, daß sich dieses Unternehmen dieses Verfahrens oder dieser Anlage bedient und dadurch möglicherweise besondere Erfolge erzielt"[80].

Im Rahmen des § 21 GWB stellt der Bundesgerichtshof keine hohen Anforderungen an die Erfindungsleistung. Es genügt nach seiner Auffassung, daß die Erfindungs- oder sonstige Leistung die Technik bereichert[81]. Zur Frage, wann ein Geheimnis offenkundig wird, hat der Bundesgerichtshof verschiedentlich im Zusammenhang mit dem Patentgesetz Stellung genommen. Er hat dabei ausgeführt, daß nur eine solche Benutzung zur Offenkundigkeit führt, die eine nicht zu entfernte Möglichkeit eröffnet, daß beliebige Dritte zuverlässige ausreichende Kenntnis von dem Gegenstand erhalten[82]. Allein der Umstand, daß einzelne Konstruktionszeichnungen geheim zu halten sind, macht das vertragsgegenständliche technische Wissen noch nicht zum Betriebsgeheimnis[83].

Das Bundeskartellamt führt zum Begriff „Betriebsgeheimnis" aus: Bei Maschinen eigenständig entwickelter Konstruktion, deren Herstellung und Vervollkommnung eine Summe von langjährig erarbeiteten technischen Erfahrungswissens bedinge, bestehe hinsichtlich der Fertigungsunterlagen (z. B. Zusammenstellung und Baugruppenzeichnungen, Stücklisten und Fertigungszeichnungen) nach wirtschaftlicher

---

79 Vgl. *Henkels*, a.a.O., S. 34 und 59; *Lemhoefer*, GRUR 1964 S. 573, 582; *Stumpf*, Der Know-How-Vertrag, a.a.O., S. 181 ff.
80 *BGH*, 1. 7. 1960 „Wurftaubenpresse", WuW/E BGH S. 400 = NJW 1960 S. 1999; vgl. auch *RG*, 22. 11. 1935, RGZ 149 S. 329, 334 und *BGH*, 15. 3. 1955 „Möbelpaste", GRUR 1955 S. 424.
81 *BGH*, 16. 10. 1962 „Kieselsäure", WuW/E BGH S. 531, 534 ff. = GRUR 1963 S. 207, 210 ff.
82 *BGH*, 25. 11. 1965 „Pfennigabsatz", GRUR 1966 S. 484 = BB 1966 S. 176 ff.
83 *BGH*, 29. 3. 1984 „Heizkessel-Nachbau", GRUR 1984 S. 753.

Erfahrung ein berechtigtes Geheimhaltungsinteresse, das von den betreffenden Unternehmen gewahrt werde[84].

Später definiert es den Begriff wie folgt: „Ein Betriebsgeheimnis im Sinne des § 21 Abs. 1 GWB liegt vor, wenn der Lizenzgeber nicht offenkundiges, derzeitiges und zukünftiges innerbetrieblich erarbeitetes technisches Wissen und praktische Fertigungserfahrung, die in diesem Umfang nur ihm und/oder seinem Geschäftsbetrieb zugänglich sind und nach seinem bekundeten Willen nicht offenkundig werden sollen, dem Lizenznehmer zur vertragsmäßigen Auswertung unter Auferlegung der Geheimhaltungspflicht offenbart"[85].

525   Auch das Bundeskartellamt stellt an den Nachweis der Bereicherung der Technik keine zu hohen Anforderungen. Im Regelfall wird es genügen, daß es sich nach der Vorstellung der Vertragsbeteiligten um ein Betriebsgeheimnis handelt, dessen Weitergabe dem Erwerber oder Know-How-Nehmer Vorteile bringt, die ihm sonst nicht oder mindestens nicht ohne besonderen Aufwand zur Verfügung stehen[86].

526   Die Technik bereichernde Leistungen im Sinne dieser Bestimmung sind auch Entdeckungen und ideelle Erfindungen, für die man keinen Schutz erwerben kann. Nach Henkels kommt es darauf an, daß sich die Anweisung an den menschlichen Geist auf dem Gebiet der Technik auswirkt. Er bejahe sie daher z. B. für Schaltpläne, Methoden zur Benutzung von Datenverarbeitungsanlagen, also für sog. Software-Programmsprachen und dgl.[87].

Später hat das Bundeskartellamt seine Anforderungen an die Technik bereichernde Leistungen verschärft[88]. Ob jedoch der Bundesgerichtshof dem Bundeskartellamt dabei folgen wird, erscheint äußerst zweifelhaft.

Das Bundeskartellamt hat bei der entsprechenden Anwendung des § 20 GWB auf Know-How-Verträge darauf abgestellt, ob in einem solchen Vertrag vereinbarte Beschränkungen des Know-How-Nehmers über das mitgeteilte Geheimnis hinausgehen. In einem besonders

---

84 *BKartA*, Beschluß vom 4. Quartal 1960, WuW/E BKartA S. 317 = BB 1961 S. 157.
85 *BKartA*, Beschluß vom Februar 1962, BB 1962 S. 576 = DB 1962 S. 668.
86 BKartA Tätigkeitsbericht 1961 S. 59; *Henkels*, a.a.O., S. 30.
87 Vgl. *Henkels*, a.a.O., S. 20; Software als solche ist jedoch nicht patentfähig, § 1 Abs. 2 Nr. 3 i.V.m. § 1 Abs. 3 PatG; siehe hierzu auch noch unten R.
88 BKartA Tätigkeitsberichte 1966 S. 73; 1972 S. 97; 1976 S. 106 ff. *Emmerich* in *Immenga/Mestmäcker*, a.a.O., Rdnr. 11 zu § 21, tritt auch hier für eine Verschärfung des Kartellrechts ein.

gelagerten Fall, in dem ein Herstellungsverfahren unter Benutzung der Maschine und des technischen Know-How des Lizenzgebers lizenziert war, hat das Bundeskartellamt ein Verbot des Nachbaus oder des Bezugs von Teilen für eine Maschine, die nicht geschützt war, für zulässig erachtet[89].

In einem Fall, dem ein Produktionsvertrag zugrunde lag, durch den nach den Ausführungen des Bundesgerichtshofes „sehr beachtliches konstruktives Know-How" übertragen worden war, hat der Bundesgerichtshof sogar ein Wettbewerbsverbot für wirksam erklärt, das den Lizenznehmer während der Dauer des Vertrages und nach seinem Ablauf von allen Konkurrenzgeschäften mit dem Lizenzgegenstand und allen möglichen Verwendungsarten ausschloß[90].

IV. Beschränkungen hinsichtlich des Vertriebs

1. In räumlicher Hinsicht

*a) Erteilung der Lizenz für einen Teil des Gebiets,
für das das Schutzrecht besteht*

Gegen die Erteilung einer Vertriebslizenz in der Weise, daß sie nur für einen Teil des Gebiets gilt, für welches das Schutzrecht erteilt ist, bestehen keine Bedenken. Hierin liegt keine Ausdehnung des Patentmonopols. Der Lizenzgeber verzichtet vielmehr auf einen Teil seines Verbotsrechts. **527**

Dasselbe gilt, wenn der Lizenzgeber, der für den gleichen Gegenstand Schutzrechte in verschiedenen Ländern hat, nur für eines oder einige davon Lizenzen erteilt[91].

b) Exportverbot

Nach § 20 Abs. 2 Nr. 5 GWB sind Verpflichtungen des Lizenznehmers, soweit sie sich auf die Regelung des Wettbewerbs im Ausland beziehen, zulässig. Nach dem Wortlaut dieser Bestimmungen könnte **528**

---

89 *BKartA*, BB 1961 S. 157 = WuW/E BKartA S. 317.
90 *BGH*, 20. 5. 1966, GRUR 1966 S. 576 ff. = WRP 1966 S. 348 ff.
91 BKartA Tätigkeitsbericht 1962 S. 70 ff.; *Axster*, Gemeinschaftskommentar, a.a.O., Rdnr. 173 zu §§ 20, 21; *Emmerich* in *Immenga/Mestmäcker*, a.a.O., Rdnr. 184 ff. zu § 20; *Lieberknecht*, a.a.O., S. 203; *Westrick/Loewenheim*, a.a.O., Rdnr. 14 zu § 20; *Henn*, a.a.O., S. 211; *Benkard*, PatG, a.a.O., Rdnr. 151 zu § 15.

528

man die Auffassung vertreten, daß darunter auch Beschränkungen für Waren fallen, die durch das dem Lizenzvertrag zugrundeliegende Schutzrecht nicht gedeckt sind, z. B. Konkurrenzerzeugnisse. Während das Bundeskartellamt den Gesetzestext sonst meist extensiv auslegt, geht es bei den Ausnahmen offensichtlich den umgekehrten Weg und legt diese einschränkend aus. So will die 4. Beschlußabteilung des Bundeskartellamtes die Ausnahme bei Exportverboten nur gelten lassen, wenn sich diese auf den geschützten Gegenstand, für den die Lizenz erteilt ist, beziehen[92]. Sie schließt dies aus dem Zusammenhang von Abs. 1 und 2 § 20 GWB.

Trotz der strengen Anforderung, die das Bundeskartellamt an den Zusammenhang zwischen Beschränkung und Lizenzschutzrecht stellt, will es jedoch den Umständen des Einzelfalles und den berechtigten Interessen des Lizenzgebers Rechnung tragen. So ist z. B. in mehreren Fällen die hinlängliche Beziehung zum geschützten Gegenstand bejaht und § 20 Abs. 2 Nr. 5 angewendet worden, wenn ein inländischer Lizenzgeber einem im weit entfernten – z. B. außereuropäischen – Ausland ansässigen Lizenznehmer ein Wettbewerbsverbot auferlegt hat, um einen unkontrollierbaren vertragswidrigen Gebrauch lizenzierter technischer Betriebsgeheimnisse durch lizenzgebührenlose Fremdfertigung zu verhindern[93].

Schließt man sich dieser Auffassung an, so wird man in analoger Anwendung Exportverbote auch für Gegenstände, für die ein Know-How besteht, für zulässig erachten müssen, und zwar nicht nur für diejenigen, für die ausdrücklich die Lizenz erteilt ist, sondern für alle Gegenstände, bei denen das aufgrund des Lizenzvertrages mitgeteilte Know-How verwendet wird[94]. Dies ist nicht nur bei reinen Know-How-Verträgen von Bedeutung, sondern auch bei Patentlizenzverträgen, bei denen zusätzlich auch ein Know-How mitgeteilt wird.

Zulässig ist es nach der herrschenden Meinung, dem Lizenznehmer den Export zu verbieten[95]. Ursprünglich vertrat auch das Bundeskar-

---

92 *BKartA*, Beschluß vom Dezember 1960, DB 1961 S. 371 = WuW/E BKartA S. 331; *Henn*, a.a.O., S. 212 unter Hinweis auf BKartA Tätigkeitsberichte 1962 S. 70, 1963 S. 68 und hiervon abweichend 1960 S. 49.
93 BKartA Tätigkeitsberichte 1965 S. 64; *Kellermann*, WuW 1960 S. 603, 615; *Henn*, a.a.O., S. 212.
94 § 21 GWB.
95 *Axster*, Gemeinschaftskommentar, a.a.O., Rdnr. 173 zu §§ 20, 21; *Magen*, a.a.O., S. 133 ff.; *Westrick/Loewenheim*, a.a.O., Rdnr. 14 zu § 20; a. M. *Emmerich* in *Immenga/Mestmäcker*, a.a.O., Rdnr. 187 ff. zu § 20; *Henn*, a.a.O., S. 212.

tellamt die von der herrschenden Meinung vertretene Auffassung[96]. Später hat es jedoch seine Meinung geändert und Exportverbote für unzulässig erachtet[97].

Dieser Verwaltungspraxis ist nicht zuzustimmen. Nach § 9 des Patentgesetzes begeht jeder, der einen unter das Patent fallenden Gegenstand im Inland in den Verkehr bringt, eine Patentverletzung. Eine Patentverletzung begeht also auch derjenige, der einen unter Patent stehenden Gegenstand exportiert. Auch in dieser Handlung liegt ein Inverkehrbringen im Inland. Nach § 20 GWB und auch nach der sonstigen Verwaltungspraxis des Bundeskartellamts sind Beschränkungen insoweit zulässig, als sie vom Schutzrecht gedeckt werden. Dies ist auch für Exportverbote der Fall. Mit der Nichtzulassung von Exportverboten weicht das Bundeskartellamt also in dieser Frage von seiner sonstigen Praxis ab, Beschränkungen insoweit zuzulassen, als sie vom Schutzrecht gedeckt sind[98].

Hat der Lizenzgeber im Ausland Schutzrechte, für die er dem Lizenznehmer keine Lizenz erteilt hat, so kann er ihm auch durch Vertrag verbieten, in Länder zu liefern, in denen er Schutzrechte hat. Nach Auffassung des Bundesgerichtshofs sind derartige vertragliche Beschränkungen durch § 20 GWB gedeckt[99].

Die Frage der Exportverbote ist auch im EWG-Kartellrecht äußerst umstritten[100].

c) Exportverbot für Kunden des Lizenznehmers

Die Verpflichtung des Lizenznehmers, seinen Abnehmern Exportverbote aufzuerlegen, wird vom Kartellamt für unzulässig gehalten[101]. Diese Auffassung wird auch in der Literatur geteilt[102].   **529**

---

96 *BKartA*, Beschluß vom Dezember 1960, WuW/E BKartA S. 331 ff.; Beschluß vom Februar 1962, WuW/E BKartA S. 465 ff.; BKartA Tätigkeitsberichte 1960 S. 49; *Henn*, a.a.O., S. 212.
97 BKartA Tätigkeitsberichte 1962 S. 70; 1963 S. 68; siehe auch *Henn*, a.a.O., S. 212.
98 *Axster*, Gemeinschaftskommentar, a.a.O., Rdnr. 173 zu §§ 20, 21; zum Inverkehrbringen vgl. auch Rdnr. 30.
99 *BGH*, 5. 5. 1967 „Fischbearbeitungsmaschine", GRUR 1967 S. 670 = WuW/E BGH S. 838; *BGH*, 15. 3. 1973 „Bremsrollen", BGHZ 60 S. 312 ff.
100 Vgl. Rdnr. 648, 652, 655 f., 724, 727, 729 f.
101 BKartA Tätigkeitsberichte 1960 S. 49; 1961 S. 58; 1970 S. 93.
102 *Axster*, Gemeinschaftskommentar, a.a.O., Rdnr. 175 zu §§ 20, 21; *Westrick/Loewenheim*, a.a.O., Rdnr. 14 zu § 20; vgl. auch *Lieberknecht*, a.a.O., S. 204 ff.; vgl. auch WuW 1952 S. 855; *Henn*, a.a.O., S. 211 f. mwN.

Begründet wird diese Auffassung damit, daß durch den Vertrieb des Lizenzgegenstandes durch den Lizenznehmer an dessen Abnehmer das Schutzrecht verbraucht sei und in der Beschränkung des Abnehmers hinsichtlich der Verwertung des gelieferten Gegenstands eine Ausdehnung des Patentmonopols liege. Hiergegen läßt sich einwenden, daß ohne ein solches Exportverbot auch für den Abnehmer ein Exportverbot für den Lizenznehmer leicht umgangen werden kann und damit sinnlos würde. Dadurch, daß dem Lizenzgeber die Möglichkeit genommen wird, den Export des Lizenzgegenstandes zu verhindern, besteht die Gefahr, daß die gesamte Absatzorganisation in Unordnung kommt, vor allem in den Fällen, in denen der Lizenzgeber den Lizenzgegenstand selbst herstellt und vertreibt. Bei der Beurteilung von Exportverboten muß – nach Auffassung des Verfassers – je nach Sachlage differenziert werden. Nach der oben dargelegten Auffassung des Bundeskartellamts ist ein Exportverbot für Abnehmer immer dann unzulässig, wenn die Lizenz für Deutschland bei Zugrundeliegen eines deutschen Patents oder eines Know-How gegeben wurde.

Handelt es sich dagegen um eine Lizenz, die für das Ausland gegeben wurde, und wurde der Lizenznehmer verpflichtet, seinem Abnehmer ein Exportverbot aufzuerlegen, so wird man jeden Einzelfall untersuchen müssen, ob je nach Sachlage dieses Exportverbot gegen die deutschen kartellrechtlichen Bestimmungen verstößt. Dabei ist darauf hinzuweisen, daß das Bundeskartellamt Beschränkungen, die für das Ausland auferlegt werden, nicht so streng beurteilt wie Beschränkungen in Lizenzverträgen, die für die Bundesrepublik Deutschland vereinbart werden[103].

Ein Argument, daß solche Exportverbote, die für Auslandslizenzen ausgesprochen werden, gerechtfertigt und daher zulässig sind, läßt sich Lizenzverträgen entnehmen, die für ein anderes Land nur gewährt werden, weil die Einfuhr in das betreffende Land aufgrund von Einfuhrsperren nicht möglich ist. Hier würde sich der Lizenzgeber, der die Lizenz nur aus einer Zwangslage heraus gegeben hat, noch eine zusätzliche Konkurrenz schaffen, wenn der Lizenznehmer oder sein Abnehmer ins patentfreie Ausland liefern könnte. Dies wäre ungerechtfertigt. Der Lizenzgeber verlangt im übrigen auch nichts anderes als jeder Hersteller, der sich ein Vertriebsnetz im Ausland aufgebaut hat und der verhindern will, daß dieses in Unordnung kommt. Solche Exportverbote in Auslandslizenzverträgen sind üblich; sie dienen vor

---

103 BKartA Tätigkeitsberichte 1962 S. 70; 1963 S. 68.

allem auch dem Schutz von Vertragshändlern und Generalvertretern. Aber auch bei diesen für das Ausland vergebenen Lizenzen ist aus verschiedenen Gründen Vorsicht geboten. Einmal kann ein solches Exportverbot gegen das EWG-Kartellrecht verstoßen, sofern EG-Länder betroffen sind[104]. Dies gilt auch für Exportverbote in Vertragshändler-Verträgen[105].

Ferner kann das Exportverbot in Widerspruch zu den gesetzlichen Bestimmungen des Landes, für das die Lizenz vergeben wurde, stehen. So werden in vielen Entwicklungsländern Lizenzverträge, die Exportverbote vorsehen, nicht genehmigt[106].

d) Vertriebsbeschränkungen bei Lizenzverträgen, denen keine Schutzrechte zugrunde liegen

Auch in Lizenzverträgen (Know-How-Verträgen), denen eine Erfindung, für die kein Schutzrecht besteht, zugrunde liegt, ist die Beschränkung der Herstellung und des Vertriebs auf bestimmte Gebiete oder Länder zulässig. Der Lizenznehmer verstieße, soweit die Lizenz für Deutschland erteilt ist, gegen ein gesetzliches Verbot, wenn er das ihm Mitgeteilte in anderer Weise als gestattet verwerten würde[107]. Eine Ausdehnung der Vorrangstellung, die der Lizenzgeber durch seine Kenntnisse hat, liegt nicht vor, weil er den Lizenznehmer durch den Vertrag an seinen Kenntnissen teilnehmen läßt. Diese Teilnahme muß er auch beschränken können. Die Zulässigkeit einer Ausdehnung der Beschränkung auch auf selbständige Teile des Lizenzgegenstandes, die offenkundig sind, hängt von den Umständen des Einzelfalles ab. In der Regel muß man diese nach deutschem Recht verneinen. **530**

Die Einschränkungen, die das Kartellamt neuerdings im Hinblick auf Exportverbote an ausländische Lizenznehmer macht, wonach diese nach § 20 Abs. 2 Nr. 5 GWB nur freizustellen sind, wenn keine Inlandswirkung in Betracht kommt, können nach Auffassung des Verfassers nicht auf Know-How-Verträge angewandt werden[108]. Dies erklärt sich daraus, daß das Know-How kein räumlich begrenztes

---

104 Vgl. Rdnr. 648, 652, 655 f., 724, 727, 729 f.
105 Vgl. *Stumpf*, Der Vertragshändler-Vertrag, a.a.O., Rdnr. 40 ff.
106 Vgl. zur gesamten Problematik *Grützmacher/Schmidt-Cotta/Laier*, a.a.O.
107 § 18 UWG.
108 BKartA Tätigkeitsberichte 1962 S. 70; 1963 S. 68; *Stumpf*, Der Know-How-Vertrag, a.a.O., S. 215 ff..

Recht darstellt und daher eine analoge Anwendung der für Patentlizenzen entwickelten Grundsätze nicht möglich ist. Man wird auch Exportverbote für Kunden des Know-How-Nehmers zulassen müssen. Ohne diese wäre ein Exportverbot aufgrund der Natur des Know-How-Vertrages weitgehend entwertet. Bei dieser Betrachtung muß man auch berücksichtigen, daß das Know-How keinen absoluten Schutz gewährt[109]. Hinzu kommt, daß Know-How-Verträge oftmals nur abgeschlossen werden, weil eine Einfuhr in das betreffende Land aufgrund von Einfuhrsperren nicht möglich ist. Hier hat der Know-How-Geber ein erhebliches Interesse daran, seinen Partner auf dieses Land zu beschränken und sich nicht etwa in ihm eine zusätzliche Konkurrenz für dritte Länder zu schaffen. Außerdem dienen solche Verbote dem Schutz von Vertragshändlern und Generalvertretern.

2. Beschränkungen bezüglich des Preises und der Lieferbedingungen[110]

a) Preisbindung bei Schutzrechtslizenzen

531 Bindungen des Lizenznehmers hinsichtlich der Preisstellung für den geschützten Gegenstand sind gemäß § 20 Abs. 2 Ziff. 2 GWB zulässig. Das Bundeskartellamt befürchtet aber, daß diese Bestimmung zur Umgehung des ansonsten geltenden grundsätzlichen Verbotes von Preisabsprachen gemäß § 15 GWB benutzt wird. Es plädiert daher für die Streichung dieser Vorschrift[111]. Dieser Auffassung schließt sich Emmerich, wie immer, wenn es um Verschärfungen des Kartellrechts geht, an[112].

Nach dem derzeitigen Stand der Dinge dürfte der Wunsch des Kartellamts nach Streichung in absehbarer Zeit nicht in Erfüllung gehen. Gegen die Streichung und die Argumentation des Kartellamtes wendet sich Axster. Er hält nur eine Änderung der Bestimmung für angemessen[113].

Bezüglich der Frage, ob eine Preisbindung für den gesamten Lizenzgegenstand auch dann zulässig ist, wenn nur ein Teil desselben einem Schutzrecht unterliegt, gehen die Meinungen auseinander. Kellermann will die Bindung nur dann ohne weiteres als zulässig erachten, wenn

---

109 *Stumpf*, Der Know-How-Vertrag, a.a.O., S. 216 ff.
110 Vgl. Rdnr. 190.
111 BKartA Tätigkeitsberichte 1968 S. 87; 1969 S. 97; 1977 S. 93.
112 *Emmerich* in *Immenga/Mestmäcker*, a.a.O., Rdnr. 225 ff. zu § 20.
113 *Axster*, Gemeinschaftskommentar, a.a.O., Rdnr. 207 ff. zu §§ 20, 21.

der von dem Schutzrecht erfaßte Teil dem Gesamtgegenstand das Gepräge gibt. Nach seiner Meinung reicht es nicht aus, wenn der von dem Schutzrecht umfaßte Teil einen untergeordneten Teil des Gesamtgegenstandes darstellt, ohne im einzelnen hierfür eine Begründung zu geben[114].

Das Bundeskartellamt verlangt ebenfalls, daß das Schutzrecht sich auf einen Hauptbestandteil, der dem Gesamterzeugnis das charakteristische Gepräge gibt, bezieht[115]. Bei Vorliegen eines wichtigen Teils, der dem Hauptgegenstand aber nicht notwendigerweise das charakteristische Gepräge geben muß, kann die Preisbindung als durchaus gerechtfertigt erscheinen[116].

Die Beurteilung, wann im Hauptbestandteil ein wichtiger Teil oder ein untergeordneter Teil vorliegt, wirft in der Praxis schwierige Fragen auf. Das Bundeskartellamt scheint hier einen strengen Maßstab anzulegen. Dieser Auffassung schließt sich auch Tetzner an. Bei Erfindungen allerdings, die die Behandlung einer Sache betreffen, kann nach seiner Auffassung die Preisbindung meist nicht auf den behandelten Gegenstand erstreckt werden, weil das Behandlungsverfahren nur selten für den Gegenstand so bedeutsam sein wird, daß dadurch das charakteristische Gepräge dieses Gegenstandes geformt wird und sein Gebrauchszweck und seine Funktion bestimmend beeinflußt werden. Als Beispiel erwähnt er die Oberflächenbehandlungsverfahren bei Rohren oder Gußstücken oder mit wasserimprägnierenden Mitteln behandelte Stoffe[117]. Man sollte die Vertragspartner nicht zu sehr am Gängelband führen wollen. Axster hält eine Abgrenzung danach, ob der patentierte Teil den Hauptteil des Endprodukts darstellt, für wenig sachgerecht und lehnt ihn daher ab[118]. Preisbindungen unter Bezugnahme auf die Preise Dritter sind nach Ansicht des Bundeskartellamts nicht zulässig[119]. Es hält lediglich eine inhaltlich in Zahlen und Prozen-

---

114 Vgl. *Kellermann,* WuW 1960 S. 603, 615.

115 BKartA Tätigkeitsberichte 1961 S. 58; 1965 S. 64; vgl. auch BKartA, Beschluß vom 30. 9. 1981 „Rigg für ein Segelbrett", GRUR 1981 S. 919 ff.; so auch *Henn,* a.a.O., S. 216 mwN.

116 So will z. B. *Lieberknecht* die Bindung zulassen, wenn die patentierte Vorrichtung gegenüber den unpatentierten Teilen so wesentlich ist, daß sie von der Verkehrsanschauung als Hauptsache angesehen wird – vgl. *Lieberknecht,* a.a.O., S. 223; vgl. auch *Jäger,* WRP 1962 S. 7 ff.

117 Vgl. *Tetzner,* WuW 1966 S. 383.

118 *Axster,* Gemeinschaftskommentar, a.a.O., Rdnr. 210 zu §§ 20, 21.

119 BKartA Tätigkeitsbericht 1962 S. 71; *Westrick/Loewenheim,* a.a.O., Rdnr. 26 zu § 20.

ten bestimmte Preisbindung für mit § 20 Abs. 2 Nr. 2 GWB vereinbar[120]. Hiergegen wendet sich Axster, da eine derartige Einschränkung
der Freistellung im Gesetz keine Stütze findet[121].

532 Eine Verpflichtung, auch seine Abnehmer preislich zu binden, darf
dem Lizenznehmer nicht auferlegt werden. Sie bedürfte einer Genehmigung durch das Kartellamt[122]. Das Bundeskartellamt dehnt die
Befreiung auch nicht auf Verpflichtungen zur Übernahme weiterer
Leistungen aus, selbst wenn sie sich auf die Kalkulation des Lizenznehmers auswirken, wie z. B. Werbungskosten. Eine Verpflichtung des
Lizenznehmers, durch die ihm Werbungskosten in voller Höhe oder
zum Teil auferlegt werden, fällt deshalb nach Ansicht des Bundeskartellamts nicht unter diese Ausnahmebestimmungen[123]. Gegen diese
Einschränkung des Bundeskartellamts bei der Genehmigung wendet
sich Axster. Er hält die Auferlegung von Werbekosten für eine zulässige Beschränkung des Lizenznehmers im Sinne des § 20 Abs. 1
GWB[124].

*b) Preisbindung bei Lizenzverträgen, denen keine Schutzrechte
zugrunde liegen*

533 Auch bei Verträgen, denen kein Schutzrecht, sondern ein Know-How
zugrunde liegt, ist die Preisbindung des Know-How-Nehmers grundsätzlich für zulässig zu erachten[125]. Dies spielt vor allem auch bei
Verträgen, die sich aus Schutzrechten und Know-How zusammensetzen, eine Rolle. Die für die Patentlizenz ausgeführten Grundsätze sind
entsprechend anzuwenden. Der Know-How-Geber darf seine Vorrangstellung, die er durch seine besonderen Kenntnisse und Erfahrungen hat, nicht auf andere Lizenzgegenstände ausdehnen, d. h. er darf
für Gegenstände, die nicht von dem Know-How umfaßt werden, die
Preise nicht binden[126].

---

120 BKartA Tätigkeitsbericht 1972 S. 95.
121 *Axster*, Gemeinschaftskommentar, a.a.O., Rdnr. 211 zu §§ 20, 21.
122 BKartA Tätigkeitsbericht 1965 S. 64 – ebenso bei Lizenzverträgen, denen keine
    Schutzrechte zugrunde liegen; vgl. *Jäger*, WRP 1962 S. 7 f.; *Kellermann*, WuW 1960
    S. 603, 615.
123 BKartA Tätigkeitsberichte 1961 S. 58; 1965 S. 64; *BKartA*, Beschluß 1964, WuW/E
    BKartA S. 911 ff. = BB 1965 S. 394.
124 *Axster*, Gemeinschaftskommentar, a.a.O., Rdnr. 212 zu §§ 20, 21; a. M. *Haver/
    Mailänder*, a.a.O., S. 113 ff.
125 *OLG Karlsruhe*, 26. 8. 1987 „Heizkessel-Nachbau", WuW 1988 S. 660; *OLG
    Frankfurt*, 23. 6. 1988 „Zelthallen-Nachbau", GRUR 1988 S. 853.
126 *Stumpf*, Der Know-How-Vertrag, a.a.O., S. 205 ff.

c) Bindung an Lieferbedingungen

Über die Frage, inwieweit der Lizenznehmer verpflichtet werden kann, **534** beim Verkauf des Lizenzgegenstandes bestimmte Lieferbedingungen zugrunde zu legen, ist im Gesetz nichts Besonderes bestimmt. In der Literatur wird die Meinung vertreten, daß die Bindung jedenfalls insoweit zulässig ist, als sie bestimmt und geeignet ist, die Umgehung einer zulässigen Preisbindung zu verhindern[127]. Dies reicht jedoch für die Bedürfnisse der Praxis nicht aus und dürfte auch dem Sinne der Bestimmung des § 20 Abs. 2 Ziff. 2 GWB nicht gerecht werden; denn, wie Völp ausführt, die Bestimmung geht ihrem Sinn nach davon aus, daß der Lizenzgeber, der vielleicht selbst produziert, sich von seinem eigenen Lizenznehmer keine Konkurrenz machen zu lassen braucht. Hinzu kommt, daß die Bindung an Geschäftsbedingungen ein Minus gegenüber der Preisbindung ist. Sie muß daher, soweit sie für den Wettbewerb von Bedeutung ist, für zulässig erachtet werden[128]. Das Bundeskartellamt hält jedoch die Bindung des Lizenznehmers an nicht preisbezogene Verkaufs- und Lieferbedingungen für unzulässig[129].

V. Berechnung der Lizenzgebühr auf einen Gesamtgegenstand, der aus geschützten und nicht geschützten Teilen besteht

Bei der Berechnung der Lizenzgebühr auf einen Gesamtgegenstand, **535** der aus geschützten und nicht geschützten Teilen besteht, verlangt das Bundeskartellamt, daß das Schutzrecht sich auf einen Hauptbestandteil, der dem Gesamterzeugnis das charakteristische Gepräge gibt, bezieht. Es lehnt die Berechnung der Lizenzgebühr nach dem Wert des gesamten Geräts ab in einem Fall, in dem nur ein Teil geschützt war und der Wert eines nicht geschützten Teiles auch noch ständigen Schwankungen unterlag. Das Bundeskartellamt hält danach die Einbeziehung ungeschützter Teile in die Berechnungsgrundlage nur dann für möglich, wenn es sich hier um eine Zahlungsmodalität handelt, die der Erleichterung der Abrechnung dient[130]. Ist nur ein untergeordneter

---

127 *Kellermann,* WuW 1960 S. 603, 615; *Lieberknecht,* a.a.O., S. 227; *Klauer/Möhring,* PatG a.a.O. Rdnr. 30, Anhang zu § 9; *Reimer,* PatG, a.a.O. Rdnr. 144 zu § 9; *Henn,* a.a.O., S. 216; a. A. *Westrick/Löwenheim,* a.a.O. Anm. 26 zu § 20.
128 Vgl. *Völp,* WRP 1957 S. 315; nicht so optimistisch ist *Henn,* a.a.O., S. 216.
129 BKartA Tätigkeitsberichte 1959 S. 45; 1968 S. 87; 1971 S. 98.
130 BKartA, Beschluß vom 30. 9. 1981 „Rigg für ein Segelbrett", GRUR 1981 S. 919 ff.; *Henn,* a.a.O., S. 216.

Teil geschützt, so wäre es nach Auffassung des Bundeskartellamtes ungerechtfertigt, wenn der Lizenzgeber die Gebühr auf den Gesamtgegenstand berechnen könnte.

VI. Vereinbarung von Bezugspflichten

536 Bezugspflichten wird man für zulässig erachten müssen, soweit es sich um Gegenstände handelt, für die der Lizenzgeber ein Schutzrecht oder ein Know-How hat, deren Lieferung von dritter Seite daher entweder eine mittelbare Patentverletzung darstellen oder die Freigabe des dem Lizenznehmer anvertrauten Geheimnisses voraussetzen würde. Dagegen bereitet die Beurteilung der Frage, inwieweit Bezugspflichten für nicht geschützte Gegenstände, für die auch kein Know-How besteht, im Lizenzvertrag auferlegt werden können, Schwierigkeiten. Sie können aufgrund der Bestimmung des § 20 Abs. 2 Ziff. 1 GWB zulässig sein, soweit und solange sie durch ein Interesse des Lizenzgebers an einer technisch einwandfreien Ausnutzung des Gegenstandes des Schutzrechts oder des Know-How gerechtfertigt sind[131]. Darüber, wann dies zu bejahen ist, bestehen in der Literatur Meinungsverschiedenheiten. Ganz entscheidend wird es hierbei auf die Umstände des Einzelfalles ankommen. Ein ausschließliches wirtschaftliches Interesse des Lizenzgebers, z. B. das Interesse, den Absatz seiner Erzeugnisse zu sichern oder zu erweitern und sich zusätzliche Einnahmequellen zu erschließen, rechtfertigt die Anwendung des § 20 Abs. 2 Ziff. 1 GWB noch nicht. Doch darf die Ausnahmeregelung nicht so eng ausgelegt werden, daß sie praktisch ihre Bedeutung verliert. Insbesondere lehnt Kellermann das Argument ab, das Interesse an einer technisch einwandfreien Produktion könne eine Bezugsverpflichtung in keinem Fall rechtfertigen, weil dieses Interesse dadurch gewahrt werden könne, daß dem Lizenznehmer die Einhaltung bestimmter Qualitäten vorgeschrieben werde[132]. Das Bundeskartellamt stellt an den Nachweis, daß

---

131 *Westrick/Loewenheim*, a.a.O., Rdnr. 23 zu § 20; vgl. auch *Henn*, a.a.O., S. 214 und *Benkard*, PatG, a.a.O., Rdnr. 162 zu § 15; BKartA Tätigkeitsberichte 1985/1986 S. 36.
132 BKartA Tätigkeitsberichte 1965 S. 64; 1989/1990 S. 36; *Kellermann*, WuW 1960 S. 603, 615.

das Interesse an einer technisch einwandfreien Produktion Bezugspflichten rechtfertigt, strenge Anforderungen[133].

Bezugspflichten treten z. B. in folgenden Formen auf:

a) Der Lizenznehmer eines Verfahrenspatents verpflichtet sich, die zur Ausübung eines Verfahrens erforderlichen Rohstoffe oder Produkte vom Lizenzgeber oder von bestimmten dritten Unternehmern zu beziehen (vor allem in der chemischen Industrie).

b) Der Lizenznehmer übernimmt die Verpflichtung, das geschützte Verfahren nur mit bestimmten Vorrichtungen zu benutzen.

c) Dem Lizenznehmer eines Sachpatents wird vorgeschrieben, die zur Herstellung des Lizenzgegenstandes nötigen Materialien beim Lizenzgeber oder einem bestimmten Unternehmer zu beziehen[134].

d) Der Lizenznehmer, der erst eine eigene Produktion aufziehen will, verpflichtet sich, die Teile oder Ersatzteile vom Lizenzgeber zu beziehen, bis er alle Teile – z. B. einer Maschine – selbst herstellt. Es kommt auch vor, daß von vornherein vorgesehen ist, daß der Lizenznehmer nur bestimmte Teile selbst herstellt, andere dagegen – meist kompliziertere – vom Lizenzgeber beziehen soll.

537

Bei den Fällen a) bis c) handelt es sich nach herrschender Meinung um Beschränkungen, die über den Inhalt des Schutzrechts hinausgehen[135]. Anders ist es bei dem Fall d). Handelt es sich hier um Teile, für die ein Schutzrecht oder ein Know-How besteht, so fehlt es an einer Beschränkung, die über den Inhalt des Schutzrechtes bzw. des Know-How hinausgeht. Dasselbe gilt für Ersatzteile insoweit, als die Ausbesserung des patentierten Gegenstands oder die Lieferung von Ersatzteilen nach der Rechtsprechung eine Patentverletzung darstellen würde[136]. Es sind jedoch Fälle denkbar, in denen die Beschränkung über den Inhalt des Schutzrechts hinausgeht, z. B. dann, wenn Ersatzteile, die zu beziehen sind, weder vom Schutzrecht, noch vom Know-How erfaßt werden. Trifft dies zu, so ist zu prüfen, ob der Ausnahmetatbestand des § 20 Abs. 2 Ziff. 1 GWB erfüllt ist.

---

133 BKartA Tätigkeitsberichte 1965 S. 64; 1972 S. 95; 1973 S. 115; 1985/1986 S. 36; *Kellermann*, WuW 1960 S. 603, 615.

134 *Kellermann*, WuW 1960 S. 603, 610; BKartA Tätigkeitsberichte 1985/1986 S. 36.

135 *Kellermann*, WuW 1960 S. 603, 611; *Axster*, Gemeinschaftskommentar, a.a.O., Rdnr. 181 zu §§ 20, 21; *Henn*, a.a.O., S. 215.

136 *Kellermann*, WuW 1960 S. 603, 611; *Heine*, GRUR 1960 S. 265, 271; vgl. auch Rdnr. 127.

538 Eine Bezugspflicht ist nach Auffassung des Bundeskartellamts auch dann nicht gerechtfertigt, wenn z. B. die zur Produktion des geschützten Gegenstandes erforderlichen patentfreien Grund-, Roh-, Hilfs- und Zuschlagstoffe, Zwischenerzeugnisse, Einzelteile, Zubehör, Maschinen und dgl. in gleicher Art, Güte und Menge sowie zu gleichen oder günstigeren Preisen und Bezugsbedingungen am Markt erhältlich sind, insbesondere, wenn es sich um Massenartikel handelt[137]. Dem wird man jedenfalls dann zustimmen müssen, wenn keine besonderen Umstände vorliegen. Nicht folgen wird man dagegen können, wenn es fortfährt: „Eine Bezugspflicht kann insbesondere nicht allgemein und – wie Lieberknecht meint[138] – mit der Argumentation begründet werden, der Lizenzgeber biete die Gewähr dafür, daß die Rohstoffe einwandfrei sind, während bei anderen Lieferanten eine solche Gewähr möglicherweise nicht bestehe." In diesen Fällen werde man sich häufig mit einer weniger weitgehenden Beschränkung begnügen können, z. B. mit einer Qualitätsvorschrift.

539 Die Auffassung des Bundeskartellamtes und von Kellermann führt dazu, daß die Bestimmung des § 20 Abs. 2 Ziff. 1 GWB für Bezugsbeschränkungen praktisch keinerlei Bedeutung hat, die sie aber doch haben soll, wie auch Kellermann betont. Die Fälle, in denen Kellermann eine Bezugsverpflichtung zulassen will, in denen allein der Lizenzgeber oder ein bestimmter Dritter die Rohstoffe oder Vorrichtungen in qualitativ einwandfreier Weise zur Verfügung stellen kann, sind uninteressant. Hier benötigt man meist keine ausdrückliche Verpflichtung, weil schon die wirtschaftliche Vernunft den Bezug gebietet, ganz abgesehen davon, daß die Verwendung anderer Stoffe, die möglicherweise nicht den Erfordernissen entsprechen, je nach Sachlage auch ohne ausdrückliche Verpflichtung eine zum Schadensersatz verpflichtende Vertragsverletzung darstellen kann. Das ist z. B. dann der Fall, wenn dem Lizenznehmer das Recht gegeben ist, das Zeichen und den Namen des Lizenzgebers zu benutzen und wenn er verpflichtet ist, in guter Qualität herzustellen[139].

540 Liefern auch andere Hersteller, bietet der Bezug bei ihnen aber nicht die erforderliche Gewähr für die Qualität, so führen Qualitätsvorschriften, die dem Lizenznehmer auferlegt werden, nicht oder doch

---

137 BKartA Tätigkeitsbericht 1965 S. 64; *Kellermann*, WuW 1960 S. 603, 611; *Henn*, a.a.O., S. 215.

138 *Lieberknecht*, DB 1957 S. 1011, 1013; a. M. *Axster*, Gemeinschaftskommentar, a.a.O., Rdnr. 181 zu §§ 20, 21.

139 Zur Frage der insoweit möglichen Produkthaftung s. o. Rdnr. 257 f.

nicht so billig und wirtschaftlich vernünftig zum Ziel. Die Nichtbeachtung der Qualitätsvorschriften ist für den Lizenzgeber schwer zu kontrollieren. Bei der Lieferung schlechter Qualität, die dem Lizenzgeber u. U. erst nach geraumer Zeit bekannt wurde, kann inzwischen sein guter Ruf schon beeinträchtigt sein. Aber auch der Lizenznehmer müßte, wollte er seinen Verpflichtungen nachkommen, erst kostspielige Untersuchungen hinsichtlich der Qualität anstellen, wenn er von anderen bezieht. Die Vereinbarung von Bezugspflichten aus Gründen der Sicherstellung einer einwandfreien Qualität ist damit in weitem Umfang kartellrechtlich zulässig, wie auch Lieberknecht meint[140].

In den Äußerungen von Kellermann kommt sehr klar die Tendenz des **541** Kartellamts zum Ausdruck, möglichst viele Verträge seiner Kontrolle zu unterwerfen, wobei es dann u. U. sogar bereit ist, eine Genehmigung gemäß § 20 Abs. 3 GWB zu erteilen. So empfiehlt Kellermann, Lizenzverträge im Zweifel beim Bundeskartellamt anzumelden, weil die Voraussetzungen des § 20 Abs. 2 Ziff. 1 GWB außerordentlich schwer zu beurteilen seien. Sei eine Erlaubnis erteilt, dann könnten die Gerichte die Rechtswirksamkeit der Bezugsverpflichtung nicht mehr in Zweifel ziehen. Ganz abgesehen davon, daß die Unternehmen eine verständliche Abneigung haben, für alle möglichen Dinge Genehmigungen von Behörden einzuholen, dauert es oft außergewöhnlich lange, bis eine Genehmigung erteilt wird. Unternehmer sind aber in der Regel bestrebt, Verträge so schnell und mit so wenig Aufwand wie möglich unter Dach und Fach zu bringen. Nicht zu unterschätzen ist auch das psychologische Element, da der Lizenznehmer, wenn man erst eine Genehmigung einholen muß, immer das Gefühl haben wird, man verlange etwas von ihm, was nicht ganz in Ordnung ist. Im übrigen geht das Bundeskartellamt neuerdings von seiner früheren Praxis ab, im Zweifel die Genehmigung zu erteilen.

Auf die vielen Probleme bei Verfahrenspatenten sei hier nur hingewiesen, ohne daß darauf näher eingegangen werden soll. Es seien hierzu lediglich die eingehenden Ausführungen von Heine[141] sowie die von Kellermann[142] erwähnt. Der Inhaber eines Verfahrenspatents, der eine Vorrichtung veräußert, mit deren Hilfe das geschützte Verfahren ausgeübt werden kann, ist aus kartellrechtlichen Gründen nicht gehindert, sich von dem Erwerber der Vorrichtung für die Benutzung des

---

140 *Lieberknecht*, DB 1957 S. 1011, 1013; *Henn*, a.a.O., S. 215; *Benkard*, PatG, a.a.O., Rdnr. 162 zu § 15.
141 *Heine*, GRUR 1960 S. 265 ff.
142 *Kellermann*, WuW 1960 S. 603.

geschützten Verfahrens sowie vom geheimen Verfahrens-Know-How die Zahlung von Lizenzgebühren versprechen zu lassen[143].

Empfohlene Bezugspflichten werden von dem Bundeskartellamt den Bezugspflichten gleichgestellt, wenn die Befolgung durch andere Abmachungen praktisch erzwungen wird, so z. B. durch die prohibitive Höhe der Lizenzgebühren, eine Verkürzung der Vertragsdauer oder andere Nachteile[144].

VII. Vereinbarungen bezüglich des Schutzrechts

1. Nichtangriffsabreden

542 Schon während der Geltungsdauer der von den Alliierten erlassenen Kartellvorschriften bejahte der Bundesgerichtshof in seiner Entscheidung vom 20. 5. 1953 die Zulässigkeit von Nichtangriffsabreden, weil deren Zweck nicht in der Erlangung eines Monopols liege. Auch in der Literatur wurden sie im allgemeinen für zulässig erachtet[145]. Dieser Auffassung in Rechtsprechung und Literatur hat der Gesetzgeber Rechnung getragen, indem er Verpflichtungen des Lizenznehmers zum Nichtangriff auf das Schutzrecht für zulässig erklärte[146].

Die Nichtangriffsverpflichtung kann sich auf alle gerichtlichen und behördlichen Handlungen erstrecken. Die Nichtangriffsverpflichtung umfaßt auch die Verpflichtung, keinen Prüfungsantrag nach § 44 des Patentgesetzes zu stellen[147]. Nach Auffassung des Bundesgerichtshofs können auch vernichtbare Schutzrechte Gegenstand von Nichtangriffsverpflichtungen sein, soweit nicht der Lizenzgeber dem Lizenznehmer in Kenntnis der Vernichtbarkeit seines Schutzrechts diese Verpflichtung auferlegt[148].

543 Kartellrechtliche Bedenken bestehen jedoch gegen Abreden, mit denen eine Partei versucht, sich unberechtigte Monopolstellungen zu

---

143 *BGH*, 24. 9. 1979 „Fullplastverfahren", GRUR 1980 S. 38 ff.
144 BKartA Tätigkeitsberichte 1965 S. 63.
145 *Lampert*, GRUR 1950 S. 1; *Lieberknecht*, a.a.O., S. 244 ff.
146 § 20 Abs. 2 Ziff. 4 GWB; vgl. auch *OLG Düsseldorf*, 19. 6. 1984 „Schaumstoffplatten", WuW 1985 S. 420 = Vorentscheidung zu *BGH*, 21. 2. 1989 „Schaumstoffplatten", WuW 1989 S. 603.
147 *Axster*, Gemeinschaftskommentar, a.a.O., Rdnr. 231 zu §§ 20, 21; *Klauer/Möhring*, PatG, a.a.O., Rdnr. 37 im Anhang zu § 9; a. M. *Emmerich* in *Immenga/Mestmäcker*, a.a.O., Rdnr. 276 zu § 20.
148 *BGH*, 17. 10. 1968 „Metallrahmen", WuW/E BGH S. 988 ff.

sichern. Hierunter sind insbesondere solche zu verstehen, die über die Verpflichtung, das dem Lizenzvertrag zugrundeliegende Patent nicht anzugreifen, hinausgehen. Dies kann dann vorliegen, wenn sich der Lizenznehmer verpflichtet, auch andere Schutzrechte des Lizenzgebers nicht anzugreifen, für die keine Lizenz erteilt ist[149]. Auch ist eine Verpflichtung, wonach der Lizenznehmer alles zu unterlassen hat, was die Lizenzpatente gefährden kann, als zu weitgehend unwirksam. Sie ist inhaltlich zu unbestimmt und kann dazu führen, daß die wirtschaftliche und technische Gefährdung der Lizenzpatente in die Unterlassungsverpflichtung mit einbezogen wird. Dem Lizenznehmer wäre dadurch verboten, die Lizenzpatente – z. B. durch Parallelerfindungen – technisch zu überholen[150]. Entsprechendes gilt für das Verbot des Lizenznehmers, „fremde Schutzrechtsansprüche zu unterstützen"[151].

Nichtangriffsverpflichtungen dürfen auch nicht für künftige Schutzrechte oder Weiterentwicklungen vereinbart werden[152].

Nichtangriffsverpflichtungen dürfen aber ohne Rücksicht auf eine kürzere vereinbarte Vertragszeit bis zum Erlöschen des Schutzrechts auferlegt werden[153]. Die Nichtangriffsklausel hindert den Lizenznehmer jedoch nicht, sich darauf zu berufen, daß das Schutzrecht oder Schutzgut – aus anderen Gründen – weggefallen ist[154].

Bei Know-How-Verträgen wird die Verpflichtung, das Know-How geheimzuhalten, der Nichtangriffsverpflichtung bei Patentlizenzverträgen gleichgestellt[155].

2. Festlegung des Schutzumfangs durch Vereinbarung

Vereinbarungen über den Schutzumfang des dem Lizenzvertrag zugrundeliegenden Patents sind zulässig, wenn sie dazu dienen sollen, **544**

---

149 BKartA Tätigkeitsberichte 1961 S. 58; 1967 S. 88; 1972 S. 96; 1975 S. 94; *BGH*, 4. 2. 1986, WuW 1986 S. 736; *Axster*, Gemeinschaftskommentar, a.a.O., Rdnr. 230 zu §§ 20, 21; *Lieberknecht*, a.a.O., S. 246; *Westrick/Loewenheim*, a.a.O., Rdnr. 31 zu § 20; vgl. auch Rdnr. 426 f., 429 f.
150 BKartA Tätigkeitsberichte 1965 S. 64 Nr. 7.
151 BKartA Tätigkeitsberichte 1985/1986 S. 36.
152 BKartA Tätigkeitsberichte 1964 S. 53; 1969 S. 98; a. M. *Klauer/Möhring*, PatG, a.a.O., Rdnr. 37 im Anhang zu § 9.
153 BKartA Tätigkeitsberichte 1965 S. 68 Nr. 6.
154 *Haver/Mailänder*, a.a.O., S. 111, 112.
155 BKartA Tätigkeitsberichte 1963 S. 21; 1972 S. 96; vgl. zur EG-kartellrechtlichen Sicht der Problematik der Nichtangriffsklauseln auch BKartA Tätigkeitsberichte 1987/1988 S. 34; *Henn*, a.a.O., S. 193 f., 219 f., jeweils mwN und unten Rdnr. 640, 646, 710, 722.

bestehende Zweifel zu beheben. Anders ist es dagegen, wenn sie lediglich den Zweck haben, den Schutzumfang des Patents zu erweitern. Entsprechendes gilt auch, wenn der Lizenzgegenstand in einer Weise bezeichnet wird, daß er über den in Betracht kommenden Schutzumfang hinausgeht[156]. Das Gesetz gegen Wettbewerbsbeschränkungen enthält zwar keine ausdrückliche Ausnahme hierfür wie für Nichtangriffsabreden; die Bestimmungen sind aber analog anzuwenden[157].

545 Dies galt bereits nach den Kartellgesetzen der Alliierten und entspricht seither der Rechtsprechung des Bundesgerichtshofs[158]. Die Zulässigkeit solcher Vereinbarungen gründet sich nach dem heute geltenden Kartellgesetz auf § 20 Abs. 2 Ziff. 4, da in solchen Abreden auch eine Nichtangriffsverpflichtung liegt[159]. Unzulässig sind jedoch Scheinvereinbarungen, bei denen in beiderseitiger Erkenntnis der Schutzumfang über seinen wahren Inhalt hinaus ausgedehnt wird, um damit z. B. eine Preisbindung vereinbaren zu können. Solche Scheinvergleiche wären als Umgehung unzulässig und nach §§ 1 und 15 GWB zu beurteilen.

VIII. Vereinbarungen über Verbesserungen

546 Verpflichtungen des Lizenznehmers zum Erfahrungsaustausch oder zur Gewährung von Lizenzen auf Verbesserungs- und Anwendungserfindungen sind zulässig, sofern diesen gleichartige Verpflichtungen des Lizenzgebers entsprechen[160].

547 Durch Lizenzverträge wird der Lizenznehmer häufig verpflichtet, Schutzrechte dem Lizenzgeber zu übertragen oder ihm das Recht zum Erwerb dieser Schutzrechte einzuräumen, die er für Verbesserungen erwirbt; andererseits wird dem Lizenznehmer meist ein kostenloses Benutzungsrecht an Verbesserungen des Lizenzgebers eingeräumt. Schon während der Geltung der Kartellgesetze der Alliierten haben

---

156 BKartA Tätigkeitsberichte 1965 S. 63.
157 BKartA Tätigkeitsberichte 1972 S. 94; *Axster*, Gemeinschaftskommentar, a.a.O., Rdnr. 80 ff. zu §§ 20, 21; *Lüdecke/Fischer*, a.a.O., S. 721.
158 *BGH*, 5. 10. 1951 „Tauchpumpe", BGHZ 3 S. 193 = GRUR 1952 S. 141 = WuW 1952 S. 218 = WuW/E BGH S. 5; *BGH*, 15. 2. 1955 „Rote Herzvase", BGHZ 16 S. 296 = GRUR 1955 S. 418 = WuW/E BGH S. 94.
159 BKartA Tätigkeitsberichte 1972, S. 94; *Axster*, Gemeinschaftskommentar, a.a.O., Rdnr. 80 ff. zu §§ 20, 21.
160 § 20 Abs. 2 Nr. 3 GWB; *Benkard*, PatG, a.a.O., Rdnr. 163 zu § 15; *Henn*, a.a.O., S. 217.

sowohl der Bundeswirtschaftsminister als auch die DIDEG Bedenken gegen folgende Klausel, die ein Verfahrenspatent betraf, geäußert:

„Jede Verbesserung des Verfahrens, der dazu benötigten Maschinen oder des darauf hergestellten Produkts, welche durch den Lizenznehmer, seine Angestellten oder seine Beauftragten erfunden wird, oder die er während der Dauer dieses Vertrages auf eine andere Weise als Eigentum erwirbt, ist zusammen mit allen Patentrechten daraus auf Wunsch des Lizenzgebers diesem in Eigentum zu übertragen. Der Lizenzgeber hat dem Lizenznehmer die Barauslagen zu vergüten, und der Lizenznehmer verpflichtet sich, auf Kosten des Lizenzgebers diesem alle Einzelheiten darüber zur Verfügung zu stellen, die Patente dafür anzumelden . . . und alles zu tun, was notwendig ist, um das Recht darauf auf den Lizenzgeber zu übertragen, wobei noch vorbehalten bleibt, daß dem Lizenznehmer während der Dauer von Patenten, die der Lizenzgeber auf diese Weise im Land des Lizenznehmers erwerben sollte, eine freie, nicht gebührenpflichtige Lizenz zusteht."

Die DIDEG nahm eine Änderung in dem Sinn vor, daß der Lizenznehmer nicht verpflichtet war, dem Lizenzgeber seine Verbesserungserfindungen zu übertragen, der Lizenzgeber vielmehr nur einen Anspruch auf eine einfache Lizenz hatte mit dem Recht, seinerseits Unterlizenzen zu gewähren, und zwar gegen angemessene Vergütung der Unkosten nebst allen Entschädigungen, die der Lizenznehmer im Rahmen der deutschen Gesetzgebung seinen Angestellten oder Agenten zu gewähren hat.

548 Die Verpflichtung zur Übertragung der Schutzrechte oder der Verschaffung der Möglichkeit für den Lizenzgeber, sie zu erwerben, ist auch durch § 20 Abs. 2 Nr. 3 GWB nicht gedeckt. Die Bestimmung gestattet lediglich, daß dem Lizenzgeber ein Benutzungsrecht eingeräumt wird[161]. Die Verpflichtung zur Übertragung des Schutzrechts kann aber u. U. gemäß § 20 Abs. 3 GWB genehmigt werden. Mit diesem Problem hatte sich die 4. Beschlußabteilung bei ihrer Erlaubnis vom 14. Dezember 1960 zu befassen[162]. Es handelte sich dabei um die Lizenzvergabe eines Schutzrechts zur Herstellung und zum Vertrieb von federnden Schienennägeln an eine deutsche Firma. Die Beschlußabteilung genehmigte die Klausel über Neuerungen und Verbesserungen u.a. lediglich mit der Maßgabe, daß die Lizenznehmerin wahlweise

---

161 BKartA Tätigkeitsberichte 1961 S. 58; 1971 S. 98 ff.; 1974 S. 91 ff.; 1975 S. 97; 1976 S. 105 ff.; 1983/1984 S. 40; 1985/1986 S. 36; 1987/1988 S. 35; *BKartA,* Beschluß vom 19. Febr. 1959, WuW/E BKartA S. 25 ff.; *BKartA,* Dezember 1960, WuW/E BKartA S. 331 ff.; *Henn,* a.a.O., S. 217.

162 BKartA Bekanntmachung Nr. 4 vom 9. 1. 1961 (B 4-302197 – S – 1/59), BAnz Nr. 14 vom 20. 1. 1961 = WuW 1961 S. 94.

a) Schutzrechtsanmeldungen im eigenen Namen und unter Gewährung einer unentgeltlichen Lizenz für den Lizenzgeber für den Raum außerhalb des Vertragsgebiets vornehmen darf, falls sie nicht

b) die Schutzrechtsanmeldungen dem Lizenzgeber überläßt.

Ferner wurde das Recht des Lizenzgebers, die Verbesserungen zu benutzen, auch in sonstiger Hinsicht eingeschränkt[163].

549 Macht der Lizenznehmer eine Erfindung, die als Zusatzpatent geschützt werden soll[164], so kann dieses wegen des Erfordernisses der Personenidentität nur für den Lizenzgeber als Inhaber des Hauptpatents erteilt werden. Daher verstößt es nicht gegen § 20 Abs. 1 Halbsatz 1 GWB, wenn dem Lizenznehmer die Verpflichtung auferlegt wird, die Anmeldung eigener Zusatzerfindungen im Namen des Lizenzgebers zu dulden, sofern nach der Erteilung des Zusatzpatents die Rückübertragung vorgesehen ist. Denn nach der Erteilung des Zusatzpatents bedarf es der Personenidentität nicht mehr. Der Lizenzgeber kann sich aber nach Rückübertragung unter den Voraussetzungen des § 20 Abs. 2 Nr. 3 eine Lizenz am Zusatzpatent ausbedingen[165]. Eine Vereinbarung, wonach das Zusatzpatent endgültig dem Lizenzgeber überlassen bleiben soll, ist dagegen kartellrechtlich unzulässig.

550 Abmachungen über andere als Anwendungs- und Verbesserungserfindungen, z. B. auch parallele Erfindungen, fallen nicht unter § 20 Abs. 3 Nr. 3 GWB[166]. Unzulässig sind daher Verpflichtungen des Lizenznehmers zur Überlassung aller Weiterentwicklungen[167] zur Offenlegung seines gesamten technischen Wissens[168] sowie die Verpflichtung zur Überlassung aller eigenen vorhandenen oder zukünftigen Erfindungen[169] oder zur Überlassung aller Änderungen, Abweichungen, Verbesserungen, Neuerungen oder Weiterentwicklungen[170].

---

163 Vgl. Rdnr. 561.
164 § 16 PatG.
165 BKartA Tätigkeitsbericht 1963, S. 68; *Axster*, Gemeinschaftskommentar, a.a.O., Rdnr. 221 zu §§ 20, 21, *Emmerich* in *Immenga/Mestmäcker*, a.a.O., Rdnr. 258 zu § 20.
166 BKartA Tätigkeitsberichte 1967 S. 88; 1968 S. 49; 1969 S. 96 ff.; 1970 S. 94; 1971 S. 98 ff.; 1974 S. 92 ff.; *Magen*, a.a.O., S. 169; *Emmerich* in *Immenga/Mestmäcker*, a.a.O., Rdnr. 250 ff. zu § 20; kritisch in bezug auf die enge Auslegung *Axster*, Gemeinschaftskommentar, a.a.O., Rdnr. 223 zu §§ 20, 21.
167 *BKartA*, Dezember 1960, WuW/E BKartA S. 331 ff.
168 BKartA Tätigkeitsberichte 1962 S. 71.
169 BKartA Tätigkeitsberichte 1963 S. 68.
170 BKartA Tätigkeitsberichte 1968 S. 88; 1969 S. 98; 1967 S. 105 ff.; 1978 S. 102.

Eine Verpflichtung, sich gegenseitig Gratislizenzen einzuräumen, hat **551** das Bundeskartellamt nur in bezug auf den Lizenznehmer und Lizenzgeber selbst genehmigt. Abgelehnt wurde dagegen eine Verpflichtung, Gratislizenzen an Verbesserungserfindungen von Firmen einzuräumen, an denen die Lizenznehmerin beteiligt war[171].

Verpflichtungen zum Erfahrungsaustausch dürfen nicht losgelöst von **552** dem lizenzierten Schutzrecht auferlegt werden. Sie müssen den geschützten Gegenstand betreffen und dürfen die Laufzeit des in Lizenz genommenen Schutzrechts nicht überschreiten. Fehlt die Beziehung zum geschützten und lizenzierten Gegenstand, ist die Verpflichtung nach § 20 Abs. 1 Halbsatz 1 GWB unwirksam und, zwar auch dann, wenn der Lizenzgeber gleichartigen Verpflichtungen unterliegt[172].

Nicht nach § 20 Abs. 2 Nr. 3 GWB freigestellt sind auch Verpflichtungen des Lizenznehmers, dem Lizenzgeber kaufmännische Kenntnisse (z. B über Herstellungs- und Vertriebskalkulationen, Werbemaßnahmen und Absatz) während der gesamten Vertragsdauer preiszugeben[173]. Die einseitige Verpflichtung des Lizenznehmers, alle Forschungs-, Erzeugnis- und Herstellungsinformationen sowie technisches Wissen über die Eigenschaften und Anwendungsmöglichkeiten der Lizenzerzeugnisse während der Vertragszeit laufend dem Lizenzgeber offenzulegen[174], fällt ebenfalls nicht unter diese Freistellungsbestimmung[174]. Diese vom Bundeskartellamt vertretene Auffassung wird auch in der Literatur geteilt[175].

Eine Verpflichtung des Lizenznehmers i. S. d. § 20 Abs. 2 Nr. 3 GWB **553** ist nur dann zulässig, wenn ihr gleichartige Verpflichtungen des Lizenzgebers entsprechen. Bei der Prüfung dieser Frage geht das Bundeskartellamt von folgenden Erwägungen aus: Gleichartigkeit ist weniger als Gleichheit. Die entsprechenden Verpflichtungen brauchen daher nicht inhaltsidentisch zu sein. Die Verschiedenartigkeit der Positionen von Lizenznehmer und Lizenzgeber und deren unterschiedlicher Interessenlage kommt vielmehr unter dem Gesichtspunkt der wirtschaftlichen Äquivalenz bei der Prüfung der Gleichartigkeit besondere Bedeutung

---

171 *BKartA*, Februar 1962, BB 1962 S. 576 = WuW/E BKartA S. 465.
172 BKartA Tätigkeitsberichte 1963 S. 68; 1985/1986 S. 36; *Emmerich* in *Immenga/Mestmäcker*, a.a.O., Rdnr. 247 zu § 20.
173 BKartA Tätigkeitsberichte 1963 S. 68; 1965 S. 64; 1985/1986 S. 36.
174 BKartA Tätigkeitsberichte 1965 S. 64; 1971 S. 98 ff.; 1974 S. 92.
175 *Axster*, Gemeinschaftskommentar, a.a.O., Rdnr. 223 zu §§ 20, 21; *Emmerich* in *Immenga/Mestmäcker*, a.a.O., Rdnr. 247 ff. zu § 20.

zu. Dem Gegenstand nach müssen sie sich jedoch auf die Lizenzschutz-rechte oder die technischen Betriebsgeheimnisse beziehen und den „Erfahrungsaustausch" oder die „Gewährung von Lizenzen auf Ver-besserungs- oder Anwendungserfindungen" betreffen[176]. Es sind also die Umstände des Einzelfalles zu berücksichtigen. Dem Ermessen ist hier ein weiter Spielraum gegeben. Die Rechte, die sich die Parteien einräumen, können hinsichtlich der Zeit, des Umfangs und des Inhalts differieren.

554 Es kann durchaus gerechtfertigt sein, daß die Rechte, die der Lizenz-nehmer dem Lizenzgeber einzuräumen hat, weiter gehen als diejeni-gen, die er erhält. Dies rechtfertigt sich aus der verschiedenen Interes-senlage. Während der Lizenznehmer die Verbesserungen an der Erfin-dung eines anderen vornimmt, macht sie der Lizenzgeber an der eigenen. In den meisten Fällen ist der Lizenznehmer ohne die Lizenz nicht in der Lage, die Verbesserungserfindung zu machen, weil ihm erst bei der Produktion die entscheidenden Gedanken kommen. So ist es je nach Lage des Einzelfalles durchaus denkbar, daß der Lizenzneh-mer verpflichtet wird, dem Lizenzgeber, der ihm vielleicht nur die Lizenz für eine bestimmte Type einer Maschine eingeräumt hat, Benutzungsrechte an Verbesserungen auch für alle anderen Typen einzuräumen, während ihm das Benutzungsrecht an der Verbesserung nur für die Type, die er in Lizenz erhalten hat, eingeräumt wird. Denkbar ist auch, daß die Bedingungen, zu denen benutzt werden darf, unterschiedlich sind. Sollen sie gemäß § 20 Abs. 2 Nr. 3 GWB zulässig sein, so muß sich der Unterschied wohl aus der verschiedenen Interessenlage rechtfertigen lassen. Daß der Lizenznehmer z. B. für bestimmte Typen ausschließliche Benutzungsrechte gewähren muß, während der Lizenzgeber nur ein einfaches Recht einräumt, wird sich nur in außergewöhnlichen Fällen rechtfertigen lassen. In der Literatur wird die Auffassung vertreten, daß einer ausschließlichen Lizenz des Lizenznehmers eine ebensolche des Lizenzgebers gegenüberstehen muß[177]. Nach Auffassung des Bundeskartellamts muß der Gebühren-pflicht des Lizenznehmers auch eine Gebührenpflicht des Lizenzgebers gegenüberstehen[178].

---

176 BKartA Tätigkeitsberichte 1964, S. 53; *Axster,* Gemeinschaftskommentar, a.a.O., Rdnr. 226 zu §§ 20, 21; *Emmerich* in *Immenga/Mestmäcker,* a.a.O., Rdnr. 266 zu § 20; *Magen,* a.a.O., S. 171 ff.; *Henn,* a.a.O., S. 217; *Pagenberg/Geissler,* a.a.O., S. 156 Rdnr. 242 und *Stumpf,* Der Know-How-Vertrag, a.a.O., S. 212 ff.
177 *Axster,* Gemeinschaftskommentar, a.a.O., Rdnr. 226 zu §§ 20, 21; *Emmerich* in *Immenga/Mestmäcker,* a.a.O., Rdnr. 266 zu § 20.
178 BKartA Tätigkeitsberichte 1962 S. 71; 1971 S. 98.

Wie schon wiederholt erwähnt, können aber Beschränkungen, die 555
durch die oben dargelegten Bestimmungen nicht gedeckt sind, gemäß
§ 20 Abs. 3 GWB genehmigt werden. Dies ist – wie Kellermann
berichtet – verschiedentlich geschehen, zum Teil aber erst, nachdem
die Verpflichtungen des Lizenznehmers gemindert worden waren. Bei
der Überprüfung sei nach Kellermann insbesondere darauf geachtet
worden, daß sich die Patente nicht in einer Hand (in der Hand des
Lizenzgebers) häuften, keine Patentpools entstanden und Dritte von
neuem technischen Wissen nicht ausgeschlossen wurden[179].

IX. Vereinbarungen, die über die Laufdauer des Schutzrechts und das Offenkundigwerden eines Geheimnisses hinausgehen und Vereinbarungen vor Erlangung eines vorläufigen Schutzes

1. Lizenzen über die Laufdauer eines Schutzrechtes hinaus

Während früher die Dauer des Lizenzvertrags auch über das Bestehen 556
des Patents hinaus ausgedehnt werden konnte[180], war dies schon aufgrund der alliierten Kartellgesetze nicht mehr zulässig. Nach Ansicht
des Bundesgerichtshofs liegt in der Ausdehnung des Vertrags über das
Bestehen des Patents hinaus eine Erweiterung des Monopolrechts und
somit eine unzulässige Beschränkung des Wettbewerbs[181]. Eine derartige Vereinbarung ist auch nach § 20 Abs. 1 GWB nicht zulässig, weil
sie über den Inhalt des Schutzrechts hinausgeht. Bezüglich der in
Abs. 2 erwähnten, ohne Genehmigung zulässigen Vereinbarungen ist
am Ende dieses Absatzes nochmals ausdrücklich gesagt, daß die
Genehmigungsfreiheit nur gilt, soweit diese Beschränkungen die Laufzeit des erworbenen oder in Lizenz genommenen Schutzrechts nicht
überschreiten[182]. Durch diese Vorschriften nicht mehr gedeckt ist eine

---

179 BKartA Tätigkeitsberichte 1959 S. 45 ff.; 1960 S. 47; 49; *Kellermann*, WuW 1960
S. 603, 616.
180 *RG*, 26. 10. 1931, RGZ 134 S. 91.
181 *BGH*, 18. 3. 1955, GRUR 1955 S. 472 ff. = BB 1955 S. 394 = DB 1955 S. 453;
OLG Hamburg, 29. 5. 1952, GRUR 1952 S. 567; *Möhring*, GRUR 1950 S. 496;
Lieberknecht, a.a.O., S. 55 und S. 198 ff.; *Henn*, a.a.O., S. 217 mwN; *Benkard*,
PatG, a.a.O., Rdnr. 163 zu § 15 mwN; siehe auch die abweichende Meinung des
Court of Appeals, Federal Circuit, 2. 9. 1987, GRUR Int. 1988 S. 951.
182 BKartA Bekanntmachung vom 9. 1. 1961 (B 4 – 302197 – S – 1/59), BAnz. Nr. 14
vom 20. 1. 1961 S. 4 = WuW 1961 S. 94; BKartA Tätigkeitsberichte 1989/1990
S. 36; *Benkard*, PatG, a.a.O., Rdnr. 158 zu § 15.

Vereinbarung über die Vertragsdauer auch dann, wenn der Vertrag über die voraussichtliche Dauer der Aufrechterhaltung der Vertragsschutzrechte hinaus unkündbar geschlossen wird[183]. Sind mehrere Lizenzen mit zeitlich verschiedener Laufzeit vergeben und daran Beschränkungen geknüpft, so ist auf die Laufzeit desjenigen Schutzrechts abzustellen, das die anderen an Bedeutung überragt[184].

557 Zulässig sind sog. Längstlaufklauseln. Unter Längstlaufklauseln ist eine Vereinbarung einer Lizenzzeit von unbestimmter Dauer zu verstehen, wonach der Vertrag erst dann endet, wenn das letztbestehende – auch während der Vertragsdauer hinzutretende – Lizenzschutzrecht erloschen oder das letzte aufgrund der Lizenz mitgeteilte Betriebsgeheimnis offenkundig geworden ist. Die Längstlaufklausel muß jedoch Schutzrechte oder Betriebsgeheimnisse betreffen, die für die Fortführung des Vertrages wesentlich, insbesondere ein angemessenes Äquivalent für die weggefallenen Lizenzschutzrechte oder Betriebsgeheimnisse sind[185]. Die von Axster vertretene Auffassung, daß bei einer Mehrzahl von Schutzrechten oder von Know-How die dem Lizenznehmer auferlegten Beschränkungen immer dann unwirksam werden, wenn das betreffende Schutzrecht entfällt oder ein Know-How offenkundig wird, kann der Verfasser nicht teilen[186]. In der Regel wird es sich um ein Bündel von Schutzrechten und Know-How handeln, wobei man die einzelnen Beschränkungen gar nicht einem einzelnen Schutzrecht zuordnen kann. Etwas anderes wird man nur in den Ausnahmefällen annehmen können, in denen ein längerlaufendes Schutzrecht oder Know-How mit der Beschränkung in keinerlei Zusammenhang mehr steht.

Die Längstlaufklauseln sind vor allem auch bei Verträgen von Bedeutung, in denen neben dem Schutzrecht ein Know-How vergeben wird. Hier kann auch nach Ablauf der Schutzrechte der Lizenzvertrag weiter

---

183 BKartA Tätigkeitsberichte 1965 S. 63.
184 *Magen*, a.a.O., S. 32 mwN.
185 BKartA Tätigkeitsberichte 1964 S. 53; 1969 S. 96 ff.; 1973 S. 114; 1975 S. 96; *Westrick/Loewenheim*, a.a.O., Rdnr. 15 zu § 20; *Henn*, a.a.O., S. 211; *Benkard*, PatG, a.a.O., Rdnr. 158 zu § 15.
186 BKartA Tätigkeitsberichte 1964 S. 53; 1976 S. 104; 1985/1986 S. 35 unter Verweis auf ein vorzeitiges Kündigungsrecht zum Zeitpunkt des Wegfalls der Grundpatente, deren Lizenzierung für die Parteien bei Vertragsabschluß wesentliche Vertragsgrundlage war. *Axster*, Gemeinschaftskommentar, a.a.O., Rdnr. 242 zu §§ 20, 21.

wirksam sein, solange das Betriebsgeheimnis noch nicht offenkundig ist[187].

Zu weit geht wohl die Auffassung des Bundeskartellamtes, daß es nicht nur bedenklich sei, wenn der Vertrag über die höchstzulässige Laufzeit der Vertragsschutzrechte hinaus unkündbar geschlossen würde, sondern auch dann, wenn der Vertrag für eine längere Dauer abgeschlossen sei, als die Aufrechterhaltung der Vertragsschutzrechte zu erwarten sei. Das Bundeskartellamt weist darauf hin, daß ein großer Prozentsatz von Patenten schon nach drei bis sechs Jahren fallengelassen werde[188]. Bei der Beurteilung dieser Frage kann nach Ansicht des Verfassers nur auf die zulässige Laufdauer der Schutzrechte abgestellt werden. Niemand kann voraussagen, wann ein Schutzrecht voraussichtlich aufgegeben wird. Sollte sich nachträglich herausstellen, daß das Schutzrecht vorzeitig aufgegeben worden ist, so ist der Vertrag insoweit unwirksam.

Abreden, wie sie sich früher häufig in Lizenzverträgen fanden, wonach **558** der Lizenznehmer auch nach Ablauf des Patents noch Lizenzgebühren zu zahlen hatte oder die Fertigung nach Ablauf des Lizenzvertrages einzustellen hatte, obwohl kein Schutzrecht mehr bestand, sind daher ohne Genehmigung nicht mehr wirksam. Die Genehmigung hierfür wird nur schwer erteilt werden können, weil hierdurch in aller Regel der Lizenznehmer unbillig eingeschränkt wird. Anders ist es lediglich, wenn noch ein Know-How besteht[189].

Wird jedoch der Lizenzvertrag vor Ablauf des Patents beendet, so **559** kann der Lizenzgeber dem Lizenznehmer aufgrund seines Schutzrechts die weitere Herstellung des bisher in Lizenz gegebenen Gegenstandes untersagen[190].

---

187 BKartA Tätigkeitsberichte 1964 S. 51; *Henn*, a.a.O., S. 211; *Pagenberg/Geissler*, a.a.O., S. 178 ff. Rdnr. 294 ff. mwN; zur Offenkundigkeit und zu den zeitlichen Beschränkungen bei Know-How-Verträgen vgl. auch *Stumpf*, Der Know-How-Vertrag, a.a.O., S. 181 ff. und 196 ff.
188 BKartA Tätigkeitsberichte 1965, S. 63 ff.
189 Vgl. Rdnr. 560.
190 BKartA Tätigkeitsberichte 1963 S. 68; *Axster*, Gemeinschaftskommentar, a.a.O., Rdnr. 240 zu §§ 20, 21; *Lüdecke/Fischer*, a.a.O., S. 271 ff.; *Lieberknecht*, DB 1957 S. 1011, 1014; *Völp*, WRP 1957 S. 316; *Pagenberg/Geissler*, a.a.O., S. 180 Rdnr. 294; *Henn*, a.a.O., S. 211 mwN.

560 Eine Vereinbarung, daß die Nichtangriffsabrede auch nach Beendigung des Lizenzvertrages noch gelten soll, ist kartellrechtlich zulässig[191].

561 Das Reichsgericht und der Bundesgerichtshof – letzterer während der Geltung der alliierten Kartellgesetze – haben entschieden, daß der Lizenznehmer für die während der Schutzdauer des Patents in Auftrag genommenen, aber erst nach Ablauf der Schutzdauer hergestellten und gelieferten Gegenstände die vereinbarte Lizenzgebühr zahlen müsse. Zur Begründung haben sie darauf hingewiesen, daß der Lizenznehmer auch in diesem Falle eine Vorzugsstellung vor anderen Wettbewerbern genieße, denn er könne mit seinen Einrichtungen und Erfahrungen die Herstellung der in Frage kommenden Gegenstände und die Abwicklung des Geschäfts ohne Zeitverlust vornehmen. Für alle vor Patentablauf erfolgten Bestellungen könne er die gleichen Preise erzielen, gleichgültig, ob die Herstellung und Lieferung vor oder nach Ablauf des Patents erfolge[192].

562 Auch nach Erlaß des GWB bestehen hiergegen keine Bedenken. So hat das Landgericht Düsseldorf in seiner Entscheidung vom 18. 12. 1958 ausgeführt, daß nach Dekartellierungsrecht Bindungen des Lizenznehmers, die über den sachlichen und zeitlichen Umfang hinausgehen, unzulässig sind, daß insbesondere die Verpflichtung, Lizenzgebühren auch nach Ablauf des Lizenzvertrags zu zahlen, nichtig ist, es sei denn, es handelt sich um eine bloße Zahlungsmodalität[193]. Dem Lizenznehmer kann jedoch unbedenklich so lange eine Lizenzzahlungspflicht auferlegt werden, wie er im Genuß der Vorteile ist, die darauf beruhen, daß er vor Ablauf des Patents dessen Gegenstand benutzen durfte.

2. Lizenz an Betriebsgeheimnissen, die offenkundig wurden

563 Die für Schutzrechtslizenzen dargelegten Grundsätze gelten entsprechend auch für Verträge über ein Know-How[194]. Anstelle des Patents tritt hier das aufgrund des Know-How-Vertrages mitgeteilte Geheimnis. Wird das Geheimnis offenkundig, so sind alle Beschränkungen unzulässig, die über die tatsächliche technische Vorzugsstellung hin-

---

191 *OLG Karlsruhe*, 23. 4. 1968 „Querstromlüfter", WRP 1968 S. 409 ff. = WuW/E OLG S. 951 ff.; *Emmerich* in *Immenga/Mestmäcker*, a.a.O., Rdnr. 279 zu § 20.
192 *RG*, 27. 12. 1902, GRUR 1903 S. 145 = JW 1903 S. 103; *RG*, 9. 4. 1943, GRUR 1943 S. 247; *BGH*, 6. 7. 1954, GRUR 1955 S. 87.
193 *LG Düsseldorf*, 18. 12. 1958, WuW/E LG/AG S. 127.
194 Vgl. Rdnr. 524; *Henn*, a.a.O., S. 210.

ausgehen, die mit dem Betriebsgeheimnis auf den Lizenznehmer übertragen wurden[195]. Gingen die Vertragspartner bei dem Know-How-
Vertrag davon aus, daß ein Betriebsgeheimnis vorlag, war aber von
Anfang an Offenkundigkeit gegeben, sind Beschränkungen von
Anfang an unzulässig. Dementsprechend hat auch das Bundeskartellamt wiederholt ausgesprochen, daß die einem Lizenznehmer auferlegten Beschränkungen unwirksam sind, soweit sie über die Offenkundigkeit des anvertrauten Betriebsgeheimnisses hinaus ausgedehnt werden[196]. Allerdings darf die Offenkundigkeit nicht durch Handlungen
des Lizenznehmers herbeigeführt werden[197]. Die Auffassung des Bundeskartellamts wurde von der Rechtsprechung bestätigt[198].

Der Bundesgerichtshof nimmt das Vorliegen eines Geheimnisses auch
dann an, wenn ein Durchschnittsfachmann in der Lage ist, ein gleich-
wertiges Präparat herzustellen, jedoch nicht in der Lage ist, das
Herstellungsverfahren hinsichtlich der Ausgangsstoffe und der Verfah-
rensschritte nachzuvollziehen[199]. Es ist jedoch denkbar, daß ein Vertrag über ein Know-How geschlossen wird, das kein Betriebsgeheimnis
mehr darstellt, aber dem Know-How-Nehmer nicht bekannt ist, und
für dessen Mitteilung er bereit ist, eine Vergütung zu bezahlen. Auch
nicht geheimes Know-How kann Gegenstand eines Know-How-Vertrages sein, wenn der Know-How-Nehmer die dem Know-How-Geber
zur Verfügung stehenden Kenntnisse und Erfahrungen in ihrer
Gesamtheit gegen Zahlung erwerben will. Ein wesentlicher Grund
hierfür kann sein, daß es wirtschaftlicher ist, das Know-How zu erwerben, statt es sich selbst zusammenstellen zu müssen. Die Bedeutung
dieser Verträge nimmt in der Praxis zu[200]. Ein solcher Fall lag der

---

195 S. o. Rdnr. 557 und Fußn. 187 sowie *Stumpf*, Der Know-How-Vertrag, a.a.O.,
    S. 181 ff., 196 ff.; *Körner*, GRUR 1982 S. 341.
196 *BKartA*, 6. 5. 1960, WuW/E BKartA S. 251 ff.; *BKartA* Februar 1962, WuW/E
    BKartA S. 465 ff.; BKartA Tätigkeitsberichte 1960 S. 49; 1968 S. 86 ff.; 1976
    S. 106 ff.; 1978 S. 101 ff.; *OLG Hamburg*, 10. 1. 1957, WuW/E OLG S. 183.
197 *BKartA*, Februar 1962, BB 1962 S. 576 = WuW/E BKartA S. 465 ff.
198 *BGH*, 18. 3. 1955 „Schwermetall/Kokillenguß", GRUR 1955 S. 468 = WuW/E
    BGH S. 100; *BGH*, 16. 10. 1962 „Puder", GRUR 1963 S. 207 ff., 211 = WuW/E
    BGH S. 531 ff.; *BGH* vom 12. 2. 1980 „Pankreaplex", NJW 1980 S. 1338; *Emme-
    rich* in *Immenga/Mestmäcker*, a.a.O., Rdnr. 56 ff. zu § 20.
199 *BGH*, 16. 10. 1962 „Kieselsäure", GRUR 1963 S. 207 ff.; *BGH*, 12. 2. 1980 „Pan-
    kreaplex", NJW 1980 S. 1338; *Stumpf*, Der Know-How-Vertrag, a.a.O., S. 25 und
    196 ff.
200 *Fischer*, GRUR 1976 S. 143 (Besprechung eines BGH-Urteils); *Pfaff*, RIW/AWD
    1982 S. 381.

Entscheidung des Landgerichts Düsseldorf vom 8. 1. 1957[201] zugrunde. Dieses hat die kartellrechtliche Zulässigkeit eines derartigen Vertrages damals noch unter der Geltung der Kartellgesetze der Alliierten bejaht.

564 Auch die Mitteilung an sich offenkundiger Dinge kann eine wirkliche geldwerte Leistung darstellen, wenn derjenige, der sie erhält, von sich aus nicht oder doch nicht so leicht in der Lage wäre, den Gegenstand selbst zu bauen. Vielfach liefert der Lizenzgeber Zeichnungen und Prospekte, berät den Lizenznehmer und bildet dessen Arbeiter und Techniker aus. Häufig geht es hier um gemischte Verträge, bei denen man Zweifel haben kann, ob man sie überhaupt als Lizenzverträge bezeichnen soll. Im Auslandsgeschäft werden sie vielfach Kooperationsverträge genannt. Sie werden vor allem mit Lizenznehmern in Entwicklungsländern, aber auch mit solchen in Ländern wie Spanien, Jugoslawien, Rumänien und dgl. geschlossen. Aber auch wenn es sich um reine Inlandsverträge oder um Auslandsverträge mit Inlandswirkung handelt, liegt in der bloßen Lizenzzahlung für Mitteilungen, die kein Know-How zum Inhalt haben, nach Auffassung der Verfasser keine unzulässige Beschränkung[202].

Wie schon das OLG München in seiner Entscheidung vom 18. 9. 1958 ausgeführt hat, verbietet § 21 GWB die dort erwähnten Verträge nicht schlechthin, sondern nur solche Beschränkungen, die über den Umfang der tatsächlichen technischen Vorzugsstellung hinausgehen, welche auf den Erwerber übertragen wird[203]. Sind sich beide Parteien einig, daß kein Geheimnis vorliegt, soll aber für die Übermittlung des Know-How trotzdem eine Vergütung zu zahlen sein, so liegt hierin keine unzulässige Beschränkung[204]. So vertritt auch der BGH die Auffassung, daß ein Betriebsgeheimnis, das aus einem an sich bekannten Herstellungsverfahren besteht, zum Gegenstand eines Lizenzvertrages gemacht werden kann[205]. Henkels hält diese Auffassung für unzutreffend; er bejaht zwar, daß die Verträge, in denen der Vertragsgegenstand nicht ein faktisches Monopol ist, zulässig sein können. Sie

---

201 *LG Düsseldorf*, 8. 1. 1957 „Preßmasse", WuW/E LG/AG S. 51.
202 *Axster*, Gemeinschaftskommentar, a.a.O., Rdnr. 131 ff. zu §§ 20, 21; *Lüdecke/Fischer*, a.a.O., S. 746 ff. nimmt eine Stellung ein, die der hier vertretenen sehr nahekommt.
203 *OLG München*, 18. 9. 1958, WuW/E OLG S. 327; *Klaue*, a.a.O., S. 52.
204 *OLG Düsseldorf*, 10. 1. 1957, WuW 1958 S. 363 = WuW/E OLG S. 183; *BKartA*, 6. 5. 1960, WuW/E BKartA S. 251 = DB 1960 S. 1063; *Klaue*, a.a.O., S. 51.
205 *BGH*, 16. 10. 1962, GRUR 1963 S. 207 ff.

seien aber nach § 18 GWB zu beurteilen, da sie keine nach § 21 GWB die Technik bereichernden Leistungen darstellen[206]. Nach Hirthe sind solche Verträge nach § 1 bzw. § 18 GWB zu beurteilen[207]. Die Fälle können sehr unterschiedlich liegen. Im Einzelfall ist zu prüfen, ob nicht doch versteckte Beschränkungen zu bejahen sind. Dies wird in der Regel dann der Fall sein, wenn ein Betriebsgeheimnis Gegenstand des Vertrages war und der Lizenznehmer verpflichtet werden soll, auch nach Offenkundigwerden noch Gebühren zu zahlen. Hierin liegt meistens der Versuch, die Position, die der Lizenzgeber durch das Geheimnis hat, auch für die Zeit, in der dieses weggefallen ist, zu festigen, was durch das GWB verhindert werden soll[208].

Das Bundeskartellamt hat eine Vereinbarung genehmigt, in der die **565** Zahlung der Lizenzgebühren auch für die Zeit nach Offenkundigwerden des Betriebsgeheimnisses vorgesehen war. Es war jedoch von vornherein im Lizenzvertrag eine baldige Kündigungsmöglichkeit vorgesehen, weil man das Offenkundigwerden des lizenzierten Betriebsgeheimnisses vorausbedacht und die Gebühr entsprechend niedrig festgesetzt hatte[209]. In derselben Entscheidung wurde aber ausgeführt, daß die dem Lizenznehmer auferlegte Verpflichtung, bei vorzeitiger Kündigung von den lizenziert gewesenen Betriebsgeheimnissen für alle Zukunft keinen Gebrauch zu machen, bei Eintritt der vom Lizenznehmer nicht herbeigeführten Offenkundigkeit unwirksam wird.

3. Lizenz vor Erlangung eines vorläufigen Schutzes

Nach dem Wortlaut des § 20 GWB gilt dieser nur für Schutzrechte. **566** Dies setzt also im Falle eines Patents die Erteilung desselben voraus. Schon frühzeitig hat sich Kellermann dafür eingesetzt, daß Patentverwertungsverträge nicht nur über erteilte Patente, sondern auch über zukünftige Schutzrechte möglich sind, wobei es ohne Bedeutung ist, ob sie bereits bekanntgemacht oder erst angemeldet sind oder die Anmeldung erst beabsichtigt ist[210].

---

206 *Henkels*, a.a.O., S. 31.
207 *Hirthe*, GRUR 1983 S. 98 ff.
208 *Axster*, Gemeinschaftskommentar, a.a.O., Rdnr. 131 ff. zu §§ 20, 21; *Körner*, GRUR 1982 S. 341.
209 *BKartA*, Februar 1962, DB 1962 S. 668 = WuW/E BKartA S. 465.
210 *Kellermann*, GRUR 1958 S. 581 ff., 587 = WuW 1958 S. 643 ff.

noch
566
Die Entscheidungen des Kammergerichts vom 6. 12. 1955 und des Landgerichts Düsseldorf vom 21. 4. 1956 sind daher auch unter der Geltung des GWB noch als richtig anzusehen[211].

Nach ihnen liegt in der Absprache, die eine Lizenzzahlung bereits für die Zeit vor der Erlangung eines zumindest vorläufigen Patentschutzes vorsieht, kein Kartellverstoß, denn nach dem Willen und der Vorstellung der Vertragsparteien bedeutet der Vertragsschluß eines Lizenzvertrags für eine noch ungeschützte Erfindung durchaus nicht, daß dadurch ein Monopol und Verbietungsrecht des Anmelders für die Zeit zwischen Anmeldung und Auslegung geschaffen oder anerkannt werden sollte. Vielmehr erklärt sich der Lizenznehmer vor dem Inkrafttreten des eigentlichen Patentschutzes zu einer Zahlung von Gebühren aus der Erwägung heraus bereit, daß er einerseits im Zeitpunkt der Auslegung bereits die Vorhand vor anderen Interessenten haben will und daß ihm andererseits der Anmelder bereits vorweg die nötigen Anweisungen zur sofortigen Aufnahme der Fabrikation geben soll.

Der Bundesgerichtshof hat diese Auffassung bestätigt. Er hat die Bestimmung des § 20 GWB auch auf bekanntgemachte Patentanmeldungen angewendet[212]. In einer späteren Entscheidung ging der Bundesgerichtshof noch einen Schritt weiter, indem er § 20 GWBauf noch nicht bekanntgemachte Patentanmeldungen und auf noch nicht angemeldete Erfindungen ausgedehnt hat, sofern die Anmeldung ernstlich angestrebt wird[213]. Die Ausführungen von Emmerich, daß das Bundeskartellamt der Auffassung des Bundesgerichtshofs zu Recht nur in eingeschränktem Umfang gefolgt ist, trifft nicht zu. Die Ausführungen des Bundeskartellamts zu dieser Frage liegen vor der Entscheidung des Bundesgerichtshofs[214]. Liegt der beabsichtigten Anmeldung oder der bereits erfolgten Anmeldung ein geheimes Know-How zugrunde, so ist die Anwendung des § 20 GWB nicht erforderlich, da § 21 GWB eingreift.

---

211 *KG*, 6. 12. 1955, GRUR 1957 S. 80; *LG Düsseldorf*, 21. 4. 1956, WuW/E LG/AG S. 34.
212 *BGH*, 1. 10. 1964 „Abbauhammer", GRUR 1965 S. 160 ff. = NJW 1965 S. 499 ff. = WuW/E BGH S. 660.
213 *BGH*, 14. 11. 1968 „Silobehälter", BGHZ 51 S. 263 ff., 266 = GRUR 1969 S. 493 = WuW/E BGH S. 1005 – ausführlich zur gesamten Problematik m. w. N. *Axster*, Gemeinschaftskommentar, a.a.O., Rdnr. 28 zu §§ 20, 21; *Lüdecke/Fischer*, a.a.O., S. 251 ff.
214 BKartA Tätigkeitsberichte 1961 S. 57; *Emmerich* in *Immenga/Mestmäcker*, a.a.O., Rdnr. 74 zu § 20.

X. Gegenseitige Lizenzerteilung und Patentgemeinschaften

1. Einfache gegenseitige Lizenzen

Die Erteilung von einfachen gegenseitigen Lizenzen ist zulässig. Mit Recht weist Axster darauf hin, daß es sich hier nicht um die Gründung einer Patentgemeinschaft handelt[215]. Dieser Lizenzaustausch ist nach einhelliger Meinung kartellrechtlich unbedenklich und insbesondere nicht nach § 1 GWB zu beurteilen[216]. Dieser grundsätzlich zulässige Lizenzaustausch kann bei Hinzukommen besonderer Umstände unzulässig werden. Das kann auch dann der Fall sein, wenn Beschränkungen auferlegt werden, die ohne Austauschverhältnisse zulässig wären wie z. B. gegenseitige Preisbindung, Mengenbeschränkungen, räumliche Beschränkungen[217]. Handeln die Vertragspartner zu einem gemeinsamen Zweck und stellt der Vertrag nicht ein bloßes Austauschverhältnis dar, so ist er nach § 1 GWB zu beurteilen[218]. Das Bundeskartellamt hat gegenseitige einfache Lizenzen in einem Fall nach § 1 GWB beurteilt, in dem es sich um Überkreuzlizenzen großen Ausmaßes mehrerer Firmen des In- und Auslands handelte, jeglicher Wettbewerb entfiel und dritte Unternehmen keine Lizenzen erhielten[219].

Bei einfachen gegenseitigen Lizenzerteilungen bedarf jeder Einzelvertrag einer genauen Untersuchung. Es wird dabei darauf ankommen, ob dieser Vertrag in Wahrheit zum Zwecke eines Wettbewerbsabkommens getroffen wurde. Die Abgrenzung bringt in der Praxis erhebliche Schwierigkeiten mit sich. Dabei wird es darauf ankommen, ob die technische und wirtschaftliche Auswertung der Erfindung im Vordergrund steht oder unabhängig von der sachgerechten Auswertung

567

---

215 *Axster*, Gemeinschaftskommentar, a.a.O., Rdnr. 35 im Anhang zu §§ 20, 21; *v. Hahn*, GRUR 1968 S. 406; *Magen*, a.a.O., S. 54 ff.; *Henn*, a.a.O., S. 106 ff., 217 mwN in Fußn. 69 und *Pagenberg/Geissler*, a.a.O., S. 106 Rdnr. 129.

216 BKartA Tätigkeitsberichte 1962 S. 70; 1965 S. 63; *Axster*, Gemeinschaftskommentar, a.a.O., Rdnr. 36 im Anhang zu §§ 20, 21; *Emmerich* in *Immenga/Mestmäcker*, a.a.O., Rdnr. 105 zu § 20; *Westrick/Loewenheim*, a.a.O., Rdnr. 40 zu § 20.

217 BKartA Tätigkeitsberichte 1962 S. 71; 1964 S. 54; *Axster*, Gemeinschaftskommentar, a.a.O., Rdnr. 37 im Anhang zu §§ 20, 21; *Gleiss/Deringer*, WuW 1952 S. 621; *Lieberknecht*, a.a.O., S. 259; *Lüdecke/Fischer*, a.a.O., S. 739; *Sander*, WuW 1959 S. 499; *Völp*, WRP 1957 S. 313.

218 BKartA Tätigkeitsberichte 1965 S. 61; 1972 S. 94; *Axster*, Gemeinschaftskommentar, a.a.O., Rdnr. 37 im Anhang zu §§ 20, 21.

219 BKartA Tätigkeitsberichte 1965 S. 61; *Westrick/Loewenheim*, a.a.O., Rdnr. 40 zu § 20.

eine auf Schaffung einer Marktordnung gerichtete Tendenz vorherrscht[220].

Ist das Hauptziel die sachgemäße Auswertung einer Erfindung, so müssen den Beteiligten auch die Bindungen auferlegt werden können, die zur Durchsetzung dieses schutzwürdigen Zieles nach Treu und Glauben erforderlich sind. Solche Bindungen stellen keine Wettbewerbsbeschränkungen dar. Was demnach § 20 GWB für den einseitigen Lizenzvertrag an Beschränkungen zuläßt, ist nicht schon deshalb unzulässig, weil kollektive Verwertungsabkommen die Grundlage bilden[221].

568   Die gegenseitige Überlassung einfacher Lizenzen ohne weitere Beschränkungen kann je nach Sachlage den Wettbewerb fördern, und zwar auch dann, wenn sich Unternehmen gegenseitig pauschal ihre gesamten bestehenden künftigen Schutzrechte zur Benutzung überlassen. Diese Form der Zusammenarbeit trägt u. U. dazu bei, echten Leistungswettbewerb zwischen den beteiligten Unternehmen zu fördern. Sie kann geeignet sein, eine sonst unübersehbare Flut von Patentstreitigkeiten, vor allem wegen der Ansammlung von Schutzrechten bei Großunternehmen, zu unterbinden[222]. Bei den Beschränkungen sind vor allem wechselseitige Preisbindungen der Lizenznehmer, die praktisch zu einer gemeinsamen Preisabsprache führen, unzulässig[223]. Gebietsaufteilung oder Festlegung von Mengenbeschränkungen bei der Lizenznutzung können sich als Gebiets- oder Quotenkartelle auswirken.

2. Gegenseitige Erteilung von ausschließlichen Lizenzen

569   Die Erteilung von gegenseitigen ausschließlichen Lizenzen wird vom Bundeskartellamt und der Literatur im Gegensatz zu der Erteilung von gegenseitigen einfachen Lizenzen als grundsätzlich unzulässig angesehen[224]. Lieberknecht und Lüdecke/Fischer vertreten die Auffassung, daß die Erteilung von gegenseitigen ausschließlichen Lizenzen dann

---

220 BKartA Tätigkeitsberichte 1961 S. 57; 1965 S. 65 = WuW/E BKartA S. 465 ff.; *Axster*, Gemeinschaftskommentar, a.a.O., Rdnr. 35 ff. im Anhang zu §§ 20, 21; *Hefermehl*, GRUR 1966 S. 651 ff.; *Kleim*, a.a.O., S. 139.
221 *BKartA*, Februar 1962, BB 1962 S. 576 = WuW/E BKartA S. 465.
222 BKartA Tätigkeitsberichte 1965 S. 63.
223 *Haver/Mailänder*, a.a.O., S. 117.
224 BKartA Tätigkeitsberichte 1971 S. 95 ff.; 1973 S. 113; 1974 S. 89; *Axster*, Gemeinschaftskommentar, a.a.O., Rdnr. 38 im Anhang zu §§ 20, 21; *Gleiss/Deringer*, WuW 1952 S. 621; *Lieberknecht*, a.a.O., S. 251; *Lüdecke/Fischer*, a.a.O., S. 739;

zulässig ist, wenn Driten andere technische Möglichkeiten zum Wettbewerb gegeben sind und sie somit nicht von einem ganzen in Frage kommenden Arbeitsgebiet ausgeschlossen sind[225]. Axster vertritt die Auffassung, daß auch die gegenseitige Gewährung ausschließlicher Lizenzen nach § 1 GWB zulässig sein kann, wenn der Zugang Dritter zu den in Lizenz gegebenen Schutzrechten gewährleistet ist[226]. Bei einem als Kooperation bezeichneten Vertrag verlangte der Bundesgerichtshof eine Prüfung, ob die Vereinbarungen gegen § 1 GWB oder gegen die §§ 20, 21 GWB verstoßen[227].

3. Patentgemeinschaften

Bei Patentgemeinschaften, von denen hier die Rede sein soll, handelt **570** es sich um Vereinbarungen, bei denen die Patente der Vertragspartner auf einen Vertragspartner oder auf ein neu gegründetes Gemeinschaftsunternehmen übertragen werden und von diesen Unternehmen wiederum an die Vertragspartner einfach oder ausschließliche Lizenzen erteilt werden. Denkbar ist auch, daß die Vertragspartner an ein bestimmtes Unternehmen oder an eine Gemeinschaftsgründung ausschließliche Lizenzen erteilen und diese wiederum an die Vertragspartner Lizenzen zurückgibt.

Das Bundeskartellamt steht solchen Patentgemeinschaften mit Skepsis gegenüber. Es hat in verschiedenen Fällen, bei denen noch besondere Beschränkungen der Vertragspartner hinzukamen, einen Verstoß gegen § 1 GWB angenommen. So hat es eine Patentgemeinschaft als unzulässig angesehen, bei der die Patente auf ein Gemeinschaftsunternehmen übertragen werden mußten und die Lizenzen, die an Mitglieder vergeben wurden, mit Mengenbeschränkungen und Preisbindungen versehen waren[228]. Als unzulässig hat es auch Patentpools in folgenden Fällen angesehen:

– Einen internationalen Patentpool mit Heimatschutz für die einzelnen Mitglieder[229].

Völp, WRP 1957 S. 313; *Henn*, a.a.O., S. 217 unter Hinweis auf den Meinungsstand.

225 *Lieberknecht*, a.a.O., S. 253 ff.; *Lüdecke/Fischer*, a.a.O., S. 740; a. M. *Axster*, Gemeinschaftskommentar, a.a.O., Rdnr. 38 im Anhang zu §§ 20, 21.

226 *Axster*, Gemeinschaftskommentar, a.a.O., Rdnr. 39 im Anhang zu §§ 20, 21; *Möhring*, GRUR 1955 S. 512.

227 *BGH*, 7. 10. 1980, WuW/E BGH S. 434 ff.

228 BKartA Tätigkeitsberichte 1970 S. 92.

229 BKartA Tätigkeitsberichte 1971 S. 96 ff.

noch
570 – Einen Patentpool mit einem Marktanteil über 50 %, der die Lizenz-
politik bestimmen konnte[230].

Das Bundeskartellamt hat in mehreren Fällen einen Verstoß gegen § 1
GWB angenommen, wenn die Patentgemeinschaft Wettbewerbsverbote für die Mitglieder enthielt[231]. In der Literatur werden Patentgemeinschaften als zulässig erachtet, wenn die Nutzungsrechte eines
jeden Beteiligten an der Gesamtheit des gemeinschaftlichen Schutz-
rechtsbestandes seinem Beitrag entsprechen und jeder Dritte mit der
Erbringung einer entsprechenden Leistung in die Schutzgemeinschaft
aufgenommen werden kann[232]. Darüber hinaus wird in der Literatur
die Patentgemeinschaft in der Form, daß man auf ein gebildetes
Gemeinschaftsunternehmen Schutzrechte überträgt, grundsätzlich für
zulässig gehalten[233].

Hefermehl geht noch einen Schritt weiter und erachtet auch die
Verpflichtung der Gemeinschaftsunternehmen, einem Dritten keine
Lizenz zu erteilen, für zulässig[234]. Ob man so weit gehen kann,
erscheint jedoch zweifelhaft. Als kartellrechtlich bedenklich wird es
angesehen, wenn sich die beteiligten Unternehmen verpflichten, alle
ihre gegenwärtigen und zukünftigen Schutzrechte der gegründeten
Tochtergesellschaft zur ausschließlichen Nutzung zu überlassen[235].
Axster hält eine Patentgemeinschaft dann für zulässig, wenn die Erfin-
dungen in einer zulässigen Forschungsgemeinschaft oder bei einem
Spezialisierungskartell entstanden und wenn die Gemeinschaft zur
Absicherung dieser Vereinbarung erforderlich ist[236].

---

230 BKartA Tätigkeitsberichte 1973 S. 113.
231 BKartA Tätigkeitsberichte 1975 S. 92; 1976 S.100; 1977 S. 90; 1978 S. 100; *Emmerich* in *Immenga/Mestmäcker*, a.a.O., Rdnr. 118 zu § 20.
232 *Axster*, Gemeinschaftskommentar, a.a.O., Rdnr. 27 im Anhang zu §§ 20, 21;
Hefermehl, GRUR 1966 S. 651, 657; *Henn*, a.a.O., S. 218 mwN in Fn. 77; *Fischer*,
GRUR 1977 S. 313; a. M. *Emmerich* in *Immenga/Mestmäcker*, a.a.O.,
Rdnr. 112 ff. zu § 20; vgl. auch *BGH*, 20. 2. 1979, GRUR 1979, S. 540.
233 Frankfurter Kommentar § 20 Tz 145; *Kleim*, a.a.O., S. 138; *Lüdecke/Fischer*,
a.a.O., S. 739 ff.; *Henn*, a.a.O., S. 107 mwN.
234 *Hefermehl*, GRUR 1966 S. 651 ff.
235 *Lieberknecht*, a.a.O., S. 250 ff.; *Lüdecke/Fischer*, a.a.O., S. 739 f.; *Magen*, a.a.O.,
S. 57 ff.; *Kleim*, a.a.O., S. 138 ff.; *Sander*, WuW 1959 S. 499. ff.
236 *Axster*, Gemeinschaftskommentar, a.a.O., Rdnr. 24 ff. im Anhang zu §§ 20, 21;
Stumpf, Der Know-How-Vertrag, S. 180 ff.

XI. Kartellrecht und Auslandslizenzverträge

Die obige Darstellung gibt die Rechtslage nur nach dem deutschen **571** Kartellrecht wieder. Die erläuterten Beschränkungen spielen jedoch auch bei internationalen Lizenzverträgen eine besondere Rolle. Inwieweit diese nach deutschem Kartellrecht zu beurteilen sind oder inwieweit das Kartellrecht anderer Länder Anwendung findet, ist bereits oben dargestellt worden[237]. Kommt nach diesen Grundsätzen deutsches Recht zur Anwendung, so läßt § 20 Abs. 2 Nr. 5 GWB Verpflichtungen des Lizenznehmers zu, soweit sie sich auf die Regelung des Wettbewerbs auf Märkten außerhalb der Bundesrepublik beziehen, jedoch dürfen auch diese nicht über die Laufdauer des Schutzrechts, für das die Lizenz erteilt ist, hinausgehen. Dieser Bestimmung lag die Erwägung zugrunde, daß Abreden zwischen Lizenzgeber und Lizenznehmer über Auslandsmärkte, insbesondere Exportverbote nach anderen patentfreien Ländern, in der internationalen Praxis üblich sind und daß ihr Verbot es der deutschen Industrie wesentlich erschweren würde, Lizenzen von ausländischen Inhabern deutscher Patente zu erlangen[238].

Das Bundeskartellamt legt die Bestimmungen des § 20 Abs. 2 Nr. 5 **572** GWB in zweifacher Hinsicht restriktiv aus. Zum einen müssen nach Auffassung des Bundeskartellamts die Verpflichtungen des Lizenznehmers den geschützten Gegenstand betreffen und dürfen nicht ohne Zusammenhang mit dem Lizenzschutzrecht auferlegt werden[239]. Nach dieser Spruchpraxis könnten Exportverbote immer nur für den geschützten Gegenstand, nicht hingegen für andere nicht geschützte Gegenstände dem Lizenznehmer auferlegt werden[240]. Ferner wären danach Wettbewerbsverbote unzulässig, es sei denn, es handele sich um Verbote für das weit entfernte Ausland[241].

237 Vgl. Rdnr. 451 ff.
238 Bericht des Bundestagsausschusses für Wirtschaftspolitik zu § 15 Abs. 6 des Entwurfs zum GWB.
239 *BKartA*, Dezember 1960, WuW/E BKartA S. 331 ff.; *BKartA*, 15. August 1962, WuW/E BKartA S. 584; *BKartA*, 2. 9. 1963, WuW/E BKartA S. 741; BKartA Tätigkeitsberichte 1960 S. 49; 1962 S. 72; 1963 S. 68 ff.; 1970 S. 94 ff.; 1971 S. 99; 1972 S. 96 ff.; *Axster*, Gemeinschaftskommentar, a.a.O., Rdnr. 237 zu §§ 20, 21; *Emmerich* in *Immenga/Mestmäcker*, a.a.O., Rdnr. 285 zu § 20; *Westrick/Loewenheim*, a.a.O., Rdnr. 32 zu § 20.
240 *BKartA*, Dezember 1960, WuW/E BKartA S. 331 ff.; a. M. *Schwartz*, a.a.O., S. 79 ff.
241 BKartA Tätigkeitsberichte 1963 S. 69; 1968 S. 89; 1971 S. 99; 1978 S. 102; a. M. *Schwartz*, a.a.O., S. 79 ff.

Nach Auffassung des Bundeskartellamts sind einem Lizenznehmer auferlegte Beschränkungen, die sich auf Auslandsmärkte beziehen, auch dann unzulässig, wenn sie eine Auswirkung im Inland haben. Zur Begründung zieht es die Grundsätze der Bestimmung des § 98 Abs. 2 GWB heran, wonach das deutsche Kartellrecht auch auf im Ausland veranlaßte Wettbewerbsbeschränkungen Anwendung findet, wenn sie sich im Inland auswirken. Nachdem das Bundeskartellamt ursprünglich diese Regel streng einhielt, hat es später seine Meinung dahin abgemildert, daß nur spürbare Auswirkungen im Inland wettbewerbsschädlich sind. Offensichtlich hat das Bundeskartellamt selbst eingesehen, daß andernfalls seine Spruchpraxis zu absurden Ergebnissen führen würde[242].

573 Gegen die restriktive Spruchpraxis des Bundeskartellamts ist in der Literatur bereits sehr früh zu Recht Einspruch erhoben worden[243]. Heute vertritt z. B. Axster die Auffassung, daß die Freistellungsvorschrift des § 20 Abs. 2 Ziff. 5 GWB sich auch auf Beschränkungen bezieht, die sich im Inland auswirken. Die Sonderregelung des § 20 Abs. 2 Ziff. 5 GWB wäre nach seiner Auffassung sonst überflüssig, weil nach § 98 Abs. 2 GWB Beschränkungen auf Auslandsmärkten, die sich im Inland auswirken, ohnedies unzulässig sind. Bei der Auslegung, die das Bundeskartellamt zugrunde legt, würden § 98 Abs. 2 und § 20 Abs. 2 Ziff. 5 GWB praktisch denselben Inhalt haben[244].

Nach der Zielsetzung des § 20 Abs. 2 Ziff. 5 GWB soll dieser jedoch dazu dienen, übliche Abreden über Auslandsmärkte zu gestatten. Üblich sind auch Exportverbote für Gegenstände, die im Ausland nicht geschützt sind. Mit dem Verbot, den patentierten Gegenstand nicht ins patentfreie Ausland zu liefern, ist dem Lizenzgeber in der Regel nicht allzu viel gedient, wenn der Lizenznehmer die Möglichkeit hat – die ihm möglicherweise erst durch die Einräumung der Lizenz verschafft wird – Konkurrenzerzeugnisse, die nicht unter das Schutzrecht fallen, zu entwickeln oder zu bauen und dann im schutzrechtsfreien Ausland zu vertreiben. Ferner kann man Zweifel haben, ob es Aufgabe des

---

242 *BKartA*, 6. 5. 1960, WuW/E BKartA S. 251 ff.; *BKartA* 4. Quartal 1960, WuW/E BKartA S. 317 ff. = BB 1961 S. 157; *BKartA*, 15. 8. 1962, WuW/E BKartA S. 584; BKartA Tätigkeitsberichte 1959 S. 45; 1961 S. 58; 1962 S. 72; 1963 S. 69; 1966 S. 73; 1974 S. 92; 1978 S. 102; vgl. auch Rdnr. 539.
243 *Kellermann*, WuW 1960 S. 603, 617.
244 *Axster*, Gemeinschaftskommentar, a.a.O., Rdnr. 237a zu §§ 20, 21; *Gaul/Bartenbach*, a.a.O., K 367 ff.; *Magen*, a.a.O., S. 135 ff.; *Schwartz*, a.a.O., S. 79 ff.; *Stumpf*, Der Know-How-Vertrag, a.a.O., S. 215 ff.; a. M. *Emmerich* in *Immenga/Mestmäcker*, a.a.O., Rdnr. 296 zu § 20.

deutschen Gesetzgebers sein kann, den Wettbewerb im Ausland aufrechtzuerhalten. Darum wird sich schon der ausländische Gesetzgeber kümmern, wenn dafür ein Bedürfnis besteht.

In jedem Fall sind Beschränkungen zulässig, sofern sie sich auf Märkte **574** außerhalb des Geltungsbereichs des GWB beziehen. Die Ausnahme verliert an Bedeutung, wenn man sie für Inlandswirkungen nicht gelten läßt und noch dazu für die Inlandswirkungen zu enge Maßstäbe anlegt. In einem Fall, der nicht das Lizenzrecht betraf, hat der Bundesgerichtshof entgegen der Auffassung des Bundeskartellamts eine Inlandsauswirkung im Sinne des § 98 Abs. 2 des GWB verneint. Er hat insoweit wenigstens der restriktiven Interpretation des Bundeskartellamtes einen Riegel vorgeschoben[245].

Als Beispiel dafür, wie das Bundeskartellamt ursprünglich schon sehr **575** rasch eine Inlandswirkung bejahte, sei folgendes angeführt[246].

Eine Lizenzgeberin hatte einer ausländischen Lizenznehmerin das Recht eingeräumt, die Maschinen der Lizenzgeberin, die patentrechtlich nicht geschützt waren, in einem bestimmten Vertragsgebiet (Ausland) herzustellen und zu vertreiben und ihr zusätzlich ein Wettbewerbsverbot auferlegt. Die Beschlußabteilung führte u. a. aus:

„Der Lizenzvertrag enthält ein Wettbewerbsverbot zu Lasten der ausländischen Lizenznehmerin. Dieses ist insoweit nicht durch die Ausnahmevorschrift des § 20 Abs. 2 Ziff. 5 GWB freigestellt, als es mögliche Inlandswirkungen einschließt. In Erfüllung des vertraglichen Konkurrenzverbots ist der Lizenznehmerin die Möglichkeit genommen, während der Vertragsdauer Wettbewerbserzeugnisse von inländischen Mitbewerbern der Lizenzgeberin herzustellen oder herstellen zu lassen."

Dabei handelte es sich, wie das Kartellamt selbst ausführte, bei der Lizenznehmerin nicht um das einzige und auch nicht um das größte Unternehmen, welches an seinem ausländischen Geschäftssitz Maschinen für den gleichen Verwendungszweck herstellte und vertrieb. Inländischen Mitbewerbern der Lizenzgeberin sind Geschäftsbeziehungen auf diesem Gebiet im ausländischen Vertragsgebiet durch den hier vorliegenden Vertragsabschluß keineswegs verschlossen. Hier werden die Grenzen offensichtlich auch wieder zu eng gezogen. Die Inlandswirkung, die darin bestehen soll, daß der Lizenznehmerin die Möglichkeit genommen wird, während der Vertragsdauer Wettbewerbserzeug

245 *BGH*, 12. 7. 1973 „Ölfeldrohre", GRUR 1974 S. 102 = WuW/E BGH S. 1276.
246 *BKartA*, 4. Quartal 1960, BB 1961 S. 157 = WuW 1961 S. 217 = WuW/E BKartA S. 317.

nisse von inländischen Mitbewerbern der Lizenzgeberin herzustellen oder herstellen zu lassen, erscheint nach den Ausführungen des Bundeskartellamtes derartig theoretisch und von untergeordneter Bedeutung, daß man sie genausogut verneinen kann. Hierin kommt wieder die Einstellung des Bundeskartellamtes zum Ausdruck, nach Möglichkeit alle Ausnahmen vom Verbot einschränkend auszulegen.

In neuerer Zeit hat das Bundeskartellamt seine restriktive Praxis bereits abgemildert[247]. Es sieht Beschränkungen des ausländischen Lizenznehmers nur dann nicht als durch § 20 Abs. 2 Ziff. 5 GWB gedeckt an, wenn im Zeitpunkt der kartellrechtlichen Prüfung tatsächliche spürbare Auswirkungen im Inland festzustellen sind; rein theoretisch denkbare Rückwirkungen auf dem Inlandsmarkt läßt es nicht mehr genügen. Beschränkungen ausländischer Lizenznehmer, die keine Inlandswirkung haben, bedürfen nach Ansicht des Kartellamtes keiner Erlaubnis; sie können nicht einmal erteilt werden; auch nicht in der Form einer Eventualerlaubnis.

576   In der Literatur lange Zeit umstritten war die Frage, ob § 20 GWB auch auf Verträge zwischen ausländischen Lizenzgebern und inländischen Lizenznehmern über die Benutzung ausländischer Patente zur Anwendung kommt, sofern die darin etwa enthaltene Wettbewerbsbeschränkung sich im Geltungsbereich des deutschen Gesetzes gegen Wettbewerbsbeschränkungen auswirkt. Dies wurde vom Bundesgerichtshof bejaht[248]. Nach Auffassung des Bundesgerichtshofs ergibt sich aus § 98 Abs. 2 GWB, daß das deutsche Gesetz gegen Wettbewerbsbeschränkungen auf alle darin aufgeführten, also auch auf die in § 20 GWB genannten Wettbewerbsbeschränkungen Anwendung finden soll, die sich im Geltungsbereich dieses Gesetzes auswirken.

577   Ein Herstellungsverbot bez. bestimmter ausländischer Staaten ist grundsätzlich dann zulässig, wenn es sich auf das Gebiet außerhalb der Bundesrepublik bezieht und nach dem Kartellrecht der betreffenden

---

247 *BKartA*, 15. 8. 1962, WuW/E BKartA S. 584; BKartA Tätigkeitsberichte 1963 S. 69; 1964 S. 53; vgl. auch *Haver/Mailänder*, a.a.O., S. 85; *Gleiss/Hootz*, BB 1962 S. 1060; *Emmerich* in *Immenga/Mestmäcker*, a.a.O., Rdnr. 288 ff. zu § 20; *Westrick/Loewenheim*, a.a.O., Rdnr. 32 zu § 20.
248 *BGH*, 5. 5. 1967 „Fischbearbeitungsmaschinen", DB 1967 S. 1127 = GRUR 1967 S. 670 = NJW 1967 S. 1715 = WuW/E BGH S. 838; *Axster*, Gemeinschaftskommentar, a.a.O., Rdnr. 237a zu §§ 20, 21; *Buxbaum*, WRP 1963 S. 288 ff.; *Emmerich* in *Immenga/Mestmäcker*, a.a.O., Rdnr. 296 zu § 20; *Lichtenstein*, NJW 1964 S. 1345 ff. (1349); *Haver/Mailänder*, a.a.O., S. 85; *Gleiss/Hootz*, BB 1962 S. 1060; *Magen*, a.a.O., S. 135; *Rehbinder*, a.a.O., S. 205 ff.

Staaten kein Verbot besteht. Dies gilt auch für ein entsprechendes Exportverbot. Sollten derartige Vereinbarungen insbesondere infolge einer Inlandswirkung unwirksam sein, so besteht noch die Möglichkeit, eine Genehmigung nach § 20 Abs. 3 GWB zu erwirken[249].

XII. Unwirksamkeit und Teilunwirksamkeit des Vertrages

Verträge, die dem Lizenznehmer Beschränkungen auferlegen, die über   **578**
den Inhalt des Schutzrechtes bzw. eines Know-How hinausgehen, sind insoweit unwirksam. Ursprünglich sollte es anstelle von unwirksam „nichtig" heißen. Eine nichtige Vereinbarung kann aber nicht mehr geheilt werden, d. h. sie kann später keine Wirksamkeit erlangen. Da aber nach §§ 20 Abs. 1 und 21 Abs. 1 GWB unzulässige Vereinbarungen gemäß § 20 Abs. 3 GWB durch die Kartellbehörden genehmigt werden können, war die Bezeichnung „unwirksam" zu wählen, die eine nachträgliche Heilung zuläßt.

Von weitreichender praktischer Tragweite ist die Frage, ob die   **579**
Unwirksamkeit einer einzelnen Bestimmung in einem Vertrag die des gesamten Vertrages zur Folge hat. Dies um so mehr, als in vielen Punkten noch Zweifel darüber bestehen, was zulässig und was unzulässig ist, wie sich aus den vorausgehenden Darlegungen ergibt. Hinzu kommt, daß bei Altverträgen, also solchen, die vor Erlaß des GWB geschlossen wurden, keine Veranlassung bestand, auf das neue Gesetz Rücksicht zu nehmen.

Zur Darlegung der Bedeutung dieses Problems mag ein Beispiel dienen: In einem Altvertrag ist ein Konkurrenzverbot in der Weise vorgesehen, daß keine dem Lizenzgegenstand ähnlichen Gegenstände hergestellt werden dürfen. Nun stellt sich heraus, daß diese Bestimmung unwirksam ist, weil sie nicht genehmigt wurde. Der Lizenznehmer könnte nun, ohne durch den Vertrag daran gehindert zu sein, neben dem Lizenzgegenstand auch Konkurrenzerzeugnisse herstellen. Wäre aufgrund der unwirksamen Konkurrenzklausel der gesamte Vertrag unwirksam, so könnte sich der Lizenzgeber, und zwar gleichgültig, ob der Lizenznehmer Konkurrenzerzeugnisse herstellt oder nicht, auf den Standpunkt stellen, daß der Lizenznehmer den Lizenzgegenstand überhaupt nicht mehr herstellen darf[250].

---

249 Vgl. Rdnr. 536 ff.
250 Vgl. Rdnr. 516; *Pagenberg/Geissler*, a.a.O., S. 192 Rdnr. 324.

580 Für nichtige Rechtsgeschäfte enthält das BGB eine allgemeine Auslegungsregel[251]. Danach ist das ganze Rechtsgeschäft nichtig, wenn ein Teil davon nichtig ist und nicht anzunehmen ist, daß es auch ohne den nichtigen Teil abgeschlossen worden wäre. Mit der in der Literatur herrschenden Meinung wird man davon ausgehen müssen, daß die Teilunwirksamkeit nicht den gesamten Vertrag erfaßt, es sei denn, daß die unwirksame Regelung für den ganzen Vertrag von solcher Bedeutung ist, daß er ohne sie in seiner Grundlage völlig verändert würde[252]. Die herrschende Meinung kann sich hierbei auf eine Entscheidung des BGH stützen, die zwar noch unter der Herrschaft der Kartellgesetze der Alliierten erging, die aber auch auf das GWB anzuwenden ist, zumal der Bundesgerichtshof diese Entscheidung später bestätigt hat[253]. Es heißt dort u. a.: „Lizenzverträge sind in ihrem Bestand möglichst zu erhalten. Das folgt vor allem aus dem Zweck des Gesetzes, das der Aufrechterhaltung und Förderung des Wettbewerbs dienen soll. Würde die Nichtigkeit einzelner Vertragsbestimmungen ohne weiteres zur Nichtigkeit des ganzen Vertrages führen, so würde der Zweck des Gesetzes in sein Gegenteil verkehrt werden. Die Monopolstellung des Patentinhabers würde verstärkt und die Wettbewerbsstellung des Lizenznehmers in aller Regel mehr eingeschränkt werden als durch die gegen das Gesetz verstoßende Einzelbestimmung."

Die Tendenz, Verträge möglichst aufrechtzuerhalten und die Unwirksamkeit auf die unzulässigen Klauseln zu beschränken, kommt auch in der späteren Rechtsprechung des Bundesgerichtshofs deutlich zum Ausdruck. Ist im Vertrag vorgesehen, daß für den Fall, daß eine Bestimmung gegen das Kartellrecht verstößt, der Vertrag im übrigen aufrechterhalten werden soll oder daß die unzulässige Bestimmung durch eine andere zulässige ersetzt werden soll, so wird auch dies von der Rechtsprechung weitgehend berücksichtigt[254]. Der BGH hat es auch als treuewidrig angesehen, wenn sich der Lizenznehmer bei Nichtigkeit nur einzelner Klauseln der Erfüllung des übrigen Vertrages

---

251 § 139 BGB; *Palandt,* a.a.O., § 139 Anm. 1 ff., 6.
252 Vgl. *Lieberknecht,* DB 1957 S. 1011, 1016; *Lüdecke/Fischer,* a.a.O., S. 678 ff.; *Westrick/Loewenheim,* a.a.O., Rdnr. 37 zu § 20; *Henn,* a.a.O., S. 267; *Benkard,* PatG, a.a.O., Rdnr. 152 zu § 15 mwN.
253 *BGH,* 18. 3. 1955, BGHZ 17 S. 41 = GRUR 1955 S. 468 = NJW 1955 S. 829 = WuW/E BGH S. 100.
254 *BGH,* 20. 5. 1966 „Zimcofot", WuW/E BGH S. 810, 821; *BGH,* 15. 3. 1973 „Bremsrollen", WuW/E BGH S. 1259, 1264; *BGH,* 30. 5. 1978 „Fertighäuser", BB 1978 S. 1740 = WuW/E BGH S. 1525 ff.; siehe auch *LG Düsseldorf,* 4. 10. 1983, WuW/E 1985 S. 240.

entziehen will[255]. Diese Rechtsprechung des Bundesgerichtshofs führt noch
dab in aller Regel Schiedsgerichts- und Gerichtsstandsvereinba- **580**
rungen aufrechterhalten bleiben[256].

Nur wenn der Verstoß so schwerwiegend ist, daß die unwirksame
Klausel Auswirkungen auf den Gesamtvertrag hat, ist dieser insgesamt
unwirksam. So sah der Bundesgerichtshof in einem Fall nicht nur die
beschränkende Klausel, sondern wegen des Zusammenhangs mit den
übrigen Abreden die gesamte Lizenzvereinbarung für unwirksam an[257].

Die Kritik, die Emmerich an der Rechtsprechung des Bundesgerichtshofs übt, wonach bei Verstoß einzelner Klauseln gegen das GWB
möglichst der Vertrag im übrigen aufzuerhalten ist, ist m. E.
wirtschaftsfremd und entspricht nicht den Bedürfnissen der Praxis bei
Lizenzverträgen. Emmerich plädiert dafür, möglichst den gesamten
Vertrag als nichtig zu verwerfen[258]. Emmerich übersieht dabei, daß
hierunter in der Regel nicht der Lizenzgeber, sondern vor allem der
Lizenznehmer, dem eine Beschränkung auferlegt wurde, zu leiden hat,
wie dies richtig in der oben erwähnten Entscheidung des Bundesgerichtshofs ausgeführt wurde[259]. Er übersieht dabei auch, daß in aller
Regel diese beschränkenden Bestimmungen nicht in Kenntnis das
Gesetz zu verletzen, sondern in Unkenntnis eingefügt werden. Hierunter zu leiden haben vor allem kleinere und mittlere Firmen, die
teilweise weltweite Geschäfte und Lizenzverträge abschließen und die
einfach nicht in der Lage sind, alle Kartellgesetze der Bundesrepublik,
der EG, der USA, von Japan usw. zu beachten. Aufgrund dieser
Umstände plädiert z. B. Axster dafür, Lizenzverträge nach Möglichkeit aufrechtzuerhalten. Er geht sogar noch einen Schritt weiter und
stellt Überlegungen darüber an, wie man dem Lizenznehmer helfen
kann, wenn seine Lizenz aus kartellrechtlichen Gründen entfällt. Er
führt hierzu aus, daß der Wegfall einer Lizenz zu unbefriedigenden
Ergebnissen führen kann. Immer dann, wenn der Lizenznehmer auf
die Ausübung der Lizenz wirtschaftlich angewiesen ist, etwa weil er
hierfür erhebliche, nicht anderweits zu verwertende Investitionen getätigt hat oder weil das fragliche Schutzrecht wirtschaftlich eine solche

---

255 *BGH*, 10. 7. 1969 „Auto-Lok", BB 1969 S. 1239 = WuW/E BGH S. 1039 ff.
256 *BGH*, 5. 12. 1963 „Mikrophos", WuW/E BGH S. 597, 602; *BGH*, 20. 5. 1966, BB
   1966 S. 754 = WuW/E BGH S. 810, 817.
257 *BGH*, 10. 10. 1974 „Bahnen aus Kunststoff", WuW/E BGH S. 1332, 1335 ff.
258 *Emmerich* in *Immenga/Mestmäcker*, a.a.O., Rdnr. 329 zu § 20.
259 *BGH*, 18. 3. 1955, BGHZ 17 S. 41 = GRUR 1955 S. 468 = NJW 1955 S. 829 =
   WuW/E BGH S. 100.

Bedeutung hat, daß seine Benutzung weitgehend Voraussetzung für die Wettbewerbsfähigkeit des Betreffenden ist, ist dem Lizenznehmer daran gelegen, daß der Vertrag ohne die beschränkenden Klauseln aufrechterhalten wird. Ein anderes Ergebnis belastet den Lizenznehmer und hilft dem Lizenzgeber, der die beschränkenden Klauseln diesem auferlegt hat[260].

Der Bundesgerichtshof vertritt im übrigen auch die Auffassung, daß die Frage, ob eine Lizenzvereinbarung gegen ein kartellrechtliches Verbot verstößt, nur aufgrund einer Gesamtbetrachtung des Vertragsgefüges beurteilt werden kann und nicht aufgrund einer isolierten Betrachtung einer einzelnen Vertragsbestimmung[261].

XIII. Wirkung von Verstößen gegen vertragliche Vereinbarungen

581 Geht eine vertraglich festgesetzte Verpflichtung nicht über das Schutzrecht hinaus und beinhaltet sie eine Beschränkung im Hinblick auf die Benutzung des zugrundeliegenden Schutzrechts, so ist ein Verstoß gegen sie in der Regel auch eine Patentverletzung[262]. Dies ist nicht der Fall bei Verletzung von Vereinbarungen, die nach § 20 Abs. 2 GWB wirksam sind oder die durch das Kartellamt genehmigt wurden, weil diese nicht durch das Schutzrecht gedeckt werden.

Bei einer Vertragsverletzung, die zugleich eine Patentverletzung darstellt, kann der Lizenzgeber nicht nur Ansprüche wegen Vertragsverletzung, sondern auch wegen Patentverletzung geltend machen. Er kann aufgrund der Patentverletzung Unterlassung der Verletzungshandlung verlangen. Handelt der Lizenznehmer schuldhaft, so kann der Lizenzgeber auch aus diesem Grund Schadensersatz verlangen. Daneben bestehen die vertraglichen Ansprüche wegen Vertragsverletzung.

Betreffen die Beschränkungen nicht die Benutzung des Patents, sondern handelt es sich um danebenstehende Vereinbarungen, wie z. B. die Preisstellung für den geschützten Gegenstand, Verpflichtungen zum Erfahrungsaustausch und andere Abreden wie sie in § 20 Abs. 2 enthalten sind, so liegt hierin nur eine Vertragsverletzung und keine

---

260 *Axster*, Gemeinschaftskommentar, a.a.O., Rdnr. 191 zu §§ 20, 21.
261 *BGH*, 23. 3. 1982, BB 1982 S. 1258.
262 Vgl. *Lüdecke/Fischer*, a.a.O., S. 379 mwN.

Patentverletzung. Gegen diese hat der Lizenzgeber nur schuldrechtliche Ansprüche aus Vertrag und keine dinglichen Ansprüche wegen Patentverletzung[263].

Liegt neben der Vertragsverletzung auch eine Patentverletzung vor, so wirkt diese dinglich gegen jedermann. Liegt dagegen keine Patentverletzung vor, so zeitigt der Verstoß nur obligatorische Wirkung zwischen den vertragsschließenden Parteien. Verstöße gegen Vereinbarungen in Know-How-Verträgen sind obligatorischer Natur, weil der Know-How-Geber bei diesen Verträgen kein dingliches Recht hat, aufgrund dessen er jedermann an der Nachahmung hindern kann.

582

---

263 Beispiele dafür, wann reine Vertragsverletzungen und Patentverletzungen vorliegen, s. bei *Lüdecke/Fischer*, a.a.O., S. 379 ff.

387

P. Lizenzvertrag und EWG-Kartellrecht

I. Patentlizenzverträge

1. Allgemeine Grundlage

583 Für die kartellrechtliche Beurteilung von Lizenzverträgen nach EG-Recht sind die Art. 85 und 86 des EWG-Vertrages ausschlaggebend[1]. Die Bestimmungen sind aber so allgemein gehalten, daß man aus ihnen nicht ablesen kann, ob und welche Vereinbarungen in Lizenzverträgen für unzulässig zu erachten sind. Die Meinungen in der Literatur waren daher sehr unterschiedlich. So vertrat Gotzen[2] die Auffassung, daß Lizenzverträge in keinem Fall unter die Bestimmungen der Art. 85 ff. des EWG-Vertrages fallen, auch dann nicht, wenn den Vertragspartnern Beschränkungen auferlegt werden, die über den Inhalt des zugrundeliegenden Schutzrechtes hinausgehen. Bodenhausen[3], Spengler[4] und Jansse, Oudemans und Wolterbeek[5] nahmen eine Bereichsausnahme an für Vereinbarungen, die nicht über das Schutzrecht hinausgehen, während Wohlfarth/Everling/Glaesner/Sprung[6] sowie Schlieder[7] eine Bereichsausnahme für Lizenzverträge verneinten. Unter Bereichsausnahmen versteht man ein Sachgebiet, auf das die Bestimmungen der Art. 85 ff. generell keine Anwendung finden.

Der Streit, ob Art. 85 und 86 des EWG-Vertrages auf Lizenzverträge Anwendung finden, ist inzwischen in bejahendem Sinne eindeutig geklärt. Durch die Verordnung Nr. 17 Art. 1 des Rates wird klargestellt, daß das EG-Kartellrecht unmittelbar anwendbare Rechtsnormen enthält[8].

---

1 Der Wortlaut der Art. 85 und 86 des EWG-Vertrags ist im Anhang V abgedruckt; der Vertrag trat am 1. 1. 1958 in Kraft – deutsches Ratifikationsgesetz, BGBl. II 1957 S. 753 ff.
2 GRUR Int. 1958 S. 224 ff.
3 GRUR Int. 1958 S. 218, 222.
4 GRUR Int. 1958 S. 321 ff.
5 GRUR Int. 1961 S. 276 ff.
6 Vgl. Vorbemerkung 7 vor Art. 85, a.a.O.
7 BB 1962 S. 305 ff.
8 Abgedruckt im Anhang VII; Amtsblatt der Europäischen Gemeinschaften (ABl.) vom 21. 2. 1962 S. 204 f.

Der Europäische Gerichtshof hat dazu eine Ausnahme entwickelt. **584**
Nach seiner Entscheidung vom 31. 10. 1974 findet Art. 85 des Vertrages keine Anwendung bei Vereinbarungen und aufeinander abgestimmten Verhaltensweisen von Unternehmen, die als Mutter- oder
Tochtergesellschaft ein und demselben Konzern angehören, vorausgesetzt, daß die Unternehmen eine wirtschaftliche Einheit bilden, in
deren Rahmen die Tochtergesellschaft ihr Vorgehen auf dem Markt
nicht wirklich autonom bestimmen kann, und ferner, daß diese Vereinbarung oder Verhaltensweise dem Zweck dient, die interne Aufgaben-
verteilung zwischen den Unternehmen zu regeln[9].

Mit der grundsätzlichen Feststellung, daß die Art. 85 und 86 des EWG-
Vertrages auf Lizenzverträge Anwendung finden, ist aber keineswegs
geklärt, wann ein Verstoß hiergegen vorliegt. Aufgrund der völligen
Unklarheit über die Rechtslage in diesem Bereich sah sich die EG-
Kommission schon im Jahre 1962 veranlaßt, ihre Auffassung über
Patentlizenzverträge bekanntzumachen[10]. Die als sog. Weihnachts-
bekanntmachung in den juristischen Sprachgebrauch eingegangene
Bekanntmachung bezog sich nur auf Patentlizenzverträge, ließ jedoch
die mehrfache, parallele Lizenzierung von Patenten ungeregelt.

Sie war in vielen Punkten dem deutschen Kartellrecht nachempfunden.
Abweichungen gegenüber dem deutschen Recht bestehen insofern, als
sich die EG-Kommission nicht nur mit Verpflichtungen des Lizenznehmers befaßt, sondern auch mit solchen des Lizenzgebers.

Eine andere, sehr wichtige Entscheidung erklärt sich aus der verschie- **585**
denen Zielsetzung des deutschen und des EWG-Kartellrechts. Nach
Art. 85 Abs. 1 des EWG-Vertrages genügt es nicht, daß der Wettbewerb beschränkt wird. Es muß vielmehr auch der Handel zwischen den
Mitgliedstaaten beeinträchtigt werden, während Vereinbarungen, die
die Regelung des Wettbewerbs auf ausländischen Märkten zum Gegenstand haben, vom deutschen Kartellrecht grundsätzlich nicht berührt
werden[11].

2. Praxis der Kommission

Die Weihnachtsbekanntmachung ist inzwischen aufgehoben worden. **586**
Die nunmehr vorliegende Gruppenfreistellungs-Verordnung für

---

9 *EuGH*, 31. 10. 1974 „Centrafarm/Sterlin Drug", Sammlung 1974 S. 1147, 1163 =
 GRUR Int. 1974 S. 454 = NJW 1975 S. 516 = RIW/AWD 1974 S. 686.
10 Abgedruckt im Anhang XI; ABl. Nr. 139 vom 24. 12. 1969 S. 2922.
11 § 20 Abs. 2 Ziff. 5 GWB; vgl. auch Rdnrn. 451, 571.

Patentlizenzverträge bestätigt die sich in den letzten Jahren bereits abzeichnende Tendenz der Entscheidungen der EG-Kommission, Art. 85 EWG-Vertrag restriktiv auszulegen und Beschränkungen in Patentlizenz- und Know-How-Verträgen nur in sehr eingeschränktem Maße zuzulassen[12]. Zu den danach bedenklichen Regelungen gehören insbesondere die Untersagung der ausschließlichen Vertriebslizenz, des Exportverbots und der Nichtangriffsklausel.

587 Durch die Entscheidung des Europäischen Gerichtshofs im Maissaatgut-Fall war auch der 4. Entwurf der GVO Patent obsolet geworden[13]. Die Auffassung, die die Mitgliedstaaten der EG-Länder im Gemeinschaftspatentübereinkommen vertreten haben, nämlich daß ausschließliche Lizenzen zulässig sind, hat sich somit durchgesetzt. Dies war im übrigen auch die Auffassung, die im Europäischen Parlament und in der Literatur vertreten wurde[14].

Die verschiedenen Entwürfe der EG-Kommission zu der GVO Patent sind auf erhebliche Kritik gestoßen[15].

---

12 Die Aufhebung der Weihnachtsbekanntmachung erfolgte im August 1984, ABl. 1984 Nr. C 220/14.

13 *EuGH*, 8. 6. 1982 – „Maissaatgut", GRUR Int. 1982 S. 530 ff. = NJW 1982 S. 1929 = Sammlung 1982 S. 2015.

14 Kritik an dem Entwurf und der Haltung der Kommission üben z. B. *Boeckh*, RIW/ AWD 1979 S. 603 ff., die Deutsche Vereinigung für Gewerblichen Rechtsschutz und Urheberrecht in GRUR 1979 S. 837 ff., *Mailänder*, GRUR Int. 1979 S. 378; vgl. auch *Handler/Blechman*, GRUR Int. 1980 S. 555 ff., *Reinhart*, DB 1981 S. 1863 (er bringt eine Zusammenfassung der Kritik); positiv, wie immer wenn es sich um eine Verschärfung des Kartellrechts handelt, lediglich *Emmerich* in *Immenga/Mestmäkker*, a.a.O., § 20 Rdnr. 50; s. auch Q. mwN.

15 Vgl. z. B. *Reinhart*, DB 1981 S. 1863; ferner Stellungnahme des Ausschusses für Wirtschaft und Währung des Europäischen Parlaments vom 14. 1. 1980, Dok. 1-625/ 79, auszugsweise auch abgedruckt in DB 1980 S. 389 f. und GRUR Int. 1980 S. 156 f.; aus der umfangreichen deutschen Literatur zum VO-Entwurf vgl. z. B. *Ebel*, NJW 1980 S. 1988 ff.; *Deringer/Sedemund*, NJW 1977 S. 988 ff., 990; *Beier*, GRUR 1978 S. 123 ff.; *Grauel*, DB 1978 S. 2013 ff., 2014; *Axster*, Gemeinschaftskommentar, a.a.O., Vorb. §§ 20, 21, Anm. 130; *Boeck*, RIW/AWD 1979 S. 603 ff.; *Mailänder*, GRUR Int. 1979 S. 378 ff.; außerdem *Cawthra*, Patent Licensing in Europe, London, 1978 S. 59 ff.; *Ludding*, Het Mededingsrecht in de EEG en de Rechten van industriele en commerciele Eigendom, Deventer, 1979 S. 125 ff. Die deutsche Vereinigung für gewerblichen Rechtsschutz und Urheberrecht hat der Kommission eine ausführliche kritische Stellungnahme vom 1. 10. 1979 vorgelegt, abgedruckt in GRUR 1979 S. 837 ff.; vgl. auch die Stellungnahme vom 2. 10. 1978 gegenüber der Bundesregierung, abgedruckt in GRUR 1978 S. 692 ff. Auch die Union der Wirtschaft in der Europäischen Gemeinschaft (UNICE – Union national des Industries de la Communauté Européenne) hat in zwei Memoranden gegen die Vorschläge der EG-Kommission Stellung genommen, vgl. *UNICE*, Memorandum on

Reinhart vertritt sogar die Auffassung, daß die Verordnung in Wirk- noch
lichkeit keine Freistellung, sondern eine Kodifizierung des Lizenzver- **587**
tragsrechts für wettbewerbsbeschränkende Vereinbarungen darstelle.
Dies gehe jedoch über die Ziele, die durch Art. 1 lit. b der Verordnung Nr. 19/65 gesteckt sind, weit hinaus und sei daher unzulässig[16].

In der Literatur wird die Auseinandersetzung über die Frage, wie die
nationalen Patentsysteme der Mitgliedsländer mit den Grundprinzi-
pien des Gemeinsamen Marktes über den freien Warenverkehr
(Art. 30 des EWG-Vertrages) zu vereinbaren sind, seit langem
geführt. Es steht dabei vor allem das Verhältnis der Art. 36 Abs. 1 und
der Art. 85 ff. des EWG-Vertrages zur Debatte. In Art. 36 Abs. 1 des
EWG-Vertrages sind „Einfuhr-, Ausfuhr- und Durchfuhrverbote oder
-beschränkungen" erlaubt, „die aus Gründen... des gewerblichen...
Eigentums gerechtfertigt sind". Nach Art. 36 Abs. 2 des EWG-Vertrages dürfen diese allerdings keine „verschleierte Beschränkung des
Handels zwischen den Mitgliedstaaten darstellen".

Die Ansicht, durch die Vorschrift des Art. 36 Abs. 1 des EWG-
Vertrages werde nur der Bestand der Schutzrechte geschützt, während
die Ausübung sowohl von den Kartellrechtsvorschriften als auch von
dem selbständigen Verbotstatbestand der Zuwiderhandlung gegen den
Grundsatz des freien Warenverkehrs erfaßt werde, wurde heftig kritisiert[17].

Handler und Blechman kritisieren den Entwurf einer Gruppenfreistellung aus amerikanischer Sicht, indem sie den Entwurf mit der Kartell-
rechtssituation in Amerika vergleichen. Sie kommen dabei zu dem
Ergebnis, daß der Entwurf in vielen Punkten schärfer als das amerikanische Kartellrecht ist[18].

Licensing, 9. 3. 1978, Brüssel 1978, und *UNICE*, Memorandum on the European
Commission's Draft Group Exemption Regulation for Patent Licensing, July 1979,
Brüssel 1979; vgl. des weiteren Q. mwN.
16 Vgl. *Reinhart*, DB 1981 S. 1864 ff.
17 Vgl. *Reinhart*, DB 1981 S. 1866; *Loewenheim*, GRUR Int. 1971 S. 260 ff.; *Reinhart*,
RIW/AWD 1972 S. 498 ff.; *Stumpf/Lindstaedt*, BB 1973 S. 406 ff., *Mailänder*,
Gemeinschaftskommentar, Art. 85, Anm. 43; *Lieberknecht*, Festschrift für Philipp
Möhring, 1975, S. 467 ff.; aus neuerer Zeit z. B. *Gleiss/Hirsch*, a.a.O., Rdnr. 365 zu
Art. 85; *v. Gamm*, a.a.O., Rdnr. 31 zu § 20 unter Verweis auf Einf. B., Rdnr.
122 ff.; *Boeck*, RIW/AWD 1979 S. 603, 606 f.; weitere Nachweise bei *Hefermehl/
Fezer* in *Hefermehl/Ipsen/Schluep/Sieben*, a.a.O., S. 80 ff.
18 Vgl. *Handler/Blechman*, GRUR Int. 1980 S. 555 ff.

Finnegan und Zotter vergleichen das amerikanische Kartellrecht der Patentlizenzverträge mit den Wettbewerbsregeln der Europäischen Wirtschaftsgemeinschaft und zeigen dabei ebenfalls auf, in welchen Punkten das Recht der Wirtschaftsgemeinschaft schärfer ist als das amerikanische Kartellrecht[19].

588 Für die Anwendung der GVO Patent stehen u. a. Gebrauchsmuster den Patenten gleich gemäß Art. 10 (1) b) GVO Patent.

II. Lizenzverträge über ein Know-How

589 Im Gegensatz zum deutschen Recht nahm die Bekanntmachung der EG-Kommission zu Lizenzverträgen (Weihnachtsbekanntmachung) zu Know-How-Verträgen nicht Stellung. Es hieß hierzu vielmehr, daß die Verträge über Benutzung gesetzlich nicht geschützter die Technik bereichernder Leistungen sowie andere als die genannten Vereinbarungen einer späteren Entscheidung vorbehalten bleiben[20].

590 Inzwischen wurde die Gruppenfreistellungsverordnung für Know-How-Vereinbarungen[21] erlassen. Auch die GVO Know-How hat nicht zuletzt wegen der Abgrenzungsproblematik bei gemischten Patentlizenz-/Know-How-Verträgen im Verhältnis zur GVO Patent berechtigterweise für erhebliche negative Kritik gesorgt[22].

III. Warenzeichenlizenzverträge

591 Patentlizenz- und Know-How-Verträge werden häufig mit Warenzeichenlizenzen verknüpft. In der Einräumung einer nicht ausschließlichen Lizenz für Warenzeichen liegt keine Beschränkung des Wettbewerbs. Enthalten diese Verträge wettbewerbsbeschränkende Abmachungen, so werden diese zum Teil durch Vereinbarungen über die Benutzung der Warenzeichen noch verstärkt. Auch reine Warenzeichenlizenz-Verträge können wettbewerbsbeschränkenden Inhalt haben. Zu der Frage, in welcher Weise Warenzeichen zu Wettbewerbsbeschränkungen werden, vgl. unten Rdnr. 620, 636, 638, 646, 684, 695, 715.

---

19 Vgl. *Finnegan/Zotter*, GRUR Int. 1979 S. 321 ff.

20 Vgl. III Abs. 2 der Bekanntmachung der Kommission über Patentlizenzverträge, abgedruckt im Anhang XI.; *Schade*, a.a.O., S. 218; *Skaupy*, GRUR 1964 S. 539 (543); zur gesamten Problematik des Know-How-Vertrages und des EWG-Kartellrechts vgl. *Stumpf*, Der Know-How-Vertrag, a.a.O., Rdnr. 262 ff.

21 ABl. 1989 Nr. L 61 S. 1 ff., im folgenden GVO Know-How genannt, abgedruckt im Anhang XIII.

22 Vgl. im einzelnen Rdnr. 673.

Q. Gruppenfreistellungsverordnungen

I. Gruppenfreistellungsverordnung Patentlizenzverträge

1. Historische Entwicklung

a) Allgemeine Grundlagen

Am 1. Januar 1985 trat die GVO Patentlizenzverträge[1] 2349/84 der **592** Kommission in Kraft[2]. Diese GVO stützt sich auf den Vertrag zur Gründung der Europäischen Wirtschaftsgemeinschaft und auf die Verordnung Nr. 19/65/EWG des Rates vom 2. März 1965 über die Anwendung von Artikel 85 Abs. 3 des Vertrages auf Gruppen von Vereinbarungen und aufeinander abgestimmten Verhaltensweisen[3]. Der Erlaß dieser Verordnung erfolgte nach Veröffentlichung des Verordnungsentwurfs[4] nach Anhörung des Beratenden Ausschusses für Kartell- und Monopolfragen.

b) Praxis der Kommission

Die Kommission hat mit dem Erlaß dieser GVO versucht, das Verhält- **593** nis zwischen Patentrecht und Wettbewerbsrecht etwas näher zu bestimmen. Die Kommission war und ist der Meinung, daß die Verwertung eines Patents nur dann keinen positiven oder negativen Einfluß auf den Wettbewerb hat, wenn die Verwertung ohne Einschränkungen der Lizenz, d. h. des erteilten Benutzungsrechts, erfolgt. Nach Auffassung der Kommission liegt demnach eine Wettbewerbsbeschränkung grundsätzlich bei jeder Begrenzung der Lizenz, die entweder freigestellt oder von der Freistellung ausgeschlossen ist, vor. Angesichts dieser Einstellung der Kommission war es nicht verwunderlich, daß der am 3. 3. 1979[5] veröffentlichte Entwurf auf massive negative Kritik stieß. Kernargument der ablehnenden Haltung gegenüber dem Entwurf der Kommission war die Aussage, daß Artikel 36 EWGV eine Bestandsgarantie

---

1 Im folgenden GVO Patent genannt, im Anhang unter I abgedruckt.
2 ABl. 1984 Nr. L 219 vom 16. 8. 1984, S. 15, berichtigte Fassung in ABl. 1985 L 280 vom 22. 10. 1985, S. 32.
3 ABl. 1965 Nr. 36 vom 6. 3. 1965, S. 533.
4 ABl. 1979 Nr. C 58 vom 3. 3. 1979, S. 12.
5 ABl. 1979 Nr. C 58 S. 12.

der gewerblichen Schutzrechte beinhaltet. In dem Recht aller Mitgliedstaaten sei diese Bestandsgarantie verankert. Der Inhaber eines Schutzrechts erhalte für einen gesetzlich festgelegten Zeitraum eine Monopolstellung. Diese Monopolstellung sei die Belohnung dafür, daß er neues technisches Wissen entwickelt bzw. erfunden und somit den Stand der Technik verbessert habe. Die Monopolstellung solle den Erfinder darüber hinaus dazu führen, auch weiterhin erfinderisch tätig zu sein. Der Erfinder müßte daher berechtigt sein, in einem eingegrenzten Zeitraum den Markt mit aus der Erfindung entstehenden Produkten und Verfahren zu versorgen. Es sei daher selbst eine eingeschränkte Lizenzverteilung eine Wettbewerbserweiterung und keine Wettbewerbsbeschränkung. Es sei daher sinnvoller, noch offene, wichtige Fragen zunächst durch den EuGH zu klären und erst nach Klärung dieser Frage diese GVO zu erlassen. Diese ablehnende Haltung gegenüber dem Entwurf und den damit verbundenen Vorentwürfen der Kommission kam erneut in der vom 9.–11. 10.1979 vor der Kommission stattgefundenen Anhörung zum Ausdruck. Ein wichtiger Meilenstein in der Diskussion über den Erlaß der GVO war die Entscheidung des EuGH in dem sogenannten „Maissaatgut-Fall"[6]. In dieser Entscheidung bejaht der EuGH einen Verstoß gegen Art. 85 Abs. 1 EWGV in dem Fall, daß einem Lizenznehmer ein absoluter Gebietsschutz eingeräumt wird. Nach Auffassung des EuGH sei es mit Art. 85 Abs. 1 EWGV nicht vereinbar, daß bei Erteilung einer ausschließlichen Lizenz an einem gewerblichen Schutzrecht für ein bestimmtes örtliches Vertragsgebiet der Lizenznehmer durch den Ausschluß von Paralleleinfuhren einen absoluten Gebietsschutz erhalte. Eine Wettbewerbsbeschränkung sei demgegenüber bei einer sogenannten „offenen Lizenz" nicht gegeben. Unter einer „offenen Lizenz" sei eine Vereinbarung zu verstehen, bei der der Lizenzgeber sich nur verpflichte, keine weiteren Lizenzen für dasselbe örtliche Vertragsgebiet zu erteilen und gegenüber dem Lizenznehmer in diesem örtlichen Vertragsgebiet nicht als Konkurrent aufzutreten. Dieses Verbot eines absoluten Gebietsschutzes zugunsten eines Lizenznehmers müsse zumindest in dem Fall wirken, wenn lizenzierte Schutzrechte zur Verbreitung einer neuen Technologie beitragen und den Wettbewerb zwischen dem neuen Erzeugnis und ähnlichen vorhandenen Erzeugnissen in der Gemeinschaft förderten. Ungeklärt blieb in diesem Urteil z. B. die Frage, ob das Verbot der Gewährung eines absoluten

---

6 *EuGH*, 8. 6. 1982, AS 1982, S. 2015, 2065 ff. = WuW/E EWG/MUV 551 ff.

Gebietsschutzes auch bei mehreren Parallellizenznehmern unter diesen gilt[7].

Die Entscheidung des EuGH im Maissaatgut-Fall hatte zwar zur Folge, daß die Kommission den Entwurf der GVO vom 3. 3. 1979 noch einmal überarbeitete. Da – wie bereits angesprochen – die Entscheidung des EuGH lediglich einen kleinen Teilbereich, der in der GVO geregelt werden sollte, betraf, war es verständlich, daß auch die überarbeitete Version des Entwurfs erneut mit negativen Kritiken versehen wurde. Diese erneute Kritik war Anlaß für die Kommission, z. B. genau definierte sogenannte „gemischte" Patentlizenz- und Know-How-Vereinbarungen in die GVO miteinzubeziehen. Des weiteren wurde auch die Gruppenfreistellung im sogenannten Widerspruchsverfahren[8] in dem neuen Entwurf der GVO berücksichtigt. Die Unsicherheit der Kommission bei dem Erlaß dieser GVO bzw. das Bewußtsein über die Notwendigkeit der Überarbeitung des Entwurfs spiegelt sich auch darin wider, daß die Kommission im Sommer 1984 die sogenannte „Weihnachtsbekanntmachung" der Kommission vom 24. 12. 1962[9] widerrief[10]. In dieser „Weihnachtsbekanntmachung" zeigte sich die Kommission noch sehr wohlwollend im Verhältnis zu Patentlizenzvereinbarungen.

Es kann hier offen bleiben, ob die in Art. 1 und 2 freigestellten **594** Klauseln eine Wettbewerbsbeschränkung gemäß Art. 85 Abs. 1 EWGV sind[11]. Wichtiger erscheint die Beantwortung der Frage, ob Patentlizenzverträge oder einzelne Klauseln in diesen eine Wettbewerbsbeschränkung gemäß Art. 85 Abs. 1 EWGV beinhalten, wenn sie nicht unter die Regelungen dieser GVO fallen. Die Kommission versucht – mangels ausreichender Erfahrung hierbei lediglich auf bestimmte Einzelfälle beschränkt –, in den Begründungserwägungen (BE)[12] dieser GVO Voraussetzungen dafür zu definieren, die bei der Beantwortung dieser Fragestellung behilflich sein können. Bezeichnend für die Kommission ist, daß sie in den Begründungserwägungen[13] sich die wesentlichen Gedanken des bereits oben erläuterten Maissaatgut-Urteils des EuGH zu eigen macht und ausschließliche Lizenzen, in

---

7 Vgl. *Wiedemann*, a.a.O., II S. 209 f. Rdnr. 5.
8 Vgl. Art. 4 der GVO Patent.
9 ABl. 1962 S. 2922.
10 ABl. 1984, Nr. C 220 S. 14.
11 Vgl. *Wiedemann*, a.a.O., II S. 211 f., Rdnr. 8.
12 Nr. 11 und Nr. 12.
13 BE Nr. 11.

denen sich der Lizenzgeber verpflichtet, in dem dem Lizenznehmer überlassenen Gebiet nicht selbst zu verwerten und dort keine weitere Lizenz zu erteilen, als vereinbar mit Art. 85 Abs. 1 EWGV hält, wenn es darum geht, eine neue Technologie im Lizenzgebiet einzuführen und sie im Hinblick auf den Umfang der unternommenen Forschungsanstrengungen und das Risiko der Herstellung und des Absatzes eines den Verbrauchern im Lizenzgebiet zum Zeitpunkt des Abschlusses der Vereinbarung unbekannten Erzeugnissen zu schützen. Ausschließliche Lizenzen sind nach Auffassung der Kommission auch dann mit Art. 85 Abs. 1 EWGV vereinbar, wenn sie die Einführung und den Schutz eines neuen Herstellungsverfahrens für ein an sich bekanntes Erzeugnis zum Gegenstand haben. Wenn die Kommission dagegen[14] betont, daß „die Freistellung ausschließlicher Lizenzen und bestimmter, dem Lizenzgeber und seinen Lizenznehmern auferlegter Exportverbote keinen Vorgriff auf die mögliche Entwicklung der Rechtsprechung des Gerichtshofs zu derartigen Vereinbarungen im Hinblick auf Art. 85 Abs. 1 EWGV darstelle", so belegt dieser Satz erneut die vielfach kritisierte Vorgehensweise der Kommission, eine GVO erlassen zu haben, die sich im wesentlichen nicht auf die Urteile des EuGH stützen kann, vielmehr auf[15] wenig praxisrelevanten Vermutungen beruht.

595 Das Ziel der Kommission, mit dieser GVO „zur Verbesserung der Warenerzeugung und zur Förderung des technischen Fortschritts beizutragen"[16], ist sicherlich begrüßenswert. Mit der Formulierung dieses Ziels trägt die Kommission dem bereits erörterten Sinn und Zweck von gewerblichen Schutzrechten, dem Inhaber eine Monopolposition für einen begrenzten Zeitraum zu verschaffen, Rechnung. Mit dieser Zielsetzung wird ohne Zweifel auch „die Bereitschaft der Patentinhaber zur Erteilung von Lizenzen erhöht und den Lizenznehmern ein Anreiz gegeben, in die Herstellung, die Benutzung und den Vertrieb eines neuen Produkts oder die Benutzung eines neuen Verfahrens zu investieren. Damit erhalten auch andere Unternehmen als der Patentinhaber selbst die Möglichkeit, ihre Erzeugnisse nach dem neuesten Stand der Technik herzustellen und diese Technik weiterzuentwickeln. Auf diese Weise erhöht sich die Zahl der Produktionsstätten, und der Ausstoß verbesserter Erzeugnisse in der Gemeinschaft nimmt zu"[17]. Gleichwohl war die Kommission bestrebt, Regelungen in die GVO

14 BE Nr. 11.
15 Z.T.
16 BE Nr. 12.
17 BE Nr. 12.

aufzunehmen, die zur „Stärkung des Wettbewerbs" für erforderlich gehalten wurden[18]. Zusammenfassend kann man insoweit die Aussage treffen, daß die GVO dazu dienen sollte, dazu beizutragen, interessierten Unternehmern ein Strickmuster an die Hand zu geben, in einem festgelegten Spielraum handeln zu dürfen, ohne Sanktionen befürchten zu müssen. Gleichzeitig sollten Verwaltungswege vereinfacht und die Kommission von einer hohen zusätzlichen Arbeitsbelastung weitestgehend befreit werden.

Den beiden letztgenannten Zielen dient auch die sogenannte „Bagatell-Bekanntmachung der Kommission" vom 3. 9. 1986[19]. In dieser Bagatell-Bekanntmachung der Kommission werden Regeln dafür aufgestellt, ab welchem Umfang die Aktivitäten eines Unternehmens dem Hauptziel der Kommission, einen freien Warenverkehr zu gewährleisten, beeinträchtigen. Daß die beiden Gedanken der Verwaltungsvereinfachung und der Verminderung des Arbeitsaufwandes der Kommission berechtigt waren, zeigt die Tatsache, daß zu dem Zeitpunkt, als die GVO in Kraft trat[20], etwa 2000 Anmeldungen von Patentlizenzvereinbarungen zur Überprüfung anstanden[21]. Wenn dagegen nach Erlaß der GVO im Jahre 1985 nur noch 12 Anmeldungen erfolgten[22], so muß das nicht unbedingt heißen, daß die Kommission den von ihr verfolgten Zielen gerecht geworden ist. 1990 wurden von der Kommission etwa 30 Briefe, in der Regel „comfort letters", an Lizenzvertragspartner verschickt[23]. **596**

Dies belegt mithin auch die Tatsache, daß die Generaldirektion Wettbewerb der Kommission selbst davon ausgeht, daß mehr als 30 000 Patentlizenzvereinbarungen in der EG vorhanden seien[24].

Neue gesetzliche Regelungen haben nach ihrem Bekanntwerden sehr oft die Konsequenz, daß die sie berührenden Kreise erst einmal stark verunsichert sind und sich fragen, welche Vor- und Nachteile diese Regelungen im Einzelfall bringen können. Das Ziel der Schöpfer eines derartigen Regelungswerks, Rechtssicherheit zu erzeugen, wird daher **597**

---

18 Kommission Bulletin der EG 1984, Nr. 7/8, S. 29; 14. Wettbewerbsbericht 1985, Tz. 31.
19 ABl. 1986 Nr. C 231/2 ff. = GRUR Int. 1986 S. 713 = GRUR Int. 1987 S. 854.
20 1. 1. 1985.
21 14. Wettbewerbsbericht 1985, Tz. 35; vgl. zu dem „Massenproblem" noch die detaillierten Ausführungen bei *Wiedemann*, a.a.O., II S. 207 Rdnr. 2.
22 15. Wettbewerbsbericht 1986, Tz. 21 = GRUR Int. 1986 S. 528, 529.
23 20. Wettbewerbsbericht 1990, Tz. 45; siehe auch *Venit*, Antitrust Law Journal [Vol. 59 1991] S. 489 mwN.
24 Vgl. *Wiedemann*, a.a.O., II S. 208 Rdnr. 2.

noch
597

zunächst einmal in sein Gegenteil verkehrt. Dies dürfte zumindest ein Grund für die sehr geringe Zahl der Neuanmeldungen von Patentlizenzvereinbarungen sein. Ein weiterer Grund könnte darin liegen, daß ein Lizenzgeber – nicht zuletzt aufgrund seiner durch das Schutzrecht verliehenen Monopolstellung – in der Regel eine gegenüber möglichen Lizenznehmern stärkere wirtschaftliche Position einnimmt. Die Praxiserfahrung zeigt, daß es in der Regel kleinere und mittlere Betriebe sind, die als Lizenznehmer auftreten. Dies liegt unter anderem auch daran, daß Erfindungen bzw. Schutzrechte öfter auch in größeren Unternehmen erfolgen bzw. verfügbar sind, da diese Unternehmen in einem erheblichen größeren Umfang bereit und in der Lage sind, ihre Produktpalette durch eine gezielte Patentpolitik dem unberechtigten Zugriff Dritter zu entziehen. Ein weiterer Grund ist, daß diese größeren Unternehmen in der Regel auch über eine eigene Forschungs- und Entwicklungsabteilung verfügen und naturgemäß in diesen Abteilungen eher Erfindungen entstehen als in Betrieben, in denen „lediglich" Produkte hergestellt bzw. oft auch nur vertrieben werden. Hinzu kommt die in der Praxis noch sehr häufig anzutreffende Gewohnheit, insbesondere kleinerer und mittlerer Unternehmen, rechtliche Fragen nur am Rande zu behandeln. Dies geschieht z. B. deshalb, weil man rechtliche Fragen schlichtweg für nebensächlich hält oder weil man auch zeitraubenden langen Verhandlungen einfach aus dem Wege gehen will. Oft ist man auch der Ansicht, daß zum Zeitpunkt des Vertragsabschlusses die Vertragspartner sich sehr gut verstanden und daher nicht hinreichend realisiert wird, daß die unzureichende rechtliche Regelung von tatsächlichen Abläufen während der Vertragszeit in der Regel zu handfesten Streitigkeiten führt. So können Streitigkeiten sich bereits an der[25] Frage entzünden, welches Hausrecht zu beachten ist, wenn beispielsweise Mitarbeiter des Lizenzgebers Beratungsleistungen beim Lizenznehmer erfüllen sollen. Schwerwiegend dürfte allerdings das Problem sein, daß ein Lizenznehmer auch eher geneigt sein wird, für ihn nachteilige rechtliche Folgen in Kauf zu nehmen, solange er aus wirtschaftlichen Gründen gezwungen ist, die Lizenz des Lizenzgebers zu erhalten. Eine weitere Erwägung ist, daß durch Vorlage bei der Kommission bzw. durch einen Rechtsstreit beim EuGH vertragliche Bindungen öffentlich bekannt werden und somit für Wettbewerber Hinweise über bestimmte Vorgänge im Markt erhältlich sind. Ein weiterer Grund kann auch darin liegen, daß wertvolles Know-How in zunehmendem Maße nicht einmal mehr zum Patent

---

25 Vertraglich nicht geregelten.

angemeldet wird, sondern zum Betriebsgeheimnis erklärt wird, um der mit dem Patenterteilungsverfahren verbundenen, spätestens 18 Monate nach Patentanmeldung erfolgenden Offenlegung der Anmeldeunterlagen aus dem Wege zu gehen.

Wenn weder eine neue Technologie noch ein neues Herstellungsver- **598** fahren[26] die Erteilung einer ausschließlichen Lizenz mit „absolutem Gebietsschutz zugunsten eines Lizenznehmers" rechtfertigen, so bleibt dann noch die Frage zu beantworten, inwieweit durch diesen Vertrag der freie Warenverkehr in der EG beeinträchtigt wird. Es wurde bereits auf die sogenannte Bagatell-Bekanntmachung der Kommission vom 3. 9. 1989 hingewiesen. Die jüngste Rechtsprechung des EuGH zeigt, daß selbst Regelungen, die unter Artikel 3 der GVO fallen, nicht unbedingt Wettbewerbsbeschränkungen gemäß Art. 85 Abs. 1 EWGV enthalten müssen[27]. Auch die Kommission selbst hat im Hinblick auf Art. 85 Abs. 1 und Art. 85 Abs. 3 EWGV in den BE[28] klargestellt, daß die in Art. 3 dieser GVO aufgezählten Beschränkungen unter das Verbot des Art. 85 Abs. 1, fallen *können*, also nicht unbedingt darunter fallen *müssen*. Gleichzeitig wird darauf hingewiesen, daß für die in Art. 3 dieser GVO aufgezählten Beschränkungen keine allgemeine Vermutung derart besteht, daß sie zu den von Art. 85 Abs. 3 geforderten positiven Wirkungen führen, wie dies für eine Freistellung durch eine Verordnung notwendig wäre. Eine aktuelle Entscheidung der Kommission zeigt, daß sie im Einzelfall inzwischen[29] bereit ist, Klauseln, die unter Art. 3 der GVO fallen, ohne weiteres als wettbewerbsbeschränkend gemäß Art. 85 Abs. 1 EWGV zu betrachten[30]. Nur am Rande soll hier auf das Europäische Patentübereinkommen[31] und das Gemeinschaftspatentübereinkommen[32] verwiesen werden, wonach die

---

26 BE Nr. 11.
27 Vgl. *EuGH*, 19. 4. 1988, AS 1988 S. 1935, 1940, Tz. 17 ff. = NJW 1989 S. 3085; *EuGH*, 12. 5. 1989, Rs. 320/87, Tz. 18/19; ABl. Nr. C 141/3 vom 7. 6. 1989 = GRUR Int. 1990 S. 458 = RIW 1990 S. 828 = EuZW 1990 S. 131 = IIC 1991 S. 61 = WuW/E 1990 S. 881 – „Kai Ottung/Klee & Weilbach A/S u. a."; *EuGH*, 27. 9. 1988, Tz. 16/17, WuW/E EWG/ MUV 835 ff. = Mitt. 1989 S. 112 = NJW 1988 S. 3082 = VPP-Rundbrief 1988 S. 116 = RIW 1988 S. 900 = RIW 1989 S. 216 m. Anm. *Schaub* = GRUR Int. 1989 S. 56 und *BGH*, 21. 2. 1989, GRUR Int. 1989 S. 689 – „Bayer/ Süllhöfer").
28 Nr. 19.
29 Aus Einsicht?
30 Kommission, 23. 3. 1990, ABl. 1990, Nr. L 100 S. 32 ff., Tz. 15.4. – „Moosehead/ Whitbread".
31 Art. 71, 73.
32 Art. 43 Abs. 1.

Vergabe ausschließlicher Lizenzen für einen Teil der Hoheitsgebiete der Vertragsstaaten als möglich angesehen wird. Diese Regelungen widersprechen nach Auffassung der Kommission Art. 93 GPÜ. Nach dieser Regelung kann keine Vorschrift des Gemeinschaftspatentübereinkommens gegen die Anwendung einer Vorschrift des EWGV geltend gemacht werden.

599   Auf die Freistellungsvoraussetzungen gemäß Art. 85 Abs. 3 EWGV wird in den BE[33] eingegangen. Die Kommission geht in den BE[34] davon aus, daß die in Art. 1 dieser GVO umschriebenen Verpflichtungen regelmäßig zur Verbesserung der Warenerzeugung und zur Förderung des technischen Fortschritts beitragen. Sie erhöhten nämlich die Bereitschaft der Patentinhaber zur Erteilung von Lizenzen und gäben den Lizenznehmern einen Anreiz, in die Herstellung, die Benutzung und den Vertrieb eines neuen Produkts oder die Benutzung eines neuen Verfahrens zu investieren. Damit erhielten andere Unternehmen als der Patentinhaber selbst die Möglichkeit, ihre Erzeugnisse nach dem neuesten Stand der Technik herzustellen und diese Technik weiterzuentwickeln. Auf diese Weise erhöhte sich die Zahl der Produktionsstätten, und der Ausstoß verbesserter Erzeugnisse in der Gemeinschaft nehme zu. In den BE[35] wird dann der im Verhältnis zu den vorstehenden Ausführungen gerechtfertigte Schluß gezogen, daß die Verbraucher an dem sich aus dieser Verbesserung des Angebots ergebenden Gewinn regelmäßig angemessen beteiligt würden. Aus den BE[36] ist der Schluß der Kommission zu entnehmen, daß die vorstehend aufgeführten Verpflichtungen[37] bei Beachtung der genannten Vorbehalte keine Beschränkungen enthielten, die für die Verwirklichung der oben erwähnten Ziele nicht unerläßlich wären. Die Kommission ist gemäß den BE[38] davon überzeugt, daß der Wettbewerb auf der Vertriebsstufe durch die Möglichkeit zu Paralleleinfuhren und zu passiven Verkäufen sichergestellt sei. Die in dieser Verordnung genannten Ausschließlichkeitsverpflichtungen führten somit in der Regel nicht zum Ausschluß des Wettbewerbs für einen wesentlichen Teil der betreffenden Waren. Dies gelte selbst für Vereinbarungen, in denen ausschließlichen Lizenznehmern der gesamte Gemeinsame Markt als

---

33 Nr. 12–15.
34 Nr. 12.
35 Nr. 13.
36 Nr. 14.
37 BE Nr. 12, 13.
38 Nr. 15.

Lizenzgebiet überlassen werde. Wird das Vorliegen der Freistellungs-
voraussetzungen gemäß Art. 85 Abs. 3 EWGV geprüft, so ist in die
Prüfung mit einzubeziehen, daß die sogenannte „Erschöpfung" nicht
Gegenstand dieser Prüfung ist[39].

Angesichts der bisherigen Ausführungen könnte sich der Eindruck **600**
aufdrängen, daß die Kommission mit dem Erlaß dieser GVO mehr
Schaden als Nutzen angerichtet hat. Sicherlich kann nicht darüber
hinweggegangen werden, daß die Kommission versucht hat, dem Wettbewerbsrecht gegenüber dem Patentrecht eine Vormachtstellung einzuräumen. Vielleicht sollte die Kommission bei der notwendigen Überarbeitung dieser GVO nicht nur die abweichende Rechtsprechung des
EuGH, sondern auch die Tatsache berücksichtigen, daß in der Regel
nicht nur in der Vertragsforschung, sondern auch in anderen Bereichen, in denen Lizenzen erteilt werden, nur dann Lizenznehmer gefunden werden, wenn diese ein ausschließliches Nutzungsrecht erhalten.
Vielleicht wäre es auch ganz nützlich, wenn die Kommission einmal
offenlegen würde, daß sich im Rahmen der Vorbereitungsarbeiten für
die Verordnung[40] Nr. 556/89 der Kommission vom 30. November 1988
zur Anwendung von Art. 85 Abs. 3 des Vertrages auf Gruppen von
Know-How-Vereinbarungen[41] im Rahmen einer empirischen Studie,
die vom Bundesverband der Deutschen Industrie in Auftrag gegeben
wurde, herausgestellt hat, daß nicht nur keine oder recht wenige reine
Know-How-Verträge abgeschlossen werden, sondern auch reine
Patentlizenzverträge selten sind. Es überwiegen sogenannte gemischte
Lizenzverträge, die sowohl patentgeschütztes Wissen als auch Know-
How lizenzieren. Angesichts der Tatsache, daß kaum reine Know-
How-Verträge und auch – wie bereits ausgeführt – z. B. im Jahre 1985
lediglich 12 Patentlizenzverträge bei der Kommission angemeldet wurden, wäre es vielleicht sinnvoller gewesen, nicht noch zusätzlich die
GVO Know-How zu erlassen, sondern die GVO Patent so umzugestal-
ten, daß diese nicht nur reine Patentlizenzverträge, sondern auch
Know-How-Verträge und die in der Praxis überwiegende Form von
gemischten Patentlizenz-/Know-How-Verträgen vollständig mitumfaßt. Zugegebenermaßen wäre dies eine nicht gerade leichte Aufgabe
gewesen; andererseits wäre dadurch den Praxisbedürfnissen wahrscheinlich eher Genüge getan worden. Dies gilt um so mehr, als gerade
bei den gemischten Patentlizenz-/Know-How-Verträgen die Zuord-

---

39 Vgl. *Grabitz/Koch*, a.a.O., Art. 85 Rdnr. 269 a.E.
40 EWG.
41 Im folgenden GVO Know-How genannt.

nung zu der GVO Patent bzw. GVO Know-How sich für den Anwender dieser Regelungen sehr schwierig gestaltet. Der mit diesen beiden GVO verfolgte Zweck, den Technologietransfer zu fördern, dürfte auf diesem Weg nur sehr schwer erreichbar sein. Dieser Nachteil wiegt um so schwerer, als der mit derartigen Regelungen ebenfalls verfolgte übergeordnete Zweck, europäische Interessen gegenüber außereuropäischen Wettbewerbern zu wahren, nicht gerade beflügelt wird.

601   Ein weiterer Nachteil liegt darin, daß durch das oben beschriebene Verwirrspiel die Rechtssicherheit auch national nicht unbedingt gewährleistet ist.

602   Zur weiteren Verunsicherung trägt auch der Umstand bei, daß die Regelungen sehr kompliziert formuliert sind. Weder der nicht juristisch geschulte Anwender noch Juristen dürften ohne weiteres in der Lage sein, Sinn und Zweck der einzelnen Klauseln richtig zu verstehen bzw. auszulegen, geschweige denn, dazu in der Lage sein, Verträge so zu formulieren, daß sie als „freigestellt" im Sinne der jeweiligen GVO betrachtet werden können. Da der EuGH erst wenige Urteile auf diesem Sachgebiet verkündet hat, diese Urteile auch nur ganz spezielle Rechtsfragen betreffen und die BE in dieser GVO[42] nur sehr geringe Auslegungshilfen bieten, besteht nach wie vor eine große Rechtsunsicherheit. Wahrscheinlich wäre es zu vermessen zu behaupten, daß durch diese GVO eine bereits bestehende Rechtsunsicherheit noch erheblich verstärkt wurde. Das sogenannte „Widerspruchsverfahren" gemäß Art. 4 dieser GVO, nach der der Rechtsvorteil der Freistellung nach den Artikeln 1 und 2 auch Vereinbarungen mit solchen wettbewerbsbeschränkenden Verpflichtungen zugute kommt, die in diesen Artikeln nicht genannt sind, jedoch nicht unter Art. 3 fallen, und zwar unter der Bedingung, daß diese Vereinbarungen bei der Kommission angemeldet werden und die Kommission binnen sechs Monaten keinen Widerspruch gegen die Freistellung erhebt, ist bisher so gut wie gar nicht genutzt worden. Selbst wenn das Widerspruchsverfahren in Anspruch genommen worden ist, so hat es die Kommission jedenfalls in den Widerspruchsverfahren leider vermieden, problematische rechtliche Fragen zu klären[43].

603   Eine weitere Schwierigkeit ergibt sich daraus, daß die Kommission wohl davon ausgeht, daß für den Fall, daß eine Patentlizenzvereinbarung eine wettbewerbsbeschränkende Klausel enthält oder aber eine

---

42 Aber auch in der GVO Know-How.
43 So z. B. auch *Wiedemann*, a.a.O., II S. 214 Rdnr. 11.

Patentlizenzvereinbarung eine Klausel aus Art. 3[44] dieser GVO enthält, diese GVO in vollem Umfang nicht anwendbar sei[45]. Die bisher noch h. M. geht in diesem Fall von der Gesamtunwirksamkeit der Lizenzvereinbarung aus[46]. Wiedemann und Koch ist darin beizupflichten, daß lediglich der Teil des Patentlizenzvertrages unwirksam ist, der von dem in der GVO freigestellten Umfang nicht erfaßt ist[47] mit der Einschränkung, daß die Rechtsfolge des Wegfalls der Freistellung insgesamt aber grundsätzlich durch Art. 1, Abs. 2 der VO Nr. 19/65 gedeckt sei.

Als Ausweg kann daher zumindest bei sehr komplizierten Patentlizenzverträgen geraten werden, diese bei der Kommission anzumelden. Diese Vorgehensweise ändert sich auch nicht durch die inzwischen erlassene GVO Know-How. Es wurde bereits ausgeführt, daß durch die GVO Know-How eher noch mehr Rechtsunsicherheit entstanden ist. Daran ändert auch nichts die Tatsache, daß die GVO Know-How einzelne Klauseln enthält, die den Vertragsparteien mehr Freiheit bei der Gestaltung ihrer Vereinbarungen gewähren. Die angesprochene Kompliziertheit der Klauseln sowohl der GVO Patent als auch der GVO Know-How sowie die Tatsache, daß in der Praxis in der Regel gemischte Patentlizenz-/Know-How-Vereinbarungen getroffen werden und somit die Abgrenzungen der beiden genannten GVO noch schwieriger sein wird, lassen den Schluß zu, daß entweder die Kommission mit Anmeldungen überschüttet wird, um Wirksamkeitsrisiken aus dem Wege zu gehen, oder aber die Vereinbarungen erst gar nicht der Kommission gemeldet werden. Beide Konsequenzen dürften gleichwohl für die Kommission unbefriedigend sein[48]. **604**

c) Abgrenzung zu anderen Rechtsvorschriften

Nachteilig erscheint auch die Tatsache, daß nur in einer BE[49] dieser GVO sich ein Hinweis darauf findet, wie sich diese GVO gegenüber anderen GVO abgrenzt. Aus den BE[50] ergibt sich, daß diese GVO **605**

---

44 „Schwarze Liste".
45 Vgl. *Wiedemann*, a.a.O., II S. 215 Rdnr. 11.
46 Vgl. *Wiedemann*, a.a.O., II wie vor.
47 Vgl. *Wiedemann*, a.a.O., II S. 215 Rdnr. 11 unter Hinweis auf *Grabitz/Koch*, Art. 85 Rdnr. 333.
48 *Wiedemann*, a.a.O., II S. 215 Rdnr. 11, ist dagegen der Auffassung, daß „in der günstigeren Ausgestaltung der Know-How-GVO anzunehmen sei, daß die praktischere Bedeutung der Patentlizenz-GVO erheblich reduziert werde".
49 Nr. 7.
50 Nr. 7.

keine Anwendung auf reine Betriebsvereinbarungen finde. Diese fielen unter die Vorschriften der VO[51] Nr. 1983/83 der Kommission vom 22. Juni 1983 über die Anwendung von Art. 85 Abs. 3 des Vertrages auf Gruppen von Alleinvertriebsvereinbarungen[52]. In der VO[53] Nr. 418/85 der Kommission vom 19. Dezember 1984 über die Anwendung von Art. 85 Abs. 3 auf Gruppen von Vereinbarungen über Forschung und Entwicklung[54] wird in den BE[55] allerdings darauf hingewiesen, daß „den in dieser Verordnung geregelten Vereinbarungen außerdem die rechtlichen Vorteile der übrigen Gruppenfreistellungsverordnungen der Kommission – nämlich . . . sowie der VO[56] Nr. 2349/84 über Patentlizenzvereinbarungen – zugute kommen, falls sie die Voraussetzungen für die Anwendung der vorgenannten Verordnungen erfüllen. Die vorstehend genannten Verordnungen sind jedoch nicht anwendbar, soweit diese VO besondere Bestimmungen vorsehen". Welche Regelungen „besondere Bestimmungen" sind, wird leider nicht klargestellt.

606 In diesem Zusammenhang stellen sich zwei äußerst schwer zu beantwortende grundsätzliche Fragen. Es geht dabei einmal um das Problem des Umfangs des Anwendungsbereichs jeder GVO sowie um das weitere Problem der Abgrenzbarkeit der einzelnen GVO untereinander. Die Schwierigkeit der Beantwortung dieser Gesamtthematik führte dazu, daß das Europäische Parlament der Kommission auferlegt hat, „klare Leitlinien für den Anwendungsbereich jeder Gruppenfreistellung sowie ihre Beziehung zueinander aufzustellen"[57]. In der Literatur wird ein sehr begrüßenswerter Versuch unternommen, bei der Beantwortung dieses Fragenkomplexes eine Hilfestellung anzubieten. Es sei stufenweise in der folgenden Reihenfolge zu prüfen,
– ob die Freistellung der konkreten, wettbewerbsbeschränkenden Klauseln nicht bereits durch die „Ausgangs-GVO" erfolgt, ggf. unter weiter Auslegung der einschlägigen Vorschriften.
– Bestehe ein praktisches Bedürfnis für eine parallele Anwendung[58] mehrerer GVOs, stelle sich die Frage, ob ein solches Vorgehen rechtlich zulässig sei.

51 EWG.
52 ABl. L 173 vom 30. 6. 1983, S. 1.
53 EWG.
54 Im folgenden GVO F + E genannt, ABl. L 53 vom 22. 2. 1985, S. 5.
55 Nr. 14.
56 EWG.
57 Dok. A 2–17/88, Ziff. C 16, ABl. Nr. C 18 S. 188 f. vom 18. 7. 1988.
58 Kombination.

– Ferner sei zu prüfen, ob sich darüber hinaus in mehreren Fällen
spezielle rechtliche Hindernisse ergäben[59].
– Schließlich bleibe zu klären, wie bei Bejahung der Parallelanwendung sich widersprechende Einzelregelungen in zwei GVOs behandelt werden sollen[60].

In der GVO F+E befindet sich dagegen noch kein Hinweis – die GVO Know-How wurde erst am 30. November 1988 erlassen – auf die GVO Know-How. Da im Rahmen von Forschungs- und Entwicklungsarbeiten in erster Linie Know-How entsteht und nur begrenzt Erfindungen entstehen, dürfte aus diesem Sachzusammenhang heraus eine BE[61] der GVO F+E für die GVO Know-How entsprechend anwendbar sein.

Das Verhältnis der GVO Patent zu der GVO Know-How wird in letzterer näher bestimmt. Reine Know-How-Vereinbarungen fallen lediglich in den Anwendungsbereich der GVO Know-How. Reine Patentlizenzvereinbarungen fallen demgegenüber nur unter die GVO Patent. Bei gemischten Patentlizenz-/Know-How-Vereinbarungen ist zu differenzieren. Unter die GVO Patent fallen nur die gemischten Lizenzvereinbarungen, wenn das technische Wissen nicht offenkundig ist und zu einer besseren Nutzung der lizenzierten Patente beiträgt. Die GVO Patent erfaßt jedoch Vereinbarungen über solches technisches Wissen nur, wenn die lizenzierten Patente für die Verwirklichung des Zwecks der lizenzierten Technologie notwendig sind und solange wenigstens ein lizenziertes Patent noch in Kraft ist[62]. Gemischte Patentlizenz- und Know-How-Verträge fallen auch dann in den Anwendungsbereich der GVO Patent, wenn in Vertragsklauseln Lizenzgebietsbeschränkungen in den Gebieten, in denen das Lizenzerzeugnis durch parallele Patente geschützt ist, bestimmt worden sind[63].

Dagegen sind gemischte Vereinbarungen in den Anwendungsbereich der GVO Know-How einzubeziehen, wenn es sich um Vereinbarungen handelt, bei denen die lizenzierten Patente für die Verwirklichung des

---

59 „Abschließende Aufzählung freigestellter Wettbewerbsbeschränkungen“, „Einschränkung aufgrund der Zahl beteiligter Unternehmen“, „Gemeinschaftsunternehmen“, „Wettbewerbsverbote“.
60 Vorrang einer GVO im „Konfliktfall“; vgl. *Wiedemann*, I S. 87, Rdnr. 271 ff.; *Wiedemann*, a.a.O., II S. 215 Rdnr. 12 ff.
61 Nr. 14.
62 BE Nr. 9 der GVO Patent.
63 Art. 1 Abs. 1 Nr. 4 GVO Patent.

noch **606** Zwecks einer sowohl patentgeschützte als auch nicht patentgeschützte Bestandteile umfassenden überlassenen Technologie nicht notwendig sind. Dies kann der Fall sein, wenn die betreffenden Patente keinen wirksamen Schutz vor der Nutzung dieser Technologie durch Dritte gewähren. In den Anwendungsbereich der GVO Know-How fallen darüber hinaus gemischte Vereinbarungen, die – unabhängig davon, ob die lizenzierten Patente für die Erreichung der Ziele der überlassenen Technologie notwendig sind oder nicht – Verpflichtungen enthalten, welche die Nutzung der einschlägigen Technologie durch den Know-How-Geber oder den Know-How-Nehmer in Mitgliedstaaten ohne Patentschutz einschränken, soweit und solange derartige Verpflichtungen sich insgesamt oder teilweise auf die Nutzung des mitgeteilten Know-How stützen und die anderen in dieser Verordnung[64] dargelegten Bedingungen erfüllen[65].

In Fällen, in denen dieselbe Technologie in einigen Mitgliedstaaten durch für ihre Nutzung notwendige Patente im Sinne der BE[66] der VO[67] Nr. 2349/84[68] geschützt ist, sei es allerdings angemessen, für diese Mitgliedstaaten nach der hier vorliegenden VO[69] eine Freistellung des Gebietsschutzes im Verhältnis zwischen dem Know-How-Geber und dem Know-How-Nehmer bezüglich jeglicher Nutzung zwischen Know-How-Nehmern untereinander bezüglich Herstellung, Gebrauch und aktiver Verkäufe für die gesamte Geltungsdauer der in diesen Mitgliedstaaten bestehenden Patente zu gewähren[70].

Ein weiterer Hinweis findet sich in einer BE[71] der GVO Know-How, wonach Verpflichtungen des Know-How-Nehmers dem Know-How-Geber, eine Lizenz für die Verbesserungen am lizenzierten Know-How und/oder Patent zu erteilen, im allgemeinen nicht wettbewerbsbeschränkend sind, wenn der Know-How-Nehmer vertraglich befugt ist, an zukünftigen Erkenntnissen und Erfindungen des Know-How-Gebers teilzuhaben und der Know-How-Nehmer das Recht behält, neue Erkenntnisse weiterzugeben oder Lizenzen an Dritte zu erteilen,

---

64 Know-How.
65 BE Nr. 2, GVO Know-How.
66 Nr. 9.
67 EWG.
68 GVO Patent.
69 Know-How.
70 BE Nr. 8, GVO Know-How.
71 Nr. 14.

Gruppenfreistellungsverordnung Patentlizenzverträge **Q**

wenn hierdurch das Know-How des Know-How-Gebers nicht preisgegeben wird[72].

Betrachtet man das Verhältnis der GVO Patent zu Art. 86 EWGV, so **607** muß in diesem Zusammenhang zunächst die Frage des Verhältnisses des Art. 85 zu Art. 86 EWGV geklärt werden. Diese beiden Vorschriften stehen zueinander in sogenannter Idealkonkurrenz. D. h., daß Art. 86 neben Art. 85 EWGV anwendbar ist, wenn die tatsächlichen Gegebenheiten des Einzelfalls die rechtlichen Voraussetzungen sowohl des Art. 85 als auch des Art. 86 EWGV erfüllen. In der Literatur wird davon ausgegangen, daß Art. 86 die Grenze für Freistellungen gemäß Art. 85 Abs. 3 EWGV bilden kann. Der EuGH geht wohl vom Vorrang des Art. 86 im Verhältnis zu Art. 85 Abs. 3 EWGV aus. Problematisch ist die Beantwortung der Frage, ob Art. 86 EWGV auch auf freigestellte Vereinbarungen anwendbar ist. Wenn die Freistellung mißbraucht wird, kann die Kommission die Freistellung widerrufen oder ändern oder den Beteiligten bestimmte Handlungen untersagen[73]. Wenn dagegen eine marktbeherrschende Stellung mißbraucht wird, die unabhängig von der Freistellung ist, so kann nach Koch Art. 86 EWGV anwendbar sein[74]. In diesem Zusammenhang ist auf das Urteil des EuG[75] hinzuweisen. Die Firma Tetra Pak, die 1985 rund 90 % des EG-Verpackungsmarkts bei keimfreier Milch und 50 % bei Frischmilch kontrollierte, hatte von einem anderen Hersteller eine Exklusivlizenz an einem Patent, das ein neuartiges Verpackungsverfahren schützte, übertragen erhalten. Die Exklusivlizenz war nach der GVO Patentlizenzverträge von der Kommission freigestellt worden. Die Kommission sah jedoch die Übernahme der Exklusivlizenz durch Tetra Pak als Mißbrauch gemäß Art. 86 EWGV an, da mit dieser Verstärkung der ohnehin dominierenden Position der Tetra Pak der Zugang

---

72 Hinzuweisen ist schließlich auf Art. 1 Abs. 1 Satz 1, Abs. 7 Nr. 6 GVO Know-How, wonach auch bestimmte gemischte Know-How- und Patentlizenzvereinbarungen unter diese GVO fallen.

73 Art. 8 Abs. 3 VO Nr. 17/62.

74 *Grabitz/Koch*, a.a.O., Art. 86 Rdnr. 9.

75 *EuG* vom 10. 7. 1990 – Rs. T-51/89 „Tetra Pak", WuW 1990 S. 924 ff. = EuZW 1990 S. 447 f. = EuZW 1991 S. 731 = GRUR Int. 1991 S. 903 ff. Inzwischen hat die Tetra-Pak International SA, Lausanne, vor dem EuG Klage gegen eine weitere Wettbewerbsentscheidung der EG-Kommission eingereicht. Die EG-Kommission hatte eine Geldbuße in der Rekordhöhe von 134 Mio sfr. (rd. 154 Mio. DM) verhängt (Rs. T-83/91; Süddeutsche Zeitung v. 24. 1. 1992); vgl. auch *Tomares*, Int. Bus. Law. 1991 S. 175; *Sedemund/Montag*, NJW 1991 S. 3065; *James* [1990] 6 ECLR S. 267 und *Venit*, Antitrust Law Journal [Vol. 59 1991] S. 494 f.

zum Markt für neue Anbieter stark erschwert worden wäre. Der EuG bestätigte diese Entscheidung der Kommission.

608 Das Verhältnis des EG-Kartellrechts zum nationalen Kartellrecht wird durch den von der ständigen Rechtsprechung des EuGH geschaffenen Grundsatz des Vorrangs des Gemeinschaftsrechts geprägt. Diesem Grundsatz liegt die Überlegung des EuGH zugrunde, daß der EWGV eine selbständige Rechtsordnung darstellt, die in den einzelnen Mitgliedstaaten der EWG in das jeweilige Recht integriert wurde und von den nationalen Gerichten berücksichtigt werden muß.

Der EuGH vertritt die Auffassung, daß die Realisierung des Zwecks des EWGV gefährdet wäre, weil in den einzelnen Mitgliedstaaten der EWG untereinander das dort jeweils umgesetzte Gemeinschaftsrecht aufgrund der unterschiedlichen Umsetzung verschiedene Auswirkungen zur Folge haben könnte. Innerstaatliche Regelungen könnten daher gegenüber dem EWGV nur untergeordnete Bedeutung haben[76]. Dieser Grundsatz des Vorrangs des Gemeinschaftsrechts soll sowohl für Einzelfreistellungen als auch für Gruppenfreistellungen gelten[77]. Dieser Grundsatz wird jedoch nicht vorbehaltlos akzeptiert. Nach welchen Gesichtspunkten der Vorrang des Gemeinschaftsrechts näher definiert werden könnte, ist nach wie vor unklar. Es sei in diesem Zusammenhang lediglich auf das grundlegende Urteil des EuGH Rs. 14/68-„Walt-Wilhelm"[78] verwiesen[79].

609 Das Verhältnis der GVO Patent zum Vertrag zur Gründung der Europäischen Gemeinschaft für Kohle und Stahl[80] ist nur vom Grundsatz her geklärt. Der EWGV ändert nicht die Bestimmungen des EGKSV gemäß Art. 232 Abs. 1 EWGV. Da der Anwendungsbereich des EWGV nicht auf bestimmte Erzeugnisse oder Aktivitäten beschränkt ist, sollen die Art. 65 und 66 EGKSV als Spezialvorschriften den Regeln des EWGV vorgehen[81]. Interessant wird das Verhältnis des EWGV zum EGKSV im Falle von Lizenzvereinbarungen, die Produkte betreffen, die sowohl unter den EWGV als auch unter den EGKSV fallen. In diesem Fall wird davon ausgegangen, daß sowohl

---

76 Vgl. anstatt aller *Grabitz/Koch*, a.a.O., vor Art. 85 Rdnr. 30.
77 Vgl. *Grabitz/Koch*, a.a.O., vor Art. 85 Rdnr. 50 ff. und *Wiedemann*, a.a.O., I S. 127 ff. Rdnr. 387 ff., 401 ff.
78 Slg. 1969 S. 1 ff.
79 Vgl. *Grabitz/Koch*, a.a.O., vor Art. 85 Rdnr. 31 und *Wiedemann*, a.a.O., I S. 131 ff. Rdnr. 396 ff.
80 EGKSV.
81 *Grabitz/Koch*, a.a.O., vor Art. 85, Rdnr. 56.

eine Freistellung nach der GVO Patent als auch eine Einzelfreistellung gemäß Art. 65 § 2 EGKSV erfolgen muß[82]. Die Kommission hat bisher kein klärendes Wort zu dem Verhältnis zu Patentlizenzvereinbarungen gesprochen. Wiedemann ist daher der Auffassung, daß ein Bußgeldrisiko in dem Fall nicht gegeben sei, wenn die Parteien des Patentlizenzvertrages den Vertragstext an der GVO Patent oder der GVO Knowhow ausgerichtet hätten. Auch unter dem Gesichtspunkt des Vertrauensschutzes soll sogar für die über diese GVO hinausgehenden Beschränkungen ein Bußgeld nicht verhängt werden dürfen[83].

2. Rahmen freigestellter Verpflichtungen

a) Allgemeines

In Art. 1 Abs. 1 werden Patentlizenzvereinbarungen und gemischte **610** Vereinbarungen über Patentlizenzen und über die Mitteilung von technischem Wissen freigestellt, an denen nur zwei Unternehmen beteiligt sind, und die eine oder mehrere der in Nr. 1—7 dieses Abs. 1 genannten Verpflichtungen enthalten.

In Art. 1 Abs. 2 werden die in Abs. 1 Ziff. 2, 3, 5 und 6 genannten **611** Vertriebsbeschränkungen nur dann freigestellt, wenn der Lizenznehmer die Lizenzerzeugnisse weder selbst herstellt oder durch ein verbundenes Unternehmen oder durch einen Zulieferer herstellen läßt. Mit dieser Einschränkung wird klargestellt, daß reine Vertriebsvereinbarungen dieser GVO nicht unterfallen.

Art. 1 Abs. 3 enthält die sogenannte „Minusklausel". Nach dieser **612** Regelung gelten die gemäß Abs. 1 freigestellten Verpflichtungen auch dann als freigestellt, wenn der Umfang der Verpflichtungen weniger weit ist, als dies nach diesem Abs. 1 zulässig wäre.

Wenn dagegen Patentlizenzverträge nicht unter die Voraussetzungen **613** des Art. 1 fallen, muß geprüft werden, ob diese allgemein gehaltenen Voraussetzungen des Art. 85 Abs. 1 EWGV erfüllt sind. In diese Prüfung ist die Bekanntmachung der Kommission vom 3. 9. 1986 über Vereinbarungen von geringer Bedeutung, die nicht unter Art. 85 Abs. 1 EWGV fallen[84], mit einzubeziehen.

---

82 Vgl. anstatt aller *Wiedemann*, a.a.O., I S. 31 Rdnr. 91 und *Wiedemann*, a.a.O., II S. 219 Rdnr. 25 ff.
83 *Wiedemann*, a.a.O., II S. 220 Rdnr. 27, mwN.
84 ABl. 1986 Nr. C 231 S. 2; „Bagatell-Bekanntmachung".

614 Nach dieser Bagatell-Bekanntmachung fallen Vereinbarungen nicht unter das Verbot des Art. 85 Abs. 1 EWGV,

- wenn die Waren oder Dienstleistungen, die Gegenstand der Vereinbarung sind, im folgenden „Vertragsprodukte" genannt, und die sonstigen Waren- oder Dienstleistungen der beteiligten Unternehmen, die vom Verbraucher aufgrund ihrer Eigenschaften, ihrer Preislage und ihres Verwendungszwecks als gleichartig angesehen werden, in dem Gebiet des Gemeinsamen Marktes, auf das sich die Vereinbarung auswirkt, nicht mehr als 5 % des Marktes sämtlicher dieser Waren oder Dienstleistungen[85] ausmachen, und
- wenn der Gesamtumsatz der beteiligten Unternehmen innerhalb eines Geschäftsjahres 200 Millionen ECU nicht überschreitet[86].

Nach Auffassung der Kommission fallen die vorgenannten Vereinbarungen selbst dann nicht unter das Verbot des Art. 85 Abs. 1 EWGV, wenn der sogenannte Marktanteil oder Gesamtumsatz während zweier aufeinander folgender Geschäftsjahre um nicht mehr als ein Zehntel überschritten wird[87]. Maßgeblich ist in diesem Zusammenhang auch ein bestimmter Unternehmensbegriff, der in Ziff. 9 dieser Bekanntmachung näher erläutert wird. Die Nr. 10 bis 14 beschreiben, was unter dem Begriff „relevanter Markt" zu verstehen ist. Unter relevantem Markt wird der sachlich und der räumlich relevante Markt verstanden. Der sachlich relevante Markt umfaßt neben den Vertragsprodukten alle anderen mit ihnen identischen oder gleichwertigen Produkte. Räumlich relevanter Markt ist das Gebiet innerhalb der Gemeinschaft, in welchem sich die Vereinbarung auswirkt. Diese Merkmale werden in den genannten Nummern dieser Bekanntmachung näher erläutert. Der Gesamttext dieser Bagatell-Bekanntmachung ist ebenfalls im Anhang abgedruckt[88].

Zusätzlich ist zu beachten, daß diese GVO nach herrschender Meinung nicht anwendbar ist, falls die Parteien eines Patentlizenzvertrages Wettbewerbsbeschränkungen vereinbart haben, die über den Anwendungsbereich dieser GVO hinausgehen. Entgegen dieser herrschenden Meinung sollen die Rechtsfolgen des Art. 85 Abs. 1 und Abs. 2 EWGV[89] nur die wettbewerbsbeschränkenden Klauseln eines Patentli-

---

85 Im folgenden „Produkte" genannt.
86 II. Nr. 7 der Bagatell-Bekanntmachung.
87 II. Nr. 8 der Bagatell-Bekantmachung.
88 Anhang X.
89 Verbot und Nichtigkeit.

zenzvertrags treffen, die über den Anwendungsbereich dieser GVO hinausgehen[90]. Der Vollständigkeit halber soll hier nochmals auf die Möglichkeit des Widerspruchsverfahrens gemäß Art. 4 dieser GVO bezüglich zusätzlicher Wettbewerbsbeschränkungen, die nicht unter Art. 3 dieser GVO fallen, hingewiesen werden.

Art. 1 Abs. 1 Satz 1 dieser GVO umfaßt in erster Linie reine Patentli- **615** zenzvereinbarungen. Patentlizenzvereinbarungen sind gemäß[91] dieser GVO Vereinbarungen, in denen ein Unternehmen, das Inhaber eines Patentes ist (Lizenzgeber), einem anderen Unternehmen (Lizenznehmer) die Benutzung der patentierten Erfindungen einer oder mehrerer Benutzungsarten gestattet, insbesondere in denen der Herstellung, des Gebrauchs und des Inverkehrbringens. Aus dieser Definition geht bereits die ebenfalls in Art. 1 Abs. 1 Satz 1 erwähnte Einschränkung hervor, daß lediglich die Patentlizenzvereinbarungen in den Anwendungsbereich dieser GVO fallen, an denen nur zwei Unternehmen beteiligt sind. Patente im Sinne dieser GVO sind nationale Patente der Mitgliedstaaten, erteilte Patente nach dem Europäischen Patentübereinkommen (EPÜ) und Patente nach dem Übereinkommen über das europäische Patent für den Gemeinsamen Markt (GPÜ)[92]. Das GPÜ wird entgegen bisheriger Einschätzung voraussichtlich erst 1995 oder später in Kraft treten. Nach Auskunft der Kommission liegt dies u. a. daran, daß die Mitgliedstaaten erneut sehr heftig über Patentgebührenfragen diskutieren.

Neben reinen Patentlizenzvereinbarungen werden auch gemischte Ver- **616** einbarungen über Patentlizenzen über die Mitteilung von technischem Wissen von Art. 1 Abs. 1 Satz 1 GVO erfaßt. Die Anwendbarkeit dieser GVO auf gemischte Patentlizenz-/Know-How-Verträge ergibt sich zudem zumindest indirekt aus dem Art. 1 Abs. 1 Nr. 4.

Es wurde bereits dargelegt, daß gerade die gemischten Patentlizenz-/ Know-How-Verträge in der Praxis vorherrschen. Die hohe Praxisrelevanz derartiger gemischter Verträge hat auch die Kommission erkannt und in dieser GVO[93] zum Ausdruck gebracht. Im Gegensatz zu Art. 1 Abs. 1 Satz 1 dieser GVO wird[94] davon ausgegangen, daß im Hinblick auf die Voraussetzungen des Art. 85 Abs. 3 nur die Vereinbarungen

---

90 *Wiedemann*, a.a.O., II S. 223 Rdnr. 1 unter Hinweis auf *Grabitz/Koch*, Art. 85, Rdnr. 333.
91 BE Nr. 2.
92 BE Nr. 4 dieser GVO.
93 BE Nr. 9.
94 BE Nr. 9.

noch
616 über die Lizenzierung nicht patentierter technischer Kenntnisse freigestellt werden können, wenn diese Kenntnisse nicht offenkundig sind und zu einer besseren Nutzung der lizenzierten Patente beitragen (technisches Wissen). Eine weitere Einschränkung nimmt die Kommission dadurch vor, daß „Vereinbarungen über solches technisches Wissen von der Verordnung jedoch nur erfaßt werden, wenn die lizenzierten Patente für die Verwirklichung des Zwecks der lizenzierten Technologie notwendig sind und solange wenigstens ein lizenziertes Patent noch in Kraft ist"[95].

Die Verwendung der Begriffe „zu einer besseren Nutzung . . . beitragen" und „notwendig" läßt viel Raum für Auslegungen und damit wieder für unsichere Rechtsverhältnisse. Der Ansicht in der Literatur, daß das Know-How zu einer besseren Nutzung der lizenzierten Patente beitragen müsse und damit eine „wesentliche gegenseitige sachliche Verknüpfung" zwischen Patent und technischem Wissen gegeben sein müsse, ist beizupflichten. Diese Auslegung erscheint praxisgerecht. Der Lizenznehmer ist in der Regel aufgrund der an einem Patent erteilten Lizenz nicht in der Lage, ein Produkt oder ein Verfahren nach diesem Patent herzustellen bzw. einzusetzen. Die hierzu benötigten Kenntnisse kann der Lizenznehmer in der Regel der Patentschrift nicht in vollem Umfang entnehmen. Der Lizenznehmer benötigt regelmäßig noch Know-How, um die Lizenz sinnvoll ausüben zu können. Selbst wenn ein Lizenznehmer einen Prototypen vom Lizenzgeber zur Verfügung gestellt bekommt, ist er im Rahmen einer Serienfertigung noch auf weitere technische Hilfe in Form von z. B. detaillierten Konstruktionsplänen und mündlichen Einweisungshilfen durch das Personal des Lizenzgebers angewiesen. Auf daraus sich entwickelnde Produkt-Haftungsrisiken wurde bereits eingegangen. Bedeutsam ist in diesem Zusammenhang die Forderung der Literatur, daß die gegenseitige sachliche Verknüpfung „wesentlich" sein sollte. Das Erfordernis dieses Merkmals wird leider nicht näher begründet[96]. Es bleibt offen, ob dieses Merkmal mit dem Begriff „wesentlich" gemäß der Definition des Art. 1 Abs. 1 Satz 1 Nr. 7 Ziff. 3 GVO Know-How gleichzusetzen ist. Gerade weil die GVO Know-How nicht für die Auslegung der GVO Patent heranziehbar sein soll[97], sollte es nicht zu begrifflichen Überschneidungen kommen. Unabhängig von dieser speziellen begrifflichen Frage scheint es generell insbesondere bei eng miteinander

---

95 BE Nr. 9 dieser GVO.
96 *Wiedemann*, a.a.O., II S. 226 Rdnr. 8.
97 *Wiedemann*, a.a.O., II wie vor.

verknüpften GVO – in diesem Fall GVO Patent und GVO Know-How – als nicht zweckmäßig, starre Grenzen des Umfangs einer GVO festzulegen. Bei sachlich eng miteinander verknüpfen GVO sollte der Wortlaut der einen GVO dazu benutzt werden können, Hilfen bei der Auslegung der anderen GVO zu geben. Dieser Auffassung dürfte auch die Kommission gewesen sein, als sie in der GVO Know-How gemischte Patentlizenz-/Know-How-Verträge zunächst auf die GVO Patent verweist und nur für den Fall, daß diese gemischten Vereinbarungen der GVO Patent nicht unterfallen, die GVO Know-how für anwendbar erklärt[98]. Auch Wiedemann zieht bei der Auslegung der GVO Patent im Hinblick auf gemischte Patentlizenz-/Know-How-Verträge häufig die GVO Know-How heran.

Nach Auffassung der Literatur soll diese sachliche Verknüpfung das einzige qualitative Merkmal des „technischen Wissens" sein. Eine „Bereicherung der Technik" werde von der Kommission in der Endfassung dieser GVO nicht mehr verlangt. Auch unterscheide die Kommission bezüglich des Begriffs „bessere Nutzung" nicht zwischen einer besseren technischen oder wirtschaftlichen Nutzung der lizenzierten Patente. Es wird daher davon ausgegangen, daß beide Alternativen unter diesen Begriff fallen[99]. Dagegen sei es nicht erforderlich, daß bei diesen gemischten Verträgen der Vertragsfall in den Vordergrund trete, der sich mit den zu lizenzierenden Schutzrechten befaßt[100]. Es soll insofern genügen, daß der Lizenznehmer die Technologie ohne die Patente nicht, nur in einem wesentlich kleineren Rahmen oder lediglich unter schwierigen Bedingungen verwerten könnte[101]. Wenn Wiedemann in diesem Zusammenhang davon ausgeht, daß es für den Lizenznehmer in der Regel kaum möglich sein werde, dies bei Vertragsabschluß zu beurteilen, weil er das Know-How und seine Bedeutung für die Patente dann „noch nicht kenne", so ist dem nur bedingt zuzustimmen. Da – wie bereits ausgeführt – ein Patent nur dann lizenziert bzw. erfolgreich genutzt werden kann, wenn einschlägiges Know-How seitens des Lizenzgebers an den Lizenznehmer fließt, kennt der Lizenznehmer regelmäßig – es ist hier nur von *gemischten* Vereinbarungen die Rede – das Know-How von Anfang an. Es mag sein, daß er nicht die volle Bedeutung des Know-How für die Benutzung des Patents erkennt. In der Regel wird der Lizenznehmer jedoch einen gemischten

---

98 BE Nr. 2 der GVO Know-How.
99 *Wiedemann*, a.a.O., II S. 227 Rdnr. 8 mwN.
100 Vgl. anstatt aller *Wiedemann*, a.a.O., wie vor.
101 *Sucker*, CR 1990 S. 369 ff.; *Wiedemann*, a.a.O., wie vor.

Vertrag nicht abschließen, wenn er nicht vorher genau geprüft hat, welches Know-How ihm überlassen wird und welchen Wert dieses Know-How für ihn hat. Wiedemann beantwortet die von ihm aufgeworfene Frage, wie Lizenzvereinbarungen behandelt werden sollen, in denen die ursprüngliche Wertigkeit des Patent- und des Know-How-Vertragsteils sich während der Laufdauer des Vertrags durch Verbesserungserfindungen oder durch neue Einsatzmöglichkeiten der Technologie maßgeblich verändert, dahingehend, daß aus Rechtssicherheitsgründen die anfänglich angewandte GVO weiterhin gelten soll[102]. Zu beachten sind in diesem Zusammenhang Art. 2 Abs. 1 Nr. 10 und Art. 3 Nr. 2 dieser GVO.

Darüber hinaus müssen lizenzierte Patente für die Verwirklichung des Zwecks der lizenzierten Technologie „notwendig" sein. Das Merkmal der „Notwendigkeit" beinhaltet, daß die lizenzierten Patente für die Verwirklichung des Zwecks der lizenzierten Technologie wichtiger sind als das Know-How[103]. Diese Notwendigkeit fehlt nach Auffassung der Kommission z. B. dann, wenn die betreffenden Patente keinen wirksamen Schutz vor der Nutzung dieser Technologie durch Dritte gewähren[104].

In der Sache Boussois-Interpane[105] hat die Kommission in einer Einzelfallfreistellung gemäß Art. 85 Abs. 3 EWGV die GVO Patent auf eine gemischte Patentlizenz-/Know-How-Vereinbarung nicht angewandt. Zur Begründung führte die Kommission aus, daß das überlassene Know-how in diesem Fall dominierend sei. Es wäre hier ein ganzes Paket technischer Kenntnisse übertragen worden, die sich auf ein bereits weit gediehenes Know-How bezögen. Daneben gälten die Patente nur für ein einziges, genau definiertes Produkt, für das in fünf Mitgliedstaaten mit einem Viertel der Bevölkerung der Gemeinschaft kein Patentschutz bestehe. Auch sei der Lizenznehmer nicht verpflichtet, die Patente während der gesamten Vertragsdauer zu verwerten, und er brauche nur im Falle der tatsächlichen Verwendung der Patente Gebühren zu entrichten. Daher sei die GVO Patent nicht anwendbar, da das Know-How eine Gesamtheit von Kenntnissen darstelle, die für die Verwirklichung der lizenzierten Technologie von entscheidender Bedeutung sei und nicht lediglich zur besseren Nutzung der lizenzierten Patente beitrage.

---

102 *Wiedemann*, a.a.O., II wie vor.
103 So auch wohl *Bunte-Sauter*, a.a.O., III 3 Rdnr. 17; *Wiedemann*, a.a.O., II wie vor.
104 Vgl. BE Nr. 2 GVO Know-How.
105 Entscheidung der Kommission vom 15. 12. 1986, ABl. L 50 vom 19. 2. 1987, S. 30 ff. = WuW/E EV 1233 ff. = GRUR Int. 1987, 587 ff.

Die Kommission hat es leider in dieser Entscheidung versäumt klarzustellen, was unter dem Begriff „von entscheidender Bedeutung"[106] zu verstehen ist. Wiedemann[107] weist insoweit zu Recht darauf hin, daß es auch nicht verständlich ist, weshalb die Kommission in ihrer Entscheidung erwähnt, daß in fünf Mitgliedstaaten mit einem Viertel der Bevölkerung der Gemeinschaft kein Patentschutz bestehe. Die Kommission hat erst im 17. Wettbewerbsbericht 1988 klargestellt, daß dann, wenn bei gemischten Vereinbarungen Parallelpatente in den lizenzierten Gebieten gemäß Art. 1 Abs. 1 Nr. 3 GVO Patent fehlen, eine automatische Freistellung nicht erfolgen kann, ohne daß es dabei auf das Gewicht der lizenzierten Patente ankomme.

Fraglich ist auch, was der Begriff „nicht offenkundig" beinhaltet. Eine **617** Definition dieses Begriffs ist in der GVO Patent nicht enthalten. Demgegenüber wird in Art. 1 Abs. 7 GVO Know-How wie folgt definiert:

1. „Know-How" ist eine Gesamtheit technischer Kenntnisse, die geheim und wesentlich und in einer geeigneten Form identifiziert sind.

2. Der Begriff „geheim" bedeutet, daß das Know-How-Paket insgesamt oder in der genauen Gestaltung und Zusammensetzung seiner Bestandteile nicht allgemein bekannt oder leicht zugänglich ist, so daß ein Teil seines Wertes in dem Vorsprung besteht, die der Know-How-Nehmer gewinnt, wenn es ihm mitgeteilt wird. Es ist nicht auf den engen Sinn begrenzt, wonach jeder einzelne Bestandteil des Know-How völlig unbekannt sein muß oder außerhalb des Geschäftsbetriebs des Know-How-Gebers nicht erhältlich sein darf.

3. Der Begriff „wesentlich" bezeichnet Informationen, die für den gesamten oder einen bedeutenden Teil a) Herstellungsprozesses oder b) eines Erzeugnisses oder einer Dienstleistung oder c) für deren Entwicklung wichtig sind, und schließt alltägliche Informationen aus. Ein derartiges Know-How muß somit nützlich sein, d. h., es kann von ihm zum Zeitpunkt des Abschlusses der Vereinbarungen erwartet werden, daß es die Wettbewerbsstellung des Know-How-Nehmers verbessert, indem es ihm beispielsweise hilft, in einen neuen Markt vorzustoßen, oder indem es ihm einen Vorteil im Wettbewerb gegenüber anderen Herstellern oder Dienstleistungsbringern verschafft, die zu dem mitgeteilten geheimen Know-How oder anderem vergleichbarem Know-How keinen Zugang haben.

---

106 = notwendig?
107 A.a.O., II S. 228 Rdnr. 9.

noch
617 Für den Begriff „geheim"[108] spielt es also keine Rolle, ob einzelne Bestandteile des Know-How bereits bekannt oder außerhalb des Geschäftsbetriebs des Know-How-Gebers erhältlich sind. Es darf sich bei dem Know-How allerdings nicht um „alltägliche Informationen" handeln. Selbst wenn dieser Begriff zur Definition des Merkmals „wesentlich" in Art. 1 Abs. 7 Nr. 3 GVO Know-How verwandt wird und zur Definition des Begriffs „geheim" in Art. 1 Abs. 7 Nr. 2 GVO Know-How durchaus zulässig ist, ist auch insoweit eine Abgrenzung des Begriffs „geheim" herbeizuführen. Solange „alltägliche Informationen" jedoch „nützlich"[109] sind, werden auch alltägliche Informationen nicht dazu führen, daß gemischte Vereinbarungen nicht unter die GVO Patent fallen. Es sollen sogar reine Patentlizenzverträge, die zusätzliche technische[110] Informationen übermitteln, in den Anwendungsbereich der GVO Patent fallen[111].

Der Begriff „identifiziert" soll an dieser Stelle nicht näher erörtert werden, da er keine Auslegungshilfen im Hinblick auf die Abgrenzung der GVO Know-How zur GVO Patent gibt.

Es wurde bereits zum Ausdruck gebracht, daß aufgrund der von der Kommission geübten starken Zurückhaltung bei der Behandlung offener Rechtsfragen – dies gilt allerdings auch im gleichen Maße für den EuGH – nach wie vor ein hoher Grad von Rechtsunsicherheit im Hinblick auf gemischte Patentlizenz-/Know-How-Verträge besteht. Endgültige Sicherheit bringt – wie bereits erwähnt – lediglich die Anmeldung jeder Vereinbarung bei der Kommission. Das Widerspruchsverfahren setzt die Anwendbarkeit der GVO[112] voraus und hilft daher bei dem Problem der Abgrenzung hinsichtlich gemischter Vereinbarungen nicht weiter. Auch die „Auffangfunktion" der GVO Know-How enthält keinen Lösungsansatz für die Zuordnung einer gemischten Vereinbarung zu entweder der GVO Patent oder der GVO Know-How.

Eine Lösung bringt daher auch nicht die von Lutz-Broderick[113] vertretene Auffassung, daß bei der Ausarbeitung eines Vertrages beide Verordnungen berücksichtigt werden sollten. Wiedemann[114] bietet

---

108 = nicht offenkundig?
109 Art. 1 Abs. 7 Nr. 3 GVO Know-How.
110 Offenkundige.
111 Vgl. anstatt aller *Wiedemann*, a.a.O., II S. 229 Rdnr. 10 mwN.
112 BE Nr. 9 dieser GVO.
113 RIW 1989 S. 279.
114 *Wiedemann*, a.a.O., II S. 230 Rdnr. 11.

zwei Auswege aus dieser Misere an: Ein Vorschlag ist, daß die Vertragsparteien bewußt die Nichtanwendbarkeit der GVO Patent herbeiführen, indem sie Gebietsbeschränkungen für Gebiete ohne Parallel-Patente vereinbaren und von der Auffangfunktion der GVO Know-How Gebrauch machen[115]. Diese Lösung kann allerdings nur dann funktionieren, wenn in einigen Mitgliedstaaten der EWG keine Parallel-Patente angemeldet bzw. erteilt wurden. Erst wenn dies der Fall wäre, müßte wegen der bestehenden Abgrenzungsschwierigkeiten die Vereinbarung bei der Kommission angemeldet werden.

Gangbarer erscheint daher der zweite vorgeschlagene Weg, Patente und Know-How in zwei voneinander getrennten Vereinbarungen zu lizenzieren. Da aber auch bei reinen Patentlizenzverträgen oder auch bei reinen Know-How-Verträgen noch viele Rechtsfragen ungeklärt sind, empfiehlt sich auch in diesen Fällen, zumindest in Zweifelsfällen, die Anmeldung bei der EG.

Die GVO Patent umfaßt auch Lizenzverträge über Patentanmeldungen, Gebrauchsmuster, Gebrauchsmusteranmeldungen, certificats d'utilité und certificats d'addition nach französischem Recht, Anmeldungen für certificats d'utilité und certificats d'addition nach französischem Recht[116]. Diese GVO gilt auch für Vereinbarungen über die Auswertung einer Erfindung, wenn für diese eine Anmeldung[117] für das Lizenzgebiet innerhalb eines Jahres ab Abschluß der Vereinbarung eingereicht wird[118]. **618**

Diese GVO gilt auch, wenn der Lizenzgeber nicht Inhaber des Patents, sondern vom Inhaber des Patents zur Erteilung einer Lizenz oder Unterlizenz ermächtigt ist[119]. Des weiteren gilt die GVO Patent auch für die in Art. 11 Nr. 2 genannten Veräußerungsverträge bezüglich eines Patents bzw. eines Rechts auf ein Patent. Ferner gilt diese GVO auch für Patentlizenzvereinbarungen, in denen Rechte oder Verpflichtungen des Lizenzgebers oder Lizenznehmers von mit ihnen verbundenen Unternehmen übernommen werden[120]. Diese GVO findet ebenfalls Anwendung auf wechselseitige Patentlizenzverträge ohne Gebietsbeschränkungen innerhalb des Gemeinsamen Marktes[121]. **619**

---

115 Art. 1 Abs. 4 und BE Nr. 2, 2. Spiegelstrich GVO Know-How.
116 Art. 10 Abs. 1 GVO Patent.
117 Art. 10 Abs. 1 GVO Patent.
118 Art. 10 Abs. 2 GVO Patent.
119 Art. 11 Nr. 1 GVO Patent.
120 Art. 11 Nr. 3 dieser GVO.
121 Art. 5 Abs. 2 dieser GVO.

620 Schließlich gilt diese GVO auch für Nebenabreden über Warenzeichen[122].

621 Fraglich ist dagegen, ob auch Nebenabreden über Urheberrechte in den Anwendungsbereich dieser GVO fallen. Gemäß BE[123] dieser GVO kann es sich um Vereinbarungen handeln, „die im Zusammenhang mit dem Erwerb oder der Nutzung von gewerblichen Schutzrechten – insbesondere von Patenten, Gebrauchsmustern, Geschmacksmustern oder Warenzeichen – oder im Zusammenhang mit den Rechten aus einem Vertrag zur Übertragung oder Gebrauchsüberlassung von Herstellungsverfahren oder von zum Gebrauch oder zur Anwendung von Betriebstechniken dienenden Kenntnissen auferlegt sind". Da Urheberrechte nicht zu den gewerblichen Schutzrechten zählen – das Urheberrecht hat seinen Schwerpunkt im Gebiet von Literatur, Wissenschaft und Kunst, die gewerblichen Schutzrechte sind technikbezogen; im Gegensatz zum Urheberrecht hat die gewerbliche Anwendbarkeit eine wesentliche Bedeutung[124] –, stellt sich die Frage, ob Vereinbarungen über Urheberrechte „im Zusammenhang mit den Rechten aus einem Vertrag zur Übertragung oder Gebrauchsüberlassung von Herstellungsverfahren oder von zum Gebrauch und zur Anwendung von Betriebstechniken dienenden Kenntnissen" getroffen werden können. Wenn in dieser GVO[125] der Geltungsbereich dieser GVO auch auf Abreden über nichtpatentierte technische Kenntnisse erstreckt wird, so könnte man in einem „Erst-Recht-Schluß" sagen, daß, wenn unter bestimmten Voraussetzungen bereits Know-How in den Anwendungsbereich dieser GVO fällt, auch urheberrechtlich geschützte Werke in den Anwendungsbereich dieser GVO fallen müßten. Interessant wäre die Behandlung dieser Frage in erster Linie im Hinblick auf Schöpfungen, die sowohl unter gewerbliche Schutzrechte als auch unter das Urheberrecht fallen können. Als Beispiel kann man hier die Computer-Software nennen. Es wird heftig darüber diskutiert, ob der Ausschluß aus dem Patentrecht[126] und die Eingliederung in das Urheberrecht[127] tatsächlich dem Schutzbedürfnis gerecht wird. Die Diskussion über den Rechtsschutz von Computerprogrammen wird durch die Richtlinie des Rates der EWG vom 14. 5. 1991 zugunsten des Urheber-

---

122 BE Nr. 10 dieser GVO.
123 Nr. 1.
124 *Schricker*, Einleitung Rdnr. 32.
125 BE Nr. 9.
126 § 1 Abs. 2 Nr. 3 PatG 1981, Art. 52 Abs. 2 c) EPÜ 1973.
127 § 2 Abs. 1 Nr. 1 UrhG 1985.

rechtsschutzes (vorläufig?) entschieden. Diese Richtlinie ist bis zum 1. Januar 1993 in den Mitgliedstaaten der EG in nationales Recht umzusetzen. Zu beachten ist u. a., daß die Richtlinie auch auf vor dem 1. 1. 1993 geschaffene Programme Anwendung findet[128]. Im Gegensatz zur GVO Patent wird in der GVO Know-How der Anwendungsbereich auf reine oder gemischte Vereinbarungen ausgedehnt, die ergänzende Bestimmungen über Warenzeichen und sonstige Schutzrechte des geistigen Eigentums im Rahmen der GVO Know-How enthalten[129].

Die Kommission hat daneben in einer Negativabgrenzung versucht, die **622** Vereinbarungen zu definieren, die nicht von dieser GVO Patent erfaßt werden. Neben reinen Warenzeichen-, Urheberrechts-, Know-How-, Vertriebsvereinbarungen gilt diese GVO auch nicht für Vereinbarungen zwischen Mitgliedern einer Patentgemeinschaft über die gemeinsamen Patente, Patentlizenzvereinbarungen zwischen Wettbewerbern im Hinblick auf ein Gemeinschaftsunternehmen, bestimmte wechselseitige Lizenzen und Lizenzvereinbarungen über Pflanzenzüchtungen[130].

Des weiteren dürfen nur zwei Unternehmen an Vereinbarungen nach **623** dieser GVO beteiligt sein.

b) Freigestellte Verpflichtungen

In Art. 1 Abs. 1 sind sieben Verpflichtungen enthalten, die in freige- **624** stellten Vereinbarungen vorkommen dürfen. Diese Verpflichtungen betreffen einfache und ausschließliche Patentlizenzen.

Art. 1 Abs. 1 behandelt zunächst Verpflichtungen des Lizenzgebers im Verhältnis zu einem Lizenznehmer[131]. In Art. 1 Abs. 1 Nr. 3−7 geht es um Verpflichtungen, die der Lizenznehmer gegenüber dem Lizenzgeber und anderen Lizenznehmern eingeht. Es wird also zwischen der Beziehung des Lizenzgebers zum Lizenznehmer und auf der anderen Seite der von den Lizenznehmern untereinander zu berücksichtigenden Ausschließlichkeit der Lizenz unterschieden. Zentrale Bedeutung

---

128 Art. 9 Abs. 2 der Richtlinie über den Rechtsschutz von Computerprogrammen, ABl. Nr. L 122 vom 14. 5. 1991, S. 42 ff.
129 BE Nr. 2, Art. 1 Abs. 1 Satz 1 und ganz präzise in Art. 5 Abs. 1 Nr. 4 GVO Know-How.
130 BE Nr. 1, 2, 4, 8–10, Art. 1 Abs. 1 Satz 1, Art. 5 Abs. 1 GVO Patent, BE Nr. 2, Art. 1 Abs. 1 Satz 1, Art. 5 Abs. 1 Nr. 4 GVO Know-How; vgl. im einzelnen dazu *Wiedemann*, a.a.O., II S. 231 Rdnr. 14–17 und *Bunte/Sauter*, a.a.O., III 3, Rdnr. 10, 12, 16 ff., 25, 72 ff.
131 Art. 1 Abs. 1 Nr. 1 und Nr. 2.

noch
624
kommt den Ziff. 1–6 zu, die die gruppenweise Freistellung der ausschließlichen, örtlich begrenzten Patentlizenz behandeln[132].

Der Lizenzgeber ist, wenn er eine offene ausschließliche Lizenz[133] erteilt, berechtigt, sich gegenüber einem Lizenznehmer zu verpflichten, in dessen Lizenzgebiet[134] anderen Unternehmen die Benutzung der lizenzierten Erfindung nicht zu gestatten[135] und die lizenzierte Erfindung im Lizenzgebiet des Lizenznehmers nicht selbst zu benutzen[136]. Diese Verpflichtungen gelten jedoch jeweils nur, soweit und solange eines der lizenzierten Patente noch in Kraft ist.

Vereinzelt wird in der Literatur im Umkehrschluß zu Abs. 1 Nr. 5 und 6, nach denen der Lizenzgeber einem Lizenznehmer verbieten kann, in Lizenzgebiete anderer (ausschließlicher) Lizenznehmer zu liefern, die Auffassung vertreten, daß der Lizenzgeber „verpflichtet werden darf, anderen Lizenznehmern vertraglich zu verbieten, direkt in das Gebiet des ausschließlichen Lizenznehmers zu liefern"[137].

Diese Auffassung erscheint allerdings insofern zweifelhaft, als die Kommission eine derartige Klausel als eine Wettbewerbsbeschränkung ansehen könnte, die nicht von dieser GVO freigestellt ist. Sicherheitshalber sollte – wenn diese Klausel in eine Vereinbarung aufgenommen wird – das Widerspruchsverfahren gemäß Art. 4 dieser GVO zur Klärung dieser Frage genutzt werden. Das bedeutet, daß der Rechtsvorteil der Freistellung innerhalb von 6 Monaten, gerechnet ab dem Tag des Eingangs der Anmeldung bei der Kommission[138], erlangt werden kann, wenn die Kommission binnen dieser 6 Monate keinen Widerspruch gegen die Freistellung erhebt.

---

132 *Bunte/Sauter*, a.a.O., III 3, Rdnr. 22 mwN und *Wiedemann*, a.a.O., II S. 236 Rdnr. 21 ff.
133 Entscheidung der Kommission vom 21. 9. 1978, ABl. 1978 Nr. L 286 S. 23 ff. – WuW/E EV 782 ff. – „Maissaatgut".
134 Gesamter Gemeinsamer Markt oder Teil davon.
135 Nr. 1.
136 Nr. 2.
137 *Wiedemann*, a.a.O., II S. 236 Rdnr. 22 und S. 253 Rdnr. 42 unter Verweis auf *Venit*, Antitrust Bull. 1985 S. 490.
138 Bei Aufgabe zur Post als Einschreibebrief beginnt diese Frist mit dem Datum des Poststempels des Aufgabeortes, Art. 4 Abs. 2 dieser GVO.

aa) Verpflichtungen

(1) Des Lizenzgebers gegenüber dem Lizenznehmer
hinsichtlich Nutzungsbeschränkungen

Der Begriff des „Unternehmens"[139] wurde bereits erörtert.   **625**

Wenn in Art. 1 Abs. 1–3 von der „Benutzung" der lizenzierten
Erfindung die Rede ist, so sind damit alle patentrechtlichen Verwer-
tungshandlungen gemeint[140]. In § 9 PatG[141] sind alle Verwertungs-
handlungen aufgeführt. In Lizenzverträgen wird bei einem Erzeugnis,
das Gegenstand des Patents ist, in der Regel eine Lizenz erteilt,
dieses Erzeugnis herzustellen, zu vertreiben[142], zu gebrauchen. Bei
gemischten Patent-/Know-How-Vereinbarungen ist der Begriff der
„lizenzierten Erfindung" durch den Begriff „technisches Wissen" zu
ergänzen.

Der Begriff „das dem Lizenznehmer vorbehaltene Gebiet"[143] bzw.
„das Lizenzgebiet"[144] wird in den BE[145] definiert. Diese Definition
wird zwar im Zusammenhang mit der Erstreckung dieser Verordnung
auch auf Nebenabreden über Warenzeichen[146] gegeben. Da der
Begriff „Lizenzgebiet" aber in Nr. 7 gar nicht auftaucht, sondern in
Nr. 2, Nr. 4 bis Nr. 6 ausdrücklich und in Nr. 1 durch die gleichzuset-
zenden Worte „dem Lizenznehmer vorbehaltenem Gebiet" erwähnt
wird, bestehen keine Bedenken gegen die Übernahme dieser Definition[147]. Unter „Lizenzgebiet" versteht die Kommission den gesamten
„Gemeinsamen Markt oder einen Teil desselben, wo der Lizenzgeber
Schutz für Patente genießt"[148]. Diese Regelung greift auch dann,
wenn nur Unternehmen aus einem Mitgliedstaat beteiligt sind und
auch nur ein oder mehrere Patente dieses Mitgliedstaats betroffen
sind[149]. Diese Definition des Lizenzgebiets hat eine hohe Praxisrele-

---

139 Nr. 1.
140 *Wiedemann*, a.a.O., II S. 237 Rdnr. 23 unter Verweis auf *Bohlig*, GRUR Int. 1986
    S. 98 f.; *Albrechtskirchinger*, GRUR Int. 1984 S. 565, 568; *Bunte-Sauter*, a.a.O.,
    III 3 Rdnr. 26.
141 Art. 74 EPÜ verweist auf das jeweilige nationale Recht; Art. 29 GPÜ greift den
    Wortlaut des § 9 PatG auf.
142 D. h. anzubieten und in Verkehr zu bringen.
143 Nr. 1.
144 Nr. 2.
145 Nr. 10.
146 Art. 1 Abs. 1 Nr. 7.
147 Korah, Patent Licensing S. 33; *Wiedemann*, a.a.O., II S. 237 Rdnr. 24.
148 BE Nr. 10.
149 BE Nr. 3.

vanz. Industrieunternehmen und Vertragsforschungseinrichtungen melden aus wirtschaftlichen, aber auch aus Kostengründen ihre Schutzrechte in erster Linie in den wichtigsten europäischen Industrienationen an[150]. In der Regel sind auch Lizenznehmer nur an einer Lizenz in diesen wichtigen Industriestaaten der EG interessiert. Die Überlegung, wie vorgegangen werden kann, wenn der Lizenzgeber lediglich in einigen Mitgliedstaaten der EG über Patente verfügt, der Lizenznehmer jedoch in weiteren Ländern eine Lizenz erhalten will[151], dürfte daher eher theoretischer Natur sein. Sofern die Voraussetzungen der GVO Know-How vorliegen, könnte deren „Auffangfunktion" genutzt werden[152].

(2) Des Lizenznehmers gegenüber dem Lizenzgeber hinsichtlich Exportverbot

626 In Nr. 3 wird die Verpflichtung des Lizenznehmers freigestellt, die lizenzierte Erfindung in den Lizenzgebieten des Lizenzgebers innerhalb des Gemeinsamen Marktes nicht selbst zu benutzen, soweit und solange das Lizenzerzeugnis in diesen Gebieten durch parallele Patente geschützt ist. Unter „dem Lizenzgeber vorbehaltenen Gebieten" sind diejenigen Gebiete innerhalb des Gemeinsamen Marktes zu verstehen, in denen der Lizenzgeber Patente besitzt und für die er keine Lizenzen erteilt hat[153]. Es wird also in diesem Zusammenhang nicht danach unterschieden, ob, und wenn, dann inwieweit der Lizenzgeber in den sich vorbehaltenen Gebieten die Erfindung nutzt oder eine Nutzung für weitere Lizenznehmer oder sich selbst vorbehält[154]. Alexander[155] ist der Auffassung, daß die Anwendbarkeit des Art. 1 Abs. 1 Nr. 3 entfällt, wenn der Lizenzgeber zu einem späteren Zeitpunkt Lizenzen für einen Teil dieser ihm vorbehaltenen Gebiete erteilt. Dies hätte zur Folge, daß der Lizenzgeber die Beschränkungen des älteren Lizenznehmers[156] nicht in vollem Umfang beibehalten könne. Insofern soll eine einseitige Freigabeerklärung genügen[157]. Dies setzt allerdings vor-

---

150 Patentanmeldungen stehen Patenten gleich gemäß Art. 10 Abs. 1a GVO Patent.
151 *Wiedemann* hält im Gegensatz zur Kommission einen über Art. 1 Abs. 1 hinausgehenden Gebietsschutz für im Widerspruchsverfahren legalisierbar, a.a.O., II S. 237 Rdnr. 24.
152 *Wiedemann*, a.a.O., II S. 237 f. Rdnr. 24.
153 BE Nr. 12 dieser GVO.
154 Siehe z. B. *van Bael-Bellis*, S. 166.
155 IIC 1986 S. 25.
156 Gem. Art. 1 Abs. 1 Nr. 4–6.
157 *Wiedemann*, a.a.O., II S. 238 Rdnr. 25.

noch
626

aus, daß ein älterer Lizenznehmer vorhanden ist und diesem Beschränkungen[158] auferlegt worden waren. Ob zur teilweisen Aufhebung der Beschränkungen eine einseitige Freigabeerklärung genügt, erscheint zweifelhaft. Angesichts der bisherigen Haltung des EuGH und der Kommission ist zumindest in fraglichen Fällen eine Anmeldung bei der Kommission zu empfehlen.

„Parallele Patente" sind Patente, die dieselbe Erfindung im Sinne der Rechtsprechung des Europäischen Gerichtshofes[159] erfassen[160].

Die Parteien eines Patentlizenzvertrages sind zu der wechselseitigen Verpflichtung berechtigt, während der gesamten Laufdauer des lizenzierten Schutzrechts nicht in das dem anderen Vertragspartner vorbehaltene Lizenzgebiet zu exportieren. Durch eine derartige Regelung eines Exportverbots wird jeder der beiden Vertragspartner vor Direktlieferungen des anderen Vertragspartners in das jedem Vertragspartner vorbehaltene Lizenzgebiet geschützt. Andere Unternehmen müssen jedoch Gelegenheit haben, Parallelimporte durchzuführen, sobald das Lizenzerzeugnis im Gemeinsamen Markt zulässigerweise in Verkehr gebracht wurde[161]. Wenn derartige Exportverbote nicht ausdrücklich vereinbart wurden, muß der Vertrag dahingehend ausgelegt werden, ob dennoch ein vertragliches Verbot[162] von den Vertragsparteien gewollt war[163].

Die verwandte Formulierung[164] „soweit und solange eines der lizenzierten Patente noch in Kraft ist" und die Formulierung[165] „soweit und solange . . . durch parallele Patente geschützt ist" können wohl zunächst so zu verstehen sein, daß mit dem Begriff „soweit" der Schutzumfang eines Patents und mit dem Begriff „solange" die Laufzeit eines Patents gemeint ist. Vereinzelt wird die Meinung[166] vertreten, daß für den Fall, daß die lizenzierten Patente zur Herstellung verschiedener Produkte genutzt werden und die Laufdauer eines Patents für

---

158 Gemäß Art. 1 Nr. 4–6.
159 EuGH.
160 Vgl. zunächst BE Nr. 12 dieser GVO und dann *EuGH*, Urteil vom 31. 10. 1974, AS 1974, 1147, 1164, Rdnr. 13/14 – „Centrafarm/Sterling-Drug".
161 „Erschöpfung des lizenzierten Patents".
162 Gemäß Art. 1 Abs. 1 Nr. 3–6.
163 Siehe zu diesem Problemkreis die Entscheidung der Kommission vom 2. 12. 1975, ABl. 1976 Nr. L 6 S. 8 ff. = WuW/E EV 623, 624 – „AOIP/Beyrard"; *Venit*, Antitrust Bull. 1985 S. 492; *Wiedemann*, a.a.O., II S. 238 Rdnr. 25.
164 Art. 1 Abs. 1 Nr. 1 und 2.
165 Nr. 3 bis Nr. 6.
166 Im Hinblick auf Nr. 2.

noch
626 ein Produkt beendet ist, damit die Freistellungswirkung[167] insofern ebenfalls erlischt. Dagegen stehen die anderen Produkte, die nach noch laufenden Patenten hergestellt werden, noch unter dem Schutz der Nr. 2[168]. Es handelt sich zwar insoweit um eine sicherlich theoretisch zutreffende Schlußfolgerung. In der Praxis wird in der Regel jedoch nur *ein* Produkt nach einem oder mehreren lizenzierten Patenten hergestellt und vertrieben. Es stellt sich daher eher die weitere und interessantere Frage, welche Bedeutung die Begriffe „eines der lizenzierten Patente noch in Kraft ist"[169] und „durch parallele Patente geschützt ist"[170] haben. Letzterer Begriff bedeutet wohl, daß es darauf ankommt, ob überhaupt noch ein Patent besteht. Der Begriff „durch *parallele* Patente geschützt ist" ist enger und läßt die Freistellungswirkung bereits dann entfallen, wenn lediglich keine *parallelen* Patente mehr bestehen[171]. Der von dieser Literaturmeinung gegebene Ratschlag, den Wortlaut der jeweiligen GVO-Vorschriften einfach zu übernehmen, ist sicherlich sinnvoll. Andererseits dürfte diese Vorgehensweise nur in den Fällen anwendbar sein, in denen die von den Vertragsparteien verfolgten Vertragszwecke schon vom Wortlaut der jeweiligen GVO-Regelung abgedeckt sind. Dies dürfte sehr selten der Fall sein. Eine Anmeldung der jeweiligen Vereinbarung bei der Kommission wird sich daher nur in den wenigsten Fällen erübrigen.

Abs. 1 Nr. 3 soll auch für den Fall gelten, daß der Lizenzgeber Zwangslizenzen nach jeweiligem nationalem Patentrecht zu erteilen hat[172]. In der Bundesrepublik Deutschland hatten Zwangslizenzen bisher – soweit ersichtlich – nur in einem Fall Bedeutung[173].

---

167 Gemäß Nr. 2.
168 *Wiedemann*, a.a.O., II S. 239 Rdnr. 26 unter Verweis auf *Korah*, a.a.O., Patent Licensing S. 34.
169 Nr. 1 und Nr. 2.
170 Nr. 3–6.
171 So z. B. *Lutz/Broderick*, RIW 1985 S. 349 f.; *Wiedemann*, a.a.O., II S. 239 Rdnr. 26.
172 Vgl. insoweit z. B. *Axster*, GRUR 1985 S. 581, 586; vgl. auch *EuGH*, Urteil vom 9. 7. 1985, AS 1985 S. 2281 ff. = GRUR Int. 1985 S. 822 = WuW/E EWG/MUV 712 ff. = ABl. Nr. C 195/3 – „Pharmon/Hoechst" und *EuGH*, Urteil vom 3. 3. 1988, AS 1988 S. 1268 ff. = GRUR Int. 1989 S. 573 = EuZW 1990 S. 462 = WuW 1988 S. 611 = RIW 1989 S. 812 – „Allen and Hanburys" und direkt dazu *Joliet*, GRUR Int. 1989 S. 177, S. 180 ff. und EG-Kommission, Rs. C 191/90 – „Generics/Smith Kline", EuZW 1990 S. 462 = WuW 1990 S. 927.
173 § 24 PatG; BPatG, 7. 6. 1991, Mitt. 1991 S. 243 – „Human-Immuninterferon", nicht rechtskräftig.

noch
626

Im Hinblick auf den Wortlaut des Art. 1 Abs. 1 Nr. 3 soll es dem Lizenznehmer möglich sein, die lizenzierte Erfindung außerhalb des durch parallele Patente geschützten Lizenzgebiets zu nutzen[174]. Fraglich ist, ob diese Auffassung Rückwirkungen auf den mit Nr. 3 beabsichtigten Gebietsschutz des Lizenzgebers hat. Der EuGH entschied 1981, daß der Patentschutz selbst dann für das *gesamte* Gebiet der EG verbraucht ist, wenn der Patentinhaber die durch das Patent geschützten Produkte in einem Staat der EG, in dem kein Patentschutz besteht, in Verkehr bringt[175]. Nicht gelöst wurde mit dieser Entscheidung das Problem des Inverkehrbringens eines Lizenzprodukts, das im Lizenzgebiet des Lizenznehmers hergestellt wurde, in einem Mitgliedstaat ohne Patentschutz. Zu klären ist des weiteren die Frage, ob der Patentschutz auch dann verbraucht ist, wenn der Lizenznehmer die Lizenzprodukte[176] nicht nur in einem Mitgliedstaat der EG ohne Patentschutz in Verkehr bringt, sondern die Lizenzprodukte auch in diesem Gebiet bereits herstellt. Es dürfte in derartigen Fällen – ohne die Frage der möglichen Wettbewerbsbeschränkung einer solchen Klausel zu prüfen – auch wenig Sinn machen, im Lizenzvertrag eine Klausel vorzusehen, nach der der Lizenznehmer lediglich zur Herstellung der Lizenzprodukte im Lizenzgebiet berechtigt sei[177]. Ein cleverer Lizenznehmer wird immer versuchen, die lizenzierten Produkte selbst oder durch Dritte in patentfreien Gebieten herzustellen und in Verkehr zu bringen. Angesichts der immer noch unsicheren Rechtslage und auch im Hinblick darauf, daß in den meisten Fällen gemischte Patent-/Know-How-Vereinbarungen abgeschlossen werden, erscheint es sinnvoller, in den Gebieten, in denen keine parallelen Patente bestehen, Know-How-Lizenzen zu erteilen. Es dürfte dadurch zwar in diesen Gebieten nur eine geringere Lizenzgebühr als in Gebieten mit Patentschutz zu erzielen sein, dafür kann der Lizenzgeber aber sicherer sein, daß der Lizenznehmer nicht im (Patent-)rechtsfreien Raum Lizenzprodukte herstellt und in Verkehr bringt. Geklärt sei auch noch nicht das Problem des Verbrauchs des Patentschutzes durch die Herstellung des lizenzierten Produkts in patentfreien Gebieten[178]. Dieses

---

174 *Wiedemann*, a.a.O., II S. 241 Rdnr. 29.
175 *EuGH*, Urteil vom 14. 7. 1981, AS 1981 S. 2063, 2081, Rdnr. 9 ff. = WuW/E EWG/MUV 531 ff. – „Merck/Stephar".
176 Außerhalb des Lizenzgebiets.
177 Vgl. *Wiedemann*, a.a.O., II S. 241 Rdnr. 29 unter Hinweis auf *Axster*, GRUR 1985 S. 581, 589 und *Pagenberg/Geissler*, a.a.O., S. 104.
178 *Wiedemann*, a.a.O., II S. 241 Rdnr. 29.

Problem erscheint dann vernachlässigbar, wenn – wie bereits ausgeführt[179] – in diesen patentfreien Gebieten Know-How-Lizenzen erteilt werden.

(3) Des Lizenznehmers zur Regelung des Verhältnisses verschiedener Lizenznehmer untereinander

627 Im Gegensatz zu Art. 1 Abs. 1 Nr. 1−3 besteht bei Art. 1 Abs. 1 Nr. 4−6, die das Verhältnis verschiedener Lizenznehmer untereinander behandeln, lediglich eine beschränkte Möglichkeit eines wechselseitigen ausschließlichen Gebietsschutzes. Der EuGH entschied, daß Lizenzvertragspartner hinsichtlich des Lizenzerzeugnisses und des dem Lizenznehmer zugeteilten Lizenzgebiets lediglich den Wettbewerb Dritter ausschalten dürfen. Anderenfalls erhielte der Lizenznehmer hinsichtlich seines Lizenzgebiets den Status eines Alleinvertriebshändlers[180].

(a) Produktions- und Verfügungsbeschränkung

Herstellung oder Gebrauch des Lizenzerzeugnisses können auf das mit dem Lizenznehmer vereinbarte Lizenzgebiet gemäß Nr. 4 beschränkt werden. Entsprechendes gilt für den Gebrauch des patentierten Verfahrens oder des mitgeteilten technischen Wissens. Diese Beschränkungen gelten soweit und solange das Lizenzerzeugnis in diesen Gebieten durch parallele Patente geschützt ist. Beschränkungen des Vertriebs sind daher nur gemäß Nr. 5 und Nr. 6 zulässig. In diesen beiden Regelungen wird das sog. Verbot des aktiven und passiven Wettbewerbs der Lizenznehmer untereinander und die Möglichkeit der Freistellung dieser Beschränkungen erläutert. Der EuGH bejahte die Frage, ob diese Klausel (Nr. 4) eine Wettbewerbsbeschränkung beinhalte im Hinblick auf eine Betriebslizenz, mit der der Patentschutz auch auf die Länder ausgedehnt wurde, in denen kein Patentschutz gegeben war[181].

(b) Aktive und passive Vertriebspolitik

In Art. 1 Abs. 1 Nr. 5 wird die Verpflichtung des Lizenznehmers freigestellt, in Lizenzgebieten anderer Lizenznehmer im Gemeinsamen Markt für das Lizenzerzeugnis keine aktive Vertriebspolitik zu führen, soweit und solange das Lizenzerzeugnis in diesen Gebieten durch

---

179 Vor Fußn. 178.
180 *Bunte/Sauter*, a.a.O., III 3 Rdnr. 32 und *EuGH*, Urteil vom 8. 6. 1982, AS 1982 S. 2015, S. 2075, Rdnr. 60 ff. = WuW/E EWG/MUV 551, 560 – „Maissaatgut".
181 *EuGH*, Urteil vom 25. 2. 1986, AS 1986 S. 642, S. 643, Rdnr. 82 ff. = WuW/E EWG/MUV 725 ff. – „Windsurfing International".

parallele Patente geschützt ist. Diese Regelung entspricht dem Art. 2 Abs. 2 c) der VO[182] Nr. 1983/83 der Kommission vom 22. 6. 1983 über die Anwendung von Art. 85 Abs. 3 des Vertrages auf Gruppen von Alleinvertriebsvereinbarungen[183]. Grund für die Einbeziehung dieser Regelung war, daß „der Lizenznehmer gegenüber den anderen Lizenznehmern zumindest den Schutz vor aktivem Wettbewerb genießen soll, den Art. 2 Abs. 2 c) GVO Alleinvertriebsvereinbarungen Nr. 1983/83 den Alleinvertriebshändlern einräume"[184].

Diese Verpflichtung des Lizenznehmers, keine aktive Vertriebspolitik zu führen, wird in Nr. 5 dann insoweit näher bestimmt, als dort dem Lizenznehmer untersagt wird, insbesondere keine besonders auf diese Gebiete ausgerichtete Werbung zu betreiben, dort keine Niederlassung einzurichten, dort keine Auslieferungslager zu unterhalten. Bunte/ Sauter sind der Auffassung, daß nach Sinn und Zweck des Verbots einer aktiven Vertriebspolitik und aus Gründen der Rechtssicherheit der Begriff „keine besonders auf diese Gebiete ausgerichtete Werbung zu betreiben" eng auszulegen sei[185]. So sei es beispielsweise unschädlich, wenn eine[186] auf das eigene Lizenzgebiet ausgerichtete Fernsehwerbung auch in benachbarten Lizenzgebieten anderer Lizenznehmer empfangen werden könnte oder bei einer Zeitschriftenwerbung eine deutschsprachige Zeitschrift auch in einem benachbarten Mitgliedsland der Gemeinschaft vertrieben werde und die Werbung für ein Lizenzerzeugnis auf diese Weise auch ein Abnehmer in Lizenzgebieten anderer Lizenznehmer zur Kenntnis nähme[187].

Im Rahmen dieser Thematik ergibt sich auch das weitere Problem, wie Fälle zu behandeln sind, bei denen der Lizenznehmer über Strohmänner, die von Kunden außerhalb seines Lizenzgebiets beauftragt wurden, laufend Lizenzprodukte an diese Auftraggeber liefert und damit dem Verbot aktiver Vertriebspolitik zuwiderhandelt[188].

In Art. 1 Abs. 1 Nr. 6 wird das in Nr. 5 beschriebene Verbot einer aktiven Vertriebspolitik des Lizenznehmers außerhalb seines Lizenzge-

---

182 EWG.
183 ABl. Nr. L 173/1, geändert durch Anh. I zu Art. 26 der Beitrittsakte (Spanien, Portugal) vom 11. 6. 1985, ABl. Nr. L 302 S. 165.
184 *Bunte/Sauter*, a.a.O., III 3 Rdnr. 34.
185 *Bunte/Sauter*, a.a.O., III 3 Rdnr. 35; siehe zum Meinungsstand anstatt aller *Wiedemann*, a.a.O., II S. 249 Rdnr. 36.
186 Zielgerichtete.
187 *Bunte/Sauter*, a.a.O., wie vor.
188 *Wiedemann*, a.a.O., II S. 249 Rdnr. 36 mwN.

biets noch durch das Verbot einer passiven, höchstens fünfjährigen Vertriebspolitik ergänzt[189]. Die von der Kommission gezogene Parallele zur GVO für Alleinvertriebsvereinbarungen wird sehr kritisch beurteilt. Im Verhältnis der Lizenznehmer untereinander wären wesentlich schwächere Verpflichtungen freigestellt als in dem Verhältnis des Lizenzgebers zum Lizenznehmer. Dies sei um so erstaunlicher, als sich grundsätzlich kein Unterschied dieser beiden Gruppierungen im Hinblick auf deren Schutzbedürftigkeit erkennen lasse. Mögliche Lizenznehmer könnten von einer Lizenznahme abgehalten werden. Dies wiederum könnte zur Folge haben, daß eine Verwertung der Erfindung in Mitgliedstaaten der EG lediglich durch den Lizenzgeber selbst oder aber nur über einen einzigen Lizenznehmer möglich sei. Die Entscheidung der Kommission für die in Nr. 5 und Nr. 6 getroffenen Regelungen beantworte noch nicht die Frage, ob derartige Regelungen in Patentlizenzverträgen vom EuGH als Wettbewerbsbeschränkungen gemäß Art. 85 Abs. 1 EWGV beurteilt würden. Im übrigen bestehe die Möglichkeit – es liege keine abschließende Regelung gemäß Art. 85 Abs. 3 EWGV vor –, eine über fünf Jahre hinausgehende Frist[190] im Wege einer Einzelfreistellung als zulässig beurteilt zu bekommen[191].

Die beschriebenen Verpflichtungen[192] tragen nach Auffassung der Kommission „regelmäßig" zur Verbesserung der Warenerzeugung und der Förderung des technischen Fortschritts bei. Diese Regelungen geben den Lizenznehmern einen Anreiz, in die Herstellung, die Benutzung und den Vertrieb eines neuen Produktes oder die Benutzung eines neuen Verfahrens zu investieren. Damit erhalten andere Unternehmen als der Patentinhaber selbst die Möglichkeit, ihre Erzeugnisse nach dem neuesten Stand der Technik herzustellen und diese Technik weiterzuentwickeln. Auf diese Weise erhöht sich die Zahl der Produktionsstätten, und der Ausstoß verbesserter Erzeugnisse in der Gemeinschaft nimmt zu. Nach Auffassung der Kommission besteht der passive Wettbewerb darin, daß der Lizenznehmer eines Gebiets auf eine durch ihn nicht veranlaßte Nachfrage von Verbrauchern oder Wiederverkäufern aus Gebieten anderer Lizenznehmer eingeht[193]. Die Gleichstellung

---

189 Siehe zu dem Meinungsstand zu dieser Kompromißlösung der Kommission anstatt aller *Wiedemann*, a.a.O., II S. 243 Rdnr. 31.
190 Nr. 6.
191 *Wiedemann*, a.a.O., wie vor.
192 Nr. 5 und Nr. 6.
193 BE Nr. 12 dieser GVO.

des Schutzumfangs des Lizenznehmers mit dem Schutzumfang des Alleinvertriebshändlers sei deshalb erfolgt, um dem Lizenznehmer nicht den zuvor beschriebenen Investitionsanreiz zu nehmen[194]. Im Rahmen dieser Überlegungen sollte der Umstand beachtet werden, daß in der Praxis ein ausschließlicher Lizenznehmer in der Regel bestrebt ist, nicht nur auf dem örtlichen Vertragsgebiet, sondern auch bezüglich des sachlichen Vertragsgebiets eine ausschließliche Lizenz zu erhalten. Dem Wunsch des Lizenznehmers, für alle durch parallele Patente und Know-How-geschützte Gebiete eine ausschließliche Lizenz zu erhalten, wird sehr oft nachgegeben. Der Lizenzgeber ist jedoch aus verständlichen Gründen nicht daran interessiert, dem Lizenznehmer auch eine ausschließliche Lizenz bezüglich des sachlichen Vertragsgebiets zu erteilen. Vielmehr versucht der Lizenzgeber – soweit möglich – den gesamten Schutzumfang des Patents in verschiedene Anwendungsbereiche bzw. sachliche Vertragsgebiete aufzuteilen[195].

Wenn in Nr. 6 von der „fünfjährigen Frist ab erstem Inverkehrbringen des Lizenzerzeugnisses" die Rede ist, so kann es bei der Vergabe mehrerer ausschließlicher Lizenzen in verschiedenen örtlichen Vertragsgebieten passieren, daß bei zeitlich unterschiedlicher Lizenzierung der Lizenznehmer, der später eine Lizenz erteilt bekommt, im Verhältnis zum früheren Lizenznehmer einen zeitlichen und damit gleichzeitig auch einen wirtschaftlichen Nachteil nicht nur im Hinblick auf seine Investitionen erleidet. Es ist insofern nicht praxisnah, wenn die Kommission in ihrer Presseerklärung anläßlich der Verabschiedung der GVO ausgeführt hat, daß Art. 1 Abs. 1 Nr. 6 die Patentinhaber ermutigen werde, zügig Lizenzen zu gewähren und damit die Verbreitung der Technologie zu beschleunigen[196]. Dem Lizenzgeber wird es in der Regel nicht gelingen, für alle durch parallele Patente gesicherten Vertragsgebiete zugleich Lizenznehmer zu finden. Unabhängig von der Tatsache, daß – wie bereits ausgeführt – jeder international tätige Lizenznehmer bestrebt sein wird, in allen durch parallele Patente geschützten Ländern ausschließliche Lizenzen zu erhalten, kann es schon aufgrund unterschiedlich lang dauernder Vertragsverhandlungen

---

194 *Bunte-Sauter*, a.a.O., III 3 Rdnr. 37.
195 Z. B. „Laser zum Abtragen" oder „Laser zum Schneiden" oder „Laser zum Beschichten"; vgl. insoweit auch die „Maissaatgut"-Entscheidung des *EuGH* vom 8. 6. 1982, AS 1982 S. 2015, S. 2065 ff. = WuW/E EWG/MUV 551 ff., in der allerdings „nur" der örtliche Gebietsschutz angesprochen, dagegen der sachliche Vertragsgebietsschutz nicht behandelt wurde.
196 *Wiedemann*, a.a.O., II S. 251 Rdnr. 39 unter Hinweis auf Kommission IP 84 S. 270.

noch
627 mit den einzelnen ausschließlichen Lizenznehmern nicht zu einer gleichzeitigen ausschließlichen Lizenzvergabe für alle durch parallele Patente geschützten Länder in der EG kommen. Es könnte ohne weiteres auch sein, daß während der Vertragsverhandlungen ein Lizenznehmer in Konkurs fällt und dann erst wieder mühsam ein neuer Lizenznehmer gesucht werden muß. Entsprechendes gilt im Falle der Übernahme oder der Fusion von Unternehmen. In den Lizenzverträgen wird selten die Übertragbarkeit der Lizenz auf Rechtsnachfolger, d. h. der Übergang der Lizenz auf Privatpersonen oder Firmen, gestattet. Entweder wird von vornherein eine derartige Übertragung nicht erlaubt oder aber von der Zustimmung des Lizenzgebers abhängig gemacht. Diese Problematik gewinnt im Rahmen der insbesondere in Europa zunehmenden, wettbewerbsbedingten Konzentrationsprozesse immer größere Bedeutung. Es mag sein, daß „spätere Lizenznehmer ein geringeres Risiko eingehen, als sie in einem gewissen Umfang bereits auf Erfahrungen anderer Unternehmen zurückgreifen können, die die Lizenzerzeugnisse bereits herstellen und vermarkten"[197]. Je später ein patentgeschütztes Produkt bzw. Verfahren lizenziert wird, desto geringer werden dann in der Regel die Chancen einer Verwertung. Dies liegt u. a. daran, daß der in einem Patent verkörperte Stand der Technik im Durchschnitt nach etwa 7 Jahren[198] überholt ist. Korah[199] und Wiedemann[200] kann auch nicht insoweit gefolgt werden, als ein Lizenzgeber in Fällen, in denen die Erfindung vor allem durch Lizenznehmer benutzt werden soll, die Erteilung von Lizenzen so lange hinauszögere, bis für alle in Betracht kommenden Gebiete Lizenznehmer gefunden worden und diese bereit seien, die Produktion aufzunehmen. Der Lizenzgeber ist bestrebt, seine mit der Erfindung verbundenen Aufwendungen möglichst schnell wieder hereinzubekommen. Auch ist der Lizenzgeber durch den sich immer schneller erweiternden bzw. sich überholenden Stand der Technik gezwungen, möglichst schnell das Produkt entweder selbst zu verwerten oder durch die Lizenznehmer verwerten zu lassen. Der Lizenzgeber wird – selbst wenn er nur in wenigen durch Patente geschützten Ländern eine Verwertung herbeiführen kann – versuchen, möglichst bald mit einer neuen Idee in den Markt zu kommen. Dies geht so weit, daß bereits im Stadium einer noch nicht offengelegten Patentanmeldung oder sogar

---

197 *Wiedemann*, a.a.O., II S. 251 Rdnr. 39.
198 Neue Erfindungen und neues Know-How.
199 Patent Licensing S. 43.
200 *Wiedemann*, a.a.O., II S. 251 Rdnr. 39.

dann, wenn lediglich eine Erfindung besteht, versucht wird, Lizenzen noch
zu erteilen. **627**

Eine Legaldefinition des „ersten Inverkehrbringens" ist in dieser GVO nicht enthalten. In § 9 Satz 2 Nr. 1 PatG[201] wird lediglich klargestellt, daß es jedem Dritten verboten ist, ohne Zustimmung des Patentinhabers ein Erzeugnis, das Gegenstand des Patents ist, „in Verkehr zu bringen". Die Rechtsprechung versteht unter „in Verkehr bringen" jede Tätigkeit, durch die der patentierte Gegenstand mit Willen des Entäußernden in die tatsächliche Verfügungsmacht eines Dritten gelangt, so daß dieser ihn benutzen könne. Die Zustimmung des Patentinhabers zum „Inverkehrbringen" bedürfe keiner ausdrücklichen Erklärung, sondern könne durch schlüssiges Verhalten zum Ausdruck gebracht sein. Die rechtliche Verfügungsgewalt brauche nicht überzugehen, insbesondere sei ein Eigentumsübergang nicht notwendig. Maßgeblich sei, daß der Patentinhaber sich der Sache begebe und Dritte dadurch über sie verfügen könnten. Ein Inverkehrbringen liege bei einem Angebot der Ware, ihrer bloßen Herstellung oder ihrem bloßen Erwerb ohne Wechsel der tatsächlichen Verfügungsgewalt nicht vor. Es genüge dagegen eine Versendung vom Inland ins Ausland und umgekehrt, der Import mit sogleich anschließendem Export. Eine bloße Durchfuhr reiche aber nicht aus. Im Falle des Übergangs der tatsächlichen Verfügungsgewalt könne der Tatbestand des Inverkehrbringens nicht durch eine Anfechtung aufgehoben werden[202].

Unter „Lizenzerzeugnis" dürften alle die Erzeugnisse zu verstehen sein, die unter Benutzung des lizenzierten Patents hergestellt wurden. Soweit also Lizenzerzeugnisse durch den Anspruch bzw. die Ansprüche eines parallelen lizenzierten Patents geschützt sind, kann es keine Rolle spielen, ob bzw. inwieweit sich Lizenzerzeugnisse in ihrer wirtschaftlichen Bedeutung oder in ihren technischen Anwendungsbereichen unterscheiden. Soweit derartig geschützte Lizenzerzeugnisse in Verkehr gebracht werden, beginnt auch die fünfjährige Frist gemäß Nr. 6 zu laufen[203].

Für den Fall, daß der Lizenzgeber erst eine Patentlizenz erteilt hat, soll es zulässig sein, daß die Vertragsparteien Verpflichtungen gemäß Abs. 1 Nr. 4–6 vereinbaren. Zulässig soll es auch sein, daß der

---

201 Art. 29a, c, 31 GPÜ.
202 Vgl. den Überblick zur Rechtsprechung bei *Schulte*, a.a.O., § 9 Rdnr. 36 und *Wiedemann*, a.a.O., II S. 252 Rdnr. 40 mwN.
203 Vgl. zu diesem Problembereich auch *Axster*, GRUR 1985 S. 581, 587.

Lizenzgeber sich verpflichtet, in der Zukunft anderen Lizenznehmern Verpflichtungen gemäß Art. 1 Abs. 1 Nr. 4−6 aufzuerlegen[204].

(4) Des Lizenznehmers zur Verwendung von Warenzeichen des Lizenzgebers

628 Nach Art. 1 Abs. 1 Nr. 7 ist die Verpflichtung des Lizenznehmers freigestellt, zur Kennzeichnung der Lizenzerzeugnisse ausschließlich das vom Lizenzgeber bestimmte Warenzeichen oder die von ihm bestimmte Aufmachung zu verwenden. Diese Verpflichtung wird jedoch lediglich unter der weiteren Voraussetzung freigestellt, daß der Lizenznehmer nicht daran gehindert wird, auf seine Eigenschaft als Hersteller des Lizenzerzeugnisses hinzuweisen. Es muß also dem Lizenznehmer gestattet bleiben, sich im Lizenzgebiet als Hersteller des Lizenzerzeugnisses bekannt zu machen, um zu vermeiden, daß er nach Ablauf der lizenzierten Patente gezwungen ist, mit dem Lizenzgeber eine erneute Warenzeichenlizenzvereinbarung zu schließen, um seinen an das Lizenzerzeugnis gewöhnten Kundenstamm nicht zu verlieren[205]. Bei Nebenabreden über Warenzeichen ist sicherzustellen, daß Warenzeichenlizenzen nicht dazu benutzt werden, die Wirkungen der Patentlizenzvereinbarungen über den Ablauf der Patente hinaus zu verlängern[206].

Es ist aufgrund des Wortlauts der Nr. 10 dieser GVO streitig, ob die Verpflichtung zur ausschließlichen Benutzung des Warenzeichens des Lizenzgebers auch für die Zeit nach Ablauf des Patents und nach Beendigung der Patentlizenz vereinbart werden kann[207].

Ebenfalls unklar ist, ob es sich bei Nr. 7 um eine Wettbewerbsbeschränkung handelt[208]. *Wiedemann*[209] weist zu Recht darauf hin, daß die Regelung des Art. 1 Abs. 1 Nr. 7 weiter gefaßt ist als die des § 20 Abs. 1 GWB. Nach der Entscheidungspraxis des Bundeskartellamts

---

204 *Wiedemann*, a.a.O., II S. 253 Rdnr. 42.
205 BE Nr. 10 dieser GVO.
206 BE Nr. 10 dieser GVO.
207 *Bunte/Sauter*, a.a.O., III 3 Rdnr. 25 unter Hinweis auf *Axster*, GRUR 1985 S. 581, 587 und *Albrechtskirchinger*, GRUR Int. 1984 S. 565, 567.
208 *Wiedemann*, a.a.O., II S. 254 Rdnr. 43 unter Verweis auf die diese Frage verneinenden Entscheidungen der Kommission vom 12. 7. 1985, ABl. 1985 Nr. L 233 S. 22 ff. = WuW/E EV 1131 f. – „Velcro-Aplix" sowie vom 13. 12. 1988, ABl. 1988 Nr. L 309 S. 34 ff., Rdnr. 30 = WuW/E EV 1374 ff. = GRUR Int. 1989 S. 220 – „Delta-Chemie/DDD".
209 A.a.O., wie vor.

erhält der Lizenznehmer das Recht, neben dem lizenzierten Zeichen noch
auch sein eigenes Warenzeichen oder seine Firma kennzeichnungsmä- **628**
ßig auf dem Lizenzerzeugnis zu verwenden[210].

Dem Lizenznehmer kann nach dem Wortlaut der Nr. 7 die Verwendung des vom Lizenzgeber bestimmten „Warenzeichens" oder die von
ihm bestimmte „Aufmachung" auferlegt werden. Der Begriff „Warenzeichen" bezieht sich auf das Zeichenrecht, das durch Anmeldung und
Eintragung eines Warenzeichens in der Zeichenrolle begründet wird.
Selbst wenn der auch in § 25 Abs. 1 WZG[211] verwandte Begriff der
„Ausstattung" nicht benutzt wird, vielmehr der Begriff „Aufmachung"
gewählt wird, dürften sich diese beiden Begriffe decken. Es handelt
sich hier wohl lediglich um einen Übersetzungsfehler der Kommission.
Sowohl der in der französischen Fassung dieser GVO verwandte
Begriff der „présentation" als auch der in der englischen Fassung des
Verordnungstextes verwandte Begriff „get-up" bezeichnen die Ausstattung eines Warenzeichens und sind daher deckungsgleich mit dem
in § 25 Abs. 1 WZG verwandten Begriff. Hiervon unabhängig geht der
Rechtsbegriff der Ausstattung weiter als der Rechtsbegriff des Warenzeichens. Der Rechtsbegriff der Ausstattung umfaßt jede äußere Form
oder Gestaltung, in der ein Unternehmen seine Waren in Verkehr
bringt oder für sie wirbt[212]. Insbesondere braucht die Ausstattung im
Gegensatz zum Warenzeichen nicht ein flächenhaftes und allseitig
begrenztes Gebilde zu sein, sondern kann in der plastischen Gestalt der
Ware oder ihrer Verpackung und u. U. sogar in ihrer Farbe bestehen.
Die Ausstattung kann jedoch nicht mit der Ware identisch sein,
sondern muß etwas vom Wesen der Ware, so wie der Verkehr diese
wertet, zwar nicht körperlich, aber doch begrifflich Verschiedenes
sein[213]. Ausstattungsfähig ist daher nach deutschem Recht z. B. die
besondere Gestaltung einer Warenverpackung[214]. Zu beachten ist in
diesem Zusammenhang aber, daß ein Verbot, bestimmte Arten der
Verpackung des Erzeugnisses zu benutzen, um damit eine Aufteilung
der Abnehmer zu erreichen, gemäß Art. 3 Nr. 7 dieser GVO unzulässig ist. Wiedemann[215] und Korah[216] schlagen deshalb vor, daß „die

---

210 *Wiedemann*, a.a.O., wie vor unter Hinweis auf *BKartA*, Entscheidung vom 19. 2.
1959, WuW/E BKartA 25, 28 – „Gewindeschneidemaschine".
211 Entgegen Art. 2 Abs. 3b der GVO Nr. 1983/83 und der GVO 1984/83.
212 *BGH*, GRUR 1964 S. 454, 455 „Palmolive".
213 BGHZ 5 S. 1, 6 „Hummel-Figuren"; *BGH*, PMZ 72 S. 140 „Schablonen".
214 Z. B. besondere Flaschenform.
215 *Wiedemann*, a.a.O., II S. 255 f.
216 *Korah*, Patent Licensing S. 37.

noch
628
äußere Form der Verpackung einschließlich der Spezifikationen, die der Sicherheit bei der Beförderung und Benutzung dienen, unter Art. 1 Abs. 1 Nr. 7 fallen, dagegen „Verpflichtungen in bezug auf die Zahl der Produkte pro Packung Art. 3 Nr. 7" zuzuordnen seien[217]. Eine Berücksichtigung dieser Kriterien verhindere eine Marktaufteilung durch Verwendung von kleinen und großen Verpackungseinheiten[218].

Dem Wortlaut des Art. 1 Abs. 1 Nr. 7 ist zwar nicht unmittelbar zu entnehmen, daß der Lizenznehmer das Warenzeichen des Lizenzgebers nicht angreifen darf. Dadurch, daß der Lizenznehmer sich verpflichtet, zur Kennzeichnung der Lizenzerzeugnisse das Warenzeichen des Lizenzgebers[219] zu verwenden, erkennt der Lizenznehmer das Warenzeichen des Lizenzgebers an. Mit dieser Anerkennung ist jedoch gleichzeitig[220] die Aussage des Lizenznehmers verbunden, daß er das lizenzierte Warenzeichen nicht angreifen will. Es erscheint daher insoweit bedenklich, wenn in Art. 3 Nr. 1 dieser GVO das Verbot einer derartigen Nichtangriffsklausel[221] festgeschrieben wird[222]. Die Kommission hat diesen Interessenkonflikt möglicherweise inzwischen erkannt und lehnt nicht mehr ausnahmslos Nichtangriffsklauseln ab[223].

Verpflichtungen eines Warenzeichenlizenznehmers, die gleiche Beschaffenheit bzw. die gleiche Qualität von Original- und Lizenzerzeugnissen zu gewährleisten, sollen keine Wettbewerbsbeschränkungen darstellen[224].

---

217 Siehe zu Art. 1 Abs. 1 Nr. 7 auch die Entscheidung der Kommission vom 13. 10. 1988, ABl. 1988 Nr. L 309 S. 34 ff., Rdnr. 30 = WuW/E EV 1374 ff. = GRUR Int. 1989 S. 220 – „Delta-Chemie-DDD", in der die Verpflichtungen hinsichtlich der Verpackung der Lizenzerzeugnisse stark hervorgehoben werden.
218 *Wiedemann*, a.a.O., wie vor.
219 Auch.
220 Indirekt.
221 „. . . verboten wird, die lizenzierten Patente oder anderes im gemeinsamen Markt gelegenes gewerbliches und kommerzielles Eigentum des Lizenzgebers . . . anzugreifen . . .".
222 Vgl. auch Art. 3 Nr. 4 der GVO Know-How.
223 Vgl. Entscheidung der Kommission vom 23. 3. 1990, ABl. 1990 Nr. L 100 S. 32 ff., Rdnr. 15.4 – „Moosehead/Whitbread", wonach Nichtangriffsklauseln bezüglich nicht lizenzierter Warenzeichen einer differenzierenden Betrachtungsweise unterliegen.
224 Entscheidung der EG-Kommission vom 23. 12. 1977, ABl. 1978 Nr. L 70 S. 69 ff. = WuW/E EV 759, 761 f. – „Campari"; Entscheidung der Kommission vom 23. 3. 1990, ABl. 1990 Nr. L 100/32 ff., Rdnr. 15.3 – „Moosehead-Whitbread"; *Wiedemann*, a.a.O., II S. 256 Rdnr. 48 und *Grabitz/Koch*, a.a.O., Art. 85 Rdnr. 273.

bb) Eingeschränkte Zulässigkeit von Vertriebsbeschränkungen

Art. 1 Abs. 2 beinhaltet eine Freistellung der Vertriebsbeschränkun- **629**
gen, die sich aus den in Absatz 1 Nr. 2, 3, 5 und 6 genannten Verpflichtungen ergeben, unter den Voraussetzungen, daß der Lizenznehmer
die Lizenzerzeugnisse entweder selbst herstellt oder durch ein verbundenes Unternehmen oder durch einen Zulieferer herstellen läßt.

Die Kommission verband mit dieser Regelung die Vorstellung, daß der
gemäß Art. 1 zulässige Gebietsschutz nur dann vereinbart werden
könne, wenn Investitionen zum Zweck der Herstellung vorgenommen
würden[225]. Dienstleistungen zählen ebenfalls zu den Lizenzerzeugnissen. Dies ergibt sich zwar nicht aus den BE[226], jedoch aus Art. 9 Nr. 2
dieser GVO. Zu den Patentlizenzvereinbarungen, die nach dieser
GVO freigestellt sind, zählen daher Herstellungslizenzen in Verbindung mit oder ohne Vertriebslizenzen. Es wurde bereits ausgeführt,
daß diese GVO auf reine Vertriebslizenzen nicht anwendbar ist. Reine
Vertriebslizenzen fallen unter die GVO Alleinvertriebsvereinbarungen[227]. Angesichts des relativ klaren Wortlauts dieser Regelung wird als
„Herstellung" lediglich eine derartige Tätigkeit angesehen, „die sich
innerhalb der Lehre des lizenzierten Patents auf die Herstellung des
vertriebsfähigen Lizenzerzeugnisses selbst beziehe"[228]. Die[229] Weiter-
verarbeitung eines[230] chemischen Zwischenprodukts oder die[231] Kon-
fektionierung eines[232] pharmazeutischen Wirkstoffs könne nicht als
Herstellungstätigkeit gemäß Art. 1 Abs. 2 zu bewerten sein[233]. Diese
Auslegung liegt insoweit nahe, als in Abs. 1 Nr. 2, 3, 5 und 6 die
jeweilige Freistellung der dort genannten Verpflichtungen erfolgt,
„soweit eines der lizenzierten Patente noch in Kraft ist"[234] bzw. „soweit
. . . das Lizenzerzeugnis in diesen Gebieten durch parallele Patente

---

225 Bericht der Kommission über die Anhörung vom 9.–11. 10. 1979, S. 31.
226 Nr. 10.
227 Nr. 1983/83.
228 *Bunte/Sauter*, a.a.O., III 3 Rdnr. 27 unter Verweis auf *Bohlig*, GRUR Int. 1986
    S. 97, 102.
229 Nicht patentgeschützte.
230 Patentgeschützten.
231 Nicht patentgeschützte.
232 Patentgeschützten.
233 *Bunte/Sauter*, a.a.O., III 3 Rdnr. 27 und auch *Wedekind*, a.a.O., S. 237.
234 Nr. 2.

geschützt ist"[235]. Der Umfang („soweit") spielt daher bei der Festlegung des Umfangs des Art. 1 Abs. 2 eine entscheidende Rolle[236].

cc) Minusklausel

630 Art. 1 Abs. 3 beinhaltet eine sog. „Minusklausel". Das bedeutet, daß die Freistellung nach Abs. 1 auch für Verpflichtungen im Sinne dieses Absatzes gilt, denen die Vertragspartner einen weniger weiten („Minus"-)Umfang geben, als es nach Abs. 1 zulässig wäre. Verpflichtungen mit „weniger weitem Umfang" können von den Vertragspartnern in sachlicher, räumlicher, zeitlicher Hinsicht vereinbart werden. Der Lizenznehmer kann sich beispielsweise verpflichten, passive Verkäufe nicht – wie in Art. 1 Abs. 1 Nr. 6 vorgesehen – für einen Zeitraum von fünf Jahren, sondern z. B. lediglich für die Zeitdauer von drei Jahren zu unterlassen. Der EuGH entschied in diesem Zusammenhang, daß – sofern zweifelsfrei feststeht, daß die Vereinbarung insgesamt den zwischenstaatlichen Handel beeinträchtigen kann –, nicht geprüft zu werden braucht, ob jede wettbewerbsbeschränkende Bestimmung für sich gesehen den innergemeinschaftlichen Handel beeinträchtige. Es sei dann nur noch zu prüfen, welche Klauseln der Vereinbarung im einzelnen eine Einschränkung oder Verfälschung des Wettbewerbs bezweckten oder bewirkten[237].

Folgende „Minus-Verpflichtungen" sollen im Rahmen dieser GVO zulässig sein:

- einfache Lizenzvereinbarungen
- ausschließliche Lizenzen, die von bestimmten Ausnahmen durchbrochen werden
- Verpflichtungen des Lizenzgebers, im Lizenzgebiet nur noch eine bestimmte Anzahl weiterer Lizenzen zu erteilen und in diesen Fällen darüber hinaus zugunsten der Lizenznehmer die Verpflichtungen gemäß Art. 1 Abs. 1 Nr. 4–6 zu vereinbaren
- die Verpflichtungen des Lizenzgebers, dem Lizenznehmer zu gestatten, das lizenzierte Schutzrecht im bestimmten Umfang auch im Gebiet des Lizenzgebers zu benutzen, z. B. dort seine eigenen Tochtergesellschaften zu beliefern oder eine bestimmte Menge in das Gebiet des Lizenzgebers zu liefern.

---

235 Nr. 3, 5, 6.
236 A. A. wohl *Wiedemann*, a.a.O., II S. 233 f. Rdnr. 16.
237 *EuGH*, Urteil vom 25. 2. 1986 – Rs. 193/83, AS 1986 S. 643 ff. = WuW/E EWG/ MUV 725 ff. = WuW 1987 S. 175 = GRUR Int. 1986 S. 635 – "Windsurfing International" und ebenso *Bunte/Sauter*, a.a.O., III 3 Rdnr. 42.

– die Verpflichtung des Lizenznehmers, dem Lizenzgeber im bestimmten Umfang auch Lieferungen in das Gebiet des Lizenznehmers zu erlauben

– Erteilung einer nicht ausschließlichen Lizenz in Verbindung mit der Verpflichtung des Lizenzgebers, selbst nicht im Vertragsgebiet des Lizenznehmers zu produzieren oder dort keine Herstellungslizenz an Dritte zu vergeben, wenn der Lizenznehmer bestimmte, in der Vereinbarung festgelegte Mindestmengen der Lizenzerzeugnisse herstellt

– Vorbehalt des Lizenzgebers, im Zusammenhang mit einer nicht ausschließlichen Lizenz die Lizenzerzeugnisse selbst im Vertragsgebiet kaufen zu können, wenn bestimmte Kunden aus Qualitätsgründen darauf bestehen, vom Lizenzgeber hergestellte Erzeugnisse zu beziehen oder wenn die Produktionskapazität des Lizenznehmers nicht ausreicht, um die Nachfrage zu befriedigen

– die Verpflichtung des Lizenznehmers zur Zahlung höherer Lizenzgebühren anstelle eines Exportverbots gemäß Art. 1 Abs. 1 Nr. 3 und Nr. 6

– die Vereinbarung der Verpflichtungen gemäß Art. 1 Abs. 1 für einen kürzeren Zeitraum, als es nach dieser Vorschrift zulässig wäre, und zwar im Hinblick auf die Laufzeit der Patente oder aber die Fünfjahresfrist gemäß Nr. 6[238].

c) Örtlicher Anwendungsbereich

Patentlizenzvereinbarungen können nach der GVO Verpflichtungen **631** nicht nur hinsichtlich von Gebieten innerhalb des Gemeinsamen Marktes, sondern auch hinsichtlich von Drittstaaten enthalten. Es steht dann das Vorliegen der letzteren Verpflichtungen der Anwendung dieser GVO auf die Verpflichtungen, die sich auf Gebiete innerhalb des Gemeinsamen Marktes beziehen, nicht entgegen[239]. Soweit im übrigen Lizenzvereinbarungen mit Bezug auf Drittstaaten oder mit Bezug auf Gebiete geschlossen werden, die sich über die Grenzen der Gemeinschaft hinaus erstrecken, und solche Vereinbarungen Auswirkungen im Gemeinsamen Markt haben, bei denen Art. 85 Abs. 1 Platz greifen könnte, müssen sie in demselben Maße wie Vereinbarungen für Gebiete innerhalb des Gemeinsamen Marktes in den Geltungsbereich dieser Verordnung einbezogen werden[240].

---

238 Vgl. insoweit *Wiedemann*, a.a.O., II S. 257 f. Rdnr. 56 und auch *Venit*, Antitrust Bull. 1985 S. 485, 495.
239 BE Nr. 4.
240 BE Nr. 5.

noch
631
Nach diesen BE[241] ist diese GVO nicht nur dann anwendbar, wenn Patentlizenzverträge auch Verpflichtungen bezüglich Drittstaaten enthalten, sondern auch dann relevant, wenn die Vertragsparteien ihren Sitz in Drittstaaten haben und das Vertragsgebiet außerhalb des räumlichen Anwendungsbereichs des EWGV liegt, soweit letztere Vereinbarungen keine Auswirkungen auf den Gemeinsamen Markt haben[242].

Auf Exportverbote zu Lasten einer Vertragspartei in der EWG für Lieferungen nach Drittstaaten soll – wenn diese Verbote unter Art. 85 Abs. 1 EWGV fallen – diese GVO auch dann anwendbar sei, wenn die Voraussetzungen des Art. 1 Abs. 1 im Hinblick auf durch parallele Patente geschützte Drittstaaten erfüllt sind[243].

Soweit nationale Patente in der EWG bestehen und aufgrund dieser Patente Lizenzerzeugnisse durch den Lizenzgeber selbst oder mit seiner Zustimmung innerhalb des Gemeinsamen Marktes in Verkehr gebracht werden, kann der Lizenzgeber bzw. auch der ausschließliche Lizenznehmer gegen Importe aus Drittstaaten vorgehen. Der Grundsatz der Erschöpfung eines Patents gilt nur für innerhalb der Gemeinschaft berechtigterweise in Verkehr gebrachte Lizenzerzeugnisse[244].

Auch im Fall von sog. indirekten Importen aus Drittstaaten[245] soll wegen dieses Erschöpfungsprinzips die Geltendmachung von Patentverletzungsansprüchen nicht gegen Art. 30, 36 EWGV verstoßen[246].

Zu der Frage, ob der Lizenznehmer, dem eine ausschließliche Lizenz erteilt wurde, wegen Patentverletzung auch gegen Direktlieferungen anderer Lizenznehmer in der EWG vorgehen kann, ist zu beachten, daß der EuGH eine Erschöpfung eines Patents nur dann annimmt, wenn die Lizenzerzeugnisse auf dem Markt eines anderen Mitgliedstaates durch den Patentinhaber selbst, mit seiner Zustimmung oder

---

241 Nr. 4, Nr. 5.
242 Vgl. hierzu die Entscheidung der Kommission vom 9. 6. 1972, ABl. 1972 Nr. L 143 S. 39 ff. = WuW/E EV 413 – "Raymond/Nagoya".
243 *Wiedemann*, a.a.O., II S. 259 f. Rdnr. 61 unter Verweis auf *Korah*, Patent Licensing, a.a.O., S. 18 und Know-How Licensing S. 59.
244 *EuGH*, Urteil vom 9. 2. 1982, AS 1982 S. 329, 349 = WuW/E EWG/MuV 564 – "Polydor/Harlekin"; *Wiedemann*, a.a.O., II S. 260 Rdnr. 62.
245 Lieferung von Patenterzeugnissen in einen Mitgliedstaat B, die zuvor ohne Zustimmung des Patentinhabers aus einem Drittstaat in den Mitgliedstaat A exportiert worden sind, wobei im Staat A kein Patentschutz besteht.
246 *Wiedemann*, a.a.O., II S. 260 Rdnr. 62 unter Hinweis auf *Jeanrenaud*, Swiss Rev. of Internat. Comp. Law. 1986 S. 47 f.

von einer rechtlich oder wirtschaftlich von ihm abhängigen Person rechtmäßig in Verkehr gebracht worden sind[247]. Diese Rechtsprechung belegt, daß es für die sog. Erschöpfung nicht ausreicht, daß eine Lizenz erteilt wird oder aber Lizenzerzeugnisse hergestellt werden[248].

3. Weitere freigestellte Verpflichtungen (Weiße Liste)

a) Allgemeines

In Art. 2 Abs. 1[249] sind 11 Verpflichtungen zusammengefaßt, die von **632** der Kommission für nicht wettbewerbsbeschränkend gehalten werden und nach Auffassung der Kommission der Anwendbarkeit des Art. 1 nicht entgegenstehen. Vorausgesetzt, daß die in Art. 1 aufgeführten Verpflichtungen aufgrund besonderer Umstände von dem Verbot des Art. 85 Abs. 1 des EWGV erfaßt werden, sind diese Verpflichtungen ebenfalls freigestellt, auch wenn sie nicht im Zusammenhang mit den in Art. 1 freigestellten Verpflichtungen vereinbart werden. Diese in Art. 2 Abs. 2 Satz 1 getroffene Feststellung der Kommission wird in Art. 2 Abs. 2 Satz 2 noch um eine Art. 1 Abs. 3 entsprechende „Minusklausel" ergänzt.

Die Kommission ist der Überzeugung, daß die in Artikel 2 aufgenommenen Verpflichtungen der Rechtssicherheit und den Interessen der betroffenen Unternehmen dienen. Ausdrücklich wird darauf hingewiesen, daß die Aufzählung gemäß Art. 2 nicht erschöpfend sei[250]. Bei der Aufnahme von Verpflichtungen des Art. 2 in einen Patentlizenzvertrag ist zu beachten, daß diese Verpflichtungen z. T. durch Verpflichtungen des Art. 3[251] ergänzt bzw. näher bestimmt werden. Aus diesen Verpflichtungen des Art. 3 können sich daher Rückschlüsse auf den Umfang der Klauseln des Art. 2 ergeben.

---

247 *EuGH*, Urteil vom 31. 10. 1974, AS 1974 S. 1163, Rdnr. 10/12 – "Centrafarm/Sterling Drug"; Urteil vom 9. 7. 1985, AS 1985 S. 2291, 2297 Rdnr. 22 = WuW/E EWG/MUV 712 ff. = GRUR Int. 1985 S. 822 – "Pharmon/Hoechst"; zum Urheberrecht ergingen folgende Entscheidungen: *EuGH*, Urteil vom 20. 1. 1981, AS 1981 S. 147, 161, Rdnr. 10, 15, 18 – "GEMA/K-tel International"; Urteil vom 24. 1. 1989, GRUR Int. 1989 S. 319 = NJW 1989 S. 1428 = AS 1989 S. 92 ff. – "EMI Electrola/Patricia u. a.".

248 Vgl. zu diesem höchst strittigen Sachverhaltskomplex die anschauliche Zusammenstellung bei *Wiedemann*, a.a.O., II S. 244 ff. Rdnr. 32 f. mit zahlreichen weiteren Nachweisen aus der Literatur und der Rechtsprechung.

249 „Weiße Liste".

250 BE Nr. 18.

251 „Schwarze Liste".

b) Freigestellte Verpflichtungen

aa) Des Lizenznehmers im Hinblick auf

(1) Bezugsbindung

633 Nr. 1 enthält die Verpflichtung des Lizenznehmers, vom Lizenzgeber oder von einem von diesem bezeichneten Unternehmen Erzeugnisse zu beziehen oder Dienstleistungen in Anspruch zu nehmen, soweit diese Erzeugnisse oder Dienstleistungen für eine technisch einwandfreie Benutzung der Erfindung notwendig sind.

Der Schutzwert dieser Verpflichtung ist darin zu sehen, daß den Lizenzvertragsparteien in technischer Hinsicht eine möglichst problemlose Benutzung der lizenzierten Erfindung ermöglicht werden soll. Die Kommission hat in einer allerdings vor dem Erlaß dieser GVO liegenden Entscheidung die in einem Patentlizenzvertrag über ein patentiertes Verfahren und ein patentiertes Gerät zur Wurstherstellung enthaltene Bezugsbindung für nicht patentgeschützte Wurstdärme als nicht zulässig angesehen[252]. Neben Roh- und Hilfsstoffen, Vorprodukten und Teilen können auch Vorrichtungen und Maschinen, die zur Herstellung des patentierten Erzeugnisses eingesetzt werden, „Erzeugnisse" gemäß Nr. 1 sein[253].

Grabitz/Koch[254] stellen im Hinblick auf die „Notwendigkeit" der Bezugsbindung darauf ab, daß der Umfang der Freistellung durch dieses Merkmal nicht so stark begrenzt werde, wie dies noch im Entwurf dieser GVO hinsichtlich des anstatt der „Notwendigkeit" gewählten Begriffs der „Unerläßlichkeit" der Fall gewesen sei. Wiedemann[255] verweist in diesem Zusammenhang darauf, daß die begriffliche Änderung deshalb vorgenommen worden sei, um eine verbesserte „Flexibilität" zu erreichen. In § 20 Abs. 2 Nr. 1 GWB wird gefordert, daß Beschränkungen „gerechtfertigt" zu sein haben.

Eine Freistellung erfolgt demgegenüber nicht, wenn ein Vertragspartner bei Abschluß der Lizenzvereinbarung zum Bezug von von ihm nicht gewünschten Erzeugnissen veranlaßt wird, es sei denn, daß diese

---

252 Entscheidung der Kommission vom 10. 1. 1979, ABl. 1979 Nr. L 19 S. 32 ff. = WuW/E EV 807 – "Vaessen/Morris".
253 Vgl. *Grabitz/Koch*, a.a.O., Art. 85 Rdnr. 274 ff. mwN und 329.
254 A.a.O., Art. 85 Rdnr. 329.
255 A.a.O., II S. 264 Rdnr. 4.

Erzeugnisse für eine technisch einwandfreie Benutzung der lizenzierten Erfindung *unerläßlich* sind[256].

Offensichtlich liegt hier ein „Redaktionsversehen" vor. Der englische[257] und der französische[258] Verordnungstext sind wohl versehentlich nicht korrekt übersetzt worden[259].

(2) Ausübungspflicht

In Nr. 2 wird die zulässige Verpflichtung des Lizenznehmers beschrieben, eine Mindestlizenzgebühr zu zahlen oder eine Mindestmenge der Lizenzerzeugnisse herzustellen oder eine Mindestzahl von Benutzungshandlungen vorzunehmen. Dagegen ist es gemäß Art. 3 Nr. 5 verboten, einem Vertragspartner Mengenbeschränkungen aufzuerlegen. Entsprechende Klauseln sind in Art. 2 Abs. 1 Nr. 9 und Art. 3 Nr. 7 der GVO Know-How berücksichtigt.

634

Nr. 2 beinhaltet zugunsten des Lizenzgebers eine Verpflichtung des Lizenznehmers, die Lizenz in einem bestimmten Mindestumfang auszuüben. Durch eine derartige Klausel wird der ausschließliche Lizenznehmer daran gehindert, den Vertrag lediglich als „Schubladenvertrag" zu behandeln. Eine derartige Intention könnte der ausschließliche Lizenznehmer z. B. deshalb haben, weil das lizenzierte Erzeugnis ein Konkurrenzprodukt zu einem anderen Produkt des Lizenznehmers darstellt und somit den Absatz des eigenen Produkt des Lizenznehmers gefährden könnte. Pagenberg-Geissler[260] sehen in einer solchen Verpflichtung des Lizenznehmers dann eine sittenwidrige Knebelung, wenn der Lizenznehmer im technischen Anwendungsbereich der Lizenz nicht über das notwendige Know-How verfügt und eine Verwertung wirtschaftlich unmöglich ist. Eine Wettbewerbsbeschränkung liege dagegen bei einer 100%igen Auslastung der lizenzgebundenen Produktionskapazität des Lizenznehmers vor. Diese Möglichkeit der Sicherung der Lizenzgebühreneinnahmen des Lizenzgebers soll auch bei der Erteilung nicht ausschließlicher Lizenzen gelten[261]. Die von Pagenberg-Geissler gezogenen rechtlichen Grenzen dürften auch für

---

256 Art. 3 Nr. 9.
257 "necessary".
258 „nécessaires".
259 *Bunte/Sauter III* 3, a.a.O., Rdnr. 61 und *Ebel*, WRP 1985 S. 389 berücksichtigen diese Übersetzungsfehler nicht und kommen daher zu anderen Ergebnissen; siehe zu dieser Problematik *Wiedemann*, a.a.O., II S. 264 Rdnr. 5 und S. 303 Rdnr. 72.
260 *Pagenberg/Geissler*, a.a.O., S. 126 Rdnr. 172; siehe auch *Grabitz/Koch*, a.a.O., Art. 85 Rdnr. 277 mwN.
261 *Wiedemann*, a.a.O., II S. 265 Rdnr. 8.

die nicht ausschließliche Lizenz gelten. Man kann sich allerdings auch fragen, ob bei einer nicht ausschließlichen Lizenz überhaupt eine Ausübungsverpflichtung zulässig ist. Der Lizenzgeber hat durch die Vergabe von nicht ausschließlichen Lizenzen die Möglichkeit, das Risiko, Lizenzgebühren zu bekommen, gestreut und könnte daher als weniger schutzwürdig anzusehen sein. In diesem Zusammenhang stellt sich des weiteren die Frage, ob dies auch dann gilt, wenn der Lizenzgeber lediglich eine nicht ausschließliche Lizenz erteilt hat und dem Lizenzgeber dadurch nur die theoretische Möglichkeit zur Erzielung weiterer Lizenzeinnahmen durch andere Lizenznehmer offensteht. Ist letzteres auch dann zu bejahen, wenn in öffentlich[262] geförderten Projekten – in der Regel lassen öffentliche Förderbedingungen nur die Erteilung nicht ausschließlicher Lizenzen zu – Erfindungen entstehen, die dann lediglich von einem Projektpartner mittels einer nicht ausschließlichen Lizenz verwertet werden sollen? In Art. 6 c) GVO F+E wird lediglich die Festlegung von Höchstmengen als unzulässig angesehen[263].

Die mit „Mindestklauseln" gemäß Nr. 2 beabsichtigte Wirkung läßt sich allerdings auch mit einer Klausel, nach der der Lizenznehmer z. B. sich verpflichtet, nach bestem Wissen und Gewissen die Lizenz auszuüben, oder auch durch eine Klausel erreichen, die den Lizenznehmer zur Zahlung einer Einstandssumme[264], die unabhängig von einer laufenden Umsatz-/Stücklizenzgebühr zu zahlen ist, verpflichtet. Die Klausel, die lizenzierte Erfindung nach besten Kräften auszuwerten, wird in Art. 3 Nr. 3 als zulässig bezeichnet. Ein Verstoß gegen Art. 85 Abs. 1 EWGV liegt daher nicht vor[265]. Venit[266] und Wiedemann[267] sehen auch in der Verpflichtung zur Erreichung bestimmter Mindestverkaufsmengen bzw. -erlöse keine wettbewerbsbeschränkende Regelung.

Wiedemann[268] ist für den Fall, daß die Verpflichtung zur Herstellung einer Mindestmenge der Lizenzerzeugnisse sich auf einen relativ hohen Anteil des in Betracht kommenden Absatzes beziehe, es nicht auszuschließen sei, daß die Mindestmengenverpflichtung den Lizenznehmer

---

262 Z. B. EG oder BMFT.
263 *Wiedemann*, a.a.O., I S. 265 Rdnr. 19 mwN.
264 Down Payment, Lump Sum, Grundlizenzgebühr, Pauschalbetrag.
265 *Korah*, Patent Licensing, a.a.O., S. 49 und *Wiedemann*, a.a.O., II S. 265 Rdnr. 8.
266 Antitrust Bull. 1986 S. 498.
267 A.a.O., wie vor.
268 A.a.O., II S. 265 Rdnr. 9.

dann indirekt davon abhalte, Wettbewerbstechnologien im Sinne des Art. 3 Nr. 3 zu entwickeln oder auszuwerten. Die Verpflichtungen der „Weißen Liste" müßten wegen der Systematik der GVO und im Interesse der Rechtssicherheit allerdings Vorrang vor den Verpflichtungen der „Schwarzen Liste" haben, wenn nicht ausdrücklich etwas anderes angeordnet werde. Dieser Meinung ist auch Korah[269]. Hierin liege deshalb keine Beschränkung gem. Art. 3[270].

(3) Technischen Anwendungsbereich

In Nr. 3 werden die sog. „field of use"-Klauseln, die die Benutzung der **635** lizenzierten Erfindung auf einen oder mehrere von verschiedenen technischen Anwendungsbereichen beschränken, die vom lizenzierten Patent erfaßt werden, für zulässig erklärt[271]. Die Monopolstellung eines Patentinhabers berechtigt diesen, die lizenzierte Erfindung in unterschiedlichen technischen Anwendungsgebieten zu lizenzieren. Die gleiche Möglichkeit wird auch dem Know-How-Geber zugestanden[272]. Sowohl der Patent- als auch der Know-How-Geber[273] dürfen derartige Beschränkungen nicht als verschleiertes Mittel zur Aufteilung der Kunden anwenden. Als Begründung für die Berechtigung des Patentinhabers, die Patentlizenz auf unterschiedliche technische Anwendungsbereiche beschränken zu können, wird zusätzlich die Möglichkeit des Patentinhabers herangezogen, eine vielseitig nutzbare Erfindung ja durch entsprechende Formulierung der Patentansprüche in mehrere selbständige Patente aufteilen zu können, so daß ein Verbot leerlaufen würde. Dieser Weg ist zwar für den Patentinhaber grundsätzlich begehbar. In der Regel wird jedoch versucht, Patentansprüche eines Patents so allgemein zu formulieren, daß ein möglichst weiter Schutzumfang des Patents erreicht wird. Neben dem Wunsch nach einem möglichst umfangreichen Schutzbereich eines Patents dürfte in einigen Fällen auch der mit zahlreichen Patentanmeldungen verbundene erhebliche Kostenaufwand die von Wiedemann vorgeschlagene Möglichkeit in der Praxis als nicht gangbar erscheinen lassen. Auch der Auffassung, daß bei der GVO F+E die Beteiligten im Hinblick auf die neue Technologie Wettbewerber seien und über die Klausel eine Art Marktaufteilung

---

269 A.a.O., Patent Licensing S. 49.
270 Siehe zu diesem Problem bereits *Pagenberg/Geissler*, a.a.O., wie vor.
271 Vgl. auch die entsprechende Klausel in Art. 2 Abs. 1 Nr. 8 der GVO Know-How und Art. 4 Abs. 1 e) GVO F + E, die zwar in derartigen Klauseln eine Wettbewerbsbeschränkung sieht, sie jedoch freistellt.
272 BE Nr. 16 GVO Know-How.
273 BE Nr. 16 GVO Know-How.

noch
635
herbeiführen könnten, kann nur bedingt zugestimmt werden[274]. Es kann und wird auch eine Marktaufteilung über field-of-use-Klauseln erreicht. Die Beteiligten der GVO F+E müssen dagegen nicht nur Wettbewerber sein. Staatlich geförderte Gesellschaften, die Auftragsforschung betreiben, nutzen die field-of-use-Klauseln sowohl bei der Akquisition von neuen Forschungs- und Entwicklungsaufträgen der Industrie und der öffentlichen Hand im Hinblick auf bereits vor Akquisitionsbeginn vorhandene Patente als auch – um sich eine zusätzliche Einnahmequelle zu verschaffen – bei der direkten Lizenzierung von Patenten an Dritte, d. h. mit der Lizenzierung ist nicht die Erteilung eines Forschungsauftrags durch einen Dritten verbunden. Korah[275] und Wiedemann[276] ist dagegen wiederum zuzustimmen, wenn sie der Auffassung sind, daß derartige Klauseln „auch die aus den Lizenzgebühren resultierende Belastung der Lizenznehmer entsprechend deren technischen Fähigkeiten reduzieren, wenn sie an einer Verwertung aller technischer Anwendungsbereiche nicht interessiert seien".

Nach wie vor besteht keine Klarheit bezüglich der Definition der „technischen Anwendungsbereiche". Die Kommission hat zwar Lizenzbeschränkungen auf bestimmte Surfbrettmodelle als unzulässige Einschränkung der Handlungsfreiheit der Lizenznehmer in einem technischen Anwendungsbereich[277] beurteilt[278]. Auch die Entscheidung der Kommission, verschiedene technische Anwendungsbereiche lägen bei Dieselmotoren im Hinblick auf eine zivile und eine militärische Nutzungsmöglichkeit nicht vor[279], löst dieses Definitionsproblem nicht. In der Literatur wird davon ausgegangen, daß unterschiedliche technische Anwendungsbereiche regelmäßig gegeben seien, wenn die Erzeugnisse, die unter Benutzung der lizenzierten Erfindung hergestellt würden, einem anderen sachlich relevanten Markt angehörten als die von der Lizenz ausgeschlossenen Bereiche. Es werden hier die Beispiele Motoren oder Bremssysteme für Motorräder, Pkw oder Lkw, Pharmazeutika sowohl für den humanmedizinischen als auch veterinärmedizinischen Bereich, Schrauben mit unterschiedlicher Oberflächenbehand-

---

274 So *Wiedemann*, a.a.O., II S. 266 Rdnr. 10 zu diesen beiden Problemen.
275 A.a.O., Patent-Licensing S. 50.
276 A.a.O., wie vor.
277 „Herstellung von Steh-Seglern".
278 Entscheidung der Kommission vom 11. 7. 1983, ABl. Nr. L 229 S. 1 ff. = WuW/E EV 981, 983 – "Windsurfing International".
279 9. Wettbewerbsbericht der Kommission, 1980, S. 86, Rdnr. 114 f. – „Französischer Staat/Suralmo".

lung, Kfz-Motoren bis 2000 Kubikzentimeter und Motoren über 2000 Kubikzentimeter genannt[280]. Die Kommission hat bisher lediglich im Bereich der GVO Know-How[281] sich insofern zu diesem Problemkreis geäußert, als sie dort nicht nur die Beschränkung der Nutzung des überlassenen Know-How auf einen oder mehreren von verschiedenen technischen Anwendungsbereichen, sondern auch auf einen oder mehrere Produktmärkte für zulässig erklärt.

Es erscheint jedoch zweifelhaft, ob die von der Literatur[282] gewählte Definition der „technischen Anwendungsbereiche" als zutreffend bezeichnet werden kann. Es sollte hier hervorgehoben werden, daß es sich um einen anderen *technisch* relevanten Markt handelt, wenn von einem „sachlich" relevanten Markt die Rede ist. Da in Art. 2 Abs. 1 Nr. 3 GVO Patent nur die Verpflichtungen erfaßt sind, die vom lizenzierten Patent erfaßt werden und bei der Prüfung der Patentfähigkeit einer Erfindung durch ein Patentamt stets der „Stand der Technik" zu berücksichtigen ist, können hier nur „technisch" relevante Märkte bedeutsam sein. Es dürfte auch nicht zulässig sein, die von der Kommission in Art. 2 Abs. 1 Nr. 8 der GVO Know-How verwandte Formulierung „auf einen oder mehrere Produktmärkte" zur Erläuterung des Begriffs „technische Anwendungsbereiche" zu verwenden. Die Kommission hat ausdrücklich[283] diese Formulierung als Alternative zu der anderen Nutzungsbeschränkung „auf einen oder mehrere von verschiedenen technischen Anwendungsbereichen" dargestellt. Bei diesen Produktmärkten muß es sich daher nicht unbedingt um „technische" Produktmärkte handeln. Verschiedene Produktmärkte könnten z. B. unter dem Kriterium zu sehen sein, daß ein Lizenzerzeugnis sowohl für eine „Normal"- als auch für eine „Luxus"-Ausführung eines Produkts benutzt werden kann, es also auf die „Technik" gar nicht ankommt[284]. In diesem Zusammenhang könnten die von der Kommission veröffentlichten Leitlinien für die Anwendung der EG-Wettbewerbsregeln im Telekommunikationsbereich eine Auslegungshilfe bieten[285]. In diesen

---

280 *Wiedemann*, a.a.O., I S. 241 f. Rdnr. 25 ff. und *Wiedemann*, a.a.O., II S. 266 ff. Rdnr. 12 ff. unter Hinweis auf *Axster*, GRUR 1985 S. 581, 590, *Korah*, Patent Licensing, S. 55, *White*, IIC 1985 S. 664, 692, *Venit*, Antitrust-Bull. 1985 S. 499.

281 Art. 2 Abs. 1 Nr. 8.

282 Siehe oben Fußn. 280 ff.

283 „oder".

284 Siehe hierzu auch *Axster*, GRUR 1985 S. 581, 590 und *Wiedemann*, a.a.O., II S. 267 Rdnr. 12.

285 ABl. Nr. C 233 vom 6. 9. 1991 S. 2 = EuZW 1991, 611.

Leitlinien wird zunächst der Begriff des „relevanten Marktes" erläutert[286].

„Unterschiedliche Produktmärkte" sollen als Kriterium für die Abgrenzung der Anwendungsbereiche des Art. 2 Abs. 1 Nr. 3 und des Art. 3 Nr. 7 dieser GVO geeignet sein. Art. 3 Nr. 7 dieser GVO soll ein Verbot der Aufteilung nach verschiedenen „kommerziellen Anwendungsbereichen" beinhalten[287].

(4) Nachvertragliches Nutzungsverbot des lizenzierten Patents

636   Nach Nr. 4 ist die Verpflichtung des Lizenznehmers zulässig, nach Ablauf der Vereinbarung das Patent nicht mehr zu benutzen, soweit es noch in Kraft ist. Diese Regelung gilt ausdrücklich nur für Patente; sinngemäß allerdings auch für gemischte Patentlizenz-/Know-How-Verträge, die unter diese GVO fallen[288]. Auch hat die Kommission inzwischen klargestellt, daß eine Verpflichtung zur Nichtbenutzung von geheimem Know-How nach Vertragsablauf zulässig ist, da anderenfalls der erwünschte Technologietransfer verhindert wird[289].

Falls der Lizenznehmer aufgrund des ihm vom Lizenzgeber im Rahmen von gemischten Patentlizenz-/Know-How-Verträgen, die unter diese GVO fallen, übertragenen Know-How Verbesserungserfindungen macht, sollen daraus entstehende Probleme insoweit lösbar sein, als sich die Partner des gemischten Vertrages hinsichtlich des Know-How und bezüglich der vom Lizenznehmer geschaffenen Verbesserungen wechselseitig von dem Gebot zur Nichtbenutzung nach Vertragsablauf freistellen oder aber der Lizenzgeber dem Lizenznehmer für die Nutzung nach Vertragsablauf eine angemessene Gebühr zahlt entsprechend Art. 2 Abs. 1 Nr. 4 der GVO Know-How[290]. Eine wechselseitige Freistellung vom nachvertraglichen Nutzungsverbot bezüglich des Know-How erscheint hier jedoch insofern nicht sinnvoll, als der Lizenznehmer aufgrund seiner Verbesserungserfindungen dem Lizenzgeber zusätzlich eine entsprechende Patentlizenz erteilen muß, damit der Lizenzgeber auch das Know-How berechtigt nutzen kann. Im

286 Siehe dazu noch Rdnr. 658.
287 *Wiedemann*, a.a.O., II S. 267 Rdnr. 13 und *Bunte/Sauter*, a.a.O., III 3 Rdnr. 55.
288 Art. 2 Abs. 1 Nr. 3 GVO Know-How.
289 Entscheidung der Kommission vom 22. 12. 1987, ABl. 1988 Nr. L 69 S. 21, Rdnr. 34 = WuW/E EV 1337 ff. = WuW 1988 S. 302 = GRUR Int. 1988 S. 505 – "Rich Products/Jus-rol" und vom 13. 10. 1988, ABl. 1988 Nr. L 309 S. 34, Rdnr. 35 = WuW/E EV 1374, 1377 = GRUR Int. 1989 S. 220 – „Delta-Chemie/DDD".
290 So *Wiedemann*, a.a.O., II S. 269 Rdnr. 17.

übrigen dürfte dieser Fall auch durch Art. 2 Abs. 1 Nr. 10 dieser GVO gedeckt sein. Danach sind Verpflichtungen der Vertragspartner, sich gegenseitig ihre Erfahrungen, die die Benutzung der lizenzierten Erfindung betreffen, mitzuteilen und sich eine Lizenz an Verbesserungs- und Anwendungserfindungen zu gewähren, soweit diese Mitteilung oder Lizenz nicht ausschließlich ist, zulässig.

(5) Verbot der Unterlizenzierung oder Lizenzübertragung

Auch die Verpflichtung des Lizenznehmers, keine Unterlizenzen zu **637** erteilen oder die Lizenz nicht weiter zu übertragen, ist gemäß Abs. 1 Nr. 5 zulässig[291]. Die Kommission hat die Zulässigkeit der Verpflichtung, keine Unterlizenzen zu erteilen[292], angenommen.

(6) Lizenzvermerk auf Lizenzerzeugnis

Die Kommission war darüber hinaus der Auffassung, daß auch die **638** Verpflichtung des Lizenznehmers, auf dem Lizenzerzeugnis einen Vermerk über den Patentinhaber, das lizenzierte Patent oder die Patentlizenzvereinbarung anzubringen, unbedenklich ist[293]; vgl. auch hier wieder die entsprechende Regelung in der GVO Know-How[294]. In dieser Vorschrift kommt zunächst der Wunsch des Lizenzgebers bzw. auch dessen Verpflichtung gegenüber der Allgemeinheit zum Ausdruck, dieser über den Patentinhaber, aber auch indirekt über den Inhalt eines Patents, Kenntnis zu geben. Andererseits muß der Lizenzgeber beachten, daß nach dem Produkthaftungsgesetz, das ab dem 1. 1. 1990 gilt, alle Personen haften, die sich durch das Anbringen ihres Namens, ihres Warenzeichens oder eines anderen unterscheidungskräftigen Kennzeichens auf dem Produkt als Hersteller ausgeben[295]. Auf die Verpflichtung des Lizenznehmers gemäß Art. 1 Abs. 1 Nr. 7 dieser GVO wurde bereits eingegangen[296].

Zur Definition des Begriffs Lizenzerzeugnis kann wieder auf BE Nr. 10 verwiesen werden, wonach unter „Lizenzerzeugnis" das Erzeugnis zu verstehen ist, das Gegenstand des lizenzierten Patents ist oder das unmittelbar aus dem lizenzierten Verfahren hervorgeht. Problematisch wird diese Verpflichtung des Lizenznehmers in der Regel erst dann, wenn das Lizenzerzeugnis nur teilweise über das

---

291 Vgl. auch den entsprechenden Artikel 2 Abs. 1 Nr. 2 der GVO Know-How.
292 In ihrer Entscheidung GRUR Int. 1987 S. 418 – "Mitchell-Cotts/Sofiltra".
293 Art. 2 Abs. 1 Nr. 6.
294 Art. 2 Abs. 1 Nr. 11.
295 § 4 Abs. 1 Satz 2 ProdHaftG; vgl. hierzu auch *Groß*, CR 1990 S. 438 ff.
296 S. o. Rdnr. 628.

lizenzierte Patent geschützt ist. Diese Konstellation bestand beispielsweise auch in der Sache „Windsurfing International". Die Kommission und später der EuGH hatten sich mit Lizenzverträgen über die Auswertung von Patenten an sog. Stehseglern bzw. Teilen (Rigg) davon zu befassen. Der EuGH teilte die Auffassung der Kommission, wonach eine Wettbewerbsbeschränkung insofern bejaht wurde, als die Lizenznehmer nicht auf ihre Eigenschaft als Entwickler der Surfbretter hinweisen durften und die von ihnen bereits hinsichtlich des Verkaufs von Surfbrettern erlangte Marktposition nicht ausbaubar war[297].

(7) Geheimhaltungspflicht

639 In Art. 2 Abs. 1 Nr. 7 wird die Verpflichtung des Lizenznehmers, vom Lizenzgeber mitgeteiltes technisches Wissen geheimzuhalten, wobei diese Verpflichtung dem Lizenznehmer auch über das Ende der Vereinbarung hinaus auferlegt werden darf, als zulässig eingestuft[298]. Diese Regelung verhindert, daß der Lizenznehmer ihm im Rahmen des Lizenzvertrages überlassenes Know-How während der Laufzeit des Lizenzvertrages, aber auch nach dessen Ende, gemeinfrei werden läßt und somit der Lizenzgeber keine Möglichkeit mehr hätte, dieses Know-How auch anderen Interessenten lizenzpflichtig zukommen zu lassen. Das mitlizenzierte Know-How darf nicht offenkundig, d. h. muß geheim sein und zu einer besseren Nutzung der lizenzierten Patente beitragen gemäß BE Nr. 9 dieser GVO. Der Begriff „geheim" wird in Art. 1 Abs. 7 Nr. 2 der GVO Know-How – wie bereits erwähnt – definiert.

Ob für den Lizenznehmer die Verpflichtung zur Geheimhaltung des Know-How auch über das Ende der Vereinbarung hinaus, also auch nach Ablauf der Laufzeit des Patents, oder aber für einen kürzeren Zeitraum auferlegt wird, ist unwesentlich. Bei letzterer Fallgestaltung liegt eine „Minus"-Klausel gemäß Art. 2 Abs. 2 vor. In diesem Zusammenhang ist auf die Entscheidung der Kommission „Boussois-Interpane"[299] zu verweisen. Die Kommission hielt in diesem Fall eine

---

297 Entscheidung der Kommission vom 11. 7. 1983, ABl. 1983 Nr. L 229 S. 1, 14 = WuW/E EV 981 ff. = GRUR Int. 1984 S. 171; *EuGH*, Urteil vom 25. 2. 1986, AS 1986 S. 643, 659, Rdnr. 68–74 = WuW EWG/MUV 725 ff. = WuW 1987 S. 175 = GRUR Int. 1986 S. 635.

298 Vgl. auch hier wieder die entsprechende Klausel in Art. 2 Abs. 1 Nr. 1 der GVO Know-How und Art. 5 Abs. 1 d) der GVO F + E.

299 Entscheidung der Kommission vom 15. 12. 1986, ABl. 1987 Nr. L 50 S. 30 Rdnr. 6, 16 ff. = WuW/E EV 1233 ff. = GRUR Int. 1987 S. 587.

fünfjährige Geheimhaltungspflicht bezüglich des lizenzierten Know-How für zulässig[300].

Art. 2 Abs. 1 Nr. 7 soll auch für Verpflichtungen des Lizenzgebers im Hinblick auf ihm vom Lizenznehmer mitgeteiltes Verbesserungs-Know-How[301] entsprechend gelten[302]. Diese Auffassung dürfte jedoch nur dann zutreffen, wenn gemäß Art. 2 Abs. 1 Nr. 10 die Vertragspartner sich gegenseitig verpflichten, die mitgeteilten Erfahrungen, die zudem noch einen Bezug zur lizenzierten Erfindung haben müssen und nur im Wege der nicht ausschließlichen Lizenz mitteilbar sind, geheimzuhalten.

· Entgegen dem Wortlaut dieser GVO[303] sowie entgegen der GVO Know-How[304] soll nicht nur technisches Wissen, sondern auch kommerzielles Wissen zu dem Know-How zählen, da die Aufzählung in dieser GVO[305] nicht erschöpfend sei und somit eine Wettbewerbsbeschränkung, insbesondere unter dem Gesichtspunkt der Notwendigkeit des Know-How für das Zustandekommen der Vereinbarung, nicht vorliege[306].

(8) Angriff des lizenzierten Patents

Unbedenklich sind nach Auffassung der Kommission auch Verpflichtungen, **640**

– Patentverletzungen dem Lizenzgeber anzuzeigen,
– gegen einen Patentverletzer gerichtlich vorzugehen,
– dem Vertragspartner gegen einen Patentverletzer in einem Patentverletzungsverfahren Beistand zu leisten.

Allerdings dürfen solche Verpflichtungen das Recht des Lizenznehmers, das lizenzierte Patent anzugreifen, nicht berühren[307].

Der zugegebenermaßen auf den ersten Blick sich ergebende Widerspruch, daß der Lizenznehmer einerseits dem Lizenzgeber gegen einen Patentverletzer in einem Patentverletzungsverfahren Beistand leisten muß, und andererseits, daß der Lizenznehmer das lizenzierte Patent

---

300 Dieser Meinung ist auch *Wiedemann*, a.a.O., II S. 271 Rdnr. 22.
301 Art. 2 Abs. 1 Nr. 10.
302 *Wiedemann*, a.a.O., II S. 271 Rdnr. 23.
303 Nr. 7 und BE Nr. 9.
304 Art. 1 Abs. 7 Nr. 1.
305 Abs. 2 Abs. 1.
306 *Korah*, Patent Licensing, S. 54 und *Wiedemann*, a.a.O., II S. 271 Rdnr. 24.
307 Art. 2 Abs. 1 Nr. 8; vgl. auch Art. 2 Abs. 1 Nr. 6 der GVO Know-How und Art. 5 Abs. 1 e der GVO F + E.

selbst nicht angreifen darf[308], wird durch die Kündigungsmöglichkeit des Lizenzgebers im Falle des Angriffs des lizenzierten Patents[309] aufgehoben[310].

(9) Qualitätsvorgaben

641 Freigestellt sind auch Verpflichtungen des Lizenznehmers, Vorschriften über die Mindestbeschaffenheit des Lizenzerzeugnisses, soweit sie im Interesse einer technisch einwandfreien Benutzung der Erfindung notwendig sind, einzuhalten und entsprechende Kontrollen zu dulden[311]. Mit derartigen Regelungen dürfte gewährleistet werden, daß Qualitätsmerkmale des Produkts des Lizenzgebers nicht verwässert werden und dementsprechend ein angesehenes Produkt und damit auch der Name des Lizenzgebers keinen Schaden erleidet bzw. eine Produkteinführung unnötig erschwert wird. Gleichzeitig kann möglicherweise dadurch erreicht werden, daß Produkte aus der EG im Verhältnis zu Produkten aus Ländern außerhalb der EG einen bestimmten Qualitätsstandard erhalten bzw. aufrechterhalten, der diese Produkte im internationalen Wettbewerb konkurrenzfähiger machen könnte. Zum Begriff der „Notwendigkeit" derartiger Verpflichtungen im Interesse einer einwandfreien Benutzung der Erfindung liegen noch keine Entscheidungen der Kommission oder des EuGH vor. Korah[312] und auch Wiedemann[313] sind der Auffassung, daß es aus sachlichen Gründen zulässig sei, im Hinblick auf die Notwendigkeit einer Mindestbeschaffenheitsverpflichtung letztere nicht allen Lizenznehmern aufzuerlegen. In diesem Zusammenhang ist auch Art. 2 Abs. 1 Nr. 11 dieser GVO, der in bestimmten Umfang Meistbegünstigungsklauseln zuläßt, zu beachten.

Bereits vor Erlaß dieser GVO hielt die Kommission derartige Klauseln für nicht bedenklich[314]. Die entsprechende Verpflichtung muß die Mindestbeschaffenheit des Lizenzerzeugnisses betreffen. Zum Begriff „Lizenzerzeugnis" kann auf die bisherigen Ausführungen[315] verwiesen

---

308 Vgl. auch insoweit Art. 3 Nr. 1 dieser GVO.
309 Art. 3 Nr. 1.
310 Vgl. zu der damit verbundenen Diskussion nur *Wiedemann*, a.a.O., II S. 271 f. Rdnr. 25.
311 Art. 2 Abs. 1 Nr. 9; vgl. auch die entsprechenden Regelungen in Art. 2 Abs. 1 Nr. 5 erste Alternative GVO Know-How und Art. 5 Abs. 1 h GVO F + E.
312 Patent Licensing S. 56.
313 A.a.O., II S. 273 Rdnr. 28.
314 Vgl. z. B. Entscheidung der Kommission vom 9. 6. 1972, ABl. 1972 Nr. L 143 S. 39 ff. = WuW/E EV 413 – "Raymond/Nagoya".
315 Rdnr. 629.

werden. Der EuGH schloß sich in der Sache „Windsurfing International" der Auffassung der Kommission an, daß die Beachtung von Qualitäts- und Sicherheitsnormen und von Qualitätskontrollen nur insoweit vom spezifischen Gegenstand des Patents abgedeckt ist, wie sich diese auf ein vom Patent erfaßtes Erzeugnis beziehen. Darüber hinaus muß diese Kontrolle der Durchsetzung der im Patent enthaltenen und vom Lizenznehmer benutzten technischen Anweisungen dienen. Schließlich hat die Kontrolle nach im voraus festgelegten, objektiv nachprüfbaren Qualitäts- und Sicherheitskriterien zu erfolgen. Anderenfalls hätte der Lizenzgeber die Möglichkeit, willkürlich eine Artikel 85 entgegenstehende Qualitätskontrolle vorzunehmen[316].

Zulässig soll die unterschiedliche Ausgestaltung von Verpflichtungen über die Mindestbeschaffenheit des Lizenzerzeugnisses sein, falls die Erfindung verschiedene technische Anwendungsbereiche umfaßt[317].

Auch hier werden wieder (Produkt-)Haftungsfragen insoweit relevant, als der Lizenznehmer nach den Qualitätsvorgaben des Lizenzgebers Produkte herstellt und somit möglicherweise Produkthaftungsansprüche auch gegenüber dem Lizenzgeber durchgreifen könnten[318].

bb) Der Vertragspartner im Hinblick auf Mitteilung von Verbesserungen

Art. 2 Abs. 1 Nr. 10 nimmt Bezug auf Verpflichtungen der Vertrags- **642**
partner, sich gegenseitig ihre Erfahrungen, die die Benutzung der lizenzierten Erfindung betreffen, mitzuteilen und sich eine Lizenz an Verbesserungs- und Anwendungserfindungen zu gewähren, soweit diese Mitteilung oder Lizenz nicht ausschließlich ist[319].

Einseitige Verpflichtungen des Lizenznehmers oder des Lizenzgebers werden von dieser Regelung nicht erfaßt[320]. Darüber hinaus werden auch Verpflichtungen, die nicht die Lizenzierung von Verbesserungs-

---

316 Vgl. *EuGH*, Urteil vom 25. 2. 1986, AS 1986 S. 643, 655 = WuW/E EWG/MUV 725 ff. = WuW/E 1987 S. 175 = GRUR Int. 1986 S. 635; *Bunte/Sauter*, a.a.O., III 3 Rdnr. 44; *Wiedemann*, a.a.O., II S. 273 f. unter Hinweis auf *Wedekind*, a.a.O., S. 250.
317 *Korah*, Patent Licensing, S. 56 und *Wiedemann*, a.a.O., II S. 274 Rdnr. 30.
318 Vgl. *Groß*, CR 1990 S. 438 ff.
319 Vgl. hierzu auch die bereits vor Erlaß dieser GVO ergangene Entscheidung der Kommission vom 9. 6. 1972, ABl. 1972 Nr. L 143/39 = WuW/E EV 413, 415 ff. – "Raymond/Nagoya"; sehr differenziert ist in diesem Fall die entsprechende Klausel des Art. 2 Abs. 1 Nr. 4 der GVO Know-How.
320 „gegenseitig".

642 und Anwendungserfindungen betreffen, nicht berücksichtigt. Wenn diese beiden letztgenannten Fallgruppen Wettbewerbsbeschränkungen verkörperten, soll dennoch eine Freistellung im Widerspruchsverfahren möglich sein[321].

Axster[322] und Wiedemann[323] verneinen eine Wettbewerbsbeschränkung in dem Fall, daß der Lizenzgeber sich einseitig mit der Erteilung einer einfachen Lizenz bezüglich zukünftiger Erfindungen und zur Mitteilung zukünftigen Know-Hows bindet. Möglicherweise können hier auch die Verbote gemäß Art. 3 Nr. 2[324] und gemäß Art. 3 Nr. 9[325] eine Rolle spielen[326].

Der Verpflichtung zum „gegenseitigen" Leistungsaustausch soll das Recht zur eingeschränkten Nutzung durch den jeweiligen Empfänger einer Leistung gegenüberstehen[327]. Beispielsweise sei es dem Lizenznehmer einer Verbesserungserfindung[328] gestattet, die Lizenz auf nur ein bestimmtes Gebiet innerhalb der EG zu beschränken.

Unabhängig von der Frage, ob der Lizenzgeber einen Lizenzpool aus den Verbesserungserfindungen seiner Lizenznehmer unter der Voraussetzung ihm von den Lizenznehmern jeweils erteilten Unterlizenzen bilden darf[329], dürfte diese Fallkonstellation nur selten Praxisbezug haben. In der Regel legen insbesondere „kleinere" Lizenznehmer großen Wert darauf, daß der Lizenzgeber die Tatsache der Erteilung „ihrer" Lizenz nicht bekannt gibt. Der Lizenznehmer wird daran nicht interessiert sein, Unterlizenzen an Verbesserungserfindungen in einen Lizenzpool zugunsten Dritter einzubringen. Auch werden Verbesserungserfindungen – dies gilt jedenfalls im Rahmen der Vertragsforschung – regelmäßig nicht vom Lizenznehmer gemacht.

---

321 GRUR 1985 S. 590; *Korah*, Patent Licensing, S. 57; *Venit*, Antitrust Bull. 1985 S. 504 und *Wiedemann*, a.a.O., II S. 275 Rdnr. 32.
322 GRUR 1985 S. 590.
323 A.a.O., II S. 275 Rdnr. 33.
324 „Automatische Verlängerung der Dauer einer Lizenzvereinbarung über die Laufzeit der bei Abschluß der Vereinbarung bestehenden lizenzierten Patente hinaus durch Einbeziehung eines neuen Patents des Lizenzgebers".
325 "Block Licensing".
326 Vgl. auch die Entscheidung der Kommission vom 12. Juli 1985, ABl. 1985 Nr. L 233 S. 22, 28 = WuW/E EV 1131 ff. = WuW 1986 S. 1027 = GRUR Int. 1986 S. 116 – "Velcro/Aplix", nach der eine einseitige Verlängerung der Patentlizenzvereinbarung ohne besondere Abrede nicht möglich ist.
327 *Wiedemann*, a.a.O., II S. 275 f. Rdnr. 34 unter Hinweis auf *Korah*, Patent Licensing, S. 57 und *Van Bael/Bellis* S. 171.
328 = Lizenzgeber der ursprünglichen Erfindung.
329 So *Wiedemann*, a.a.O., II S. 275 f. Rdnr. 34.

cc) Des Lizenzgebers im Hinblick auf Meistbegünstigung

Zu der Liste der zulässigen Verpflichtungen zählt auch diejenige des **643**
Lizenzgebers, dem Lizenznehmer günstigere Lizenzbedingungen
zugute kommen zu lassen, die der Lizenzgeber einem anderen Unternehmen nach Abschluß der Vereinbarungen gewährt[330].

Die Kommission und auch das BKartA lassen Meistbegünstigungsklauseln in Lizenzverträgen zu[331].

Einem zukünftigen Lizenznehmer können daher durchaus bessere
Bedingungen eingeräumt werden als dem bisherigen Lizenznehmer.
Diese besseren Bedingungen müssen dann jedoch gemäß Abs. 1
Nr. 11 auch dem bisherigen Lizenznehmer zugute kommen. Schlech-
tere Lizenzbedingungen, die der Lizenzgeber mit einem zukünftigen
Lizenznehmer vereinbart, wirken sich nach dem Wortlaut des Abs. 1
Nr. 11 dagegen nicht zu Lasten des bisherigen Lizenznehmers aus.

Problematisch erscheint im Hinblick auf Nr. 11 der Umstand, daß
derartige Verpflichtungen sowohl für ausschließliche als auch für nicht
ausschließliche Lizenzen gelten. In der Regel macht eine derartige
Meistbegünstigungsklausel nur in Verträgen mit einfachen Lizenznehmern Sinn, die ein Produkt mit den gleichen technischen Merkmalen
vertreiben. Bei ausschließlichen Lizenzen kämen demnach Meistbegünstigungsklauseln nur in den Verträgen vor, in denen ausschließliche
Lizenzen für verschiedene örtliche Vertragsgebiete erteilt werden.
Technisch unterschiedliche Produkte, d. h. Produkte, die zwar auf
demselben Patent, jedoch auf unterschiedlichen Ansprüchen dieses
lizenzierten Patents beruhen, können beispielsweise eine unterschiedliche Auswirkung auf den Produktpreis haben. Wird z. B. ein Laser
aufgrund einer ausschließlichen Patentlizenz vom Lizenznehmer für
medizinische Anwendungszwecke gebaut und stellt ein anderer ausschließlicher Lizenznehmer nach demselben Patent Laser zum Schneiden von metallischen Oberflächen her, wird sich allein aufgrund der
verschiedenen technischen Anwendungsgebiete ein jeweils anderer
Marktpreis zwangsläufig ergeben. Die unterschiedlichen Einsatzge-
biete des Lasers führen zu einem spezifischen Nachfragevolumen, das
sich wiederum auf die jeweiligen Marktpreise des jeweiligen speziellen
Produkts und damit auch auf die Lizenzgebühren auswirkt. Ein Medizinlaser wird z. Zt. noch nicht in dem Umfang verlangt, wie dies bei

---

330 Art. 2 Abs. 1 Nr. 11; siehe hierzu auch Art. 2 Abs. 1 Nr. 10 GVO Know-How.
331 Vgl. insofern zum Meinungsstand *Pagenberg/Geissler*, a.a.O., S. 252 ff.
Rdnr. 57 ff. und *Wiedemann*, a.a.O., II S. 276 f. Rdnr. 37, jeweils mwN.

einem Laser zum Schneiden von metallischen Oberflächen der Fall ist. Man wird daher in diesen Fällen wohl kaum der Ansicht sein können, daß für den Fall, daß z. B. der Medizinlaser herstellende Lizenznehmer, der eine höhere Lizenzgebühr als der „spätere Lizenznehmer", der Laser zum Schneiden von metallischen Oberflächen herstellt, zahlen muß, aufgrund dieser späteren, günstigeren Lizenzvereinbarung selbst auch den Vorzug einer geringeren Lizenzgebühr erhält. Dies ist lediglich ein Grund, der gegen Meistbegünstigungsklauseln spricht[332].

Der Begriff „Lizenzbedingungen" ist derart allgemein gefaßt, daß er alle in einem Lizenzvertrag geregelten Umstände der Lizenzierung erfassen dürfte, soweit sie „günstigere" Konsequenzen für den Lizenznehmer haben[333].

Aufgrund der nicht abschließenden Regelung von Verpflichtungen gemäß Art. 2 Abs. 1 sind auch darüber hinausgehende Verpflichtungen zwischen den Vertragsparteien vereinbar. Es sollen folgende Klauseln zulässig sein:

– Berichts- und Auskunftspflichten des Lizenznehmers zur Kontrolle seiner Verpflichtungen gemäß Art. 1 Abs. 1 und Art. 2 Abs. 1
– Einräumung eines Vorkaufsrechts an den lizenzierten Schutzrechten zugunsten des Lizenznehmers
– Gewährleistung für Rechtsmängel
– Haftung gegenüber Dritten nach Produkthaftpflichtrecht
– Liefer- und Zahlungsfristen oder Gewährleistung im Hinblick auf Bezugspflichten des Lizenznehmers für Vorprodukte
– Kündigungsbestimmungen und Vertragsstrafen
– Schiedsklauseln[334]

c) Minusklausel

644   Die in Art. 2 Abs. 1 aufgeführten Verpflichtungen sind, sofern sie aufgrund besonderer Umstände von dem Verbot des Art. 85 Abs. 1 EWGV erfaßt werden, ebenfalls freigestellt, selbst wenn sie nicht im Zusammenhang mit den in Art. 1 freigestellten Verpflichtungen ver-

---

332 Zur Lizenzgebührenproblematik und zu Problemen im Hinblick auf Verletzungsfälle im Zusammenhang mit einer Meistbegünstigungsklausel vgl. auch *Pagenberg/ Geissler*, a.a.O., S. 254 ff. Rdnr. 60 ff. mwN und *Wiedemann*, a.a.O., II S. 277 f. Rdnr. 40.
333 So auch *Wiedemann*, a.a.O., II S. 277 Rdnr. 39.
334 Vgl. insoweit *Grabitz/Koch*, a.a.O., Art. 85 Rdnr. 293 und *Wiedemann*, a.a.O., II S. 279 Rdnr. 48 ff.

einbart werden. Dies gilt ebenfalls, wenn Vertragspartner in einer Vereinbarung Verpflichtungen gemäß Abs. 1 aufnehmen, diesen Verpflichtungen aber einen weniger weiten Umfang geben, als dies nach Abs. 1 zulässig wäre[335].

Der Begriff „besondere Umstände" ist bislang nicht geklärt. Eine nähere Bestimmung durch die Kommission bzw. durch den EuGH wäre daher wünschenswert. Satz 1 läßt die Schlußfolgerung zu, daß auch nicht ausschließliche Patentlizenzvereinbarungen freigestellt sein können[336]. Die in Abs. 2 Satz 2 vorgesehene „Minusklausel" ist deckungsgleich mit Art. 1 Abs. 3[337].

4. Verbotene Verpflichtungen (Schwarze Liste)

a) Allgemeines

Die „Schwarze Liste" des Art. 3 enthällt 11 Verpflichtungen, die **645** bereits jeweils die Anwendbarkeit des Art. 1 und des Art. 2 Abs. 2 und des Widerspruchsverfahrens[338] ausschließen. Es genügt daher eine „schwarze Klausel", um die Gruppenfreistellung zu verhindern. Die Kommission ging beim Erlaß dieser GVO davon aus, daß für den Fall, daß im Einzelfall Vereinbarungen, die unter diese Verordnung fallen, gleichwohl Wirkungen haben sollten, die mit den in Art. 85 Abs. 3 des EWGV vorgesehenen Voraussetzungen unvereinbar sind, die Kommission nach Art. 7 der Verordnung Nr. 19/65/EWG den beteiligten Unternehmen den Rechtsvorteil der Gruppenfreistellung entziehen kann[339]. Des weiteren ging die Kommission davon aus, daß in dieser GVO außerdem angegeben werden müsse, welche Beschränkungen oder Bestimmungen nicht in von dieser GVO erfaßten Patentlizenzvereinbarungen enthalten sein dürfen, damit diesen der Rechtsvorteil dieser Gruppenfreistellung zukomme. In Art. 3 dieser GVO aufgezählten Beschränkungen könnten unter das Verbot des Art. 85 Abs. 1 EWGV fallen; für sie bestehe indessen keine allgemeine Vermutung derart, daß sie zu den von Art. 85 Abs. 3 EWG geforderten positiven Wirkungen führen, wie dies für eine Freistellung durch eine GVO notwendig wäre[340]. Diesen Erwägungen kann zunächst entnommen

---

335 Art. 2 Abs. 2
336 So auch *Wiedemann*, a.a.O., II S. 278 Rdnr. 43.
337 Vgl. insofern die Ausführungen zu Rdnr. 630.
338 Art. 4 Abs. 1.
339 BE Nr. 17 dieser GVO.
340 BE Nr. 19.

werden, daß die „Schwarze Liste" nicht nur beispielhaft verbotene Verpflichtungen aufzählt, sondern den Rahmen der verbotenen Klauseln abschließend bestimmt. Eine Einzelfreistellung soll jedoch möglich sein[341]. Wiedemann[342] ist der Auffassung, daß Art. 3 im Hinblick auf die mit ihm verbundenen diffizilen Auslegungsprobleme wettbewerbspolitisch verfehlt sei.

b) Verbotene Verpflichtungen

aa) Nichtangriff des lizenzierten Patents

646 Der Rechtsvorteil der Gruppenfreistellung kann gemäß Art. 3 Nr. 1 nicht in Anspruch genommen werden, wenn dem Lizenznehmer verboten wird, die lizenzierten Patente oder anderes im Gemeinsamen Markt gelegenes gewerbliches und kommerzielles Eigentum des Lizenzgebers oder mit ihm verbundener Unternehmen anzugreifen. Der Lizenzgeber behält jedoch das Recht, im Falle des Angriffs die Lizenzvereinbarung zu kündigen[343].

Das Verbot, Nichtangriffsklauseln gemäß Art. 3 Nr. 1 zu vereinbaren, liege – so die Kommission – im öffentlichen Interesse an einem grundsätzlich freien Wettbewerb, alle Hindernisse für die Wirtschaftstätigkeit zu beseitigen, die sich aus einem zu Unrecht erteilten Patent mit seiner rechtlichen Monopolstellung ergeben können[344]. Der EuGH bestätigte diese Auffassung der Kommission, indem er darstellte, daß eine Nichtangriffsklausel offenkundig nicht zum spezifischen Gegenstand eines Patents zähle[345].

---

341 „. . . können unter das Verbot des Art. 85 Abs. 1 fallen . . ." BE Nr. 19; *Wiedemann*, a.a.O., II S. 282 Rdnr. 1 unter Hinweis auf *Bohlig*, GRUR Int. 1986 S. 99; vgl. auch *Bunte/Sauter*, a.a.O., III 3 Rdnr. 48; a.A. *Emmerich*, a.a.O., Kartellrecht, 5. Aufl. 1988, S. 522.
342 A.a.O., II, S. 282 Rdnr. 2.
343 Vgl. auch die verbotenen Nichtangriffsklauseln gem. Art. 3 Nr. 4 der GVO Know-How und des Art. 6 b der GVO F + E.
344 Vgl. hierzu zunächst die Entscheidungen der Kommission GRUR Int. 1972 S. 371 – "Davidson Rubber"; GRUR Int. 1972 S. 374 – "Raymond Nagoya"; ABl. 1976 Nr. L 6/8 ff. = WuW/E EV 629 ff. – "AOIP/Beyrard"; GRUR Int. 1979 S. 212 = ABl. 1979 Nr. 19/32 Rdnr. 14 = WuW/E EV 807 – "Vaessen/Moris".
345 AS 1986 S. 643, 663 = WuW/E EWG/MUV 725, 729 = WuW 1987 S. 175 = GRUR Int. 1986 S. 635 – "Windsurfing International"; vgl. auch *Pagenberg/Geissler*, a.a.O., S. 174 f. Rdnr. 286 ff., *Venit*, IIC 1987 S. 1, 27 ff. sowie *Bunte/Sauter*, a.a.O., III 3 Rdnr. 49 und *Wiedemann*, a.a.O., II S. 284 Rdnr. 7.

noch
646

Etwa zweieinhalb Jahre später rückte der EuGH von dieser Einschätzung ab und betonte, daß im Rahmen der Bewertung von Nichtangriffsklauseln der „rechtliche und wirtschaftliche Zusammenhang" dieser Klauseln zu beachten sei und deshalb eine Wettbewerbsbeschränkung im Falle der Erteilung einer unentgeltlichen Lizenz sowie bei einer entgeltlichen, jedoch ein technisch überholtes Verfahren betreffenden Lizenz, welches der Lizenznehmer nicht benutze, nicht vorliege[346]. Die Kommission schloß sich dieser Bewertung an[347].

Das Verbot des Art. 3 Nr. 1 bezieht sich nicht nur auf lizenzierte Patente, sondern auch auf anderes im „Gemeinsamen Markt gelegenes gewerbliches und kommerzielles Eigentum". Hierzu sollen alle gewerblichen Schutzrechte, Urheber- und Warenzeichenrechte gehören. Know-How soll nicht unter diesen Begriff fallen[348]. Dies dürfte auch für Know-How gelten, das in einer gemischten Patent-/Know-How-Vereinbarung lizenziert wurde[349]. Gerade im Hinblick auf gemischte Vereinbarungen empfiehlt es sich, das Widerspruchsverfahren gemäß Art. 4 dieser GVO durchzuführen.

Nichtangriffsklauseln können sich nicht nur auf die „Gültigkeit"[350] der Patente, sondern auch auf anderes gewerbliches und kommerzielles Eigentum des Lizenzgebers beziehen. Die Verbote gemäß Nr. 1 beinhalten als Bezugsgröße des Nichtangriffs nicht nur die Patente, sondern alternativ[351] gewerbliches und kommerzielles Eigentum. Aus der englischen Fassung dieser GVO ergibt sich da aufgrund des Wortlauts keine andere Wertungsmöglichkeit. Wenn in den BE[352] nur auf die Gültigkeit des Patents abgestellt wird, so bedeutet das noch nicht, daß die in Nr. 1 aufgeführte weitere Alternative ohne Bedeutung ist. In den Begrün-

---

346 *EuGH*, Urteil vom 27. 9. 1988, GRUR Int. 1989 S. 56 = WuW/E EWG/MUV 835 ff., Rdnr. 16, 17 = NJW 1988 S. 3082 = VPP – Rundbrief 1988 S. 116 = Mitt. 1989 S. 112 = RIW 1988 S. 900 = RIW 1989 S. 216 m. Anm. *Schaub* und *BGH*, 21. 2. 1989, GRUR Int. 1989 S. 689; siehe auch *Venit*, Antitrust Law Journal [Vol. 59 1991] S. 492 f. mwN – „Bayer/Süllhöfer".
347 Entscheidung vom 23. 3. 1990, ABl. 1990 Nr. L 100/32 ff. Rdnr. 15.4 – "Moosehead/Whitbread".
348 *Wiedemann*, a.a.O., II S. 284 f. Rdnr. 8, unter Hinweis auf die Schlußanträge des Generalanwalts Verloren-Van-Themaat zum Urteil des *EuGH* vom 2. 3. 1982, AS 1982 S. 707, 728 f. – „Industrie Diensten/Beele" und GBTE-Wägenbaur, a.a.O., Art. 36 Rdnr. 43.
349 So wohl auch *Korah*, Patent Licensing, S. 64/65; a. A. im Ergebnis *Wiedemann*, II S. 285 Rdnr. 9.
350 "validity".
351 „oder = or".
352 Nr. 20.

dungserwägungen – dies gilt für alle GVO – werden in der Regel nur einige wesentliche Gedanken der Kommission zum Ausdruck gebracht, die (leider) lediglich nur in einigen Auslegungsfragen, die den eigentlichen Verordnungstext betreffen, eine Hilfestellung bieten[353].

Die Kommission sollte spätestens bei einer Überarbeitung dieser GVO zu diesem Problemkreis Stellung nehmen.

Schutzrechte des Lizenzgebers, die in Staaten außerhalb des „Gemeinsamen Marktes" bestehen, können ebenfalls Gegenstand von Nichtangriffsklauseln sein und freigestellt werden bzw. freistellbar sein[354].

Es empfiehlt sich eine vertragliche Regelung des Kündigungsrechts des Lizenzgebers[355].

bb) Automatische Verlängerung der Laufdauer des Lizenzvertrags durch Einbeziehung eines neuen Patents des Lizenzgebers

647 In Art. 3 Nr. 2 wird die automatische Verlängerung der Dauer einer Lizenzvereinbarung über die Laufzeit der bei Abschluß der Vereinbarung bestehenden lizenzierten Patente hinaus durch Einbeziehung eines neuen Patents des Lizenzgebers verboten. Dieses Verbot gilt allerdings dann nicht, wenn die Vereinbarung für beide Vertragspartner nach Ablauf der lizenzierten Patente, die bei Abschluß der Vereinbarung bestanden, eine mindestens jährliche Kündigungsmöglichkeit vorsieht. Diese Laufzeitverlängerung steht dem Recht des Lizenzgebers nicht entgegen, eine Lizenzgebühr für den gesamten Zeitraum zu erheben, währenddessen der Lizenznehmer das mitgeteilte und noch nicht offenkundig gewordene technische Wissen weiter benutzt, auch wenn dieser Zeitraum über die Dauer der Patente hinausgeht[356]. Die

---

353 A. A. *Korah*, Patent Licensing, S. 65; *Wiedemann*, a.a.O., II S. 285 f. Rdnr. 10; vgl. auch die Entscheidung der Kommission vom 23. 3. 1990, ABl. 1990 Nr. L 100/ 32 ff., Rdnr. 15.4 – "Moosehead/Whitbread", wonach Nichtangriffsklauseln bezüglich des Eigentums an einem Warenzeichen nicht gegen Art. 85 Abs. 1 EWGV verstießen, da die Benutzung eines Warenzeichens durch Dritte immer untersagt werden könne.

354 *Alexander*, JJC 1986 S. 15 und *Wiedemann*, a.a.O., II S. 285 Rdnr. 8.

355 *Axster*, GRUR 1985 S. 590 und *Wiedemann*, a.a.O., II S. 286 Rdnr. 11, der sich auch gegen die von *Wedekind*, a.a.O., S. 251, ausgesprochene Teilnichtigkeit dieser Teilklausel wendet.

356 Siehe auch die entsprechende Regelung des Art. 3 Nr. 10 der GVO Know-How, die allerdings statt der jährlichen eine dreijährige Kündigungsmöglichkeit vorsieht.

Kommission hat in den BE[357] ausdrücklich betont, daß die Vertrags- noch
partner frei bleiben, durch spätere Vereinbarungen über diese neuen **647**
Patente die Laufzeit des Vertrages zu verlängern. Ebenso können die
Vertragspartner unabhängig von der Dauer der ursprünglichen Patente
oder etwaiger neuer Patente die Zahlung von Lizenzgebühren für den
gesamten Zeitraum vorsehen, währenddessen der Lizenznehmer ihm
mitgeteiltes und noch nicht offenkundiges technisches Wissen weiterbenutzt.

Patenten stehen Patentanmeldungen, Gebrauchsmuster, Gebrauchsmusteranmeldungen, certificats d'utilité und certificats d'addition nach
französischem Recht, Anmeldungen für certificats d'utilité und certificats d'addition nach französischem Recht und Erfindungen, die innerhalb eines Jahres nach Abschluß der Vereinbarung für das Lizenzgebiet angemeldet werden, gleich[358].

Bereits aus Art. 3 Nr. 2[359] ergibt sich, daß diese Regelung sowohl für
den Lizenzgeber als auch für den Lizenznehmer gilt. Diese Schlußfolgerung wird verstärkt durch den Wortlaut der BE[360]. Folgerichtig wird
keine Wettbewerbsbeschränkung in einer Option des Lizenznehmers,
andere Patente zu einem späteren Zeitpunkt in den Vertrag mit
einbeziehen zu können, gesehen[361].

Unklar ist dagegen der Begriff der „mindestens jährlichen Kündigung". Es bleibt offen, ob es sich um eine Kündigung aus wichtigem
Grund (ohne Fristsetzung und mit sofortigem Ende der Vereinbarung)
oder um eine ordentliche Kündigung handelt, wobei offen bleibt,
welche Kündigungsfrist bestehen bleiben und wann die Lizenzvereinbarung beendet sein soll.

Art. 3 Nr. 2 letzter Halbsatz, der sich auf gemischte Patent-/Know-
How-Lizenzverträge bezieht, läßt die Zahlung einer Lizenzgebühr für
den Zeitraum zu, in dem der Lizenznehmer das mitgeteilte und noch
nicht offenkundig gewordene technische Wissen weiterbenutzt, selbst
wenn dieser Zeitraum über die Dauer der lizenzierten Patente hinausgeht. Dieser Teil der Nr. 2 – mithin aber auch der gesamte Regelungs-
inhalt der Nr. 2 – dürfte nicht sehr praxisrelevant sein. Es wird heute

357 Nr. 20.
358 Art. 10 dieser GVO.
359 „. . . die Vereinbarung für beide Vertragspartner nach Ablauf . . .".
360 Nr. 20 („. . . jedoch bleiben die Vertragspartner frei . . ."; siehe auch die Entschei-
    dung der Kommission vom 12. 7. 1985, ABl. 1985 Nr. L 233/22 ff. – "Velcro/Aplix".
361 *Wiedemann*, a.a.O., II S. 287 Rdnr. 15.

davon ausgegangen, daß der in einem Patent enthaltene Stand der Technik spätestens nach etwa 7 Jahren überholt ist. Da – wie bereits mehrfach betont – ein Patent in der Regel nicht ohne entsprechendes Know-How benutzt werden kann und somit gemischte Patent-/Know-How-Lizenzverträge in der Praxis überwiegen, gilt diese Aussage auch für das mitlizenzierte Know-How. Derartige Regelungen dürften nur für langlebige Produkte interessant sein. Zu denken ist in diesem Zusammenhang beispielsweise an die Lizenzierung des Fernsehsystems „PAL" durch Telefunken.

Art. 3 Nr. 2, letzter Halbsatz, soll bezwecken, Lizenzgebühren selbst bei sich verringerndem Schutzrechtsbestand nicht für den Zeitraum zu ermäßigen, in dem der Lizenznehmer geheimes Know-How nutzt[362]. Diese Ansicht wird weder dem Wortlaut des Art. 3 Nr. 2, zweiter Halbsatz, noch der Praxis gerecht. In Art. 3 Nr. 2, letzter Halbsatz, wird dem Lizenzgeber lediglich die Möglichkeit gegeben, überhaupt eine Lizenzgebühr zu verlangen. In der freien Wirtschaft dürfte sich wohl kaum ein Lizenznehmer finden, der insbesondere nach Ablauf lizenzierter Patente bereit wäre, die gleichen Lizenzgebühren für noch geheimes Know-How wie in dem Zeitraum vor Ablauf der lizenzierten Patente zu zahlen. In der Praxis ist in diesen Fällen – nicht zuletzt, um dem Gebot von Treu und Glauben Rechnung zu tragen – eher eine angemessene Reduzierung der (Know-How-)Lizenzgebühren üblich.

cc) Wettbewerbsverbot

648   Ein Vertragspartner darf nicht in seiner Freiheit beschränkt werden, in den Bereichen Forschung und Entwicklung, Herstellung, Gebrauch oder Vertrieb mit dem anderen Vertragspartner, mit diesem verbundenen oder mit anderen Unternehmen in Wettbewerb zu treten[363]. Ausgenommen von diesem Verbot sind Bestimmungen des Art. 1 und die Verpflichtung des Lizenznehmers, die lizenzierte Erfindung nach besten Kräften auszuwerten[364]. Entsprechende Verbote finden sich in leicht abgewandelter Form auch in der GVO Know-how[365] und in der GVO F+E[366].

---

362 *Axster*, GRUR 1985 S. 581, 592; *Korah*, Patent Licensing, S. 67 und *Wiedemann*, a.a.O., II S. 288 Rdnr. 18.
363 Art. 3 Nr. 3, erster Halbsatz.
364 Art. 3 Nr. 2, zweiter Halbsatz.
365 Art. 3 Nr. 9.
366 Art. 6 a.

noch
648

Die Kommission ging bei dem Erlaß dieser GVO davon aus, daß die in
Art. 3 aufgezählten Beschränkungen unter das Verbot des Art. 85
Abs. 1 EWGV fallen können, für sie indessen keine allgemeine Vermutung derart besteht, daß sie zu den von Art. 85 Abs. 3 EWGV
geforderten positiven Wirkungen führen, wie dies für eine Freistellung
durch eine VO notwendig wäre[367]. Diese Aussage[368] gelte ebenso für
Beschränkungen der Freiheit eines Vertragspartners, mit dem anderen
in Wettbewerb zu treten, insbesondere sich für andere als die lizenzierten Techniken zu interessieren, da derartige Beschränkungen ein Hindernis für den technischen und wirtschaftlichen Fortschritt darstellten.
Das Verbot derartiger Beschränkungen müsse jedoch im Einklang mit
den legitimen Interessen des Lizenzgebers an einer bestmöglichen
Verwertung seiner patentierten Erfindung gesehen werden. Der
Lizenzgeber könne deshalb verlangen, daß der Lizenznehmer die
bestmöglichen Anstrengungen bei der Herstellung und Vermarktung
des Lizenzerzeugnisses unternehme.

Gerade weil sich der Stand der Technik in relativ kurzer Zeit, d. h. in
der Regel vor Ablauf der Schutzdauer eines Patents, überholt, ist der
praktische Nutzen dieser Regelung wohl nicht in der Möglichkeit des
Lizenznehmers, eine Wettbewerbstätigkeit nach Ende des Lizenzvertrags noch im Rahmen seiner Laufzeit vorzubereiten, zu sehen[369]. Die
Vorschrift soll wohl eher der Absicherung der Wettbewerbsfreiheit
beider Vertragspartner dienen und zudem der (verständlichen) Absicht
des Lizenzgebers, die im Falle einer ausschließlichen Lizenz vereinbarten Lizenzgebühren tatsächlich zu erhalten, Genüge tun. Die Ausübungspflicht wird allerdings nicht auf die ausschließliche Lizenz
begrenzt. Nach dem Wortlaut dieser Regelung kann auch eine einfache
Lizenz eine Ausübungspflicht beinhalten[370]. Ein ausschließlicher
Lizenznehmer wird zwar zugegebenermaßen neben dem Produkt, das
er aufgrund der Lizenz verwerten darf, ein Konkurrenzprodukt nicht in
den Markt bringen[371]. Verhindert werden soll mit dieser Regelung wohl
eher, daß – wie bereits ausgeführt – der ausschließliche Lizenznehmer
im Falle der Verwertung von Konkurrenzprodukten das lizenzierte
Produkt nicht in den Markt bringt, den Lizenzvertrag also als Schubladenvertrag behandelt. Problematisch erscheint daher die Frage, wann

---

367 BE Nr. 19.
368 So die Kommission in BE Nr. 21.
369 So aber *Wiedemann*, a.a.O., II S. 289 Rdnr. 24.
370 Siehe z. B. *Grabitz/Koch*, Art. 85 Rdnr. 336.
371 *Wiedemann*, a.a.O., II S. 289 Rdnr. 25.

der ausschließliche Lizenznehmer seine Ausübungspflicht verletzt und welcher Art die Auswirkungen dieser Verletzung auf den Lizenzvertrag sind[372].

Klauseln, die eine Ausübungspflicht des (ausschließlichen) Lizenznehmers regeln, sollten daher mit folgenden Klauseln verknüpft werden:

– Recht des Lizenzgebers zur ordentlichen oder sogar außerordentlichen Kündigung bei Ausübungspflichtverletzung des Lizenznehmers
– Umwandlung der ausschließlichen Lizenz bei Verletzung der Ausübungspflicht durch den Lizenznehmer in eine nicht ausschließliche Lizenz
– Zahlung einer Mindestlizenzgebühr oder Herstellung von Mindestmengen durch den Lizenznehmer zur Verhinderung von Ausübungspflichtverletzungen.

Es muß aber ausdrücklich davor gewarnt werden, derartige Klauseln ohne Beachtung ihrer Auswirkungen auf den gesamten Lizenzvertrag und ohne Berücksichtigung der Interessenlage beider Vertragsparteien in den Vertragstext mit aufzunehmen. Bestimmte Wechselwirkungen einzelner Vertragsklauseln aufeinander können für die Wirksamkeit des gesamten Vertrages von Bedeutung sein. Es empfiehlt sich, im Einzelfall abzuwägen, welche Klauseln tatsächlich im Hinblick auf die Ausübungspflicht gewählt werden.

Für Länder außerhalb der EG sollen jedoch Wettbewerbsverbote vereinbar sein, sofern diese Verbote keine Auswirkungen auf den „Gemeinsamen Markt" haben[373].

dd) Zahlungspflicht für nicht geschütztes oder offenkundiges Know-How

649 Unzulässig sind Klauseln, nach denen der Lizenznehmer für Produkte, die nicht ganz oder teilweise vom Patent gedeckt sind oder nach dem patentierten Verfahren hergestellt werden, oder für die Benutzung von technischem Wissen, das offenkundig geworden ist, zur Zahlung einer Lizenzgebühr verpflichtet wird. Die Verpflichtung zur Zahlung von Lizenzgebühren ist dagegen berechtigt, wenn das Offenkundigwerden auf das Verschulden des Lizenznehmers oder eines ihm verbundenen Unternehmens zurückzuführen ist. Zulässig ist auch die Erstreckung

---

372 Vgl. *Axster*, GRUR 1985 S. 581, 590 f.; *Korah*, Patent Licensing, S. 71; *Wiedemann*, a.a.O. – wie vor – und *Bunte/Sauter*, a.a.O., III 3 Rdnr. 50.
373 *Wiedemann*, a.a.O., II S. 290 Rdnr. 27.

der Lizenzzahlung für die lizenzierte Erfindung aus Gründen der Zahlungserleichterung über einen Zeitraum, der über die Dauer der lizenzierten Patente oder das Offenkundigwerden des technischen Wissens hinausreicht[374].

Die Kommission ist auch bezüglich des Art. 3 Nr. 4 der Auffassung, daß die dort aufgezählten Beschränkungen unter das Verbot des Art. 85 Abs. 1 EWGV fallen können. Für sie bestehe indessen keine allgemeine Vermutung derart, daß sie zu den von Art. 85 Abs. 3 EWGV geforderten positiven Wirkungen führen, wie dies für eine Freistellung durch eine Verordnung notwendig wäre[375]. Eine Verpflichtung gemäß Art. 3 Nr. 4 benachteilige den Lizenznehmer gegenüber seinen Wettbewerbern, es sei denn, es stehe fest, daß sich diese Verpflichtung aus einer zeitlichen Erstreckung der für die vorherige Benutzung der lizenzierten Erfindung geschuldeten Zahlungen ergäbe[376].

Die in diesen Begründungserwägungen zum Ausdruck kommende Auffassung der Kommission stieß auf erheblichen Widerspruch und wurde auch von der Kommission selbst in dieser einschränkenden Form nicht aufrechterhalten. Eine Beschränkung der Handlungsfreiheit gemäß Art. 85 Abs. 1 EWGV wird in der Zahlung von Lizenzgebühren nicht gesehen[377].

Nach dem Wortlaut des Art. 3 Nr. 4 spielt es keine Rolle, ob das lizenzierte Produkt in vollem Umfang vom Patent gedeckt oder nach dem patentierten Verfahren hergestellt wird. Auch die Höhe des

---

374 Art. 3 Nr. 4; vgl. auch die großzügigere Regelung des Art. 3 Nr. 5 der GVO Know-How.
375 BE Nr. 19.
376 BE Nr. 22.
377 *Grabitz/Koch*, a.a.O., Art. 85 Rdnr. 337; *Axster*, GRUR 1985 S. 581, 591; *EuGH*, AS 1986, 643 ff. = WuW/E EWG/MUV 725 ff. = WuW 1987 S. 175 = GRUR Int. 1986 S. 635 – "Windsurfing International" und *Venit*, IIC 1987, S. 1, 18 ff.; *EuGH*, Urteil vom 27. 9. 1988, WuW/E EWG MUV 835 ff., Rdnr. 17; VPP – Rundbrief 1988 S. 116 = Mitt. 1989 S. 112 = RIW 1988 S. 900 = RIW 1989 S. 216 m. Anm. *Schaub* = GRUR Int. 1989 S. 56 = NJW 1988 S. 3082 und *BGH*, 21. 2. 1989, GRUR Int. 1989 S. 689 – „Bayer/Süllhöfer"; vgl. auch Art. 2 Abs. 1 Nr. 7 der GVO Know-How, in dem die Kommission 1988 eine im Verhältnis zu Art. 3 Nr. 4 GVO Patent großzügigere Haltung einnimmt; die zeitlich nicht begrenzte Zahlungspflicht eines Patentlizenznehmers soll nach Meinung des EuGH für den Fall, daß der Lizenznehmer berechtigt ist, den Vertrag innerhalb einer angemessenen Frist zu kündigen, keine Wettbewerbsbeschränkung darstellen: *EuGH*, Urteil vom 12. 5. 1989, AS Rs. 320/87 Rdnr. 13 = ABl. Nr. C 141 S. 3 = IIC 1991 S. 61 = EuZW 1990 S. 131 = RIW 1990 S. 828 – „Kai Ottung/Klee & Weilbach A/S u. a.".

Anteils, der durch das lizenzierte Patent geschützt ist, ist unwesentlich[378]. Den BE[379] ist zu entnehmen, daß es zulässig ist, wenn der Lizenznehmer eines gemischten Patentlizenz-/Know-How-Vertrages Lizenzgebühren zahlen muß, wenn keines der lizenzierten Patente mehr in Kraft ist, jedoch das mitgeteilte technische Wissen noch geheim ist. Die Zahlungsverpflichtung des Lizenznehmers ist auch dann möglich, wenn das Offenkundigwerden auf das Verschulden des Lizenznehmers oder eines mit ihm verbundenen Unternehmens zurückzuführen ist[380].

„Aus Gründen der Zahlungserleichterung" sollen folgende Zahlungsvarianten gemäß Art. 3 Nr. 4 letzter Halbsatz zulässig sein:

– Vereinbarung einer Lizenzgebühr als Festbetrag bei Vertragsabschluß, Zahlung dieses Festbetrags aber in festgelegten Raten über einen Zeitraum, der über die Laufzeit der lizenzierten Schutzrechte hinausgeht,
– Kombination der vorgenannten Vereinbarung mit der Verpflichtung zur Zahlung einer laufenden, umsatzabhängigen Lizenzgebühr, bis der Festbetrag erreicht ist,
– Ermäßigung der ursprünglichen Lizenzgebühr zur Vermeidung einer überdurchschnittlichen Zahlungsbelastung des Lizenznehmers je Zeiteinheit, jedoch angemessene Verlängerung der Zahlungspflicht.

Unzulässig sollen dagegen Verpflichtungen sein, wenn ein Pauschalbetrag und zudem festgelegte Mindestlizenzgebühren verlangt werden, im übrigen jedoch die Höhe der Lizenzgebühren sich nur an der Zahl der verkauften Lizenzerzeugnisse orientiert, darüber hinaus jedoch kein bestimmter oder wenigstens kein im voraus berechenbarer Betrag festgelegt wurde.

---

378 So z. B. Axster, GRUR 1985 S. 581, 591 und auch *Wiedemann*, a.a.O., II S. 292 Rdnr. 33.
379 Nr. 22.
380 Vgl. Art. 3 Nr. 4 erster Halbsatz; vgl. auch *Axster* wie vor und *Venit* Antitrust Bull. 1985 S. 511; interessant ist in diesem Fall auch die "Windsurfing International"-Entscheidung des *EuGH* (Urteil vom 25. 2. 1986, AS 1986 S. 643 ff., Rdnr. 63 ff. = WuW/E EV 725 ff. = WuW/E 1987 S. 175 = GRUR Int. 1986 S. 635), wonach eine Wettbewerbsbeschränkung bei Einbeziehung nichtgeschützter Erzeugnisse nur dann vorliege, wenn eine gesonderte Verwertung dieser nicht patentierten Erzeugnisse gebührenpflichtig sei. Aufgrund dieses Urteils wurden dann die Art. 2 Abs. 1 Nr. 7 und die Art. 3 Nr. 5 der GVO Know-How großzügiger ausgestaltet als die entsprechenden Regelungen in der GVO Patent (so *Wiedemann*, a.a.O., II S. 293 Rdnr. 33).

Auch eine Verpflichtung, wonach bei einer „Blocklizenz" eine pauschale Lizenzgebührenzahlung für einige lizenzierte Schutzrechte und/ oder Know-How ohne Rücksicht auf den Bestand der Schutzrechte bzw. der Offenkundigkeit des Know-How vereinbart wird, kann einerseits zwar unzulässig gemäß Art. 3 Nr. 4 sein, andererseits aber wegen des damit verbundenen geringeren Verwaltungsaufwandes „aus Gründen der Zahlungserleichterung" zulässig sein gemäß Art. 3 Nr. 4 letzter Halbsatz[381].

ee) Produktionsbeschränkungen

Einer Freistellung nach Art. 1 und Art. 2 Abs. 2 stehen auch **650** Beschränkungen eines Vertragspartners hinsichtlich der Menge der herzustellenden oder zu vertreibenden Lizenzerzeugnisse oder hinsichtlich der Zahl der Benutzungshandlungen entgegen[382]. Nach BE Nr. 19 können auch derartige Beschränkungen unter das Verbot des Art. 85 Abs. 1 EWGV fallen. Die Kommission geht davon aus, daß für diese Beschränkungen keine allgemeine Vermutung derart bestehe, daß sie zu den von Art. 85 Abs. 3 EWGV geforderten positiven Wirkungen führten, wie dies für eine Freistellung durch eine Verordnung notwendig wäre. Dies gelte insbesondere für Beschränkungen, die den Vertragspartnern hinsichtlich der Preise, der Abnehmer oder der Art und Weise des Vertriebs der Lizenzerzeugnisse und der herzustellenden oder zu vertreibenden Mengen auferlegt werden, zumal Beschränkungen der letzteren Art Ausfuhrverboten gleichkommen können[383]. Der Wortlaut des Art. 3 Nr. 5, die in den BE[384] nur beiläufig beschriebene Wirkung[385] und Gründe der Rechtssicherheit legten es nahe, nicht dahingehend zu unterscheiden, ob mengenmäßige Beschränkungen sich tatsächlich in ihrer Wirkung als Ausfuhrverbot auswirkten oder gerade ausreichten, die Nachfrage im Lizenzgebiet abzudecken[386]. Die bisher geführte Diskussion zeigt, daß auch hier die Kommission mit klarstellenden Äußerungen gefragt ist.

---

381 Vgl. zu diesem Problemkreis der „Zahlungserleichterung" anstatt aller *Wiedemann*, a.a.O., II S. 293 f. Rdnr. 34 f.
382 Art. 3 Nr. 5.
383 BE Nr. 23; vgl. auch die ähnliche Regelung in Art. 3 Nr. 7 der GVO Know-How.
384 Nr. 23.
385 „Ausfuhrverboten gleichkommen können".
386 Vgl. nur *Bunte/Sauter*, a.a.O., III 3 Rdnr. 52, *Wiedemann*, a.a.O., II S. 294 f. Rdnr. 40 f. und *Grabitz/Koch*, a.a.O., Art. 85 Rdnr. 337, jeweils mwN.

ff) Preisbeschränkungen

651 Ein Vertragspartner darf auch Beschränkungen bei der Festsetzung der Preise, Preisbestandteile oder Rabatte für die Lizenzerzeugnisse nicht unterworfen werden[387]. Zu beachten sind ebenfalls wieder die BE[388], wonach für derartige Beschränkungen keine allgemeine Vermutung derart besteht, daß sie zu den von Art. 85 Abs. 3 EWGV geforderten positiven Wirkungen führen, wobei in den BE[389] ausdrücklich auf „Preise" Bezug genommen wird.

Wenn der Lizenznehmer dazu verpflichtet wird, das Lizenzerzeugnis zu einem Preis zu verwerten, der vom Lizenzgeber festgelegt wurde, so ist eine derartige Regelung, da sie vom spezifischen Gegenstand des Patentrechts nicht gedeckt ist, wohl nach Art. 85 Abs. 3 EWGV nicht freistellbar. Eine Gruppenfreistellung ist daher nicht möglich[390].

gg) Vertriebsbeschränkungen

652 Nach Art. 3 Nr. 7 darf ein Vertragspartner Beschränkungen hinsichtlich seiner möglichen Abnehmer nicht unterworfen werden. Dies gilt insbesondere für Verbote, bestimmte Abnehmergruppen zu beliefern, sich bestimmter Vertriebswege zu bedienen oder bestimmte Arten der Verpackung des Erzeugnisses zu benutzen, um damit eine Aufteilung der Abnehmer zu erreichen. Dagegen sind Klauseln, die Nebenabreden über Warenzeichen[391] und „Technische Anwendungsbereiche"[392] betreffen, zulässig[393]. Auch im Hinblick auf derartige Klauseln ist die Kommission der Auffassung, daß für diese Klauseln keine allgemeine Vermutung besteht, daß sie zu den von Art. 85 Abs. 3 EWGV gefor-

---

387 Art. 3 Nr. 6, vgl. auch die entsprechenden Regelungen in Art. 3 Nr. 8 der GVO Know-How und Art. 6d der GVO F + E.
388 Nr. 19 und Nr. 23.
389 Nr. 23.
390 Siehe zu diesen Fragen zunächst *Grabitz/Koch*, a.a.O., Art. 85 Rdnr. 278 mit vielen weiteren Nachweisen und *Kommission*, Bulletin der EG 6/1988 S. 57 – "Plastic Omnium"; *EuGH*, Urteil vom 19. 4. 1988, AS 1988 S. 1935, Rdnr. 12 ff. = NJW 1989 S. 3085 = GRUR Int. 1989 S. 663 = WuW 1988 S. 613 – "SPRL Louis Erauw-Jacquery/Saatgutsorten" und *Wiedemann*, a.a.O., I S. 265 f. Rdnr. 20 ff.
391 Art. 1 Abs. 1 Nr. 7.
392 Art. 2 Abs. 1 Nr. 3.
393 Art. 3 Nr. 7; vgl. auch die entsprechenden Regelungen in Art. 3 Nr. 6 der GVO Know-How und Art. 6e der GVO F + E.

derten positiven Wirkungen führen[394]. In den BE[395] findet sich ebenfalls
wieder ein entsprechender ausdrücklicher Hinweis[396]. noch
652

Die Kommission versucht, durch diese Regelung zu erreichen, daß ein
durch das Lizenzerzeugnis sachlich bestimmter einheitlicher Markt
künstlich aufgespalten und ein auf diesem Gesamtmarkt denkbarer
Wettbewerb von vornherein verhindert wird[397].

In der Literatur wird bereits der Aufbau des Art. 3 Nr. 7 negativ
beurteilt. Unproblematisch sei lediglich der erste Satzteil[398] und die
Tatsache, daß dieser Satzteil durch drei Tatbestandsalternativen konkretisiert werde und diese Aufzählung nicht abschließend sei. Unklar sei
demgegenüber, auf welche Alternative des Tatbestands sich der Halbsatz „um damit eine Aufteilung der Abnehmer zu erreichen" beziehe[399].

Nach – soweit ersichtlich – der herrschenden Meinung in der Literatur
liegt eine Aufteilung der Abnehmer[400] und die damit verbundene
Marktaufspaltung weder in dem Fall, daß der Lizenznehmer eine
Beschränkung der Herstellung des lizenzierten Produkts für den eigenen Bedarf vornimmt, noch in dem Fall, daß der Lizenznehmer seine
Lieferung auf nur einen industriellen Abnehmer beschränkt, wobei
dieser Abnehmer – um sich nicht einseitig zu binden[401] – verlangt,
neben dem Lizenzgeber einen weiteren Lieferanten zur Verfügung zu
haben. Diese Auffassung wird damit verbunden, daß eine Aufteilung
der Abnehmer bzw. eine Aufspaltung eines einheitlichen Marktes
schon gedanklich nicht gegeben sei. Die Abnehmeraufteilung stelle
eine Einschränkung des Vertriebs dar. Diese Einschränkung liege bei
einer Lizenz zum Gebrauch und zur Herstellung des lizenzierten
Erzeugnisses nicht vor[402]. Die Ausweitung der zulässigen Beschränkungen auf die second sourcing-Fälle wird nur einschränkend bejaht.
Mengenmäßige Beschränkungen seien nach Art. 3 Nr. 5 dieser GVO

---

394 BE Nr. 19.
395 Nr. 23.
396 „der Abnehmer oder der Art und Weise des Vertriebs der Lizenzerzeugnisse".
397 Vgl. *Bunte/Sauter*, a.a.O., III 3 Rdnr. 55 und *Wiedemann*, a.a.O., II S. 297
Rdnr. 51.
398 „ein Vertragspartner Beschränkungen hinsichtlich seiner möglichen Abnehmer
unterworfen wird".
399 Vgl. insoweit *Wiedemann*, a.a.O., II S. 297 Rdnr. 51 mit weiteren lesenswerten
Hinweisen.
400 Art. 3 Nr. 7 erste Alternative.
401 "second sourcing".
402 Siehe *Axster*, GRUR 1985 S. 581, 592; *Wiedemann*, a.a.O., II S. 298 Rdnr. 53;
Bunte/Sauter, a.a.O., III 3 Rdnr. 55.

unzulässig; außerdem hätte die Kommission darauf verzichtet, derartige Fälle mangels ausreichender Erfahrungen in die GVO Patentlizenzverträge aufzunehmen. Allerdings bestehe gemäß Art. 3 Nr. 7 i. V. m. Art. 4 Abs. 2 der GVO Know-How die ausdrücklich erwähnte Möglichkeit, derartige Klauseln im Widerspruchsverfahren freizustellen[403].

Hinsichtlich der zweiten Alternative des Art. 3 Nr. 7[404] sind Wiedemann[405] und Bunte-Sauter[406] der Auffassung, daß ein Lizenznehmer die von ihm in Lizenz hergestellten Erzeugnisse in einem selektiven Vertriebssystem, in dem die Auswahl der Wiederverkäufe ausschließlich nach Qualitätsmerkmalen und ohne Diskriminierung getroffen werde, vermarkten und insoweit eine autonome Entscheidung treffen könne. Das „Verbot, bestimmte Arten der Verpackung des Erzeugnisses zu benutzen"[407], soll wegen des Vorrangs des Art. 2 Abs. 1 Nr. 9[408] hauptsächlich Verpflichtungen zur Verwendung bestimmter Verpackungsgrößen betreffen, um auf diesem Weg eine „Aufteilung" der Abnehmer zu erreichen[409].

hh) Übertragung von Patenten des Lizenznehmers auf Lizenzgeber

653 Unzulässig ist auch die Verpflichtung des Lizenznehmers, dem Lizenzgeber seine Rechte aus Patenten für Anwendungs- oder Verbesserungserfindungen zu den lizenzierten Patenten oder das Recht auf solche Patente ganz oder teilweise zu übertragen[410]. Auch im Hinblick auf diese Regelung ist die Kommission der Auffassung, daß für derartige Beschränkungen keine allgemeine Vermutung dafür besteht, daß sie zu den von Art. 85 Abs. 3 EWGV geforderten positiven Wirkungen führen[411]. In den BE[412] stellt die Kommission ausdrücklich klar, daß Beschränkungen unzulässig sind, wenn sich der Lizenznehmer bei Vertragsabschluß ihnen wegen seines Interesses an einer von ihm

---

403 *Wiedemann*, a.a.O., wie vor.
404 „Verbot, sich bestimmter Betriebswege zu bedienen".
405 A.a.O., wie vor.
406 A.a.O., wie vor.
407 Art. 3 Nr. 7 dritte Alternative.
408 Mindestbeschaffenheit.
409 Vgl. z. B. *Venit*, Antitrust Bull. 1985 S. 515 und auch *Wiedemann*, a.a.O., II S. 299 Rdnr. 56 und oben die Ausführungen zu Art. 1.
410 Art. 3 Nr. 8; vgl. auch die strengere Regelung des Art. 3 Nr. 2 der GVO Know-How.
411 BE Nr. 19.
412 Nr. 24.

gewünschten Lizenz unterwirft und dem Lizenzgeber ein ungerechtfertigter Wettbewerbsvorsprung verschafft wird. Dazu zählten Verpflichtungen, nach denen der Lizenznehmer zu Übertragung von Verbesserungserfindungen auf den Lizenzgeber verpflichtet wird oder nach denen der Lizenznehmer weitere Lizenzen oder die Lieferung von Waren oder Dienstleistungen annimmt, obwohl er sie vom Lizenzgeber nicht zu erhalten wünscht. Zu beachten ist hier Art. 2 Abs. 1 Nr. 10, wonach u. a. Verpflichtungen der Vertragspartner, sich gegenseitig nichtausschließliche Lizenzen an Verbesserungs- und Anwendungserfindungen zu erteilen, zulässig sind.

In Art. 3 Nr. 8 wird die Übertragung des Rechts des Lizenzgebers „aus Patenten" und andererseits des Rechts „auf solche Patente" behandelt. Die Aufteilung, die die Kommission hier vorgenommen hat, erscheint auf den ersten Blick etwas verwirrend. Zunächst einmal gibt es das Recht auf das Patent[413]. Dieses Recht auf das Patent entsteht mit der Erfindung, das sich zwar gegen jeden Dritten richtet, jedoch insofern unvollkommen ist, als es im Gegensatz zum erteilten Patent[414] noch kein ausschließliches Benutzungsrecht und auch kein Verbietungsrecht gegenüber Dritten vermittelt. Das Recht auf das Patent ist ein Teil des Rechts des Erfinders an seiner Erfindung. Das Recht des Erfinders wird noch durch das Erfinderpersönlichkeitsrecht ergänzt. Dieses Erfinderpersönlichkeitsrecht ist unveräußerlich, unpfändbar und unverzichtbar. Dieses Recht verbleibt dem Erfinder auch nach der Übertragung der Erfindung und nach Ablauf der Patentdauer. Aus diesem Grund dürfte die Kommission auch lediglich im Hinblick auf das Recht an der Erfindung das Recht „auf das Patent" in Art. 3 Nr. 8 erwähnt haben. Daneben besteht der Anspruch auf Erteilung des Patents. Dieser Anspruch steht dem ersten Anmelder des Patents zu. Darüber hinaus gibt es dann noch das wieder in Art. 3 Nr. 8 erwähnte „Recht aus dem Patent". Dieses Recht beinhaltet die aus dem erteilten Patent sich ergebende Rechtsstellung[415].

Unklar ist der Begriff der „Übertragung" der in Nr. 8 aufgeführten Rechte des Lizenzgebers. Sowohl die englische[416] als auch die französische[417] Textfassung der Nr. 8 verwenden Begriffe, die eine Übertragung im Sinne einer Abtretung gemäß §§ 413, 398 BGB beinhalten.

---

413 § 6 Satz 1 PatG.; Art. 60 Abs. 1 Satz 1 EPÜ.
414 § 9 PatG.
415 §§ 9, 10 PatG; vgl. hierzu nur *Schulte*, a.a.O., § 6 Rdnr. 3 ff.
416 "assign".
417 „céder".

noch
653 Unter einer teilweisen Übertragung dürfte daher nicht die Erteilung einer ausschließlichen Lizenz zu verstehen sein[418].

Art. 3 Nr. 8 soll nicht auf *gegenseitige* Verpflichtungen zur Erteilung ausschließlicher Lizenzen an Anwendungs- oder Verbesserungserfindungen anwendbar sein. Auch Art. 2 Abs. 1 Nr. 10 sei nicht einschlägig, da Nr. 10 lediglich *nichtausschließliche* Lizenzen erfasse[419]. Eine Freistellung derartiger Klauseln kann daher nur im Widerspruchsverfahren gemäß Art. 4 erfolgen

Zulässig soll auch eine Vereinbarung sein, nach der der Lizenzgeber berechtigt ist, von Verbesserungserfindungen des Lizenznehmers – sofern der Lizenznehmer keine Anmeldung vornehmen will – im eigenen Namen und auf seine Kosten zum Patent anzumelden[420].

Darüber hinaus sei auch die Verpflichtung des Lizenznehmers, dem Lizenzgeber Miteigentum an Verbesserungserfindungen einzuräumen, unzulässig, da der Lizenzgeber hierdurch einen ungerechtfertigten Wettbewerbsvorteil erlange, da er insbesondere nach Vertragsende den Lizenznehmer an der selbständigen Verwertung der dem Lizenznehmer gehörenden Erfindung hindern oder zumindest dem Lizenznehmer Schwierigkeiten bereiten könnte[421]. Diese Begründung erscheint etwas praxisfremd. Verbesserungserfindungen sind in der Regel – wie der Name schon sagt – von der vom Lizenzgeber lizenzierten Erfindung abhängig. Wenn es zulässig sein soll, daß der (ausschließliche) Lizenznehmer dem Lizenzgeber an einer Verbesserungserfindung eine ausschließliche Lizenz erteilt und somit der Lizenzgeber allein berechtigt ist, diese Verbesserungserfindung zu nutzen, so erscheint die Verpflichtung, dem Lizenzgeber Miteigentum an Verbesserungserfindungen einzuräumen, nicht einschränkender. Eher das Gegenteil dürfte der Fall sein. Bei der Erteilung von Lizenzen an der Verbesserungserfindung kann dann sofort auf die dieser Verbesserungserfindung zugrundeliegende Erfindung des Lizenzgebers im Wege der Unterlizenz zurückgegriffen werden. Ein an der Verbesserungserfindung interessierter Dritter braucht sich also nicht mehr an den Lizenzgeber der ursprünglichen Erfindung zu wenden. Aufgrund

---

418 Dieser Ansicht ist auch *Wiedemann*, a.a.O., II S. 300 f. Rdnr. 62, anderer Ansicht *Venit*, Antitrust Bull. 1985 S. 516 und *Korah*, Patent Licensing, S. 78.

419 Vgl. *Wiedemann*, a.a.O., wie vor.

420 *Wiedemann*, a.a.O., wie vor.

421 *Wiedemann*, a.a.O., wie vor unter Hinweis auf *Venit*, Antitrust Bull. 1985 S. 516 und den 10. Wettbewerbsbericht der Kommission Rdnr. 127 – „Nodet-Gougis/Lamazou".

der regelmäßig bestehenden „Abhängigkeit" kann der Lizenzgeber der ursprünglichen Erfindung dem Lizenznehmer schon aus diesem Grund „zumindest Schwierigkeiten" bereiten, die im Falle der Einräumung von Miteigentum der Verbesserungserfindung wohl seltener eintreten werden.

Der Zeitpunkt der Übertragung hinreichend bestimmter, bereits vorliegender Verbesserungserfindungen soll unerheblich sein[422].

ii) Benutzungszwang im Hinblick auf Rechte eines Vertragspartners

Unzulässig ist es, wenn ein Vertragspartner bei Abschluß der Lizenzvereinbarung zur Annahme weiterer, von ihm nicht gewünschter Lizenzen, zu einer von ihm nicht gewünschten Benutzung von Patenten oder zum Bezug von von ihm nicht gewünschten Erzeugnissen oder Dienstleistungen veranlaßt wird. Etwas anderes gilt nur dann, wenn diese Patente, Erzeugnisse oder Dienstleistungen für eine technisch einwandfreie Benutzung der lizenzierten Erfindung unerläßlich sind[423]. Es gelten hier ebenfalls wieder BE Nr. 19 und Nr. 24. Insoweit kann auf die bisherigen Ausführungen zu Art. 3 Nr. 8[424] verwiesen werden. **654**

Der Lizenzgeber soll also letztlich daran gehindert werden, seine durch das Patent begründete Monopolstellung zur Schaffung eines ungerechtfertigten Wettbewerbsvorsprungs zu nutzen. Mit anderen Worten soll ein Benutzungszwang zu Lasten potentieller Lizenznehmer von vornherein vermieden werden[425]. Bunte-Sauter[426] ist ohne Einschränkung zuzustimmen, daß es aus Gründen der Rechtssicherheit empfehlenswert sei, in den Lizenzvertrag über ein Patentpaket[427] eine ausdrückliche Bestimmung dahingehend aufzunehmen, daß der Lizenznehmer an dem gesamten Paket eine Lizenz wünscht, um in seinen technischen und herstellungsbezogenen Dispositionen möglichst frei zu sein[428].

---

422 *Wiedemann*, a.a.O., wie vor.

423 Art. 3 Nr. 9; vgl. Art. 3 Nr. 3 der GVO Know-How.

424 Rdnr. 653.

425 Vgl. *Bunte/Sauter*, a.a.O. III 3 Rdnr. 58 unter Hinweis auf *Axster*, GRUR 1985 S. 593; *Wiedemann*, a.a.O., II S. 302 Rdnr. 68; Entscheidung der Kommission vom 10. 1. 1979, ABl. 1979 Nr. L 19 S. 32 ff. = WuW/E EV 807 ff. – "Vaessen/Moris" und vom 12. 7. 1985, ABl. 1985 Nr. L 233 S. 22, 31 = WuW/E EV 1131 ff. = WuW 1986 S. 1027 = GRUR Int. 1986 S. 116 – „Velcro-Aplix".

426 A.a.O., III 3 Rdnr. 60.

427 "Block Licensing".

428 *Bunte/Sauter*, a.a.O., III 3 Rdnr. 60 unter Hinweis auf *Axster*, GRUR 1985 S. 581, 593, *Korah*, Patent Licensing, S. 81 und *Wiedemann*, a.a.O., II S. 302 Rdnr. 70.

Art. 3 Nr. 9 dürfte sich wegen Art. 10 nicht nur auf Patente beziehen, sondern auf alle gewerblichen Schutzrechte, denen eine Erfindung zugrunde liegen kann[429].

Wiedemann[430] und Wedekind[431] sehen den im letzten Halbsatz verwandten Begriff „unerläßlich" zu Recht als Redaktionsversehen an, da sowohl der englische[432] als auch der französische[433] Text wohl nur mit „notwendig" übersetzt werden kann. Mit dieser Formulierung wird der Wortlaut des Art. 3 Nr. 8 an den Text des Art. 2 Abs. 1 Nr. 1[434] angepaßt. Bunte-Sauter[435] und Ebel[436] berücksichtigen nicht den Wortlaut der englischen und französischen Textfassung und kommen daher zu einer theoretischen Problematisierung der Unterschiede zwischen den Begriffen „notwendig" und „unerläßlich". Es bleibt zu wünschen, daß die Kommission bei einer Überarbeitung dieser GVO diesen und andere Übersetzungsfehler tilgt.

jj) Vertriebsverbot

655 Art. 3 Nr. 10 behandelt Verpflichtungen, wonach der Lizenznehmer für einen längeren Zeitraum als 5 Jahre[437] verpflichtet wird, das Lizenzerzeugnis in Lizenzgebieten anderer Lizenznehmer innerhalb des Gemeinsamen Marktes nicht in Verkehr zu bringen, oder wenn ein derartiges Verhalten Folge einer Abstimmung zwischen den Vertragspartnern ist. Die Bestimmung des Art. 1 Abs. 1 Ziff. 5 („aktive Vertriebspolitik") bleibt unberührt[438].

Der Wortlaut, „wenn ein derartiges Verhalten Folge einer Abstimmung zwischen den Vertragspartnern ist", habe die gleiche Bedeutung wie der in Art. 85 Abs. 1 EWGV verwandte Begriff der „aufeinander abgestimmten Verhaltensweise". Eine „Abstimmung" liege nur bei einer Koordination des Verhaltens der Lizenzvertragsparteien, also

---

429 So wohl auch *Korah*, Patent Licensing, S. 81 und *Wiedemann*, a.a.O., II S. 303 Rdnr. 71, die zu diesem Ergebnis allerdings erst nach einer weiten Auslegung der ersten Tatbestandsalternative kommen.
430 A.a.O., II S. 303 Rdnr. 72.
431 A.a.O., S. 248.
432 "necessary".
433 „necessaires".
434 „notwendig".
435 A.a.O., III 3 Rndr. 61.
436 WRP 1985 S. 389.
437 Art. 1 Abs. 1 Ziff. 6 GVO Patent.
438 Art. 3 Nr. 10; vgl. auch die entsprechenden Regelungen in Art. 3 Nr. 11 der GVO Know-How und den Art. 6 f der GVO F + E.

nicht bereits dann vor, wenn der Lizenznehmer lediglich aus eigenem Antrieb auf passive Verkäufe verzichte. Die Aussage gelte auch dann, wenn Lizenznehmer hinsichtlich passiver Verkäufe in Gebieten anderer Lizenznehmer ein entsprechendes (einseitiges) Parallelverhalten zeigten[439].

Ungeklärt ist auch die Frage, ab welchem Zeitpunkt von einer wettbewerbsbeschränkenden „abgestimmten Verhaltensweise" auszugehen ist. Zum Teil wird auf den Zeitpunkt nach Ablauf der Fünfjahresfrist gemäß Art. 1 Abs. 1 Nr. 6[440], z. T. auf den Zeitpunkt des Vertragsabschlusses[441] abgestellt.

kk) Lieferverweigerung, Behinderung oder Erschwerung des Bezugs der Lizenzerzeugnisse

Unzulässig sind Verpflichtungen der oder eines der Vertragspartner, **656**

– ohne objektiv gerechtfertigten Grund auf Bestellungen von Verbrauchern oder Wiederverkäufern aus ihren jeweiligen Gebieten, welche Erzeugnisse in anderen Gebieten innerhalb des Gemeinsamen Marktes absetzen wollen, nicht einzugehen[442] oder
– die Möglichkeit für Verbraucher oder Wiederverkäufer zum Bezug der Lizenzerzeugnisse bei anderen Wiederverkäufern innerhalb des Gemeinsamen Marktes zu erschweren und insoweit insbesondere verpflichtet sind, gewerbliches oder kommerzielles Eigentum geltend zu machen oder Maßnahmen zu treffen, um den Bezug außerhalb des Lizenzgebietes durch Verbraucher oder Wiederverkäufer von Erzeugnissen, die vom Patentinhaber selbst oder mit seiner Zustimmung innerhalb des Gemeinsamen Marktes in Verkehr gebracht worden sind, oder
– das Inverkehrbringen solcher Erzeugnisse innerhalb des Lizenzgebietes durch diese Verbraucher oder Wiederverkäufer zu verhindern,
– oder wenn derartige Verhaltensweisen Folge einer Abstimmung zwischen ihnen sind[443].

---

439 Vgl. 19. Wettbewerbsbericht der Kommission Rdnr. 94 unter Verweis auf *EuGH*, Urteil vom 13. 7. 1989, AS Rs. 395/87 – „Ministère Public/Tournier"; *Wiedemann*, a.a.O., II S. 304 f. Rdnr. 78.
440 *Wiedemann*, a.a.O., II S. 305 Rdnr. 79 und *Venit*, Antitrust Bull. 1985 S. 519.
441 *Axster*, GRUR 1985 S. 581, 594.
442 Art. 3 Nr. 11 a.
443 Art. 3 Nr. 11 a.

noch
656
In der GVO Know-How[444] und in der GVO F + E[445] sind entsprechende Regelungen enthalten.

Art. 3 Nr. 11 soll die in Art. 1 genannten Freistellungsgrenzen deutlicher hervorheben. In Art. 3 Nr. 11 komme die Rechtsprechung des Europäischen Gerichtshofs zum Verbot des absoluten Gebietsschutzes zum Ausdruck[446].

Die Literatur ist – soweit ersichtlich – der Auffassung, daß Art. 3 Nr. 11 a nur die Bestellungen von Verbrauchern oder Wiederverkäufern betreffe, die aus den jeweiligen Lizenzgebieten der Vertragspartner stammen[447]. Der Hersteller[448] muß also bestellte Lizenzerzeugnisse ausliefern, selbst wenn dadurch Parallelexporte der Besteller ermöglicht werden.

Die Entstehungsgeschichte des Art. 3 Nr. 11 a zeigt ebenfalls, daß es nur um Bestellungen von Verbrauchern oder Wiederverkäufern aus dem Lizenzgebiet des jeweiligen Vertragspartners gehen kann. Eine Berichtigung des Verordnungstextes wurde von der Kommission durch eine weitere Berichtigung zurückgenommen. Der ursprüngliche Wortlaut der Verordnung wurde daher letztlich nicht verändert. Dieses Vorgehen der Kommission zeigt, daß lediglich der Wortlaut und nicht dessen rechtliche Bedeutung geändert werden sollte. Art. 3 Nr. 11 a betrifft daher nach wie vor nur Besteller, die in dem Gebiet des Empfängers der Bestellung eine Niederlassung haben. Hervorzuheben bleibt noch, daß Art. 6 h der GVO F + E in den Fassungen der drei Amtssprachen sich auf Besteller bezieht, die in ihrem jeweiligen Gebiet niedergelassen sind[449].

Grabitz/Koch[450] sind der Auffassung, daß parallele Ex- oder Importe vor allem bei Versendungskäufen dem Vertrieb durch den „Vertragspartner" sehr ähnlich sein könnten[451].

---

444 Art. 3 Nr. 12 a.
445 Art. 6 h 1. Spiegelstrich.
446 Vgl. insoweit *Bunte/Sauter*, a.a.O., III 3 Rdnr. 63 unter Hinweis auf das Urteil des *EuGH*, vom 12. 7. 1984 – Rs. 170/83 = WuW/E EWG/MUV 657, 660 – „Leichtmetallheizkörper".
447 *Bunte/Sauter*, a.a.O., III 3 Rdnr. 64 und auch *Wiedemann*, a.a.O., II S. 306 Rdnr. 85.
448 Lizenzgeber bzw. Lizenznehmer.
449 "established", „établis"; vgl. zu dieser Problematik *Bunte/Sauter*, a.a.O., III 3 Rdnr. 64 f. und *Wiedemann*, a.a.O., II S. 306 f. Rdnr. 85, Kommission ABl. 1985 Nr. L 113 S. 35, ABl. 1985 Nr. C 195 S. 7 und ABl. 1985 Nr. L 280 S. 32.
450 Art. 85 Rdnr. 339, 233, 326.
451 Diese Meinung teilt auch *Wiedemann*, a.a.O., II S. 307 Rdnr. 86.

Es ist darauf zu achten, daß jeder Hersteller[452] für sein Lizenzgebiet noch
frei bleiben muß, die entsprechenden Besteller zu beliefern. Es darf **656**
hierbei der „Vertragspartner"[453] keinerlei Verpflichtung zur Prüfung
der Frage unterliegen, ob diese Besteller evtl. den Export der Lizenzerzeugnisse in andere Lizenzgebiete innerhalb des Gemeinsamen
Marktes beabsichtigen[454]. Wiedemann[455] ist zu Recht der Auffassung,
daß in den Fällen, in denen ein Vertragspartner die ihnen gemäß Art. 1
Abs. 1 dieser GVO obliegenden Pflichten „durch die formale Einschaltung eines Mittelsmannes bewußt unterläuft", ein insoweit möglicher
Verstoß gegen Art. 1 Abs. 1 vertragsrechtlich unterbunden werden
muß.

„Erzeugnisse" gemäß Art. 3 Nr. 11 a sind wohl als „Lizenzerzeugnisse" zu bewerten. Dies ergibt sich bereits durch die Erwähnung des
Begriffs der Lizenzerzeugnisse in Art. 3 Nr. 11 b. Es handelt sich
demnach wohl bei Nr. 11 a um ein Redaktionsversehen der Kommission. Allerdings wird sowohl in der englischen als auch in der französischen Fassung des Verordnungstextes sowohl von Produkten[456] als
auch von Lizenzerzeugnissen[457] gesprochen.

Als „Nichteingehen" auf Bestellungen soll neben der Lieferverweigerung auch die beschränkte Lieferung zu werten sein[458].

Art. 3 Nr. 11 a beinhaltet jedoch keinen Zwang zum Abschluß von
Lieferverträgen über die Lizenzerzeugnisse. Es ist jedem Vertragspartner freigestellt, auf eine Lieferung zu verzichten. Zu beachten ist
jedoch Art. 9 Nr. 5 a, wonach die Kommission den Rechtsvorteil der
Gruppenfreistellung entziehen kann, wenn sich ein Vertragspartner
ohne objektiv gerechtfertigten Grund weigert, auf die Nachfrage von
Verbrauchern oder Wiederverkäufern aus ihren jeweiligen Gebieten
einzugehen, die die Erzeugnisse in anderen Gebieten innerhalb des
Gemeinsamen Marktes absetzen wollen[459].

---

452 Lizenzgeber bzw. Lizenznehmer.
453 Lizenzgeber, Lizenznehmer.
454 Vgl. *Bunte/Sauter*, a.a.O., III 3 Rdnr. 64 und *Wiedemann*, a.a.O., II S. 308
Rdnr. 86.
455 Wie vor.
456 Nr. 11a und b.
457 Nr. 11 b.
458 *Wiedemann*, a.a.O., II S. 308 Rdnr. 87.
459 Vgl. *Bunte/Sauter*, a.a.O., III 3 Rdnr. 66 und *Wiedemann*, a.a.O., II S. 308
Rdnr. 88.

noch
656

Die unter Nr. 11 b aufgeführte Alternative[460] dürfte sich sowohl auf Nr. 11 a als auch auf Nr. 11 b beziehen. Die Zeilenlänge des Textes dieser Alternative entspricht der Zeilenlänge der ersten Worte der Nr. 11[461]. Diese Annahme wird durch den englischen Text dieser Verordnung bestätigt, dagegen durch den französischen Text widerlegt. Im französischen Text wird die vorgenannte Alternative[462] eindeutig Nr. 11 b zugeordnet. Eine entsprechende Alternative bezieht sich gemäß Art. 3 Nr. 12 der GVO Know-How sowohl auf a als auch auf b. Die Kommission sollte bei einer Überarbeitung dieser GVO die jeweilige Fassung des Verordnungstextes in den drei Amtssprachen drucktechnisch so gestalten, daß keine Widersprüche aufgrund drucktechnischer Anordnungen auftreten.

Art. 3 Nr. 11 b beschreibt die unzulässige Verpflichtung, die Möglichkeit für Verbraucher oder Wiederverkäufer zum Bezug der Lizenzerzeugnisse bei anderen Wiederverkäufern innerhalb des Gemeinsamen Marktes zu erschweren. Nach Auffassung der Kommission ist es insbesondere unzulässig, gewerbliches oder kommerzielles Eigentum geltend zu machen oder Maßnahmen zu treffen, um den Bezug außerhalb des Lizenzgebietes durch Verbraucher oder Wiederverkäufer von Erzeugnissen, die vom Patentinhaber selbst oder mit seiner Zustimmung innerhalb des Gemeinsamen Marktes in Verkehr gebracht worden sind, oder um das Inverkehrbringen solcher Erzeugnisse innerhalb des Lizenzgebietes durch diese Verbraucher oder Wiederverkäufer zu verhindern[463]. Die nach Nr. 11 b aufgeführte Alternative „oder wenn derartige Verhaltensweisen Folge einer Abstimmung zwischen ihnen sind", gilt sowohl für Nr. 11 a als auch für Nr. 11 b.

Entsprechende Klauseln bestehen in der GVO Know-How Art. 3 Nr. 12 b und in der GVO F + E[464].

Art. 3 Nr. 11 b beinhaltet demnach Verpflichtungen, die zur Behinderung oder Erschwerung des Bezugs der Lizenzerzeugnisse führen können[465]. Die Kommission versucht, mit dieser Regelung Verpflichtungen zu unterbinden, daß die Vertragspartner oder einer von ihnen auch dann noch Gebietsschutz gewährt, wenn die Lizenzerzeugnisse bereits

---

460 „oder wenn derartige Verhaltensweisen Folge einer Abstimmung zwischen ihnen sind".
461 „die Vertragspartner oder einer von ihnen verpflichtet sind:".
462 Technisch.
463 Art. 3 Nr. 11 b.
464 Art. 6 h zweiter Spiegelstrich.
465 *Grabitz/Koch*, a.a.O., Art. 85 Rdnr. 339.

in rechtmäßiger Weise innerhalb des Gemeinsamen Marktes in Verkehr gebracht worden sind[466]. Zu dem Zeitpunkt, in dem die Lizenzerzeugnisse beim Verbraucher bzw. Wiederverkäufern zum weiteren Verkauf vorliegen, sind diese Lizenzerzeugnisse „in Verkehr gebracht" worden, wodurch das aus dem gewerblichen Schutzrecht[467] resultierende Verbietungsrecht im Gemeinsamen Markt erschöpft ist. Das bedeutet, daß die Lizenzerzeugnisse lizenzgebührenfrei im Gemeinsamen Markt verwertet werden können[468]. Die Kommission hat daher auch mit dieser Regelung versucht, die Monopolstellung des Patentinhabers durch eine wettbewerbsrechtliche Regelung auszugleichen.

Der in Nr. 11 b 1. Alternative verwandte Begriff des „gewerblichen und kommerziellen Eigentums" ist wohl Art. 36 EWGV entnommen worden. „Gewerbliches und kommerzielles Eigentum" gemäß Art. 36 EWGV umfaßt das Patentrecht[469], das Warenzeichenrecht[470], das Urheberrecht[471], den Schutz von Mustern und Modellen[472] und das Sortenschutzrecht[473].

Zu beachten ist jedoch, daß es aufgrund der Art. 30, 36 EWGV grundsätzlich möglich ist, in einem Patentlizenzvertrag zu vereinbaren, Patentverletzungsansprüche geltend zu machen, solange die Geltendmachung nicht in „mißbräuchlicher Weise" erfolgt. Diese Vorschrift hat jedoch nur einen begrenzten Wirkungskreis, da aufgrund der „Erschöpfung" eines gewerblichen Schutzrechts nach dem ersten (zulässigen) Inverkehrbringen lediglich die Geltendmachung nicht begründeter Patentverletzungsansprüche erfaßt sein dürfte[474].

Der Versuch, einen Ausgleich zwischen einem ungehinderten Warenverkehr und andererseits der Ausübung eines gewerblichen Schutz-

---

466 *Bunte/Sauter*, a.a.O., III 3 Rdnr. 67 und *Wiedemann*, a.a.O., II S. 308 Rdnr. 88.
467 Z. B. Patent.
468 Vgl. insoweit *Bunte/Sauter*, a.a.O., III 3 Rdnr. 67.
469 Rs. 15/74 Slg. 1974 S. 1147 – "Sterling Drug".
470 Rs. 16/74 Slg. 1974 S. 1183 – "Winthrop".
471 Rs. 55, 57/80 Slg. 1981 S. 147/162 – „Musikvertrieb" und *EuGH*, Rs. 341/87 Slg. 1989, 79/96 f. – „EMI Electrola/Patricia u. a."; Rs. 262/81 – „Coditel II"; verwandtes Recht in Rs. 78/70, Slg. 1971 S. 487 – „Deutsche Grammophon".
472 Rs. 144/81 Slg. 1982 S. 2853/2870 – „Keurkoop".
473 Rs. 258/78 Slg. 1982 S. 2015/206 ff. – „Nungesser" = sog. „Maissaatgut-Fall"; vgl. zu dieser Zusammenstellung *Grabitz/Matthies*, a.a.O., Art. 36 Rdnr. 18 mwN.
474 Vgl. hier insbesondere *Wiedemann*, a.a.O., II S. 310 f. Rdnr. 97 unter Hinweis auf *Korah*, Patent Licensing, S. 86, *Bunte/Sauter*, a.a.O., III 3 Rdnr. 67 und *EuGH*, Urteil vom 12. 7. 1984, AS 1984 S. 2999, 3018 = WuW/E EWG/MUV 657, 659 – "Hydrotherm/Compact".

rechts zu finden, kann im Hinblick auf Importe von vom Lizenzgeber oder mit dessen Zustimmung in Verkehr gebrachten Lizenzerzeugnissen aus Drittstaaten im Hinblick auf diese Staaten andere Auswirkungen haben als beim freien Warenverkehr innerhalb des Gemeinsamen Marktes[475].

Inzwischen hat der EuGH[476] entschieden, daß Art. 30, 36 EWGV der Anwendung von Rechtsvorschriften eines Mitgliedstaates nicht entgegenstehen, die es einem Hersteller in diesem Mitgliedstaat gestatten, sich auf die ihm zustehenden ausschließlichen Rechte zur Vervielfältigung und zur Verbreitung bestimmter Erzeugnisse zu berufen, um den Vertrieb dieser Erzeugnisse im Gebiet dieses Mitgliedstaats verbieten zu lassen, wenn diese Erzeugnisse aus einem anderen Mitgliedstaat eingeführt werden, in dem sie ohne die Zustimmung des Inhabers der Rechte oder seines Lizenznehmers rechtmäßig in den Verkehr gebracht worden sind und in dem eine Schutzfrist für die Hersteller dieser Erzeugnisse zwar bestanden hat, aber inzwischen abgelaufen ist. Soweit nämlich die Verschiedenheit der nationalen Rechtsvorschriften über den Schutz des Eigentums[477] zu Beschränkungen des innergemeinschaftlichen Handels mit Erzeugnissen[478] führen kann, seien diese Beschränkungen gemäß Art. 36 EWGV gerechtfertigt, wenn sie auf dem Unterschied zwischen den Regelungen über die Schutzfrist beruhten und diese untrennbar mit dem Bestehen der ausschließlichen Rechte verknüpft sei. Ein solcher Rechtfertigungsgrund wäre nur dann nicht gegeben, wenn die Handelsbeschränkungen, die die nationalen Rechtsvorschriften auferlegen oder zulassen, ein Mittel zur willkürlichen Diskriminierung oder eine verschleierte Maßnahme zur Beschränkung des Handels darstellen könnten.

Nach der zweiten Alternative des Art. 3 Nr. 11 b ist es unzulässig, Verpflichtungen über Maßnahmen zum Zwecke der Verhinderung bzw. Erschwerung von Parallelimporten zu treffen. Hierzu sollen Verpflichtungen zählen, Verbrauchern oder Wiederverkäufern von Lizenzerzeugnissen zu verbieten, die Vertragsprodukte in andere Mit-

---

475 Vgl. *Grabitz/Matthies*, a.a.O., Art. 36 Rdnr. 23 unter Hinweis auf Rs. 270/80 Slg. 1982 S. 329/348 f. = WuW/E EWG/MUV 564 – "Polydor/Harlekin"; ebenso *Wiedemann*, a.a.O., II S. 311 Rdnr. 98.

476 Urteil vom 24. 1. 1989, Rs. 341/87 Slg. 1989, 79/96 f. – „EMI Electrola/Patricia u. a.".

477 An literarischen und künstlerischen Werken.

478 Tonträgern.

gliedstaaten der EG zu exportieren oder exportieren zu lassen[479]. Eine Erschwerung des Bezugs der Lizenzerzeugnisse könnte auch in einer Verweigerung von Garantieleistungen für Produkte liegen, die in anderen Mitgliedstaaten der EWG rechtmäßig in Verkehr gebracht worden sind[480]. Auch die Verweigerung von notwendigen Serviceleistungen sei als Erschwerung des Bezugs von Lizenzerzeugnissen zu werten[481].

Es wurde bereits erwähnt, daß die Alternative „oder wenn derartige Verhaltensweisen Folge einer Abstimmung zwischen ihnen sind" sowohl für Nr. 11 a als auch für Nr. 11 b gilt.

5. Widerspruchsverfahren

a) Allgemeines

Die Kommission hat mit dem Widerspruchsverfahren gemäß Art. 4 **657** dieser GVO eine Möglichkeit geschaffen, eine außerhalb des Anwendungsbereichs der Artikel 1, 2 und 3 liegende Gruppe von unbestimmten, wettbewerbsbeschränkenden Vereinbarungen in Patentlizenzverträgen freizustellen. Es handelt sich insoweit um Beschränkungen der sog. „grauen Zone", also um Verpflichtungen, die – wie bereits gesagt – weder unter Art. 1, unter Art. 2[482] noch unter Art. 3[483] fallen. Die Kommission wollte mit der Zurverfügungstellung eines vereinfachten und beschleunigten Freistellungsverfahrens nicht nur dem (vermuteten) Wunsch der Anmelder von Patentlizenzvereinbarungen nach Rechtssicherheit, sondern auch dem eigenen Wunsch der Kommission, sich Verwaltungsarbeit zu ersparen, Rechnung tragen. Der Rechtsvorteil der Freistellung kommt den Vereinbarungen zugute, die bei der Kommission unter ausdrücklicher Bezugnahme auf Art. 4 dieser GVO vollständig und den Tatsachen entsprechend angemeldet werden und bei denen die Kommission binnen sechs Monaten nach Eingang der Anmeldung keinen Widerspruch gegen die Freistellung erhebt[484].

---

479 *Wiedemann*, a.a.O., II S. 311 Rdnr. 99 unter Hinweis auf *EuGH*, Urteil vom 1. 10. 1975, AS 1975 S. 1103, 1110 ff. – „van Vliet/Dalle Crode"; diese Entscheidung erging allerdings zu Art. 3 b der GVO Nr. 67/67.

480 *Wiedemann*, a.a.O., wie vor unter Hinweis auf *EuGH*, Urteil vom 10. 12. 1985, AS 1985 S. 3933, 3943 ff. = WuW/E EWG/MUV 723 f. – "Swatch".

481 *Wiedemann*, a.a.O., wie vor unter Hinweis auf *Korah*, Patent Licensing S. 86.

482 „weiße Liste".

483 „schwarze Liste".

484 Art. 4 Abs. 1–3.

Erhebt die Kommission Widerspruch und wird dieser nicht zurückgenommen, so richten sich die Wirkungen der Anmeldungen nach den Vorschriften der VO Nr. 17/62[485]. Wiedemann[486] geht zu Recht davon aus, daß Art. 13 das Widerspruchsverfahren gemäß Art. 4 „an systematisch falscher Stelle" insoweit ergänzt, als die bei Anwendung von Art. 4 erlangten Kenntnisse nur zu dem mit dieser Verordnung verbundenen Zweck verwertet werden dürfen und geheimzuhalten sind.

Entsprechende Regelungen finden sich auch in der GVO Know-How und in der GVO F + E.

In den Jahren nach Erlaß dieser GVO wurde erst in relativ wenigen Fällen[487] versucht, eine Freistellung im Widerspruchsverfahren zu erlangen. Die möglichen Hintergründe für eine derart geringe Nutzung des Widerspruchsverfahrens wurden bereits erörtert. Die geringe Inanspruchnahme dieser Möglichkeit dürfte daher nur einem Ziel der Kommission, nämlich dem Ziel der Verwaltungsvereinfachung, gerecht werden. Das wesentlich wichtigere Ziel der Kommission, mit dem Widerspruchsverfahren die Rechtssicherheit bei den Vertragspartnern zu erhöhen, steht wohl noch auf tönernen Füßen. Die Kommission und der EuGH sollten daher möglichst rasch dafür Sorge tragen, daß die bestehenden Auslegungsschwierigkeiten durch Klarstellungen ausgeräumt werden. Anderenfalls dürfte der erwünschte Effekt der Rechtssicherheit noch mehr in Frage gestellt sein, als dies ohnehin schon der Fall ist[488].

b) Verfahren

658 Die Anwendung des Widerspruchsverfahrens setzt voraus, daß eine Vereinbarung mit wettbewerbsbeschränkenden Verpflichtungen, die außerhalb des Anwendungsbereichs der Art. 1, 2 und 3 dieser GVO liegen, gemäß den Bestimmungen der VO Nr. 27/62 der Kommission[489], zuletzt geändert durch die VO[490] Nr. 1699/75[491] bei der Kom-

---

485 Art. 4 Abs. 9.
486 A.a.O., II S. 313 Rdnr. 2.
487 Bis Ende 1989 wurden insgesamt wohl nur 41 Vereinbarungen gemäß Art. 4 angemeldet, 1990 wohl keine, 20. Wettbewerbsbericht 190 Tz. 46.
488 Vgl. insoweit auch *Wiedemann*, a.a.O., II S. 314 f. Rdnr. 4 und *Bunte/Sauter*, a.a.O., III 3 Rdnr. 69 ff.
489 ABl. Nr. 35 vom 10. 5. 1962, S. 1118/62.
490 EWG.
491 ABl. Nr. L 172 vom 3. 7. 1975, S. 11.

mission angemeldet werden und die Kommission binnen sechs Monaten keinen Widerspruch gegen die Freistellung erhebt[492].

Die Sechsmonatsfrist beginnt mit dem Tag des Eingangs der Anmeldung bei der Kommission. Im Falle der Aufgabe zur Post als eingeschriebener Brief beginnt diese Frist mit dem Datum des Poststempels des Aufgabeortes[493]. Es wird empfohlen, die Anmeldung nur per Einschreiben/Rückschein vorzunehmen. Nach deutschem Recht muß der Zugang einer Erklärung – dies gilt auch für mit der Post verschickte schriftliche Erklärungen – vom Absender der Erklärung nachgewiesen werden. Nur bei der Versendung von Post per Einschreiben/Rückschein ist gewährleistet, daß der Absender eine Bestätigung für den Eingang seiner Post bei der Kommission erhält. Ein derartiger Nachweis kann u. U. auch für das interne Vertragsverhältnis zwischen den Lizenzvertragsparteien, aber auch im Verhältnis zu Dritten[494] von Bedeutung sein.

Art. 4 Abs. 1 gilt nur, wenn

– in der Anmeldung oder in einer sie begleitenden Mitteilung auf diesen Artikel (4) ausdrücklich Bezug genommen wird und
– die bei der Anmeldung zu machenden Angaben vollständig sind und den Tatsachen entsprechen[495].

VO Nr. 27/62 sieht vor, daß die Anmeldung unter Verwendung des „Formblatts A/B" zu erfolgen hat. Das im Anhang[496] abgedruckte Formblatt A/B sollte im Hinblick auf die dort gestellten Erfordernisse beachtet werden. Gemäß Art. 4 Abs. 3 b gilt das Widerspruchsverfahren nur, wenn die bei der Anmeldung zu machenden Angaben vollständig sind und den Tatsachen entsprechen.

Hinsichtlich der „Vollständigkeit der Anmeldung" soll es ausreichen, daß die vollständige Anmeldung eingereicht wird. Die Unternehmen, die eine derartige Anmeldung vornehmen wollen, wären überfordert, wenn sie beispielsweise detailliert anzugeben hätten, wie hoch ihr

---

492 Art. 4 Abs. 1.
493 Art. 4 Abs. 2.
494 Z. B. BKartA, Gerichte.
495 Art. 4 Abs. 3.
496 Anh. XV.

Marktanteil und insbesondere wie hoch ihr Marktanteil für die vorangegangenen Geschäftsjahre gewesen ist[497].

Die Kommission könnte – wie es Wiedemann[498] vorschlägt – mit der Eingangsbestätigung dem Anmelder zugleich die Vollständigkeit der Anmeldung mitteilen. Es erscheint jedoch fraglich, ob eine derartige Vorgehensweise praxisgerecht ist. Die Prüfung der „Vollständigkeit" dürfte in der Regel länger dauern als die Zeit bis zur Absendung einer Eingangsbestätigung. Man könnte jedoch beispielsweise an eine Frist von einem Monat, die mit dem Tag des Eingangs der Anmeldung bei der Kommission beginnt, denken, wonach die Vollständigkeit der Anmeldung als gegeben angesehen wird, wenn die Kommission nicht binnen der 1-Monats-Frist die Unvollständigkeit der Anmeldeunterlagen gerügt hat.

Aufgrund der Verwendung des Formblatts A/B soll es den Unternehmen freistehen, gleichzeitig ein Negativ-Attest oder eine Freistellungsentscheidung gemäß VO Nr. 17/62 zu beantragen[499].

Die bei Anwendung des Art. 4 erlangten Kenntnisse dürfen nur zu dem mit dieser Verordnung verfolgten Zweck, d. h. dem Rechtsvorteil der Freistellung, verwertet werden. So ist es der Kommission und den Behörden der Mitgliedstaaten sowie ihren Beamten und sonstigen Bediensteten nicht erlaubt, Kenntnisse preiszugeben, die sie bei Anwendung dieser Verordnung erlangt haben und die ihrem Wesen nach unter das Berufsgeheimnis fallen. Unter dem Berufsgeheimnis sind Betriebs- und auch Geschäftsgeheimnisse zu verstehen. Es dürfte sich insoweit um Kenntnisse handeln, die über den Rahmen des in der GVO Know-How[500] beschriebenen Know-How hinausgehen, also um Kenntnisse, an deren Geheimhaltung ein Unternehmen – aus welchen Gründen auch immer – interessiert ist, wobei diese Kenntnisse nicht (berechtigterweise) für Dritte erhältlich sein dürfen.

Die vorgenannten Kenntnisse können jedoch in Übersichten oder Zusammenfassungen, die keine Angaben über einzelne Unternehmen oder Unternehmensvereinigungen enthalten, veröffentlicht werden[501].

---

497 Vgl. z. B. *EuGH*, Urteil vom 20. 3. 1980, allerdings ohne Bezug zu Patentlizenzvereinbarungen, AS 1980 S. 1137, 1148 Rdnr. 10 = WuW/E EWG/MUV 512 – „Buchpreisbindung".
498 A.a.O., I S. 75 Rdnr. 224.
499 *Wiedemann*, a.a.O., I S. 75 Rdnr. 226 unter Berufung auf *White* S. 697.
500 Art. 1 Abs. 7 Nr. 1.
501 Vgl. Art. 13.

Aus dem Wortlaut des Art. 4 Abs. 5 Satz 1, ergibt sich, daß die noch **658** Kommission nicht unbedingt[502] verpflichtet ist, Widerspruch gegen die Freistellung zu erheben. Die Kommission ist lediglich in dem Fall, daß sie von einem Mitgliedstaat binnen dreier Monate nach der Übermittlung einer Anmeldung im Sinne von Abs. 1 oder einer Mitteilung im Sinne von Abs. 4 von diesem Mitgliedstaat einen entsprechenden Antrag erhält, zur Erhebung des Widerspruchs verpflichtet. Der Antrag des Mitgliedstaats muß auf Erwägungen zu den Wettbewerbsregeln des EWGV beruhen[503]. Der Widerspruch sollte schriftlich, und zwar wegen evtl. Beweisprobleme per Einschreiben/Rückschein erfolgen. Ein Fernschreiben dürfte genügen. Ob auch die Versendung per Telefax genügt, ist noch nicht[504] – soweit ersichtlich – entschieden worden. Wird Widerspruch erhoben, kann der Widerspruch gemäß Art. 4 Abs. 6 bis 8 zurückgenommen werden. Die Kommission kann jedoch auch eine Einzelfreistellung vornehmen oder den Weg des sog. „comfort-letter" gehen. Wenn dagegen die Kommission Widerspruch erhebt und dieser nicht zurückgenommen wird, so richten sich die Wirkungen der Anmeldung nach den Vorschriften der Verordnung Nr. 17[505].

Die Kommission hat es leider bisher versäumt, detailliert klarzustellen, welche Gründe für die Erhebung des Widerspruchs vorliegen müssen. Neben der Beschaffung „zusätzlicher Informationen"[506] kann als weiterer Grund für die Erhebung des Widerspruchs der Kommission die Nichterfüllung der Voraussetzungen gem. Art. 85 Abs. 3 EWGV in Betracht zu ziehen sein[507]. Es geht hierbei insbesondere um die Klauseln, die in der „Grauzone" zwischen der „weißen" und der „schwarzen" Liste einzuordnen sind. Eine Klarstellung der Kommission dürfte auch im Interesse der Kommission selbst liegen. Die Kommission könnte sich viel Arbeit ersparen, wenn sie beispielsweise in ihren jährlichen Wettbewerbsberichten die Nichterhebung von Widersprüchen nicht nur mit der lapidaren Feststellung begründen würde, daß „die Verträge den Zielen der Verordnung entsprochen haben"[508].

---

502 „kann".
503 Art. 4 Abs. 5.
504 In der Bundesrepublik Deutschland.
505 Art. 4 Abs. 9; vgl. zu Einzelheiten des Widerspruchsverfahrens anstatt aller nur *Bunte/Sauter*, a.a.O., III 3 Rdnr. 69 ff. und *Wiedemann*, a.a.O., I S. 65 ff. Rdnr. 195 ff.
506 *Wiedemann*, a.a.O., I S. 81 Rdnr. 246.
507 *Wiedemann*, a.a.O., II S. 316 f. Rdnr. 8.
508 16. Wettbewerbsbericht 1987 Rdnr. 29.

Sicherlich ist es einfacher, sich mit derartig allgemein gehaltenen Aussagen zu begnügen. Der Verwaltungsvereinfachung und vor allem aber der Rechtssicherheit wäre es eher dienlich, wenn von der Kommission konkrete Kriterien an die Hand gegeben würden.

Eine kleine Hilfestellung bieten die von der Kommission inzwischen herausgegebenen Leitlinien für die Anwendung der EG-Wettbewerbsregeln im Telekommunikationsbereich. Dem Vorwort dieser Leitlinien ist zu entnehmen, daß diese Leitlinien den Marktteilnehmern im Telekommunikationsbereich die Anwendung der Wettbewerbsregeln der Gemeinschaft erläutern sollen und die Wettbewerbsregeln in dem Kontext der besonderen Bedingungen des Telekommunikationsbereichs zu sehen sind[509]. Diese Leitlinien befassen sich im wesentlichen mit der direkten Anwendung der Wettbewerbsbestimmungen auf Unternehmen, d. h. mit den Artikeln 85 und 86 des EWGV[510].

Die Kommission geht davon aus, daß die Art. 85 und 86 unmittelbar und gemeinschaftsweit unterschiedlos und in gleichem Umfang für alle öffentlichen wie privaten Unternehmen gelten. Die Kommission und die nationalen Verwaltungsbehörden und Gerichte sind zuständig, diese Vorschriften nach den in der Verordnung Nr. 17 festgelegten Bedingungen anzuwenden[511]. Die Art. 85 und 86 sind auch auf außerhalb der EG ansässige Unternehmen anwendbar, wenn diese Unternehmen wettbewerbsbeschränkende Vereinbarungen in dem Gemeinsamen Markt durchführen oder durchzuführen beabsichtigen oder einen Mißbrauch begehen und dadurch der Handel zwischen den Mitgliedstaaten beeinträchtigt wird[512].

Die Kommission geht – soweit ersichtlich – zum ersten Mal näher auf den Begriff des „relevanten Marktes" ein. Ohne beurteilen zu können, welche Auswirkungen eine Wettbewerbsabsprache im Sinne von Art. 85 EWGV hat oder ob eine marktbeherrschende Stellung im Sinne von Art. 86 EWGV vorliegt, sei es notwendig, innerhalb des gesamten Telekommunikationsbereichs den für den betreffenden Fall relevanten Markt bzw. Märkte zu definieren, d. h. den produkt- oder dienstleistungsbezogenen und den geographischen Markt. Wegen der schnellen Entwicklung der Technologie sei die Definition des relevan-

---

509 ABl. Nr. C 233 S. 2 ff. vom 6. 9. 1991; siehe auch Anhang X. und dort II. (10) ff.
510 ABl. 1991 Nr. C 233 S. 5 Nr. 12.
511 ABl. Nr. C 233 S. 6 Nr. 19.
512 Wie vor Nr. 20 unter Hinweis auf *EuGH*, Urteil vom 27. 9. 1988, Slg. 1988, S. 5193 – "Woodpulp".

ten Markts dynamischen Veränderungen unterworfen[513]. Die Kommission unterscheidet zunächst einmal zwischen dem Produktmarkt und dem geographischen Markt. Nach Auffassung der Kommission umfaßt ein Produktmarkt die Gesamtheit der Produkte, die aufgrund ihrer Eigenschaften besonders geeignet sind, bestimmte Anforderungen zu erfüllen, und die in bezug auf Preis, Verwendung und Verbraucherpräferenz nur bedingt gegen andere Produkte austauschbar seien. Eine auf die objektiven Eigenschaften der relevanten Produkte beschränkte Betrachtung könne hier nicht genügen; auch die jeweiligen Wettbewerbsbedingungen und die Angebots- und Nachfragestruktur des Markts seien dabei zu berücksichtigen[514]. Die Kommission betont allerdings in diesem Zusammenhang, daß sie die Märkte in diesem Sinne im Zusammenhang mit Einzelfällen hinreichend genau definieren könne[515].

Die Kommission weist darauf hin, daß bezüglich einzelner Dienstleistungen – zumindest für Bereiche wie die Bereitstellung bodengestützter Netze, Sprachübermittlung, Datenkommunikation und Satellitenverbindungen – von der Existenz separater Märkte ausgegangen werden könne. Bei den Ausrüstungen kämen für die Definition einzelner Märkte u. a. Bereiche wie z. B. öffentliche Vermittlungsanlagen, große private Vermittlungen, Übertragungssysteme und noch detaillierter bei den Endgeräten – Telefonapparate, Modems, Telex-Endgeräte, Datenübermittlungsterminals und Mobilfunkgeräte in Betracht. Trotz dieser bereits genauen Definition stellt die Kommission klar, daß „mit diesen Angaben aber die Möglichkeit einer engeren Definition separater Märkte keineswegs ausgeschlossen werden soll". Für sonstige Dienstleistungen und Gerätearten könne an dieser Stelle auch keine konkrete Aussage darüber gemacht werden, ob für jede einzelne dieser Dienstleistungen oder Gerätearten ein eigener Markt besteht oder jeweils für mehrere zusammen oder beides – je nach der in den verschiedenen geographischen Märkten möglicherweise unterschiedlichen Austauschbarkeit. Letzteres sei hauptsächlich eine Frage des Angebots und der Anforderungen dieser Märkte[516].

Diese Ausführungen zeigen, daß die Kommission davon ausgeht, daß bereits für einzelne Produkte oder Dienstleistungen oder jeweils für

---

513 ABl. 1991 Nr. C 233 S. 7 Nr. 25 s. a. ABl. 1986 Nr. C 231/2 II. (10) ff.
514 Wie vor Nr. 26 unter Hinweis auf *EuGH*, Urteil vom 9. 11. 1983, Slg. 1983 S. 3529, Entscheidungsgrund 37 – „Michelin".
515 Wie vor.
516 ABl. 1991 Nr. C 233 S. 7 Nr. 27.

noch **658** mehrere dieser Produkte oder Dienstleistungen zusammen oder eine Mischform von beiden Möglichkeiten separate Märkte bestehen können, wobei dann noch unterschiedliche geographische Märkte zu berücksichtigen sind.

Die Kommission definiert den geographischen Markt als Gebiet, „in dem Unternehmen miteinander in Wettbewerb treten und für alle Anbieter hinsichtlich der betreffenden Waren oder Dienstleistungen ähnliche objektive Wettbewerbsbedingungen gelten"[517]. Unbeschadet der im Einzelfall zu treffenden Definition des geographischen Markts sei festzustellen, daß innerhalb der EG die einzelnen Staatsgebiete offenbar immer noch getrennte geographische Märkte darstellten, und zwar insbesondere für diejenigen Dienstleistungen oder Produkte, bei denen

– die Anforderungen der Verbraucher nur unter Benutzung inländischer Dienste erfüllt werden könnten;

– hinsichtlich des Zugangs zu speziellen und ausschließlichen Betriebsrechten unterschiedliche Vorschriften herrschten, die geeignet seien, die einzelnen Staatsgebiete voneinander zu trennen;

– für Netze und Ausrüstungen keine EG-weit geltenden Normen – seien sie zwingender oder freiwilliger Art – existierten, deren Nichtvorhandensein ebenfalls zu einer Isolierung der nationalen Märkte führen könnte. Das Fehlen freiwilliger gemeinschaftsweiter Normen deute auf unterschiedliche nationale Verbraucherinteressen.

Es sei jedoch zu erwarten, daß sich die geographischen Märkte im Zuge der fortschreitenden Vollendung des Binnenmarkts nach und nach auf das gesamte Gebiet der Gemeinschaft ausweiten würden.

In diesem Zusammenhang wäre auch zu untersuchen, ob der betreffende nationale Markt oder Teil eines nationalen Markts einen erheblichen Teil des gesamten gemeinsamen Marktes darstellte. Dies träfe dann zu, wenn die fraglichen Dienstleistungen oder Erzeugnisse einen wesentlichen Teil des insgesamt in der Gemeinschaft anfallenden Volumens darstellten. Diese Feststellung gelte für alle einschlägigen Produkte und Dienstleistungen[518].

Was die Dienste im allgemeinen betrifft, beurteilt die Kommission die Marktmacht der betreffenden Unternehmen und die Auswirkungen

---

517 ABl. 1991 Nr. C 233 S. 8 Nr. 31 unter Hinweis auf *EuGH*, Urteil vom 14. 2. 1987, Slg. 1978 S. 207, Grund 44 – "United Brands" und im Telekommunikationsbereich *EuGH*, Urteil vom 5. 10. 1988, Slg. 1988 S. 5987 – "Alcatel-Novasam".
518 ABl. 1991 Nr. C 233 S. 8 Nr. 32 f.

noch
658

des Verhaltens der Unternehmen auch unter Berücksichtigung ihrer Aktivitäten untereinander und der Wechselwirkungen zwischen dem Gemeinschaftsmarkt und den Weltmärkten. Mit fortschreitender Öffnung des EG-Marktes werde dieser Gesichtspunkt immer wichtiger. Er könnte erhebliche Auswirkungen haben auf die Struktur der Märkte innerhalb der EG, auf die Wettbewerbsfähigkeit der in diesen Märkten operierenden Unternehmen und – langfristig gesehen – auf ihre Fähigkeit, sich als unabhängige Anbieter zu halten[519].

Im Hinblick auf die Anwendung des Art. 85 EWGV wird die Notwendigkeit der europäischen Zusammenarbeit zur Förderung der Entwicklung transeuropäischer Dienste und die Stärkung der Wettbewerbsfähigkeit der Industrie der EG innerhalb der Gemeinschaft und auf den Weltmärkten unterstrichen. Diese Zusammenarbeit könne allerdings nur dann zu der Erreichung der genannten Ziele führen, wenn dabei die Wettbewerbsregeln der Gemeinschaft eingehalten würden. Es wird insoweit auf die Verordnung Nr. 17 bezüglich des Prüfungs- und Genehmigungsverfahrens für solche Kooperationsvereinbarungen verwiesen. Es wird auf den Antrag auf Erteilung eines Negativ-Attestes und die Möglichkeit, Vereinbarungen, die unter Art. 85 EWGV fallen, mit dem Ziel anzumelden, eine Freistellung gemäß Art. 85 Abs. 3 EWGV in Anspruch zu nehmen, hingewiesen. Die Anmeldung sei nicht obligatorisch. Falls die Beteiligten sich jedoch aus Gründen der Rechtssicherheit entschließen würden, eine Freistellung in Anspruch zu nehmen, dürften die Vereinbarungen gemäß Art. 4 der VO Nr. 17 erst freigestellt werden, wenn diese der Kommission gemeldet worden seien[520].

Die Kommission erläutert dann des weiteren, unter welchen Voraussetzungen Wettbewerbsbeschränkungen entstehen können und trennt bei ihrer Beurteilung nach

– horizontalen Vereinbarungen[521]
– Vereinbarungen über die Erbringung nichtreservierter Dienstleistungen und die Lieferung von Endgeräten und
– Vereinbarungen über Forschung und Entwicklung[522].

---

519 ABl. 1991 Nr. C 233 S. 9 Nr. 35.
520 ABl. 1991 Nr. C 233 S. 9 Nr. 36.
521 Über die Bereitstellung von bodengestützten Fernmeldeeinrichtungen und über reservierte Dienstleistungen.
522 ABl. 1991 Nr. C 233 S. 10 ff. Nr. 41 ff.

Schließlich wird in den Leitlinien noch dargestellt, wann Art. 86 EWGV anwendbar ist. Hier werden insbesondere die Begriffe „beherrschende Stellung" und „Mißbrauch" erläutert. Unter dem Begriff „Mißbrauch" werden dann Nutzungsbeschränkungen behandelt, die in Verträgen zwischen Telekommunikationsorganisationen[523] dritten Unternehmen nicht auferlegt werden dürfen, d. h. wettbewerbsbeschränkend sind[524].

Diese Leitlinien der Kommission stellen zumindest im Hinblick auf die begriffliche Erläuterung des „relevanten Marktes" eine gewisse Hilfe bei der Auslegung dieses Begriffs im Rahmen aller GVO und damit auch der GVO Patentlizenzverträge dar.

6. Abgrenzung des Anwendungsbereichs

a) Allgemeines

659 In Art. 5 Abs. 1 wird eine Negativabgrenzung hinsichtlich des Anwendungsbereichs dieser GVO vorgenommen. Vom Anmeldungsbereich ausgeschlossen sind Lizenzvereinbarungen

– von Patentgemeinschaften,
– an denen ein Gemeinschaftsunternehmen beteiligt ist,
– über wechselseitige Lizenzen und
– über Pflanzenzüchtungen[525].

Wechselseitige Lizenzen fallen jedoch in den Anwendungsbereich dieser GVO, falls die Vertragspartner innerhalb des Gemeinsamen Marktes keinen Gebietsbeschränkungen unterworfen sind[526]. Aus den BE[527] ergibt sich, daß Art. 5 „mangels ausreichender Erfahrungen der Kommission bei Erlaß der GVO" entstand[528].

b) Patentgemeinschaft, Gemeinschaftsunternehmen, wechselseitige
Vereinbarungen, Pflanzenzüchtungen, wechselseitige Lizenzen

660 Unter Vereinbarungen zwischen Mitgliedern einer Patentgemeinschaft sind Vereinbarungen zu verstehen, „bei denen die Patente der Ver-

---

523 Öffentliche und private Betreibergesellschaften.
524 ABl. 1991 Nr. C 233 S. 16 ff. Nr. 78 ff.; vgl. auch die kurze Zusammenfassung dieser Leitlinien in EuZW 1991, 611.
525 Art. 5 Abs. 1.
526 Art. 5 Abs. 2.
527 Nr. 8.
528 Vgl. Art. 5 GVO Know-How.

noch
660

tragspartner auf einen Vertragspartner oder auf ein neu gegründetes Gemeinschaftsunternehmen übertragen werden und von diesen Unternehmen wiederum an die Vertragspartner einfache oder ausschließliche Lizenzen erteilt werden. Denkbar ist auch, daß die Vertragspartner an ein bestimmtes Unternehmen oder an eine Gemeinschaftsgründung ausschließliche Lizenzen erteilen und diese wiederum an die Vertragspartner Lizenzen zurückgibt"[529]. Diese weite Begriffsdefinition der Patentgemeinschaft dürfte für Art. 5 Abs. 1 Nr. 1 noch nicht in vollem Umfang gelten. Ausgenommen sind Vereinbarungen gemäß Art. 5 Abs. 1 Nr. 2 und 3. Die Kommission sollte spätestens im Rahmen einer Überarbeitung dieser GVO klarstellen, welche unterschiedlichen Merkmale die in den Nummern 1, 2 und 3 des Art. 5 Abs. 1 genannten Vertragspartner aufweisen. Es ist gut vorstellbar, daß die Kommission im Rahmen der Überarbeitung dieser GVO auch zu der Überzeugung kommt, daß Art. 5 mangels Praxisrelevanz zu streichen ist und evtl. eine Klarstellung in den BE als ausreichend zu betrachten ist. Es hat zwar in letzter Zeit z. B. Patentpools in Form der sog. Europäischen Wirtschaftlichen Interessenvereinigung[530] gegeben – es wurden EWIV zu dem Zweck gegründet, die von den Mitgliedern einer EWIV eingebrachten Schutzrechte mit Dritten zu verwerten –, es erscheint jedoch fraglich, ob wegen einer verhältnismäßig geringen Anzahl von Fällen eine gesonderte Vorschrift[531] vorhanden sein muß.

Ein derartiger Patentpool kann ohne weiteres unter Art. 5 Abs. 1 Nr. 1 oder Nr. 2 oder Nr. 3 unter Einschluß der Ausnahmeregelung des Art. 5 Abs. 2 fallen. Dagegen wird die Erteilung einer Lizenz durch den Patentpool an einen Dritten in den Anwendungsbereich dieser GVO fallen[532].

Art. 5 Abs. 1 Nr. 1 soll auch nicht für Vereinbarungen zwischen (Mit-) Inhabern einer Gemeinschaftserfindung gelten[533].

Art. 5 Abs. 1 Nr. 2 läßt Patentlizenzvereinbarungen dann nicht in den Anwendungsbereich dieser GVO fallen, wenn diese Vereinbarungen entweder zwischen Wettbewerbern, die an einem Gemeinschaftsunternehmen beteiligt sind, oder aber zwischen einem Wettbewerber und dem Gemeinschaftsunternehmen getroffen werden, wobei sich in bei-

529 Vgl. Rdnr. 570 und *Wiedemann*, a.a.O., II S. 320 ff. Rdnr. 3 f.
530 EWIV.
531 Art. 5.
532 Dieser Meinung sind auch *Alexander*, IIC 1986 S. 17 und *Wiedemann*, a.a.O., II S. 322 Rdnr. 5.
533 *Wiedemann*, a.a.O., wie vor.

noch
660 den Alternativen die Lizenzvereinbarungen auf die Tätigkeit des Gemeinschaftsunternehmens beziehen müssen.

Unklar ist zunächst einmal, ob der Wortlaut, der in Nr. 2 nur Wettbewerber erfaßt, die bereits im Wettbewerb stehen, oder aber sich auch auf potentielle Wettbewerbsverhältnisse erstreckt. Aufgrund der auch insoweit zögerlichen Haltung der Kommission bei der Klärung dieser Abgrenzungsfrage und aufgrund des Umstands, daß der EuGH bisher – soweit ersichtlich – zu dieser Abgrenzungsfrage ebenfalls nicht Stellung genommen hat, sollte bei Abgrenzungsschwierigkeiten auf jeden Fall die entsprechende Vereinbarung bei der Kommission angemeldet werden[534].

Neben einem bestehenden oder potentiellen Wettbewerb zwischen den Vertragspartnern einer Lizenzvereinbarung muß ein Bezug zu einem „Gemeinschaftsunternehmen" bestehen. Zum Teil wird vertreten, daß der Wortlaut der Nr. 2 auf die Beteiligung an einem Gemeinschaftsunternehmen abhebt und daher nur die Fälle betroffen sein könnten, in denen eine gemeinsame Tochtergesellschaft bestehe oder errichtet werde[535]. *Korah* geht demgegenüber von einer weiten Fassung des Begriffs Gemeinschaftsunternehmen aus[536]. Dieser Auffassung dürfte eher zuzustimmen sein. Nr. 2 erfaßt nicht nur den Fall, daß Wettbewerber an einem Gemeinschaftsunternehmen beteiligt sind, sondern auch den Fall, daß einer dieser Wettbewerber eine Vereinbarung mit einem Gemeinschaftsunternehmen schließt.

Bunte/Sauter kann nur vorbehaltlos zugestimmt werden, wenn sie fordern, daß „nicht versucht werden sollte, durch Auslegungsexperimente interessante Fallkonstellationen in den Anwendungsbereich der VO hineinzuinterpretieren und sie so dem Erfahrungswissen der Kommission vorzuenthalten. Vielmehr empfehle sich in Zweifelsfällen die Anmeldung bei der Kommission"[537].

Ausgeschlossen sind vom Anwendungsbereich dieser GVO des weiteren Vereinbarungen[538],

---

534 Vgl. *Korah*, Patent Licensing, S. 28, die davon ausgeht, daß die Vertragspartner bereits Wettbewerber sind; a.A. offensichtlich *Wiedemann*, a.a.O., II S. 232 Rdnr. 8.

535 So *Wiedemann*, a.a.O., II S. 322 Rdnr. 7.

536 *Korah*, Patent Licensing, S. 28: "Joint venture is a very broad concept, including joint subsidiaries, cross licences, even a committee to which the venturers make assets available".

537 *Bunte/Sauter*, a.a.O., III 3 Rdnr. 74.

538 Art. 5 Abs. 1 Nr. 3.

– mit denen ein Vertragspartner dem anderen Vertragspartner eine
 Patentlizenz erteilt und
– dieser andere, auch wenn dies in getrennten Vereinbarungen oder
 über verbundene Unternehmen geschieht, dem ersten Vertragspartner eine Lizenz an Patenten oder Marken oder Verkaufsrechte für
 nicht patentgeschützte Erzeugnisse einräumt oder ihm technisches
 Wissen mitteilt,

soweit die Vertragspartner Wettbewerber für die Vertragserzeugnisse
sind.

Der erste Vertragspartner erhält also als Gegenleistung für die von ihm
erteilte Patentlizenz entweder eine wechselseitige Lizenz an Patenten,
Warenzeichen, Know-How oder Verkaufsrechte für nicht patentgeschützte Erzeugnisse eingeräumt.

Unter „Verkaufsrechten" sollen „ausschließliche Vertragshändler-Ver-
einbarungen" zu verstehen sein[539]. Bei den Vertragspartnern wird
vorausgesetzt, daß sie Wettbewerber für die Vertragserzeugnisse sind.
Das bedeutet, daß auf ein bereits bestehendes[540] und nicht auf ein
potentielles Wettbewerbsverhältnis abgestellt wird[541]. Diese Aussage
dürfte den Schluß zulassen, daß auch in Art. 5 Abs. 1 Nr. 2 von einem
bestehenden Wettbewerbsverhältnis seitens der Kommission ausgegangen wird. Der Begriff „patentgeschützte Erzeugnisse" dürfte eine
Teilmenge des Begriffs „Vertragserzeugnis" sein. Der Begriff „Vertragserzeugnis" dürfte darauf zurückzuführen sein, daß gemäß Art. 5
Abs. 1 Nr. 3 nicht nur Erzeugnisse aus Lizenzen, sondern auch
Erzeugnisse, die auf einem Verkauf beruhen[542], betroffen sind[543].

Lizenzvereinbarungen über Pflanzenzüchtungen[544] sind ebenfalls aus
dem Anwendungsbereich dieser GVO ausgeschlossen. Der Ausschluß
derartiger Lizenzvereinbarungen ist um so erstaunlicher, als die Kommission einerseits[545] den Ausschluß mit „mangelnden ausreichenden
Erfahrungen" begründet, andererseits jedoch der sog. „Maissaatgut-
fall" existiert, der bereits geraume Zeit vor Erlaß dieser GVO von der
Kommission bzw. vom EuGH entschieden wurde und somit die Mög-

---

539 So *Wiedemann*, a.a.O., II S. 324 Rdnr. 11 unter Berufung auf *Korah*, Patent
 Licencing, S. 29.
540 „Soweit die Vertragspartner Wettbewerber *sind*".
541 A. A. wohl *Wiedemann*, a.a.O., II S. 325 Rdnr. 12.
542 „Verkaufsrechte".
543 So im Ergebnis auch *Wiedemann*, a.a.O., II S. 325 Rdnr. 12.
544 Art. 5 Abs. 1 Nr. 4.
545 BE Nr. 8.

lichkeit bestand, die Auswirkungen dieses Falls in dieser GVO ausreichend zu berücksichtigen[546].

Art. 5 Abs. 2 ist zu entnehmen, daß diese GVO entgegen Art. 5
Abs. 1 Ziff. 3 auf wechselseitige Lizenzen dann anwendbar ist, wenn
innerhalb des Gemeinsamen Marktes keine Gebietsbeschränkungen
hinsichtlich der Herstellung, des Gebrauchs und des Inverkehrbringens
der Vertragserzeugnisse oder hinsichtlich des Gebrauchs der lizenzierten Verfahren zwischen den Partnern eines Lizenzvertrages vereinbart
wurden.

Zweck dieser Regelung ist es, Marktaufteilungen innerhalb des
Gemeinsamen Marktes durch wechselseitige Lizenzen von Wettbewerbern zu verhindern. Es soll vielmehr ein gleichwertiger, wechselseitiger
Lizenzaustausch stattfinden. Die Wechselseitigkeit der Lizenzen darf
nicht nur theoretischer Natur sein, sondern muß tatsächlich gegeben
sein. Bunte/Sauter stellen ausdrücklich klar, daß Art. 5 Abs. 2 „nicht
als Auffangtatbestand für die Patentlizenzvereinbarungen gedacht ist,
die bei Vertragsabschluß eindeutig als einfache Lizenzverträge einzuordnen sind und später unbeabsichtigt durch Rücklizenzierung den
Charakter gegenseitiger Lizenzen gewinnen"[547]. Ein einfacher Lizenzvertrag wird daher auch nicht durch eine frühere oder spätere Rücklizenzierung einer Verbesserungs- oder Anwendungserfindung und sich
einer daraus evtl. ergebenden Wechselseitigkeit zu einem wechselseitigen Lizenzvertrag[548].

Zu beachten ist wohl ebenfalls, daß die gem. Art. 1 freigestellten
Gebietsbeschränkungen nicht vorliegen dürfen. Dies gilt jedoch nicht

---

546 Kommission 21. 9. 1978, ABl. 1978 Nr. L 286 S. 23 ff. = WuW/E EV 782 ff.;
   EuGH, Urteil vom 8. 6. 1982, AS 1982 S. 2015, 2065 ff. = WuW/E EWG/MUV
   551 ff.; vgl. auch die zeitlich nach Erlaß dieser GVO gefällte Entscheidung der
   Kommission vom 13. 12. 1985, ABl. 1985 Nr. L 369 S. 9 ff. = WuW/E EV 1139 –
   „Sortenschutzrecht Rosen" und *EuGH*, Urteil vom 19. 4. 1988, AS 1988 S. 1935 ff.
   = NJW 1989 S. 3084 f. = WuW 1988 S. 613 = GRUR Int. 1989 S. 663 – „SPRL
   Louis Erauw-Jacquery/La Hesbignonne"; siehe auch den 18. Wettbewerbsbericht
   der Kommission 1989 Nr. 103; *Wiedemann*, a.a.O., II S. 328 Rdnr. 19.
547 *Bunte/Sauter*, a.a.O., III 3 Rdnr. 73.
548 *Bunte/Sauter*, a.a.O., wie vor unter Hinweis auf *Bohlig*, GRUR Int. 1986 S. 97, 101
   und auch *Wiedemann*, a.a.O., II S. 325 Rdnr. 13 mwN, wobei *Wiedemann* hinsichtlich der Notwendigkeit eines wechselseitigen Austauschverhältnisses die Einfügung
   des Wortes „dafür" hinter den Worten „und dieser anderer" vorschlägt.

bei einer Bindung des Lizenzgebers an einen einzigen[549] Lizenznehmer für das ganze Gebiet des Gemeinsamen Marktes[550].

Der wechselseitige Austausch einfacher Lizenzen soll keine Wettbewerbsbeschränkung gem. Art. 85 Abs. 1 EWGV sein[551].

7. Übergangsvorschriften

Art. 6 erfaßt als Übergangsvorschrift die rückwirkende Anwendung **661** der GVO auf Patentlizenzverträge, die die Voraussetzungen dieser GVO bereits erfüllen. Die GVO Know-How enthält eine entsprechende Regelung in Art. 8.

Art. 6 Abs. 1 beschreibt die in der GVO erklärte Nichtanwendbarkeit von Art. 85 Abs. 1 EWGV rückwirkend von dem Zeitpunkt an, in dem die Voraussetzungen für die Anwendung dieser GVO (bereits) erfüllt waren, für Vereinbarungen, die am 13. März 1996 bestanden und die vor dem 1. Februar 1963 angemeldet worden sind, sowie für Vereinbarungen gemäß Art. 4 Abs. 2 Ziff. 2 Buchstabe b) der VO Nr. 17 ohne Rücksicht darauf, ob diese angemeldet oder nicht angemeldet worden waren.

Art. 6 Abs. 2 stellt für alle übrigen vor dem Inkrafttreten dieser GVO angemeldeten Vereinbarungen fest, daß insoweit die in dieser GVO erklärte Nichtanwendbarkeit des Art. 85 Abs. 1 EWGV rückwirkend von dem Zeitpunkt an gilt, in dem die Voraussetzungen der Anwendung dieser Verordnung erfüllt waren, jedoch frühestens vom Tage der Anmeldung an.

BE Nr. 26 erklärt eine Berufung auf die Rückwirkung in Rechtsstreitigkeiten, die bei Inkrafttreten dieser GVO anhängig sind, und zur Begründung von Schadensersatzansprüchen gegen Dritte gemäß Art. 4 Abs. 3 der VO Nr. 19/65/EWG für nicht möglich.

Angesichts der bezüglich der Rückwirkung von Altverträgen gesetzten Schranken dürfte diese Vorschrift – die ja auch nur als Übergangsvorschrift gedacht ist – keine größere Bedeutung in der Praxis erhalten[552].

---

549 Ausschließlichen.
550 *Bunte/Sauter*, a.a.O., III 3 Rdnr. 73 unter Hinweis auf *Albrechtskirchinger*, GRUR Int. 1984 S. 572.
551 *Wiedemann*, a.a.O., II S. 326 Rdnr. 14 unter Hinweis auf *Grabitz/Koch*, a.a.O., Art. 85 Rdnr. 317, die wiederum sich auf die amerikanische Rechtsprechung berufen.
552 Z. B. *Korah*, Patent Licensing, S. 104 und auch *Wiedemann*, a.a.O., II S. 329 ff. Rdnr. 2 ff.

Art. 7 ist eine Übergangsvorschrift dieser GVO und betrifft angemeldete Vereinbarungen, die vor dem Inkrafttreten dieser GVO[553] in der Weise abgeändert wurden, daß sie die in dieser GVO genannten Voraussetzungen erfüll(t)en. Änderungen hätten der Kommission vor dem 1. 7. 1985 mitgeteilt werden müssen. Im Falle der rechtzeitigen Mitteilung würde dann das Verbot des Art. 85 Abs. 1 EWGV für entsprechende Vereinbarungen für den Zeitraum vor ihrer Änderung nicht gelten.

Auch Art. 7 dürfte keine große praktische Bedeutung (mehr) haben. Die Kommission geht selbst davon aus, daß die meisten Unternehmen ihre Lizenzbedingungen so ausgestaltet haben, daß sie die Voraussetzungen der Gruppenfreistellung erfüllen[554]. Art. 10 GVO Know-How beinhaltet eine entsprechende Regelung.

Art. 8 stellt ebenfalls eine Übergangsvorschrift dar. Art. 8 gilt für Vereinbarungen, die infolge des Beitritts des Vereinigten Königreichs, Irlands, Dänemarks und Griechenlands in den Anwendungsbereich des Art. 85 Abs. 1 EWGV fallen. Art. 6 und 7 dieser GVO gelten für diese Vereinbarungen mit je nach Beitritt geänderten Daten. Art. 6 und 7 gelten auch für Vereinbarungen, die infolge des Beitritts des Königreichs Spanien und der Portugiesischen Republik unter Art. 85 EWGV fallen. Erforderliche Änderungen dieser Vereinbarungen gemäß Art. 7 brauchen der Kommission nicht mitgeteilt zu werden. Art. 10 GVO Know-How beinhaltet eine ähnliche Regelung.

8. Entzug des Rechtsvorteils der Gruppenfreistellung durch die Kommission

662   Die Kommission war bereits gemäß Art. 7 VO Nr. 19/65 berechtigt, von sich aus oder aber auf Antrag im Einzelfall festzustellen, daß eine nach dieser GVO freigestellte Vereinbarung gleichwohl Wirkungen hat, die mit denen in Art. 85 Abs. 3 EWGV vorgesehenen Voraussetzungen unvereinbar sind. Auf der Grundlage dieser Voraussetzungen werden beispielhaft[555] Fälle aufgezählt[556], in denen die Kommission den Rechtsvorteil der Gruppenfreistellung entziehen kann. Eine derartige Entscheidung entzieht den Rechtsvorteil der Gruppenfreistellung nicht

---

553 1. 1. 1985.
554 Kommission 15. Wettbewerbsbericht 1986 Nr. 21.
555 „insbesondere dann".
556 Nr. 1–5.

rückwirkend[557], sondern nur vom Zeitpunkt der Entscheidung an für die Zukunft[558]. Die Kommission hat bisher lediglich eine derartige Entscheidung angekündigt, jedoch nicht in Kraft gesetzt, da auf die Ausschließlichkeit einer Lizenz verzichtet wurde[559].

Die Kommission geht gemäß Art. 9 Nr. 1 davon aus, daß die Wirkun- **663** gen eines Patentlizenzvertrages mit den Voraussetzungen des Art. 85 EWGV unvereinbar sind, wenn sich diese Wirkungen aus einem Schiedsspruch ergeben. Art. 7 Nr. 1 der GVO Know-How enthält eine entsprechende Regelung. Die Kommission war wohl längere Zeit der Auffassung, daß unter dem Deckmantel eines „sauberen" Vertrages ein Kartell hätte begründet werden können[560]. Wiedemann[561] geht zu Recht davon aus, daß Art. 9 Nr. 1 keine Bedeutung in der Praxis erlangen dürfte. Schiedsgerichte und staatliche Zivilgerichte könnten mit Schiedssprüchen bzw. -urteilen auch nur die Einhaltung freigestellter, wettbewerbsbeschränkender Abreden erreichen. Bei Unvereinbarkeit mit Art. 85 Abs. 3 EWGV würde der Schiedsspruch gegen den „ordre publique" verstoßen und damit nicht in den Mitgliedstaaten der EWG durchgesetzt werden können[562].

Art. 9 Nr. 2[563] behandelt vor allem den Fall, daß Lizenzerzeugnisse im **664** Lizenzgebiet nicht mit gleichen Waren im wirksamen Wettbewerb stehen. Art. 9 Nr. 2 entspricht daher im wesentlichen Art. 85 Abs. 3 b EWGV, wonach die Freistellung einer Vereinbarung zu unterbleiben hat, wenn dadurch den beteiligten Unternehmen Möglichkeiten eröffnet werden, für einen wesentlichen Teil der betreffenden Waren den Wettbewerb auszuschalten. Die Kommission hat weder in Art. 9 noch in den BE dargelegt, welche Gemeinsamkeiten bzw. Unterschiede im Hinblick auf Art. 9 Nr. 2 dieser GVO und Art. 85 Abs. 3 b EWGV vorliegen. In der Literatur wird die Auffassung vertreten, daß die Kommission mit dem in Art. 9 Nr. 2 aufgeführten Beispiel auf keinen Fall die Lizenzierung von Patenten erschweren bzw. verhindern will. Es bestehe vielmehr an der Lizenzierung insbesondere herausragender Erfindungen ein „besonderes wirtschaftliches, aber auch wettbewerbs-

---

557 „ex tunc".
558 „ex nunc".
559 Kommission Entscheidung vom 26. 7. 1988, ABl. 1988 Nr. L 272 S. 27 ff. Nr. 28 = WuW/E EV 1359 ff. – „Tetra Pak"; *Wiedemann*, a.a.O., II S. 335 Rdnr. 1.
560 Vgl. *Korah*, Patent Licensing, S. 107; im Ergebnis so auch *Wiedemann*, a.a.O., II S. 336 Rdnr. 4.
561 A.a.O., wie vor.
562 Vgl. auch *Bunte/Sauter*, a.a.O., III 3 Rdnr. 79.
563 Eine entsprechende Regelung besteht in Art. 7 Nr. 2 GVO Know-How.

politisches Interesse"[564]. Gerade bei Erfindungen, die ein neuartiges Erzeugnis zum Gegenstand haben, und – bei Erteilung eines Patents – einen relativ starken Schutzgehalt haben, kommt der Zwiespalt zwischen dem wirtschaftlichen Interesse des Patentinhabers, der durch die Patenterteilung eine Monopolstellung zugesprochen bekommen hat, und andererseits wirschaftspolitischen Interessen deutlich heraus. Es kann dann passieren, daß das patentgeschützte Erzeugnis im Lizenzgebiet nicht mit gleichen Waren im wirksamen Wettbewerb steht[565]. Die Kommission müßte also ausgerechnet den Vereinbarungen den Vorteil der Gruppenfreistellung entziehen, die dringend zur Weiterentwicklung einer Technologie benötigt werden[566]. Bunte/Sauter[567] schlagen als Ausweg aus diesem Dilemma die Gruppenfreistellung von Patenten mit einem starken Schutzgehalt lediglich für eine Markteinführungsphase vor. Nach dieser Zeitspanne müsse sich ein Lizenzerzeugnis, das dann immer noch nicht mit gleichen oder gleichartigen Waren im wirksamen Wettbewerb stehe, am Markt ohne Lizenzverträge mit wettbewerbsbeschränkenden und dadurch freistellungsbedürftigen Verpflichtungen behaupten. Eine Art Mißbrauchsaufsicht über marktbeherrschende Unternehmen werde allerdings durch ein Verfahren gemäß Art. 9 Nr. 2 nicht ausgeübt. Art. 86 EWGV sei hier einschlägig. Axster[568] ist der Auffassung, daß die Entziehung des Rechtsvorteils der Gruppenfreistellung nur dann gerechtfertigt sei, wenn die Monopolstellung des Patentinhabers nicht nur durch das Patent bewirkt werde oder wenn die Monopolstellung durch weitere Aktivitäten der Vertragspartner verbessert würde. Korah[569] verlangt eine Ermessensausübung der Kommission zugunsten der Freistellung von Vereinbarungen über innovative Schutzrechte und begründet dies mit dem öffentlichen Interesse[570].

---

564 Siehe *Bunte/Sauter*, a.a.O., III 3 Rdnr. 80 unter Hinweise auf *Axster*, GRUR 1985 S. 596; vgl. auch *Korah*, Patent Licensing, S. 107 und auch *Wiedemann*, a.a.O., II S. 337 f. Rdnr. 7.

565 Art. 9 Nr. 2.

566 In diesem Zusammenhang spielt es dagegen keine Rolle, ob es sich um eine Grundlagen-Erfindung bzw. um eine „Pionier-Patent" handelt. Entscheidend dürfte sein, daß es sich um ein neues bzw. neuartiges Lizenzerzeugnis handelt und das Patent einen starken Schutzgehalt aufweist, a. A. wohl *Wiedemann*, a.a.O., II S. 337 Rdnr. 7.

567 A.a.O., III 3 Rdnr. 80.

568 GRUR 1985 S. 581, 595 f.

569 Patent Licensing, S. 107.

570 So wohl auch *Wiedemann*, a.a.O., II S. 338 Rdnr. 7.

Art. 9 Nr. 3 behandelt das Beispiel, daß der Lizenzgeber die Ausschließlichkeit nicht spätestens fünf Jahre nach Vertragsabschluß und von dann ab mindestens jährlich kündigen kann, weil der Lizenznehmer ohne berechtigte Gründe ein Patent nicht oder nicht hinreichend ausnutzt. Art. 7 Nr. 3 der GVO Know-How enthält eine entsprechende Regelung. Wiedemann[571] zweifelt die Vereinbarkeit des Art. 9 Nr. 3 mit der Ermächtigungsgrundlage bzw. mit Art. 85 Abs. 3 EWGV insoweit (zu Recht) an, als es sich hier „nicht um ein Art. 85 EWGV unterfallendes Problem der vertraglichen Wettbewerbsbeschränkung handele, sondern um eine der Entscheidung der Zivilgerichte vorbehaltene Frage, die die Angemessenheit der beiderseitigen Leistungen und die Möglichkeit eines Kündigungsrechts aus wichtigem Grund in bezug auf einen typischen Einzelfall betreffe". Wiedemann[572] kann auch insoweit zugestimmt werden, als er davon ausgeht, daß „die meisten ausschließlichen Lizenzvereinbarungen für den Fall der unzureichenden Benutzung des Patents ein Kündigungsrecht des Lizenzgebers vorsehen und auf nichtausschließliche Vereinbarungen die Vorschriften ohnehin nicht anwendbar sind". Auch ohne Vereinbarung eines Kündigungsrechts des Lizenzgebers kann eine Vereinbarung aus wichtigem Grund immer dann gekündigt werden, wenn dem Kündigenden ein Festhalten am Vertrag nicht mehr zumutbar ist[573].

Wann „berechtigte Gründe" des Lizenznehmers für eine unterlassene oder eingeschränkte Nutzung eines Patents vorliegen, ist nicht definiert und dürfte nur im Rahmen einer Einzelfallbetrachtung zu entscheiden sein. Als berechtigte Gründe werden technische Schwierigkeiten bei der Umsetzung der Erfindung, höhere Gewalt[574], die Behinderung des Lizenznehmers bei der hinreichenden Nutzung des Patents durch öffentlich-rechtliche Vorschriften[575] genannt. Es ist jedoch stets sehr sorgfältig zu prüfen, ob tatsächlich entsprechende Schwierigkeiten des Lizenznehmers bestehen oder ob diese Probleme lediglich vorgetäuscht werden. Es gibt immer wieder ausschließliche Lizenznehmer, die eine Lizenz nur deshalb nehmen, um den Vertrag dann in „die Schublade zu legen". Auf diese Weise kann der ausschließliche Lizenznehmer sich „kurzfristig" vor der Einführung eines unliebsamen Kon-

571 A.a.O. II S. 339 Rdnr. 9 unter Hinweis auf die Stellungnahme der DVGRUR zum Vorentwurf der GVO Patentlizenzverträge, GRUR 1978 S. 695.

572 A.a.O., wie vor.

573 So die herrschende Rechtsprechung des BGH, vgl. z. B. BGH, 22. 5. 1959, GRUR 1959 S. 616 – „Metallabsatz".

574 Wiedemann, a.a.O., II S. 340 Rdnr. 10.

575 Buntel/Sauer, a.a.O., III 3 Rdnr. 8l.

kurrenzprodukts schützen. Es dürfte dies jedoch – wie bereits ausgeführt – weniger eine wettbewerbsrechtliche als vielmehr eine zivilrechtliche Frage sein. Aufmerksame Lizenzgeber für eine ausschließliche Lizenz werden stets konkrete Ausübungspflichten bzw. Kündigungsrechte vereinbaren, um diesem Risiko aus dem Weg zu gehen.

Der Rechtsvorteil der Anwendung dieser GVO kann von der Kommission auch dann entzogen werden, wenn sich der Lizenznehmer ohne objektiv gerechtfertigten Grund weigert, auf eine von ihm nicht veranlaßte Nachfrage durch Verbraucher oder Wiederverkäufer aus Gebieten anderer Lizenznehmer einzugehen. Die Bestimmungen des Art. 1 Abs. 1 Ziff. 6 bleiben insoweit unberührt. Die GVO Know-How enthält in Art. 7 Nr. 4 ein „entsprechendes" Beispiel.

Die praktische Bedeutung dieser Klausel erscheint gering. Die nach Art. 1 Abs. 1 Nr. 6 freigestellte Verpflichtung des Verbots des possiven Wettbewerbs[576] erstreckt sich über fünf Jahre. Neben dieser zeitlichen Schranke setzt Art. 1 Abs. 1 Nr. 6 voraus, daß „das Lizenzerzeugnis in diesen Gebieten durch parallele Patente geschützt ist". Diese Kombination dürfte nur in den seltensten Fällen vorliegen.

666 Wiedemann[577] geht davon aus, daß Art. 9 Nr. 4 „ersichtlich die Ausführungen des Lizenznehmers in Gebiete von Parallellizenznehmern erzwingen soll". Eine Verpflichtung dieses Inhalts sei jedoch von der Ermächtigung der VO Nr. 19/65 bzw. von Art. 85 Abs. 3 EWGV nicht gedeckt. Es gehe hier nicht um vertragliche Exportverbote, sondern um die Begründung von Handlungspflichten der Lizenznehmer. Das „GVO-Recht kenne jedoch keinen Kontrahierungszwang".[578]. Daraus ergebe sich der Schluß, daß die Verweigerung der Lieferung zumindest dann gerechtfertigt ist, wenn diese Lieferverweigerung bei marktbeherrschenden Unternehmen ebenfalls zulässig sei. „Objektiv gerechtfertigte Gründe" seien z. B. Produktionsengpässe, höhere Gewalt oder Streik[579]. Ein objektiv gerechtfertigter Grund für die Lieferverweigerung nach Ablauf der 5-Jahres-Frist liege auch dann vor, „wenn der Lizenznehmer nach autonomer Ent-

---

576 Der Lizenznehmer darf sich verpflichten, das Lizenzerzeugnis in den Lizenzgebieten anderer Lizenznehmer innerhalb des Gemeinsamen Marktes nicht in Verkehr zu bringen.

577 A.a.O., II S. 340 Rdnr. 12.

578 Vgl. zu dieser Problematik auch den 18. Wettbewerbsbericht der Kommission 1989 Rdnr. 21 hinsichtlich der GVO Nr. 1983/83; siehe auch Bunte/Sauter, a.a.O., III 3 Rdnr. 66 zu Art. 3 Nr. 11 der GVO Patent.

579 Wiedemann, a.a.O., II S. 341 Rdnr. 13.

scheidung das Lizenzerzeugnis im Wege einer einfachen Fachhandelsbindung betreibe und der nachfragende Wiederverkäufer die qualitativen Qualifikationskriterien nicht erfülle"[580]. Finanzielle Unzuverlässigkeit kann ebenfalls eine Lieferverweigerung rechtfertigen. Im Streitfall sei allerdings insoweit das öffentliche Interesse an einem uneingeschränkten Handel in der EG mit dem jeweiligen Interesse des Lizenznehmers an der Erfüllung der Zahlungsverpflichtung zu vergleichen bzw. eine entsprechende Abwägung vorzunehmen[581]. Außerdem müsse es sich um eine dauerhafte Lieferverweigerung handeln, bevor die Kommission den Rechtsvorteil der Gruppenfreistellung entziehe[582].

Mit Art. 9 Nr. 5 soll verhindert werden, daß freigestellte Gebietsbeschränkungen durch bestimmte Handlungen in der Praxis de facto einen absoluten Gebietsschutz bewirken. Der EuGH hatte im „Maissaatgutfall" bereits die Chance genutzt und die Unvereinbarkeit derartiger Auswirkungen mit Art. 85 Abs. 3 EWGV festgestellt. In diesen Fällen ist auch eine Freistellung im Einzelfall nicht möglich[583]. Bei solchen Verhaltensweisen oder wenn derartige Verhaltensweisen Folge einer Abstimmung zwischen den Vertragspartnern sind, ist ebenfalls Art. 3 Nr. 11 dieser GVO zu beachten. **667**

Wiedemann ist der Auffassung, daß – wie bei Art. 9 Nr. 4 – Art. 9 Nr. 5 a nicht von der Ermächtigungs-VO-Nr. 19/65 gedeckt sei. Es liege hier ebenfalls „eine Art Kontrahierungszwang, der in Art. 85 EWGV nicht vorgesehen ist", vor[584]. Parallelexporte dürften nicht durch Lieferverweigerung verhindert werden, es sei denn, daß für eine derartige Verhaltensweise ein objektiver Rechtfertigungsgrund vorliege[585]. Ein „objektiv gerechtfertigter Grund" könne nicht in der Absicht, die nachgefragten Lizenzerzeugnisse in anderen Gebieten des Gemeinsamen Marktes absetzen zu wollen, gesehen werden, selbst wenn die Parallelexporte für die Partner des Patentlizenzvertrags als sehr lästig angesehen würden[586]. Im Hinblick auf „objektiv gerechtfertigte Gründe" kann auf die bisherigen Ausführungen zu Art. 9 Nr. 4 verwiesen werden. Dieser Verweis gilt auch im Hinblick auf die Frage,

---

580 *Bunte/Sauter*, a.a.O., III 3 Rdnr. 82.
581 *Bunte/Sauter*, a.a.O., wie vor.
582 So jedenfalls *Wiedemann*, a.a.O., II S. 341 Rdnr. 14.
583 Vgl. *Bunte/Sauter*, a.a.O., III 3 Rdnr. 85 unter Hinweis auf *EuGH*, Urteil vom 8. 6. 1982, Rs. 258/78 = WuW/E EWG/MUV 551, 562 – „Maissaatgut".
584 *Wiedemann*, a.a.O., II S. 342 Rdnr. 17.
585 *Bunte/Sauter*, a.a.O., III 3 Rdnr. 86.
586 *Bunte/Sauter*, a.a.O., wie vor und *Wiedemann*, a.a.O., wie vor.

wieviele Lieferverweigerungen vorliegen müssen, um die Entziehung der Freistellung durch die Kommission als gerechtfertigt erscheinen zu lassen.

Art. 9 Nr. 5 b beinhaltet die gleichen Probleme wie Art. 3 Nr. 11 b mit der Einschränkung, daß in Art. 9 Nr. 5 b die Verhaltensweisen behandelt werden, die die Vertragspartner freiwillig ausüben, hingegen in Art. 3 Nr. 11 b die Vertragspartner oder einer von ihnen zu entsprechenden Verhaltensweisen sich verpflichtet. Die Vertragspartner müssen daher mit der Entziehung des Rechtsvorteils der Gruppenfreistellung rechnen, wenn sie durch „offene oder versteckte Maßnahmen versuchen, den Bezug der Lizenzerzeugnisse von außerhalb oder das Inverkehrbringen solcher Erzeugnisse innerhalb des Lizenzgebiets" und damit auch einen Parallelhandel mit diesen Erzeugnissen zu verhindern[587].

Wenn die Kommission in einem Einzelfall feststellt, daß eine nach dieser VO freigestellte Vereinbarung gleichwohl Wirkungen hat, die mit den in Art. 85 Abs. 3 EWGV vorgesehenen Voraussetzungen unvereinbar sind, kann die Kommission den Rechtsvorteil der Anwendung dieser VO gemäß Art. 7 VO Nr. 19/65/EWG entziehen.

Diese Feststellung der Kommission erfolgt entweder von Amts wegen, auf Antrag eines Mitgliedstaats oder von Personen oder Personenvereinigungen, die ein berechtigtes Interesse geltend machen[588]. Fraglich ist im Hinblick auf die Antragstellung durch Dritte, ob eine Verpflichtung der Kommission zum Einschreiten besteht[589]. Dritte sollen eine Ablehnung der Kommission, ein Entziehungsverfahren einzuleiten, beim EuGH anfechten können gemäß Art. 173 Abs. 2 EWGV[590].

Eine Entziehungsentscheidung der Kommission soll nur mit Wirkung für die Zukunft gelten[591].

Offen bleibt auch die Frage, ob eine Entziehungsentscheidung der Kommission auch auf zukünftige Vereinbarungen der Vertragspartner Auswirkungen haben kann. Wiedemann verweist insoweit auf § 18 Abs. 1 Satz 1 GWB, wonach gleichzeitig die Anwendung neuer gleich-

---

587 *Bunte/Sauter*, a.a.O., III 3 Rdnr. 88.
588 Zum Begriff des „berechtigten Interesses" vgl. *Grabitz/Koch*, a.a.O., nach Art. 87 Rdnr. 3 f. und 15 f.
589 *Grabitz/Koch*, a.a.O., nach Art. 87 Rdnr. 16.
590 So z. B. *Wiedemann*, a.a.O., I S. 86 Rdnr. 264 mwN.
591 *Wiedemann*, a.a.O., I S. 86 Rdnr. 266 unter Hinweis auf die letzte BE zur Ermächtigungs-VO Nr. 2871/71.

artiger Vereinbarungen verboten werden kann. Wiedemann bezweifelt jedoch selbst, ob das GVO-Recht ohne weiteres erweitert werden kann. Es sei insoweit zwischen dem Interesse der Kommission, Umgehungen der Entziehungsentscheidung durch neue, gleichartige Verträge zu vermeiden, mit dem Interesse der Vertragspartner abzuwägen, kartellrechtlich unbedenkliche neue Vereinbarungen zu treffen. Selbst bei identischen Folgevereinbarungen der Vertragspartner könnten diese Vereinbarungen aufgrund tatsächlicher Änderungen der Marktposition der Vertragspartner nach Erlaß der Entziehungsentscheidungen zu wirksamen Folgevereinbarungen führen[592].

9. Gleichsetzung von Patenten mit anderen Rechten

Patenten stehen für eine Anwendung dieser Verordnung gemäß **668** Art. 10 Abs. 1 u. a. Patentanmeldungen, Gebrauchsmuster und Gebrauchsmusteranmeldungen gleich[593]. Diese GVO gilt auch für eine Vereinbarung über die Auswertung einer Erfindung, wenn für diese eine Anmeldung gemäß Abs. 1 für das Lizenzgebiet innerhalb eines Jahres ab Abschluß der Vereinbarung eingereicht wird[594]. Es ist also darauf zu achten, daß bei Lizenzvereinbarungen über Erfindungen innerhalb eines Jahres nach Abschluß des Lizenzvertrages eine entsprechende Schutzrechtsanmeldung vorgenommen wird. Fraglich ist in diesem Zusammenhang z. B., was gelten soll, wenn eine Vertragspartei die Erfindung innerhalb der Jahresfrist zum Patent anmeldet, wozu jedoch lediglich die andere Partei materiellrechtlich befugt gewesen wäre. Daraus resultierende Streitigkeiten hinsichtlich der materiellen Berechtigung können ohne weiteres dazu führen, daß die Jahresfrist verstreicht.

Die aufgrund einer lizenzierten Erfingung vorgenommene Patentanmeldung und erst recht ein hierauf erteiltes Patent dürften eine Gruppenfreistellung beispielsweise der lizenzierten Erfindung unberührt lassen[595]. Diese Auffassung entspricht der Ansicht der Kommission, daß der Technologietransfer zu fördern ist[596] und auch der Tatsache, daß ein Technologietransfer durch schon geschütztes Wissen erheblich erleichtert wird. Wird eine Patentanmeldung zurückgewiesen, bleibt ein Rechtsmittelverfahren erfolglos, so soll die Gruppenfreistellung

---

592 *Wiedemann*, a.a.O., I S. 87 Rdnr. 267 mwN.
593 S. o. Rdnr. 618.
594 Art. 10 Abs. 2.
595 So auch *Wiedemann*, a.a.O., II S. 344 Rdnr. 3.
596 BE Nr. 11.

mit Wirkung für die Zukunft entfallen[597]. Folgerichtig müßte auch im Falle der rechtskräftigen Feststellung der Nichtigkeit eines lizenzierten Patentes die Gruppenfreistellung mit Wirkung für die Zukunft entfallen. Diese Wirkung erscheint insbesondere im Hinblick auf gemischte Patent-/Know-How-Lizenzverträge, die in der Praxis vorherrschen, als nicht gerechtfertigt.

10. Geltungsbereich der GVO

a) Allgemeines

669 Art. 11 Nr. 1 stellt klar, daß diese GVO auch dann anwendbar ist, wenn der Lizenzgeber vom Inhaber des Patents ermächtigt ist, Lizenzen oder Unterlizenzen zu erteilen. Art. 11 Nr. 2 erklärt diese GVO auch dann für anwendbar, wenn es um die Veräußerung oder den Erwerb von Patenten oder von Rechten auf Patente geht, wenn die Gegenleistung aus Beträgen besteht, deren Höhe vom Umsatz des Erwerbers mit den patentierten Erzeugnissen oder ihrer hergestellten Menge oder Zahl der Benutzungshandlungen abhängt. Diese Ordnung gilt auch gemäß Art. 11 Nr. 3 für Patentlizenzverträge, die Rechte oder Verpflichtungen des Lizenzgebers oder Lizenznehmers von mit ihnen verbundenen Unternehmen regeln. Diese Regelung entspricht BE Nr. 6 dieser GVO. Art. 6 der GVO Know-How enthält eine ähnliche Regelung.

b) Ermächtigung zur Erteilung von Lizenzen und Unterlizenzen, Gegenleistung, verbundene Unternehmen

670 Die Kommission versucht, mit Art. 11 Nr. 1 eine feinere Abstufung des Geltungsbereichs dieser GVO zu erreichen. Diese Aussage gilt entsprechend für Art. 11 Nr. 2 und Nr. 3. Ziel der Kommission dürfte bei Erlaß dieser GVO gewesen sein, möglichst viele Lizenzverträge bzw. lizenzähnliche Verträge, die die Verwertung von Patenten betreffen, zu erfassen, um auf diesem Wege eine möglichst weitreichende wettbewerbspolitische Kontrolle ausüben zu können. Der Hauptfall dürfte wohl der der Ermächtigung des Lizenzgebers zur Erteilung einer Unterlizenz sein. Der Lizenznehmer wird in diesem Fall zum (Unter-)Lizenzgeber und kann somit die ihm[598] auferlegten Verpflichtungen

---

597 *Wiedemann*, a.a.O., II S. 344 Rdnr. 3 unter Hinweise auf *Korah*, Patent Licensing, S. 22.
598 Gemäß Art. 1 Abs. 1 Nr. 3–7 und gemäß Art. 2 Abs. 1 Nr. 1–9.

sozusagen an den Unterlizenznehmer weitergeben. Der Lizenznehmer
(Unterlizenzgeber) kann daher für sich einen angemessenen Interessenausgleich herbeiführen[599].

Nicht geregelt ist dagegen in dieser GVO das Verhältnis zwischen dem
Lizenzgeber und dem Unterlizenznehmer. Der Lizenzgeber dürfte
jedoch nicht *neben* dem Unterlizenzgeber als Lizenzgeber gemäß
Art. 1 Abs. 1 Nr. 3 gegenüber dem Unterlizenznehmer angesehen
werden können[600]. Vertragsverhältnisse bestehen nur zwischen dem
Lizenzgeber und dem Lizenznehmer (Unterlizenzgeber) sowie dem
Lizenznehmer (Unterlizenzgeber) und dem Unterlizenznehmer. Es
liegen also zwei getrennte (schuldrechtliche) Vertragsverhältnisse vor,
die unterschiedlich zu behandeln sind. Daran ändert auch nichts die
„Ermächtigung" des Lizenzgebers, bei der es sich um eine Zustimmung
gemäß § 182 ff. BGB handeln dürfte. Der Lizenzgeber kann zwar den
Lizenznehmer beispielsweise verpflichten, in einem Unterlizenzvertrag
die Abhängigkeit der Unterlizenz vom Bestand der Hauptlizenz zu
regeln, eine direkte Einflußnahme des Lizenzgebers auf den Unterlizenznehmer erscheint jedoch nicht möglich[601]. Gerade durch diese
Möglichkeit der feineren Abstufung der Lizenzbeziehungen kann der
freie Warenverkehr und der Technologietransfer in der EWG besser
gefördert werden[602].

Die Möglichkeit der Erteilung einer Unterlizenz enthält Art. 11 Nr. 1,
aber auch die wohl in der Praxis (noch) seltenere Alternative der
Ermächtigung zur Erteilung einer Lizenz. Diese Alternative betrifft
wechselseitige Lizenzverträge gemäß Art. 5 Abs. 2, an denen mehr als
nur zwei Unternehmen[603] beteiligt sind, weil die beiden Lizenzvertragspartner des ursprünglichen Lizenzvertrages ihre wechselseitig erteilten
Lizenzen gemeinsam mit einem Dritten mittels eines weiteren Lizenzvertrages verwerten wollen. Da einer dieser beiden ursprünglichen
Lizenzvertragspartner seine eigenen Patente ohne Zustimmung des
anderen ursprünglichen Lizenzvertragspartners ohnehin an den Dritten lizenzieren kann, bedarf es lediglich noch einer Ermächtigung zur
Erteilung einer Lizenz durch den anderen ursprünglichen Lizenzver-

---

599 Ähnlich auch *Wiedemann*, a.a.O., II S. 346 Rdnr. 4 unter Berufung auf *Korah*,
Patent Licensing, S. 24 f.
600 So aber *Wiedemann*, a.a.O., II S. 346 Rdnr. 4.
601 Anderer Ansicht wohl *Wiedemann*, a.a.O., wie vor.
602 So im Ergebnis auch *Wiedemann*, a.a.O., II S. 347 Rdnr. 5; a. A. wohl *Korah*,
Patent Licensing, S. 25.
603 BE Nr. 1.

tragspartner. Diese Form der Erteilung einer Lizenz dürfte in Zukunft an Bedeutung gewinnen, wenn aufgrund extrem gestiegener Forschungs- und Entwicklungskosten für neue Produkte nationale und internationale Forschungs- und Entwicklungskooperationen verschiedener Partner entstehen. Es ist jedoch dann im Einzelfall abzuwägen, ob nicht die GVO F+E dieser GVO vorgeht.

Art. 11 Nr. 2 behandelt das Verhältnis zwischen dem Veräußerer und dem Erwerber eines Patents oder eines Rechts auf ein Patent. Fraglich ist insoweit bereits, ob die Fälle der Veräußerung abschließend oder aber – im Hinblick auf Art. 6 Nr. 2 GVO Know-How – nur beispielhaft geregelt sind. Fraglich ist des weiteren, was unter der „Gegenleistung" zu verstehen ist. Nach dem Wortlaut kommt eine Veräußerung nur dann in Betracht, wenn die Gegenleistung aus Beträgen besteht, deren Höhe vom Umsatz des Erwerbers mit den patentierten Erzeugnissen oder ihrer hergestellten Menge oder der Zahl der Benutzungshandlungen abhängt. Damit wollte die Kommission wohl eine Annäherung an Umsatz- bzw. Stücklizenzgebühren erreichen. Als Gegenleistung erscheint ein einmaliger Kaufpreis nicht in Betracht zu kommen. Nach dem Wortlaut erscheint auch die Vereinbarung einer einmaligen Einstandszahlung, die bei einer ausschließlichen Lizenz zur Absicherung der Ausübung der Lizenz durchaus üblich ist, *neben* Umsatz- bzw. Stücklizenzgebühren nicht möglich[604].

Diese GVO gilt auch für Patentlizenzvereinbarungen, in denen Rechte oder Verpflichtungen des Lizenzgebers oder Lizenznehmers von mit ihnen verbundenen Unternehmen übernommen werden[605]. Der Begriff „verbundene Unternehmen" wird in Art. 12 dieser GVO definiert. Diese Verordnung soll jedoch nicht in den Fällen gelten, in denen Patentlizenzvereinbarungen zwischen verbundenen Unternehmen, d. h. zwischen zwei Unternehmen desselben Konzerns, getroffen werden[606].

In Art. 12 wird der Begriff der „verbundenen Unternehmen" definiert. Die GVO Know-How enthält in Art. 1 Abs. 7 Nr. 13 eine entsprechende Klausel. In Art. 12 Abs. 1 werden drei Varianten beschrieben. Art. 12 Abs. 1 behandelt jedoch nur die Fälle, in denen lediglich *ein*

---

604 So aber wohl *Wiedemann*, a.a.O., II S. 348 Rdnr. 8 unter Berufung auf *Korah*, Patent Licensing, S. 25.
605 Art. 11 Nr. 3.
606 *Bunte/Sauter*, a.a.O., III 3 Rdnr. 90 unter Hinweis auf *Bohlig*, GRUR Int. 1986 S. 97, 99.

vertragschließendes Unternehmen Rechte oder Einflußmöglichkeiten an einem (verbundenen) Unternehmen hat[607].

Art. 12 Abs. 2 behandelt die Unternehmen, bei denen die Vertragspartner gemeinsam die in Art. 12 Abs. 1 a bezeichneten Rechte oder Einflußmöglichkeiten haben[608].

11. Laufzeit der GVO

Die in Art. 14 vorgesehene 10jährige Laufdauer könnte gemäß Art. 2 **671** Abs. 2 der dieser GVO zugrundeliegenden Ermächtigungs-VO-Nr. 19/ 65 von der Kommission verlängert werden.Gilt ein Patentlizenzvertrag über das Ende dieser GVO[609] hinaus, so ist diese Vereinbarung – sofern diese GVO nicht weiterläuft oder die kritischen Lizenzverträge inzwischen aus ihrem Anwendungsbereich gefallen sind – nach dem 31. 12. 1994 für den Fall ihres Verstoßes gegen Art. 85 Abs. 1 EWGV schwebend unwirksam gemäß Art. 85 Abs. 2 EWGV. Es steht den Lizenzvertragspartnern dann frei, ab dem 1. 1. 1995 diese Verträge bei der Kommission anzumelden.

Sollte dagegen die Laufzeit dieser GVO über den 31. 12. 1994 hinaus verlängert werden, dürften die Lizenzvertragsparteien entsprechend Art. 7 dieser GVO die Möglichkeit erhalten, ihre Vereinbarungen an die (hoffentlich) geänderte GVO anzupassen.

II. Gruppenfreistellungsverordnung Know-How-Verträge

1. Historische Entwicklung

a) Allgemeine Grundlagen

Am 1. April 1989 trat die GVO Know-How Nr. 556/89 der Kommis- **672** sion in Kraft[610]. Diese GVO stützt sich auf den Vertrag zur Gründung

---

607 *Wiedemann*, a.a.O., II S. 350 Rdnr. 3 bezeichnet diese Unternehmen anschaulich als Tochter- (Art. 12 Abs. 1a), Mutter- (Art. 12 Abs. 1b) und Schwester- (Art. 12 Abs. 1c) Unternehmen.

608 „Mehrmütterklausel", *Wiedemann*, a.a.O., wie vor mwN zu Einzelheiten des Begriffs „verbundene Unternehmen"; vgl. auch *Grabitz/Koch*, a.a.O., Art. 85 Rdnr. 12 ff., der unter Bezugnahme auf die Entscheidungspraxis des EuGH und der Kommission von einem „wirtschaftlichen Unternehmensbegriff", der der Bedeutung der unternehmerischen Autonomie entspreche, ausgeht.

609 31. 12. 1994.

610 ABl. 1989 Nr. L 61 S. 1 ff.

der Europäischen Wirtschaftsgemeinschaft und auf die Verordnung Nr. 19/65/EWG des Rates vom 2. März 1965 über die Anwendung von Art. 85 Abs. 3 des Vertrages auf Gruppen von Vereinbarungen und aufeinander abgestimmte Verhaltensweisen[611]. Der Erlaß dieser Verordnung erfolgte nach Veröffentlichung des Verordnungsentwurfs[612] nach Anhörung des Beratenden Ausschusses für Kartell- und Monopolfragen am 7. und 8. Juli 1987.

Die Kommission ist nach der Verordnung Nr. 19/65/EWG ermächtigt, durch Verordnung Art. 85 Abs. 3 EWGV auf bestimmte, unter Art. 85 Abs. 1 EWGV fallende Gruppen von zweiseitigen Vereinbarungen und aufeinander abgestimmte Verhaltensweisen anzuwenden, welche Beschränkungen enthalten, die im Zusammenhang mit dem Erwerb oder der Nutzung von gewerblichen Schutzrechten – insbesondere von Patenten, Gebrauchsmustern, Geschmacksmustern oder Warenzeichen – oder im Zusammenhang mit den Rechten aus einem Vertrag zur Übertragung oder Gebrauchsüberlassung von Herstellungsverfahren oder von zum Gebrauch oder zur Anwendung von Betriebstechniken dienenden Kenntnissen auferlegt sind[613].

Die im Hinblick auf die GVO Patent ergänzende Funktion der GVO Know-How zieht sich wie ein roter Faden durch den gesamten Text der letztgenannten GVO.

b) Praxis der Kommission

673 Die Komission wollte verschiedenen Gesichtspunkten Rechnung tragen. Die Kommission wollte zunächst sicherlich die GVO Patent ergänzen, die im wesentlichen lediglich die Verwertung gewerblicher Schutzrechte und mit diesen Schutzrechten verbundenen (untergeordneten) Know-How regelt. „Reine" Know-How-Verträge und gemischte Know-How-Verträge/Patentlizenzverträge, bei denen die Bedeutung des Know-How im Verhältnis zu Patenten dominiert, werden dagegen von der GVO Patent nicht erfaßt[614]. Die Kommission hat mit dem Erlaß der GVO Patent und der GVO Know-How daher versucht, den unterschiedlichen Charakteren gewerblicher Schutzrechte und andererseits des Know-How gerecht zu werden. Auf der einen Seite enthält Art. 36 EWGV eine Bestandsgarantie der gewerblichen

---

611 ABl. Nr. 36 vom 6. 3. 1965, S. 533/65.
612 ABl. Nr. C 214 vom 12. 8. 1987, S. 2 ff.
613 BE Nr. 1 Abs. 1.
614 Vgl. BE Nr. 1 bis Nr. 3.

Schutzrechte. In dem Recht aller Mitgliedsstaaten ist diese Bestandsgarantie verankert. Der Inhalber eines Schutzrechts erhält für einen gesetzlich festgelegten Zeitraum eine Monopolstellung. Diese Monopolstellung wird als Belohnung dafür gesehen, daß der Schutzrechtsinhaber neues technisches Wissen entwickelt bzw. erfunden und daher den Stand der Technik verbessert hat. Die Monopolstellung bezweckt darüber hinaus, daß der Erfinder auch in Zukunft erfinderisch tätig sein soll. Als Äquivalent zu dieser Monopolstellung wird im öffentlichen Interesse die bei einem Patentamt angemeldete Erfindung bzw. deren Inhalt innerhalb einer gesetzlich bestimmten Frist offengelegt, d. h. durch das zuständige Patentamt veröffentlicht[615].

Know-How wird, da ein einem gewerblichen Schutzrecht vergleichbares gesetzliches Ausschlußrecht nicht gegeben ist, erst interessant, wenn es geheim ist und als Folge davon einen Wettbewerbsvorsprung verschaffen kann. Der Wettbewerbsvorsprung realisiert sich im wesentlichen in zwei Komponenten. Besondere Bedeutung kommt dem zeitlichen Vorsprung zu, der dadurch entsteht, daß während der Zeit der Entwicklung eines Produkts bis zu dessen Markteinführung niemand außer dem jeweiligen Know-How-Träger über die produktspezifischen Kenntnisse verfügt und es in der Regel Wettbewerbern sehr schwer fällt, diesen zeitlichen Vorsprung zu kompensieren. Auf der anderen Seite kann ein interessierter Know-How-Nehmer sich F+E-Kosten in erheblichem Umfang ersparen, weil er selbst keine eigenen F+E-Kapazitäten aufzubauen bzw. vorzuhalten braucht. Zu einem Know-How-Transfer gehört die Überlassung der geheimen Kenntnisse in schriftlicher und in mündlicher Form. Des weiteren zählt hierzu – falls notwendig – die Einweisung der Mitarbeiter des Know-How-Nehmers. Es dürfte sich dabei um eine dem Know-How-Geber obliegende (nebenvertragliche) Aufklärungs- bzw. Beratungspflicht handeln. Diese Pflicht dürfte um so stärker ausgeprägt sein, je komplizierter das zu überlassene Know-How ist. Bei Anwendung eines weiten Know-How-Begriffs – wie er hier vertreten wird – dürfte auch trotz der vorgenannten nebenvertraglichen Aufklärungs- bzw. Beratungspflichten des Know-How-Gebers der Begriff des Know-How-Vertrags zutreffend sein[616].

674

---

615 In der Bundesrepublik Deutschland muß z. B. eine Patentanmeldung innerhalb von 18 Monaten nach dem Tag ihrer Anmeldung offengelegt werden.

616 Anderer Ansicht wohl *Wiedemann*, a.a.O., II S. 355 Rdnr. 2 unter Hinweis auf die Stellungnahme der DVGRUR zum Vorentwurf 1987, GRUR Int. 1987 S. 577.

Wiedemann[617] kann auch nicht gefolgt werden, da er davon ausgeht, daß der Geheimnischarakter des Know-How sich auch insoweit auswirkt, daß der Know-How-Nehmer bei Vertragsabschluß nicht genau wisse oder übersehe, was er im einzelnen erwerbe, während sich der Patentlizenznehmer aufgrund der Veröffentlichung der Offenlegungsschrift und der Patentschrift ein genaues Bild von der Erfindung machen könne. Diese Erwägungen erscheinen mithin praxisfremd. Ein Know-How-Nehmer wird sich – z. B. im Wege einer Geheimhaltungsvereinbarung – bei Beginn der Vertragsverhandlungen zunächst einen Überblick über das zu erwerbende Know-How verschaffen wollen. Der Know-How-Nehmer erhält in der Regel Gelegenheit, die ihm übermittelten Kenntnissen in einem bestimmten Zeitraum zu überprüfen. Dies kann im Rahmen einer Geheimhaltungsvereinbarung, einer Absichtserklärung[618] oder eines Optionsvertrages geschehen. Der Interessent kann sich dann nach diesem Testzeitraum entscheiden, ob er einen Vertrag abschließen möchte. Ebenfalls praxisfremd erscheint die Erwägung, daß der Patentlizenznehmer sich aufgrund der Veröffentlichung der Offenlegungsschrift und der Patentschrift ein genaues Bild von der Erfindung machen könne. Der Lizenznehmer ist in der Regel aufgrund der in einem Patent erteilten Lizenz nicht in der Lage, ein Produkt oder ein Verfahren nach diesem Patent herzustellen bzw. einzusetzen. Die hierzu benötigten Kenntnisse kann der Lizenznehmer in der Regel der Patentschrift nicht in vollem Umfang entnehmen. Der Lizenznehmer benötigt regelmäßig noch Know-How, um die Lizenz sinnvoll ausüben zu können. Selbst wenn ein Lizenznehmer z. B. einen Prototypen vom Lizenzgeber zur Verfügung gestellt bekommt, ist er im Rahmen einer Serienfertigung noch auf weitere technische Hilfe in Form von beispielsweise detaillierten Konstruktionsplänen und mündlichen Einweisungshilfen durch das Personal des Lizenzgebers angewiesen. Gerade weil dies so ist, kommt es in der Praxis sehr häufig – möglicherweise hauptsächlich – zu gemischten Patentlizenz-/Know-How-Verträgen.

675 Die Kommission war bei Erlaß dieser GVO der Auffassung, daß diese zur Anregung des Technologietransfers und damit zur Verbesserung der Warenerzeugung und zur Förderung des technischen Fortschritts in der EG beitrage. Es werde eine Vermehrung der Zahl der Produktionsstätten sowie eine Verbesserung der in der Gemeinschaft hergestellten Produkte erreicht und die Möglichkeiten für eine Weiterent-

---

617 A.a.O., wie vor.
618 "letter of intent".

wicklung der überlassenen Technologie erweitert[619]. Ein Technologie- noch
transfer kommt jedoch nur dann zustande, wenn die rechtlichen Rah- **675**
menbedingungen attraktiv gestaltet sind. Bei den relativ seltenen reinen Know-How-Verträgen spielt die Attraktivität der rechtlichen
Bedingungen eine wesentlichere Rolle als bei einer reinen Patentlizenz. Da der Know-How-Geber im Verhältnis zum Patentlizenzgeber
bei kartellrechtlich bedingter Unwirksamkeit einer Lizenzvereinbarung bei schon vollzogenem Know-How-Transfer nicht mehr auf die
durch ein gewerbliches Schutzrecht erlangte Absicherung zurückgreifen kann, ist der Know-How-Geber darauf angewiesen, sich durch
vertragliche Vereinbarungen mit dem Know-How-Nehmer wenigstens
im Verhältnis zu diesem zu schützen. In welchem Umfang derartige
Regelungen vereinbart werden, die für den Fall der (kartellrechtlichen) Unwirksamkeit einer Lizenzvereinbarung gelten soll, ist bislang
nicht geklärt. Vertragliche Regelungen verdienen jedoch eine erhöhte
Aufmerksamkeit, da in vielen Mitgliedstaaten der EG entweder keine
oder nur wenige gesetzliche Vorschriften zum Know-How-Schutz
bestehen. In der Bundesrepublik Deutschland ist insoweit auf die §§ 1,
17, 18 UWG zu verweisen[620]. Die aus dieser Situation zu Recht
abgeleitete unbefriedigende Stellung des Know-How-Gebers[621] wird
durch den Erlaß dieser GVO nicht wesentlich verbessert. Die GVO
enthalte keine Regelung, wonach bei der Vereinbarung überschießen-
der Wettbewerbsbeschränkungen der Vorteil der Gruppenfreistellung
für den Kern der (freistellungsfähigen) Vereinbarung erhalten und die
Unwirksamkeitssanktion auf die zusätzlichen (unzulässigen) Klauseln
beschränkt bliebe. Das Subsumtionsrisiko werde daher in vollem
Umfang dem Know-How-Geber aufgebürdet. Ein weiteres zivilrechtli-
ches Risiko ergebe sich aus Art. 7 Nr. 4. Die Kommission kann den
Rechtsvorteil dieser GVO gemäß Art. 7 Nr. 4 dann entziehen, wenn
der Know-How-Nehmer sich ohne sachlich gerechtfertigten Grund
weigert, auf eine von ihm nicht veranlaßte Nachfrage einzugehen. Ein
einseitiges Verhalten des Know-How-Nehmers könne diesem daher
den Weg eröffnen, sich der Pflicht zur Zahlung von Gebühren mittels
Herbeiführung der zivilrechtlichen Unwirksamkeit zu entziehen[622].

---

619 BE Nr. 7.
620 Vgl. insoweit *Grabitz/Koch*, a.a.O., Art. 85 Rdnr. 295 mwN.
621 Siehe insoweit nur *Wiedemann*, a.a.O., II S. 357 Rdnr. 3 unter Hinweis auf die
Stellungnahme der DVGRUR zum Vorentwurf 1987, GRUR Int. 1987 S. 575;
Lieberknecht, GRUR Int. 1987 S. 783.
622 Vgl. nur *Wiedemann*, a.a.O., wie vor.

676 Die im Detail unterschiedlichen einzelnen Regelungen der GVO Patent und der GVO Know-How lassen sich zunächst einmal mit den unterschiedlichen Charakteristika gewerblicher Schutzrechte und andererseits des Know-How erklären. Darüber hinaus hat die Kommission versucht, die nach Erlaß der GVO Patent insoweit erlangten Kenntnisse in die GVO Know-How mit einfließen zu lassen. Die im Verhältnis zur GVO Patent großzügigere Fassung der GVO Know-How dürfte aber im wesentlichen auf dem Umstand beruhen, daß das Know-How – wie bereits ausgeführt – einen geringeren Schutz sowohl für den Know-How-Geber als auch für den Know-How-Nehmer bietet. Jede dieser beiden Vertragsparteien wird ohne[623] greifbare gesetzliche Spielräume[624] nicht bereit sein, die mit einem Know-How-Transfer verbundenen Risiken zu tragen.

677 Die GVO Know-How soll folgende Vorteile gegenüber der GVO Patent haben[625]:

– Freistellung der Eigenbedarfsdeckungs-Klausel[626],
– großzügigere Fristenberechnung bei der Gebietsbeschränkung[627],
– Möglichkeit einer Gruppenfreistellung im Widerspruchsverfahren für second sourcing-Sachverhalte[628],
– großzügigere Behandlung von Gebührenregelungen[629],
– Aufnahme einer zusätzlichen Tatbestandsalternative für zulässige field-of-use-Klauseln[630],
– Sonderregelung für Beschränkungen bei Know-How-Vereinbarungen für den Anlagenbau[631],
– Ausklammerung von Warenzeichen aus dem Verbot von Nichtangriffsklauseln[632]
– Wettbewerbsverbot[633],

---

623 Von der Kommission bei Erlaß dieser GVO unterstellte.
624 Im Verhältnis zur GVO Patent.
625 So jedenfalls *Wiedemann*, a.a.O., II S. 358 Rdnr. 4.
626 Art. 1 Abs. 1 Nr. 8.
627 Art. 1 Abs. 2 Satz 3.
628 Art. 4 Abs. 2.
629 Art. 2 Abs. 1 Nr. 7 bzw. Art. 3 Nr. 5.
630 Art. 2 Abs. 1 Nr. 8.
631 Art. 2 Abs. 1 Nr. 12.
632 Art. 3 Nr. 4; vgl. auch GVO Patent Art. 3 Nr. 1.
633 Art. 3 Nr. 9, letzter Halbsatz.

– Klarstellung bezüglich der Einbeziehung begleitender Vereinbarungen über andere gewerbliche Schutzrechte in den Anwendungsbereich der GVO[634] und
– Einbeziehung von Betriebsvereinbarungen in der Zeit vor der Aufnahme der Produktion durch den Know-How-Nehmer[635].

Die GVO Know-How enthalte demgegenüber folgende Nachteile[636]: **678**

– Zweifelsfragen hinsichtlich ihrer Anwendbarkeit.
Dazu zählt einmal die Definition des Begriffs Know-How[637]. Des weiteren sei zweifelhaft, wann Vereinbarungen, die die Lizenzierung anderer Rechte des gewerblichen oder geistigen Eigentums als Patente (insbesondere Warenzeichen, Urheber- und Geschmacksmusterrechte) oder die Lizenzierung von Software zum Gegenstand haben, „dazu beitragen, den mit der Überlassung des Know-How verfolgten Zweck zu erreichen und keine anderen wettbewerbsbeschränkenden Verpflichtungen damit verbunden sind als diejenigen, die an das Know-How geknüpft und aufgrund der vorliegenden Verordnung freigestellt sind"[638].
– 10jährige Befristung der Freistellung für die Verpflichtungen[639].
Demgegenüber sind in der GVO Patent Verpflichtungen des Lizenzgebers freigestellt, anderen Unternehmen die Benutzung der lizenzierten Erfindungen in einem dem Lizenznehmer vorbehaltenen Gebiet nicht zu gestatten, soweit und solange eines der lizenzierten Patente noch in Kraft ist[640]. Bei gemischten Patentlizenz-/Know-How-Verträgen, die in der Praxis dominierend sein dürften, wird bei „notwendigen" Patenten die 10-Jahresfrist auf den Zeitraum ausgedehnt, in denen „derartige" Patente einen Schutz gewähren[641].
– Identifizierungspflicht bezüglich des Know-How[642].
Trotz der hohen Praxisrelevanz ist in der GVO Patent eine derartige Identifizierungspflicht nicht vorgeschrieben. Wiedemann[643] sieht als Grund hierfür, daß das Know-How „dort ohnehin nur einen unwesentlichen Bestandteil der erfaßten gemischten Vereinbarungen bil-

---

634 Art. 5 Abs. 1 Nr. 4.
635 BE Nr. 5.
636 *Wiedemann*, a.a.O., wie vor.
637 Gemäß Art. 1 Abs. 7 Nr. 1–4.
638 Art. 5 Abs. 1 Nr. 4.
639 Gemäß Art. 1 Abs. 1.
640 Art. 1 Abs. 1 GVO Patent.
641 Art. 1 Abs. 4.
642 Art. 1 Abs. 3 und Abs. 7 Nr. 1 und Nr. 4.
643 A.a.O., II S. 359 Rdnr. 4.

dete". Dieser Ansicht kann nicht gefolgt werden. Es wurde bereits ausgeführt, daß der Patentlizenznehmer erst durch das Know-How in der Lage ist, den Inhalt einer Patentanmeldung bzw. eines Patents interessengerecht zu nutzen und die gemischten Vereinbarungen sehr häufig sind.

– Vertragsgebietsvorbehalt des Know-How-Lizenzgebers[644].

– Auslegungsschwierigkeiten bei der Rücklizenzierung von Verbesserungserfindungen[645].

Die Auslegungsschwierigkeiten können dazu führen, daß die Vertragsparteien aufgrund der von der Kommission zu verantwortenden Unklarheit bzw. Rechtsunsicherheit einen Vertrag gestalten und dieser Vertrag dann im Rahmen eines Freistellungsverfahrens von der Kommission für unwirksam erklärt wird. Der Lizenzgeber könnte sich dann zwar theoretisch auf eine lizenzpflichtige Nutzung des ja noch bestehenden (lizenzierten) Patents berufen und ggf. eine Verletzungsklage erheben[646]. Der Lizenznehmer wird dann jedoch versuchen, im Rahmen einer Nichtigkeitsklage das lizenzierte Patent zu Fall zu bringen. Die Erhebung einer Nichtigkeitsklage kann auch allein schon deshalb erfolgen, um sich im Hinblick auf Vertragsverhandlungen, die die Anpassung des Lizenzvertrags zum Gegenstand haben, eine gewisse „Verhandlungsmasse" zu verschaffen.

Die Auslegungsschwierigkeit bzw. die mit der GVO Know-How verbundenen – bisher nur skizzierten – Nachteile führen konsequenterweise zu der Frage, weshalb die Kommission die GVO erlassen hat. Der Gedanke der Ergänzung der GVO Patent ist wohl nur *ein* Gesichtspunkt. Die weitere Förderung des Technologie-Transfers wurde als weiteres Ziel der EG ebenfalls bereits angesprochen. Nach Auffassung der Kommision sollte die Förderung des Technologie-Transfers gerade durch die mit dem Erlaß dieser GVO erhoffte Rechtssicherheit erreicht werden. Es erscheint jedoch zumindest fraglich, ob die Kommission mit dem Erlaß dieser GVO den Bedürfnissen der Praxis Rechnung getragen hat. Es wurde bereits verdeutlicht[647], daß im Rahmen der Vorbereitungsarbeiten für diese GVO eine empirische Studie, die vom Bundesverband der Deutschen Industrie in Auftrag gegeben wurde, ergab, daß nicht nur reine Patentlizenzverträge selten

---

644 Art. 1 Abs. 7 Nr. 12; vgl. demgegenüber Art. 1 Abs. 1 Nr. 3 und BE Nr. 12 der GVO Patent.
645 Art. 2 Abs. 1 Nr. 4 und Art. 3 Nr. 2.
646 Siehe *Wiedemann*, a.a.O., wie vor.
647 Siehe oben Rdnr. 600.

sind, sondern auch keine oder recht wenige reine Know-How-Verträge abgeschlossen werden. Zu denken gibt in diesem Zusammenhang besonders auch die Tatsache, daß gemischte Patentlizenz-/Know-How-Verträge (bewußt?) nicht Gegenstand dieser Studie waren. Hinzu kommt, daß die Rücklaufquote bei dieser Studie nicht sehr hoch war – lediglich 64 Unternehmen beantworteten die Umfrage des BDI – und die antwortenden Unternehmen auch nicht in vollem Umfang exakte Angaben allein schon wegen des damit verbundenen Arbeitsaufwandes gemacht haben dürften. Zudem hatten die antwortenden Unternehmen darauf hingewiesen, daß die gegebenen Antworten über den Bereich der gemeldeten Verträge hinaus auch für den zahlenmäßig erheblichen Bereich gemischter Patentlizen-/Know-How-Verträge zuträfen. Angesichts dieses Ergebnisses der Umfrage können allenfalls Vermutungen bezüglich der exakten Zahl reiner Know-How-Verträge bzw. der Zahl gemischter Vereinbarungen angestellt werden. Hinzu kommt, daß eine derartige Untersuchung nur – soweit ersichtlich – in der Bundesrepublik Deutschland vorgenommen wurde. Es bleibt zu hoffen, daß die Kommission diese dürftigen statistischen Werte nicht zum Anlaß für die Schaffung dieser GVO genommen hat. Erheblich sinnvoller wäre es wohl gewesen, angesichts der bereits infolge der durch die GVO Patent ausgelösten Rechtsunsicherheit diese so zu gestalten, daß sie sowohl Patentlizenz-, gemischte Patentlizenz-/Know-How- als auch Know-How-Verträge umfaßt. Diese zweifellos nicht einfache Aufgabe hätte jedoch dazu geführt, daß die Abgrenzungsschwierigkeiten zwischen den beiden jetzt bestehenden GVO Patent und GVO Know-How zumindest z. T. entfallen wären.

Die Kommission hatte lediglich in wenigen Fällen Gelegenheit, zu **679** bestimmten Sachverhaltsproblemen im Vorgriff auf die GVO Know-How Stellung zu beziehen:
– Entscheidung der Kommission vom 6. 12. 1983, ABl. 1983 Nr. L 351 S. 20 ff. = WuW/EV 990 ff. = WuW/E 1984 S. 482 – „Schlegel/CPIO",
– Entscheidung der Kommission vom 15. 12. 1986, ABl. 1987 Nr. L 50 S. 30 ff. = WuW/EV 1233 ff. = WuW/E 1987 S. 583 = GRUR Int. 1987 S. 587 ff. – „Boussois/Interpane",
– Entscheidung der Kommission vom 17. 12. 1986, ABl. 1987 Nr. L 41 S. 31 ff. = WuW/E EV 1246 ff. = GRUR Int. 1987 S. 418 ff. – „Mitchell Cotts/Sofiltra",
– Entscheidung der Kommission vom 22. 12. 1987, ABl. 1988 Nr. L 69 S. 21 ff. = WuW/E EV 1337 ff. = WuW/E 1988 S. 302 = GRUR Int. 1988 S. 505 – „Rich Products/Jus-rol",

– Entscheidung der Kommission vom 13. 10. 1988, ABl. 1988 Nr. L 309 S. 34 ff. = WuW/E EV 1374 ff. = GRUR Int. 1989 S. 220 – „Delta Chemie/DDD".

Soweit Know-How-Verträge die Tatbestandsvoraussetzungen der Art. 1 und 2 dieser GVO nicht erfüllen, könnten entsprechende Verpflichtungen eine Wettbewerbsbeschränkung gemäß Nr. 85 Abs. 1 EWGV beinhalten. Die Kommission hat lediglich in BE Nr. 6 zu diesem Problem in einem Einzelfall Stellung bezogen. Sie wiederholt in BE Nr. 6 die wesentlichen Gesichtspunkte des sog. Maissaatgut-Falls[648], wonach Vereinbarungen über die ausschließliche Mitteilung von Know-How als solche nicht unvereinbar mit Art. 85 Abs. 1 EWGV sind, wenn es darum geht, im Vertragsgebiet eine neue Technologie einzuführen und sie im Hinblick auf den Umfang der unternommenen Forschungsanstengungen und die sich aus der Verbreitung neuer technischer Kenntnisse innerhalb der Gemeinschaft ergebende Verstärkung der Intensität des Wettbewerbs, insbesondere des Wettbewerbs zwischen Herstellern konkurrierender Erzeugnisse, sowie die Erhöhung der Wettbewerbsfähigkeit der beteiligten Unternehmen zu schützen.

Die Kommission hatte bereits vor Erlaß dieser GVO die Gelegenheit, sich in zwei Fällen mit der Frage, zu welchem Zeitpunkt von der Einführung und dem Schutz einer neuen Technologie die Rede sein kann, auseinanderzusetzen. In einem Fall[649] verneinte die Kommission die im Rahmen eines Know-How-Lizenzvertrags vereinbarte Einführung einer neuen Technologie im Vertragsgebiet mit der Begründung, der Know-How-Nehmer habe aufgrund seiner vertraglich festgelegten Stellung als Alleinvertriebshändler der Vertragserzeugnisse eine „feste Stellung" im Markt erhalten, ohne schon das Herstellungsrisiko hinsichtlich der Lizenzerzeugnisse tragen zu müssen. Wiedemann[650] hält dieser Entscheidung der Kommission entgegen, daß ein Herstellungsrisiko nicht schon durch die Tatsache einer Alleinvertriebshändlertätigkeit gemindert werde. Erforderlich sei, daß die Alleinvertriebshändlertätigkeit erfolgreich durchgeführt werde. Außerdem sei mit der Herstellung eines Lizenzerzeugnisses in der Regel ein höheres wirtschaftliches Risiko verbunden als mit der Tätigkeit eines Vertriebshändlers.

---

648 *EuGH*, Urteil vom 8. 6. 1982, AS 1982 S. 2015, 2069, Nr. 56 ff. = WuW/E EWG/ MUV 551 ff.
649 Entscheidung der Kommission vom 13. 10. 1988 ABl. 1988 Nr. L 309 S. 34 ff., Nr. 23 = WuW/E EV 1374 ff. = GRUR Int. 1989 S. 220 – "Delta-Chemie/DDD".
650 A.a.O., II S. 363 Rdnr. 11.

In einer weiteren Entscheidung[651] verwandte die Kommission die Erkenntnisse des Maissaatgut-Falls[652] und entschied im Hinblick auf eine ausschließliche Know-How-Lizenz, daß eine neue Technologie nicht eingeführt und geschützt werden sollte, da sowohl im Vertragsgebiet als auch in anderen Staaten der EG von Dritten bereits vertragsgegenständliche Verfahren entwickelt worden waren. Diese Verfahren standen jedoch nicht jedermann zur Verfügung. Wiedemann[653] ist der Ansicht, daß die Kriterien des Maissaatgut-Urteils des EuGH nicht richtig interpretiert worden seien und zudem die Entscheidung den BE[654] dieser GVO widerspreche. Es komme hier allein darauf an, ob der Know-How-Vertrag „die Marktverhältnisse im Vertragsgebiet dadurch verbessert, daß ein weiteres Unternehmen die Herstellung und den Vertrieb der fraglichen Produkte aufnimmt und damit die Konkurrenten, die sich den technischen Vorsprung auf andere Weise erarbeitet haben, zusätzlichem Wettbewerb aussetzt". Eine Technologie sei gemäß dem Maissaatgut-Urteil nur dann nicht mehr neu, wenn sie offenkundig sei. Nur durch das *geheime* Know-How erhalte der Lizenznehmer die Möglichkeit des Marktzutritts. Dies komme auch in den BE[655] der GVO zum Ausdruck. Dort werde auf die Markterschließungsleistung des Know-How-Nehmers abgestellt. Patent- und auch Know-How-Verträge dienten daher regelmäßig der Einführung und dem Schutz einer neuen Technologie, so daß die entsprechenden vertraglichen Beschränkungen nicht gegen Art. 85 Abs. 1 EWGV verstoßen würden[656].

Neben der ergänzenden Funktion der GVO Know-How dient auch **680** diese GVO dazu, Verwaltungswege zu vereinfachen und die Kommission vor einer hohen zusätzlichen Arbeitsbelastung weitestgehend zu befreien. Diesen beiden letztgenannten Zielen dient auch die sog. „Bagatell-Bekanntmachung der Kommission" vom 3. 9. 1986[657]. In

---

651 Entscheidung der Kommission vom 22. 12. 1987, ABl. 1988 Nr. L 69 S. 21 ff. Nr. 4 = WuW/E EV 1337 ff. = WuW 1988 S. 302 = GRUR Int. 1988 S. 505 – "Rich Products/Jus-rol".
652 *EuGH*, Urteil vom 8. 6. 1982, Slg. 1982 S. 2015 ff. – „Maissaatgut".
653 A.a.O., wie vor.
654 Nr. 6.
655 Nr. 7.
656 Vgl. auch *Korah*, Know-How Licensing, S. 33, 44, 56 und auch *Wedekind*, S. 109, Fußn. 48 und das Urteil des *EuGH* vom 19. 4. 1988, AS 1988 S. 1935, 1939, Nr. 10 = NJW 1989 S. 3084 f. = GRUR Int. 1989 S. 663 = WuW 1988 S. 613 – "SPRL Louis Erauw Jacquery/Sortenschutzrecht".
657 ABl. 1986 Nr. C 231 S. 2 ff.

dieser werden Regeln dafür aufgestellt, ab welchem Umfang die Aktivitäten eines Unternehmens dem Hauptziel der Kommission, einen freien Warenverkehr zu gewährleisten, beeinträchtigen. Daß die beiden Gedanken der Verwaltungsvereinfachung und der Verminderung des Arbeitsaufwandes der Kommission im Falle der reinen Know-How-Verträge nur sehr eingeschränkt berechtigt waren, wurde bereits erörtert.

681 Selbst die in Art. 3 aufgeführten Beschränkungen[658] müssen nicht unbedingt Wettbewerbsbeschränkungen gem. Art. 85 Abs. 1 EWGV sein[659]. Die Kommission stellt klar, daß für derartige Beschränkungen keine allgemeine Vermutung derart besteht, daß sie zu den von Art. 85 Abs. 3 EWGV geforderten positiven Wirkungen führen, wie dies für eine Gruppenfreistellung erforderlich wäre. Vereinbarungen, welche derartige Beschränkungen enthielten, könnten daher nur im Einzelfall freigestellt werden[660].

682 In den BE[661] werden die Voraussetzungen für die Anwendung von Art. 85 Abs. 3 genannt. Das übergeordnete Ziel der „Anregung des Technologietransfers" und damit[662] regelmäßig verbundenen Verbesserungen der Warenerzeugung und der Förderung des technischen Fortschritts werde durch Verpflichtungen der Vertragsparteien, aktiven und auch passiven Wettbewerb zu unterlassen, erreicht bzw. gefördert. Die Abnehmer technisch neuartiger oder verbesserter Produkte, deren Herstellung umfangreiche Investitionen voraussetze, seien oft nicht Endverbraucher, sondern Unternehmen der verarbeitenden Industrie, die die Preisentwicklung und alternative Bezugsquellen in der Gemeinschaft gut kennen würden. Deshalb böte ein Schutz allein vor aktivem Wettbewerb den Vertragspartnern und anderen Know-How-Nehmern nicht die Sicherheit, der sie vor allem in der ersten Zeit der Nutzung der lizenzierten Technologie bedürften, wenn sie für die Erweiterung der technischen Ausstattung und für die Entwicklung eines Marktes für das Produkt finanzielle Aufwendungen übernehmen und so die Nachfrage erhöhten[663]. Im allgemeinen erfüllten die in Art. 1 dieser GVO umschriebenen Verpflichtungen auch die übrigen Voraussetzungen für die Anwendung von Art. 85 Abs. 3 EWGV. Die Verbraucher erhiel-

---

658 „Schwarze Liste".
659 BE Nr. 11 „können".
660 BE Nr. 11.
661 Nr. 7–9.
662 Nach Auffassung der Kommission.
663 BE Nr. 7; vgl. zur Frage des Gebietsschutzes bei parallelen Patenten BE Nr. 8.

ten in der Regel einen angemessenen Anteil an dem Gewinn, der sich aus der Verbesserung der Warenlieferung auf dem Markt ergebe. Ebensowenig würden den Beteiligten Beschränkungen auferlegt, die für die Erreichung der vorgenannten Ziele nicht unerläßlich seien. Schließlich werde der Wettbewerb auf der Vertriebsstufe durch die Möglichkeit von Paralleleinfuhren gewährleistet, die von den Beteiligten unter keinen Umständen behindert werden dürften. Die in dieser GVO genannten Ausschließlichkeitsverpflichtungen gäben den Beteiligten somit in aller Regel nicht die Möglichkeit, für einen wesentlichen Teil der betreffenden Waren den Wettbewerb auszuschalten. Dies gelte auch für Vereinbarungen, durch die ausschließliche Rechte für den gesamten Gemeinsamen Markt gewährt werden, sofern die Möglichkeit von Parallelimporten aus Drittländern bestehe oder sofern es noch andere konkurrierende Technologien auf dem Markt gäbe, weil dann die territoriale Ausschließlichkeit zu einer stärkeren Integration der Märkte führen und einen gemeinschaftsweiten Wettbewerb zwischen verschiedenen Marken fördern könne[664].

Hinsichtlich der Vor- und Nachteile dieser GVO kann auf die entsprechenden Ausführungen zur GVO Patent[665] verwiesen werden. Zusammenfassend kann insofern noch einmal betont werden, daß z. Zt. (leider) noch die negativen Aspekte dieser GVO überwiegen.

Auch bezüglich des jeweiligen Verhältnisses der GVO Know-How zu Art. 86 EWGV, zum nationalen Kartellrecht wie auch zum EGKS-Recht kann auf die einschlägigen Bemerkungen im Rahmen der Kommentierung der GVO Patent verwiesen werden[666].

2. Rahmen freigestellter Verpflichtungen

a) Allgemeines

In Art. 1 Abs. 1 wird eine Reihe von Verpflichtungen des Know-How- **683**
Gebers[667] und des Know-How-Nehmers[668] behandelt, die den Rechtsvorteil der Gruppenfreistellung erhalten. Art. 1 Nr. 1−6 behandeln Verpflichtungen, die in ausschließlichen Verträgen zum Tragen kommen können. In Art. 1 Abs. 2 werden dann die Freistellungsfristen

---

664 BE Nr. 9.
665 Rdnr. 593 ff.
666 Vgl. Rdnr. 607−609.
667 Nr. 1, 2.
668 Nr. 3−8.

noch
683 genannt, die für die in Art. 1 Abs. 1 aufgeführten Verpflichtungen gelten. Art. 1 Abs. 3 beinhaltet eine Identifizierungspflicht. Die Parteien eines Know-How-Vertrages müssen das ursprüngliche Know-How und alle nachfolgenden Verbesserungen in geeigneter Form festgehalten haben bzw. festhalten. Auch die Verbesserungen müssen den Parteien „zugänglich" und gemäß vertraglicher Vereinbarungen „mitgeteilt" werden, solange das Know-How geheim und wesentlich bleibt. Diese qualifzierenden Merkmale sollen lediglich sicherstellen, daß das mitgeteilte Know-How von einer Beschaffenheit ist, welche die Anwendung dieser GVO und insbesondere die Freistellung der wettbewerbsbeschränkenden Verpflichtungen rechtfertigt[669]. In Art. 1 Abs. 4 wird der gemäß Art. 1 Abs. 2 gewährte Freistellungszeitraum bei bestimmten gemischten Patentlizen-/Know-How-Verträgen hinsichtlich in Art. 1 Abs. 1 Ziff. 1−5 genannten Verpflichtungen ausgedehnt. Art. 1 Abs. 5 regelt, daß Betriebsbeschränkungen nur unter bestimmten Voraussetzungen gestattet sind. Art. 1 Abs. 6 enthält wiederum eine sog. „Minusklausel", wonach die Freistellung gemäß Art. 1 Abs. 1 auch dann gilt, wenn Vertragspartner in einer Vereinbarung Verpflichtungen gemäß Art. 1 Abs. 1 vorsehen, die einen weniger weiten Umfang haben, als er gemäß Art. 1 Abs. 1 zulässig wäre. Art. 1 Abs. 7 enthält[670] Definitionen von Begriffen „für die Zwecke dieser Verordnung".

Das Anwendungsspektrum der GVO Know-How läßt sich positiv und negativ abgrenzen. Die GVO Know-How ist anwendbar auf

– reine Know-How-Verträge
– gemischte Know-How-/Patentlizenz-Verträge
– Know-How-(/Patentlizenz-)Verträge mit begleitenden Absprachen über Warenzeichen oder andere gewerbliche oder geistige Schutzrechte
– wechselseitige Know-How-Verträge ohne Gebietsbeschränkungen
– Vereinbarungen gemäß Art. 6,

sofern an diesen Vereinbarungen nur zwei Unternehmen beteiligt sind. Zum Anwendungsbereich der GVO Know-How zählen dagegen nicht

– reine Patentlizenzverträge
– gemischte Patentlizenz-/Know-How-Verträge gemäß GVO Patent

---

669 BE Nr. 1.
670 Nr. 1−13.

– reine Verkaufsvereinbarungen und Vereinbarungen im Zusammenhang mit Franchise-Verträgen[671]
– Vereinbarungen gemäß Art. 5

b) Freigestellte Verpflichtungen

aa) Anwendungsbereich

Die GVO Know-How erfaßt in erster Linie die reinen Know-How-   **684**
Lizenzverträge. Bei der Definition dieser Begriffe ist vor allem Art. 1
Abs. 7 Nr. 1−5 behilflich.

In Art. 1 Abs. 7 Nr. 5 werden reine Know-How-Verträge als Vereinbarungen bezeichnet, bei denen ein Unternehmen, der Know-How-
Geber, sich einverstanden erklärt, das Know-How dem anderen
Unternehmen, dem Know-How-Nehmer, für die Nutzung im Vertragsgebiet zu überlassen, sei es mit oder ohne der (bzw. die) Verpflichtung,
ihm alle weiteren Verbesserungen bekanntzugeben. Diese Begriffe
wiederum werden in Art. 1 Abs. 7 Nr. 1−4 definiert, wobei in Art. 1
Abs. 1 Nr. 1 zunächst der Oberbegriff des Know-How erklärt wird und
dann in Art. 1 Abs. 7 Nr. 2−4 die in diesem Know-How-Begriff
enthaltenen Merkmale wiederum erklärt werden.

Nach der erstmaligen gesetzlichen Definition des Begriffs Know-How   **685**
beinhaltet dieser „eine Gesamtheit technischer Kenntnisse, die geheim
und wesentlich und in einer geeigneten Form identifiziert sind". Diese
Definition findet sich auch in Art. 1 Abs. 3, wonach die Freistellung
gemäß Abs. 1 nur gilt, wenn die Vertragspartner in geeigneter Form
das ursprüngliche Know-How und alle nachfolgenden Verbesserungen
„identifiziert" haben, welche den Parteien zugänglich werden und dem
jeweiligen Vertragspartner entsprechend den Bedingungen des Vertrages und zu dessen Erfüllung mitgeteilt werden und nur solange das
Know-How geheim und wesentlich bleibt. Im Gegensatz zu Art. 1
Abs. 1 der GVO Patent[672] erfasse Art. 1 Abs. 3 der GVO Know-How
die charakteristischen Unterschiede zwischen gewerblichen Schutzrechten und Know-How[673]. Nach Auffassung der Kommission sollen
die qualifizierenden Merkmale[674] lediglich sicher stellen, daß das mitgeteilte Know-How von einer Beschaffenheit ist, welche die Anwendung

---

671 BE Nr. 5.
672 „Soweit und solange"-Klauseln.
673 So auch *Wiedemann*, a.a.O., II S. 383 Rdnr. 15.
674 „geheim", „wesentlich", „in einer geeigneten Form identifiziert".

dieser GVO und insbesondere die Freistellung der wettbewerbsbeschränkenden Verpflichtungen rechtfertigt[675]. Der freie Warenverkehr innerhalb der EWG soll daher nur dann durch Gebietsbeschränkungen beeinträchtigt werden, wenn geheimes, wesentliches und in einer geeigneten Form identifiziertes Know-How überlassen wird[676]. Wiedemann[677] ist auch insoweit zuzustimmen, als es problematisch sein könne, wenn der Know-How-Nehmer nach erfolgtem Know-How-Transfer vorbringt, daß z. B. das ihm zugänglich gemachte Know-How nicht mehr „wesentlich" sei und diese Aussage zur Unwirksamkeit der gesamten Vereinbarung führe, wobei der Know-How-Geber die weitere Nutzung des überlassenen Know-How vertraglich nicht verhindern könne. Da – wie bereits oben dargestellt – reine Know-How-Verträge eher eine untergeordnete Rolle spielen dürften, der Know-How-Geber dem Know-How-Nehmer gegenüber vertragliche Vorsorgemaßnahmen getroffen haben dürfte, zudem der Know-How-Nehmer aufgrund der faktischen Marktsituation des Know-How-Gebers in der Regel aufgrund seiner Abhängigkeit sich eine derartige Vorgehensweise nicht erlauben kann, dürfte dieses Problem die Ausnahme darstellen. Hinzu kommt, daß bei einem reinen Know-How-Vertrag der Know-How-Nehmer sich nur dann das Know-How lizenzieren läßt, wenn es sich um „wesentliches" Know-How handelt. Einem Vertragsschluß geht in der Regel eine eingehende Prüfung des Vertragsgegenstandes, d. h. in diesem Fall des überlassenen Know-How, voraus. Wenn der Lizenznehmer feststellt, daß das Know-How seine Wettbewerbsstellung in keiner Weise verbessern wird, dürfte es wohl kaum zum Vertragsschluß kommen.

Bedenklich erscheint, daß die Kommission das Know-How auf technische Kenntnisse[678] beschränkt, die nicht patentgeschützt sind[679]. Der Bezug auf „nichtpatentgeschützte technische Kenntnisse" erklärt sich aus der ergänzenden Funktion der GVO Know-How im Verhältnis zur GVO Patent. Es wird insoweit von der Kommission also ein Know-How-Begriff gewählt, der kaufmännisches Know-How ausschließt. Die enge Begriffsdefinition ist zwar im Hinblick auf die GVO Patent verständlich, andererseits jedoch bedauerlich, weil in der Praxis in den

---

675 BE Nr. 1.
676 So *Sucker*, CR 1990 S. 369 ff. und *Wiedemann*, a.a.O., II S. 384 Rdnr. 16.
677 A.a.O., wie vor.
678 In Form von Beschreibungen von Herstellungsverfahren, Rezepten, Formeln, Mustern oder Zeichnungen.
679 BE Nr. 1.

meisten Fällen technische und kaufmännische Kenntnisse sehr eng miteinander verbunden sind und es daher bereits aus tatsächlichen Gründen sehr schwierig sein dürfte, diese beiden Kategorien der Kenntnisse sauber voneinander zu trennen. Oft ist es gerade auch die zusätzliche kaufmännische Komponente, die den Know-How-Nehmer erst dazu bewegt, daß technische Know-How zu übernehmen. So können z. B. Kosten, die die Herstellung des Produkts betreffen, oder auch Studien über Marktverhalten oder Absatzmöglichkeiten hinsichtlich des neuen Produkts über den Vertragsschluß entscheiden. Die Kommission sollte daher auch kaufmännische Gesichtspunkte insoweit als Know-How gelten lassen, als diese kaufmännischen Kenntnisse geeignet sind, die Verbreitung der technischen Kenntnisse zu fördern.

Der Begriff „geheim" bedeutet, daß das Know-How-Paket insgesamt oder in der genauen Gestaltung und Zusammensetzung seiner Bestandteile nicht allgemein bekannt oder gleich zugänglich ist, so daß ein Teil seines Wertes in dem Vorsprung besteht, den der Know-How-Nehmer gewinnt, wenn es ihm mitgeteilt wird. Es ist nicht auf den engen Sinn begrenzt, wonach jeder einzelne Bestandteil des Know-How völlig unbekannt sein muß oder außerhalb des Geschäftsbetriebs des Know-How-Gebers nicht erhältlich sein darf[680]. Der Know-How-Nehmer muß also als Folge des Geheimnischarakters des Know-How einen Wettbewerbsvorsprung erhalten. Dieser soll bereits dann vorliegen, wenn eine Eigenentwicklung des Know-How-Nehmers „bei nicht insgesamt geheimen technischen Kenntnisse" in finanzieller und in zeitlicher Hinsicht zu aufwendig wäre[681].

Vom Wortlaut des Art. 1 Abs. 1 Nr. 2 nicht erfaßt ist der Sachverhalt, daß das Know-How-Paket zwar insgesamt bekannt ist, dieses Paket jedoch für einen neuen, bisher unbekannten Zweck genutzt werden kann[682]. Da es jedoch vor allem darauf ankommt, daß der Know-How-Lizenznehmer einen Wettbewerbsvorteil erhält, dürfte auch diese Fallgestaltung von Art. 1 Abs. 7 Nr. 2 gedeckt sein.

---

680 Art. 1 Abs. 7; vgl. auch Art. 1 Abs. 7 Nr. 3.

681 *Wiedemann*, a.a.O., II S. 385 Rdnr. 20; vgl. zu dem Begriff „geheim" die Entscheidung der Kommission vom 15. 12. 1986, ABl. Nr. L 50 vom 19. 2. 1987, S. 30 ff. = WuW 1987 S. 583 – „Boussois/Interpane".

682 Zweifeld im Hinblick auf die Anwendbarkeit der GVO in diesem Fall *Wiedemann*, a.a.O., II S. 386 Rdnr. 20 unter Hinweis auf *Korah*, Know-How Licensing, S. 82 mwN.

noch **685** Entsprechendes gilt, wenn Know-How „in einer Branche bekannt oder Stand der Technik ist", in einer anderen Branche dagegen nicht bekannt ist[683].

Die „bloße Möglichkeit zum Nachbau der in Verkehr gebrachten Vertragserzeugnisse" soll nicht den Wegfall des „Geheimnisses" zur Folge haben. Diese Auffassung wird z. T.[684] mit einem zu hohen Arbeits- und Zeitaufwand und z. T. mit dem Hinweis auf BE Nr. 15 und Art. 1 Abs. 2, wonach jeweils der Verkauf der Vertragserzeugnisse nicht zum Verlust des Geheimnischarakters führt, begründet[685].

Der Begriff „wesentlich" bezeichnet Informationen, die für den gesamten oder einen bedeutenden Teil eines a) Herstellungsprozesses oder b) eines Erzeugnisses oder einer Dienstleistung oder c) für deren Entwicklung wichtig sind, und schließt alltägliche Informationen aus. Ein derartiges Know-How muß somit nützlich sein, d. h. es kann von ihm zum Zeitpunkt des Abschlusses der Vereinbarung erwartet werden, daß es die Wettbewerbsstellung des Know-How-Nehmers verbessert, indem es ihm beispielsweise hilft, in einen neuen Markt vorzustoßen, oder indem es ihm einen Vorteil im Wettbewerb gegenüber anderen Herstellern oder Dienstleistungsbringern verschafft, die zu dem mitgeteilten geheimen Know-How oder anderen vergleichbaren, geheimen Know-How keinen Zugang haben[686]. Auch diese Definition dürfte wieder ein Ausfluß der Sorge der Kommission sein, daß diese GVO im Falle ihrer Anwendbarkeit auf weniger wichtige Kenntnisse zu (mißbräuchlichen) Gebietsbeschränkungen Anlaß geben könnte. Die „Verbesserung der Wettbewerbsstellung des Know-How-Nehmers" dürfte dabei deckungsgleich mit dem Merkmal des „Wettbewerbsvorsprungs" gemäß Art. 1 Abs. 7 Nr. 2 sein. Die Wiederholung dieses Begriffs zeigt darüber hinaus, welche Bedeutung die Kommission einem (geregelten) Wettbewerb zumißt[687].

---

683 So auch *Wiedemann*, a.a.O., II S. 386 Rdnr. 21.
684 *Korah*, Know-How Licensing, S. 83.
685 Vgl. insoweit *Wiedemann*, a.a.O., II S. 386 Rdnr. 22, der konsequenterweise diese Folge auch für den Fall der Weitergabe des lizenzierten Know-How an einen zur Geheimhaltung verpflichteten Dritten – z. B. weitere Know-How-Lizenznehmer oder Lohnhersteller – annimmt.
686 Art. 1 Abs. 7 Nr. 3.
687 Vgl. zum Merkmal der „Verbesserung der Wettbewerbsstellung des Know-How-Nehmers auch die Entscheidung der Kommission vom 13. 10. 1988, ABl. 1988, Nr. L 309 S. 34 Nr. 5 = WuW/E EV 1374 ff. = GRUR Int. 1989 S. 220 – "Delta Chemie/DDD".

Die Bereitschaft des Know-How-Nehmers, Lizenzgebühren für die Überlassung des Know-How zahlen zu wollen, soll ebenfalls ein Indiz für die Wesentlichkeit des Know-How sein[688].

„Wesentlich" sei das Know-How auch, wenn es zwar in einer Branche bekannt, jedoch dem Know-How-Nehmer einer anderen Branche nicht bekannt sei und damit helfe, seine Wettbewerbsstellung zu verbessern[689].

„Identifiziert" ist das Know-How, wenn es so beschrieben oder auf einem Träger festgehalten wurde, daß überprüft werden kann, ob die Kriterien „geheim" und „wesentlich" erfüllt sind und daß sichergestellt werden kann, daß der Know-How-Nehmer bei der Nutzung seiner eigenen Technologie nicht unangemessenen Beschränkungen unterworfen wird. Die Identifizierung des Know-How kann in der Vereinbarung erfolgen oder in einem gesonderten Dokument; es kann auch in jeder anderen geeigneten Form festgehalten werden, sofern das spätestens zum Zeitpunkt der Übertragung des Know-How oder kurz danach geschieht oder das gesonderte Dokument oder der andere Träger im Bedarfsfall zugänglich gemacht werden können[690]. Die Kommission erhofft sich mit dieser Dokumentationspflicht die Möglichkeit der Überprüfung, ob bzw. inwieweit das mitgeteilte Know-How wirklich geheim und wesentlich ist. Außerdem beinhalte die Schriftform eine Art Schutzfunktion für die Vertragspartner, da sie Rechtsstreitigkeiten über Einzelheiten des überlassenen Know-How vermeiden helfe[691]. Die GVO Know-How verlangt zwar in der letztlich erlassenen Form keine bestimmte Art der Identifizierung und damit auch keine schriftliche Identifizierung mehr. Die Know-How-Vertragsparteien dürften jedoch gut beraten sein, wenn sie das Know-How in einer für beide Vertragsparteien akzeptablen Form soweit identifizieren, daß im nachhinein keine Streitigkeiten entstehen können. Das Erfordernis der Identifikation ergibt sich auch nach deutschem Recht. § 34 GWB

---

688 So jedenfalls *Wiedemann*, a.a.O., II S. 387 Rdnr. 24 unter Berufung auf *Korah*, Know-How Licensing, S. 85; Entscheidung der Kommission vom 22. 12. 1987, ABl. 1988 Nr. L 69 S. 21 ff. = WuW/E EV 1337 ff. = WuW 1988 S. 302 = GRUR Int. 1988 S. 505 – "Rich Products/Jus-rol"; *Sucker*, CR 1990 S. 369 ff.

689 *Wiedemann*, a.a.O., II S. 388 Rdnr. 25.

690 Art. 1 Nr. 4.

691 So zutreffend *Bunte/Sauter*, a.a.O., III 7 zu Art. 1 des Verordnungsentwurfs ABl. Nr. C 214 vom 12. 8. 1987 S. 2 ff.; siehe auch *Scaglione*, les Nouvelles 1991 S. 11, der davon ausgeht, daß in 90 % der Know-How-Verträge das Know-How nicht identifiziert ist und es daher in der Mehrzahl der Fälle insoweit bereits zu Streitigkeiten zwischen den Vertragspartnern kommen dürfte.

postuliert das Gebot der Schriftlichkeit. Ob die Identifizierung im Vertragstext selbst oder in einem getrennten Dokument erfolgt, ist rechtlich unerheblich. In tatsächlicher Hinsicht wird es letztlich auf den Umfang der Dokumente ankommen. In der Regel dürften sich gerade bei Know-How-Verträgen präzise Verweise im Vertragstext auf von der Vereinbarung getrennte Dokumente empfehlen. Der Umfang z. B. einer Maschinenbeschreibung läßt eine andere Vorgehensweise nicht sinnvoll erscheinen. Auf jeden Fall sollte darauf geachtet werden, zwischen geheimem und nicht geheimem Know-How klar zu trennen. Die geheimen Informationen sollten als solche gekennzeichnet sein. Mündliche Informationen sollten durch schriftliche Empfangsbestätigungen „spätestens zum Zeitpunkt der Übertragung des Know-How oder kurz danach[692] gesichert werden. Zu diesem Zweck Magnetbänder und Disketten[693] einzusetzen, erscheint im Hinblick auf die Datenänderbarkeit nicht unbedenklich zu sein. Angesichts der immer noch gängigen Praxis der mündlichen Informationsübermittlung handelt es sich insoweit wohl um das kleinere Übel. Die schnelle, einfache und im Hinblick auf zukünftige Streitigkeiten sichere, d. h. beweisbare Datenübermittlung sollte die Zielvorgabe beider Parteien sein[694].

686 Bisher nicht geklärt ist, in welchem Umfang der Kommission Know-How-Unterlagen gemäß Art. 1 Abs. 7 Nr. 4 vorgelegt werden müssen, damit die Kommission in die Lage versetzt wird, über das Vorliegen bzw. Nichtvorliegen der Voraussetzungen gemäß Art. 1 Abs. 7 Nr. 4 entscheiden zu können. Es erscheint fraglich, ob es – selbst unter Berücksichtigung des Verhältnismäßigkeitsgrundsatzes – ausreicht, der Kommission eine Einsichtnahme in die entsprechenden Unterlagen zu ermöglichen und ihr durch „Einreichung schriftlicher Zusammenfassungen oder Punktiationen" insoweit behilflich zu sein[695]. Korah[696] hält es für ausreichend, daß beispielsweise in dem Büro eines Rechtsanwalts in Brüssel die Kommission die Möglichkeit der Einsichtnahme erhält, andererseits aber sichergestellt wird, daß von den Mitarbeitern der Kommission keine Fotokopien angefertigt und mitgenommen werden.

---

692 Art. 1 Abs. 7 Nr. 4.
693 So *Wiedemann*, a.a.O., II S. 389 Rdnr. 28 unter Hinweis auf den Begriff „Träger" in Art. 1 Abs. 7 Nr. 4.
694 So z. B. *Groß*, Lizenzvertrag Individualsoftware 1991 S. 33 und auch im Ergebnis *Wiedemann*, a.a.O., II S. 389 Rdnr. 29.
695 So *Wiedemann*, a.a.O., II S. 389 Rdnr. 30.
696 Know-How Licensing, S. 87.

Beide Lösungen erscheinen nicht befriedigend. Know-How kann sehr umfangreich sein. Selbst wenn man Zusammenfassungen des vertragsgegenständlichen Know-How für ausreichend hält, können diese Zusammenfassungen bereits sehr umfangreich sein. Die Vertragsparteien müssen zudem auch diese Zusammenfassungen so erstellen, daß beide Vertragsparteien der Auffassung sind, daß in der Zusammenfassung das wesentliche und geheime Know-How vollständig erfaßt ist. Allein diese zusätzliche Arbeit dürften die meisten Vertragspartner vermeiden wollen. Im übrigen dürften auch Brüsseler Anwälte nicht davon begeistert sein, daß in ihren Büros tagelang Mitarbeiter der Kommission damit beschäftigt sind, umfangreiche Aktenberge durchzusehen. Wie soll z. B. umfangreiche Software im Hinblick auf ihren Geheimnischarakter und im Hinblick auf ihre Wesentlichkeit überprüft werden? Muß in diesem Fall z. B. der Know-How-Lizenzgeber eine Person abstellen, die Mitarbeitern der Kommission die Software zeigt? Technische Software kann meist nur beim Lizenzgeber oder beim Lizenznehmer gezeigt werden. In der Regel dürfte bei der Kommission die entsprechende Hardware nicht vorhanden sein. Hat die Kommission dann die Kosten einer derartigen Einsichtnahme beim Lizenzgeber oder Lizenznehmer selbst zu tragen?

In den Anwendungsbereich der GVO Know-How fallen neben den **687** reinen Know-How-Lizenzverträgen auch die sogenannten gemischten Know-How-/Patentlizenz-Verträge[697]. Art. 1 Abs. 7 Nr. 6 definiert gemischte Know-How- und Patentlizenz-Verträge als Vereinbarungen, die nicht aufgrund der Verordnung[698] Nr. 2349/84 freigestellt sind und mit denen eine Technologie lizenziert wird, die sowohl nicht patentierte als auch Elemente enthält, die in einem oder mehreren Mitgliedstaaten Patentschutz genießen[699].

Von der GVO Know-How werden darüber hinaus Vereinbarungen mit **688** begleitenden Absprachen über Warenzeichen oder andere gewerbliche oder geistige Schutzrechte[700] erfaßt. Was hierunter im einzelnen zu verstehen ist, erläutert die Kommission in Art. 5 Abs. 1 Nr. 4. Es handelt sich danach um Vereinbarungen, „die die Lizenzierung anderer Rechte des gewerblichen oder geistigen Eigentums als Patente[701] oder die Lizenzierung von Software zum Gegenstand haben", soweit

---

697 Art. 1 Abs. 1 Satz 1 i.V.m. Art. 1 Abs. 7 Nr. 6.
698 EWG.
699 Vgl. insoweit bereits die Ausführungen Rdnr. 593 ff.
700 Art. 1 Abs. 1.
701 Insbesondere Warenzeichen, Urheber- und Geschmacksmusterrechte.

„diese Rechte oder die Software dazu beitragen, den mit der Überlassung des Know-How verfolgten Zweck zu erreichen und keine anderen wettbewerbsbeschränkenden Verpflichtungen damit verbunden sind als diejenigen, die auch an das Know-How geknüpft und aufgrund der vorliegenden Verordnung freigestellt sind". Die Fassung des Art. 5 Abs. 1 Nr. 4 zeigt, daß (zeitbedingt) die EG-Richtlinie des Rates über den Rechtschutz von Computerprogrammen vom 14. 5. 1991[702] noch nicht berücksichtigt wurde. Gegenstand des Schutzes dieser Richtlinie sind Computerprogramme, wenn sie individuelle Werke in dem Sinne darstellen, daß sie das Ergebnis der eigenen geistigen Schöpfung ihres Urhebers sind. Zur Bestimmung ihrer Schutzfähigkeit sind keine anderen Kriterien anzuwenden. Das bedeutet, daß ästhetische oder qualitative Merkmale nicht mehr verlangt werden. Diese drastische Verringerung der Anforderungen an den urheberrechtlichen Schutzumfang eines Computerprogramms führt zugleich zu der Konsequenz, daß nicht erst die Individualsoftware, sondern schon die sog. Standardsoftware, soweit sie das Ergebnis einer eigenen geistigen Schöpfung im Sinne der Computerprogramm-Richtlinie ist, urheberrechtsrelevanten Charakter besitzt. Diese Einschätzung gilt also nicht für die in der Zukunft wohl immer mehr in den Vordergrund rückenden Computerprogramme, die mittels eines Computers erstellt werden. Diese Richtlinie muß noch bis zum 31. 12. 1992 in das jeweilige nationale Recht der Mitgliedstaaten der EWG umgesetzt werden, gilt allerdings rückwirkend für bereits vor dem 1. 1. 1993 geschlossene Vereinbarungen über die Überlassung von Software. Angesichts dieser Entwicklung des Softwarerechts ist es fraglich, ob die von der Kommission in Art. 5 Abs. 1 Nr. 4 getroffene Unterscheidung[703] noch aufrechterhalten werden kann[704].

689   Wechselseitige Know-How-Verträge ohne Gebietsbeschränkungen gemäß Art. 5 Abs. 1 Nr. 3 und Abs. 2 sowie Vereinbarungen gemäß Art. 6 fallen ebenfalls in den Anwendungsbereich der GVO Know-How[705].

Neben gemischten Know-How-/Patentlizenz-Verträgen, die nicht in den Anwendungsbereich dieser GVO fallen, sind auch Verträge, die

---

702 ABl. 1991 L 122 S. 42.
703 „. . . anderer Rechte des gewerblichen oder geistigen Eigentums als Patente, insbesondere . . . Urheberrechte . . . oder die Lizenzierung von Software".
704 Vgl. im einzelnen die Kommentierung unter R., Rdnr. 738 ff.
705 Eine eingehende Kommentierung erfolgt im Rahmen der Erörterung zu Art. 5 und Art. 6.

„ausschließlich zum Zweck des Verkaufs getroffen wurden, außer für
den Fall, daß sich der Know-How-Geber verpflichtet, den Know-How-
Nehmer während einer Übergangzeit, nämlich so lange, bis dieser
selbst die Produktion aufnimmt, mit Vertragserzeugnissen zu beliefern", aus dem Anwendungsbereich der GVO Know-How ausgenommen[706]. Nicht in den Anwendungsbereich der Verordnung fallen auch
Vereinbarungen über die Mitteilung von Vermarktungs-Know-How,
die im Rahmen von Franchise-Verträgen abgeschlossen werden, oder
für Know-How-Vereinbarungen, die in Verbindung mit Vereinbarungen über Gemeinschaftsunternehmen oder Patentgemeinschaften
oder anderen Abreden getroffen werden, bei denen die Lizenzierung
des Know-How im Austausch mit der Gewährung anderer Lizenzen
erfolgt, die sich nicht auf Verbesserungen oder neue Anwendungen des
Know-How beziehen, da solche Vereinbarungen andersartige Probleme aufwerfen, die sich derzeit nicht in einer einzelnen Verordnung
lösen lassen[707].

Die in Art. 5 Abs. 1 geregelten Fälle, für die diese GVO nicht gilt,
werden im Zusammenhang mit der Kommentierung zu Art. 5 erläutert.

bb) Verpflichtungen

Die Kommission hält die in Art. 1 Abs. 1 aufgeführten Verpflichtun-   **690**
gen Nr. 1 bis Nr. 8 „als solche nicht unvereinbar mit Art. 85 Abs. 1,
wenn es darum geht, im Vertragsgebiet eine neue Technologie einzuführen und sie im Hinblick auf den Umfang der unternommenen
Forschungsanstrengungen und die sich aus der Verbreitung neuer
technischer Kenntnisse innerhalb der Gemeinschaft ergebende Verstärkung der Intensität des Wettbewerbs, insbesondere des Wettbewerbs zwischen Herstellern konkurrierender Erzeugnisse, sowie die
Erhöhung der Wettbewerbsfähigkeit der beteiligten Unternehmen zu
schützen[708].

Diese Verpflichtungen regen nach Auffassung der Kommission den
Technologietransfer an und tragen deshalb regelmäßig zur Verbesserung der Warenerzeugung und zur Förderung des technischen Fortschritts bei. Sie führen zu einer Vermehrung der Zahl der Produktionsstätten sowie zu einer Verbesserung der in der Gemeinschaft herge-

---

706 BE Nr. 5.
707 Art. 5, BE Nr. 5.
708 BE Nr. 6.

stellten Produkte und erweitern die Möglichkeiten für eine Weiterentwicklung der überlassenen Technologie[709].

Die Verpflichtungen gemäß Art. 1 Abs. 1 ermöglichen nach Wiedemann[710] einen „umfassenden vertraglichen Schutz vor Direktlieferungen des jeweiligen Vertragspartners" des Know-How-Lizenzvertrags. Ebenso wie Art. 1 der GVO Patent läßt auch Art. 1 GVO Know-How keine Verpflichtungen der Vertragsparteien zu, die einen absoluten Gebietsschutz bewirken.

(1) Verpflichtungen des Know-How-Gebers gegenüber
     dem Know-How-Nehmer hinsichtlich Nutzungsbeschränkungen

691 Art. 1 Abs. 1 Nr. 1 und Nr. 2 behandeln die Verpflichtungen des Know-How-Gebers, anderen Unternehmen die Nutzung der überlassenen Technologie im Vertragsgebiet nicht zu gestatten[711] bzw. die überlassene Technologie im Vertragsgebiet nicht selbst zu nutzen[712].

Der in Art. 1 Abs. 1 Nr. 1 und 2 jeweils verwandte Begriff der Nutzung wird in Art. 1 Abs. 7 Nr. 10 definiert. Danach beinhaltet die „Nutzung" jedwede Verwertung der überlassenen Technologie, insbesondere bei der Produktion, durch aktive und passive Verkäufe in einem Gebiet unabhängig von Produktionsvorgängen in diesem Gebiet oder durch Leasing der Vertragserzeugnisse.

Der Begriff „überlassene Technologie" ist nach Auffassung der Kommission mit dem Begriff „überlassenes Know-How" deckungsgleich und beinhaltet das ursprüngliche und jedes weitere Know-How, das von dem Know-How-Geber direkt oder indirekt einem Lizenznehmer im Wege einer reinen oder einer gemischten Know-How- und Patentlizenz-Verträge mitgeteilt wurde. Im Falle gemischter Know-How- und Patentlizenz-Verträge schließt der Begriff „überlassene Technologie" jedoch Patente ein, für die zusammen mit der Überlassung des Know-How eine Lizenz erteilt wird[713].

„Vertragsgebiet" ist das Gebiet, das den gesamten Gemeinsamen Markt oder einen Teil davon erfaßt, in dem der Know-How-Nehmer berechtigt ist, die überlassene Technologie zu nutzen[714].

---

709 BE Nr. 7.
710 A.a.O., II S. 390 Rdnr. 34.
711 Nr. 1.
712 Nr. 2.
713 Art. 1 Abs. 7 Nr. 7.
714 Art. 1 Abs. 7 Nr. 11.

Der Begriff des „Unternehmens" wurde bereits im Rahmen der Kommentierung der GVO Patent[715] beschrieben. Es wird insofern auf diese
Beschreibung verwiesen.

Die Freistellung der in Art. 1 Abs. 1 Nr. 1 und 2 genannten Verpflichtungen gilt für einen Zeitraum von höchstens 10 Jahren für jedes
Vertragsgebiet innerhalb der Europäischen Gemeinschaft, beginnend
mit dem Tag der Unterzeichnung der ersten Know-How-Verträge, die
der Know-How-Geber für dieses Gebiet über dieselbe Technologie
abgeschlossen hat[716]. Eine längere Laufzeit der Lizenzverträge kann
nur im Wege der Einzelfallfreistellung von der Kommission gebilligt
werden. Einer Gruppenfreistellung steht Art. 3 Nr. 11 entgegen, der
Vereinbarungen behandelt, nach denen der Know-How-Geber für
einen längeren als den gemäß Art. 1 Abs. 2 zulässigen Zeitraum
verpflichtet wird, anderen Unternehmen keine Lizenz zu erteilen, um
dieselbe Technologie im Vertragsgebiet zu nutzen, oder ein Vertragspartner für über die gemäß Art. 1 Abs. 2 oder 4 zulässigen Zeiträume
hinaus verpflichtet wird, dieselbe Technologie in dem Gebiet des
anderen Vertragspartners oder anderer Know-How-Nehmer nicht zu
nutzen, auch wenn dies in getrennten Vereinbarungen festgelegt wird.

Es ist bisher nicht geklärt, ob eine 10jährige Frist als ausreichend
erachtet wird, um das überlassene Know-How in ein Produkt umzusetzen und dieses dann noch gewinnbringend zu vermarkten. Einerseits
vergeht zwar zugegebenermaßen ein nicht unerheblicher Teil dieses
Zeitraums für die Anstrengungen der Vertragsparteien bis zur Einführung des Vertragserzeugnisses im Markt[717]. Andererseits muß aber
berücksichtigt werden, daß Know-How in der Regel spätestens nach
etwa 6–7 Jahren überholt ist – dies gilt insbesondere für Software-
Produkte – und insoweit die Parteien im eigenen Interesse gezwungen
sind, möglichst schnell und effektiv den Know-How-Transfer zu ber-
werkstelligen. Die immer kürzer werdenden Produktzyklen in dem
hier relevanten technischen Bereich erzeugen daher einen Wettbe-
werbsdruck, dem sich die Vertragsparteien notgedrungen unterwerfen
müssen, wenn sie nicht Gefahr laufen wollen, zum Zeitpunkt der
Markteinführung nur noch ein technisch veraltetes Produkt anbieten
zu können. Japanische Autohersteller bringen heute schon innerhalb
von etwa 3–4 Jahren komplett neu entwickelte Automobile auf den

---

715 Siehe oben Rdnr. 613, 615, 670.
716 Art. 1 Abs. 2.
717 So *Merke*, CR 1989 S. 460 und *Wiedemann*, II S. 393 Rdnr. 43.

noch
691

Markt. Die Freistellungsdauer von 10 Jahren erscheint daher zumindest für reine Know-How-Verträge erträglich[718].

Im Hinblick auf gemischte Know-How-/Patentlizenz-Verträge gilt gemäß Art. 1 Abs. 4 die Freistellung nach Abs. 1 für diese Mitgliedstaaten so lange, wie das Vertragserzeugnis oder -verfahren in diesen Mitgliedstaaten durch derartige Patente geschützt ist, sofern diese Schutzdauer länger als die in Abs. 2 genannten Zeiträume ist. Wiedemann[719] weist zu Recht darauf hin, daß „vorgeschaltete Optionsverträge, aufgrund derer das Know-How bereits übermittelt wird, für den Know-How-Geber das Risiko in sich bergen, daß der Vertragspartner die Option nicht ausübt". Dieses Risiko kann zwar nicht ausgeschlossen werden. Know-How-Optionsverträge, mit denen in der Regel dem Know-How-Nehmer zu Testzwecken Know-How unter Geheimhaltungsvorbehalt überlassen wird, können jedoch dadurch erträglich gestaltet werden, daß sie eine relativ kurze Laufzeit von z. B. 3−6 Monaten aufweisen. Ein derartiger Zeitraum sollte dem Interessenten genügen, um sich ein Urteil über das Know-How bilden zu können. Die Kommission sollte den Beginn der Freistellungsfrist „aus Gründen der Rechtssicherheit" an den Tag der Unterzeichnung des ersten Know-How-Vertrages geknüpft haben[720]. Der Know-How-Nehmer dürfte allerdings diese „Rechtssicherheit" eher genießen als der Know-How-Geber. Da in der Praxis ausschließliche Know-How-Verträge, die dasselbe Lizenzerzeugnis betreffen, sich jedoch nach dem jeweiligen örtlichen Vertragsgebiet unterscheiden, so gut wie nie am selben Tag unterzeichnet werden, wird der „erste" Know-How-Nehmer eher frei als ein weiterer Know-How-Nehmer. Der Know-How-Geber ist daher im Verhältnis zu dem ersten Know-How-Nehmer nach Ablauf der Freistellungsfrist dessen Wettbewerbsaktivitäten ausgesetzt[721]. Da in der Praxis jedoch die gemischten Know-How-/Patentlizenz-Verträge überwiegen, dürfte diese Fallkonstellation relativ selten und daher mit Einschränkungen hinnehmbar sein.

---

718 Vgl. auch die Entscheidung der Kommission vom 13. 10. 1988, ABl. 1988 Nr. L 309 S. 34 = WuW/E EV 1374 ff. = GRUR Int. 1989 S. 220 – "Delta-Chemie/DDD"; in dieser Entscheidung wurde eine ausschließlich Know-How-Lizenz für 20 Jahre freigestellt, der Know-How-Geber behielt sich jedoch das Recht des Vertriebs der Lizenzerzeugnisse im Vertragsgebiet vor, es handelte sich somit nicht um eine ausschließliche, sondern um eine alleinige Lizenz.
719 A.a.O., II S. 393 Rdnr. 43.
720 *Wiedemann*, a.a.O., wie vor.
721 So auch *Wiedemann*, a.a.O., wie vor.

Der in Art. 1 Abs. 2 Satz 1 verwandte Begriff „dieselbe Technologie"
wird in Art. 1 Abs. 7 Nr. 8 als Technologie bezeichnet, wie sie dem
ersten Know-How-Nehmer überlassen und durch spätere Verbesserungen weiterentwickelt wurde, unabhängig davon, ob und in welchem
Umfang diese Verbesserungen von den Vertragspartnern oder den
anderen Know-How-Nehmern verwertet werden und ob die betreffende Technologie in irgendeinem Mitgliedstaat durch notwendige
Patente geschützt wird.

Die Vertragspartner sind gemäß BE[722] frei, die Dauer ihrer Vereinbarung im Hinblick auf die Verwertung späterer Verbesserungen zu
verlängern und die Zahlung neuer Gebühren vorzusehen. In solchen
Fällen kann weiterer Gebietsschutz nur vom Zeitpunkt der Überlassung der Verbesserungen an innerhalb der Europäischen Gemeinschaft
und nur im Wege der Einzelfreistellung eingeräumt werden, insbesondere, wenn die Verbesserungen oder neuen Anwendungen der überlassenen Technologie wesentlich und geheim und nicht von deutlich
geringerer Bedeutung sind als die ursprünglich mitgeteilte Technologie
oder neue und risikoreiche Investitionen erfordern. Diese Erwägungen
der Kommission steht in dem Wortlaut des Art. 2 die Verbindung mit
Art. 1 Abs. 7 Nr. 8 entgegen, da die Freistellungsfrist für Verbesserungen bereits mit dem Tag der Unterzeichnung des ersten Know-
How-Vertrags beginnt[723].

Wiedemann zieht aus der Definition des Begriffs „dieselbe Technologie" gemäß Art. 1 Abs. 7 Nr. 8 den Schluß, daß die 10-Jahresfrist
gemäß Art. 1 Abs. 2 Satz 1 bei gemischten Know-How/Patentlizenz-
Verträgen, die in den Anwendungsbereich der GVO Know-How fallen, auch dann gelte, wenn der Patentschutz für die „notwendigen"
Patente bereits abgelaufen sei. Art. 1 Abs. 7 Nr. 8 erkläre es ausdrücklich für irrelevant, ob die betreffenden Technologien in einem
Mitgliedstaat (noch) durch notwendige Patente geschützt werden[724].

Wiedemann[725] hält eine sich aus dem Wortlaut des Art. 1 Abs. 1 Nr. 1
und 2 nicht ergebende Verpflichtung des Know-How-Gebers für zulässig, anderen Know-How-Nehmern vertraglich zu verbieten, direkt in
das Gebiet des ausschließlichen Know-How-Nehmers zu liefern. Dies

---

722 Nr. 7 Abs. 3.
723 Unklar insoweit *Wiedemann*, a.a.O., II S. 394 Rdnr. 44, der entgegen dem Wort-
    laut der GVO Know-How – „Verbesserungen" – seine Ausführungen auf „Verbes-
    serungserfindungen" abstellt.
724 *Wiedemann*, a.a.O., II S. 394 Rdnr. 45.
725 A.a.O., II S. 391 Rdnr. 37.

ergebe sich aus einem Umkehrschluß zu Art. 1 Abs. 1 Nr. 5 und 6. Es sei zumindest eine Freistellung einer derartigen Verpflichtung im Widerspruchsverfahren denkbar.

Art. 1 Abs. 5 ist zu entnehmen, daß die Freistellung der Vertriebsbeschränkungen, die sich aus den in Abs. 1 Nr. 2, 3, 5 und 6 genannten Verpflichtungen ergeben, unter der Voraussetzung ergeht, daß der Know-How-Nehmer die Vertragserzeugnisse entweder selbst herstellt oder beabsichtigt, diese herzustellen oder sie durch ein verbundenes Unternehmen oder durch einen Zulieferer herstellen läßt. Der Begriff „verbundenes Unternehmen" wird in Art. 1 Abs. 7 Nr. 13 definiert. Danach sind verbundene Unternehmen

„a) die Unternehmen, bei denen ein vertragschließendes Unternehmen unmittelbar oder mittelbar

– mehr als die Hälfte des Kapitals oder des Betriebsvermögens besitzt oder

– über mehr als die Hälfte der Stimmrechte verfügt,

– mehr als die Hälfte der Mitglieder des Aufsichtsrats oder der zur gesetzlichen Vertretung berufenen Organe bestellen kann,

– das Recht hat, die Geschäfte des Unternehmens zu führen;

b) die Unternehmen, die bei einem vertragschließenden Unternehmen unmittelbar oder mittelbar die unter Buchstabe a) bezeichneten Rechte oder Einflußmöglichkeiten haben;

c) die Unternehmen, bei denen ein unter Buchstabe b) genanntes Unternehmen unmittelbar oder mittelbar die unter Buchstabe a) bezeichneten Rechte oder Einflußmöglichkeiten hat;

d) die Unternehmen, bei denen die vertragschließenden Unternehmen oder mit ihnen verbundene Unternehmen gemeinsam die unter Buchstabe a) bezeichneten Rechte oder Einflußmöglichkeiten haben. Solche gemeinsam kontrollierten Unternehmen gelten als mit jedem der vertragschließenden Unternehmen verbunden".

Die Kommission dürfte mit Art. 1 Abs. 5 die gleichen Ziele verfolgen wie mit Art. 1 Abs. 2 der GVO Patent, wonach der gemäß Art. 1 GVO Patent freigestellte Gebietsschutz auch nur die Sachverhalte betrifft, die Investitionen zu Herstellungszwecken beinhalten.

(2) Verpflichtungen des Know-How-Nehmers gegenüber
       dem Know-How-Geber hinsichtlich Exportverbot

692   In Art. 1 Abs. 1 Nr. 3 werden Verpflichtungen des Know-How-Nehmers behandelt, in den dem Know-How-Geber vorbehaltenen Gebieten innerhalb des Gemeinsamen Marktes die überlassene Technologie nicht zu nutzen. Die in Nr. 3 enthaltenen Begriffe wurden bis auf den Begriff „das dem Know-How-Geber vorbehaltene Gebiet" bereits kommentiert[726]. „Das dem Know-How-Geber vorbehaltene Gebiet" umfaßt die Gebiete, in denen der Know-How-Geber keine Lizenzen erteilt hat und die er sich ausdrücklich vorbehalten hat[727]. Fraglich ist, ob der ausdrückliche Vorbehalt des Know-How-Gebers zu der Annahme einer sog. alleinigen Lizenz führt. Bei der alleinigen Lizenz behält sich der Know-How-Geber im Gegensatz zur ausschließlichen Lizenz die eigene Vermarktung vor. Eine Klarstellung der Kommission wäre insoweit sinnvoll. Ein ausdrücklicher Vorbehalt ist nach der GVO Patent[728] nicht erforderlich. Auch eine tatsächliche Nutzung der überlassenen Technologie durch den Know-How-Geber in allen sich selbst vorbehaltenen Gebieten sei nicht notwendig[729].

Auch bei Art. 1 Abs. 1 Nr. 3 sind wieder Art. 1 Abs. 2 Satz 1, Abs. 3−5 zu beachten[730].

(3) Verpflichtungen des Know-How-Nehmers zur Regelung der Verhältnisse verschiedener Know-How-Nehmer untereinander

(a) Produktions- und Verfügungsbeschränkung

Art. 1 Abs. 1 Nr. 4 stellt die Verpflichtung des Know-How-Nehmers **693** frei, in Vertragsgebieten anderer Know-How-Nehmer innerhalb des Gemeinsamen Marktes die Herstellung oder den Gebrauch des Vertragserzeugnisses oder den Gebrauch des im Vertrag bezeichneten Verfahrens zu unterlassen.

Art. 1 Abs. 1 Nr. 4 schützt Know-How-Nehmer nicht vor Parallelimporten Dritter, die die rechtmäßig[731] in Verkehr gebrachten Lizenzerzeugnisse in den Mitgliedstaaten der EG vertreiben. Know-How-Nehmer dürfen ihren Abnehmern insbesondere keine Exportverbote

---

726 Siehe oben, Rdnr. 691.
727 Art. 1 Abs. 7 Nr. 12.
728 BE Nr. 12 „dem Lizenzgeber vorbehaltenen Gebiete" – d. h. derjenigen Gebiete innerhalb des Gemeinsamen Marktes, in denen der Lizenzgeber Patente besitzt und für die er keine Lizenzen erteilt hat".
729 Vgl. insoweit *Wiedemann*, a.a.O., II S. 393 Rdnr. 42 unter Berufung auf *Korah*, Know-How Licensing, S. 97.
730 Siehe oben, Rdnr. 691.
731 Durch Know-How-Geber oder durch Know-How-Nehmer.

auferlegen[732]. Bei gemischten Know-How/Patentlizenz-Verträgen kann sich der (ausschließliche) Lizenznehmer gegen Direktlieferungen von Parallellizenznehmern allenfalls mit der Patentverletzungsklage wehren[733].

In der Literatur wird es als unbefriedigend angesehen, daß – wie bei der GVO Patent[734] – der im Verhältnis der Know-How-Nehmer untereinander freigestellte vertragliche Gebietsschutz[735] erheblich dürftiger als der Gebietsschutz ausfällt, der von der Kommission zwischen Know-How-Geber und Know-How-Nehmer freigestellt wird. Art. 1 Nr. 4−6 könnten Lizenzinteressenten davon abhalten, selbst zu produzieren und andererseits die Know-How-Geber dazu verleiten, das Know-How entweder ausschließlich allein oder aber über lediglich einen Know-How-Nehmer zu verwerten[736]. Da die Vorschrift Art. 1 Abs. 1 Nr. 4 GVO Patent entspricht, kann insoweit auf die dortigen Erläuterungen verwiesen werden[737]. Es soll lediglich auf den in Art. 1 Abs. 7 Nr. 9 definierten Begriff „die Vertragserzeugnisse"[738] hingewiesen werden.

(b) Aktive und passive Vertriebspolitik

694 Art. 1 Abs. 1 Nr. 5 stellt Verpflichtungen des Know-How-Nehmers frei, in Vertragsgebieten anderer Know-How-Nehmer innerhalb des Gemeinsamen Marktes für das Vertragserzeugnis keine aktive Vertriebspolitik zu führen, insbesondere keine besonders auf diese Gebiete ausgerichtete Werbung zu betreiben, dort keine Niederlassung einzurichten und dort keine Auslieferungslager zu unterhalten. Auch bei Art. 1 Abs. 1 Nr. 3 ist wieder Art. 1 Abs. 2 Satz 2 zu beachten, wonach die in Art. 1 Abs. 1 Nr. 5 genannten Verpflichtungen für einen Zeitraum von höchstens 10 Jahren freigestellt werden, beginnend mit dem Tag der Unterzeichnung des ersten Know-How-Vertrags, die der Know-How-Geber über dieselbe Technologie innerhalb der Europäischen Gemeinschaft abgeschlossen hat.

---

732 *Wiedemann*, a.a.O., II S. 395 f. Rdnr. 50 unter Hinweis auf *EuGH*, Urteil vom 8. 6. 1982, AS 1982 2015, 2075, Nr. 60 ff. = WuW/E EWG/MUV 551, 560 – „Maissaatgut".
733 Siehe oben, Rdnr. 626 f.
734 Siehe oben, Rdnr. 627.
735 Art. 1 Abs. 1 Nr. 4–6.
736 So zu Recht *Wiedemann*, a.a.O., II S. 396 Rdnr. 51.
737 Siehe oben, Rdnr. 627.
738 = Waren- oder Dienstleistungen, deren Herstellung oder Erbringung die Verwendung der überlassenen Technologie erfordert.

Die Freistellung nach Art. 1 Abs. 1 Nr. 5 gilt gemäß Art. 1 Abs. 3 nur, wenn das Know-How in geeigneter Form identifiziert sowie geheim und wesentlich ist.

Im Hinblick auf gemischte Know-How-Patentlizenz-Verträge gilt wieder Art. 1 Abs. 4, der die Freistellung gemäß Art. 1 Abs. 1 so lange ermöglicht, wie das Vertragserzeugnis oder -verfahren in diesen Mitgliedstaaten durch derartige Patente geschützt ist, sofern diese Schutzdauer länger als die in Art. 1 Abs. 2 genannten Zeiträume ist.

Die gemäß Art. 1 Abs. 1 Nr. 5 erfolgte Freistellung der dort genannten Vertriebsbeschränkungen ergeht – wie in den Fällen gemäß Art. 1 Abs. 1 Nr. 2 und 3 – unter der Voraussetzung, daß der Know-How-Nehmer die Vertragserzeugnisse entweder selbst herstellt oder beabsichtigt, diese herzustellen, oder sie durch ein verbundenes Unternehmen oder durch einen Zulieferer herstellen läßt.

Im Rahmen von Art. 1 Abs. 1 Nr. 4 und 5 ist noch einmal die Freistellungsdauer gemäß Art. 1 Abs. 2 Satz 2 zu prüfen[739]. Die zehnjährige Freistellungsdauer, die mit dem Tag der Unterzeichnung des ersten Know-How-Vertrags beginnt, die der Know-How-Geber über dieselbe Technologie innerhalb der Europäischen Gemeinschaft abgeschlossen hat, knüpft also nicht – wie Art. 1 Abs. 2 Satz 1 – an die Unterzeichnung eines Know-How-Vertrags für *jedes* Vertragsgebiet, sondern an den Tag der Unterzeichnung des *ersten* Know-How-Vertrags über dieselbe Technologie innerhalb der Europäischen Gemeinschaft an. Die 10jährige Freistellungsfrist des Art. 1 Abs. 2 Satz 2 hat also für Nehmer eines reinen Know-How-Vertrags die Folge, daß unabhängig vom Zeitpunkt des Abschlusses weiterer Know-How-Verträge auf jeden Fall die 10jährige Freistellungsfrist des ersten Know-How-Vertrages maßgeblich ist. Es kann daher sein, daß ein späterer Know-How-Nehmer beispielsweise nur noch einen Zeitraum von einem Jahr zur Verfügung hat, um das Lizenzerzeugnis zu vermarkten. Aufgrund dieser Regelung dürfte der von der Kommission wohl beabsichtigte Zweck, die Know-How-Geber zum zeitgleichen Abschluß aller Know-How-Verträge zu veranlassen, in sein Gegenteil verkehrt werden. Später hinzukommenden Know-How-Nehmern nützt es wegen der kürzeren Laufzeit des Vertrages auch nichts, wenn sie geringere Lizenzgebühren als frühere Know-How-Nehmer zahlen sollen[740]. Angesichts dieser Sachlage wird ein Know-How-Nehmer erst gar

---

739 *Wiedemann*, a.a.O., II S. 398 Rdnr. 56.
740 So aber *Wiedemann*, a.a.O., II S. 398 Rdnr. 56.

keinen Vertrag schließen[741]. Es wurde bereits darauf hingewiesen[742], daß die Vertragspartner jedoch frei sind, die Dauer ihrer Vereinbarung im Hinblick auf die Verwertung späterer Verbesserungen zu verlängern und die Zahlung neuer Gebühren vorzusehen. In solchen Gebieten kann weiterer Gebietsschutz nur vom Zeitpunkt der Überlassung der Verbesserungen innerhalb der Europäischen Gemeinschaft und nur im Wege der Einzelfreistellung eingeräumt werden. Dieser Hinweis[743] könnte trotz der Definition des Begriffs „dieselbe Technologie" – dieser Begriff wird in Art. 1 Abs. 2 Satz 2 verwandt – die „spätere Verbesserungen"[744] umfaßt, die Folge haben, daß bei „späteren Verbesserungen"[745] die 10jährige Frist verlängerbar wäre. Da sich in der Regel im Laufe der Vertragszeit Verbesserungen des Lizenzerzeugnisses ergeben, könnte die Vereinbarung jeweils entsprechend verlängert werden. Letztlich dürfte aber Art. 1 Abs. 2 Satz 2 keine größere Bedeutung in der Praxis gewinnen, da – wie bereits mehrfach dargestellt – in der Regel gemischte Know-How-/Patentlizenz-Verträge vereinbart werden. Die Kommission sollte jedoch die insoweit bestehende Unsicherheit durch eine klarstellende Äußerung beseitigen.

Art. 1 Abs. 1 Nr. 6 stellt die Verpflichtung des Know-How-Nehmers frei, das Vertragserzeugnis in Vertragsgebieten anderer Know-How-Nehmer innerhalb des Gemeinsamen Marktes nicht in Verkehr zu bringen. Auch dieses passive Vertriebsverbot zeigt wie Art. 1 Abs. 1 Nr. 4 und Nr. 5 mithin den Willen der Kommission, das Verhältnis der Know-How-Nehmer untereinander nachteiliger als das Verhältnis zwischen Know-How-Geber und Know-How-Nehmer auszugestalten.

Die Freistellung dieser Verpflichtung gilt für einen Zeitraum von höchstens 5 Jahren ab dem Datum der Unterzeichnung des ersten Know-How-Vertrags, den der Know-How-Geber für dieselbe Technologie innerhalb der Europäischen Gemeinschaft abgeschlossen hat gemäß Art. 1 Abs. 2 Satz 3. Diese ohnehin schon kurze Frist verkürzt sich für spätere Know-How-Nehmer noch einmal um den Zeitraum, der ab dem Datum der Unterzeichnung des ersten Know-How-Vertrags vergangen ist. Diese Frist kann allerdings im Hinblick auf die Verwertung späterer Verbesserungen möglicherweise verlängerbar

---

741 So im Ergebnis auch *Wiedemann*, a.a.O., wie vor.
742 Gemäß BE Nr. 7.
743 In BE Nr. 7.
744 BE Nr. 7.
745 Vgl. BE Nr. 7 Abs. 3.

sein[746]. Da bis zur marktreifen Herstellung eines Produkts ein gewisser Zeitraum verstreicht, dürften reine Know-How-Verträge durch diese Zeitschranke nicht gerade gefördert werden, es sei denn, daß sich durch spätere Verbesserungen der Zeitraum der Laufdauer des Vertrags verlängern ließe. Da Verträge mit Know-How-Nehmern, die außerhalb des Gebiets der EG ihren Sitz haben, erlaubt sind – Art. 1 Abs. 2 stellt lediglich auf das Gebiet der Europäischen Gemeinschaft ab –, dürfte für viele Know-How-Geber die sicherlich von der Kommission unerwünschte Möglichkeit naheliegen, sich Know-How-Nehmer außerhalb des Gebiets der EG zu suchen[747].

In der GVO Know-How wird nicht definiert, was unter „In-Verkehrbringen" gemäß Art. 1 Abs. 1 Nr. 6 zu verstehen ist. Es wird insoweit auf die entsprechenden Erläuterungen zur GVO Patent verwiesen[748].

Art. 1 Abs. 1 Nr. 4–6 sollen entgegen ihrem Wortlaut[749], wie die entsprechenden Regelungen der GVO Patent, Verpflichtungen des Know-How-Gebers, spätere Know-How-Nehmer entsprechend zu verpflichten, freistellen[750]. Ebenso wie bei den einschlägigen Regelungen der GVO Patent sollen auch „die nach Abs. 1 Nr. 4–6[751] zulässigen Verpflichtungen den Know-How-Nehmern bereits dann auferlegt werden können, wenn Vereinbarungen mit weiteren Know-How-Nehmern noch nicht existieren, aber vorgesehen sind". Dies soll auch dann gelten, wenn sich „der Know-How-Geber zunächst ein bestimmtes Gebiet gemäß Art. 1 Abs. 7 Nr. 12 ausdrücklich vorbehält, sich später jedoch entscheidet, auch insoweit eine Lizenz zu erteilen"[752].

(4) Verpflichtungen des Know-How-Nehmers zur Verwendung von Warenzeichen des Know-How-Gebers

Art. 1 Abs. 1 Nr. 7 behandelt Verpflichtungen des Know-How-Nehmers zur Kennzeichnung der Vertragserzeugnisse. Er hat während der Dauer der Gültigkeit der Vereinbarung ausschließlich das vom Know-How-Geber bestimmte Warenzeichen für die von ihm bestimmte Warenzeichen oder die von ihm bestimmte Aufmachung zu verwen- **695**

---

746 Vgl. BE Nr. 7 Abs. 3.
747 So auch *Wiedemann II*, a.a.O., S. 398 Rdnr. 56.
748 Siehe oben Rdnr. 627.
749 Know-How-Nehmer.
750 Siehe oben Rdnr. 625–627.
751 GVO Know-How.
752 Vgl. *Wiedemann*, a.a.O., II S. 400 Rdnr. 61.

den, sofern der Know-How-Nehmer nicht daran gehindert wird, auf seine Eigenschaft als Hersteller des Vertragserzeugnisses hinzuweisen. Auch für Art. 1 Abs. 1 Nr. 7 gilt wieder Art. 1 Abs. 3, wonach das Know-How nicht nur identifiziert, sondern auch geheim und wesentlich sein muß. Da Art. 1 Abs. 1 Nr. 7 an die Dauer der Gültigkeit der Vereinbarung anknüpft, wird in der Regel – je nach Art der Gebietsbeschränkung – der Zeitrahmen des Art. 1 Abs. 2 oder aber bei gemischten Know-How-/Patentlizenz-Verträgen der Zeitrahmen gemäß Art. 1 Abs. 4 gelten. Im übrigen wird auf die Erläuterungen zur entsprechenden Vorschrift des Art. 1 Abs. 1 Nr. 7 GVO Patent Bezug genommen[753].

(5) Verpflichtungen des Know-How-Nehmers im Hinblick auf Mengenbeschränkungen bei Eigenbedarf

696 In Art. 1 Abs. 1 Nr. 8 wird die Verpflichtung des Know-How-Nehmers freigestellt, die Erzeugung des Vertragserzeugnisses auf die Mengen zu beschränken, die er zur Herstellung seiner eigenen Erzeugnisse braucht, und das Vertragserzeugnis nur als integralen Bestandteil der eigenen Erzeugnisse oder als Ersatzteil für sie oder sonst in Verbindung mit dem Verkauf der eigenen Erzeugnisse zu veräußern, sofern diese Mengen allein vom Know-How-Nehmer festgesetzt werden.

Auch bei Art. 1 Abs. 1 Nr. 8 ist wieder die Vorschrift des Art. 1 Abs. 3 zu berücksichtigen, wonach das Know-How identifiziert, geheim und wesentlich sein muß, damit eine Freistellung gemäß Art. 1 Abs. 1 erfolgen kann. Nach Auffassung der Kommission[754] dient auch Art. 1 Abs. 1 Nr. 8 der „Anregung des Technologietransfers". Dies werde insbesondere auch durch Art. 1 Abs. 1 Nr. 8 bewerkstelligt, da die Herstellung der eigenen Erzeugnisse durch den Know-How-Nehmer für den Know-How-Geber einen Anreiz darstelle, seine Technologie für verschiedene Anwendungen zu verbreiten, sich selbst oder anderen Know-How-Nehmern aber den separaten Verkauf des Vertragserzeugnisses vorzubehalten. Die Unterbindung des separaten Verkaufs der Lizenzerzeugnisse dürfte damit Hauptzweck dieser Vorschrift sein[755]. Ergänzend ist noch darauf hinzuweisen, daß Art. 1 Abs. 1 Nr. 8 ausdrücklich vom Verbot der „Beschränkungen hinsichtlich der Menge der herzustellenden oder zu vertreibenden Vertragser-

---

753 Siehe oben Rdnr. 628.
754 BE Nr. 7.
755 So auch *Wiedemann*, a.a.O., II S. 402 Rdnr. 68.

zeugnisse oder hinsichtlich der Zahl der Benutzungshandlungen der überlassenen Technologien" ausgenommen wird[756]. Dieser Hinweis der Kommission in Art. 3 Nr. 7 erscheint allerdings insoweit überflüssig, als Art. 1 Abs. 1 Nr. 8 eine Nutzungs- (Herstellung zur Deckung des Eigenbedarfs) und keine Mengenbeschränkung gemäß Art. 3 Nr. 7 freistellt[757].

cc) Minusklausel, Definitionen

Die Freistellung gemäß Art. 1 Abs. 1 gilt nach Auffassung der Kommission auch dann, wenn Vertragspartner in einer Vereinbarung Verpflichtungen im Sinne des Art. 1 Abs. 1 vorsehen, ihnen jedoch einen weniger weiten Umfang geben, als es nach gemäß Art. 1 Abs. 1 zulässig wäre. Diese „Minusklausel" ist mit Art. 1 Abs. 3 GVO Patent deckungsgleich[758]. **697**

Art. 1 Abs. 7 erfaßt 13 Definitionen, die nach Auffassung der Kommission zum besseren Verständnis dieser GVO erforderlich waren. Begriffliche Unklarheiten dieser Definitionen wurden bereits bzw. werden – soweit noch nicht geschehen – bei den einzelnen Tatbestandsmerkmalen der jeweiligen Artikel behandelt. Insofern wird auf die entsprechenden Kommentierungen verwiesen.

c) Örtlicher Anwendungsbereich

Da BE Nr. 4 Abs. 1 und Abs. 2 dieser GVO BE Nr. 4 und Nr. 5 der GVO Patent entsprechen und auch darüber hinaus keine unterschiedlichen Problemstellungen denkbar sind, wird auch hier auf die entsprechenden Ausführungen zur GVO Patent[759] verwiesen. **698**

3. Weitere freigestellte Verpflichtungen (Weiße Liste)

a) Allgemeines

Die „Weiße Liste" des Art. 2 enthält zunächst eine beispielhafte[760] Liste von zwölf Verpflichtungen, die gruppenfreigestellt werden können. Da Art. 2 sich wie auch die übrigen Artikel dieser GVO an der GVO Patent ausrichtet, sind auch hier die Wechselwirkungen zwischen Art. 3 und Art. 2 zu beachten. **699**

---

756 Vgl. insoweit Art. 3 Nr. 7.
757 Dieser Auffassung ist auch *Wiedemann*, a.a.O., II S. 402 Rdnr. 68.
758 Vergleiche insoweit die Erläuterungen zu Rdnr. 630.
759 Siehe oben Rdnr. 631.
760 BE Nr. 10.

Art. 2 Abs. 2 und Abs. 3 dieser GVO entsprechen Art. 2 Abs. 2 Satz 1 bzw. Art. 2 Abs. 2 Satz 2 der GVO Patent.

b) Freigestellte Verpflichtungen des Know-How-Nehmers im Hinblick auf

aa) Geheimhaltungspflicht

700   Art. 2 Abs. 1 Nr. 1 enthält die Verpflichtung des Know-How-Nehmers, vom Know-How-Geber mitgeteiltes Know-How geheimzuhalten. Diese Verpflichtung darf dem Know-How-Nehmer auch über das Ende der Vereinbarung hinaus auferlegt werden.

Diese Klausel ist deckungsgleich mit Art. 2 Abs. 1 Nr. 7 GVO Patent.

Da Know-How nicht den gleichen Schutz aufweist wie gewerbliche Schutzrechte, ist eine derartige Geheimhaltungspflicht notwendig, um die relativ schwache Position des Know-How-Gebers abzusichern. Aus diesem Grund wird auch eine derartige Klausel als nicht wettbewerbsbeschränkend angesehen[761].

Art. 2 Abs. 1 Nr. 1 soll nicht nur entsprechend ihrem Wortlaut Know-How des Know-How-Gebers schützen, sondern „umgekehrt" auch dann gelten, wenn der Know-How-Nehmer dem Know-How-Geber Verbesserungen des Know-How gemäß Art. 2 Abs. 1 Nr. 4 mitteilt[762].

Der in Art. 2 Abs. 1 Nr. 1 verwandte Begriff des Know-How beschränkt sich gemäß Art. 1 Abs. 7 Nr. 1 auf „technische Kenntnisse". Wiedemann[763] und Korah[764] sind der Auffassung, daß entsprechende Geheimhaltungsvereinbarungen auch über „technische" Kenntnisse hinaus[765] nicht wettbewerbsbeschränkend seien, und rechtfertigen diese Annahme mit dem Hinweis darauf, daß die in Art. 2 aufgeführte Liste der Verpflichtungen nicht erschöpfend ist[766].

Zu den einzelnen Merkmalen des Know-How[767] kann auf die bisherigen Erläuterungen[768] verwiesen werden.

761 Entscheidung der Kommission vom 13. 10. 1988, ABl. 1988 Nr. L 309 S. 34 = WuW/E EV 1374 ff. = GRUR Int. 1989 S. 220 – "Delta Chemie/DDD".
762 So *Wiedemann*, a.a.O., II S. 409, Rdnr. 4.
763 A.a.O., II S. 409 f. Rdnr. 5.
764 Know-How Licensing, S. 133.
765 Z. B. Marketing-Kenntnisse.
766 BE Nr. 10; vgl. auch die Ausführungen unter Rdnr. 683 ff.
767 Geheim, wesentlich, in einer geeigneten Form identifiziert.
768 Siehe oben Rdnr. 685.

bb) Verbot der Unterlizenzierung oder der Lizenzübertragung

Die Kommission ist der Auffassung, daß auch eine Verpflichtung des **701**
Know-How-Nehmers, keine Unterlizenzen zu erteilen oder die Lizenz
nicht weiter zu übertragen, in der Regel nicht wettbewerbsbeschränkend ist. Es kann hier auf die parallele Vorschrift des Art. 2 Abs. 1
Nr. 5 GVO Patent ergänzend hingewiesen werden[769].

cc) Nachvertragliches Nutzungsverbot des lizenzierten Know-How

In der Regel soll auch die Verpflichtung des Know-How-Nehmers, **702**
nach Beendigung der Vereinbarung das überlassene Know-How nicht
mehr zu nutzen, soweit und solange es noch geheim ist, nicht wettbewerbsbeschränkend sein. Eine parallele Regelung zu Art. 2 Abs. 1
Nr. 3 dieser GVO findet sich in Art. 2 Abs. 1 Nr. 4 GVO Patent[770].

Ein nachvertragliches Nutzungsverbot kann nach Meinung der Kommission als ein normales Merkmal der Nutzungsüberlassung von
Know-How angesehen werden, da der Know-How-Geber sonst
gezwungen wäre, sein Know-How auf unbegrenzte Zeit zu überlassen,
was den Technologietransfer behindern könnte. Eine wettbewerbsbeschränkende Wirkung könnte sich andererseits ergeben, wenn die
Vereinbarung ein nachvertragliches Nutzungsverbot und zugleich die
Verpflichtung des Know-How-Nehmers enthält, seine Verbesserungen[771] des Know-How dem Know-How-Geber zur Verfügung zu stellen
und diesem die Weiterbenutzung nach Ablauf des Vertrages zu gestatten, selbst wenn dies auf nicht ausschließlicher wechselseitiger Basis
geschieht. Denn in diesem Fall hätte der Know-How-Nehmer keine
Möglichkeit mehr, den Know-How-Geber zu veranlassen, ihm die
weitere Benutzung des mitgeteilten Know-How einschließlich der von
ihm selbst angebrachten Verbesserungen nach Vertragsablauf zu
gestatten[772].

Im Hinblick auf das nachvertragliche Nutzungsverbot gem. Art. 2
Abs. 1 Nr. 3 liege keine Besserstellung des Know-How-Gebers gegen-

---

769 Vgl. zu dieser Problematik auch *Wiedemann*, a.a.O., II S. 410 Rdnr. 8 unter
    Hinweis auf die Entscheidung der Kommission vom 13. 10. 1988, ABl. 1988 Nr. L
    309 S. 34 ff. Nr. 36 = WuW/E EV 1374 ff. = GRUR Int. 1989 S. 220 – "Delta
    Chemie/DDD" und auch die Stellungnahme der Kommission im 9. Wettbewerbsbe-
    richt 1980, Nr. 72 – "Suralmo".
770 Siehe oben Rdnr. 636.
771 Art. 2 Abs. 1 Nr. 4.
772 BE Nr. 14.

noch
702 über einem Patentlizenzgeber vor, da der Know-How-Geber insbesondere mangels einer gesetzlich verankerten Monopolstellung im Verhältnis zum Patentlizenzgeber einen geringeren Schutz hat[773].

Zu beachten ist in diesem Zusammenhang noch Art. 3 Nr. 1, wonach Art. 1 und Art. 2 nicht gelten, wenn ein nachvertragliches Nutzungsverbot zu Lasten des Know-How-Nehmers für den Fall vereinbart wird, daß das Know-How auf andere Weise als durch einen Vertragsbruch des Know-How-Nehmers offenkundig geworden ist.

Hinsichtlich der in Art. 2 Abs. 1 Nr. 3 verwandten Begriffe „überlassenes Know-How", „Nutzung" und „geheim" wird auf die Definitionen des Art. 1 Abs. 7 Nr. 1 bis Nr. 4, Nr. 7 und Nr. 10 und die entsprechenden Erläuterungen verwiesen.

Die Beschränkung des nachvertraglichen Nutzungsverbots auf Know-How – Patente werden nicht berücksichtigt – sei wettbewerbsrechtlich belanglos. Es liege wohl ein „Redaktionsversehen" der Kommission vor. Da durch Art. 1 Abs. 7 Nr. 6[774] auch gemischte Know-How-/Patentlizenz-Verträge in den Anwendungsbereich der GVO Know-How fallen, wäre es sinnvoller gewesen, in Art. 2 Abs. 1 Nr. 3 statt des Begriffs „überlassenes Know-How" den Begriff „überlassene Technologie" gemäß Art. 1 Abs. 7 Nr. 6 zu verwenden[775]. Die Annahme eines Redaktionsversehens ist nicht nur durch Art. 7 Nr. 6 begründet, wonach der Rechtsvorteil dieser GVO entzogen werden kann, wenn das nachvertragliche Nutzungsverbot des Art. 2 Abs. 1 Nr. 3 den Know-How-Nehmer daran hindert, mit einem *abgelaufenen* Patent zu arbeiten, mit dem alle anderen Hersteller arbeiten können[776], sondern auch durch Art. 1 Abs. 7 Nr. 7, wonach die Begriffe „überlassenes Know-How" und „überlassene Technologie" gleichgestellt[777] werden. Diese Begriffe beinhalteten das ursprüngliche und jedes weitere Know-How, das von dem Know-How-Geber direkt oder indirekt an einen Lizenznehmer im Wege eines reinen oder gemischten Know-How- und Patentlizenz-Vertrags mitgeteilt worden sei. Im Fall gemischter Know-

---

773 So zu Recht *Wiedemann*, a.a.O., II S. 411 Rdnr. 10 unter Hinweis auf die einschlägigen Entscheidungen der Kommission vom 22. 12. 1987, ABl. 1988 Nr. L 69 S. 21 ff. Nr. 34 = WuW/E EV 1337 ff. = WuW 1988 S. 302 = GRUR Int. 1988 S. 505 – "Rich Products/Jus-rol", vom 13. 10. 1988, ABl. L 1988 Nr. L 309 S. 34 ff. Nr. 35 = WuW/E EV 1374 ff. = GRUR Int. 1989 S. 220 – "Delta Chemie/DDD".
774 In erster Linie wohl aber durch BE Nr. 2.
775 Vgl. *Wiedemann*, a.a.O., II S. 412 Rdnr. 11.
776 So *Wiedemann*, a.a.O., II S. 412 Rdnr. 11.
777 „oder".

How- und Patentlizenz-Verträge schließe der Begriff „überlassene Technologie" jedoch Patente ein, für die zusammen mit der Überlassung des Know-How eine Lizenz erteilt werde[778].

dd) Mitteilung von Verbesserungen

Art. 2 Abs. 1 Nr. 4 enthält die Verpflichtung des Know-How-Neh- **703** mers, dem Know-How-Geber im Wege einer nicht ausschließlichen Rücklizenz Verbesserungen zugänglich zu machen. Eine derartige Rücklizenz hat nach Auffassung der Kommission dann eine wettbewerbsbeschränkende Wirkung, wenn der Lizenzvertrag neben der Verpflichtung des Know-How-Nehmers, seine Verbesserungen des Know-How dem Know-How-Geber zur Verfügung zu stellen und diesem die Weiterbenutzung nach Ablauf des Vertrages zu gestatten, selbst wenn dies auf nicht ausschließlicher, wechselseitiger Basis geschieht, zugleich ein nachvertragliches Nutzungsverbot[779] enthält. Nach Meinung der Kommission hätte der Know-How-Nehmer in diesem Fall keine Möglichkeit mehr, den Know-How-Geber zu veranlassen, ihm die Weiterbenutzung des ursprünglich mitgeteilten Know-How einschließlich der von ihm selbst angebrachten Verbesserungen nach Vertragsablauf zu gestatten[780].

Die Kommission versucht hier, mit wettbewerbspolitischen Mitteln für ein ausgewogenes Lizenzvertragsverhältnis zu sorgen. Die gleichzeitige Vereinbarung eines nachvertraglichen Nutzungsverbots und der Rücklizenz an Verbesserungen des Know-How und die damit nach Auffassung der Kommission verbundene Benachteiligung des Know-How-Nehmers steht dem Interesse des Know-How-Gebers an der Geheimhaltung des Know-How gegenüber. Die Vertragsautonomie der Vertragsparteien darf auf keinen Fall durch kartellrechtliche Erwägungen beschränkt werden[781]. Wiedemann[782] hält es sogar für möglich, daß die

---

778 Art. 1 Abs. 1 Nr. 7.
779 Art. 2 Abs. 1 Nr. 3.
780 BE Nr. 14.
781 So auch *Wiedemann*, a.a.O., II S. 413 Rdnr. 17 unter Hinweis auf die Kritik des Wirtschafts- und Sozialausschusses des „Europäischen Parlaments", ABl. 1988 Nr. C 134 S. 14 Nr. 2.6.; die Entschließung des Europäischen Parlaments vom 16. 6. 1988, ABl. 1988 Nr. C 187/190 Nr. 7; *Korah*, Know-How Licensing, S. 142 und *Dressel*, GRUR Int. 1989 S. 189.
782 A.a.O., wie vor unter Hinweis auf *Verstrynge* 1988 Fordham Corp. Law Inst. 1989 S. 12.

Vorschrift von der Ermächtigungs-Verordnung nicht gedeckt sei. Eine entsprechende Regelung enthält Art. 2 Abs. 1 Nr. 10 GVO Patent[783].

704   Bei der Beurteilung der Vereinbarkeit von Rücklizenzen mit Art. 2 Abs. 1 Nr. 4[784] mit Art. 85 EWGV sind nach Sucker und Wiedemann[785] die folgenden Gesichtspunkte zu beachten:

– Trennbarkeit der Verbesserungen des Know-How-Nehmers von dem Know-How des Know-How-Gebers[786],
– Ausschließlichkeit oder Nichtausschließlichkeit der Rücklizenz[787],
– Gegenseitigkeit der jeweiligen Pflicht beider Lizenzvertragspartner, sich Verbesserungen des Know-How mitzuteilen und zu lizenzieren,
– Übereinstimmung der jeweiligen Vertragsdauer von Lizenz und Rücklizenz zur Vermeidung eines gleichzeitigen nachvertraglichen Nutzungsverbots mit einer Rücklizenzverpflichtung zum Nachteil des Know-How-Nehmers bei Verbesserungen, die vom Know-How des Know-How-Gebers abhängig sind.

705   Korah[788] und auch Wiedemann[789] sind der Auffassung, daß „bei der Nutzung der überlassenen Technologie gewonnene Erfahrungen", die weder von Art. 2 Abs. 1 Nr. 4 noch von einer sonstigen Regelung der GVO Know-How erfaßt sind bzw. definiert werden, zur Vermeidung von Abgrenzungsschwierigkeiten bzgl. der Begriffe „Verbesserungen oder neue Anwendungen dieser Technologie" ebenfalls lediglich nicht ausschließlich lizenziert werden sollten. Korah und Wiedemann[790] gehen des weiteren davon aus, daß auch eine Verpflichtung zur Mitteilung von Erfahrungen, die zu neuen technologischen Anwendungen führen, unter die „Weiße Liste" fällt, wobei Wiedemann auf „Erfahrungen in bezug auf Verbesserungserfindungen" abstellt, was durch den Wortlaut des Art. 2 Abs. 1 Nr. 4 nicht gerechtfertigt erscheint. Möglicherweise handelt es sich hier jedoch um ein „Redaktionsversehen".

706   Dem Know-How-Geber ist es weder gestattet noch verboten, hinsichtlich der ihm mitgeteilten Verbesserungen Unterlizenzen zu erteilen. Es

---

783 Siehe oben Rdnr. 642.
784 In Verbindung mit Art. 3 Nr. 2.
785 *Sucker*, CR 1990 S. 369 ff.; *Wiedemann*, a.a.O., II S. 414 Rdnr. 18.
786 Vgl. Art. 2 Abs. 1 Nr. 4 a, Art. 3 Nr. 2 b sowie Art. 2 Abs. 1 Nr. 4 b, Art. 3 Nr. 2 c.
787 Art. 2 Abs. 1 Nr. 4 Satz 1, Art. 3 Nr. 2 b, c.
788 Know-How Licensing, S. 139.
789 A.a.O., II S. 415 Rdnr. 19.
790 A.a.O., jeweils wie vor.

bleibt offen, ob die Kommission wegen der gemäß Art. 2 Abs. 1 Nr. 2 möglichen Verpflichtungen des Know-How-Nehmers, keine Unterlizenzen zu erteilen, dies auch im umgekehrten Fall der Erteilung von Unterlizenzen durch den Know-How-Geber an Verbesserungen des Know-How-Nehmers gelten lassen wollte oder ob die Kommission dem Know-How-Nehmer die Entscheidung zur Erteilung einer unterlizenzierbaren Lizenz an den Verbesserungen überlassen wollte. Wiedemann[791] hält eine derartige unterlizenzierbare Lizenz an den Verbesserungen für kartellrechtlich unbedenklich. Die sicherlich im Hinblick auf die Verbreitung einer neuen Technologie wünschenswerte Unterlizenzierung von Verbesserungen durch den ursprünglichen Know-How-Geber dürfte in der Praxis der Ausnahmefall sein. Know-How-Nehmer sind nur sehr selten in der Lage, überhaupt Verbesserungen zu entwickeln. Oft kommen Verbesserungsvorschläge vom Know-How-Geber. Der Know-How-Lizenznehmer ist häufig auch finanziell gar nicht in der Lage, eigene F+E-Kapazitäten aufzubauen, die ihn erst in die Lage versetzen, derartige (wesentliche) Verbesserungen des Lizenzerzeugnisses zu schaffen. In den seltensten Fällen dürfte daher auch die Vereinbarung einer Rücklizenzgebühr oder wegen der lizenzierten Verbesserungen ermäßigte Lizenzgebühr einen „Anreiz für eigene F+E-Tätigkeiten" des Know-How-Lizenznehmers bilden[792]. Außerdem führt in der Praxis in der Regel die (beherrschende) Marktposition des Know-How-Gebers dazu, daß (unterlizenzierbare) Rücklizenzen lizenzgebührenfrei erteilt werden.

Das für die Zulässigkeit von Rücklizenz-Verpflichtungen zunächst **707** erforderliche Merkmal der „Trennbarkeit"[793] soll dann vorliegen, „wenn die Verbesserungen durch Übermittlung an Dritte isoliert verwertet werden können, ohne daß dabei das ursprüngliche, vom Know-How-Geber mitgeteilte und noch immer geheime Know-how preisgegeben wird[794]. Eine isolierte Verwertung der Verbesserungen dürfte in der Praxis der Ausnahmefall sein. Dies gilt vor allem für die in der Praxis vorherrschenden gemischten Know-How-/Patentlizenz-Verträge. In der Regel wird eine Verbesserung in diesen Fällen nicht nur

---

791 A.a.O., II S. 415 Rdnr. 20.
792 So aber *Wiedemann*, a.a.O., II S. 415 Rdnr. 20 und auch *Korah*, Know-How Licensing, S. 139.
793 Art. 2 Abs. 1 Nr. 4.
794 Art. 2 Abs. 1 Nr. 4 a; Entscheidung der Kommission vom 13. 10. 1988, ABl. 1988 Nr. L 309 S. 34 Nr. 11 = WuW/E EV 1374 ff. = GRUR Int. 1989 S. 220 – "Delta Chemie/DDD"; *Wiedemann*, a.a.O., II S. 415 Rdnr. 21 sowie *Korah*, Know-How Licensing, S. 139.

noch
707

von dem Know-How des Know-How-Gebers, sondern insbesondere von dessen Patent(en) abhängig sein. In der Praxis dürften auch die für eine Rücklizenz notwendigen Voraussetzungen der Nichtausschließlichkeit der Rücklizenz(en)[795], der Möglichkeit des Know-How-Nehmers, während der Laufzeit der Vereinbarung oder nach ihrer Beendigung die eigenen Verbesserungen zu nutzen oder sie Dritten zu überlassen[796], der Akzeptanz des Know-How-Gebers einer ausschließlichen oder nichtausschließlichen Verpflichtung, dem Know-How-Nehmer die eigenen Verbesserungen mitzuteilen[797], durchsetzbar sein. Neben der Kompliziertheit dieser Regelungen dürfte auch die bloße Marktmacht der Know-How-Geber in der Regel – wie bereits wiederholt ausgeführt – und schließlich auch die mangelnde Bereitschaft des Lizenznehmers, in F+E-Leistungen zur Erzielung von Verbesserungen zu investieren, dazu führen, daß diese Regelungen entweder nicht verstanden oder aber nicht akzeptiert werden. Solche Vereinbarungen dürften daher nur im Ausnahmefall der Kommission zur Kenntnis gelangen. Derartige „unbequeme" Regelungen werden auch häufiger in „side letters" „versteckt" oder sind das Ergebnis *mündlicher* Absprachen, so daß selbst bei Anmeldung von Vereinbarungen bei der Kommission diese möglicherweise nur einen Teil der vertraglichen Vereinbarungen zu Gesicht bekommt. Ein „abhängiger" Lizenznehmer wird in der Regel nur dann, wenn eine vertragliche bzw. die daraus folgende wirtschaftliche Situation für ihn unerträglich (geworden) ist, einen derartigen Vertrag bei der Kommission anmelden bzw. sich an bestimmte F+E-Verpflichtungen nicht halten, was dann im Zweifel auch nicht immer in Streitigkeiten vor den staatlichen Gerichten oder dem EuGH enden muß, da auf diese Weise wiederum Marktverflechtungen oder sogar betriebliche Interna (für Wettbewerber) offenkundig würden. Diese Voraussetzungen lassen eine Verpflichtung des Know-How-Nehmers unberührt, die vorherige Erlaubnis für eine solche Nutzungsüberlassung beim Know-How-Geber einzuholen, wobei die Erlaubnis schon dann abgelehnt werden darf, wenn sachlich gerechtfertige Gründe zu der Annahme bestehen, daß durch die Mitteilung von Verbesserungen an Dritte das Know-How des Know-How-Gebers preisgegeben wird[798]. Ob sich Art. 2 Abs. 1 Nr. 4 a auch auf Verbesserungserfindungen bezieht, läßt sich aus dem Wortlaut

---

795 Art. 2 Abs. 1 Nr. 4 erster Halbsatz.
796 Art. 2 Abs. 1 Nr. 4 a.
797 Art. 2 Abs. 1 Nr. 4 b.
798 Art. 2 Abs. 1 Nr. 4 a, 2. und 3. Halbsatz.

nicht entnehmen[799]. Diese Auffassung dürfte nur in den Fällen vertretbar sein, in denen es sich um gemischte Know-How-/Patentlizenzverträge handelt und somit eine Rücklizenz im Hinblick auf das lizenzierte Patent des Know-How-Gebers in Betracht kommt.

Zu beachten ist in diesem Zusammenhang auch Art. 3 Nr. 2 b, wonach es unzulässig ist, dem Know-How-Geber Verbesserungen oder Anwendungsformen der mitgeteilten Technologie zur ausschließlichen Nutzung zu überlassen, soweit dies den Know-How-Nehmer daran hindern würde, während der Laufzeit der Vereinbarung seine Verbesserungen selbst zu nutzen oder sie Dritten zu überlassen, ohne daß dadurch das noch geheime Know-How des Know-How-Gebers preisgegeben wird. Dies gilt jedoch nur im Falle der Trennbarkeit der Verbesserungen von Know-how des Know-How-Gebers. Es soll also eine ausschließliche Bindung an den Know-How-Geber verhindert werden.

Wiedemann[800] hält folgende „Graue Klauseln", d. h. Klauseln, die **708** weder zu der „Weißen Liste" des Art. 2 Abs. 1 noch zu der „Schwarzen Liste" des Art. 3 gehören, „einer Legalisierung im Widerspruchsverfahren gemäß Art. 4" für zugänglich:

– dem Know-How-Nehmer werde eine ausschließliche grant back-Verpflichtung für den Zeitraum nach Beendigung des Vertragsverhältnisses auferlegt,
– die grant back-Verpflichtung sei nicht ausschließlich ausgestaltet, aber der Know-How-Nehmer werde gleichwohl an der Verwertung durch Vereinbarungen mit Dritten gehindert, und
– die grant back-Verpflichtung sei zwar nicht ausschließlich, aber es fehle die Gegenseitigkeit im Sinne des Art. 2 Abs. 1 Nr. 4 b, erster Halbsatz.

Im Umkehrschluß sind Rücklizenz-Vereinbarungen gemäß Art. 2 Abs. 1 Nr. 4 bei untrennbaren Verbesserungen, d. h. bei paralleler Verwertung des Know-How des Know-How-Gebers mit den Verbesserungen des Know-How-Nehmers zulässig, wenn

---

799 So aber *Wiedemann*, a.a.O., II S. 416 Rdnr. 23.
800 A.a.O., II S. 416 f. Rdnr. 25 f.

noch
708 – die Rücklizenz nicht ausschließlich ist[801],
– der Know-How-Geber eine ausschließliche oder nicht ausschließliche Verpflichtung akzeptiert hat, dem Know-How-Nehmer die eigenen Verbesserungen mitzuteilen[802] und
– das Recht des Know-How-Gebers zur Verwendung der Verbesserungen des Know-How-Nehmers nicht über den Zeitpunkt hinausgeht, an dem das Recht des Know-How-Nehmers zur Nutzung des Know-How des Know-How-Gebers erlischt, außer bei der Beendigung der Vereinbarung wegen Vertragsbruchs des Know-How-Nehmers[803].

In diesem Fall bleibt jedoch eine Verpflichtung des Know-How-Nehmers unberührt, dem Know-How-Geber die Möglichkeit zu geben, die Verbesserungen auch nach diesem Zeitpunkt weiterzunutzen, wenn er gleichzeitig auf das nachvertragliche Nutzungsverbot verzichtet oder damit einverstanden ist, für die Nutzung der Verbesserungen angemessene Gebühren zu zahlen, nachdem er Gelegenheit hatte, diese Verbesserungen zu prüfen[804]. Angesichts der bereits aufgeführten Überlegungen erscheint eine derartige Verpflichtung als praxisfremd. Zu beachten ist in diesem Zusammenhang wiederum eine Klausel der „Schwarzen Liste". Art. 3 Nr. 2 c bestimmt eine Verpflichtung des Know-How-Nehmers als unzulässig, wenn dieser im Fall einer Vereinbarung, die ein nachvertragliches Verbot der Nutzung des Know-How enthält, dem Know-How-Geber die Nutzung von Verbesserungen, die vom Know-How des Know-How-Gebers untrennbar sind – selbst auf nichtausschließlicher und gegenseitiger Basis –, gestattet, sofern das Recht des Know-How-Gebers zur Nutzung von Verbesserungen eine längere Laufzeit hat als das Recht des Know-How-Nehmers, das Know-How des Know-How-Gebers zu nutzen. Dies gilt nicht im Falle der Beendigung der Vereinbarung wegen Vertragsbruchs des Know-How-Nehmers. Es kommt hier also weder auf die Nichtausschließlichkeit noch die Gegenseitigkeit der Rücklizenz an, maßgeblich sind hier allein die Laufzeiten der Lizenzen und Rücklizenzen. Eine Ausnahme von diesem Verbot soll jedoch für den Fall der Zahlung einer Lizenzge-

---

801 Art. 2 Abs. 1 Nr. 4, 1. Halbsatz; *Wiedemann*, a.a.O., II S. 417 Rdnr. 27 hält diese Voraussetzung zu Recht in der Praxis wegen der mit der Mitteilung von Verbesserungen zwangsläufig verbundenen Mitteilung des ursprünglichen Know-How des Know-How-Gebers an Dritte für bedeutungslos.
802 Art. 2 Abs. 1 Nr. 4 b, 1. Halbsatz.
803 Art. 2 Abs. 1 Nr. 4 b, 1. Halbsatz.
804 Art. 2 Abs. 1 Nr. 4 b, 2. Halbsatz.

bühr gelten, da anderenfalls Art. 2 Abs. 1 Nr. 4 b, letzter Halbsatz, der eine derartige Möglichkeit vorsieht, durch Art. 3 Nr. 2 c wieder aufgehoben würde[805].

Wegen der Kompliziertheit derartiger Klauseln kann gerade auch im Hinblick auf die Möglichkeit, „Graue Klauseln" im Widerspruchsverfahren gemäß Art. 4 freistellen zu lassen, nur dringend empfohlen werden, insbesondere Rücklizenzklauseln möglichst präzise zu formulieren. Wiedemann[806] empfiehlt, mangels Vorhersehbarkeit sowohl Klauseln für trennbare als auch für untrennbare Verbesserungen des Know-How-Nehmers in Form von „Optionen" vorzusehen. Dieser Vorschlag erscheint interessengerecht. Die Lizenzvertragsparteien können sich dann, wenn tatsächlich Verbesserungen vorliegen, Gedanken über deren Verwertbarkeit machen. Da Lizenzverträge stets ein Risikogeschäft beinhalten, sollte es vermieden werden, im vorhinein bereits Gebührenfragen[807] zu regeln. Es ist zwar aus kaufmännischer Sicht verständlich, Gebührenfragen bereits im vorhinein zu klären; andererseits sind angesichts der bestehenden Unwägbarkeiten derartige Vorfragen möglicherweise für eine der beiden Vertragsparteien nachteilig und daher im vorhinein nicht regelungsfähig.

ee) Qualitätsvorgaben, Bezugsbindung

Art. 2 Abs. 1 Nr. 5 enthält eine Art. 2 Abs. 1 Nr. 1[808] und Art. 2 **709**
Abs. 1 Nr. 9[809] GVO Patent entsprechende Regelung, allerdings mit der Einschränkung, daß eine Art. 2 Abs. 1 Nr. 5 b entsprechende Regelung fehlt.

Art. 2 Abs. 1 Nr. 5 enthält die Verpflichtung des Know-How-Nehmers, Mindestqualitätsvorschriften für das Vertragserzeugnis einzuhalten oder Erzeugnisse oder Dienstleistungen von dem Know-How-Geber oder einem von diesem benannten Unternehmen zu beziehen, soweit diese Qualitätsvorschriften, Erzeugnisse oder Dienstleistungen erforderlich sind

– für eine technisch einwandfreie Nutzung der überlassenen Technologie (a) oder

---

805 So zu Recht *Wiedemann*, a.a.O., II S. 418 Rdnr. 28 unter Hinweis auf *Dressel*, GRUR Int. 1989 S. 189.
806 A.a.O., II S. 419 f. Rdnr. 30.
807 „angemessene" Gebühr.
808 „Bezugspflicht".
809 „Mindestbeschaffenheitsverpflichtung".

noch
709 – um sicherzustellen, daß die Produktion des Know-How-Nehmers dem Qualitätsstandard entspricht, die von dem Know-How-Geber und anderen Know-How-Nehmern eingehalten werden (b),

und dem Know-How-Geber zu gestatten, entsprechende Kontrollen durchzuführen.

Die mit dieser Regelung verfolgte Absicht, das Know-How des Know-How-Gebers bestmöglich zu verwerten, dürfte wohl nicht nur im Hinblick auf die „Lizenzfamilie" Bedeutung haben, sondern den zumindest gleichwertigen Zweck erfüllen, die Qualität eines Produkts bzw. einer neuen Technologie so weit zu fördern, daß sie im Verhältnis zu Wettbewerbsprodukten, die außerhalb der EG entwickelt wurden und vermarktet werden, gleichwertig oder besser als jene sind. Die Uneinheitlichkeit der Begriffe „erforderlich" gemäß Art. 2 Abs. 1 Nr. 5 und „notwendig" gemäß Art. 3 Nr. 3 dürfte auf ein „Redaktionsversehen" zurückzuführen sein. Dies zeigt jedenfalls ein Blick auf den englischen[810] und den französischen[811] bezüglich Art. 2 Abs. 1 Nr. 5 und Art. 3 Nr. 3 identischen Text. Auch Art. 2 Abs. 1 Nr. 1 und Nr. 9 GVO Patent beinhalten lediglich den Begriff „notwendig"[812]. Die Kommission hat in einer Reihe von Entscheidungen, die z. T. eine Patentlizenz[813] oder einen Franchise-ähnlichen Vertrag[814] betrafen und in der Regel vor Erlaß dieser GVO lagen[815], sich zum Begriff der „Unerläßlichkeit"[816] geäußert[817].

Welche Unterschiede zwischen Art. 2 Abs. 1 Nr. 5 a und Nr. 5 b bestehen sollen, ist unklar. Die Kommission hat in ihrer Entscheidung vom 23. 3. 1990, ABl. 1990 Nr. L 100/32 ff., Nr. 37 – „Moosehead/

810 "necessary".
811 „nécéssaires".
812 So zu Recht *Wiedemann*, a.a.O., II S. 421 Rdnr. 36.
813 Entscheidung der Kommission vom 10. 1. 1979, ABl. 1979 Nr. L 19 S. 32 ff. = WuW/E EV 807 – „Vaessen/Moris".
814 Entscheidung der Kommission vom 23. 12. 1977, ABl. 1978 Nr. L 70 S. 69 ff. = WuW/E EV 759 – „Campari".
815 Entscheidung der Kommission vom 6. 12. 1983, ABl. Nr. L 351 S. 20 ff. Nr. 19 = WuW/E EV 990 ff. – „Schlegel/CPIO"; vom 12. 7. 1985, ABl. 1985 Nr. L 233 S. 22, 31 = WuW/E EV 1131 ff. = WuW/E 1986 S. 1027 = GRUR Int. 1986 S. 116 – "Velcro/Aplix"; vom 22. 12. 1987, ABl. 1988 Nr. L 69 S. 21 ff. Nr. 20/37 = WuW/E EV 1337 ff. = WuW 1988 S. 302 = GRUR Int. 1988 S. 505 – "Rich products/Jus rol"; vom 23. 3. 1990, ABl. 1990 Nr. L 100 S. 32 ff. Nr. 15.3 – "Moosehead/ Whitebread".
816 = „notwendig"?
817 Siehe *Wiedemann*, a.a.O., II S. 422 Rdnr. 37 und *Korah*, Know-How Licensing, S. 142 ff.

Whitebread" auf *beide Alternativen* bei der Begründung der Unbedenklichkeit der dort zu behandelnden Bezugsverpflichtung abgestellt. Die Einhaltung von Mindestqualitätsvorschriften und Bezugsbindungen zur Absicherung von Qualitätsstandards des Lizenzgebers und dessen „Ruf" ist gerade bei mitlizenzierten Warenzeichen wichtig[818].

Wenn Sucker[819] Art. 2 Abs. 1 Nr. 5 in den Fällen ohne mitlizenzierte Warenzeichen für wettbewerbspolitisch bedenklich hält, da der Know-How-Lizenznehmer weitere Abnehmer mit qualitativ geringerwertigen Produkten kaum gewinnen könne, so dürfte dieser Auffassung nur bedingt zuzustimmen sein. Der Lizenznehmer wird in der Regel darauf bedacht sein, die Funktionsweise eines technischen Produkts möglichst einfach zu gestalten. Andererseits wird der Lizenznehmer schon im eigenen Wettbewerbsinteresse Wert darauf legen, vom Lizenzgeber vorgegebene Qualitätsstandards einzuhalten.

Es soll auch zulässig sein, wenn der Know-How-Geber (EG-)nationale Qualitätsstandards unterschiedlicher Art auch bei der vertraglichen Gestaltung der Mindestqualitätsvorschriften gemäß Art. 2 Abs. 1 Nr. 5 berücksichtigt[820].

Wiedemann[821] ist mit Korah[822] der Ansicht, daß bei mehreren Know-How-Nehmern der Lizenzgeber nicht nur gegenüber einem Know-How-Nehmer versuchen darf, die Mindestqualitätsvorschriften durchzusetzen.

ff) Angriff des Know-How

Nach Art. 2 Abs. 1 Nr. 6 stehen der Anwendbarkeit des Artikels 1 **710** Verpflichtungen nicht entgegen,

– Fälle der unrechtmäßigen Nutzung des Know-How oder Verletzungen der lizenzierten Patente dem Know-How-Geber anzuzeigen oder

– gegen eine unrechtmäßige Verwendung oder Verletzung gerichtlich vorzugehen oder dem Know-How-Geber bei einem solchen gerichtlichen Vorgehen Beistand zu leisten,

---

818 So auch *Wiedemann*, a.a.O., II S. 422 Rdnr. 38; vgl. auch insoweit Entscheidung der Kommission vom 12. 7. 1984, GRUR Int. 1985 S. 39 – „Carlsberg".
819 CR 1990 S. 369 ff.
820 So *Wiedemann*, a.a.O., II S. 423 Rdnr. 39.
821 A.a.O., wie vor.
822 Know-How-Licensing, S. 143.

soweit diese Verpflichtungen das Recht des Know-How-Nehmers unberührt lassen, die Gültigkeit der lizenzierten Patente oder den geheimen Charakter des überlassenen Know-How zu bestreiten, es sei denn, er selbst hat in irgendeiner Weise zu dessen Preisgabe beigetragen.

Art. 2 Abs. 1 Nr. 8 der GVO Patent enthält eine entsprechende Regelung.

Der Begriff der „unrechtmäßigen Nutzung des Know-How"[823] bzw. der „unrechtmäßigen Verwendung"[824] – „Nutzung" und „Verwendung" dürften den gleichen Sinngehalt haben – sollen, als Definition in der GVO, wohl die Fälle betreffen, in denen die „Unrechtmäßigkeit" nach dem jeweiligen nationalen Recht festgestellt wird[825].

Zu beachten ist in diesem Zusammenhang auch Art. 3 Nr. 4, wonach Verpflichtungen, das lizenzierte Know-How nicht anzugreifen, unzulässig sind.

gg) Lizenzgebührenzahlung nach Offenkundigwerden des Know-How

711 Art. 2 Abs. 1 Nr. 7 behandelt die Verpflichtung des Know-How-Nehmers für den Fall, daß das Know-How auf andere Weise als durch das Verhalten des Know-How-Gebers offenkundig wird, die Zahlung der Gebühren bis zum Ende der Vereinbarungen in der Form fortzusetzen, wie dies von den Vertragspartnern hinsichtlich der Beträge, der Zeiträume und der Berechnungsmethoden frei vereinbart wurde. Zusätzliche Schadensersatzforderungen für den Fall, daß das Know-How infolge eines Vertragsbruchs des Know-How-Nehmers offenkundig wird, bleiben unberührt. Die GVO Patent enthält keine entsprechende Vorschrift. Bei der Abfassung von Know-How-Verträgen ist wieder die „Schwarze Liste" mit zu berücksichtigen, und zwar Art. 3 Nr. 5[826].

---

823 Nr. 6 a.
824 Nr. 6 b.
825 Der gleichen Auffassung ist auch *Wiedemann*, a.a.O., II S. 423 Rdnr. 44.
826 Vor Erlaß dieser GVO traf die Kommission im Zusammenhang mit Gebührenzahlungsverpflichtungen die beiden Entscheidungen vom 15. 12. 1986, ABl. 1987 Nr. L 50 S. 30 ff. Nr. 7/22c = WuW/E EV 1233 ff. = GRUR Int. 1987 S. 587 – "Boussois/Interpane" – und vom 22. 12. 1987, ABl. 1988 Nr. L 69 S. 21 ff., Nr. 21/38 = WuW/E EV 1337 ff. = WuW 1988 S. 302 = GRUR Int. 1988 S. 505 – "Rich Products/Jusrol".

Die von der Kommission mit dieser Regelung verfolgten Ziele werden in BE Nr. 15 erläutert. Die Kommission ist dort der Auffassung, daß in der Regel die Beteiligten nicht vor den absehbaren finanziellen Folgen einer nach freiem Ermessen abgeschlossenen Vereinbarung geschützt zu werden brauchen und deshalb in ihrer Wahl angemessener Mittel zur Finanzierung des Technologietransfers nicht eingeschränkt werden sollten. Dies treffe insbesondere auf die Weitergabe von Know-How zu, weil hier von einem Mißbrauch eines Rechtsmonopols nicht die Rede sein könne, und weil der Know-How-Nehmer nach den Rechtsordnungen der Mitgliedsstaaten ggf. Rechtsbefehle[827] nach dem anwendbaren, nationalen Recht geltend machen könne. Darüber hinaus lägen Bestimmungen über die Zahlung von Lizenzgebühren für die Übergabe eines ganzen Technologiepakets im allgemeinen im Interesse des Know-How-Nehmers, unabhängig davon, ob das Know-How gemeinfrei geworden sei oder nicht. Denn so könne vermieden werden, daß der Know-How-Geber eine hohe sofortige Erstzahlung fordere, um sein finanzielles Risiko für den Fall eines vorzeitigen Offenkundigwerdens zu verringern. Um die Zahlungsverpflichtungen des Know-How-Nehmers zu erleichtern, sollen die Vertragspartner die Gebührenzahlungen für die Verwendung der überlassenen Technologie über einen Zeitraum verteilen können, der über den Zeitraum hinausgehe, an dem das Know-How offenkundig geworden sei. Darüber hinaus sollten fortgesetzte Zahlungen während der Dauer der Vereinbarung in Fällen erlaubt sein, in denen beide Seiten genau wüßten, daß das Know-How durch den ersten Verkauf des Produktes zwangsläufig an die Öffentlichkeit gelangen werde. Dennoch könne die Kommission aber den Rechtsvorteil der Freistellung gemäß Art. 7 dieser GVO entziehen, wenn sich aus den Umständen eindeutig ergebe, daß der Know-How-Nehmer das Know-How innerhalb einer kurzen Zeit hätte selbst entwickeln können und wollen und im Vergleich dazu der Zeitraum der fortgesetzten Zahlungen übermäßig lang sei. Würden schließlich Methoden der Gebührenberechnung verwendet, die in keinem Bezug zur Nutzung der überlassenen Technologie ständen, oder Gebühren für Erzeugnisse verlangt, bei deren Herstellung in keiner Phase irgendein lizenziertes Patent oder irgendeine geheime Technik verwendet worden wären, so komme die Vereinbarung für die Gruppenfreistellung gemäß Art. 3 Nr. 5. nicht in Betracht.

---

827 Wohl richtigerweise Rechtsbehelfe.

Der Know-How-Nehmer sollte auch von seiner Zahlungsverpflichtung entbunden werden, wenn das Know-How durch das Verhalten des Know-How-Gebers offenkundig werde. Der Verkauf des Erzeugnisses durch den Know-How-Geber oder ein mit ihm verbundenes Unternehmen stelle als solches kein Verhalten in diesem Sinne dar[828].

Wiedemann[829] und Korah[830] halten die Vorschrift des Art. 1 Abs. 1 Nr. 7 für angemessen. Die Interessen beider Lizenzvertragsparteien wären nach dieser Vorschrift berücksichtigt. Dieser Auffassung kann unter Bezugnahme auf die in den BE[831] aufgeführten Gesichtspunkte zugestimmt werden.

hh) Technischen Anwendungsbereich

712   Unbedenklich ist auch die Verpflichtung des Know-How-Nehmers gemäß Art. 2 Abs. 1 Nr. 8, die Nutzung des überlassenen Know-How auf einem oder mehreren verschiedenen technischen Anwendungsbereichen, die von der überlassenen Technologie erfaßt werden, oder auf einen oder mehrere Produktmärkte zu beschränken. Nach Meinung der Kommission[832] schränke diese Verpflichtung den Wettbewerb deshalb nicht ein, weil der Know-How-Geber als berechtigt angesehen werden könne, sein Know-How nur für einen begrenzten Zweck weiterzugeben. Eine derartige Beschränkung dürfe jedoch kein verschleiertes Mittel zur Aufteilung der Kunden darstellen. Es ist also Art. 3 Nr. 6 dieser GVO und Art. 2 Abs. 1 Nr. 3 der GVO Patent zu beachten.

Die Kommission verfolge mit dieser Vorschrift die Absicht[833], „dem Know-How-Geber den Entschluß zu erleichtern, seine geheimen technischen Kenntnisse Dritten zu überlassen".

Wiedemann[834] hält den Umstand, daß von dieser Vorschrift „nur" Know-How-Verträge und keine gemischten Know-How-/Patentlizenz-Verträge erfaßt sind, für „unschädlich", da auch in dem letzteren Falle eine Wettbewerbsbeschränkung verneint werden müsse.

---

828 Art. 2 Abs. 1 Nr. 5 und Art. 3 Nr. 5.
829 A.a.O., II S. 425 Rdnr. 49.
830 Know-How Licensing, S. 152.
831 Nr. 15.
832 BE Nr. 16.
833 So *Wiedemann*, a.a.O., II S. 426 Rdnr. 52 unter Hinweis auf BE Nr. 16.
834 A.a.O., II S. 427 Rdnr. 53.

Der in Art. 2 Abs. 1 Nr. 8 dieser GVO, nicht jedoch der in Art. 2 Abs. 1 Nr. 3 GVO Patent enthaltene Begriff „oder auf einem oder mehreren Produktmärkten" hat nach Wiedemann[835] lediglich „klarstellende Bedeutung", da „verschiedene technische Anwendungsbereiche von Patenten oder Know-How in der Regel auch die Zuordnung der Vertragserzeugnisse zu unterschiedlichen sachlich relevanten Märkten bedeuteten". Wenn dieser Begriff tatsächlich nur eine „klarstellende Bedeutung" hat, so sollte die Kommission überlegen, ob auf diesen Teil der Klausel zur Vermeidung von Auslegungsschwierigkeiten nicht verzichtet werden kann. Anderenfalls empfiehlt sich die Aufnahme einer Definition in den Katalog des Art. 1 Abs. 7 dieser GVO.

Ein von den Vertragsparteien bei Vertragsabschluß nicht berücksichtigtes technisches Anwendungsgebiet, von dem der Know-How-Nehmer während der Ausübung der Lizenz Kenntnis erhält und welches für ihn interessant ist, sollte mit Hilfe einer Vertragsergänzung[836] in den Vertrag miteinbezogen werden, wenn die Einbeziehung auch für den Know-How-Geber interessant ist.

ii) Ausübungspflicht

Art. 2 Abs. 1 Nr. 9 behandelt die Verpflichtung des Know-How-Nehmers, eine Mindestgebühr zu zahlen oder eine Mindestmenge der Vertragserzeugnisse herzustellen oder eine Mindestzahl von Benutzungshandlungen vorzunehmen. **713**

Da diese Vorschrift mit Art. 2 Abs. 1 Nr. 2 der GVO Patent fast identisch ist, wird zur Vermeidung überflüssiger Wiederholungen auf die entsprechende Kommentierung hingewiesen[837].

Zu berücksichtigen ist in diesem Zusammenhang Art. 3 Nr. 9, wonach einem Vertragspartner nicht die Freiheit genommen werden darf, mit dem anderen Vertragspartner oder mit Dritten in Wettbewerb zu treten, und auch Art. 7 Nr. 8, wonach der Rechtsvorteil der Gruppenfreistellung von der Kommission dann entzogen werden kann, wenn die Vertragspartner bereits vor Erteilung der Lizenz Wettbewerber waren und dem Know-How-Nehmer auferlegte Verpflichtungen, eine Mindestmenge herzustellen, oder – wie in Art. 2 Abs. 1 Nr. 9 und Art. 3 Nr. 9 beschrieben – alle erdenklichen

---

835 A.a.O., wie vor.
836 So zu Recht *Wiedemann*, a.a.O., II S. 427 Rdnr. 53.
837 Siehe oben Rdnr. 634.

Anstrengungen zu unternehmen, bewirken, daß der Know-How-Nehmer von der Verwendung konkurrierender Technologie abgehalten wird.

jj) Meistbegünstigungsrecht

714 Art. 2 Abs. 1 Nr. 10 entspricht Art. 2 Abs. 1 Nr. 11 der GVO Patent, womit eine erneute Kommentierung überflüssig ist[838].

kk) Lizenzvermerk auf Lizenzerzeugnis

715 Art. 2 Abs. 1 Nr. 11 enthält die Verpflichtung des Know-How-Nehmers, auf dem Vertragserzeugnis einen Vermerk über den Know-How-Geber anzubringen. Es wird insoweit auf die einschlägigen Erläuterungen zu Art. 2 Abs. 1 Nr. 6 GVO Patent hingewiesen[839]. Da die Definition des Begriffs „Vertragserzeugnis"[840] auf den Begriff der „überlassenen Technologie", der in Art. 1 Abs. 7 Nr. 7 definiert ist und Patente im Fall gemischter Know-How-/Patentlizenz-Verträge einschließt, hinweist, gilt auch Art. 2 Abs. 1 Nr. 11 für gemischte Know-How-/Patentlizenz-Verträge[841].

ll) Anlagenbau für Dritte und für Eigenbedarf

716 Art. 2 Abs. 1 Nr. 12 erfaßt die Verpflichtung des Know-how-Nehmers, das Know-How des Know-How-Gebers nicht zu nutzen, um für Dritte Anlagen zu bauen. Unberührt bleibt jedoch das Recht des Know-How-Nehmers, die Kapazität seiner Anlagen zu erhöhen oder zusätzliche Anlagen für den eigenen Gebrauch zu normalen Geschäftsbedingungen, einschließlich der Zahlung zusätzlicher Gebühren, zu errichten.

Es erscheint sinnvoll, diese Vorschrift nicht nur auf Know-How, sondern auch auf eine „überlassene Technologie" gemäß Art. 1 Abs. 7 Nr. 7 zu beziehen und auf diesem Weg gemischte Know-How-/Patentlizenzverträge in den Anwendungsbereich dieser Klausel miteinzubeziehen[842].

---

838 Siehe oben Rdnr. 643.
839 Rdnr. 638.
840 Art. 1 Abs. 7 Nr. 9.
841 Diese Meinung teilen auch *Wiedemann*, a.a.O., II S. 429 unter Hinweis auf *Korah*, Know-How Licensing, S. 165.
842 So zu Recht *Wiedemann*, a.a.O., II S. 429 Rdnr. 64.

Die GVO Patent enthält (leider) keine entsprechende Regelung.

Diese Vorschrift ist in Zusammenhang mit Art. 3 Nr. 7 zu sehen, wonach ein Vertragspartner Beschränkungen hinsichtlich der Menge der herzustellenden oder zu vertreibenden Vertragserzeugnisse oder hinsichtlich der Zahl der Benutzungshandlungen der überlassenen Technologien nicht unterworfen werden darf. Dadurch werde das Ausmaß, in dem der Lizenznehmer die mitgeteilte Technologie verwerten darf, begrenzt. Außerdem könnten mengenmäßige Beschränkungen dieselbe Wirkung haben wie Ausfuhrverbote. Es sei aber zulässig, den Know-How-Nehmer daran zu hindern, daß er das spezifische Know-How des Know-How-Gebers zur Errichtung weiterer Anlagen für Dritte verwendete, da der Zweck der Vereinbarung nicht darin bestehe, dem Know-How-Nehmer zu gestatten, anderen Herstellern Zutritt zum Know-How des Know-How-Gebers zu gewähren, solange letzteres geheim sei[843].

Der Begriff „zusätzliche Anlage für den eigenen Gebrauch" decke eine Verwendung des Know-How-Nehmers der mit einer derartigen Anlage hergestellten Vertragserzeugnisse „für seine normalen geschäftlichen Aktivitäten", wobei eine Beschränkung auf den Eigenbedarf nicht beinhaltet sei. Dagegen sei eine Lohnherstellung für Dritte nicht zulässig, da anderenfalls der Lizenznehmer seine Verpflichtung, das Know-How des Know-How-Gebers zum Anlagenbau für Dritte nicht zu nutzen, nicht einhalten könne[844].

c) Minusklausel

Art. 2 Abs. 2 dieser GVO ist deckungsgleich mit Art. 2 Abs. 2 Satz 1 der GVO Patent. Art. 2 Abs. 3 ist eine Parallelvorschrift zu Art. 1 Abs. 6 dieser GVO und zu Art. 2 Abs. 2 Satz 2 der GVO Patent. **717**

4. Verbotene Verpflichtungen (Schwarze Liste)

a) Allgemeines

Die „Schwarze Liste" des Art. 3 enthält einen abschließenden Katalog von 12 Verpflichtungen, bei deren Vorliegen Art. 1 und Art. 2 nicht gelten. Der Rechtsvorteil der Freistellung kann im Widerspruchsverfahren gemäß Art. 4 Abs. 1 für derartige Verpflichtungen nicht erlangt werden. **718**

---

843 BE Nr. 19.
844 So *Wiedemann*, a.a.O., II S. 430 Rdnr. 67.

Die Kommission ist bei Erlaß dieser GVO davon ausgegangen, daß die in Art. 3 aufgeführten Beschränkungen unter das Verbot von Art. 85 Abs. 1 EWGV fallen könnten. Für sie bestehe indessen keine allgemeine Vermutung derart, daß sie zu den von Artikel 85 Abs. 3 EWGV geforderten positiven Wirkungen führten, wie dies bei einer Freistellung erforderlich wäre. Vereinbarungen, welche derartige Beschränkungen enthielten, könnten daher nur im Einzelfall freigestellt werden[845].

Es wurde bereits im Rahmen der Erörterung des Art. 3 der GVO Patent klargestellt, daß die „Schwarze Liste" der GVO Patent nicht gerade wettbewerbspolitisch förderlich ist. Es kann daher auf die entsprechenden Ausführungen verwiesen werden[846].

b) Verbotene Verpflichtungen

aa) Nutzungsverbot nach Vertragsende bei Offenkundigwerden des Know-How ohne Vertragsbruch des Know-How-Nehmers

719 Art. 3 Nr. 1 beschreibt das Verbot des Know-How-Nehmers, das überlassene Know-How nach Ablauf der Vereinbarung weiter zu benutzen, falls es auf andere Weise als durch einen Vertragsbruch des Know-how-Nehmers offenkundig geworden ist.

Art. 3 Nr. 1 ergänzt Art. 2 Abs. 1 Nr. 3, wonach eine Verpflichtung des Know-How-Nehmers unbedenklich ist, nach Beendigung der Vereinbarung das überlassene Know-How nicht mehr zu nutzen, soweit und solange es noch geheim ist[847]. Eine entsprechende Vorschrift fehlt in der GVO Patent. Dies könnte daran liegen, daß die Kommission zum Erlaß der GVO Patent noch nicht über hinreichende Erfahrungen verfügte[848].

bb) Übertragung von Rechten an Know-How des Know-How-Nehmers auf Know-How-Geber

720 Unter die „Schwarze Liste" des Art. 3 Nr. 2 fallen auch Verpflichtungen des Know-How-Nehmers,

---

845 BE Nr. 11.
846 Siehe oben GVO Patent Rdnr. 645.
847 Vgl. Rdnr. 702.
848 So im Ergebnis wohl auch *Wiedemann*, a.a.O., II S. 436 Rdnr. 5.

– dem Know-How-Geber seine Rechte an Verbesserungen oder neuen Anwendungsformen der Technologie ganz oder teilweise zu übertragen (a),

– dem Know-How-Geber Verbesserungen oder Anwendungsformen der mitgeteilten Technologie zur ausschließlichen Nutzung zu überlassen, soweit dies den Know-How-Nehmer daran hindern würde, während der Laufzeit der Vereinbarung seine Verbesserungen selbst zu nutzen, sofern diese vom Know-How des Know-How-Gebers trennbar sind, oder sie Dritten zu überlassen, ohne daß dadurch das noch geheime Know-How des Know-How-Gebers preisgegeben wird (b), oder

– im Falle einer Vereinbarung, die ein nachvertragliches Verbot der Nutzung des Know-How enthält, seinerseits dem Know-How-Geber die Nutzung von Verbesserungen, die vom Know-How des Know-How-Gebers untrennbar sind – selbst auf nicht ausschließlicher und gegenseitiger Basis –, zu gestatten, sofern das Recht des Know-How-Gebers zur Nutzung der Verbesserungen eine längere Laufzeit hat als das Recht des Know-How-Nehmers, das Know-How des Know-How-Gebers zu nutzen. Dies gilt nicht im Falle der Beendigung der Vereinbarung wegen Vertragsbruchs des Know-How-Nehmers (c).

Art. 3 Nr. 2 ergänzt Art. 2 Abs. 1 Nr. 4[849] und enthält im Hinblick auf Art. 3 Nr. 2 a eine entsprechende Regelung in Art. 3 Nr. 8 GVO Patent.

Art. 3 Nr. 2 a enthält den Begriff „Technologie". Es ist anzunehmen, daß dieser Begriff dem in Art. 1 Abs. 7 Nr. 7 definierten Begriff der „überlassenen Technologie" entspricht. Art. 3 Nr. 2 a dürfte daher auch gemischte Know-How-/Patentlizenzverträge erfassen[850].

Bezüglich des Begriffs der „Übertragung von Rechten an Verbesserungen oder neuen Anwendungsformen der Technologie" wird auf die bisherigen Ausführungen[851] verwiesen.

Art. 3 Nr. 2 b und c wurden bereits im Zusammenhang mit Art. 2 Abs. 1 Nr. 4 erörtert[852].

---

849 Siehe oben die entsprechenden Ausführungen zu Art. 2 Abs. 1 Nr. 4.
850 So auch *Wiedemann*, a.a.O., II S. 436 Rdnr. 7.
851 Siehe oben Rdnr. 594 ff., 679, 682.
852 Siehe oben Rdnr. 703.

cc) Qualitätsvorgaben und Bezugsbindung

721 Art. 3 Nr. 3, der Art. 3 Nr. 9 der GVO Patent im Hinblick auf Bezugsverpflichtungen entspricht, verbietet Verpflichtungen des Know-How-Nehmers zum Zeitpunkt des Vertragsabschlusses, Qualitätsvorschriften oder andere Lizenzen zu akzeptieren oder Ware bzw. Dienstleistungen zu beziehen, die er nicht will, sofern derartige Lizenzen, Qualitätsvorschriften, Waren bzw. Dienstleistungen für eine technisch einwandfreie Nutzung der mitgeteilten Technologie oder dafür nicht notwendig sind, daß die Produktion des Know-How-Nehmers mit den Qualitätsvorschriften übereinstimmt, die vom Know-How-Geber und anderen Know-How-Nehmern eingehalten werden.

Die Kommission ist der Auffassung, daß Beschränkungen, die dem Know-How-Geber einen ungerechtfertigten Wettbewerbsvorteil geben, z. B. eine Verpflichtung des Know-How-Nehmers, Qualitätsvorschriften, andere Lizenzen oder Waren oder Dienstleistungen zu akzeptieren, die letzterer vom Know-How-Geber nicht haben will, die Anwendbarkeit dieser GVO ausschließen würden. Dies gelte jedoch nicht für den Fall, wo nachgewiesen werden könne, daß sich der Know-How-Nehmer für derartige Vorschriften, Lizenzen, Waren oder Dienstleistungen nach eigenem Gutdünken entschieden habe[853]. Es ist sicherlich richtig, wenn Wiedemann[854] davon ausgeht, daß diese Vorschrift für Know-How-Verträge nicht passend sei, da ein gesetzliches Monopol des Know-How-Gebers nicht gegeben sei. Da andererseits aber die „mitgeteilte Technologie", die wie bei Art. 3 Nr. 2 b mit dem Begriff „überlassene Technologie" gleichzusetzen sein dürfte, auch mitlizenzierte Patente erfaßt und gemischte Know-How-/Patentlizenz-Verträge in der Praxis vorherrschen, dürfte diese Regelung zumindest insoweit die „Parallele zur GVO Patent" rechtfertigen. Auch wird die Kommission sich möglicherweise der Tatsache bewußt gewesen sein, daß der Know-How-Geber zwar nicht über ein gesetzliches Monopol verfügt, jedoch aufgrund seiner faktischen Marktposition als Know-How-Träger eine ähnliche Stellung wie der Patentlizenzgeber innehat.

Wiedemann[855] hält es für vertretbar, wenn die Parteien nach Abschluß des ursprünglichen Lizenzvertrags weitere Qualitätsvorschriften verabredeten. Derartige nachträgliche Verpflichtungen werden jedoch

853 BE Nr. 17.
854 A.a.O., II S. 437 Rdnr. 10.
855 A.a.O., II S. 438 Rdnr. 11.

auch dann vereinbart, falls sie nur vom Know-How-Geber gefordert werden[856].

Das Angebot des Know-How-Gebers gegenüber dem Know-How-Nehmer, daß letzterer bei Bezug bestimmter, für eine technisch einwandfreie Nutzung der mitgeteilten Technologie nicht notwendige Vorprodukte eine geringere Lizenzgebühr zu zahlen hat, soll dann zulässig sein, wenn dieses Angebot des Know-How-Gebers gegenüber allen Lizenzinteressenten alternativ erfolgt[857].

Im übrigen wird auch auf die entsprechenden Erläuterungen zu Art. 3 Nr. 9 der GVO Patent[858] verwiesen.

dd) Nichtangriff des lizenzierten Know-How

Art. 3 Nr. 4 beinhaltet das Verbot des Know-How-Nehmers, den **722** geheimen Charakter des überlassenen Know-How oder innerhalb des Gemeinsamen Marktes die Gültigkeit von lizenzierten Patenten anzugreifen, die sich im Besitz des Know-How-Gebers oder eines mit ihm verbundenen Unternehmens befinden. Das Recht des Know-How-Gebers, im Fall des Angriffs die Know-How-Vereinbarung zu kündigen, bleibt unberührt.

Eine gleichartige, jedoch weitergehende Regelung enthält Art. 3 Nr. 1 GVO Patent, wonach sogar „im Gemeinsamen Markt gelegenes gewerbliches und kommerzielles Eigentum" des Patentlizenzgebers umfaßt ist.

Korah[859] und wohl auch Wiedemann[860] sind mit der herrschenden Meinung der Auffassung, daß „die Aufnahme einer Nichtangriffsklausel selbst dann ein Hindernis für die Anwendung der GVO darstelle, wenn die Klausel nicht als Wettbewerbsbeschränkung zu bewerten sei".

Im übrigen wird erneut auf die einschlägigen Erörterungen zu Art. 3 Nr. 1 GVO Patent[861] verwiesen.

---

856 A.A. *Wiedemann*, a.a.O., II wie vor, der darauf abstellt, daß „derartige Vereinbarungen ohnehin nur dann zustande kommen werden, wenn sie auch vom Know-How-Nehmer gewünscht werden".
857 So *Wiedemann*, a.a.O., II S. 438 Rdnr. 12; für eine generelle Zulässigkeit *Dressel*, GRUR Int. 1989 S. 189.
858 Siehe oben Rdnr. 654.
859 Know-How Licensing, S. 115.
860 A.a.O., II S. 439 Rdnr. 16.
861 Siehe oben Rdnr. 646.

Es wurde bereits dargestellt, daß Art. 3 Nr. 4 dieser GVO entgegen Art. 3 Nr. 1 der GVO Patent sich lediglich auf Know-How und mitlizenzierte Patente bezieht. Warenzeichen, die im Zusammenhang mit einer Know-How-Vereinbarung lizenziert werden, werden weder in Art. 3 Nr. 4 noch in Art. 1 Abs. 1 Nr. 7 aufgeführt. Nach Auffassung der Kommission[862] ist danach zu unterscheiden, ob es sich um Nichtangriffsklauseln handelt, die das Eigentum oder die Gültigkeit des Warenzeichens betreffen. Klauseln mit Bezug zum Eigentum sollen zulässig sein, da insoweit die „gesetzliche Ausschlußmöglichkeit Dritter" bestehen bleibt. Richten sich derartige Klauseln gegen die Gültigkeit des Warenzeichens, soll es darauf ankommen, ob der weitere Bestand des Warenzeichens unter Berücksichtigung der Bedeutung der Marke für Wettbewerber des Lizenznehmers ein „wesentliches Marktzutrittshindernis" beinhaltet und somit Art. 85 Abs. 1 EWGV entgegenstehen könnte. Wiedemann[863] ist zu Recht der Meinung, daß der Lizenznehmer zumindest bei einer „starken" Marke diese schon aus Marketinggründen nicht angreifen werde. Die geringe praktische Relevanz dieser Frage käme auch insoweit zum Ausdruck, als bei einer starken Marke der Warenzeicheninhaber „zeichenrechtlichen Schutz kraft Verkehrsgeltung genieße".

Ein Blick auf Art. 2 Abs. 1 Nr. 7 zeigt, daß selbst bei Offenkundigwerden des Know-How die Gebührenzahlungspflicht des Lizenznehmers nicht endet[864].

Der Know-How-Lizenznehmer sollte sich immer vor Augen halten, daß er in einem Rechtsstreit beweisen muß, daß das Know-How nicht mehr geheim ist. Es spielt daher keine Rolle, ob der Know-How-Lizenznehmer bei Vertragsschluß den Geheimnischarakter des Know-How bejaht hat.

ee) Zahlungspflicht für nichtlizenziertes und offenkundiges
      Know-How

723 Art. 3 Nr. 5 enthält die Verpflichtung des Know-How-Nehmers, für Erzeugnisse oder Dienstleistungen, die weder ganz noch teilweise mit Hilfe der überlassenen Technologie hergestellt oder erbracht werden, oder für die Nutzung von Know-How, das durch das Verhalten des

---

862 Entscheidung der Kommission vom 23. 3. 1990, Abl. 1990 Nr. L 100 S. 32 ff., Nr. 15.4 – "Moosehead/Whitbread".
863 A.a.O., II S. 439 Rdnr. 17.
864 So auch *Wiedemann*, a.a.O., II S. 439 f. Rdnr. 18.

Know-How-Gebers oder eines mit ihm verbundenen Unternehmens offenkundig geworden ist, Gebühren zu zahlen.

Diese Vorschrift ergänzt Art. 2 Abs. 1 Nr. 7 und entspricht Art. 3 Nr. 4 GVO Patent.

Wiedemann[865] und Lutz/Broderick[866] empfehlen, im Vertrag deutlich zum Ausdruck zu bringen, daß die „Pflicht zur Zahlung von Gebühren nicht für die in Art. 3 Nr. 5 geregelten Fälle gilt". Zu berücksichtigen ist in diesem Zusammenhang noch Art. 1 Abs. 3, wonach die Freistellung gemäß Art. 1 Abs. 1 unter anderem nur gilt, solange das Know-How geheim bleibt. Entfällt also der Gebietsvorteil der Gruppenfreistellung und resultiert daraus eine Teilunwirksamkeit des Know-How-Vertrags, so erscheint es sinnvoll, wenn eine „salvatorische Klausel" den Bestand der übrigen Klauseln und insoweit insbesondere eine in diesem (wirksamen) Vertragsteil (zusätzlich) geregelte Gebührenzahlungspflicht zu sichern versucht.

Im übrigen wird auf die Erläuterungen zu Art. 2 Abs. 1 Nr. 7[867] verwiesen.

ff) Vertriebsbeschränkungen

Art. 3 Nr. 6 regelt den Fall, daß ein Vertragspartner Beschränkungen **724** hinsichtlich seiner möglichen Abnehmer in demselben technischen Anwendungsbereich des Know-How oder in demselben Produktmarkt unterworfen wird, insbesondere durch ein Verbot, bestimmte Abnehmergruppen zu beliefern, sich bestimmter Vertriebswege zu bedienen oder bestimmte Arten der Verpackung des Erzeugnisses zu benutzen, um damit eine Aufteilung der Abnehmer zu erreichen. Die Art. 1 Abs. 1 Ziffer 7 und Art. 4 Abs. 2 bleiben unberührt.

Abs. 3 Nr. 7 GVO Patent weist eine entsprechende Regelung auf, die jedoch die field-of-use-Klausel „in denselben technischen Anwendungsbereichen" unter Hinweis in Art. 3 Nr. 7 2. Absatz auf Art. 2 Abs. 1 Nr. 3 GVO Patent als zulässig[868] erachtet. „Sachlich" soll dies zu keiner anderen Betrachtungsweise führen[869].

---

865 A.a.O., II S. 440 Rdnr. 21.
866 RIW 1989 S. 282.
867 Siehe oben Rdnr. 711.
868 „unberührt".
869 So *Wiedemann*, a.a.O., II S. 441 Rdnr. 24 unter Hinweis auf *Sucker*, CR 1990 S. 369 f.

BE Nr. 18 weist ausdrücklich darauf hin, daß Vereinbarungen über die Aufteilung der Kundschaft in ein und demselben technischen Anwendungsbereich oder Produktmarkt – wie entweder das Verbot, bestimmte Kundenkategorien zu beliefern oder Bestimmungen mit gleicher Wirkung – für eine Gruppenfreistellung nicht in Betracht kommen. Die Kommission verweist in dieser BE[870] des weiteren darauf, daß dies nicht in den Fällen gelte, wo die Know-How-Lizenz erteilt werde, um einem einzelnen Kunden eine zweite Lieferquelle zu verschaffen. Hier möge ein Verbot für den Know-How-Nehmer, andere als den betreffenden Kunden zu beliefern, für die Erteilung einer Lizenz an den zweiten Lieferanten eine unerläßliche Voraussetzung sein, da durch die Überlassung ein unabhängiger Lieferant geschaffen werden solle. Dies gelte auch im Fall von Beschränkungen der Mengen, die der Know-How-Nehmer an den betreffenden Kunden liefere. Man könnte auch vernünftigerweise annehmen, daß derartige Beschränkungen durch eine verstärkte Streuung der Technologie zur Verbesserung der Warenproduktion und zur Förderung des technischen Fortschritts beitragen würden. Nach dem gegenwärtigen Stand der Erfahrungen der Kommission mit derartigen Klauseln und angesichts des besonderen Risikos, daß diese dem Zweitlieferanten die Möglichkeit nehmen, in den der Vereinbarung unterliegenden Bereichen sein eigenes Geschäft aufzubauen, sei es jedoch angebracht, für diese Klauseln das Widerspruchsverfahren gemäß Art. 4 Abs. 2 vorzusehen.

Bei Abnehmerbeschränkungen im Rahmen von öffentlichen Großaufträgen sei eine Einzelfreistellung notwendig[871].

Im übrigen wird wegen der gleichen Fragestellungen auf die Erläuterungen zu Art. 3 Nr. 7 GVO Patent[872] verwiesen.

gg) Produktionsbeschränkungen

725 Zur „schwarzen Liste" des Art. 3 zählen auch Verpflichtungen, nach denen ein Vertragspartner Beschränkungen hinsichtlich der Menge der herzustellenden und zu vertreibenden Vertragserzeugnisse oder hinsichtlich der Zahl der Benutzungshandlungen der überlassenen Technologien unterworfen wird. Art. 1 Abs. 1 Ziffer 8 und Art. 4 Abs. 1 bleiben jedoch gemäß Art. 3 Nr. 7 2. Halbsatz unberührt.

---

870 Nr. 18.
871 So *Wiedemann*, a.a.O., II S. 441 Rdnr. 25 unter Hinweis auf *Guttuso*, FIW-Heft 118 S. 10.
872 Siehe oben Rdnr. 652.

Auch diese Regelung wurde in Anlehnung an die GVO Patent[873] geschaffen, wobei Art. 3 Nr. 5 der GVO Patent nicht die in Art. 3 Nr. 7 2. Halbsatz GVO Know-How ausgeführten Ausnahmen der „Eigenbedarfsdeckung"[874] und des „second sourcing"[875] enthält. Zu berücksichtigen ist auch Art. 2 Abs. 1 Nr. 12, wonach die Verpflichtung des Know-How-Nehmers, das Know-How des Know-How-Gebers nicht zu nutzen, um für Dritte Anlagen zu bauen, mit bestimmten Ausnahmen zulässig ist.

BE Nr. 19 enthält eine Begründung der Kommission für Mengenbeschränkungen[876] und Preisbindungen gemäß Art. 3 Nr. 8. Die Kommission glaubt, daß durch diese Verbote „das Ausmaß, in dem der Lizenznehmer die mitgeteilte Technologie verwerten darf, begrenzt wird, insbesondere, weil mengenmäßige Beschränkungen dieselbe Wirkung haben können wie Ausfuhrverbote". Dies gelte nicht in den Fällen, wo eine Lizenz zur Nutzung der Technologie in bestimmten Produktionsanlagen gewährt wird und wo einerseits ein spezifisches Know-How für die Errichtung, den Betrieb und die Wartung dieser Anlagen mitgeteilt wird, und andererseits der Know-How-Nehmer befugt ist, die Kapazität dieser Anlagen zu erhöhen oder weitere Anlagen für den eigenen Gebrauch zu normalen Geschäftsbedingungen zu errichten. Andererseits sei es aber zulässig, den Know-How-Nehmer daran zu hindern, daß er das spezifische Know-How des Know-How-Gebers zur Errichtung weiterer Anlagen für Dritte verwendete, da der Zweck der Vereinbarung nicht darin bestehe, dem Know-How-Nehmer zu gestatten, anderen Herstellern Zutritt zum Know-How des Know-How-Gebers zu gewähren, solange letzteres geheim sei[877].

Wiedemann[878] ist (zu Recht) der Meinung, daß es widersprüchlich sei, wenn die Kommission einerseits Wettbewerbsbeschränkungen gestattet, sofern sie die Bereitschaft zur Erteilung einer Lizenz förderten, andererseits aber Mengenbeschränkungen in den Verbotskatalog des Art. 3 aufgenommen wurden[879].

---

873 Dort Art. 3 Nr. 5.
874 Art. 1 Abs. 1 Nr. 8.
875 Art. 4 Abs. 2.
876 Art. 3 Nr. 7.
877 Art. 2 Abs. 1 Ziff. 12.
878 A.a.O., II S. 42 Rdnr. 30.
879 Siehe weitere Informationen bei *Wiedemann*, a.a.O., wie vor mwN.

Klarzustellen bleibt noch, daß Art. 3 Nr. 7 lediglich Höchstmengen-klauseln betrifft und daß Mindestmengenklauseln zulässig sind gemäß Art. 2 Abs. 1 Nr. 9.

Ergänzend wird noch auf die Erläuterungen zu Art. 3 Nr. 5 GVO Patent[880] verwiesen.

hh) Preisbeschränkungen

726 Nach Auffassung der Kommission können auch Verpflichtungen nicht gruppenfreigestellt werden, nach denen ein Vertragspartner Beschrän-kungen bei der Festsetzung der Preise, Preisbestandteile oder Rabatte für die Vertragserzeugnisse unterworfen wird (Art. 3 Nr. 8).

Der Begriff „Vertragserzeugnisse" wurde bereits erläutert[881]. Der Zweck dieser Regelung wurde bereits im Rahmen der Kommentierung zu Art. 3 Nr. 7 kommentiert. Es ist insofern auf BE Nr. 19 und die Erläuterungen zu der entsprechenden Regelung des Art. 3 Nr. 6 GVO Patent[882] zu verweisen.

ii) Wettbewerbsverbot

727 Art. 3 Nr. 9 enthält die Verpflichtung, daß ein Vertragspartner in seiner Freiheit beschränkt wird, innerhalb des Gemeinsamen Marktes in den Bereichen Forschung und Entwicklung, Herstellung, Gebrauch oder Vertrieb mit dem anderen Vertragspartner, mit diesem verbunde-nen oder mit anderen Unternehmen in Wettbewerb zu treten. Die Verpflichtung des Know-How-Nehmers, die überlassene Technologie nach besten Kräften zu nutzen, wird durch diese Aussage nicht betrof-fen. Das Recht des Know-How-Gebers, die dem Know-How-Nehmer eingeräumte Ausschließlichkeit zu beenden und Verbesserungen nicht mehr mitzuteilen, falls der Know-How-Nehmer derartige Wettbe-werbshandlungen vornimmt, und zu fordern, daß der Know-How-Nehmer beweist, daß das überlassene Know-How nicht für die Herstel-lung anderer als der Vertragserzeugnisse oder die Erbringung anderer als der vertragsgegenständlichen Dienstleistungen verwendet wird, bleibt nach Art. 3 Nr. 9 ebenfalls unberührt.

Art. 3 Nr. 3 GVO Patent hat bis auf die letzte Ausnahme den gleichen Inhalt wie Art. 3 Nr. 9 dieser GVO.

---

880 Siehe oben Rdnr. 650.
881 Vgl. Art. 1 Abs. 7 Nr. 9.
882 Siehe oben Rdnr. 651.

Da die gesetzliche Ausschlußwirkung eines Patents bei reinen Know-How-Lizenzverträgen nicht gegeben ist, paßt die in BE Nr. 21 der GVO Patent abgegebene Begründung der Kommission, „Wettbewerbsverbote stellten ein Hindernis für den technischen und wirtschaftlichen Fortschritt dar", mithin nur tendenziell für den Bereich reiner Know-How-Verträge. Es erscheint zumindest fraglich, ob der von der Kommission beabsichtigte Zweck, einen Interessenausgleich zwischen Wettbewerbsfreiheit und dem Schutz des Know-How-Gebers mit dem in Art. 3 Nr. 9 praktizierten „Regel-Ausnahme-Prinzip" zu schaffen, erreicht wird. Dem Know-How-Nehmer dürfte es in der Regel relativ leicht fallen nachzuweisen, daß das überlassene Know-How nicht für die Herstellung anderer als der Vertragserzeugnisse oder die Erbringung anderer als der vertragsgegenständlichen Dienstleistungen verwendet wird. Wenn der Know-How-Nehmer ein vielseitig verwendbares technisches Produkt, das auf dem Know-How des Know-How-Gebers beruht, selbst oder durch Strohmänner mit unterschiedlichen (eigenen) Warenzeichen-„Mänteln" versieht, wird es ihm leicht fallen, gegenüber dem Know-How-Geber den Anschein zu erwecken, daß das überlassene Know-How nicht für die Herstellung anderer als der Vertragserzeugnisse verwendet wird. Der Know-How-Geber dürfte dann nur mit großem Aufwand in der Lage sein, diesen Nachweis zu entkräften. Allerdings sollte diese Problematik auch nicht überbewertet werden, da – in der Praxis – die gemischten Know-How-/Patentlizenz-Verträge überwiegen[883].

Wiedemann[884] und Korah[885] sind der Auffassung, daß die gemäß Art. 1 und Art. 2 freigestellten Verpflichtungen den Regelungen des Art. 3 vorgingen, obwohl der breitgefaßte Wortlaut des Art. 3 Nr. 9 1. Halbsatz die in Art. 1 Abs. 1 und Art. 2 Abs. 1 Nr. 9 für zulässig erklärten Verpflichtungen nicht als Ausnahmen erwähnt.

Zu beachten ist in diesem Zusammenhang noch Art. 7 Nr. 8, wonach die Kommission den Rechtsvorteil der Gruppenfreistellung entziehen kann, wenn die Vertragspartner bereits vor Erteilung der Lizenz Wettbewerber waren und dem Know-How-Nehmer auferlegte Ver-

---

883 Vgl. zu diesem Problemkreis auch *Wiedemann*, a.a.O., II S. 444 Rndr. 38, *Axster*, GRUR 1985 S. 590 f. und auch *Korah*, Know-How Licensing, S. 162 und auch die Entscheidung der Kommission vom 13. 10. 1988, Abl. 1988 Nr. L 309 S. 34 ff., Nr. 18, 34 = WuW/E EV 1374 ff. = GRUR Int. 1989 S. 220 – „Delta Chemie/DDD", in der die Kommission ein teilweises Wettbewerbsverbot als zulässig erachtete.
884 A.a.O., II S. 445 Rdnr. 40.
885 Know-How Licensing, S. 161 f.

pflichtungen, eine Mindestmenge herzustellen oder, wie in Art. 2 Abs. 1 Nr. 9 oder 3 beschrieben, alle erdenklichen Anstrengungen zu unternehmen, bewirken, daß der Know-How-Nehmer von der Verwendung konkurrierender Technologien abgehalten wird. Wiedemann[886] stellt sich zu Recht die Frage, ob „die Aufnahme dieser Vorschrift in den Katalog der Entziehungsgründe aus wettbewerbspolitischer Sicht im Hinblick auf die Aufgaben der Wettbewerbsverbote in die schwarze Liste nicht überflüssig sei". Die in Art. 3 Nr. 9 2. und 3. Halbsatz erwähnten Ausnahmen von den in Art. 3 Nr. 9 1. Halbsatz geregelten Wettbewerbsverboten seien keine Wettbewerbsbeschränkungen und daher auch dem Widerspruchsverfahren gemäß Art. 4 nicht zugänglich[887]. Die in Art. 3 Nr. 9 2. und 3. Halbsatz zugunsten des Know-How-Gebers enthaltenen Ausnahmen sollten[888] in den entsprechenden Vertrag aufgenommen werden[889].

jj) Automatische Verlängerung der Laufdauer
     des Know-How-Vertrags durch Einbeziehung
     neuen Know-How des Know-How-Gebers

728   Art. 3 Nr. 10 beschreibt Verpflichtungen, nach denen sich die ursprüngliche Dauer der Know-How-Vereinbarung durch die Einbeziehung von neuen, von dem Know-How-Geber mitgeteilten Verbesserungen verlängert, es sei denn, der Know-How-Nehmer ist berechtigt, derartige Verbesserungen abzulehnen, oder jeder Vertragspartner hat das Recht, die Vereinbarung nach Ablauf der ursprünglichen Laufzeit der Vereinbarung und mindestens alle drei Jahre danach zu kündigen.

Art. 3 Nr. 2 GVO Patent sieht eine „mindestens jährliche Kündigungsmöglichkeit" vor. Weshalb gemäß Art. 3 Nr. 10 GVO Know-How die Vereinbarung erst nach jeweils 3 Jahren gekündigt werden kann, ist nicht nachvollziehbar. Möglicherweise soll damit gewährleistet werden, daß das Verbesserungs-Know-How des Know-How-Gebers effektiv in ein Produkt umgesetzt werden kann. Andererseits – dies zeigt sich immer wieder in der Praxis – erfolgen derartige Umsetzungen sehr oft erst nach diesem Zeitraum. Wenn die Kommission in den BE[890] betont, daß Art. 3 Nr. 10 dem Schutz des Know-How-Gebers und dem

886 A.a.O., II S. 445 Rdnr. 42.
887 So *Wiedemann*, a.a.O., II S. 445 Rdnr. 43; vgl. auch *Korah*, Know-How Licensing, S. 163.
888 Zur Klarstellung.
889 So auch *Wiedemann*, a.a.O., II S. 446 Rdnr. 44.
890 Nr. 20.

des Know-How-Nehmers davor dient, an Vereinbarungen gebunden zu sein, die sich wegen des vom Know-How-Geber mitgeteilten ununterbrochenen Flusses von Verbesserungen automatisch über eine anfängliche, von den Parteien frei vereinbarte Laufzeit hinaus verlängern, so ergibt sich daraus eine zwar gut gemeinte, im Hinblick auf die praktischen Auswirkungen jedoch etwas einseitige Sicht der Kommission.

Wiedemann[891] schlägt als Klausel für eine automatische Verlängerung des Vertragsverhältnisses bei reinen Know-How-Verträgen als Wortlaut vor, daß „die Dauer des Vertragsverhältnisses an das Vorhandensein von zusätzlichem wesentlichem und geheimem Know-How geknüpft wird und daß das Offenkundigwerden des ursprünglich übermittelten Know-How auf dem Bestand der Vereinbarung keinen Einfluß haben soll". Eine derartige Regelung werde von Art. 1 Abs. 3 erfaßt. Die Teilklausel, daß das Offenkundigwerden des ursprünglich übermittelten Know-How auf den Bestand der Vereinbarung keinen Einfluß haben soll, erscheint bedenklich. Art. 1 Abs. 3 stellt gerade darauf ab, daß eine Freistellung nach Art. 1 Abs. 1 nur so lange gilt, wie das (ursprüngliche) Know-How geheim und wesentlich bleibt. Bei gemischten Know-How-/Patentlizenz-Verträgen gilt Art. 1 Abs. 4 und danach eine Freistellung so lange, wie das Vertragserzeugnis oder -verfahren (in den Mitgliedstaaten) durch derartige Patente geschützt ist, sofern die Schutzdauer länger als die in Art. 1 Abs. 2 genannten Zeiträume ist.

Wenn Verbesserungen[892] eine „neue Technologie", also nicht „dieselbe Technologie"[893] betreffen, dürfte dagegen ein weiterer Zeitraum von 10 Jahren gemäß Art. 1 Abs. 2 Satz 1 in Kraft treten[894].

Im übrigen wird das Recht des Know-How-Nehmers, derartige Verbesserungen abzulehnen, wohl eher vereinbart werden als das Kündigungsrecht jedes Vertragspartners, da das Recht zur Ablehnung derartiger Verbesserungen praktischen Bedürfnissen und dem Grundsatz der Vertragsfreiheit eher gerecht wird. Viele Vertragspartner dürften

891 A.a.O., II S. 447 Rdnr. 49.
892 Know-How.
893 Art. 1 Abs. 7 Nr. 7.
894 Widersprüchlich insoweit *Wiedemann*, a.a.O., II S. 447 Rdnr. 50, der nicht von neuem Know-How, sondern von neuen Erfindungen ausgeht, für die jedoch die Fristenregelung des Art. 1 Abs. 4 gilt; siehe auch zu Art. 3 Nr. 10 Winn [1990] 4 ECLR S. 145 ff.

allerdings auch Wert darauf legen, beide Alternativen[895] gleichzeitig in einen Vertrag mitaufnehmen zu können, um auf diesem Weg beiderseitigen evtl. Interessen weitestgehend gerecht werden zu können. Es sollte daher im Wortlaut des Art. 3 Nr. 10 anstatt „oder" eher „und/oder" heißen.

kk) Vertriebsverbot

729 Art. 3 Nr. 11 beschreibt die Verpflichtung des Know-How-Gebers, anderen Unternehmen für einen längeren als den gemäß Art. 1 Abs. 2 zulässigen Zeitraum keine Lizenz zu erteilen, um dieselbe Technologie in dem Vertragsgebiet zu nutzen. Art. 1 und Art. 2 gelten gemäß Art. 3 Nr. 11 2. Alt. auch dann nicht, wenn ein Vertragspartner für die über die gemäß Art. 1 Absatz 2 oder 4 zulässigen Zeiträume hinaus verpflichtet wird, dieselbe Technologie in dem Gebiet des anderen Vertragspartners oder anderer Know-how-Nehmer nicht zu nutzen, auch wenn dies in getrennten Vereinbarungen festgelegt wird.

Art. 3 Nr. 10 GVO Patent enthält eine ähnliche Regelung für passive Vertriebsverbote des Linzenznehmers[896].

Die Kommission soll mit Art. 3 Nr. 11 die Absicht verfolgt haben, derartige Verpflichtungen nicht in einem Widerspruchsverfahren gemäß Art. 4 freistellen lassen zu können[897]. Fraglich ist des weiteren, was die Kommission damit bezweckt hat, daß sie in Art. 3 Nr. 11 1. Alternative lediglich Art. 1 Abs. 2, in Art. 3 Nr. 11 2. Alternative dagegen Art. 1 Abs. 2 und Art. 1 Abs. 1 erwähnt. Die Möglichkeit der Verlängerung der Freistellung gemäß Art. 1 Abs. 4 im Verhältnis zu Art. 1 Abs. 2 wäre insoweit aufgehoben. Dies dürfte von der Kommission nicht beabsichtigt gewesen sein[898].

ll) Lieferverweigerung, Behinderung oder Erschwerung des Bezugs der Lizenzerzeugnisse

730 Art. 3 Nr. 12 behandelt Verpflichtungen beider oder eines der beiden Vertragspartner,

---

895 „oder".
896 Siehe oben Rdnr. 655.
897 So *Wiedemann*, a.a.O., II S. 448 Rdnr. 55 unter Hinweis auf BE Nr. 7 a. E. und BE Nr. 20.
898 Diese Auffassung teilen *Wiedemann*, a.a.O., II S. 448 Rdnr. 56 und *Korah*, Know-How Licensing, S. 120.

– ohne sachlich gerechtfertigten Grund auf Bestellungen von Verbrauchern oder Wiederverkäufern aus ihren jeweiligen Gebieten, welche Erzeugnisse in anderen Gebieten innerhalb des Gemeinsamen Marktes absetzen wollen, nicht einzugehen[899] oder

– die Möglichkeit für Verbraucher oder Wiederverkäufer zum Bezug der Vertragserzeugnisse bei anderen Wiederverkäufern innerhalb des Gemeinsamen Marktes zu erschweren und insoweit insbesondere verpflichtet sind, gewerbliches und kommerzielles Eigentum geltend zu machen oder Maßnahmen zu treffen, um den Bezug außerhalb des Vertragsgebiets durch Verbraucher oder Wiederverkäufer von Erzeugnissen, die vom Know-How-Geber selbst oder mit seiner Zustimmung innerhalb des Gemeinsamen Marktes rechtmäßig in Verkehr gebracht worden sind, oder um das Inverkehrbringen solcher Erzeugnisse innerhalb des Vertragsgebiets durch diese Verbraucher oder Wiederverkäufer zu verhindern[900],

oder wenn derartige Verhaltensweisen[901] Folge einer Abstimmung zwischen ihnen sind.

Art. 3 Nr. 12 a und b wurden nach dem Vorbild des Art. 3 Nr. 11 a und b GVO Patent gestaltet. Entgegen dem „Vorbild" der GVO Patent bezieht sich der Zusatz „oder wenn derartige Verhaltensweisen Folge einer Abstimmung zwischen ihnen sind" sowohl auf Art. 3 Nr. 12 a als auch auf b. Bei der Kommentierung des Art. 3 Nr. 11 GVO Patent wurde jedoch bereits darauf hingewiesen[902], daß der dortige Zusatz sich lediglich aus „drucktechnischen" Gründen auf Art. 3 Nr. 11 b bezieht.

Art. 3 Nr. 12 a und Art. 3 Nr. 12 b dienen beide der Aufrechterhaltung des freien Warenverkehrs in den Mitgliedstaaten der EG und insbesondere der Förderung eines freien Parallelhandels[903].

Da keine Besonderheiten gegenüber Art. 3 Nr. 11 GVO Patent bestehen, kann auf die entsprechenden Ausführungen verwiesen werden[904].

---

899 Nr. 12 a.
900 Nr. 12 b.
901 Nr. 12 a, b.
902 Siehe oben Rdnr. 656.
903 Vgl. insoweit die ausführliche Darstellung bei *Wiedemann*, a.a.O., II S. 448 ff. Rdnr. 58 f. mwN.
904 Siehe oben Rdnr. 656.

5. Widerspruchsverfahren

a) Allgemeines

731 Die Kommission hat mit dem Widerspruchsverfahren gemäß Art. 4 dieser GVO eine Möglichkeit geschaffen, eine außerhalb des Anwendungsbereichs der Artikel 1, 2 und 3 liegende Gruppe von unbestimmten, wettbewerbsbeschränkenden Vereinbarungen in Know-how-Lizenz-Verträgen freizustellen. Es handelt sich insoweit um Beschränkungen der sog. „grauen Zone", also um Verpflichtungen, die – wie bereits gesagt – weder unter Art. 1, Art. 2[905] noch unter Art. 3[906] fallen. Die Kommission wollte mit der Zurverfügungstellung eines vereinfachten und beschleunigten Freistellungsverfahrens nicht nur dem vermuteten Wunsch der Anmelder von Know-How-Verträgen nach Rechtssicherheit, sondern auch dem eigenen Wunsch der Kommission, sich Verwaltungsarbeit zu ersparen, Rechnung tragen. Der Rechtsvorteil der Freistellung kommt den Vereinbarungen zugute, die bei der Kommission unter ausdrücklicher Bezugnahme auf Art. 4 dieser GVO vollständig und den Tatsachen entsprechend angemeldet werden und bei denen die Kommission binnen 6 Monaten nach Eingang der Anmeldung keinen Widerspruch gegen die Freistellung erhebt[907]. Erhebt die Kommission Widerspruch und wird dieser nicht zurückgenommen, so richten sich die Wirkungen der Anmeldungen nach den Vorschriften der GVO Nr. 17/62[908]. Ebenso wie bei der GVO Patent[909] wird auch in der GVO Know-How das Widerspruchsverfahren gemäß Art. 4 durch Art. 11 „an systematisch falscher Stelle" insoweit ergänzt, als die bei Anwendung von Art. 4 erlangten Kenntnisse nur zu dem mit dieser Verordnung verbundenen Zweck verwertet werden dürfen und geheimzuhalten sind.

Art. 4 GVO Know-How enthält im Gegensatz zu Art. 4 GVO Patent eine „Erweiterung". In Art. 4 Abs. 2 GVO Know-How werden Beispiele für Klauseln der „grauen Zone" genannt. Es handelt sich insoweit um zwei Beispiele von sog. „second sourcing"-Fällen, die die Kommission mangels ausreichender Erfahrungen mit derartigen Klauseln und angesichts des mit diesen Klauseln verbundenen besonderen Risikos nicht von vornherein freistellen, sondern „nur" dem Widerspruchsverfahren zuführen wollte.

---

905 „Weiße Liste".
906 „Schwarze Liste".
907 Art. 4 Abs. 1, 3, 4.
908 Art. 4 Abs. 10.
909 Dort Art. 13.

Wiedemann[910] meint, daß Art. 4 Abs. 2 Satz 1 nicht nur den Fall betrifft, daß eine begrenzte Menge des Vertragserzeugnisses einem bestimmten Kunden geliefert wird, sondern auch dann gilt, wenn die Vertragsparteien „keine Mengenregelung treffen, der Know-How-Nehmer jedoch verpflichtet wird, nur an den fraglichen Kunden zu liefern". Wiedemann beruft sich dabei zu Recht auf die BE[911]. Es sollte insoweit der Rat von Wiedemann befolgt werden, bei der Anmeldung darauf zu achten, daß die Anmeldeunterlagen Dokumente enthalten, die „ein entsprechendes Verlangen" des Kunden beweisen.

Wiedemann hält es für ein Redaktionsversehen, daß Art. 4 Abs. 2 Satz 1 sich nur auf Know-How bezieht und beruft sich zur Begründung dafür, daß auch gemischte Know-How-/Patentlizenz-Verträge ebenfalls von Art. 4 Abs. 2 umfaßt sind, (zu Recht) auf Art. 1 Abs. 1 Satz 1 und Art. 1 Abs. 7 Nr. 6[912]. Art. 4 Abs. 2 Satz 2 geht bei den dort behandelten Fällen davon aus, daß der Know-How-Nehmer Kunde ist und wiederholt im übrigen zusammenfassend den Wortlaut des Art. 1 Abs. 5.

Bei der Kommission wurden 1988 lediglich zwei Lizenzverträge gemäß Art. 4 angemeldet[913]. Die möglichen Hintergründe für eine derartig geringe Nutzung des Widerspruchsverfahrens wurden bereits im Zusammenhang mit der Erörterung des Artikel 4 GVO Patent teilweise erörtert. Auf diese Ausführungen wird Bezug genommen[914]. Wiedemann[915] geht richtigerweise davon aus, daß das Widerspruchsverfahren im Rahmen der GVO Know-How einen höheren Stellenwert hat als bei der GVO Patent, da der Know-How-Geber bei einem unwirksamen Vertrag nicht wie der Patentlizenzgeber die Möglichkeit hat, im Wege der Verletzungsklage gegen eine unberechtigte Nutzung des geschützten Know-How vorzugehen.

b) Verfahren

Im Hinblick auf die Voraussetzungen der Inanspruchnahme des Wider- **732**
spruchsverfahrens kann auf die entsprechenden Ausführungen zu
Art. 4 GVO Patent verwiesen werden[916].

---

910 A.a.O., II S. 457 Rdnr. 15.
911 18 Abs. 2 Satz 2.
912 *Wiedemann*, a.a.O., II S. 457 Rdnr. 16.
913 *Wiedemann*, a.a.O., II S. 454 Rdnr. 5.
914 Rdnr. 657.
915 A.a.O., II S. 454 Rdnr. 5.
916 Siehe oben Rdnr. 658.

6. Abgrenzung des Anwendungsbereichs

a) Allgemeines

733   Art. 5 Abs. 1 beinhaltet einen Katalog von Vereinbarungen, die nicht in den Anwendungebereich der GVO Know-How fallen. Es handelt sich dabei im einzelnen um Vereinbarungen, die

– Patent- oder Know-How-Gemeinschaften[917],
– Gemeinschaftsunternehmen[918],
– wechselseitige Lizenzen[919] und
– die Lizenzierung anderer Rechte des gewerblichen und geistigen Eigentums als Patente oder die Lizenzierung von Software[920]

betreffen.

Eine Ausnahme, d. h. die Anwendbarkeit dieser GVO, wird in Art. 5 Abs. 2 im Hinblick auf wechselseitige Lizenzen gemäß Art. 5 Abs. 1 Nr. 3 bejaht, sofern die Vertragspartner innerhalb des Gemeinsamen Marktes keinen Gebietsbeschränkungen hinsichtlich der Herstellung, des Gebrauchs und des Inverkehrbringens der Vertragserzeugnisse oder hinsichtlich des Gebrauchs der überlassenen Technologien unterworfen sind.

Der Katalog des Art. 5 Abs. 1 beruht auf der Erkenntnis der Kommission bei Erlaß dieser GVO, daß „solche Vereinbarungen andersartige Probleme aufwerfen, die sich derzeit nicht in einer einzelnen Verordnung lösen lassen (BE Nr. 5). Sucker[921] bestätigt diese Annahme der Kommission ausdrücklich für den Bereich der Softwarevereinbarungen. Diese Auffassung der Kommission beinhaltet gleichzeitig die Aussage, daß eine Einzelfreistellung gemäß Art. 85 Abs. 3 EWGV möglich ist[922].

---

917 Art. 5 Abs. 1 Nr. 1.
918 Art. 5 Abs. 1 Nr. 2.
919 Art. 5 Abs. 1 Nr. 3.
920 Art. 5 Abs. 1 Nr. 4.
921 CR 1989 S. 359.
922 So auch *Wiedemann*, a.a.O., II S. 460 Rdnr. 1.

b) Know-How-Gemeinschaft, Gemeinschaftsunternehmen,
wechselseitige Vereinbarungen, andere Rechte des gewerblichen oder
geistigen Eigentums als Patente, Software, wechselseitige Lizenzen

Diese GVO gilt nicht für Vereinbarungen zwischen Mitgliedern einer **734**
Patent- oder Know-How-Gemeinschaft, die sich auf gemeinsame Technologien bezieht[923].

Der englische[924] und der französische[925] Text des Art. 5 Abs. 1 Nr. 1
belegen, daß in der deutschen Fassung bei der Übersetzung das Wort
„die" (gemeinsame Technologie) vergessen wurde und somit nur die
gemeinsame Technologie, auf die sich die Vereinbarung bezieht,
gemeint ist[926].

Da sich der Wortlaut des Art. 5 Abs. 1 Nr. 1 GVO Know-How an den
Text des Art. 5 Abs. 1 Nr. 1 GVO Patent anlehnt, erübrigt sich eine
erneute Kommentierung[927].

Art. 5 Abs. 1 Nr. 2 erfaßt Know-How-Vereinbarungen zwischen *im*
Wettbewerb stehenden Unternehmen, die an einem Gemeinschaftsun-
ternehmen beteiligt sind, oder zwischen einem von ihnen und dem
Gemeinschaftsunternehmen, wenn sich die Know-How-Vereinba-
rungen *auf die Tätigkeit des Gemeinschaftsunternehmens beziehen.*
Auffällig ist hier wieder, wie bei Art. 5 Abs. 1 Nr. 2 GVO Patent, die
starke Eingrenzung der Nichtanwendbarkeit dieser GVO. Der Begriff
Know-How-Vereinbarungen erfaßt dem Wortlaut nach nur „reine
Know-How-Vereinbarungen" gemäß Art. 1 Abs. 7 Nr. 5, nicht dagegen „gemischte Know-How- und Patentlizenzvereinbarungen" gemäß
Art. 1 Abs. 7 Nr. 6. Die Auffassung, daß der Begriff „Know-How-
Vereinbarungen" gemäß Art. 5 Abs. 1 Nr. 2 reine Know-How- *und*
gemischte Know-How-/Patentlizenz-Verträge erfaßt[928], wird durch
einen Blick auf die englische und die französische Textfassung
bestärkt. Im Gegensatz zur deutschen Textfassung ist im 2. Halbsatz
des Art. 5 Abs. 1 Nr. 2 nicht von Know-How-Vereinbarungen, sondern nur von Lizenzverträgen[929] die Rede.

---

923 Art. 5 Abs. 1 Nr. 1.
924 "the pooled technologies".
925 „les technologies . . .".
926 Diese Auffassung teilen auch *Lutz/Broderick*, RIW 1989 S. 279 und *Wiedemann*,
    a.a.O., II S. 461 Rdnr. 3.
927 Siehe oben Rdnr. 660; vgl. des weiteren auch *Korah*, Know-How Licensing,
    S. 71 ff. zum Problem der Abgrenzung der Nr. 1 bis 3.
928 *Wiedemann*, a.a.O., II S. 461 Rdnr. 6.
929 "licensing agreements", „les accords de licence".

noch
734
Auch Art. 5 Abs. 1 Nr. 2 lehnt sich an den Text der GVO Patent[930] an. Eine erneute Erläuterung des Art. 5 Abs. 1 Nr. 2 erscheint daher nicht notwendig[931].

Ausgeschlossen sind vom Anwendungsbereich dieser GVO des weiteren Vereinbarungen,

– nach denen ein Vertragspartner dem anderen Know-How überläßt und
– dieser andere Partner, auch wenn dies in vertretenen Vereinbarungen oder über verbundene Unternehmen geschieht, dem erstgenannten eine Lizenz an Patenten oder Warenzeichen oder Know-How oder ausschließliche Verkaufsrechte einräumt,

soweit die Vertragspartner Wettbewerber für die Vertragserzeugnisse sind[932].

Art. 5 Abs. 4 GVO Know-How weist im Verhältnis zu Art. 5 Abs. 1 Nr. 3 GVO Patent lediglich zwei Unterschiede auf. Im Hinblick auf die Erörterung zu Art. 5 Abs. 2 Nr. 2 ist auch hier davon auszugehen, daß sowohl reine Know-How- als auch gemischte Know-How-/Patentlizenzverträge von Art. 5 Abs. 1 Nr. 3 erfaßt sind. Der im Zusammenhang mit Verkaufsrechten gemäß Art. 5 Abs. 1 Nr. 3 GVO Know-How aufgeführte Begriff „ausschließlich" soll nur eine Klarstellung bedeuten[933]. Im übrigen wird wieder auf die Parallelvorschrift des Art. 5 Abs. 1 Nr. 3 GVO Patent hinsichtlich der Kommentierung verwiesen[934].

Art. 5 Abs. 1 Nr. 4 enthält Vereinbarungen, die

– die Lizenzierung anderer Rechte des gewerblichen oder geistigen Eigentums als Patente[935] oder
– die Lizenzierung von Software

zum Gegenstand haben, es sei denn, daß

---

930 Art. 5 Abs. 1 Nr. 2.
931 Siehe oben GVO Patent Art. 5 Rdnr. 660; vgl. die Entscheidungen der Kommission vom 17. 12. 1986, ABl. 1987, Nr. L 41 S. 31 ff. = WuW/E EV 1246 ff. – "Mitchell Cotts/Sofiltra", vom 22. 12. 1987, ABl. 1988, Nr. L 52 S. 51 ff. = WuW/ E EV 1291 ff. – "Olivetti/Canon" und vom 13. 7. 1990, ABl. 1990, Nr. L 209 S. 15 ff. – "Elopak/Metal Box - Odin".
932 Art. 5 Abs. 1 Nr. 3.
933 *Wiedemann*, a.a.O., II S. 462 Rdnr. 10.
934 Siehe oben Rdnr. 660.
935 Insbesondere Warenzeichen, Urheber- und Geschmacksmusterrechte.

– diese Rechte oder die Software dazu beitragen, den mit der Überlassung des Know-How verfolgten Zweck zu erreichen und
– keine anderen wettbewerbsbeschränkenden Verpflichtungen damit verbunden sind als diejenigen, die auch an das Know-How geknüpft und aufgrund der vorliegenden Verordnung freigestellt sind.

Die Unterscheidung zwischen anderen Rechten des gewerblichen oder geistigen Eigentums als Patente im Verhältnis zur Lizenzierung von Software dürfte inzwischen durch die EG-Richtlinie über den Rechtsschutz von Computerprogrammen vom 14. 5. 1991[936] überholt sein. Aufgrund dieser Richtlinie, die bis zum 31. 12. 1992 in das jeweilige nationale Recht der Mitgliedsstaaten der EG umgesetzt werden muß, fallen Computerprogramme unter den Urheberrechtsschutz, wenn sie individuelle Rechte in dem Sinne darstellen, daß sie das Ergebnis der eigenen geistigen Schöpfung ihres Urhebers sind. Zur Bestimmtheit ihrer Schutzfähigkeit sind keine anderen Kriterien mehr anzuwenden. Das bedeutet, daß ästhetische oder qualitative Merkmale nicht mehr verlangt werden. Diese drastische Verringerung der Anforderungen an den urheberrechtlichen Schutzumfang eines Computerprogramms führt zugleich zu der Konsequenz, daß nicht erst die Individualsoftware, sondern schon die sog. Standardsoftware, soweit sie das Ergebnis einer eigenen geistigen Schöpfung im Sinne der Richtlinie ist, urheberrechtsrelevanten Charakter besitzen. Diese Einschätzung gilt also nicht für die in der Zukunft wohl immer mehr in den Vordergrund rückenden Computerprogramme, die mittels eines Computers erstellt werden[937].

Die in Art. 5 Abs. 1 Nr. 4 beispielhaft aufgezählten Rechte (oder die Software) fallen nur dann in den Anwendungsbereich dieser GVO, wenn sie „dazu beitragen, den mit der Überlassung des Know-How verfolgten Zweck zu erreichen". Die Lizenzierung „reiner" anderer Rechte des gewerblichen oder geistigen Eigentums als Patente oder (?) die reine Lizenzierung von Software fallen daher nicht unter diese GVO. Nach wie vor wird spekuliert, weshalb reine Softwarelizenzverträge ausgeschlossen sind. Zum Teil[938] soll dieser Ausschluß darauf zurückzuführen sein, „daß diesen Verträgen regelmäßig eine andere wirtschaftliche Zielsetzung zugrunde liegt, so daß sie andere kartell-

---

936 ABl. Nr. L 122 S. 42 ff.
937 Vgl. den Kommentar zu den Begründungserwägungen des geänderten Vorschlags für die Computerprogramm-Richtlinie zu Art. 1 Abs. 3 vom 18. 10. 1990, KOM(90) 509 endg. – SYN 183.
938 *Wiedemann*, a.a.O., II S. 463 Rdnr. 14.

rechtliche Probleme aufwerfen. Insbesondere geht es bei diesen Vereinbarungen üblicherweise nicht um den Aufbau einer Produktion durch den Lizenznehmer, sondern um die Gestattung der Benutzung eines fertigen Erzeugnisses". Zum Teil wird auch darauf abgestellt, daß der Ausschluß auf dem Umstand beruht, daß Softwarelizenzverträge Urheberrechtsverträge seien[939].

Auch Art. 1 Abs. 1 Satz 1 spricht von der Möglichkeit, daß unter diese GVO „begleitende Absprachen über Warenzeichen oder andere gewerbliche oder geistige Schutzrechte" fallen. Da bei Softwarelizenzverträgen in sehr vielen Fällen das Know-How und dessen Transfer im Vordergrund stehen, dürfte die GVO Know-How auch in diesem Bereich eine nicht nur untergeordnete Rolle bei der Verwertung spielen[940].

Angesichts der offenen Fragen, wann Absprachen „begleitend"[941] sind bzw. wann diese Rechte[942] „dazu beitragen, den mit der Überlassung des Know-How verfolgten Zweck zu erreichen", sollte die Kommission ein klärendes, ausführliches Wort sprechen. Die in diesem Zusammenhang bisher getroffenen restriktiven Entscheidungen der Kommission[943] sind wegen ihrer (oberflächlichen) Sachbehaltsbewertung (zu Recht) heftig kritisiert worden[944].

Art. 5 Abs. 2 beschreibt wiederum eine Ausnahme zu Art. 5 Abs. 1 Ziff. 3. Gemäß Art. 5 Abs. 2 findet diese GVO gleichwohl Anwendung auf wechselseitige Lizenzen gemäß Art. 1 Abs. 1 Ziff. 3, sofern die Vertragspartner innerhalb des Gemeinsamen Marktes keinen Gebietsbeschränkungen hinsichtlich der Herstellung, des Gebrauchs und des Inverkehrbringens der Vertragserzeugnisse oder hinsichtlich des Gebrauchs der überlassenen Technologien unterworfen sind.

Art. 5 Abs. 2 der GVO Know-How entspricht Art. 5 Abs. 2 GVO Patent und soll daher nicht erneut kommentiert werden[945].

---

939 *Pagenberg/Geissler*, a.a.O., S. 542 Nr. 31.
940 Siehe unten R.; vgl. noch zum Verhältnis des Art. 5 Abs. 1 Nr. 4 zu Art. 1 Abs. 1 die im Hinblick auf Software-Vereinbarungen überholten Ausführungen von *Wiedemann*, a.a.O., II S. 464 Rdnr. 16 ff.
941 Art. 1 Abs. 1 Satz 1.
942 Oder die Software.
943 Vom 23. 12. 1977, ABl. 1978 Nr. L 70 S. 69 f. = EUW/E EV S. 759 f. – "Campari" und vom 23. 3. 1990, ABl. 1990 Nr. L 100 S. 32 ff. Nr. 16 S. 1 – "Moosehead/Whitbread".
944 Vgl. anstatt aller *Wiedemann*, a.a.O., II S. 465 f. Rdnr. 19.
945 Siehe oben Rdnr. 660.

7. Geltungsbereich der GVO, Ermächtigung zur Erteilung von Lizenzen und Unterlizenzen, Gegenleistung, verbundene Unternehmen

Art. 6 betrifft   735

– reine Know-How-Vereinbarungen oder gemischte Vereinbarungen, bei denen der Know-How-Geber von dem Entwickler oder dem Patentinhaber eine Ermächtigung erhalten hat, eine Lizenz oder eine Unterlizenz zu erteilen[946],
– Übertragungen von Know-How oder von Know-How und Patenten, wenn das Risiko in Verbindung mit der Nutzung bei dem Abtretenden bleibt[947], und für
– reine Know-How- oder gemischte Vereinbarungen, in denen Rechte oder Verpflichtungen eines der Vertragspartner von mit diesen verbundenen Unternehmen übernommen werden[948].

Eine Parallelregelung findet sich in der GVO Patent in Art. 11. Art. 6 unterscheidet sich nur insoweit von Art. 11 GVO Patent, als Art. 6 dem besonderen Wesen des Know-How Rechnung trägt. Es kann daher auf die einschlägigen Ausführungen zu Art. 11 GVO Patent verwiesen werden[949].

8. Entzug des Rechtsvorteils der GVO durch die Kommission

Wiedemann bezeichnet Art. 7 zutreffend als „Korrekturinstrument für   736
Sonderfälle"[950]. Art. 7 Nr. 1 bis 5 entsprechen Art. 9 GVO Patent.

Art. 7 Nr. 1 bis 3 weisen keine Besonderheiten im Verhältnis zu Art. 9 Nr. 1 bis 3 GVO Patent auf und werden daher nicht erneut kommentiert[951].

Art. 7 Nr. 4 ist vom Wortlaut her an Art. 9 Nr. 4 GVO Patent angelehnt[952]. Vor dem Hintergrund des besonderen Charakters des Know-How, wonach dem Know-How-Geber im Gegensatz zum Patentlizenzgeber für den Fall der Unwirksamkeit des Know-How-

---

946 Art. 6 Nr. 1.
947 Art. 6 Nr. 2.
948 Art. 6 Nr. 3.
949 Siehe oben Rdnr. 666; vgl. zur Frage einer möglicherweise geringeren Akzeptanz des Art. 6 und zum Begriff der „Abtretung" bzw. „Übertragung" ergänzend *Wiedemann*, a.a.O., II S. 468 Rdnr. 3 f.
950 *Wiedemann*, a.a.O., II S. 470 Rdnr. 1.
951 Siehe oben Rdnr. 662–665.
952 Vgl. Rdnr. 666.

noch
736
Vertrags als Folge des Entzugs des Rechtsvorteils der Gruppenfreistellung kein gesetzliches Ausschließungsrecht verbleibt, sollen als weitere ungeschriebene Voraussetzungen „eine systematische Behinderung des Parallelhandelns" und „eine Qualifizierung des Sachverhalts erforderlich sein, wonach das Verhalten des Know-How-Nehmers dem Know-How-Geber zurechenbar sein muß"[953].

Art. 7 Nr. 5 wurde – wie bereits angesprochen – an den Wortlaut des Art. 9 Nr. 5 GVO Patent angelehnt[954].

Der Rechtsvorteil der Gruppenfreistellung kann von der Kommission gemäß Art. 7 Nr. 6 entzogen werden, wenn das nachvertragliche Nutzungsverbot des Art. 2 Abs. 1 Nr. 3 den Know-How-Nehmer daran hindert, mit einem abgelaufenen Patent zu arbeiten, mit dem alle anderen Hersteller arbeiten können.

Korah[955] und *Wiedemann*[956] sind der Überzeugung, daß Art. 7 Nr. 6 mittelbar einen *Know-How-Geber* abschrecken wird, das geheime Know-How Interessenten zu überlassen.

Die (zutreffende) Annahme, daß Art. 7 Nr. 6 dadurch ausgehebelt werden kann, daß das nachträgliche Nutzungsverbot gemäß Art. 2 Abs. 1 Nr. 3 auf das überlassene Know-How beschränkt wird[957], ergibt sich zwar aus dem Wortlaut, dieser soll jedoch auf einem Redaktionsversehen beruhen[958].

Der Rechtsvorteil der Gruppenfreistellung kann auch dann entzogen werden, wenn der Zeitraum, für den der Know-How-Nehmer verpflichtet ist, weiterhin Gebühren zu zahlen, nachdem das Know-How durch das Verhalten Dritter offenkundig geworden ist[959], den durch die frühzeitige Aufnahme der Produktion und der Vermarktung erworbene Vorsprung erheblich überschreitet und diese Verpflichtung sich nachteilig auf den Wettbewerb auf dem Markt auswirkt[960].

---

953 So *Wiedemann*, a.a.O., II S. 472 f. Rdnr. 11.
954 Siehe oben Rdnr. 667.
955 Know-How-Licensing, a.a.O., S. 197.
956 A.a.O., II S. 473 Rdnr. 16.
957 Eine Behinderung des Know-How-Nehmers hinsichtlich des lizenzierten Patents liegt nicht vor.
958 *Wiedemann*, a.a.O., II S. 473 Rdnr. 17.
959 Art. 2 Abs. 1 Nr. 7.
960 Art. 7 Nr. 7.

Die Kommission[961] kann den Rechtsvorteil der Freistellung des Art. 7 noch entziehen, wenn sich aus den Umständen eindeutig ergibt, daß der **736** Know-How-Nehmer das Know-How innerhalb einer kurzen Zeit hätte selbst entwickeln können und wollen und im Vergleich dazu der Zeitraum der fortgesetzten Zahlungen übermäßig lang ist.

Auffällig ist, daß diese BE[962] andere Voraussetzungen für den Entzug der Gruppenfreistellkung nennt[963] als Art. 7 Nr. 7, wonach der Zeitraum, für den der Know-How-Nehmer verpflichtet ist, weiterhin Gebühren zu zahlen, nachdem das Know-How durch das Verhalten Dritter offenkundig geworden ist, den durch die frühzeitige Aufnahme der Produktion und der Vermarktung erworbenen Vorsprung erheblich überschreitet und diese Verpflichtung sich nachteilig auf den Wettbewerb auf dem Markt auswirkt. Die Begriffe „frühzeitige Aufnahme" und „erheblich" werden von der Kommission in den BE (leider) nicht erläutert. Wiedemann[964] geht davon aus, daß Art. 7 Nr. 7 die Verpflichtung des Lizenznehmers zur Zahlung einer einmaligen Lizenzgebühr oder einer zu Beginn der Vertragslaufzeit hohen (laufenden) Lizenzgebühr bewirkt.

Der Rechtsvorteil der Gruppenfreistellung kann gemäß Art. 7 Nr. 8 entzogen werden, wenn die Vertragspartner bereits vor Erteilung der Lizenz Wettbewerber waren und dem Know-How-Nehmer auferlegte Verpflichtungen, eine Mindestmenge herzustellen oder, wie in Art. 2 Abs. 1 Nr. 9 und Art. 3 Nr. 9 beschrieben, alle erdenklichen Anstrengungen zu unternehmen, bewirken, daß der Know-How-Nehmer von der Verwendung konkurrierender Technologien abgehalten wird.

Auch hier hat sich wieder ein Übersetzungsfehler eingeschlichen. Art. 2 Abs. 1 Nr. 9 enthält *keine* Ausübungspflicht.

Art. 7 Nr. 8 wird im Hinblick auf die Frage relevant, ob vor Vertragsbeginn ein „aktuelles Wettbewerbsverhältnis" oder aber lediglich ein „potentieller Wettbewerb" gegeben sein muß bzw. sein kann[965].

---

961 Gemäß BE Nr. 15.
962 Nr. 15.
963 „der Know-How-Nehmer das Know-How innerhalb einer kurzen Zeit hätte selbst entwickeln können und wollen und im Vergleich dazu der Zeitraum der fortgesetzten Zahlungen übermäßig lang ist".
964 A.a.O., II S. 474 Rdnr. 21.
965 Vgl. insoweit *Wiedemann*, a.a.O., II S. 475 Rdnr. 24, der diese Frage wohl letztlich offenläßt.

Die Kommission hat bei der Prüfung der Frage, ob Art. 7 Nr. 8 sich nachteilig auf den Wettbewerb auf dem Markt auswirkt, insbesondere auch die Höhe der von den Parteien gehaltenen Marktanteile zu beachten[966].

Es wird insoweit auf die entsprechenden Ausführungen zu Art. 9 GVO Patent verwiesen[967].

9. Übergangsvorschriften, Laufzeit der GVO

737 Die Übergangsvorschriften der Art. 8, 9 und 10 entsprechen Art. 6 bis 8 der GVO Patent. Art. 11 ist an den Wortlaut des Art. 13 GVO Patent angelehnt. Auf die entsprechenden Kommentierungen wird – um überflüssige Wiederholungen zu vermeiden – verwiesen[968].

Die GVO Know-How läuft bis zum 31. 12. 1999. Know-How-Lizenzverträge können jedoch mit einer Laufzeit versehen werden, die über den 31. 12. 1999 hinausreicht[969]. Im übrigen wird auf die entsprechenden Erörterungen zu Art. 14 GVO Patent verwiesen[970].

---

966 So *Wiedemann*, a.a.O., II S. 475 Rdnr. 25 unter Hinweis auf die Entscheidung der Kommission vom 26. 7. 1988, Abl. 1988 Nr. L 272 S. 27 = WuW/E EV 1359 ff. – "Tetra Pak I".
967 Siehe oben Rdnr. 667.
968 Siehe oben Rdnr. 658, 661.
969 Vgl. *Verstrynge*, 1988 Fordham Corp. Law Inst. 1989, 12−10 und auch *Wiedemann*, , a.a.O., II S. 479 Rdnr. 2.
970 Siehe oben Rdnr. 671.

R. Softwareverwertungsverträge

I. Softwareschutz

1. Patent und Gebrauchsmuster

Die Möglichkeit, Software durch Patente zu schützen, ist relativ stark **738** eingeschränkt. Die nach dem PatG bestehenden Voraussetzungen für die Erteilung eines Patents (die Erfindung muß neu sein, auf einer erfinderischen Tätigkeit beruhen und gewerblich anwendbar sein) werden von der Software allein nicht erfüllt. Software „als solche" ist nach dem PatG[1] nicht geschützt. Es läßt sich zwar noch relativ leicht feststellen, ob eine Software gewerblich anwendbar und darüber hinaus auch neu ist. Der Prüfer beim Patentamt hat dagegen erhebliche Schwierigkeiten bei der Feststellung, ob die Erfindung Erfindungshöhe hat, d. h. auf einer erfinderischen Tätigkeit beruht. Dies ist nach dem PatG der Fall, wenn sich die erfinderische Tätigkeit „nicht in naheliegender Weise aus dem Stand der Technik ergibt". Die Erfindung muß also deutlich über dem Stand der Technik liegen. Diese vom Gesetz verlangte Eigenschaft der Erfindung setzt jedoch voraus, daß die Erfindung einen „technischen" Bezug hat. v. Gravenreuth[2] hat den begrüßenswerten Versuch unternommen, die Leitsätze der Rechtsprechung des BGH und des BPatG[3] zu verallgemeinern. Nach dieser Rechtsprechung

– sei eine Patentierung nur möglich, wenn der als neu und erfinderisch beanspruchte Kern der Lehre sich auf technische Merkmale beziehe, hingegen nicht, wenn sich die Erfindung nur auf den Algorithmus beschränke.

– seien Organisations-, Rechenregeln und Algorithmen als solche daher nicht patentfähig.

– könne die Anleitung zum zweckmäßigen Gebrauch eines technischen Gerätes aber auch dann technischer Natur sein, wenn in der Angabe eine mathematische Formel, die selbst von der Patentierbarkeit ausgeschlossen sei, zur bloßen Kennzeichnung des Erfindungsgegenstandes enthalten sei.

---

1 § 1 Abs. 2 Nr. 3 i.V.m. § 1 Abs. 3 PatG.
2 ComHdB, a.a.O., Kap 51 Rdnr. 16.
3 ComHdB *v. Gravenreuth*, a.a.O., Kap. 51 Rdnr. 9 ff., 16.

– könne die Lehre, eine Datenverarbeitungsanlage nach einem bestimmten Programm zu betreiben, patentierbar sein, wenn das Programm einen neuen erfinderischen Aufbau einer solchen Anlage erfordere und lehre, oder wenn durch das Programm die Anlage auf eine neue, bisher weder übliche noch naheliegende Art zu benutzen sei. Im Umkehrschluß seien daher Programme von der Patentierung ausgeschlossen, wenn durch sie lediglich bekannte Datenverarbeitungsanlagen bestimmungsgemäß verwendet würden.

– müsse eine Regel zum technischen Handeln eine Lehre enthalten, mit bestimmten technischen Mitteln zur Lösung der technischen Aufgabe ein technisches Ergebnis zu erzielen, das als kausal übersehbarer Erfolg unmittelbar aus dem Einsatz beherrschbarer Naturkräfte resultieren müsse, wobei zu diesen Naturkräften nur solche zu zählen seien, die außerhalb der menschlichen Verstandestätigkeit lägen, jedoch damit vom Menschen beherrschbar würden.

– sei der objektiv als neu und erfinderisch beanspruchte Kern der Lehre wesentlich und nicht deren sprachliche Einkleidung.

Alles in allem sei daher Software weder nach altem[4] noch nach neuem[5] Recht patentfähig. Jedoch könnten technische Lehren im „softwarenahen Bereich (programmbezogene Erfindungen)" im Einzelfall patentrechtlich schutzfähig sein. Allein dadurch, daß in einem Patentanspruch (auch) ein Algorithmus enthalten sei, werde noch kein Ausschluß vom Patentschutz bewirkt[6].

Das Patentgesetz 1981[7] beendete daher nicht die Diskussion, ob bzw. unter welchen Voraussetzungen Software patentfähig ist[8]. Entsprechendes gilt für Art. 52 Abs. 2 Nr. 3 i.V.m. Art. 52 Abs. 3 EPÜ.

Selbst wenn die Rechtsprechung nach anfänglicher ablehnender Haltung inzwischen ansatzweise der Auffassung ist, daß unter bestimmten Voraussetzungen für Software Patente erteilt werden können[9], mangelt

---

4 PatG 1968.
5 PatG 1981.
6 ComHdB *v. Gravenreuth,* a.a.O., Kap. 51 Rdnr. 16 a. E. unter Hinweis auf BPatG GRUR 1985 S. 522 – Positionsantrieb.
7 § 1 Abs. 2 Nr. 3 i.V.m. § 1 Abs. 3 PatG.
8 Vgl. zur Diskussion die Übersichten bei *Benkard,* PatG, a.a.O., Rdnr. 104 zu § 1 und ComHdB *v. Gravenreuth,* a.a.O., Kap. 51 Rdnr. 6 ff.
9 Vgl. z. B. die 3 (!) jüngeren Entscheidungen des *BGH,* 11. 3. 1986, CR 1986 S. 325 – „Flugkostenminimierung", 11. 6. 1991, CR 1991 S. 658 – „Seitenpuffer" und, 11. 6. 1991, CR 1991 S. 662 – „Chinesische Schriftzeichen".

es jedoch nach wie vor an einheitlichen, eindeutigen Bewertungskriterien[10].

So fehlt es also vor allem an einer Klärung des aus patentrechtlicher Sicht grundlegenden Begriffs eines „technischen" Programms, der vom BGH in der Entscheidung „Antiblockiersystem"[11] verwandt wurde. Immerhin ist es dem Deutschen Patentamt (DPA)[12] sowie dem Europäischen Patentamt (EPA)[13] gelungen, Prüfungsrichtlinien für programmbezogene Erfindungen zu erstellen[14].

Die Ausführungen zum Patentrecht gelten grundsätzlich auch für das Gebrauchsmusterrecht[15].

Es ist daher aufgrund der bisherigen gesetzlichen Regelungen und der Rechtsprechung davon auszugehen, daß nur in Ausnahmefällen der Schutz einer Software durch gewerbliche Schutzrechte gegeben ist und voraussichtlich auch gegeben sein wird.

2. Warenzeichen

Bei der Lizenzierung von Warenzeichen, die Software betreffen, sind neben grundsätzlichen Erwägungen[16] noch einige Besonderheiten zu beachten. **739**

Den im Rahmen der Anmelde- und Erteilungsverfahren bei den Patentämtern gewählten Zeichen mangelt es sehr häufig an der für die Erteilung eines Warenzeichens u. a. notwendigen Unterscheidungskraft und dem Freihaltungsbedürfnis. Es werden häufig z. B. Softwarespezifische Buchstabenfolgen verwandt, die dann in der Zeichenrolle des jeweiligen Patentamts nicht eingetragen werden können. Ein Blick in das Warenzeichenblatt des DPA zeigt hinsichtlich der eingetragenen und der nichteingetragenen Warenzeichen für Software jedoch, daß die Entscheidungspraxis des DPA nicht unbedingt als einheitlich bezeichnet werden kann. Harte-Bavendamm[17] empfiehlt zu Recht,

---

10 Vgl. *Benkard*, PatG, a.a.O., wie vor und *Goldrian*, Anmerkung zu *BGH*, 11. 6. 1991, CR 1991 S. 658 – „Seitenpuffer" und zu *BGH*, 11. 6. 1991, CR 1991 S. 662 – „Chinesische Schriftzeichen" in CR 1991 S. 662 ff.

11 *BGH*, 13. 5. 1980, GRUR 1980 S. 839.

12 Bl. f. PMZ 1981 S. 263; Bl. f. PMZ 1987 S. 1.

13 Amtsbl. EPA 1985 S. 173, 1992 S. 69.

14 Vgl. Fußn. 12 f. und den Text der WIPO-Mustervorschriften, GRUR Int. 1979 S. 306.

15 Vgl. z. B. ComHdB v. *Gravenreuth*, a.a.O., Kap. 52 Rdnr. 1 ff.

16 Vgl. oben Rdnr. 465 ff. und Rdnr. 592 ff. passim.

17 ComHdB, a.a.O., Kap. 56 Rdnr. 14.

sowohl im Hinblick auf „erheblich bessere Eintragungschancen" als auch angesichts „des solchen Zeichen zuerkannten größeren Schutzumfangs" möglichst phantasiereiche Begriffe anzumelden[18].

Eine beschleunigte Eintragung gemäß § 6 a WZG kann gerade bei der in der Regel realtiv kurzen Softwareproduktlebensdauer dabei helfen, Raubkopierern auch Ansprüche nach dem Warenzeichengesetz entgegenzuhalten[19].

Strittig ist, wann Software mit dem Zeichen „versehen" ist gemäß §§ 15 Abs. 1, 24 Abs. 1 WZG. Es soll unter Berufung auf den BGH[20] ausreichen, daß „selbst dann, wenn die mit dem Programm verwobene[21] Marke beim routinemäßigen Programmlauf nicht automatisch auf dem Bildschirm erscheint, das Programm mit ihr versehen worden ist, falls es möglich ist, sie durch besondere Befehle doch noch wahrnehmbar zu machen"[22]. Bei Software ist es üblich, daß das Warenzeichen des Herstellers bei der Benutzung des Programms auf dem Bildschirm erscheint. Dies kann mit oder ohne den sog. Copyright-Vermerk erfolgen. Wenn ein Warenzeichen auf dem Bildschirm zu sehen ist, so werden damit mehrere Zwecke erfüllt. Das Warenzeichen des Softwareherstellers hat zunächst einmal eine werbende Funktion. Gleichzeitig wird eine bestimmte Produktqualität signalisiert. Schließlich ist der Hinweis auf ein Warenzeichen (bedingt) dazu geeignet, Dritte von einer unberechtigten Nutzung der Software abzuhalten.

Es ist bei auf dem Bildschirm erscheinenden Softwarewarenzeichen allerdings darauf zu achten, daß der Warenzeicheninhaber im eigenen Interesse durch geeignete Hinweise auf dem Bildschirm klarstellt, auf welche Softwarebausteine sich das jeweilige Warenzeichen bezieht, und im Vertrag, der die Nutzungsrechte an der Software und dem Warenzeichen regelt, zusätzlich bestimmt, ob bzw. in welchem Umfang die Softwarequalität vom Lizenzgeber überprüft werden

---

18 Vgl. auch *Lehmann/Schweyer*, a.a.O., VIII Rdnr. 16; *Bohlig*, CR 1986 S. 126, 128, jeweils mwN.
19 So auch ComHdB *Harte-Bavendamm*, a.a.O., Kap. 56 Rdnr. 19 mwN.
20 2. 5. 1985, CR 1986 S. 130 ff.
21 Zum Begriff „verweben" siehe *Bohlig*, wie vor S. 129, der darauf abstellt, daß die Marke „auch ungewollt beim unbefugten Kopieren oder Vervielfältigen des Programmes zwangsläufig mitübernommen und bei Benutzung des Programmes auf dem Bildschirm oder auf dem Computerausdruck sichtbar dargestellt wird".
22 ComHdB *Harte-Bavendamm*, a.a.O., Kap. 56 Rdnr. 21; a. A. *Lehmann/Schweyer*, a.a.O., VIII Rdnr. 47.

kann. Es sind insoweit z. B. auch kartellrechtliche[23], (produkt-) und haftungsrechtliche Auswirkungen[24] zu beachten.

3. Know-How

Verträge, die die Verwertung von Know-How im Zusammenhang mit   **740**
der Überlassung von Software regeln, sollen nur dann als Know-How-Lizenzverträge beurteilt werden können, wenn der Lizenznehmer auch über den jeweiligen „Quellcode und die Programmbeschreibung" und nicht nur über den Objektcode verfügen kann. Diese Ansicht wird mit dem Hinweis auf die Auffassung der EG-Kommission begründet, wonach „die kartellrechtliche Privilegierung von Know-How-Überlassungsverträgen auf dem Umstand beruht, daß dem Lizenznehmer die Kenntnisse, die den Gegenstand des Know-How bilden, mitgeteilt werden, damit er mit ihrer Hilfe zur Herstellung der vertragsgegenständlichen Erzeugnisse befähigt wird"[25].

Diese Auffassung beinhaltet also die Schlußfolgerung, daß ein Vertrag zur Verwertung von Software nur in den Fällen als Know-How-Lizenzvertrag eingestuft werden kann, in denen der Lizenznehmer detailliertes Wissen über den Aufbau der Software erhält. Dies wird in der Regel dann nicht gegeben sein, wenn der Lizenznehmer eine Software lediglich zur Nutzung erhält. Das dieser Software zugrundeliegende Know-How, das insbesondere im Quellcode enthalten ist, wird dem Lizenznehmer grundsätzlich nicht überlassen. Anders verhält es sich, wenn der Lizensnehmer die Software benötigt, um diese entweder weiterzuentwickeln oder um eine andere Software unter Einbeziehung der lizenzierten Software völlig neu zu entwickeln oder aber im Rahmen der Auftragsforschung dem Auftraggeber die Entwicklungsergebnisse nach dem Ende der Projektlaufzeit überlassen werden. Bei diesen drei aufgeführten Sachverhalten wird regelmäßig detailliertes Grundlagenwissen dem Lizenznehmer bzw. Auftraggeber zur Verfügung gestellt.

---

23 S. o. Rdnr. 733.
24 S. z. B. *Groß*, CR 1990 S. 438 ff.
25 Siehe zunächst die allgemeinen Ausführungen unter Rdnr. 523 ff., 616 f., 673 ff., und dann z. B. *Sucker*, CR 1989 S. 353, 359 unter Hinweis auf *Lehmann/Geissler/Pagenberg*, a.a.O., XIV Rdnr. 19; *Habel*, CR 1991 S. 257, 259; *Taeger*, CR 1991 S. 449 ff. jeweils mit vielen lesenswerten Nachweisen; vgl. auch *Pagenberg*, CR 1991 S. 65 ff. zur (unbefriedigenden) Situation des Software-Know-How-Schutzes in gerichtlichen Streitigkeiten.

Es können daher nur in derartigen Fällen (zulässige) vertragliche Wettbewerbsbeschränkungen, die den Schutz von Know-How betreffen, akzeptiert werden[26].

Zu beachten ist in diesem Zusammenhang die GVO Know-How. Die GVO Know-How stellt ausdrücklich klar, daß „geistige Schutzrechte" nur in „begleitenden" Abreden Gegenstände wettbewerbsbeschränkender Vereinbarungen sein können[27]. Diese Aussage wird noch einmal in Art. 5 Abs. 1 Ziffer 4 bekräftigt, wonach „Vereinbarungen, die die Lizenzierung anderer Rechte des . . . geistigen Eigentums . . . (insbesondere . . ., Urheberrechte . . .) oder (dieses „oder" dürfte aufgrund der EG-Richtlinie über den Rechtsschutz von Computerprogrammen vom 14. 5. 1991, die Software, die das Ergebnis der eigenen geistigen Schöpfung ihres Urhebers ist, als urheberrechtsschutzfähig bezeichnet, insoweit überholt sein) die Lizenzierung von Software zum Gegenstand haben", nicht unter die GVO Know-How fallen, wenn nicht „diese Rechte oder die Software dazu beitragen, den mit der Überlassung des Know-How verfolgten Zweck zu erreichen und keine anderen wettbewerbsbeschränkenden Verpflichtungen damit verbunden sind als diejenigen, die auch an das Know-How geknüpft und aufgrund der vorliegenden Verordnung freigestellt sind".

Die GVO Know-How definiert in Art. 1 Abs. 7 Ziffer 1–4 den Oberbegriff des Know-How[28] und die diesen Begriff beschreibenden Merkmale „geheim", „wesentlich" und „identifiziert"[29,30]. Dieser relativ enge Know-How-Begriff, der durch die drei vorgenannten Merkmale geprägt ist, wirft im Hinblick auf die Frage, wann Software als Know-How im Sinne dieser GVO anzusehen ist, im Verhältnis zur Beurteilung sonstigen Know-How keine besonderen Probleme auf. Bei Massensoftware, die mit Quellcode und Programmbeschreibung verwertet wird, steht der Software-Know-How-Geber oder auch der Software-Know-How-Nehmer, der Unterlizenzen erteilt, bezüglich der lückenlosen Verpflichtung aller Unter-Software-Know-How-Nehmer und der lückenlosen Überwachung dieser Verpflichtungen vor mithin nicht lösbaren Schwierigkeiten[31]. Software-Know-How soll (zu Recht)

---

26 So im Ergebnis auch z. B. *Sucker*, CR 1989 S. 353, 359 und *Lehmann/Geissler/Pagenberg*, a.a.O., XIV Rdnr. 19.
27 Art. 1 Abs. 1.
28 Ziffer 1.
29 Ziffer 2–4.
30 Vgl. im einzelnen zum Know-How-Begriff Rdnr. 616 f., 673 ff.
31 So auch *Sucker*, wie vor.

„wesentlich" sein, wenn der Quellcode und die Programmbeschreibung mitgeliefert werden[32].

Das Software-Know-How ist auch regelmäßig durch die im Rahmen der Lizenz überlassenen „Gegenstände" wie z. B. Quellcode mit ausführlicher Programmbeschreibung, auf Computerausdrucken festgehaltene Testdatenprogramme, Datenflußpläne, „identifiziert"[33].

4. Urheberrecht

a) Allgemeines

Das Urheberrechtsänderungsgesetz vom 24. 6. 1985 bildete mit der Aufnahme der „Programme für die Datenverarbeitung" in den nicht abschließenden Katalog der geschützten Werke[34] einen vorläufigen Schlußpunkt des Gesetzgebers zu der Frage, ob der Urheberrechtsschutz für Software in Betracht kommt. Literatur und Rechtsprechung waren der Wegbereiter für das Urheberrechtsänderungsgesetz[35].   **741**

Ein weiterer Meilenstein wurde durch die EG-Kommission gesetzt. Sie verabschiedete am 14. 5. 1991 die EG-Richtlinie über den Rechtsschutz von Computerprogrammen[36], wonach ein Urheberrechtsschutz für Computerprogramme befürwortet wird, „wenn sie individuelle Werke in dem Sinne darstellen, daß sie das Ergebnis der eigenen geistigen Schöpfung des Urhebers sind. Zur Bestimmung ihrer Schutzfähigkeit sind keine anderen Kriterien anzuwenden" gemäß Art. 1 Abs. 3 der Computerprogrammrichtlinie.

b) Geltendes Recht

Bis zur Umsetzung der Computerprogrammrichtlinie in das deutsche Urheberrechtsgesetz gilt dieses in der Fassung vom 9. 9. 1965, zuletzt geändert durch die Gesetzesänderung vom 7. 3. 1990.   **742**

aa) Werk

Zu den geschützten Werken der Literatur, Wissenschaft und Kunst zählen auch Programme für die Datenverarbeitung[37] und Darstellun-   **743**

---

32 *Sucker,* wie vor.
33 Vgl. im Hinblick auf weitere allgemeine Voraussetzungen der Anwendbarkeit der GVO Know-How Rdnr. 677 ff.
34 § 2 Abs. 1 Nr. 1 UrhG.
35 Vgl. zur historischen Entwicklung nur *Schricker/Loewenheim,* a.a.O., § 2 Rdnr. 74.
36 ABl. Nr. L 122 S. 42 ff., Computerprogrammrichtlinie genannt.
37 § 2 Abs. 1 Nr. 1 UrhG.

gen wissenschaftlicher oder technischer Art wie Zeichnungen, Pläne, Karten, Skizzen, Tabellen und plastische Darstellungen[38].

Der Begriff „Datenverarbeitungsprogramm" ist im Gesetz nicht definiert. In der Literatur wurde daher versucht, diesem Mangel abzuhelfen. Ein „Datenverarbeitungsprogramm" soll „ein Satz von Anweisungen an ein informationsverarbeitendes Gerät und den mit diesem Gerät arbeitenden Menschen" sein[39]. Die Mustervorschriften der WIPO[40] sehen in einem Computerprogramm[41] lediglich eine Teilmenge der „Computer-Software", zu der auch die Programmbeschreibung[42] sowie das Begleitmaterial zählen sollen[43]. Während die Computerprogramme bzw. Datenverarbeitungsprogramme nur noch unter § 2 Abs. 1 Nr. 1 fallen sollen[44], wird von § 2 Abs. 1 Nr. 7 lediglich das „Begleitmaterial" abgedeckt[45]. Dieser Meinungsstreit hat insoweit eine erhebliche praktische Bedeutung, als im Gesetz[46] die Vervielfältigung eines Programms für die Datenverarbeitung[47] oder wesentlicher Teile davon stets nur mit Einwilligung des Berechtigten zulässig ist, die Vervielfältigung des „Begleitmaterials" also grundsätzlich nicht der Einwilligung des Berechtigten bedarf. In welchem Umfang das „Begleitmaterial"[48] noch als „wesentlicher Teil" des Datenverarbeitungsprogramms[49] gelten kann, dürfte eine Frage des Einzelfalls sein. Strittig ist auch, ob die Vervielfältigung von Datenverarbeitungsprogrammen für den privaten Gebrauch[50] auch der Einwilligung des Berechtigten[51] bedarf[52].

---

38 § 2 Abs. 1 Nr. 7 UrhG.
39 Vgl. nur *Schricker/Loewenheim*, a.a.O., § 2 Rdnr. 75 mit zahlreichen weiteren Hinweisen.
40 GRUR Int. 1978 S. 266 ff.
41 Quellcode und Objectcode.
42 Entwurf und Wartungsdokumentation.
43 Siehe auch nur *Schricker/Loewenheim*, a.a.O., wie vor mwN.
44 Vgl. zum Meinungsstand wieder *Schricker/Loewenheim*, a.a.O., § 2 Rdnr. 75.
45 Vgl. *Schricker/Loewenheim*, a.a.O., wie vor.
46 § 53 Abs. 4 Satz 2 UrhG.
47 § 2 Abs. 1 Nr. 1 UrhG.
48 § 2 Abs. 1 Nr. 7 UrhG: Darstellungen wissenschaftlicher oder technischer Art.
49 § 53 Abs. 4 Satz 2 UrhG.
50 § 53 Abs. 1 UrhG.
51 § 53 Abs. 4 Satz 2 UrhG.
52 Siehe z. B. *Schricker/Loewenheim*, a.a.O., § 53 Rdnr. 38 ff.

Seit der „Inkasso-Programm"-Entscheidung des BGH[53] gelten
Datenverarbeitungsprogramme als „Werke der Wissenschaft" gemäß
§ 2 Abs. 1 UrhG.

Unabhängig davon, wieviele Entwicklungsphasen für ein Datenverarbeitungsprogramm angenommen werden können, ist die Rechtsprechung sich einig, daß Software nicht nur als Gesamtergebnis einer
Entwicklung, sondern auch in den einzelnen Phasen der Entwicklung
Urheberrechtsschutz genießt[54]. In der Praxis dürfte allerdings in der
Regel lediglich die Frage der Urheberrechtsschutzfähigkeit des Soft-
ware-Gesamtprodukts von Interesse sein.

Zu beachten ist, daß lediglich „persönliche geistige Schöpfungen" als
Werk im Sinne des UrhG anzusehen sind[55].

Was unter den Begriff der „persönlichen geistigen Schöpfung" im
Hinblick auf Software zu verstehen ist, ist nach wie vor höchst strittig.
Der Streit konzentriert sich dabei weniger auf die Begriffe „persönlich"
und „geistig". Diese Begriffe werden wahrscheinlich erst in der näheren Zukunft, wenn beispielsweise Produkte der „Künstlichen Intelli-
genz" den Menschen und seine geistige Betätigung bei der Entwicklung
von Software ergänzen bzw. ersetzen, eine größere Bedeutung erlangen. Nach dem derzeitigen Stand der Technik sind selbst Entwick-
lungswerkzeuge, wie z. B. Generatorprogramme, die den Software-
Entwickler bei seiner Arbeit unterstützen, ohne die persönliche geistige Leistung des Entwicklers nicht denkbar[56]. Das eigentliche Interesse richtet sich demnach auf den Begriff der „Schöpfung". Zunächst
ist bei bei anderen geschützten Werken im Sinne des UrhG davon
auszugehen, daß lediglich das Werk als solches, nicht aber die diesem
Werk zugrundeliegenden wissenschaftlichen bzw. technischen Ideen
geschützt sind und diese daher keine persönliche geistige Schöpfung
darstellen können. Dies gilt nach der herrschenden Meinung in der
Rechtsprechung und in der Literatur insbesondere für den sog. Algorithmus, wobei allerdings unklar ist, welche Merkmale dieser Begriff
beinhaltet. Ob unter diesen Begriff die der Software zugrundeliegende
„Rechenregel", im wesentlichen die Software selbst oder aber „die bei
der Erstellung des Programms herangezogenen mathematischen Prin-

---

53 9. 5. 1985, GRUR 1985 S. 1041, 1046.
54 Vgl. *BGH*, 9. 5. 1985, GRUR 1985 S. 1041, 1046 – „Inkasso-Programm" und *OLG
    Frankfurt*, 13. 6. 1983, GRUR 1983 S. 753, 755 – „Pengo" und *OLG Frankfurt*, 4. 8.
    1983, GRUR 1984 S. 509 – „Donkey Kong Junior II".
55 § 2 Abs. 2 UrhG.
56 Vgl. nur ComHdB *Harte-Bavendamm*, a.a.O., Kap. 54 Rdnr. 14 ff.

zipien und Lehren" fallen, spielt letztlich keine Rolle, da diese Begriffe selbst wiederum unbestimmte Rechtsbegriffe darstellen und daher insbesondere von der Rechtsprechung mit Leben erfüllt werden sollten. Die Rechtsprechung sollte versuchen, nachvollziehbare Kriterien für die Abgrenzung zwischen dem Werk und den ihm zugrundeliegenden Ideen aufzustellen. Es reicht insoweit auch nicht aus, wenn der BGH als Schutzgegenstand von Urheberrechten noch die „Form und Art der Sammlung, Einteilung und Anordnung des Materials" als zusätzliches Kriterium betont. Der BGH prüft des weiteren bei Software, ob diese im Rahmen eines Gesamtvergleichs mit bereits bekannten Entwicklungen schöpferische Eigenheiten aufweist. Im Anschluß an diese Prüfung untersucht der BGH, ob diese Software die erforderliche Gestaltungshöhe aufweist, d. h., ob das „allgemeine Durchschnittskönnen durch die Gestaltungstätigkeit in Auswahl, Sammlung, Anordnung und Einteilung der Informationen und Anweisungen deutlich überragt wird"[57]. Die Kritik an dieser Auffassung des BGH war vorauszusehen[58]. Im Hinblick darauf, daß die Computerprogrammrichtlinie zur Bestimmung der urheberrechtlichen Schutzfähigkeit von Computerprogrammen lediglich darauf abstellt, daß diese individuelle Werke in dem Sinne darstellen, daß sie das Ergebnis der eigenen geistigen Schöpfung ihres Urhebers sind, also keine ästhetischen oder qualitativen zusätzlichen Merkmale verlangt werden, wird sich der BGH fragen lassen müssen, ob er angesichts dieser rechtlichen Entwicklung die mithin überzogenen bisherigen rechtlichen Vorstellungen nicht überdenken sollte.

Im Hinblick auf den im Gesetz verwandten Begriff „Darstellungen wissenschaftlicher und technischer Art"[59] ist darauf hinzuweisen, daß grundsätzlich ähnliche Überlegungen wie bei der Auslegung des Begriffs „Programme für die Datenverarbeitung"[60] anzuwenden sind[61]. Auffällig ist in diesem Zusammenhang jedoch, daß der BGH an die Gestaltungshöhe dieser Darstellungen nicht die gleichen hohen Anforderungen stellt wie an die Software selbst[62]. Dies überrascht insoweit, als der BGH beispielsweise den „konkreten Programmablaufplan

---

57 *BGH*, 9. 5. 1985, CR 1985 S. 22, 30 f. – „Inkasso-Programm" und *BGH*, 4. 10. 1990, CR 1991 S. 150 – „Betriebssystem".
58 Vgl. z. B. ComHdB *Harte-Bavendamm*, a.a.O., - Kap. 54 Rdnr. 18 ff. und *Schrikker/Loewenheim*, a.a.O., § 2 Rdnr. 77 ff.
59 § 2 Abs. 1 Nr. 7 UrhG.
60 § 2 Abs. 1 Nr. 1 UrhG.
61 S. o. Rdnr. 741, 743.
62 *BGH*, 2. 7. 1987, GRUR 1988 S. 33 ff. – „Topographische Landeskarten".

(Blockdiagramm)", der eine Vorstufe der eigentlichen Software darstellt, als „Mischform aus Schriftform und Darstellung wissenschaftlicher oder technischer Art" bezeichnet. Der BGH geht also davon aus,
daß Vorstufen der Software zumindest nicht den gleichen Schutzgehalt
haben wie das Endergebnis dieser Entwicklung, die Software selbst.
Der BGH hat es aber leider versäumt, auch insoweit genauere Abgren-
zungsmerkmale festzulegen.

bb) Urheber

Urheber ist der Schöpfer des Werkes gemäß § 7 UrhG. Nach dem **744**
deutschen Urheberrechtsgesetz sind nur persönliche geistige Schöpfungen gemäß § 2 Abs. 2 UrhG Werke im Sinne dieses Gesetzes. Dies
bedeutet, daß als Schöpfer eines Werkes nur eine natürliche Person in
Betracht kommen kann. Juristische Personen sowie Personengesell-
schaften können nicht Urheber sein. Dasselbe gilt für Maschinen und
Computer[63].

cc) Inhalt des Urheberrechts

Der Inhalt des Urheberrechts wird zunächst durch den im Gesetz[64] **745**
festgelegten Grundsatz, daß das Urheberrecht den Urheber in seinen
geistigen und persönlichen Beziehungen zum Werk und in der Nutzung
des Werkes schützt, geprägt. Dieser allgemeine Grundsatz wird durch
die Vorschriften zum Urheberpersönlichkeitsrecht[65], durch die Verwertungsrechte[66] und durch die sonstigen Rechte des Urhebers[67] näher
beschrieben.

Es ist in Rechtsprechung und Literatur anerkannt, daß auf das Urhe- **746**
berpersönlichkeitsrecht in seinem Kerngehalt nicht verzichtet und es in
seinem Kerngehalt auch nicht übertragen werden kann[68]. Ein Teilverzicht soll insbesondere im Hinblick auf die Softwarebranche möglich
sein, wenn es der Vertragszweck oder aber die Branchenübung erforderlich machen. Dies wird mit praktischen Erwägungen zu erklären
versucht. Da ein Software-Produkt in der Regel von einer größeren

63 Vgl. *Schricker/Loewenheim*, a.a.O., § 7 Rdnr. 3 und ComHdB *Harte-Bavendamm*,
   a.a.O., Kap. 54 Rdnr. 39, jeweils mwN.
64 § 11 UrhG.
65 §§ 12–14 UrhG.
66 §§ 15–24 UrhG.
67 §§ 25–27, 29, 34–36, 39, 41, 42 UrhG.
68 Vgl. *Schricker/Dietz*, a.a.O., Vor §§ 12 ff. Rdnr. 26 ff. mit vielen weiteren Nachweisen.

Anzahl von Mitarbeitern erstellt werde, seien die einzelnen Arbeitsleistungen nur mit einem erheblichen Aufwand nachzuweisen. Der interessierte Anwender müßte von jedem nachgewiesenen (Mit-)Urheber jeweils eine Einwilligung zur Nutzung der Software einholen. Auch seien „verschiedene Ausformungen des Urheberpersönlichkeitsrechts für die im technisch-wissenschaftlichen Bereich angesiedelte Werkkategorie der Computerprogramme praktisch kaum bedeutsam". Dagegen erscheint zumindest für die Zukunft der Einwand, „daß jede Durchsetzung des Urheberpersönlichkeitsrechts den nicht immer einfachen Nachweis des Werkcharakters vorausetzt", mithin nicht mehr in dem Umfang als gerechtfertigt[69]. Angesichts der Umsetzung der Computerprogrammrichtlinie in deutsches Urheberrecht wird eine drastische Verringerung der bisher vom BGH gestellten Anforderungen an den urheberrechtlichen Schutzumfang eines Computerprogramms sehr wahrscheinlich stattfinden. Ästhetische oder qualitative Merkmale werden von der Computerprogrammrichtlinie nicht mehr verlangt. Es wird lediglich der Nachweis verlangt, daß Computerprogramme individuelle Werke in dem Sinne darstellen, daß sie das Ergebnis der eigenen geistigen Schöpfung ihres Urhebers sind. Dieser Nachweis dürfte eher zu führen sein als der Nachweis der insbesondere vom BGH verlangten hohen Anforderungen an die Gestaltungshöhe einer Software.

Das im Gesetz[70] genannte (Erst-)Veröffentlichungsrecht dürfte nur für die Fälle relevant werden, in denen von unabhängigen Personen im eigenen Interesse eine Software entwickelt wird. Die Praxis zeigt jedoch, daß diese Personengruppe nur einen relativ kleinen Prozentsatz ausmacht und wohl auch ausmachen wird. In der Regel wird Software in Arbeits-/Dienstverhältnissen und/oder im Rahmen einer Auftragsarbeit entwickelt. Insbesondere bei der Gestaltung von Forschungs- und Entwicklungsverträgen wird seitens der Auftraggeber sehr großer Wert darauf gelegt, daß allenfalls in Abstimmung mit dem Auftraggeber wissenschaftliche Abhandlungen der Urheber veröffentlicht werden dürfen. Diese Art der Vertragsgestaltung wird insbesondere dann zu Spannungen zwischen den Vertragsparteien führen, wenn der Gegenstand der Entwicklungsarbeit zugleich das Thema einer Diplom-Arbeit oder einer Doktor-Arbeit des (angestellten) Urhebers ist.

---

69 Vgl. ComHdB *Harte-Bavendamm*, a.a.O., Kap. 54 Rdnr. 48.
70 § 12 UrhG.

Das Recht des Urhebers auf Anerkennung der Urheberschaft[71] dürfte noch **746** in der Regel in Arbeits-/Dienstverhältnissen nur im Falle der ausdrücklichen Vereinbarung zwischen den Parteien des Arbeitsvertrages akzeptabel sein. Es wurde bereits im Zusammenhang mit der Unverzichtbarkeit bzw. Unübertragbarkeit des Urheberpersönlichkeitsrecht in seinem Kerngehalt ausgeführt, daß dann, wenn es der Vertragszweck oder die Branchenübung erfordert, ein Teilverzicht des Urhebers insbesondere im Hinblick auf die in der Regel hohe Anzahl von Personen, die mit der Entwicklung eines Softwareprodukts beschäftigt sind, praktikabel ist[72]. Sowohl die Parteien eines Arbeitsvertrages als auch die Parteien eines Entwicklungsvertrages sollten stets daran denken, daß der beteiligte Urheber bzw. dessen Urheberpersönlichkeitsrecht angemessen berücksichtigt wird. Klare vertragliche Regelungen sollten daher in jedem Fall berücksichtigt werden[73].

Das Recht des Urhebers, eine Entstellung oder andere Beeinträchtigung seines Werks zu verbieten, die seine berechtigten Interessen hinsichtlich seines Werks gefährden könnten[74], dürfte nur sehr selten vom Urheber eingefordert werden. Bei einer Software, insbesondere bei einer Software, die neu entwickelt wurde bzw. an die Erfordernisse des Auftraggebers angepaßt werden muß, werden in der Praxis in aller Regel ständig Fehler behoben bzw. die Software laufend verbessert. Dabei muß es sich nicht um Weiterentwicklungen handeln. Sehr oft ist es eine Summe von für sich genommen nicht sehr umfangreichen Maßnahmen, die beispielsweise die Bedienbarkeit der Software durch den Anwender erheblich erleichtern. Von der Rechtsprechung und der Literatur wird daher angenommen, daß bei für eine vertragsgemäße Nutzung der Software notwendigen Änderungen der Urheber zustimmungspflichtig ist[75]. Bearbeitungen und Umgestaltungen[76] und die Nutzung derartiger Bearbeitungen und Umgestaltungen sollen jedoch nur innerhalb von Arbeitsverhältnissen im Rahmen von erforderlichen Fehlerbehebungs- sowie Anpassungsmaßnahmen ohne Zustimmung des Urhebers erfolgen können. Ein angemessener Ausgleich der beiderseitigen Interessen der Vertragspartner des Arbeitsvertrages sowie des Entwicklungs- bzw. Verwertungsvertrags sollte die Zielvorgabe der

---

71 § 13 UrhG.
72 So auch ComHdB *Harte-Bavendamm*, a.a.O., Kap. 54 Rdnr. 50.
73 Vgl. z. B. *Groß*, CR 1991 S. 95 ff.
74 § 14 UrhG.
75 Siehe ComHdB *Harte-Bavendamm*, a.a.O., Kap. 54 Rdnr. 53 mwN.
76 § 23 UrhG.

Verhandlungspartner sein. Wenn außer dem Objectcode auch der Quellcode mit überlassen werden soll – dies dürfte zumindest bei der Auftragsentwicklung die Regel sein –, dann wird der Auftraggeber bzw. der Verwertungsberechtigte sehr häufig ohne weitere Vereinbarungen befugt sein, bestimmte, ihm notwendig erscheinende Änderungen vorzunehmen. Es sollte daher bei Verträgen mit der vorgenannten Fallkonstellation darauf geachtet werden, auch in bezug auf den Quellcode evtl. zugestandene Änderungsmöglichkeiten vertraglich festzuhalten. Auf jeden Fall muß festgelegt werden, in welchem Umfang die entsprechenden Software dann Dritten überlassen werden darf.

747 Durch § 15 UrhG, der beispielhaft die Verwertungsrechte des Urhebers aufzählt, wird klargestellt, daß der Urheber ein ausschließliches Recht, sein Werk zu nutzen[77] und auch das ausschließliche Recht hat, Dritte von der Benutzung seines Werks[78] auszuschließen. Die Verwertungsrechte ermöglichen es dem Urheber, die wirtschaftliche und ideelle Nutzung seines Werkes zu kontrollieren[79].

§ 16 UrhG beinhaltet das Vervielfältigungsrecht, das dem Urheber erlaubt, Vervielfältigungsstücke des Werkes herzustellen, gleich mit welchem Verfahren und in welcher Zahl. Der BGH[80] hat zur Frage, ob der Begriff „Datenverarbeitungsprogramme" in Alleinstellung ohne erläuternden Zusatz geeignet ist, eine Ware hinreichend bestimmt gemäß § 2 Abs. 1 Satz 2 WZG zu kennzeichnen, folgendes ausgeführt: „Datenverarbeitungsprogramme kommen – davon geht auch das Bundespatentgericht aus – als Waren im Sinne der Klasse 9 der Warenklassifikation in Betracht, sobald sie gegenständlich verkörpert – d. h. auf einem Träger niedergelegt – sind. Dabei kann es keinen Unterschied machen, ob die Verkörperung bereits in der endgültigen, unmittelbar maschinenlesbaren Form auf einem Datenträger im engeren technischen Sinne oder lediglich in einer Vorform – etwa als gedruckte Anweisung – erfolgt ist, die eine spätere Codierung auf dem unmittelbar nutzbaren Träger erfordert, aber auch erlaubt. Denn in jeder dieser Formen – mag auch die erstere die hier in Betracht kommende sein – stellen Datenverarbeitungsprogramme bereits Verkörperungen der geistigen Leistung, damit aber körperliche Sachen dar, die – etwa in vervielfältigter Form – Gegenstand des Handelsverkehrs sein kön-

---

77 Positives Nutzungsrecht.
78 Negatives Verbietungsrecht.
79 Vgl. *Schricker/v. Ungern-Sternberg,* a.a.O., § 15 Rdnr. 1 und auch ComHdB *Harte-Bavendamm,* a.a.O., Kap. 54 Rdnr. 58.
80 2. 5. 1985, CuR 1986 S. 130, 132.

noch
747

nen und auf deren unmittelbaren körperlichen Besitzes es dem Erwerber auch . . . für die Benutzung ankommt. Allerdings trifft es zu, daß ein Datenverarbeitungsprogramm sich nicht ausschließlich als Ware darstellen muß. Solche Programme werden nicht nur als zu beliebiger Vervielfältigung und Anwendung bestimmte und zu diesem Zweck auf standardisierte Datenträger fixierte Erzeugnisse, sondern in vielen Fällen als eine genau den Bedürfnissen eines bestimmten Interessenten angepaßte Entwicklungsleistung erstellt. Bei solchen Leistungen, wie sie besonders für Anlagen großer Kunden mit bestimmten Programmaufgaben in Betracht kommen werden, handelt es sich im Ergebnis zwar definitionsgemäß um Datenverarbeitungsprogramme, nicht zwangsläufig aber auch um eine Ware; vielmehr kann hier auch das Ergebnis einer Dienstleistung, lediglich verkörpert in Hilfsware des beliebigen Trägers, zu sehen sein – vergleichbar etwa den in Zeichnungen oder Plänen festgelegten Bauanweisungen eines Architekten oder einem schriftlich fixierten Sachverständigengutachten". Der BGH unterscheidet also zwischen sog. Standard- und individuell erstellten Programmen. Standardprogramme seien „bereits Verkörperungen der geistigen Leistung, damit aber körperliche Sachen". Individuell erstellte Software müsse dagegen „sich nicht ausschließlich als Ware darstellen". In der Literatur wird davon ausgegangen, daß selbst eine „nur vorübergehende, flüchtige Fixierung des geschützten Werkes eine Vervielfältigung sei"[81]. Im wesentlichen sind im Rahmen der Verarbeitung urheberrechtlich geschützter Software-Informationen in EDV-Anlagen drei Vorgänge auseinanderzuhalten: Eingabe, Verarbeitung und Ausgabe der Informationen. Die Eingabe erfolgt in der Regel direkt oder aber unter Verwendung von Datenträgern. Der BGH hat in der Entscheidung „Betriebssystem"[82] offengelassen, ob das Laden eines Programms in den Arbeitsspeicher eine Vervielfältigung gemäß § 16 UrhG und damit eine zustimmungsbedürftige Handlung gegeben ist. Der BGH sieht dagegen in dem Programmablauf keine urheberrechtliche Verwertung. Diese Auffassung des BGH ist in der Literatur heftig umstritten[83].

Die herrschende Meinung sieht dagegen in der Verarbeitung von Informationen eine zustimmungspflichtige Vervielfältigung. Da gemäß § 53 Abs. 4 Satz 2 UrhG die Vervielfältigung eines Programms für die

---

81 ComHdB *Harte-Bavendamm*, a.a.O., Kap. 54 Rdnr. 60 unter Hinweis auf u. a. *Ulmer/Kolle*, GRUR Int. 1982 S. 489, 498.
82 4. 10. 1990, CR 1991 S. 150.
83 Vgl. zum Meinungsstand lediglich *Haberstumpf*, NJW 1991 S. 2105, 2111 re.Sp.

Datenverarbeitung oder wesentlicher Teile davon stets nur mit Einwilligung des Berechtigten zulässig ist, wäre der Urheber gemäß § 16 UrhG grundsätzlich berechtigt, gegen jede Nutzung der Software vorzugehen, falls er nicht ausdrücklich oder stillschweigend seine Zustimmung zu der jeweiligen Nutzung erteilt hat[84]. Bei der Datenausgabe soll eine Vervielfältigung nur vorliegen, wenn die Ausgabe in einer verkörperten Form[85] gegeben ist. Eine Vervielfältigung sei dagegen nicht bei einer Sichtbarmachung der Daten auf einem Bildschirm anzunehmen[86].

Es scheint jedenfalls „nach dem Stand der Technik" keine Programmanwendung möglich zu sein, bei der nicht wenigstens einmal eine Vervielfältigung erfolgt[87].

Bei der Beantwortung der Frage, ob bzw. inwieweit die Erstellung von Dokumentationstexten, die einer Datenbank zugeführt werden, eine Vervielfältigung anzunehmen ist, wird nach den Verfahren, die bei der Erstellung dieser Dokumentationen angewandt werden, unterschieden. Wird der Originaltext insgesamt dokumentiert[88], soll eine Vervielfältigung gemäß § 16 UrhG gegeben sein. Wenn zur Information über den Originaltext Zusammenfassungen[89] nicht durch den Urheber des Originaltextes, sondern z. B. durch Dokumentationsdienste angefertigt werden, soll eine Vervielfältigung nur dann vorliegen, wenn in der Zusammenfassung nur der Originaltext inhaltlich mit eigenen Worten dargestellt wird. Erfolgt jedoch eine Übernahme von Teilen des Originaltextes oder aber eine Bearbeitung des Originaltextes, liegt eine Vervielfältigung gemäß § 16 UrhG vor. Bei der Entnahme von Stichwörtern[90] aus dem Originaltext[91] wird eine Vervielfältigung verneint[92].

---

84 Vgl. im einzelnen ComHdB *Harte-Bavendamm*, a.a.O., Kap. 54 Rdnr. 61 mit vielen lesenswerten Nachweisen.
85 Z. B. Ausdruck, Speicherung auf Datenträger.
86 Siehe zum Stand der Literatur *Schricker/Loewenheim*, a.a.O., § 16 Rdnr. 9 a. E. und auch *Marly*, a.a.O., S. 251 ff. Rdnr. 648 ff. mwN zu Einzelheiten des Vervielfältigungsverbots gemäß § 53 Abs. 4 Satz 2 UrhG.
87 Siehe nur ComHdB *Harte-Bavendamm*, a.a.O., Kap. 54 Rdnr. 61 unter Hinweis auf *Rupp*, GRUR 1986 S. 147, 149 f. mwN und auf *Haberstumpf*, GRUR 1986 S. 222, 234.
88 Volltextverfahren.
89 Abstract-Verfahren.
90 Deskriptoren.
91 Indexverfahren.
92 Vgl. im einzelnen *Schricker/Loewenheim*, a.a.O., § 16 Rdnr. 10 mwN.

In § 16 Abs. 2 UrhG wird klargestellt, daß eine Vervielfältigung auch noch **747**
die Übertragung des Werkes zu wiederholbaren Wiedergaben von
Bild- oder Tonfolgen[93] ist.

Ausnahmsweise kann gemäß § 53 UrhG eine Vervielfältigung zum
privaten oder eigenen Gebrauch zulässig sein. Für Programme der
Datenverarbeitung gilt gemäß § 53 Abs. 4 Satz 2 UrhG, daß deren
Vervielfältigung oder wesentlicher Teile davon stets nur mit Einwilligung des Berechtigten zulässig ist. Quantitative und qualitative Überlegungen sollen zur Bestimmung des Begriffs „wesentlicher Teile" einer
Software maßgeblich sein. Ohne Einwilligung des Berechtigten ist
daher weder die Vervielfältigung der Software zum privaten Gebrauch
gemäß § 53 Abs. 1 UrhG, die Vervielfältigung zum sonstigen eigenen
Gebrauch gemäß § 53 Abs. 2 UrhG noch die Vervielfältigung zum
eigenen Gebrauch im Schulunterricht oder für Prüfungen gemäß § 53
Abs. 3 UrhG zulässig. Bei Annahme eines Softwareüberlassungsvertrags entfalle die wenig praktikable Trennung von Nutzung der Software und Vervielfältigung in den Arbeitsspeicher, und es sei daher
gleichgültig, ob ein individueller Vertrag oder eine Vereinbarung
gemäß dem Gesetz zur Regelung des Rechts der Allgemeinen
Geschäftsbedingungen (AGBG) vorliege[94]. Erlaubt sei grundsätzlich
die Anfertigung einer Sicherheitskopie. In der Regel wird in Softwareverwertungsverträgen die Zustimmung zur Anfertigung von einer
Sicherheitskopie gestattet. Auf eine entsprechende Klausel z. B. in
Allgemeinen Geschäftsbedingungen eines Softwareanbieters ist daher
unbedingt zu achten[95]. Es spielt insofern keine Rolle, ob es sich um
eine Standardsoftware oder aber um eine individuell für den Auftraggeber zu entwickelnde Software handelt. In jedem Fall sollte im
Vertrag eine klare Regelung erfolgen. Der an der Nutzung der Software Interessierte sollte sich nicht darauf verlassen, daß sich möglicherweise „aus den Umständen" eine Einwilligung des Urhebers bzw. des
Anbieters der Software ableiten läßt. Vervielfältigungen sind insbesondere auch bei Darstellungen wissenschaftlicher oder technischer Art
gemäß § 2 Nr. 7 UrhG denkbar. Es kann sich hier u. a. um Konstruktionspläne oder Fertigungsmasken oder Datenflußpläne handeln[96].
Werden Konstruktionspläne z. B. unter Zuhilfenahme von CAD/

---

93 Bild- oder Tonträger.
94 *Marly*, a.a.O., S. 256, Rdnr. 653 mwN.
95 So im Ergebnis auch *Marly*, a.a.O., S. 257 Rdnr. 656 ff. unter Hinweis auf Art. 5
   Abs. 2 der Computerprogrammrichtlinie vom 14. 5. 1991.
96 Vgl. ComHdB *Harte-Bavendamm*, a.a.O., Kap. 54 Rdnr. 30, 61 ff.

CAM (elektronisch) entwickelt, so soll das auf diesem Wege erstellte Werk zum ersten Mal durch die Speicherung im System verkörpert sein und anschließend sowohl elektronisch weiterübertragen als auch über Plotter auf Papier ausgedruckt und damit erneut vervielfältigt werden können[97].

Das Recht, das Original oder Vervielfältigungsstücke des Werkes der Öffentlichkeit anzubieten oder in Verkehr zu bringen, ist in § 17 UrhG verankert. Der sog. Erschöpfungsgrundsatz gemäß § 17 Abs. 2 UrhG schränkt dieses Recht dahingehend ein, daß für den Fall, daß das Original oder Vervielfältigungsstücke des Werkes mit Zustimmung der zur Verbreitung im Geltungsbereich dieses Gesetzes Berechtigten im Wege der Veräußerung in Verkehr gebracht worden sind, ihre Weiterverbreitung zulässig ist.

Der BGH geht davon aus, daß der Erschöpfungsgrundatz für alle Verwertungsrechte und nicht nur für das Verbreitungsrecht gilt. Die Literatur ist dagegen der Auffassung, daß der Erschöpfungsgrundsatz lediglich das Verbreitungsrecht betrifft[98]. Dieser Meinungsstreit hat eine erhebliche praktische Bedeutung. Nach der Ansicht des BGH kann der Urheber einer Software, der durch die eigene Nutzung der Software das gesetzlich eingeräumte ausschließliche Verwertungsrecht benutzt und somit verbraucht hat, für eine weitere Verwertung des konkreten Softwareprodukts kein zusätzliches Entgelt erhalten. Diese Auffassung des BGH gilt – dies sei in diesem Zusammenhang noch einmal betont – lediglich für das konkret verwertete Werk bzw. die Software und betrifft auch lediglich eine konkrete Verwertungshandlung[99]. So hat der BGH beispielsweise entschieden, daß die Verbreitung eines Werks die Verbotsrechte hinsichtlich der öffentlichen Wiedergabe des Werks nicht erschöpft[100].

§ 17 Abs. 2 UrhG ist auch insoweit bedeutsam, als es in dieser Vorschrift nur um die Werke geht, die durch „Veräußerung" in den Verkehr gebracht werden. Nach wohl herrschender Meinung ist unter Veräußerung jedenfalls nicht ein Vermieten oder Verleihen von Werken zu verstehen[101]. Diese Auffassung ist insbesondere für die Verwertung von Software bedeutsam. Software wird in der Regel in Form von

---

97 ComHdB *Harte-Bavendamm*, a.a.O., Kap. 54 Rdnr. 62 mwN.
98 Vgl. zum Meinungsstand nur *Schricker/v. Ungern/Sternberg*, a.a.O., § 15 Rdnr. 14 mit zahlreichen weiteren Nachweisen.
99 Z. B. Verbreiten, Vermieten, Verleihen.
100 *BGH*, 15. 5. 1986, CR 1986 S. 452 f. – „Videofilmvorführung".
101 ComHdB *Harte-Bavendamm*, a.a.O., Kap. 54 Rdnr. 79 mwN.

„Lizenz-(Nutzungs-)Verträgen", aber auch in zunehmendem Maße noch **747**
durch Leasing-(Miet-)Verträge zur Nutzung überlassen. Es spielt hierbei keine Rolle, ob der Vertrag als „Kauf"- oder „Lizenz"-Vertrag
bezeichnet wird. Für die inhaltliche Bewertung eines Vertrages ist
nicht die Überschrift entscheidend, sondern die einzelnen Regelungen
des jeweiligen Vertrages in ihrem Gesamtzusammenhang. Bei der
Beurteilung des Vertrages kann es allenfalls als ein Gesichtspunkt
bewertet werden, wenn als Gegenleistung für die Überlassung einer
Software eine einmalige Zahlung vereinbart wird. Es kann daher nur
geraten werden, die vertraglichen Regelungen sehr sorgfältig abzuwägen. Von einer Übernahme von sog. Musterverträgen kann daher nur
dringend abgeraten werden[102].

Ähnliche Erwägungen gelten für den Erschöpfungsgrundsatz im
Gebiet der EG. Nach der bisherigen Rechtsprechung des EuGH tritt
eine gemeinschaftsrechtliche Erschöpfung des Verbreitungsrechts
dann ein, wenn die Werkstücke in einem Mitgliedsstaat der EG mit
Zustimmung des Urhebers in den Verkehr gebracht worden sind, und
zwar unabhängig vom Produktionsort des jeweiligen Werks. Des weiteren muß das Werk rechtmäßig hergestellt worden sein. Der Grundsatz der gemeinschaftsrechtlichen Erschöpfung soll nicht für Handlungen gelten, die im Zusammenhang mit dem Außenhandel der EG
stattfinden. Das nationale Urheberrecht sei die Grundlage für Importe
aus Drittstaaten. Wenn dagegen z. B. Software in Staaten außerhalb
des Gebiets der EG produziert wurde, dann in die EG importiert und
innerhalb der EG berechtigterweise in Verkehr gebracht worden ist,
gelten wieder die bereits genannten grundsätzlichen Überlegungen des
EuGH, die letztlich auf Art. 30 ff. EWGV beruhen[103].

Von den in § 15 ff. UrhG aufgeführten Verwertungsrechten ist im
Hinblick auf Software auch das Vorführungsrecht gemäß § 19 Abs. 4
UrhG von Bedeutung. Das Vorführungsrecht umfaßt auch das Recht,
ein Filmwerk oder Darstellungen wissenschaftlicher oder technischer
Art durch technische Einrichtungen öffentlich wahrnehmbar zu
machen. Unter Filmwerk sind u. a. Videospiele zu verstehen, die in
öffentlich zugänglichen Einrichtungen[104] vorgeführt werden. Darstel-

---

102 Vgl. zu dieser Problematik noch im einzelnen Rdnr. 763 f. und auch *Marly*, a.a.O.,
    S. 265 ff., Rdnr. 680 ff. mwN.
103 Vgl. ComHdB *Harte-Bavendamm*, a.a.O., Kap. 54 Rdnr. 85 f. und *Schricker/
    Loewenheim*, a.a.O., § 17 Rdnr. 28 ff. und die dort jeweils aufgeführten Nach-
    weise.
104 Z. B. Museen, Spielhallen.

lungen wissenschaftlicher und technischer Art[105] erfolgen z. B. sehr oft auf Messen[106].

Das Senderecht gemäß § 20 UrhG beinhaltet das Recht, das Recht durch Funk wie Ton, Fernsehen und Rundfunk, Drahtfunk oder ähnliche technische Einrichtungen der Öffentlichkeit zugänglich zu machen. Die „Übersendung" von Software über funktechnische oder ähnliche Einrichtungen[107] hat zwar tatsächlich in der Praxis inzwischen einen sehr großen Umfang angenommen. In rechtlicher Hinsicht jedoch dürfte das Senderecht gemäß § 20 UrhG im Hinblick auf Software lediglich eine untergeordnete Rolle spielen, da der Empfänger der Sendung durch die Speicherung der gesamten Informationen eine neue Kopie erhält, somit eine Vervielfältigung gemäß § 16 UrhG zustande kommt und der Urheber daher über die letztgenannte Vorschrift in erster Linie geschützt ist[108].

Eine erhebliche praktische Bedeutung haben Bearbeitung und Umgestaltung gemäß § 23 UrhG. Bearbeitungen oder andere Umgestaltungen des Werkes[109] dürfen nur mit Einwilligung des Urhebers des bearbeiteten oder umgestalteten Werkes veröffentlicht oder verwertet werden. Einwilligungspflichtige Bearbeitung oder Umgestaltung gemäß § 23 UrhG kann u. a. „die Erstellung eines Quellenprogramms auf der Basis der Programmbeschreibung, die Übersetzung des Quellenprogramms in das Objectprogramm, die Übersetzung eines in einer bestimmten Programmiersprache abgefaßten Quellenprogramms in eine andere Programmiersprache, die bloße Anpassung an eine veränderte Hardware unter weitgehender Beibehaltung des Problem-Lösungs-Teils, die Änderung einzelner Bausteine, die Fehlerkorrektur sowie allgemein jede Benutzung sein, bei der nicht angesichts der Eigenart des neuen Werkes die entlehnten eigenpersönlichen Züge des geschützten älteren Werkes verblassen oder völlig zurücktreten"[110].

---

105 Z. B. Konstruktionspläne von Software.

106 Vgl. zu weiteren Einzelheiten *Schricker/v. Ungern/Sternberg,* a.a.O., § 15 Rdnr. 21 f., 30 und ComHdB *Harte-Bavendamm,* a.a.O., Kap. 54 Rdnr. 88 f.

107 Z. B. Datex P der Deutschen Bundespost, Btx.

108 Vgl. ComHdB *Harte/Bavendamm,* a.a.O., Kap. 54 Rdnr. 90 unter Hinweis auf *Lehmann/Haberstumpf,* a.a.O., II Rdnr. 134 und *Kindermann,* GRUR 1983 S. 150, 156; siehe auch *Schricker/v. Ungern/Sternberg,* a.a.O., § 19 Rdnr. 36 ff. mwN.

109 Z. B. Software.

110 Vgl. nur ComHdB *Harte-Bavendamm,* a.a.O., Kap. 54 Rdnr. 91 mit zahlreichen weiteren Nachweisen.

Aus praktischen Gesichtspunkten – es wird hier von einer „notorischen Änderungs- und Anpassungsbedürftigkeit von Computerprogrammen"[111] gesprochen – kann zwar im Rahmen von Arbeitsverträgen und/ oder von Entwicklungsaufträgen eine stillschweigende Einwilligung des Urhebers zu bestimmten Bearbeitungen und Umgestaltungen im Rahmen des Vertragszwecks anzunehmen sein[112]. Es wird hier aber dringend davor gewarnt, sich auf eine entsprechende stillschweigende Einwilligung des Urhebers zu verlassen. Klare, fallbezogene Regelungen in einem Vertrag sollten vor derartigen Überlegungen unbedingt Vorrang genießen.

Zu den „Bearbeitungen" gemäß § 23 UrhG gehört auch die Übersetzung in eine andere Sprache. In diesem Zusammenhang ist gerade auch im Hinblick auf Software die Beantwortung zweier Fragen interessant. Unabhängig von der Frage der Urheberrechtsfähigkeit einer Übersetzung durch Übersetzungsmaschinen oder Computer ist auch die Zulässigkeit von Übersetzungen von erheblicher praktischer Relevanz. Unter Bezugnahme auf die wachsende Internationalisierung in Politik, Wirtschaft und Kultur sollen die gesetzlichen Beschränkungen nicht nur auf die Originale, sondern auch auf Übersetzungen dieser Originale anwendbar sein[113]. Übersetzungen durch Übersetzungsmaschinen oder Computer ermangele es schon an der notwendigen Individualität[114]. Dieser Gesichtspunkt dürfte allerdings nicht nur aufgrund des geltenden UrhG von Bedeutung sein. Auch nach Umsetzung der Computerprogrammrichtlinie in deutsches Urheberrecht wird diese Einschränkung vertretbar sein. Art. 1 Abs. 3 dieser Richtlinie stellt für den Schutz von Computerprogrammen darauf ab, daß diese individuellen Werke in dem Sinn darstellen, daß sie das Ergebnis der eigenen geistigen Schöpfung ihres Urhebers sind. Zur Bestimmung ihrer Schutzfähigkeit sind keine anderen Kriterien anzuwenden. Ästhetische oder qualitative Merkmale werden somit nicht mehr verlangt.

Zu den sog. „sonstigen Rechten" des Urhebers, die für die Verwertung von Software interessant sind, zählen insbesondere die in den §§ 25, 34–36, 41, 42 UrhG erwähnten Rechte. **748**

Das Zugangsrecht gemäß § 25 UrhG beinhaltet das Recht des Urhebers, vom Besitzer des Originals oder Vervielfältigungsstücks seines

---

111 ComHdB *Harte-Bavendamm*, a.a.O., Kap. 54 Rdnr. 93.
112 ComHdB *Harte-Bavendamm*, a.a.O., wie vor.
113 Vgl. z. B. *Schricker/Dietz*, a.a.O., § 62 Rdnr. 18 mwN.
114 *Schricker/Loewenheim*, a.a.O., § 3 Rdnr. 18 a. E. und § 2 Rdnr. 5.

noch
748
Werkes verlangen zu können, daß er ihm das Original oder das Vervielfältigungsstück zugänglich macht, soweit dies zur Herstellung von Vervielfältigungsstücken oder Bearbeitungen des Werks erforderlich ist und nicht berechtigte Interessen des Besitzers entgegenstehen. Es ist daher im Einzelfall eine Güter- und Interssenabwägung vorzunehmen. Der Urheber benötigt beispielsweise für Bewerbungen einen Beleg über bereits vorliegende schöpferische Tätigkeiten. Wenn der Zugang dann im Einzelfall im Vergleich zum angestrebten Zweck des Arbeitnehmers einen überproportionalen Aufwand notwendig macht, kann der Zugang versagt werden. Eine Beschränkung des Zuganges für die Dauer des Arbeitsvertragsverhältnisses kann von Fall zu Fall durchaus zulässig sein. Diese Beschränkung wird jedenfalls dann als möglich angesehen, wenn der Urheber nach Arbeitsvertragsende bei einem Konkurrenzunternehmen arbeitet, Zugang beim bisherigen Arbeitgeber verlangt und die Gefahr besteht, daß die Nutzung erschwert oder sogar vereitelt wird. Die Erschwerung bzw. Vereitlung der Nutzung kann z. B. dann vorliegen, wenn eine Software im Auftrag eines Interessenten entwickelt wird und der Auftraggeber sich in der Regel vertraglich vorbehält, die ausschließliche Nutzungsrechte an der urheberrechtlich geschützten Software, die als Entwicklungsergebnis zustande kommt, erteilt zu bekommen[115].

Der Nutzungsberechtigte erhält aufgrund der §§ 34, 35 UrhG das Recht, das erteilte Nutzungsrecht mit Zustimmung des Urhebers auf Dritte zu übertragen[116] bzw. – dies gilt jedenfalls bei Erteilung eines ausschließlichen Nutzungsrechts – das Recht, Dritten einfache Nutzungsrechte mit Zustimmung des Urhebers einzuräumen[117]. Dies bedeutet zunächst, daß im Hinblick auf § 34 Abs. 1 UrhG sich wegen der „Übertragung" der Vertragspartner des Urhebers ändert bzw. gegen einen anderen Vertragspartner ausgetauscht wird. § 35 Abs. 1 UrhG regelt dagegen den Fall der Unterlizenz, da der ausschließliche Lizenznehmer selbst wiederum mit Zustimmung des Urhebers eine einfache (Unter-)Lizenz erteilen kann. In diesem Fall bleibt also der bisherige Vertragspartner des Urhebers bestehen bzw. wird der bisherige Vertragspartner des Urhebers nicht ausgetauscht. Da sowohl § 34 Abs. 1 UrhG als auch § 35 Abs. 1 UrhG lediglich den sog. dinglichen Teil des urheberrechtlichen Verfügungsgeschäfts betreffen, sind Rege-

---

115 Vgl. zu diesem Fragenkomplex z. B. *Schricker/Gerstenberg*, a.a.O., § 25 Rdnr. 1 ff. und auch ComHdB *Harte-Bavendamm*, a.a.O., Kap. 54 Rdnr. 57, jeweils mwN.
116 § 34 UrhG.
117 § 35 Abs. 1 UrhG.

lungen, die sich auf den schuldrechtlichen Teil beziehen, relativ frei
verhandelbar. Das AGB-Gesetz sowie allgemeine vertragsrechtliche Grundsätze wie z. B. das Verbot, sittenwidrige Rechtsgeschäfte abzuschließen[118], und die Pflicht, die Leistung so zu bewerten, wie Treu und Glauben mit Rücksicht auf die Verkehrssitte es erfordern[119], bilden den unbedingt zu beachtenden Rahmen dieser vertraglichen Gestaltungsfreiräume.

Die formlose Zustimmung des Urhebers kann in den Fällen der §§ 34, 35 UrhG wohl dann angenommen werden, wenn Software endgültig und in vollem Umfang den Inhaber wechselt. Dies soll bei dem „Verkauf" von Standardsoftware der Fall sein[120]. Sobald also noch Nutzungsrechte – gleich welcher Art – beim Veräußerer der Software verbleiben, wird man nicht ohne weiteres von einer Zustimmung des Urhebers zur uneingeschränkten Weiterverwertung der Nutzungsrechte ausgehen können. Die Zustimmung des Urhebers zur erneuten Übertragung von Softwarenutzungsrechten soll für den Fall der uneingeschränkten Übertragung als stillschweigend erfolgt gelten, wenn „die überlassene Software nach dem Vertragszweck für eine Datenverarbeitungsanlage bestimmt ist, deren spätere Weiterveräußerung durch den Erwerber bei Vertragsschluß nicht völlig außerhalb der zu erwartenden Entwicklung lag; in diesem Fall ist auch bei einem als Dauerschuldverhältnis ausgestalteten Software-Überlassungsvertrag im Zweifel anzunehmen, daß der Erwerber alle ihm erteilten Nutzungsrechte jedenfalls zusammen mit der Hardware einem zweiten Erwerber übertragen darf"[121]. Der hier verwandte Begriff „nicht völlig außerhalb der zu erwartenden Entwicklung" läßt einen weiten Auslegungsspielraum. Zur Vermeidung von Auslegungsschwierigkeiten sollte daher großer Wert auf die genaue Formulierung der einzelnen Vertragsbedingungen gelegt werden. Werden „Allgemeine Geschäftsbedingungen" verwandt, gehen Zweifel bei der Auslegung zu Lasten des Verwenders derartiger Geschäftsbedingungen[122]. Selbst wenn also die erforderliche Zustimmung des Urhebers schriftlich festgelegt ist, muß unbedingt auf die präzise Formulierung der entsprechenden Vertragsklauseln geachtet werden.

---

118 § 138 BGB.
119 § 242 BGB.
120 Vgl. ComHdB *Harte-Bavendamm*, a.a.O., Kap. 54 Rdnr. 107 unter Hinweis auf *BGH*, 4. 11. 1987, CR 1988 S. 124, 126 f. und *Lehmann/Haberstumpf*, a.a.O., II Rdnr. 125.
121 ComHdB *Harte-Bavendamm*, a.a.O., Kap. 54 Rdnr. 107.
122 § 5 AGBG.

noch
748 Die Bindung der Übertragung des Nutzungsrechts an die Zustimmung des Urhebers gemäß § 34 Abs. 1 Satz 1 UrhG wird jedoch durch § 34 Abs. 1 Satz 2 UrhG insoweit eingeschränkt, als der Urheber die Zustimmung nicht wider Treu und Glauben verweigern darf. Es kann also durchaus sein, daß der Urheber aufgrund einer Bewertung der Interessen beider Vertragsparteien verpflichtet ist, unter Berücksichtigung evtl. Einschränkungen seine Zustimmung zu erteilen. So kann beispielsweise vereinbart werden, daß der Urheber vor der Weiterverwertung der Software durch die Nutzungsberechtigten von diesem die zustellungsfähige Anschrift des weiteren Erwerbers erfährt[123]. Ob allerdings dadurch eine wirksame Kontrolle der Weiterverwertung einer Software gewährleistet ist, darf bezweifelt werden. Zumindest bei einer Software, die in großen Stückzahlen verwertet wird, besteht mithin keine Kontrollmöglichkeit. Bei Massensoftware kann es insoweit nützlich sein, daß Nutzungsentgelt derart niedrig zu bemessen, daß beispielsweise die Weiterverwertung von Raubkopien als nicht gewinnträchtig erscheint.

Ein Nutzungsrecht kann ohne Zustimmung des Urhebers übertragen werden, wenn die Übertragung im Rahmen der Gesamtveräußerung eines Unternehmens oder der Veräußerung von Teilen eines Unternehmens gemäß § 34 Abs. 3 UrhG. § 34 Abs. 4 geschieht, und auch § 35 Abs. 2 UrhG läßt ausdrücklich von diesen Regelungen abweichende Vereinbarungen zwischen dem Inhaber des Nutzungsrechts und dem Urheber zu.

§ 36 Abs. 1 UrhG billigt dem Urheber auf dessen Verlangen eine nachträgliche Vertragsänderung zur angemessenen Beteiligung des Urhebers an den Erträgnissen zu, wenn sich aufgrund des Lizenzvertrages zwischen dem Urheber und dem Nutzungsberechtigten ein grobes Mißverhältnis zu den Erträgnissen aus der Nutzung des Werkes ergibt. Die herrschende Meinung geht im Hinblick auf diesen „Bestsellerparagraphen" davon aus, daß dieser Fall sehr selten ist und daher in der Praxis auch hinsichtlich der Verwertung von Software die Ausnahme ist[124]. Die Frage, ob „Erträgnisse aus der Nutzung" der Software gemäß § 36 Abs. 1 UrhG nicht nur Bruttoeinkünfte aus dem Vertrieb der Software, sondern auch die Einkünfte erfaßt, die eine Folge der betriebsinternen Nutzung sind, dürfte daher nur in seltenen

---

123 So ComHdB *Harte-Bavendamm*, a.a.O., Kap. 54 Rdnr. 108 mwN.
124 Siehe insoweit die Übersicht in ComHdB *Harte-Bavendamm*, a.a.O., Kap. 54 Rdnr. 110.

Fällen relevant werden. Die Gerichte haben diese Frage – soweit ersichtlich – bisher offengelassen[125].

Zu den sonstigen Rechten des Urhebers zählt auch das Rückrufsrecht wegen Nichtausübung gemäß § 41 UrhG und das Rückrufsrecht wegen gewandelter Überzeugung gemäß § 42 UrhG. Das Nutzungsrecht kann also vom Urheber „zurückgerufen" werden, wenn der Inhaber eines ausschließlichen Nutzungsrechts das Recht nicht oder nur unzureichend ausübt und dadurch berechtigte Interessen des Urhebers erheblich verletzt werden. Dies gilt nicht, wenn die Nichtausübung oder die unzureichende Ausübung des Nutzungsrecht überwiegend auf Umständen beruht, deren Behebung dem Urheber zuzumuten ist[126]. Dieses Rückrufsrecht kann nicht vor Ablauf von 2 Jahren seit Einräumung oder Übertragung des Nutzungsrechts geltend gemachten werden[127]. Die Ausübung des Rückrufsrechts kann im voraus nur für 5 Jahre ausgeschlossen werden[128]. Harte-Bavendamm[129] geht zu Recht davon aus, daß insbesondere wegen der sich in immer kürzeren Zeiträumen überholenden technischen Entwicklungen vor allem bei Softwareprodukten diese gesetzlich verankerte „Schonfrist" keine wesentliche praktische Bedeutung haben dürfte. Harte-Bavendamm ist auch insoweit zuzustimmen, daß die meisten Softwareprodukte in Arbeits-/Dienstverhältnissen entstehen und sie daher – soweit nicht anderslautende arbeits-/dienstvertragliche Verpflichtungen eingegangen wurden – dem Arbeitgeber bzw. Dienstherrn zur uneingeschränkten Nutzung überlassen werden[130]. Auch das Rückrufsrecht wegen gewandelter Überzeugung[131] dürfte in der Praxis keine erhebliche Bedeutung haben[132].

dd) Rechtsverkehr im Urheberrecht

Der Grundsatz der Unübertragbarkeit des Urheberrechts wird nicht **749** nur durch die erbrechtlichen Sondervorschriften gemäß §§ 28, 29 UrhG, sondern auch durch die Vorschriften der §§ 31 ff. UrhG, nach denen in bestimmtem Umfang Vereinbarungen mit Drittwirkung möglich sind, durchbrochen.

---

125 So ComHdB *Harte-Bavendamm*, a.a.O., Kap. 54 Rdnr. 111 mwN.
126 § 41 Abs. 1 UrhG.
127 § 41 Abs. 2 UrhG.
128 § 41 Abs. 4 UrhG.
129 ComHdB *Harte-Bavendamm*, a.a.O., Kap. 54 Rdnr. 55 mwN.
130 Wie vor.
131 § 42 UrhG.
132 Vgl. *Schricker/Dietz*, a.a.O., § 42 Rdnr. 3 mwN und *Groß*, CR 1991 S. 95, 98.

Diese gesetzlich fixierten Nutzungsrechte erlangen – wie bereits angesprochen – vor allem insoweit erhebliche praktische Bedeutung, als
von diesen gesetzlichen Nutzungsrechten „abweichende Vereinbarungen" zwischen den Vertragsparteien des Vertrages, der die Nutzungsrechte regelt, getroffen werden können.

Der Urheber kann einem anderen das Recht einräumen, das Werk auf
einzelne oder alle Nutzungsarten zu nutzen. Es kann ein einfaches oder
ausschließliches Nutzungsrecht eingeräumt werden[133]. Nutzungsrechte
können in räumlicher, zeitlicher oder inhaltlicher Hinsicht beschränkt
werden[134]. Die vorgenannten Rechte[135] beinhalten rechtliche Nutzungsmöglichkeiten, die nicht nur zwischen den Partnern eines Lizenzvertrages selbst gelten, sondern auch gegenüber Dritten wirken. Eine Eingrenzung dieser Wirkung erfolgt über eine einschränkende Definition
des Begriffs der „Nutzungsarten" gemäß § 31 Abs. 1 UrhG. Der
Begriff „Nutzungsarten" soll nur selbständig abspaltbare, d. h. nach
der Verkehrsauffassung hinreichend klar abgrenzbare Verwertungs-
möglichkeiten erfassen[136].

Es wurde bereits erwähnt, daß das Nutzungsrecht als einfaches oder
ausschließliches Recht eingeräumt werden kann[137]. Verfügt der Nutzungsberechtigte über ein ausschließliches Nutzungsrecht, kann er an
diesem ausschließlichen Nutzungsrecht wiederum einfache oder ausschließliche Nutzungsrechte weitergeben[138]. Verfügt dagegen der Nutzungsberechtigte lediglich über ein einfaches Nutzungsrecht, das der
Urheber vor Einräumung eines ausschließlichen Nutzungsrechts eingeräumt hat, so kann sich der Inhaber des einfachen Nutzungsrechts auf
dieses gegenüber dem Inhaber des ausschließlichen Nutzungsrechts
berufen. Dies gilt allerdings nur dann, wenn nichts anderes zwischen
dem Urheber und dem Inhaber des einfachen Nutzungsrechts vereinbart ist[139].

Die Einräumung von Nutzungsrechten für noch nicht bekannte Nutzungsarten sowie Verpflichtungen hierzu sind unwirksam[140]. Diese
Vorschrift dient „dem Schutz des Urhebers; ihm soll, wenn neue

---

133 § 31 Abs. 1 UrhG.
134 § 32 UrhG.
135 §§ 31, 32 UrhG.
136 Vgl. nur ComHdB *Harte-Bavendamm*, a.a.O., Kap. 54 Rdnr. 96, 97.
137 § 31 Abs. 1 Satz 2 UrhG.
138 §§ 31 Abs. 3, 35 UrhG.
139 § 33 UrhG.
140 § 31 Abs. 4 UrhG.

Nutzungsarten entwickelt werden, stets die Entscheidung darüber vorbehalten bleiben, ob und gegen welches Entgelt er mit der Nutzung
seines Werks auch auf die neue Art einverstanden ist"[141]. Eine große
praktische Bedeutung hat die Regelung des § 31 Abs. 5 UrhG.
Danach bestimmt sich der Umfang des Nutzungsrechts nach dem mit seiner
Einräumung verfolgten Zweck, wenn bei der Einräumung des Nutzungsrechts die Nutzungsarten, auf die sich das Recht erstrecken soll,
nicht einzeln bezeichnet sind. Zum Schutz des Urhebers wird angenommen, daß dieser nur insoweit Nutzungsrechte überträgt, als dies
„für die Erreichung des Vertragszweckes erforderlich ist"[142]. Da es
stets mit erheblichen Auslegungsschwierigkeiten verbunden ist festzulegen, wann die Einräumung von Nutzungsrechten für die Erreichung
des Vertragszwecks erforderlich ist, sollte auf eine präzise und umfassende vertragliche Regelung der beiderseitigen Interessen der Vertragsparteien geachtet werden.

Zu der Frage, ob bzw. inwieweit die Inhaber einfacher und ausschließlicher Nutzungsrechte befugt sind, gegen Verletzer ihrer Rechte vorzugehen, wird auf die bisherigen Ausführungen[143] verwiesen.

Entsprechendes gilt für die Abgrenzung der Begriffe „einfache, alleinige, ausschließliche" Lizenz[144]. Die Abgrenzung dieser drei Begriffe
ist insbesondere dann von erheblicher Bedeutung in der Praxis, wenn
die von den Vertragsparteien gewollte Art der Nutzung schriftlich nicht
fixiert ist. Es kann dann nur im Wege der Auslegung geklärt werden,
welche Konstellation den beiderseitigen Interessen der Vertragsparteien gerecht wird. Wenn zu der Frage, ob eine einfache, alleinige oder
ausschließliche Nutzungsberechtigung vorliegt, auch noch beispielsweise das Problem kommt, daß zwischen den Parteien nicht schriftlich
festgelegt wurde, ob sich das beispielsweise ausschließliche Nutzungsrecht nur auf die Vervielfältigung[145] bezieht, das Verbreitungsrecht[146]
dagegen nur nichtausschließlich gewährt werden sollte[147], wird die
Auslegung sehr schwierig.

141 Vgl. *Schricker/Schricker*, a.a.O., §§ 31, 32 Rdnr. 25 mwN.
142 Vgl. nur *Schricker/Schricker*, a.a.O., §§ 31, 32 Rdnr. 31 mwN.
143 Rdnr. 365, 388.
144 Vgl. Rdnr. 36–39.
145 § 16 UrhG, zum Begriff s. o. Rdnr. 747.
146 § 17 UrhG, zum Begriff s. o. Rdnr. 747.
147 Vgl. zu derartigen Auslegungsproblemen z. B. ComHdB *Harte-Bavendamm*,
a.a.O., Kap. 54 Rdnr. 103 unter Hinweis auf z. B. *BGH*, 9. 5. 1985, CR 1985 S. 22,
25 f., *OLG Karlsruhe*, 9. 2. 1983, GRUR 1983 S. 300, 307 ff. – „Inkasso-Programm", *LG Mannheim*, 17. 8. 1984, BB 1985, 142 f.

Es wurde bereits erörtert, daß neben der Einräumung von Nutzungsrechten diese auch übertragen werden können[148].

ee) Klagerecht des Inhabers einer ausschließlichen Nutzungsberechtigung gegenüber Urheberrechtsverletzern

750 Ausfluß des dinglichen Charakters der ausschließlichen Nutzungsberechtigung ist, daß deren Inhaber aus eigenem Recht gegen Verletzer vorgehen kann[149]. Der ausschließliche Nutzungsberechtigte kann sowohl mit Unterlassungs- und Schadensersatzklagen gemäß § 97 UrhG als auch durch die gerichtliche Geltendmachung von Vernichtungs-[150] und (wahlweise) Überlassungsansprüchen[151] aus eigenem Recht vorgehen. Der einfache Nutzungsberechtigte benötigt dagegen eine ausdrückliche Ermächtigung des Berechtigten, von dem er sein einfaches Nutzungsrecht abgeleitet hat. Ein Vorgehen gegen Verletzer kann daher nur mittels der sog. gewillkürten Prozeßstandschaft bewirkt werden[152].

c) EG-Richtlinie über den Rechtsschutz von Computerprogrammen vom 14. 5. 1991

751 Die Verabschiedung der Computerprogrammrichtlinie hat zur Folge, daß die jeweiligen nationalen Gesetzgeber innerhalb der EG dazu verpflichtet sind, bis zum 1. 1. 1993 diese Richtlinie in nationales (Urheber-)Recht umzusetzen[153].

Die EG-Kommission versucht, mit dieser Richtlinie den Interessenausgleich zwischen dem Urheberrechtsschutz und dem freien Wettbewerb zu schaffen. Vor diesem Hintergrund waren insbesondere zwei heftig diskutierte Sachfragen interessant: Da Computerprogramme für sich allein genommen nicht funktionsfähig sind, sondern in einer bestimmten technischen Umgebung kommunizieren müssen, sind die sog. Schnittstellen, die diese Kommunikation zwischen der Software und anderer Soft- und/oder Hardware vermitteln, von entscheidender Bedeutung. Wer über diese Schnittstellen rechtlich verfügen kann,

---

148 § 34 UrhG; s. o. Rdnr. 748.
149 Sog. Aktivlegitimation.
150 § 98 UrhG.
151 § 99 UrhG.
152 Vgl. zu Einzelheiten ComHdB *Harte-Bavendamm*, a.a.O., Kap. 54 Rdnr. 122 ff. mwN.
153 Art. 10 der Computerprogrammrichtlinie; vgl. zur historischen Entwicklung dieser Richtlinie nur *Lehmann*, GRUR Int. 1991 S. 327 f.; vgl. Anhang XVI.

kann zumindest bestimmte Marktsegmente, mithin auch ganze Märkte noch
kontrollieren. Es kam daher entscheidend darauf an, in der Richtlinie **751**
das Problem der Schnittstellen unter Berücksichtigung der verschiedenen Interessenlagen zu regeln. Der zweite große Problemkreis betrifft das sog. „reverse engineering"[154]. Die EG-Kommission ging in der Begründung ihres geänderten Vorschlages für eine Richtlinie des Rates über den Rechtsschutz von Computerprogrammen vom 18. 10. 1990[155] im Hinblick auf dieses Problem von der Überlegung aus, daß demjenigen, der eine Programmkopie rechtmäßig erworben hat, nicht untersagt werden könne, das Funktionieren des Programmes zu untersuchen. In dem geänderten Vorschlag werde klargestellt, daß mit nicht urheberrechtsverletzenden Mitteln das Funktionieren des Programmes untersucht und daraus Informationen abgeleitet werden könnten, ohne daß die Ausschließlichkeitsrechte des Urhebers verletzt würden. Es wird ausdrücklich in dieser Begründung betont, daß mit Rücksicht auf die Anliegen des Europäischen Parlaments und eines Teils der Industrie für die Schaffung eines interoperablen Programms eine weitere Ausnahme zu den Ausschließlichkeitsrechten des Urhebers zugestanden wurde. Computerprogramme müßten mit Hardware und anderer Software interoperabel sein, damit ihre Funktion gewährleistet und Systeme und Netze aufgebaut werden könnten. Falls ein Hersteller es wünschte, seine Produkte mit denen eines anderen Herstellers zu verbinden, benötigte er von diesem anderen Hersteller Informationen zu den Merkmalen seiner Produkte, die dazu bestimmt seien, diese Interoperabilität zu gewährleisten. Nach Auffassung der Kommission werden diese Informationen heute in der Regel in Form von seitens der Hersteller bereitgestelltem Material oder durch die zunehmende Verwendung gemeinfreier „open standards" verfügbar sein, bei denen die für die Verbindung nötigen Mittel genormt seien und von internationalen Normungsgremien beschrieben und dokumentiert werden. Wenn jedoch diese Informationen nicht verfügbar oder die Mittel für die Verbindung nicht genormt und geistiges Eigentum seien, so könnte für den Hersteller die Situation eintreten, daß er sich keine ausreichend detaillierten Informationen beschaffen könne, ohne Handlungen zu begehen, die das ausschließliche Recht des Urhebers, die Vervielfältigung und Übersetzung seines Programms zu untersagen, in technischer Hinsicht verletzten. Diese Handlungen der Vervielfältigung und der

---

154 Auch „reverse analysing", Rückwärtsanalyse, Dekompilierung – so die Überschrift zu Art. 6 der Richtlinie – genannt.
155 KOM (90) 509 endg. – SYN 183.

noch
751 Rückübersetzung der „Zielcode-Version"[156], d. h. der normalen Verkaufsversion des Programms in eine Sprache, die näher beim „Quellcode"[157], in dem der Programmierer sein Programm geschrieben habe, liege, würde häufig als „reverse engineering" bezeichnet. Obgleich auf einem den Markt beherrschenden Anbieter, der es ablehne, Informationen zugänglich zu machen, die die Interoperabilität zwischen Programmen oder Programmen mit Hardware gewährleisten, die Wettbewerbsvorschriften der Art. 85 und 86 des EWG-Vertrags Anwendung finden könnten, habe sich die Kommission überzeugen lassen, daß der ursprüngliche Vorschlag, bei dem das Problem des „reverse engineering" nicht ausdrücklich geregelt war, der notwendigen Klarheit entbehre. Es werde deshalb ein zusätzlicher Art. 5 bis[158] vorgeschlagen, der im Wege einer Ausnahmeregelung das „reverse engineering" für Zwecke dieser Interoperabilität zulasse. Nichts in dieser Richtlinie solle allerdings das „reverse engineering" eines Programms – sei es in Hardware integriert oder nicht – unter den Voraussetzungen von Art. 5 bis[159] zur selbständigen Schaffung eines interoperablen und wo auch immer integrierten Programms verhindern. Mit der nur begrenzten Zulassung des „reverse engineering" habe die Kommission deutlich gemacht, daß die Handlungen der Vervielfältigung und Übersetzung nicht für andere, mehr allgemeine Zwecke wie Untersuchung, Forschung oder private Verwendung – gleich ob am Arbeitsplatz oder zu Hause – vorgenommen werden dürften. Ebenso eindeutig habe die Kommission die Idee verworfen, daß das Bearbeiten eines Programms – außer den in Art. 5 genannten Fällen – nicht der Zustimmung des Rechtsinhabers bedürfen solle. Dies sei um so bedeutsamer, als das „reverse engineering" keine Bearbeitung des Originalwerkes erforderlich mache, sondern lediglich eine Änderung der Code-Form, indem der Code in eine andere Computersprache als die der maschinenlesbaren Verkaufsversion übersetzt werde[160].

Aufgrund dieser Überlegungen der Kommission wird verständlich, weshalb auch die Regelung dieser Problematik Anlaß für zahlreiche Diskussionen war.

---

156 Object-code-Version.
157 Original source code.
158 Art. 5 bis entspricht jetzt Art. 6 der Richtlinie in der am 14. 5. 1991 erlassenen Form.
159 Jetzt Art. 6 der Richtlinie vom 14. 5. 1991.
160 Vgl. auch die Erwägungsgründe der Richtlinie ABl. Nr. L 122, S. 42, 43.

Die EG-Kommission wollte allerdings nicht für einen Ausgleich zwischen den beiden Gewichten des Urheberrechtsschutzes und des freien Warenverkehrs sorgen. Aus der vorgenannten Begründung ergibt sich des weiteren, daß die Kommission dem Anliegen dienen wollte, „die ursprüngliche Fassung in einigen Punkten enger an die Formulierungen der Berner Übereinkunft anzulehnen". Dies kommt auch noch einmal in dem Kommentar zu Art. 1 zu den Begründungserwägungen und in den ebenfalls genannten Erwägungsgründen zum Ausdruck.

Schließlich beabsichtigt die Kommission mit der Richtlinie „die Erhaltung und das Funktionieren eines eigenständigen, europäischen Soft- und Hardware-Wettbewerbs". Dieser Auffassung schloß sich das Europäische Parlament an[161].

aa) Schutzumfang

Der geänderte Vorschlag für eine Richtlinie des Rates für den Rechtsschutz von Computerprogrammen vom 18. 10. 1990[162] und auch die Erwägungsgründe[163] enthalten den Hinweis darauf, daß die „urheberrechtliche Grundidee" maßgeblich für die Bestimmung des Gegenstands des Schutzes der Richtlinie war. Diese Grundidee kommt zunächst in Abs. 1 des Art. 1 zum Ausdruck. Art. 1 Abs. 1 enthält einen Hinweis auf die Bestimmungen der Berner Übereinkunft über den Schutz literarischer und künstlerischer Werke. Dadurch – hiervon geht auch die Kommission in ihrem Kommentar zu den Begründungserwägungen aus – wird verdeutlicht, daß Computerprogramme, in dem sie als literarische Werke urheberrechtlich geschützt sind, eindeutig in den Anwendungsbereich dieser internationalen Konvention fallen. Es wird in Satz 2 des Art. 1 Abs. 1 klargestellt, daß der Begriff „Computerprogramm" auch das Entwurfsmaterial zu ihrer Vorbereitung umfaßt. Das Entwurfsmaterial zur Entwicklung von Computerprogrammen wird also in gleicher Weise wie ein Computerprogramm urheberrechtlich geschützt, sofern die Art der vorbereitenden Arbeiten die spätere Entstehung eines Computerprogramms zuläßt[164]. Art. 1 Abs. 2 der Computerprogrammrichtlinie betont das allgemeine urhe-

752

---

161 So z. B. *Lehmann,* GRUR Int. 1991 S. 327, 328; vgl. auch *MacKenzie,* New Scientist, 22. 6. 1991, S. 20 f., die die unterschiedlichen Probleme, die die Entstehung der Richtlinie begleiteten, anschaulich darstellt.
162 KOM (90) 509 endg. – SYN 183.
163 ABl. Nr. L 122, 42, 43.
164 Kommentar zu Art. 1 zu den Begründungserwägungen in KOM (90) 509 endg. – SYN 183 vom 18. 10. 1990 und Erwägungsgründe ABl. Nr. L 122, S. 42, 43.

berrechtliche Prinzip, wonach der Urheberrechtsschutz für die Ausdrucksform einer Idee gilt, der Idee aber als solcher kein Monopol sichert. Nach dem Wortlaut der Richtlinie gilt der nach dieser Richtlinie gewährte Schutz für Ausdrucksformen von Computerprogrammen. Ideen und Grundsätze, die irgendeinem Element eines Computerprogramms zugrunde liegen, einschließlich der den Schnittstellen zugrundeliegenden Ideen und Grundsätze, sind nicht im Sinne dieser Richtlinie urheberrechtlich geschützt. Dies bedeutet letztlich, daß ein Urheber eine Idee, die er in einem bestehenden Werk vorgefunden hat, aufgreifen und sie unter Verwendung einer anderen Ausdrucksform neu formulieren kann, wodurch er ein eigenes Urheberrecht an dieser neuen Ausdrucksform erlangt. Die in Art. 1 Abs. 2 gewählte Formulierung dient nach Auffassung der Kommission der Erleichterung der Auslegung streitiger Sachverhalte durch die nationalen Gerichte[165].

Es erscheint eher zweifelhaft, ob mit Lehmann davon ausgegangen werden kann, daß durch diese Richtlinie die etwa 30-jährige Diskussion über die Streitfrage, ob Software patent- oder urheberrechtsschutzfähig sein soll, „endgültig" abgeschlossen wird. In Art. 9 Abs. 1 werden u. a. die Rechtsvorschriften für Patentrechte ausdrücklich für weiterhin anwendbar erklärt. Es wurde bereits ausgeführt, daß Software „als solche" nicht Gegenstand eines Patents nach deutschem Patentrecht sein kann[166]. Jedoch haben gerade die Entscheidungen des BGH[167] gezeigt, daß unter bestimmten Voraussetzungen auch für Software Patente erteilt werden können, selbst wenn es nach wie vor an einheitlichen, eindeutigen Bewertungskriterien fehlt.

Lehmann[168] wird jedoch insofern zuzustimmen sein, als in den meisten Fällen Software unter den Urheberrechtsschutz fallen wird.

Art. 1 Abs. 3 der Computerprogrammrichtlinie sieht vor, daß Computerprogramme geschützt werden, wenn sie individuelle Werke in dem Sinne darstellen, daß sie das Ergebnis der eigenen geistigen Schöpfung ihres Urhebers sind. Zur Bestimmung ihrer Schutzfähigkeit sind keine

---

165 Kommentar zu Art. 1 Abs. 2 zu den Begründungserwägungen KOM (90) 509 endg. – SYN 183 vom 18. 10. 1990.
166 S. o. Rdnr. 738 mwN. und GRUR Int. 1991 S. 327, 328 f.
167 S. o. Rdnr. 738.
168 Wie vor.

anderen Kriterien anzuwenden. Ästhetische oder qualitative Merkmale werden nicht mehr verlangt[169].

Diese strikte Reduzierung der Anforderungen an die Urheberrechtsschutzfähigkeit einer Software wird zwangsläufig zu einer Änderung auch der Rechtsprechung des BGH, der mit den Entscheidungen „Inkasso-Programm" und „Betriebssystem" mithin überzogene Forderungen an die Urheberrechtsschutzfähigkeit einer Software gestellt hat[170], führen. In der Literatur wird sogar gefordert, daß die „kleine Münze" der Software urheberrechtlich geschützt werden muß. Lehmann schlägt deshalb vor, im Rahmen der Anpassung des UrhG an die Computerprogrammrichtlinie § 2 Abs. 2 UrhG durch die Worte, „für Computerprogramme darf keine gesteigerte Schöpfungshöhe verlangt werden", zu ergänzen bzw. positiv zu formulieren; "alle individuell geschaffenen Computerprogramme, die das Ergebnis einer eigenen geistigen Schöpfung sind, werden geschützt". Lehmann schlägt dem Gesetzgeber des weiteren vor, „zugleich auch die überhöhten Anforderungen des BGH an die Gestaltungshöhe von wissenschaftlichen Werken im allgemeinen auf ein vernünftiges Maß zurückzuführen". Man wird gespannt sein dürfen, ob der Gesetzgeber diesen Hinweis berücksichtigen wird. Lehmann glaubt allerdings – zu Recht –, daß die „Schnittstellen" relativ selten urheberrechtsschutzfähig sein werden, da die Normierung und Standardisierung von Schnittstellen ständig fortschreite[171].

bb) Geschützter Personenkreis

Mit Art. 2 der Computerprogrammrichtlinie soll die Frage der Urhe- **753**
berschaft an Programmen bei einer alleinigen Urheberschaft, bei einer gemeinsamen Urheberschaft und einer Urheberschaft im Rahmen eines Arbeitsverhältnisses geregelt werden. Nach bisherigem deutschem Urheberrecht sind nur natürliche Personen als Einzelperson oder bei Schaffung eines gemeinsamen Werks mehrere als Urheber bzw. Miturheber möglich. Juristische Personen sind nach deutschem Urheberrecht mit der Ausnahme des § 28 UrhG[172] nicht urheberrechtsfähig. Da Art. 2 Abs. 1 der Computerprogrammrichtlinie es den Mit-

---

169 Kommentar zu Art. 1 Abs. 3 zu den Begründungserwägungen KOM (90) 509 endg.
   – SYN 183 vom 18. 10. 1990 und Erwägungsgründe der Computerprogrammrichtlinie vom 14. 5. 1991, ABl. Nr. L 122, S. 42 vom 17. 5. 1991.
170 Vgl. Rdnr. 743.
171 Vgl. nur *Lehmann*, GRUR Int. 1991 S. 327, 329 mwN.
172 Vererbung des Urheberrechts.

gliedstaaten überläßt, die Rechtsinhaberschaft auch für juristische Personen gelten zu lassen, wird auch hier der Gesetzgeber gefragt sein. Da die meisten Computerprogramme im Rahmen einer Auftragserteilung und im Rahmen eines Arbeitsverhältnisses entstehen, wird die Umsetzung des Art. 2 Abs. 3 in das deutsche Urheberrecht einen sehr hohen praktischen Stellenwert haben. Gemäß Art. 2 Abs. 3 ist, wenn ein Computerprogramm von einem Arbeitnehmer in Wahrnehmung seiner Aufgaben oder nach den Anweisungen seines Arbeitgebers geschaffen wird, ausschließlich der Arbeitgeber zur Ausübung aller wirtschaftlichen Rechte an dem so geschaffenen Programm berechtigt, sofern keine andere vertragliche Vereinbarung getroffen wird. Lehmann plädiert dafür, die Berechtigung des Arbeitgebers zur Ausübung aller wirtschaftlichen Rechte an dem so geschaffenen Programm als „gesetzliche Lizenz"[173] zu werten. Es sei deshalb § 43 UrhG wie folgt zu ergänzen: „Wird ein Computerprogramm von einem Arbeitnehmer in Wahrnehmung seiner Aufgaben oder nach den Anweisungen seines Arbeitgebers geschaffen, so ist ausschließlich der Arbeitgeber zur Ausübung aller wirtschaftlichen Rechte an dem so geschaffenen Programm berechtigt, sofern keine andere vertragliche Vereinbarung getroffen wird"[174].

Die Absicht der Kommission, die Frage der Urheberschaft an Programmen, die im Rahmen einer Auftragserteilung geschaffen wurden, zugunsten der Alleininhaberschaft des Auftraggebers an den Rechten zu regeln, wurde letztlich nicht verwirklicht, da hierin ein Konfliktstoff im Hinblick auf die Mindestvorschriften der Berner Übereinkunft gesehen wurde[175]. Diese Entscheidung dürfte insbesondere auch bei Einrichtungen auf Zustimmung gestoßen sein, die Auftragsforschung betreiben. Da der Auftragnehmer als Arbeitgeber gemäß Art. 2 Abs. 3 der Computerprogrammrichtlinie in der Regel zur Ausübung aller wirtschaftlichen Rechte ausschließlich berechtigt sein wird, hat der Auftragnehmer eine stärkere Verhandlungsposition gegenüber dem Auftraggeber. Die Regelung von Nutzungsrechten an den in derartigen Auftragsverhältnissen geschaffenen Computerprogrammen dürfte daher etliche Juristen beschäftigen.

Ergänzend sei hier noch vermerkt, daß der Begriff „wirtschaftlich"[176] in Art. 2 Abs. 3 gewählt wurde, um deutlich zu machen, daß Urheber-

---

173 Derivativer Erwerb.
174 *Lehmann*, wie vor, S. 330.
175 Vgl. nur *Lehmann*, wie vor.
176 Wirtschaftliche Rechte.

persönlichkeitsrechte nicht in den Anwendungsbereich dieser Vorschrift fallen[177].

cc) Verwertungsrechte

Art. 4 ordnet dem Rechtsinhaber[178] eine Reihe von Verwertungsrechten ausschließlich zu.   **754**

Zunächst[179] erhält der Rechtsinhaber das Recht, ein Computerprogramm ganz oder teilweise, mit jedem Mittel und in jeder Form dauernd oder vorübergehend zu vervielfältigen[180].

Der in Art. 4 gewählte Begriff der Vervielfältigung wird in der Richtlinie nicht definiert. Lehmann[181] geht unter Bezugnahme auf Sec. 191 des amerikanischen Copyright Act und auf Sec. 17 Abs. 2 Satz 2 des englischen Copyright Act davon aus, daß unter Vervielfältigung jeder Speichervorgang unabhängig von seiner Zeitdauer „in any medium by electronic means" zu verstehen ist.

Art. 4 a Satz 2 bestimmt nur, daß für den Fall, daß eine Vervielfältigung erforderlich ist, das Laden, Anzeigen, Ablaufen, Übertragen oder Speichern des Computerprogramms der Zustimmung des Rechtsinhabers bedürfen.

Art. 4 a Satz 2 läßt dagegen offen, ob eine urheberrechtliche Vervielfältigung im Laden, Anzeigen, Ablaufen, Übertragen oder Speichern des Computerprogramms zu sehen ist. Der deutsche Gesetzgeber wird insoweit auch tätig werden müssen. Die Entscheidung des deutschen Parlaments, ob und welche der in Art. 4 a genannten Vorgänge als Vervielfältigung gelten sollen, dürfte wegen der hohen Praxisrelevanz mit gespannter Aufmerksamkeit erwartet werden[182]. Die Handlungen des Ladens, Anzeigens, Ablaufens, Übertragens oder Speicherns des Computerprogramms bedürfen zwar gemäß Art. 4 a der Zustimmung des Rechtsinhabers. Es wird allerdings davon ausgegangen, daß diese Zustimmung lediglich klarstellenden Charakter hat[183]. Die in Art. 4 a

---

177 Kommentar zu Art. 2 zu den Begründungserwägungen KOM (90) 509 endg. – SYN 183 vom 18. 10. 1990.
178 Urheber oder Rechtsnachfolger.
179 Art. 4 a.
180 Art. 4 a Satz 1.
181 Wie vor.
182 Vgl. zunächst Rdnr. 747 und *Lehmann,* wie vor S. 330 f. mwN.
183 *Lehmann,* wie vor S. 331.

noch
754 genannten Handlungen bedürfen jedoch beim rechtmäßigen Erwerb des Computerprogramms nicht der Zustimmung des Rechtsinhabers gemäß Art. 5 Abs. 1 der Computerprogrammrichtlinie.

Der Kommentar zu Art. 4 zu den Begründungserwägungen[184] und auch die Erwägungsgründe der Richtlinie vom 14. 5. 1991[185] gehen davon aus, daß die in Art. 4 a genannten Handlungen[186] jeweils eine urheberrechtliche Vervielfältigung darstellen. Es wurde leider versäumt, dies in der Richtlinie selbst klarzustellen.

Die in Art. 4 b genannten Ausschließlichkeitsrechte des Rechtsinhabers[187] haben für Verbesserungen und Weiterentwicklungen der Computerprogramme eine erhebliche praktische Bedeutung. Genauso wie bei Art. 4 a ist auch bei Art. 4 b auf Art. 5 Abs. 1 zu verweisen, wonach der rechtmäßige Erwerber die in Art. 4 b genannten Handlungen ohne Zustimmung des Rechtsinhabers vornehmen darf. Lehmann[188] weist darauf hin, daß aufgrund der im Verhältnis zu § 23 Abs. 1 UrhG weiteren Fassung des Art. 4 b, der bereits die „Herstellung einer Änderung" schützt, eine Zustimmung bzw. Einwilligung gemäß Art. 5 i. V. m. § 39 Abs. 1, 2 UrhG erforderlich ist.

Zu den Ausschließlichkeitsrechten des Rechtsinhabers zählt auch jede Form der öffentlichen Verbreitung des originalen Computerprogramms oder von Kopien davon, einschließlich der Vermietung[189]. Satz 2 des Art. 4 c regelt – wie § 17 Abs. 2 UrhG –, daß mit dem Erstverkauf einer Programmkopie in der Gemeinschaft durch den Rechtsinhaber oder mit seiner Zustimmung sich in der Gemeinschaft das Recht auf die Verbreitung dieser Kopie erschöpft. In Art. 4 c Satz 2 2. Halbsatz wird jedoch – anders als in § 17 Abs. 2 UrhG – von der Erschöpfungswirkung das Recht auf Kontrolle der Weitervermietung des Programms oder einer Kopie davon ausgenommen[190]. Grundsätzliche Fragen eines Vermietrechts werden demnächst nach Umsetzung der EG-Richtlinie zum Vermietrecht, Verleihrecht und zu

---

184 KOM (90) 509 endg. – SYN 183 vom 18. 10. 1990.
185 ABl. Nr. L 122, S. 43.
186 Z. B. Laden.
187 Übersetzung, Bearbeitung, Arrangement und andere Umarbeitungen eines Computerprogramms sowie die Vervielfältigung der erzielten Ergebnisse.
188 Wie vor S. 331, re. Sp.
189 Art. 4 c Satz 1.
190 Siehe hierzu auch *Moritz*, GRUR Int. 1991 S. 697, 701 mwN.

bestimmten verwandten Schutzrechten in nationales Recht geregelt sein[191].

Art. 5 erfaßt die Ausnahmen von den zustimmungsbedürften Handlungen gemäß Art. 4. Art. 5 Abs. 1 wurde bereits im Zusammenhang mit Art. 4 a und b zum Teil besprochen. Mit Lehmann[192] ist davon auszugehen, daß zwar dadurch, daß in Art. 5 Abs. 1 nur noch auf die Rechtsinhaberschaft[193] abgestellt wird, eine „gewisse Schwächung der ursprünglich dem Nutzer zugedachten Minimalrechte" gegeben ist, andererseits aber vertragliche Regelungen gesetzlichen Schranken[194] unterliegen und somit ein Interessenausgleich (hoffentlich) gewahrt ist. Lehmann[195] fordert den deutschen Gesetzgeber auf, bei den aufgrund der Computerprogrammrichtlinie erforderlichen Änderungen des UrhG zu beachten, daß „die in Art. 4 a und b genannten Handlungen[196] dem rechtmäßigen Nutzer eines Computerprogramms regelmäßig erlaubt sein sollen, wenn diese Handlungen für eine bestimmungsgemäße Benutzung des Programms notwendig sind". Die Berücksichtigung der sog. „Zweckübertragungstheorie" soll nach Auffassung von Lehmann[197] den Interessen des Rechtsinhabers angemessen dienen. In der Praxis bedeutet dies, daß es möglich sein soll, bei der Vergabe von Nutzungsrechten an Computerprogrammen mit dem Nutzungsberechtigten erhebliche Beschränkungen seiner Nutzungsmöglichkeiten zu vereinbaren[198]. Allerdings sind insoweit die Vorgaben der Richtlinie, wonach z. B. die für die Benutzung eines Programms erforderliche Erstellung einer Sicherungskopie[199] dem Nutzungsberechtigten nicht vertraglich untersagt werden darf oder der Nutzungsberechtigte ohne Genehmigung des Rechtsinhabers das Funktionieren des Programms beobachten oder sogar testen kann, um die einem Programmelement zugrundeliegenden Ideen und Grundsätze durch Handlungen zum Laden, Anzeigen, Ablaufen, Übertragen oder Speichern des Pro-

---

191 Vgl. nur *von Lewinski*, GRUR Int. 1991 S. 104 ff.; der Wortlaut des Vorschlags für diese Richtlinie ist in GRUR Int. 1991 S. 111 ff. abgedruckt, Art. 2 Abs. 3 läßt die Richtlinie des Rates über den Rechtsschutz von Computerprogrammen ausdrücklich unberührt.
192 Wie vor, S. 332.
193 Käufer und Lizenznehmer.
194 Z. B. AGBG, Kartellrecht.
195 Wie vor, re. Sp.
196 Z. B. Lauf, Bearbeitungen, Umarbeitung eines Programms.
197 Wie vor.
198 So *Lehmann*, wie vor S. 332 re. Sp.
199 Art. 5 Abs. 2.

gramms zu ermitteln[200], zu beachten. Art. 9 Abs. 1 Satz 2 verstärkt noch einmal Art. 5 Abs. 2 und 3, wenn er festlegt, daß vertragliche Bestimmungen, die im Widerspruch zu Art. 6 oder zu den Ausnahmen nach Art. 5 Abs. 2 und 3 stehen, unwirksam sind.

Art. 6 versucht – dies wurde bereits ausführlich dargelegt –, die Problematik der Interoperabilität und andererseits die Problematik der Wartung von Computerprogrammen sachgerecht zu lösen. Zu klären war im Hinblick auf die Interoperabilität, ob derjenige, der ein bereits bestehendes Programm eines Dritten durch ein neuzuschaffendes Programm weiterentwickeln will, zur Dekompilierung der Schnittstelle berechtigt ist, um die „Kompatibilität" (Interoperabilität) zu gewährleisten. Die Wartungsproblematik besteht darin zu klären, ob die Person, die lediglich hinsichtlich des object-code berechtigt ist, zur Durchführung der Wartung dekompilieren kann. Das Europäische Parlament hat mit Art. 6 einen Vergleichsvorschlag vorgelegt. Art. 6 ist – aus der Sicht des Europäischen Parlaments – der notwendige Kompromiß zwischen dem (verständlichen) Interesse der Industrie, vor allem Schnittstellen[201] einem urheberrechtlichen Schutz zuzuführen[202], und andererseits den „freien Warenverkehr" zu betonen.

dd) Besondere Schutzmaßnahmen, Schutzdauer, weitere Anwendung anderer Rechtsvorschriften, Schlußbestimmungen

755   Die den anglo-amerikanischen „secondary infringement"-Klauseln angenäherten Regelungen des Art. 7 Abs. 1 a bis c untersagen Handlungen, die das vorsätzliche oder grob fahrlässige Inverkehrbringen einer unerlaubten Kopie[203], den Besitz einer unerlaubten Kopie zu Erwerbszwecken[204] und den Vertrieb oder den Besitz von Mitteln zu Erwerbszwecken beinhalten, wenn diese Mittel ausschließlich der unerlaubten Beseitigung oder Umgehung technischer Programmschutzmechanismen[205] dienen. Den Mitgliedstaaten ist es freigestellt, die unerlaubten Kopien[206] sowie die in Art. 7 Abs. 1 c erwähnten Mittel[207] zu beschlagnahmen.

---

200 Art. 5 Abs. 3.
201 Mit Ausnahme der diesen Schnittstellen zugrundeliegenden Ideen und Grundsätze.
202 Art. 1 der Richtlinie.
203 Art. 7 Abs. 1 a.
204 Art. 7 Abs. 1 b.
205 Z. B. Hardlock.
206 Art. 7 Abs. 2.
207 Art. 7 Abs. 3.

Art. 8 sieht eine Schutzdauer für die Lebenszeit des Urhebers und 50 Jahre nach seinem Tod[208] bzw. für die Mitgliedstaaten, in denen bereits eine längere Schuztdauer gilt – in Deutschland 70 Jahre nach dem Tode des Urhebers gemäß § 64 UrhG – so lange vor, bis die Schutzdauer für urheberrechtlich geschützte Werke durch allgemeine Rechtsvorschriften der EG harmonisiert ist[209].

Art. 9 stellt ausdrücklich klar, daß die Bestimmungen dieser Richtlinie sonstigen Rechtsvorschriften, so für Patentrechte, Warenzeichen, unlauteres Wettbewerbsverhalten, Geschäftsgeheimnisse und den Schutz von Halbleiterprodukten sowie dem Vertragsrecht nicht entgegenstehen[210]. Vertragliche Bestimmungen, die Art. 6[211] oder Art. 5 Abs. 2[212] und 3[213] widersprechen, sind unwirksam[214]. Die Richtlinie gilt unabhängig von vor dem 1. 1. 1993 getroffenen Vereinbarungen und erworbenen Rechten auch für vor diesem Zeitpunkt geschaffene Programme. Lehmann[215] geht daher davon aus, daß einmal die Rechtsprechung des BGH rückwirkend korrigiert wird, der nationale Gesetzgeber daher eine Übergangsregelung für „Altwerke" in das UrhG eingliedern muß und bereits bestehende Verträge gemäß den Grundsätzen des Wegfalls der Geschäftsgrundlage ex nunc, also mit Wirkung für die Zukunft, anzupassen sind, wenn ein Urheberrechtsschutz für eine Software verneint wurde[216].

Die Umsetzung dieser Richtlinie hat – da sich diese Richtlinie an die Mitgliedstaaten richtet[217] – bis zum 31. 12. 1992 zu erfolgen.

5. Vertrag

Bei Softwareverwertungsverträgen[218] sind im Verhältnis zu Patent-, Know-How- und Warenzeichenlizenzverträgen einige Besonderheiten zu beachten, die bei den Nutzungsbeschränkungen (a) und bei anderen softwarespezifischen (b) Sachverhalten gegeben sind. **756**

---

208 Art. 8 Abs. 1.
209 Art. 8 Abs. 2.
210 Art. 9 Abs. 1 Satz 1.
211 Dekompilierung.
212 Sicherungskopie.
213 Beachten, Untersuchen oder Testen des Funktionierens eines Programms.
214 Art. 9 Abs. 2 Satz 1.
215 Wie vor, S. 336.
216 Siehe zu den Abgrenzungsproblemen des Art. 9 noch *Moritz* wie vor S. 702 mwN.
217 Art. 11.
218 Siehe das Vertragsmuster, abgedruckt im Anhang III.

a) Nutzungsbeschränkungen

757 Bei Softwareverwertungsverträgen bildet der Abschnitt Nutzungsbeschränkungen stets einen wesentlichen Vertragsteil. Zu der Frage, wann eine Vervielfältigung eines Softwareprogramms vorliegt, wird zunächst auf die bisherigen Ausführungen verwiesen[219]. Die Zulässigkeit der Vereinbarung der Anfertigung einer Sicherheitskopie durch den Anwender der Software wurde bereits erwähnt[220]. Fraglich ist jedoch, ob der Nutzungsberechtigte außer einer Sicherheitskopie „überzählige" Kopien herstellen darf. Es wird angenommen, daß ein derartiges Verbot weder rechtsmißbräuchlich ist noch gegen § 9 AGBG verstößt. Dies gelte jedenfalls in den Fällen, in denen ein ausdrückliches vertragliches Verbot zur Erstellung überzähliger Kopien vorliege oder die Software durch einen Programmschutzmechanismus geschützt sei[221]. Diese Auffassung wird auch durch Art. 7 Abs. 1 c der Computerprogrammrichtlinie gestützt. Wenn dort davon die Rede ist, daß es untersagt ist, Mittel in Verkehr zu bringen oder zu Erwerbszwecken zu besitzen, die allein dazu bestimmt sind, die unerlaubte Beseitigung oder Umgehung technischer Programmschutzmechanismen zu erleichtern, so bedeutet dies im Umkehrschluß, daß Programmschutzmechanismen zulässig sind, um einen urheberrechtlichen Schutz zu gewährleisten. Wenn die Herstellung überzähliger Kopien keinem ausdrücklichen Verbot oder einer ausdrücklichen Erlaubnis unterliege, sei nach der „Verkehrssitte" davon auszugehen, daß eine Anfertigung überzähliger Kopien nicht vorgesehen und somit das Kopierverbot gemäß § 53 Abs. 4 Satz 2 UrhG zu beachten sei[222]. Diese Ausführungen haben entsprechende Geltung für ein vertraglich vereinbartes Kopieverbot und in den Fällen, in denen Programmschutzmechanismen die Software schützen. Dies wird zu Recht mit dem Hinweis auf § 53 Abs. 4 Satz2 UrhG und dem Hinweis darauf begründet, daß bei einer Vervielfältigung einer Software kein Qualitätsverlust auftrete und somit die wirtschaftlichen Interessen des Urhebers durch § 53 Abs. 4 Satz 2 UrhG letzlich wieder geschützt seien[223]. Die vorgenannten Erwägungen hätten auch bei urheberrechtlich nicht geschützter Software Geltung[224].

---

219 Rdnr. 747.
220 Wie vor.
221 *Marly*, a.a.O., S. 263 f. Rdnr. 675.
222 Vgl. *Marly*, a.a.O., S. 264 Rdnr. 676.
223 *Marly*, a.a.O., S. 260 f. Rdnr. 665 ff., mwN.
224 *Marly*, a.a.O., S. 264 f. Rdnr. 677 ff.

Zum urheberrechtlichen Verbreitungsrecht gemäß § 17 UrhG und noch
seinen Auswirkungen auf die Verbreitung von Software wurde bereits **757**
Stellung genommen[225]. Die wohl herrschende Meinung geht davon aus,
daß die zumindest für eine Weiterveräußerung geltende Erschöpfungswirkung urheberrechtlich ohne Bedeutung ist und somit beispielsweise
das Vervielfältigungsrecht gemäß § 16 UrhG oder das Verbreitungsrecht gemäß § 17 UrhG nach wie vor dem Urheber bzw. Lizenzgeber
zusteht[226]. Folgerichtig wird im Hinblick auf entsprechende Vertragsklauseln nicht zwischen urheberrechtlich geschützter und nicht
geschützter Software getrennt. In individuell ausgehandelten Verträgen werden schuldrechtliche Weiterveräußerungsverbote als zulässig
angesehen[227]. Gesetzliche Grenzen seien mithin nur in §§ 138, 242
BGB und Vorschriften des Miet- oder Pachtrechts erkennbar. Individuell ausgehandelte Verträge müssen dagegen nach deutschem Recht
in Schriftform vorliegen gemäß § 34 GWB[228]. In Formularverträgen
sollen Weiterveräußerungsverbote gegen § 9 Abs. 2 Nr. 1 AGBG[229]
verstoßen. Zur Begründung wird auf die „grundsätzliche Verfügungs-
freiheit des Eigentümers", auf den in § 17 Abs. 2 UrhG verankerten
Erschöpfungsgrundsatz und auf § 34 Abs. 1 Satz 2 UrhG verwiesen. In
Verträgen, die miet- bzw. pachtähnliche Regelungen enthalten, seien
Weiterveräußerungsverbote zulässig. Entsprechende Problemlösungen
seien auch im Hinblick auf die Inhaltskontrolle gemäß § 9 Abs. 2 Nr. 2
AGBG zu befürworten[230]. Weiterveräußerungsverbote, die nur unter
bestimmten Bedingungen gelten sollen, sind im Hinblick auf ihre

---

225 S. o. Rdnr. 747.

226 Vgl. z. B. *Marly*, a.a.O., S. 266 S. 268 ff. Rdnr. 683 ff. und auch *Pagenberg/
Geissler*, a.a.O., S. 594 Rdnr. 17, jeweils mwN.

227 *Marly*, a.a.O., S. 269 Rdnr. 687 unter Hinweis auf *Hoeren*, a.a.O., S. 60 Rdnr. 151,
beide mwN.

228 Insbesondere auch die GVO für Patent- und die GVO für Know-How-Lizenzver-
träge sehen dagegen keine Schriftform vor; vgl. zu weiteren kartellrechtlichen
Fragen oben Rdnr. 505 ff. und Rdnr. 583 ff. und auch *Pagenberg/Geissler*, a.a.O.,
S. 596 Rdnr. 20 mwN.

229 § 9 AGBG bestimmt, daß Klauseln in Allgemeinen Geschäftsbedingungen unwirksam sind, die den Vertragspartner unangemessen benachteiligen. Von einer unangemessenen Benachteiligung wird ausgegangen, wenn eine Klausel von einer gesetzlichen Vorschrift erheblich abweicht (§ 9 Abs. 2 Nr. 1 AGBG) oder vertragliche
Rechte oder Pflichten so stark eingeschränkt werden, daß der Vertragszweck
gefährdet ist (§ 9 Abs. 2 Nr. 2 AGBG).

230 Vgl. zu diesen Fragen *Marly*, a.a.O., S. 272 ff. Rdnr. 693 ff.; *Ulmer/Brandner/
Hensen/Schmidt*, a.a.O., Anh. §§ 9–11 „Computerverträge" S. 726 ff. Rdnr. 269 ff.
und auch *Lehmann/Schmidt*, a.a.O., XV Rdnr. 1 ff., 23 ff., alle mit zahlreichen
lesenswerten Nachweisen.

vertragsrechtliche Zulässigkeit nur sehr schwer einzuschätzen. Die Bindung der Weiterveräußerung an eine vorherige schriftliche Zustimmung verstoße zumindest bei preisgünstiger Massensoftware gegen § 9 Abs. 2 Nr. 1 und 2 AGBG. Die Pflicht zur Mitteilung von Namen und Anschrift des neuen Anwenders an den Softwarelizenzgeber im Falle der Weiterveräußerung sei „innerhalb gewisser Grenzen" nur bei Softwarepreisen von über DM 100,00 mit § 9 AGBG vereinbar. Auch bei dieser Preisklasse erscheint jedoch wohl in den seltensten Fällen eine Überwachung dieser Verbote möglich zu sein. In den Fällen, in denen dem Lizenznehmer auferlegt wird, die Software nur an die Person weiterzuveräußern, die eine Erklärung abgibt, mit den Vertragsbedingungen des Softwarelieferanten einverstanden zu sein, soll die Wirksamkeit einer derartigen Klausel gemäß § 9 AGBG wieder von der Preisgrenze von DM 100,00 abhängig sein. Eine entsprechende Vertragsbedingung sei nur bei Software über DM 100,00 wirksam[231]. Die Anwendbarkeit des Erschöpfungsgrundsatzes gemäß § 17 Abs. 2 UrhG auf Weitervermietungsverbote wurde bereits behandelt[232]. Art. 4 c Satz 2 Halbsatz 2 der Computerprogrammrichtlinie nimmt ausdrücklich das Recht auf Kontrolle der Weitervermietung des Programms oder von einer Kopie davon von der gemeinschaftsweiten Erschöpfungswirkung aus und steht daher im Widerspruch zu der vom BGH angenommenen Erschöpfungswirkung für alle Verwertungsrechte[233]. Bei Formularvertragsklauseln, die ein Weitervermietungsverbot enthalten, wird ein Verstoß gegen § 9 Abs. 2 Nr. 1 und 2 AGBG ebenfalls bis zum Zeitpunkt der Umsetzung der Computerprogrammrichtlinie in das UrhG für unbefristete Softwareverwertungsverträge bejaht. Bei befristeten Softwareverwertungsverträgen werden Weitervermietungs- und auch Weiterverleihverbote unter Hinweis auf §§ 549 Abs. 1 Satz 2, 603 Satz 2 BGB und auf § 9 Abs. 2 AGBG als zulässig angesehen. Entsprechendes gelte für Weitergabeverbotsklauseln in Finanzierungsleasingverträgen[234].

Entsprechende Grundsätze sollen auch für weitere vertragliche (Weiter-)Überlassungsverbote an Dritte mit der Einschränkung bei befristeten Verträgen gelten, daß eine Weiterüberlassung dann zulässig sein soll, wenn sie als „unselbständiger Gebrauch" einzuordnen sei. Angestellten und anderen dem Lizenznehmer zugeordneten Personen,

---

231 Vgl. *Marly*, a.a.O., S. 277 ff. Rdnr. 710 mwN.
232 Rdnr. 747.
233 Wie vor.
234 Vgl. nur *Marly*, a.a.O., S. 283 ff. Rdnr. 727 ff. mwN.

denen kein selbständiger Gebrauch zugebilligt wird, müsse daher eine
Nutzung möglich sein. Andernfalls läge ein Verstoß gegen § 9 Abs. 2
Nr. 1 AGBG vor[235].

Sehr strittig ist, ob bzw. in welchem Umfang sog. CPU (Central
Processing Unit)-Klauseln zulässig sind. Nach diesen Klauseln ist die
Nutzung einer Software nur auf einer genau definierten Hardware
möglich. Die Nutzung einer Software auf verschiedenen Rechnern sei
außer in dem Fall einer zeitgleichen Nutzung im Sinne einer Mehrfachnutzung urheberrechtlich irrelevant[236]. Dem Urheber stände daher bei
einem Hardwarewechsel der beschriebenen Art eine Vergütung nicht
zu. Unter Hinweis auf die Weitergabeverbote und die dort geltenden
Grundsätze sollen auch CPU-Klauseln gegen § 9 AGBG verstoßen.
Grundsätzlich sei von einer „Freiheit zum Hardwarewechsel" auszugehen. Daher sei nicht nur bei vorübergehenden Defekten und anderen
vorübergehenden sonstigen zwingenden Gründen, sondern auch bei
einem dauerhaften Wechsel der Hardware z. B. aus organisatorischen
Gründen oder Investitionsgründen die jeweilige Verbotsklausel grundsätzlich unwirksam. Eine zeitgleiche Mehrfachnutzung einer Software
sei dagegen verbietbar. Dieses Ergebnis soll unabhängig davon gelten,
ob ein Vertrag mit einer derartigen CPU-Klausel zeitlich befristet oder
unbefristet ist[237].

Bei Mehrplatzsystemen, die entweder einen Prozessor mit mehreren
Arbeitsplätzen und/oder aber untereinander verbundene Prozessoren
in entsprechenden Arbeitsplatzsystemen beinhalten, soll verhindert
werden, daß lediglich eine Software erworben und diese dann durch
Kopieren im jeweiligen Speicher eines Arbeitsplatzsystems unentgeltlich weiterverbreitet wird. Keine Probleme bestehen, wenn der Lizenzgeber eine unbegrenzte bzw. eine auf eine bestimmte Anzahl von
Arbeitsplätzen begrenzte Nutzung vertraglich zuläßt. Fehlt es dagegen
an einer entsprechenden Vereinbarung, wird bei Mehrplatzsystemen,
die lediglich über einen Prozessor verfügen, davon ausgegangen, daß
der Erwerber der Software diese im entsprechenden Netzwerk nutzen
darf. Hinweise können sich insoweit aus der Leistungsbeschreibung der
Software ergeben. Wird in Softwareverwertungsverträgen die Nutzung
der Software auf einen Einzelplatzrechner beschränkt, soll diese Klausel § 33 UrhG entsprechen. Wird dagegen die für einen Einzelplatz-

---

235 *Marly*, a.a.O., S. 287 f. Rdnr. 739.
236 Siehe z. B. *Lehmann*, a.a.O., CR 1990, 625 ff. und auch *Marly*, a.a.O., S. 292
    Rdnr. 748.
237 *Marly*, a.a.O., S. 295 f. Rdnr. 757 f. mwN.

rechner entwickelte Software in einem Netzwerksystem zur zeitgleichen Mehrfachnutzung eingesetzt, so verstoße dies gegen § 32 UrhG. Ein Verstoß insbesondere gegen § 9 Abs. 2 Nr.1 und 2 AGBG sei nur bei den Netzwerkverbotsklauseln anzunehmen, die ein uneingeschränktes Verbot des Netzwerkeinsatzes enthielten. Ein unkontrollierter Einsatz könne durch Programmschutzmechanismen – diese sind wohl nach Art. 7 Abs. 1 c der Computerprogrammrichtlinie zulässig – seitens der Hersteller unterbunden werden. Es sei daher nur das Verbot, die Software in einem Netzwerk zeitgleich mehrfach zu nutzen, zulässig[238].

Wird der Netzwerkeinsatz einer Software vom Hersteller nur unter der Bedingung einer zusätzlichen Gebühr erlaubt, so soll gegen eine derartige Klausel aus AGB-rechtlicher Sicht nichts einzuwenden sein, wenn die entgeltabhängige Nutzung sich auf eine zeitgleiche Mehrfachnutzung beschränkt[239].

Der urheber- und vertragsrechtliche Hintergrund der sog. Dekompilierung gemäß Art. 6 i. V. m. Art. 9 der Computerprogrammrichtlinie wurde bereits ausführlich besprochen[240].

b) Softwarespezifische Klauseln

aa) Installation (Lieferung)

758 Die Überlassung der Software kann grundsätzlich in drei Formen erfolgen. Der Lizenzgeber kann die Software dem Lizenznehmer an dessen Firmen-/Wohnsitz liefern[241]. Eine andere Möglichkeit besteht darin, einem Transportunternehmen die Lieferung zu überlassen[242]. Schließlich kann die Leistungshandlung auch am Firmen-/Wohnsitz des Lizenzgebers erfolgen[243]. Die Wahl einer dieser Varianten hat weitreichende rechtliche Bedeutung. Wenn der Schuldner[244] am Leistungs-(Erfüllungs-)Ort handelt, kann er z. B. den Gläubiger[245] in Annahmeverzug setzen. Zudem ist für Streitigkeiten aus einem Vertragsverhältnis und über dessen Bestehen das Gericht des Ortes zuständig, an

---

238 *Marly*, a.a.O., S. 305 ff. Rdnr. 780 ff.
239 Vgl. *Marly*, a.a.O., S. 308 Rdnr. 787 f.
240 Vgl. Rdnr. 751, 754.
241 Bringschuld.
242 Schickschuld.
243 Holschuld.
244 Lizenzgeber.
245 Lizenznehmer.

dem die streitige Verpflichtung zu erfüllen ist. Eine Vereinbarung über den Erfüllungsort begründet die Zuständigkeit nur, wenn die Vertragsparteien Vollkaufleute, juristische Personen des öffentlichen Rechts oder öffentlich-rechtliche Sondervermögen sind[246]. Wenn eine Software sehr komplex ist und daher in der Regel der Lizenzgeber es übernommen hat, die Software auf sein Risiko und seine Kosten an den Lizenznehmer zu liefern bzw. dort zu installieren, sollten die Vertragsparteien zur Vermeidung unnötiger Verzögerungen und sich daraus ergebender Unstimmigkeiten im Vertrag den Lieferzeitpunkt festschreiben. Entsprechendes gilt für den Nachweis der Betriebsbereitschaft durch den Lizenzgeber bzw. die Bestätigung dieses Nachweises durch den Lizenznehmer. Der Nachweis der Betriebsbereitschaft darf allerdings nicht mit der erheblich umfangreicheren Abnahmeprüfung verwechselt werden. Bei einer Betriebsbereitschaftsprüfung werden lediglich die wesentlichen Standardfunktionen einer Software z. B. unter Einsatz von Testprogrammen geprüft bzw. nachgewiesen. Bei der Abnahmeprüfung, die bei werkvertragsähnlichen Vereinbarungen vorgenommen wird, findet eine umfassende Funktionsprüfung statt. Es werden also nicht nur die wesentlichen Funktionen geprüft. Den Lizenznehmer, bei dem die Betriebsbereitschaft der Software nachgewiesen wird, trifft insoweit eine Mitwirkungspflicht. So ist der Lizenznehmer – dies muß nicht ausdrücklich vereinbart werden[247] – z. B. verpflichtet, am festgelegten Liefertermin den Einsatz-(Installations-) Ort so vorbereitet zu haben, daß der Lizenzgeber ohne größeren Aufwand die Installation vornehmen kann. Hierzu gehört auch z. B. die Bereitstellung von geschultem Personal oder aber von Personal, das je nach Absprache in der Lage ist, eine Einweisung im Zusammenhang mit der Installation – dies ist nicht zuletzt eine Kostenfrage – zu vollziehen[248].

bb) Einweisung

Das Personal des Lizenznehmers ist insbesondere dann, wenn jedwede **759** Vorkenntnisse fehlen, detailliert einzuweisen. Ob dies im Rahmen einer der Software beigefügten Dokumentation oder im Rahmen einer

246 § 29 ZPO.

247 Eine schriftliche Festlegung des Umfangs von Mitwirkungspflichten sollte dagegen bei Vertragspartnern erfolgen, die noch nie oder selten mit derartigen Verträgen konfrontiert waren.

248 Siehe hierzu auch *Lehmann/Köhler*, a.a.O., XIII Rdnr. 98 mwN; vgl. auch das Vertragsmuster, abgedruckt im Anhang III.

zusätzlich vertraglich vereinbarten Einweisung durch das Personal des Lizenzgebers geschieht, ist unerheblich. Insbesondere bei speziell für die Bedürfnisse des Lizenznehmers entwickelter Software ist es empfehlenswert, entweder im Lizenzvertrag oder aber in einem gesonderten Wartungsvertrag die Einweisung des Personals des Lizenznehmers vorzusehen. Letztlich muß die Einweisung derart gestaltet sein, daß der Lizenznehmer bzw. sein Personal nach der Einweisung dazu fähig ist, die Software eigenständig und in der gesamten Breite ihrer Möglichkeiten zu nutzen. Bevor dieser Zustand nicht erreicht ist, ist der Lizenznehmer, der einen Auftrag zum Entwickeln einer Software gegeben hat, nicht zur Abnahme der Software verpflichtet. Es ist daher z. B. nicht nur daran zu denken, notfalls ergänzende Einweisungstermine zu vereinbaren, sondern auch daran, daß genügend Personal eingewiesen wird. Es sollte nicht passieren, daß der Eingewiesene die Software nicht bedienen kann[249] und keine kundige Ersatzkraft zur Verfügung steht[250].

cc) Abnahmeprüfung

760 Ob bei der Verwertung von Software eine Übergabe im kaufrechtlichen Sinne oder eine Abnahme nach Werkvertragsrecht erfolgen soll, bleibt einer Einzelfallbeurteilung überlassen. Es wird hier eine individuelle Anpassung der vertraglichen Regelungen an die tatsächlichen Gegebenheiten im Einzelfall nochmals dringend empfohlen. Soweit die Software an die individuellen Bedürfnisse des Lizenznehmers bzw. im Rahmen einer Auftragsarbeit an die Bedürfnisse des Auftraggebers anzupassen ist, dürften werkvertragsähnliche Regelungen und damit auch eine Abnahme gemäß § 640 BGB anzunehmen sein. Die Abnahme und die damit verbundene Funktionsprüfung sollten schriftlich vereinbart werden. Es erscheint sinnvoll, die Abnahme erst nach Einweisung des Personals des Lizenznehmers bzw. Auftraggebers beginnen zu lassen. Nur der mit der Software vertraute Anwender wird in der Lage sein zu beurteilen, ob die Software die vereinbarten Funktionen erfüllt. Die Abnahme bedeutet jedoch nicht, daß die Software vollständig fehlerfrei sein muß. Es genügt, daß die Software die wichtigen Funktionen nach angemessenen Frist erfüllt. Eine Abnahme ist erst dann anzunehmen, wenn die Software nach Einweisung des Personals eine gewisse Zeit im Betrieb des Bestellers mangel-

---

249 Krankheit, Kündigung.
250 Vgl. Vertragsmuster, abgedruckt im Anhang III.

frei gearbeitet hat. Eine entgegenstehende Vereinbarung in Allgemeinen Geschäftsbedingungen ist unwirksam. Eine Abnahme liegt auch vor, wenn der Besteller trotz Kenntnis des Mangels die Software eine gewisse Zeit produktiv einsetzt[251]. Eine Abnahmefiktion, d. h. die Vereinbarung, daß die Abnahme als erteilt gilt, wenn der Empfänger der Software bei der Abnahme festgestellte Fehler nicht innerhalb einer Frist schriftlich rügt, ist nur im kaufmännischen Geschäftsverkehr vereinbar. Im nichtkaufmännischen Geschäftsverkehr ist die Wirksamkeit einer derartigen Klausel strittig[252]. Die Rügefrist sollte – wenn sie bemessen wird – einen Zeitraum umfassen, der eine unangemessene Benachteiligung des Anwenders ausschließt. Gegebenenfalls sind die im kaufmännischen Geschäftsverkehr bestehenden Untersuchungs- und Rügepflichten gemäß §§ 377, 378 HGB zu beachten[253].

dd) Geheimhaltung, Datenschutz

Die Vertragsparteien sollten sich zur Vermeidung evtl. Streitigkeiten **761** unbedingt der Mühe der sorgfältigen Dokumentation der geheimzuhaltenden Informationen unterziehen. Gerade bei Know-How- und Software-Lizenz-Verträgen sind präzise Verweise auf von der eigentlichen vertraglichen Vereinbarung getrennte Dokumente[254] zu empfehlen. Der Umfang z. B. eines Software-Handbuchs läßt eine andere Vorgehensweise nicht sinnvoll erscheinen. Auf jeden Fall sollte darauf geachtet werden, zwischen geheimem und nicht geheimem Know-How klar zu trennen. Die geheimen Informationen sollten als solche gekennzeichnet sein. Mündliche (geheime) Informationen sollten durch schriftliche Empfangsbestätigungen gesichert werden. Zu diesem Zweck Magnetbänder und Disketten einzusetzen, ist im Hinblick auf die Datenänderbarkeit nicht unbedenklich. Angesichts der noch gängigen Praxis der mündlichen Informationsübermittlung insbesondere in der Softwarebranche handelt es sich insoweit wohl aber um das kleinere Übel. Die schnelle, einfache und im Hinblick auf eventuelle künftige Streitigkeiten sichere, d. h. beweisbare Datenübermittlung sollte die Zielvorgabe beider Parteien sein. Wettbewerbsbeschränkende Vereinbarungen bleiben auch bei (teilweiser) Offenbarung des geheimen Know-How wirksam, wenn der Aspekt des „Geheimnisses" für die Vertragsparteien eine nur untergeordnete Rolle spielt. Ist das

---

251 Vgl. nur *Palandt/Thomas*, a.a.O., § 640 Anm. 2 a mwN.
252 Vgl. z. B. *Lehmann/Schmidt*, a.a.O., XV Rdnr. 43 mwN.
253 Vgl. auch das Vertragsmuster, abgedruckt im Anhang III.
254 „Anlagen, Anhang".

„geheime" Know-How wesentliche Vertragsgrundlage und das mitgeteilte Know-How durch Handlungen Dritter an die Öffentlichkeit gelangt, hat die Lizenznehmerin bzw. der Auftraggeber ihre bzw. seine Zahlungen bei Vorliegen besonderer Umstände bis zum Ende der Vereinbarung fortzusetzen[255]. Ob eine befristete oder unbefristete Geheimhaltungspflicht, die auch nach Vertragsende noch ihre Gültigkeit behält, vereinbart wird, spielt keine Rolle. Beide Varianten sind zulässig, soweit beide Parteien vereinbaren, daß diese Regelung bei berechtigter Offenbarung des geheimen Know-How durch die Vertragspartner oder durch Dritte ihre Wirkung verliert. Aus praktischen Gesichtspunkten erscheint es jedoch unsinnig, z. B. die Geheimhaltungspflicht auf 5 Jahre nach Vertragsende vertraglich auszudehnen. Das Know-How ist gerade im Software-Bereich in der Regel schon nach wenigen Jahren überholt. Selbst wenn also der Vertrag bereits unmittelbar nach Unterzeichnung wieder aufgehoben wird, sind 5 Jahre als Geheimnisschutzdauer mithin als zu lang zu bewerten.

Es sollte zwar in der Regel vermieden werden, gesetzliche Bestimmungen vom Wortlaut her in einen Vertragstext miteinzubeziehen. Dies kann lediglich dann sinnvoll sein, wenn eine Klarstellung insbesondere gegenüber rechtsunkundigen Vertragspartnern erfolgen soll. Dies gilt auch für die in vielen Software-Verwertungsverträgen zu findende Klausel, daß die Bestimmungen des Datenschutzgesetzes in der jeweils gültigen Fassung von den Vertragsparteien einzuhalten sind, wobei in der Regel entsprechende Verpflichtungen von den Vertragsparteien auch ihren Mitarbeitern, Zulieferern und anderen Personen, die mit der Software in Berührung kommen, auferlegt werden. Die wechselseitige Pflicht zur Einhaltung der Bestimmungen des Datenschutzgesetzes hat daher in erster Linie eine Warnfunktion. Die Vertragsparteien sollen sich darüber im klaren sein, daß bestimmte Daten sehr sorgfältig zu behandeln sind[256].

ee) Verbesserungen (updates), Weiterentwicklungen

762 In der Regel wird in Software-Verwertungsverträgen auch vereinbart, daß, sobald der Lizenzgeber updates zur Verfügung hat, diese dem Lizenznehmer kostenlos oder kostenpflichtig überlassen werden. Die Überlassung kann bereits im Lizenzvertrag oder aber in einem gesonderen Pflegevertrag geregelt sein. Im Gegensatz zu updates, die z. B.

---

255 Vgl. zu diesem Problemkreis Rdnr. 90.
256 Siehe hierzu auch das Vertragsmuster, abgedruckt im Anhang III.

auch durch neue DIN-Vorschriften verursacht werden können, handelt es sich bei Weiterentwicklungen um gravierende Änderungen der Software, die ein völlig neues, urheberrechtsfähiges Werk zur Folge haben können[257].

II. Rechtsnatur

1. Darstellung der verschiedenen Auffassungen

Es liegt inzwischen eine fast schon unüberschaubare Anzahl von Stellungnahmen der Literatur und der Rechtsprechung zu dem Problem der Rechtsnatur von Software-Verwertungsverträgen vor. Je nach Fallgestaltung wird man – nicht zuletzt aufgrund der EG-Richtlinie über den Rechtsschutz von Computerprogrammen vom 14. 5. 1991 – Regelungen berücksichtigen müssen, die dem Kauf-, Miet-, Pacht-, Werkvertrags-, Gesellschaftsvertragsrecht entnommen sind. Ein einheitlicher Vertragstyp wird wegen der der Software zugrundeliegenden Eigenheiten nicht zu bestimmen sein. Es wird daher sehr oft auch als Vertragstyp der Lizenzvertrag oder ein Vertrag eigener Art[258] genannt[259]. Da Software oft nicht allein, sondern im Zusammenhang mit Hardware überlassen wird und zum Teil auch noch andere vertragliche Komponenten wie z. B. die Entwicklung von Programmen, die Pflege der Software bzw. Wartung der Hardware ein Vertragspaket bilden, kommt es in der Regel zu einer Vermischung von Vertragstypen. Die Schwierigkeiten der Zuordnung zu bestimmten Vertragstypen erhöhen sich dann noch dadurch, daß die jeweilige Art des Softwareschutzes bei der Vertragsgestaltung mit zu berücksichtigen ist. Es wurde bereits ausgeführt[260], daß z. B. patentrechtliche Fragen relevant werden können. Es kann auch durchaus sein, daß eine Software aus z. B. patent- und urheberrechtlich geschützten Teilen besteht.

763

---

257 Vgl. zur Mitteilungspflicht und Pflicht des Lizenzgebers zur Einräumung von Rechten an Verbesserungen Rdnr. 288 f. mwN in den dortigen Fußn.; siehe auch Anhang III. und dort III. 15.
258 „sui generis".
259 Vgl. die übersichtlichen Ausführungen in ComHdB *Heussen*, a.a.O., Kap. 21 Rdnr. 1 ff. mit vielen lesenswerten Nachweisen.
260 Rdnr. 738 ff.

2. Stellungnahme

764 Die in der Literatur und in der Rechtsprechung noch häufig vertretene Auffassung, daß die Verwertung von Software nur einem Vertragstyp zuzuordnen sei – z. B. könne die Überlassung von Standard-Software als „Kauf" zu bewerten sein –, wird wohl insbesondere auch im Hinblick auf die EG-Richtlinie über den Rechtsschutz von Computerprogrammen vom 14. 5. 1991, die zwischen Kauf und Lizenz unterscheidet, und aufgrund der (technischen) Besonderheiten der Software nicht aufrecht zu erhalten sein. Die Vielzahl der tatsächlichen und daraus resultierenden rechtlichen Gesichtspunkte, die bei der Verwertung von Software zu beachten sind, führen letztlich zu der Konsequenz, daß als Vertragstyp sehr häufig ein Kauf- oder ein Lizenzvertrag oder aber ein Vertrag „sui generis" anzunehmen ist[261].

---

261 So im Ergebnis wohl auch ComHdB *Heussen*, a.a.O., Kap. 21 Rdnr. 75–78 mwN; siehe auch *Lehmann/Köhler*, a.a.O., XIII Rdnr. 6 ff. sowie *Marly*, a.a.O., S. 12 ff. Rdnr. 32, 40 ff., 57 ff., 71 ff.

Anhang

Anhang I

Muster für Patentlizenzvertrag[1]

zwischen der   **X-AG**

diese
vertreten durch ihren Vorstand,
dieser vertreten
durch seinen Vorstandsvorsitzenden

ABC-Straße 1
W-8000 München

– im folgenden Lizenzgeberin genannt –

und der   . . . .

diese vertreten durch

. . . .

. . . .

– im folgenden Lizenznehmerin genannt –

Vertragsnummer[2]: . . . .

Vertragsbeginn[2]: . . . .

---

1 Es werden bei einigen Klauseln verschiedene Gestaltungsmöglichkeiten vorgeschlagen. Zu beachten ist zunächst, daß die vorgeschlagenen Klauseln aufgrund des jeweiligen nationalen Rechts, insbesondere im Hinblick auf das jeweilige nationale Kartellrecht, unwirksam sein können. Es sollte bei einer Übernahme einzelner Klauseln unbedingt daran gedacht werden, daß die Klauseln auf den jeweiligen konkreten Sachverhalt abzustimmen sind, um mögliche Rechtsnachteile zu vermeiden. Die Klauseln, die hier vorgeschlagen werden, sollen lediglich als Checkliste dienen, um im Rahmen von Verhandlungen eine Orientierungshilfe zu haben. Im Zweifelsfall sollte daher ein Fachmann zu Rate gezogen werden.
Es erfolgt hier eine Aufteilung des Vertrags in I. Präambel und II. Vertragsinhalt. Es kann sich auch empfehlen, Definitionen (z. B. für Know-How, Vertragsgegenstand, Bezugsgröße der Lizenzgebühr) in einem zusätzlichen Abschnitt dem eigentlichen Vertragsinhalt voranzustellen. Diese Art der Vertragsgestaltung sollte dann gewählt werden, wenn komplizierte und umfangreiche Beschreibungen z. B. des Vertragsgegenstandes notwendig sind und eine ständige Wiederholung dieser Beschreibungen im Vertragstext die Lesbarkeit des Vertrags unnötig erschwert; s. auch unter Fußn. 5 und Anhang II.
2 Eine Vertragsnummer und das Datum des Vertragsbeginns können bei einer Vielzahl von Verträgen eine Hilfestellung bei der Verwaltung dieser Verträge bieten.

I. Präambel

1. Die Lizenzgeberin verfügt über die nachstehend aufgeführten Patente[3]
   a) Registriernummer des Patentamts:
   Anmeldetag:
   Prüfungsantrag gestellt am:
   Offenlegungstag:
   Tag der Veröffentlichung der Patenterteilung:
   Titel:
   Priorität:
   Korrespondierende Auslandsnachanmeldungen:
   Registriernummern der Patentämter:
   Anmeldetag:
   Benannte Staaten:

   b) . . . .
   . . . .
   . . . .

2. Die Lizenzgeberin hat bereits eine ausschließliche Lizenz an den Patenten gemäß I. auf dem sachlichen Vertragsgebiet xy erteilt[4].

3. Die Lizenzgeberin verfügt des weiteren über geheimes Know-How gemäß Anlage A[5].

II. Vertragsinhalt

Die Vertragsparteien schließen unter Zugrundelegung der in I. aufgeführten Tatsachen den folgenden Vertrag:

1. Art und Umfang der Lizenz, örtliches Vertragsgebiet

a) Ausschließliche, alleinige, nichtausschließliche Lizenz (Art) zum Herstellen, Anbieten, Inverkehrbringen, Gebrauchen (Umfang)

Die Lizenzgeberin erteilt der Lizenznehmerin eine ausschließliche Lizenz, die in den in I.1. aufgeführten Patenten beschriebene Vorrichtung herzustellen, anzubieten, in Verkehr zu bringen, zu gebrauchen (ausschließliche Lizenz)[6]. Der Lizenzgeber ist verpflichtet, die lizenzierte Erfindung im Lizenzgebiet

---

3 Der aktuelle Stand eines Schutzrechtsverfahrens sollte unbedingt präzise wiedergegeben werden. Die im Text gewählte Aufzählung ist beispielhaft und nicht abschließend.
4 Zur Klarstellung empfiehlt sich auch ein Hinweis auf Nutzungsrechte, mit denen die vertragsgegenständlichen Patente belastet sind.
5 Soll auch Know-How lizenziert werden, ist dieses genau zu bestimmen. Um den Vertragstext nicht zu sehr mit z. B. technischen Daten zu füllen, empfiehlt sich die Darstellung dieser Daten in einer Anlage.
   Bei gemischten Patentlizenz-/Know-How-Verträgen ist zu prüfen, ob die GVO Patent oder die GVO Know-How zur Anwendung kommt; vgl. hierzu Rdnr. 606, 616.

nicht selbst zu benutzen, soweit und solange eines der lizenzierten Patente noch in Kraft ist[6];

oder

Die Lizenzgeberin erteilt der Lizenznehmerin eine ausschließliche Lizenz, die in den in I.1. aufgeführten Patenten beschriebene Vorrichtung herzustellen, anzubieten, in Verkehr zu bringen, zu gebrauchen. Die Lizenzgeberin ist jedoch berechtigt, die in den in I.1. aufgeführten Patenten beschriebene Vorrichtung herzustellen, anzubieten, in Verkehr zu bringen, zu gebrauchen (alleinige Lizenz)[7].

oder

Die Lizenzgeberin erteilt der Lizenznehmerin eine nichtausschließliche Lizenz, die in den in I.1. aufgeführten Patenten beschriebene Vorrichtung herzustellen, anzubieten, in Verkehr zu bringen, zu gebrauchen (nichtausschließliche Lizenz)[8].

b) Örtliches Vertragsgebiet

Die Lizenz wird für . . . (Länder) erteilt.

c) Weitere Verpflichtungen der Lizenzgeberin oder Lizenznehmerin hinsichtlich Art und Umfang der Lizenz und örtliches Vertragsgebiet[9].

aa) Die Lizenzgeberin ist verpflichtet, anderen Unternehmen die Benutzung der lizenzierten Erfindung in einem der Lizenznehmerin vorbehaltenen Vertragsgebiet, das den gesamten Gemeinsamen Markt oder einen Teil desselben umfaßt, nicht zu gestatten, soweit und solange eines der lizenzierten Patente noch in Kraft ist.

---

6 Die vertraglichen Bedingungen sind, je nachdem, ob es sich um eine ausschließliche Lizenz (nur die Lizenznehmerin ist zur Nutzung berechtigt), eine alleinige Lizenz (die Lizenzgeberin behält sich eine nichtausschließliche Lizenz für die eigene Nutzung vor) oder eine nichtausschließliche Lizenz (Lizenzgeberin und mehrere Lizenznehmerinnen sind zur Nutzung berechtigt) handelt, entsprechend zu gestalten. Wird auch Know-How lizenziert, so ist insoweit eine entsprechende Klausel aufzunehmen bzw. der Text zu ergänzen. Bei Verträgen, die EG-Bezug haben, ist zu prüfen, ob die GVO Patent oder die GVO Know-How einschlägig ist (s. o. Rdnr. 606, 616).

7 S. o. Fußn. 6.

8 S. o. Fußn. 6.

9 Die Verpflichtungen gemäß c) aa) −ff), die Art. 1 (1) Nr. 1−6, (2) GVO Patent entsprechen, gelten auch, wenn Vertragspartner in einer Vereinbarung Verpflichtungen im Sinne dieses Absatzes vorsehen, ihnen jedoch einen weniger weiten Umfang geben, als es nach diesem Absatz zulässig wäre (Art. 1 (3) GVO Patent). Die Verpflichtung gemäß c) gg) entspricht Art. 2 (1) Nr. 4 GVO Patent.
Auch die Verpflichtung der Lizenzgeberin, der Lizenznehmerin günstigere Lizenzbedingungen zugute kommen zu lassen, die die Lizenzgeberin einem anderen Unternehmen nach Abschluß der Vereinbarung gewährt, ist gemäß Art. 2 (1) Nr. 11 GVO Patent zulässig.
Nicht erlaubt ist es, wenn,
− die Lizenznehmerin für einen Zeitraum von mehr als 5 Jahren verpflichtet wird, das

bb) Die Lizenzgeberin ist verpflichtet, die lizenzierte Erfindung im Vertragsgebiet nicht selbst zu benutzen, soweit und solange eines der lizenzierten Patente noch in Kraft ist und soweit und solange die Lizenznehmerin die Lizenzerzeugnisse entweder selbst herstellt oder durch ein verbundenes Unternehmen oder durch einen Zulieferer herstellen läßt.

cc) Die Lizenznehmerin ist verpflichtet, in den der Lizenzgeberin vorbehaltenen Vertragsgebieten innerhalb des Gemeinsamen Marktes die lizenzierte Erfindung nicht selbst zu benutzen, soweit und solange das Lizenzerzeugnis in diesen Vertragsgebieten durch parallele Patente geschützt ist und soweit und solange die Lizenznehmerin die Lizenzerzeugnisse entweder selbst herstellt oder durch ein verbundenes Unternehmen oder durch einen Zulieferer herstellen läßt.

dd) Die Lizenznehmerin ist verpflichtet, in Vertragsgebieten anderer Lizenznehmer im Gemeinsamen Markt die Herstellung oder den Gebrauch des Lizenzerzeugnisses oder den Gebrauch des patentierten Verfahrens oder des mitgeteilten technischen Wissens zu unterlassen, soweit und solange das Lizenzerzeugnis in diesen Vertragsgebieten durch parallele Patente geschützt ist.

ee) Die Lizenznehmerin ist verpflichtet, in Vertragsgebieten anderer Lizenznehmer im Gemeinsamen Markt für das Lizenzerzeugnis keine aktive Vertriebspolitik zu führen, insbesondere keine besonders auf diese Vertragsgebiete ausgerichtete Werbung zu betreiben, dort keine Niederlassung einzurichten und dort keine Auslieferungslager zu unterhalten, soweit und solange das Lizenzerzeugnis in diesen Vertragsgebieten durch parallele Patente geschützt ist und soweit und solange die Lizenznehmerin die Lizenzerzeugnisse entweder selbst herstellt oder durch ein verbundenes Unternehmen oder durch einen Zulieferer herstellen läßt.

Lizenzerzeugnis in Lizenzgebieten anderer Lizenznehmer innerhalb des Gemeinsamen Marktes nicht in Verkehr zu bringen, oder wenn ein derartiges Verhalten Folge einer Abstimmung zwischen den Vertragspartnern ist; die Bestimmung des Art. 1 Abs. 1 Nr. 5 bleibt unberührt (Art. 3 Nr. 10 GVO Patent).
– die Vertragspartner oder einer von ihnen verpflichtet sind:
a) ohne objektiv gerechtfertigten Grund auf Bestellungen von Verbrauchern oder Wiederverkäufern aus ihren jeweiligen Gebieten, welche Erzeugnisse in anderen Gebieten innerhalb des Gemeinsamen Marktes absetzen wollen, nicht einzugehen (Art. 3 Nr. 11a GVO Patent); oder
b) die Möglichkeit für Verbraucher oder Wiederverkäufer zum Bezug der Lizenzerzeugnisse bei anderen Wiederverkäufern innerhalb des Gemeinsamen Marktes zu erschweren und insoweit insbesondere verpflichtet sind, gewerbliches und kommerzielles Eigentum geltend zu machen oder Maßnahmen zu treffen, um den Bezug außerhalb des Lizenzgebietes durch Verbraucher oder Wiederverkäufer von Erzeugnissen, die vom Patentinhaber selbst oder mit seiner Zustimmung innerhalb des Gemeinsamen Marktes in Verkehr gebracht worden sind, oder um das Inverkehrbringen solcher Erzeugnisse innerhalb des Lizenzgebietes durch diese Verbraucher oder Wiederverkäufer zu verhindern, oder wenn derartige Verhaltensweisen Folge einer Abstimmung zwischen ihnen sind (Art. 3 Nr. 11b GVO Patent).

ff) Die Lizenznehmerin ist verpflichtet, das Lizenzerzeugnis während einer höchstens fünfjährigen, mit dem ersten Inverkehrbringen innerhalb des Gemeinsamen Marktes durch die Lizenzgeberin oder einen der Lizenznehmerin beginnenden Frist in Vertragsgebieten anderer Lizenznehmer innerhalb des Gemeinsamen Marktes nicht in Verkehr zu bringen, soweit und solange das Lizenzerzeugnis in diesen Vertragsgebieten durch parallele Patente geschützt ist und soweit und solange die Lizenznehmerin die Lizenzerzeugnisse entweder selbst herstellt oder durch ein verbundenes Unternehmen oder durch einen Zulieferer herstellen läßt.

gg) Die Lizenznehmerin ist verpflichtet, nach Ablauf der Vereinbarung das Patent nicht mehr zu benutzen, soweit es noch in Kraft ist.

2. Technisches Anwendungsgebiet[10]

Die Lizenz erstreckt sich auf das technische Anwendungsgebiet . . . .

. . . .

3. Übertragbarkeit, Unterlizenzen

a) Die Lizenz ist übertragbar;

oder

Die Lizenz ist nicht übertragbar[11];

oder

Die Lizenz ist nur nach vorheriger Zustimmung der Lizenzgeberin übertragbar. Die Lizenzgeberin wird ihre Zustimmung nicht unbillig verweigern.

b) Die Lizenznehmerin ist berechtigt, Unterlizenzen zu erteilen,

oder

Die Lizenznehmerin ist nicht berechtigt, Unterlizenzen zu erteilen[11],

oder

Die Lizenznehmerin ist nur nach vorheriger Zustimmung der Lizenzgeberin zur Unterlizenzvergabe berechtigt. Die Lizenzgeberin wird ihre Zustimmung nur aus wichtigem Grund verweigern.

---

10 Es sollte sehr viel Wert auf die genaue Formulierung des technischen Anwendungsgebiets gelegt werden. Wenn die einzelnen Ansprüche einer Patentanmeldung zur Gewährleistung eines besseren Bestandschutzes sehr allgemein formuliert werden, kann es möglich sein, ausschließliche Lizenzen mit verschiedenen technischen Anwendungsgebieten an einer Patentanmeldung bzw. an einem Patent zu vergeben. Der Nutzungsgrad eines Patents kann somit erheblich verbessert werden.
Die Beschränkung auf einen oder mehrere von verschiedenen technischen Anwendungsbereichen, die vom lizenzierten Patent erfaßt werden, ist gemäß Art. 2 (1) Nr. 3 GVO Patent zulässig.
11 Diese Klauseln entsprechen Art. 2 (1) Nr. 5 GVO Patent.

4. Ausübungspflicht[12]

Die Lizenznehmerin ist verpflichtet, die Lizenz auszuüben.

5. Technische Hilfestellung[13]

Die Lizenzgeberin verpflichtet sich, der Lizenznehmerin technische Hilfestellung anzubieten, soweit dies für den vertraglich zugesagten Umfang der Lizenz (III.1.) erforderlich ist.

Die Vertragspartner sind verpflichtet, sich gegenseitig ihre Erfahrungen, die die Benutzung der lizenzierten Erfindung betreffen, mitzuteilen und sich eine Lizenz an Verbesserungs- und Anwendungserfindungen zu gewähren, soweit diese Mitteilung oder Lizenz nicht ausschließlich ist.

6. Gewährleistung und Haftung[14]

6.1 Es wird keine Gewähr dafür übernommen, daß die Benutzung der Lizenz nicht in Schutzrechte Dritter eingreift oder keine Schäden bei Dritten herbeiführt.

---

12 Bei ausschließlichen Lizenzen ist der Lizenznehmer auch ohne besondere vertragliche Vereinbarung verpflichtet, die Lizenz auszuüben.

13 In der Regel kann eine Patentlizenz ohne die Zurverfügungstellung weiterer Know-Hows nicht ausgeübt werden. Es ist daher festzulegen, in welchem Umfang diese Unterstützung gewährt werden soll. Der 2. Absatz der vorgeschlagenen Klausel entspricht Art. 2 (1) Nr. 10 GVO Patent. Art und Umfang der Hilfestellung sollten detailliert in einer Anlage zu dem Vertrag geregelt werden.
Die beiderseitigen Mitwirkungspflichten sollten bestimmt werden, damit am festgelegten Know-How-Übergabezeitpunkt der Einsatzort so vorbereitet ist, daß die Lizenzgeberin ohne größeren Aufwand die Übergabe vornehmen kann. Hierzu gehört auch z. B. die Bereitstellung von geschultem Personal oder aber von Personal, das – je nach Absprache – in der Lage ist, eine Einweisung im Zusammenhang mit der Übergabe (Kosten!) zu vollziehen. Eventuell sollte bei häufigen Besuchen bei der Lizenznehmerin eine Regelung über das Hausrecht getroffen (Besuchszeiten etc.) werden.
Das Personal der Lizenznehmerin ist insbesondere dann, wenn jedwede Vorkenntnisse fehlen, detailliert einzuweisen. Das bedeutet, daß die Lizenzgeberin die Einweisung derart gestalten muß, daß die Lizenznehmerin bzw. deren Personal nach der Einweisung dazu fähig ist, daß Know-How eigenständig und in der gesamten Breite seiner Möglichkeiten zu nutzen. Bevor dieser Zustand nicht erreicht ist, ist die Lizenznehmerin nicht zur Abnahme des Know-How verpflichtet. Es ist daher z. B. nicht nur daran zu denken, notfalls ergänzende Einweisungstermine zu vereinbaren, sondern auch daran, daß genügend Personal eingewiesen wird. Es sollte nicht passieren, daß der Eingewiesene das Know-How nicht nutzen kann (Krankheit, Kündigung) und keine kundige Ersatzkraft zur Verfügung steht. Berufssicherheitsvorschriften müssen beachtet werden. Dies gilt insbesondere im Hinblick auf Hilfsmittel wie z. B. Hebebühnen, Leitern, betriebliche Förderzeuge.

14 Insbesondere die Gewährleistungs- und Haftungsklauseln sollten sehr sorgfältig auf den Einzelfall abgestimmt sein. Zu beachten ist z. B. die Haftung nach dem Produkthaftungsgesetz, die vertraglich nicht ausgeschlossen werden kann. Bei reinen Patentlizenzen wird bisher eine Produkt-/Produzentenhaftung verneint (s. o. Rdnr. 258); a. A. *Ann*, a.a.O.

6.2 Es wird keine Gewähr oder Haftung für die Neuheit der Erfindung, die Zuverlässigkeit, die Qualität, die wirtschaftliche Verwertbarkeit, die Gebrauchsfähigkeit des lizenzierten Gegenstandes für den vorausgesetzten oder irgendeinen anderen Zweck übernommen.

6.3 Die Lizenzgeberin übernimmt die Gewährleistung für den Bestand der lizenzierten Vertragsschutzrechte zum Zeitpunkt des Vertragsabschlusses. Eine Haftung für einen späteren Wegfall der Vertragsschutzrechte ist ausgeschlossen.

6.4 Das Know-How und die geheimen technischen Kenntnisse, die unter diesem Vertrag verfügbar gemacht werden, sind diejenigen, welche die Lizenzgeberin selbst benutzt hat. Gleichwohl übernimmt die Lizenzgeberin keinerlei Gewähr dafür, daß das übermittelte Know-How und die geheimen technischen Kenntnisse richtig und fehlerfrei sind, daß die Benutzung dieser Information die Herstellung des lizenzierten Gegenstandes in zufriedenstellender Weise ermöglicht oder daß die technischen Informationen vollständig sind.

7. Mindestbeschaffenheit, Qualitätskontrolle[15]

Die Lizenznehmerin ist verpflichtet, Vorschriften über die Mindestbeschaffenheit des Lizenzerzeugnisses, soweit sie im Interesse einer technisch einwandfreien Benutzung der Erfindung notwendig sind, einzuhalten und entsprechende Kontrollen zu dulden. Einzelheiten sind in Anlage . . . geregelt.

8. Kennzeichnung, Lizenzvermerk

Die Lizenznehmerin ist verpflichtet, zur Kennzeichnung der Lizenzerzeugnisse ausschließlich das von der Lizenzgeberin bestimmte Warenzeichen oder die von ihr bestimmte Aufmachung zu verwenden, sofern die Lizenznehmerin nicht daran gehindert wird, auf ihre Eigenschaft als Hersteller des Lizenzerzeugnisses hinzuweisen[16].

Die Lizenznehmerin ist verpflichtet, auf dem Lizenzerzeugnis einen Vermerk über den Patentinhaber, das lizenzierte Patent oder die Patentlizenzvereinbarung anzubringen[16].

---

15 Diese Klausel entspricht Art. 2 (1) Nr. 9 GVO Patent.
16 Die Benutzung einer Aufmachung und/oder eines Warenzeichens und/oder eines Lizenzvermerks der Lizenzgeberin durch die Lizenznehmerin ist in vielen Fällen nicht nur werbewirksam, sondern kann auch Bedeutung bezüglich der Produzenten-/Produkthaftung der Vertragsparteien erlangen (s. o. Rdnr. 257, 260). Absatz 1 der Klausel entspricht Art. 1 (1) Nr. 7, Absatz 2 entspricht Art. 2 (1) Nr. 6 GVO Patent.

9. Lizenzgebühr

Für die durch diesen Vertrag erteilte Lizenz an den Schutzrechten gemäß I. zahlt die Lizenznehmerin an die Lizenzgeberin:

9.1 eine umsatzunabhängige, nicht rückzahlbare Gebühr von DM . . . .

9.2 eine umsatzabhängige Gebühr von . . . . . . % bezogen auf den Werksabgabepreis (. . . . .) eines jeden von der Lizenznehmerin oder ihren Lizenznehmern gemäß II.1. genutzten vertragsgegenständlichen Vorrichtung. Die Zahlung erfolgt in der Währung, in der der Kunde der Lizenznehmerin zu zahlen hat[17].

oder

9.2 DM . . . . jeder durch die Lizenznehmerin oder deren Unterlizenznehmer verwerteten vertragsgegenständlichen Vorrichtung.

9.3 einen einmaligen Anteil an den Patentkosten (Amts- und Bearbeitungsgebühren) für die Schutzrechte gemäß I. von DM . . . .

9.4 Mindestlizenzgebühren[18] nach folgender Staffelung:
ab dem 2. Vertragsjahr pro Vertragsjahr DM . . . .
ab dem 5. Vertragsjahr pro Vertragsjahr DM . . . .

10. Zahlung

10.1 Die umsatzunabhängige Gebühr (II.9.1) und die Mindestlizenzgebühren (II.9.4) sind innerhalb von 3 Wochen nach Inrechnungstellung durch die Lizenzgeberin zu zahlen.

10.2 Die umsatzabhängigen Gebühren (II.9.2) sind kalenderjährlich bis zum 31. 1. des darauffolgendes Jahrens abzurechnen und innerhalb von 3 Wochen nach aufgrund der Abrechnung erfolgter Inrechnungstellung zu zahlen.

10.3 Die Gebühren gemäß II.9.3 sind innerhalb von 3 Wochen nach Zusendung ordnungsgemäßer Belege durch die Lizenzgeberin an diese zu zahlen.

10.4 Die Zahlungen sind zu leisten auf das Konto: . . . .

---

17 Der Werksabgabepreis sollte genau festgelegt werden. Zu klären ist bei abzugsfähigen Positionen z. B., ob Rabatte oder Provisionen und wenn, in welcher Höhe abgezogen werden können. Satz 2 dieser Klausel gilt für Auslandslizenzverträge. Es kann auch alternativ vereinbart werden, daß die zu zahlende Lizenzgebühr in einer bestimmten Währung zu erfolgen hat. Die Zahlung ist dann zu dem am letzten Tag der Abrechnungsfrist geltenden offiziellen (oder freien) Umrechnungskurs der Devisenbörse XY (Ort) zu leisten. Sollte die Lizenznehmerin in Zahlungsverzug geraten, ist die Lizenzgeberin berechtigt, zwischem dem jeweiligen Umrechnungskurs zu wählen, der am letzten Tag der Abrechnungsfrist oder am Zahlungstag gilt.

18 Mindestlizenzgebühren sind zulässig gemäß Art. 2 (1) Nr. 2 GVO Patent. Entsprechendes gilt für Verpflichtungen des Lizenznehmers zur Mindestmengenherstellung der Lizenzerzeugnisse und zur Vornahme einer Mindestzahl von Benutzungshandlungen Art. 2 (1) Nr. 2, 2. und 3. Abs.

11. Steuern[19]

11.1 Direkte Steuern, die dem Land der Lizenznehmerin aufgrund der an die Lizenzgeberin in Übereinstimmung mit dem Vertrag geleisteten Zahlungen erhoben werden, gehen zu Lasten der Lizenzgeberin.

oder

11.1 Sonstige Steuern, die im Land der Lizenznehmerin aufgrund der an die Lizenzgeberin in Übereinstimmung mit dem Vertrag geleisteten Zahlungen erhoben werden, gehen zu Lasten der Lizenznehmerin.

11.2 Sonstige Steuern, die im Land der Lizenznehmerin aufgrund dieser Zahlungen erhoben werden, gehen zu Lasten der Lizenznehmerin.

Sind nach dem Recht im Land der Lizenznehmerin die Steuern von der Lizenzgeberin zu zahlen, so hat die Lizenznehmerin die Lizenzgeberin bei der Erfüllung aller Verpflichtungen und Formalitäten zu unterstützen.

oder

11.2 Sind nach dem Recht im Land der Lizenznehmerin die Steuern von der Lizenzgeberin zu zahlen, so hat die Lizenznehmerin der Lizenzgeberin bei der Erfüllung aller Verpflichtungen und Formalitäten zu unterstützen.

12. Buchführung, Buchprüfung

12.1 Die Lizenznehmerin hat – von dem Fall der Einmalzahlung abgesehen – über Anzahl der hergestellten, vertriebenen, gebrauchten vertragsgegenständlichen Vorrichtungen, deren Registriernummern, Abnehmer, Lieferdaten und über andere wesentliche Daten gesondert Buch zu führen.

12.2 Die Lizenzgeberin kann die Buchführung der Lizenznehmerin gemäß II.12.1 durch einen Wirtschaftsprüfer oder Steuerberater auf ihre Kosten untersuchen lassen. Sofern die Buchprüfung eine erhebliche Abweichung zu Lasten der Lizenzgeberin ergibt, trägt die Lizenznehmerin die Kosten der Buchprüfung.

13. Bezugspflicht[20]

Die Lizenznehmerin ist verpflichtet, von der Lizenzgeberin oder von einem von dieser bezeichneten Unternehmen Erzeugnisse zu beziehen oder Dienstlei-

---

19 Soweit Lizenzverträge mit ausländischen Vertragsparteien vereinbart werden, sind die jeweiligen steuerlichen Besonderheiten des entsprechenden Staates zu beachten. Vor Abschluß eines Lizenzvertrages empfiehlt sich daher im Zweifel die Hinzuziehung eines Steuerberaters. Die aufgeführten Klauseln stimmen mit den ORGA-LIME-Klauseln (Muster für einen internationalen Patentlizenzvertrag, VDMA Sonderveröffentlichung Nr. 4/87, Frankfurt/M. 1987), Artikel 21 (Steuern) überein. Bei Inlandsverträgen ist in der Regel die jeweils gültige Umsatzsteuer zusätzlich zu entrichten und bei der Vertragsgestaltung zu berücksichtigen („. . . zzgl. jeweils geltender gesetzlicher Umsatzsteuer – z. Zt. . . . % – zu leisten auf das Konto:") Dieser Zusatz könnte bei 10.4 dieses Musters ergänzt werden. Bei Inlandsverträgen entfiele dann Ziffer 11.

20 Satz 1 dieser Klausel entspricht Art. 2 (1) Nr. 1 GVO Patent.

stungen in Anspruch zu nehmen, soweit diese Erzeugnisse oder Dienstleistungen für eine technisch einwandfreie Benutzung der Erfindung notwendig sind.

Die Erzeugnisse sind in Anlage . . . . . aufgeführt. Es gelten insoweit die Allgemeinen Gekschäftsbedingungen der Lizenzgeberin gemäß Anlage . . . . .

14. Aufrechterhaltung, Verteidigung, Nichtigerklärung und Abhängigkeit von Schutzrechten

14.1.1 Die Lizenzgeberin wird alles unternehmen, um die bisher bestehenden Erfindungen und Patentanmeldungen zu Schutzrechten zu führen. Sie wird auch für die Aufrechterhaltung der Vertragsschutzrechte Sorge tragen, wobei II.9.3 zu beachten ist.

14.1.2 Die Lizenzgeberin ist jedoch nicht verpflichtet, die Vertragsschutzrechte über die gesetzliche Laufzeit aufrechtzuerhalten und gegen Angriffe Dritter (Einspruch, Nichtigkeitsklage) zu verteidigen. Entscheidet die Lizenzgeberin zu irgendeinem Zeitpunkt während der Vertragsdauer, daß sie die Vertragsschutzrechte nicht weiterverfolgen will, so wird sie die Vertragsschutzrechte der Lizenznehmerin zur Übertragung anbieten, soweit die Lizenzgeberin verfügungsberechtigt ist.

14.2.1 Die Vertragsparteien werden einander von sämtlichen Verletzungen im Vertragsgebiet unterrichten. Beide Parteien sind nicht verpflichtet, gegen Verletzer vorzugehen.

oder

Die Lizenznehmerin ist verpflichtet,

a) Patentverletzungen der Lizenzgeberin anzuzeigen,
b) gegen einen Patentverletzer gerichtlich vorzugehen,
c) dem Vertragspartner gegen einen Patentverletzer in einem Patentverletzungsverfahren Beistand zu leisten,

soweit solche Verpflichtungen das Recht der Lizenznehmerin, das lizenzierte Patent anzugreifen, nicht berühren[21].

14.2.2 Die Vertragsparteien werden sich im Fall eines Verletzungs- und/oder Nichtigkeitsverfahrens über eine geeignete Vorgehensweise, insbesondere über die Prozeßkosten- und Erlösbeteiligung verständigen. Die Lizenzgeberin wird der Lizenznehmerin für den Fall, daß diese alleine gegen Verletzer gerichtlich vorgehen will, alle notwendigen Vollmachten und Ermächtigungen geben[22].

---

21 Die 2. Alternative dieser Klausel entspricht Art. 2 (1) Nr. 8 GVO Patent.
22 Diese Klausel könnte bei einer nichtausschließlichen Lizenz Anwendung finden. Bei einer ausschließlichen Lizenz kann es je nach nationalem Recht möglich sein, daß die ausschließliche Lizenznehmerin ohne weitere Zustimmung einen Verletzer verklagen kann. Die Lizenznehmerin sollte dann vertraglich verpflichtet werden, die Klage nur

14.3 Wird die Lizenznehmerin aufgrund der Benutzung der Vertragsschutzrechte wegen Verletzung in Anspruch genommen, so hat sie die Lizenzgeberin hiervon unverzüglich zu unterrichten. Die Lizenzgeberin ist berechtigt, einem eventuellen Rechtsstreit beizutreten. Die Kosten für die Durchführung des Rechtsstreits trägt jede Vertragspartei allein[23].

14.4.1 Wird eines der lizenzierten wesentlichen Vertragsschutzrechte rechtskräftig für nichtig erklärt, so wird die Gültigkeit des Vertrages hiervon nicht berührt. Die Lizenznehmerin hat jedoch das Recht, binnen drei Monaten den Vertrag zu kündigen. Falls die Lizenznehmerin nicht kündigt, findet eine Anpassung der Gebühren gemäß II.9.2 statt. Bezahlte Gebühren gemäß II.9. können nicht zurückgefordert werden.

14.4.2 Wird eines der Vertragsschutzrechte durch teilweise Nichtigerklärung beschränkt oder stellt sich eine Abhängigkeit eines der Vertragsschutzrechte von einem älteren Schutzrecht heraus, so kann die Lizenznehmerin eine Anpassung an die veränderten Verhältnisse verlangen.

15. Geheimhaltung, Datenschutz[24]

15.1 Der Geheimhaltungspflicht im Sinne dieser Vereinbarung unterliegen, soweit sie zum Zeitpunkt ihrer Mitteilung über den Stand der Technik hinausgehen, alle in Anlage A genannten geheimen Informationen.

---

nach vorheriger Zustimmung der Lizenzgeberin zu erheben. Anderenfalls besteht die Gefahr, daß z. B. ein vorhandener oder potentieller Kunde der Lizenzgeberin ohne deren Wissen als Verletzer verklagt wird und somit Marktchancen vertan werden. Auf jeden Fall sollte die Lizenzgeberin aber von derartigen Schritten der Lizenznehmerin Kenntnis erhalten, damit die Prozeßrisiken abgewogen werden können und vor allem das Risiko einer bei einer Verletzungsklage stets drohenden Nichtigkeitsklage des Verletzers gegen den Patentinhaber bedacht werden kann. Insoweit sollte immer eine Regelung, wie sie in 14.2.1 vorgesehen ist, vereinbart werden.

23 Die Vertragsparteien können sich auch über eine andere abgestimmte Kostenaufteilung einigen, die den Interessen entspricht.

24 Die Parteien sollten sich zur Vermeidung eventueller Streitigkeiten unbedingt der Mühe der sorgfältigen Dokumentation der geheimzuhaltenden Informationen (siehe zunächst Klausel I.3 und Fußn. 6 dieses Musters) unterziehen. Wettbewerbsbeschränkende Vereinbarungen, worunter in diesem Zusammenhang auch die Vergütungspflicht der Lizenzgeberin fällt, sind bei (teilweiser) Offenbarung des geheimen Know-How wirksam, wenn das mitgeteilte Know-How durch schuldhafte Handlungen der Lizenznehmerin oder eines mit ihr verbundenen Unternehmens an die Öffentlichkeit gelangt (Art. 3 Nr. 2 GVO Patent). Art. 3 Nr. 4 GVO Patent sieht jedoch vor, daß die Lizenzzahlungen für die lizenzierte Erfindung aus Gründen der Zahlungserleichterung über einen Zeitraum erstreckt werden können, der über die Dauer der lizenzierten Patente oder das Offenkundigwerden des technischen Wissens hinausreicht, falls letzteres Vertragsgegenstand ist. Die vorgeschlagene Geheimhaltungsklausel kann auch Gegenstand einer dem eigentlichen Lizenzvertrag vorgeschalteten Geheimhaltungsvereinbarung sein.

oder

15.1 Die Lizenzgeberin und die Lizenznehmerin verpflichten sich, die gegenseitig mitgeteilten geheimen Informationen und Unterlagen, die in Anlage A aufgeführt sind, geheimzuhalten und alle erforderlichen Maßnahmen zu treffen, um deren Kenntnisnahme und Verwertung durch Dritte zu verhindern. Mitarbeiter der Vertragsparteien werden, soweit sie nicht bereits aufgrund ihres Arbeitsvertrages dazu angehalten sind, zur Geheimhaltung verpflichtet, soweit sie mit dem Know-How gemäß Anlage A in Berührung kommen. Entsprechendes gilt für Zulieferer der Lizenznehmerin.

15.2 Die Lizenzgeberin und die Lizenznehmerin verpflichten sich, die gegenseitig mitgeteilten Informationen ohne ausdrückliche schriftliche Einwilligung nicht selbst zu verwerten, insbesondere keine Schutzrechtsanmeldung vorzunehmen. Benutzungsrechte an dem Know-How gemäß Anlage A werden aufgrund dieser Vereinbarung nur in dem hier vorgesehenen Umfang erteilt.

15.3 Die Verpflichtung zur Geheimhaltung und Nichtverwertung der gegenseitig mitgeteilten Informationen entfällt, soweit diese

15.3.1 dem informierten Vertragspartner vor der Mitteilung nachweislich bekannt waren, oder

15.3.2 der Öffentlichkeit vor der Mitteilung bekannt oder allgemein zugänglich waren, oder

15.3.3 der Öffentlichkeit nach der Mitteilung ohne Mitwirkung oder Verschulden des informierten Vertragspartners bekannt oder allgemein zugänglich werden, oder

15.3.4 im wesentlichen Informationen entsprechen, die dem informierten Vertragspartner zu irgendeinem Zeitpunkt von einem berechtigten Dritten offenbart oder zugänglich gemacht werden.

15.4 Die Geheimhaltungspflicht endet, vorbehaltlich der Regelung gemäß II.15.3 und vorbehaltlich einer abweichenden anderen Regelung, 5 Jahre nach Vertragsende.

15.5 Die Vertragsparteien werden die Unterlagen, die sie jeweils vom anderen Vertragspartner erhalten haben, nach Vertragsende unverzüglich vernichten, soweit die Unterlagen zu diesem Zeitpunkt noch geheim sind (II.15.3), und die Vernichtung der jeweils anderen Vertragspartei unverzüglich schriftlich mitteilen.

Die Geheimhaltungspflicht endet (Vertragstext 15.4) 5 Jahre nach Vertragsende. Die GVO Patent Art. 2 (1) Nr. 7, siehe auch Art. 3 Nr. 2, 2. Halbsatz läßt sogar eine unbefristete Geheimhaltungspflicht der Lizenznehmerin nach Vertragsende zu. Diese Möglichkeit sollte nur in Ausnahmefällen erwogen werden. Das Know-How ist in der Regel schon nach wenigen Jahren überholt. Selbst wenn also der Vertrag bereits unmittelbar nach Unterzeichnung wieder aufgehoben wird, sind 5 Jahre als Geheimnisschutzdauer mithin ausreichend.
Die wechselseitige Pflicht zur Erhaltung der Bestimmungen des Datenschutzgesetzes hat Warnfunktion (Vertragstext 15.6).

15.6 Die Vertragsparteien verpflichten sich – soweit erforderlich –, die Bestimmungen des Datenschutzgesetzes in der jeweils gültigen Fassung einzuhalten. Entsprechende Verpflichtungen werden die Vertragsparteien ihren Mitarbeitern, Zulieferern und anderen Personen, die mit dem Know-How in Berührung kommen, auferlegen.

16. Vertragsdauer[25]

16.1 Der Vertrag tritt an dem Tag in Kraft, an dem die Vertragsparteien die Unterzeichnung vollzogen haben und evtl. Genehmigungen erteilt sind.

16.2 Der Vertrag endet am . . . .

17. Kündigung[26]

Aus wichtigem Grund steht beiden Vertragsparteien ein Recht zur außerordentlichen Kündigung zu.

18. Gerichtsstand/Schiedsgericht, Rechtswahl, Vertragssprache[27]

18.1 Die Parteien werden im Falle von Streitigkeiten zunächst versuchen, eine gütliche Einigung herbeizuführen.

---

25 Nicht möglich ist es, eine Vereinbarung zu treffen, wonach sich die Dauer der Lizenzvereinbarung durch die Einbeziehung eines neuen Patentes der Lizenzgeberin jeweils von selbst über die Laufzeit der bei Abschluß der Vereinbarung bestehenden lizenzierten Patente hinaus verlängert, es sei denn, daß die Vereinbarung für beide Vertragspartner nach Ablauf der lizenzierten Patente, die bei Abschluß der Vereinbarung bestanden, eine mindestens jährliche Kündigungsmöglichkeit vorsieht. Die Lizenzgeberin kann jedoch eine Lizenzgebühr für den gesamten Zeitraum erheben, während dessen die Lizenznehmerin das mitgeteilte und noch nicht offenkundig gewordene technische Wissen weiterbenutzt, auch wenn dieser Zeitraum über die Dauer der Patente hinausgeht (s. o. Muster I, Fußn. 25). Die in 16.1 erwähnten Genehmigungen sind nur bei Auslandslizenzverträgen zu beachten und entfallen daher bei Inlandsverträgen.

26 Die Vertragsparteien können aufgrund der Verletzung von Haupt-/Nebenpflichten den Vertrag aus wichtigem Grund kündigen, wenn die Grenze der Zumutbarkeit des Festhaltens am Vertrag überschritten ist. Diese Kündigungsgründe können beispielhaft im Vertrag erwähnt werden. Die Kündigung aus wichtigem Grund ist nach deutschem Recht möglich. Diese Klausel ist also dann vereinbar, wenn das auf den Vertrag anwendbare Recht deutsches Recht ist (siehe hierzu noch unten Fußn. 28 zur Klausel 18, (Gerichtsstand/Schiedsgericht, Rechtswahl, Vertragssprache). Wenn an anderen Stellen des Vertrages wegen des sachlichen Zusammenhangs noch weitere Kündigungsklauseln erscheinen, sollte auf diese Klauseln mit der Angabe der Vertragsziffer hier ausdrücklich hingewiesen werden.

27 Inwieweit Gerichtsstandsvereinbarungen zulässig sind, ergibt sich nach deutschem Recht aus § 38 ff. ZPO und aus dem vorrangigen EuGVÜ.
Ob die ordentliche Gerichtsbarkeit oder ein Schiedsgericht bemüht wird, ist letztlich eine Frage der Entscheidung des Einzelfalls. Die Verfahrenskosten können in beiden

18.2 Sollte eine gütliche Einigung nicht gelingen, wird für alle Streitigkeiten aus diesem Vertrag die Zuständigkeit des Landgerichts X vereinbart.

oder

18.2 Alle aus dem gegenwärtigen Vertrag sich ergebenden Streitigkeiten werden nach der Vergleichs- und Schiedsgerichtsordnung der Internationalen Handelskammer von einem oder mehreren gemäß dieser Ordnung ernannten Schiedsrichtern endgültig entschieden.

18.3 Die Rechtsbeziehungen der Vertragsparteien unterliegen dem Recht der Bundesrepublik Deutschland.

18.4 Dieser Vertrag ist in deutscher und in . . . . Sprache in je zwei Exemplaren verfaßt und unterzeichnet. Für die Rechtsbeziehungen der Vertragsparteien ist nur die deutsche Vertragsversion maßgeblich.

19. Anschriften[28]

19.1 Fragen, die die Klauseln dieser Vereinbarung betreffen, sind an Abteilung R der Lizenzgeberin / Abteilung R der Lizenznehmerin zu richten.

19.2 Fragen, die die Technik betreffen, sind an Abteilung T der Lizenzgeberin/ Abteilung T der Lizenznehmerin zu richten.

Fällen sehr hoch werden. Entsprechendes gilt für die Verfahrensdauer. Der Vorteil des Schiedsverfahrens kann darin liegen, daß die Streitigkeit nicht öffentlich bekannt wird und somit ein mit viel Aufwand erreichtes „Ansehen" keinen Schaden nehmen kann.

Die vorgeschlagene Schiedsgerichtsklausel Vertragstext 18.2, 2. Alt. entspricht dem Vorschlag der ICC (Internationale Handelskammer Paris) und kommt nur bei Auslandsverträgen in Betracht. Vertragstexte der Schiedsordnung können von der Internationalen Handelskammer, Kolumbastr. 5, D-5000 Köln 1, bezogen werden.

Bez. der Wirksamkeit von Schiedsgerichtsklauseln sind §§ 1025 ff., 1027 ZPO und Art. 9 Ziffer 1 GVO Patent (die EG-Kommission ist zur Überprüfung der Wirkungen aus einem Schiedsspruch berechtigt) zu berücksichtigen.

Das anzuwendende Recht sollte bei Lizenzverträgen mit ausländischen Partnern festgelegt werden. Entsprechendes gilt für die Vertragssprache. Sofern das Recht der Bundesrepublik Deutschland für anwendbar erklärt wird, sollte unbedingt die deutsche Sprache als Gerichtssprache festgelegt werden („Die Gerichtssprache ist deutsch", § 184 GVG). Die Vereinbarung einer zusätzlichen Sprache dient dabei lediglich dem besseren Verständnis des (ausländischen) Vertragspartners bei der Prüfung des Vertrags.

Zu Ziffer 18.3 kann auf Rdnr. 446 f. verwiesen werden. Ziffer 3 entfällt bei Inlandsverträgen.

Die Sprachregelung in Ziffer 18.4 betrifft ebenfalls nur Auslandsverträge.

28 Die Aufnahme der möglicherweise unterschiedlichen Anschriften für technische und rechtliche Fragen erleichtert den Informationsfluß zwischen den Partnern.

20. Salvatorische Klausel[29]

20.1 Wenn der Vertrag eine Lücke enthält oder eine Vertragsbestimmung ganz oder teilweise unwirksam ist oder wird, so bleibt der Vertrag im übrigen wirksam.

20.2 Soweit der Vertrag eine Lücke enthält oder ganz oder teilweise unwirksam ist oder wird, so richtet sich der Inhalt des Vertrags nach den gesetzlichen Vorschriften. Anstelle der fehlenden oder unwirksamen Bestimmungen gilt eine Bestimmung als vereinbart, die dem von den Parteien ursprünglich beabsichtigten, wirtschaftlichen Zweck der fehlenden oder unwirksamen Bestimmungen am nächsten kommt.

20.3 Der Vertrag ist jedoch in vollem Umfang unwirksam, wenn das Festhalten an ihm auch unter Berücksichtigung der gemäß II.20.2 vorgesehenen Änderung eine unzumutbare Härte für eine Vertragspartei darstellen würde.

21. Unterschriften[30]

. . . . , den   . . . . , den

. . . .

(Lizenznehmerin)   (Lizenzgeberin)

---

29 Für die Parteien eines Lizenzvertrages ist die Entscheidung der Frage, ob das Fehlen und/oder die Unwirksamkeit einzelner Klauseln den Bestand der übrigen Klauseln berührt, von erheblicher Bedeutung. Aus § 139 BGB ergibt sich für Verträge, auf die deutsches Recht anwendbar ist (s. o. Fußn. 28 dieses Musters), daß die Unwirksamkeit einzelner Klauseln zur Unwirksamkeit des ganzen Vertrags führt, wenn nicht anzunehmen ist, daß der Vertrag auch ohne den unwirksamen Teil vereinbart worden wäre. Bei Verträgen mit AGB-Charakter ist § 6 AGBG zu beachten, wenn deutsches Recht anwendbar ist.

30 Es ist darauf zu achten, daß ein vertretungsberechtigter Vertragspartner die Unterzeichnung vornimmt.

Anhang II

Muster für Know-How-Lizenzvertrag

zwischen der	**X-AG**
	diese vertreten durch ihren Vorstand, dieser vertreten durch seinen Vorstandsvorsitzenden, ABC-Straße 1, W-8000 München
	– im folgenden Lizenzgeberin (LG) genannt –
und der	....
	diese vertreten durch
	....
	....
	– im folgenden Lizenznehmerin (LN) genannt –

Vertragsnummer: ....

Vertragsbeginn: ....

I. Präambel[1]

1. LG hat im Rahmen ihrer Forschungstätigkeit individuelles Know-How entwickelt (im folgenden KNOW-HOW genannt), das im ANHANG zu diesem Vertrag (im folgenden ANHANG genannt) unter 1. und 2. beschrieben ist.

---

1 In der Praxis ist es üblich geworden, die Interessenlage der beiden Vertragsparteien in einer Präambel in wenigen, aber möglichst konkreten Worten darzustellen. Hauptzweck dieser Präambel ist es, eventuelle zukünftige Streitigkeiten über Sinn und Zweck des Vertrages oder Teilen davon zu vermeiden bzw. einzugrenzen.
Die in der Präambel getroffenen Aussagen sind jedoch Zusicherungen, die – soweit sie fehlerhaft sind – eine Schadensersatzpflicht des Lizenzgebers zur Folge haben können.
Es sollten in der Präambel das zu lizenzierende Know-How, dessen Eigenschaften und Fähigkeiten und die Art der Rechte, die an dem Know-How vergeben werden sollen, dargestellt werden.
Es wird in dem Muster unterstellt, daß LG eine Firma ist, die über eine Forschungsabteilung verfügt, aus der das Know-How stammt. Ferner wird unterstellt, daß das Know-How der GVO Know-How und dem AGB-Gesetz unterliegt.
Die Freistellung gemäß Art. 1 (1) GVO Know-How kann nur dann erfolgen, wenn die Vertragsparteien in geeigneter Form das ursprüngliche Know-How und alle nachfol-

2. Gegenstand dieses Vertrages ist daher nur ein KNOW-HOW, das als Forschungsergebnis grundsätzlich brauchbar ist.

3. LN ist an der Nutzung des KNOW-HOW interessiert.

II. Definitionen[2]

1. „KNOW-HOW" ist das im ANHANG (1., 2.) genau beschriebene System einschließlich dort erwähnter Zusatzteile und der jeweils zugehörigen Dokumentationen. Diese technischen Kenntnisse sind geheim und wesentlich.

---

genden Verbesserungen „identifiziert" haben, welche den Parteien zugänglich werden und der jeweiligen Vertragspartei entsprechend den Bedingungen des Vertrags und zu deren Erfüllung mitgeteilt werden und nur solange das Know-How geheim und wesentlich bleibt (Erwägungsgrund (1), Art. 1 (3), (7), Nr. 1–4). Die geforderte Identifizierbarkeit ist durch den Verweis auf den ANHANG (1. und 2.) bzw. die dort aufzuführenden Dokumente erfüllt. Das Know-How kann auch (teilweise) als geheim und wesentlich bezeichnet werden; siehe Einzelheiten unter Fußn. 2.

Der in 1.2 aufgeführte Hinweis auf die Fehlerhaftigkeit des Know-How soll (wie dies allerdings z. B. in Verträgen mit AGB-Charakter oft zu sehen und dort auch – verständlicherweise – in der Regel beabsichtigt ist, jedoch im nichtkaufmännischen Geschäftsverkehr gegen § 11 Nr. 10a AGBG und im kaufmännischen Geschäftsverkehr – entgegen BGHZ 90, 273 – möglicherweise im Einzelfall gegen § 9 AGBG verstößt) nicht etwa wegen z. B. grob fahrlässig herbeigeführter Produktionsfehler die Gewährleistung/Haftung von vornherein einschränken, sondern die LN darauf aufmerksam machen, daß ein Forschungsprodukt vorliegt, das tatsächlich nicht zu 100 % funktionsfähig ist.

Soweit Rechte Dritter an dem Know-How bestehen, sollten diese ebenfalls in der Präambel erwähnt sein. So kann das Know-How aus Teilen fremder Hersteller bestehen, die dem Lizenzgeber selbst nur unter bestimmten Bedingungen die Lizenzierung dieser Teile gestattet haben. Das Know-How kann beispielsweise auch mit Geldern einer öffentlichen Einrichtung (z. B. BMFT) entwickelt worden sein. Es sind dann die entsprechenden Förderbedingungen zu beachten. In der Regel behält sich der (öffentliche) Geldgeber ein nichtausschließliches, übertragbares, unentgeltliches Nutzungsrecht vor, damit die mit Steuergeldern finanzierte Entwicklung wieder der Allgemeinheit zur Verfügung gestellt werden kann.

2 Vorangestellte Definitionen vermeiden die häufige Wiederholung identischer und zudem oft umfangreicher Aussagen. Zugleich wird dem Vertragspartner durch diese optische Heraushebung die häufig weitgehende Bedeutung bestimmter Begriffe besser dargestellt. Derartige Definitionen dienen damit – wie die Ausführungen in der Präambel – letztlich dazu, Abgrenzungskriterien für eventuelle zukünftige Streitfälle festzulegen.

Das Recht der Bundesrepublik Deutschland sieht eine Know-How-Definition nicht vor. Die von der deutschen Literatur und Rechtsprechung entwickelte Know-How-Definition ist weiter als die Definition gemäß Art. 1 (7) Nr. 1 GVO Know-How. Unter Know-How sind insoweit auch nichttechnische Informationen zu verstehen. Diese Begriffsbeschreibung ist nach Ansicht des Verfassers eher zu befürworten. Die Definitionen „geheim" und „wesentlich" des Musters, die Art. 1 (7) Nr. 2., 3. GVO Know-How entsprechen, scheinen demgegenüber aufgrund ihrer praxisgerechten Formulierung geglückt zu sein.

„Geheim" bedeutet, daß das KNOW-HOW insgesamt oder in der genauen Gestaltung und Zusammensetzung seiner Bestandteile nicht allgemein bekannt oder leicht zugänglich ist, so daß ein Teil seines Wertes in dem Vorsprung besteht, den LN gewinnt, wenn es ihr mitgeteilt wird. „Geheim" ist nicht auf den engen Sinn begrenzt, wonach jeder einzelne Bestandteil des KNOW-HOW völlig unbekannt sein muß oder außerhalb des Betriebs der LG nicht erhältlich sein darf.

„Wesentlich" sind Informationen, die für den gesamten oder einen bedeutenden Teil a) eines Herstellungsprozesses oder b) eines Erzeugnisses oder einer Dienstleistung oder c) für deren Entwicklung wichtig sind, und schließt alltägliche Informationen aus. Derartige Informationen müssen somit nützlich sein, d. h. es kann von ihnen zum Zeitpunkt des Abschlusses der Vereinbarung erwartet werden, daß sie beispielsweise helfen, in einen neuen Markt vorzustoßen, oder indem sie ihm einen Vorteil im Wettbewerb gegenüber anderen Herstellern oder Dienstleistungsbringern verschaffen, die zu den mitgeteilten geheimen KNOW-HOW-Informationen oder anderen vergleichbaren, geheimen Informationen keinen Zugang haben.

„Das Know-How muß gemäß Art. 1 (7) Nr. 1 GVO Know-How nicht nur „geheim" und „wesentlich", sondern auch in geeigneter Form „identifiziert" sein: Der Begriff identifiziert" bedeutet, daß das Know-How so beschrieben oder auf einem Träger festgehalten wurde, daß überprüft werden kann, ob die Kriterien „geheim" und „wesentlich" erfüllt sind, und daß sichergestellt werden kann, daß der Know-How-Nehmer bei der Nutzung seiner eigenen Technologie nicht unangemessenen Beschränkungen unterworfen wird. Die Identifizierung des Know-How kann in der Vereinbarung erfolgen oder in einem gesonderten Dokument; es kann auch in jeder anderen geeigneten Form festgehalten werden, sofern das spätestens zum Zeitpunkt der Übertragung des Know-How oder kurz danach geschieht und das gesonderte Dokument oder der andere Träger im Bedarfsfall zugänglich gemacht werden können (vgl. Art. 1 (7) Nr. 4 GVO Know-How). Der Begriff „identifiziert" kann selbstverständlich auch in einer selbständigen Definition im Vertragstext (II) niedergelegt werden. Das Erfordernis der Identifikation ergibt sich auch nach deutschem Recht. § 34 GWB postuliert das Gebot der Schriftlichkeit. Ob die Identifizierung im Vertragstext selbst oder aber in einem getrennten Dokument erfolgt, ist rechtlich unerheblich.
In tatsächlicher Hinsicht wird es letztlich auf den Umfang der Dokumente ankommen. In der Regel dürften sich gerade bei Know-How-Lizenz-Verträgen präzise Verweise auf von der Vereinbarung getrennte Dokumente empfehlen. Der Umfang z. B. eines technischen Handbuchs läßt eine andere Vorgehensweise nicht sinnvoll erscheinen. Auf jeden Fall sollte darauf geachtet werden, zwischen geheimem und nicht geheimem Know-How klar zu trennen. Die geheimen Informationen sollten als solche gekennzeichnet sein. Mündliche (geheime) Informationen sollten durch schriftliche Empfangsbestätigungen gesichert werden. Zu diesem Zweck Magnetbänder und Disketten einzusetzen, ist im Hinblick auf die Datenänderbarkeit nicht unbedenklich. Angesichts der immer noch gängigen Praxis der mündlichen Informationsübermittlung handelt es sich insoweit wohl aber um das kleinere Übel. Die schnelle, einfache und im Hinblick auf eventuelle zukünftige Streitigkeiten sichere, d. h. beweisbare Datenübermittlung sollte die Zielvorgabe beider Parteien sein.

2. „Verwerten" bedeutet, das KNOW-HOW in der im ANHANG (2) festgelegten Form verwenden zu können.

3. „Vergütung" kann, wenn es sich bei LN um die Endabnehmerin handelt, der Betrag sein, der von LN als Endabnehmerin verlangt wird. „Vergütung" kann, wenn es sich bei LN um eine Vertragspartnerin handelt, die selbst (Unter-) Lizenzen gegenüber Endabnehmern erteilt, die Bezugsgröße sein, die von LN direkt oder indirekt als Werksabgabepreis (dem Endabnehmer in Rechnung gestellter Betrag abzüglich Umsatzsteuer, Verpackung, Versicherung, Transport; Provisionen und/oder Wagniszuschläge sind nicht abzugsfähig) vom Endabnehmer verlangt wird.

III. Vertragsinhalt

1. Verwertung[3]

1.1 LG verpflichtet sich, LN das KNOW-HOW in der im ANHANG (2.6) bezeichneten Anzahl und die im ANHANG bezeichnete Art und Anzahl der jeweiligen Dokumentationen (auf dem Datenträger: ANHANG 2.8) zu überlassen. Ein Erwerb von Rechten an dem KNOW-HOW ist damit nur in dem im ANHANG (2.) aufgeführten Umfang verbunden.

1.2 Der ANHANG ist Bestandteil dieses Vertrages.

1.3 Zusätzliches KNOW-HOW, Optionen zum Know-How etc., für die sich LN zu einem späteren Zeitpunkt entscheidet, sind in einem Nachtrag zum ANHANG aufzunehmen, für den die Regelungen dieses Vertrags entsprechend gelten.

2. Beschränkungen[3]

2.1 LN ist in der Regel nicht berechtigt,

---

3 Es wurde bereits erwähnt (Fußn. 1), daß im Hinblick auf das Know-How kartellrechtliche (z. B. Art. 30, 36, 85, 86 EWG-Vertrag) Aspekte zu berücksichtigen sind.
Die vertraglichen Bedingungen sind, je nachdem, ob es sich um eine ausschließliche Lizenz (nur der Lizenznehmer ist zur Nutzung berechtigt), eine Alleinlizenz (der Lizenzgeber behält sich eine nichtausschließliche Lizenz für die eigene Nutzung vor) oder eine nichtausschließliche Lizenz (Lizenzgeber und mehrere Lizenznehmer sind zur Nutzung berechtigt) handelt, entsprechend zu gestalten. Dies gilt insbesondere bez. der Vergütung (vgl. Fußn. 9) und der Verteidigung (vgl. Fußn. 15). Im ANHANG (2.1) sind die einzelnen Varianten der Nutzungsarten aufgeführt.
Der in der GVO Know-How verwandte Begriff der „Nutzung" beinhaltet jedwede Verwertung der überlassenen Technologie, insbesondere bei der Produktion, durch aktive und passive Verkäufe in einem Gebiet, unabhängig von Produktionsvorgängen in diesem Gebiet, oder durch Leasing der Vertragserzeugnisse (Art. 1 (1) Nr. 10 GVO Know-How; der Entwurf der GVO Know-How Nr. C 214 vom 12. 8. 1987 benennt in Erwägungsgrund (3) noch ausdrücklich ausschließliche und nichtausschließliche Lizenzen als Nutzungsarten).

2.1.1 das KNOW-HOW oder Teile davon an einen Dritten zu übergeben oder einem Dritten sonstwie (z. B. Test, Schenkung, Vermietung, Leihe) zugänglich zu machen,

2.1.2 das KNOW-HOW oder Teile davon abzuändern,

2.1.3 von dem KNOW-HOW abgeleitete Werke zu erstellen oder das schriftliche Material zu vervielfältigen,

2.1.4 das schriftliche Material abzuändern oder vom schriftlichen Material abgeleitete Werke zu erstellen,

2.2 Regelungen, die diese Beschränkungen aufheben, können bei Bedarf und im Fall der beiderseitigen Zustimmung der Vertragsparteien im ANHANG (2) getroffen werden.

Zu beachten ist, daß Know-How-Lizenzvertäge, die die von Verwertung geheimem Know-How i.S.d. der GVO Know-How nicht umfassen, nicht unter diese GVO fallen. In Zweifelsfällen sollte mithin ein Negativattest oder eine Freistellungserklärung verlangt werden (vgl. Erwägungsgrund (22) GVO Know-How).

Eine ausschließliche Lizenz beinhaltet das Recht, Unterlizenzen zu erteilen. Dies gilt für Patent-, aber auch für Know-How-Lizenzen.

Entsprechendes gilt für die Übertragung von Nutzungsrechten (vgl. § 15 Abs. 1, 3 PatG). Im Gegensatz zur Einräumung einer Unterlizenz, bei der eine Lizenz lediglich mit einem (Unter-)Nutzungsrecht belastet wird, hat die Übertragung die volle Änderung der Rechtszuständigkeit zur Folge. Aus kartellrechtlicher Sicht sind bei der Unterlizenzierung und Übertragung des geheimen und nicht geheimen Know-How §§ 20, 21 GWB, Art. 2 (1) Nr. 2 GVO Know-How (Vereinbarungen der Verbote der Unterlizenzierung und der Übertragbarkeit des geheimen Know-How sind freistellungsfähig) bzw. §§ 1, 15, 18 GWB zu beachten.

Bei Vertragsverhandlungen sollte in jedem Fall auf die Freistellungsfähigkeit dieser Wettbewerbsbeschränkungen hingewiesen werden. Diese Vorgehensweise erhöht die Akzeptanz derartiger Klauseln und zeigt dem Vertagspartner zugleich die fachliche Kompetenz des Lizenzgebers.

Diese Klauseln können für den Lizenzgeber insbesondere dann Bedeutung erlangen, wenn der Lizenznehmer ein Unternehmen ist, das zu einem Konzern gehört oder während der Laufzeit der Vereinbarung gehören wird. Entsprechendes gilt bei einem Zusammenschluß des Lizenznehmers mit anderen Unternehmen (vgl. zur Definition des „Zusammenschlusses" § 23 Abs. 2, 3 GWB und zur Definition des Begriffs „verbundene Unternehmen" Art. 1 (1) Nr. 13 GVO Know-How. Für den Fall der Erteilung einer Unterlizenz kann die Haftung des Lizenznehmers für die Zahlung der Lizenzgebühren des Unterlizenznehmers vereinbart werden. Der weiteren Absicherung des Lizenzgebers dient die in einem Unterlizenzvertrag zu regelnde Feststellung der Abhängigkeit der Unterlizenz vom Bestand der (Haupt-)Lizenz.

Die im ANHANG (2.1.4) vereinbarte Ausübungspflicht kann nach deutschem und nach EG-Recht sowohl für ausschließliche als auch für nichtausschließliche Lizenzen vereinbart werden. Nach EG-Recht kann der Lizenznehmer zur Zahlung einer Mindestgebühr (indirekte Ausübungspflicht), zur Herstellung einer Mindestmenge der Vertragserzeugnisse oder zur Vornahme einer Mindestzahl von Benutzungshandlungen verpflichtet werden (Art. 2 (1) Nr. 9 GVO Know-How).

3. Übergabe (Lieferung)[4]

3.1 LG übergibt (liefert) das KNOW-HOW in der im ANHANG (3) vereinbarten Form und teilt die Übergabe schriftlich mit.

3.2 LG trägt Risiko und Kosten der Lieferung an LN.

Die in 2.1 des Vertragstextes beispielhaft vorgeschlagenen Beschränkungen der Verwertung sollen in Verbindung mit den gemäß 2.2 (unter Verweis auf den ANHANG 2) gegebenen Möglichkeiten, diese Beschränkungen aufzuheben, dem Lizenznehmer seine Befugnisse vor Augen führen. Es kann natürlich auch von vornherein auf diese Klarstellungsfunktion der Nr. 2 des Vertragstextes verzichtet und nur im Anhang (2) der Verwertungsspielraum festgelegt werden.

Das örtliche Vertragsgebiet kann relativ frei bestimmt werden. Bei Know-How-Lizenzen sind neben den bundesdeutschen Regelungen der §§ 20, 21 GWB (geheimes Know-How) die Bestimmungen der GVO Know-How zu beachten. Die GVO Know-How läßt ausschließliche Lizenzen zu, wenn mit der Lizenzerteilung die Einführung neuer Technologien beabsichtigt ist und diese Technologien im Hinblick auf den Umfang der unternommenen Forschungsanstrengungen und die sich aus der Verbreitung neuer technischer Kenntnisse innerhalb der Gemeinschaft ergebende Verstärkung der Intensität des Wettbewerbs, insbesondere des Wettbewerbs zwischen Herstellern konkurrierender Erzeugnisse, sowie die Erhöhung der Wettbewerbsfähigkeit der beteiligten Unternehmen geschützt werden sollen (Erwägungsgrund (6) GVO Know-How. Die in Art. 1 GVO Know-How aufgelisteten Verpflichtungen dienen der Förderung des Technologietransfers und damit der Verbesserung der Warenerzeugung und der Unterstützung des technischen Fortschritts. Es werden mehr Produktionsstätten errichtet. Die Produktqualität und die Weiterentwicklung der überlassenen Technologie werden verbessert (Erwägungsgrund (7) GVO Know-How). Ausfluß dieser Erwägungen ist Art. 1 (1) 1–6 GVO Know-How, wonach betimmte Gebietsbeschränkungen bis zu 10 Jahren ab dem Tag der Unterzeichnung der ersten Know-How-Vereinbarung freigestellt sind. Sinn und Zweck einer möglichst detaillierten Dokumentation (ANHANG 2.7) wurden bereits in Fußn. 1, 2 dargestellt. Sehr großer Wert ist auf die detaillierte Beschreibung des Know-How (ANHANG 2.7.1) zu legen. Geheime und wesentliche Informationen sind aus den ebenfalls schon erörterten Gründen (s. Fußn. 2) als solche zu kennzeichnen. Im übrigen wird auf § 5 AGBG („Zweifel bei der Auslegung Allgemeiner Geschäftsbedingungen gehen zu Lasten des Verwenders") verwiesen.

Die Urheberrechtsqualität der Dokumentation wird unterstellt. Da das Kopieren von urheberrechtlich geschützter Dokumentation nicht ohne weiteres zulässig ist, sollte im ANHANG (2.7.2, 2.7.3) die Anzahl der von LG zu übergebenden jeweiligen Dokumentationen vereinbart werden.

Die Vereinbarung der Art des Datenträgers (ANHANG 2.8) hat klarstellende Funktion und vermeidet Anpassungsprobleme bei LN.

4 Im vorliegenden Muster wird davon ausgegangen, daß das Know-How sehr komplex ist und daher LG es übernommen hat, das Know-How auf ihr Risiko und auf ihre Kosten an LN zu liefern bzw. dort zu installieren. Um unnötige Verzögerungen und sich daraus ergebene Unstimmigkeiten zu vermeiden, sollten die Parteien den Lieferzeitpunkt (ANHANG 3.1) festschreiben. LN ist – dies muß nicht ausdrücklich vereinbart werden (eine schriftliche Festlegung des Umfangs von Mitwirkungspflich-

4. Einweisung[5]

Eine Einweisung erfolgt in der im ANHANG (4) festgelegten Form.

5. Abnahme[6]

5.1 Die Abnahme erfolgt in der im ANHANG (5) festgelegten Form.

5.2 LN erklärt gegenüber LG schriftlich unverzüglich die Abnahme, wenn die Abnahmeprüfung zeigt, daß die Leistung der LG der im ANHANG vereinbarten Leistung entspricht.

5.3 Die Abnahme gilt als erteilt, wenn LN bei der Abnahmeprüfung festgestellte Fehler nicht innerhalb einer angemessenen Frist (die im ANHANG 5 festgelegt ist) schriftlich rügt.

6. Nachbesserung[7]

LG wird bei der Abnahmeprüfung des KNOW-HOW eventuell festgestellte Fehler innerhalb angemessener Frist (die im ANHANG 6.1 festgelegt ist)

---

ten sollte dagegen bei Vertragspartnern erfolgen, die noch nie oder selten mit derartigen Verträgen konfrontiert waren) – gehalten, am festgelegten Liefertermin den Ort der Übergabe so vorbereitet zu haben, das LG ohne größeren Aufwand die Übergabe vornehmen kann. Hierzu gehört auch z. B. die Bereitstellung von geschultem Personal oder aber von Personal, das – je nach Absprache (Fußn. 5, ANHANG 4) in der Lage ist, eine Einweisung im Zusammenhang mit der Übergabe (Kosten!) zu vollziehen. Eventuell sollte bei häufigen Besuchen bei LN eine Regelung über das Hausrecht getroffen (Besuchszeiten etc.) werden.

5 Das Personal der LN ist insbesondere dann, wenn jedwede Vorkenntnisse fehlen, detailliert einzuweisen. Das bedeutet, daß LG die Einweisung derart gestalten muß, daß LN bzw. deren Personal nach der Einweisung dazu fähig ist, das Know-How eigenständig und in der gesamten Breite seiner Möglichkeiten zu nutzen. Bevor dieser Zustand nicht erreicht iat, ist LN nicht zur Abnahme des Know-How verpflichtet. Es ist daher z. B. nicht nur daran zu denken, notfalls ergänzende Einweisungstermine zu vereinbaren, sondern auch daran, daß genügend Personal eingewiesen wird. Es sollte nicht passieren, daß der Eingewiesene das Know-How nicht nutzen kann (Krankheit, Kündigung) und keine kundige Ersatzkraft zur Verfügung steht.

6 Für den Fall der (teilweisen) Erstellung von Know-How sind Regelungen bez. einer Abnahme zu treffen. Die Abnahme und die damit verbundene Prüfung sollten schriftlich vereinbart werden. Es erscheint sinnvoll, die Abnahmeprüfung erst nach der Einweisung (ANHANG 5, 5.3) beginnen zu lassen. Nur die mit dem Know-How vertraute LN wird in der Lage sein, zu beurteilen, ob das Know-How die vereinbarten Eigenschaften hat. Die im Vertragstext (III.5.3) gewählte Abnahmefiktion ist nur im kaufmännischen Geschäftsverkehr vereinbar. Im nichtkaufmännischen Geschäftsverkehr ist die Wirksamkeit einer derartigen Klausel strittig. Die Rügefrist sollte – wenn sie bemessen wird – einen Zeitraum umfassen, der eine unangemessene Benachteiligung der LN ausschließt. §§ 377, 378 HGB sind gegebenenfalls zu beachten.

7 Eine Beschränkung der Gewährleistungsansprüche auf Nachbesserung oder Ersatzlieferung ist in AGB im nichtkaufmännischen und entgegen BGHZ 90, 273 auch im

beseitigen oder Ersatz liefern. LG hat auch die zum Zwecke der Nachbesserung erforderlichen Aufwendungen, insbesondere Transport-, Wege-, Arbeits- und Materialkosten zu tragen. Dies gilt nicht, soweit die Aufwendungen sich erhöhen, weil das KNOW-HOW nach der Lieferung an einen anderen Ort als den Wohnsitz oder die gewerbliche Niederlassung des Empfängers verbracht worden ist, es sei denn, das Verbringen entspricht dem bestimmungsgemäßen Gebrauch des KNOW-HOW. LG ist berechtigt, die Beseitigung der Fehler zu verweigern, wenn sie einen unverhältnismäßigen Aufwand erfordert. Bei Fehlschlagen der Nachbesserung oder Ersatzlieferung kann LN nach ihrer Wahl von LG Herabsetzung der Vergütung oder Rückgängigmachung des Vertrages verlangen oder anstatt der Rückgängigmachung des Vertrages diesen fristlos kündigen.

7. Haftung[8]

7.1 LN ist das KNOW-HOW und seine Leistungsfähigkeit bekannt (I.2). Das KNOW-HOW wurde unter Beachtung wissenschaftlicher Sorgfalt und anerkannter Regeln der Technik entwickelt.

---

kaufmännischen Bereich unwirksam, wenn LN nicht ausdrücklich das Recht vorbehalten wird, bei Fehlschlagen der Nachbesserung oder Ersatzlieferung Herabsetzung der Vergütung oder Rückgängigmachung des Vertrages zu verlangen (§§ 9, 11 Nr. 10 b AGBG; vgl. im übrigen § 633 Abs. 2 unter Verweis auf § 476 a BGB).
Die Möglichkeit der Kündigung sollte in den Fällen einer befristeten Überlassung des Know-How gewählt werden.
Bezüglich der Angemessenheit der Frist zur Fehlerbeseitigung gelten die Ausführungen zur Rügefrist (Fußn. 6) entsprechend.

8 Wegen des unterschiedlichen Umfangs der Haftung im nichtkaufmännischen und im kaufmännischen Geschäftsverkehr empfiehlt es sich, insbesondere auch die Haftungsklauseln auf den jeweiligen Geschäftspartner abzustimmen. Die hier gewählte weitere Unterscheidung nach den einzelnen Haftungsbereichen erleichtert zwar auf den ersten Blick nicht gerade die Übersichtlichkeit des Musters. Andererseits soll ja gerade eine „Muster"-Lösung vermieden werden. Der interessierte Leser soll sich einen Überblick verschaffen können und bei Vertragsverhandlungen eine Checkliste zur Verfügung haben. Die aufgeführten Möglichkeiten der Gestaltung von Haftungsklauseln (soweit diese in Allgemeinen Geschäftsbedingungen verwandt werden!) geben lediglich Anhaltspunkte für die Gestaltung derartiger Klauseln. Welche Variante letztlich zum Zuge kommt, hängt – wie bereits erwähnt – davon ab, ob die LN dem nichtkaufmännischen oder kaufmännischen Geschäftsverkehr zuzuordnen ist und welche sonstigen Klauseln gewählt werden (vgl. zu den einzelnen Klauseln z. B. *Ulmer/Brandner/Hensen*, a.a.O., Anm. zu §§ 9, 11 Ziffer 7, 11, 14). Eine (ergänzende) Ausweichlösung (Vertragstext III. 7.3, ANHANG 6.6) könnte die Versicherung bestimmter Risiken – soweit möglich – sein, wobei beispielsweise LN die Versicherung abschließt und der Lizenzgeber die Kosten der Versicherungsprämie trägt. Die Frage der Versicherung spielt eine besondere Rolle bei der Produzenten-/Produkthaftung (vgl. z. B. *Groß*, Der Lizenzgeber im System der Produzenten- und Produkthaftung, CR 1990, 438 ff.). Der Verjährung der Mängelansprüche sollte entsprechend der gesetzlich vorgesehenen 6monatigen Fristen auf 6 Monate begrenzt werden. Bei sehr

7.2 Nichtkaufmännischer Geschäftsverkehr

7.2.1 Verschuldensunabhängige Haftung

Es wird für das Fehlen der im ANHANG (1., 2.7.1) zugesicherten Eigenschaften gehaftet. Für Mängelfolgeschäden wird gehaftet, soweit sie vom Zweck der Eigenschaftszusicherung erfaßt werden.

7.2.2 Haftung für anfängliches Unvermögen

Es wird für anfängliches Unvermögen gehaftet. Die Haftung wird insoweit auf den typischen vorhersehbaren Schaden begrenzt.

oder

Es wird für anfängliches Unvermögen gehaftet. Die Haftung wird insoweit auf den im ANHANG (6.2) genannten Betrag (Betrag entspricht typischer Schadensabdeckung) begrenzt. Untypische unvorhersehbare Schäden werden von der Haftung ausgenommen.

Es wird keine Gewähr dafür übernommen, daß die Benutzung der Lizenz nicht in Schutzrechte oder Urheberrechte Dritter eingreift oder keine Schäden bei Dritten herbeiführt. Dies gilt nicht in den Fällen, in denen LG entgegenstehende Rechte oder Schäden Dritter bekannt oder infolge grober Fahrlässigkeit unbekannt sind. Zur Zeit sind LG keine solchen Rechte bekannt.

LG stellt LN von Ansprüchen frei, die Dritte gegenüber LN aus der Verletzung von gewerblichen Schutzrechten und Urheberrechten durch die gelieferten Waren in den Staaten der Europäischen Gemeinschaft, Japan und den USA sowie in solchen anderen Staaten, in denen LN KNOW-HOW verwertet, geltend machen. LG ist nicht zur Freistellung verpflichtet, wenn das KNOW-HOW Teile beinhaltet, die nicht von LG entwickelt wurden bzw. werden.

Sollten Dritte gegenüber LN aufgrund der Verwertung des KNOW-HOW Ansprüche aus Verletzung ihrer Schutzrechte geltend machen, wird LG LN gegen Kostenerstattung (z. B. individuelle Beratung, Reisekosten, Kopierkosten) Informationen zur Abwehr derartiger Ansprüche übermitteln, soweit LG verfügungsberechtigt ist und wesentliche Interessen von LG dem nicht entgegenstehen.

LG und LN werden sich wechselseitig über geltend gemachte Ansprüche informieren. Hiermit sind alle Rechte und Pflichten der LG und des LN hinsichtlich der Verletzung von gewerblichen Schutzrechten und Urheberrechten abschließend geregelt.

---

komplexen Systemen erscheint eine (Mängel-)Verjährungsfrist von 6 Monaten als zu kurz. Oft tauchen Mängel erst nach diesem Zeitraum auf. Für Zahlungs- und Schadensersatzansprüche gelten die gesetzlichen Verjährungsfristen, sofern nichts anderes vereinbart wird (vgl. §§ 225, 477 Abs. 1 S. 2, 480, 490, 638 Abs. 2 BGB).
7.6 (Vertragstext) hat über die rechtliche Bedeutung hinaus auch eine Warnfunktion. LN wird darauf bedacht sein, die Unterlizenzzahlungen zum Fälligkeitszeitpunkt zu erhalten, um seinen Verpflichtungen gegenüber LG nachkommen zu können.

7.2.3 (Teil-)Verzug, (Teil-)Unmöglichkeit
Es wird für (Teil-)Verzug und (Teil-)Unmöglichkeit bei Vorsatz und grober Fahrlässigkeit gehaftet. LG und LN sind sich bei leichter Fahrlässigkeit der LG einig, daß die Haftung der Höhe nach entsprechend der im ANHANG (6.3) festgesetzten Summe begrenzt ist, wobei die Schadensersatzpflicht in einem vertretbaren Verhältnis zur Schadenshöhe steht.

oder

Die Haftung wird insoweit auf den Ersatz typischer, vorhersehbarer Schäden begrenzt.

7.2.4 Haftung für Verschulden
LG haftet

– dem Grunde nach und in voller Schadenshöhe bei eigenem Vorsatz und eigenem groben Verschulden; entsprechendes gilt für gesetzliche Vertreter und leitende Angestellte;

– dem Grunde nach bei jeder schuldhaften Verletzung wesentlicher Vertragspflichten;

– außerhalb wesentlicher Vertragspflichten dem Grunde nach auch für grobes Verschulden einfacher Erfüllungsgehilfen, es sei denn, LG kann sich kraft Handelsbrauchs davon freizeichnen;

– der Höhe nach in den (der) letzten (beiden) Fallgruppe(n) auf Ersatz des typischen vorhersehbaren Schadens.

7.3 Kaufmännischer Geschäftsverkehr

7.3.1 Verschuldensunabhängige Haftung
Es wird für das Fehlen der im ANHANG (1., 2.7.1) zugesicherten Eigenschaften gehaftet. Für Mangelfolgeschäden wird gehaftet, soweit sie vom Zweck der vorgenannten Eigenschaftszusicherung erfaßt werden.
Die Haftung wird insoweit auf den typischen vorhersehbaren Schaden begrenzt.

oder

Die Haftung wird insoweit auf den im ANHANG (6.4) genannten Betrag (Betrag entspricht typischer Schadensabdeckung) begrenzt. Untypische, unvorhersehbare Schäden werden von der Haftung ausgenommen.

7.3.2 Haftung für anfängliches Unvermögen
Es wird für anfängliches Unvermögen gehaftet. Die Haftung wird insoweit auf den typischen vorhersehbaren Schaden begrenzt.

oder

Es wird für anfängliches Unvermögen gehaftet. Die Haftung wird insoweit auf den im ANHANG (6.5) genannten Betrag (Betrag entspricht typischer Schadensabdeckung) begrenzt. Untypische unvorhersehbare Schäden werden von der Haftung ausgenommen.

Es wird keine Gewähr dafür übernommen, daß die Benutzung der Lizenz nicht in Schutzrechte oder Urheberrechte Dritter eingreift oder keine Schäden bei Dritten herbeiführt. Dies gilt nicht in den Fällen, in denen LG entgegenstehende Rechte oder Schäden Dritter bekannt oder infolge grober Fahrlässigkeit unbekannt sind. Zur Zeit sind LG keine solchen Rechte bekannt.

LG stellt LN von Ansprüchen frei, die Dritte gegenüber VP aus der Verletzung von gewerblichen Schutzrechten und Urheberrechten durch die gelieferten Waren in den Staaten der Europäischen Gemeinschaft, Japan und den USA sowie in solchen anderen Staaten, in denen LN KNOW-HOW verwertet, geltend machen. LG ist nicht zur Freistellung verpflichtet, wenn das KNOW-HOW Teile beinhaltet, die nicht von LG entwickelt wurden bzw. werden.

Sollten Dritte gegenüber LN aufgrund der eingeräumten Nutzung des KNOW-HOW Ansprüche aus Verletzung ihrer Schutzrechte geltend machen, wird LG LN gegen Kostenerstattung (z. B. individuelle Beratung, Reisekosten, Kopierkosten) Informationen zur Abwehr derartiger Ansprüche übermitteln, soweit LG verfügungsberechtigt ist und wesentliche Interessen von LG dem nicht entgegenstehen.

LG und LN werden sich wechselseitig über geltend gemachte Ansprüche informieren. Hiermit sind alle Rechte und Pflichten der LG und der LN hinsichtlich der Verletzung von gewerblichen Schutzrechten und Urheberrechten abschließend geregelt.

7.3.3 Verzug, Unmöglichkeit
LG haftet

– dem Grunde nach und in voller Schadenshöhe bei eigenem Vorsatz und eigenem groben Verschulden; entsprechendes gilt für gesetzliche Vertreter und leitende Angestellte;

– dem Grunde nach bei jeder schuldhaften Verletzung wesentlicher Vertragspflichten;

– außerhalb wesentlicher Vertragspflichten dem Grunde nach auch für grobes Verschulden einfacher Erfüllungsgehilfen, es sei denn, LG kann sich kraft Handelsbrauchs davon freizeichnen;

– der Höhe nach in den (der) letzten (beiden) Fallgruppe(n) auf Ersatz des typischen vorhersehbaren Schadens.

7.3.4 Haftung für Verschulden
LG haftet

– dem Grunde nach und in voller Schadenshöhe bei eigenem Vorsatz und eigenem groben Verschulden; entsprechendes gilt für gesetzliche Vertreter und leitende Angestellte;

– dem Grunde nach bei jeder schuldhaften Verletzung wesentlicher Vertragspflichten;

- außerhalb wesentlicher Vertragspflichten dem Grunde nach auch für grobes Verschulden einfacher Erfüllungsgehilfen, es sei denn, LG kann sich kraft Handelsbrauchs davon freizeichnen;

- der Höhe nach in den (der) letzten (beiden) Fallgruppe(n) auf Ersatz des typischen vorhersehbaren Schadens.

7.4 LG haftet nicht über den vorstehend und im ANHANG (6) aufgeführten Umfang hinaus.

7.5 Der Anspruch der LN auf Beseitigung eines Mangels des KNOW-HOW sowie die wegen des Mangels der LN nach diesem Vertrag zustehenden Ansprüche auf Wandelung, Minderung oder Schadensersatz verjähren, sofern LG den Mangel nicht arglistig verschwiegen hat, sechs (6) Monate nach Abnahme des KNOW-HOW.

oder (statt 7. 2–7.3)

7.2 Es wird keine Gewähr dafür übernommen, daß die Benutzung der Lizenz nicht in Schutzrechte oder Urheberrechte Dritter eingreift oder keine Schäden bei Dritten herbeiführt. Dies gilt nicht in den Fällen, in denen LG entgegenstehende Rechte oder Schäden Dritter bekannt oder infolge grober Fahrlässigkeit unbekannt sind. Zur Zeit sind LG keine solche Rechte bekannt.

LG stellt LN von Ansprüchen frei, die Dritte gegenüber LN aus der Verletzung von gewerblichen Schutzrechten und Urheberrechten durch die gelieferten Waren in den Staaten der Europäischen Gemeinschaft, Japan und den USA sowie in solchen anderen Staaten, in denen LN KNOW-HOW verwertet, geltend machen. LG ist nicht zur Freistellung verpflichtet, wenn das KNOW-HOW Teile beinhaltet, die nicht von LG entwickelt wurden bzw. werden.

Sollten Dritte gegenüber LN aufgrund der Verwertung des KNOW-HOW Ansprüche aus Verletzung ihrer Schutzrechte geltend machen, wird LG LN gegen Kostenerstattung (z. B. individuelle Beratung, Reisekosten, Kopierkosten) Informationen zur Abwehr derartiger Ansprüche übermitteln, soweit LG verfügungsberechtigt ist und wesentliche Interessen von LG dem nicht entgegenstehen.

LG und LN werden sich wechselseitig über geltend gemachte Ansprüche informieren. Hiermit sind alle Rechte und Pflichten der LG und LN hinsichtlich der Verletzung von gewerblichen Schutzrechten und Urheberrechten abschließend geregelt.

7.3 LG wird – soweit nicht bereits vorhanden – eine Versicherung abschließen, die eine angemessene Deckung der aufgrund der Nutzung des KNOW-HOW durch LN entstehenden Risiken (einschließlich Produzenten- und Produkthaftung) gewährleistet. LG wird LN spätestens bei Vertragsunterzeichnung eine entsprechende Versicherungspolice vorlegen. Nach Vorlage ordnungsgemäßer Belege wird in der im ANHANG (6.6) festgelegten Weise die Versicherungsprämie gezahlt.

7.4 Soweit die Risiken des KNOW-HOW durch die in III.7.3 genannte Versicherung nicht abgedeckt sind, gilt:

Es wird für das Fehlen der im ANHANG (1., 2.7.1) zugesicherten Eigenschaften gehaftet. Für Mängelfolgeschäden wird gehaftet, soweit sie vom Zweck der Eigenschaftszusicherung erfaßt werden.

Die Haftung wird insoweit auf den typischen Schaden begrenzt.

oder

Die Haftung wird insoweit auf den im ANHANG (6.7) genannten Betrag (Betrag entspricht typischer Schadensabdeckung) begrenzt. Untypische unvorhersehbare Schäden werden von der Haftung ausgenommen.

LG haftet

– dem Grunde nach und in voller Schadenshöhe bei eigenem Vorsatz und eigenem groben Verschulden, entsprechendes gilt für gesetzliche Vertreter und leitende Angestellte;

– dem Grunde nach bei jeder schuldhaften Verletzung wesentlicher Vertragspflichten;

– außerhalb wesentlicher Vertragspflichten dem Grunde nach auch für grobes Verschulden einfacher Erfüllungsgehilfen; es sei denn, LG kann sich kraft Handelsbrauch davon freizeichnen;

– der Höhe nach in den (der) letzten (beiden) Fallgruppe(n) auf Ersatz des typischen vorhersehbaren Schadens.

7.5 Der Anspruch der LN auf Beseitigung eines Mangels des KNOW-HOW sowie die wegen des Mangels der LN nach diesem Vertrag zustehenden Ansprüche auf Wandelung, Minderung oder Schadensersatz verjähren, sofern LG den Mangel nicht arglistig verschwiegen hat, sechs (6) Monate nach Abnahme des KNOW-HOW.

7.6 Im Falle der Vergabe einer Unterlizenz (ANHANG 2.2) haftet LN auch für die Zahlung der Vergütung des Unterlizenznehmers.

8. Vergütung, Kosten[9]

Art und Umfang der Vergütung und Kosten bestimmen sich nach dem ANHANG (7).

---

9 Die Vereinbarungen in III.8. Abs. 2, wonach bei Offenkundigwerden des geheimen Know-How die Vergütungspflicht der LN bestehen bleibt, sollte bei Verträgen, die der Konstellation des Musters entsprechen, getroffen werden (vgl. Fußn. 1). Andernfalls besteht die Gefahr der Rückerstattung der Lizenzvergütung. Zu beachten sind in kartellrechtlicher Sicht Art. 2 (1) Nr. 7., Art. 3 Nr. 4, 5 GVO Know-How.
Für die Erteilung der Lizenz zu zahlende Vergütung kann zunächst einmal eine einmalige Gebühr (down payment, lump sum) und/oder eine Umsatz- oder Stücklizenz umfassen (ANHANG 7.1–7.4). Ob zur Vereinfachung der Abrechung und aus Sicher-

Die insoweit bestehenden Vergütungspflichten des LN werden durch das Offenkundigwerden der geheimen technischen Informationen, die dem KNOW-HOW zugrunde liegen, nicht berührt.

9. Steuern[10]

9.1 Direkte Steuern, die im Land der LN aufgrund der an LG in Übereinstimmung mit dem Vertrag geleisteten Zahlungen erhoben werden, gehen zu Lasten der LG.

9.2 Sonstige Steuern, die im Land der LN aufgrund dieser Zahlungen erhoben werden, gehen zu Lasten der LN.

---

heitserwägungen heraus nur eine einmalige, evtl. in Raten zahlbare umsatzunabhängige Gebühr oder aber nur eine Umsatz- oder Stücklizenz vereinbart wird, ist letzlich eine Frage des Einzelfalls. Eine Kombination der Einmalzahlung mit der Umsatz-/ Stücklizenz bietet sich vor allem dann an, wenn eine ausschließliche Lizenz vereinbart wird. Auf diese Weise wird LN angehalten, möglichst bald die Produktion aufzunehmen, damit sich die Vorleistung möglichst schnell amortisiert. Ein Einzahlung und die Stücklizenz haben den Vorteil, daß Buchführung und Buchprüfung entfallen (Einmalzahlung) bzw. vereinfacht (Stücklizenz) werden.

Die Umsatzlizenz nimmt sowohl an Preiserhöhungen als auch an sinkenden Produktpreisen teil. Es können Preisnachlässe vereinbart werden (ANHANG 7.3). Zur Steigerung der Produktionsfreudigkeit können Regelungen über Mindestlizenzen, die mit der umsatz-/stückzahlabhängigen Gebühr verrechenbar (ANHANG 7.4) oder nicht verrechenbar sind, getroffen werden. Art. 2 (1) Nr. 9 GVO Know-How läßt die Zahlung einer Mindestgebühr zu. Wahlweise (nicht zusätzlich) kann die Herstellung einer Mindestmenge oder einer Mindestzahl von Benutzungshandlungen verlangt werden (vgl. Fußn. 3).

Die Kosten der Einweisung (ANHANG 7.5) sollten, sofern die Lizenzgebühr diese Kosten nicht bereits mitumfaßt, geregelt werden.

Ensprechendes gilt für die Kosten der Abnahme (ANHANG 7.6).

Soweit der Name und/oder ein Warenzeichen von LN genutzt werden darf bzw. dürfen, sollten Art, Umfang und Vergütung der Nutzung präzise festgelegt werden (ANHANG 7.7). Gegebenenfalls kann auch ein gesonderter Warenzeichenlizenzvertrag geschlossen werden (zur insoweit wieder interessanten Frage der Produzenten-/ Produkthaftung vgl. *Groß*, Fußn. 8 mwN).

Die Vergütung für Verbesserungen, Weiterentwicklungen (ANHANG 7.8) und sonstigen Kosten (ANHANG 7.9) sind im Einzelfall auszuhandeln. Wenn diese Kosten in den Lizenzgebühren bereits enthalten sein sollen (z. B. in der Einmalzahlung), sind entsprechende Aufschläge zu berücksichtigen.

10 Soweit Lizenzverträge mit ausländischen Vertragsparteien vereinbart werden, sind die jeweiligen steuerlichen Besonderheiten des entsprechenden Staates zu beachten. Vor Abschluß eines Lizenzvertrages empfielt sich daher im Zweifel die Hinzuziehung eines Steuerberaters. Die aufgeführten Klauseln stimmen mit den ORGA-LIME-Klauseln überein.

Die Vereinbarung der Zahlung der Mehrwertsteuer durch LN sollte nur dann unterbleiben, wenn sicher ist, daß ein entsprechender Handelsbrauch besteht.

9.3 Sind nach dem Recht im Land der LN die Steuern von LG zu zahlen, so hat LN die LG bei der Erfüllung aller Verpflichtungen und Formalitäten zu unterstützen.

oder

9.1 Steuern, die im Land der LN aufgrund der an LG in Übereinstimmung mit dem Vertrag geleisteten Zahlungen erhoben werden, gehen zu Lasten der LN.

9.2 Sind nach dem Recht im Land der LN die Steuern von LG zu zahlen, so hat LN die LG bei der Erfüllung aller Verpflichtungen und Formalitäten zu unterstützen.

oder

9.3 Die Zahlung der Vergütung an LG ist nach Abzug aller direkten und indirekten Steuern, für die LN aufzukommen hat, vorzunehmen.

10. Abrechnung, Zahlung[11]

10.1 Soweit eine einmalige Vergütung gemäß III.8 zu zahlen ist, erhält LN zum Zeitpunkt der Fälligkeit der Forderung der LG eine Zahlungsaufforderung. Die Forderung der LG ist innerhalb von 3 Wochen nach Fälligkeitszeitpunkt zu zahlen.

10.2 Soweit die Vergütung gemäß III.8 umsatz-/stückzahlabhängig ist, rechnet LN gemäß der im ANHANG (8.1) vereinbarten Form ab, erhält daraufhin eine ordnungsgemäße Rechnung der LG und zahlt den in Rechnung gestellten Betrag innerhalb des im ANHANG (8.2) bestimmten Zeitraums.

10.3 Soweit (Schutzrechts-)Kosten von LN zu zahlen sind, zahlt LN den entsprechenden Betrag innerhalb von 3 Wochen nach Vorlage geeigneter Belege durch LG.

10.4 LN darf nur mit unbestrittenen oder rechtskräftig festgestellten Forderungen aufrechnen.

10.5 Ist LN mit der Zahlung ganz oder teilweise in Verzug, so zahlt LN an LG bezüglich des säumigen Betrages Verzugszinsen in Höhe von 2 % über dem jeweils gegebenen Bundesbankdiskontsatz, wenn nicht LN in angemessener Zeit den Nachweis erbringt, daß der Verzugsschaden überhaupt nicht entstanden oder wesentlich niedriger als die Pauschale ist.

---

11 Die Feststellung von Regeln für die Abrechnung und Zahlung (ANHANG 8) orientiert sich an den jeweiligen Gegebenheiten. Es kommt z. B. auf die Art der Berechnung der Lizenzgebühren an (bei einer Einmalzahlung entfällt die Abrechnung).
III.10.4 (Vertragstext) entspricht bei Verträgen mit AGB-Chrakater im nichtkaufmännischen und kaufkännischen Geschäftsverkehr § 11 Nr. 3 AGBG (vgl. *Ulmer/ Brandner/Hensen*, a.a.O., § 11 Nr. 3 Rdn. 11, 12).
2 % Verzugszinsen über dem Bundesbankdiskontsatz sind bei (AGB-)Verträgen vereinbar (*Ulmer/Brandner/Hensen*, a.a.O., § 11 Nr. 5, Verzugszinsen).

10.6 Die Zahlungen sind zu leisten auf das Konto: . . . .

11. Buchführung, Buchprüfung[12]

11.1 LN hat – von dem Fall der Einmalzahlung abgesehen – über die Nutzung des KNOW-HOW in dem im ANHANG (9) festgelegten Umfang getrennt Buch zu führen.

11.2 LG kann die Buchführung der LN gemäß III.11.1 durch einen Wirtschaftsprüfer oder Steuerberater auf ihre Kosten untersuchen lassen. Sofern die Buchprüfung eine erhebliche Abweichung zu Lasten der LG ergibt, trägt LN die Kosten der Buchprüfung.

12. Geheimhaltung, Datenschutz[13]

12.1 Der Geheimhaltungspflicht im Sinne dieser Vereinbarung unterliegen – soweit sie zum Zeitpunkt ihrer Mitteilung über den Stand der Technik hinausgehen – alle im ANHANG (1, 2.7.1) genannten geheimen Informationen.

oder

12.1 LG und LN verpflichten sich, die gegenseitig mitgeteilten geheimen Informationen und Unterlagen, die im ANHANG (1, 2.7.1) aufgeführt sind, geheimzuhalten und alle erforderlichen Maßnahmen zu treffen, um deren

---

12 Die Buchführungspflicht der LN und das Buchprüfungsrecht der LG sind je nach Art der Lizenzgebührenberechnung vorzunehmen (vgl. Fußn. 11, ANHANG 9). Das Buchprüfungsrecht wird nur bei ausdrücklicher Vereinbarung zugestanden.

13 Die Parteien sollten sich zur Vermeidung eventueller Streitigkeiten unbedingt der Mühe der sorgfältigen Dokumentation der geheimzuhaltenden Informationen unterziehen (vgl. Fußn. 2). Wettbewerbsbeschränkende Vereinbarungen, worunter nach Auffassung des BGH auch die Vergütungspflicht der LN fällt, bleiben auch bei (teilweiser) Offenbarung des geheimen Know-How wirksam, wenn der Aspekt des „Geheimnisses" für die Vertragsparteien eine nur untergeordnete Rolle spielt (vgl. III.8.2), was hier unterstellt wird. Ist das „geheime" Know-How wesentliche Vertragsgrundlage und das mitgeteilte Know-How durch Handlungen Dritter an die Öffentlichkeit gelangt, hat LN seine Zahlungen bis zum Ende der Vereinbarung fortzusetzen (vgl. Erwägungsgründe (7) und (15) und Art. 2 (1) Nr. 7 GVO Know-How); zum Teil wird selbst in der Literatur jüngsten Datums noch auf die Regelungen den Entwurfs (!) zur GVO Know-How hingewiesen, wonach eine Zahlungspflicht für einen Zeitraum von 3 Jahren nach Offenkundigwerden vorgesehen war; auch aus diesem Grund sollten Muster nicht ohne weiteres übernommen werden.
Die Geheimhaltungspflicht endet (Vertragstext 12.4) 5 Jahre nach Vertragsende. Die GVO Know-How läßt sogar eine unbefristete Geheimhaltungspflicht der LN nach Vertragsende zu. Diese Möglichkeit sollte nur in Ausnahmefällen erwogen werden. Das Know-How ist in der Regel schon nach wenigen Jahren überholt. Selbst wenn also der Vertrag bereits unmittelbar nach Unterzeichnung wieder aufgehoben wird, sind 5 Jahre als Geheimnisschutzdauer mithin ausreichend.
Die wechselseitige Pflicht zur Einhaltung der Bestimmungen des Datenschutzgesetzes hat Warnfunktion.

Kenntnisnahme und Verwertung durch Dritte zu verhindern. Mitarbeiter der Vertragsparteien werden, soweit sie nicht bereits aufgrund ihres Arbeitsvertrages dazu angehalten sind, zur Geheimhaltung verpflichtet, soweit sie mit dem KNOW-HOW in Berührung kommen. Entsprechendes gilt für Zulieferer der LN.

12.2 LN und LG verpflichten sich, die gegenseitig mitgeteilten Informationen ohne ausdrückliche schriftliche Einwilligung nicht selbst zu verwerten, insbesondere keine Schutzrechtsanmeldung vorzunehmen. Benutzungsrechte an dem KNOW-HOW gemäß ANHANG (1, 2.7.1) werden aufgrund dieser Vereinbarung nur in dem hier vorgesehenen Umfang erteilt.

12.3 Die Verpflichtung zur Geheimhaltung und Nichtverwertung der gegenseitig mitgeteilten Informationen entfällt, soweit diese

12.3.1 dem informierten Vertragspartner vor der Mitteilung nachweislich bekannt waren, oder

12.3.2 der Öffentlichkeit vor der Mitteilung bekannt oder allgemein zugänglich waren, oder

12.3.3 der Öffentlichkeit nach der Mitteilung ohne Mitwirkung oder Verschulden des informierten Vertragspartners bekannt oder allgemein zugänglich werden, oder

12.3.4 im wesentlichen Informationen entsprechen, die dem informierten Vertragspartner zu irgendeinem Zeitpunkt von einem berechtigten Dritten offenbart oder zugänglich gemacht wurden.

12.4 Die Geheimhaltungspflicht endet, vorbehaltlich der Regelung gemäß III.12.3 und vorbehaltlich einer abweichenden anderen Regelung, 5 Jahre nach Vertragsende.

12.5 Die Vertragsparteien werden die Unterlagen, die sie jeweils vom anderen Vertragspartner erhalten haben, nach Vertragsende unverzüglich vernichten, soweit die Unterlagen zu diesem Zeitpunkt noch geheim sind (III.12.3) und die Vernichtung der jeweils anderen Vertragspartei unverzüglich schriftlich mitteilen.

12.6 Die Vertragsparteien verpflichten sich – soweit erforderlich –, die Bestimmungen des Datenschutzgesetzes in der jeweils gültigen Fassung einzuhalten. Entsprechende Verpflichtungen werden die Vertragsparteien ihren Mitarbeitern, Zulieferern und anderen Personen, die mit dem KNOW-HOW in Berührung kommen, auferlegen.

13. Warenzeichen, Veröffentlichung[14]

13.1 Der Name der LG und/oder Warenzeichen der LG können von LN nur in der im ANHANG (7.7, 10) festgelegten Form genutzt werden.

---

14 Die Benutzung des Namens und/oder eines Warenzeichens des Lizenzgebers durch LN ist in vielen Fällen nicht nur werbewirksam, sondern kann auch Bedeutung bez. der Produzenten–/Produkthaftung der LG/der LN erlangen (vgl. *Groß*, Fußn. 8).

13.2 LN wird bei der Vermarktung des KNOW-HOW auf LG in dem in ANHANG (7.7, 10) festgelegten Umfang hinweisen. LN wird alle druckschriftlichen Veröffentlichungen, in denen LG im Zusammenhang mit der Erfüllung dieses Vertrages genannt wird, in Kopie vor Veröffentlichung an LG übersenden.

14. Verteidigung[15]

14.1 Die Vertragsparteien sind zur wechselseitigen, unverzüglichen Information über eine unbefugte Nutzung des KNOW-HOW verpflichtet, soweit die Vertragsparteien im Rahmen der Erledigung ihrer Aufgaben und bei Anwendung der bei ihnen üblichen Sorgfalt auf eine derartige Nutzung aufmerksam werden.

14.2 Die Vertragsparteien werden sich über alle zu ergreifenden Maßnahmen verständigen, um Dritte an der unbefugten Nutzung des KNOW-HOW zu hindern. Dies gilt insbesondere im Hinblick auf die Einleitung und Durchsetzung gerichtlicher Schritte und die damit verbundenen Kosten. Soweit LN bereit ist, im eigenen Namen und auf eigene Kosten allein gegen Verletzer vorzugehen, sagt LG bereits jetzt zu, LN – soweit dies erforderlich, LG verfügungsberechtigt und personell dazu in der Lage ist – in angemessener Form behilflich zu sein.

15. Verbesserungen, Weiterentwicklungen[16]

Verbesserungen und Weiterentwicklungen des KNOW-HOW der LG werden LN zu den im ANHANG (7.8, 11) festgelegten Bedingungen schriftlich

---

15 Die Parteien sollten sich über Verletzungen der vertraglich geregelten Rechtspositionen durch Dritte informieren und eine geeignete Vorgehensweise einvernehmlich klären. Dabei ist zu beachten, welche Art der Lizenz (ausschließliche, alleinige, nichtausschließliche Lizenz) geregelt ist. Der nichtausschließliche Lizenznehmer ist nicht ohne weiteres befugt, Prozesse selbst zu führen. Er benötigt eine Ermächtigung des Lizenzgebers, oder er kann nach Abtretung der Rechte durch den Lizenzgeber Prozesse führen. Es kann zwar bereits vorab geklärt werden, welche Rechte und Pflichten jede Partei im Streitfall treffen. Dies gilt nicht nur für die Befugnis, Prozesse zu führen, sondern auch z. B. für die Fragen, wie die Verfahrenskosten und zugesprochene Schadensersatzbeträge aufgeteilt werden. Wird nichts geregelt, ist z. B. im Falle der nichtausschließlichen Lizenz nur der Lizenzgeber aktiv- und passivlegitimiert (vgl. Art. 2 (1) Nr. 6 GVO Know-How).

16 Sobald der Lizenzgeber Verbesserungen zur Verfügung hat, werden diese LN in der Regel kostenlos und unverzüglich überlassen. Im Gegensatz zu Verbesserungen, die z. B. auch durch neue DIN-Vorschriften verursacht werden können, handelt es sich bei Weiterentwicklungen um gravierende Änderungen des Know-How, die ein völlig neues Werk zur Folge haben können. Art. 2 (1) Nr. 4 b GVO Know-How läßt u. a. eine ausschließliche oder nichtausschließliche Pflicht der LG zur Mitteilung eigener Verbesserungen an LN und ihr Recht zur Verwendung der Verbesserungen der LN, die vom überlassenen Know-How untrennbar sind, bis zum Vertragsende zu. Ob es sich bei den in dieser Ziffer

angeboten. LN wird LG innerhalb angemessener Frist schriftlich mitteilen, ob er das Angebot annehmen wird. Entsprechendes gilt für Verbesserungen und Weiterentwicklungen des LN.

16. Qualitätskontrolle[17]

Eine Qualitätskontrolle wird in der im ANHANG (12) festgelegten Form durchgeführt.

17. Vertragsdauer[18]

17.1 Der Vertrag tritt an dem Tag in Kraft, an dem die Vertragsparteien die Unterzeichnung vollzogen haben.

17.2 Der Vertrag endet mit dem . . . (spätestens 10 Jahre nach Unterzeichnung!)

oder

(statt 17.1, 17.2)

Der Vertrag endet 10 Jahre nach Unterzeichnung durch beide Vertragsparteien. Der Vertrag kann aufgrund von LG mitgeteilten Verbesserungen und Weiterentwicklungen während der 10jährigen Laufzeit einvernehmlich verlängert werden. LN hat die Möglichkeit, derartige Verbesserungen abzulehnen. Die vorgenannte einvernehmliche Verlängerung des Vertrages ist auch dann möglich, wenn jeder Vertragspartner das Recht hat, die Vereinbarung nach Ablauf der ursprünglichen Laufzeit der Vereinbarung und mindestens alle 3 Jahre danach zu kündigen.

---

genannten „Verbesserungen" lediglich um Verbesserungen oder um Weiterentwicklungen handelt, läßt sich nur indirekt aus der Definition „dieselbe Technologie" gemäß Art. 1 (1) Nr. 8 GVO Know-How entnehmen, wonach es sich bei „dieselbe Technologie" um Technologie handelt, wie sie dem ersten Lizenznehmer überlassen und durch spätere Verbesserungen weiterentwickelt wurde (vgl. auch Erwägungsgrund (14) GVO Know-How).

17 Soweit LN selbst das Know-How weiterentwickelt, kann er verpflichtet werden, Mindestqualitätsvorschriften für das Know-How einzuhalten, wenn dadurch die technisch einwandfreie Nutzung oder Qualitätsstandards des Lizenzgebers und anderer Lizenznehmer gewährleistet sind. Darüber hinaus kann LN verpflichtet werden, entsprechende Kontrollen zu dulden (vgl. hierzu Art. 2 (1) Nr. 5, Erwägungsgrund (17) und Art. 3 Nr. 3 GVO Know-How). Fragen der Produzenten-/Produkthaftung sind wieder zu berücksichtigen (vgl. *Groß*, Fußn. 8).

18 Die Laufzeit einer Know-How-Lizenz ist, soweit sie unter die GVO Know-How fällt, auf höchstens 10 Jahre ab Unterzeichnung der ersten Vereinbarung begrenzt (vgl. zunächst Erwägungsgrund (7) und dann Art. 1 (2) GVO Know-How. LN kann verpflichtet werden, nach Beendigung der Vereinbarung das überlassene Know-How nicht mehr zu nutzen, soweit und solange es noch geheim ist (Art. 2 (1) Nr. 3 und Art. 3 Nr. 1, 2 c, 10, 11 GVO Know-How).

18. Kündigung[19]

18.1 Eine Kündigung des Vertrages ist zunächst in den vertraglich vorgesehenen Fällen möglich.

18.2.1 Eine Kündigung des Vertrages aus wichtigem Grund ist gestattet.

18.2.2 Sofern zwischen den Vertragsparteien Mindestlizenzgebühren und/oder eine Ausübungspflicht vereinbart wurde, kann LG den Vertrag z. B. kündigen, wenn LN

– Mindestlizenzgebühren nicht zum Zeitpunkt der Fälligkeit gezahlt hat,

– die Ausübungsverpflichtung (ANHANG 2.1.4) nicht erfüllt hat,

– oder Dritte den geheimen Charakter des überlassenen KNOW-HOW angegriffen haben.

19. Nebenabreden, Vertragsänderungen und -ergänzungen, Form[20]

Nebenabreden wurden nicht getroffen. Änderungen und Ergänzungen dieses Vertrages sind als solche zu kennzeichnen, bedürfen der Schriftform und werden verbindlich, sobald sie von den Vertragspartnern unterzeichnet sind. Mündliche Nebenabreden gelten nur, wenn sie schriftlich bestätigt worden sind. Dieser Schriftformvorbehalt kann nur durch eine schriftlich abgefaßte, von beiden Vertragspartnern unterschriebene Vereinbarung aufgehoben werden.

20. Gerichtsstand/Schiedsgericht, Rechtswahl, Vertragssprache[21]

20.1 Die Parteien werden im Falle von Streitigkeiten zunächst versuchen, eine gütliche Einigung herbeizuführen.

---

19 Die Parteien können das Recht der ordentlichen Kündigung unter Einhaltung einer angemessenen Kündigungsfrist vorsehen. Die Angemessenheit der Kündigungsfrist kann sich z. B. an gesetzlichen Vorgaben orientieren (vgl. z. B. § 565 Abs. 2 S. 1, 2 BGB).
LG und LN können aufgrund der Verletzung von Haupt-/Nebenpflichten den Vertrag aus wichtigem Grund kündigen, wenn die Grenze der Zumutbarkeit des Festhaltens am Vertrag überschritten ist. Diese Kündigungsgründe können beispielhaft im Vertrag erwähnt werden (vgl. auch Art. 3 Nr. 4, 10 GVO Know-How).

20 Vertragliche Vereinbarungen sollten schriftlich erfolgen. Dieses Erfordernis ergibt sich nicht nur aus § 34 GWB. Um feststellen zu können, ob das Know-How geheim und wesentlich ist, muß das Know-How „identifiziert", d. h. beschrieben oder auf einem Träger festgehalten sein (Art. 1 (7) Nr. 4 GVO Know-How, vgl. Fußn. 2).

21 Inwieweit Gerichtsstandsvereinbarungen zulässig sind, ergibt sich aus § 38 ff. ZPO und aus dem vorrangigen EuGÜbK.
Ob die ordentliche Gerichtsbarkeit oder ein Schiedsgericht bemüht wird, ist letztlich eine Frage der Entscheidung des Einzelfalls. Die Verfahrenskosten können in beiden Fällen sehr hoch werden. Entsprechendes gilt für die Verfahrensdauer. Der Vorteil des Schiedsverfahrens kann darin liegen, daß die Streitigkeit nicht öffentlich bekannt wird und somit ein mit viel Aufwand erreichtes „Ansehen" keinen Schaden nehmen kann.

20.2 Sollte eine gütliche Einigung nicht gelingen, wird für alle Streitigkeiten aus diesem Vertrag die Zuständigkeit des Landgerichts X vereinbart.

oder (statt 20.2)

20.2 Alle aus dem gegenwärtigen Vertrag sich ergebenden Streitigkeiten werden nach der Vergleichs- und Schiedsgerichtsordnung der Internationalen Handelskammer von einem oder mehreren gemäß dieser Ordnung ernannten Schiedsrichtern endgültig entschieden.

20.3 Die Rechtsbeziehungen der Vertragsparteien unterliegen dem Recht der Bundesrepublik Deutschland.

20.4 Dieser Vertrag ist in deutscher und der im ANHANG (13) festgelegten Sprache in der im ANHANG (13) festgelegten Anzahl von Exemplaren verfaßt und unterzeichnet. Für die Rechtsbeziehungen der Vertragsparteien ist nur die deutsche Vertragsversion maßgeblich.

21. Anschriften[22]

21.1 Fragen, die die Klauseln dieser Vereinbarung betreffen, sind an
LG . . . .
Abteilung R . . . .
zu richten.

21.2 Fragen, die das KNOW-HOW betreffen, sind an
LG . . . .
Abteilung T . . . .
zu richten.

21.3 Die entsprechenden Adressen (21.1, 21.2) der LN sind im ANHANG (14.) festgehalten.

Die vorgeschlagenen Schiedsgerichtsklauseln entsprechen dem Vorschlag der ICC (Internationale Handelskammer Paris; Vertragstext 20.2, 2. Alt.). Vertragstexte der Schiedsordnung können von der Internationalen Handelskammer, Kolumbastr. 5, D-5000 Köln 1, bezogen werden.
Bez. der Wirksamkeit von Schiedsgerichtsklauseln sind §§ 1025 ff., 1027 ZPO und Art. 7 Nr. 1 GVO Know-How (die EG-Kommission ist zur Überprüfung der Wirkungen aus einem Schiedsspruch berechtigt) zu berücksichtigen.
Das anzuwendende Recht sollte bei Lizenzverträgen mit ausländischen Partnern festgelegt werden. Entsprechendes gilt für die Vertragssprache. Sofern das Recht der Bundesrepublik Deutschland für anwendbar erklärt wird, sollte unbedingt die deutsche Sprache als Gerichtssprache festgelegt werden („Die Gerichtssprache ist deutsch", § 184 GVG). Die Vereinbarung einer zusätzlichen Sprache (ANHANG 13) dient lediglich dem besseren Verständnis des (ausländischen) LN. Übersetzungsfehler können zu Zweifeln bei der Auslegung von AGB führen. Diese Zweifel gehen zu Lasten desjenigen, der die AGB stellt (§ 5 AGBG).

22 Die Aufnahme der möglicherweise unterschiedlichen Anschriften für technische und rechtliche Fragen erleichtert den Informationsfluß zwischen den Partnern.

22. Salvatorische Klausel[23]

22.1 Wenn der Vertrag eine Lücke enthält oder eine Vertragsbestimmung ganz oder teilweise unwirksam ist oder wird, so bleibt der Vertrag im übrigen wirksam.

22.2 Soweit der Vertrag eine Lücke enthält oder ganz oder teilweise unwirksam ist oder wird, so richtet sich der Inhalt des Vertrags nach den gesetzlichen Vorschriften. Anstelle der fehlenden oder unwirksamen Bestimmungen gilt eine Bestimmung als vereinbart, die dem von den Parteien ursprünglich beabsichtigten, wirtschaftlichen Zweck der fehlenden oder unwirksamen Bestimmungen am nächsten kommt.

22.3 Der Vertrag ist jedoch in vollem Umfang unwirksam, wenn das Festhalten an ihm auch unter Berücksichtigung der gemäß III.22.2 vorgesehenen Änderung eine unzumutbare Härte für eine Vertragspartei darstellen würde.

23. Unterschriften[24]

. . . . , den . . . . , den . . . .
LN   LG

---

23 Für die Parteien eines Lizenzvertrages ist die Entscheidung der Frage, ob das Fehlen und/oder die Unwirksamkeit einzelner Klauseln den Bestand der übrigen Klauseln berührt, von erheblicher Bedeutung. Aus § 139 BGB ergibt sich, daß die Unwirksamkeit einzelner Klauseln zur Unwirksamkeit des ganzen Vertrags führt, wenn nicht anzunehmen ist, daß der Vertrag auch ohne den unwirksamen Teil vereinbart worden wäre. Bei Verträgen mit AGB-Charakter ist § 6 AGBG zu beachten.

24 Es ist darauf zu achten, daß ein vertretungsberechtigter Vertragspartner die Unterzeichnung vornimmt.

Anhang zum Vertrag LG/LN*

1. **KNOW-HOW-Beschreibung:** . . . .
. . . .
. . . .
. . . .

1.1 Zusatzteile: . . . .
. . . .
. . . .

2. **Verwertung des KNOW-HOW durch LN:**

LN stellt her und ist Endabnehmerin ( )
LN stellt her und vertreibt selbst ( )
LN stellt her, ist Endabnehmerin und vertreibt selbst ( )

2.1 Lizenz (Nutzungsrecht)

2.1.1 ausschließlich, oder: ( )

2.1.2 allein LG behält nichtausschließliches, übertragbares, unterlizenzierbares Nutzungsrecht für satzungsgemäße Zwecke:
( )
. . . . , oder ( )

2.1.3 nichtausschließlich: ( )

2.1.4 Sofern LN das KNOW-HOW nicht nur im Eigengebrauch verwertet, gilt:
LN wird die bestmöglichen Anstrengungen bei der Ausübung der erteilten Lizenz unternehmen.

und ( )

oder ( )

LN wird mindestens . . . (Zahl) KNOW-HOW jährlich verwerten.

---

* Auf jeder Seite des Anhangs zum Vertrag LG/LN sollte der sich im nachfolgenden Kasten befindliche Text abgedruckt bzw. geschrieben sein.

Vertragsnummer: . . . .

Vertragsbeginn: . . . .

Zutreffendes ankreuzen (×)

Falls Platz nicht ausreicht, Anlagen (z. B. Anlage A zum Vertrag LG/LN, Vertrags-Nummer, vom . . . .) schreiben.

2.2 Unterlizenz: ( )

2.3 Übertragbarkeit (Abtretung): ( )

2.4 Wenn 2.1.1 (auschließliche Lizenz) oder 2.1.2 (alleinige Lizenz) bejaht, gibt LN Information von 2.2 (Unterlizenznehmer) an LG. 2.3 (Übertragbarkeit) nur nach vorherigen Zustimmung der LG bzw. gemäß nachstehender Absprache.

. . . .
. . . .
. . . .

2.5 Wenn 2.1.3 (nichtausschließliche Lizenz) bejaht, 2.2 (Unterlizenz) und/oder 2.3 (Übertragbarkeit) nur nach vorheriger Zustimmung der LG.

2.6.1 wenn LN Endabnehmerin ist:
 (1) Nutzung unbeschränkt im Firmenverbund der LN
 (Firmenverbund aufgelistet gemäß Anlage . . .): ( )
 (2) Nutzung beschränkt (Anzahl): . . .
 Marke/Typ/Version/Hersteller/Registrier-Nr./
 Standort Betrieb/Land, PLZ, Ort, Straße, Nr.
 (2.1) . . . .
 (2.2) . . . .
 (2.3) . . . .

2.6.2 Wenn LN (auch) an Dritte liefert: Information der LG über Adresse des Dritten (Land, PLZ, Ort, Straße, Nr.) und Anzahl des KNOW-HOW (Land, PLZ, Ort, Straße, Nr.)
 und/oder (statt 2.6.1, 2.6.2)

2.6 Örtliches Vertragsgebiet (Länder): . . . .
 Anzahl des von LN gelieferten KNOW-HOW: . . . .

2.7 Dokumentation

2.7.1 Detaillierte KNOW-HOW-Beschreibung (geheime und wesentliche Informationen sind als solche gekennzeichnet):

. . . .
. . . .
. . . .

2.7.2 Handbuch ( ) Anzahl: . . . . .

2.7.3 Sonstige Dokumentationen:

. . . . Anzahl: . . . . .
. . . . Anzahl: . . . . .
. . . .
. . . .

2.8 Datenträger (Art):

. . . .
. . . .
. . . .

2.9   LN hat das Recht, je eine Kopie des schriftlichen KNOW-HOW bei erstmaliger Lieferung für Archivzwecke und zur Gewährleistung der Einsetzbarkeit des KNOW-HOW anzufertigen.

3.   Übergabe (Lieferung)

3.1   Hardware: . . . . Wochen nach Vertragsabschluß

3.2   Dokumentation: . . . . Wochen nach Vertragsabschluß

3.3   Lieferung bereits erfolgt ( )

4.   Einweisung

4.1   nach Absprache: ( )

4.2   Ort: . . . .

4.3   Anzahl der Einweisungen: . . . .

4.4   Anzahl der einzuweisenden Personen je Einweisung: . . . .

4.5   Anzahl der Tage je Einweisung: . . . .

5.   Abnahme

5.1   . . . .

5.2   . . . .

        . . . .

5.3   Frist (Vertragstext 5.3):   . . . . . Arbeitstage nach Einweisung
                                                                    (ANHANG 4)

6.   Nachbesserung, Haftung

6.1   Frist: . . . . Arbeitstage

6.2   Vertragstext 7.2.2 (Alternative):   DM . . . . . .

6.3   Vertragstext 7.2.3:   DM . . . . . .

6.4   Vertragstext 7.3.1 (1. Alternative):   DM . . . . . .
        Vertragstext 7.3.1 (2. Alternative):   DM . . . . . .

6.5   Vertragstext 7.3.2 (Alternative):   DM . . . . . .

6.6   Vertragstext 7.3:   LG zahlt: . . . . . . %,
                                              LN zahlt: . . . . . . %,
        oder   der Versicherungsprämie

        soweit LN die Versicherungsprämie zu 100 % zahlt, kann die Versicherungsprämie mit den zu leistenden Lizenzzahlungen (7.) verrechnet werden.

673

6.7 Vertragstext 7.4: s. o. ANHANG 6.3

7.   Vergütung, Kosten

LN zahlt nach Abnahme an LG für die Nutzung des KNOW-HOW (wenn LN Endabnehmerin; vgl. II. 4 des Vertrages)

7.1   eine umsatzunabhängige, nicht rückzahlbare Gebühr von DM . . . .

oder (wenn LN [Unter]-Lizenzen erteilt)

7.1   eine umsatzunabhängige, nicht rückzahlbare Gebühr von DM . . . .

7.2   eine umsatzabhängige Gebühr von . . . . . %, bezogen auf den Werksabgabepreis des gemäß 2.1 (ANHANG) lizenzierten KNOW-HOW.

oder

7.1   eine umsatzunabhängige, nicht rückzahlbare Gebühr von DM . . . .

7.2   je verwerteten KNOW-HOW eine Gebühr von DM . . . .

7.3   LN erhält Preisnachlässe aufgrund der nachfolgenden Staffel:
(1)   1 – 50 Stück KNOW-HOW   0 % Preisnachlaß
(2)   51 – 150 Stück KNOW-HOW   10 % Preisnachlaß
(3)   151 – 500 Stück KNOW-HOW   30 % Preisnachlaß
(4) . . . .
Die Staffel wird zum Ende eines jeden Vertragsjahres einvernehmlich für das nächste Vertragsjahr festgelegt.

7.4   LN zahlt in den 2 ersten Vertragsjahren pro Jahr eine Mindestlizenzgebühr von DM . . . . . ., die mit der umsatz-/stückzahlabhängigen Gebühr verrechnet werden kann.

7.5   Kosten der Einweisung (ANHANG 4):

7.5.1 LG . . . .%

7.5.2 LN . . . .%.

7.6   Kosten der Abnahme (ANHANG 5):

7.6.1 LG . . . . %

7.6.2 LN . . . . %

7.7   Vergütung für Nutzung des Namens der LG und/oder Warenzeichen der LG (Vertragstext III. 13.2.2)

7.7.1 Name LG: . . . . DM

7.7.2 Warenzeichen
Zeichen: . . . .   Vergütung: . . . .

7.8   Vergütung für Verbesserungen, Weiterentwicklungen (Vertragstext III. 15)

7.8.1 Verbesserungen der LG: DM . . . . . .
      Weiterentwicklung der LG: DM . . . . . .

7.8.2 Verbesserungen der LN: DM . . . . . .
      Weiterentwicklung der LN: DM . . . . . .

7.9 Sonstige Kosten:

7.9.1 Reisekosten und Spesen sind in den angeführten Preisen nicht enthalten. Sie werden anch den Richtlinien des Bundesreisekostengesetzes zusätzlich in Rechnung gestellt.

7.9.2 . . . .
. . . .
. . . .

8. Abrechnung, Zahlung (Vertragstext III. 10.2)

8.1 Abrechnung zum Ende des Monats, der auf ein
Kalendervierteljahr folgt   ( )

oder

zum Ende des Monats, der auf ein Kalenderhalbjahr folgt   ( )

oder

zum Ende des Monats, der auf ein Kalenderjahr folgt   ( )

oder

. . . .
. . . .

8.2 Zahlung
. . . . . . Wochen nach Ende des Abrechnungszeitraums.

oder

. . . . . . Wochen nach Inrechnungstellung.

8.3 (Vertragstext III. 10.5) Frist: . . . . . . Wochen ab Fälligkeit der Zahlung

9. Buchführung (Vertragstext III. 11.1)

LN hat über folgende Daten bei der Verwertung des KNOW-HOW gesondert Buch zu führen:
Umsatzlizenz: Anzahl der verwerteten KNOW-HOW, Adresse des Endabnehmers, Zeitpunkt der Verwertung, KNOW-HOW-Registriernummer, Rechnungsdatum und -nummer, Preisgestaltung (s. Werksabgabepreis gemäß II.4)

oder

LN erhält bez. jedes verwerteten KNOW-HOW ein Doppel der jeweiligen Rechnung.

10. Name/Warenzeichen der LG (Vertragstext III. 13.1)

10.1 Erlaubte Form der Nutzung des Namens (Logo) der LG bzw. des Hinweises auf LG:

. . . .

. . . .

. . . .

10.2 Erlaubte Form der Nutzung der Warenzeichen der LG:
Warenzeichen
(1) Aktenzeichen des Patentamts: . . . .
(2) Datum der Antragstellung: . . . .
(3) Datum der Eintragung: . . . .
(4) Wortzeichen/Bildzeichen: . . . .
(5) Nutzungsart (Auswahl wie ANHANG 2.1.1−2.1.3): . . . .

. . . .

11. Verbesserungen, Weitereintwicklungen (Vertragstext III. 15)

11.1 Bedingungen für Verbesserungen: . . . .

. . . .

. . . .

11.2 Bedingungen für Weiterentwicklungen: . . . .

. . . .

. . . .

12. Qualitätskontrolle (Vertragstext III. 16)

Bedingungen: . . . .

. . . .

. . . .

13. Zusätzliche Vertragssprache (Vertragstext 20.4): . . . .

Zahl der Vertragsexemplare je Vertragssprache: . . . .

14. Adressen der LN

14.1 Fragen, die die Klauseln der Vereinbarungen betreffen sind an . . . .

. . . .

14.2 Fragen, die das KNOW-HOW betreffen sind an . . . .

. . . .

15.   Sonstiges

. . . .
. . . .
. . . .
. . . .

16.   Unterschriften

. . . ., den . . . ., den . . . .
LN   LG

. . . .
(   )   (   )

Muster für Softwarelizenzvertrag

zwischen der   **X-AG**

              diese
              vertreten durch ihren Vorstand,
              dieser vertreten
              durch seinen Vorstandsvorsitzenden

              ABC-Straße 1
              D-8000 München

              – im folgenden LG genannt –

und der   ....

              diese vertreten durch

              ....

              ....

              – im folgenden Vertragspartner (VP) genannt –

Vertragsnummer: ....

Vertragsbeginn: ....

I. Präambel[1]

1. LG hat eine Standardsoftware entwickelt (im folgenden SOFTWARE genannt), die im Anhang zu diesem Vertrag (im folgenden ANHANG genannt) unter 1 und 2 beschrieben ist.

---

1 In der Praxis ist es z. T. üblich, die Interessenlage der beiden Vertragsparteien in einer Präambel in wenigen, aber möglichst konkreten Worten darzustellen. Hauptzweck dieser Präambel ist es, eventuelle zukünftige Streitigkeiten über Sinn und Zweck des Vertrags oder Teilen davon zu vermeiden bzw. einzugrenzen.
Die in der Präambel getroffenen Aussagen sind jedoch Zusicherungen, die – soweit sie fehlerhaft sind – eine Schadensersatzpflicht des Lizenzgebers zur Folge haben können.
Es sollten in der Präambel die zu lizenzierende Software, deren Eigenschaften und Fähigkeiten und die Art der Rechte, die an der Software vergeben werden sollen, dargestellt werden.
Es wird in dem Muster unterstellt, daß die Software (Programme und Dokumentation) den Bestimmungen der GVO Know-How und des UrhG (in der Form, wie sie den Regelungen der Computerprogrammrichtlinie entspricht bzw. entsprechen sollte) unterliegt. Da in § 2 Absatz 2 UrhG bereits darauf abgestellt ist, daß es sich um eine persönliche (eigene) geistige Schöpfung handeln muß, wird hier davon ausgegangen, daß es sich um eine Software handelt, die von einer Person und nicht von einem

2. Die Vertragsparteien gehen von der Urheberrechtsqualität der SOFT-WARE aus. Die Vertragsparteien sind sich jedoch einig, daß VP die von ihr aufgrund dieses Vertrags zu erfüllenden Pflichten im Hinblick auf den Geheimnischarakter der der SOFTWARE zugrundeliegenden technischen Informationen und nicht wegen der Urheberrechtsqualität der SOFT-WARE akzeptiert.

Computer erstellt wurde. Da die bisher für die Urheberrechtsqualität geforderte „Gestaltungshöhe" nicht im UrhG verankert war, vielmehr von der Rechtsprechung und Literatur inhaltlich beschrieben wurde, werden auch die Änderungen des UrhG marginaler Natur sein. Je nach Sachlage ist auch das AGBG zu beachten.

Die Freistellung gemäß Art. 1 (1) GVO Know-How kann nur dann erfolgen, wenn die Vertragsparteien in geeigneter Form das ursprüngliche Know-How und alle nachfolgenden Verbesserungen „identifiziert" haben, welche den Parteien zugänglich und der jeweiligen Vertragspartei entsprechend den Bedingungen des Vertrags und deren Erfüllung mitgeteilt werden und nur solange das Know-How geheim und wesentlich bleibt (Erwägungsgrund (1), Art. 1 (3), (7) Nr. 1−4). Die geforderte Identifizierbarkeit ist durch den Verweis auf den ANHANG (1. und 2.) bzw. die dort aufzuführenden Dokumente erfüllt. Die Software kann auch (teilweise) als geheim und wesentlich bezeichnet werden (siehe Einzelheiten unter Fußn. 2 dieses Musters).

Ein Hinweis auf die Fehlerhaftigkeit der Software sollte nicht (wie dies allerdings in anderen Softwareverträgen mit AGB-Charakter noch oft zu sehen und dort auch – verständlicherweise – in der Regel beabsichtigt ist, jedoch im nichtkaufmännischen Geschäftsverkehr gegen § 11 Nr. 10 a AGBG und im kaufmännischen Geschäftsverkehr – entgegen BGHZ 90, 273 – möglicherweise im Einzelfall gegen § 9 AGBG verstößt) aufgeführt werden.

Die wegen der Computerprogrammrichtlinie bzw. des entsprechend dieser Richtlinie zu ändernden UrhG unterstellte Urheberrechtsqualität der Software (I.3., III.13.1) hat weitreichende Konsequenzen. Ob die angenommene Urheberrechtsqualität tatsächlich gegeben ist, wird – es gibt im Gegensatz z. B. zum Patent kein amtliches Prüf- und Registrierverfahren in der Bundesrepublik Deutschland – erst in einem Verfahren vor einem staatlichen Gericht endgültig entschieden werden. Es kann zukünftig durchaus sein, daß gerichtlich nachgeprüft werden muß, ob ein Computerprogramm tatsächlich von einer Person oder von einem Computer erstellt wurde. Die Parteien sollten daher Vereinbarungen treffen, die die Fälle der endgültigen (gerichtlichen) negativen oder positiven Feststellung der Urheberrechtsqualität regeln. Dies gilt insbesondere im Hinblick auf die von VP zu leistende Vergütung (vgl. I.3., III.8., 13.1 und die entsprechenden Fußn. dieses Musters; zu dieser Problematik ausführlich z. B. *Pagenberg/Geissler*, a.a.O., S. 536 ff.).

Soweit Rechte Dritter an der Software bestehen, sollten diese ebenfalls in der Präambel erwähnt sein. So kann die Software aus Teilen fremder Hersteller bestehen, die dem Lizenzgeber selbst nur unter bestimmten Bedingungen die Lizenzierung dieser Teile gestattet haben. Die Software kann beispielsweise auch mit Geldern einer öffentlichen Einrichtung (z. B. BMFT) entwickelt worden sein. Es sind dann die entsprechenden Förderbedingungen zu beachten. In der Regel behält sich der (öffentliche) Geldgeber ein nichtausschließliches, übertragbares, unentgeltliches Nutzungsrecht vor, damit die mit Steuergeldern finanzierte Entwicklung wieder der Allgemeinheit zur Verfügung gestellt werden kann.

II. Definitionen[2]

1. „SOFTWARE" ist das im ANHANG (1, 2) genau beschriebene System einschließlich dort erwähnter Zusatzteile(-programme) und der jeweils zugehörigen Dokumentationen. Diese technischen Kenntnisse sind geheim und wesentlich.

„Geheim" bedeutet, daß die SOFTWARE insgesamt oder in der genauen Gestaltung und Zusammensetzung ihrer Bestandteile nicht allgemein bekannt oder leicht zugänglich ist, so daß ein Teil ihres Wertes in dem Vorsprung besteht, den VP gewinnt, wenn sie ihr mitgeteilt wird. „Geheim" ist nicht auf den engen Sinn begrenzt, wonach jeder einzelne Bestandteil der SOFTWARE völlig unbekannt sein muß oder außerhalb des Betriebs der LG nicht erhältlich sein darf.

„Wesentlich" sind Informationen, die für den gesamten oder einen bedeutenden Teil eines a) Herstellungsprozesses oder b) eines Erzeugnisses oder einer Dienstleistung oder c) für deren Entwicklung wichtig sind, und schließt alltägliche Informationen aus. Derartige Informationen müssen somit nützlich sein, d. h. es kann von ihnen zum Zeitpunkt des Abschlusses der Vereinbarung erwartet werden, daß sie beispielsweise helfen, in einen neuen Markt vorzustoßen, oder indem sie ihm einen Vorteil im Wettbewerb gegenüber anderen Herstellern oder Dienstleistungsbringern verschaffen, die zu den mitgeteilten geheimen SOFTWARE-Informationen oder anderen vergleichbaren, geheimen Informationen keinen Zugang haben.

2. „Interoperabilität" ist die Fähigkeit zum Austausch von Informationen und zur wechselseitigen Verwendung der ausgetauschten Informationen.

3. „Maschinenlesbare Form" ist die lesbare Form des Maschinencodes.

---

2 Siehe zunächst Muster Patentlizenzvertrag Fußn. 1. Vorangestellte Definitionen vermeiden die häufige Wiederholung identischer und zudem oft umfangreicher Aussagen. Zugleich wird dem Vertragspartner durch diese optische Heraushebung die häufig weitgehende Bedeutung bestimmter Begriffe besser dargestellt. Derartige Definitionen dienen damit – wie die Ausführungen in der Präambel – letztlich dazu, Abgrenzungskriterien für eventuelle zukünftige Streitfälle festzulegen.
Das Know-How muß gemäß Art. 1 (7) Nr. 1 GVO Know-How nicht nur „geheim" und „wesentlich", sondern auch in geeigneter Form „identifiziert" sein. Die Definition der „Interoperabilität" stimmt mit der der Computerprogrammrichtlinie überein (Erwägungsgrund 12 der Computerprogrammrichtlinie). Diese Interoperabilität ist (Erwägungsgrund 11 der Computerprogrammrichtlinie) ein Spiegelbild der funktionalen Verbindung und Interaktion von Computerprogrammen bzw. Teilen davon. Nach den Erwägungsgründen (10) „besteht die Funktion von Computerprogrammen darin, mit den anderen Komponenten eines Computersystems und den Benutzern in Verbindung zu treten und zu operieren. Zu diesem Zweck ist eine logische und, wenn zweckmäßig, physische Verbindung und Interaktion notwendig, um zu gewährleisten, daß Programme und Rechner mit anderen Programmen und Rechnern und Benutzern wie beabsichtigt funktionieren können. Die Teile des Programms, die eine solche Verbindung und Interaktion zwischen den Elementen von Software und Hardware ermöglichen sollen, sind allgemein als Schnittstellen bekannt".

4. „Verwerten" bedeutet, die SOFTWARE in der im ANHANG (2.) festgelegten Form verwenden zu können.

5. „Vergütung" kann, wenn es sich bei VP um die Endabnehmerin handelt, der Betrag sein, der von VP als Endabnehmerin verlangt wird.

„Vergütung" kann, wenn es sich bei VP um eine Vertragspartnerin handelt, die selbst (Unter-)Lizenzen gegenüber Endabnehmern erteilt, die Bezugsgröße sein, die von VP direkt oder indirekt als Werksabgabepreis (dem Endabnehmer in Rechnung gestellter Betrag abzüglich Umsatzsteuer, Verpackung, Versicherung, Transport; Provisionen und/oder Wagniszuschläge sind nicht abzugsfähig) vom Endabnehmer verlangt wird.

III. Vertragsinhalt[3]

1. Verwertung

1.1 LG verpflichtet sich, VP die SOFTWARE auf einem Datenträger (ANHANG 2.9) in maschinenlesbarer Form in der im ANHANG (2.7)

---

3 Es wurde bereits erwähnt, daß im Hinblick auf die Software urheberrechtliche (§ 31 ff. UrhG) und zugleich kartellrechtliche (z. B. Art. 30, 36, 85, 86 EWG-Vertrag; GVO Know-How) Aspekte zu berücksichtigen sind.
Der Interoperabilität der Software kommt eine sehr große Bedeutung zu. Dieser Bedeutung versucht die Computerprogrammrichtlinie dadurch gerecht zu werden, daß sie in den Fällen, in denen seitens des Herstellers (Lizenzgebers) interoperabilitätsgewährleistende Informationen zu den Merkmalen seiner Produkte oder aber gemeinfreie „open standards" nicht verfügbar sind, in bestimmtem Umfang die Vervielfältigung durch Rückübersetzung des „Object Code" (maschinenlesbarer Code) in eine Sprache, die näher bei dem „Quellcode" liegt, das sogenannte „reverse engineering", gestattet (vgl. Begründungserwägungen, Artikel 5, 6 der Computerprogrammrichtlinie).
Es sollte der Umfang der Interoperabilität der Software im Anhang (1.2) sorgfältigst (im Hinblick auf z. B. Wartung/Pflege, Gewährleistung/Haftung und Artikel 85, 86 EWGV) dokumentiert werden.
Die vertraglichen Bedingungen sind, je nachdem, ob es sich um eine ausschließliche Lizenz (nur der Lizenznehmer ist zur Nutzung berechtigt), eine Alleinlizenz (der Lizenzgeber behält sich eine nichtausschließliche Lizenz für die eigene Nutzung vor) oder eine nichtausschließliche Lizenz (Lizenzgeber und mehrere Lizenznehmer sind zur Nutzung berechtigt) handelt, entsprechend zu gestalten. Dies gilt insbesondere bzgl. der Vergütung (vgl. Fußn. 9 dieses Musters) und der Verteidigung (vgl. Fußn. 15 dieses Musters). Im ANHANG (2.1) sind die einzelnen Varianten der Nutzungsarten aufgeführt.
VP wird bei Vertragsabschluß darauf bestehen, auch den Quellcode der vertragsgegenständlichen Software zur Nutzung zu erhalten. Dies erscheint in begrenztem Umfang jedenfalls dann vernünftig, wenn für VP Anpassungsarbeiten bzgl. der Standardsoftware vorgenommen werden müssen. Demgegenüber steht das Interesse der LG, das in der Regel geheime Know-How, das in dem Quellcode und der dazu gehörigen Dokumentation enthalten ist, nicht zugänglich werden zu lassen. Dies gilt erst recht für Standardsoftware, die in großer Stückzahl vertrieben werden soll. Die Erarbeitung des Quellcodes hat meistens einen Aufwand von vielen Mannmonaten,

bezeichneten Anzahl und die im ANHANG bezeichnete Art und Anzahl der jeweiligen Dokumentationen zu überlassen. Der Quellcode ist nur dann Gegenstand dieses Vertrages, wenn dies im ANHANG (2.8.1) in der dort vorgesehenen Form vermerkt ist. VP erhält mit dem Erwerb der SOFTWARE oder Teilen davon nur Eigentum an dem körperlichen Datenträger, auf dem die SOFTWARE aufgezeichnet ist. Ein Erwerb von Rechten an der SOFT-WARE ist damit nur in dem im ANHANG (2.) aufgeführten Umfang verbunden.

---

wenn nicht Mannjahren erforderlich gemacht. Derartig hohe Investitionen müssen sich wegen der schnellen Überalterung des zugrundeliegenden Know-How innerhalb relativ kurzer Zeiträume amortisieren. Wenn LG sich bereit erklärt, den Quellcode zur Verfügung zu stellen, dann sollten Art und Umfang der Überlassung genau niedergelegt werden, um eventuelle Streitigkeiten von vornherein auszuschließen. Sofern der Quellcode die Voraussetzungen der Know-How-Definition der GVO Know-How (Art. 1 (7)) erfüllt, sind die in Art. 1 und 2 GVO Know-How nicht abschließend (Erwägungsgrund 10 GVO Know-How) aufgeführten zulässigen Wettbewerbsbeschränkungen vereinbar. Im ANHANG (2.8.1) sind Beispiele für Regelungen zur Überlassung des Quellcodes aufgeführt. Zu beachten ist, daß Software-Lizenzverträge, die die Verwertung von geheimem Know-How i. S. d. der GVO Know-How nicht umfassen, nicht unter die GVO Know-How fallen. In Zweifelsfällen sollte mithin ein Negativattest oder eine Freistellungserklärung verlangt werden (vgl. Erwägungsgrund 22 GVO Know-How).
In kartellrechtlicher Sicht sind bei der Unterlizenzierung und Übertragung des geheimen und nicht geheimen Know-How §§ 20, 21 GWB, Art. 2 (1) Nr. 2 GVO Know-How (Vereinbarungen der Verbote der Unterlizenzierung und der Übertragbarkeit des geheimen Know-How sind freistellungsfähig) bzw. §§ 1, 15, 18 GWB zu beachten. Diese Klauseln können für LG insbesondere dann Bedeutung erlangen, wenn VP ein Unternehmen ist, das zu einem Konzern gehört oder während der Laufzeit der Vereinbarung gehören wird. Entsprechendes gilt bei einem Zusammenschluß der VP mit anderen Unternehmen (vgl. zur Definition des „Zusammenschlusses" § 23 Abs. 2, 3 GWB und zur Definition des Begriffs „verbundene Unternehmen" Art. 1 (1) Nr. 13 GVO Know-How). Für den Fall der Erteilung einer Unterlizenz kann die Haftung der VP für die Zahlung der Lizenzgebühren des Unterlizenznehmers vereinbart werden. Der weiteren Absicherung der LG dient die in einem Unterlizenzvertrag zu regelnde Feststellung der Abhängigkeit der Unterlizenz vom Bestand der (Haupt-)Lizenz (vgl. *Pagenberg/Geissler*, a.a.O., S. 110).
Die im ANHANG (2.1.4) vereinbarte Ausübungspflicht kann nach deutschem und nach EG-Recht sowohl für ausschließliche als auch für nichtausschließliche Lizenzen vereinbart werden. Nach EG-Recht kann VP zur Zahlung einer Mindestgebühr (indirekte Ausübungspflicht), zur Herstellung einer Mindestmenge der Vertragserzeugnisse oder zur Vornahme einer Mindestzahl von Benutzungshandlungen verpflichtet werden (Art. 2 (1) Nr. 9 GVO Know-How).
Die in 2.1 des Vertragstextes beispielhaft vorgeschlagenen Beschränkungen der Verwertung sollen in Verbindung mit den gemäß 2.2 (unter Verweis auf den ANHANG 2) gegebenen Möglichkeiten, diese Beschränkungen aufzuheben, VP ihre Befugnisse vor Augen führen. Es kann natürlich auch von vornherein auf diese Klarstellungsfunktion

1.2 Der ANHANG ist Bestandteil dieses Vertrages.

1.3 Zusatzprogramme, Optionen zur SOFTWARE etc., für die sich VP zu einem späteren Zeitpunkt entscheidet, sind in einem Nachtrag zum ANHANG aufzunehmen, für den die Regelungen dieses Vertrags entsprechend gelten.

---

des 2. des Vertragstextes verzichtet und nur im ANHANG (2) der Verwertungsspielraum festgelegt werden. Dieser sollte sich an den Mindestanforderungen der Computerprogrammrichtlinie, später auch am entsprechend geänderten UrhG orientieren. Das örtliche Vertragsgebiet kann relativ frei bestimmt werden. Dies gilt für Know-How und für Urheberrechte gleichermaßen. Bei Know-How-Lizenzen sind neben den bundesdeutschen Regelungen der §§ 20, 21 GWB (geheimes Know-How) die Bestimmungen der GVO Know-How zu beachten. Die GVO Know-How läßt ausschließliche Lizenzen zu, wenn mit der Lizenzerteilung die Einführung neuer Technologien beabsichtigt ist und diese Technologien im Hinblick auf den Umfang der unternommenen Forschungsanstrengungen und die sich aus der Verbreitung neuer technischer Kenntnisse innerhalb der Gemeinschaft ergebende Verstärkung der Intensität des Wettbewerbs, insbesondere des Wettbewerbs zwischen Herstellern konkurrierender Erzeugnisse, sowie die Erhöhung der Wettbewerbsfähigkeit der beteiligten Unternehmen geschützt werden sollen (Erwägungsgrund 6 GVO Know-How). Die in Art. 1 GVO Know-How aufgelisteten Verpflichtungen dienen der Förderung des Technologietransfers und damit der Verbesserung der Warenerzeugung und der Unterstützung des technischen Fortschritts. Es werden mehr Produktionsstätten errichtet. Die Produktqualität und die Weiterentwicklung der überlassenen Technologie werden verbessert (Erwägungsgrund 7 GVO Know-How). Ausfluß dieser Erwägungen ist Art. 1 (1) 1−6 GVO Know-How, wonach bestimmte Gebietsbeschränkungen bis zu 10 Jahren ab dem Tag der Unterzeichnung der ersten Know-How-Vereinbarung freigestellt sind. Unabhängig von den oben genannten Gebietsbeschränkungen ist darauf zu achten, daß auch der genaue Standort der Software (z. B. im Betrieb des VP), der Rechner und der Betriebssysteme, auf denen die Software laufen soll, präzise festgehalten werden (ANHANG 2.7). Wenn eine Urheberlizenz sich auf mehrere Staaten erstrecken soll, ist nach dem Territorialitätsprinzip davon auszugehen, daß ein nach dem jeweiligen nationalen Recht begründetes Urheberrecht nur für das Gebiet dieses jeweiligen Staates Wirkung zeigt, wobei jedoch ausländische Sachverhalte zu berücksichtigen sind (vgl. *Schricker/Katzenberger*, a.a.O., vor §§ 120 ff. Rdnr. 69 ff.). Sinn und Zweck einer möglichst detaillierten Dokumentation (Anhang 2.8) wurden bereits in den Erl. zu I. Präambel und zu II. Definitionen dargestellt. Die besondere Rolle des Quellcodes wurde hierbei schon berücksichtigt. Sehr großer Wert ist auf die Beschreibung der Software (ANHANG 2.8.2) zu legen. Geheime und wesentliche Informationen sind aus den ebenfalls schon erörterten Gründen (Fußn. 2) als solche zu kennzeichnen. Im übrigen wird auf § 5 AGBG („Zweifel bei der Auslegung Allgemeiner Geschäftsbedingungen gehen zu Lasten des Verwenders") verwiesen. Die Urheberrechtsfähigkeit der Software wird unterstellt. Das gilt hier sowohl für die Programme als auch für die dazugehörige Dokumentation (vgl. Fußn. 1). Da das Kopieren von urheberrechtlich geschützter Dokumentation nicht ohne weiteres zulässig ist, sollte im ANHANG (2.8.3, 2.8.4) die Anzahl der von LG zu übergebenden jeweiligen Dokumentation vereinbart werden. Die Vereinbarung der Art des Datenträgers hat klarstellende Funktion und vermeidet Anpassungsprobleme bei VP.

2. Beschränkungen

2.1 VP ist berechtigt,

2.1.1 die SOFTWARE oder Teile davon an einen Dritten zu übergeben oder einem Dritten sonstwie (z. B. Test, Schenkung, Vermietung, Leihe) zugänglich zu machen,

2.1.2 die SOFTWARE oder Teile davon von einem Computer über ein Netz oder einen Datenübertragungskanal auf einen anderen Computer zu übertragen,

2.1.3 die SOFTWARE oder Teile davon abzuändern, zu übersetzen, zurückzuentwickeln, zu entkompilieren, zu entassemblieren oder auf ein anderes Betriebssystem zu portieren,

2.1.4 von der SOFTWARE abgeleitete Werke zu erstellen oder das schriftliche Material zu vervielfältigen,

2.1.5 das schriftliche Material zu übersetzen oder abzuändern oder vom schriftlichen Material abgeleitete Werke zu erstellen,

2.1.6 Lizenzen an den vertragsgegenständlichen Programmen auf Dritte zu übertragen,

2.2 wenn darüber Regelungen bei Bedarf und im Fall der beiderseitigen Zustimmung der Vertragsparteien im ANHANG (2.) getroffen werden.

3. Installation (Lieferung)

3.1 LG installiert (liefert) die SOFTWARE in der im ANHANG (3) vereinbarten Form, weist die Betriebsbereitschaft nach und teilt sie schriftlich mit. LG bestätigt die Betriebsbereitschaft in der im ANHANG (3.2) aufgeführten Form.

3.2 LG trägt Risiko und Kosten der Lieferung an VP.

4. Einweisung

Eine Einweisung erfolgt in der im ANHANG (4) festgelegten Form.

5. Übergabe/Abnahmeprüfung

5.1 Die Übergabe/Abnahmeprüfung erfolgt in der im ANHANG (5) festgelegten Form.

5.2 VP erklärt gegenüber LG schriftlich (Einschreiben/Rückschein) unverzüglich die Abnahme, wenn die Abnahmeprüfung zeigt, daß die Leistung der LG der im ANHANG vereinbarten Leistung entspricht.

5.3 Die Abnahme gilt als erteilt, wenn VP bei der Abnahmeprüfung festgestellte Fehler nicht innerhalb einer angemessenen Frist (die im ANHANG 5 festgelegt ist) schriftlich (Einschreiben/Rückschein) rügt.

6. Nachbesserung[4]

LG wird bei der Abnahmeprüfung der SOFTWARE eventuell festgestellte Fehler innerhalb angemessener Frist (die im ANHANG 6.1 festgelegt ist) beseitigen oder Ersatz liefern. LG hat auch die zum Zwecke der Nachbesserung erforderlichen Aufwendungen, insbesondere Transport-, Wege-, Arbeits- und Materialkosten zu tragen. Dies gilt nicht, soweit die Aufwendungen sich erhöhen, weil die SOFTWARE nach der Lieferung an einen anderen Ort als den Wohnsitz oder die gewerbliche Niederlassung des Empfängers verbracht worden ist, es sei denn, das Verbringen entspricht dem bestimmungsgemäßen Gebrauch der SOFTWARE. LG ist berechtigt, die Beseitigung der Fehler zu verweigern, wenn sie einen unverhältnismäßigen Aufwand erfordert. Bei Fehlschlagen der Nachbesserung oder Ersatzlieferung kann VP nach ihrer Wahl von LG Herabsetzung der Vergütung oder Rückgängigmachung des Vertrages verlangen oder anstatt der Rückgängigmachung des Vertrages diesen fristlos kündigen.

7. Haftung[5]

7.1 VP ist die SOFTWARE und ihre Leistungsfähigkeit bekannt (I.2.). Die SOFTWARE wurde unter Beachtung wissenschaftlicher Sorgfalt und anerkannter Regeln der Technik, insbesondere anerkannter Programmierregeln, entwickelt.

---

4 Eine Beschränkung der Gewährleistungsansprüche auf Nachbesserung oder Ersatzlieferung ist in AGB im nichtkaufmännischen und entgegen BGHZ 90, 273 auch im kaufmännischen Bereich unwirksam, wenn VP nicht ausdrücklich das Recht vorbehalten wird, bei Fehlschlagen der Nachbesserung oder Ersatzlieferung Herabsetzung der Vergütung oder Rückgängigmachung des Vertrags zu verlangen (§§ 9, 11 Nr. 10 b AGBG; vgl. im übrigen § 633 Abs. 2 unter Verweis auf § 476 a BGB und § 476 a BGB im Hinblick auf das „Recht auf Nachbesserung" des Käufers).
Die Möglichkeit der Kündigung sollte in den Fällen einer befristeten Überlassung der Software gewählt werden.

5 Wegen des unterschiedlichen Umfangs der Haftung im nichtkaufmännischen und im kaufmännischen Geschäftsverkehr empfiehlt es sich, insbesondere auch die Haftungsklauseln auf den jeweiligen Geschäftspartner abzustimmen. Die hier gewählte weitere Unterscheidung nach den einzelnen Haftungsbereichen erleichtert zwar auf den ersten Blick nicht gerade die Übersichtlichkeit des Musters. Andererseits soll ja gerade eine „Muster"-Lösung vermieden werden. Der interessierte Leser soll sich einen Überblick verschaffen können und bei Vertragsverhandlungen eine Checkliste zur Verfügung haben. Die aufgeführten Möglichkeiten der Gestaltung von Haftungsklauseln (soweit diese in AGB verwandt werden!) geben lediglich Anhaltspunkte für die Gestaltung derartiger Klauseln. Welche Variante letztlich zum Zuge kommt, hängt – wie bereits erwähnt – davon ab, ob VP dem nichtkaufmännischen oder kaufmännischen Geschäftsverkehr zuzuordnen ist und welche sonstigen Klauseln gewählt werden (vgl. zu den einzelnen Klauseln z. B. *Ulmer/Brandner/Hensen*, a.a.O., Anm. zu §§ 9, 11 Ziffer 7–11, 14; wie vor – *Schmidt*, a.a.O., Anh. §§ 9–11 Computerverträge; *Lehmann/Schmidt*, a.a.O., S. 433 ff.). Eine (ergänzende) Ausweichlösung (Vertragstext III.7.3, ANHANG 6.6) könnte die Versicherung bestimmter Risiken – soweit möglich

7.2 Nichtkaufmännischer Geschäftsverkehr

7.2.1 Verschuldensunabhängige Haftung

Es wird für das Fehlen der im ANHANG (1., 2.8.2) zugesicherten Eigenschaften gehaftet. Für Mängelfolgeschäden wird gehaftet, soweit sie vom Zweck der Eigenschaftszusicherung erfaßt werden.

7.2.2 Haftung für anfängliches Unvermögen

Es wird für anfängliches Unvermögen gehaftet. Die Haftung wird insoweit auf den typischen vorhersehbaren Schaden begrenzt.

oder

Es wird für anfängliches Unvermögen gehaftet. Die Haftung wird insoweit auf den im ANHANG (6.2) genannten Betrag (Betrag entspricht typischer Schadensabdeckung) begrenzt. Untypische unvorhersehbare Schäden werden von der Haftung ausgenommen.

Es wird keine Gewähr dafür übernommen, daß die Benutzung der Lizenz nicht in Schutzrechte oder Urheberrechte Dritter eingreift oder keine Schäden bei Dritten herbeiführt. Dies gilt nicht in den Fällen, in denen LG entgegenstehende Rechte oder Schäden Dritter bekannt oder infolge grober Fahrlässigkeit unbekannt sind. Zur Zeit sind LG keine solchen Rechte bekannt.

LG stellt VP von Ansprüchen frei, die Dritte gegenüber VP aus der Verletzung von gewerblichen Schutzrechten und Urheberrechten durch die gelieferten Waren in den Staaten der Europäischen Gemeinschaft, Japan und den USA sowie in solchen anderen Staaten, in denen VP SOFTWARE verwertet, geltend machen. LG ist nicht zur Freistellung verpflichtet, wenn die SOFTWARE Teile beinhaltet, die nicht von LG entwickelt wurden bzw. werden.

Sollten Dritte gegenüber VP aufgrund der Verwertung der SOFTWARE Ansprüche aus Verletzung ihrer Schutzrechte geltend machen, wird LG der VP gegen Kostenerstattung (z. B. individuelle Beratung, Reisekosten, Kopierkosten) Informationen zur Abwehr derartiger Ansprüche übermitteln, soweit LG verfügungsberechtigt ist und wesentliche Interessen von LG dem nicht entgegenstehen.

LG und VP werden sich wechselseitig über geltend gemachte Ansprüche informieren. Hiermit sind alle Rechte und Pflichten der LG und der VP

– sein, wobei beispielsweise VP die Versicherung abschließt und der Lizenzgeber die Kosten der Versicherungsprämie trägt. Die Frage der Versicherung spielt eine besondere Rolle bei der Produzenten-/Produkthaftung (vgl. z. B. *Groß*, CR 1990, 438 ff.). Die Verjährung der Mängelansprüche sollte entgegen der gesetzlich vorgesehenen 6monatigen Fristen möglichst auf 1 Jahr ausgedehnt werden. Vor allem bei sehr komplexen Programmen erscheint eine (Mängel)-Verjährungsfrist von 6 Monaten als zu kurz. Oft tauchen Mängel erst nach diesem Zeitraum auf. Für Zahlungs- und Schadenersatzansprüche gelten die gesetzlichen Verjährungsfristen, sofern nichts anderes vereinbart wird (vgl. §§ 225, 477 Abs. 1 S. 2, 480, 490, 638 Abs. 2 BGB; *Lehmann/Brandi-Dohrn*, a.a.O., S. 628).

hinsichtlich der Verletzung von gewerblichen Schutzrechten und Urheberrechten abschließend geregelt.

7.2.3 (Teil)-Verzug, (Teil)-Unmöglichkeit

Es wird für (Teil-)Verzug und (Teil-)Unmöglichkeit bei Vorsatz und grober Fahrlässigkeit gehaftet. LG und VP sind sich bei leichter Fahrlässigkeit der LG einig, daß die Haftung der Höhe nach entsprechend der im ANHANG (6.3) festgesetzten Summe begrenzt ist, wobei die Schadensersatzpflicht in einem vertretbaren Verhältnis zur Schadenshöhe steht.

oder

Die Haftung wird insoweit auf den Ersatz typischer, vorhersehbarer Schäden begrenzt.

7.2.4 Haftung für Verschulden

LG haftet
– dem Grunde nach und in voller Schadenshöhe bei eigenem Vorsatz und eigenem groben Verschulden, Entsprechendes gilt für gesetzliche Vertreter und leitende Angestellte;
– dem Grunde nach bei jeder schuldhaften Verletzung wesentlicher Vertragspflichten;
– außerhalb wesentlicher Vertragspflichten dem Grunde nach auch für grobes Verschulden einfacher Erfüllungsgehilfen, es sei denn, LG kann sich kraft Handelsbrauch davon freizeichnen;
– der Höhe nach in den (der) letzten (beiden) Fallgruppe(n) auf Ersatz des typischen vorhersehbaren Schadens.

7.3 Kaufmännischer Geschäftsverkehr

7.3.1 Verschuldensunabhängige Haftung

Es wird für das Fehlen der im ANHANG (1.2, 2.8.2) zugesicherten Eigenschaften gehaftet. Für Mangelfolgeschäden wird gehaftet, soweit sie vom Zweck der vorgenannten Eigenschaftszusicherung erfaßt werden.

Die Haftung wird insoweit auf den typischen vorhersehbaren Schaden begrenzt.

oder

Die Haftung wird insoweit auf den im ANHANG (6.4) genannten Betrag (Betrag entspricht typischer Schadensabdeckung) begrenzt. Untypische, unvorhersehbare Schäden werden von der Haftung ausgenommen.

7.3.2 Haftung für anfängliches Unvermögen

Es wird für anfängliches Unvermögen gehaftet. Die Haftung wird insoweit auf den typischen vorhersehbaren Schaden begrenzt.

oder

Es wird für anfängliches Unvermögen gehaftet. Die Haftung wird insoweit auf den im ANHANG (6.5) genannten Betrag (Betrag entspricht typischer Schadensabdeckung) begrenzt. Untypische unvorhersehbare Schäden werden von der Haftung ausgenommen.

Es wird keine Gewähr dafür übernommen, daß die Benutzung der Lizenz nicht in Schutzrechte oder Urheberrechte Dritter eingreift oder keine Schäden bei Dritten herbeiführt. Dies gilt nicht in den Fällen, in denen LG entgegenstehende Rechte oder Schäden Dritter bekannt oder infolge grober Fahrlässigkeit unbekannt sind. Zur Zeit sind LG keine solchen Rechte bekannt.

LG stellt VP von Ansprüchen frei, die Dritte gegenüber VP aus der Verletzung von gewerblichen Schutzrechten und Urheberrechten durch die gelieferten Waren in den Staaten der Europäischen Gemeinschaft, Japan und den USA sowie in solchen anderen Staaten, in denen VP SOFTWARE verwertet, geltend machen. LG ist nicht zur Freistellung verpflichtet, wenn die SOFT-WARE Teile beinhaltet, die nicht von LG entwickelt wurden bzw. werden.

Sollten Dritte gegenüber VP aufgrund der eingeräumten Nutzung der SOFT-WARE Ansprüche aus Verletzung ihrer Schutzrechte geltend machen, wird LG der VP gegen Kostenerstattung (z. B. individuelle Beratung, Reisekosten, Kopierkosten) Informationen zur Abwehr derartiger Ansprüche übermitteln, soweit LG verfügungsberechtigt ist und wesentliche Interessen von LG dem nicht entgegenstehen.

LG und VP werden sich wechselseitig über geltend gemachte Ansprüche informieren. Hiermit sind alle Rechte und Pflichten der LG und der VP hinsichtlich der Verletzung von gewerblichen Schutzrechten und Urheberrechten abschließend geregelt.

7.3.3 Verzug, Unmöglichkeit

LG haftet
– dem Grunde nach und in voller Schadenshöhe bei eigenem Vorsatz und eigenem groben Verschulden, Entsprechendes gilt für gesetzliche Vertreter und leitende Angestellte;
– dem Grunde nach bei jeder schuldhaften Verletzung wesentlicher Vertragspflichten;
– außerhalb wesentlicher Vertragspflichten dem Grunde nach auch für grobes Verschulden einfacher Erfüllungsgehilfen, es sei denn, LG kann sich kraft Handelsbrauch davon freizeichnen;
– der Höhe nach in den (der) letzten (beiden) Fallgruppe(n) auf Ersatz des typischen vorhersehbaren Schadens.

7.3.4 Haftung für Verschulden

LG haftet
– dem Grunde nach und in voller Schadenshöhe bei eigenem Vorsatz und eigenem groben Verschulden; entsprechendes gilt für gesetzliche Vertreter und leitende Angestellte
– dem Grunde nach bei jeder schuldhaften Verletzung wesentlicher Vertragspflichten

– außerhalb wesentlicher Vertragspflichten dem Grunde nach auch für grobes Verschulden einfacher Erfüllungsgehilfen, es sei denn, LG kann sich kraft Handelsbrauch davon freizeichnen
– der Höhe nach in den (der) letzten (beiden) Fallgruppe(n) auf Ersatz des typischen vorhersehbaren Schadens.

7.4 LG haftet nicht über den vorstehend und im ANHANG (6) aufgeführten Umfang hinaus.

7.5 Der Anspruch der VP auf Beseitigung eines Mangels der SOFTWARE sowie die wegen des Mangels der VP nach diesem Vertrag zustehenden Ansprüche auf Wandelung, Minderung oder Schadensersatz verjähren, sofern LG den Mangel nicht arglistig verschwiegen hat, ein Jahr nach Abnahme (Abschluß der Funktionsprüfung) der SOFTWARE.

oder (statt 7.2–7.3)

7.2 Es wird keine Gewähr dafür übernommen, daß die Benutzung der Lizenz nicht in Schutzrechte oder Urheberrechte Dritter eingreift oder keine Schäden bei Dritten herbeiführt. Dies gilt nicht in den Fällen, in denen LG entgegenstehende Rechte oder Schäden Dritter bekannt oder infolge grober Fahrlässigkeit unbekannt sind. Zur Zeit sind LG keine solchen Rechte bekannt.

LG stellt VP von Ansprüchen frei, die Dritte gegenüber VP aus der Verletzung von gewerblichen Schutzrechten und Urheberrechten durch die gelieferten Waren in den Staaten der Europäischen Gemeinschaft, Japan und den USA sowie in solchen anderen Staaten, in denen VP SOFTWARE verwertet, geltend machen. LG ist nicht zur Freistellung verpflichtet, wenn die SOFTWARE Teile beinhaltet, die nicht von LG entwickelt wurden bzw. werden.

Sollten Dritte gegenüber VP aufgrund der Verwertung der SOFTWARE Ansprüche aus Verletzung ihrer Schutzrechte geltend machen, wird LG der VP gegen Kostenerstattung (z. B. individuelle Beratung, Reisekosten, Kopierkosten) Informationen zur Abwehr derartiger Ansprüche übermitteln, soweit LG verfügungsberechtigt ist und wesentliche Interessen von LG dem nicht entgegenstehen.

LG und VP werden sich wechselseitig über geltend gemachte Ansprüche informieren. Hiermit sind alle Rechte und Pflichten der LG und VP hinsichtlich der Verletzung von gewerblichen Schutzrechten und Urheberrechten abschließend geregelt.

7.3 VP wird – soweit nicht bereits vorhanden – eine Versicherung abschließen, die eine angemessene Deckung der aufgrund der Nutzung der Software durch VP entstehenden Risiken (einschließlich Produzenten- und Produkthaftung) gewährleistet. VP wird spätestens bei Vertragsunterzeichnung eine entsprechende Versicherungspolice vorlegen. Nach Vorlage ordnungsgemäßer Belege wird in der im ANHANG (6.6) festgelegten Weise die Versicherungsprämie gezahlt.

7.4 Soweit die Risiken der SOFTWARE durch die in III.7.3 genannte Versicherung nicht abgedeckt sind, gilt:

Es wird für das Fehlen der im ANHANG (1.2, 2.8.2) zugesicherten Eigenschaften gehaftet. Für Mängelfolgeschäden wird gehaftet, soweit sie vom Zweck der Eigenschaftszusicherung erfaßt werden.

Die Haftung wird insoweit auf den typischen vorhersehbaren Schaden begrenzt.

oder

Die Haftung wird insoweit auf den im ANHANG (6.7) genannten Betrag (Betrag entspricht typischer Schadensabdeckung) begrenzt. Untypische unvorhersehbare Schäden werden von der Haftung ausgenommen.

LG haftet
- dem Grunde nach und in voller Schadenshöhe bei eigenem Vorsatz und eigenem groben Verschulden, Entsprechendes gilt für gesetzliche Vertreter und leitende Angestellte;
- dem Grunde nach bei jeder schuldhaften Verletzung wesentlicher Vertragspflichten;
- außerhalb wesentlicher Vertragspflichten dem Grunde nach auch für grobes Verschulden einfacher Erfüllungsgehilfen, es sei denn, LG kann sich kraft Handelsbrauch davon freizeichnen;
- der Höhe nach in den (der) letzten (beiden) Fallgruppe(n) auf Ersatz des typischen vorhersehbaren Schadens.

7.5 Der Anspruch der VP auf Beseitigung eines Mangels der SOFTWARE sowie die wegen des Mangels der VP nach diesem Vertrag zustehenden Ansprüche auf Wandelung, Minderung oder Schadensersatz verjähren, sofern LG den Mangel nicht arglistig verschwiegen hat, ein Jahr nach Abnahme (Abschluß der Funktionsprüfung) der SOFTWARE.

7.6 Im Falle der Vergabe einer Unterlizenz (ANHANG 2.2) haftet VP auch für die Zahlung der Vergütung des Unterlizenznehmers.

8. Vergütung, Kosten[6]

Art und Umfang der Vergütung und Kosten bestimmen sich nach dem ANHANG (7).

---

6 Die Vereinbarung in III.8. Abs. 2, wonach bei (von einem staatlichen Gericht) festgestelltem Nichtbestehen der Urheberrechtsfähigkeit die Vergütungspflicht der VP bestehen bleibt, sollte bei Verträgen, die der Konstellation des Musters entsprechen, getroffen werden (vgl. Fußn. 1). Anderenfalls besteht die Gefahr der Rückerstattung der Lizenzvergütung. Zu beachten sind in kartellrechtlicher Sicht Art. 2 (1) Nr. 7, Art. 3 Nr. 4, 5 GVO Know-How.
Die für die Erteilung der Lizenz zu zahlende Vergütung kann zunächst einmal eine einmalige Gebühr (down payment, lump sum) und/oder eine Umsatz- oder Stücklizenz umfassen (ANHANG 7.1−7.4). Ob zur Vereinfachung der Abrechnung und aus Sicherheitserwägungen heraus nur eine einmalige, evtl. in Raten zahlbare umsatzunabhängige Gebühr oder aber nur eine Umsatz- oder Stücklizenz vereinbart wird, ist letztlich eine Frage des Einzelfalls. Eine Kombination der Einmalzahlung mit der

Die insoweit bestehenden Vergütungspflichten der VP werden durch das Offenkundigwerden der geheimen technischen Informationen, die der SOFT-WARE zugrunde liegen, und/oder durch eine rechtskräftige negative Feststellung bzgl. der Urheberrechtsqualität nicht berührt.

9. Steuern[7]

9.1 Direkte Steuern, die im Land der VP aufgrund der an LG in Übereinstimmung mit dem Vertrag geleisteten Zahlung erhoben werden, gehen zu Lasten der LG.

Umsatz-/Stücklizenz bietet sich vor allem dann an, wenn eine ausschließliche Lizenz vereinbart wird. Auf diese Weise wird VP angehalten, möglichst schnell die Produktion aufzunehmen, damit sich die Vorleistung möglichst schnell amortisiert. Die Einmalzahlung und die Stücklizenz haben den Vorteil, daß Buchführung und Buchprüfung entfallen (Einmalzahlung) bzw. vereinfacht (Stücklizenz) werden.

Die Umsatzlizenz nimmt sowohl an Preiserhöhungen als auch an sinkenden Produktpreisen teil. Es können Preisnachlässe vereinbart werden (ANHANG 7.3). Zur Steigerung der Produktionsfreudigkeit können Regelungen über Mindestlizenzen, die mit der umsatz-/stückzahlabhängigen Gebühr verrechenbar (ANHANG 7.4) oder nicht verrechenbar sind, getroffen werden. Art. 2 (1) Nr. 9 GVO Know-How läßt die Zahlung einer Mindestgebühr zu. Wahlweise (nicht zusätzlich) kann die Herstellung einer Mindestmenge oder eine Mindestzahl von Benutzungshandlungen verlangt werden.

Bei der Höhe der Vergütung ist vor allem auch die relativ kurze Verwertbarkeit der Software zu berücksichtigen. Das in der Software enthaltene Know-How ist im Vergleich zu anderen technischen Produkten verhältnismäßig schnell überholt. Lizenzgebühren von 20−30 % des Werksabgabepreises oder pro Stück sind keine Seltenheit. Hohe Stückzahlen lassen die Vereinbarung einer Preisstaffel sinnvoll erscheinen (ANHANG 7.3). Die Kosten der Einweisung (ANHANG 7.5) sollten, sofern die Lizenzgebühr diese Kosten nicht bereits mitumfaßt, geregelt werden. Entsprechendes gilt für die Kosten der Abnahme (ANHANG 7.6). Soweit der Name und/oder ein Warenzeichen von VP genutzt werden darf bzw. dürfen, sollten Art, Umfang und Vergütung der Nutzung präzise festgelegt werden (ANHANG 7.7). Gegebenenfalls kann auch ein gesonderter Warenzeichenlizenzvertrag geschlossen werden (zur insoweit wieder interessanten Frage der Produzenten-/Produkthaftung vgl. *Groß*, a.a.O., mwN).

Die Vergütung für updates, Weiterentwicklungen, Pflege und Wartung (ANHANG 7.8, 7.9) und sonstige Kosten (ANHANG 7.10) sind im Einzelfall auszuhandeln. Wenn diese Kosten in den Lizenzgebühren bereits enthalten sein sollten (z. B. in der Einmalzahlung), sind entsprechende Aufschläge zu berücksichtigen.

7 Soweit Lizenzverträge mit ausländischen Vertragsparteien vereinbart werden, sind die jeweiligen steuerrechtlichen Besonderheiten des entsprechenden Staates zu beachten. Vor Abschluß eines Lizenzvertrages empfiehlt sich daher im Zweifel die Hinzuziehung eines Steuerberaters. Die aufgeführten Klauseln stimmen mit den ORGALIME-Klauseln überein (s. o. Muster Patentlizenzvertrag).

Die Vereinbarung der Zahlung der Mehrwertsteuer durch VP sollte nur dann unterbleiben, wenn sicher ist, daß ein entsprechender Handelsbrauch besteht.

9.2 Sonstige Steuern, die im Land der VP aufgrund dieser Zahlungen erhoben werden, gehen zu Lasten der VP.

9.3 Sind nach dem Recht im Land der VP die Steuern von LG zu zahlen, so hat VP die LG bei der Erfüllung aller Verpflichtungen und Formalitäten zu unterstützen.

oder

9.1 Steuern, die im Land der VP aufgrund der an LG in Übereinstimmung mit dem Vertrag geleisteten Zahlungen erhoben werden, gehen zu Lasten der VP.

9.2 Sind nach dem Recht im Land der VP die Steuern von LG zu zahlen, so hat VP die LG bei der Erfüllung aller Verpflichtungen und Formalitäten zu unterstützen.

oder

Die Zahlung der Vergütung an LG ist nach Abzug aller direkten und indirekten Steuern, für die VP aufzukommen hat, vorzunehmen.

10. Abrechnung, Zahlung[8]

10.1 Soweit eine einmalige Vergütung gemäß III.8 zu zahlen ist, erhält VP zum Zeitpunkt der Fälligkeit der Forderung der LG eine Zahlungsaufforderung der LG. Die Forderung der LG ist innerhalb von 3 Wochen nach Fälligkeitszeitpunkt zu zahlen.

10.2 Soweit die Vergütung gemäß III.8 umsatz-/stückzahlabhängig ist, rechnet VP gemäß der im ANHANG (8.1) vereinbarten Form ab, erhält daraufhin eine ordnungsgemäße Rechnung der LG und zahlt den in Rechnung gestellten Betrag innerhalb des im ANHANG (8.2) bestimmten Zeitraums.

10.3 Soweit (Schutzrechts-)Kosten von VP zu zahlen sind, zahlt VP den entsprechenden Betrag innerhalb von 3 Wochen nach Vorlage geeigneter Belege durch LG.

10.4 VP darf nur mit unbestrittenen oder rechtskräftig festgestellten Forderungen aufrechnen.

10.5 Ist VP mit der Zahlung ganz oder teilweise in Verzug, so zahlt VP an LG bezüglich des säumigen Betrages Verzugszinsen in Höhe von 2 % über dem jeweils gegebenen Bundesbankdiskontsatz, wenn nicht VP in angemessener Zeit den Nachweis erbringt, daß der Verzugsschaden überhaupt nicht entstanden oder wesentlich niedriger als die Pauschale ist.

---

8 Die Festlegung von Regeln für die Abrechnung und Zahlung (ANHANG 8) orientiert sich an den jeweiligen Gegebenheiten. Es kommt z. B. auf die Art der Berechnung der Lizenzgebühren an (bei einer Einmalzahlung entfällt die Abrechnung). III.10.4 (Vertragstext) entspricht bei Verträgen mit AGB-Charakter im nichtkaufmännischen und kaufmännischen Geschäftsverkehr § 11 Nr. 3 AGBG (vgl. *Ulmer/Brandner/Hensen*, a.a.O., § 11 Nr. 3 Rdn. 11, 12).
2 % Verzugszinsen über dem Bundesbankdiskontsatz sind mit (AGB-)Verträgen vereinbar (*Ulmer/Brandner/Hensen*, a.a.O., § 11 Nr. 5, Verzugszinsen).

10.6 Die Zahlungen sind zu leisten auf das Konto:

. . . .
. . . .
. . . .
. . . .
. . . .

11. Buchführung, Buchprüfung

11.1 VP hat – von dem Fall der Einmalzahlung abgesehen – über die Nutzung der SOFTWARE in dem im ANHANG (9.) festgelegten Umfang getrennt Buch zu führen.

11.2 LG kann die Buchführung der VP gemäß III.11.1 durch einen Wirtschaftsprüfer oder Steuerberater auf ihre Kosten untersuchen lassen. Sofern die Buchprüfung eine erhebliche Abweichung zu Lasten der LG ergibt, trägt VP die Kosten der Buchprüfung.

12. Geheimhaltung, Datenschutz[9]

12.1 Der Geheimhaltungspflicht im Sinne dieser Vereinbarung unterliegen – soweit sie zum Zeitpunkt ihrer Mitteilung über den Stand der Technik hinausgehen – alle im ANHANG (1.2, 2.8.2) genannten geheimen Informationen.

oder

12.1 LG und VP verpflichten sich, die gegenseitig mitgeteilten geheimen Informationen und Unterlagen, die im ANHANG (1.2, 2.8.2) aufgeführt sind, geheimzuhalten und alle erforderlichen Maßnahmen zu treffen, um deren Kenntnisnahme und Verwertung durch Dritte zu verhindern. Mitarbeiter der Vertragsparteien werden, soweit sie nicht bereits aufgrund ihres Arbeitsvertrages dazu angehalten sind, zur Geheimhaltung verpflichtet, soweit sie mit der SOFTWARE in Berührung kommen. Entsprechendes gilt für Zulieferer der VP.

12.2 VP und LG verpflichten sich, die gegenseitig mitgeteilten Informationen ohne ausdrückliche schriftliche Einwilligung nicht selbst zu verwerten, insbesondere keine Schutzrechtsanmeldung vorzunehmen. Benutzungsrechte an der SOFTWARE gemäß ANHANG (1.2, 2.8.2) werden aufgrund dieser Vereinbarung nur in dem hier vorgesehenen Umfang erteilt.

12.3 Die Verpflichtung zur Geheimhaltung und Nichtverwertung der gegenseitig mitgeteilten Informationen entfällt, soweit diese

---

9 Vgl. Erwägungsgründe 7 und 15 und Art. 2 (1) Nr. 7 GVO Know-How. Die Geheimhaltungspflicht endet (Vertragstext 12.4) 5 Jahre nach Vertragsende. Die GVO Know-How läßt sogar eine unbefristete Geheimhaltungspflicht des VP nach Vertragsende zu. Diese Möglichkeit sollte nur in Ausnahmefällen erwogen werden. Das Know-How ist gerade im Software-Bereich in der Regel schon nach wenigen Jahren überholt. Selbst wenn also der Vertrag bereits unmittelbar nach Unterzeichnung wieder aufgehoben wird, sind 5 Jahre als Geheimnisschutzdauer mithin ausreichend. Die wechselseitige Pflicht zur Einhaltung der Bestimmung des Datenschutzgesetzes hat Warnfunktion.

12.3.1 dem informierten Vertragspartner vor der Mitteilung nachweislich bekannt waren, oder

12.3.2 der Öffentlichkeit vor der Mitteilung bekannt oder allgemein zugänglich waren, oder

12.3.3 der Öffentlichkeit nach der Mitteilung ohne Mitwirkung oder Verschulden des informierten Vertragspartners bekannt oder allgemein zugänglich werden, oder

12.3.4 im wesentlichen Informationen entsprechen, die dem informierten Vertragspartner zu irgendeinem Zeitpunkt von einem berechtigten Dritten offenbart oder zugänglich gemacht werden.

12.4 Die Geheimhaltungspflicht endet, vorbehaltlich der Regelung gemäß III. 12.3 und vorbehaltlich einer abweichenden anderen Regelung, 5 Jahre nach Vertragsende.

12.5 Die Vertragsparteien werden die Unterlagen, die sie jeweils vom anderen Vertragspartner erhalten haben, nach Vertragsende unverzüglich vernichten, soweit die Unterlagen zu diesem Zeitpunkt noch geheim sind (III. 12.3) und die Vernichtung dem jeweils anderen Vertragspartner schriftlich unverzüglich mitteilen.

12.6 Die Vertragsparteien verpflichten sich, die Bestimmungen des Datenschutzgesetzes in der jeweils gültigen Fassung einzuhalten. Entsprechende Verpflichtungen werden die Vertragsparteien ihren Mitarbeitern, Zulieferern und anderen Personen, die mit der SOFTWARE in Berührung kommen, auferlegen.

13. Urheberrechte, Warenzeichen, Veröffentlichung[10]

13.1 Die Vertragsparteien gehen unabhängig von der beiderseitigen Annahme, daß der Überlassung der SOFTWARE vor allem geheimes und wesentliches Know-How zugrunde liegt, von der Urheberrechtsqualität der SOFTWARE aus. LG steht jedoch für die Urheberrechtsqualität der SOFTWARE nicht ein.

13.2.1 LG hat den im ANHANG (10) festgelegten Urheberrechtsvermerk in der SOFTWARE installiert. Soweit VP nach diesem Vertrag berechtigt ist, die SOFTWARE zu vervielfältigen, ist dieser Urheberrechtsvermerk stets zu übernehmen. In der SOFTWARE enthaltene Urheberrechtsvermerke und Registriernummern dürfen nicht vernichtet oder verändert werden.

---

10 Zur Frage der Urheberrechtsqualität wird zunächst auf die Fußn. 1 dieses Musters verwiesen.
 Zur Kontrolle der Aktivitäten des Lizenznehmers sollte ein Urheberrechtsvermerk in der Software enthalten sein (vgl. auch § 10 UrhG). Die Benutzung des Namens und/ oder Warenzeichens des Lizenzgebers durch VP ist in vielen Fällen nicht nur werbewirksam, sondern kann auch Bedeutung bzgl. der Produzenten-/Produkthaftung des Lizenzgebers / des VP erlangen.

13.2.2 Der Name der LG und/oder Warenzeichen der LG können von VP nur in der im ANHANG (7.7, 11) festgelegten Form genutzt werden.

13.2.3 VP wird bei der Vermarktung der SOFTWARE auf LG in dem im ANHANG (7.7, 11) festgelegten Umfang hinweisen. VP wird alle druckschriftlichen Veröffentlichungen, in denen LG im Zusammenhang mit der Erfüllung dieses Vertrages genannt wird, in Kopie vor Veröffentlichung an LG übersenden.

14. Verteidigung[11]

14.1 Die Vertragsparteien sind zur wechselseitigen, unverzüglichen Information über eine unbefugte Nutzung der SOFTWARE verpflichtet.

14.2 Die Vertragsparteien werden sich über alle zu ergreifenden Maßnahmen verständigen, um Dritte an der unbefugten Nutzung der SOFTWARE zu hindern. Dies gilt insbesondere im Hinblick auf die Einleitung und Durchsetzung gerichtlicher Schritte und die damit verbundenen Kosten. Soweit VP bereit ist, im eigenen Namen und auf eigene Kosten allein gegen Verletzer vorzugehen, sagt LG bereits jetzt zu, VP – soweit dies erforderlich, LG verfügungsberechtigt und personell dazu in der Lage ist – in angemessener Form behilflich zu sein.

15. Verbesserungen (updates), Weiterentwicklungen[12]

Updates und Weiterentwicklungen der SOFTWARE von LG werden VP zu den im ANHANG (7.8, 12) festgelegten Bedingungen schriftlich angeboten. VP wird LG innerhalb angemessener Frist schriftlich mitteilen, ob er das Angebot annehmen wird. Entsprechendes gilt für updates und Weiterentwicklungen der VP.

---

11 Die Parteien sollten sich über Verletzungen der vertraglich geregelten Rechtspositionen durch Dritte informieren und eine geeignete Vorgehensweise einvernehmlich klären. Dabei ist zu beachten, welche Art der Lizenz (ausschließliche, alleinige, nichtausschließliche Lizenz) geregelt ist. Der nichtausschließliche Lizenznehmer ist nicht ohne weiteres befugt, Prozesse selbst zu führen. Er benötigt eine Ermächtigung des Lizenzgebers oder er kann nach Abtretung der Rechte durch den Lizenzgeber Prozesse führen. Es kann zwar bereits vorab geklärt werden, welche Rechte und Pflichten jede Partei im Streitfall treffen. Dies gilt nicht nur für die Befugnis, Prozesse zu führen, sondern auch z. B. für die Fragen, wie die Verfahrenskosten und zugesprochene Schadensersatzbeträge aufgeteilt werden. Wird nichts geregelt, ist z. B. im Falle der nichtausschließlichen Lizenz nur der Lizenzgeber aktiv- und passivlegitimiert (vgl. *Schricker/Wild*, a.a.O., § 97 Rdn. 27 ff. und Art. 2 (1) Nr. 6 GVO Know-How).
12 S. o. Rdnr. 762.

16. Qualitätskontrolle[13]

Eine Qualitätskontrolle wird in der im ANHANG (13.) festgelegten Form durchgeführt.

17. Vertragsdauer[14]

17.1 Der Vertrag tritt an dem Tag in Kraft, an dem die Vertragsparteien die Unterzeichnung vollzogen haben.

17.2 Der Vertrag endet mit dem ...... (spätestens 10 Jahre nach Unterzeichnung!).

oder (statt 17.1, 17.2)

Der Vertrag endet 10 Jahre nach Unterzeichnung durch beide Vertragsparteien. Der Vertrag kann aufgrund von LG mitgeteilten Verbesserungen (updates, Weiterentwicklungen) während der 10jährigen Laufzeit einvernehmlich verlängert werden, wenn VP die Möglichkeit hat, derartige Verbesserungen abzulehnen. Die vorgenannte einvernehmliche Verlängerung des Vertrages ist auch dann möglich, wenn jeder Vertragspartner das Recht hat, die Vereinbarung nach Ablauf der ursprünglichen Laufzeit der Vereinbarung und mindestens alle 3 Jahre danach zu kündigen.

18. Kündigung[15]

18.1 Eine Kündigung des Vertrages ist zunächst in den vertraglich vorgesehenen Fällen möglich.

---

13 Soweit VP selbst die Software weiterentwickelt, kann sie verpflichtet werden, Mindestqualitätsvorschriften für die Software einzuhalten, wenn dadurch die technisch einwandfreie Nutzung oder Qualitätsstandards der LG und anderen Lizenznehmern gewährleistet sind. Darüber hinaus kann VP verpflichtet werden, entsprechende Kontrollen zu dulden (vgl. hierzu Art. 2 (1) Nr. 5, Erwägungsgrund 17 und Art. 3 Nr. 3 GVO Know-How). Fragen der Produzenten-/Produkthaftung sind wieder zu berücksichtigen.

14 Die Laufzeit einer Know-How-Lizenz ist, soweit sie unter die GVO Know-How fällt, auf höchstens 10 Jahre ab Unterzeichnung der ersten Vereinbarung begrenzt (vgl. zunächst Erwägungsgrund 7 und dann Art. 1 (2) GVO Know-How). VP kann verpflichtet werden, nach Beendigung der Vereinbarung das überlassene Know-How nicht mehr zu nutzen, soweit und solange es noch geheim ist (Art. 2 (1) Nr. 3. und Art. 3 Nr. 1, 2 c, 10, 11 GVO Know-How).
Soweit der Schwerpunkt nicht auf einer Überlassung von Know-How liegt, der Gesamtvertrag z. B. kaufvertragsähnlichen Charakter (z. B. wegen Einmalzahlung) hat, wird die Vertragsdauer unbefristet sein.

15 Die Parteien können das Recht der ordentlichen Kündigung unter Einhaltung einer angemessenen Kündigungsfrist vorsehen. Die Angemessenheit der Kündigungsfrist kann sich z. B. an gesetzlichen Vorgaben orientieren (vgl. z. B. § 565 Abs. 2 S. 1, 2 BGB). LG und VP können jeder aufgrund der Verletzung von Haupt-/Nebenpflichten den Vertrag aus wichtigem Grund kündigen, wenn die Grenze der Zumutbarkeit

18.2.1 Eine Kündigung des Vertrages aus wichtigem Grund ist gestattet.

18.2.2 Sofern zwischen den Vertragsparteien Mindestlizenzgebühren und/oder eine Ausübungspflicht vereinbart wurde, kann LG den Vertrag z. B. kündigen, wenn VP

– Mindestlizenzgebühren nicht zum Zeitpunkt der Fälligkeit gezahlt hat,
– die Ausübungsverpflichtung (ANHANG 2.1.4) nicht erfüllt hat,
– oder Dritte die Urheberrechtsfähigkeit oder den geheimen Charakter der überlassenen SOFTWARE angegriffen haben.

19. Nebenabreden, Vertragsänderungen und -ergänzungen, Form[16]

Nebenabreden wurden nicht getroffen. Änderungen und Ergänzungen dieses Vertrages sind als solche zu kennzeichnen, bedürfen der Schriftform und werden verbindlich, sobald sie von den Vertragspartnern unterzeichnet sind. Mündliche Nebenabreden gelten nur, wenn sie schriftlich bestätigt werden sind. Dieser Schriftformvorbehalt kann nur durch eine schriftlich abgefaßte, von beiden Vertragspartnern unterschriebene Vereinbarung aufgehoben werden.

20. Gerichtsstand/Schiedsgericht, Rechtswahl, Vertragssprache[17]

20.1 Die Parteien werden im Falle von Streitigkeiten zunächst versuchen, eine gütliche Einigung herbeizuführen.

20.2 Sollte eine gütliche Einigung nicht gelingen, wird für alle Streitigkeiten aus diesem Vertrag die Zuständigkeit des Landgerichts München I vereinbart.

oder

20.2 Alle aus dem gegenwärtigen Vertrage sich ergebenden Streitigkeiten werden nach der Vergleichs- und Schiedsgerichtsordnung der Internationalen Handelskammer von einem oder mehreren gemäß dieser Ordnung ernannten Schiedsrichtern endgültig entschieden.

20.3 Die Rechtsbeziehungen der Vertragsparteien unterliegen dem Recht der Bundesrepublik Deutschland.

---

des Festhaltens am Vertrag überschritten ist. Diese Kündigungsgründe können beispielhaft im Vertrag erwähnt werden (vgl. auch Art. 3 Nr. 4, 10 GVO Know-How).

Soweit ein Überlassungsvertrag kaufvertragsähnlichen Charakter hat, wird anstatt der Kündigung ein Rücktrittsrecht zu vereinbaren sein.

16 Vertragliche Vereinbarungen sollten schriftlich erfolgen. Dieses Erfordernis ergibt sich nicht nur aus § 34 GWB. Um feststellen zu können, ob das Know-How geheim und wesentlich ist, muß das Know-How „identifiziert", d. h. beschrieben oder auf einem Träger festgehalten sein (Art. 1 (7) Nr. 4 GVO Know-How; vgl. Fußn. 2).

17 Siehe Muster Patentlizenzverträge.

20.4 Dieser Vertrag ist in deutscher und in der im ANHANG (14) festgelegten Sprache in der im ANHANG (14) festgelegten Anzahl von Exemplaren verfaßt und unterzeichnet. Für die Rechtsbeziehungen der Vertragsparteien ist nur die deutsche Vertragsversion maßgeblich.

21. Anschriften[18]

21.1 Fragen, die die Klauseln dieser Vereinbarung betreffen, sind an
LG . . . .
Abteilung R
zu richten.

21.2 Fragen, die die Technik der SOFTWARE betreffen, sind an
LG . . . .
Abteilung T
zu richten.

21.3 Die entsprechenden Adressen (21.1, 21.2) der VP sind im ANHANG (15.) festgelegt.

22. Salvatorische Klausel[19]

22.1 Wenn der Vertrag eine Lücke enthält oder eine Vertragsbestimmung ganz oder teilweise unwirksam ist oder wird, so bleibt der Vertrag im übrigen wirksam.

22.2 Soweit der Vertrag eine Lücke enthält oder ganz oder teilweise unwirksam ist oder wird, so richtet sich der Inhalt des Vertrags nach den gesetzlichen Vorschriften. Anstelle der fehlenden oder unwirksamen Bestimmung gilt eine Bestimmung als vereinbart, die dem von den Parteien ursprünglich beabsichtigten, wirtschaftlichen Zweck der fehlenden oder unwirksamen Bestimmung am nächsten kommt.

---

18 Die Aufnahme der möglicherweise unterschiedlichen Anschriften für technische und rechtliche Fragen erleichtert den Informationsfluß zwischen den Partnern.

19 Für die Parteien eines Lizenzvertrages ist die Entscheidung der Frage, ob das Fehlen und/oder die Unwirksamkeit einzelner Klauseln den Bestand der übrigen Klauseln berührt, von erheblicher Bedeutung. Aus § 139 BGB ergibt sich, daß die Unwirksamkeit einzelner Klauseln zur Unwirksamkeit des ganzen Vertrags führt, wenn nicht anzunehmen ist, daß der Vertrag auch ohne den unwirksamen Teil vereinbart worden wäre. Bei Verträgen mit AGB-Charakter ist § 6 AGBG zu beachten.

22.3 Der Vertrag ist jedoch in vollem Umfang unwirksam, wenn das Festhalten an ihm auch unter Berücksichtigung der gemäß III. 22.2 vorgesehenen Änderung eine unzumutbare Härte für eine Vertragspartei darstellen würde.

23. Unterschriften[20]

. . . .

                            , den   , den

VP   LG

---

20 Es ist darauf zu achten, daß ein vertretungsberechtigter Vertragspartner die Unterzeichnung vornimmt.

Anhang zum Vertrag LG/VP*

1. SOFTWARE-Beschreibung: . . . .
    . . . .
    . . . .
    . . . .
    . . . .

1.1 Programmbezeichnung/Version: . . . .
    . . . .
    . . . .

1.2 Kurze Programmbeschreibung/Funktionen/Umfang der Interoperabili-
    tät – Merkmale der SOFTWARE/Hinweise auf open standards –
    (geheime und wesentliche Informationen sind als solche gekennzeich-
    net): . . . .
    . . . .
    . . . .

1.3 Zusatzteil(-programme): . . . .
    . . . .
    . . . .

2. Verwertung der SOFTWARE durch VP:
    VP kopiert und ist Endabnehmerin   ( )
    VP kopiert und vertreibt selbst   ( )
    VP kopiert, ist Endabnehmerin und vertreibt selbst   ( )

2.1 Lizenz (Nutzungsrecht)

2.1.1 ausschließlich, oder: ( )

2.1.2 allein (LG behält nichtausschließliches, übertragbares, unterlizen-
    zierbares Nutzungsrecht für satzungsgemäße Zwecke):   ( )
    Eigenforschung und/oder: ( )
    Auftragsforschung, oder   ( )

2.1.3 nichtausschließlich: ( )

2.1.4 Sofern VP die SOFTWARE nicht nur im Eigengebrauch verwertet, gilt:
    VP wird die bestmöglichen Anstrengungen bei der Ausübung der erteil-
    ten Lizenz unternehmen
    und ( )
    oder ( )
    VP wird mindestens . . . . . .(Zahl) SOFTWARE jährlich verwerten.

---

* Vertragsnummer:
  Vertragsbeginn:
  Zutreffendes ankreuzen
  Falls Platz nicht ausreicht, Anlagen (z. B. Anlage A zum Vertrag LG/VP, Vertrags-
  Nummer, vom . . . . . . schreiben.

2.1.4 Sofern VP die SOFTWARE nicht nur im Eigengebrauch verwertet, gilt:
VP wird die bestmöglichen Anstrengungen bei der Ausübung der erteilten Lizenz unternehmen
und ( )
oder ( )
VP wird mindestens . . . . . .(Zahl) SOFTWARE jährlich verwerten.

2.2 Unterlizenz: ( )

2.3 Übertragbarkeit (Abtretung):   ( )

2.4 Wenn 2.1.1 (ausschließliche Lizenz) oder 2.1.2 (alleinige Lizenz) bejaht, gibt VP Informationen von 2.2 (Unterlizenznehmer) an LG. 2.3 (Übertragbarkeit) nur nach vorherigen Zustimmung der LG bzw. gemäß nachstehender Absprache.

. . . .
. . . .
. . . .
. . . .

2.5 Wenn 2.1.3 (nichtausschließliche Lizenz) bejaht, 2.2 (Unterlizenz) und/oder 2.3 (Übertragbarkeit) nur nach vorheriger Zustimmung der LG.

2.6 Ein-Platzsystem: ( )   Netzwerksystem
                                   Anzahl der Nutzer   . . . . . . ( )

2.7 Standort, wo die SOFTWARE genutzt werden darf:
. . . .

2.7.1 wenn VP Endabnehmerin ist:
(1) Rechner: Nutzung unbeschränkt im Firmenverbund der VP
       (Firmenverbund aufgelistet gemäß Anlage . . . .): ( )
(2) Rechner: Nutzung beschränkt (Anzahl): . . . . . .
Marke / Typ / Version / Hersteller / Registrier-Nr. / Standort Betrieb /
Land, PLZ, Ort, Straße, Nr.)
(2.1) . . . .
(2.2) . . . .
(2.3) . . . .
(3) Betriebssystem: Marke/Typ/Version/Hersteller/Registrier-Nr./
Standort (Abteilung)/Betriebsanschrift – Land, PLZ, Ort, Straße, Nr.)
(3.1) . . . .
(3.2) . . . .
(3.3) . . . .

2.7.2 Wenn VP (auch) an Dritte liefert: Information der LG über Adresse des Dritten (Land, PLZ, Ort, Straße, Nr.) und Standort und Anzahl der SOFTWARE (Land, PLZ, Ort, Straße, Nr.).
und/oder (statt 2.7.1, 2.7.2)

2.7 Örtliches Vertragsgebiet (Länder): . . . .
Anzahl der von VP gelieferten SOFTWARE: . . . .

2.8   Dokumentation

2.8.1 Quellprogramm: ( )
       (1) Zurverfügungstellung durch LG nach Vertragsschluß
           bis Vertragsende: ( )
       (2) Zurverfügungstellung durch LG nach Bedarf ohne/im
           Beisein eines Vertreters von LG: ( )
       (3) Hinterlegung bei Notar . . . .
           . . . .
           (Name, PLZ, Ort, Straße, Nr.)
           Eine Herausgabe durch diesen Notar ist nur mit Zustimmung von
           LG oder bei rechtskräftiger Verurteilung der LG zur Herausgabe an
           VP möglich.
       (4) Bei Herausgabe des Quellcodes entsprechend einer der vorgenann-
           ten Möglichkeiten darf dieser nur zu den nachstehend aufgeführten
           Zwecken eingesetzt werden. Eine andere Verwertung ist nicht
           gestattet:
           . . . .
           . . . .
           . . . .–
       (5) Der Quellcode ist nach der Nutzung gemäß (1) oder (2) oder (3),
           jeweils in Verbindung mit (4) unverzüglich wieder an seinen vor der
           Nutzung bestehenden Hinterlegungsort zu senden. Bei Vertrags-
           ende bzw. vorzeitigem Vertragsende gilt die vorstehende Verpflich-
           tung entsprechend.

2.8.2 Detaillierte SOFTWARE-Beschreibung (geheime und wesentliche
       Informationen sind als solche gekennzeichnet):
       . . . .
       . . . .
       . . . .

2.8.3 Benutzerhandbuch: ( )   Anzahl: . . . . . .

2.8.4 Sonstige Dokumentation:
       . . . . Anzahl: . . .
       . . . . Anzahl: . . .
       . . . .
       . . . .

2.9   Datenträger (Art): . . . .
       . . . .

2.10   VP hat das Recht, je eine einzige Back-up-Kopie der SOFTWARE bei
       erstmaliger Lieferung für Archivzwecke und zur Gewährleistung der
       Einsetzbarkeit der SOFTWARE anzufertigen.

2.11   Weitere Nutzungsbefugnisse: . . . .
       . . . .

3.   Installation (Lieferung) der gemäß in Anlage . . . . . . bestimmten und
       an die Anforderungen von VP angepaßten SOFTWARE.

3.1.1 Programm(teile):   . . . . . . Wochen nach Vertragsabschluß

3.1.2 Dokumentation: . . . . . . Wochen nach Vertragsabschluß

3.1.3 Lieferung bereits erfolgt (   )

3.2.1 Schriftlicher Nachweis der Betriebsbereitschaft durch
       LG: . . . . . . Tage/Wochen nach Vertragsab-
                                schluß

3.2.2 Schriftliche Bestätigung der Betriebsbereitschaft durch VP: (   )

4.   Einweisung

4.1   nach Absprache: (   )

4.2   Ort: . . . .

4.3   Anzahl der Einweisungen: . . . .

4.4   Anzahl der einzuweisenden Personen je Einweisung: . . . .

4.5   Anzahl der Tage je Einweisung: . . . .

5.   Übergabe/Abnahmeprüfung

5.1   Funktionen

5.1.1 . . . .

5.1.2 . . . .
       . . . .

5.2   Tests

5.2.1 . . . .

5.2.2 . . . .

5.3   Frist (Vertragstext 5.3):   . . . . Arbeitstage nach Einweisung
                                     (ANHANG 4)

5.4   Sonstiges: . . . .
       . . . .

6.   Nachbesserung, Haftung

6.1   Frist: . . . . Arbeitstage

6.2   Vertragstext 7.2.2
       (Alternative):   DM . . . .

6.3   Vertragstext: 7.2.3:   DM . . . .

6.4   Vertragstext 7.3.1
       (1. Alternative):   DM . . . .
       Vertragstext 7.3.1
       (2. Alternative):   DM . . . .

6.5   Vertragstext 7.3.2
       (Alternative):   DM . . . .

6.6   Vertragstext 7.3:   LG zahlt: . . . . %,

VP zahlt . . . . % der Versicherungsprämie
oder
soweit VP die Versicherungsprämie zu 100 %
zahlt, kann die Versicherungsprämie mit den zu
leistenden Lizenzzahlungen (7.) verrechnet
werden.

6.7   Vertragstext 7.4: s. o. ANHANG 6.3

7.   Vergütung, Kosten
VP zahlt nach Abnahme an LG für die Nutzung der SOFTWARE
(wenn VP Endabnehmer; vgl. II. 4. des Vertrages)

7.1   eine umsatzunabhängige, nicht rückzahlbare Gebühr von DM . . . .
oder (wenn VP (Unter-)Lizenzen erteilt)

7.1   eine umsatzunabhängige, nicht rückzahlbare Gebühr vom DM . . . . . .

7.2   eine umsatzabhängige Gebühr von . . . . %, bezogen auf den
Werksabgabepreis der gemäß 2.1 (ANHANG) lizenzierten SOFT-
WARE
oder

7.1   eine umsatzabhängige, nicht rückzahlbare Gebühr von DM . . . .

7.2   je verwerteter SOFTWARE eine Gebühr von DM . . . .

7.3   VP erhält Preisnachlässe aufgrund der nachfolgenden Staffel:
(1)   1–50 Stück SOFTWARE   0 % Preisnachlaß
(2)   51–150 Stück SOFTWARE   10 % Preisnachlaß
(3)   151–500 Stück SOFTWARE   30 % Preisnachlaß
(4)   . . . .
Die Staffel wird zum Ende eines jeden Vertragsjahres einvernehmlich
für das nächste Vertragsjahr festgelegt.

7.4   VP zahlt in den 2 ersten Vertragsjahren pro Jahr eine Mindestlizenzgebühr von DM . . . .,
die mit der umsatz-/stückzahlabhängigen Gebühr verrechnet werden
kann.

7.5   Kosten der Einweisung (ANHANG 4):

7.5.1 LG . . . . %

7.5.2 VP . . . . %.

7.6   Kosten der Abnahmeprüfung (ANHANG 5):

7.6.1 LG: . . . . %

7.6.2 VP . . . . %

7.7   Vergütung für Nutzung des Namens der LG und/oder Warenzeichen der
LG (Vertragstext III. 13.2.2)

7.7.1 Name LG: . . . . DM

7.7.2 Warenzeichen
Zeichen: . . . . Vergütung: . . . .

7.8 Vergütung für Verbesserungen (updates), Weiterentwicklungen (Vertragstext III. 15.)

7.8.1 Updates der LG: DM . . . .
Weiterentwicklungen der LG: DM . . . .

7.8.2 Updates des VP: DM . . . .
Weiterentwicklungen des VP: DM . . . .

7.9 Sonstige Kosten:

7.9.1 Reisekosten und Spesen sind in den angeführten Preisen nicht enthalten. Sie werden nach den Richtlinien des Bundesreisekostengesetzes zusätzlich in Rechnung gestellt.

7.9.2 . . . .
. . . .
. . . .

8. Abrechnung, Zahlung (Vertragstext III. 10.2)

8.1 Abrechnung zum Ende des Monates, der auf ein Kalendervierteljahr folgt ( )

oder

zum Ende des Monats, der auf ein Kalenderhalbjahr folgt ( )

oder

zum Ende des Monats, der auf ein Kalenderhalbjahr folgt ( )

oder

. . . .
. . . .

8.2 Zahlung
. . . . Wochen nach Ende des Abrechnungszeitraums

oder

. . . . Wochen nach Inrechnungstellung.

8.3 (Vertragstext III. 10.5) Frist: . . . . Wochen ab Fälligkeit der Zahlung

9. Buchführung (Vertragstext III. 11.1)
VP hat über folgende Daten bei der Verwertung der SOFTWARE gesondert Buch zu führen: . . . .
Umsatzlizenz: Anzahl der verwerteten SOFTWARE, Adresse des Endabnehmers, Zeitpunkt der Verwertung, SOFTWARE-Registriernummer, Rechnungsdatum und -nummer, Preisgestaltung (s. Werksabgabepreis gemäß II. 4.) . . . .

oder

VP erhält bzgl. jeder verwerteten SOFTWARE ein Doppel der jeweiligen Rechnung.

10.   Urheberrechtsvermerk (Vertragstext III. 13.2.1)

. . . .

. . . .

. . . .

11.   Name/Warenzeichen der LG (Vertragstext III. 13.2.2)

11.1 Erlaubte Form der Nutzung des Namens (Logo) der LG bzw. des Hinweises auf LG:

. . . .

. . . .

. . . .

11.2 Erlaubte Form der Nutzung der Warenzeichen der LG:
Warenzeichen
(1) Aktenzeichen des Patentamts: . . . .
(2) Datum der Antragstellung: . . . .
(3) Datum der Eintragung: . . . .
(4) Wortzeichen/Bildzeichen: . . . .
(5) Nutzungsart (Auswahl wie ANHANG 2.1.1–2.1.3): . . . .
. . . .

12.   Verbesserungen (updates), Weiterentwicklungen (Vertragstext III. 15)

12.1 Bedingungen für updates: . . . .
. . . .
. . . .

12.2 Bedingungen für Weiterentwicklungen: . . . .
. . . .
. . . .

13.   Qualitätskontrolle (Vertragstext III. 16)
Bedingungen: . . . .
. . . .
. . . .

14.   Zusätzliche Vertragssprache (Vertragstext 20.4): . . . .
Zahl der Vertragsexemplare je Vertragssprache: . . . .

15.   Adressen der VP

15.1 Fragen, die die Klauseln der Vereinbarung betreffen, sind an . . . .
. . . .

15.2 Fragen, die die Technik der SOFTWARE betreffen, sind an . . . .
. . . .

16. Sonstiges

. . . .
. . . .
. . . .

Unterschriften

. . . . , den   . . . . , den
VP   LG

. . . .
(   )   (   )

Auszug aus dem Gesetz gegen Wettbewerbsbeschränkungen (GWB)

§ 1 GWB (Unwirksamkeit wettbewerbsbeschränkender Vereinbarungen)

(1) Verträge, die Unternehmen oder Vereinigungen von Unternehmen zu einem gemeinsamen Zweck schließen und Beschlüsse von Vereinigungen von Unternehmen sind unwirksam, soweit sie geeignet sind, die Erzeugung oder die Marktverhältnisse für den Verkehr mit Waren oder gewerblichen Leistungen durch Beschränkung des Wettbewerbs zu beeinflussen. Dies gilt nicht, soweit in diesem Gesetz etwas anderes bestimmt ist.

(2) Als Beschluß einer Vereinigung von Unternehmen gilt auch der der Mitgliederversammlung einer juristischen Person, soweit ihre Mitglieder Unternehmen sind.

§ 15 GWB (Nichtigkeit von Verträgen über Preisgestaltung oder Geschäftsbedingungen)

Verträge zwischen Unternehmen über Waren oder gewerbliche Leistungen, die sich auf Märkte innerhalb des Geltungsbereichs dieses Gesetzes beziehen, sind nichtig, soweit sie einen Vertragsbeteiligten in der Freiheit der Gestaltung von Preisen oder Geschäftsbedingungen bei solchen Verträgen beschränken, die er mit Dritten über die gelieferten Waren, über andere Waren oder über gewerbliche Leistungen schließt.

§ 18 GWB (Aufhebung von Ausschließlichkeitsbindungen)

(1) Die Kartellbehörde kann Verträge zwischen Unternehmen über Waren oder gewerbliche Leistungen mit sofortiger Wirkung oder zu einem von ihr zu bestimmenden künftigen Zeitpunkt für unwirksam erklären und die Anwendung neuer, gleichartiger Bindungen verbieten, soweit sie einen Vertragsbeteiligten

1. in der Freiheit der Verwendung der gelieferten Waren, anderer Waren oder gewerblicher Leistungen beschränken oder
2. darin beschränken, andere Waren oder gewerbliche Leistungen von Dritten zu beziehen oder an Dritte abzugeben, oder
3. darin beschränken, die gelieferten Waren an Dritte abzugeben, oder
4. verpflichten, sachlich oder handelsüblich nicht zugehörige Waren oder gewerbliche Leistungen abzunehmen,

und soweit

a) dadurch eine für den Wettbewerb auf dem Markt erhebliche Zahl von Unternehmen gleichartig gebunden und in ihrer Wettbewerbsfreiheit unbillig eingeschränkt ist oder

b) dadurch für andere Unternehmen der Marktzutritt unbillig beschränkt oder

c) durch das Ausmaß solcher Beschränkungen der Wettbewerb auf dem Markt für diese oder andere Waren oder gewerbliche Leistungen wesentlich beeinträchtigt wird.

(2) Als unbillig im Sinne des Absatzes 1 Buchstabe b ist nicht eine Beschränkung anzusehen, die im Verhältnis zu den Angebots- oder Nachfragemöglichkeiten, die den anderen Unternehmen verbleiben, unwesentlich ist.

§ 20 GWB (Lizenzverträge)

(1) Verträge über Erwerb oder Benutzung von Patenten, Gebrauchsmustern oder Sortenschutzrechten sind unwirksam, soweit sie dem Erwerber oder Lizenznehmer Beschränkungen im Geschäftsverkehr auferlegen, die über den Inhalt des Schutzrechts hinausgehen; Beschränkungen hinsichtlich Art, Umfang, Menge, Gebiet oder Zeit der Ausübung des Schutzrechts gehen nicht über den Inhalt des Schutzrechts hinaus.

(2) Absatz 1 gilt nicht

1. für Beschränkungen des Erwerbers oder Lizenznehmers, soweit und solange sie durch ein Interesse des Veräußerers oder Lizenzgebers an einer technisch einwandfreien Ausnutzung des Gegenstandes des Schutzrechtes gerechtfertigt sind,

2. für Bindungen des Erwerbers oder Lizenznehmers hinsichtlich der Preisstellung für den geschützten Gegenstand,

3. für Verpflichtungen des Erwerbers oder Lizenznehmers zum Erfahrungsaustausch oder zur Gewährung von Lizenzen auf Verbesserungs- oder Anwendungserfindungen, sofern diesen gleichartige Verpflichtungen des Patentinhabers oder Lizenzgebers entsprechen,

4. für Verpflichtungen des Erwerbers oder Lizenznehmers zum Nichtangriff auf das Schutzrecht,

5. für Verpflichtungen des Erwerbers oder Lizenznehmers, soweit sie sich auf die Regelung des Wettbewerbs auf Märkten außerhalb des Geltungsbereichs dieses Gesetzes beziehen,

soweit diese Beschränkungen die Laufzeit des erworbenen oder in Lizenz genommenen Schutzrechts nicht überschreiten.

(3) Die Kartellbehörde kann auf Antrag die Erlaubnis zu einem Vertrag der in Absatz 1 bezeichneten Art erteilen, wenn die wirtschaftliche Bewegungsfreiheit des Erwerbers oder Lizenznehmers oder anderer Unternehmen nicht unbillig eingeschränkt und durch das Ausmaß der Beschränkungen der Wettbewerb auf dem Markt nicht wesentlich beeinträchtigt wird. § 11 Abs. 3 bis 5 gilt entsprechend.

(4) Die §§ 1 bis 14 bleiben unberührt.

§ 21 GWB (Verträge über nicht geschützte Leistungen und über Saatgut)

(1) § 20 ist bei Verträgen über Überlassung oder Benutzung gesetzlich nicht geschützter Erfindungsleistungen, Fabrikationsverfahren, Konstruktionen, sonstiger die Technik bereichernder Leistungen sowie nicht geschützter, den Pflanzenbau bereichernder Leistungen auf dem Gebiet der Pflanzenzüchtung, soweit sie Betriebsgeheimnisse darstellen, entsprechend anzuwenden.

(2) § 20 ist auf Verträge über Saatgut einer auf Grund des Saatgutverkehrsgesetzes zugelassenen Sorte zwischen einem Züchter und einem Vermehrer oder einem Unternehmer auf der Vermehrungsstufe entsprechend anzuwenden.

Anhang V

Auszug aus dem EWG-Vertrag

Artikel 85

1. Mit dem Gemeinsamen Markt unvereinbar und verboten sind alle Vereinbarungen zwischen Unternehmen, Beschlüsse von Unternehmensvereinigungen und aufeinander abgestimmte Verhaltensweisen, welche den Handel zwischen Mitgliedstaaten zu beeinträchtigen geeignet sind und eine Verhinderung, Einschränkung oder Verfälschung des Wettbewerbs innerhalb des Gemeinsamen Marktes bezwecken oder bewirken, insbesondere

a) die unmittelbare oder mittelbare Festsetzung der An- oder Verkaufspreise oder sonstiger Geschäftsbedingungen;
b) die Einschränkung oder Kontrolle der Erzeugung, des Absatzes, der technischen Entwicklung oder der Investitionen;
c) die Aufteilung der Märkte oder Versorgungsquellen;
d) die Anwendung unterschiedlicher Bedingungen bei gleichwertigen Leistungen gegenüber Handelspartnern, wodurch diese im Wettbewerb benachteiligt werden;
e) die an den Abschluß von Verträgen geknüpfte Bedingung, daß die Vertragspartner zusätzliche Leistungen annehmen, die weder sachlich noch nach Handelsbrauch in Beziehung zum Vertragsgegenstand stehen.

2. Die nach diesem Artikel verbotenen Vereinbarungen oder Beschlüsse sind nichtig.

3. Die Bestimmungen des Absatzes 1 können für nicht anwendbar erklärt werden auf

– Vereinbarungen oder Gruppen von Vereinbarungen zwischen Unternehmen,
– Beschlüsse oder Gruppen von Beschlüssen von Unternehmensvereinigungen,
– aufeinander abgestimmte Verhaltensweisen oder Gruppen von solchen,

die unter angemessener Beteiligung der Verbraucher an dem entstehenden Gewinn zur Verbesserung der Warenerzeugung oder -verteilung oder zur Förderung des technischen oder wirtschaftlichen Fortschritts beitragen, ohne daß den beteiligten Unternehmen

a) Beschränkungen auferlegt werden, die für die Verwirklichung dieser Ziele nicht unerläßlich sind, oder
b) Möglichkeiten eröffnet werden, für einen wesentlichen Teil der betreffenden Waren den Wettbewerb auszuschalten.

Artikel 86

Mit dem Gemeinsamen Markt unvereinbar und verboten ist die mißbräuchliche Ausnutzung einer beherrschenden Stellung auf dem Gemeinsamen Markt oder auf einem wesentlichen Teil desselben durch ein oder mehrere Unternehmen, soweit dies dazu führen kann, den Handel zwischen Mitgliedstaaten zu beeinträchtigen.

Dieser Mißbrauch kann insbesondere in folgendem bestehen:

a) der unmittelbaren oder mittelbaren Erzwingung von unangemessenen Einkaufs- oder Verkaufspreisen oder sonstigen Geschäftsbedingungen;

b) der Einschränkung der Erzeugung, des Absatzes oder der technischen Entwicklung zum Schaden der Verbraucher;

c) der Anwendung unterschiedlicher Bedingungen bei gleichwertigen Leistungen gegenüber Handelspartnern, wodurch diese im Wettbewerb benachteiligt werden;

d) der an den Abschluß von Verträgen geknüpften Bedingung, daß die Vertragspartner zusätzliche Leistungen annehmen, die weder sachlich noch nach Handelsbrauch in Beziehung zum Vertragsgegenstand stehen.

Anhang VI

Auszug aus dem Urheberrechtsgesetz

§ 1. Allgemeines. Die Urheber von Werken der Literatur, Wissenschaft und Kunst genießen für ihre Werke Schutz nach Maßgabe dieses Gesetzes.

§ 2. Geschützte Werke. (1) Zu den geschützten Werken der Literatur, Wissenschaft und Kunst gehören insbesondere:

1. Sprachwerke, wie Schriftwerke und Reden, sowie Programme für die Datenverarbeitung;
2. Werke der Musik;
3. pantomimische Werke einschließlich der Werke der Tanzkunst;
4. Werke der bildenden Künste einschließlich der Werke der Baukunst und der angewandten Kunst und Entwürfe solcher Werke;
5. Lichtbildwerke einschließlich der Werke, die ähnlich wie Lichtbildwerke geschaffen werden;
6. Filmwerke einschließlich der Werke, die ähnlich wie Filmwerke geschaffen werden;
7. Darstellungen wissenschaftlicher oder technischer Art, wie Zeichnungen, Pläne, Karten, Skizzen, Tabellen und plastische Darstellungen.

(2) Werke im Sinne dieses Gesetzes sind nur persönliche geistige Schöpfungen.

§ 3. Bearbeitungen. Übersetzungen und andere Bearbeitungen eines Werkes, die persönliche geistige Schöpfungen des Bearbeiters sind, werden unbeschadet des Urheberrechts am bearbeiteten Werk wie selbständige Werke geschützt. Die nur unwesentliche Bearbeitung eines nicht geschützten Werkes der Musik wird nicht als selbständiges Werk geschützt.

§ 4. Sammelwerke. Sammlungen von Werken oder anderen Beiträgen, die durch Auslese oder Anordnung eine persönliche geistige Schöpfung sind (Sammelwerke), werden unbeschadet des Urheberrechts an den aufgenommenen Werken wie selbständige Werke geschützt.

§ 5. Amtliche Werke. (1) Gesetze, Verordnungen, amtliche Erlasse und Bekanntmachungen sowie Entscheidungen und amtlich verfaßte Leitsätze zu Entscheidungen genießen keinen urheberrechtlichen Schutz.

(2) Das gleiche gilt für andere amtliche Werke, die im amtlichen Interesse zur allgemeinen Kenntnisnahme veröffentlicht worden sind, mit der Einschränkung, daß die Bestimmungen über Änderungsverbot und Quellenangabe in § 62 Abs. 1 bis 3 und § 63 Abs. 1 und 2 entsprechend anzuwenden sind.

§ 6. Veröffentlichte und erschienene Werke. (1) Ein Werk ist veröffentlicht, wenn es mit Zustimmung des Berechtigten der Öffentlichkeit zugänglich gemacht worden ist.

(2) [1] Ein Werk ist erschienen, wenn mit Zustimmung des Berechtigten Vervielfältigungsstücke des Werkes nach ihrer Herstellung in genügender Anzahl der Öffentlichkeit angeboten oder in Verkehr gebracht worden sind. [2] Ein Werk der bildenden Künste gilt auch dann als erschienen, wenn das Original oder ein Vervielfältigungsstück des Werkes mit Zustimmung des Berechtigten bleibend der Öffentlichkeit zugänglich ist.

§ 7. Urheber. Urheber ist der Schöpfer des Werkes.

§ 8. Miturheber. (1) Haben mehrere ein Werk gemeinsam geschaffen, ohne daß sich ihre Anteile gesondert verwerten lassen, so sind sie Miturheber des Werkes.

(2) [1] Das Recht zur Veröffentlichung und zur Verwertung des Werkes steht den Miturhebern zur gesamten Hand zu; Änderungen des Werkes sind nur mit Einwilligung der Miturheber zulässig. [2] Ein Miturheber darf jedoch seine Einwilligung zur Veröffentlichung, Verwertung oder Änderung nicht wider Treu und Glauben verweigern. [3] Jeder Miturheber ist berechtigt, Ansprüche aus Verletzungen des gemeinsamen Urheberrechts geltend zu machen; er kann jedoch nur Leistung an alle Miturheber verlangen.

(3) Die Erträgnisse aus der Nutzung des Werkes gebühren den Miturhebern nach dem Umfang ihrer Mitwirkung an der Schöpfung des Werkes, wenn nichts anderes zwischen den Miturhebern vereinbart ist.

(4) [1] Ein Miturheber kann auf seinen Anteil an den Verwertungsrechten (§ 15) verzichten. [2] Der Verzicht ist den anderen Miturhebern gegenüber zu erklären. [3] Mit der Erklärung wächst der Anteil den anderen Miturhebern zu.

§ 9. Urheber verbundener Werke. Haben mehrere Urheber ihre Werke zu gemeinsamer Verwertung miteinander verbunden, so kann jeder vom anderen die Einwilligung zur Veröffentlichung, Verwertung und Änderung der verbundenen Werke verlangen, wenn die Einwilligung dem anderen nach Treu und Glauben zuzumuten ist.

§ 10. Vermutung der Urheberschaft. (1) Wer auf den Vervielfältigungsstücken eines erschienenen Werkes oder auf dem Original eines Werkes der bildenden Künste in der üblichen Weise als Urheber bezeichnet ist, wird bis zum Beweis des Gegenteils als Urheber des Werkes angesehen; dies gilt auch für eine Bezeichnung, die als Deckname oder Künstlerzeichen des Urhebers bekannt ist.

(2) [1] Ist der Urheber nicht nach Absatz 1 bezeichnet, so wird vermutet, daß derjenige ermächtigt ist, die Rechte des Urhebers geltend zu machen, der auf den Vervielfältigungsstücken des Werkes als Herausgeber bezeichnet ist. [2] Ist kein Herausgeber angegeben, so wird vermutet, daß der Verleger ermächtigt ist.

§ 11. Allgemeines. Das Urheberrecht schützt den Urheber in seinen geistigen und persönlichen Beziehungen zum Werk und in der Nutzung des Werkes.

§ 12. Veröffentlichungsrecht. (1) Der Urheber hat das Recht zu bestimmen, ob und wie sein Werk zu veröffentlichen ist.

(2) Dem Urheber ist es vorbehalten, den Inhalt seines Werkes öffentlich mitzuteilen oder zu beschreiben, solange weder das Werk noch der wesentliche Inhalt oder eine Beschreibung des Werkes mit seiner Zustimmung veröffentlicht ist.

§ 13. Anerkennung der Urheberschaft. [1] Der Urheber hat das Recht auf Anerkennung seiner Urheberschaft am Werk. [2] Er kann bestimmen, ob das Werk mit einer Urheberbezeichnung zu versehen und welche Bezeichnung zu verwenden ist.

§ 14. Entstellung des Werkes. Der Urheber hat das Recht, eine Entstellung oder eine andere Beeinträchtigung seines Werkes zu verbieten, die geeignet ist, seine berechtigten geistigen oder persönlichen Interessen am Werk zu gefährden.

§ 15. Allgemeines. (1) Der Urheber hat das ausschließliche Recht, sein Werk in körperlicher Form zu verwerten;[*] das Recht umfaßt insbesondere
1. das Vervielfältigungsrecht (§ 16),
2. das Verbreitungsrecht (§ 17),
3. das Ausstellungsrecht (§ 18).

(2) Der Urheber hat ferner das ausschließliche Recht, sein Werk in unkörperlicher Form öffentlich wiederzugeben (Recht der öffentlichen Wiedergabe); das Recht umfaßt insbesondere
1. das Vortrags-, Aufführungs- und Vorführungsrecht (§ 19),
2. das Senderecht (§ 20),
3. das Recht der Wiedergabe durch Bild- oder Tonträger (§ 21),
4. das Recht der Wiedergabe von Funksendungen (§ 22).

(3) Die Wiedergabe eines Werkes ist öffentlich, wenn sie für eine Mehrzahl von Personen bestimmt ist, es sei denn, daß der Kreis dieser Personen bestimmt abgegrenzt ist und sie durch gegenseitige Beziehungen oder durch Beziehung zum Veranstalter persönlich untereinander verbunden sind.

§ 16. Vervielfältigungsrecht. (1) Das Vervielfältigungsrecht ist das Recht, Vervielfältigungsstücke des Werkes herzustellen, gleichviel, in welchem Verfahren und in welcher Zahl.

(2) Eine Vervielfältigung ist auch die Übertragung des Werkes auf Vorrichtungen zur wiederholbaren Wiedergabe von Bild- oder Tonfolgen (Bild- oder Tonträger), gleichviel, ob es sich um die Aufnahme einer Wiedergabe des Werkes auf einen Bild- oder Tonträger oder um die Übertragung des Werkes von einem Bild- oder Tonträger auf einen anderen handelt.

---

* Beachte hierzu Gesetz über die Wahrnehmung von Urheberrechten und verwandten Schutzrechten vom 9. 9. 1965 (BGBl. I S. 1294), abgedruckt unter Nr. 750, sowie VO über die Schiedsstelle nach dem Gesetz über die Wahrnehmung von Urheberrechten und verwandten Schutzrechten vom 18. 12. 1965 (BGBl. I S. 2106) mit Änderung durch VO vom 26. 6. 1970 (BGBl. I S. 840).

§ 17. Verbreitungsrecht. (1) Das Verbreitungsrecht ist das Recht, das Original oder Vervielfältigungsstücke des Werkes der Öffentlichkeit anzubieten oder in Verkehr zu bringen.

(2) Sind das Original oder Vervielfältigungsstücke des Werkes mit Zustimmung des zur Verbreitung im Geltungsbereich dieses Gesetzes Berechtigten im Wege der Veräußerung in Verkehr gebracht worden, so ist ihre Weiterverbreitung zulässig.

§ 18. Ausstellungsrecht. Das Ausstellungsrecht ist das Recht, das Original oder Vervielfältigungsstücke eines unveröffentlichten Werkes der bildenden Künste oder eines unveröffentlichten Lichtbildwerkes öffentlich zur Schau zu stellen.

§ 19. Vortrags-, Aufführungs- und Vorführungsrecht. (1) Das Vortragsrecht ist das Recht, ein Sprachwerk durch persönliche Darbietung öffentlich zu Gehör zu bringen.

(2) Das Aufführungsrecht ist das Recht, ein Werk der Musik durch persönliche Darbietung öffentlich zu Gehör zu bringen oder ein Werk öffentlich bühnenmäßig darzustellen.

(3) Das Vortrags- und das Aufführungsrecht umfassen das Recht, Vorträge und Aufführungen außerhalb des Raumes, in dem die persönliche Darbietung stattfindet, durch Bildschirm, Lautsprecher oder ähnliche technische Einrichtungen öffentlich wahrnehmbar zu machen.

(4) [1] Das Vorführungsrecht ist das Recht, ein Werk der bildenden Künste, ein Lichtbildwerk, ein Filmwerk oder Darstellungen wissenschaftlicher oder technischer Art durch technische Einrichtungen öffentlich wahrnehmbar zu machen. [2] Das Vorführungsrecht umfaßt nicht das Recht, die Funksendung solcher Werke öffentlich wahrnehmbar zu machen (§ 22).

§ 20. Senderecht. Das Senderecht ist das Recht, das Werk durch Funk, wie Ton- und Fernsehrundfunk, Drahtfunk oder ähnliche technische Einrichtungen, der Öffentlichkeit zugänglich zu machen.

§ 21. Recht der Wiedergabe durch Bild- oder Tonträger. [1] Das Recht der Wiedergabe durch Bild- oder Tonträger ist das Recht, Vorträge oder Aufführungen des Werkes mittels Bild- oder Tonträger öffentlich wahrnehmbar zu machen. [2] § 19 Abs. 3 gilt entsprechend.

§ 22. Recht der Wiedergabe von Funksendungen. [1] Das Recht der Wiedergabe von Funksendungen ist das Recht, Funksendungen des Werkes durch Bildschirm, Lautsprecher oder ähnliche technische Einrichtungen öffentlich wahrnehmbar zu machen. [2] § 19 Abs. 3 gilt entsprechend.

§ 23. Bearbeitungen und Umgestaltungen. [1] Bearbeitungen oder andere Umgestaltungen des Werkes dürfen nur mit Einwilligung des Urhebers des bearbeiteten oder umgestalteten Werkes veröffentlicht oder verwertet werden. [2] Handelt es sich um eine Verfilmung des Werkes, um die Ausführung von Plänen und Entwürfen eines Werkes der bildenden Künste oder um den

Nachbau eines Werkes der Baukunst, so bedarf bereits das Herstellen der Bearbeitung oder Umgestaltung der Einwilligung des Urhebers.

§ 24. Freie Benutzung. (1) Ein selbständiges Werk, das in freier Benutzung des Werkes eines anderen geschaffen worden ist, darf ohne Zustimmung des Urhebers des benutzten Werkes veröffentlicht und verwertet werden.

(2) Absatz 1 gilt nicht für die Benutzung eines Werkes der Musik, durch welche eine Melodie erkennbar dem Werk entnommen und einem neuen Werk zugrunde gelegt wird.

§ 25. Zugang zu Werkstücken. (1) Der Urheber kann vom Besitzer des Originals oder eines Vervielfältigungsstückes seines Werkes verlangen, daß er ihm das Original oder das Vervielfältigungsstück zugänglich macht, soweit dies zur Herstellung von Vervielfältigungsstücken oder Bearbeitungen des Werkes erforderlich ist und nicht berechtigte Interessen des Besitzers entgegenstehen.

(2) Der Besitzer ist nicht verpflichtet, das Original oder das Vervielfältigungsstück dem Urheber herauszugeben.

§ 26. [*] **Folgerecht.** (1) [1] Wird das Original eines Werkes der bildenden Künste weiterveräußert und ist hieran ein Kunsthändler oder Versteigerer als Erwerber, Veräußerer oder Vermittler beteiligt, so hat der Veräußerer dem Urheber einen Anteil in Höhe von fünf vom Hundert des Veräußerungserlöses zu entrichten. [2] Die Verpflichtung entfällt, wenn der Veräußerungserlös weniger als einhundert Deutsche Mark beträgt.

(2) [1] Der Urheber kann auf seinen Anteil im voraus nicht verzichten. [2] Die Anwartschaft darauf unterliegt nicht der Zwangsvollstreckung; eine Verfügung über die Anwartschaft ist unwirksam.

(3) Der Urheber kann von einem Kunsthändler oder Versteigerer Auskunft darüber verlangen, welche Originale von Werken des Urhebers innerhalb des letzten vor dem Auskunftsersuchen abgelaufenen Kalenderjahres unter Beteiligung des Kunsthändlers oder Versteigerers weiterveräußert wurden.

(4) [1] Der Urheber kann, soweit dies zur Durchsetzung seines Anspruchs gegen den Veräußerer erforderlich ist, von dem Kunsthändler oder Versteigerer Auskunft über den Namen und die Anschrift des Veräußerers sowie über die Höhe des Veräußerungserlöses verlangen. [2] Der Kunsthändler oder Versteigerer darf die Auskunft über Namen und Anschrift des Veräußerers verweigern, wenn er dem Urheber den Anteil entrichtet.

(5) Die Ansprüche nach den Absätzen 3 und 4 können nur durch eine Verwertungsgesellschaft geltend gemacht werden.

(6) [1] Bestehen begründete Zweifel an der Richtigkeit oder Vollständigkeit einer Auskunft nach Absatz 3 oder 4, so kann die Verwertungsgesellschaft verlangen, daß nach Wahl des Auskunftspflichtigen ihr oder einem von ihm zu bestimmenden Wirtschaftsprüfer oder vereidigten Buchprüfer Einsicht in die Geschäftsbücher oder sonstige Urkunden soweit gewährt wird, wie dies zur

---

[*] § 26 neu gefaßt durch Gesetz vom 10. 11. 1972 (BGBl. I S. 2081).

Feststellung der Richtigkeit oder Vollständigkeit der Auskunft erforderlich ist. [2] Erweist sich die Auskunft als unrichtig oder unvollständig, so hat der Auskunftspflichtige die Kosten der Prüfung zu erstatten.

(7) Die Ansprüche des Urhebers verjähren in zehn Jahren.

(8) Die vorstehenden Bestimmungen sind auf Werke der Baukunst und der angewandten Kunst nicht anzuwenden.

§ 27.[*] Vermieten und Verleihen von Vervielfältigungsstücken. (1) [1] Für das Vermieten oder Verleihen von Vervielfältigungsstücken eines Werkes, deren Weiterverbreitung nach § 17 Abs. 2 zulässig ist, ist dem Urheber eine angemessene Vergütung zu zahlen, wenn das Vermieten oder Verleihen Erwerbszwecken des Vermieters oder Verleihers dient oder die Vervielfältigungsstücke durch eine der Öffentlichkeit zugängliche Einrichtung (Bücherei, Schallplattensammlung oder Sammlung anderer Vervielfältigungsstücke) vermietet oder verliehen werden. [2] Der Vergütungsanspruch kann nur durch eine Verwertungsgesellschaft geltend gemacht werden.

(2) Absatz 1 ist nicht anzuwenden, wenn das Werk ausschließlich zum Zweck des Vermietens oder Verleihens erschienen ist oder die Vervielfältigungsstücke im Rahmen eines Arbeits- oder Dienstverhältnisses ausschließlich zum Zweck verliehen werden, sie bei der Erfüllung von Verpflichtungen aus dem Arbeits- oder Dienstverhältnis zu benutzen.

§ 28. Vererbung des Urheberrechts. (1) Das Urheberrecht ist vererblich.

(2) [1] Der Urheber kann durch letztwillige Verfügung die Ausübung des Urheberrechts einem Testamentsvollstrecker übertragen. [2] § 2210 des Bürgerlichen Gesetzbuchs ist nicht anzuwenden.

§ 29. Übertragung des Urheberrechts. [1] Das Urheberrecht kann in Erfüllung einer Verfügung von Todes wegen oder an Miterben im Wege der Erbauseinandersetzung übertragen werden. [2] Im übrigen ist es nicht übertragbar.

§ 30. Rechtsnachfolger des Urhebers. Der Rechtsnachfolger des Urhebers hat die dem Urheber nach diesem Gesetz zustehenden Rechte, soweit nichts anderes bestimmt ist.

§ 31. Einräumung von Nutzungsrechten. (1) [1] Der Urheber kann einem anderen das Recht einräumen, das Werk auf einzelne oder alle Nutzungsarten zu nutzen (Nutzungsrecht). [2] Das Nutzungsrecht kann als einfaches oder ausschließliches Recht eingeräumt werden.

(2) Das einfache Nutzungsrecht berechtigt den Inhaber, das Werk neben dem Urheber oder anderen Berechtigten auf die ihm erlaubte Art zu nutzen.

(3) [1] Das ausschließliche Nutzungsrecht berechtigt den Inhaber, das Werk unter Ausschluß aller anderen Personen einschließlich des Urhebers auf die ihm erlaubte Art zu nutzen und einfache Nutzungsrechte einzuräumen. [2] § 35 bleibt unberührt.

---

[*] § 27 neu gefaßt durch Gesetz vom 10. 11. 1972 (BGBl. I S. 2081).

(4) Die Einräumung von Nutzungsrechten für noch nicht bekannte Nutzungsarten sowie Verpflichtungen hierzu sind unwirksam.

(5) Sind bei der Einräumung des Nutzungsrechts die Nutzungsarten, auf die sich das Recht erstrecken soll, nicht einzeln bezeichnet, so bestimmt sich der Umfang des Nutzungsrechts nach dem mit seiner Einräumung verfolgten Zweck.

§ 32. Beschränkung von Nutzungsrechten. Das Nutzungsrecht kann räumlich, zeitlich oder inhaltlich beschränkt eingeräumt werden.

§ 33. Weiterwirkung einfacher Nutzungsrechte. Ein einfaches Nutzungsrecht, das der Urheber vor Einräumung eines ausschließlichen Nutzungsrechts eingeräumt hat, bleibt gegenüber dem Inhaber des ausschließlichen Nutzungsrechts wirksam, wenn nichts anderes zwischen dem Urheber und dem Inhaber des einfachen Nutzungsrechts vereinbart ist.

§ 34. Übertragung von Nutzungsrechten. (1) [1] Ein Nutzungsrecht kann nur mit Zustimmung des Urhebers übertragen werden. [2] Der Urheber darf die Zustimmung nicht wider Treu und Glauben verweigern.

(2) Werden mit dem Nutzungsrecht an einem Sammelwerk (§ 4) Nutzungsrechte an den in das Sammelwerk aufgenommenen einzelnen Werken übertragen, so genügt die Zustimmung des Urhebers des Sammelwerkes.

(3) Ein Nutzungsrecht kann ohne Zustimmung des Urhebers übertragen werden, wenn die Übertragung im Rahmen der Gesamtveräußerung eines Unternehmens oder der Veräußerung von Teilen eines Unternehmens geschieht.

(4) Abweichende Vereinbarungen zwischen dem Inhaber des Nutzungsrechts und dem Urheber sind zulässig.

(5) Ist die Übertragung des Nutzungsrechts nach Vertrag oder kraft Gesetzes oder Zustimmung des Urhebers zulässig, so haftet der Erwerber gesamtschuldnerisch für die Erfüllung der sich aus dem Vertrag mit dem Urheber ergebenden Verpflichtungen des Veräußerers.

§ 35. Einräumung einfacher Nutzungsrechte. (1) [1] Der Inhaber eines ausschließlichen Nutzungsrechts kann einfache Nutzungsrechte nur mit Zustimmung des Urhebers einräumen. [2] Der Zustimmung bedarf es nicht, wenn das ausschließliche Nutzungsrecht nur zur Wahrnehmung der Belange des Urhebers eingeräumt ist.

(2) Die Bestimmungen in § 34 Abs. 1 Satz 2, Abs. 2 und Abs. 4 sind entsprechend anzuwenden.

§ 36. Beteiligung des Urhebers. (1) Hat der Urheber einem anderen ein Nutzungsrecht zu Bedingungen eingeräumt, die dazu führen, daß die vereinbarte Gegenleistung unter Berücksichtigung der gesamten Beziehungen des Urhebers zu dem anderen in einem groben Mißverhältnis zu den Erträgnissen aus der Nutzung des Werkes steht, so ist der andere auf Verlangen des Urhebers verpflichtet, in eine Änderung des Vertrages einzuwilligen, durch die dem Urheber eine den Umständen nach angemessene Beteiligung an den Erträgnissen gewährt wird.

(2) Der Anspruch verjährt in zwei Jahren von dem Zeitpunkt an, in dem der Urheber von den Umständen, aus denen sich der Anspruch ergibt, Kenntnis erlangt, ohne Rücksicht auf diese Kenntnis in zehn Jahren.

(3) [1] Auf den Anspruch kann im voraus nicht verzichtet werden. [2] Die Anwartschaft darauf unterliegt nicht der Zwangsvollstreckung; eine Verfügung über die Anwartschaft ist unwirksam.

§ 37. Verträge über die Einräumung von Nutzungsrechten. (1) Räumt der Urheber einem anderen ein Nutzungsrecht am Werk ein, so verbleibt ihm im Zweifel das Recht der Einwilligung zur Veröffentlichung oder Verwertung einer Bearbeitung des Werkes.

(2) Räumt der Urheber einem anderen ein Nutzungsrecht zur Vervielfältigung des Werkes ein, so verbleibt ihm im Zweifel das Recht, das Werk auf Bild- oder Tonträger zu übertragen.

(3) Räumt der Urheber einem anderen ein Nutzungsrecht zu einer öffentlichen Wiedergabe des Werkes ein, so ist dieser im Zweifel nicht berechtigt, die Wiedergabe außerhalb der Veranstaltung, für die sie bestimmt ist, durch Bildschirm, Lautsprecher oder ähnliche technische Einrichtungen öffentlich wahrnehmbar zu machen.

§ 38. Beiträge zu Sammlungen. (1) [1] Gestattet der Urheber die Aufnahme des Werkes in eine periodisch erscheinende Sammlung, so erwirbt der Verleger oder Herausgeber im Zweifel ein ausschließliches Nutzungsrecht zur Vervielfältigung und Verbreitung. [2] Jedoch darf der Urheber das Werk nach Ablauf eines Jahres seit Erscheinen anderweit vervielfältigen und verbreiten, wenn nichts anderes vereinbart ist.

(2) Absatz 1 Satz 2 gilt auch für einen Beitrag zu einer nicht periodisch erscheinenden Sammlung, für dessen Überlassung dem Urheber kein Anspruch auf Vergütung zusteht.

(3) [1] Wird der Beitrag einer Zeitung überlassen, so erwirbt der Verleger oder Herausgeber ein einfaches Nutzungsrecht, wenn nichts anderes vereinbart ist. [2] Räumt der Urheber ein ausschließliches Nutzungsrecht ein, so ist er sogleich nach Erscheinen des Beitrags berechtigt, ihn anderweit zu vervielfältigen und zu verbreiten, wenn nichts anderes vereinbart ist.

§ 39. Änderungen des Werkes. (1) Der Inhaber eines Nutzungsrechts darf das Werk, dessen Titel oder Urheberbezeichnung (§ 10 Abs. 1) nicht ändern, wenn nichts anderes vereinbart ist.

(2) Änderungen des Werkes und seines Titels, zu denen der Urheber seine Einwilligung nach Treu und Glauben nicht versagen kann, sind zulässig.

§ 40. Verträge über künftige Werke. (1) [1] Ein Vertrag, durch den sich der Urheber zur Einräumung von Nutzungsrechten an künftigen Werken verpflichtet, die überhaupt nicht näher oder nur der Gattung nach bestimmt sind, bedarf der schriftlichen Form. [2] Er kann von beiden Vertragsteilen nach Ablauf von fünf Jahren seit dem Abschluß des Vertrages gekündigt werden. [3] Die Kündigungsfrist beträgt sechs Monate, wenn keine kürzere Frist vereinbart ist.

(2) [1] Auf das Kündigungsrecht kann im voraus nicht verzichtet werden. [2] Andere vertragliche oder gesetzliche Kündigungsrechte bleiben unberührt.

(3) Wenn in Erfüllung des Vertrages Nutzungsrechte an künftigen Werken eingeräumt worden sind, wird mit Beendigung des Vertrages die Verfügung hinsichtlich der Werke unwirksam, die zu diesem Zeitpunkt noch nicht abgeliefert sind.

§ 41. Rückrufsrecht wegen Nichtausübung. (1) [1] Übt der Inhaber eines ausschließlichen Nutzungsrechts das Recht nicht oder nur unzureichend aus und werden dadurch berechtigte Interessen des Urhebers erheblich verletzt, so kann dieser das Nutzungsrecht zurückrufen. [2] Dies gilt nicht, wenn die Nichtausübung oder die unzureichende Ausübung des Nutzungsrechts überwiegend auf Umständen beruht, deren Behebung dem Urheber zuzumuten ist.

(2) [1] Das Rückrufsrecht kann nicht vor Ablauf von zwei Jahren seit Einräumung oder Übertragung des Nutzungsrechts oder, wenn das Werk später abgeliefert wird, seit der Ablieferung geltend gemacht werden. [2] Bei einem Beitrag zu einer Zeitung beträgt die Frist drei Monate, bei einem Beitrag zu einer Zeitschrift, die monatlich oder in kürzeren Abständen erscheint, sechs Monate und bei einem Beitrag zu anderen Zeitschriften ein Jahr.

(3) [1] Der Rückruf kann erst erklärt werden, nachdem der Urheber dem Inhaber des Nutzungsrechts unter Ankündigung des Rückrufs eine angemessene Nachfrist zur zureichenden Ausübung des Nutzungsrechts bestimmt hat. [2] Der Bestimmung der Nachfrist bedarf es nicht, wenn die Ausübung des Nutzungsrechts seinem Inhaber unmöglich ist oder von ihm verweigert wird oder wenn durch die Gewährung einer Nachfrist überwiegende Interessen des Urhebers gefährdet würden.

(4) [1] Auf das Rückrufsrecht kann im voraus nicht verzichtet werden. [2] Seine Ausübung kann im voraus für mehr als fünf Jahre nicht ausgeschlossen werden.

(5) Mit Wirksamwerden des Rückrufs erlischt das Nutzungsrecht.

(6) Der Urheber hat den Betroffenen zu entschädigen, wenn und soweit es der Billigkeit entspricht.

(7) Rechte und Ansprüche der Beteiligten nach anderen gesetzlichen Vorschriften bleiben unberührt.

§ 42. Rückrufsrecht wegen gewandelter Überzeugung. (1) [1] Der Urheber kann ein Nutzungsrecht gegenüber dem Inhaber zurückrufen, wenn das Werk seiner Überzeugung nicht mehr entspricht und ihm deshalb die Verwertung des Werkes nicht mehr zugemutet werden kann. [2] Der Rechtsnachfolger des Urhebers (§ 30) kann den Rückruf nur erklären, wenn er nachweist, daß der

Urheber vor seinem Tode zum Rückruf berechtigt gewesen wäre und an der Erklärung des Rückrufs gehindert war oder diese letztwillig verfügt hat.

(2) [1] Auf das Rückrufsrecht kann im voraus nicht verzichtet werden. [2] Seine Ausübung kann nicht ausgeschlossen werden.

(3) [1] Der Urheber hat den Inhaber des Nutzungsrechts angemessen zu entschädigen. [2] Die Entschädigung muß mindestens die Aufwendungen decken, die der Inhaber des Nutzungsrechts bis zur Erklärung des Rückrufs gemacht hat; jedoch bleiben hierbei Aufwendungen, die auf bereits gezogene Nutzungen entfallen, außer Betracht. [3] Der Rückruf wird erst wirksam, wenn der Urheber die Aufwendungen ersetzt oder Sicherheit dafür geleistet hat. [4] Der Inhaber des Nutzungsrechts hat dem Urheber binnen einer Frist von drei Monaten nach Erklärung des Rückrufs die Aufwendungen mitzuteilen; kommt er dieser Pflicht nicht nach, so wird der Rückruf bereits mit Ablauf dieser Frist wirksam.

(4) Will der Urheber nach Rückruf das Werk wieder verwerten, so ist er verpflichtet, dem früheren Inhaber des Nutzungsrechts ein entsprechendes Nutzungsrecht zu angemessenen Bedingungen anzubieten.

(5) Die Bestimmungen in § 41 Abs. 5 und 7 sind entsprechend anzuwenden.

§ 43. Urheber in Arbeits- oder Dienstverhältnissen. Die Vorschriften dieses Unterabschnitts sind auch anzuwenden, wenn der Urheber das Werk in Erfüllung seiner Verpflichtungen aus einem Arbeits- oder Dienstverhältnis geschaffen hat, soweit sich aus dem Inhalt oder dem Wesen des Arbeits- oder Dienstverhältnisses nichts anderes ergibt.

§ 44. Veräußerung des Originals des Werkes. (1) Veräußert der Urheber das Original des Werkes, so räumt er damit im Zweifel dem Erwerber ein Nutzungsrecht nicht ein.

(2) Der Eigentümer des Originals eines Werkes der bildenden Künste oder eines Lichtbildwerkes ist berechtigt, das Werk öffentlich auszustellen, auch wenn es noch nicht veröffentlicht ist, es sei denn, daß der Urheber dies bei der Veräußerung des Originals ausdrücklich ausgeschlossen hat.

§ 53. Vervielfältigungen zum privaten und sonstigen eigenen Gebrauch.
(1) Zulässig ist, einzelne Vervielfältigungsstücke eines Werkes zum privaten Gebrauch herzustellen. Der zur Vervielfältigung Befugte darf die Vervielfältigungsstücke auch durch einen anderen herstellen lassen; doch gilt dies für die Übertragung von Werken auf Bild- oder Tonträger und die Vervielfältigung von Werken der bildenden Künste nur, wenn es unentgeltlich geschieht.

(2) Zulässig ist, einzelne Vervielfältigungsstücke eines Werkes herzustellen oder herstellen zu lassen

1. zum eigenen wissenschaftlichen Gebrauch, wenn und soweit die Vervielfältigung zu diesem Zweck geboten ist,
2. zur Aufnahme in ein eigenes Archiv, wenn und soweit die Vervielfältigung zu diesem Zweck geboten ist und als Vorlage für die Vervielfältigung ein eigenes Werkstück benutzt wird,

3. zur eigenen Unterrichtung über Tagesfragen, wenn es sich um ein durch Funk gesendetes Werk handelt,
4. zum sonstigen eigenen Gebrauch,
   a) wenn es sich um kleine Teile eines erschienenen Werkes oder um einzelne Beträge handelt, die in Zeitungen oder Zeitschriften erschienen sind,
   b) wenn es sich um ein seit mindestens zwei Jahren vergriffenes Werk handelt.

(3) Zulässig ist, Vervielfältigungsstücke von kleinen Teilen eines Druckwerkes oder von einzelnen Beiträgen, die in Zeitungen oder Zeitschriften erschienen sind, zum eigenen Gebrauch

1. im Schulunterricht, in nichtgewerblichen Einrichtungen der Aus- und Weiterbildung sowie in Einrichtungen der Berufsbildung in der für eine Schulklasse erforderlichen Anzahl oder
2. für staatliche Prüfungen und Prüfungen in Schulen, Hochschulen, in nichtgewerblichen Einrichtungn der Aus- und Weiterbildung sowie in der Berufsbildung in der erforderlichen Anzahl

herzustellen oder herstellen zu lassen, wenn und soweit die Vervielfältigung zu diesem Zweck geboten ist.

(4) Die Vervielfältigung
a) graphischer Aufzeichnungn von Werken der Musik,
b) eines Buches oder einer Zeitschrift, wenn es sich um eine im wesentlichen vollständige Vervielfältigung handelt,

ist, soweit sie nicht durch Abschreiben vorgenommen wird, stets nur mit Einwilligung des Berechtigten zulässig oder unter den Voraussetzungen des Absatzes 2 Nr. 2 oder zum eigenen Gebrauch, wenn es sich um ein seit mindestens zwei Jahren vergriffenes Werk handelt. Ebenso ist die Vervielfältigung eines Programms für die Datenverarbeitung (§ 2 Abs. 1 Nr. 1) oder wesentlicher Teile davon stets nur mit Einwilligung des Berechtigten zulässig.

(5) Die Vervielfältigungsstücke dürfen weder verbreitet noch zu öffentlichen Wiedergaben benutzt werden. Zulässig ist jedoch, rechtmäßig hergestellte Vervielfältigungsstücke von Zeitungen und vergriffenen Werken sowie solche Werkstücke zu verleihen, bei denen kleine beschädigte oder abhanden gekommene Teile durch Vervielfältigungsstücke ersetzt worden sind.

(6) Die Aufnahme öffentlicher Vorträge, Aufführungen oder Vorführungen eines Werkes auf Bild- oder Tonträger, die Ausführung von Plänen und Entwürfen zu Werken der bildenden Künste und der Nachbau eines Werkes der Baukunst sind stets nur mit Einwilligung des Berechtigten zulässig.

§ 54. Vergütungspflicht. (1) Ist nach der Art eines Werkes zu erwarten, daß es durch Aufnahme von Funksendungen auf Bild- oder Tonträger oder durch Übertragung von einem Bild- oder Tonträger auf einen anderen nach § 53 Abs. 1 oder 2 vervielfältigt wird, so hat der Urheber des Werkes gegen den Hersteller

1. von Geräten
2. von Bild- oder Tonträgern,

die erkennbar zur Vornahme solcher Vervielfältigungen bestimmt sind, Anspruch auf Zahlung einer angemessenen Vergütung für die durch die Veräußerung der Geräte sowie der Bild- oder Tonträger geschaffene Möglichkeit, solche Vervielfältigungen vorzunehmen; neben dem Hersteller haftet als Gesamtschuldner, wer die Geräte oder die Bild- oder Tonträger in den Geltungsbereich dieses Gesetzes gewerblich einführt oder wiedereinführt.

(2) Ist nach der Art eines Werkes zu erwarten, daß es nach § 53 Abs. 1 bis 3 durch Ablichtung eines Werkstücks oder in einem Verfahren vergleichbarer Wirkung vervielfältigt wird, so hat der Urheber des Werkes gegen den Hersteller von Geräten, die zur Vornahme solcher Vervielfältigungen bestimmt sind, Anspruch auf Zahlung einer angemessenen Vergütung für die durch die Veräußerung oder ein sonstiges Inverkehrbringen der Geräte geschaffene Möglichkeit, solche Vervielfältigungen vorzunehmen; neben dem Hersteller haftet als Gesamtschuldner, wer die Geräte in den Geltungsbereich dieses Gesetzes gewerblich einführt oder wiedereinführt. Werden Geräte dieser Art in Schulen, Hochschulen sowie Einrichtungen der Berufsbildung oder der sonstigen Aus- und Weiterbildung (Bildungseinrichtungen), Forschungseinrichtungen, öffentlichen Bibliotheken) oder in Einrichtungen betrieben, die Geräte für die Herstellung von Ablichtungen entgeltlich bereithalten, so hat der Urheber auch gegen den Betreiber des Gerätes einen Anspruch auf Zahlung einer angemessenen Vergütung. Die Höhe der von dem Betreiber insgesamt geschuldeten Vergütung bemißt sich nach der Art und dem Umfang der Nutzung des Gerätes, die nach den Umständen, insbesondere nach dem Standort und der üblichen Verwendung, wahrscheinlich ist.

(3) Der Anspruch nach den Absätzen 1 und 2 Satz 1 entfällt, soweit nach den Umständen mit Wahrscheinlichkeit erwartet werden kann, daß die Geräte oder die Bild- oder Tonträger zur Vornahme der Vervielfältigungen im Geltungsbereich dieses Gesetzes nicht benutzt werden.

(4) Als angemessene Vergütung nach den Absätzen 1 und 2 gelten die in der Anlage* bestimmten Sätze, soweit nicht etwas anderes vereinbart wird.

---

* Anlage zu § 54 Abs. 4 des Urheberrechtsgesetzes

Vergütungssätze

I. Vergütung nach § 54 Abs. 1:
   Die Vergütung aller Berechtigten beträgt
   1. für jedes Tonaufzeichnungsgerät   2,50 DM
   2. für jedes Bildaufzeichnungsgerät mit oder ohne Tonteil   18,00 DM
   3. bei Tonträgern für jede Stunde Spieldauer bei üblicher Nutzung   0,12 DM
   4. bei Bildträgern für jede Stunde Spieldauer bei üblicher Nutzung   0,17 DM
   5. für jedes Ton- und Bildaufzeichnungsgerät, für dessen Betrieb
      nach seiner Bauart gesonderte Träger (Nummern 3 und 4) nicht
      erforderlich sind, das Doppelte der Vergütungssätze nach den
      Nummern 1 und 2.

(5) Der Urheber kann von den nach den Absätzen 1 und 2 zur Zahlung der Vergütung Verpflichteten Auskunft über Art und Stückzahl der im Geltungsbereich dieses Gesetzes veräußerten oder in Verkehr gebrachten Geräte und Bild- oder Tonträger verlangen. Der Urheber kann von dem Betreiber eines Gerätes, in einer Einrichtung im Sinne des Absatzes 2 Satz 2 die für die Bemessung der Vergütung erforderliche Auskunft verlangen. Die Auskunft ist jeweils für das vorangegangene Kalenderjahr zu erteilen.

(6) Die Ansprüche nach den Absätzen 1, 2 und 5 können nur durch eine Verwertungsgesellschaft geltend gemacht werden. Jedem Berechtigten steht ein angemessener Anteil an den nach den Absätzen 1 und 2 gezahlten Vergütungen zu.

II. Vergütung nach § 54 Abs. 2:
  1. Die Vergütung aller Berechtigten nach § 54 Abs. 2 Satz 1 beträgt für jedes Vervielfältigungsgerät mit einer Leistung

von 2 bis 12 Vervielfältigungen je Minute	75,– DM
von 13 bis 35 Vervielfältigungen je Minute	100,– DM
von 36 bis 70 Vervielfältigungen je Minute	150,– DM
über 70 Vervielfältigungen je Minute	600,– DM

  2. Die Vergütung aller Berechtigten nach § 54 Abs. 2 Satz 2 beträgt für jede DIN-A4-Seite der Ablichtung

a) bei Ablichtungen, die aus ausschließlich für den Schulgebrauch bestimmten, von einer Landesbehörde als Schulbuch zugelassenen Büchern hergestellt werden,	0,05 DM
b) bei allen übrigen Ablichtungen	0,02 DM

  3. Bei Vervielfältigungsgeräten mit denen mehrfarbige Ablichtungen hergestellt werden können, und bei mehrfarbigen Ablichtungen ist der doppelte Vergütungssatz anzuwenden.
  4. Bei Vervielfältigungsverfahren vergleichbarer Wirkung sind diese Vergütungssätze entsprechend anzuwenden.

Anhang VII

Verordnung (EWG) Nr. 17/62 des Rates: Erste Durchführungsverordnung zu den Artikeln 85 und 86 des Vertrages[1]

Vom 6. Februar 1962

Der Rat der Europäischen Wirtschaftsgemeinschaft –

gestützt auf den Vertrag zur Gründung der Europäischen Wirtschaftsgemeinschaft, insbesondere auf Artikel 87,
auf Vorschlag der Kommission,
nach Anhörung des Wirtschafts- und Sozialausschusses,
nach Anhörung des Europäischen Parlaments,
in Erwägung nachstehender Gründe:

Um ein System zu errichten, das den Wettbewerb innerhalb des Gemeinsamen Markts vor Verfälschungen schützt, ist es angebracht, für eine ausgewogene Anwendung der Artikel 85 und 86 in einheitlicher Weise in den Mitgliedstaaten Sorge zu tragen.

Die Einzelheiten der Anwendung des Artikels 85 Absatz (3) müssen festgelegt werden, wobei dem Erfordernis einer wirksamen Überwachung bei möglichst einfacher Verwaltungskontrolle Rechnung zu tragen ist.

Es erscheint deshalb notwendig, die Unternehmen, die Artikel 85 Absatz (3) in Anspruch nehmen wollen, grundsätzlich zu verpflichten, ihre Vereinbarungen, Beschlüsse und aufeinander abgestimmten Verhaltensweisen bei der Kommission anzumelden.

Es ist jedoch zu berücksichtigen, daß einerseits diese Vereinbarungen, Beschlüsse und aufeinander abgestimmten Verhaltensweisen wahrscheinlich sehr zahlreich sind und daher nicht gleichzeitig geprüft werden können, daß

---

1 BGBl. II S. 93/ABl. S. 204, geänd. durch VO Nr. 59 v. 3. 7. 1962; BGBl. II S. 931/ABl. S. 1655, VO Nr. 118/63 v. 5. 11. 1963; BGBl. II 1964 S. 62/ABl. S. 2696, VO Nr. 2822 v. 20. 12. 1971; ABl. Nr. L 285/49, Anh. I zu Art. 29 Beitritts- und Anpassungsakte zum Vertragswerk v. 22. 1. 1972; BGBl. II S. 1127/1144/1273, in Kraft getr. am 1. 1. 1973; und Anh. I zu Art. 21 der Beitrittsakte (Griechenland) v. 28. 5. 1979; BGBl. 1980 II S. 229/290, ABl. Nr. L 291 S. 3/93, in Kraft seit 1. 1. 1981; Bek. v. 2. 1. 1981; BGBl. II S. 15 sowie Art. 2 Abs. 2 des Beschl. des Rates v. 24. 5. 1979; ABl. Nr. L 291/5, Anh. I zu Art. 26 der Beitrittsakte (Spanien, Portugal) v. 11. 6. 1985; BGBl. II S. 1251, ABl. Nr. L 302/165, in Kraft seit 1. 1. 1986; Bek. v. 15. 1. 1986; BGBl. II S. 422.

andererseits einige von ihnen besondere Merkmale aufweisen, die sie weniger gefährlich für die Entwicklung des gemeinsamen Marktes machen können.

Es ist deshalb angebracht, vorläufig für bestimmte Gruppen von Vereinbarungen, Beschlüssen und aufeinander abgestimmten Verhaltensweisen ein elastischeres System einzuführen, ohne die Frage ihrer Gültigkeit nach Artikel 85 zu präjudizieren.

Die Unternehmen können ein Interesse daran haben zu erfahren, ob Vereinbarungen, Beschlüsse oder Verhaltensweisen, an denen sie beteiligt sind oder sich zu beteiligen beabsichtigen, der Kommission Anlaß geben können, auf Grund des Artikels 85 Absatz (1) oder des Artikels 86 einzuschreiten.

Um eine einheitliche Anwendung der Artikel 85 und 86 im Gemeinsamen Markt zu gewährleisten, ist es notwendig, die Vorschriften festzulegen, nach denen die Kommission in enger und stetiger Verbindung mit den zuständigen Behörden der Mitgliedstaaten die zur Anwendung der Artikel 85 und 86 erforderlichen Maßnahmen treffen kann.

Zu diesem Zweck muß die Kommission die Mitwirkung der zuständigen Behörden der Mitgliedstaaten erhalten und außerdem im gesamten Bereich des Gemeinsamen Marktes über die Befugnis verfügen, Auskünfte zu verlangen und Nachprüfungen vorzunehmen, die erforderlich sind, um die durch Artikel 85 Absatz (1) verbotenen Vereinbarungen, Beschlüsse und aufeinander abgestimmten Verhaltensweisen sowie die durch Artikel 86 verbotene mißbräuchliche Ausnutzung einer beherrschenden Stellung zu ermitteln.

Zur Erfüllung ihrer Aufgabe, für die Anwendung des Vertrages Sorge zu tragen, muß die Kommission das Recht haben, an Unternehmen oder Unternehmensvereinigungen Empfehlungen und Entscheidungen zu richten mit dem Ziel, Zuwiderhandlungen gegen die Artikel 85 und 86 abzustellen.

Die Beachtung der Artikel 85 und 86 und die Erfüllung der in Anwendung dieser Verordnung den Unternehmen und Unternehmensvereinigungen auferlegten Pflichten müssen durch Geldbußen und Zwangsgelder sichergestellt werden können.

Es ist zweckdienlich, das Recht der beteiligten Unternehmen zu gewährleisten, von der Kommission angehört zu werden, dritten Personen, deren Interessen durch eine Entscheidung betroffen werden können, vorher Gelegenheit zur Äußerung zu geben sowie eine weitgehende Veröffentlichung der getroffenen Entscheidung sicherzustellen.

Alle Entscheidungen, welche die Kommission in Anwendung dieser Verordnung erläßt, unterliegen unter den im Vertrag bestimmten Voraussetzungen der Überwachung durch den Gerichtshof; darüber hinaus ist es angebracht, dem Gerichtshof nach Artikel 172 eine Zuständigkeit zu übertragen, welche die Befugnis zu unbeschränkter Ermessensnachprüfung bei solchen Entscheidungen umfaßt, durch welche die Kommission Geldbußen und Zwangsgelder auferlegt.

Diese Verordnung kann unbeschadet des späteren Erlasses weiterer Vorschriften nach Artikel 87 in Kraft treten. –

hat folgende Verordnung erlassen:

Art. 1. Grundsatzbestimmung. Vereinbarungen, Beschlüsse und aufeinander abgestimmte Verhaltensweisen der in Artikel 85 Absatz (1) des Vertrages bezeichneten Art und die mißbräuchliche Ausnutzung einer marktbeherrschenden Stellung im Sinne des Artikels 86 des Vertrages sind verboten, ohne daß dies einer vorherigen Entscheidung bedarf; die Artikel 6, 7 und 23 dieser Verordnung bleiben unberührt.

Art. 2. Negativattest. Die Kommission kann auf Antrag der beteiligten Unternehmen und Unternehmensvereinigungen feststellen, daß nach den ihr bekannten Tatsachen für sie kein Anlaß besteht, gegen eine Vereinbarung, einen Beschluß oder eine Verhaltensweise auf Grund von Artikel 85 Absatz (1) oder von Artikel 86 des Vertrages einzuschreiten.

Art. 3. Abstellung von Zuwiderhandlungen. (1) Stellt die Kommission auf Antrag oder von Amts wegen eine Zuwiderhandlung gegen Artikel 85 oder 86 des Vertrages fest, so kann sie die beteiligten Unternehmen und Unternehmensvereinigungen durch Entscheidung verpflichten, die festgestellte Zuwiderhandlung abzustellen.

(2) Zur Stellung eines Antrags sind berechtigt:
a) Mitgliedstaaten,
b) Personen und Personenvereinigungen, die ein berechtigtes Interesse darlegen.

(3) Unbeschadet der sonstigen Bestimmungen dieser Verordnung kann die Kommission, bevor sie eine Entscheidung nach Absatz (1) erläßt, Empfehlungen zur Abstellung der Zuwiderhandlung an die beteiligten Unternehmen und Unternehmensvereinigungen richten.

Art. 4. Anmeldung neuer Vereinbarungen, Beschlüsse und Verhaltensweisen.
(1) Vereinbarungen, Beschlüsse und aufeinander abgestimmte Verhaltensweisen der in Artikel 85 Absatz (1) des Vertrages bezeichneten Art, die nach Inkrafttreten dieser Verordnung zustande kommen und für welche die Beteiligten Artikel 85 Absatz (3) in Anspruch nehmen wollen, sind bei der Kommission anzumelden. Solange sie nicht angemeldet worden sind, kann eine Erklärung nach Artikel 85 Absatz (3) nicht abgegeben werden.

(2) Absatz (1) gilt nicht für Vereinbarungen, Beschlüsse und aufeinander abgestimmte Verhaltensweisen, wenn
1. an ihnen nur Unternehmen aus einem Mitgliedstaat beteiligt sind und die Vereinbarungen, Beschlüsse oder Verhaltensweisen nicht die Ein- oder Ausfuhr zwischen Mitgliedstaaten betreffen;
2. an ihnen nur zwei Unternehmen beteiligt sind und die Vereinbarungen lediglich

a) einen Vertragsbeteiligten bei der Weiterveräußerung von Waren, die er von dem anderen Vertragsbeteiligten bezieht, in der Freiheit der Gestaltung von Preisen oder Geschäftsbedingungen beschränken,

b) dem Erwerber oder dem Benutzer von gewerblichen Schutzrechten – insbesondere von Patenten, Gebrauchsmustern, Geschmacksmustern oder Warenzeichen – oder dem Berechtigten aus einem Vertrag zur Übertragung oder Gebrauchsüberlassung von Herstellungsverfahren oder von zum Gebrauch und zur Anwendung von Betriebstechniken dienenden Kenntnissen Beschränkungen hinsichtlich der Ausübung dieser Rechte auferlegen;

3. sie lediglich zum Gegenstand haben:

a) die Entwicklung oder einheitliche Anwendung von Normen und Typen,

b) die gemeinsame Forschung und Entwicklung,

c) die Spezialisierung bei der Herstellung von Erzeugnissen, einschließlich der zu ihrer Durchführung erforderlichen Abreden,

– wenn die Erzeugnisse, die Gegenstand der Spezialisierung sind, in einem wesentlichen Teil des Gemeinsamen Marktes mehr als 15 v. H. des Umsatzes mit gleichen Erzeugnissen und solchen, die für den Verbraucher auf Grund ihrer Eigenschaften, ihrer Preislage und ihres Verwendungszwecks als gleichartig anzusehen sind, nicht auszumachen und

– wenn der gesamte jährliche Umsatz der beteiligten Unternehmen 200 Millionen Rechnungseinheiten nicht überschreitet.

Diese Vereinbarungen, Beschlüsse und Verhaltensweisen können bei der Kommission angemeldet werden.

Art. 5. Anmeldung bestehender Vereinbarungen, Beschlüsse und Verhaltensweisen. (1) Vereinbarungen, Beschlüsse und aufeinander abgestimmte Verhaltensweisen der in Artikel 85 Absatz (1) des Vertrages bezeichneten Art, die bei Inkrafttreten dieser Verordnung bestehen und für welche die Beteiligten Artikel 85 Absatz (3) in Anspruch nehmen wollen, sind bei der Kommission vor dem 1. November 1962 anzumelden. Jedoch sind abweichend hiervon Vereinbarungen, Beschlüsse und aufeinander abgestimmte Verhaltensweisen, an denen nur zwei Unternehmen beteiligt sind, vor dem 1. Februar 1963 anzumelden.

(2) Absatz (1) gilt nicht, wenn die Vereinbarungen, Beschlüsse und aufeinander abgestimmte Verhaltensweisen zu den in Artikel 4 Absatz (2) genannten Gruppen gehören; sie können bei der Kommission angemeldet werden.

Art. 6. Erklärungen nach Artikel 85 Absatz (3). (1) Gibt die Kommission eine Erklärung nach Artikel 85 Absatz (3) des Vertrages ab, so bezeichnet sie darin den Zeitpunkt, von dem an die Erklärung wirksam wird. Dieser Zeitpunkt kann nicht vor dem Tage der Anmeldung liegen.

(2) Absatz (1) Satz 2 gilt weder für die in Artikel 4 Absatz (2) und in Artikel 5 Absatz (2) genannten Vereinbarungen, Beschlüssen und aufeinander abgestimmten Verhaltensweisen noch für diejenigen der in Artikel 5

Absatz (1) bezeichneten Art, die innerhalb der in letzterer Bestimmung vorgesehenen Frist angemeldet worden sind.

Art. 7. Besondere Bestimmungen für bestehende Vereinbarungen, Beschlüsse und aufeinander abgestimmte Verhaltensweisen. (1) Sind bei Vereinbarungen, Beschlüssen und aufeinander abgestimmten Verhaltensweisen, die bei Inkrafttreten dieser Verordnung bestehen und vor dem in Artikel 5 Absatz 1 bezeichneten Zeitpunkt angemeldet werden, die Voraussetzungen des Artikels 85 Absatz (3) des Vertrages nicht erfüllt und setzen die beteililgten Unternehmen und Unternehmensvereinigungen ihre Vereinbarungen, Beschlüsse und aufeinander abgestimmten Verhaltensweisen nicht fort oder ändern sie diese derart ab, daß sie nicht mehr unter das Verbot des Artikels 85 Absatz (1) fallen oder daß sie die Voraussetzungen des Artikels 85 Absatz (3) erfüllen, so gilt das Verbot des Artikels 85 Absatz (1) nur für den Zeitraum, den die Kommission festsetzt. Eine Entscheidung der Kommission nach Satz 1 kann denjenigen Unternehmen und Unternehmensvereinigungen nicht entgegengehalten werden, die der Anmeldung nicht ausdrücklich zugestimmt haben.

(2) Auf Vereinbarungen, Beschlüsse und aufeinander abgestimmte Verhaltensweisen, die bei Inkrafttreten dieser Verordnung bestehen und zu den in Artikel 4 Absatz (2) genannten Gruppen gehören, ist Absatz (1) anwendbar, wenn sie vor dem 1. Januar 1967 angemeldet werden.

Art. 8. Gültigkeitsdauer und Widerruf der Erklärung nach Artikel 85 Absatz (3). (1) Die Erklärung nach Artikel 85 Absatz (3) des Vertrages ist für eine bestimmte Zeit abzugeben; sie kann mit Bedingungen und Auflagen verbunden werden.

(2) Die Erklärung kann auf Antrag erneuert werden, wenn die Voraussetzungen des Artikels 85 Absatz (3) des Vertrages weiterhin erfüllt sind.

(3) Die Kommission kann die Erklärung widerrufen oder ändern oder den Beteiligten bestimmte Handlungen untersagen:

a) wenn sich die tatsächlichen Verhältnisse in einem für die Erklärung wesentlichen Punkt geändert haben,

b) wenn die Beteiligten einer mit der Erklärung verbundenen Auflage zuwiderhandeln,

c) wenn die Erklärung auf unrichtigen Angaben beruht oder arglistig herbeigeführt worden ist,

d) wenn die Beteiligten die durch die Erklärung erlangte Freistellung von den Vorschriften des Artikels 85 Absatz (1) des Vertrages mißbrauchen.

In den Fällen der Buchstaben b), c) und d) kann die Erklärung auch mit rückwirkender Kraft widerrufen werden.

Art. 9. Zuständigkeit. (1) Vorbehaltlich der Nachprüfung der Entscheidung durch den Gerichtshof ist die Kommission ausschließlich zuständig, Artikel 85 Absatz (1) nach Artikel 85 Absatz (3) des Vertrages für nicht anwendbar zu erklären.

(2) Die Kommission ist zuständig, Artikel 85 Absatz (1) und Artikel 86 des Vertrages anzuwenden, auch wenn die für die Anmeldung nach Artikel 5 Absatz (1) und Artikel 7 Absatz (2) vorgesehenen Fristen noch nicht abgelaufen sind.

(3) Solange die Kommission kein Verfahren nach Artikel 2, 3 oder 6 eingeleitet hat, bleiben die Behörden der Mitgliedstaaten zuständig, Artikel 85 Absatz (1) und Artikel 86 nach Artikel 88 des Vertrages anzuwenden, auch wenn die für die Anmeldung nach Artikel 5 Absatz (1) und Artikel 7 Absatz (2) vorgesehenen Fristen noch nicht abgelaufen sind.

Art. 10. Verbindung mit den Behörden der Mitgliedstaaten. (1) Die Kommission übermittelt den zuständigen Behörden der Mitgliedstaaten unverzüglich eine Abschrift der Anträge und Anmeldungen sowie der wichtigsten Schriftstücke, die zur Feststellung von Verstößen gegen Artikel 85 oder 86 des Vertrages, zur Erteilung eines Negativattests oder zur Abgabe einer Erklärung nach Artikel 85 Absatz (3) bei ihr eingereicht werden.

(2) Sie führt die in Absatz (1) genannten Verfahren in enger und stetiger Verbindung mit den zuständigen Behörden der Mitgliedstaaten durch; diese sind berechtigt, zu diesen Verfahren Stellung zu nehmen.

(3) Ein Beratender Ausschuß für Kartell- und Monopolfragen ist vor jeder Entscheidung, die ein Verfahren nach Absatz (1) abschließt, sowie vor jeder Entscheidung über Erneuerung, Änderung oder Widerruf einer nach Artikel 85 Absatz (3) des Vertrages abgegebenen Erklärung anzuhören.

(4) Der Beratende Ausschuß setzt sich aus für Kartell- und Monopolfragen zuständigen Beamten zusammen. Jeder Mitgliedstaat bestimmt als seinen Vertreter einen Beamten, der im Falle der Verhinderung durch einen anderen Beamten ersetzt werden kann.

(5) Die Anhörung erfolgt in einer gemeinsamen Sitzung, zu der die Kommission einlädt; diese Sitzung findet frühestens vierzehn Tage nach Absendung der Einladung statt. Der Einladung sind eine Darstellung des Sachverhalts unter Angabe der wichtigsten Schriftstücke sowie ein vorläufiger Entscheidungsvorschlag für jeden zu behandelnden Fall beizufügen.

(6) Der Beratende Ausschuß kann seine Stellungnahme abgeben, auch wenn Mitglieder des Ausschusses oder ihre Vertreter nicht anwesend sind. Das Ergebnis des Anhörungsverfahrens ist schriftlich niederzulegen und wird dem Entscheidungsvorschlag beigefügt. Es wird nicht veröffentlicht.

Art. 11. Auskunftsverlangen. (1) Die Kommission kann zur Erfüllung der ihr in Artikel 89 und in den Vorschriften nach Artikel 87 des Vertrages übertragenen Aufgaben von den Regierungen und den zuständigen Behörden der Mitgliedstaaten sowie von Unternehmen und Unternehmensvereinigungen alle erforderlichen Auskünfte einholen.

(2) Richtet die Kommission ein Auskunftsverlangen an ein Unternehmen oder an eine Unternehmensvereinigung, so übermittelt sie der zuständigen Behörde

des Mitgliedstaats, in dessen Hoheitsgebiet sich der Sitz des Unternehmens oder der Unternehmensvereinigung befindet, gleichzeitig eine Abschrift dieses Verlangens.

(3) In ihrem Verlangen weist die Kommission auf die Rechtsgrundlage und den Zweck des Verlangens sowie auf die in Artikel 15 Absatz (1) Buchstabe b) für den Fall der Erteilung einer unrichtigen Auskunft vorgesehenen Zwangsmaßnahmen hin.

(4) Zur Erteilung der Auskunft sind die Inhaber der Unternehmen oder deren Vertreter, bei juristischen Personen, Gesellschaften und nicht rechtsfähigen Vereinen die nach Gesetz oder Satzung zur Vertretung berufenen Personen, verpflichtet.

(5) Wird eine von Unternehmen oder Unternehmensvereinigungen verlangte Auskunft innerhalb einer von der Kommission festgesetzten Frist nicht oder nicht vollständig erteilt, so fordert die Kommission die Auskunft durch Entscheidung an. Die Entscheidung bezeichnet die geforderten Auskünfte, bestimmt eine angemessene Frist zur Erteilung der Auskünfte und weist auf die in Artikel 15 Absatz (1) Buchstabe b) und Artikel 16 Absatz (1) Buchstabe c) vorgesehenen Zwangsmaßnahmen sowie auf das Recht hin, vor dem Gerichtshof gegen die Entscheidung Klage zu erheben.

(6) Die Kommission übermittelt der zuständigen Behörde des Mitgliedstaats, in dessen Hoheitsgebiet sich der Sitz des Unternehmens oder der Unternehmensvereinigung befindet, gleichzeitig eine Abschrift der Entscheidung.

Art. 12. Untersuchung von Wirtschaftszweigen. (1) Lassen in einem Wirtschaftszweig die Entwicklungen des Handels zwischen Mitgliedstaaten, Preisbewegungen, Preiserstarrungen oder andere Umstände vermuten, daß der Wettbewerb innerhalb des Gemeinsamen Markts in dem betreffenden Wirtschaftszweig eingeschränkt oder verfälscht ist, so kann die Kommission beschließen, eine allgemeine Untersuchung dieses Wirtschaftszweigs einzuleiten und im Rahmen dieser Untersuchung von den diesem Wirtschaftszweig angehörenden Unternehmen die Auskünfte verlangen, die zur Verwirklichung der in den Artikeln 85 und 86 des Vertrages niedergelegten Grundsätze und zur Erfüllung der der Kommission übertragenen Aufgaben erforderlich sind.

(2) Die Kommission kann insbesondere von allen Unternehmen und Gruppen von Unternehmen des betroffenen Wirtschaftszweigs verlangen, ihr sämtliche Vereinbarungen, Beschlüsse und aufeinander abgestimmten Verhaltensweisen mitzuteilen, die auf Grund von Artikel 4 Absatz (2) und Artikel 5 Absatz (2) von der Anmeldepflicht befreit sind.

(3) Leitet die Kommission die in Absatz (2) vorgesehene Untersuchung ein, so verlangt sie gleichfalls von den Unternehmen und Gruppen von Unternehmen, deren Größe zu der Vermutung Anlaß gibt, daß sie eine beherrschende Stellung auf dem Gemeinsamen Markt oder auf einem wesentlichen Teil desselben innehaben, der Kommission die sich auf die Struktur der Unterneh-

men und ihr Verhalten beziehenden Faktoren anzugeben, die erforderlich sind, um sie im Hinblick auf Artikel 86 des Vertrages zu beurteilen.

(4) Artikel 10 Absätze (3) bis (6) und die Artikel 11, 13 und 14 finden entsprechende Anwendung.

Art. 13. Nachprüfungen durch Behörden der Mitgliedstaaten. (1) Auf Ersuchen der Kommission nehmen die zuständigen Behörden der Mitgliedstaaten Nachprüfungen vor, welche die Kommission auf Grund von Artikel 14 Absatz (1) für angezeigt hält oder in einer Entscheidung nach Artikel 14 Absatz (3) angeordnet hat. Die mit der Durchführung der Nachprüfungen beauftragten Bediensteten der zuständigen Behörden der Mitgliedstaaten üben ihre Befugnisse unter Vorlage eines schriftlichen Prüfungsauftrags der zuständigen Behörde desjenigen Mitgliedstaats aus, in dessen Hoheitsgebiet die Nachprüfung vorgenommen werden soll. In dem Prüfungsauftrag sind der Gegenstand und der Zweck der Nachprüfung zu bezeichnen.

(2) Bedienstete der Kommission können auf Antrag der Kommission oder auf Antrag der zuständigen Behörde des Mitgliedstaats, in dessen Hoheitsgebiet die Nachprüfung vorgenommen werden soll, die Bediensteten dieser Behörde bei der Erfüllung ihrer Aufgaben unterstützen.

Art. 14. Nachprüfungsbefugnisse der Kommission. (1) Die Kommission kann zur Erfüllung der ihr in Artikel 89 und in Vorschriften nach Artikel 87 des Vertrages übertragenen Aufgaben bei Unternehmen und Unternehmensvereinigungen alle erforderlichen Nachprüfungen vornehmen.

Zu diesem Zweck verfügen die beauftragten Bediensteten der Kommission über folgende Befugnisse:

a) die Bücher und sonstigen Geschäftsunterlagen zu prüfen;
b) Abschriften oder Auszüge aus Büchern und Geschäftsunterlagen anzufertigen;
c) mündliche Erklärungen an Ort und Stelle anzufordern;
d) alle Räumlichkeiten, Grundstücke und Transportmittel der Unternehmen zu betreten.

(2) Die mit der Nachprüfung beauftragten Bediensteten der Kommission üben ihre Befugnisse unter Vorlage eines schriftlichen Prüfungsauftrags aus, in dem der Gegenstand und der Zweck der Nachprüfung bezeichnet sind und in dem auf die in Artikel 15 Absatz (1) Buchstabe c) vorgesehenen Zwangsmaßnahmen für den Fall hingewiesen wird, daß die angeforderten Bücher oder sonstigen Geschäftsunterlagen nicht vollständig vorgelegt werden. Die Kommission unterrichtet die zuständige Behörde des Mitgliedstaats, in dessen Hoheitsgebiet die Nachprüfung vorgenommen werden soll, rechtzeitig vor der Nachprüfung über den Prüfungsauftrag und die Person des beauftragten Bediensteten.

(3) Unternehmen und Unternehmensvereinigungen sind verpflichtet, die Nachprüfungen zu dulden, welche die Kommission in einer Entscheidung angeordnet hat. Die Entscheidung bezeichnet den Gegenstand und den Zweck

der Nachprüfung, bestimmt den Zeitpunkt des Beginns der Nachprüfung und weist die in Artikel 15 Absatz (1) Buchstabe c) und Artikel 16 Absatz (1) Buchstabe d) vorgesehenen Zwangsmaßnahmen sowie auf das Recht hin, vor dem Gerichtshof gegen die Entscheidung Klage zu erheben.

(4) Die Kommission erläßt die in Absatz (3) bezeichneten Entscheidungen nach Anhörung der zuständigen Behörde des Mitgliedstaats, in dessen Hoheitsgebiet die Nachprüfung vorgenommen werden soll.

(5) Bedienstete der zuständigen Behörde des Mitgliedstaats, in dessen Hoheitsgebiet die Nachprüfung vorgenommen werden soll, können auf Antrag dieser Behörde oder auf Antrag der Kommission die Bediensteten der Kommission bei der Erfüllung ihrer Aufgaben unterstützen.

(6) Widersetzt sich ein Unternehmen einer auf Grund dieses Artikels angeordneten Nachprüfung, so gewährt der betreffende Mitgliedstaat den beauftragten Bediensteten der Kommission die erforderliche Unterstützung, damit diese ihre Nachprüfungen durchführen können. Zu diesem Zweck treffen die Mitgliedstaaten vor dem 1. Oktober 1962 nach Anhörung der Kommission die erforderlichen Maßnahmen.

Art. 15. Geldbußen. (1) Die Kommission kann gegen Unternehmen und Unternehmensvereinigungen durch Entscheidung Geldbußen in Höhe von einhundert bis fünftausend Rechnungseinheiten festsetzen, wenn sie vorsätzlich oder fahrlässig:

a) in einem Antrag nach Artikel 2 oder in einer Anmeldung nach den Artikeln 4 und 5 unrichtige oder entstellte Angaben machen;
b) eine nach Artikel 11 Absatz (3) oder (5) oder nach Artikel 12 verlangte Auskunft unrichtig oder nicht innerhalb der in einer Entscheidung nach Artikel 11 Absatz (5) gesetzten Frist erteilen;
c) bei Nachprüfungen nach Artikel 13 oder 14 die angeforderten Bücher oder sonstigen Geschäftsunterlagen nicht vollständig vorlegen oder die in einer Entscheidung nach Artikel 14 Absatz (3) angeordnete Nachprüfung nicht dulden.

(2) Die Kommission kann gegen Unternehmen und Unternehmensvereinigungen durch Entscheidung Geldbußen in Höhe von eintausend bis einer Million Rechnungseinheiten oder über diesen Betrag hinaus bis zu zehn vom Hundert des von dem einzelnen an der Zuwiderhandlung beteiligten Unternehmen im letzten Geschäftsjahr erzielten Umsatzes festsetzen, wenn sie vorsätzlich oder fahrlässig:

a) gegen Artikel 85 Absatz (1) oder Artikel 86 des Vertrages verstoßen,
b) einer nach Artikel 8 Absatz (1) erteilten Auflage zuwiderhandeln.

Bei der Festsetzung der Höhe der Geldbuße ist neben der Schwere des Verstoßes auch die Dauer der Zuwiderhandlung zu berücksichtigen.

(3) Artikel 10 Absätze (3) bis (6) sind anzuwenden.

(4) Die Entscheidungen auf Grund der Absätze (1) und (2) sind nicht strafrechtlicher Art.

(5) Die in Absatz (2) Buchstabe a) vorgesehene Geldbuße darf nicht für Handlungen festgesetzt werden:

a) die nach der bei der Kommission vorgenommenen Anmeldung und vor der Entscheidung der Kommission nach Artikel 85 Absatz (3) des Vertrages begangen werden, soweit sie in den Grenzen der in der Anmeldung dargelegten Tätigkeit liegen,

b) die im Rahmen von bei Inkrafttreten dieser Verordnung bestehenden Vereinbarungen, Beschlüssen und aufeinander abgestimmten Verhaltensweisen vor der Anmeldung begangen werden, falls diese innerhalb der in Artikel 15 Absatz (1) und Artikel 7 Absatz (2) vorgesehenen Fristen erfolgt.

(6) Absatz (5) findet keine Anwendung, sobald die Kommission den betreffenden Unternehmen mitgeteilt hat, daß sie auf Grund vorläufiger Prüfungen der Auffassung ist, daß die Voraussetzungen des Artikels 85 Absatz (1) des Vertrages vorliegen und eine Anwendung des Artikels 85 Absatz (3) nicht gerechtfertigt ist.

Art. 16. Zwangsgelder. (1) Die Kommission kann gegen Unternehmen und Unternehmensvereinigungn durch Entscheidungen Zwangsgelder in Höhe von fünfzig bis eintausend Rechnungseinheiten für jeden Tag des Verzugs von dem in der Entscheidung bestimmten Zeitpunkt an festsetzen, um sie anzuhalten:

a) eine Zuwiderhandlung gegen Artikel 85 oder 86 des Vertrages zu unterlassen, deren Abstellung sie in einer Entscheidung nach Artikel 3 angeordnet hat,

b) eine nach Artikel 8 Absatz (3) untersagte Handlung zu unterlassen,

c) eine Auskunft vollständig und richtig zu erteilen, die sie in einer Entscheidung nach Artikel 11 Absatz (5) angefordert hat,

d) eine Nachprüfung zu dulden, die sie in einer Entscheidung nach Artikel 14 Absatz (3) angeordnet hat.

(2) Sind die Unternehmen oder Unternehmensvereinigungen der Verpflichtung nachgekommen, zu deren Erfüllung das Zwangsgeld festgesetzt worden war, so kann die Kommission die endgültige Höhe des Zwangsgeldes auf einen Betrag festsetzen, der unter dem Betrag liegt, der sich aus der ursprünglichen Entscheidung ergeben würde.

(3) Artikel 10 Absätze (3) bis (6) sind anzuwenden.

Art. 17. Nachprüfung durch den Gerichtshof. Bei Klagen gegen Entscheidungen der Kommission, in denen eine Geldbuße oder ein Zwangsgeld festgesetzt ist, hat der Gerichtshof die Befugnis zu unbeschränkter Nachprüfung der Entscheidung im Sinne von Artikel 172 des Vertrages; er kann die festgelegte

Geldbuße oder das festgesetzte Zwangsgeld aufheben, herabsetzen oder erhöhen.

Art. 18. Rechnungseinheit. Für die Anwendung der Artikel 15 bis 17 gilt die für die Aufstellung des Haushaltsplans der Gemeinschaft nach den Artikeln 207 und 209 des Vertrages vorgesehene Rechnungseinheit.

Art. 19. Anhörung Beteiligter und Dritter. (1) Vor Entscheidungen auf Grund der Artikel 2, 3, 6, 7, 8, 15 und 16 gibt die Kommission den beteiligten Unternehmen und Unternehmensvereinigungen Gelegenheit, sich zu den von der Kommission in Betracht gezogenen Beschwerdepunkten zu äußern.

(2) Soweit die Kommission oder die zuständigen Behörden der Mitgliedstaaten es für erforderlich halten, können sie auch andere Personen oder Personenvereinigungen anhören. Beantragen Personen oder Personenvereinigungen, daß sie angehört werden, so ist diesem Antrag stattzugeben, wenn sie ein ausreichendes Interesse glaubhaft machen.

(3) Will die Kommission ein Negativattest nach Artikel 2 erteilen oder eine Erklärung nach Artikel 85 Absatz (3) des Vertrages abgeben, so veröffentlicht sie den wesentlichen Inhalt des Antrags oder der Anmeldung mit der Aufforderung an alle betroffenen Dritten, der Kommission innerhalb einer von ihr auf mindestens einen Monat festzusetzenden Frist Bemerkungen mitzuteilen. Die Veröffentlichung muß den berechtigten Interessen der Unternehmen an der Wahrung ihrer Geschäftsgeheimnisse Rechnung tragen.

Art. 20. Berufsgeheimnis. (1) Die bei Anwendung der Artikel 11, 12, 13 und 14 erlangten Kenntnisse dürfen nur zu dem mit der Auskunft oder Nachprüfung verfolgten Zweck verwertet werden.

(2) Die Kommission und die zuständigen Behörden der Mitgliedstaaten sowie ihre Beamten und sonstigen Bediensteten sind verpflichtet, Kenntnisse nicht preiszugeben, die sie bei Anwendung dieser Verordnung erlangt haben und die ihrem Wesen nach unter das Berufsgeheimnis fallen; die Artikel 19 und 21 bleiben unberührt.

(3) Die Vorschriften der Absätze (1) und (2) stehen der Veröffentlichung von Übersichten oder Zusammenfassungen, die keine Angaben über einzelne Unternehmen oder Unternehmensvereinigungen enthalten, nicht entgegen.

Art. 21. Veröffentlichung von Entscheidungen. (1) Die Kommission veröffentlicht die Entscheidungen, die sie nach den Artikeln 2, 3, 6, 7 und 8 erläßt.

(2) Die Veröffentlichung erfolgt unter Angabe der Beteiligten und des wesentlichen Inhalts der Entscheidung; sie muß den berechtigten Interessen der Unternehmen an der Wahrung ihrer Geschäftsgeheimnisse Rechnung tragen.

Art. 22. Besondere Bestimmungen. (1) Die Kommission legt dem Rat Vorschläge vor, nach denen bestimmte Gruppen von Vereinbarungen, Beschlüssen und aufeinander abgestimmten Verhaltensweisen der in Artikel 4 Absatz (2) und Artikel 5 Absatz (2) bezeichneten Art der in den Artikeln 4 und 5 vorgesehenen Anmeldepflicht unterworfen werden.

(2) Binnen eines Jahres nach Inkrafttreten dieser Verordnung prüft der Rat auf Vorschlag der Kommission die besonderen Bestimmungen, die in Abweichung von den Vorschriften dieser Verordnung für die Vereinbarungen, Beschlüsse und aufeinander abgestimmten Verhaltensweisen der in Artikel 4 Absatz (2) und Artikel 35 Absatz (2) bezeichneten Art getroffen werden können.

Art. 23. Übergangsregelung für Entscheidungen von Behörden der Mitgliedstaaten. (1) Vereinbarungen, Beschlüsse und aufeinander abgestimmte Verhaltensweisen der in Artikel 85 Absatz (1) des Vertrages bezeichneten Art, auf die vor dem Inkrafttreten dieser Verordnung die zuständige Behörde eines Mitgliedstaats Artikel 85 Absatz (1) nach Artikel 85 Absatz (3) für nicht anwendbar erklärt hat, unterliegen nicht der in Artikel 5 vorgesehenen Anmeldepflicht. Die Entscheidung der zuständigen Behörde des Mitgliedstaats gilt als Erklärung im Sinne von Artikel 6; sie verliert ihre Gültigkeit spätestens zu dem in ihr festgesetzten Zeitpunkt, in jedem Falle drei Jahre nach Inkrafttreten dieser Verordnung. Artikel 8 Absatz (3) findet Anwendung.

(2) Über Anträge auf Erneuerung von Entscheidungen der in Absatz (1) bezeichneten Art entscheidet die Kommission nach Artikel 8 Absatz (2).

Art. 24. Ausführungsbestimmungen. Die Kommission ist ermächtigt, Ausführungsbestimmungen über Form, Inhalt und andere Einzelheiten der Anträge nach den Artikeln 2 und 3 und der Anmeldungen nach den Artikeln 4 und 5 sowie über die Anhörung nach Artikel 19 Absätze (1) und (2) zu erlassen.

Diese Verordnung ist in allen ihren Teilen verbindlich und gilt unmittelbar in jedem Mitgliedstaat.

Art. 25. (1) In bezug auf die Vereinbarungen, Beschlüsse und aufeinander abgestimmten Verhaltensweisen, die infolge des Beitritts in den Anwendungsbereich von Artikel 85 des Vertrags fallen, gilt der Zeitpunkt des Beitritts als Zeitpunkt des Inkrafttretens dieser Verordnung in allen Fällen, in denen in dieser Verordnung auf diesen Zeitpunkt verwiesen wird.

(2) Vereinbarungen, Beschlüsse und aufeinander abgestimmte Verhaltensweisen, die zum Zeitpunkt des Beitritts bestehen und die infolge des Beitritts in den Anwendungsbereich von Artikel 85 fallen, müssen vor Ablauf der Frist von sechs Monaten nach dem Beitritt gemäß Artikel 5 Absatz 1 und Artikel 7 Absätze 1 und 2 angemeldet werden.

(3) Die in Artikel 15 Absatz 2 Buchstabe a vorgesehenen Geldbußen dürfen nicht für Handlungen festgelegt werden, die vor der Anmeldung im Rahmen

737

von Vereinbarungen, Beschlüssen und Praktiken, die unter Absatz 2 fallen und innerhalb der in diesem Absatz vorgesehenen Fristen angemeldet worden sind, begangen werden.

(4) Die neuen Mitgliedstaaten treffen vor Ablauf einer Frist von sechs Monaten nach dem Beitritt nach Anhörung der Kommission die in Artikel 14 Absatz 6 vorgesehenen Maßnahmen.

(5) Die Absätze 1 bis 4 gelten in gleicher Weise im Falle des Beitritts der Republik Griechenland, des Königsreichs Spanien und der Portugiesischen Republik.

Verordnung Nr. 27 der Kommission

Erste Ausführungsverordnung zur Verordnung Nr. 17 des Rates
vom 6. 2. 1962[1]
(Form, Inhalt und andere Einzelheiten von Anträgen und Anmeldungen)

Artikel 1. Berechtigung zur Antragstellung und Anmeldung

1. Zur Stellung eines Antrags nach Artikel 2 und zur Anmeldung nach Artikel 4 und 5 der Verordnung Nr. 17 ist jedes Unternehmen berechtigt, das an Vereinbarungen, Beschlüssen oder Verhaltensweisen der in Artikel 85 und 86 des Vertrages bezeichneten Art beteiligt ist. Wenn nur einzelne der beteiligten Unternehmen den Antrag stellen oder die Anmeldung vornehmen, unterrichten sie die übrigen beteiligten Unternehmen.

2. Wenn Vertreter von Unternehmen, Personen und Vereinigungen die in Artikel 2, 3 Absatz 1 und 2 b), Artikel 4 und 5 der Verordnung Nr. 17 vorgesehenen Anträge und Anmeldungen unterzeichnen, so müssen sie ihre Vertreterbefugnis durch Urkunden nachweisen.

3. Bei gemeinsamen Anträgen oder Anmeldungen soll ein gemeinsamer Bevollmächtigter bestellt werden.

Artikel 2. Einreichung der Anträge und Anmeldungen

1. Die Anträge und Anmeldungen sowie ihre Anlagen sind bei der Kommission in siebenfacher Ausfertigung einzureichen.

2. Als Anlage beigefügte Urkunden sind im Original oder in Abschrift einzureichen. Die Übereinstimmung der Abschrift mit dem Original ist zu bestätigen.

3. Die Anträge und Anmeldungen sind in einer der Amtssprachen der Gemeinschaft abzufassen. Urkunden sind in der Originalsprache einzureichen. Wenn die Originalsprache nicht eine der Amtssprachen ist, ist eine Übersetzung in eine der Amtssprachen beizufügen.

Artikel 3. Wirksamwerden der Anträge und Anmeldungen

Der Antrag oder die Anmeldung ist im Zeitpunkt des Eingangs bei der Kommission bewirkt. Jedoch gilt im Falle der Aufgabe zur Post als eingeschriebener Brief das Datum des Poststempels des Aufgabeortes als Zeitpunkt des Eingangs.

---

1 Abgedruckt im ABl. EG 1962 S. 1118 f.

Artikel 4. Inhalt der Anträge und Anmeldungen

1. Für Anträge nach Artikel 2 der Verordnung Nr. 17 in Verbindung mit Artikel 85 Absatz 1 des Vertrages ist das als Anlage abgedruckte Formblatt A zu verwenden.

2. Für Anmeldungen nach Artikel 4 oder 5 der Verordnung Nr. 17 ist das als Anlage abgedruckte Formblatt B zu verwenden.

3. Die Anträge und Anmeldungen müssen die in den Formblättern geforderten Angaben enthalten.

4. Mehrere beteiligte Unternehmen können für den Antrag oder die Anmeldung ein Formblatt verwenden.

5. In Anträgen nach Artikel 2 der Verordnung Nr. 17 in Verbindung mit Artikel 86 des Vertrages ist der Sachverhalt vollständig darzulegen; insbesondere ist anzugeben, um welche Verhaltensweisen es sich handelt und welche Stellung das beteiligte oder die beteiligten Unternehmen auf dem Gemeinsamen Markt oder auf einem wesentlichen Teil desselben hinsichtlich der Waren oder Dienstleistungen haben, auf die sich die Verhaltensweise bezieht.

Artikel 5. Übergangsregelung

1. Die vor Inkrafttreten dieser Verordnung ohne Verwendung der Formblätter eingereichten Anträge und Anmeldungen gelten als ordnungsgemäß im Sinne des Artikels 4 dieser Verordnung.

2. Die Kommission kann verlangen, daß bei ihr binnen einer von ihr festgesetzten Frist ein ausgefülltes Formblatt eingereicht wird. In diesem Falle gelten der Antrag und die Anmeldung nur dann als ordnungsgemäß, wenn die Formblätter innerhalb der festgesetzten Frist nach Maßgabe dieser Verordnung eingereicht werden.

Artikel 6

Diese Verordnung tritt am Tage nach der Veröffentlichung im Amtsblatt der Europäischen Gemeinschaften in Kraft.

Diese Verordnung ist in allen ihren Teilen verbindlich und gilt unmittelbar in jedem Mitgliedstaat.

Anhang IX

Verordnung (EWG) Nr. 19/65 des Rates über die Anwendung von Artikel 85 Absatz 3 des Vertrages auf Gruppen von Vereinbarungen und aufeinander abgestimmten Verhaltensweisen[1]

Vom 2. März 1965

Der Rat der Europäischen Wirtschaftsgemeinschaft –

gestützt auf den Vertrag zur Gründung der Europäischen Wirtschaftsgemeinschaft, insbesondere auf Artikel 87,
auf Vorschlag der Kommission,
nach Stellungnahme des Europäischen Parlaments,
nach Stellungnahme des Wirtschafts- und Sozialausschusses,
in Erwägung nachstehender Gründe:

Die Erklärung der Nichtanwendbarkeit des Artikels 85 Absatz (1) des Vertrages kann sich nach Artikel 85 Absatz (3) auf Gruppen von Vereinbarungen, Beschlüssen und aufeinander abgestimmten Verhaltensweisen beziehen, die den in diesen Bestimmungen genannten Voraussetzungen entsprechen.

Die Durchführungsbestimmungen zu Artikel 85 Absatz (3) müssen durch Verordnung auf der Grundlage des Artikels 87 erlassen werden.

Bei der großen Zahl von Anmeldungen, die gemäß der Verordnung Nr. 17 eingereicht worden sind, sollte die Kommission, damit ihre Aufgabe erleichtert wird, in die Lage versetzt werden, durch Verordnung den Artikel 85 Absatz (1) auf gewisse Gruppen von Vereinbarungen und aufeinander abgestimmten Verhaltensweisen für nicht anwendbar zu erklären.

Die Voraussetzungen, unter denen die Kommission diese Befugnis in enger und stetiger Verbindung mit den zuständigen Behörden der Mitgliedstaaten ausüben kann, sind näher zu bestimmen, wenn auf Grund von Einzelentschei-

---

[1] ABl. S. 533, geänd. durch Anh. I zu Art. 29 Beitritts- und Anpassungsakte zum Vertragswerk v. 22. 1. 1972, BGBl. II S. 1127/1144/1273, sowie Anh. I zu Art. 21 der Beitrittsakte (Griechenland) v. 28. 5. 1979, BGBl. 1980 II S. 229/290; ABl. Nr. L 291 S. 3/93, in Kraft seit 1. 1. 1981, Bek. v. 2. 1. 1981, BGBl. II S. 15 sowie Art. 2 Abs. 2 des Beschl. des Rates v. 24. 5. 1979, ABl. Nr. L 291/5, Anh. I zu Art. 26 der Beitrittsakte (Spanien, Portugal) v. 11. 6. 1985, BGBl. II S. 1251, ABl. Nr. L 302/165, in Kraft seit 1. 1. 1986, Bek. v. 15. 1. 1986, BGBl. II S. 422.

dungen ausreichende Erfahrungen gewonnen sind und sich bestimmen läßt, für welche Gruppen von Vereinbarungen und aufeinander abgestimmten Verhaltensweisen die Voraussetzungen des Artikels 85 Absatz (3) als erfüllt angesehen werden können.

Die Kommission hat durch ihre Praxis, insbesondere durch ihre Verordnung Nr. 153, zu erkennen gegeben, daß bei bestimmten Gruppen von Vereinbarungen und aufeinander abgestimmten Verhaltensweisen, die zur Verfälschung des Wettbewerbs im Gemeinsamen Markt besonders geeignet sind, keine Erleichterung der in der Verordnung Nr. 17 vorgesehenen Verfahren in Betracht gezogen werden kann.

Nach Artikel 6 der Verordnung Nr. 17 kann die Kommission bestimmen, daß eine Erklärung nach Artikel 85 Absatz (3) des Vertrages rückwirkende Kraft hat; es ist angebracht, daß die Kommission eine solche Bestimmung auch in einer Verordnung treffen kann.

Nach Artikel 7 der Verordnung Nr. 17 können Vereinbarungen, Beschlüsse und aufeinander abgestimmte Verhaltensweisen insbesondere dann durch Entscheidung der Kommission von dem Verbot freigestellt werden, wenn sie derart geändert werden, daß sie die Voraussetzungen für die Anwendung des Artikels 85 Absatz (3) erfüllen; es ist angebracht, daß die Kommission diesen Vereinbarungen und aufeinander abgestimmten Verhaltensweisen durch Verordnung die gleiche Vergünstigung gewähren kann, wenn sie in der Weise abgeändert werden, daß sie unter eine in einer freistellenden Verordnung festgelegte Gruppe fallen.

Da eine Freistellung jedoch nicht bestehen kann, wenn die in Artikel 85 Absatz (3) aufgezählten Voraussetzungen nicht erfüllt sind, muß die Kommission die Möglichkeit haben, durch Entscheidung die Voraussetzungen festzulegen, denen eine Vereinbarung oder eine aufeinander abgestimmte Verhaltensweise, die infolge bestimmter Umstände gewisse mit Artikel 85 Absatz (3) nicht zu vereinbarende Wirkungen hat, genügen muß –

hat folgende Verordnung erlassen:

Art. 1. (1) Unbeschadet der Anwendung der Verordnung Nr. 17 des Rates kann die Kommission gemäß Artikel 85 Absatz (3) des Vertrages durch Verordnung Artikel 85 Absatz (1) auf Gruppen von Vereinbarungen für nicht anwendbar erklären, an denen nur zwei Unternehmen beteiligt sind und

a) – in denen sich ein Vertragspartner dem anderen gegenüber verpflichtet, zum Zwecke des Weiterverkaufs innerhalb eines abgegrenzten Gebietes des Gemeinsamen Marktes bestimmte Waren nur an ihn zu liefern, oder
   – in denen ein Vertragspartner sich dem anderen gegenüber verpflichtet, zum Zwecke des Weiterverkaufs bestimmte Waren nur von ihm zu beziehen, oder
   – in denen zwischen den beiden Unternehmen zum Zwecke des Weiterverkaufs ausschließlich Liefer- oder Bezugspflichten im Sinne der beiden vorstehenden Unterabsätze vereinbart worden sind;

b) die Beschränkungen enthalten, die im Zusammenhang mit dem Erwerb oder der Nutzung von gewerblichen Schutzrechten – insbesondere von Patenten, Gebrauchsmustern, Geschmacksmustern oder Warenzeichen – oder im Zusammenhang mit den Rechten aus einem Vertrag zur Übertragung oder Gebrauchsüberlassung von Herstellungsverfahren oder von zum Gebrauch und zur Anwendung von Betriebstechniken dienenden Kenntnissen auferlegt sind.

(2) Die Verordnung muß eine Beschreibung der Gruppen von Vereinbarungen enthalten, auf die sie Anwendung findet, und insbesondere bestimmen:

a) die Beschränkungen oder die Bestimmungen, die nicht in den Vereinbarungen enthalten sein dürfen;

b) die Bestimmungen, die in den Vereinbarungen enthalten sein müssen, oder sonstige Verausssetzungen, die erfüllt sein müssen.

(3) Die Absätze (1) und (2) finden entsprechende Anwendung auf Gruppen von aufeinander abgestimmten Verhaltensweisen, an denen nur zwei Unternehmen beteiligt sind.

Art. 2. (1) Eine Verordnung auf Grund des Artikels 1 wird für einen bestimmten Zeitraum erlassen.

(2) Sie kann aufgehoben oder geändert werden, wenn sich die Verhältnisse in einem Punkt geändert haben, der für den Erlaß der Verordnung wesentlich war; in diesem Fall wird eine Anpassungsfrist für die unter die ursprüngliche Verordnung fallenden Vereinbarungen und aufeinander abgestimmten Verhaltensweisen bestimmt.

Art. 3. In einer auf Grund des Artikels 1 erlassenen Verordnung kann bestimmt werden, daß sie mit rückwirkender Kraft für Vereinbarungen und aufeinander abgestimmte Verhaltensweisen gilt, für die am Tage des Inkrafttretens der Verordnung eine Erklärung mit rückwirkender Kraft nach Artikel 6 der Verordnung Nr. 17 hätte abgegeben werden können.

Art. 4. 1) In einer auf Grund des Artikels 1 erlassenen Verordnung kann bestimmt werden, daß das Verbot des Artikels 85 Absatz 1 des Vertrages für einen in der Verordnung festgesetzten Zeitraum nicht für Vereinbarungen und aufeinander abgestimmte Verhaltensweisen gilt, die zum Zeitpunkt des Beitritts bestehen und infolge des Beitritts in den Anwendungsbereich von Artikel 85 fallen und die Voraussetzungen des Artikels 85 Absatz 3 nicht erfüllen: wenn

– sie binnen drei Monaten nach Inkrafttreten der Verordnung derart abgeändert werden, daß sie diese Voraussetzungen gemäß den Bestimmungen der Verordnung erfüllen, und

– die Abänderungen der Kommission innerhalb einer in der Verordnung festgelegten Frist mitgeteilt werden.

Der vorstehende Unterabsatz gilt in gleicher Weise im Falle des Beitritts der Republik Griechenland, des Königreichs Spanien und der Portugiesischen Republik.

(2) Absatz 1 gilt für Vereinbarungen und aufeinander abgestimmte Verhaltensweisen, die infolge des Beitritts in den Anwendungsbereich von Artikel 85 Absatz 1 des Vertrages fallen und die gemäß den Artikeln 5 und 25 der Verordnung Nr. 17 vor dem 1. Juli 1973 angemeldet werden müssen, nur dann, wenn dies vor diesem Zeitpunkt geschehen ist. Absatz 1 gilt für Vereinbarungen und aufeinander abgestimmte Verhaltensweisen, die infolge des Beitritts der Republik Griechenland in den Anwendungsbereich von Artikel 85 Absatz 1 des Vertrages fallen und die gemäß den Artikeln 5 und 25 der Verordnung Nr. 17 vor dem 1. Juli 1981 angemeldet werden müssen, nur dann, wenn dies vor diesem Zeitpunkt geschehen ist.

Absatz 1 gilt für Vereinbarungen und aufeinander abgestimmte Verhaltensweisen, die infolge des Beitritts des Königreichs Spanien und der Portugiesischen Republik in den Anwendungsbereich von Artikel 85 Absatz 1 des Vertrages fallen und die gemäß den Artikeln 5 und 25 der Verordnung Nr. 17 vor dem 1. Juli 1986 angemeldet werden müssen, nur dann, wenn dies vor diesem Zeitpunkt geschehen ist.

(3) In Rechtsstreitigkeiten, die bei Inkrafttreten einer auf Grund des Artikels 1 erlassenen Verordnung anhängig sind, können die auf Grund von Absatz (1) ergangenen Bestimmungen nicht geltend gemacht werden; auch zur Begründung von Schadensersatzansprüchen gegen Dritte können sie nicht geltend gemacht werden.

Art. 5. Vor Erlaß einer Verordnung veröffentlicht die Kommission den Verordnungsentwurf mit der Aufforderung an alle Betroffenen, ihr innerhalb einer Frist, die sie auf mindestens einen Monat festsetzt, Bemerkungen mitzuteilen.

Art. 6. (1) Die Kommission hört den Beratenden Ausschuß für Kartell- und Monopolfragen an

a) bevor sie einen Verordnungsentwurf veröffentlicht,

b) bevor sie eine Verordnung erläßt.

(2) Artikel 10 Absätze (5) und (6) der Verordnung Nr. 17 betreffend die Anhörung des Beratenden Ausschusses sind mit der Maßgabe entsprechend anzuwenden, daß die gemeinsamen Sitzungen mit der Kommission frühestens einen Monat nach Absendung der Einladung stattfinden.

Art. 7. Stellt die Kommission von Amts wegen oder auf Antrag eines Mitgliedstaats oder von Personen oder Personenvereinigungen, die ein berechtigtes Interesse geltend machen, fest, daß im Einzelfall Vereinbarungen und aufeinander abgestimmte Verhaltensweisen, die unter eine auf Grund des Artikels 1 erlassene Verordnung fallen, gleichwohl Wirkungen haben, die mit den in Artikel 85 Absatz (3) des Vertrages vorgesehenen Voraussetzungen unvereinbar sind, so kann sie unter Entzug des Vorteils der Anwendung der Verordnung eine Erklärung nach den Artikeln 6 und 8 der Verordnung Nr. 17 abgeben, ohne daß es einer Anmeldung nach Artikel 4 Absatz (1) der Verordnung Nr. 17 bedarf.

Art. 8. Die Kommission übermittelt dem Rat vor dem 1. Januar 1970 einen Verordnungsvorschlag mit dem Ziel, an der vorliegenden Verordnung die Änderungen vorzunehmen, die nach den gewonnenen Erfahrungen erforderlich erscheinen.

Die Verordnung ist in allen ihren Teilen verbindlich und gilt unmittelbar in jedem Mitgliedstaat.

Anhang X

Bekanntmachung der Kommission vom 3. September 1986 über Vereinbarungen von geringer Bedeutung, die nicht unter Artikel 85 Absatz 1 des Vertrages zur Gründung der Europäischen Wirtschaftsgemeinschaft fallen[1]

I.

(1) Die Kommission sieht es als eine wichtige Aufgabe an, die Zusammenarbeit zwischen Unternehmen zu erleichtern, soweit sie wirtschaftlich erwünscht und wettbewerbspolitisch unbedenklich ist; dies gilt insbesondere für die Zusammenarbeit zwischen kleinen und mittleren Unternehmen. Deshalb veröffentlichte sie die Bekanntmachung über Vereinbarungen, Beschlüsse und aufeinander abgestimmte Verhaltensweisen, die eine zwischenbetriebliche Zusammenarbeit betreffen; diese Bekanntmachung führt eine Reihe von Vereinbarungen auf, die ihrer Natur nach nicht als Wettbewerbsbeschränkungen anzusehen sind. Außerdem erklärte die Kommission in ihrer Bekanntmachung über die Beurteilung von Zulieferverträgen, daß Vereinbarungen dieser Art, die vor allem Entwicklungsmöglichkeiten für kleine und mittlere Unternehmen bieten, als solche nicht unter das Verbot des Artikels 85 Absatz 1 fallen. Mit der Bekanntmachung über Vereinbarungen von geringer Bedeutung unternimmt die Kommission einen weiteren Schritt zur Abgrenzung des Anwendungsbereichs des Artikels 85 Absatz 1, um die Zusammenarbeit der kleinen und mittleren Unternehmen zu erleichtern.

(2) Nach Auffassung der Kommission fallen Vereinbarungen, die den Handel zwischen Mitgliedstaaten oder den Wettbewerb nur geringfügig beeinträchtigen, nicht unter das Kartellverbot des Artikels 85 Absatz 1. Vereinbarungen sind vielmehr nur verboten, wenn sie spürbare Auswirkungen auf die Marktverhältnisse haben, d. h. wenn die Marktstellung dritter Unternehmen und der Verbraucher, also deren Absatz- oder Versorgungsmöglichkeiten, spürbar verändert werden.

(3) Die Kommission hat in dieser Bekanntmachung den Begriff „spürbar" durch quantitative Kriterien und Hinweise zu deren Anwendung so konkretisiert, daß die Unternehmen selbst beurteilen können, ob die zwischen ihnen

---

1 Abgedruckt in ABl. 1986 Nr. C 231/2.

und anderen Unternehmen geschlossenen Vereinbarungen wegen ihrer geringen Bedeutung nicht unter Artikel 85 Absatz 1 fallen. Die von der Kommission gegebene quantitative Definition der Spürbarkeit hat jedoch keine ausschließliche Bedeutung; vielmehr ist es im Einzelfall durchaus möglich, daß auch Vereinbarungen zwischen Unternehmen, welche die unten aufgeführten Schwellen überschreiten, den Handel zwischen Mitgliedstaaten oder den Wettbewerb unter Umständen nur geringfügig beeinträchtigen und deshalb nicht von Artikel 85 Absatz 1 erfaßt werden.

(4) Mit dieser Bekanntmachung wird das Interesse der Unternehmen an der Erlangung eines Negativattests im Sinne von Artikel 2 der Verordnung Nr. 17 des Rates für die hier genannten Vereinbarungen entfallen und darüber hinaus auch kein Bedürfnis nach Klärung der Rechtslage durch Einzelentscheidungen der Kommission mehr bestehen; insoweit besteht auch kein Anlaß zur Anmeldung derartiger Vereinbarungen. Sollten jedoch im Einzelfall Zweifel bestehen, ob eine Vereinbarung den Handel zwischen Mitgliedstaaten oder den Wettbewerb spürbar einschränkt, so haben die Unternehmen die Möglichkeit, ein Negativattest zu beantragen oder die Vereinbarungen anzumelden.

(5) In Fällen, die unter diese Bekanntmachung fallen, wird die Kommission in aller Regel weder von Amts wegen noch auf Antrag ein Verfahren aufgrund der Verordnung Nr. 17 einleiten. Wird eine Vereinbarung, die von dieser Bekanntmachung gedeckt ist, aufgrund außergewöhnlicher Umstände gleichwohl von Artikel 85 Absatz 1 erfaßt, so wird die Kommission keine Geldbußen festsetzen. Haben Unternehmen eine von Artikel 85 Absatz 1 erfaßte Vereinbarung nicht angemeldet, weil sie wegen Irrtums bei der Berechnung ihres Marktanteils oder ihres Gesamtumsatzes annahmen, daß die Vereinbarung von dieser Bekanntmachung gedeckt sei, so wird die Kommission die Festsetzung von Geldbußen nicht in Betracht ziehen, es sei denn, daß der Irrtum fahrlässig begangen wurde.

(6) Die Bekanntmachung läßt die Befugnis der Gerichte der Mitgliedstaaten unberührt, Artikel 85 Absatz 1 kraft eigener Zuständigkeit anzuwenden. Sie stellt jedoch einen Umstand dar, den diese Gerichte bei der Entscheidung der bei ihnen anhängigen Rechtsstreitigkeiten berücksichtigen können. Der Rechtsauffassung des Gerichtshofes der Europäischen Gemeinschaften wird durch diese Bekanntmachung nicht vorgegriffen.

II.

(7) Die Kommission ist der Auffassung, daß Vereinbarungen zwischen Unternehmen, deren Geschäftsbetrieb auf die Erzeugung oder den Absatz von Waren oder auf die Erbringung von Dienstleistungen gerichtet ist, regelmäßig nicht unter das Verbot des Artikels 85 Absatz 1 fallen,

– wenn die Waren oder Dienstleistungen, die Gegenstand der Vereinbarung sind (im folgenden „Vertragsprodukte" genannt), und die sonstigen Waren oder Dienstleistungen der beteiligten Unternehmen, die vom Verbraucher auf Grund ihrer Eigenschaften, ihrer Preislage und ihres Verwendungszwecks als gleichartig angesehen werden, in dem Gebiet des Gemeinsamen Marktes, auf das sich die Vereinbarung auswirkt, nicht mehr als 5 % des Marktes sämtlicher dieser Waren oder Dienstleistungen (im folgenden „Produkte" genannt) ausmachen und

– wenn der Gesamtumsatz der beteiligten Unternehmen innerhalb eines Geschäftsjahres 200 Millionen ECU nicht überschreitet.

(8) Die Kommission ist auch der Auffassung, daß die vorgenannten Vereinbarungen selbst dann nicht unter das Verbot des Artikels 85 Absatz 1 fallen, wenn der vorgenannte Marktanteil oder Gesamtumsatz während zweier aufeinanderfolgender Geschäftsjahre um nicht mehr als ein Zehntel überschritten wird.

(9) Beteiligte Unternehmen im Sinne dieser Bekanntmachung sind:

a) die vertragschließenden Unternehmen;

b) die Unternehmen, bei denen ein vertragsschließendes Unternehmen unmittelbar oder mittelbar
   – mehr als die Hälfte des Kapitals oder des Betriebsvermögens besitzt oder
   – über mehr als die Hälfte der Stimmrechte verfügt oder
   – mehr als die Hälfte der Mitglieder des Aufsichtsrats oder der zur gesetzlichen Vertretung berufenen Organe bestellen kann oder
   – das Recht hat, die Geschäfte des Unternehmens zu führen;

c) die Unternehmen, die bei einem vertragsschließenden Unternehmen unmittelbar oder mittelbar die unter Buchstabe b) bezeichneten Rechte oder Einflußmöglichkeiten haben;

d) die Unternehmen, bei denen ein oben unter Buchstabe c) genanntes Unternehmen unmittelbar oder mittelbar die unter Buchstabe b) bezeichneten Rechte oder Einflußmöglichkeiten hat.

Als beteiligte Unternehmen gelten auch solche, bei denen mehrere der oben unter den Buchstaben a) bis d) genannten Unternehmen jeweils gemeinsam unmittelbar oder mittelbar die oben in Buchstabe b) bezeichneten Rechte oder Einflußmöglichkeiten haben.

(10) Zur Berechnung des Marktanteils ist der relevante Markt zu bestimmen. Dabei sind der sachlich und der räumlich relevante Markt zu ermitteln.

(11) Der sachlich relevante Markt umfaßt neben den Vertragsprodukten alle anderen mit ihnen identischen oder gleichwertigen Produkte. Nach dieser Regel sind sowohl die Produkte der beteiligten Unternehmen als auch der Markt der betreffenden Produkte zu ermitteln. Die betreffenden Produkte müssen untereinander austauschbar sein. Ob dies zutrifft, ist aus der Sicht der Verbraucher zu beurteilen, wobei die Eigenschaften der Produkte, ihre Preislage und ihr Verwendungszweck grundsätzlich gemeinsam zu berücksichtigen sind. Im Einzelfall können jedoch Produkte allein aufgrund ihrer Eigenschaften, ihrer Preislage oder ihres Verwendungszwecks einen besonderen Markt bilden. Dies gilt vor allem dann, wenn sich für sie Verbraucherpräferenzen entwickelt haben.

(12) Sind die Vertragsprodukte Komponenten, die von den beteiligten Unternehmen in andere Produkte eingefügt werden, so ist der Markt der letztgenannten Produkte zugrunde zu legen, falls die Komponenten einen wesentlichen Teil dieser Produkte bilden. Sind die Vertragsprodukte Komponenten, die an dritte Unternehmen verkauft werden, so ist der Markt für die Komponenten zugrunde zu legen. Trifft sowohl das eine wie das andere zu, so sind beide Märkte getrennt zu berücksichtigen.

(13) Räumlich relevanter Markt ist das Gebiet innerhalb der Gemeinschaft, in welchem sich die Vereinbarung auswirkt. Er umfaßt das Gesamtgebiet des Gemeinsamen Marktes, wenn die Vertragsprodukte in allen Mitgliedstaaten regelmäßig angeboten und nachgefragt werden. Können die Vertragsprodukte in einem Teilgebiet des Gemeinsamen Marktes nicht angeboten und nachgefragt werden oder werden sie dort nur in beschränktem Umfang oder unregelmäßig angeboten und nachgefragt, so ist dieses Teilgebiet nicht zu berücksichtigen.

(14) Der räumlich relevante Markt ist vor allem dann enger als das Gesamtgebiet des Gemeinsamen Marktes,

– wenn Art und Eigenschaften des Vertragsprodukts – wie etwa hohe Transportkosten im Verhältnis zu seinem Wert – dessen Mobilität beschränken oder

– wenn der Verkehr des Vertragsprodukts innerhalb des Gemeinsamen Marktes durch staatliche Maßnahmen, die den Zutritt zu nationalen Märkten beschränken – wie etwa mengenmäßige Beschränkungen, bedeutende Steuerunterschiede oder nichttarifäre Handelshemmnisse in Form von Vorschriften über Typenzulassungen oder Sicherheitsanforderungen – behindert wird. Das Bestehen derartiger Schranken kann dazu führen, daß das Gebiet eines Mitgliedstaats den räumlich relevanten Markt bildet. Eine solche Ausnahme ist jedoch nur dann gerechtfertigt, wenn diese Schranken durch zumutbare Anstrengungen und unter zumutbaren Kosten nicht überwunden werden können.

(15) Für die Berechnung des Gesamtumsatzes sind die Umsätze zusammenzuzählen, welche die beteiligten Unternehmen im letzten Geschäftsjahr mit allen Waren und Dienstleistungen vor Steuer erzielt haben. Hat ein Unternehmen auf dem relevanten Markt gleichartige Vereinbarungen mit verschiedenen anderen Unternehmen getroffen, so sind die Umsätze aller beteiligten Unternehmen zusammenzuzählen. Dabei werden Umsätze zwischen den beteiligten Unternehmen nicht mitgezählt.

(16) Diese Bekanntmachung findet keine Anwendung, wenn der Wettbewerb auf dem relevanten Markt durch die kumulativen Auswirkungen nebeneinanderbestehender Netze gleichartiger Vereinbarungen beschränkt wird, die von mehreren Herstellern oder Händlern errichtet worden sind.

(17) Diese Bekanntmachung gilt auch für Beschlüsse von Unternehmensvereinigungen und auch für aufeinander abgestimmte Verhaltensweisen.

Anhang XI

Bekanntmachung der EG-Kommission über Patentlizenzverträge[1]

I. Die Kommission ist auf Grund der gegenwärtig bekannten Umstände der Auffassung, daß die nachstehenden Vereinbarungen in Patentlizenzverträgen nicht von dem Verbot des Artikels 85 Abs. 1 des Vertrages erfaßt werden:

A. Verpflichtungen des Lizenznehmers, welche zum Gegenstand haben:

1. die Beschränkung auf einzelne der im Patentrecht vorgesehenen Arten der Benutzung der Erfindung (Herstellung, Gebrauch, Vertrieb),

2. die Beschränkung

    a) der Herstellung der patentierten Sache,
    b) der Benutzung des patentierten Verfahrens auf bestimmte technische Anwendungsgebiete,

3. die Beschränkung der Menge der herzustellenden Erzeugnisse oder der Zahl der Benutzungshandlungen,

4. die Beschränkung der Benutzung in

    a) zeitlicher
    (kürzere Laufzeit der Lizenz als des Patents),
    b) räumlicher
    (Gebietslizenz für einen Teil des Geltungsbereichs des Patents, Betriebslizenz für einen bestimmten Betrieb),
    c) persönlicher Hinsicht
    (Beschränkung der Verfügungsbefugnis des Lizenznehmers wie Verbot der Übertragung der Lizenz oder der Erteilung von Unterlizenzen);

B. Verpflichtungen des Lizenznehmers zur Anbringung von Patentvermerken;

C. Beschaffenheits- oder Bezugsbindungen des Lizenznehmers, soweit und solange sie im Interesse einer technisch einwandfreien Ausnutzung der Erfindung unerläßlich sind;

D. Verpflichtungen zur Mitteilung von Erfahrungen, die die Ausnutzung der Erfindung betreffen, oder zur Gewährung von Lizenzen auf Verbesserungs- oder Anwendungserfindungen; Verpflichtungen des Lizenznehmers jedoch nur, wenn es sich um nicht-ausschließliche Verpflichtungen handelt und diesen gleichartige Verpflichtungen des Lizenzgebers entsprechen;

---

1 Abgedruckt im ABl. EG 1962 S. 2922 f.

E. Verpflichtungen des Lizenzgebers:

1. keinem anderen die Benutzung der Erfindung zu gestatten,
2. die Erfindung nicht selbst zu benutzen.

II. Mit dieser Bekanntmachung wird der rechtlichen Beurteilung anderer als der unter I/A-E genannten Vereinbarungen nicht vorgegriffen.

Ferner erscheint eine allgemeine Beurteilung dieser Vereinbarungen nicht möglich für:

1. Patentgemeinschaften,
2. gegenseitige Lizenzierung,
3. mehrfache, parallele Lizenzierung.

Die Beurteilung der unter I/A-E genannten Vereinbarungen beschränkt sich auf Verpflichtungen, die die Laufzeit des Patents nicht überschreiten.

III. Die Bekanntmachung bezweckt, den Unternehmen Hinweise auf die Überlegungen zu geben, von denen sich die Kommission bei der Auslegung des Artikels 85 Abs. 1 des Vertrages und seiner Anwendung auf eine Reihe häufig vorkommender Vereinbarungen in bestimmten Patentlizenzverträgen leiten lassen wird. Solange und soweit solche Verträge keine über eine oder mehrere der oben genannten Vereinbarungen hinausgehenden Beschränkungen enthalten, werden sie nach Auffassung der Kommission nicht vom Verbot des Artikels 85 Abs. 1 berührt. Mit dieser Klarstellung wird regelmäßig das Interesse der Unternehmen an der Erlangung eines Negativattestes für die genannten Vereinbarungen entfallen und darüber hinaus auch kein Bedürfnis nach Klärung der Rechtslage durch eine Einzelentscheidung der Kommission mehr bestehen; insoweit ist auch der Anlaß zur Anmeldung derartiger Verträge beseitigt. Der Auffassung anderer zuständiger Behörden, insbesondere der Gerichte, kann durch diese Bekanntmachung nicht vorgegriffen werden.

Die Frage der Anwendbarkeit von Artikel 85 Abs. 1 des Vertrages auf Vereinbarungen des oben angegebenen Inhalts in Verträgen über Patentgemeinschaften, wechselseitige oder mehrfache, parallele Lizenzierung von Patenten, Verträgen über Benutzung sonstiger gewerblicher Schutzrechte oder gesetzlich nicht-geschützter, die Technik bereichernder Leistungen sowie auf andere als die genannten Vereinbarungen muß einer späteren Entscheidung vorbehalten bleiben.

Die Auslegung von Artikel 4 Abs. (2) Ziff. 2 b) der Verordnung Nr. 17 wird durch diese Bekanntmachung nicht berührt.

IV. Die unter I/A genannten Verpflichtungen werden vom Verbot des Artikels 85 Abs. 1 nicht erfaßt, weil sie vom Inhalt des Patents gedeckt sind. Sie bedeuten lediglich die teilweise Aufrechterhaltung des im ausschließlichen Recht des Patentinhabers enthaltenen Verbotsrechts gegenüber dem Lizenznehmer, dem im übrigen die Nutzung der Erfindung gestattet wird. Die Aufzählung unter I/A stellt keine erschöpfende Abgrenzung des Inhalts des Patentrechts dar.

Die unter I/B genannte Verpflichtung des Lizenznehmers zur Anbringung von Patentvermerken entspricht dem berechtigten Interesse des Patentinhabers an der Kennzeichnung der geschützten Gegenstände nach ihrer Herkunft aus der patentierten Erfindung. Solange der Lizenznehmer die geschützten Gegenstände daneben mit Kennzeichen eigener Wahl versehen kann, wird keine Beschränkung des Wettbewerbs bezweckt oder bewirkt.

Die unter I/C aufgeführten Verpflichtungen des Lizenznehmers zur Beachtung bestimmter Vorschriften über die Beschaffenheit der geschützten Erzeugnisse oder der Vorprodukte, Roh- oder Hilfsstoffe können keinen schutzwürdigen Wettbewerb beschränken, soweit sie der technisch untauglichen Ausführung der Erfindung vorbeugen sollen. Bezugsbindungen kommen nur dann in Betracht, wenn die Beschaffenheit nicht nach objektiven Kriterien festgelegt werden kann. In solchen Fällen haben Bezugsbindungen die gleiche Bedeutung wie Beschaffenheitsbindungen. Verpflichtungen des Lizenznehmers mit dem unter I/D beschriebenen Inhalt haben jedenfalls dann keine wettbewerbsbeschränkenden Wirkungen, wenn der Lizenznehmer die Möglichkeit zur Mitteilung der Erfahrungen oder Vergabe der Lizenzen an Dritte behält und an dem künftigen Erfahrungs- und Erfindungsschatz des Lizenzgebers teilzuhaben berechtigt ist. Verpflichtungen des Lizenzgebers zur Mitteilung von Erfahrungen oder Erteilung von Lizenzen mit dem unter I/D wiedergegebenen Inhalt erscheinen demgegenüber auch ohne diese Einschränkungen wettbewerbsrechtlich unbedenklich. Die Ziffer I/D bezieht sich dabei nur auf die Pflicht zur Mitteilung der Erfahrungen oder zur Gewährung der Lizenzen; unberührt bleibt die rechtliche Beurteilung etwaiger Beschränkungen, die dem Berechtigten mit Bezug auf die Benutzung dieser Erfahrungen oder Erfindungen auferlegt werden.

Durch die unter I/E genannte Verpflichtung, keinem anderen die Benutzung der Erfindung zu gestatten, verliert der Lizenzgeber seine Freiheit, mit anderen Nachfragern nach Lizenzen in Vertragsbeziehungen zu treten. Abgesehen von der umstrittenen Frage, ob solche Ausschließlichkeitsbindungen eine Beschränkung des Wettbewerbs bezwecken oder bewirken, sind sie bei der gegenwärtigen Lage in der Gemeinschaft nicht geeignet, den Handel zwischen Mitgliedstaaten zu beeinträchtigen. Die Verpflichtung, die patentierte Erfindung nicht selbst zu benutzen, kommt der vollen Übertragung des Rechts so nahe, daß sie unbedenklich erscheint.

Anhang XII

Verordnung (EWG) Nr. 2349/84 der Kommission über die Anwendung von Artikel 85 Absatz 3 des Vertrages auf Gruppen von Patentlizenzvereinbarungen[1]

Vom 23. Juli 1984

Die Kommission der Europäischen Gemeinschaften –

gestützt auf den Vertrag zur Gründung der Europäischen Wirtschaftsgemeinschaft;

gestützt auf die Verordnung Nr. 19/65/EWG des Rates vom 2. März 1965 über die Anwendung von Artikel 85 Absatz 3 des Vertrages auf Gruppen von Vereinbarungen und aufeinander abgestimmten Verhaltensweisen[2], zuletzt geändert durch die Akte über den Beitritt Griechenlands, insbesondere auf Artikel 1,

nach Veröffentlichung des Verordnungsentwurfes[3],

nach Anhörung des Beratenden Ausschusses für Kartell- und Monopolfragen, in Erwägung nachstehender Gründe:

(1) Die Kommission ist nach Verordnung Nr. 19/65/EWG ermächtigt, durch Verordnung Artikel 85 Absatz 3 des Vertrages auf bestimmte unter Artikel 85 Absatz 1 fallende Gruppen von Vereinbarungen anzuwenden, an denen nur zwei Unternehmen beteiligt sind und die Beschränkungen enthalten, die im Zusammenhang mit dem Erwerb oder der Nutzung von gewerblichen Schutzrechten – insbesondere von Patenten, Gebrauchsmustern, Geschmacksmustern oder Warenzeichen – oder im Zusammenhang mit den Rechten aus einem Vertrag zur Übertragung oder Gebrauchsüberlassung von Herstellungsverfahren oder von zum Gebrauch und zur Anwendung von Betriebstechniken dienenden Kenntnissen auferlegt sind.

(2) Patentlizenzvereinbarungen sind Vereinbarungen, in denen ein Unternehmen, das Inhaber eines Patentes ist (Lizenzgeber), einem anderen Unternehmen (Lizenznehmer) die Benutzung der patentierten Erfindung in einer oder

---

1 ABl. L 219 vom 16. 8. 1984, S. 15, berichtigt in ABl. L 280 vom 22. 10. 1985, S. 32.
2 ABl. Nr. 36 vom 6. 3. 1965, S. 533/65.
3 ABl. C 58 vom 3. 3. 1979, S. 12.

mehreren Benutzungsarten gestattet, insbesondere in denen der Herstellung, des Gebrauchs und des Inverkehrbringens.

(3) Die bisher gewonnenen Erfahrungen erlauben es, eine Gruppe von Patentlizenzvereinbarungen zu bestimmen, die geeignet sind, unter das Verbot des Artikels 85 Absatz 1 zu fallen, für die jedoch die Voraussetzungen des Artikels 85 Absatz 3 regelmäßig als erfüllt angesehen werden können. Soweit Patentlizenzvereinbarungen, an denen zwar nur Unternehmen aus einem Mitgliedstaat beteiligt sind und die auch nur ein oder mehrere Patente dieses Mitgliedstaats betreffen, gleichwohl geeignet sind, den Handel zwischen Mitgliedstaaten zu beeinträchtigen, ist es sinnvoll, sie in die Gruppenfreistellung einzubeziehen.

Die Verordnung gilt für Lizenzen über nationale Patente der Mitgliedstaaten, über Gemeinschaftspatente[4] und über europäische Patente[5], soweit letztere für Mitgliedstaaten erteilt sind, und über von den Mitgliedstaaten erteilte Gebrauchsmuster und „certificats d'utilité" sowie über Lizenzen über Erfindungen, für die innerhalb eines Jahres eine entsprechende Patentanmeldung erfolgt. Wenn derartige Vereinbarungen über solche Lizenzen Verpflichtungen nicht nur hinsichtlich von Gebieten innerhalb des Gemeinsamen Marktes, sondern auch hinsichtlich von Drittstaaten enthalten, so steht das Vorliegen der letzteren Verpflichtungen der Anwendung dieser Verordnung auf die Verpflichtungen, die sich auf Gebiete innerhalb des Gemeinsamen Marktes beziehen, nicht entgegen.

(5) Soweit im übrigen Lizenzvereinbarungen mit Bezug auf Drittstaaten oder mit Bezug auf Gebiete geschlossen werden, die sich über die Grenzen der Gemeinschaft hinaus erstrecken, und solche Vereinbarungen Auswirkungen im Gemeinsamen Markt haben, bei denen Artikel 85 Absatz 1 Platz greifen könnte, müssen sie in demselben Maße wie Vereinbarungen für Gebiete innerhalb des Gemeinsamen Marktes in den Geltungsbereich dieser Verordnung einbezogen werden.

(6) Diese Verordnung sollte auch auf die Veräußerung und den Erwerb der unter 4 genannten Rechte Anwendung finden, soweit das Risiko der wirtschaftlichen Verwertung beim Veräußerer verbleibt; desgleichen muß sie auch dann gelten, wenn der Lizenzgeber nicht Inhaber des Patents, aber vom Inhaber des Patents zur Erteilung der Lizenz ermächtigt ist, insbesondere im Falle der Erteilung von Unterlizenzen; sie muß ferner für solche Patentlizenzvereinbarungen gelten, in denen Rechte oder Verpflichtungen der Vertragspartner durch mit ihnen verbundene Unternehmen übernommen werden.

(7) Die Verordnung findet keine Anwendung auf reine Vertriebsvereinbarungen; diese fallen unter die Vorschriften der Verordnung (EWG) Nr. 1983/83

---

4 Übereinkommen über das europäische Patent für den Gemeinsamen Markt (Gemeinschaftsübereinkommen) vom 15. 12. 1975, ABl. L 17 vom 26. 1. 1976, S. 1.
5 Übereinkommen über die Erteilung europäischer Patente vom 5. 10. 1973.

der Kommission vom 22. Juni 1983 über die Anwendung von Artikel 85 Absatz 3 des Vertrages auf Gruppen von Alleinvertriebsvereinbarungen[6].

(8) Mangels ausreichender Erfahrungen ist es nicht angezeigt, in den Anwendungsbereich dieser Verordnung Patentgemeinschaften, Lizenzvereinbarungen im Zusammenhang mit einem Gemeinschaftsunternehmen, wechselseitige Lizenzen oder Lizenzvereinbarungen über Pflanzenzüchtungen einzubeziehen. Wechselseitige Vereinbarungen sollten jedoch einbezogen werden, sofern sie keine Gebietsbeschränkungen innerhalb des Gemeinsamen Marktes bewirken.

(9) Es ist dagegen zweckmäßig, den Geltungsbereich dieser Verordnung auf solche Patentlizenzvereinbarungen zu erstrecken, die auch Abreden über die Übertragung oder die Gebrauchsüberlassung nichtpatentierter technischer Kenntnisse enthalten; solche gemischten Vereinbarungen werden häufig getroffen, um die Übertragung einer komplexen Technologie mit patentierten und nichtpatentierten Elementen zu gewährleisten. Für die Zwecke dieser Verordnung können indessen die Voraussetzungen des Artikels 85 Absatz 3 nur als erfüllt angesehen werden, wenn die betreffenden Kenntnisse nicht offenkundig sind und zu einer besseren Nutzung der lizenzierten Patente beitragen (technisches Wissen). Die Verordnung erfaßt jedoch Vereinbarungen über solches technisches Wissen nur, wenn die lizenzierten Patente für die Verwirklichung des Zwecks der lizenzierten Technologie notwendig sind und solange wenigstens ein lizenziertes Patent noch in Kraft ist.

(10) Es ist ferner zweckmäßig, diese Verordnung auch auf solche Patentlizenzvereinbarungen zu erstrecken, die Nebenabreden über Warenzeichen enthalten. Dabei ist sicherzustellen, daß Warenzeichenlizenzen nicht dazu benutzt werden, die Wirkungen der Patentlizenzvereinbarungen über den Ablauf der Patente hinaus zu verlängern. Daher muß es dem Lizenznehmer gestattet bleiben, sich im „Lizenzgebiet", – d. h. in dem den gesamten Gemeinsamen Markt oder einen Teil desselben umfassenden Gebiet, wo der Lizenzgeber Schutz für Patente genießt, deren Benutzungen dem Lizenznehmer überlassen wurde –, als Hersteller des „Lizenzerzeugnisses" – d. h. des Erzeugnisses, das Gegenstand des lizenzierten Patentes ist oder das unmittelbar aus dem lizenzierten Verfahren hervorgeht –, bekannt zu machen, um zu vermeiden, daß er sich nach Ablauf der lizenzierten Patente gezwungen sieht, mit dem Lizenzgeber eine erneute Warenzeichenlizenzvereinbarung zu schließen, um seinen an das Lizenzerzeugnis gewöhnten Kundenstamm nicht zu verlieren.

(11) Vereinbarungen über ausschließliche Lizenzen, d. s. Vereinbarungen, in denen sich der Lizenzgeber verpflichtet, die „lizenzierte Erfindung" – d. h. die patentierte lizenzierte Erfindung und gegebenenfalls dazugehöriges technisches Wissen, das dem Lizenznehmer mitgeteilt wurde –, in dem dem Lizenznehmer überlassenen Gebiet nicht selbst auszuwerten und dort keine weitere Lizenz zu vergeben, sind als solche nicht unvereinbar mit Artikel 85 Absatz 1, wenn es darum geht, eine neue Technologie im Lizenzgebiet einzuführen und sie im Hinblick auf den Umfang der unternommenen Forschungsanstrengun-

---

6 ABl. L 173 vom 30. 6. 1983, S. 1

gen und das Risiko der Herstellung und des Absatzes eines den Verbrauchern im Lizenzgebiet zum Zeitpunkt des Abschlusses der Vereinbarung unbekannten Erzeugnisses zu schützen. Dasselbe könnte auf Vereinbarungen zutreffen, welche die Einführung und den Schutz eines neuen Herstellungsverfahrens für ein an sich bekanntes Erzeugnis zum Gegenstand haben. Soweit in anderen Fällen derartige Vereinbarungen unter Artikel 85 Absatz 1 fallen können, ist es aus Gründen der Rechtssicherheit angebracht, sie in Artikel 1 zu erfassen, um sie in den Genuß der Freistellung kommen zu lassen. Im übrigen stellt die Freistellung ausschließlicher Lizenz und bestimmter, dem Lizenzgeber und seinen Lizenznehmern auferlegter Exportverbote keinen Vorgriff auf die mögliche Erweiterung der Rechtsprechung des Gerichtshofes zu derartigen Vereinbarungen im Hinblick auf Artikel 85 Absatz 1 dar.

(12) Die in Artikel 1 umschriebenen Verpflichtungen tragen regelmäßig zur Verbesserung der Warenerzeugung und zur Förderung des technischen Fortschritts bei. Sie erhöhen nämlich die Bereitschaft der Patentinhaber zur Erteilung von Lizenzen und geben den Lizenznehmern einen Anreiz, in die Herstellung, die Benutzung und den Vertrieb eines neuen Produktes oder die Benutzung eines neuen Verfahrens zu investieren. Damit erhalten andere Unternehmen als der Patentinhaber selbst die Möglichkeit, ihre Erzeugnisse nach dem neuesten Stand der Technik herzustellen und diese Technik weiterzuentwickeln. Auf diese Weise erhöht sich die Zahl der Produktionsstätten, und der Ausstoß verbesserter Erzeugnisse in der Gemeinschaft nimmt zu. Dies gilt insbesondere für die Verpflichtungen des Lizenzgebers, die lizenzierte Erfindung nicht selbst im Lizenzgebiet des Lizenznehmers zu benutzen und insbesondere das Lizenzerzeugnis nicht nach dorthin auszuführen, sowie für die entsprechenden Verpflichtungen des Lizenznehmers bezüglich der „dem Lizenzgeber vorbehaltenen Gebiete" – d. h. derjenigen Gebiete innerhalb des Gemeinsamen Marktes, in denen der Lizenzgeber Patente besitzt und für die er keine Lizenzen erteilt hat –. Dasselbe gilt sowohl für die Verpflichtung des Lizenznehmers, während eines bestimmten, die Dauer der Lizenz nicht überschreitenden Zeitraums in Gebieten anderer Lizenznehmer keine aktive Vertriebspolitik für das Lizenzerzeugnis zu betreiben (Verbot des aktiven Wettbewerbs, wie in Artikel 1 Absatz 1 Ziffer 5 umschrieben) als auch für die Verpflichtung des Lizenznehmers, das Lizenzerzeugnis während eines auf einige Jahre begrenzten Zeitraums in diesen Gebieten nicht in Verkehr zu bringen (Verbot nicht nur des aktiven Wettbewerbs, sondern auch des passiven Wettbewerbs, welcher darin besteht, daß der Lizenznehmer eines Gebietes auf eine durch ihn nicht veranlaßte Nachfrage von Verbrauchern oder Wiederverkäufern aus den Gebieten anderer Lizenznehmer eingeht; Artikel 1 Absatz 1 Ziffer 6). Indessen können derartige Verpflichtungen im Rahmen dieser Verordnung nur mit Bezug auf Gebiete zugelassen werden, wo das Lizenzerzeugnis durch „parallele Patente" geschützt ist – d. h. Patente, die dieselbe Erfindung im Sinne der Rechtsprechung des Gerichtshofes erfassen –, und nur solange, wie diese Patente in Kraft sind.

(13) An dem sich aus dieser Verbesserung des Angebots ergebenden Gewinn werden die Verbraucher regelmäßig angemessen beteiligt. Um jedoch diese

Wirkung sicherzustellen, ist es angebracht, die Anwendung von Artikel 1 auszuschließen, wenn die Vertragspartner vereinbaren, die Nachfrage von Verbrauchern oder Zwischenhändlern aus ihrem jeweiligen Gebiet, welche die Lizenzerzeugung an ausländische Abnehmer weiterverkaufen wollen, nicht zu befriedigen, oder andere Maßnahmen treffen, um Paralleleinfuhren zu verhindern, oder wenn der Lizenznehmer verpflichtet wird, auf eine solche Nachfrage aus dem Gebiet anderer Lizenznehmer, um die er sich nicht bemüht hat (passive Verkäufe), nicht einzugehen. Dies gilt auch, wenn solche Handlungen auf eine Abstimmung zwischen Lizenzgeber und -nehmer zurückzuführen sind.

(14) Die vorstehend aufgeführten Verpflichtungen enthalten bei Beachtung der genannten Vorbehalte keine Beschränkungen, die für die Verwirklichung der oben beschriebenen Ziele nicht unerläßlich wären.

(15) Der Wettbewerb auf der Vertriebsstufe ist durch die Möglichkeit zu Paralleleinfuhren und zu passiven Verkäufen sichergestellt. Die in dieser Verordnung genannten Ausschließlichkeitsverpflichtungen führen somit in der Regel nicht zum Ausschluß des Wettbewerbs für einen wesentlichen Teil der betreffenden Waren. Das gilt selbst für Vereinbarungen, in denen ausschließlichen Lizenznehmern der gesamte Gemeinsame Markt als Lizenzgebiet überlassen wird.

(16) Sofern die Vertragspartner Verpflichtungen im Sinne der Artikel 1 und 2 vereinbaren, deren Anwendungsbereich aber dergestalt begrenzen, daß der Wettbewerb weniger stark eingeschränkt wird, als es nach diesen Artikeln zulässig wäre, muß für diese Verpflichtungen ebenfalls der Rechtsvorteil dieser Verordnung gewährt werden.

(17) Sollten im Einzelfall Vereinbarungen, die unter diese Verordnung fallen, gleichwohl Wirkungen haben, die mit den in Artikel 85 Absatz 3 des Vertrages vorgesehenen Voraussetzungen unvereinbar sind, so kann die Kommission nach Artikel 7 der Verordnung Nr. 19/65/EWG den beteiligten Unternehmen den Rechtsvorteil der Gruppenfreistellung entziehen.

(18) Es ist erforderlich, diejenigen Vereinbarungen, welche den Tatbestand des Artikels 85 Absatz 1 des Vertrages nicht erfüllen, ausdrücklich von der umschriebenen Gruppe auszunehmen; gleichwohl dient es der Rechtssicherheit und den Interessen der betroffenen Unternehmen, in Artikel 2 eine Reihe von Verpflichtungen aufzunehmen, die in der Regel nicht wettbewerbseinschränkend sind, um auch diesen den Rechtsvorteil der Freistellung zukommen zu lassen, falls sie aufgrund des wirtschaftlichen oder rechtlichen Zusammenhangs ausnahmsweise unter Artikel 85 Absatz 1 fallen; diese Aufzählung ist nicht erschöpfend.

(19) In der Verordnung muß außerdem angegeben werden, welche Beschränkungen oder Bestimmungen nicht in von dieser Verordnung erfaßten Patentlizenzvereinbarungen enthalten sein dürfen, damit diesen der Rechtsvorteil dieser Gruppenfreistellung zukommt. Die in Artikel 3 dieser Verordnung aufgezählten Beschränkungen können unter das Verbot des Artikels 85 Absatz 1 fallen; für sie besteht indessen keine allgemeine Vermutung derart,

daß sie zu den von Artikel 85 Absatz 3 geforderten positiven Wirkungen führen, wie dies für eine Freistellung durch eine Verordnung notwendig wäre.

(20) Dies gilt für Beschränkungen, die dem Lizenznehmer die jedem Dritten gegebene Möglichkeit nehmen, die Gültigkeit des Patents anzugreifen, ebenso wie für Bestimmungen, welche die Vertragsdauer jeweils von selbst um die Laufzeit eines neuen Patents verlängern, das der Lizenzgeber während der Laufzeit der lizenzierten, bei Abschluß der Vereinbarung bereits bestehenden Patente erwirkt. Jedoch bleiben die Vertragspartner frei, durch spätere Vereinbarungen über diese neuen Patente die Laufzeit des Vertrages zu verlängern, ebenso wie sie unabhängig von der Dauer der ursprünglichen Patente oder etwaiger neuer Patente die Zahlungen von Lizenzgebühren für den gesamten Zeitraum vorsehen können, während dessen der Lizenznehmer ihm mitgeteiltes und noch nicht offenkundiges technisches Wissen weiterbenutzt.

(21) Dies gilt ebenso für Beschränkungen der Freiheit eines Vertragspartners, mit dem anderen in Wettbewerb zu treten, insbesondere sich für andere als die lizenzierten Techniken zu interessieren, da derartige Beschränkungen ein Hindernis für den technischen und wirtschaftlichen Fortschritt darstellen; doch muß das Verbot solcher Beschränkungen im Einklang mit dem legitimen Interesse des Lizenzgebers an einer bestmöglichen Verwertung seiner patentierten Erfindung gesehen werden; dieser kann deshalb verlangen, daß der Lizenznehmer die bestmöglichen Anstrengungen bei der Herstellung und Vermarktung des Lizenzerzeugnisses unternimmt.

(22) Dies gilt gleichermaßen für die Verpflichtung des Lizenznehmers, weiterhin Lizenzgebühren zu zahlen, auch wenn keines der lizenzierten Patente mehr in Kraft ist und das mitgeteilte technische Wissen offenkundig geworden ist, da eine solche Verpflichtung ihn gegenüber seinen Wettbewerbern benachteiligt, es sei denn, es steht fest, daß sich diese Verpflichtung aus einer zeitlichen Erstreckung der für die vorherige Benutzung der lizenzierten Erfindungen geschuldeten Zahlungen ergibt.

(23) Dies gilt auch für Beschränkungen, die den Vertragspartnern hinsichtlich der Preise, der Abnehmer oder der Art und Weise des Vertriebs der Lizenzerzeugnisse und der herzustellenden oder zu vertreibenden Mengen auferlegt werden, zumal Beschränkungen der letzteren Art Ausfuhrverboten gleichkommen können.

(24) Dies gilt schließlich für Beschränkungen, denen sich der Lizenznehmer bei Vertragsabschluß wegen seines Interesses an einer von ihm gewünschten Lizenz unterwirft und die dem Lizenzgeber einen ungerechtfertigten Wettbewerbsvorsprung verschaffen, sei es, weil der Lizenznehmer zur Übertragung von Verbesserungserfindungen auf den Lizenzgeber verpflichtet wird, sei es, weil der Lizenznehmer weitere Lizenzen oder die Lieferung von Waren oder Dienstleistungen annimmt, obwohl er sie vom Lizenzgeber nicht zu erhalten wünscht.

(25) Es ist angebracht, den Vertragspartnern von Patentlizenzvereinbarungen mit Verpflichtungen, die einerseits nicht unter Artikel 1 oder 2 fallen und

andererseits keine der in Artikel 3 aufgeführten Wettbewerbsbeschränkungen bewirken, die Möglichkeit zu bieten, auf vereinfachtem Weg mit einer Anmeldung in den Genuß der Rechtssicherheit zu gelangen, die eine Gruppenfreistellungsverordnung bietet (Artikel 4). Dies soll es der Kommission gleichzeitig ermöglichen, eine wirksame Überwachung auszuüben und die verwaltungsmäßige Kontrolle von Kartellen zu vereinfachen.

(26) Es ist weiterhin eine Regelung angezeigt, wonach diese Verordnung für die bei ihrem Inkrafttreten bereits bestehenden Patentlizenzvereinbarungen mit rückwirkender Kraft gilt, soweit diese die Voraussetzungen dieser Verordnung schon erfüllen oder daran angepaßt werden (Artikel 6 bis 8). Eine Berufung auf die Rückwirkung ist in Rechtsstreitigkeiten, die bei Inkrafttreten dieser Verordnung anhängig sind, und zur Begründung von Schadensersatzansprüchen gegen Dritte gemäß Artikel 4 Absatz 3 der Verordnung Nr. 19/65/ EWG nicht möglich.

(27) Vereinbarungen, die die Voraussetzungen der Artikel 1 und 2 dieser Verordnung erfüllen und keine weiteren Wettbewerbsbeschränkungen bezwecken oder bewirken, brauchen nicht mehr angemeldet zu werden; doch bleibt das Recht der Unternehmen unberührt, im Einzelfall ein Negativattest nach Artikel 2 der Verordnung Nr. 17 des Rates[7] oder eine Freistellung der Kommission nach Artikel 85 Absatz 3 zu verlangen –

hat folgende Verordnungen erlassen:

Art. 1. (1) Artikel 85 Absatz 1 des Vertrages wird gemäß Artikel 85 Absatz 3 unter den in dieser Verordnung genannten Voraussetzungen auf Patentlizenzvereinbarungen und auf gemischte Vereinbarungen über Patentlizenzen und über die Mitteilung von technischem Wissen für nicht anwendbar erklärt, an denen nur zwei Unternehmen beteiligt sind und die eine oder mehrere der folgenden Verpflichtungen enthalten:

1. die Verpflichtung des Lizenzgebers, anderen Unternehmen die Benutzung der lizenzierten Erfindung in einem dem Lizenznehmer vorbehaltenen Gebiet, das den gesamten Gemeinsamen Markt oder einen Teil desselben umfaßt, nicht zu gestatten, soweit und solange eines der lizenzierten Patente noch in Kraft ist;

2. die Verpflichtung des Lizenzgebers, die lizenzierte Erfindung im Lizenzgebiet nicht selbst zu benutzen, soweit und solange eines der lizenzierten Patente noch in Kraft ist;

3. die Verpflichtung des Lizenznehmers, in den dem Lizenzgeber vorbehaltenen Gebieten innerhalb des Gemeinsamen Marktes die lizenzierte Erfindung nicht selbst zu benutzen, soweit und solange das Lizenzerzeugnis in diesen Gebieten durch parallele Patente geschützt ist;

---

7 ABl. Nr. 13 vom 21. 2. 1962, S. 204/62.

4. die Verpflichtung des Lizenznehmers, in Lizenzgebieten anderer Lizenznehmer im Gemeinsamen Markt die Herstellung oder den Gebrauch des Lizenzerzeugnisses oder den Gebrauch des patentierten Verfahrens oder des mitgeteilten technischen Wissens zu unterlassen, soweit und solange das Lizenzerzeugnis in diesen Gebieten durch parallele Patente geschützt ist;

5. die Verpflichtung des Lizenznehmers, in Lizenzgebieten anderer Lizenznehmer im Gemeinsamen Markt für das Lizenzerzeugnis keine aktive Vertriebspolitik zu führen, insbesondere keine besonders auf diese Gebiete ausgerichtete Werbung zu betreiben, dort keine Niederlassung einzurichten und dort keine Auslieferungslager zu unterhalten, soweit und solange das Lizenzerzeugnis in diesen Gebieten durch parallele Patente geschützt ist;

6. die Verpflichtung des Lizenznehmers, das Lizenzerzeugnis während einer höchsten fünfjährigen, mit dem ersten Inverkehrbringen innerhalb des Gemeinsamen Marktes durch den Lizenzgeber oder einen der Lizenznehmer beginnenden Frist in Lizenzgebieten anderer Lizenznehmer innerhalb des Gemeinsamen Marktes nicht in Verkehr zu bringen, soweit und solange das Lizenzerzeugnis in diesen Gebieten durch parallele Patente geschützt ist;

7. die Verpflichtung des Lizenznehmers, zur Kennzeichnung der Lizenzerzeugnisse ausschließlich das vom Lizenzgeber bestimmte Warenzeichen oder die von ihm bestimmte Aufmachung zu verwenden, sofern der Lizenznehmer nicht daran gehindert wird, auf seine Eigenschaft als Hersteller des Lizenzerzeugnisses hinzuweisen.

(2) Die Freistellung der Vertriebsbeschränkungen, die sich aus den in Absatz 1 Ziffern 2, 3, 5 und 6 genannten Verpflichtungen ergeben, ergeht unter der Voraussetzung, daß der Lizenznehmer die Lizenzerzeugnisse entweder selbst herstellt oder durch ein verbundenes Unternehmen oder durch einen Zulieferer herstellen läßt.

(3) Die Freistellung nach Absatz 1 gilt auch, wenn Vertragspartner in einer Vereinbarung Verpflichtungen im Sinne dieses Absatzes vorsehen, ihnen jedoch einen weniger weiten Umfang geben, als es nach diesem Absatz zulässig wäre.

Art. 2. (1) Der Anwendbarkeit des Artikels 1 stehen insbesondere folgende Verpflichtungen, die in der Regel nicht wettbewerbsbeschränkend sind, nicht entgegen:

1. die Verpflichtung des Lizenznehmers, vom Lizenzgeber oder von einem von diesem bezeichneten Unternehmen Erzeugnisse zu beziehen oder Dienstleistungen in Anspruch zu nehmen, soweit diese Erzeugnisse oder Dienstleistungen für eine technisch einwandfreie Benutzung der Erfindung notwendig sind;

2. die Verpflichtung des Lizenznehmers, eine Mindeslizenzgebühr zu zahlen oder eine Mindestmenge der Lizenzerzeugnisse herzustellen oder eine Mindestzahl von Benutzungshandlungen vorzunehmen;

3. die Verpflichtung des Lizenznehmers, die Benutzung der lizenzierten Erfindung auf einen oder mehrere von verschiedenen technischen Anwendungsbereichen zu beschränken, die vom lizenzierten Patent erfaßt werden;

4. die Verpflichtung des Lizenznehmer, nach Ablauf der Vereinbarung das Patent nicht mehr zu benutzen, soweit es noch in Kraft ist;

5. die Verpflichtung des Lizenznehmers, keine Unterlizenzen zu erteilen oder die Lizenz nicht weiter zu übertragen;

6. die Verpflichtung des Lizenznehmers, auf dem Lizenzerzeugnis einen Vermerk über den Patentinhaber, das lizenzierte Patent oder die Patentlizenzvereinbarung anzubringen;

7. die Verpflichtung des Lizenznehmers, vom Lizenzgeber mitgeteiltes technisches Wissen geheimzuhalten; diese Verpflichtung darf dem Lizenznehmer auch über das Ende der Vereinbarung hinaus auferlegt werden;

8. die Verpflichtung,

a) Patentverletzungen dem Lizenzgeber anzuzeigen,

b) gegen einen Patentverletzer gerichtlich vorzugehen,

c) dem Vertragspartner gegen einen Patentverletzer in einem Patentverletzungsverfahren Beistand zu leisten,

soweit solche Verpflichtungen das Recht des Lizenznehmers, das lizenzierte Patent anzugreifen, nicht berühren.

9. die Verpflichtung des Lizenznehmers, Vorschriften über die Mindestbeschaffenheit des Lizenzerzeugnisses, soweit sie im Interesse einer technisch einwandfreien Benutzung der Erfindung notwendig ist, einzuhalten und entsprechende Kontrollen zu dulden;

10. die Verpflichtung der Vertragspartner, sich gegenseitig ihre Erfahrungen, die die Benutzung der lizenzierten Erfindungen betreffen, mitzuteilen und sich eine Lizenz an Verbesserungs- und Anwendungserfindungen zu gewähren, soweit diese Mitteilung oder Lizenz nicht ausschließlich ist;

11. die Verpflichtung des Lizenzgebers, dem Lizenznehmer günstigere Lizenzbedingungen zugute kommen zu lassen, die der Lizenzgeber einem anderen Unternehmen nach Abschluß der Vereinbarung gewährt.

(2) Für den Fall, daß die in Absatz 1 aufgeführten Verpflichtungen aufgrund besonderer Umstände von dem Verbot des Artikels 85 Absatz 1 des Vertrages erfaßt werden, sind sie ebenfalls freigestellt, auch wenn sie nicht im Zusammenhang mit den in Artikel 1 freigestellten Verpflichtungen vereinbart werden.

Die in diesem Absatz gewährte Freistellung gilt auch, wenn Vertragspartner in einer Vereinbarung Verpflichtungen im Sinne des Absatzes 1 vorsehen, ihnen jedoch einen weniger weiten Umfang geben, als es nach Absatz 1 zulässig wäre.

Art. 3. Artikel 1 und Artikel 2 Absatz 2 gelten nicht, wenn

1. dem Lizenznehmer verboten wird, die lizenzierten Patente oder anderes im Gemeinsamen Markt gelegenes gewerbliches und kommerzielles Eigentum

des Lizenzgebers oder mit ihm verbundener Unternehmen anzugreifen; das Recht des Lizenzgebers, im Falle des Angriffs die Lizenzvereinbarung zu kündigen, bleibt unberührt;

2. die Dauer der Lizenzvereinbarung sich durch die Einbeziehung eines neuen Patents des Lizenzgebers jeweils von selbst über die Laufzeit der bei Abschluß der Vereinbarung bestehenden lizenzierten Patente hinaus verlängert, es sei denn, daß die Vereinbarung für beide Vertragspartner nach Ablauf der lizenzierten Patente, die bei Abschluß der Vereinbarung bestanden, eine mindestens jährliche Kündigungsmöglichkeit vorsieht; die vorliegende Bestimmung steht dem Recht des Lizenzgebers nicht entgegen, eine Lizenzgebühr für den gesamten Zeitraum zu erheben, während dessen der Lizenznehmer das mitgeteilte und noch nicht offenkundig gewordene technische Wissen weiternutzt, auch wenn dieser Zeitraum über die Dauer der Patente hinausgeht;

3. ein Vertragspartner in seiner Freiheit beschränkt wird, in den Bereichen Forschung und Entwicklung, Herstellung, Gebrauch oder Vertrieb mit dem anderen Vertragspartner, mit diesem verbundenen oder mit anderen Unternehmen im Gemeinsamen Markt in Wettbewerb zu treten; die Bestimmungen des Artikels 1 und die Verpflichtung des Lizenznehmers, die lizenzierte Erfindung nach besten Kräften auszuwerten, bleiben unberührt;

4. der Lizenznehmer für Produkte, die nicht ganz oder teilweise vom Patent gedeckt sind oder nach dem patentierten Verfahren hergestellt werden, oder für die Benutzung von technischem Wissen, das offenkundig geworden ist, zur Zahlung einer Lizenzgebühr verpflichtet wird, es sei denn, daß das Offenkundigwerden auf das Verschulden des Lizenznehmers oder eines ihm verbundenen Unternehmens zurückzuführen ist; die vorliegende Bestimmung schließt nicht aus, daß Lizenzzahlungen für die lizenzierte Erfindung aus Gründen der Zahlungserleichterung über einen Zeitraum erstreckt werden, der über die Dauer der lizenzierten Patente oder das Offenkundigwerden des technischen Wissens hinausreicht;

5. ein Vertragspartner Beschränkungen hinsichtlich der Menge der herzustellenden oder zu vertreibenden Lizenzerzeugnisse oder hinsichtlich der Zahl der Benutzungshandlungen unterworfen wird;

6. ein Vertragspartner Beschränkungen bei der Festsetzung der Preise, Preisbestandteile oder Rabatte für die Lizenzerzeugnisse unterworfen wird;

7. eine Vertragspartner Beschränkungen hinsichtlich seiner möglichen Abnehmer unterworfen wird, insbesondere durch ein Verbot, bestimmte Abnehmergruppen zu beliefern, sich bestimmter Vertriebswege zu bedienen oder bestimmte Arten der Verpackung des Erzeugnisses zu benutzen, um damit eine Aufteilung der Abnehmer zu erreichen; die Bestimmungen des Artikels 1 Absatz 1 Ziffer 7 und des Artikels 2 Absatz 1 Ziffer 3 bleiben unberührt;

8. der Lizenznehmer verpflichtet ist, dem Lizenzgeber seine Rechte aus Patenten für Anwendungs- oder Verbesserungserfindungen zu den lizenzierten Patenten oder das Recht auf solche Patente ganz oder teilweise zu übertragen;

9. ein Vertragspartner bei Abschluß der Lizenzvereinbarungen zur Annahme weiterer von ihm nicht gewünschter Lizenzen, zu einer von ihm nicht gewünschten Benutzung von Patenten oder zum Bezug von ihm nicht gewünschter Erzeugnisse oder Dienstleistungen veranlaßt wird, es sei denn, daß diese Patente, Erzeugnisse oder Dienstleistungen für eine technisch einwandfreie Benutzung der lizenzierten Erfindungen unerläßlich sind;

10. der Lizenznehmer für einen längeren als den in Artikel 1 Absatz 1 Ziffer 6 genannten Zeitraum verpflichtet wird, das Lizenzerzeugnis in Lizenzgebieten anderer Lizenznehmer innerhalb des Gemeinsamen Marktes nicht in Verkehr zu bringen, oder wenn ein derartiges Verhalten Folge einer Abstimmung zwischen den Vertragspartnern ist; die Bestimmung des Artikels 1 Absatz 1 Ziffer 5 bleibt unberührt;

11. die Vertragspartner oder einer von ihnen verpflichtet sind:
a) ohne objektiv gerechtfertigten Grund auf Bestellungen von Verbrauchern oder Wiederverkäufern aus ihren jeweiligen Gebieten, welche die Erzeugnisse in anderen Gebieten innerhalb des Gemeinsamen Marktes absetzen wollen, nicht einzugehen; oder
b) die Möglichkeit für Verbraucher oder Wiederverkäufer zum Bezug der Lizenzerzeugnisse bei anderen Wiederverkäufern innerhalb des Gemeinsamen Marktes zu erschweren, und insoweit insbesondere verpflichtet sind, gewerbliches und kommerzielles Eigentum geltend zu machen oder Maßnahmen zu treffen, um den Bezug außerhalb des Lizenzgebietes durch Verbraucher oder Wiederverkäufer von Erzeugnissen, die vom Patentinhaber selbst oder mit seiner Zustimmung innerhalb des Gemeinsamen Marktes in Verkehr gebracht worden sind, oder um das Inverkehrbringen solcher Erzeugnisse innerhalb des Lizenzgebietes durch diese Verbraucher oder Wiederverkäufer zu verhindern, oder wenn derartige Verhaltensweisen Folge einer Abstimmung zwischen ihnen sind.

Art. 4. (1) Der Rechtsvorteil der Freistellung nach den Artikeln 1 und 2 kommt auch Vereinbarungen mit solchen wettbewerbsbeschränkenden Verpflichtungen zugute, die in diesen Artikeln nicht genannt sind, jedoch nicht unter Artikel 3 fallen, unter der Bedingung, daß diese Vereinbarungen gemäß den Bestimmungen der Verordnung Nr. 27 der Kommission[8], zuletzt geändert durch die Verordnung (EWG) Nr. 1699/77[9], bei der Kommission angemeldet werden und die Kommission binnen sechs Monaten keinen Widerspruch gegen die Freistellung erhebt.

---

8 ABl. Nr. 35 vom 10. 5. 1962, S. 1118/62.
9 ABl. L 172 vom 3. 7. 1975, S. 11, erneut geändert durch die Verordnung (EWG) Nr. 2526/85 vom 5. 8. 1985.

(2) Die Sechsmonatsfrist beginnt mit dem Tag des Eingangs der Anmeldung bei der Kommission. Im Falle der Aufgabe zur Post als eingeschriebener Brief beginnt diese Frist mit dem Datum des Poststempels des Aufgabeortes.

(3) Absatz 1 gilt nur, wenn
a) in der Anmeldung oder in einer sie begleitenden Mitteilung auf diesen Artikel ausdrücklich Bezug genommen wird und
b) die bei der Anmeldung zu machenden Angaben vollständig sind und den Tatsachen entsprechen.

(4) Für bei Inkrafttreten dieser Verordnung bereits angemeldete Vereinbarungen können die Bestimmungen des Absatzes 1 durch eine sich ausdrücklich auf die Anmeldung und auf diesen Artikel beziehende Mitteilung an die Kommission in Anspruch genommen werden. Die Bestimmungen des Absatzes 2 und des Absatzes 3 Buchstabe b) gelten entsprechend.

(5) Die Kommission kann Widerspruch gegen die Freistellung erheben. Sie erhebt Widerspruch, wenn sie von einem Mitgliedstaat binnen drei Monaten nach der Übermittlung einer Anmeldung im Sinne von Absatz 1 oder einer Mitteilung im Sinne von Absatz 4 an diesen Mitgliedstaat einen entsprechenden Antrag erhält. Dieser Antrag muß auf Erwägungen zu den Wettbewerbsregeln des Vertrages gestützt sein.

(6) Die Kommission kann den Widerspruch gegen die Freistellung jederzeit zurücknehmen. Ist jedoch der Widerspruch auf Antrag eines Mitgliedstaats erhoben worden und hält dieser seinen Antrag aufrecht, kann der Widerspruch erst nach Anhörung des Beratenden Ausschusses für Kartell- und Monopolfragen zurückgenommen werden.

(7) Wird der Widerspruch zurückgenommen, weil die betroffenen Unternehmen dargelegt haben, daß die Voraussetzungen von Artikel 85 Absatz 3 erfüllt sind, so gilt die Freistellung vom Zeitpunkt der Anmeldung an.

(8) Wird der Wiederspruch zurückgenommen, weil die betroffenen Unternehmen die Vereinbarung derart geändert haben, daß sie die Voraussetzungen von Artikel 85 Absatz 3 erfüllen, so gilt die Freistellung von dem Zeitpunkt an, zu dem die Änderung der Vereinbarung wirksam geworden ist.

(9) Erhebt die Kommission Widerspruch und wird dieser nicht zurückgenommen, so richten sich die Wirkungen der Anmeldung nach den Vorschriften der Verordnung Nr. 17.

Art. 5. (1) Diese Verordnung gilt nicht für

1. Vereinbarungen zwischen Mitgliedern einer Patentgemeinschaft über die gemeinsamen Patente;

2. Patentlizenzvereinbarungen zwischen Wettbewerbern, die an einem Gemeinschaftsunternehmen beteiligt sind, oder zwischen einem von ihnen und dem Gemeinschaftsunternehmen, wenn sich die Lizenzvereinbarungen auf die Tätigkeit des Gemeinschaftsunternehmens beziehen;

3. Vereinbarungen, mit denen ein Vertragspartner dem anderen Vertragspartner eine Patentlizenz erteilt und dieser andere, auch wenn dies in
getrennten Vereinbarungen oder über verbundene Unternehmen geschieht,
dem ersten eine Lizenz an Patenten oder Marken oder Verkaufsrechte für
nicht patentgeschützte Erzeugnisse einräumt oder ihm technisches Wissen
mitteilt, soweit die Vertragspartner Wettbewerber für die Vertragserzeugnisse
sind;

4. Lizenzvereinbarungen über Pflanzenzüchtungen.

(2) Diese Verordnung findet gleichwohl Anwendung auf wechselseitige Lizenzen im Sinne von Absatz 1 Ziffer 3, falls die Vertragspartner innerhalb des
Gemeinsamen Marktes keinen Gebietsbeschränkungen hinsichtlich der Herstellung, des Gebrauchs und des Inverkehrbringens der Vertragserzeugnisse
oder hinsichtlich des Gebrauchs der lizenzierten Verfahren unterworfen sind.

Art. 6. (1) Für Vereinbarungen, die am 13. März 1962 bestanden und die vor
dem 1. Februar 1963 angemeldet worden sind, sowie für Vereinbarungen im
Sinne von Artikel 4 Absatz 2 Ziffer 2 Buchstabe b) der Verordnung Nr. 17 –
ob angemeldet oder nicht – gilt die in dieser Verordnung erklärte Nichtanwendbarkeit des Artikel 85 Absatz 1 des Vertrages rückwirkend von dem
Zeitpunkt an, in dem die Voraussetzungen für die Anwendung dieser Verordnung erfüllt waren.

(2) Für alle übrigen vor dem Inkrafttreten dieser Verordnung angemeldeten
Vereinbarungen gilt die in dieser Verordnung erklärte Nichtanwendbarkeit
des Artikels 85 Absatz 1 des Vertrages rückwirkend von dem Zeitpunkt an,
in dem die Voraussetzungen der Anwendung dieser Verordnung erfüllt
waren, jedoch frühestens vom Tage der Anmeldung an.

Art. 7. Werden Vereinbarungen, die am 13. März 1962 bestanden und vor
dem 1. Februar 1963 angemeldet wurden, oder Vereinbarungen im Sinne von
Artikel 4 Absatz 2 Ziffer 2 Buchstabe b) der Verordnung Nr. 17, die vor dem
1. Januar 1967 angemeldet wurden, vor dem 1. April 1985 derart abgeändert,
daß sie die in dieser Verordnung genannten Voraussetzungen erfüllen, und
wird die Änderung der Kommission vor dem 1. Juli 1985 mitgeteilt, so gilt
das Verbot des Artikels 85 Absatz 1 des Vertrages für den Zeitraum vor der
Änderung nicht. Die Mitteilung ist im Zeitpunkt des Eingangs bei der Kommission bewirkt. Im Falle der Aufgabe zur Post als eingeschriebener Brief gilt
das Datum des Poststempels des Aufgabeortes als Tag des Eingangs.

Art. 8. (1) Für Vereinbarungen, die infolge des Beitritts des Vereinigten
Königreichs, Irlands und Dänemarks in den Anwendungsbereich von Artikel 85 des Vertrages fallen, gelten die Artikel 6 und 7 mit der Maßgabe, daß
an die Stelle des 13. März 1962 der 1. Januar 1973 und an die Stelle des
1. Februar 1963 und des 1. Januar 1967 der 1. Juli 1973 tritt.

(2) Für Vereinbarungen, die infolge des Beitritts Griechenlands in den
Anwendungsbereich von Artikel 85 des Vertrages fallen, gelten die Artikel 6

und 7 mit der Maßgabe, daß an die Stelle des 13. März 1962 der 1. Januar 1981 und an die Stelle des 1. Februar 1963 und des 1. Januar 1967 der 1. Juli 1981 tritt.

(3) Die Artikel 6 und 7 gelten für die Abkommen, die infolge des Beitritts des Königreichs Spanien und der Portugiesischen Republik unter Artikel 85 des Vertrages fallen, mit der Maßgabe, daß das Datum „13. März 1962" durch „1. Januar 1986" und die Daten „1. Februar 1963", „1. Januar 1967" und „1. April 1985" durch „1. Juli 1986" ersetzt werden. Die Änderung dieser Abkommen nach Artikel 7 braucht der Kommission nicht mitgeteilt zu werden.

Art. 9. Die Kommission kann den Rechtsvorteil der Anwendung dieser Verordnung gemäß Artikel 7 der Verordnung Nr. 19/65/EWG entziehen, wenn sie in einem Einzelfall feststellt, daß eine nach dieser Verordnung freigestellte Vereinbarung gleichwohl Wirkungen hat, die mit den in Artikel 85 Absatz 3 des Vertrages vorgesehenen Voraussetzungen unvereinbar sind, insbesondere dann, wenn:

1. sich diese Wirkungen aus einem Schiedsspruch ergeben;

2. Lizenzerzeugnisse oder die nach einem patentierten Verfahren erbrachten Dienstleistungen im Lizenzgebiet nicht mit gleichen Waren oder Dienstleistungen oder solchen, die vom Verbraucher aufgrund ihrer Eigenschaften, ihrer Preislage und ihres Verwendungszwecks als gleichartig angesehen werden, in wirksamem Wettbewerb stehen;

3. der Lizenzgeber die Ausschließlichkeit nicht spätestens fünf Jahre nach Vertragsabschluß und von dann ab mindestens jährlich kündigen kann, weil der Lizenznehmer ohne berechtigte Gründe ein Patent nicht oder nicht hinreichend ausnutzt;

4. der Lizenznehmer sich ohne objektiv gerechtfertigten Grund weigert, auf eine von ihm nicht veranlaßte Nachfrage durch Verbraucher oder Wiederverkäufer aus Gebieten anderer Lizenznehmer einzugehen; die Bestimmungen von Artikel 1 Absatz 1 Ziffer 6 bleiben unberührt;

5. die Vertragspartner oder einer von ihnen
a) ohne objektiv gerechtfertigten Grund sich weigern, auf die Nachfrage von Verbrauchern oder Wiederverkäufern aus ihren jeweiligen Gebieten, welche die Erzeugnisse in anderen Gebieten innerhalb des Gemeinsamen Marktes absetzen wollen, oder
b) die Möglichkeit für Verbraucher oder Wiederverkäufer zum Bezug der Erzeugnisse bei anderen Wiederverkäufern innerhalb des Gemeinsamen Marktes erschweren, und insbesondere, wenn sie gewerbliches oder kommerzielles Eigentum geltend machen oder Maßnahmen treffen, um den Bezug außerhalb des Lizenzgebietes durch Verbraucher oder Wiederverkäufer von Erzeugnissen, die vom Patentinhaber selbst oder mit seiner Zustimmung innerhalb des Gemeinsamen Marktes rechtmäßig in Verkehr gebracht worden sind, oder um das Inverkehrbringen solcher Erzeugnisse innerhalb des Lizenzgebietes durch diese Verbraucher oder Wiederverkäufer zu verhindern.

Art. 10. (1) Für die Anwendung dieser Verordnung stehen

a) Patentanmeldungen,
b) Gebrauchsmuster,
c) Gebrauchsmusteranmeldungen,
d) certificats d'utilité und certificats d'addition nach französischem Recht,
e) Anmeldungen für certificats d'utilité und certificats d'addition nach französischem Recht

Patenten gleich.

(2) Diese Verordnung gilt auch für Vereinbarungen über die Auswertung einer Erfindung, wenn für diese eine Anmeldung nach Absatz 1 für das Lizenzgebiet innerhalb eines Jahres als Abschluß der Vereinbarung eingereicht wird.

Art. 11. Diese Verordnung gilt auch

1. wenn der Lizenzgeber nicht Inhaber eines Patentes, sondern vom Inhaber eines Patentes zur Erteilung einer Lizenz oder einer Unterlizenz ermächtigt ist;

2. für das Verhältnis zwischen dem Veräußerer und dem Erwerber eines Patentes oder eines Rechts auf ein Patent, wenn die Gegenleistung aus Beträgen besteht, deren Höhe vom Umsatz des Erwerbers mit den patentierten Erzeugnissen oder ihrer hergestellten Menge oder Zahl der Benutzungshandlungen abhängt;

3. für Patentlizenzvereinbarungen, in denen Rechte oder Verpflichtungen des Lizenzgebers oder Lizenznehmers von mit ihnen verbundenen Unternehmen übernommen werden.

Art. 12. (1) Verbundene Unternehmen im Sinne dieser Verordnung sind

a) die Unternehmen, bei denen ein vertragschließendes Unternehmen unmittelbar oder mittelbar
– mehr als die Hälfte des Kapitals oder des Betriebsvermögens besitzt oder
– über mehr als die Hälfte der Stimmrechte verfügt oder
– mehr als die Hälfte der Mitglieder des Aufsichtsrats oder der zur gesetzlichen Vertretung berufenen Organe bestellen kann oder
– das Recht hat, die Geschäfte des Unternehmens zu führen;
b) die Unternehmen, die bei einem vertragschließenden Unternehmen unmittelbar oder mittelbar die unter Buchstabe a) bezeichneten Rechte oder Einflußmöglichkeiten haben;
c) die Unternehmen, bei denen ein unter Buchstabe b) genanntes Unternehmen unmittelbar oder mittelbar die unter Buchstabe a) bezeichneten Rechte oder Einflußmöglichkeiten hat.

(2) Unternehmen, bei denen die vertragschließenden oder die mit ihnen verbundenen Unternehmen gemeinsam unmittelbar oder mittelbar die in Absatz 1 unter Buchstabe a) bezeichneten Rechte oder Einflußmöglichkeiten haben, gelten als mit jedem der vertragschließenden Unternehmen verbunden.

Art. 13. (1) Die bei Anwendung des Artikels 4 erlangten Kenntnisse dürfen nur zu dem mit dieser Verordnung erfolgten Zweck verwertet werden.

(2) Die Kommission und die Behörden der Mitgliedstaaten sowie ihre Beamten und sonstigen Bediensteten sind verpflichtet, Kenntnisse nicht preiszugeben, die sie bei Anwendung dieser Verordnung erlangt haben und die ihrem Wesen nach unter das Berufsgeheimnis fallen.

(3) Die Vorschriften der Absätze 1 und 2 stehen der Veröffentlichung von Übersichten oder Zusammenfassungen, die keine Angaben über einzelne Unternehmen oder Unternehmensvereinigungen enthalten, nicht entgegen.

Art. 14. Diese Verordnung tritt am 1. Januar 1985 in Kraft; sie gilt bis zum 31. Dezember 1994.

Diese Verordnung ist in allen ihren Teilen verbindlich und gilt unmittelbar in jedem Mitgliedstaat.

Anhang XIII

Verordnung (EWG) Nr. 556/89 der Kommission vom 30. November 1988 zur Anwendung von Artikel 85 Absatz 3 des Vertrages auf Gruppen von Know-how-Vereinbarungen

Die Kommission der Europäischen Gemeinschaften –

gestützt auf den Vertrag zur Gründung der Europäischen Wirtschaftsgemeinschaft, gestützt auf die Verordnung Nr. 19/65/EWG des Rates vom 2. März 1965 über die Anwendung von Artikel 85 Absatz 3 des Vertrages auf Gruppen von Vereinbarungen und aufeinander abgestimmte Verhaltensweisen[1], zuletzt geändert durch die Akte über den Beitritt Spaniens und Portugals, insbesondere auf Artikel 1,

nach Veröffentlichung des Verordnungsentwurfs[2],

nach Anhörung des Beratenden Ausschusses für Kartell- und Monopolfragen,

in Erwägung nachstehender Gründe:

(1) Die Kommission ist nach der Verordnung Nr. 19/65/EWG ermächtigt, durch Verordnung Artikel 85 Absatz 3 des Vertrages auf bestimmte unter Artikel 85 Absatz 1 fallende Gruppen von zweiseitigen Vereinbarungen und aufeinander abgestimmte Verhaltensweisen anzuwenden, welche Beschränkungen enthalten, die im Zusammenhang mit dem Erwerb oder der Nutzung von gewerblichen Schutzrechten – insbesondere von Patenten, Gebrauchsmustern, Geschmacksmustern oder Warenzeichen – oder im Zusammenhang mit den Rechten aus einem Vertrag zur Übertragung oder Gebrauchsüberlassung von Herstellungsverfahren oder von zum Gebrauch und zur Anwendung von Betriebstechniken dienenden Kenntnissen auferlegt sind.

Die wachsende wirtschaftliche Bedeutung von nicht patentgeschützten technischen Kenntnissen (z. B. in Form von Beschreibungen von Herstellungsverfahren, Rezepten, Formeln, Mustern oder Zeichnungen), allgemein als „Know-how" bezeichnet, die Vielzahl der Vereinbarungen, die von Unternehmen, einschließlich öffentlichen Forschungseinrichtungen, ausschließlich zur Nutzung dieser Kenntnisse geschlossen werden (sogenannte „reine" Know-how-Vereinbarungen) und die Tatsache, daß die Weitergabe von Know-how in der

---

1 ABl. Nr. 36 vom 6. 3. 1965, S. 533/65.
2 ABl. Nr. C 214 vom 12. 8. 1987, S. 2.

Praxis häufig ein nicht rückgängig zu machender Vorgang ist, machen es erforderlich, eine größere Rechtssicherheit hinsichtlich der Stellung zu schaffen, die diese Vereinbarungen aufgrund der Wettbewerbsregeln haben, und auf diese Weise die Verbreitung technischer Kenntnisse in der Gemeinschaft zu fördern. Aufgrund der bisher gewonnenen Erfahrungen läßt sich eine Gruppe von den gesamten oder einen Teil des Gemeinsamen Marktes betreffenden Know-how-Vereinbarungen bestimmen, die wegen ihrer wettbewerbsbeschränkenden Wirkungen im Gemeinsamen Markt unter das Verbot des Artikels 85 Absatz 1 fallen können, für die jedoch die Voraussetzungen des Artikels 85 Absatz 3 regelmäßig als erfüllt angesehen werden können, sofern das lizenzierte Know-how geheim, wesentlich und in einer geeigneten Form identifiziert ist („das Know-how"). Diese qualifizierenden Merkmale sollen lediglich sicherstellen, daß das mitgeteilte Know-how von einer Beschaffenheit ist, welche die Anwendung dieser Verordnung und insbesondere die Freistellung der wettbewerbsbeschränkenden Verpflichtungen rechtfertigt.

Eine Aufstellung der für diese Verordnung geltenden Definitionen findet sich in Artikel 1.

(2) Ebenso wie reine Know-how-Vereinbarungen spielen im Technologietransfer auch gemischte Know-how- und Patentlizenzvereinbarungen eine immer wichtigere Rolle. Daher ist es angezeigt, gemischte Vereinbarungen, die nicht durch die Verordnung (EWG) Nr. 2349/84 der Kommission[3] (Artikel 1, 2 oder 4) freigestellt sind, in den Anwendungsbereich dieser Verordnung einzubeziehen. Dies gilt insbesondere für:

– gemischte Vereinbarungen, bei denen die lizenzierten Patente für die Verwirklichung des Zwecks einer sowohl patentgeschützte als auch nicht patentgeschützte Bestandteile umfassenden überlassenen Technologie nicht notwendig sind; dies kann der Fall sein, wenn die betreffenden Patente keinen wirksamen Schutz vor der Nutzung dieser Technologie durch Dritte gewähren;

– gemischte Vereinbarungen, die – unabhängig davon, ob die lizenzierten Patente für die Erreichung der Ziele der überlassenen Technologie notwendig sind oder nicht – Verpflichtungen enthalten, welche die Nutzung der einschlägigen Technologie durch den Know-how-Geber oder den Know-how-Nehmer in Mitgliedstaaten ohne Patentschutz einschränken, soweit und solange derartige Verpflichtungen sich insgesamt oder teilweise auf die Nutzung des mitgeteilten Know-how stützen und die anderen in dieser Verordnung dargelegten Bedingungen erfüllen.

Es ist ferner zweckmäßig, den Anwendungsbereich dieser Verordnung auf reine oder gemischte Vereinbarungen auszudehnen, die ergänzende Bestimmungen enthalten über Warenzeichen und sonstige Schutzrechte des geistigen Eigentums, wenn diese nicht ihrerseits mit anderen wettbewerbsbeschränkenden Verpflichtungen verbunden sind als denjenigen, die auch für das Know-how bestehen und im Rahmen der vorliegenden Verordnung freigestellt sind. Auch hinsichtlich der oben genannten Vereinbarungen können die Vorausset-

---

3 ABl. Nr. L 219 vom 16. 8. 1984, S. 15.

zungen des Artikels 85 Absatz 3 nach Maßgabe dieser Verordnung nur dann als erfüllt gelten, wenn die mitgeteilten technischen Kenntnisse geheim, wesentlich und festgelegt sind.

(3) Die Bestimmungen dieser Verordnung finden keine Anwendung auf Vereinbarungen, die in den Anwendungsbereich der Verordnung (EWG) Nr. 2349/84 über Patentlizenzvereinbarungen fallen.

(4) Enthalten solche reinen oder gemischten Know-how-Lizenzvereinbarungen Verpflichtungen, die nicht nur Gebiete innerhalb des Gemeinsamen Marktes, sondern auch solche außerhalb des Gemeinsamen Marktes betreffen, so schließt dies die Anwendbarkeit der vorliegenden Verordnung auf die Verpflichtungen nicht aus, die sich auf die Gebiete innerhalb des Gemeinsamen Marktes beziehen.

Haben aber Know-how-Lizenzvereinbarungen für Nichtmitgliedsländer oder für Gebiete, welche die Grenzen der Gemeinschaft überschreiten, innerhalb des Gemeinsamen Marktes Wirkungen, die in den Anwendungsbereich des Artikels 85 Absatz 1 fallen, so gilt die Verordnung für diese Vereinbarungen in demselben Umfang, wie sie für Vereinbarungen für Gebiete innerhalb des Gemeinsamen Marktes gilt.

(5) Es ist nicht zweckmäßig, in den Geltungsbereich der Verordnung auch Vereinbarungen einzubeziehen, die ausschließlich zum Zweck des Verkaufs getroffen wurden, außer für den Fall, daß sich der Know-how-Geber verpflichtet, den Know-how-Nehmer während einer Übergangszeit, nämlich so lange bis dieser selbst die Produktion aufnimmt, mit Vertragserzeugnissen zu beliefern. Nicht in den Anwendungsbereich der Verordnung fallen auch Vereinbarungen über die Mitteilung von Vermarktungs-Know-how, die im Rahmen von Franchise-Verträgen[4] abgeschlossen werden, oder für Know-how-Vereinbarungen, die in Verbindung mit Vereinbarungen über Gemeinschaftsunternehmen oder Patentgemeinschaften oder anderen Abreden getroffen werden, bei denen die Lizenzierung des Know-how im Austausch mit der Gewährung anderer Lizenzen erfolgt, die sich nicht auf Verbesserungen oder neue Anwendungen des Know-how beziehen, da solche Vereinbarungen andersartige Probleme aufwerfen, die sich derzeit nicht in einer einzelnen Verordnung lösen lassen (Artikel 5).

(6) Vereinbarungen über die ausschließliche Mitteilung von Know-how, das heißt Vereinbarungen, in denen sich der Know-how-Geber verpflichtet, die mitzuteilende Technologie im Vertragsgebiet weder selbst zu nutzen noch durch Dritte nutzen zu lassen, sind als solche nicht unvereinbar mit Artikel 85 Absatz 1, wenn es darum geht, im Vertragsgebiet eine neue Technologie einzuführen und sie im Hinblick auf den Umfang der unternommenen Forschungsanstrengungen und die sich aus der Verbreitung neuer technischer Kenntnisse innerhalb der Gemeinschaft ergebende Verstärkung der Intensität

---

4 Verordnung (EWG) Nr. 4087/88 der Kommission vom 30. November 1988 über die Anwendung von Artikel 85 Absatz 3 des Vertrages auf Gruppen von Franchisevereinbarungen (ABl. Nr. L 359 vom 28. 12. 1988, S. 46).

des Wettbewerbs, insbesondere des Wettbewerbs zwischen Herstellern konkurrierender Erzeugnisse, sowie die Erhöhung der Wettbewerbsfähigkeit der
beteiligten Unternehmen zu schützen.

Soweit in anderen Fällen derartige Vereinbarungen unter Artikel 85 Absatz 1
fallen, ist es zweckmäßig, sie in Artikel 1 aufzunehmen, um sie in den Genuß
der Freistellung kommen zu lassen.

(7) Diese und die anderen in Artikel 1 aufgezählten Verpflichtungen regen den
Technologietransfer an und tragen deshalb regelmäßig zur Verbesserung der
Warenerzeugung und zur Förderung des technischen Fortschritts bei. Sie
führen zu einer Vermehrung der Zahl der Produktionsstätten sowie zu einer
Verbesserung der in der Gemeinschaft hergestellten Produkte und erweitern
die Möglichkeiten für eine Weiterentwicklung der überlassenen Technologie.
Dies gilt insbesondere für eine Verpflichtung des Know-how-Nehmers, das
Vertragserzeugnis nur bei der Herstellung seiner eigenen Erzeugnisse zu
verwenden, da sie für den Know-how-Geber einen Anreiz darstellt, seine
Technologie für verschiedene Anwendungen zu verbreiten, sich selbst oder
anderen Know-how-Nehmern aber den separaten Verkauf des Vertragserzeugnisses vorzubehalten. Dies gilt auch für die Verpflichtung des Know-how-
Gebers, in dem Gebiet des Know-how-Nehmers, sowie die Verpflichtung des
Know-how-Nehmers, in den Gebieten des Know-how-Gebers und anderer
Know-how-Nehmer nicht nur aktiven, sondern auch passiven Wettbewerb zu
unterlassen. Die Abnehmer technisch neuartiger oder verbesserter Produkte,
deren Herstellung umfangreiche Investitionen voraussetzt, sind oft nicht Endverbraucher, sondern Unternehmen der verarbeitenden Industrie, die die
Preisentwicklung und alternative Bezugsquellen in der Gemeinschaft gut kennen. Deshalb böte ein Schutz allein vor aktivem Wettbewerb den Vertragspartnern und anderen Know-how-Nehmern nicht die Sicherheit, der sie vor allem
in der ersten Zeit der Nutzung der lizenzierten Technologie bedürfen, wenn sie
für die Erweiterung der technischen Ausstattung und für die Entwicklung eines
Marktes für das Produkt finanzielle Aufwendungen übernehmen und so die
Nachfrage erhöhen.

Da es schwierig ist, den Zeitpunkt zu bestimmen, an dem das Know-how
möglicherweise nicht länger geheim ist, und die Vereinbarungen häufig die
Vermittlung eines ständigen Know-how-Flusses zum Gegenstand haben, was
insbesondere für Industrien mit einer sich rasch weiterentwickelnden Technologie gilt, erscheint es zweckmäßig, eine automatische Freistellung des
Gebietsschutzes zwischen Know-how-Geber und Know-how-Nehmer sowie
zwischen den Know-how-Nehmern auf eine bestimmte Anzahl von Jahren zu
begrenzen. Da Know-how-Vereinbarungen im Unterschied zu Patentlizenzen
häufig erst abgeschlossen werden, nachdem die Erzeugnisse oder Dienstleistungen, welche die mitgeteilte Technologie enthalten, sich am Markt durchgesetzt haben, ist eine Regelung angemessen, derzufolge der Gebietsschutz
zwischen Know-how-Geber und Know-how-Nehmer für ihr jeweiliges Gebiet
mit dem Tag beginnt, an dem die erste vom Know-how-Geber für dieses
Gebiet und für dieselbe Technologie abgeschlossene Vereinbarung unterzeichnet wurde. Was den Schutz eines Know-how-Nehmers vor Herstellung, Benut-

zung und aktivem oder passivem Verkauf durch andere Lizenznehmer angeht, so ist der Zeitpunkt der Unterzeichnung der ersten Lizenzvereinbarung in der Europäischen Gemeinschaft durch den Know-how-Geber entscheidend. Die Freistellung des Gebietsschutzes gilt für die gesamte Dauer derart genehmigter Zeiträume, solange das Know-how geheim und wesentlich bleibt und unabhängig davon, wann die betreffenden Mitgliedstaaten der Gemeinschaft beigetreten sind, sowie unter der Voraussetzung, daß sowohl der gebundene als auch der geschützte Know-how-Nehmer das Lizenzerzeugnis selber herstellt oder herstellen läßt.

Die Gewährung einer längeren Freistellungsdauer für den Gebietsschutz, insbesondere um aufwendige und risikoreiche Investitionen zu schützen oder wenn die Vertragspartner vor Erteilung der Lizenz noch nicht miteinander im Wettbewerb standen, kann nur aufgrund von Artikel 85 Absatz 3 im Rahmen einer Einzelentscheidung erfolgen. Andererseits sind die Vertragspartner frei, die Dauer ihrer Vereinbarung im Hinblick auf die Verwertung späterer Verbesserungen zu verlängern und die Zahlung neuer Gebühren vorzusehen. In solchen Fällen kann weiterer Gebietsschutz nur vom Zeitpunkt der Überlassung der Verbesserungen innerhalb der Europäischen Gemeinschaft und nur im Wege der Einzelfreistellung eingeräumt werden, insbesondere, wenn die Verbesserungen oder neuen Anwendungen der überlassenen Technologie wesentlich und geheim und nicht von deutlich geringerer Bedeutung sind als die ursprünglich mitgeteilte Technologie oder neue und risikoreiche Investitionen erfordern.

(8) In Fällen, in denen dieselbe Technologie in einigen Mitgliedstaaten durch für ihre Nutzung notwendige Patente im Sinne des neuen Erwägungsgrunds der Verordnung (EWG) Nr. 2349/84 geschützt ist, ist es allerdings angemessen, für diese Mitgliedstaaten nach der hier vorliegenden Verordnung eine Freistellung des Gebietsschutzes im Verhältnis zwischen dem Know-how-Geber und dem Know-how-Nehmer bezüglich jeglicher Nutzung und zwischen Know-how-Nehmern untereinander bezüglich Herstellung, Gebrauch und aktiver Verkäufe für die gesamte Geltungsdauer der in diesen Mitgliedstaaten bestehenden Patente zu gewähren.

(9) Die in Artikel 1 umschriebenen Verpflichtungen erfüllen im allgemeinen auch die übrigen Voraussetzungen für die Anwendung von Artikel 85 Absatz 3. Die Verbraucher erhalten in der Regel einen angemessenen Anteil an dem Gewinn, der sich aus der Verbesserung der Warenlieferungen auf dem Markt ergibt. Ebensowenig werden den Beteiligten Beschränkungen auferlegt, die für die Erreichung der vorgenannten Ziele nicht unerläßlich sind. Schließlich wird der Wettbewerb auf der Vertriebsstufe durch die Möglichkeit von Paralleleinfuhren gewährleistet, die von den Beteiligten unter keinen Umständen behindert werden dürfen. Die in dieser Verordnung genannten Ausschließlichkeitsverpflichtungen geben den Beteiligten somit in aller Regel nicht die Möglichkeit, für einen wesentlichen Teil der betreffenden Waren den Wettbewerb auszuschalten. Dies gilt auch für Vereinbarungen, durch die ausschließliche Rechte für den gesamten Gemeinsamen Markt gewährt werden, sofern die Möglichkeit von Parallelimporten aus Drittländern besteht oder sofern es noch

andere konkurrierende Technologien auf dem Markt gibt, weil dann die territoriale Ausschließlichkeit zu einer stärkeren Integration der Märkte führen und einen gemeinschaftsweiten Wettbewerb zwischen verschiedenen Marken fördern kann.

(10) Es ist zweckmäßig, in der Verordnung eine Anzahl von Verpflichtungen aufzuzählen, die in Know-how-Vereinbarungen häufig enthalten, jedoch in der Regel nicht wettbewerbsbeschränkend sind, um auch diesen den Rechtsvorteil der Gruppenfreistellung für den Fall zukommen zu lassen, daß sie aufgrund der besonderen wirtschaftlichen oder rechtlichen Umstände unter Artikel 85 Absatz 1 fallen. Die in Artikel 2 aufgeführte Liste derartiger Verpflichtungen ist nicht erschöpfend.

(11) In der Verordnung muß außerdem angegeben werden, welche Beschränkungen oder Bestimmungen in Know-how-Verträgen nicht enthalten sein dürfen, damit diesen der Rechtvorteil der Gruppenfreistellung zukommt. Die in Artikel 3 aufgeführten Beschränkungen können unter das Verbot von Artikel 85 Absatz 1 fallen; für sie besteht indessen keine allgemeine Vermutung derart, daß sie zu den von Artikel 85 Absatz 3 geforderten positiven Wirkungen führen, wie dies für eine Gruppenfreistellung erforderlich wäre. Vereinbarungen, welche derartige Beschränkungen enthalten, können daher nur im Einzelfall freigestellt werden.

(12) Vereinbarungen, die nicht ohne weiteres unter die Gruppenfreistellung fallen, weil sie Bestimmungen enthalten, die durch die Verordnung nicht ausdrücklich freigestellt, aber von der Freistellung auch nicht ausdrücklich ausgeschlossen werden, was unter anderem für die in Artikel 4 Absatz 2 der Verordnung genannten Bestimmungen gilt, werden gleichwohl im allgemeinen für die Anwendung des Artikels 85 Absatz 3 in Betracht kommen. Die Kommission kann rasch feststellen, ob dies im Einzelfall zutrifft. Derartige Vereinbarungen sollten daher in den Genuß der Freistellung nach dieser Verordnung gelangen, wenn sie bei der Kommission angemeldet werden und die Kommission innerhalb einer bestimmten Frist keine Einwände gegen die Freistellung erhebt.

(13) Sollten einzelne Vereinbarungen, die durch diese Verordnung freigestellt sind, gleichwohl Wirkungen haben, die mit Artikel 85 Absatz 3 unvereinbar sind, so kann die Kommission den Rechtsvorteil der Gruppenfreistellung entziehen (Artikel 7).

(14) Die Liste in Artikel 2 enthält unter anderem die Verpflichtungen des Know-how-Nehmers, die Nutzung des mitgeteilten Know-how nach Ablauf des Vertrages zu unterlassen („nachvertragliches Nutzungsverbot") (Artikel 2 Absatz 1 Ziffer 3) und dem Know-how-Geber Verbesserungen zugänglich zu machen (Rücklizenzen) (Artikel 2 Absatz 1 Ziffer 4). Ein nachvertragliches Nutzungsverbot kann als ein normales Merkmal der Nutzungsüberlassung von Know-how angesehen werden, da der Know-how-Geber sonst gezwungen wäre, sein Know-how auf unbegrenzte Zeit zu überlassen, was den Technologietransfer behindern könnte. Außerdem sind die Verpflichtungen des Know-

how-Nehmers, dem Know-how-Geber eine Lizenz für die Verbesserungen am lizenzierten Know-how und/oder Patent zu erteilen, im allgemeinen nicht wettbewerbsbeschränkend, wenn der Know-how-Nehmer vertraglich befugt ist, an zukünfigen Erkenntnissen und Erfindungen des Know-how-Gebers teilzuhaben, und der Know-how-Nehmer das Recht behält, neue Erkenntnisse weiterzugeben oder Lizenzen an Dritte zu erteilen, wenn hierdurch das Know-how des Know-how-Gebers nicht preisgegeben wird.

Andererseits ergibt sich eine wettbewerbsbeschränkende Wirkung, wenn die Vereinbarung ein nachvertragliches Nutzungsverbot und zugleich die Verpflichtung des Know-how-Nehmers enthält, seine Verbesserungen des Know-how dem Know-how-Geber zur Verfügung zu stellen und diesem die Weiterbenutzung nach Ablauf des Vertrages zu gestatten, selbst wenn dies auf nicht ausschließlicher, wechselseitiger Basis geschieht. Denn in diesem Fall hätte der Know-how-Nehmer keine Möglichkeit mehr, den Know-how-Geber zu veranlassen, ihm die Weiterbenutzung des ursprünglich mitgeteilten Know-how einschließlich der von ihm selbst angebrachten Verbesserungen nach Vertragsablauf zu gestatten.

(15) Die Liste in Artikel 2 bezeichnet außerdem die Verpflichtung des Know-how-Nehmers, seine Zahlungen bis zum Ende der Vereinbarung fortzusetzen, nachdem das mitgeteilte Know-how durch Handlungen Dritter an die Öffentlichkeit gelangt ist (Artikel 2 Absatz 1 Ziffer 7). In der Regel brauchen die Beteiligten nicht vor den absehbaren finanziellen Folgen einer nach freiem Ermessen abgeschlossenen Vereinbarung geschützt zu werden und sollten deshalb in ihrer Wahl angemessener Mittel zur Finanzierung des Technologietransfers nicht eingeschränkt werden. Dies trifft insbesondere auf die Weitergabe von Know-how zu, weil hier von einem Mißbrauch eines Rechtsmonopols nicht die Rede sein kann, und weil der Know-how-Nehmer nach den Rechtsordnungen der Mitgliedstaaten gegebenenfalls Rechtsbefehle[*] nach dem anwendbaren nationalen Recht geltend machen kann. Darüber hinaus liegen Bestimmungen über die Zahlung von Lizenzgebühren für die Übergabe eines ganzen Technologiepakets im allgemeinen im Interesse des Know-how-Nehmers, unabhängig davon, ob das Know-how gemeinfrei geworden ist oder nicht. Denn so kann vermieden werden, daß der Know-how-Geber eine hohe sofortige Erstzahlung fordert, um sein finanzielles Risiko für den Fall eines vorzeitigen Offenkundigwerdens zu verringern. Um die Zahlungspflichtungen des Know-how-Nehmers zu erleichtern, sollten die Vertragspartner die Gebührenzahlungen für die Verwendung der überlassenen Technologie über einen Zeitraum verteilen können, der über den Zeitpunkt hinausgeht, an dem das Know-how offenkundig geworden ist. Darüber hinaus sollten fortgesetzte Zahlungen während der Dauer der Vereinbarung in Fällen erlaubt sein, in denen beide Seiten genau wissen, daß das Know-how durch den ersten Verkauf des Produktes zwangsläufig an die Öffentlichkeit gelangen wird. Dennoch kann die Kommission aber den Rechtsvorteil der Freistellung nach Artikel 7

---

[*] hier: Rechtsbehelfe (vermutlich Redaktionsversehen der Kommission).

dieser Verordnung entziehen, wenn sich aus den Umständen eindeutig ergibt, daß der Know-how-Nehmer das Know-how innerhalb einer kurzen Zeit hätte selbst entwickeln können und wollen und im Vergleich dazu der Zeitraum der fortgesetzten Zahlungen übermäßig lang ist.

Werden schließlich Methoden der Gebührenberechnung verwendet, die in keinem Bezug zur Nutzung der überlassenen Technologie stehen, oder Gebühren für Erzeugnisse verlangt, bei deren Herstellung in keiner Phase irgendein lizenziertes Patent oder irgendeine geheime Technik verwendet wurden, so kommt die Vereinbarung für die Gruppenfreistellung nicht in Betracht (Artikel 3 Ziffer 5). Der Know-how-Nehmer sollte auch von seiner Zahlungsverpflichtung entbunden werden, wenn das Know-how durch das Verhalten des Know-how-Gebers offenkundig wird. Der Verkauf des Erzeugnisses durch den Know-how-Geber oder ein mit ihm verbundenes Unternehmen stellt als solcher kein Verhalten in diesem Sinne dar (Artikel 2 Absatz 1 Ziffer 7 und Artikel 3 Ziffer 5).

(16) Die Verpflichtung des Know-how-Nehmers, die Verwertung der übermittelten Kenntnisse auf einen oder mehrere technische Anwendungsbereiche zu beschränken („field of use"-Beschränkungen), fällt ebenfalls nicht unter Artikel 85 Absatz 1 (Artikel 2 Absatz 1 Ziffer 8). Diese Verpflichtung schränkt den Wettbewerb deshalb nicht ein, weil der Know-how-Geber als berechtigt angesehen werden kann, sein Know-how nur für einen begrenzten Zweck weiterzugeben. Eine derartige Beschränkung darf jedoch kein verschleiertes Mittel zur Aufteilung der Kunden darstellen.

(17) Beschränkungen, die dem Know-how-Geber einen ungerechtfertigten Wettbewerbsvorteil geben, z. B. eine Verpflichtung des Know-how-Nehmers, Qualitätsvorschriften, andere Lizenzen oder Waren und Dienstleistungen zu akzeptieren, die letzterer vom Know-how-Geber nicht will, schließen die Anwendbarkeit der Gruppenfreistellung aus. Dies gilt jedoch nicht für den Fall, wo nachgewiesen werden kann, daß sich der Know-how-Nehmer für derartige Vorschriften, Lizenzen, Waren oder Dienstleistungen nach eigenem Gutdünken entschied (Artikel 3 Ziffer 3).

(18) Vereinbarungen über die Aufteilung der Kundschaft in ein und denselben technischen Anwendungsbereich oder Produktmarkt – wie entweder das Verbot, bestimmte Kundenkategorien zu beliefern oder Bestimmungen mit gleicher Wirkung – kommen für eine Gruppenfreistellung nicht in Betracht (Artikel 3 Ziffer 6).

Dies gilt nicht in den Fällen, wo die Know-how-Lizenz erteilt wird, um einem einzelnen Kunden eine zweite Lieferquelle zu verschaffen. Hier mag ein Verbot für den Know-how-Nehmer, andere als den betreffenden Kunden zu beliefern, für die Erteilung einer Lizenz an den zweiten Lieferanten eine unerläßliche Voraussetzung sein, da durch diese Überlassung kein unabhängiger Lieferant geschaffen werden soll. Dies gilt auch im Fall von Beschränkungen der Mengen, die der Know-how-Nehmer an den betreffenden Kunden liefert. Man könnte auch vernünftigerweise annehmen, daß derartige

Beschränkungen durch eine verstärkte Streuung der Technologie zur Verbesserung der Warenproduktion und zur Förderung des technischen Fortschritts beitragen. Nach dem gegenwärtigen Stand der Erfahrungen der Kommission mit derartigen Klauseln und angesichts des besonderen Risikos, daß diese dem Zweitlieferanten die Möglichkeit nehmen, in den der Vereinbarung unterliegenden Bereichen sein eigenes Geschäft aufzubauen, ist es jedoch angebracht, für diese Klauseln das Widerspruchsverfahren vorzusehen (Artikel 4 Absatz 2).

(19) Neben den bereits erwähnten Bestimmungen enthält die Liste wettbewerbsbeschränkender Klauseln in Artikel 3, welche die Anwendung der Gruppenfreistellung ausschließen, auch Beschränkungen bezüglich der Lieferpreise des Vertragserzeugnisses oder der herzustellenden oder zu liefernden Mengen, weil dadurch das Ausmaß, in dem der Lizenznehmer die mitgeteilte Technologie verwerten darf, begrenzt wird und insbesondere, weil mengenmäßige Beschränkungen dieselbe Wirkung haben können wie Ausfuhrverbote (Artikel 3 Ziffern 7 und 8). Dies gilt nicht in den Fällen, wo eine Lizenz zur Nutzung der Technologie in bestimmten Produktionsanlagen gewährt wird und wo einerseits ein spezifisches Know-how für die Errichtung, den Betrieb und die Wartung dieser Anlagen mitgeteilt wird und andererseits der Know-how-Nehmer befugt ist, die Kapazität dieser Anlagen zu erhöhen oder weitere Anlagen für den eigenen Gebrauch zu normalen Geschäftsbedingungen zu errichten. Andererseits ist es aber zulässig, den Know-how-Nehmer daran zu hindern, daß er das spezifische Know-how des Know-how-Gebers zur Errichtung weiterer Anlagen für Dritte verwendet, da der Zweck der Vereinbarung nicht darin besteht, dem Know-how-Nehmer zu gestatten, anderen Herstellern Zutritt zum Know-how des Know-how-Gebers zu gewähren, solange letzteres geheim ist (Artikel 2 Absatz 1 Ziffer 12).

(20) Um sowohl den Know-how-Geber als auch den Know-how-Nehmer davor zu schützen, an Vereinbarungen gebunden zu sein, die sich wegen des vom Know-how-Geber mitgeteilten ununterbrochenen Flusses von Verbesserungen automatisch über eine anfängliche, von den Parteien frei vereinbarte Laufzeit hinaus verlängern, sind Vereinbarungen mit einer solchen Klausel von der Gruppenfreistellung auszunehmen (Artikel 3 Ziffer 10). Die Vertragspartner können jedoch ihr Vertragsverhältnis durch den Abschluß neuer Vereinbarungen über die Nutzung von neuen Verbesserungen jederzeit verlängern.

(21) Die Verordnung sollte rückwirkend auch für die bei ihrem Inkrafttreten bereits bestehenden Vereinbarungen gelten, und zwar von dem Zeitpunkt an, zu welchem sie die Voraussetzungen dieser Verordnung erfüllten oder an sie angepaßt wurden (Artikel 8 bis 10). Eine Berufung auf die Rückwirkung ist jedoch in Rechtsstreitigkeiten, die bei Inkrafttreten dieser Verordnung anhängig sind, und zur Begründung von Schadensersatzansprüchen gegenüber Dritten gemäß Artikel 4 Absatz 3 der Verordnung Nr. 19/65/EWG nicht möglich.

(22) Vereinbarungen, welche die Voraussetzungen der Artikel 1 und 2 dieser Verordnung erfüllen und keine weiteren Wettbewerbsbeschränkungen bezwecken oder bewirken, brauchen nicht mehr angemeldet zu werden. Das Recht der Unternehmen bleibt jedoch unberührt, im Einzelfall ein Negativat-

test nach Artikel 2 der Verordnung Nr. 17 des Rates[5] oder eine Freistellungserklärung nach Artikel 85 Absatz 3 zu verlangen –

hat folgende Verordnung erlassen:

Artikel 1

(1) Artikel 85 Absatz 1 des Vertrages wird gemäß Artikel 85 Absatz 3 und unter den in dieser Verordnung genannten Voraussetzungen für nicht anwendbar erklärt auf reine Know-how-Vereinbarungen und auf gemischte Know-how- und Patentlizenz-Vereinbarungen, die nicht unter die Verordnung (EWG) Nr. 2349/84 fallen, einschließlich der Vereinbarungen mit begleitenden Absprachen über Warenzeichen oder andere gewerbliche oder geistige Schutzrechte, an denen nur zwei Unternehmen beteiligt sind und die eine oder mehrere der folgenden Verpflichtungen enthalten:

1. die Verpflichtung des Know-how-Gebers, anderen Unternehmen die Nutzung der überlassenen Technologie im Vertragsgebiet nicht zu gestatten;

2. Die Verpflichtung des Know-how-Gebers, die überlassene Technologie im Vertragsgebiet nicht selbst zu nutzen;

3. die Verpflichtung des Know-how-Nehmers, in den dem Know-how-Geber vorbehaltenen Gebieten innerhalb des Gemeinsamen Marktes die überlassene Technologie nicht zu nutzen;

4. die Verpflichtung des Know-how-Nehmers, in Vertragsgebieten anderer Know-how-Nehmer innerhalb des Gemeinsamen Marktes die Herstellung oder den Gebrauch des Vertragserzeugnisses oder den Gebrauch des im Vertrag bezeichneten Verfahrens zu unterlassen;

5. die Verpflichtung des Know-how-Nehmers, in Vertragsgebieten anderer Know-how-Nehmer innerhalb des Gemeinsamen Marktes für das Vertragserzeugnis keine aktive Vertriebspolitik zu führen, insbesondere keine besonders auf diese Gebiete ausgerichtete Werbung zu betreiben, dort keine Niederlassung einzurichten und dort keine Auslieferungslager zu unterhalten;

6. die Verpflichtung des Know-how-Nehmers, das Vertragserzeugnis in Vertragsgebieten anderer Know-how-Nehmer innerhalb des Gemeinsamen Marktes nicht in Verkehr zu bringen;

7. die Verpflichtung des Know-how-Nehmers, zur Kennzeichnung der Vertragserzeugnisse während der Dauer der Gültigkeit der Vereinbarung ausschließlich das vom Know-how-Geber bestimmte Warenzeichen oder die von ihm bestimmte Aufmachung zu verwenden, sofern der Know-how-Nehmer nicht daran gehindert wird, auf seine Eigenschaft als Hersteller des Vertragserzeugnisses hinzuweisen;

---

5 ABl. Nr. 13 vom 21. 2. 1962, S. 204/62.

8. die Verpflichtung des Know-how-Nehmers, die Erzeugung des Vertragserzeugnisses auf die Mengen zu beschränken, die er zur Herstellung seiner
eigenen Erzeugnisse braucht, und das Vertragserzeugnis nur als integralen
Bestandteil der eigenen Erzeugnisse oder als Ersatzteil für sie oder sonst in
Verbindung mit dem Verkauf der eigenen Erzeugnisse zu veräußern, sofern
diese Mengen allein vom Know-how-Nehmer festgesetzt werden.

(2) Die Freistellung der in Absatz 1 Ziffern 1 bis 3 genannten Verpflichtungen
gilt für einen Zeitraum von höchstens zehn Jahren für jedes Vertragsgebiet
innerhalb der Europäischen Gemeinschaft, beginnend mit dem Tag der Unterzeichnung der ersten Know-how-Vereinbarung, die der Know-how-Geber für
dieses Gebiet über dieselbe Technologie abgeschlossen hat.

Die Freistellung der in Absatz 1 Ziffern 4 und 5 genannten Verpflichtungen gilt
für einen Zeitraum von höchstens zehn Jahren, beginnend mit dem Tag der
Unterzeichnung der ersten Know-how-Vereinbarung, die der Know-how-
Geber über dieselbe Technologie innerhalb der Europäischen Gemeinschaft
abgeschlossen hat.

Die Freistellung der in Absatz 1 Ziffer 6 genannten Verpflichtung gilt für einen
Zeitraum von höchstens fünf Jahren ab dem Datum der Unterzeichnung der
ersten Know-how-Vereinbarung, die der Know-how-Geber für dieselbe Technologie innerhalb der Europäischen Gemeinschaft abgeschlossen hat.

(3) Die Freistellung nach Absatz 1 gilt nur, wenn die Vertragspartner in
geeigneter Form das ursprüngliche Know-how und alle nachfolgenden Verbesserungen „identifiziert" haben, welche den Parteien zugänglich werden und
dem jeweiligen Vertragspartner entsprechend den Bedingungen des Vertrages
und zu dessen Erfüllung mitgeteilt werden und nur solange das Know-how
geheim und wesentlich bleibt.

(4) Sofern die in Absatz 1 Ziffern 1 bis 5 genannten Verpflichtungen Gebiete
betreffen, die Mitgliedstaaten einschließen, in denen dieselbe Technologie
durch notwendige Patente geschützt ist, gilt die Freistellung nach Absatz 1 für
diese Mitgliedstaaten so lange, wie das Vertragserzeugnis oder -verfahren in
diesen Mitgliedstaaten durch derartige Patente geschützt ist, sofern diese
Schutzdauer länger als die in Absatz 2 genannten Zeiträume ist.

(5) Die Freistellung der Vertriebsbeschränkungen, die sich aus den in Absatz 1
Ziffern 2, 3, 5 und 6 genannten Verpflichtungen ergeben, ergeht unter der
Voraussetzung, daß der Know-how-Nehmer die Vertragserzeugnisse entweder
selbst herstellt oder beabsichtigt, diese herzustellen oder sie durch ein verbundenes Unternehmen oder durch einen Zulieferer herstellen läßt.

(6) Die Freistellung nach Absatz 1 gilt auch, wenn Vertragspartner in einer
Vereinbarung Verpflichtungen im Sinne dieses Absatzes vorsehen, ihnen
jedoch einen weniger weiten Umfang geben, als es nach diesem Absatz zulässig
wäre.

(7) Für die Zwecke dieser Verordnung werden die nachstehenden Begriffe wie
folgt definiert:

1. „Know-how" ist eine Gesamtheit technischer Kenntnisse, die geheim und wesentlich und in einer geeigneten Form identifiziert sind.

2. Der Begriff „geheim" bedeutet, daß das Know-how-Paket insgesamt oder in der genauen Gestaltung und Zusammensetzung seiner Bestandteile nicht allgemein bekannt oder leicht zugänglich ist, so daß ein Teil seines Wertes in dem Vorsprung besteht, den der Know-how-Nehmer gewinnt, wenn es ihm mitgeteilt wird. Es ist nicht auf den engen Sinn begrenzt, wonach jeder einzelne Bestandteil des Know-how völlig unbekannt sein muß oder außerhalb des Geschäftsbetriebs des Know-how-Gebers nicht erhältlich sein darf.

3. Der Begriff „wesentlich" bezeichnet Informationen, die für den gesamten oder einen bedeutenden Teil eines a) Herstellungsprozesses oder b) eines Erzeugnisses oder einer Dienstleistung oder c) für deren Entwicklung wichtig sind, und schließt alltägliche Informationen aus. Ein derartiges Know-how muß somit nützlich sein, d. h. es kann von ihm zum Zeitpunkt des Abschlusses der Vereinbarung erwartet werden, daß es die Wettbewerbsstellung des Know-how-Nehmers verbessert, indem es ihm beispielsweise hilft, in einen neuen Markt vorzustoßen, oder indem es ihm einen Vorteil im Wettbewerb gegenüber anderen Herstellern oder Dienstleistungsbringern verschafft, die zu dem mitgeteilten geheimen Know-how oder anderem vergleichbaren, geheimen Know-how keinen Zugang haben.

4. Der Begriff „identifiziert" bedeutet, daß das Know-how so beschrieben oder auf einem Träger festgehalten wurde, daß überprüft werden kann, ob die Kriterien „geheim" und „wesentlich" erfüllt sind, und daß sichergestellt werden kann, daß der Know-how-Nehmer bei der Nutzung seiner eigenen Technologie nicht unangemessenen Beschränkungen unterworfen wird. Die Identifizierung des Know-how kann in der Vereinbarung erfolgen oder in einem gesonderten Dokument; es kann auch in jeder anderen geeigneten Form festgehalten werden, sofern das spätestens zum Zeitpunkt der Übertragung des Know-how oder kurz danach geschieht und das gesonderte Dokument oder der andere Träger im Bedarfsfall zugänglich gemacht werden können.

5. „Reine Know-how-Vereinbarungen" sind Vereinbarungen, bei denen ein Unternehmen, der Lizenzgeber, sich einverstanden erklärt, das Know-how dem anderen Unternehmen, dem Lizenznehmer, für die Nutzung im Vertragsgebiet zu überlassen, sei es mit oder ohne der Verpflichtung, ihm alle weiteren Verbesserungen bekanntzugeben.

6. „Gemischte Know-how- und Patentlizenz-Vereinbarungen" sind Vereinbarungen, die nicht aufgrund der Verordnung (EWG) Nr. 2349/84 freigestellt sind und mit denen eine Technologie lizenziert wird, die sowohl nicht patentierte als auch Elemente enthält, die in einem oder mehreren Mitgliedstaaten Patentschutz genießen.

7. Die Begriffe „überlassenes Know-how" oder „überlassene Technologie" beinhalten das ursprüngliche und jedes weitere Know-how, das von dem Know-how-Geber direkt oder indirekt einem Lizenznehmer im Wege einer reinen oder einer gemischten Know-how- und Patentlizenz-Vereinbarung mit-

geteilt wurde. Im Fall gemischter Know-how- und Patentlizenz-Vereinbarungen schließt der Begriff „überlassene Technologie" jedoch Patente ein, für die zusammen mit der Überlassung des Know-how eine Lizenz erteilt wird.

8. Der Begriff „dieselbe Technologie" bezeichnet die Technologie, wie sie dem ersten Know-how-Nehmer überlassen und durch spätere Verbesserungen weiterentwickelt wurde, unabhängig davon, ob und in welchem Umfang diese Verbesserungen von den Vertragspartnern oder den anderen Know-how-Nehmern verwertet werden und ob die betreffende Technologie in irgendeinem Mitgliedstaat durch notwendige Patente geschützt wird.

9. „Die Vertragserzeugnisse" sind Waren oder Dienstleistungen, deren Herstellung oder Erbringung die Verwendung der überlassenen Technologie erfordert.

10. Der Begriff „Nutzung" beinhaltet jedwede Verwertung der überlassenen Technologie, insbesondere bei der Produktion, durch aktive und passive Verkäufe in einem Gebiet unabhängig von Produktionsvorgängen in diesem Gebiet oder durch Leasing der Vertragserzeugnisse.

11. „Vertragsgebiet" ist das Gebiet, das den gesamten Gemeinsamen Markt oder einen Teil davon umfaßt, in dem der Know-how-Nehmer berechtigt ist, die überlassene Technologie zu nutzen.

12. „Das dem Know-how-Geber vorbehaltene Gebiet" umfaßt die Gebiete, in denen der Know-how-Geber keine Lizenzen erteilt hat und die er sich ausdrücklich vorbehalten hat.

13. „Verbundene Unternehmen" im Sinne dieser Verordnung sind:

a) Die Unternehmen, bei denen ein vertragschließendes Unternehmen unmittelbar oder mittelbar

– mehr als die Hälfte des Kapitals oder des Betriebsvermögens besitzt oder
– über mehr als die Hälfte der Stimmrechte verfügt oder
– mehr als die Hälfte der Mitglieder des Aufsichtsrats oder der zur gesetzlichen Vertretung berufenen Organe bestellen kann oder
– das Recht hat, die Geschäfte des Unternehmens zu führen,

b) die Unternehmen, die bei einem vertragschließenden Unternehmen unmittelbar oder mittelbar die unter Buchstabe a) bezeichneten Rechte oder Einflußmöglichkeiten haben;

c) die Unternehmen, bei denen ein unter Buchstabe b) genanntes Unternehmen unmittelbar oder mittelbar die unter Buchstabe a) bezeichneten Rechte oder Einflußmöglichkeiten hat;

d) die Unternehmen, bei denen die vertragschließenden Unternehmen oder mit ihnen verbundene Unternehmen gemeinsam die unter Buchstabe a) bezeichneten Rechte oder Einflußmöglichkeiten haben. Solche gemeinsam kontrollierten Unternehmen gelten als mit jedem der vertragschließenden Unternehmen verbunden.

Artikel 2

(1) Der Anwendbarkeit des Artikels 1 stehen insbesondere folgende Verpflichtungen, die in der Regel nicht wettbewerbsbeschränkend sind, nicht entgegen:

1. die Verpflichtung des Know-how-Nehmers, vom Know-how-Geber mitgeteiltes Know-how geheimzuhalten; diese Verpflichtung darf dem Know-how-Nehmer auch über das Ende der Vereinbarung hinaus auferlegt werden;

2. die Verpflichtung des Know-how-Nehmers, keine Unterlizenzen zu erteilen oder die Lizenz nicht weiter zu übertragen;

3. die Verpflichtung des Know-how-Nehmers, nach Beendigung der Vereinbarung das überlassene Know-how nicht mehr zu nutzen, soweit und solange es noch geheim ist;

4. die Verpflichtung des Know-how-Nehmers, dem Know-how-Geber alle bei der Nutzung der überlassenen Technologie gewonnenen Erfahrungen mitzuteilen und ihm im Hinblick auf Verbesserungen oder neue Anwendungen dieser Technologie eine nicht ausschließliche Lizenz zu gewähren, sofern:

a) der Know-how-Nehmer während der Laufzeit der Vereinbarung oder nach ihrer Beendigung nicht daran gehindert wird, die eigenen Verbesserungen zu nutzen, soweit diese vom Know-how des Know-how-Gebers trennbar sind, oder sie Dritten zu überlassen, wenn durch die Nutzungsüberlassung an Dritte das vom Know-how-Geber mitgeteilte und noch immer geheime Know-how nicht preisgegeben wird; dies läßt eine Verpflichtung des Know-how-Nehmers unberührt, die vorherige Erlaubnis für eine solche Nutzungsüberlassung beim Know-how-Geber einzuholen; die Erlaubnis darf nur dann abgelehnt werden, wenn sachlich gerechtfertigte Gründe zu der Annahme bestehen, daß durch die Mitteilung von Verbesserungen an Dritte das Know-how des Know-how-Gebers preisgegeben wird; und

b) der Know-how-Geber eine ausschließliche oder nicht ausschließliche Verpflichtung akzeptiert hat, dem Know-how-Nehmer die eigenen Verbesserungen mitzuteilen, und sein Recht zur Verwendung der Verbesserungen des Know-how-Nehmers, die vom überlassenen Know-how untrennbar sind, nicht über den Zeitpunkt hinausgeht, an dem das Recht des Know-how-Nehmers zur Nutzung des Know-how des Know-how-Gebers erlischt, außer bei der Beendigung der Vereinbarung wegen Vertragsbruchs des Know-how-Nehmers; dies läßt eine Verpflichtung des Know-how-Nehmers unberührt, dem Know-how-Geber die Möglichkeit zu geben, die Verbesserungen auch nach diesem Zeitpunkt weiter zu nutzen, wenn er gleichzeitig auf das nachvertragliche Nutzungsverbot verzichtet oder damit einverstanden ist, für die Nutzung der Verbesserungen angemessene Gebühren zu zahlen, nachdem er Gelegenheit hatte, diese Verbesserungen zu prüfen;

5. die Verpflichtung des Know-how-Nehmers, Mindestqualitätsvorschriften für das Vertragserzeugnis einzuhalten oder Erzeugnisse oder Dienstleistungen von dem Know-how-Geber oder einem von diesem benannten Unternehmen

zu beziehen, soweit diese Qualitätsvorschriften, Erzeugnisse oder Dienstleistungen erforderlich sind

a) für eine technisch einwandfreie Nutzung der überlassenen Technologie oder

b) um sicherzustellen, daß die Produktion des Know-how-Nehmers den Qualitätsstandards entspricht, die von dem Know-how-Geber und anderen Know-how-Nehmern eingehalten werden,

und dem Know-how-Geber zu gestatten, entsprechende Kontrollen durchzuführen;

6. die Verpflichtungen:

a) Fälle der unrechtmäßigen Nutzung des Know-how oder Verletzungen der lizenzierten Patente dem Know-how-Geber anzuzeigen oder

b) gegen eine unrechtmäßige Verwendung oder Verletzungen gerichtlich vorzugehen oder dem Know-how-Geber bei einem solchen gerichtlichen Vorgehen Beistand zu leisten,

soweit diese Verpflichtungen das Recht des Know-how-Nehmers unberührt lassen, die Gültigkeit der lizenzierten Patente oder den geheimen Charakter des überlassenen Know-how zu bestreiten, es sei denn, er selbst hat in irgendeiner Weise zu dessen Preisgabe beigetragen;

7. falls das Know-how auf andere Weise als durch das Verhalten des Know-how-Gebers offenkundig wird, die Verpflichtung des Know-how-Nehmers, die Zahlung der Gebühren bis zum Ende der Vereinbarung in der Form fortzusetzen, wie dies von den Vertragspartnern hinsichtlich der Beträge, der Zeiträume und der Berechnungsmethoden frei vereinbart wurde; dies läßt zusätzliche Schadensersatzforderungen für den Fall unberührt, daß das Know-how infolge eines Vertragsbruchs des Know-how-Nehmers offenkundig wird;

8. die Verpflichtung des Know-how-Nehmers, die Nutzung des überlassenen Know-how auf einen oder mehrere von verschiedenen technischen Anwendungsbereichen, die von der überlassenen Technologie erfaßt werden, oder auf einen oder mehrere Produktmärkte zu beschränken;

9. die Verpflichtung des Know-how-Nehmers, eine Mindestgebühr zu zahlen oder eine Mindestmenge der Vertragserzeugnisse herzustellen oder eine Mindestzahl von Benutzungshandlungen vorzunehmen;

10. die Verpflichtung des Know-how-Gebers, dem Know-how-Nehmer günstigere Vertragsbedingungen zugute kommen zu lassen, die der Know-how-Geber einem anderen Unternehmen nach Abschluß der Vereinbarung gewährt;

11. die Verpflichtung des Know-how-Nehmers, auf dem Vertragserzeugnis einen Vermerk über den Know-how-Geber anzubringen;

12. die Verpflichtung des Know-how-Nehmers, das Know-how des Know-how-Gebers nicht zu nutzen, um für Dritte Anlagen zu bauen; dies läßt das Recht des Know-how-Nehmers unberührt, die Kapazität seiner Anlagen zu erhöhen

oder zusätzliche Anlagen für den eigenen Gebrauch zu normalen Geschäfts-bedingungen, einschließlich der Zahlung zusätzlicher Gebühren, zu errichten.

(2) Für den Fall, daß die in Absatz 1 aufgeführten Verpflichtungen aufgrund besonderer Umstände von dem Verbot des Artikels 85 Absatz 1 des Vertra-ges erfaßt werden, sind sie ebenfalls freigestellt, auch wenn sie nicht im Zusammenhang mit den in Artikel 1 freigestellten Verpflichtungen vereinbart werden.

(3) Die Freistellung nach Absatz 2 gilt auch, wenn Vertragspartner in einer Vereinbarung Verpflichtungen im Sinne des Absatzes 1 vorsehen, ihnen jedoch einen weniger weiten Umfang geben, als es nach Absatz 1 zulässig wäre.

Artikel 3

Artikel 1 und Artikel 2 gelten nicht, wenn:

1. dem Know-how-Nehmer verboten wird, das überlassene Know-how nach Ablauf der Vereinbarung weiter zu benutzen, falls es auf andere Weise als durch einen Vertragsbruch des Know-how-Nehmers offenkundig geworden ist;

2. der Know-how-Nehmer verpflichtet wird,

a) dem Know-how-Geber seine Rechte an Verbesserungen oder neuen Anwendungsformen der Technologie ganz oder teilweise zu übertragen,

b) dem Know-how-Geber Verbesserungen oder Anwendungsformen der mit-geteilten Technologie zur ausschließlichen Nutzung zu überlassen, soweit dies den Know-how-Nehmer daran hindern würde, während der Laufzeit der Vereinbarung seine Verbesserungen selbst zu nutzen, sofern diese vom Know-how des Know-how-Gebers trennbar sind, oder sie Dritten zu überlas-sen, ohne daß dadurch das noch geheime Know-how des Know-how-Gebers preisgegeben wird, oder

c) im Fall einer Vereinbarung, die ein nachvertragliches Verbot der Nutzung des Know-how enthält, seinerseits dem Know-how-Geber die Nutzung von Verbesserungen, die vom Know-how des Know-how-Gebers untrennbar sind – selbst auf nicht ausschließlicher und gegenseitiger Basis –, zu gestatten, sofern das Recht des Know-how-Gebers zur Nutzung der Verbesserungen eine längere Laufzeit hat als das Recht des Know-how-Nehmers, das Know-how des Know-how-Gebers zu nutzen. Dies gilt nicht im Fall der Beendigung der Vereinbarung wegen Vertragsbruch des Know-how-Nehmers;

3. der Know-how-Nehmer zum Zeitpunkt des Vertragsabschlusses verpflich-tet ist, Qualitätsvorschriften oder andere Lizenzen zu akzeptieren oder Waren bzw. Dienstleistungen zu beziehen, die er nicht will, sofern derartige Lizen-zen, Qualitätsvorschriften, Waren bzw. Dienstleistungen für eine technisch einwandfreie Nutzung der mitgeteilten Technologie oder dafür nicht notwen-dig sind, daß die Produktion des Know-how-Nehmers mit den Qualitätsvor-

schriften übereinstimmt, die vom Know-how-Geber und anderen Know-how-Nehmern eingehalten werden;

4. dem Know-how-Nehmer verboten wird, den geheimen Charakter des überlassenen Know-how oder innerhalb des Gemeinsamen Marktes die Gültigkeit von lizenzierten Patenten anzugreifen, die sich im Besitz des Know-how-Gebers oder eines mit ihm verbundenen Unternehmens befinden; das Recht des Know-how-Gebers, im Fall des Angriffs die Know-how-Vereinbarung zu kündigen, bleibt unberührt;

5. der Know-how-Nehmer für Erzeugnisse oder Dienstleistungen, die weder ganz noch teilweise mit Hilfe der überlassenen Technologie hergestellt oder erbracht werden, oder für die Nutzung von Know-how, das durch das Verhalten des Know-how-Gebers oder eines mit ihm verbundenen Unternehmens offenkundig geworden ist, Gebühren zu zahlen hat;

6. ein Vertragspartner hinsichtlich seiner möglichen Abnehmer in demselben technischen Anwendungsbereich des Know-how oder in demselben Produktmarkt unterworfen wird, insbesondere durch ein Verbot, bestimmte Abnehmergruppen zu beliefern, sich bestimmter Vertriebswege zu bedienen oder bestimmte Arten der Verpackung des Erzeugnisses zu benutzen, um damit eine Aufteilung der Abnehmer zu erreichen; die Artikel 1 Absatz 1 Ziffer 7 und Artikel 4 Absatz 2 bleiben unberührt;

7. ein Vertragspartner Beschränkungen hinsichtlich der Menge der herzustellenden oder zu vertreibenden Vertragserzeugnisse oder hinsichtlich der Zahl der Benutzungshandlungen der überlassenen Technologien unterworfen wird; Artikel 1 Absatz 1 Ziffer 8 und Artikel 4 Absatz 2 bleiben unberührt;

8. ein Vertragspartner Beschränkungen bei der Festsetzung der Preise, Preisbestandteile oder Rabatte für die Vertragserzeugnisse unterworfen wird;

9. ein Vertragspartner in seiner Freiheit beschränkt wird, innerhalb des Gemeinsamen Marktes in den Bereichen Forschung und Entwicklung, Herstellung, Gebrauch oder Vertrieb mit dem anderen Vertragspartner, mit diesem verbundenen oder mit anderen Unternehmen in Wettbewerb zu treten; die Verpflichtung des Know-how-Nehmers, die überlassene Technologie nach besten Kräften zu nutzen, wird hierdurch nicht berührt; das Recht des Know-how-Gebers, die dem Know-how-Nehmer eingeräumte Ausschließlichkeit zu beenden und Verbesserungen nicht mehr mitzuteilen, falls der Know-how-Nehmer derartige Wettbewerbshandlungen vornimmt, und zu fordern, daß der Know-how-Nehmer beweist, daß das überlassene Know-how nicht für die Herstellung anderer als der Vertragserzeugnisse oder die Erbringung anderer als der vertragsgegenständlichen Dienstleistungen verwendet wird, bleibt ebenfalls unberührt;

10. sich die ursprüngliche Dauer der Know-how-Vereinbarung durch die Einbeziehung von neuen, von dem Know-how-Geber mitgeteilten Verbesserungen verlängert, es sei denn, der Know-how-Nehmer ist berechtigt, derartige Verbesserungen abzulehnen oder jeder Vertragspartner hat das Recht, die Vereinbarung nach Ablauf der ursprünglichen Laufzeit der Vereinbarung und mindestens alle drei Jahre danach zu kündigen;

11. der Know-how-Geber für einen längeren als den gemäß Artikel 1 Absatz 2 zulässigen Zeitraum verpflichtet wird, anderen Unternehmen keine Lizenz zu erteilen, um dieselbe Technologie in dem Vertragsgebiet zu nutzen, oder ein Vertragspartner für über die gemäß Artikel 1 Absatz 2 oder 4 zulässigen Zeiträume hinaus verpflichtet wird, dieselbe Technologie in dem Gebiet des anderen Vertragspartners oder anderer Know-how-Nehmer nicht zu nutzen, auch wenn dies in getrennten Vereinbarungen festgelegt wird;

12. die Vertragspartner oder einer von ihnen verpflichtet sind:

a) ohne sachlich gerechtfertigten Grund auf Bestellungen von Verbrauchern oder Wiederverkäufern aus ihren jeweiligen Gebieten, welche Erzeugnisse in anderen Gebieten innerhalb des Gemeinsamen Marktes absetzen wollen, nicht einzugehen; oder

b) die Möglichkeit für Verbraucher oder Wiederverkäufer zum Bezug der Vertragserzeugnisse bei anderen Wiederverkäufern innerhalb des Gemeinsamen Marktes zu erschweren und insoweit insbesondere verpflichtet sind, gewerbliches und kommerzielles Eigentum geltend zu machen oder Maßnahmen zu treffen, um den Bezug außerhalb des Vertragsgebiets durch Verbraucher oder Wiederverkäufer von Erzeugnissen, die vom Know-how-Geber selbst oder mit seiner Zustimmung innerhalb des Gemeinsamen Marktes rechtmäßig in Verkehr gebracht worden sind, oder um das Inverkehrbringen solcher Erzeugnisse innerhalb des Vertragsgebiets durch diese Verbraucher oder Wiederverkäufer zu verhindern,

oder wenn derartige Verhaltensweisen Folge einer Abstimmung zwischen ihnen sind.

Artikel 4

(1) Der Rechtsvorteil der Freistellung nach den Artikeln 1 und 2 kommt auch Vereinbarungen mit solchen wettbewerbsbeschränkenden Verpflichtungen zugute, die in diesen Artikeln nicht genannt sind, jedoch nicht unter Artikel 3 fallen, unter der Bedingung, daß diese Vereinbarungen gemäß den Bestimmungen der Verordnung Nr. 27 der Kommission[6] bei der Kommission angemeldet werden und die Kommission binnen sechs Monaten keinen Widerspruch gegen die Freistellung erhebt.

(2) Absatz 1 gilt insbesondere für die Verpflichtung des Know-how-Nehmers, nur eine begrenzte Menge des Vertragserzeugnisses an einen bestimmten Kunden zu liefern, soweit das Know-how auf Verlangen eines solchen Kunden überlassen worden ist, um für ihn innerhalb des Vertragsgebiets eine zweite Lieferquelle zu schaffen.

Diese Vorschrift gilt auch, wenn der Kunde der Know-how-Nehmer ist, und die Überlassungsvereinbarung im Hinblick auf die Schaffung einer zweiten Lieferquelle vorsieht, daß der Kunde die Vertragserzeugnisse selber herstellt oder durch einen Zulieferer herstellen läßt.

6 ABl. Nr. 35 vom 10. 5. 1962, S. 1118/62.

(3) Die Sechsmonatsfrist beginnt mit dem Tag des Eingangs der Anmeldung (bei)[7] der Kommission, im Fall der Aufgabe zur Post als eingeschriebener Brief beginnt diese Frist mit dem Datum des Poststempels des Aufgabeorts.

(4) Die Absätze 1 und 2 gelten nur, wenn

a) in der Anmeldung oder in einer sie begleitenden Mitteilung auf diesen Artikel ausdrücklich Bezug genommen wird und

b) die bei der Anmeldung zu machenden Angaben vollständig sind und den Tatsachen entsprechen.

(5) Für bei Inkrafttreten dieser Verordnung bereits angemeldete Vereinbarungen können die Bestimmungen der Absätze 1 und 2 durch eine sich ausdrücklich auf diesen Artikel und auf die Anmeldung beziehende Mitteilung an die Kommission in Anspruch genommen werden. Die Bestimmungen der Absätze 3 und 4 Buchstabe b) gelten entsprechend.

(6) Die Kommission kann Widerspruch gegen die Freistellung erheben. Sie erhebt Widerspruch, wenn sie von einem Mitgliedstaat binnen drei Monaten nach der Übermittlung einer Anmeldung im Sinne von Absatz 1 oder einer Mitteilung im Sinne von Absatz 5 an den Mitgliedstaat einen entsprechenden Antrag erhält. Dieser Antrag muß auf Erwägungen zu den Wettbewerbsregeln des Vertrages gestützt sein.

(7) Die Kommission kann den Widerspruch gegen die Freistellung jederzeit zurücknehmen. Ist jedoch der Widerspruch auf Antrag eines Mitgliedstaats erhoben worden und hält dieser seinen Antrag aufrecht, kann der Widerspruch erst nach Anhörung des Beratenden Ausschusses für Kartell- und Monopolfragen zurückgenommen werden.

(8) Wird der Widerspruch zurückgenommen, weil die betroffenen Unternehmen dargelegt haben, daß die Voraussetzungen von Artikel 85 Absatz 3 erfüllt sind, so gilt die Freistellung vom Zeitpunkt der Anmeldung an.

(9) Wird der Widerspruch zurückgenommen, weil die betroffenen Unternehmen die Vereinbarung derart geändert haben, daß sie die Voraussetzungen von Artikel 85 Absatz 3 erfüllt, so gilt die Freistellung von dem Zeitpunkt an, zu dem die Änderung der Vereinbarung wirksam geworden ist.

(10) Erhebt die Kommission Widerspruch und wird dieser nicht zurückgenommen, so richten sich die Wirkungen der Anmeldung nach den Vorschriften der Verordnung Nr. 17.

Artikel 5

(1) Diese Verordnung gilt nicht für:

1. Vereinbarungen zwischen Mitgliedern einer Patent- oder Know-how-Gemeinschaft, die sich auf gemeinsame Technologie bezieht;

---

7 Hinzufügung der Verfasser (vermutlich Redaktionsversehen der Kommission).

2. Know-how-Vereinbarungen zwischen im Wettbewerb stehenden Unternehmen, die an einem Gemeinschaftsunternehmen beteiligt sind oder zwischen einem von ihnen und dem Gemeinschaftsunternehmen, wenn sich die Know-how-Vereinbarungen auf die Tätigkeit des Gemeinschaftsunternehmens beziehen.

3. Vereinbarungen, nach denen ein Vertragspartner dem anderen Know-how überläßt und dieser andere Partner, auch wenn dies in getrennten Vereinbarungen oder über verbundene Unternehmen geschieht, dem erstgenannten eine Lizenz an Patenten oder Warenzeichen oder Know-how oder ausschließlich Verkaufsrechte einräumt, soweit die Vertragspartner Wettbewerber für die Vertragserzeugnisse sind;

4. Vereinbarungen, die die Lizenzierung anderer Rechte des gewerblichen oder geistigen Eigentums als Patente (insbesondere Warenzeichen, Urheber- und Geschmacksmusterrechte) oder die Lizenzierung von Software zum Gegenstand haben, es sei denn, daß diese Rechte oder die Software dazu beitragen, den mit der Überlassung des Know-how verfolgten Zweck zu erreichen und keine anderen wettbewerbsbeschränkenden Verpflichtungen damit verbunden sind als diejenigen, die auch an das Know-how geknüpft und aufgrund der vorliegenden Verordnung freigestellt sind.

(2) Diese Verordnung findet gleichwohl Anwendung auf wechselseitige Lizenzen im Sinne von Absatz 1 Ziffer 3, sofern die Vertragspartner innerhalb des Gemeinsamen Marktes keinen Gebietsbeschränkungen hinsichtlich der Herstellung, des Gebrauchs und des Inverkehrbringens der Vertragserzeugnisse oder hinsichtlich des Gebrauchs der überlassenen Technologien unterworfen sind.

Artikel 6

Diese Verordnung gilt auch für:

1. reine Know-how-Vereinbarungen oder gemischte Vereinbarungen, wenn der Know-how-Geber nicht der Entwickler des Know-how oder der Patentinhaber ist, aber von dem Entwickler oder dem Patentinhaber ermächtigt worden ist, eine Lizenz oder eine Unterlizenz zu erteilen;

2. Übertragungen von Know-how oder von Know-how und Patenten, wenn das Risiko in Verbindung mit der Nutzung bei dem Abtretenden bleibt, insbesondere wenn die Gegenleistung für die Übertragung vom Umsatz des Erwerbers für die Erzeugnisse, die mit dem Know-how oder den Patenten erzielt wurde, von der hergestellten Menge der Erzeugnisse oder von der Zahl der Benutzungshandlungen des Know-how oder der Patente abhängig ist;

3. reine Know-how-Vereinbarungen oder gemischte Vereinbarungen, in denen Rechte oder Verpflichtungen des Know-how-Gebers oder des Know-how-Nehmers von mit diesen verbundenen Unternehmen übernommen werden.

Artikel 7

Die Kommission kann den Rechtsvorteil dieser Verordnung gemäß Artikel 7 der Verordnung Nr. 19/65/EWG entziehen, wenn sie in einem Einzelfall feststellt, daß eine nach dieser Verordnung freigestellte Vereinbarung gleichwohl Wirkungen hat, die mit den in Artikel 85 Absatz 3 des Vertrages vorgesehenen Voraussetzungen unvereinbar sind, insbesondere wenn:

1. sich diese Wirkungen aus einem Schiedsspruch ergeben;

2. die Wirkung der Vereinbarung darin besteht, daß die Vertragserzeugnisse im Vertragsgebiet nicht mit gleichen Waren oder solchen, die vom Verbraucher aufgrund ihrer Eigenschaften, ihrer Preislage und ihres Verwendungszwecks als gleichartig angesehen werden, in wirksamem Wettbewerb stehen;

3. der Know-how-Geber die Ausschließlichkeit nicht spätestens fünf Jahre nach Vertragsabschluß und von dann ab mindestens jährlich kündigen kann, weil der Know-how-Nehmer ohne berechtigte Gründe die überlassene Technologie nicht oder nicht hinreichend nutzt;

4. der Know-how-Nehmer sich ohne sachlich gerechtfertigten Grund weigert, auf eine von ihm nicht veranlaßte Nachfrage durch Verbraucher oder Wiederverkäufer aus Gebieten anderer Know-how-Nehmer einzugehen; die Bestimmungen des Artikels 1 Absatz 1 Ziffer 6 bleiben unberührt;

5. die Vertragspartner oder einer von ihnen

a) ohne sachlich gerechtfertigten Grund sich weigern, auf die Nachfrage von Verbrauchern oder Wiederverkäufern aus ihren jeweiligen Gebieten einzugehen, die die Erzeugnisse in anderen Gebieten innerhalb des Gemeinsamen Marktes absetzen wollen, oder

b) Verbrauchern oder Wiederverkäufern den Bezug der Erzeugnisse bei anderen Wiederverkäufern innerhalb des Gemeinsamen Marktes erschweren, insbesondere wenn sie gewerbliches oder kommerzielles Eigentum geltend machen oder Maßnahmen treffen, um den Bezug außerhalb des Vertragsgebiets durch Wiederverkäufer oder Verbraucher von Erzeugnissen, die vom Know-how-Geber selbst oder mit seiner Zustimmung innerhalb des Gemeinsamen Marktes rechtmäßig in Verkehr gebracht worden sind, oder um das Inverkehrbringen solcher Erzeugnisse innerhalb des Vertragsgebiets durch diese Verbraucher oder Wiederverkäufer zu verhindern;

6. das nachvertragliche Nutzungsverbot des Artikels 2 Absatz 1 Ziffer 3 den Know-how-Nehmer daran hindert, mit einem abgelaufenen Patent zu arbeiten, mit dem alle anderen Hersteller arbeiten können;

7. der Zeitraum, für den der Know-how-Nehmer verpflichtet ist, weiterhin Gebühren zu zahlen, nachdem das Know-how durch das Verhalten Dritter offenkundig geworden ist (Artikel 2 Absatz 1 Ziffer 7), den durch die frühzeitige Aufnahme der Produktion und der Vermarktung erworbenen Vorsprung erheblich überschreitet und diese Verpflichtung sich nachteilig auf den Wettbewerb auf dem Markt auswirkt;

8. die Vertragspartner bereits vor Erteilung der Lizenz Wettbewerber waren und dem Know-how-Nehmer auferlegte Verpflichtungen, eine Mindestmenge herzustellen oder, wie in Artikel 2 Absatz 1 Ziffer 9 und Artikel 3 Ziffer 9 beschrieben, alle erdenklichen Anstrengungen zu unternehmen, bewirken, daß der Know-how-Nehmer von der Verwendung konkurrierender Technologien abgehalten wird.

Artikel 8

(1) Für Vereinbarungen, die am 13. März 1962 bestanden und die vor dem 1. Februar 1963 angemeldet wurden, sowie für Vereinbarungen im Sinne von Artikel 4 Absatz 2 Ziffer 2 Buchstabe b) der Verordnung Nr. 17 – ob angemeldet oder nicht – gilt die in dieser Verordnung erklärte Nichtanwendbarkeit des Artikels 85 Absatz 1 des Vertrages rückwirkend von dem Zeitpunkt an, in dem die Voraussetzungen der Anwendung dieser Verordnung erfüllt waren.

(2) Für alle übrigen vor dem Inkrafttreten dieser Verordnung angemeldeten Vereinbarungen gilt die in dieser Verordnung erklärte Nichtanwendbarkeit des Artikels 85 Absatz 1 des Vertrages rückwirkend von dem Zeitpunkt an, in dem die Voraussetzungen der Anwendung dieser Verordnung erfüllt waren, jedoch frühestens vom Tag der Anmeldung an.

Artikel 9

Werden Vereinbarungen, die am 13. März 1962 bestanden und vor dem 1. Februar 1963 angemeldet wurden, oder Vereinbarungen im Sinne von Artikel 4 Absatz 2 Ziffer 2 Buchstabe b) der Verordnung Nr. 17, die vor dem 1. Januar 1967 angemeldet wurden, vor dem 1. Juli 1989 dahin abgeändert, daß sie die in dieser Verordnung genannten Voraussetzungen erfüllen, und wird die Änderung der Kommission vor dem 1. Oktober 1989 mitgeteilt, so gilt das Verbot des Artikels 85 Absatz 1 des Vertrages für den Zeitraum vor der Änderung nicht. Die Mitteilung ist im Zeitpunkt des Eingangs bei der Kommission bewirkt. Im Fall der Aufgabe zur Post als eingeschriebener Brief gilt das Datum des Poststempels des Aufgabeorts als Tag des Eingangs.

Artikel 10

(1) Für Vereinbarungen, die infolge des Beitritts des Vereinigten Königreichs, Irlands und Dänemarks in den Anwendungsbereich von Artikel 85 fallen, gelten die Artikel 8 und 9 mit der Maßgabe, daß an die Stelle des 13. März 1962 der 1. Januar 1973 und an die Stelle des 1. Februar 1963 und des 1. Januar 1967 der 1. Juli 1973 tritt.

(2) Für Vereinbarungen, die infolge des Beitritts Griechenlands in den Anwendungsbereich von Artikel 85 des Vertrages fallen, gelten die Artikel 8 und 9 mit der Maßgabe, daß an die Stelle des 13. März 1962 der 1. Januar 1981 und an die Stelle des 1. Februar 1963 und des 1. Januar 1967 der 1. Juli 1981 tritt.

(3) Für Vereinbarungen, die infolge des Beitritts Spaniens und Portugals in den Anwendungsbereich von Artikel 85 des Vertrages fallen, gelten die Artikel 8 und 9 mit der Maßgabe, daß an die Stelle des 13. März 1962 der 1. Januar 1986 und an die Stelle des 1. Februar 1963 und des 1. Januar 1967 der 1. Juli 1986 tritt.

Artikel 11

(1) Die bei Anwendung des Artikels 4 erlangten Kenntnisse dürfen nur zu dem mit der Verordnung verfolgten Zweck verwendet werden.

(2) Die Kommission und die Behörden der Mitgliedstaaten sowie ihre Beamten und sonstigen Bediensteten sind verpflichtet, Kenntnisse nicht preiszugeben, die sie bei Anwendung dieser Verordnung erlangt haben und die ihrem Wesen nach unter das Berufsgeheimnis fallen.

(3) Die Vorschriften der Absätze 1 und 2 stehen der Veröffentlichung von Übersichten oder Zusammenfassungen, die keine Angaben über einzelne Unternehmen oder Unternehmensvereinigungen enthalten, nicht entgegen.

Artikel 12

Diese Verordnung tritt am 1. April 1989 in Kraft.

Sie gilt bis zum 31. Dezember 1999.

Diese Verordnung ist in allen ihren Teilen verbindlich und gilt unmittelbar in jedem Mitgliedstaat.

Verordnung (EWG) Nr. 418/85 der Kommission vom 19. Dezember 1984 über die Anwendung von Artikel 85 Absatz 3 des Vertrages auf Gruppen von Vereinbarungen über Forschung und Entwicklung[1]

Die Kommission der Europäischen Gemeinschaften –

gestützt auf den Vertrag zur Gründung der Europäischen Wirtschaftsgemeinschaft,

gestützt auf die Verordnung (EWG) Nr. 2821/71 des Rates vom 20. Dezember 1971 über die Anwendung von Artikel 85 Absatz 3 des Vertrages auf Gruppen von Vereinbarungen, Beschlüssen und aufeinander abgestimmten Verhaltensweisen[2], zuletzt geändert durch die Akte über den Beitritt Griechenlands, insbesondere auf Artikel 1,

nach Veröffentlichung des Verordnungsentwurfs[3],

nach Anhörung des Beratenden Ausschusses für Kartell- und Monopolfragen,

in Erwägung nachstehender Gründe:

(1) Die Kommission ist nach der Verordnung (EWG) Nr. 2821/71 ermächtigt, durch Verordnung Artikel 85 Absatz 3 des Vertrages auf bestimmte, unter Artikel 85 Absatz 1 fallende Gruppen von Vereinbarungen, Beschlüssen und aufeinander abgestimmten Verhaltensweisen anzuwenden, welche die Forschung und Entwicklung von Erzeugnissen oder Verfahren bis zur Produktionsreife sowie die Verwertung der Ergebnisse einschließlich der Bestimmungen über gewerbliche Schutzrechte und geheimes technisches Wissen zum Gegenstand haben.

(2) Wie die Kommission bereits in ihrer Bekanntmachung von 1968 über Vereinbarungen, Beschlüsse und aufeinander abgestimmte Verhaltensweisen, die eine zwischenbetriebliche Zusammenarbeit betreffen[4], dargelegt hat, werden Vereinbarungen über gemeinsame Forschungsergebnisse bis zur Produktionsreife im allgemeinen nicht von dem Verbot des Artikels 85 Absatz 1 des Vertrages erfaßt. Derartige Vereinbarungen können jedoch insbesondere dann unter das Verbot fallen, wenn die Beteiligten sich verpflichten, in demselben

---

1 ABl. L 53 vom 22. 2. 1985, S. 5.
2 ABl. L 285 vom 29. 12. 1971, S. 46.
3 ABl. C 16 vom 21. 1. 1984, S. 3.
4 ABl. C 75 vom 29. 7. 1968, S. 3, berichtigt in ABl. C 84 vom 28. 8. 1968, S. 14.

Bereich keine selbständigen Forschungs- und Entwicklungstätigkeiten mehr vorzunehmen. Sie sollten deshalb von dieser Verordnung nicht ausgeschlossen werden.

(3) Vereinbarungen über gemeinsame Forschung und Entwicklung und die gemeinsame Verwertung der dabei erzielten Ergebnisse können unter das Verbot des Artikels 85 Absatz 1 fallen, weil die Vertragspartner im gegenseitigen Einvernehmen die Einzelheiten der Herstellung von Erzeugnissen oder der Benutzung von Verfahren oder die Bedingungen für die Vertretung gewerblicher Schutzrechte oder von Know-how festlegen.

(4) Die Zusammenarbeit auf dem Gebiet der Forschung und Entwicklung und der Verwertung der Ergebnisse trägt in aller Regel zur Förderung des technischen und wirtschaftlichen Fortschritts bei, weil sie zu einem vermehrten Austausch technischer Kenntnisse zwischen den Vertragspartnern führt, doppelte Forschungs- und Entwicklungsarbeiten vermeiden hilft, weil sie den Austausch komplementärer technischer Kenntnisse begünstigt und damit weitere Vorteile mit sich bringt und weil sie schließlich eine rationellere Herstellung oder Nutzung der aus der Forschung hervorgegangenen Erzeugnisse und Verfahren gewährleistet. Diese günstigen Wirkungen treten nur dann ein, wenn das Forschungs- und Entwicklungsvorhaben gegenständlich begrenzt und eine Zielsetzung klar bestimmt wird und wenn jeder Vertragspartner in der Lage ist, alle ihn interessierenden Ergebnisse des Forschungs- und Entwicklungsprogramms zu verwerten. Sofern sich an dem Programm Universitäten oder Forschungsinstitute beteiligen, die an einer Verwertung der Ergebnisse nicht interessiert sind, kann vereinbart werden, daß diese Ergebnisse ihnen nur zum Zwecke der Durchführung weiterer Forschungen zur Verfügung stehen.

(5) Den Verbrauchern kommen die Vorteile vermehrter und erfolgreicher Forschungsbemühungen regelmäßig dadurch zugute, daß ihnen neue oder verbesserte Erzeugnisse oder Dienstleistungen angeboten werden oder daß sie durch die Benutzung neuer oder verbesserter Verfahren Kosten einsparen können.

(6) Die Verordnung muß die Wettbewerbsbeschränkungen bestimmen, die in den freigestellten Vereinbarungen enthalten sein dürfen. Die in dieser Verordnung zugelassenen Wettbewerbsbeschränkungen zielen darauf ab, die Forschungstätigkeiten des Vertragspartners zu konzentrieren, um so deren Erfolgsaussichten zu erhöhen und die Einführung neuer Erzeugnisse und Dienstleistungen auf den verschiedenen Märkten zu erleichtern. Diese Wettbewerbsbeschränkungen sind daher in aller Regel erforderlich, um den Vertragspartnern und den Verbrauchern die angestrebten Vorteile zu sichern.

(7) Die gemeinsame Verwertung der Ergebnisse kann als Ergänzung gemeinsam betriebener Forschung und Entwicklung angesehen werden. Sie umfaßt verschiedene Möglichkeiten der Herstellung von Erzeugnissen sowie der Benutzung gewerblicher Schutzrechte oder von Know-how, das wesentlich zum technischen oder wirtschaftlichen Fortschritt beiträgt. Um die vorstehend erwähnten Ziele und Vorteile zu erreichen und um die freigestellten Wettbewerbsbeschränkungen zu rechtfertigen, dürfen sich die einzelnen Formen der

gemeinsamen Verwertung nur auf Erzeugnisse oder Verfahren beziehen, für welche die Benutzung der Forschungs- und Entwicklungsergebnisse entscheidend ist. Eine gemeinsame Verwertung ist daher nicht zulässig, wenn sie Verbesserungen betrifft, die nicht im Rahmen eines gemeinsamen Forschungs- und Entwicklungsprogramms, sondern bei der Anwendung einer Vereinbarung erreicht werden, die vorwiegend auf andere Ziele wie etwa die Lizenzen auf gewerbliche Schutzrechte, die gemeinsame Herstellung von Erzeugnissen oder die Spezialisierung gerichtet ist und nur nebenbei Bestimmungen über gemeinsame Forschung und Entwicklung vorsieht.

(8) Die in dieser Verordnung vorgesehene Freistellung ist auf Vereinbarungen zu beschränken, die den beteiligten Unternehmen nicht die Möglichkeit geben, den Wettbewerb für einen wesentlichen Teil der betreffenden Erzeugnisse auszuschalten. Um sicherzustellen, daß innerhalb des Gemeinsamen Marktes in jedem Wirtschaftszweig mehrere Forschungszentren nebeneinander bestehen können, ist es angebracht, Vereinbarungen zwischen konkurrierenden Unternehmen von der Gruppenfreistellung auszuschließen, sofern ihre Anteile am Markt der Erzeugnisse, die durch die Forschungsergebnisse verbessert oder ersetzt werden können, bei Abschluß der Vereinbarung eine bestimmte Größenordnung überschreiten.

(9) Um auch in den Fällen gemeinsamer Verwertung der Ergebnisse einen wirksamen Wettbewerb aufrechtzuerhalten, muß eine Regelung vorgesehen werden, wonach die Gruppenfreistellung keine Anwendung mehr findet, wenn die Anteile der Vertragspartner am Markt der aus der gemeinsamen Forschung und Entwicklung hervorgegangenen Erzeugnisse zu groß werden. Die Freistellung sollte jedoch ohne Rücksicht auf die Marktstellung der Beteiligten bei den genannten Erzeugnissen während eines bestimmten Zeitraums nach dem Beginn der gemeinsamen Verwertung fortgelten, damit insbesondere im Falle der Einführung eines völlig neuen Erzeugnisses eine Stabilisierung der von den Vertragspartnern gehaltenen Marktanteile abgewartet werden kann und zugleich eine Mindestdauer für die Abschreibung der regelmäßig bedeutenden Investitionen gewährleistet wird.

(10) Vereinbarungen zwischen Unternehmen, die den in dieser Verordnung vorgeschriebenen Marktanteilskriterien nicht genügen, können gegebenenfalls durch Einzelfallentscheidung freigestellt werden, wobei vor allem der Wettbewerb auf dem Weltmarkt und die besonderen Bedingungen der Herstellung von Erzeugnissen der Spitzentechnologie zu berücksichtigen sind.

(11) Es erscheint zweckmäßig, in der Verordnung bestimmte, in Forschungsverträgen vorkommende Verpflichtungen aufzuzählen, die in der Regel nicht wettbewerbsbeschränkend sind, um auch diesen den Rechtsvorteil zukommen zu lassen, falls sie aufgrund des wirtschaftlichen oder rechtlichen Zusammenhangs ausnahmsweise unter Artikel 85 Absatz 1 fallen; diese Aufzählung ist nicht erschöpfend.

(12) In der Verordnung muß außerdem angegeben werden, welche Bestimmungen nicht in den von dieser Verordnung erfaßten Vereinbarungen enthal-

ten sein dürfen, damit diesen der Rechtsvorteil der Gruppenfreistellung zukommt, weil sie unter das Verbot des Artikels 85 Absatz 1 fallen und keine allgemeine Vermutung dafür besteht, daß sie die von Artikel 85 Absatz 3 geforderten günstigen Wirkungen haben.

(13) Auf diejenigen Vereinbarungen, welche nicht ohne weiteres unter die Freistellung fallen, weil sie Klauseln enthalten, die in der Verordnung nicht ausdrücklich zugelassen werden, ohne jedoch Wettbewerbsbeschränkungen vorzusehen, die ausdrücklich ausgeschlossen sind, kann gleichwohl die allgemeine Vermutung der Vereinbarkeit mit Artikel 85 Absatz 3 zutreffen, auf die sich die Gruppenfreistellung stützt. Die Kommission kann schnell feststellen, ob dies der Fall ist. Eine solche Vereinbarung kann deshalb als durch die in dieser Verordnung vorgesehene Freistellung erfaßt betrachtet werden, falls sie bei der Kommission angemeldet wird und diese der Freistellung innerhalb eines bestimmten Zeitraums nicht widerspricht.

(14) Den in dieser Verordnung geregelten Vereinbarungen kommen außerdem die rechtlichen Vorteile der übrigen Gruppenfreistellungsverordnungen der Kommission – nämlich der Verordnung (EWG) Nr. 417/85[5] über Spezialisierungsvereinbarungen, der Verordnung (EWG) Nr. 1983/83[6] über Alleinvertriebsvereinbarungen, der Verordnung (EWG) Nr. 1984/83[7] über Alleinbezugsvereinbarungen sowie der Verordnung (EWG) Nr. 2349/84[8] über Patentlizenzvereinbarungen – zugute, falls sie die Voraussetzungen für die Anwendung der vorgenannten Verordnungen erfüllen; die vorstehend genannten Verordnungen sind jedoch nicht anwendbar, soweit diese Verordnung besondere Bestimmungen vorsieht.

(15) Sollten im Einzelfall Vereinbarungen, die unter diese Verordnung fallen, gleichwohl Wirkungen haben, die mit den in Artikel 85 Absatz 3 des Vertrages vorgesehenen Voraussetzungen unvereinbar sind, so kann die Kommission den beteiligten Unternehmen den Rechtsvorteil der Gruppenfreistellung entziehen.

(16) Es ist angezeigt, eine Regelung zu treffen, wonach diese Verordnung für die bei ihrem Inkrafttreten bereits bestehenden Vereinbarung mit rückwirkender Kraft gilt, soweit sie die Voraussetzungen dieser Verordnung schon erfüllten oder daran angepaßt werden. Eine Berufung auf diese Regelung ist in Rechtsstreitigkeiten, die bei Inkrafttreten dieser Verordnung anhängig sind, oder zur Begründung von Schadensersatzansprüchen gegen Dritte nicht möglich.

(17) Da Vereinbarungen über die Zusammenarbeit auf dem Gebiet der Forschung und Entwicklung und insbesondere solche, welche sich auf die Herstellung erstrecken, regelmäßig langfristig abgeschlossen werden, ist es zweckdienlich, die Geltungsdauer dieser Verordnung auf dreizehn Jahre festzusetzen.

---

5 ABl. L 53 vom 22. 2. 1985, S. 1.
6 ABl. L 173 vom 30. 6. 1983, S. 1.
7 ABl. L 173 vom 30. 6. 1983, S. 5.
8 ABl. L 219 vom 16. 8. 1984, S. 15.

Sollten sich die für den Erlaß dieser Verordnung maßgeblichen Umstände innerhalb des genannten Zeitraums wesentlich ändern, so wird die Kommission an der Verordnung die erforderlichen Anpassungen vornehmen.

(18) Vereinbarungen, die nach dieser Verordnung ohne weiteres freigestellt sind, brauchen nicht angemeldet zu werden. Es bleibt dem Unternehmen jedoch unbenommen, im Einzelfall eine Entscheidung nach der Verordnung Nr. 17 des Rates[9], zuletzt geändert durch die Akte über den Beitritt Griechenlands, zu verlangen –

hat folgende Verordnung erlassen:

Artikel 1

(1) Artikel 85 Absatz 1 des Vertrages wird gemäß Artikel 85 Absatz 3 unter den in dieser Verordnung genannten Voraussetzungen auf Vereinbarungen für nicht anwendbar erklärt, die zum Gegenstand haben:

a) die gemeinsame Forschung und Entwicklung von Erzeugnissen oder Verfahren sowie die gemeinsame Verwertung der dabei erzielten Ergebnisse oder

b) die gemeinsame Verwertung der Ergebnisse gemeinsamer Forschung und Entwicklung von Erzeugnissen oder Verfahren, die von denselben Unternehmen aufgrund einer vorher von ihnen geschlossenen Vereinbarung durchgeführt worden ist, oder

c) die gemeinsame Forschung und Entwicklung von Erzeugnissen oder Verfahren unter Ausschluß der gemeinsamen Verwertung der Ergebnisse, soweit diese Vereinbarungen unter das Verbot des Artikels 85 Absatz 1 fallen.

(2) Für die Anwendung dieser Verordnung sind die nachstehend aufgeführten Begriffe wie folgt zu verstehen:

a) Forschung und Entwicklung von Erzeugnissen oder Verfahren:

der Erwerb technischer Kenntnisse, die Durchführung theoretischer Analysen, von Beobachtungen und Versuchen einschließlich der versuchsweisen Herstellung und der technischen Prüfung von Erzeugnissen und Verfahren, die Errichtung der dazu erforderlichen Installationen sowie das Erwirken der zugehörigen gewerblichen Schutzrechte;

b) Vertragsverfahren:

diejenigen Verfahren, welche aus der Forschungs- und Entwicklungstätigkeit hervorgehen;

c) Vertragserzeugnisse:

diejenigen Erzeugnisse oder Dienstleistungen, welche aus der vorgenannten Tätigkeit hervorgehen oder unter Benutzung von Vertragsverfahren hergestellt oder erbracht werden;

---

9 ABl. Nr. 13 vom 21. 2. 1962, S. 204/62.

d) Verwertung der Ergebnisse:

die Herstellung von Vertragserzeugnissen und die Benutzung von Vertragsverfahren und/oder die Abtretung gewerblicher Schutzrechte, die Vergabe von Lizenzen auf derartige Rechte und die Mitteilung von Know-how mit dem Ziel, diese Herstellung oder Benutzung zu ermöglichen;

e) technische Kenntnisse:

solche, für die ein gewerbliches Schutzrecht besteht und solche, die nicht offenkundig sind (Know-how).

(3) Forschung und Entwicklung oder die *gemeinsame* Verwertung der Ergebnisse werden gemeinsam vorgenommen,

a) wenn die zugehörigen Aufgaben

– durch gemeinsame Arbeitsgruppen, Einrichtungen oder Unternehmen durchgeführt oder
– für Rechnung der Vertragspartner Dritten übertragen oder
– aufgrund einer Spezialisierung in der Forschung, Entwicklung oder Produktion zwischen den Vertragspartnern aufgeteilt werden;

b) wenn die Vertragspartner über die Abtretung gewerblicher Schutzrechte, die Vergabe von Lizenzen auf derartige Rechte oder die Mitteilung von Know-How im Sinne von Absatz 2 Buchstabe d) an Dritte Absprachen treffen.

Artikel 2

Die in Artikel 1 vorgesehene Freistellung gilt unter der Bedingung, daß

a) die Arbeiten der gemeinsamen Forschung und Entwicklung im Rahmen eines Programms durchgeführt werden, das die Art dieser Arbeiten sowie das Gebiet umschreibt, auf dem sie vorgenommen werden sollen;

b) sämtliche Ergebnisse dieser Arbeiten allen Vertragspartnern zugänglich sind;

c) in Fällen, in denen die Vereinbarung lediglich eine gemeinsame Forschung und Entwicklung vorsieht, jeder Vertragspartner die Ergebnisse der gemeinsamen Forschung und Entwicklung und, soweit erforderlich, die vorher bestehenden technischen Kenntnisse selbständig verwerten kann;

d) die gemeinsame Verwertung Ergebnisse betrifft, für die gewerbliche Schutzrechte bestehen oder die ein Know-how darstellen, das wesentlich zum technischen oder wirtschaftlichen Fortschritt beiträgt, und daß diese Ergebnisse für die Herstellung der Vertragserzeugnisse oder für die Benutzung der Vertragsverfahren entscheidend sind;

e) das gemeinsame oder dritte Unternehmen, das mit der Herstellung von Vertragserzeugnissen betraut ist, diese nur an Vertragspartner liefert;

f) die aufgrund einer Spezialisierung der Produktion mit der Herstellung betrauten Unternehmen Lieferaufträge aller Vertragspartner erfüllen.

Artikel 3

(1) Stehen die Vertagspartner bei den Erzeugnissen, die durch die Vertragserzeugnisse verbessert oder ersetzt werden können, nicht als Hersteller miteinander in Wettbewerb, so gilt die in Artikel 1 vorgesehene Freistellung für die Dauer der Durchführung des Forschungs- und Entwicklungsprogramms und, falls eine gemeinsame Verwertung der Ergebnisse stattfindet, für einen weiteren Zeitraum von fünf Jahren, beginnend mit dem Tage des ersten Inverkehrbringens der Vertragserzeugnisse im Gemeinsamen Markt.

(2) Sind mindestens zwei der Vertragspartner miteinander in Wettbewerb stehende Hersteller im Sinne von Absatz 1, so gilt die in Artikel 1 vorgesehene Freistellung für den in Absatz 1 bezeichneten Zeitraum nur unter der Voraussetzung, daß bei Abschluß der Vereinbarung die von den Vertragspartnern hergestellten Erzeugnisse, die durch die Vertragserzeugnisse verbessert oder ersetzt werden können, im Gemeinsamen Markt oder in einem wesentlichen Teil desselben nicht mehr als 20 % der Gesamtheit dieser Erzeugnisse auf den betreffenden Märkten ausmachen.

(3) Nach Ablauf des in Absatz 1 genannten Fünfjahreszeitraums gilt die in Artikel 1 vorgesehene Freistellung unter der Voraussetzung weiter, daß die Vertragserzeugnisse und die übrigen von den Vertragspartnern hergestellten Erzeugnisse, die aufgrund ihrer Eigenschaften, ihres Preises und ihres Verwendungszwecks vom Verbraucher als gleichartig angesehen werden, im Gemeinsamen Markt oder in einem wesentlichen Teil desselben nicht mehr als 20 % des Marktes aller dieser Erzeugnisse ausmachen. Soweit die Vertragserzeugnisse Komponenten darstellen, die von den Vertragspartnern in andere Erzeugnisse eingefügt werden, ist der Markt der letztgenannten Erzeugnisse zu berücksichtigen, falls die Komponenten einen wesentlichen Teil dieser Erzeugnisse bilden.

(4) Die in Artikel 1 vorgesehene Freistellung bleibt in Geltung, wenn der in Absatz 3 genannte Marktanteil innerhalb von zwei aufeinanderfolgenden Geschäftsjahren um nicht mehr als ein Zehntel überschritten wird.

(5) Werden die in den Absätzen 3 und 4 genannten Marktanteile überschritten, so bleibt die in Artikel 1 vorgesehene Freistellung noch während eines Zeitraums von sechs Monaten, beginnend mit dem Ende des Geschäftsjahres, in welchem die Überschreitung stattgefunden hat, anwendbar.

Artikel 4

(1) Die in Artikel 1 vorgesehene Freistellung gilt auch für folgende, Vertragspartnern auferlegte Wettbewerbsbeschränkungen:

a) die Verpflichtung, während der Durchführung des Programms im Programmbereich oder in einem diesem eng verwandten Bereich keine selbständige Forschung und Entwicklung zu betreiben;

b) die Verpflichtung, während der Durchführung des Programms im Programmbereich oder in einem diesem eng verwandten Bereich keine Vereinbarungen über Forschung und Entwicklung mit Dritten zu schließen;

c) die Verpflichtung, Vertragserzeugnisse ausschließlich von Vertragspartnern, gemeinsamen Einrichtungen oder Unternehmen oder von dritten Einrichtungen oder Unternehmen zu beziehen, die gemeinsam mit der Herstellung betraut worden sind;

d) die Verpflichtung, in Gebieten, die anderen Vertragspartnern vorbehalten sind, Vertragserzeugnisse nicht herzustellen und Vertragsverfahren nicht zu benutzen;

e) die Verpflichtungen, die Herstellung von Vertragserzeugnissen oder die Benutzung von Vertragsverfahren auf einen oder mehrere technische Anwendungsbereiche zu beschränken, es sei denn, daß bei Abschluß der Vereinbarung mehrere Vertragspartner miteinander im Wettbewerb stehende Hersteller im Sinne von Artikel 3 sind;

f) die Verpflichtung, während eines Zeitraums von fünf Jahren, beginnend mit dem Tag des ersten Inverkehrbringens der Vertragserzeugnisse im Gemeinsamen Markt, keine aktive Vertriebspolitik in Gebieten zu führen, die anderen Vertragspartnern vorbehalten sind, insbesondere die Verpflichtung, keine auf diese Gebiete besonders ausgerichtete Werbung zu betreiben, dort keine Niederlassungen einzurichten und dort keine Auslieferungslager zu unterhalten, sofern Zwischenhändler und Verbraucher sich die betreffenden Erzeugnisse auch bei anderen Lieferanten beschaffen können und die Vertragspartner ihnen diese Bezüge nicht erschweren;

g) die Verpflichtung der Vertragspartner, sich gegenseitig ihre Erfahrungen bei der Verwertung der Ergebnisse mitzuteilen und sich nicht ausschließliche Lizenzen an Verbesserungs- und Anwendungserfindungen zu gewähren.

(2) Die in Artikel 1 vorgesehene Freistellung gilt auch dann, wenn Vertragspartner Verpflichtungen im Sinne von Absatz 1 vereinbaren, ihnen jedoch einen weniger weiten Umfang geben, als es nach diesem Absatz 1 zulässig wäre.

Artikel 5

(1) Der Anwendbarkeit von Artikel 1 stehen insbesondere folgende, Vertragspartnern für die Dauer der Vereinbarung auferlegte Verpflichtungen nicht entgegen:

a) die Verpflichtung, geschützte oder technische Kenntnisse zu übermitteln, die zur Durchführung des Forschungs- und Entwicklungsprogramms oder zur Verwertung der Ergebnisse erforderlich sind;

b) die Verpflichtung, von anderen Vertragspartnern übermitteltes Know-How nicht zu anderen Zwecken als zur Durchführung des Forschungs- und Entwicklungsprogramms und zur Verwertung der Ergebnisse zu benutzen;

c) die Verpflichtung, für die Vertragserzeugnisse oder -verfahren gewerbliche Schutzrechte zu erwirken und aufrechtzuerhalten;

d) die Verpflichtung, den vertraulichen Charakter von Know-how zu wahren, das ihnen übermittelt oder bei der Durchführung des Forschungs- und Entwicklungsprogramms gemeinsam entwickelt wird; diese Verpflichtung kann auch für die Zeit nach Ablauf der Vereinbarung auferlegt werden;

e) die Verpflichtung,

i) anderen Vertragspartnern Verletzungen ihrer gewerblichen Schutzrechte mitzuteilen;

ii) gegen den Verletzer Klage zu erheben und

iii) andere Vertragspartner in einem solchen Rechtsstreit zu unterstützen oder sich an diesbezüglichen Kosten zu beteiligen;

f) die Verpflichtung, an andere Vertragspartner Entgelte oder Leistungen zu entrichten, um ungleiche Beiträge zur gemeinsamen Forschung und Entwicklung oder eine ungleiche Verwertung der aus ihr hervorgegangenen Ergebnisse auszugleichen;

g) die Verpflichtung, von dritten Unternehmen erhaltene Entgelte mit anderen Vertragspartnern zu teilen;

h) die Verpflichtung, Vertragspartner mit Mindestmengen von Vertragserzeugnissen zu beliefern und dabei Mindestqualitäten einzuhalten.

(2) Für den Fall, daß die in Absatz 1 aufgeführten Verpflichtungen aufgrund besonderer Umstände von dem Verbot des Artikels 85 Absatz 1 des Vertrages erfaßt werden, sind sie ebenfalls freigestellt. Die in diesem Absatz gewährte Freistellung gilt auch, wenn Vertragspartner in einer Vereinbarung Verpflichtungen im Sinne des Absatzes 1 vorsehen, ihnen jedoch einen weniger weiten Umfang geben, als es nach Absatz 1 zulässig wäre.

Artikel 6

Die Freistellung nach Artikel 1 gilt nicht, wenn Vertragspartner im Wege der Vereinbarung, eines Beschlusses oder der Abstimmung von Verhaltensweisen

a) ihre Freiheit beschränken, selbständig oder gemeinsam mit Dritten Forschung und Entwicklung in Bereichen zu betreiben, die mit dem Programmbereich nicht verwandt sind, oder nach Durchführung des Programms Forschung und Entwicklung im Programmbereich oder in einem diesem verwandten Bereich zu betreiben;

b) veranlaßt werden, nach Durchführung des Forschungs- und Entwicklungsprogramms gewerbliche Schutzrechte, welche Vertragspartner im Gemeinsamen Markt halten und die zur Durchführung des Programms benutzt werden, oder nach Beendigung der Vereinbarung gewerbliche Schutzrechte, welche Vertragspartner im Gemeinsamen Markt halten und welche die Ergebnisse der Forschung und Entwicklung schützen, nicht anzugreifen;

c) ihre Freiheit beschränken, die Mengen der herzustellenden oder zu verkaufenden Vertragserzeugnisse oder die Zahl der Benutzungshandlungen für die Vertragsverfahren festzusetzen;

d) ihre Freiheit beschränken, Preise, Preisbestandteile oder Rabatte für den Verkauf von Vertragserzeugnissen an Dritte festzusetzen;

e) ihre Freiheit hinsichtlich der Wahl der zu beliefernden Kunden beschränken; Artikel 4 Absatz 1 Buchstabe e) bleibt unberührt;

f) veranlaßt werden, auch nach Ablauf des in Artikel 4 Absatz 1 Buchstabe f) vorgesehenen Zeitraums die betreffenden Erzeugnisse innerhalb von Gebieten im Gemeinsamen Markt, die anderen Vertragspartnern vorbehalten sind, nicht in Verkehr zu bringen oder dort keine aktive Vertriebspolitik für sie zu führen;

g) in Fällen, in denen eine gemeinsame Herstellung nicht vorgesehen ist, veranlaßt werden, Dritten die Herstellung von Vertragserzeugnissen oder die Benutzung von Vertragsverfahren nicht zu gestatten;

h) gehalten sind,

– ohne objektiv gerechtfertigten Grund auf Bestellungen von Verbrauchern oder Wiederverkäufern, die in ihrem jeweiligen Gebiet niedergelassen sind und die Vertragserzeugnisse in anderen Gebieten innerhalb des Gemeinsamen Marktes absetzen wollen, nicht einzugehen; oder

– die Möglichkeit für Verbraucher oder Wiederverkäufer zum Bezug von Vertragserzeugnissen bei anderen Wiederverkäufern innerhalb des Gemeinsamen Marktes zu erschweren, und insoweit insbesondere gehalten sind, gewerbliches und kommerzielles Eigentum geltend zu machen oder Maßnahmen zu treffen, um den Bezug durch Verbraucher oder Wiederverkäufer von Erzeugnissen, die vom Vertragspartner selbst oder mit seiner Zustimmung innerhalb des Gemeinsamen Marktes in Verkehr gebracht worden sind, oder um das Inverkehrbringen solcher Erzeugnisse innerhalb des Gemeinsamen Marktes durch diese Verbraucher oder Wiederverkäufer zu verbinden.

Artikel 7

(1) Der Rechtsvorteil der Freistellung nach dieser Verordnung kommt auch Vereinbarungen im Sinne von Artikel 1 zugute, welche die in den Artikeln 2 und 3 bezeichneten Bedingungen erfüllen, aber wettbewerbsbeschränkende Verpflichtungen enthalten, welche nicht durch die Artikel 4 und 5 gedeckt sind und auf die Artikel 6 keine Anwendung findet, unter der Bedingung, daß die betreffenden Vereinbarungen gemäß den Bestimmungen der Verordnung Nr. 27 der Kommission[10] bei der Kommission angemeldet werden und die Kommission binnen sechs Monaten keinen Widerspruch gegen die Freistellung erhebt.

(2) Die Sechsmonatsfrist beginnt mit dem Tage des Eingangs der Anmeldung bei der Kommission. Im Falle der Aufgabe zur Post als eingeschriebener Brief beginnt diese Frist mit dem Darum des Poststempels des Aufgabeorts.

---

10 ABl. Nr. 35 vom 10. 5. 1962, S. 1118/62, zuletzt geändert durch die Verordnung (EWG) Nr. 2526/85 vom 5. 8. 1985.

(3) Absatz 1 gilt nur, wenn

a) in der Anmeldung oder in einer sie begleitenden Mitteilung auf diesen Artikel ausdrücklich Bezug genommen wird und

b) die bei der Anmeldung zu machenden Angaben vollständig sind und den Tatsachen entsprechen.

(4) Für bei Inkrafttreten dieser Verordnung bereits angemeldete Vereinbarungen können die Bestimmungen des Absatzes 1 durch eine sich ausdrücklich auf die Anmeldung und auf diesen Artikel beziehende Mitteilung an die Kommission in Anspruch genommen werden. Die Bestimmungen des Absatzes 2 und des Absatzes 3 Buchstabe b) gelten entsprechend.

(5) Die Kommission kann Widerspruch gegen die Freistellung erheben. Sie erhebt Widerspruch, wenn sie von einem Mitgliedstaat binnen drei Monaten nach der Übermittlung einer Anmeldung im Sinne von Absatz 1 oder einer Mitteilung im Sinne von Absatz 4 an diesen Mitgliedstaat einen entsprechenden Antrag erhält. Dieser Antrag muß auf Erwägungen zu den Wettbewerbsregeln des Vertrages gestützt sein.

(6) Die Kommission kann den Widerspruch gegen die Freistellung jederzeit zurücknehmen. Ist jedoch der Widerspruch auf Antrag eines Mitgliedstaats erhoben worden und hält dieser seinen Antrag aufrecht, so kann der Widerspruch erst nach Anhörung des Beratenden Ausschusses für Kartell- und Monopolfragen zurückgenommen werden.

(7) Wird der Widerspruch zurückgenommen, weil die betreffenden Unternehmen dargelegt haben, daß die Voraussetzungen von Artikel 85 Absatz 3 erfüllt sind, so gilt die Freistellung vom Zeitpunkt der Anmeldung an.

(8) Wird der Widerspruch zurückgenommen, weil die betreffenden Unternehmen die Vereinbarung derart geändert haben, daß sie die Voraussetzungen von Artikel 85 Absatz 3 erfüllt, so gilt die Freistellung von dem Zeitpunkt an, zu dem die Änderung der Vereinbarung wirksam geworden ist.

(9) Erhebt die Kommission Widerspruch und wird dieser nicht zurückgenommen, so richten sich die Wirkungen der Anmeldung nach den Vorschriften der Verordnung Nr. 17.

Artikel 8

(1) Die bei Anwendung des Artikels 7 erlangten Kenntnisse dürfen nur zu dem mit dieser Verordnung verfolgten Zweck verwertet werden.

(2) Die Kommission und die Behörden der Mitgliedstaaten sowie ihre Beamten und sonstigen Bediensteten sind verpflichtet, Kenntnisse nicht preiszugeben, die sie bei Anwendung dieser Verordnung erlangt haben und die ihrem Wesen nach unter das Berufsgeheimnis fallen.

(3) Die Absätze 1 und 2 stehen der Veröffentlichung von Übersichten oder Zusammenfassungen, die keine Angaben über einzelne Unternehmen oder Unternehmensvereinigungen enthalten, nicht entgegen.

Artikel 9

(1) Die Vorschriften dieser Verordnung gelten auch dann, wenn Vertragspartner Rechte und Pflichten für die mit ihnen verbundenen Unternehmen begründen. Marktanteile, Rechtshandlungen und Verhaltensweisen der verbundenen Unternehmen sind den Vertragspartnern zuzurechnen.

(2) Verbundene Unternehmen im Sinne dieser Verordnung sind:

a) die Unternehmen, bei denen ein Vertragspartner unmittelbar oder mittelbar

– mehr als die Hälfte des Kapitals oder des Betriebsvermögens besitzt oder
– über mehr als die Hälfte der Stimmrechte verfügt oder
– mehr als die Hälfte der Mitglieder des Aufsichtsrats oder der zur gesetzlichen Vertretung berufenen Organe bestellen kann oder
– das Recht hat, die Geschäfte des Unternehmens zu führen;

b) die Unternehmen, die bei einem Vertragspartner unmittelbar oder mittelbar die unter Buchstabe a) bezeichneten Rechte oder Einflußmöglichkeiten haben;

c) die Unternehmen, bei denen ein oben unter Buchstabe b) genanntes Unternehmen unmittelbar oder mittelbar die unter Buchstabe a) bezeichneten Rechte oder Einflußmöglichkeiten hat.

(3) Unternehmen, bei denen mehrere Vertragspartner oder mit ihnen verbundene Unternehmen jeweils gemeinsam, unmittelbar oder mittelbar, die in Absatz 2 Buchstabe a) genannten Rechte oder Einflußmöglichkeiten haben, gelten als mit jedem dieser Vertragspartner verbunden.

Artikel 10

Die Kommission kann gemäß Artikel 7 der Verordnung (EWG) Nr. 2821/71 den Vorteil der Anwendung dieser Verordnung entziehen, wenn sie in einem Einzelfall feststellt, daß eine nach dieser Verordnung freigestellte Vereinbarung gleichwohl Wirkungen hat, die mit den in Artikel 85 Absatz 3 des Vertrages genannten Voraussetzungen unvereinbar sind, insbesondere dann, wenn

a) die Vereinbarung im Hinblick auf die verbleibenden Forschungskapazitäten Dritten den Zugang zu Forschungs- und Entwicklungstätigkeiten in dem betreffenden Bereich wesentlich erschwert;

b) durch die besondere Struktur des Angebots dritten Unternehmen der Zugang zum Markt der aus der gemeinsamen Forschung und Entwicklung hervorgegangenen Erzeugnisse wesentlich erschwert wird:

c) die Vertragspartner ohne sachlich gerechtfertigten Grund die Ergebnisse der gemeinsamen Forschung und Entwicklung nicht verwerten;

d) die Vertragserzeugnisse im Gesamtgebiet oder in einem wesentlichen Teil des Gemeinsamen Marktes nicht mit gleichen Erzeugnissen oder solchen, die von den Verbrauchern aufgrund ihrer Eigenschaften, ihrer Preislage und ihres Verwendungszwecks als gleichartig angesehen werden, in wirksamem Wettbewerb stehen.

Artikel 11

(1) Für Vereinbarungen, die vor dem 1. März 1985 bei der Kommission angemeldet worden sind, gilt die in Artikel 1 vorgesehene Freistellung mit Rückwirkung auf den Zeitpunkt, in dem die Voraussetzungen für die Anwendung dieser Verordnung erfüllt waren, jedoch für Vereinbarungen, die nicht unter Artikel 4 Absatz 2 Ziffer 3 Buchstabe b) der Verordnung Nr. 17 fallen, frühestens vom Tage der Anmeldung an.

(2) Für Vereinbarungen, die am 13. März 1962 bestanden und vor dem 1. Februar 1963 bei der Kommission angemeldet worden sind, gilt die Freistellung rückwirkend von dem Zeitpunkt, in dem die Voraussetzungen dieser Verordnung erfüllt waren.

(3) Werden Vereinbarungen, die am 13. März 1962 bestanden und vor dem 1. Februar 1963 bei der Kommission angemeldet worden sind, oder Vereinbarungen, die unter Artikel 4 Absatz 2 Nr. 3 Buchstabe b) der Verordnung Nr. 17 fallen und vor dem 1. Januar 1967 bei der Kommission angemeldet worden sind, vor dem 1. September 1985 derart abgeändert, daß sie die Voraussetzungen für die Anwendung dieser Verordnung erfüllen, und wird die Änderung der Kommission vor dem 1. Oktober 1985 mitgeteilt, so gilt das Verbot des Artikels 85 Absatz 1 des Vertrages für den Zeitraum vor der Änderung nicht. Die Mitteilung ist zum Zeitpunkt des Eingangs bei der Kommission bewirkt. Im Falle der Aufgabe zur Post als eingeschriebener Brief gilt das Datum des Poststempels des Aufgabeorts als Tag des Eingangs.

(4) Für Vereinbarungen, die infolge des Beitritts des Vereinigten Königreichs, Irlands und Dänemarks in den Anwendungsbereich des Artikels 85 des Vertrages fallen, gelten die Absätze 1 bis 3 mit der Maßgabe, daß an die Stelle des 13. März 1962 der 1. Januar 1973 und an die Stelle des 1. Februar 1963 und des 1. Januar 1967 der 1. Juli 1973 tritt.

(5) Für Vereinbarungen, die infolge des Beitritts Griechenlands in den Anwendungsbereich des Artikels 85 des Vertrages fallen, gelten die Absätze 1 bis 3 mit der Maßgabe, daß an die Stelle des 13. März 1962 der 1. Januar 1981, an die Stelle des 1. Februar 1963 und des 1. Januar 1967 der 1. Juli 1981 tritt.

(6) Die Absätze 1, 2 und 3 gelten für die Abkommen, die infolge des Beitritts des Königreichs Spanien und der Portugiesischen Republik unter Artikel 85 des Vertrags fallen, mit der Maßgabe, daß das Datum 13. März 1962 durch 1. Januar 1986 und die Daten 1. Februar 1963, 1. Januar 1967, 1. März 1985 und 1. September 1985 durch 1. Juli 1986 ersetzt werden. Die Änderung dieser Abkommen nach Absatz 3 braucht der Kommission nicht mitgeteilt zu werden[11].

---

11 ABl. L 302 vom 15. 11. 1985, S. 167.

Artikel 12

Die Vorschriften dieser Verordnung finden entsprechende Anwendung auf Beschlüsse von Unternehmensvereinigungen.

Artikel 13

Diese Verordnung tritt am 1. März 1985 in Kraft.

Sie gilt bis zum 31. Dezember 1997.

Diese Verordnung ist in allen ihren Teilen verbindlich und gilt unmittelbar in jedem Mitgliedstaat.

Formblatt A/B

inliegend
Ergänzender Vermerk

Inhalt

Die Kommission kann gegebenenfalls andere bzw. zusätzliche Angaben vorschreiben und entsprechende Hinweise veröffentlichen.

Vorbemerkung: Unternehmen, die Zweifel haben, wie eine Anmeldung durchzuführen ist, oder die weitere Erläuterungen wünschen, können mit der Generaldirektion für Wettbewerb (GD IV) in Brüssel Kontakt aufnehmen. Auch die Informationsbüros der Kommission (die innerhalb der Gemeinschaft gelegenen sind in Anhang Nr. 3 aufgeführt) können bei der Beschaffung von Ratschlägen behilflich sein oder einen Beamten in Brüssel benennen, der die gewünschte Amtssprache der Gemeinschaft spricht.

I. Zweck der gemeinschaftsrechtlichen Wettbewerbsregeln

Der Zweck dieser Vorschrift besteht darin zu verhindern, daß durch Vereinbarungen, Beschlüsse oder aufeinander abgestimmte Verhaltensweisen oder durch beherrschende Stellungen der Wettbewerb innerhalb des Gemeinsamen Marktes verfälscht wird. Die Vorschriften sind auf jedes Unternehmen anwendbar, das direkt oder indirekt im Gemeinsamen Markt geschäftlich tätig ist, unabhängig davon, wo sich der Sitz des Unternehmens befindet. Artikel 85 Absatz 1 des Vertrages zur Gründung der Europäischen Wirtschaftsgemeinschaft (der Wortlaut der Artikel 85 und 86 ist in Anhang Nr. 1 zu diesem Vermerk abgedruckt) verbietet wettbewerbsbeschränkende Verhaltensweisen, welche den Handel zwischen Mitgliedstaaten zu beeinträchtigen geeignet sind. Absatz 2 dieser Vorschrift erklärt Vereinbarungen oder andere normalerweise bindende Absprachen, die solche Beschränkungen enthalten, für nichtig (dabei ist zu beachten, daß sich nach der Rechtsprechung des Europäischen Gerichtshofs die Nichtigkeit nur dann auf die wettbewerbsbeschränkenden vertraglichen Bestimmungen beschränkt, wenn diese von dem Rest des Vertrages trennbar sind); jedoch gibt Artikel 85 Absatz 3 der Kommission die Möglichkeit, Verhaltensweisen mit positiven Auswirkungen freizustellen. Artikel 86 verbietet die mißbräuchliche Ausnutzung einer beherrschenden Stellung. Die ursprünglichen Verfahren zur Durchführung dieser Artikel, bestehend aus dem „Negativattest" und der Freistellung gemäß Artikel 85 Absatz 3, sind in der Verordnung Nr. 17 des Rates geregelt (Fundstellenhinweise zu dieser Verordnung und allen anderen Vorschriften, die in diesem Vermerk erwähnt werden oder für Anträge auf dem Formblatt A/B von Bedeutung sind, befinden sich in Anhang Nr. 2 zu diesem Vermerk).

II. Negativattest

Der Zweck des Negativattests besteht darin, den Unternehmen die Feststellung zu ermöglichen, ob die Kommission der Auffassung ist, daß ihre Vereinbarungen, Beschlüsse oder abgestimmten Verhaltensweisen („Absprachen") unter das Verbot des Artikels 85 Absatz 1 EWG-Vertrag fallen oder daß ihr Verhalten gegen das Verbot des Artikels 86 EWG-Vertrag verstößt. Das ist in Artikel 2 der Verordnung Nr. 17 des Rates geregelt. Das Negativattest ergeht in der Form einer Entscheidung, mit der die Kommission feststellt, daß nach den *ihr bekannten Tatsachen* für sie kein Anlaß besteht, aufgrund von Artikel 85 Absatz 1 oder Artikel 86 des Vertrages hinsichtlich der Absprachen oder des Verhaltens einzuschreiten.

Jeder an einer Absprache Beteiligte kann ein Negativattest auch ohne Zustimmung (nicht jedoch ohne Wissen) der anderen Beteiligten beantragen. Es besteht jedoch kein Bedürfnis für einen derartigen Antrag, wenn die Absprache oder das Verhalten offensichtlich nicht unter Artikel 85 Absatz 1 oder Artikel 86 fallen. In diesem Zusammenhang wird insbesondere auf den letzten Absatz von Punkt IV und auf das Verzeichnis in Anhang Nr. 2 hingewiesen. Die Kommission ist auch nicht verpflichtet, ein Negativattest zu erteilen. Artikel 2 der Verordnung Nr. 17 bestimmt in diesem Zusammenhang: „Die Kommission *kann* . . . feststellen . . .". In der Regel erläßt die Kommission keine Entscheidung in Form eines Negativattests in Fällen, in denen ihrer Auffassung nach die in Frage stehenden Absprachen so offensichtlich nicht unter Artikel 85 Absatz 1 fallen, daß daran kein vernünftiger Zweifel bestehen kann, der durch eine Entscheidung beseitigt werden müßte.

III. Freistellung nach Artikel 85 Absatz 3

Der Zweck der nach Artikel 85 Absatz 3 erteilten Freistellung besteht darin, es den Unternehmen zu ermöglichen, eine Absprache zu treffen, die wirtschaftliche Vorteile bietet, die aber ohne eine solche Freistellung nach Artikel 85 Absatz 1 verboten wäre. Die Freistellung ist in den Artikeln 4, 6 und 8 der Verordnung Nr. 17 geregelt; deren Artikel 5, 7 und 25 gelten für neue Mitgliedstaaten. Sie ergeht in der Form einer Entscheidung, mit der die Kommission Artikel 85 Absatz 1 auf die in der Entscheidung beschriebenen Absprachen für nicht anwendbar erklärt. Nach Artikel 8 ist die Kommission verpflichtet, die Gültigkeitsdauer der Entscheidung anzugeben; sie kann ihre Entscheidung mit Bedingungen und Auflagen verbinden; sie kann sie unter bestimmten Voraussetzungen widerrufen, ändern oder den Beteiligten bestimmte Handlungen untersagen, insbesondere wenn die Entscheidung auf *unrichtigen Angaben* beruht oder wenn sich die tatsächlichen Verhältnisse in einem wesentlichen Punkt geändert haben.

Jeder Beteiligte kann eine Absprache auch ohne Zustimmung (nicht aber ohne Wissen) der anderen Beteiligten anmelden.

Die Kommission hat eine Reihe von Gruppenfreistellungsverordnungen erlassen. Einige dieser Verordnungen (siehe das Verzeichnis in Anhang Nr. 2) sehen vor, daß bestimmte Vereinbarungen nur dann in den Genuß der Gruppenfreistellung gelangen können, wenn sie nach Artikel 4 (oder 5) der Verordnung Nr. 17 mit dem Ziel einer Freistellung nach Artikel 85 Absatz 3 bei der Kommission angemeldet werden und in der Anmeldung ein Antrag auf Anwendung des *Widerspruchsverfahrens* gestellt wird.

Eine Entscheidung, mit der eine Freistellung gemäß Artikel 85 Absatz 3 gewährt wird, kann rückwirkend erlassen werden, jedoch kann der Zeitpunkt ihrer Wirksamkeit, von Ausnahmefällen abgesehen, nicht vor dem Zeitpunkt der Anmeldung liegen (Artikel 6 der Verordnung Nr. 17). Falls die Kommission zu der Auffassung gelangt, daß die angemeldeten Absprachen unter das Verbot des Artikels 85 Absatz 1 fallen und nicht gemäß Artikel 85 Absatz 3 freigestellt werden können, und deshalb eine Untersagungsentscheidung erläßt, sind die Parteien gleichwohl vom Datum der Anmeldung an gegen die Verhängung von Geldbußen wegen der in der Anmeldung dargelegten Tätigkeit geschützt (Artikel 3 und 15 Absätze 5 und 6).

IV. Zweck des Formblatts

Das Formblatt A/B ermöglicht es Unternehmen oder Unternehmensvereinigungen, unabhängig von ihrem Sitz, bei der Kommission ein Negativattest für Absprachen oder ein Verhalten zu beantragen. Es besteht ebenfalls die Möglichkeit, die Absprache mit dem Antrag anzumelden, sie von dem in Artikel 85 Absatz 1 des Vertrages enthaltenen Verbot nach Artikel 85 Absatz 3 freizustellen. Das Formblatt ermöglicht es den Unternehmen, die ein Negativattest beantragen, gleichzeitig eine Anmeldung mit dem Ziel der Freistellung vorzunehmen. Beachten Sie bitte, daß nur eine zum Zweck der Freistellung vorgenommene Anmeldung den in Artikel 15 Absatz 5 der Verordnung Nr. 17 vorgesehenen Schutz gegen Geldbußen bewirkt.

Um gültig zu sein, müssen gemäß Artikel 4 der Verordnung Nr. 27 der Kommission die Anträge auf Erteilung eines Negativattests, die Anmeldungen mit dem Ziel einer Freistellung sowie die Anmeldungen mit dem Antrag auf

Anwendung des *Widerspruchsverfahrens* betreffend Artikel 85 auf dem Formblatt A/B eingereicht werden. Unternehmen, die ein Negativattest für ihr Verhalten in bezug auf eine mögliche beherrschende Stellung im Sinne des Artikels 86 beantragen, brauchen das Formblatt A/B nicht zu verwenden (siehe Artikel 4 Absatz 4 der Verordnung Nr. 27). Es wird jedoch dringend empfohlen, alle unter Punkt IX genannten Angaben zu machen, um sicherzustellen, daß der Antrag eine vollständige Darstellung des Sachverhalts enthält.

Bevor Sie das Formblatt ausfüllen, sollten Sie Ihre Aufmerksamkeit auf den Anhang Nr. 2 richten, in dem die Gruppenfreistellungsverordnungen und Bekanntmachungen aufgeführt sind. Diese wurden erlassen bzw. veröffentlicht, um den Unternehmen in einer Vielzahl von Fällen selbst ein Urteil darüber zu erlauben, ob ihre Absprache Zweifelsfragen aufzuwerfen geeignet ist. Dies gestattet es den Beteiligten, sich und der Kommission in Fällen, in denen offensichtlich keine Zweifelsfragen bestehen, den nicht unerheblichen Aufwand zu ersparen, der mit der Einreichung und Prüfung eines Antrags oder einer Anmeldung verbunden ist.

V. Form und Inhalt des Formblatts

Das Formblatt besteht aus einem einzigen Blatt, auf dem die Bezeichnung des oder der Anmelder(s) oder Antragsteller(s) und aller weiteren Beteiligten anzugeben ist. Diese Angaben sind durch Auskünfte zu ergänzen, die unter Verwendung der im folgenden (siehe Punkt IX) näher ausgeführten Ziffern und Überschriften zu erteilen sind. Das verwendete Papier sollte vorzugsweise DIN-A-4-Format haben (21 × 29,7 cm, ebenso wie das Formblatt), aber nicht größer sein. Am linken Rand sind (ebenso wie am rechten Rand der Rückseite, wenn Sie beide Seiten benutzen) 25 mm frei zu lassen.

VI. Erfordernis vollständiger und genauer Auskünfte

Es ist wichtig, daß der Antragsteller alle erheblichen Tatsachen angibt. Obgleich die Kommission berechtigt ist, von den Antragstellern oder Dritten Auskünfte einzuholen, und verpflichtet ist, vor Erteilung eines Negativattets oder Erlaß einer Freistellungsentscheidung nach Artikel 85 Absatz 3 eine Zusammenfassung des Antrags zu veröffentlichen, wird sie in der Regel ihre Entscheidung auf die vom Antragsteller gemachten Angaben stützen. Eine Entscheidung, die auf unvollständige Angaben gestützt ist, könnte im Falle eines Negativattests wirkungslos und im Falle einer Freistellung aufhebbar sein. Aus diesem Grunde ist es auch wichtig, daß Sie die Kommission von allen wesentlichen Änderungen Ihrer Absprachen unterrichten, die nach Einreichung Ihres Antrags oder Ihrer Anmeldung erfolgt sind.

Vollständige Angaben sind von besonderer Bedeutung, wenn Sie im Wege des *Widerspruchsverfahrens* in den Genuß einer Gruppenfreistellung gelangen möchten. Eine solche Freistellung ist abhängig davon, daß die zu machenden Angaben „ . . . vollständig sind und den Tatsachen entsprechen". Falls die

Kommission in Anwendung dieses Verfahrens auf der Grundlage der in der Anmeldung angegebenen Tatsachen keinen Widerspruch gegen die Freistellung erhebt und später zusätzliche oder abweichende Tatsachen auftauchen, die in der Anmeldung hätten angegeben werden können oder müssen, so würde der Rechtsvorteil der Freistellung mit rückwirkender Wirkung entfallen. Es hätte auch wenig Sinn, die Anwendung des Widerspruchsverfahrens auf der Grundlage offensichtlich unvollständiger Angaben zu verlangen, denn die Kommission müßte in einem solchen Fall entweder die Anmeldung zurückweisen oder Widerspruch gegen die Freistellung erheben, um den Anmeldern Zeit und Gelegenheit zu geben, weitere Angaben zu machen.

Darüber hinaus sollten Sie die Vorschrift des Artikels 15 Absatz 1 Buchstabe a) der Verordnung Nr. 17 beachten, die bestimmt:

„Die Kommission kann gegen Unternehmen und Unternehmensvereinigungen durch Entscheidung Geldbußen in Höhe von einhundert bis fünftausend Rechnungseinheiten (^{1}) festsetzen, wenn sie vorsätzlich oder fahrlässig in einem Antrag nach Artikel 2 oder in einer Anmeldung nach den Artikeln 4 und 5 unrichtige oder entstellte Angaben machen."

Die entscheidenden Begriffe dieser Vorschrift sind „unrichtige oder entstellte Angaben". Oft wird sich nur anhand des jeweiligen Falles beurteilen lassen, in welchem Umfang Einzelheiten von Bedeutung sind. Zur Erleichterung der Anmeldung akzeptiert die Kommission Schätzungen, wenn genaue Angaben nicht ohne weiteres verfügbar sind. Schließlich verlangt die Kommission nicht nur die Angabe von Tatsachen, sondern auch deren Bewertung.

Die Kommission wird daher von ihrer Befugnis, Geldbußen zu verhängen, nur Gebrauch machen, wenn die Anmelder oder Antragsteller vorsätzlich oder fahrlässig falsche Angaben gemacht, in erheblichem Maße ungenaue Schätzungen eingereicht, ohne weiteres verfügbare Angaben oder Schätzungen unterdrückt oder absichtlich falsche Einschätzungen abgegeben haben, um ein Negativattest oder eine Freistellung zu erhalten.

VII. Verfahren

Der Antrag oder die Anmeldung wird in der Registratur der Generaldirektion für Wettbewerb (GD IV) registriert. Das Datum des Eingangs bei der Kommission oder das Datum des Poststempels im Falle der Übersendung per Einschreiben gilt als der Zeitpunkt, an dem der Antrag oder die Anmeldung bewirkt worden ist. Der Antrag und die Anmeldung können als ungültig betrachtet werden, wenn sie offensichtlich unvollständig sind oder nicht auf dem vorgeschriebenen Formblatt eingereicht wurden.

Die Kommission kann von den Antragstellern oder Dritten weitere Auskünfte einholen (Artikel 11 und 14 der Verordnung Nr. 17) und Vorschläge zur

---

(^{1}) Der Wert einer Europäischen Währungseinheit (ECU), die die Rechnungseinheit ersetzt hat, wird täglich im *Amtsblatt der Europäischen Gemeinschaften*, Serie C, veröffentlicht.

Änderung der Absprachen machen, um sie in Einklang mit dem Gemeinschaftsrecht zu bringen.

Die Kommission kann bezüglich einer Anmeldung mit dem Antrag auf Anwendung des *Widerspruchsverfahrens* Widerspruch erheben, weil sie entweder der Auffassung ist, daß die Absprache nicht in den Genuß der Gruppenfreistellung gelangen sollte, oder weil sie noch weitere Auskünfte einholen möchte. Wenn die Kommission Widerspruch erhebt und ihn später auch nicht zurücknimmt, wird die betreffende Anmeldung als Antrag auf eine Einzelfreistellung behandelt.

Wenn die Kommission nach Prüfung des Antrags beabsichtigt, diesem stattzugeben, ist sie gemäß Artikel 19 Absatz 3 der Verordnung Nr. 17 verpflichtet, den wesentlichen Inhalt zu veröffentlichen und Dritte zur Einreichung von Bemerkungen aufzufordern. Danach legt die Kommission dem Beratenden Ausschuß für Kartell- und Monopolfragen, der sich aus für dieses Gebiet zuständigen Beamten der Mitgliedstaaten zusammensetzt (Artikel 10 der Verordnung Nr. 17), einen Entscheidungsvorentwurf vor. Dabei haben die zuständigen Beamten der Mitgliedstaaten bereits ein Exemplar des Antrags oder der Anmeldung erhalten. Erst dann kann die Kommission, falls keine Umstände eingetreten sind, die ihre Auffassung geändert haben, eine Entscheidung erlassen.

Gelegentlich werden die Akten eines Falles geschlossen, ohne daß eine förmliche Entscheidung gefällt wird, z. B. weil die Absprache unter eine Gruppenfreistellung fällt oder weil die Antragsteller mit einem weniger förmlichen Verwaltungsschreiben der Dienststellen der Kommission (auch „Comfort Letter" genannt) einverstanden sind, in dem festgestellt wird, daß die Absprachen zumindest unter den gegenwärtigen Umständen kein Tätigwerden der Kommission erforderlich machen. Ein Verwaltungsschreiben stellt zwar keine Entscheidung der Kommission dar; es legt aber die Auffassung der Dienststellen der Kommission bezüglich des betreffenden Falles auf der Grundlage der ihnen gegenwärtig bekannten Tatsachen dar. Dies bedeutet, daß die Kommission erforderlichenfalls, z. B. wenn die Nichtigkeit eines Vertrages gemäß Artikel 85 Absatz 2 geltend gemacht werden sollte, in der Lage wäre, eine entsprechende Entscheidung zu erlassen.

VIII. Geschäftsgeheimnisse

Nach Artikel 214 EWG-Vertrag sowie den Artikeln 20 und 21 der Verordnung Nr. 17 sind die Kommission und die Mitgliedstaaten verpflichtet, Kenntnisse nicht preiszugeben, die ihrem Wesen nach unter das Berufsgeheimnis fallen. Andererseits ist sie nach Artikel 19 der Verordnung Nr. 17 verpflichtet, vor Erlaß einer Entscheidung den wesentlichen Inhalt Ihres Antrags zu veröffentlichen, wenn sie Ihrem Antrag stattgeben will. In dieser Veröffentlichung muß die Kommission „den berechtigten Interessen der Unternehmen an der Wahrung ihrer Geschäftsgeheimnisse Rechnung tragen" (Artikel 19 Absatz 3). Falls Sie in diesem Zusammenhang der Auffassung sind, daß Ihre Interessen durch die Veröffentlichung von Informationen, die Sie zur Verfügung stellen müssen, oder sonstige Mitteilungen an Dritte verletzt würden, so machen Sie diese Angaben bitte in einem zweiten Anhang, wobei jede Seite deutlich mit dem Vermerk „Geschäftsgeheimnisse" gekennzeichnet sein sollte; in dem ersten Anhang sollte unter jeder der betroffenen Überschriften der Vermerk „Siehe zweiten Anhang" oder „Siehe auch zweiten Anhang" stehen; in dem zweiten Anhang wiederholen Sie bitte die betroffenen Ziffern und Überschriften und geben die Informationen an, deren Veröffentlichung Sie nicht wünschen, jeweils zusammen mit einer Begründung für die Nichtveröffentlichung. Bitte beachten Sie dabei, daß die Kommission verpflichtet sein kann, eine Zusammenfassung Ihres Antrags zu veröffentlichen.

Vor einer Veröffentlichung gemäß Artikel 19 Absatz 3 wird die Kommission die betroffenen Unternehmen vom Inhalt der geplanten Veröffentlichung informieren.

IX. Weitere Angaben und Überschriften zur Verwendung in dem Anhang

Die ergänzenden Angaben sind unter den folgenden Ziffern und Überschriften anzugeben. Geben Sie bitte möglichst genaue Informationen an. Falls diese nicht ohne weiteres verfügbar sind, geben Sie bitte Ihre beste Schätzung an und kennzeichnen Sie jeweils geschätzte Angaben. Falls Sie der Auffassung sind, daß eine verlangte Angabe nicht verfügbar oder nicht relevant ist, geben Sie bitte eine Begründung dafür. Dieser Fall kann insbesondere eintreten, wenn ein Beteiligter eine Absprache allein anmeldet, ohne daß die anderen Beteiligten daran mitwirken. Vergessen Sie nicht, daß die Beamten der Kommission bereit sind, die Relevanz einzelner Angaben mit Ihnen zu besprechen (siehe die Vorbemerkung zu diesem Ergänzenden Vermerk). Ein Beispiel einer ausgefüllten Anmeldung, das Ihnen von Nutzen sein könnte, wird Ihnen auf Verlangen zugeschickt.

1. *Kurze Beschreibung*

Kurze Beschreibung der Absprache (Art, Zweck, Zeitpunkt und Dauer), weitere Einzelheiten sind unter den folgenden Punkten anzugeben.

2. *Markt*

Art der Waren oder Dienstleistungen, die von der Absprache oder dem Verhalten betroffen sind (falls bekannt, geben Sie bitte auch die Kennziffer der Nomenklatur des Rates für die Zusammenarbeit auf dem Gebiet des Zollwesens (RZZ), der NIMEXE oder die Tarifstelle des Gemeinsamen Zolltarifs (GZT) an und verdeutlichen Sie, um welche Kennziffer bzw. Tarifstelle es sich handelt). Kurze Beschreibung der Marktstrukturen der betroffenen Waren oder Dienstleistungen: z. B. Anbieter, Nachfrager, räumliche Ausdehnung, Umsatz, Wettbewerbssituation, Marktzutrittschancen für neue Anbieter, Verfügbarkeit von Substitutionsprodukten. Falls Sie einen Mustervertrag anmelden (z. B. einen Vertrag mit Vertriebshändlern), geben Sie bitte an, wie viele

Einzelverträge Sie abzuschließen gedenken. Falls Sie Marktstudien kennen, geben Sie sie bitte an.

3. *Nähere Angaben über die Beteiligten*

Machen Sie bitte folgende Angaben:

3.1. Gehört einer der Beteiligten einem Konzern an? Ein Konzern liegt vor, wenn ein Unternehmen in bezug auf ein anderes Unternehmen

- mehr als die Hälfte des Kapitals oder des Geschäftsvermögens besitzt,
- über mehr als die Hälfte der Stimmrechte zu verfügen berechtigt ist,
- in der Lage ist, mehr als die Hälfte der Mitglieder des Aufsichtsrats, des Vorstands oder der zur gesetzlichen Vertretung des Unternehmens befugten Organe zu ernennen, oder
- das Recht zur Geschäftsführung hat.

Falls Sie mit ja antworten, machen Sie bitte folgende Angaben:

- Name und Anschrift der obersten Muttergesellschaft;
- kurze Beschreibung der Geschäftstätigkeit des Konzerns (^{2}) einschließlich eines Exemplars des Konzernabschlusses, falls verfügbar;
- Name und Anschrift aller anderen Konzernunternehmen, die ebenfalls eine Geschäftstätigkeit auf dem von der Absprache betroffenen Markt oder einem benachbarten Markt ausüben, d. h. in einem direkten oder indirekten Wettbewerbsverhältnis zu den Beteiligten stehen („betroffene Konzernunternehmen").

3.2. Neuester verfügbarer Gesamtumsatz jedes Beteiligten sowie gegebenenfalls des zugehörigen Konzerns (fügen Sie nach Möglichkeit bitte ein Exemplar des letzten Jahresabschlusses bei).

3.3. Verkaufszahlen bzw. Umsatz jedes Beteiligten bezüglich der von der Absprache betroffenen Waren oder Dienstleistungen in der Gemeinschaft insgesamt als auch weltweit. Falls der Umsatz in der Gemeinschaft bedeutend ist (Marktanteil von mehr als 5 %), machen Sie bitte die Angaben auch für jeden Mitgliedstaat (^{3}) und für die vorangegangenen Geschäftsjahre (um Entwicklungstendenzen aufzuzeigen) und stellen Sie die Verkaufs- bzw. Umsatzziele jedes Beteiligten für die Zukunft dar. Machen Sie bitte dieselben Angaben auch für alle betroffenen Konzernunternehmen (insbesondere unter diesem Punkt steht Ihnen möglicherweise nur Ihre bestmögliche Schätzung zur Verfügung).

3.4. Geben Sie bitte alle unter Punkt 3.3 angegebenen Verkaufs- bzw. Umsatzzahlen, die entsprechenden Marktanteilszahlen auf dem Markt oder den Märkten der unter Punkt 2 beschriebenen Waren oder Dienstleistungen an.

(^{2}) Z. B. „Kraftfahrzeughersteller", „Dienstleistungsunternehmen der Computer-Branche", „Konglomerater Konzern".
(^{3}) Siehe das Verzeichnis in Anhang Nr. 3.

3.5. Falls Sie eine erhebliche Beteiligung unterhalb der Beherrschungsschwelle (über 25 %, aber weniger als 50 %) an einer anderen Gesellschaft besitzen, die als Wettbewerber in einem von der Absprache betroffenen Markt auftritt, oder wenn eine andere Gesellschaft eine erhebliche Beteiligung an Ihnen besitzt, geben Sie bitte Name bzw. Firma und Adresse sowie kurze Einzelheiten betreffend diese Gesellschaft an.

4. *Vollständige Angaben über die Absprache*

4.1. Wenn der Inhalt der Absprache ganz oder teilweise schriftlich niedergelegt wurde, geben Sie dies bitte an und fügen Sie drei Exemplare des Wortlauts bei. Die in Know-How-Verträgen vielfach enthaltenen technischen Beschreibungen können weggelassen werden; weisen Sie jedoch in diesem Fall auf weggelassene Abschnitte hin.

Es wird um Angabe einer vollständigen Beschreibung gebeten, wenn der Inhalt der Absprache nicht oder nur teilweise schriftlich niedergelegt ist.

4.2. Geben Sie bitte im einzelnen diejenigen Bestimmungen der Vereinbarung an, die geeignet sind, die Freiheit der Beteiligten, selbständige wirtschaftliche Entscheidungen zu treffen, zu beschränken, z. B. betreffend:

– die An- oder Verkaufspreise, Rabatte oder sonstige Geschäftsbedingungen,
– die Mengen der zu erzeugenden oder zu vertreibenden Waren oder den Umfang der anzubietenden Dienstleistungen,
– die technische Entwicklung oder die Investitionen,
– die Wahl der Märkte oder der Versorgungsquellen,
– den Bezug von oder den Verkauf an Dritte,
– die Anwendung gleicher Bedingungen für die Lieferung bzw. das Angebot von gleichwertigen Waren oder Dienstleistungen,
– das getrennte oder gekoppelte Angebot verschiedener Waren oder Dienstleistungen.

Falls Sie die Anwendung eines Widerspruchsverfahrens beantragt haben, geben Sie in der Auflistung bitte insbesondere die Wettbewerbsbeschränkungen an, die über diejenigen hinausgehen, die bereits automatisch von der entsprechenden Verordnung freigestellt sind.

4.3. Geben Sie bitte an, zwischen welchen Mitgliedstaaten ([4]) der Handel von der Absprache betroffen sein könnte und ob der Handel zwischen der Gemeinschaft und einem oder mehreren Drittländern betroffen ist.

5. *Gründe für das Negativattest*

Wenn Sie ein Negativattest beantragen, legen Sie bitte folgendes dar:

5.1. Warum stellen Sie den Antrag, d. h. welche Bestimmung oder welche Wirkungen der Absprache oder des Verhaltens könnten Ihrer Meinung nach die Frage der Vereinbarkeit mit dem Wettbewerbsrecht der Gemeinschaft aufwerfen? Der Zweck dieses Abschnitts besteht darin, der Kommission

---

([4]) Siehe das Verzeichnis in Anhang Nr. 3.

Klarheit darüber zu verschaffen, welche Zweifel hinsichtlich der Absprachen oder des Verhaltens Sie veranlassen, eine Klärung im Wege des Negativattests per Entscheidung zu suchen.

Geben Sie in den folgenden beiden Abschnitten Tatsachen und Gründe an, aus denen sich Ihrer Meinung nach die Nichtanwendbarkeit der Artikel 85 Absatz 1 oder 86 ergibt.

5.2. Warum bezwecken oder bewirken die Absprachen nicht die spürbare Verhinderung, Einschränkung oder Verfälschung des Wettbewerbs innerhalb des Gemeinsamen Marktes oder warum hat Ihr Unternehmen keine marktbeherrschende Stellung inne bzw. stellt sein Verhalten keinen Mißbrauch einer solchen Stellung dar und/oder

5.3. warum ist die Absprache oder Verhaltensweise nicht geeignet, den Handel zwischen Mitgliedstaaten spürbar zu beeinträchtigen?

6. *Gründe für eine Freistellung nach Artikel 85 Absatz 3*

Wenn Sie die Absprache, eventuell auch nur vorsorglich, anmelden, um eine Freistellung nach Artikel 85 Absatz 3 zu erlangen, legen Sie bitte dar, inwieweit

6.1. die Absprache zu

– einer Verbesserung der Erzeugung oder der Verteilung und/oder
– einer Förderung des technischen oder wirtschaftlichen Fortschritts beiträgt;

6.2. die Verbraucher angemessen an dem aus dieser Verbesserung oder diesem Fortschritt entsprechenden Gewinn beteiligt werden;

6.3. sämtliche wettbewerbsbeschränkenden Regelungen der Absprache zur Erreichung der unter Ziffer 6.1 genannten Ziele unerläßlich sind (falls Sie die Anwendung eines Widerspruchsverfahrens beantragt haben, ist es von besonderer Bedeutung, daß Sie die Wettbewerbsbeschränkungen angeben und rechtfertigen, die über diejenigen hinausgehen, die bereits von der entsprechenden Verordnung freigestellt sind) und

6.4. die Absprache nicht den Wettbewerb für einen wesentlichen Teil der betroffenen Waren oder Dienstleistungen ausschaltet.

7. *Weitere Angaben*

7.1. Erwähnen Sie bitte alle früheren Verfahren bei oder inoffizielle Kontakte mit der Kommission, von denen Sie Kenntnis besitzen, sowie alle früheren Verfahren bei nationalen Behörden und Gerichten, die die vorliegende Absprache oder eine andere damit in Zusammenhang stehende Absprache betreffen.

7.2. Machen Sie bitte alle gegenwärtig verfügbaren Angaben, die Ihrer Meinung nach der Kommission bei ihrer Beurteilung dienlich sein könnten, ob die Absprache Wettbewerbsbeschränkungen enthält oder Vorteile mit sich bringt, die diese Beschränkungen zu rechtfertigen geeignet sind.

7.3. Geben Sie bitte an, ob Sie beabsichtigen, weitere derzeit nicht verfügbare Tatsachen oder Argumente vorzutragen, und gegebenenfalls zu welchen Punkten.

7.4. Geben Sie bitte unter Angabe von Gründen die Dringlichkeit Ihres Antrags oder Ihrer Anmeldung an.

Anhang Nr. 1
Wortlaut der Artikel 85 und 86 des EWG-Vertrags

Artikel 85

(1) Mit dem Gemeinsamen Markt unvereinbar und verboten sind alle Vereinbarungen zwischen Unternehmen, Beschlüsse von Unternehmensvereinigungen und aufeinander abgestimmte Verhaltensweisen, welche den Handel zwischen Mitgliedstaaten zu beeinträchtigen geeignet sind und eine Verhinderung, Einschränkung oder Verfälschung des Wettbewerbs innerhalb des Gemeinsamen Marktes bezwecken oder bewirken, insbesondere

a) die unmittelbare oder mittelbare Festsetzung der An- oder Verkaufspreise oder sonstiger Geschäftsbedingungen;
b) die Einschränkung oder Kontrolle der Erzeugung, des Absatzes, der technischen Entwicklung oder der Investitionen;
c) die Aufteilung der Märkte oder Versorgungsquellen;
d) die Anwendung unterschiedlicher Bedingungen bei gleichwertigen Leistungen gegenüber Handelspartnern, wodurch diese im Wettbewerb benachteiligt werden;
e) die an den Abschluß von Verträgen geknüpfte Bedingung, daß die Vertragspartner zusätzliche Leistungen annehmen, die weder sachlich noch nach Handelsbrauch in Beziehung zum Vertragsgegenstand stehen.

(2) Die nach diesem Artikel verbotenen Vereinbarungen oder Beschlüsse sind nichtig.

(3) Die Bestimmungen des Absatzes 1 können für nicht anwendbar erklärt werden auf

– Vereinbarungen oder Gruppen von Vereinbarungen zwischen Unternehmen,
– Beschlüsse oder Gruppen von Beschlüssen von Unternehmensvereinigungen,
– aufeinander abgestimmte Verhaltensweisen oder Gruppen von solchen,

die unter angemessener Beteiligung der Verbraucher an dem entstehenden Gewinn zur Verbesserung der Warenerzeugung oder -verteilung oder zur Förderung des technischen oder wirtschaftlichen Fortschritts beitragen, ohne daß den beteiligten Unternehmen

a) Beschränkungen auferlegt werden, die für die Verwirklichung dieser Ziele nicht unerläßlich sind, oder

b) Möglichkeiten eröffnet werden, für einen wesentlichen Teil der betreffenden Waren den Wettbewerb auszuschalten.

Artikel 86

Mit dem Gemeinsamen Markt unvereinbar und verboten ist die mißbräuchliche Ausnutzung einer beherrschenden Stellung auf dem Gemeinsamen Markt oder auf einem wesentlichen Teil desselben durch ein oder mehrere Unternehmen, soweit dies dazu führen kann, den Handel zwischen Mitgliedstaaten zu beeinträchtigen.

Dieser Mißbrauch kann insbesondere in folgendem bestehen:

a) der unmittelbaren oder mittelbaren Erzwingung von unangemessenen Einkaufs- oder Verkaufspreisen oder sonstigen Geschäftsbedingungen;
b) der Einschränkung der Erzeugung, des Absatzes oder der technischen Entwicklung zum Schaden der Verbraucher;
c) der Anwendung unterschiedlicher Bedingungen bei gleichwertigen Leistungen gegenüber Handelspartnern, wodurch diese im Wettbewerb benachteiligt werden;
d) der an den Abschluß von Verträgen geknüpften Bedingung, daß die Vertragspartner zusätzliche Leistungen annehmen, die weder sachlich noch nach Handelsbrauch in Beziehung zum Vertragsgegenstand stehen.

Anhang Nr. 2

Verzeichnis der einschlägigen Vorschriften

(Stand: 5. August 1985)

(Wenn Sie der Auffassung sind, daß Ihre Absprache möglicherweise nicht angemeldet zu werden braucht, weil sie von einer der folgenden Verordnungen oder Bekanntmachungen gedeckt sein könnte, empfiehlt es sich, daß Sie sich die entsprechenden Texte besorgen.)

Anwendungsverordnungen

Verordnung Nr. 17 des Rates vom 6. Februar 1962 – Erste Durchführungsverordnung zu den Artikeln 85 und 86 des Vertrages (ABl. Nr. 13 vom 21. 2. 1962, S. 204/62) in der geänderten und ergänzten Fassung (ABl. Nr. 58 vom 10. 7. 1962, S. 1655/62; ABl. Nr. 162 vom 7. 11. 1963, S. 2696/63; ABl. Nr. L 285 vom 29. 12. 1971, S. 49; ABl. Nr. L 73 vom 27. 3. 1972, S. 92; ABl. Nr. L 291 vom 19. 11. 1979, S. 94).

Verordnung Nr. 27 der Kommission vom 3. Mai 1962 – Erste Ausführungsverordnung zur Verordnung Nr. 17 des Rates vom 6. Februar 1962 (ABl. Nr. 35 vom 10. 5. 1962, S. 1118/62, geändert in ABl. Nr. L 189 vom 1. 8. 1968, S. 1; ABl. Nr. L 172 vom 3. 7. 1975, S. 11; ABl. Nr. L 291 vom 19. 11. 1979, S. 94).

Gruppenfreistellungsverordnungen für einen weiten Bereich von Vereinbarungen

Verordnung (EWG) Nr. 1983/83 der Kommission vom 22. Juni 1983 über die Anwendung von Artikel 85 Absatz 3 des Vertrages auf Gruppen von Alleinvertriebsvereinbarungen (ABl. Nr. L 173 vom 30. 6. 1983, S. 1).

Verordnung (EWG) Nr. 1984/83 der Kommission vom 22. Juni 1983 über die Anwendung von Artikel 85 Absatz 3 des Vertrages auf Gruppen von Alleinbezugsvereinbarungen (ABl. Nr. L 173 vom 30. 6. 1983, S. 5).

Bekanntmachung zu den Verordnungen (EWG) Nr. 1983/83 und (EWG) Nr. 1984/83 der Kommission vom 22. Juni 1983 über die Anwendung von Artikel 85 Absatz 3 des Vertrages auf Gruppen von Alleinvertriebsvereinbarungen beziehungsweise Alleinbezugsvereinbarungen (ABl. Nr. C 101 vom 13. 4. 1984, S. 2).

Verordnung (EWG) Nr. 2349/84 der Kommission vom 23. Juli 1984 über die Anwendung von Artikel 85 Absatz 3 des Vertrages auf Gruppen von Patentlizenzvereinbarungen (ABl. Nr. L 219 vom 16. 8. 1984, S. 15, berichtigt im ABl. Nr. L 113 vom 26. 4. 1985, S. 34). Artikel 4 dieser Verordnung sieht ein *Widerspruchsverfahren* vor.

Verordnung (EWG) Nr. 123/85 der Kommission vom 12. Dezember 1984 über die Anwendung von Artikel 85 Absatz 3 des Vertrages auf Gruppen von Vertriebs- und Kundendienstvereinbarungen über Kraftfahrzeuge (ABl. Nr. L 15 vom 18. 1. 1985, S. 16). Siehe auch Bekanntmachung der Kommission betreffend diese Verordnung (ABl. Nr. C 17 vom 18. 1. 1985, S. 4).

Verordnung (EWG) Nr. 417/85 der Kommission vom 19. Dezember 1984 über die Anwendung von Artikel 85 Absatz 3 des Vertrages auf Gruppen von Spezialisierungsvereinbarungen (ABl. Nr. L 53 vom 22. 2. 1985, S. 1). Artikel 4 dieser Verordnung sieht ein *Widerspruchsverfahren* vor.

Verordnung (EWG) Nr. 418/85 der Kommission vom 19. Dezember 1984 über die Anwendung von Artikel 85 Absatz 3 des Vertrages auf Gruppen von Vereinbarungen über Forschung und Entwicklung (ABl. Nr. L 53 vom 22. 2. 1985, S. 5). Artikel 7 dieser Verordnung sieht ein *Widerspruchsverfahren* vor.

Bekanntmachungen der Kommission mit allgemeinem Anwendungsbereich

Bekanntmachung der Kommission über Alleinvertriebsverträge mit Handelsvertretern (ABl. Nr. 139 vom 24. 12. 1962, S. 2921/62). Sie besagt, daß die Kommission die meisten dieser Vereinbarungen als nicht unter das Verbot des Artikels 85 Absatz 1 fallend betrachtet.

Bekanntmachung der Kommission über Vereinbarungen, Beschlüsse und aufeinander abgestimmte Verhaltensweisen, die eine zwischenbetriebliche Zusammenarbeit betreffen (ABl. Nr. C 75 vom 29. 7. 1968, S. 3, berichtigt im ABl. Nr. C 93 vom 18. 9. 1968, S. 3). Sie definiert diejenigen Arten der Zusammenarbeit über die Marktstudien, das Rechnungswesen, Forschung und

Entwicklung, gemeinsame Benutzung von Produktionsanlagen, Lagerung oder Transportmöglichkeiten, Bildung von Arbeitsgemeinschaften, Verkauf und Kundendienst, Werbung oder die Verwendung eines gemeinsamen Gütezeichens, die die Kommission als nicht unter das Verbot des Artikels 85 Absatz 1 fallend betrachtet.

Bekanntmachung der Kommission über Vereinbarungen, Beschlüsse und aufeinander abgestimmte Verhaltensweisen von geringer Bedeutung, die nicht unter Artikel 85 Absatz 1 des Vertrages fallen (ABl. Nr. C 313 vom 29. 12. 1977, S. 3). Es handelt sich hierbei hauptsächlich um Unternehmen, die zusammen einen Marktanteil von weniger als 5 % besitzen und deren Gesamtumsatz 50 Millionen Rechnungseinheiten nicht überschreitet.

Bekanntmachung der Kommission über die Beurteilung von Zulieferverträgen nach Artikel 85 Absatz 1 des Vertrages (ABl. Nr. C 1 vom 3. 1. 1979, S. 2).

Eine Zusammenfassung dieser Texte wurde vom Amt für amtliche Veröffentlichungen der Europäischen Gemeinschaft veröffentlicht (Stand: 30. Juni 1981) ISBN 92-825-2388-8, Katalognummer: CB-30-80-576-DE-C. Diese Veröffentlichung ist in manchen Sprachen vergriffen, in anderen nur noch begrenzt erhältlich. Eine auf den neuesten Stand gebrachte Fassung ist in Vorbereitung.

Anhang Nr. 3

Verzeichnis der Mitgliedstaaten und der Presse- und Informationsbüros der Kommission in der Gemeinschaft

(Stand: 1. Januar 1986)

Die Mitgliedstaaten beim oben angegebenen Stand dieses Anhangs sind: Belgien, Bundesrepublik Deutschland, Dänemark, Frankreich, Griechenland, Irland, Italien, Luxemburg, Niederlande, Portugal, Spanien, Vereinigtes Königreich.

Sie können sich telefonisch an jedes Informationsbüro der Kommission wenden. Die Anschriften und Telefonnummern dieser Büros sind nachfolgend wiedergegeben:

BELGIEN
Rue Archimède 73
B-1040 Bruxelles

Archimedesstraat 73
B-1040 Brussel
Tel. 235 11 11

ITALIEN
Via Poli 29
I-00187 Roma
Tel. 678 97 22

Corso Magenta 61
I-20123 Milano
Tel. 80 15 05 / 6 / 7 / 8

BUNDESREPUBLIK DEUTSCHLAND
Zitelmannstraße 22
D-5300 Bonn
Tel. 23 80 41

Kurfürstendamm 102
D-1000 Berlin 31
Tel. 892 40 28

Erhardtstraße 27
D-8000 München
Tel. 23 99 29 00

DÄNEMARK
Højbrohus
Østergade 61
Postbox 144
DK-1004 København K
Tel. 14 41 40

FRANKREICH
61, rue des Belles-Feuilles
F-75782 Paris, CEDEX 16
Tel. (1) 45 01 58 85

CMCI/Bureau 320
2, rue Henri Barbusse
F-13241 Marseille, CEDEX 01
Tel. 91 08 62 02

GRIECHENLAND
2 Vassilissis Sofias
T. K. 1602
GR-Athina 134
Tel. 724 39 82 / 724 39 83 / 724 39 84

IRLAND
39 Molesworth Street
IRL-Dublin 2
Tel. 712 244

LUXEMBURG
Bâtiment Jean Monnet
Rue Alcide de Gasperi
L-2920 Luxembourg
Tel. 430 11

NIEDERLANDE
Lange Voorhout 29
NL-2514 EB Den Haag
Tel. 46 93 26

PORTUGAL
35, rua do Sacramento à Lapa
P-1200 Lisboa
Tel. 60 21 99

SPANIEN
Calle de Serrano 41
5ª planta
E-Madrid 1
Tel. 435 17 00 / 435 15 28

VEREINIGTES KÖNIGREICH
8 Storey's Gate
GB-London SW1P 3AT
Tel. 222 81 22

Windsor House
9/15 Bedford Street
UK-Belfast BT2 7EG
Tel. 407 08

4 Cathedral Road
GB-Cardiff CF1 9SG
Tel. 37 16 31

7 Alva Street
GB-Edinburgh EH2 4PH
Tel. 225 20 58

Formblatt A/B

Beispiel für die obligatorische Anlage

Der einzige Zweck dieser Anlage ist es, ein Beispiel von der Art von Detail-
angaben zu geben, die die Kommission in der obligatorischen Anlage mit
zusätzlichen Auskünften zum Formblatt A/B erwartet. Das 1985 zusammenge-

stellte Beispiel betrifft ein Joint Venture. Es handelt sich um einen fiktiven Fall; Bemerkungen zur Anwendung der Wettbewerbsregeln der Gemeinschaft sollen nicht vorgetragen werden. Ein Joint Venture wurde deshalb ausgewählt, weil es für die meisten Überschriften in der Anlage als Beispiel dienen kann. Die im konkreten Fall erheblichen Details werden natürlich von der Art der Vereinbarungen sowie den effektiv Beteiligten und den betroffenen Märkten abhängen. Für Einzelheiten siehe Punkt IX des Merkblatts.

1. Kurze Beschreibung

Diese Anmeldung betrifft Vereinbarungen, die am 10. Mai 1984 zwischen der Fa. General Hardware Inc. (GH), New York, und der Fa. The General Machine Tool Company Ltd. (GMTC), London, auf unbestimmte Zeit getroffen wurden. Die Firmen beabsichtigten letztlich, die Artikel N.N.-Aktivitäten von General Hardware mit den Aktivitäten vom GMTC auf dem Sektor Artikel N.N.-Setzmaschinen zusammenzufassen. In einer ersten Zeit gelangen Vertriebsvereinbarungen zur Anwendung sowie zusätzliche Patentlizenzen und Know-how-Lizenzen.

2. Markt

Die betroffenen Waren sind Artikel N.N. . . . . (NRZZ-Code xxxx) und Artikel N.N.-Setzmaschinen (NRZZ Code YYYY).

Artikel N.N. werden bei kleinen Montagen als Alternative zu Schraubenmuttern und Bolzen, Schrauben oder Pop-Nieten verwendet, die als Substitutionsprodukte angesehen werden können. Leimen, Löten oder Heftschweißen könnten, wenngleich nicht so direkt, auch als Substitutionsverfahren angesehen werden.

Artikel N.N.-Setzmaschinen können nur unter Artikel N.-N.-Anwendern abgesetzt werden. Die einzigen anderen Hersteller von Artikel N.N. sind die Allgemeine Kleinkramfabrik GmbH (AK), Berlin, und die Machins Assortis Généraux S.A. (MAG), Paris. Es gibt unzählige Hersteller von Schraubenmuttern und Bolzen, von Schrauben und den anderen Substitutionsprodukten.

MAG stellt auch Artikel N.N.-Setzmaschinen her. Außerdem sollen eine Reihe kleinerer Werkzeugmaschinen-Hersteller Nietmaschinen anbieten, die für die Befestigung von Artikel N.N. umgeändert worden sind.

3. Nähere Angaben zu dem beteiligten Unternehmen bzw. den beteiligten Unternehmen

3.1. GMTC ist ein 100 %-iges Tochterunternehmen der Very General Engineering Holding Company plc (VGEHC) mit der gleichen Adresse. Es handelt sich um einen Maschinenbaukonzern. Die General Nail and Screw Company Ltd. (GNSC), auch ein 100 %iges Tochterunternehmen von VGEHC, stellt Schrauben her.

GH ist ein unabhängiges Unternehmen ohne Tochterunternehmen.

3.2. GH **$**   1 000 000 im Jahre 1983
GMTC **£**   450 000 im Jahre bis 10. 10. 1983
VGEHC **£** 2 000 000 im Jahre bis 10. 10. 1983
(s. beigefügte Bilanzen)

3.3 Der 1983 von GH erzielte Gesamtabsatz von Artikel N.N. belief sich auf **$** 100 000 des Umsatzes von GH entfielen auf Verkäufe an sein einziges Vertriebsunternehmen im Gemeinsamen Markt, XYZ N.V. in Amsterdam. Die Aufschlüsselung des Absatzes von XYZ nach Mitgliedstaat ist nicht bekannt; das gleiche gilt für AK und MAG.

GH verkauft keine Artikel N.N.-Setzmaschinen

Für den von GMTC erzielten Absatz von Artikel N.N.-Setzmaschinen und dem prognostizierten Umsatz von JV siehe zweite Anlage. GMTC verkauft keine Artikel N.N.

Der Umsatz von GNSC bei Schrauben betrug **£** 20 000, d. h. weniger als 1 % des Weltumsatzes. Eine geographische Aufschlüsselung dürfte unerheblich sein.

3.4. Auf GH entfallen etwa 40 % der Weltproduktion von Artikel N.N. Der Marktanteil von GH innerhalb des Gemeinsamen Marktes wird auf etwa 10 % geschätzt. Siehe zweite Anlage.

3.5. Keine.

4. Alle Einzelheiten der Vereinbarungen

4.1. Kopien der Joint-Venture-Vereinbarung (JVV), der Patentlizenz (PL) und des vorläufigen Vertriebsvertrages (VVV) sind beigefügt.

4.2. (1) Nach Artikel 3 der JVV darf keines der beiden Mutterunternehmen GH und GMTC und auch kein anderes Unternehmen des VGEHC-Konzerns für die Dauer von drei Jahren nach Bildung des Joint Venture im Jahre 1987 Artikel N.N. oder Artikel N.N.-Setzmaschinen verkaufen.

(2) Artikel 12 des VVV sieht vor, daß während seiner Geltungsdauer (d. h. bis das Joint Venture 1987 gebildet ist) GH GMTC zu seinem Alleinvertriebsunternehmen für Europa und Afrika und GMTC GH zu seinem Alleinvertriebsunternehmen für Amerika und Asien bestimmt. Ganz ähnlich wird GMTC Artkel N.N. nur von GH und GH-Setzmaschinen nur von GMTC kaufen (Artikel 23).

(3) Nach Artikel 2 der PL räumen GH und GMTC einander während der Geltungsdauer des VVV-Lizenzen für ihre jeweiligen Patente für die von den Vereinbarungen betroffenen Produkte ein. Bei Gründung des Joint Venture treten GH und GHTC diese Patente an das Joint Venture ab (Artikel 4). Es gibt keine weiteren Lizenznehmer, und jede Partei verpflichtet sich, in der Übergangzeit vor Abtretung der Patente an das Joint Venture keine weiteren Lizenzen zu gewähren (Artikel 6).

4.3. Alle drei Vereinbarungen wirken sich weltweit aus.

5. *Gründe für das Negativattest*

5.1. Die beteiligten Unternehmen befürchten, daß die Kommission sie angesichts des Marktanteils von GH (40 % weltweit) und der Tatsache, daß GNSC Schrauben herstellt, als Mitbewerber ansehen könnte. Sie befürchten außerdem, daß die Kommission Einwände gegen die Verpflichtung erheben könnte, während der Geltungsdauer des VVV keine weiteren Patentlizenzen zu gewähren.

5.2 (1) Die beteiligten Unternehmen bezwecken mit der Bildung des Joint Venture einen besseren Vertrieb ihrer jeweiligen Produkte: Sie sehen es als vorteilhaft an, daß das gleiche Verkaufspersonal beide Produkte anbieten und zu beiden Produkten die fachmännische Beratung vornehmen kann. Sie bezwecken nicht, den Partner als potentiellen Mitbewerber auszuschalten und sehen sich auch gar nicht als Mitbewerber an: Die zur Herstellung beider Produkte erforderlichen Anlagen und Fachkenntnisse sind völlig verschieden.

(2) Ein Schraubenhersteller könnte Artikel N. N. zwar leichter herstellen, doch könnte GNSC dies auch nur tun, wenn er für sich eine Lizenz für eines der drei verschiedenen Verfahren zur Herstellung von Artikel N. N. erlangt. Da sich GH immer geweigert hat, solche Lizenzen zu erteilen, da die Patente von AK zu solchen Artikel N. N. führen, die für das Einführen durch Maschinen von GMTC weniger geeignet sind, und da MAG hinsichtlich des Verkaufs solcher Maschinen bereits ein Mitbewerber von GMTC ist, tragen die beteiligten Unternehmen vor, daß GNSC bei Artikel N. N. kein potentieller Mitbewerber von GH ist. (Zu bemerken ist, daß es GNSC keineswegs untersagt ist, weiterhin Schrauben zu verkaufen oder am Markt für Schraubenmuttern, Bolzen und Schußnieten in Erscheinung zu treten.)

(3) Bislang gibt es zwar nur drei Hersteller von Artikel N. N., doch sind Schrauben, Schraubenmuttern und Bolzen und insbesondere Schußnieten derart naheliegende Substitutionsprodukte, daß die beteiligten Unternehmen der Auffassung sind, ihre Vereinbarungen könnten keine Wettbewerbsverzerrung zur Folge haben.

5.3 Nicht zutreffend.

6. *Gründe für eine Freistellung nach Artikel 85 Absatz 3*

6.1 Für die Benutzer von Artikel N. N. ist es vorteilhaft, daß eine fachmännische Beratung über die Benutzung von Artikel N. N. und das Einführen dieser Artikel leichter zugänglich ist.

6.2 Von der Natur der Dinge her ist dies zunächst für den Benutzer von Vorteil. Für die beteiligten Unternehmen ist dies nur von Vorteil, insoweit sie dadurch, daß sie diesen Vorteil bieten, mehr Geschäfte abschließen können.

6.3 Die gegenseitige Einsetzung als Alleinvertriebsunternehmen dürfte der einfachste Weg sein, diese Vorteile in der Zeit vor der Bildung des Joint Venture zu erlangen. Die Beschränkung hinsichtlich des Angebots anderer

Lizenzen ist erforderlich, um den Wert der dem Joint Venture abzutretenden Patente zu erhalten.

6.4. siehe 5.2.(3).

7. Sonstige Angaben

7.1. Diese Angelegenheit wurde von GMTC letzten Monat, als dieser Antrag ausgearbeitet wurde, mit A. B. Cee der GD IV besprochen.

7.2. Den beteiligten Unternehmen ist bekannt, daß AK möglicherweise eine eigene Setzmaschine entwickelt (siehe beigefügte Zeitungsausschnitte).

7.3. Der gemeinsame Ausschuß, der die Bildung des Joint Venture vorbereitet, hat eine detaillierte Untersuchung des Marktes für Artikel N. N. in Europa in Auftrag gegeben. Die Ergebnisse dürften innerhalb von drei Monaten vorliegen. Sie werden der Kommission auf Wunsch vorgelegt.

7.4. Die Suche nach einem Gelände für die Fabrik des Joint Venture muß in vier Monaten beginnen.

Geschäftsgeheimnisse

Zweite Anlage

3. Nähere Einzelheiten zu dem bzw. den beteiligten Unternehmen

3.3. In dem Jahr bis 10. 10. 1983 verkaufte GMTC Artikel-N. N.-Setzmaschinen im Wert von £ 150 000. Für den Absatz im Gemeinsamen Markt ergibt sich folgendes Bild:

Bundesrep. Deutschland	10 000	Griechenland	10 000
Benelux	10 000	Irland	10 000
Dänemark	10 000	Italien	10 000
Frankreich	10 000	Großbritannien	30 000

Das Verkaufsvolumen im Gemeinsamen Markt insgesamt betrug demnach £ 100 000. Die geographische Aufschlüsselung des Absatzes des Vertriebsunternehmens für Benelux (auch XYZ N. V.) ist nicht bekannt.

Es wird damit gerechnet, daß sich die Absatzmöglichkeiten bei Artikel N. N. in den nächsten fünf Jahren verdoppeln. Die beteiligten Unternehmen hoffen, daß die angemeldeten Vereinbarungen es dem Joint Venture ermöglichen werden, 40 % des weltweiten Absatzes und 30 % des Absatzes im Gemeinsamen Markt auf sich zu vereinigen (die geplante Produktionskapazität der neuen Fabrik ist für Waren im Wert von £ 60 000 im Jahr – zu konstanten Preisen. Es wird damit gerechnet, daß sich der Umsatz mit Artikel-N. N.-Setzmaschinen entsprechend erhöht.

3.4. Die Gesamtgröße des Marktes für Artikel N. N. Setzmaschinen und damit auch die Marktanteile von GMTC sind nicht bekannt.

Die Aufschlüsselung des Absatzes von GMTC und die Pläne des Joint Venture werden nicht veröffentlicht; beides wäre für AK und MAG wertvoll.

Dieses Formblatt muß zusammen mit einem Anhang eingereicht werden, der die in dem beigefügten Ergänzenden Vermerk aufgeführten Angaben enthält.

Das Formblatt und der Anhang sind in dreizehnfacher Ausfertigung einzureichen – ein Exemplar für die Kommission und eins für jeden Mitgliedstaat; die betroffenen Vereinbarungen sind in dreifacher Ausfertigung einzureichen; andere, zur Erläuterung oder zum Beweis beigefügte Schriftstücke jedoch nur in einfacher Ausfertigung.

Bitte vergessen Sie nicht, die beigefügte Eingangsbestätigung auszufüllen.

Reicht der freigelassene Raum nicht aus, verwenden Sie bitte zusätzliche Blätter und geben Sie dabei jeweils den Punkt im Formblatt an, auf den Sie sich beziehen.

FORMBLATT A/B

An die Kommission der Europäischen Gemeinschaften

Generaldirektion für Wettbewerb
Rue de la Loi 200
B-1049 Brüssel

A. Antrag auf Erteilung eines Negativattests nach Artikel 2 der Verordnung Nr. 17 des Rates vom 6. Februar 1962 betreffend die Durchführung von Artikel 85 Absatz 1 oder Artikel 86 des Vertrages zur Gründung der Europäischen Wirtschaftsgemeinschaft.

B. Anmeldung einer Vereinbarung, eines Beschlusses oder einer aufeinander abgestimmten Verhaltensweise nach Artikel 4 (oder 5) der Verordnung Nr. 17 des Rates vom 6. Februar 1962 im Hinblick auf eine Freistellung nach Artikel 85 Absatz 3 des Vertrages zur Gründung der Europäischen Wirtschaftsgemeinschaft einschließlich einer Anmeldung, mit der ein Widerspruchsverfahren beansprucht wird.

Bezeichnung der Beteiligten

*1. Bezeichnung der
Anmelder/Antragsteller:*

Vollständige(r) Name bzw. Firma und
Anschrift, Nummern des Fernsprech-,
Fernschreib- und Fernkopieranschlus-
ses sowie kurze Beschreibung ([1]) des
oder der Unternehmen(s) oder der Un-
ternehmensvereinigung(en), die den
Antrag oder die Anmeldung einrei-
chen.

Bei Einzelkaufleuten, Personengesell-
schaften oder sonstigen Einheiten ohne
eigene Rechtsfähigkeit, die unter einer
Firma tätig sind, geben Sie bitte auch
Namen, Vornamen und Anschrift des
oder der Eigentümer(s) oder Gesellschafter an.

Wird ein Antrag oder eine Anmeldung
im Namen eines Dritten oder von mehr
als einer Person eingereicht, sind Name, Anschrift und Stellung des Vertreters oder gemeinsamen Vertreters anzugeben und ein Nachweis seiner Ver-
tretungsbefugnis beizufügen. Wird ein
Antrag oder eine Anmeldung von oder
im Namen von mehr als einer Person
eingereicht, soll ein gemeinsamer Vertreter bestellt werden (Artikel 1 Absätze 2 und 3 der Verordnung Nr. 27 der
Kommission).

2. Bezeichnung der anderen Beteiligten:

Vollständige(r) Name bzw. Firma und
Anschrift sowie kurze Beschreibung jedes anderen an der Vereinbarung, dem
Beschluß oder der abgestimmten Verhaltensweise (der „Absprache") Beteiligten.

([1]) Z. B.: „Kraftfahrzeughersteller", „Dienstleistungsunternehmen der Computer-
Branche", „Konglomerater Konzern".

Geben Sie bitte an, in welcher Weise
die übrigen Beteiligten von dem Antrag oder der Anmeldung unterrichtet
worden sind.

(Diese Angaben sind nicht erforderlich
für Musterverträge, die das anmelden-
de oder antragstellende Unternehmen
mit einer bestimmten Anzahl von Personen abgeschlossen hat oder abschließen will, z. B. Vertriebsverträge mit
Händlern.)

Gegenstand des Antrags
oder der Anmeldung
(siehe den Ergänzenden Vermerk)

(Antworten Sie bitte
auf die Fragen mit ja
oder nein)

Beantragen Sie nur ein Negativattest? (Wegen der
Wirkungen eines solchen Antrags beachten Sie bitte
Punkt IV Ende des ersten Absatzes des Ergänzen-
den Vermerks)

Beantragen Sie ein Negativattest und melden Sie die
Absprache gleichzeitig an, um eine Freistellung zu
erlangen, falls die Kommission kein Negativattest
erteilt?

Melden Sie die Absprache nur an, um eine Freistellung zu erlangen?

Beanspruchen Sie, daß diese Anmeldung in den
Genuß eines Widerspruchsverfahrens gelangt? (Beachten Sie bitte die Punkte III, IV, VI und VII des
Ergänzenden Vermerks sowie Anhang Nr. 2). Falls
Sie mit ja antworten, geben Sie bitte den Artikel und
die Nummer der Verordnung an, auf die Sie sich
beziehen.

Wären Sie mit einem einfachen Verwaltungsschreiben (sog. „Comfort Letter") einverstanden? (Siehe
den Ergänzenden Vermerk, Punkt VII am Ende)

Die Unterzeichneten erklären, daß die oben und in den beigefügten . . . Seiten
der Anlagen gemachten Angaben nach bestem Wissen und Gewissen gemacht
wurden und den Tatsachen entsprechen, daß jede Schätzung als solche gekenn-

827

zeichnet ist und ihre bestmögliche Schätzung auf der Grundlage der betreffenden Tatsachen darstellt sowie daß jede Meinungsäußerung der Wahrheit
entspricht.

Sie haben von der Vorschrift des Artikel 15 Absatz 1 Buchstabe a) der Verordnung Nr. 17 Kenntnis genommen (Siehe beiliegenden Ergänzenden Vermerk).

Ort und Datum: . . . .

Unterschriften: . . . .

. . . .

. . . .

KOMMISSION
DER
EUROPÄISCHEN GEMEINSCHAFTEN

Brüssel, den . . . .

Generaldirektion für Wettbewerb

An

EINGANGSBESTÄTIGUNG

(Dieser Vordruck wird an die oben angegebene Adresse zurückgesandt, wenn er im oberen Teil vom Antragsteller bzw. vom Anmeldenden in einem Exemplar ausgefüllt ist.)

Ihr Antrag auf Erteilung eines Negativattests vom: . . . .

Ihre Anmeldung vom: . . . .

betreffend: . . . .

Ihr Zeichen: . . . .

Beteiligte:

1. . . . .

2. . . . . u.a.

(Weitere beteiligte Unternehmen brauchen nicht angegeben zu werden.)

. . . .

(Von der Kommission auszufüllen)

829

Anhang XV

ist am . . . .

eingegangen und unter Nr. IV/   registriert worden.

Bei allen Zuschriften bitte die oben angegebene Nummer mitteilen.

. . . .

Provisorische Anschrift:	*Telefon:*	*Fernschreiber:*	*Telegrammadresse:*
Rue de la Loi 200	Durchwahl: 235	COMEU B 21877	COMEUR Brüssel
B-1049 Brüssel	Zentrale: 235 11 11		

Richtlinie des Rates vom 14. Mai 1991 über den Rechtsschutz von Computerprogrammen (91/250/EWG)

Der Rat der Europäischen Gemeinschaften –

gestützt auf den Vertrag zur Gründung der Europäischen Wirtschaftsgemeinschaft, insbesondere auf Artikel 100 a,

auf Vorschlag der Kommission ([1]),

in Zusammenarbeit mit dem Europäischen Parlament ([2]),

nach Stellungnahme des Wirtschafts- und Sozialausschusses ([3]),

in Erwägung nachstehender Gründe:

Derzeit ist nicht in allen Mitgliedstaaten ein eindeutiger Rechtsschutz von Computerprogrammen gegeben. Wird ein solcher Rechtsschutz gewährt, so weist er unterschiedliche Merkmale auf.

Die Entwicklung von Computerprogrammen erfordert die Investition erheblicher menschlicher, technischer und finanzieller Mittel. Computerprogramme können jedoch zu einem Bruchteil der zu ihrer unabhängigen Entwicklung erforderlichen Kosten kopiert werden.

Computerprogramme spielen eine immer bedeutendere Rolle in einer Vielzahl von Industrien. Die Technik der Computerprogramme kann somit als von grundlegender Bedeutung für die industrielle Entwicklung der Gemeinschaft angesehen werden.

Bestimmte Unterschiede des in den Mitgliedstaaten gewährten Rechtsschutzes von Computerprogrammen haben direkte und schädliche Auswirkungen auf das Funktionieren des Gemeinsamen Marktes für Computerprogramme; mit der Einführung neuer Rechtsvorschriften der Mitgliedstaaten auf diesem Gebiet könnten sich diese Unterschiede noch vergrößern.

Bestehende Unterschiede, die solche Auswirkungen haben, müssen beseitigt und die Entstehung neuer Unterschiede muß verhindert werden. Unter

---

1 ABl. Nr. C 91 vom 12. 4. 1989, S. 4, und ABl. Nr. C 320 vom 20. 12. 1990, S. 22.
2 ABl. Nr. C 231 vom 17. 9. 1990, S. 78, und Beschluß vom 17. April 1991 (noch nicht im Amtsblatt veröffentlicht).
3 ABl. Nr. C 329 vom 30. 12. 1989, S 4.

schiede, die das Funktionieren des Gemeinsamen Marktes nicht in erheblichem Maße beeinträchtigen, müssen jedoch nicht beseitigt und ihre Entstehung muß nicht verhindert werden.

Der Rechtsrahmen der Gemeinschaft für den Schutz von Computerprogrammen kann somit zunächst darauf beschränkt werden, grundsätzlich festzulegen, daß die Mitgliedstaaten Computerprogramme als Werke der Literatur Urheberrechtsschutz gewähren. Ferner ist festzulegen, wer schutzberechtigt und was schutzwürdig ist, und darüber hinaus sind die Ausschließlichkeitsrechte festzulegen, die die Schutzberechtigten geltend machen können, um bestimmte Handlungen zu erlauben oder zu verbieten, sowie die Schutzdauer.

Für die Zwecke dieser Richtlinie soll der Begriff „Computerprogramm" Programme in jeder Form umfassen, auch solche, die in die Hardware integriert sind; dieser Begriff umfaßt auch Entwurfsmaterial zur Entwicklung eines Computerprogramms, sofern die Art der vorbereitenden Arbeit die spätere Entstehung eines Computerprogramms zuläßt.

Qualitative oder ästhetische Vorzüge eines Computerprogramms sollen nicht als Kriterium für die Beurteilung der Frage angewendet werden, ob ein Programm ein individuelles Werk ist oder nicht.

Die Gemeinschaft fühlt sich zur Förderung der internationalen Standardisierung verpflichtet.

Die Funktion von Computerprogrammen besteht darin, mit den anderen Komponenten eines Computersystems und den Benutzern in Verbindung zu treten und zu operieren. Zu diesem Zweck ist eine logische und, wenn zweckmäßig, physische Verbindung und Interaktion notwendig, um zu gewährleisten, daß Software und Hardware mit anderer Software und Hardware und Benutzern wie beabsichtigt funktionieren können.

Die Teile des Programms, die eine solche Verbindung und Interaktion zwischen den Elementen von Software und Hardware ermöglichen sollen, sind allgemein als „Schnittstellen" bekannt.

Diese funktionale Verbindung und Interaktion ist allgemein als „Interoperabilität" bekannt. Diese Interoperabilität kann definiert werden als die Fähigkeit zum Austausch von Informationen und zur wechselseitigen Verwendung der ausgetauschten Informationen.

Zur Vermeidung von Zweifeln muß klargestellt werden, daß der Rechtsschutz nur für die Ausdrucksform eines Computerprogramms gilt und daß die Ideen und Grundsätze, die irgendeinem Element des Programms einschließlich seiner Schittstellen zugrunde liegen, im Rahmen dieser Richtlinie nicht urheberrechtlich geschützt sind.

Entsprechend diesem Urheberrechtsgrundsatz sind Ideen und Grundsätze, die der Logik, den Algorithmen und den Programmsprachen zugrunde liegen, im Rahmen dieser Richtlinie nicht urheberrechtlich geschützt.

Nach dem Recht und der Rechtsprechung der Mitgliedstaaten und nach den internationalen Urheberrechtskonventionen ist die Ausdrucksform dieser Ideen und Grundsätze urheberrechtlich zu schützen.

Im Sinne dieser Richtlinie bedeutet der Begriff „Vermietung" die Überlassung eines Computerprogramms oder einer Kopie davon zur zeitweiligen Verwendung und zu Erwerbszwecken; dieser Begriff beinhaltet nicht den öffentlichen Verleih, der somit aus dem Anwendungsbereich der Richtlinie ausgeschlossen bleibt.

Zu dem Ausschließlichkeitsrecht des Urhebers, die nicht erlaubte Vervielfältigung seines Werkes zu untersagen, sind im Fall eines Computerprogramms begrenzte Ausnahmen für die Vervielfältigung vorzusehen, die für die bestimmungsgemäße Verwendung des Programms durch den rechtmäßigen Erwerber technisch erforderlich sind. Dies bedeutet, daß das Laden und Ablaufen, sofern es für die Benutzung einer Kopie eines rechtmäßig erworbenen Computerprogramms erforderlich ist, sowie die Fehlerberichtigung nicht vertraglich untersagt werden dürfen. Wenn spezifische vertragliche Vorschriften nicht vereinbart worden sind, und zwar auch im Fall des Verkaufs einer Programmkopie, ist jede andere Handlung eines rechtmäßigen Erwerbers einer Programmkopie zulässig, wenn sie für eine bestimmungsgemäße Benutzung der Kopie notwendig ist.

Einer zur Verwendung eines Computerprogramms berechtigten Person sollte nicht untersagt sein, die zum Betrachten, Prüfen oder Testen des Funktionierens des Programms notwendigen Handlungen vorzunehmen, sofern diese Handlungen nicht gegen das Urheberrecht an dem Programm verstoßen.

Die nicht erlaubte Vervielfältigung, Übersetzung, Bearbeitung oder Änderung der Codeform einer Kopie eines Computerprogramms stellt eine Verletzung der Ausschließlichkeitsrechte des Urhebers dar.

Es können jedoch Situationen eintreten, in denen eine solche Vervielfältigung des Codes und der Übersetzung der Codeform im Sinne des Artikels 4 Buchstaben a) und b) unerläßlich ist, um die Informationen zu erhalten, die für die Interoperabilität eines unabhängig geschaffenen Programms mit anderen Programmen notwendig sind.

Folglich ist davon auszugehen, daß nur in diesen begrenzten Fällen eine Vervielfältigung und Übersetzung seitens oder im Namen einer zur Verwendung einer Kopie des Programms berechtigten Person rechtmäßig ist, anständigen Gepflogenheiten entspricht und deshalb nicht der Zustimmung des Rechtsinhabers bedarf.

Ein Ziel dieser Ausnahme ist es, die Verbindung aller Elemente eines Computersystems, auch solcher verschiedener Hersteller, zu ermöglichen, so daß sie zusammenwirken können.

Von einer solchen Ausnahme vom Ausschließlichkeitsrecht des Urhebers darf nicht in einer Weise Gebrauch gemacht werden, die die rechtmäßigen Interessen des Rechtsinhabers beeinträchtigt oder die im Widerspruch zur normalen Verwendung des Programms steht.

Zur Wahrung der Übereinstimmung mit den Bestimmungen der Berner Übereinkunft über den Schutz literarischer und künstlerischer Werke sollte die Dauer des Schutzes auf die Lebenszeit des Urhebers und 50 Jahre ab dem 1. Januar des auf sein Todesjahr folgenden Jahres oder im Fall eines anonymen Werkes auf 50 Jahre nach dem 1. Januar des Jahres, das auf das Jahr der Erstveröffentlichung des Werkes folgt, festgesetzt werden.

Der Schutz von Computerprogrammen im Rahmen des Urheberrechts sollte unbeschadet der Anwendung anderer Schutzformen in den relevanten Fällen erfolgen. Vertragliche Regelungen, die im Widerspruch zu Artikel 6 oder den Ausnahmen nach Artikel 5 Absätze 2 und 3 stehen, sollten jedoch unwirksam sein.

Die Bestimmungen dieser Richtlinie lassen die Anwendung der Wettbewerbsregeln nach den Artikeln 85 und 86 des Vertrages unberührt, wenn ein marktbeherrschender Anbieter den Zugang zu Informationen verweigert, die für die in dieser Richtlinie definierte Interoperabilität notwendig sind.

Die Bestimmungen dieser Richtlinie sollten unbeschadet spezifischer Auflagen bereits bestehender gemeinschaftlicher Rechtsvorschriften für die Veröffentlichung von Schnittstellen im Telekommunikationssektor oder von Ratsbeschlüssen betreffend die Normung im Bereich der Informations- und Telekommunikationstechnologie gelten.

Diese Richtlinie berührt nicht die in den einzelstaatlichen Rechtsvorschriften in Übereinstimmung mit der Berner Übereinkunft vorgesehenen Ausnahmeregelungen für Punkte, die nicht von der Richtlinie erfaßt werden –

hat folgende Richtlinie erlassen:

Artikel 1. Gegenstand des Schutzes

(1) Gemäß den Bestimmungen dieser Richtlinie schützen die Mitgliedstaaten Computerprogramme urheberrechtlich als literarische Werke im Sinne der Berner Übereinkunft zum Schutze von Werken der Literartur und der Kunst. Im Sinne dieser Richtlinie umfaßt der Begriff „Computerprogramm" auch das Entwurfsmaterial zu ihrer Vorbereitung.

(2) Der gemäß dieser Richtlinie gewährte Schutz gilt für alle Ausdrucksformen von Computerprogrammen. Ideen und Grundsätze, die irgendeinem Element eines Computerprogramms zugrunde liegen, einschließlich der den Schnittstellen zugrundeliegenden Ideen und Grundsätze, sind nicht im Sinne dieser Richtlinie urheberrechtlich geschützt.

(3) Computerprogramme werden geschützt, wenn sie individuelle Werke in dem Sinne darstellen, daß sie das Ergebnis der eigenen geistigen Schöpfung ihres Urhebers sind. Zur Bestimmung ihrer Schutzfähigkeit sind keine anderen Kriterien anzuwenden.

Artikel 2. Urheberschaft am Programm

(1) Der Urheber eines Computerprogramms ist die natürliche Person, die Gruppe natürlicher Personen, die das Programm geschaffen hat, oder, soweit nach den Rechtsvorschriften der Mitgliedstaaten zulässig, die juristische Person, die nach diesen Rechtsvorschriften als Rechtsinhaber gilt. Soweit kollektive Werke durch die Rechtsvorschriften eines Mitgliedstaats anerkannt sind, gilt die Person als Urheber, die nach den Rechtsvorschriften des Mitgliedstaats als Person angesehen wird, die das Werk geschaffen hat.

(2) Ist ein Computerprogramm von einer Gruppe natürlicher Personen gemeinsam geschaffen worden, so stehen dieser die ausschließlichen Rechte daran gemeinsam zu.

(3) Wird ein Computerprogramm von einem Arbeitnehmer in Wahrnehmung seiner Aufgaben oder nach den Anweisungen seines Arbeitgebers geschaffen, so ist ausschließlich der Arbeitgeber zur Ausübung aller wirtschaftlichen Rechte an dem so geschaffenen Programm berechtigt, sofern keine andere vertragliche Vereinbarung getroffen wird.

Artikel 3. Schutzberechtigte

Schutzberechtigt sind alle natürlichen und juristischen Personen gemäß dem für Werke der Literatur geltenden innerstaatlichen Urheberrecht.

Artikel 4. Zustimmungsbedürftige Handlungen

Vorbehaltlich der Bestimmungen der Artikel 5 und 6 umfassen die Ausschließlichkeitsrechte des Rechtsinhabers im Sinne des Artikels 2 das Recht, folgende Handlungen vorzunehmen oder zu gestatten:

a) die dauerhafte oder vorübergehende Vervielfältigung, ganz oder teilweise, eines Computerprogramms mit jedem Mittel und in jeder Form. Soweit das Laden, Anzeigen, Ablaufen, Übertragen oder Speichern des Computerprogramms eine Vervielfältigung erforderlich macht, bedürfen diese Handlungen der Zustimmung des Rechtsinhabers;

b) die Übersetzung, die Bearbeitung, das Arrangement und andere Umarbeitungen eines Computerprogramms sowie die Vervielfältigung der erzielten Ergebnisse, unbeschadet der Rechte der Person, die das Programm umarbeitet;

c) jede Form der öffentlichen Verbreitung des originalen Computerprogramms oder von Kopien davon, einschließlich der Vermietung. Mit dem Erstverkauf einer Programmkopie in der Gemeinschaft durch den Rechtsinhaber oder mit seiner Zustimmung erschöpft sich in der Gemeinschaft das Recht auf die Verbreitung dieser Kopie; ausgenommen hiervon ist jedoch das Recht auf Kontrolle der Weitervermietung des Programms oder einer Kopie davon.

Artikel 5. Ausnahmen von den zustimmungsbedürftigen Handlungen

(1) In Ermangelung spezifischer vertraglicher Bestimmungen bedürfen die in Artikel 4 Buchstaben a) und b) genannten Handlungen nicht der Zustimmung des Rechtsinhabers, wenn sie für eine bestimmungsgemäße Benutzung des Computerprogramms einschließlich der Fehlerberichtigung durch den rechtmäßigen Erwerber notwendig sind.

(2) Die Erstellung einer Sicherungskopie durch eine Person, die zur Benutzung des Programms berechtigt ist, darf nicht vertraglich untersagt werden, wenn sie für die Benutzung erforderlich ist.

(3) Die zur Verwendung einer Programmkopie berechtigte Person kann, ohne die Genehmigung des Rechtsinhabers einholen zu müssen, das Funktionieren dieses Programms beobachten, untersuchen oder testen, um die einem Programmelement zugrundeliegenden Ideen und Grundsätze zu ermitteln, wenn sie dies durch Handlungen zum Laden, Anzeigen, Ablaufen, Übertragen oder Speichern des Programms tut, zu denen sie berechtigt ist.

Artikel 6. Dekompilierung

(1) Die Zustimmung des Rechtsinhabers ist nicht erforderlich, wenn die Vervielfältigung des Codes oder die Übersetzung der Codeform im Sinne des Artikels 4 Buchstaben a) und b) unerläßlich ist, um die erforderlichen Informationen zur Herstellung der Interoperabilität eines unabhängig geschaffenen Computerprogramms mit anderen Programmen zu erhalten, sofern folgende Bedingungen erfüllt sind:

a) Die Handlungen werden von dem Lizenznehmer oder von einer anderen zur Verwendung einer Programmkopie berechtigten Person oder in deren Namen von einer hierzu ermächtigten Person vorgenommen;

b) die für die Herstellung der Interoperabilität notwendigen Informationen sind für die unter Buchstabe a) genannten Person noch nicht ohne weiteres zugänglich gemacht; und

c) die Handlungen beschränken sich auf die Teile des ursprünglichen Programms, die zur Herstellung der Interoperabilität notwendig sind.

(2) Die Bestimmungen von Absatz 1 erlauben nicht, daß die im Rahmen ihrer Anwendung gewonnenen Informationen

a) zu anderen Zwecken als zur Herstellung der Interoperabilität des unabhängig geschaffenen Programms verwendet werden;

b) an Dritte weitergegeben werden, es sei denn, daß dies für die Interoperabilität des unabhängig geschaffenen Programms notwendig ist;

c) für die Entwicklung, Herstellung oder Vermarktung eines Programms mit im wesentlichen ähnlicher Ausdrucksform oder für irgendwelche anderen, das Urheberrecht verletzenden Handlungen verwendet werden.

(3) Zur Wahrung der Übereinstimmung mit den Bestimmungen der Berner Übereinkunft zum Schutz von Werken der Literatur und der Kunst können die Bestimmungen dieses Artikels nicht dahingehend ausgelegt werden, daß dieser Artikel in einer Weise angewendet werden kann, die die rechtmäßigen Interessen des Rechtsinhabers in unvertretbarer Weise beeinträchtigt oder im Widerspruch zur normalen Nutzung des Computerprogramms steht.

Artikel 7. Besondere Schutzmaßnahmen

(1) Unbeschadet der Artikel 4, 5 und 6 sehen die Mitgliedstaaten gemäß ihren innerstaatlichen Rechtsvorschriften geeignete Maßnahmen gegen Personen vor, die eine der nachstehend unter den Buchstaben a), b) und c) aufgeführten Handlungen begehen:

a) Inverkehrbringen einer Kopie eines Computerprogramms, wenn die betreffende Person wußte oder Grund zu der Annahme hatte, daß es sich um eine unerlaubte Kopie handelt;

b) Besitz einer Kopie eines Computerprogramms für Erwerbszwecke, wenn diese betreffende Person wußte oder Grund zu der Annahme hatte, daß es sich um eine unerlaubte Kopie handelt;

c) das Inverkehrbringen oder der Erwerbszwecken dienende Besitz von Mitteln, die allein dazu bestimmt sind, die unerlaubte Beseitigung oder Umgehung technischer Programmschutzmechanismen zu erleichtern.

(2) Jede unerlaubte Kopie eines Computerprogramms kann gemäß den Rechtsvorschriften des betreffenden Mitgliedstaats beschlagnahmt werden.

(3) Die Mitgliedstaaten können die Beschlagnahme der in Absatz 1 Buchstabe c) genannten Mittel vorsehen.

Artikel 8. Schutzdauer

(1) Die Schutzdauer umfaßt die Lebenszeit des Urhebers und 50 Jahre nach seinem Tod bzw. nach dem Tod des letzten noch lebenden Urhebers; für anonym oder pseudonym veröffentlichte Computerprogramme oder für Computerprogramme, als deren Urheber in Übereinstimmung mit Artikel 2 Absatz 1 aufgrund der einzelstaatlichen Rechtsvorschriften eine juristische Person anzusehen ist, endet die Schutzdauer 50 Jahre, nachdem das Programm erstmals erlaubterweise der Öffentlichkeit zugänglich gemacht worden ist. Die Dauer des Schutzes beginnt am 1. Januar des Jahres, das auf die vorgenannten Ereignisse folgt.

(2) Die Mitgliedstaaten, in denen bereits eine längere Schutzdauer gilt als die, die in Absatz 1 vorgesehen ist, dürfen ihre gegenwärtige Schutzdauer so lange beibehalten, bis die Schutzdauer für urheberrechtlich geschützte Werke durch allgemeinere Rechtsvorschriften der Gemeinschaft harmonisiert ist.

Artikel 9. Weitere Anwendung anderer Rechtsvorschriften

(1) Die Bestimmungen dieser Richtlinie stehen sonstigen Rechtsvorschriften, so für Patentrechte, Warenzeichen, unlauteres Wettbewerbsverhalten, Geschäftsgeheimnisse und den Schutz von Halbleiterprodukten, sowie dem Vertragsrecht nicht entgegen. Vertragliche Bestimmungen, die im Widerspruch zu Artikel 6 oder zu den Ausnahmen nach Artikel 5 Absätze 2 und 3 stehen, sind unwirksam.

(2) Die Bestimmungen dieser Richtlinie finden unbeschadet etwaiger vor dem 1. Januar 1993 getroffener Vereinbarungen und erworbener Rechte auch auf vor diesem Zeitpunkt geschaffene Programme Anwendung.

Artikel 10. Schlußbestimmungen

(1) Die Mitgliedstaaten erlassen die erforderlichen Rechts- und Verwaltungsvorschriften, um dieser Richtlinie vor dem 1. Januar 1993 nachzukommen.

Wenn die Mitgliedstaaten diese Vorschriften erlassen, nehmen sie in ihnen selbst oder durch einen Hinweis bei der amtlichen Veröffentlichung auf diese Richtlinie Bezug. Sie regeln die Einzelheiten der Bezugnahme.

(2) Die Mitgliedstaaten teilen der Kommission die innerstaatlichen Rechtsvorschriften mit, die sie auf dem unter diese Richtlinie fallenden Gebiet erlassen.

Artikel 11

Diese Richtlinie ist an die Mitgliedstaaten gerichtet.

Geschehen zu Brüssel am 14. Mai 1991.

Im Namen des Rates
Der Präsident
J. F. POOS

Literaturverzeichnis

Aeberhard/Marcel	Rechtsnatur und Ausgestaltung der Patentlizenz im deutschen, französischen und schweizerischen Recht, Bern 1952
Althammer	Warenzeichengesetz, 4. Aufl., Köln/Berlin/Bonn/München 1989
Amtmann	Vereinbarte Ausschließlichkeitsrechte als „sonstige Rechte" im Sinne von § 823 Abs. I BGB, München 1965
van Bael/Bellis	Competition Law of the EEC, 1987
Baumbach/Hefermehl	Wettbewerbsrecht, 16. Aufl., München 1990
Baumbach/Hefermehl	Warenzeichenrecht und Internationales Wettbewerbs- und Zeichenrecht, 12. Aufl., München 1985
Baumbach/Lauterbach/Albers/Hartmann	Zivilprozeßordnung, 50. Aufl., München 1992
Bechert	Der Lizenzvertrag, Rosenheim 1949
Beier/Deutsch/Fikentscher	Die Warenzeichenlizenz, Rechtsvergleichende Untersuchung über gemeinschaftliche Benutzung von Warenzeichen, München 1963
Benkard	Patentgesetz, Gebrauchsmustergesetz, bearbeitet von Ballhaus, Bruchhausen, Rogge, Ullmann, 7. Aufl., München 1981 und 8. Aufl., München 1988
Bleckmann	Europarecht, 5. Aufl., Köln/Berlin/Bonn/München 1990
Blümich	EStG, KStG, GewStG-Kommentar (Loseblattsammlung), 14. Aufl., München 1991
Bülow/Böckstiegel/Geimer/Schütze	Internationaler Rechtsverkehr in Zivil- und Handelssachen (Loseblattsammlung), München, Dezember 1990
Bundeskartellamt	Bericht des Bundeskartellamtes, zitiert nach Jahr und Seite
Bunte/Sauter	Kommentar zu den EG-Gruppenfreistellungsverordnungen, München 1988
Damme/Lutter	Das deutsche Patentrecht, 3. Aufl. 1925

Dürkes	Wertsicherungsklauseln, 9. neubearbeitete Aufl., Heidelberg 1982
Ersamus	Erfinder- und Warenzeichenschutz im In- und Ausland (Loseblattsammlung), Berlin 1954
Feige/Seiffert	Internationale Lizenzen, zur Lizenzordnung der DDR, Berlin 1965
Ferid	Zum Abschluß von Auslandsverträgen, Düsseldorf 1954
Frankfurter Kommentar	Kommentar zum Gesetz gegen Wettbewerbsbeschränkungen (Loseblattsammlung), Köln
v. Gamm	Kartellrecht, Kommentar zum Gesetz gegen Wettbewerbsbeschränkungen und zu Art. 85, 86 EWGV, 2. Aufl., Köln/Berlin/Bonn/München 1990
Gaul/Bartenbach	Arbeitnehmererfindung und Verbesserungsvorschlag, 2. Aufl., Düsseldorf 1972
Gaul/Bartenbach	Handbuch des gewerblichen Rechtsschutzes (Loseblattsammlung), Köln-Marienburg 1990
Gemeinschaftskommentar	Gesetz gegen Wettbewerbsbeschränkungen und Europäisches Kartellrecht, Gemeinschaftskommentar, herausgegeben von Hans Müller-Henneberg und Gustav Schwartz, 3. Aufl., Köln/Berlin/Bonn/München 1978
Gleiss/Hirsch	Kommentar zum EWG-Kartellrecht, 3., völlig neubearbeitete Aufl., Heidelberg 1978
Glossner/Bredow/Bühler	Das Schiedsgericht in der Praxis, 3. Aufl., Heidelberg 1990
Grabitz	Kommentar zum EWG-Vertrag (Loseblattsammlung), München, Juni 1990
Grützmacher/Schmidt-Cotta/Laier	Der Internationale Lizenzverkehr, 7. Aufl., Heidelberg 1985
Hagens	Warenzeichenrecht, Berlin/Leipzig 1927
Haver/Mailänder	Lizenzvergabe durch deutsche Unternehmen in das Ausland, Heidelberg 1967
Hefermehl/Fezer/Ipsen/Schluep/Sieben	Nationaler Markenschutz und freier Warenverkehr in der Europäischen Gemeinschaft, München 1979
Henkels	Die Betriebsgeheimnisse in § 21 Gesetz gegen Wettbewerbsbeschränkungen, Heidelberg 1967
Henn	Patent- und Know-how-Lizenzvertrag, 2. Aufl., Heidelberg 1989

Hocke/Berwald/Maurer	Außenwirtschaft (Loseblattsammlung), Heidelberg Dezember 1991
Hoeren	Softwareüberlassung als Sachkauf, München 1989
Immenga/Mestmäcker	Kommentar zum GWB, München 1981
Isay	Patentgesetz, 6. Aufl., Berlin, Frankfurt (M.) 1932
Kilger	Konkursordnung, 15. Aufl., München 1987
Kilian/Heussen	Computerrechts-Handbuch (Loseblattsammlung), München September 1991, zitiert: ComHd B Bearbeiter
Kisch	Handbuch des deutschen Patentrechts, Mannheim 1923
Klauer/Möhring	Patentrechtskommentar, 3. Aufl., München 1971
Kleim	Gemeinschaftsunternehmen und Funktionsgemeinschaften im Verhältnis zum Gesetz gegen Wettbewerbsbeschränkungen, Köln/Berlin/Bonn/München 1966
Klöppel	Der Lizenzvertrag – eine patentrechtliche Untersuchung, Leipzig 1896
Kohler	Handbuch des deutschen Patentrechts, Mannheim 1900
Korah	Patent Licensing and EEC Competition Rules Regulation 2349/84, Oxford 1985
dies.	Know-how Licensing Agreements and the EEC Competition Rules Regulation 556/89, Oxford 1989
Krausse/Katluhn	Das Patentgesetz, 2. Aufl., München/Köln/Berlin 1936
Krausse/Katluhn/ Lindenmaier/Weiß	Das Patentgesetz, 5. völlig überarbeitete Aufl., Köln, Berlin, Bonn, München 1970
Kropholler	Europäisches Zivilprozeßrecht, Kommentar zum EuG VÜ, 3. Aufl., Heidelberg 1991
Küchler	Lizenzverträge im EWG-Recht, Bern 1976
Langendorf	Prozeßführung im Ausland und Mängelrüge im ausländischen Recht (Loseblattsammlung), Hagen 1960–1976
Lehmann	Rechtsschutz und Verwertung von Computerprogrammen, Köln 1988
Lichtenstein	Die Patentlizenz nach amerikanischem Recht, Tübingen 1965

Literaturverzeichnis

Lieberknecht	Patente, Lizenzverträge und Verbote von Wettbewerbsbeschränkungen. Eine vergleichende Darstellung der Rechtslage in Deutschland, Großbritannien und den Vereinigten Staaten, Frankfurt (M.) 1953
Lüdecke/Fischer	Lizenzverträge, Berlin 1957
Lutter	Patentgesetz und Gebrauchsmustergesetz, 10. Aufl., Berlin/Leipzig 1936
Magen	Lizenzverträge und Kartellrecht, Heidelberg 1963
Marly	Softwareüberlassungsverträge, München 1991
Meessen	Völkerrechtliche Grundsätze des internationalen Kartellrechts, Baden-Baden 1975
Mentzel	Konkursordnung, Kommentar von Franz Mentzel, fortgeführt von G. Kuhn und W. Uhlenbruck, 9. Aufl., München 1979
Müller/Gries/Gießler	Wirtschaftskommentar, Kommentar zum Gesetz gegen Wettbewerbsbeschränkungen, Kartellgesetz (Loseblattsammlung), 2. Aufl., Frankfurt (M.) Juni 1979
Münchener Kommentar	Bd. 3, Schuldrecht, Besonderer Teil, Halbband 1 (§§ 433–651 K), Abzahlungsgesetz, 2. Aufl., München 1988
Munk	Die patentrechtliche Lizenz, 1897
Neuberg	Der Lizenzvertrag und die internationale Patentverwertung, 3. erweiterte Aufl., Weinheim/Bergstr. 1956
Pagenberg/Geissler	Lizenzverträge, 3. Aufl., Köln/Berlin/Bonn/München 1991
Palandt	Bürgerliches Gesetzbuch, 51. neubearbeitete Aufl., München 1992
Pedrazzini	Patent- und Lizenzvertragsrecht, Bern 1983
Pietzcker	Kommentar zum Patentgesetz und Gebrauchsmustergesetz, 1. Halbband, Berlin/Leipzig 1929
Pollzien/Langen	International Licensing Agreements, 2. Aufl., New York 1973
Rasch	Der Lizenzvertrag in rechtsvergleichender Darstellung, Berlin 1933
Rau/Dürrwächter/Flick/Geist	Kommentar zum Umsatzsteuergesetz (Loseblattsammlung), 6. Aufl., Köln 1991
Rehbinder	Extraterritoriale Wirkungen des deutschen Kartellrechts, Baden-Baden 1965

Reimer	Wettbewerbs- und Warenzeichenrecht, 4. Aufl., Köln/Berlin/Bonn/München 1966
Reimer	Patentgesetz und Gebrauchsmustergesetz, 3. Aufl., München/Köln/Berlin 1968
Reimer/Schade/Schippel	Das Recht der Arbeitnehmererfindung, 5. Aufl., Berlin 1975
Reithmann	Internationales Vertragsrecht: Das internationale Privatrecht der Schuldverträge, 4. Aufl., Köln 1988
RGRK	Das Bürgerliche Gesetzbuch mit besonderer Berücksichtigung der Rechtsprechung des Reichsgerichtes und des Bundesgerichtshofes, 12. Aufl., Berlin 1978
Schade	Die Ausübungspflicht bei Lizenzen, Köln/Berlin/Bonn/München 1967
Schade/Schade	Patent-Tabelle, Übersicht über materielles und formelles Recht in 50 Ländern, 7. Aufl., Köln/Berlin/Bonn/München 1990
Schlosser	Das Recht der internationalen privaten Schiedsgerichtsbarkeit, 2. Aufl., Tübingen 1989
Schricker	Kommentar zum Urheberrecht, München 1987
Schulte	Patentgesetz, 4. Aufl., Köln/Berlin/Bonn/München 1987
Schulte-Kartei	Rechtsprechungskartei gewerblicher Rechtsschutz, München/Köln/Berlin/Bonn
Schütze	Anerkennung und Vollstreckung deutscher Urteile im Ausland, Herne 1973
Schwab/Walter	Schiedsgerichtsbarkeit (Kommentar), 4. Aufl., München 1990
Schwartz	Deutsches internationales Kartellrecht, 2. Aufl., Köln/Berlin/Bonn/München 1968
Seligsohn	Gesetz zum Schutz der Warenbezeichnungen, 3. Aufl., Berlin 1925
Soergel	Bürgerliches Gesetzbuch, 11. Aufl., Stuttgart/Berlin/Köln/Mainz 1980
Staudinger	Kommentar zum Bürgerlichen Gesetzbuch, 12. Aufl., Berlin 1981
Strohm	Wettbewerbsbeschränkungen in Patentlizenzverträgen nach amerikanischem und deutschem Recht, Köln/Berlin/München 1971

Stumpf	Der Know-how-Vertrag, 3. Aufl., Heidelberg 1977
Stumpf	Der Vertragshändler-Vertrag, 2. Aufl., Heidelberg 1979
Tetzner	Kommentar zum Patentgesetz und Gebrauchsmustergesetz, 2. neubearbeitete Aufl., Nürnberg/Düsseldorf 1951
Troller	Unlauterer Wettbewerb, begangen durch Ausbeutung fremder Leistung, Milano 1960
Ulmer/Brandner/Hensen	Kommentar zum AGB-Gesetz, 6. Aufl., Köln 1990
Vida	Fragen des internationalen Privatrechts bei Lizenzverträgen, Gewerblicher Rechtsschutz in Ost und West, Studien des Instituts für Ostrecht, 1968
Wedekind	Die Anwendung der Kartellvorschriften des EWG-Vertrages auf Patentlizenzverträge, 1. Aufl., Baden-Baden 1989
Westrick/Loewenheim	Gesetz gegen Wettbewerbsbeschränkungen (Loseblattkommentar), Herne/Berlin 1977
Wiedemann	Kommentar zu den Gruppenfreistellungsverordnungen des EWG-Kartellrechts, Bd. I, Köln 1989, Bd. II, Köln 1990
Wolf	Analyse und Beurteilung der Patent- und Lizenzbilanz der Bundesrepublik Deutschland, Baden-Baden 1975
Würdinger	Kommentar zum Handelsgesetzbuch, 3. Aufl., Berlin 1967

Sachregister

Die Zahlen bezeichnen die Randnummern

859

Heidelberger Musterverträge

von Rechtsanwalt Dr. Michael Groß

Verlag Recht und Wirtschaft
Heidelberg

Schriften des Betriebs-Beraters

Verlag Recht und Wirtschaft
Heidelberg